I0084405

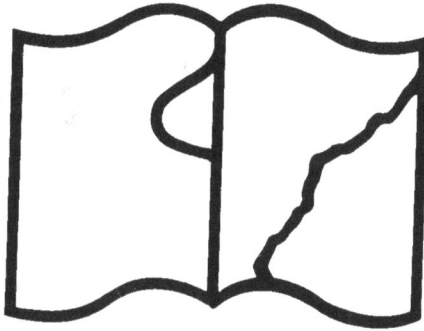

Texte détérioré — reliure défectueuse
NF Z 43-120-11

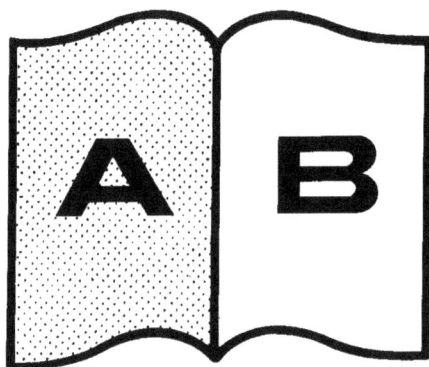

Contraste insuffisant

NF Z 43-120-14

L'on Wahl

DICTIONNAIRE

RAISONNÉ

DES EAUX ET FORÊTS.

TOME SECOND.

4° F
10307

(4)

14 F

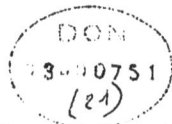

DICTIONNAIRE

RAISONNÉ

DES EAUX ET FORÊTS,

TOME SECOND;

CONTENANT

LES ÉDITS,

DÉCLARATIONS,

ARRESTS DU CONSEIL

ET AUTRES COURS SOUVERAINES,

REGLEMENS, DECISIONS, &c. &c.

Pour servir de suite au Dictionnaire Raisonné
des Eaux & Forêts.

Depuis 1663 , jusqu'en 1768.

Par M. CHAILLAND, ancien Procureur du Roi en la Maîtrise de Rennes.

BIBLIOTHEQUE GRENOBLE DES AVOCATS

A PARIS,

Chez { GANEAU, Libraire , rue Saint-Severin , à Saint-Louis & aux Armes de Dombes.
KNAPEN, Libraire-Imprimeur, au bas du Pont Saint-Michel , au Bon Protecteur.

M. DCC. LXIX.

AVEC APPROBATION ET PRIVILEGE DU ROI.

ÉDITS,

DÉCLARATIONS,

ARRESTS DU CONSEIL

ET DES COURS SOUVERAINES,

ORDONNANCES

DES GRANDS-MAISTRES, &c.

SUR LES EAUX ET FORÉTS.

DÉCLARATION DU ROI

En forme de Réglement général pour la levée des Droits de Péages, tant par Terre que par Eau dans tout le Royaume, & pour arrêter les abus qui s'y sont commis jusqu'à préfent.

Du 31 Janvier 1663.

LOUIS, PAR LA GRACE DE DIEU, ROI DE FRANCE ET DE NAVARRE, &c. Comme un des principaux moyens de rendre notre Etat floriffant, & apporter l'abondance de toutes chofes à nos Sujets, confifte au rétabliffement du commerce, auffi n'avons-nous rien oublié depuis que Dieu nous a donné la Paix, pour le faire établir, ayant non-feulement travaillé à affurer les Mers contre les Corfaires par les Vaiffeaux que nous avons armés & envoyés fur l'une & l'autre Mer, mais encore à faciliter le négoce avec nos voifins & alliés, en renouvellant les anciens Traités faits avec eux pour ce fujet, & parce que nous avons eftimé que ce n'étoit pas y pourvoir fuffifamment de foigner au - dehors, fi nous n'apportons les remèdes convenables au - dedans ; & ayant reconnu qu'il n'y avoit rien plus important que de réprimer & arrêter les abus qui fe commettent aux Péages, foit par ceux qui les ont établis fans titre, ou qui ayant des titres légitimes, ne les ont pas exercés légitimement, ayant excédé dans la levée, nous aurions voulu en prendre nous-même connoiffance, & à cet effet obligé les prétendans droits de Péages ès Provinces & fur les principales Rivières de nos Royaumes, Pays & Terres de notre obéiffance, de repréfenter leurs titres, tarifs & pancartes, lefquels par Nous examinés dans notre Confeil Royal, Nous aurions caffé & fupprimé ceux qui n'avoient pas de fondement, & réduit les autres aux termes de leurs conceffions, enforte que le Public en recevroit un foulagement confidérable; mais la réformation de ces abus & exactions ne pouvant avoir tout le fruit & la durée convenable, fi elle n'eft affermie par un bon Réglement: A CES CAUSES, de l'avis de notre Confeil, &c. & de notre certaine fcience, pleine puiffance & autorité Royale avons dit, ftatué & ordonné, difons, ftatuons & ordonnons, voulons & nous plaît:

1°. Que les Edits, Arrêts & Réglemens faits par les Rois nos Prédéceffeurs, touchant les Péages qui fe levent par nos Sujets, tant par eau que par terre, fur les paffans, denrées & marchandifes foient exécutés; & conformément à iceux faifons défenfes à toutes perfonnes de quelque qualité & condition qu'elles foient, d'établir aucuns nouveaux Péages, ni même d'entreprendre de les rétablir, foit fous le nom & prétexte de Péage, Gabelle, Vingtain, refections de Ponts, Chauffées ou autres que ce foit, quelques titres qu'ils prétendent avoir recouvrés, s'il y a eu interruption, qu'ils n'ayent Lettres de Nous bien & duement enregiftrées en nos Cours de Parlement, à peine de confifcation de corps & de biens, & même de leurs Fiefs, que Nous déclarons audit cas réunis à notre Domaine.

2°. Et parce qu'aucuns Particuliers profitans des défordres paffés, auroient pris occafion de quelques réparations légères à faire à des Ponts, & autres prétextes pour furprendre des lettres portant établiffement de Péages, avec adreffe aux Cours où ils pouvoient trouver plus de facilité, évitant à deffein nos Parlemens; Nous leur ordonnons de préfenter lefdites lettres, & en pourfuivre l'enregiftrement efdites Cours de Parlement dans trois mois, paffé lefquels & faute dudit enregiftrement, ne pourront s'aider defdites lettres, ni continuer leurs levées, nonobftant qu'elles fuffent enregiftrées aux autres Cours, & qu'elles ne fuffent adreffantes aufdits Parlemens, à peine de concuffion.

3°. Tous Propriétaires ou Poffeffeurs d'aucuns defdits droits, feront tenus de les écrire en groffes lettres & bien lifibles dans un tableau d'airain ou fer blanc, qu'ils afficheront au lieu où la levée s'en doit faire, à telle hauteur & endroit qu'ils puiffent être lûs par les Marchands, Voituriers & Paffans, lefquels demeureront déchargés, comme nous les déchargeons defdits droits, aux jours que lefdits tableaux ne feront expofés, & en cas qu'à l'avenir & pendant dix années fuivantes & confécutives, lefdits Seigneurs Péagers n'ayent leurs tableaux expofés, nous déclarons lefdits droits prefcrits, & en conféquence nos Sujets, foit Marchands, Voituriers ou autres, déchargés d'iceux à perpétuité, & sans que lesdits Seigneurs Péagers puissent être reçus en preuve de leur jouissance & possession, qu'en y joignant le fait de l'affiche desdits tableaux, sans lequel Nous défendons à toutes nos Cours & Juges d'avoir égard à leurs titres & possession prétendue.

4°. Feront lesdits Propriétaires de Péages dans trois mois du jour de la publication des présentes enregistrées au Greffe du Baillage plus prochain, leurs-dites pancartes à peine de perte d'iceux, sous lesquelles peines leur faisons défenses de lever les Péages qu'aux lieux où ils sont établis, s'ils n'ont lettres de Nous de translation bien & duement enregistrées en nos Cours de Parlement.

5°. Enjoignons aux Commis & Préposés à la levée desdits Droits, de les lever suivant lesdites pancartes, & donner quittances & sans frais des payemens qui leur seront faits au-dessus de cinq sols, & de tenir bon & fidele registre jour par jour : leur faisant défenses de rien exiger ni recevoir par-dessus le contenu èsdites pancartes, soit en argent ou en espèce de fruits, ou autres denrées ou marchandises, sous prétexte d'étrennes ou autrement, même encore qu'il leur fût volontairement offert, ni d'user d'aucunes mena-ces & voies de fait contre les Passans & Voituriers, à peine de punition corporelle ; sur lesquelles exactions & voies de fait seront reçues les dépositions des Voituriers, leurs Garçons & Compagnons.

6°. Et comme lesdits Propriétaires & Engagistes ont accoutumé de rejetter sur leurs Fermiers & Commis les exactions qu'ils leur font commettre, dont en tout cas on ne peut douter qu'ils n'en pussent arrêter le désordre, s'ils y vouloient veiller, & qu'ils ne tirent le profit par l'augmentation de leurs baux, ensorte qu'une longue dissimulation de leur part ne sçauroit être exempte de faute, Nous voulons qu'en cas que par les informations qui seront faites par nos Juges & Officiers, sur les plaintes des Voituriers, Marchands & Trafi-quans, par tous les lieux où lesdits Péages seront levés, il paroisse que ledit abus & concussion en la levée d'iceux, ayent été faits pendant trois ans, les-dits Péages soient supprimés, comme Nous les supprimons, si les Particu-liers en sont Propriétaires ; & en cas que lesdits Péages soient de notre Do-maine, ils seront réunis à icelui, sans que les Propriétaires ou Engagistes des-dits Péages puissent rejetter la faute sur leurs Fermiers, Commis & Préposés à la levée desdits Droits.

7°. Les Marchands & Voituriers seront tenus en chargeant leurs bateaux de bleds, vins & autres marchandises & denrées, tant montans que descen-dans ou conduisans raseaux, de prendre certificat des Officiers du lieu où se fera le chargement, comme du Juge Châtelain, Prévôt des Marchands, Ca-pitouls, Maires, Echevins & Consuls, de la quantité, qualité, poids ou me-sure de ce dont le bateau sera chargé, sujet au droit de Péage ; à ces fins les-dits Officiers assisteront & verront faire ledit chargement, moyennant salaire raisonnable, dont ils bailleront acquit, qui ne pourra excéder la somme de dix sols, tant pour l'Officier que pour son Greffier, & demeureront res-ponsables des certificats.

8°. Les Marchands & Voituriers abordant aux lieux où se levent les Péa-ges, représenteront lesdits certificats, & seront tenus les Fermiers ou leurs Commis, incontinent & sans delai de recevoir le payement de leurs droits,

fur lefdits certificats, dont ils prendront copie ou extrait, fi bon leur femble, fans pouvoir retenir ni arrêter les bateaux & rafeaux, fous aucun prétexte, foit de remefurer ou vifiter iceux à peine de punition corporelle, fauf
s'ils prétendent lefdits bateaux ou rafeaux contenir davantage que ne porte
le certificat, d'envoyer un homme à leurs dépens pour affifter au déchargement.

9°. Et au cas qu'au déchargement il fe trouve lefdits bateaux ou rafeaux
contenir plus que les certificats, la marchandife, denrées ou bois qui feront
trouvés outre le contenu en iceux, feront confifqués, & les Marchands ou
Voituriers condamnés en une amende arbitraire, & aux dépens des Seigneurs
Péagers ou leurs Fermiers.

10°. Les Fermiers ou Prépofés à la recette feront tenus de fe trouver fur
les lieux, & de faire recevoir leurs droits fans délai, & où il ne fe trouveroit
aucun d'eux, fera loifible aufdits Marchands & Voituriers de continuer leur
route.

11°. Faifons défenfes aufdits Fermiers ou Prépofés d'arrêter les Voituriers,
leurs bateaux, rafeaux & marchandifes fous prétexte de fraudes prétendues
faites aufdits Péages, & aux Juges de décerner aucunes Ordonnances pour
cet effet, fauf aux Péagers d'aller aux premieres Villes des Baillages, ou
ès lieux de déchargement, pour y faire telles pourfuites & faifies qu'il appartiendra.

12°. Et d'autant que les rafeaux ne peuvent commodément aborder par-
tout, fuffira qu'aux endroits de difficile accès les Marchands, Conducteurs
& Voituriers envoyent devant avertir lefdits Fermiers, Receveurs ou Commis du paffage defdits rafeaux, leur portent & faffent voir le certificat du
chargement, avec offre de payer les droits fuivant icelui, fauf aufdits Receveurs d'envoyer au déchargement, fi bon leur femble, comme a été dit.

13°. Faifons très-expreffes inhibitions & défenfes aux Marchands & Voituriers de faire fraude aufdits Péages, à peine d'être procédé contr'eux fuivant la rigueur des Ordonnances.

14°. Et comme lefdits Péages ne font établis que pour l'entretien des chemins, ponts & chauffées, enjoignons aux Propriétaires & Engagiftes defdits
Péages d'entretenir les ponts & chauffées, & même les chemins dans l'étendue de leurs Jurifdictions : mandons aux Tréforiers de France de tenir la
main à l'exécution du préfent article ; & en cas de négligence defdits Seigneurs Péagers, après le commandement qui leur fera fait de faifir réellement & de fait, non feulement le revenu defdits Péages, mais encore de
leurs terres, pour y être employés fuivant les marchés qu'ils en feront en la
manière accoutumée ; fi mieux n'aiment lefdits Seigneurs Péagers abandonner leurs Péages, dont ils feront tenus de faire déclaration dans le mois
après la publication des préfentes.

Si donnons en mandement, &c. DONNÉ à Paris le dernier jour de Janvier l'an de grace mil fix cent foixante-trois, & de notre Règne le vingtiéme.
Signé LOUIS ; *& plus bas* ; Par le Roi, DE GUENEGAUD.

Regiftrées au Parlement de Paris le 19 Février 1663. Signé DU TILLET.

ÉDIT DU ROI,

PORTANT établiffement de Juges en dernier Reffort.

Du mois de Décembre 1679.

LOUIS, par la grace de Dieu, Roi de France & de Navarre : A tous préfens & avenir. SALUT Les Forêts & Bois que Nous poffédons dans le Reffort de notre Parlement de Touloufe, étant très-confidérables, non-feulement par leur grande étendue qui monte à plus de deux cens mille arpens de bois ; mais auffi par le revenu que la coupe ordinaire defdits bois Nous produit, & qui peut augmenter par la fuite, s'ils font bien adminiftrés : Nous avons été informés qu'il y a plufieurs procès inftruits, concernant le fait des Eaux & Forêts tant de Nous que de nos Sujets, qui demeurent indécis au moyen de quelques doutes & difficultés furvenues en notredite Cour de Parlement de Touloufe, même pour ce qui regarde la connoiffance de notre Domaine des Eaux & Forêts. A ces Caufes, de l'avis de notre Confeil & de notre certaine fcience, pleine puiffance & autorité Royale : Nous avons par ces Préfentes fignées de notre main, dit, ftatué & ordonné, difons, ftatuons & ordonnons: que tous & chacuns les procès concernant directement le fonds & propriété de nofdites Eaux & Forêts, ifles & rivières, & entreprifes fur icelles, droits de grurie, grairie, fegrairie, appanage, ufufruit, engagement & par indivis, foient dorénavant inftruits, jugés & décidés, & terminés en premiere Inftance par le Grand Maitre des Eaux & Forêts dudit Département, ou fon Lieutenant au Siége dudit Grand Maître dans le Palais de notre Cour dudit Parlement de Touloufe, nonobftant oppofitions ou appellations quelconques & fans préjudice d'icelles, jufques Sentence définitive inclufivement, à la charge néanmoins de l'appel en notredite Cour de Parlement, ès cas fujets à l'appel, & quant aux autres procès qui ne concernent point le fonds & propriété de nofdits Eaux & Forêts, & des bois tenus en grairie, grurie, fégrairie, appanage, ufufruit, engagement & par indivis, ni entreprifes fur iceux, mais concernant les droits de Réglemens des ufages, delits & malverfations commis dans nofdites Eaux & Forêts, îles, rivières, enfemble les procès qui font & feront ci-après mùs pour le regard du fonds & propriété des bois, forêts, îles, rivières appartenantes aux Princes, Prélats, Gentilshommes & autres nos Sujets du reffort dudit Parlement, droits & réglemens des ufages, délits & malverfations commifes en icelles. Voulons qu'ils foient inftruits par ledit Grand Maître ou fon Lieutenant audit Siége, nonobftant oppofitions quelconques, & iceux jugés & terminés en dernier reffort, & fans appel audit Siége, par l'un des Préfidens de notredite Cour de Parlement, appellé avec lui, jufqu'au nombre de dix pour le moins, tant des Confeillers en notredite Cour, que des Lieutenans & Confeillers audit Siége, à la charge toutesfois que ceux de notredite Cour de Parlement qui feront appellés, & fe trouveront au jugement defdits procès, excéderont en nombre double, le nombre de ceux de notredite Chambre des Eaux & Forêts audit Siége : & ce faifant, enjoignons auxdits Préfidens & Confeillers de notredite Cour, d'affifter & s'affembler en ladite Chambre des Eaux & Forêts audit Siége, pour y juger & terminer lefdits procès conformément à notre Ordonnance, fur le fait des Eaux & Forêts du mois d'Août 1669. Si donnons en mandement à nos amés & féaux Confeillers les Gens tenans notre Cour de Parlement à Toulouse, que ces Préfentes, ils faffent lire, publier & enregiftrer, & le contenu en icelles garder & obferver de point en point, felon fa forme & teneur, fans permettre qu'il y foit contrevenu en aucune maniere que ce foit : Car tel eft notre plaifir, nonobftant tous Edits, Déclarations & autres Lettres à ce contraires, aufquelles nous avons dérogé & dérogeons par cefdites Préfentes : & afin que ce foit chofe ferme & ftable à toujours, Nous y avons fait mettre notre Scel. Donné à Saint Germain-en-Laye, au mois de Décembre, l'an de grace mil fix cens foixante-dix neuf, & de notre régne le trente-feptiéme. *Signé*, LOUIS, & fur le repli, par le Roi, PHELYPEAUX.

ARREST NOTABLE DU CONSEIL D'ÉTAT,

QUI caffe le Jugement rendu par les Juges en dernier reffort au Siége de la Table de Marbre du Palais à Paris le 26 Octobre dernier, & tout ce qui s'en eft enfuivi ; & ordonne que l'inftruction commencée par les Officiers de la Maîtrife de Troyes, fur la dénonciation des dégradations prétendues faites dans les Bois & Ufages appartenans aux Communautés de Bouilly, Sauligny & autres lieux y dénommés, fera par eux continuée jufqu'à Sentence définitive inclufivement ; & maintient & garde lefdits Officiers de la Maîtrife de Troyes dans l'exercice & fonction de leurs Charges.

Du 30 Mai 1685.

Extrait des Regiftres du Confeil d'Etat.

VU au Confeil d'État du Roi, Sa Majefté y étant, la Requête préfentée par les Officiers des Eaux & Forêts de la Maîtrife particuliere de Troies, contenant que par l'article VII de l'Ordonnance des Eaux & Forêts du mois d'Août 1669, titre des Tables de Marbre, il eft dit, Que les Officiers des Siéges defdites Tables de Marbre renvoyeront toutes les inftructions des Procès civils ou criminels, pour raifon des Eaux & Forêts, pardevant les Juges de la Maîtrife où le délit aura été commis, ou de la plus prochaine en cas de fufpicion ou récufation, fans qu'ils puiffent les retenir, ni commettre aucun d'entr'eux pour inftruire ou faire defcente fur les lieux ; que l'article IX de ladite Ordonnance au même Titre ajoute, Que les Officiers des Tables de Marbre ne pourront donner ni adreffer leurs Commiffions qu'aux Officiers des Maîtrifes ou autres Juges Royaux ès lieux où il n'y a pas de Siége des Eaux

& Forêts, à peine de nullité, & de répondre des dommages & intérêts des Parties. Et quoique toutes & quantes fois que lesdits Officiers des Tables de Marbre ont jugé autrement, leurs Jugemens aient été caffés & annullés par des Arrêts du Conseil, comme il eft arrivé tout récemment par ceux des 6 & 21 Octobre 1684, dans lesquels il y en a plusieurs autres dénoncés : néanmoins les Juges en dernier reffort au Siége de la Table de Marbre du Palais à Paris, fur la Requête du Procureur de Sa Majefté, ont rendu un Arrêt le 26 dudit mois d'Octobre 1684, par lequel ils ont ordonné que Commiffion de la Cour feroit délivrée audit Procureur aux fins de fa Requête, adreffante au Bailli d'Hervi pour vifiter par réformation les dégradations prétendues faites dans les bois & ufages appartenans aux Communautés de Bouilly, Sauligny & Chomay, & dans ceux dépendans de la Commanderie de Coulours, & informer contre les délinquans, quoiqu'ils foient dans l'étendue de la Maîtrife des Supplians, en exécution duquel Arrêt ledit Juge d'Hervy, qui n'eft qu'un fimple Juge de Seigneur, auroit fait plufieurs pourfuites & procédures, lefquelles étant venues à la connoiffance des Supplians, ils fe feroient vus obligés d'avoir recours à Sa Majefté, pour être pourvûs à de pareilles contraventions qui iroient à anéantir le miniftère des Supplians dans la fonction de leurs Charges où ils ont toujours été maintenus & confirmés, en conféquence de l'Edit de leur création & de ladite Ordonnance de 1669, par plufieurs Arrêts du Conseil rendus au profit des Officiers des Maîtrifes particulières, contre les Officiers des Tables de Marbre, dont les Jugemens ont été caffés, avec défenfes d'en donner de pareils à l'avenir, & de connoître en première inftance d'aucunes caufes civiles ou criminelles concernant la matière des Eaux & Forêts, à peine d'interdiction, & de toutes pertes, dépens, dommages & intérêts, & à eux enjoint d'exécuter ponctuellement l'Ordonnance fur le fait des Eaux & Forêts du mois d'Août 1669, fans s'en départir, fous quelque prétexte, & pour quelque caufe & occafion que ce foit. LE ROI ÉTANT EN SON CONSEIL, fans s'arrêter au Jugement rendu par les Juges en dernier reffort au Siége de la Table de Marbre du Palais à Paris le 26 Octobre dernier, que Sa Majefté a caffé & annullé ; & tout ce qui s'en eft enfuivi, a ordonné & ordonne que l'inftruction commencée par les Officiers de la Maîtrife de Troyes, fur la dénonciation des dégradations prétendues faites dans les bois & ufages appartenans aux Communautés de Bouilly, Sauligny & Chomay, & dans ceux dépendans de la Commanderie de Coulours, en vertu de la Commiffion à eux adreffée par le fieur de Fuchfamberg Grand-Maître des Eaux & Forêts, au département de Champagne & Metz, le Décembre dernier, fera par eux continuée jufqu'à Sentence diffinitive inclufivement, fauf l'appel, fuivant le pouvoir qui leur en eft attribué par l'Edit de leur création, l'Ordonnance des Eaux & Forêts du mois d'Août 1669, & par les Arrêts du Conseil des 6 & 21 dudit mois d'Octobre dernier, lefquels feront exécutés felon leur forme & teneur : ce faifant, a maintenu & gardé lefdits Officiers de la Maîtrife de Troyes dans l'exercice & fonction de leurs charges. Fait Sa Majefté défenfes aux Officiers du Siége de la Table de Marbre du Palais à Paris de les y troubler, ni de rendre à l'avenir de femblables Jugemens que celui du 26 Octobre dernier, fous les peines portées par ladite Ordonnance, & lefdits Arrêts du Conseil. Enjoint au fieur de Fuchfamberg

Grand-Maître des Eaux & Forêts au département de Champagne & Metz, de tenir la main à l'exécution du préfent Arrêt. Fait au Conſeil d'Etat du Roi, Sa Majeſté y étant, tenu à Verſailles le trentiéme jour de Mai mil ſix cens quatre-vingt-cinq. *Signé*, COLBERT.

ARREST NOTABLE DU CONSEIL,

QUI décharge les Officiers de la Maîtriſe du Queſnoy des deman-des formées contre eux par le Receveur général des Bois, pour raiſon de l'inſolvabilité de l'Adjudicataire des Panages & Glan-dées de la Forêt de Mormal, pour l'année 1685.

Du 4 Février 1690.

LE ROI s'étant fait repréſenter en ſon Conſeil l'Arrêt rendu en icelui le 21 Juin 1687, par lequel vu l'adjudication faite par les ſieurs le Ferron du Pleſix & de la Mairie, Commiſſaires députés pour la réformation des Forêts de Flandres, le 20 Novembre 1684, en la Maîtriſe du Queſnoy des herbages & pâturages de la Forêt de Mormal pour l'année 1685, au nommé Alexandre Drau, moyennant 2700 florins, & celle faite par les Officiers de la Maî-triſe de la paiſon & glandée de ladite Forêt audit Druau, pour la ſomme de 1500 florins; lequel Adjudicataire ayant fait banqueroute & ſorti du Royaume auparavant l'échéance des termes qui lui avoient été accordés par leſdites adjudications, ſans avoir laiſſé aucuns biens, ni donné aucune cau-tion pour leſdits herbages, ce qui auroit formé de grandes conteſtations entre le Receveur général des bois de Flandres, les Officiers de ladite Maî-triſe & pluſieurs Particuliers, ſous prétexte deſquelles le Receveur auroit fait refus de payer les deniers qui reſtent dûs de ſon exercice de ladite année 1685 : Sa Majeſté voulant que leſdites conteſtations fuſſent jugées ſommaire-ment, auroit ordonné que ſur leſdites conteſtations, les Parties procéde-roient ſommairement pardevant le ſieur Fautrier, Intendant de Juſtice, Po-lice & Finance en Haynaut, qui en dreſſeroit procès verbal, enſemble de leurſdites conteſtations & moyens, & donneroit ſon avis, pour le tout vu & rapporté au Conſeil, être ordonné ce que de raiſon, &c. LE ROI EN SON CONSEIL, conformément à l'avis dud. ſieur Voiſin de la Noitaye du 7 Fé-vrier 1689, a déchargé & décharge les Officiers de ladite Maîtriſe du Queſ-noy, de la demande faite contr'eux par ledit de Lelez, pour raiſon de l'in-ſolvabilité dudit Drau, Adjudicataire des pâturages, paiſſons & glandées de la Forêt de Mormal pour l'année 1685. Fait au Conſeil d'Etat du Roi tenu à Verſailles le quatre Février mil ſix cens quatre-vingt-dix. *Signé*, ROUILLET.

ARREST

ARREST DU CONSEIL D'ÉTAT DU ROI,

PORTANT défenses aux Collecteurs des Tailles de comprendre dans leurs Rôles Thomas de Hannes, Garde des Forêts de la Maîtrise de Valognes, & le décharge de l'Imposition y portée, avec dépens.

Du 11 Juillet 1690.

Extrait des Regiſtres du Conſeil d'Etat.

VU au Conſeil d'Etat du Roi, la Requête préſentée au ſieur Foucaut, Maître des Requêtes, Commiſſaire départi en la Généralité de Caën, par Thomas de Hannes, Garde des Bois & Forêts dépendans de la Maîtriſe de Valognes: tendante à ce qu'attendu que par privilége attribué à ſondit Office, il a été cottiſé d'office par ledit ſieur Foucaut, à la ſomme de 7 livres, pour l'année 1690. Qu'au préjudice les Collecteurs de Flottemanville l'ont cottiſé à 51 livres au pardeſſus, dont il a été déchargé par Ordonnance dudit ſieur Foucaut, & les Collecteurs condamnés à payer cette ſomme en leurs propres & privés noms; leſdits Collecteurs auroient depuis obtenu Sentence en l'Election, à l'encontre des Habitans qui les avoient autoriſé à cottiſer ledit de Hannes. Et quoiqu'en cela ils euſſent exécuté l'Ordonnance dudit ſieur Foucaut, ils n'auroient pas laiſſé de ſe pourvoir à la Cour des Aydes de Normandie, d'y faire aſſigner ledit de Hannes, & même de le faire exécuter en ſes biens, faute de paiement de ladite cotte; il requéroit qu'il fût déchargé de l'aſſignation à lui donnée en la Cour des Aydes, avec main-levée des beſtiaux ſur lui exécutés, &c.

LE ROI EN SON CONSEIL, a déchargé & décharge ledit de Hannes de l'aſſignation à lui donnée en la Cour des Aydes de Normandie, le premier Mars dernier, & de tout ce qui s'en eſt enſuivi. Comme auſſi de l'impoſition de 51 livres ſur lui faite outre & pardeſſus la cotte d'office du ſieur Foucaut. En conſéquence ordonne que la ſomme que ledit de Hannes aura payé au pardeſſus de ladite cotte d'office, frais & dépens par lui débourſés, lui ſeront rendus & reſtitués par les Collecteurs de ladite Paroiſſe, ſuivant la liquidation qui en ſera faite par ledit ſieur Foucaut; à quoi faire, leſdits Collecteurs ſeront contraints par toutes voies dues & raiſonnables, ſauf à eux à ſe retirer pardevers lui, au prochain Département, pour leur être pourvû ſur le rejet deſdites ſommes. Fait Sa Majeſté très-expreſſes défenſes aux Collecteurs de ladite Paroiſſe de Flottemanville, de comprendre ledit de Hannes dans leurs Rolles, tant & ſi long-temps qu'il ſera pourvû & exercera ledit Office de Garde, & qu'il ſera cottiſé d'office par le ſieur Commiſſaire départi en la Généralité de Caën, à peine de tous dépens, dommages & intérêts. Fait au Conſeil d'Etat du Roi, tenu à Verſailles le onzième jour de Juillet mil ſix cent quatre-vingt dix. Collationné. *Signé,* RANCHIN.

ARREST DU CONSEIL D'ÉTAT DU ROI,

PORTANT défenses aux Habitans de Verdun & à tous autres, de lever aucuns Droits sur les Bois provenans des Forêts de Sa Majesté.

Du 2 Septembre 1690.

Extrait des Registres du Conseil d'État.

SUR ce qui a été représenté au Roi étant en son Conseil, par le sieur de la Mairye, Grand-Maître des Eaux & Forêts au Département de Lorraine & Barrois, & des Evêchés de Metz, Toul & Verdun ; qu'en procédant à l'adjudication des ventes des Bois dudit Département pour l'ordinaire de la présente année 1690, il auroit observé que les Marchands ne portoient pas à leur valeur ordinaire, celles des arbres propres à faire du merrain, & que plusieurs restoient sans pouvoir être vendus, à cause, comme il l'auroit appris, d'un nouvel Impôt qui se levoit sur le merrain passant par la Ville de Verdun, en vertu d'un Arrêt du Conseil du vingtième Juillet 1689, obtenu par les Habitans de ladite Ville, qui leur permet de lever des droits sur plusieurs Denrées, & entr'autres vingt sols sur chaque treille de merrain, outre les droits anciens, pour s'acquitter d'une somme de 9586 livres 3 sols 5 deniers, qu'ils devoient, enforte qu'il se payoit près de 3 livres pour chaque treille de merrain, &c.

SA MAJESTÉ ÉTANT EN SON CONSEIL, sans s'arrêter ni avoir égard audit Arrêt du vingtième Juillet 1689, en ce qui concerne l'Imposition faite sur les bois de merrain, & en l'expliquant, a fait & fait très-expresses inhibitions & défenses aux Maître Echevin, Echevins & Habitans de ladite Ville de Verdun, & à tous autres, de faire payer à l'avenir aucuns droits sur les bois de merrain ni autres provenans des Forêts de Sa Majesté seulement, à peine de mille livres d'amende, & de tous dépens, dommages & intérêts : & au surplus sera ledit Arrêt exécuté selon sa forme & teneur. Enjoint Sa Majesté, au sieur Charuel, Intendant de Justice, Police & Finances au Pays Messin, Lorraine & Barrois, & audit sieur de la Mairye, de tenir la main chacun en droit soi, à l'exécution du présent Arrêt, & de le faire lire, publier & enregistrer par-tout où besoin sera, dans l'étendue de leur Département. Fait au Conseil d'Etat du Roi, Sa Majesté y étant, tenu à Versailles le deuxième jour de Septembre mil six cent quatre-vingt dix. Collationné. *Signé*, LETELLIER.

ARREST DU CONSEIL,

QUI fait défenses expresses à toutes personnes de faire aucune ouverture de carrière dans l'enclos & aux reins des Forêts de Sa Majesté sans la permission expresse & l'attache du Grand-Maître, à peine de mille livres d'amende ; & aux Officiers des Maîtrises de le souffrir à peine d'interdiction & tous dépens, dommages & intérêts.

Du 3 Décembre 1690.

L E Roi s'étant fait représenter en son Conseil son Ordonnance sur le fait des Eaux & Forêts, du mois d'Août 1669, art. 12. du titre de la Police, portant défenses à toutes personnes d'enlever, dans l'étendue & aux reins des Forêts, sables, terres, marnes ou argiles, sans permission expresse de Sa Majesté, & aux Officiers de le souffrir, à peine de 500 livres d'amende, & de confiscation des chevaux & harnois; & Sa Majesté étant informée que sous prétexte qu'il n'a pas été fait pareilles défenses d'y ouvrir des carrieres, il y a eu des Particuliers qui ont entrepris d'y en ouvrir sans aucune permission, & d'y tirer quantité de pierres, & ruiner tous les environs par les décombres & les chemins qu'ils y ont pratiqués; & voulant y pourvoir : oui le rapport du sieur Phelypeaux de Pontchartrain, Conseiller ordinaire au Conseil Royal, Contrôleur Général des Finances. SA MAJESTÉ EN SON CONSEIL, conformément à l'Ordonnance de 1669, a fait très-expresses inhibitions & défenses à toutes personnes, de faire aucune ouverture de carriere dans l'étendue & aux reins des Forêts de Sa Majesté, sans sa permission expresse & l'attache du Grand-Maître des Eaux & Forêts du Département, à peine de mille livres d'amende; & aux Officiers des Maîtrises particulieres, de le souffrir, à peine d'interdiction, & de répondre en leur propre & privé nom, de tous dommages & intérêts résultans desdites ouvertures ; enjoint Sa Majesté, aux sieurs Grands-Maîtres des Eaux & Forêts de France, chacun dans leur Département, de tenir la main à l'exécution du présent Arrêt. Fait au Conseil d'Etat du Roi, tenu à Versailles le vingt-trois Décembre mil six cent quatre-vingt dix. Collationné. *Signé*, DELAISTRE.

ARREST DU CONSEIL,

CONCERNANT les Contrôles, par rapport aux Exploits des Procureurs Fiscaux des Seigneurs.

Du 10 Avril 1691.

V U au Conseil d'Etat du Roi, les Requêtes respectives présentées en icelui, l'une par Mademoiselle Anne-Marie-Louise d'Orleans, Duchesse de Mont-

B ij

penfier; Henri-Jules de Bourbon, Prince de Condé, à caufe de la Dame fon époufe; & Benedicte de Baviere, veuve de feu Sieur de Bronfwik & d'Hannover, tous héritiers bénéficiaires de Damoifelle Marie de Lorraine, Ducheffe de Guife, prenant le fait & caufe de leurs Officiers en la Grurie de Joinville : l'autre par Jean Bordet, Sous-Fermier des Domaines de la Province de Champagne, &c. Oui le rapport du fieur Phelypeaux de Pontchartrain, Confeiller ordinaire au Confeil Royal, Contrôleur Général des Finances. LE ROI EN SON CONSEIL, faifant droit fur lefdites Requêtes, a ordonné & ordonne, fans avoir égard à l'appel interjetté par ladite Damoifelle d'Orleans & Conforts, de ladite Sentence du Lieutenant Général de Vitry, du vingt-trois Février mil fix cent quatre-vingt dix; que ladite Sentence fera exécutée felon fa forme & teneur, & en conféquence les Officiers de ladite Grurie de Joinville, dénommés en icelle contraints, fi fait n'a été, au paiement des amendes efquelles ils font condamnés par ladite Sentence : Veut & entend Sa Majefté que tous les Exploits faits à la requête des Procureurs Fifcaux, pour raifon des délits & dégâts commis dans les Bois & Terres des Seigneurs particuliers, condamnations d'amendes, paiement des redevances & autres cas qui ne concerneront point la Police générale, & où le Public n'aura point d'intérêt, foient fujets au paiement du Droit de Contrôle. Fait Sa Majefté défenfes à tous Huiffiers, Sergens & Gardes Bois, de rendre lefdits Exploits aufdits Procureurs Fifcaux, avant qu'ils foient contrôlés, & que le droit n'ait été payé, à peine de cent livres d'amende pour chacune contravention. Fait au Confeil d'Etat du Roi, tenu à Paris le dixième jour d'Avril mil fix cent quatre-vingt-onze. Collationné. *Signé*, COQUILLE.

ARREST DE RÉGLEMENT,

PAR lequel certaines Procédures faites en la Prévôté de Rennes pour exploitation de Bois, ont été caffées, rejettées & annullées, avec défenfes à tous Prévôts, Sénéchaux, Préfidiaux & autres Juges Royaux de prendre connoiffance d'aucunes Matieres civiles & criminelles concernant & dépendant du fait des Eaux, Bois & Forêts.

Du 4 Juin 1692.

Extrait des Regiftres du Parlement.

VU par la Cour les Requêtes de Jean-François le Sarrazin, Confeiller du Roi & fon Procureur Général à la Table de Marbre du Palais, Eaux & Forêts & Vennerie de Bretagne; la première, contenant qu'encore que par l'art. 14 du Titre de la Jurifdiction des Eaux & Forêts, de l'Ordonnance de 1669, relative aux anciennes de 1544, 1545, 1554, 1636, Arrêts, Réglemens en conféquence, il foit expreffément défendu à tous Prévôts, Sénéchaux Préfidiaux & autres Juges ordinaires de prendre connoiffance d'aucun fait d'eaux, rivières, buiffons, garennes, forêts, circonftances &

dépendances, du nombre defquelles font les procès, actions & différends exprimés aux articles précédens, & particuliérement ceux procédans de contrats, marchés, promeffes, baux & affociations, tant entre Marchands qu'autres, pour le fait de marchandifes de bois de chauffage, ou merrain, cendre & charbon dont fait mention l'art. 5 dudit titre de la Jurifdiction des Eaux & Forêts; que par l'article 9, perfonne ne foit exempt de cette Jurifdiction; la compétence en fait defdites Eaux & Forêts, ne fe reglant point par le domicile du Défendeur, ni par aucun privilége des caufes commifes ou autres, quel qu'il puiffe être, mais par le lieu, s'il s'agit des délits, abus & malverfations, ou par la fituation de la forêt & des eaux, s'il eft queftion d'ufage & de propriété, ou de l'exécution de contrats pour marchandifes qui en proviennent; & que par ledit article 5, pareilles défenfes foient faites à toutes Communautés & Particuliers, Marchands ou autres de quelque état ou condition qu'ils foient de pourfuivre, répondre & procéder pour raifon de ces chofes pardevant lefdits Juges ordinaires, à peine de nullité, & de ce qui feroit fait, & d'amende arbitraire contre les Parties, fuivant lefquelles difpofitions & celles defdites anciennes Ordonnances, les Arrêts du Confeil des 9 Avril 1642, 17 Février 1685, 10 Octobre 1687, & 2 Octobre 1688, impofent outre la nullité & caffation des procédures de rigoureufes peines, entr'autres celle d'interdiction contre les Juges & contr'eux, & les Parties contrevenantes l'amende de 500 livres & autres amendes arbitraires, dommages & intérêts jufqu'à la même, que par lefdites Ordonnances de 1544 & 1545, lefdits Juges font déclarés refponfables defdites peines & jufticiables du fieur Grand-Maître ou fon Lieutenant, cependant Maurice le Breton, François Hamon & Mathurin Rabé, par exploit du 5 Mai 1692, auroient fait affigner Arnoult Deniaux, à la Prévôté de Rennes, à fin de payement de la fomme de 69 livres 11 fols, reftant de la fomme de 88 livres pour avoir fait fagotter glaines & autres exploitations dans les bois de Seuvre, Begaffe & du Champs-Loyfel, fur lequel, quoique Deniaux, par fes défenfes du lendemain 6 Mai, reconnut que l'action fe devoit porter devant les Juges des Eaux & Forêts; il n'auroit pas laiffé de procéder en exécution de l'appointement à informer du même jour 6, faifant Enquête le 8, comme lefdits le Breton & Rabé firent de leur part le 10, fur lefquelles le Juge-Prevôt de Rennes (fous prétexte d'une prétendue & abufive poffeffion de connoître des actions entre les domiciliers de la Ville & neuf Paroiffes de Rennes, Contrahants & contrats, y enveloppant les faits & matieres des Eaux & Forêts), rendit Sentence le 17 dudit mois, par laquelle ledit Deniaux eft condamné de payer aufdits le Breton, Hamon & Rabé, ladite fomme de 69 livres 11 fols, en quoi la contravention eft formelle, & d'autant plus inexcufable que de la maniere les Procureurs poftulans devant les Prevôt, Préfidiaux & autres Juges Royaux, introduifent à l'ordinaire & fous le chef de l'Edit defdits Préfidiaux, tant en premiere inftance, qu'en caufe d'appel, les queftions qui furviennent concernant lefdites Eaux & Forêts, encore que par l'Edit de leur création de Janvier 1551, il leur foit auffi défendu de connoître d'aucun fait lefd. Eaux & Forêts, que par lefdits Ordonnances, Arrêts & Réglemens, parce qu'ils priveroient ainfi les Sujets du Roi, de la liberté d'appeller à la Table de Marbre, & de ladite Table de Marbre en la Cour, où ces fortes de matieres font beaucoup mieux entendues, & lefdites Ordonnan-nances, Arrêts & Réglemens obfervés; leur exécution ayant ordonné par deux Arrêts *noviſſimè* rendus les 28 Mars & 17 Mai 1692, & la feconde contenant que par les conclufions de la précédente, ledit Expofant auroit fans néceſſité demandé à être reçu Appellant de ladite Sentence & procédures fur lefquelles elle a été rendue, quoiqu'elles n'en foient fufceptibles, puifque toutes procédures nulles ne peuvent produire aucun effet, lors principalement qu'elles font comme celles-là, directement & formellement contraires auxdites Ordonnances, Arrêts qui les rendent nulles de plein droit, fans qu'il foit befoin d'autre difcuffion. A CES CAUSES, &c.

LA COUR, faifant droit fur les Requêtes dudit le Sarrafin, & Conclufions du Procureur Général du Roi, a ordonné que les Edits, Ordonnances, Arrêts & Réglemens fur le fait des Eaux, Bois & Forêts, & dont eſt queſtion, feront bien & duement exécutés, & en conféquence fans s'arrêter aux procédures faites à la Prevôté de Rennes, à la pourfuite de François Hamon & autres, au fujet des bois par eux exploités, lefquels ladite Cour a caſſés, rejettés & annullés, a renvoyé les Parties y dénommées, procéder en la Maîtrife particuliere de Rennes, comme avant lefdites procédures; leur fait défenfes de fe pourvoir ailleurs pour raifon de ce, & à tous Juges, Prevôts, Sénéchaux, Préfidiaux & autres Royaux¹, de prendre connoiffance d'aucunes matieres civiles & criminelles, concernant & dépendant du fait des Eaux, Bois & Forêts fur les peines portées par lefdits Edits, Ordonnances, Arrêts & Réglemens, lefquels & le préfent feront lûs, publiés & regiſtrés à ladite Prevôté de Rennes, & aux autres Sieges de ce Reſſort, Audiences tenantes, par le premier Huiſſier requis, à ce que perfonne n'en ignore, à la diligence dudit le Sarrazin. Fait en Parlement à Rennes, le quatre Juin mil fix cens quatre vingt-douze. *Signé*, PICQUET.

ARRESTS DU CONSEIL,

QUI ordonnent que l'inſtruction commencée par le fieur de Bruillevert, Grand-Maître, pour raifon d'un Marcaffin trouvé mort en la maifon de Lecourt, Tonnelier à Bouvron, fera par lui continuée à l'exclufion des Officiers des Chaffes de Fontainebleau, & jugée fur le rapport dudit fieur Grand-Maître, par le Commiffaire à la réformation de la Forêt de Fontainebleau.

Des 26 Août 1692 & 17 Novembre 1693.

LE ROI étant informé des conteſtations qui font entre le fieur de Bruillevert, Grand-Maître des Eaux & Forêts du département de Paris, commis par Sa Majeſté, par Arrêt du Confeil du 26 Décembre 1690, pour informer des délits & malverfations commis dans les Forêts de Sa Majeſté, en la Maîtrife Particuliere de Fontainebleau, circonſtances & dépendances, de faire & de parfaire le procès aux coupables, jufqu'à Sentence diffinitive exclufivement, & les Officiers de la Capitainerie des Chaffes de Fontainebleau, concernant un marcaffin trouvé tué en la maifon de Pierre Lecourt, Tonnelier à Bouvron, & prétendu donné & fait apporter en ladite maifon par le nommé Jean Daumon, Garde des Chaffes de la Forêt ; les uns & les autres prétendant d'être en droit d'en connoître, & s'étant fait repréfenter les Mémoires des Parties, & ayant examiné leurs raifons : Oui le Rapport du Sieur Phelipeaux de Pontchartrain, &c. SA MAJESTÉ EN SON CONSEIL, a ordonné & ordonne que l'inftruction dudit Procès commencé par ledit fieur de Bruillevert, concernant ledit Marcaffin fera par lui inceffamment continué & parachevé, & le procès fait & parfait aux coupables jufqu'à Sentence diffinitive exclufivement ; lui en attribuant en tant que befoin eft, toute Jurifdiction pour paffé de ce, être par Sa Majefté ordonné ce qu'il appartiendra. Fait au Confeil d'Etat du Roi, tenu à Verfailles le vingt-fix Août mil fix-cens quatre-vingt douze.

LE ROI s'étant fait repréfenter l'Arrêt rendu en fon Confeil, le 26 Août 1692, &c.

SA MAJESTÉ EN SON CONSEIL a ordonné & ordonne que le Procès inftruit par le fieur de Bruillevert en vertu de l'Arrêt du Confeil du 26 Août 1691 ; fera jugé fouverainement & en dernier reffort à fon rapport & en la Chambre de l'Arcenal à Paris, par le Commiffaire députe par Sa Majefté, par autre Arrêt du Confeil du 26 Août 1692, & Lettres-Patentes du 12 Juin 1693, pour juger les procès inftruits par ledit fieur de Bruillevert, concernant la réformation de la Forêt de Fontainebleau, & à cette fin leur attribue toute Cour, Jurifdiction, connoiffance, & icelle interdite à toutes fes autres Cours & Juges. Fait au Confeil d'Etat du Roi tenu à Verfailles le 17 Novembre 1693. Signé, DE LAISTRE.

ARREST DU CONSEIL,

QUI fait défenfes à tous Seigneurs, Propriétaires des Bois, de couper à l'avenir aucuns baliveaux ni arbres de futaies, qu'ils n'ayent été vûs & vifités par les Officiers qui feront à cet effet commis par Sa Majefté.

Du 2 Mai 1693.

SUR la Requête préfentée au Roi en fon Confeil par Dame Catherine de Rougé, veuve de Meffire François de Créquy, Maréchal de France, Gouverneur de Lorraine, Seigneur de Moreville en Picardie, contenant qu'encore que cette terre ne foit ni de la mouvance ni du domaine de Sa Majefté, comme elle eft affez étendue, & que la Suppliante eft obligée aux réparations & entretiens de quantité de ponts, chauffées & moulins qui y font, & a même été obligée de réparer un grand Corps de Logis au Château qui étoit ruiné & prefque inhabitable, ayant fait abattre quelques chênes dans les bois de cette Terre, qui lui appartiennent, & qu'on met actuellement en œuvre ; le Maître Particulier de la Maîtrife des Eaux & Forêts d'Amiens, pour le don—

ner pratique, les a fait faisir vers la fin de l'année derniere 1692, dont la Suppliante s'étant plainte à la Table de Marbre de Paris, elle y avoit obtenu Sentence le 23 Décembre 1692, qui lui en avoit fait main-levée par provision ; en conséquence de laquelle elle a fait donner assignation au mois audit Siege au Procureur du Roi de ladite Maîtrise, lequel, au lieu d'y comparoir, pour éviter la condamnation de sa mauvaise procédure, s'est pourvu au Conseil où il a obtenu Arrêt le 24 Février 1693, qui, à ce que la Suppliante a appris, casse ladite Sentence de la Table de Marbre, & le décharge de l'assignation à lui donnée; en conséquence, ordonne que les Parties procéderont à la Maîtrise suivant les derniers erremens ; & fait défenses aux Officiers des Tables de Marbre de prendre connoissance de ce qui seroit fait par ceux des Maîtrises, en conséquence des ordres particuliers du Conseil, & mandemens des Grands-Maîtres des Eaux & Forêts donnés en conséquence, à peine d'interdiction, dépens, dommages & intérêts des Parties, en sorte qu'il semble que ces Officiers s'appliquent à la fatiguer, &c. LE ROI EN SON CONSEIL a débouté la Suppliante de sa demande par ladite Requête, & néanmoins sans tirer à conséquence., lui a fait main-levée des soxante-douze Baliveaux coupés sans permission dans les bois de sa Terre de Moreville, faisis à la requête du Procureur du Roi de la Maîtrise Particuliere d'Amiens, le 13 Décembre 1692 : fait Sa Majesté très-expresses inhibitions & défenses à la Suppliante & à tous autres Seigneurs & Propriétaires, de couper à l'avenir aucuns baliveaux ni arbres de futayes, qu'ils n'aient été vus & visités par les Officiers qui seront à cet effet commis par Sa Majesté, & après en avoir obtenu la permission, à peine de 3000 l. d'amende & de confiscation des Bois. Enjoint Sa Majesté aux sieurs Grands-Maîtres des Eaux & Forêts de France, de tenir la main à l'exécution du présent Arrêt, chacun dans l'étendue de leur département, & de le faire lire, publier & enrégistrer, partout où besoin sera. Fait au Conseil d'Etat du Roi tenu à Versailles le 2 Mai 1693. *Signé*, DUJARDIN.

ÉDIT DU ROI,

PORTANT attribution de droits de journées & vacations aux Grands - Maîtres des Eaux & Forêts.

Donné à Marly au mois d'Août 1693.

LOUIS, par la grace de Dieu, Roi de France & de Navarre : A tous présens & à venir, SALUT. Par notre Edit du mois de Février mil six cens quatre-vingt-neuf, Nous aurions rétabli & créé en titre d'Offices formés, seize nos Conseillers grands Maîtres Enquêteurs, & généraux Réformateurs des Eaux & Forêts de notre Royaume, Pays, Terres & Seigneuries de notre obéissance, pour exercer lesdits Offices dans les départemens reglés par notre Edit ; & aux gages & chauffages attribués ausdits Offices : & lesdits grands Maîtres depuis leur établissement, n'ayant point fait par réformation aucun
recollement

recollement des ventes de nos Bois & Forêts, ce qui eft très-néceffaire pour connoître les délits, fur-mefures & outrepaffés qui peuvent avoir été faites à notre préjudice dans lefdites ventes par les Marchands adjudicataires d'icelles ; il nous auroit été propofé de rétablir & créer un Contrôleur général de nos Bois en chacun département, dont la principale fonction auroit été de procéder au recollement defdites ventes, avec attribution de gages , & de droits de journées & vacations pour ledit travail. Mais nous avons eftimé plus à propos de laiffer cette fonction aufdits Grands-Maîtres, qui leur eft attribuée par notre Ordonnance du mois d'Août 1669 , & afin qu'ils aient plus de moyen de faire dans les temps prefcrits par notredite Ordonnance, la défignation des ventes de nos Bois par chacune année , & enfuite les ventes & adjudications defdits Bois , & les recollemens par réformations fuivant notre Ordonnance article 15 , titres des Grands-Maîtres , de leur donner pour cet effet des droits de journées & vacations ; ce qui nous paroît d'autant plus jufte que leurs Prédéceffeurs pourvus defdites Charges en ont toujours joui avant leur fuppreffion portée par nos Edits des mois de Mars 1664 , & Avril 1667 , & voulant favorablement traiter lefdits Grands-Maîtres , & les obliger à redoubler leurs foins & leur application pour la confervation de nofdites Forêts. A CES CAUSES , & autres à ce nous mouvans , de notre certaine fcience , pleine puiffance & autorité Royale , Nous avons par le préfent Edit, attribué & attribuons aufdits Grands-Maîtres de nos Eaux & Forêts, créés par notredit Edit du mois de Février 1689, des droits de journées & vacations pour les vifites, défignations, placemens , adjudications & recollemens par reformation de nos Bois de Futaie & Taillis, dont le nombre fera fixé par les rôles qui en feront arrêtés en notre Confeil, à raifon de trente livres par jour pour chacun d'eux , & dix livres pour leur Secretaire , defquels droits de journées & vacations ils feront payés , à commencer du premier du préfent mois , fçavoir , de la moitié fur le fol pour livre , au prix principal des ventes de leurs départemens : & s'il ne fuffit pas fur le prix principal d'icelles , dont il fera fait fonds par chacun an dans les états des Bois qui feront arrêtés en notre Confeil ; & de l'autre moitié , fur les deniers provenans des amendes, reftitutions & confifcations qui nous appartiennent , & qui feront jugées par les Officiers des Maîtrifes Particulieres de leur département, fur leurs fimples quittances. Nous avons pareillement attribué & attribuons aufdits Grands-Maîtres , pareils droits de journées & vacations , pour l'expédition de nos Lettres Patentes, Arrêts de notre Confeil , & autres Commiffions concernant les Bois Eccléfiaftiques, Bénéficiers & autres gens de main-morte & des Particuliers , lorfqu'ils en feront requis feulement , defquels droits ils feront payés par eux pour les journées qu'ils employeront à ladite raifon de trente livres par jour pour lefdits Grands-Maîtres , & dix liv. auffi par jour pour leurs Secretaires. Tous lefquels Grands-Maîtres , nous avons maintenu & confirmé, maintenons & confirmons en leurs gages, chauffages & autres droits portés par notredit Edit du mois de Février 1689 , à la charge de nous payer les fommes portées par les rôles qui feront arrêtés en notre Confeil pour lefdits droits de journées & vacations à eux attribués par le préfent Edit , & les deux fols pour livre d'icelles. Si donnons en Mandement à nos amés & féaux Confeillers , les Gens tenans notre Cour de Parlement & Chambre des Comptes à

Tome II.   C

Paris, que ces Préſentes ils aient à faire regiſtrer, & le contenu en icelles faire exécuter ſelon ſa forme & teneur : ceſſant & faiſant ceſſer tous troubles & empêchemens au contraire : Car tel eſt notre plaiſir. Et afin que ce ſoit choſe ferme & ſtable à toujours, Nous avons fait mettre notre ſcel à ces Préſentes. Donné à Marly au mois d'Août, l'an de grace mil ſix cens quatre-vingt-treize, & de notre Regne, le cinquante-uniéme. Signé, LOUIS. Viſa, BOUCHERAT : Et plus bas, par le Roi, PHELYPEAUX.

ARREST DU CONSEIL D'ÉTAT DU ROI,

PORTANT défenſes de faire payer aucuns droits pour les Bois provenans des Forêts de Sa Majeſté, lorſqu'ils ſeront conduits & débités par les Adjudicataires.

Du 19 Février 1695.

Extrait des Regiſtres du Conſeil d'Etat.

SUR ce qui a été repréſenté au Roi en ſon Conſeil, par les Marchands adjudicataires des ventes des Bois des Forêts du Département de Picardie, Artois & Flandres, qu'il a toujours été permis aux Adjudicataires des Bois des Forêts de Sa Majeſté, de mener & faire voiturer leurs Bois par tout pays, ſans payer aucuns droits de péages, travers, octrois, ni autres, ſous quelque prétexte que ce ſoit, les Rois n'ayant jamais établi de charges & ſervitudes ſur les Bois provenans de leur Domaine, &c. LE ROI EN SON CONSEIL, ayant égard à la requéte, a fait & fait très-expreſſes inhibitions & défenſes aux Fermiers de ſes Domaines, Receveurs des droits de péages, travers, octrois, entrées des Villes, & tous autres, d'exiger ni faire payer à l'avenir aucuns droits, ſous quelque prétexte que ce ſoit, aux Adjudicataires des Bois des Forêts dudit Département & autres, lorſqu'ils ſeront conduire & débiteront eux-mêmes leſdits Bois, à peine de mille livres d'amende, & de tous dépens, dommages & intérêts ; a ordonné que les ſommes qu'ils juſtifieront avoir été contraints de payer pour raiſon de ce, leur ſeront rendues & reſtituées ; à ce faire les Dépoſitaires contraints ; ce faiſant déchargés. Enjoint Sa Majeſté aux Commiſſaires départis, & Grands-Maîtres des Eaux & Forêts de France, chacun dans l'étendue de ſon Département, de tenir la main à l'exécution du préſent Arrêt. Fait au Conſeil d'État du Roi, tenu à Verſailles le dix-neuviéme jour de Février mil ſix cent quatre-vingt-quinze. Collationné. Signé, GOUJON.

ÉDIT DU ROI,

PORTANT création de Conſeillers-Subſtituts de ſes Avocats & Procureurs dans tous les Siéges Préſidiaux, Baillages, Sénéchauſſées, Table de Marbre, Siéges des Eaux & Forêts, Marechauſſées, Amirautés, Prévôtés, Vigueries, Châtellenies, Vicomtés, Elections, Grenier à Sel & autres Juſtices royales du Royaume.

Donné à Verſailles au mois d'Avril 1696.

LOUIS, par la grace de Dieu, Roi de France & de Navarre : A tous préſens & à venir, SALUT. Le Roi Henri III, pour empêcher les abus qui ſe commettoient dans les Parquets de nos Cours & de nos Juſtices inférieures, auroit par ſes Edits du mois de Mai 1586, créé en titre d'Office formé des Subſtituts de nos Procureurs Généraux dans nos Cours, & de nos Procureurs dans nos Siéges inférieurs, pour faire toutes les fonctions de noſdits Procureurs en leur abſence, négligence ou empêchement, & pour aſſiſter & être adjoints à nos Juges en tous actes de Juſtice où il étoit accoutumé de prendre Adjoints: mais ces Offices n'ayant été établis en pluſieurs Siéges inférieurs, & la plus grande partie de ceux qui avoient été levés étant à préſens vacans en nos revenus caſuels, les mêmes abus continuent dans les Parquets de ces Siéges, comme avant l'Edit de 1586. D'ailleurs il nous a été remontré qu'encore que les fonctions des Officiers d'Adjoints aux enquêtes, informations, & autres commiſſions & procédures importantes euſſent été unies à celle des Subſtituts de nos Procureurs Généraux & Particuliers, pour arrêter par leur préſence les entrepriſes des Juges paſſionnés, & veiller à ce que les dépoſitions des témoins fuſſent rédigées fidellement par écrit, & tout fait dans l'ordre & ſans affectation; néanmoins dans la penſée de décharger nos Sujets des frais des vacations de ces Officiers, Nous aurions par l'article XII. du titre XXII. de notre Ordonnance du mois d'Avril 1667, ſupprimé la fonction deſdits Adjoints, & par l'article VIII. du titre XVII. de la même Ordonnance, ordonné qu'ès matieres ſommaires où les preuves par témoins ſeroient reçues, les témoins ſeroient entendus ſans frais, laquelle ſuppreſſion n'ayant apporté aucun ſoulagement à nos Sujets, ſe trouvant tous les jours des inconvéniens qui leur ſont plus préjudiciables que les droits que prenoient leſdits Juges, Adjoints & Greffiers avant notre Ordonnance; Nous aurions par notre Edit du mois de Février 1674, rétabli la fonction d'Adjoints aux enquêtes & autres actes de Juſtice, lequel Edit ſeroit demeuré ſans exécution. Et étant informé que le Public retirera un avantage conſidérable de l'établiſſement de ces Officiers, tant par le retranchement de pluſieurs abus, que par une plus prompte expédition des affaires, Nous avons réſolu de créer des Subſtituts de nos Avocats & Procureurs dans tous les Siéges de nos Juſtices ordinaires & extraordinaires où il n'y en a point de remplis & exercés, & dans ceux où le nombre n'eſt ſuffiſant pour l'expédition des affaires: comme auſſi de rétablir les fonctions d'Adjoints aux Subſtituts dans noſdites Cours & Juriſdictions, avec attribution aux Juges-Adjoints & Greffiers de percevoir leurs ſalaires accoutumés, conformément à notre Edit du mois de Février 1674. Et pour donner moyen auſdits Subſtituts de ſe bien acquitter de leurs fonctions, & de vaquer aux affaires du Public avec plus de déſintéreſſement, de leur accorder de nouvelles prérogatives d'honneur & de gages ſuffiſans. A CES CAUSES, & autres à ce Nous mouvans, de l'avis de notre Conſeil, & de notre certaine ſcience, pleine puiſſance & autorité Royale, Nous avons, par le préſent Edit perpétuel & irrévocable, créé & érigé, créons & érigeons en titre d'Office formé & héréditaire en chacun des Bureaux des Tréſoriers de France, Siéges Préſidiaux, Bailliages, Sénéchauſſées, Tables de Marbre & Siéges des Eaux & Forêts, Maréchauſſées, Amirautés, Prévôtés, Vigueries, Châtellenies, Vicomtés, Elections, Greniers à Sel, & autres Juſtices Royales, ordinaires & extraordinaires de notre Royaume, Pays & Terres de notre obéiſſance, le nombre de nos Conſeillers-Subſtituts de nos Avocats & Procureurs èſdits Siéges,

C ij

qui fera par Nous réglé par les états qui feront arrêtés en notre Confeil, outre ceux d'ancienne création actuellement remplis & exercés èfdits Siéges, pour, par les Pourvus defdits Offices, en l'abfence de nos Avocats, porter la parole en l'Audience, & en celle de nos Procureurs, donner des Conclufions par écrit en toutes affaires fujettes à communication, & faire généralement toutes les fonctions de nofdits Avocats & Procureurs en leur abfence, négligence ou légitime empêchement ; enfemble pour jouir par eux des honneurs, préroga- tives, fonctions, droits, profits, vacations & émolumens attribués à femblables Offices d'ancienne création, dont jouiffent ceux qui les exercent en vertu des Edits de création, & autres Edits, Déclarations, Arrêts & Reglemens, tant de notre Confeil, que de nos Cours Supérieures, *pourront poftuler dans les affaires où nous n'aurons point d'intérét ; feront du Corps des Officiers des Siéges où ils feront établis* ; auront un rang & féance ès cérémonies publiques & autres, immédiatement après nos Avocats & Procureurs ; & étant gradués, *plaideront couverts & les premiers leurs caufes, & feront les fonctions des Juges en leur ab- fence, & en celle de nos Avocats & Procureurs ès matieres où nous n'auront intérét,* privativement aux Avocats & Procureurs & Praticiens des Sieges, pourvu qu'ils ayent vingt-cinq ans accomplis, & jouiront des exemptions & privilèges dont jouiffent les Officiers des Siéges de leur établiffement, en vertu de nos Edits des mois de Novembre & Décembre 1689, Avril 1691, Octobre 1693 & Avril 1694, & de leur part de foixante mille livres de gages héréditaires effectifs que Nous leur avons attribués & attribuons par ces préfentes, & aux Subftituts d'ancienne création, fuivant la répartition qui en fera faite par les rôles qui en feront arrêtés en notre Confeil, à prendre fur la même nature de deniers que ceux des autres Officiers defdits Siéges, dont le fonds fera laiffé dans nos états, à commencer du premier Janvier de la préfente année 1696. Toutes fortes de perfonnes, graduées ou non graduées, Officiers ou autres, pourront fe faire pourvoir defdits Offices, & les exercer fans incompatibilité dans les Juftices ordinaires & extraordinaires établies dans une même Ville & lieu. Et de la même autorité que deffus, Nous avons par le préfent Edit, conformément à celui du mois de Février 1674, rétabli & rétabliffons les fonctions d'Ad- joints aux Enquêtes aux Subftituts de nos Procureurs Généraux en nos Cours, & de nos Procureurs dans toutes les Jurifdictions Royales de notre Royau- me, pays & terres de notre obéïffance, pour affifter à toutes Enquêtes, Infor- mations, Interrogatoires, Récollemens & Confrontations, & autres Commif- fions où l'adjonction étoit requife avant notre Ordonnance du mois d'Avril 1667, à laquelle Nous avons dérogé & dérogeons pour ce regard, & avons attribué & attribuons aufdits Subftituts-Adjoints, enfemble aux Juges & Gref- fiers les mêmes droits, profits & émolumens qui leur avoient été attribués, & dont ils jouiffoient avant notre Ordonnance, conformément aux Edits, Dé- clarations & Réglemens fur ce intervenus. Voulons que ceux qui fe trouve- ront valablement pourvus & exerçans les Offices de Subftituts d'ancienne création dans toutes nos Jurifdictions inférieures, jouiffent des qualités, rangs, fonctions, exemptions & droits attribués aux Offices de Subftituts créés par le préfent Edit, enfemble de l'hérédité de leurs Offices, & de leur part defdits foixante mille livres de gages héréditaires; *les Subftituts de nos Procureurs Gé- néraux en nos Cours, de dix mille livres d'augmentation de gages héréditaires* que

Nous leur avons attribué & attribuons par ces préfentes à prendre fur la même nature de deniers que ceux des Officiers defdites Cours, dont le fonds fera laiffé dans nos états, à commencer du premier Janvier de la préfente année 1696, & de plus avec lefdits Juges & Greffiers de la grace à eux accordée par le préfent Edit, en payant par tous lefdits Officiers fur les quittances du Tréforier de nos Revenus Cafuels les fommes aufquelles ils feront modéré-ment taxés en notredit Confeil, dans les délais qui leur feront accordés, avec les deux fols pour livre defdites fommes; à faute de quoi ils y feront con-traints comme pour nos deniers & affaires. Permettons aux Subftituts d'ancienne création de lever les Offices créés par le préfent Edit, & de les unir aux leurs, fans être tenus de prendre nos Lettres de Provifions. Voulons que les Particuliers qui prêteront leurs deniers pour l'acquifition des Offices nouvellement créés, ou des gages héréditaires attribués aux anciens Subftituts, ayent une hypo-teque & privilége fpécial fur lefdits Offices & gages, & demeurent fubrogés comme nous les fubrogeons dans nos droits, en faifant déclaration du prêt dans les quittances de finances. Permettons aufdits Subftituts de défunir & dif-pofer en tout ou partie des gages héréditaires qui leur feront attribués, & à toutes perfonnes de les acquérir pour en jouir héréditairement & leurs ayans caufe, fur leurs fimples quittances, fans être obligés de prendre nos Lettres, à l'effet de quoi l'emploi en fera fait dans nos états fous leurs noms, & feront lefdits Subftituts reçus ès Cours Supérieures de leur Reffort, ou dans les Siéges de leur établiffement à leur choix. SI DONNONS EN MANDEMENT à nos amés & féaux Confeillers les Gens tenans notre Cour de Parlement de Bretagne, que le préfent Edit ils ayent à faire lire, publier & regiftrer, & le contenu en icelui garder & obferver felon fa forme & teneur, nonobftant tous Edits, Dé-clarations, & autres chofes à ce contraires, aufquelles Nous avons dérogé & dérogeons par ces préfentes, aux copies defquelles collationnées par l'un de nos amés & féaux Confeillers & Secretaires, voulons que foi foit ajoutée comme à l'original : Car tel eft notre plaifir ; & afin que ce foit chofe ferme & ftable à toujours, Nous y avons fait mettre notre fcel. Donné à Verfailles au mois d'Avril l'an de grace mil fix cent quatre-vingt-feize, & de notre regne le cinquante-troifiéme. Signé, LOUIS. Vifa, BOUCHERAT : Par le Roi, COLBERT. Vû au Confeil, PHELYPEAUX. Et fcellé.

ARREST DU CONSEIL,

QUI décharge le Procureur du Roi de la Maîtrife de Caudebec de l'affignation à lui donnée pour venir plaider au Parlement de Rouen fur l'appel interjetté par le fous-Fermier des Domaines, de l'arrêté de fes comptes, fait par le Grand-Maître du Département, &c. Ordonne que fur ledit appel les Parties procéderont au Confeil, &c.

Du 18 Septembre 1696.

SUR la Requête préfentée au Roi en fon Confeil par M. Pierre Dallet, Procureur de Sa Majefté en la Maîtrife Particuliere de Caudebec contenant,

que le fieur Grand-Maître des Eaux & Forêts du Département de Rouen,
procédant à l'examen du compte des amendes jugées en ladite Maîtrife, dont
Nicolas Nupied, Receveur du Domaine de Caudebec pour Jean Baudouin,
Sous-fermier des Domaines dudit lieu, avoit été chargé de faire le recouvrement, auroit trouvé que ledit fieur Nupied étoit redevable de la fomme
de 700 livres d'amende & reftitutions pour débet dudit compte, & l'auroit
condamné à les payer le 25 Avril 1696; qu'au lieu d'y fatisfaire, il auroit
interjetté appel de l'Ordonnance dudit fieur Grand-Maître, fe feroit tranfporté au Greffe des Affirmations à Rouen, le 4 Mai enfuivant, où il auroit
demandé acte de ce que ftipulant pour ledit Baudouin, il alloit conftater &
produire fur ledit appel contre le Suppliant, auroit le lendemain obtenu,
fous le nom dudit Baudouin, des Lettres en Chancellerie, portant permiffion d'intimer le Suppliant au Parlement de Rouen en la Chambre de
Réformation, pour y procéder fur l'appel dudit Baudouin de l'Ordonnance
dudit fieur Grand-Maître, avec défenfes aux Parties de rien faire au préjudice de ce; que le feptiéme dudit mois de Mai, ledit Baudouin, ftipulé
par ledit Nupied, lui avoit en conféquence donné affignation à comparoir
à quinzaine en ladite Chambre de Réformation, ce qui l'obligeoit de repréfenter qu'il n'avoit agi en cette affaire qu'en ladite qualité de Procureur de
Sa Majefté, n'étoit jufte qu'il fût tenu de foutenir à fes frais le Jugement
dudit appel en ladite Chambre de Réformation; que d'ailleurs il étoit des
règles de relever au Confeil l'appel des Jugemens rendus par les fieurs Grands-
Maîtres, fur les comptes des amendes jugées ès Maîtrifes, ainfi qu'il paroiffoit
par plufieurs Arrêts du Confeil, par lefquels Sa Majefté s'en étoit réfervée
la connoiffance, & icelle interdite à toutes les autres Cours & Juges. LE
ROI EN SON CONSEIL, ayant égard à la Requête, a déchargé le Suppliant de l'affignation à lui donnée à la requête dudit Baudouin en la Chambre
de Réformation du Parlement de Rouen le 7 Mai 1696, a évoqué l'appel
interjetté par ledit Baudouin de l'arrêté dudit compte des amendes de la
Maîtrife de Caudebec fait par ledit fieur Savary le 25 Avril de la même
année, & ordonne que fur icelui les Parties procéderont au Confeil pardevant le fieur de Pontchartrain, pour y être fait droit, ainfi qu'il appartiendra par raifon. Fait au Confeil d'Etat du Roi, tenu à Verfailles le 18
Septembre 1696. Signé, RANCHIN.

ARREST DU CONSEIL,

QUI maintient les Officiers de la Maîtrife du Pont-de-l'Arche
dans la connoiffance des Matieres d'Eaux & Forêts, conformément à leur Edit de création, & à l'Ordonnance de 1669.
Caffe & annulle plufieurs Jugemens de la Table de Marbre de
Rouen, qui avoient déclaré lefdits Officiers incompétens pour
connoître des excès commis envers les Gardes, & des délits
commis dans les Bois du Prieuré des Deux-Amans, avec défenfes d'en donner de pareils à l'avenir.

Du 22 Octobre 1696.

LE Roi étant informé des contestations continuelles qui surviennent entre les Officiers des Siéges des Tables & ceux des Maîtrifes Particulieres, & qu'encore que par fon Ordonnance fur le fait des Eaux & Forêts du mois d'Août 1669, & par plufieurs Arrêts de fon Confeil rendus en conféquence, il foit expreffément défendu aux Officiers defdits Siéges de rien entreprendre fur les fonctions de ceux defdites Maîtrifes, auxquels la connoiffance & l'inftruction des matières d'Eaux & Forêts doit appartenir en première inftance, fuivant l'Edit de leur création; néanmoins les Officiers de la Table de Marbre du Palais à Rouen, par Jugement du 4 Octobre 1685, pour ôter à ceux de la Maîtrife du Pont-de-l'Arche l'inftruction d'une affaire pourfuivie extraordinairement pour raifon de deux Gardes de ladite Maîtrife, maltraités & bleffés en faifant les fonctions de leurs Charges, contre quelques particuliers qu'ils avoient trouvés conduifant des bois à Rouen, & qu'ils prétendoient avoir été coupés en délit & furtivement pris dans les forêts de Sa Majefté, dont ils auroient dreffé leur procès-verbal le 14 Septembre audit an 1685; fur lefquelles conteftations eft intervenue Sentence en ladite Maîtrife le 15 defdits mois & an, portant que lefdits particuliers y feroient affignés pour être ouis, & cependant condamnés en quinze livres de provifion envers l'un defdits Gardes, pour fe faire panfer des bleffures, n'ont pas feulement reçu lefdits particuliers appellans de cette Sentence, mais ils l'ont caffée comme rendue par Juges incompétens, & en même-temps déchargé lefdits particuliers de la provifion adjugée contr'eux, avec dépens; & que par autre Jugement de ladite Table de Marbre du 2 Août 1686, les Officiers dudit Siége, dans le même efprit, ont non-feulement reçu les Prieur & Chanoines Religieux du Prieuré des Deux-Amans, & les Jéfuites du Collége de Rouen, auquel ce Prieuré eft uni, appellans d'une Sentence rendue en ladite Maîtrife du Pont-de-l'Arche le trente Juillet précédent, qui ordonnoit fimplement qu'ils feroient réaffignés à comparoir, fur une futaye par eux prétendue dégradée, pour être, en leur préfence, procédé à la vifite & reconnoiffance des fouches dont les arbres avoient été récemment coupés; mais encore ils ont fait défenfes auxdits Officiers de ladite Maîtrife de rien juger en cette affaire, & cependant permis auxdits Religieux de faire dreffer procès-verbal des bois en queftion par un Huiffier de la Table de Marbre, pour enfuite par ledit Siége être ordonné ce qu'il appartiendroit par raifon, à quoi étant néceffaire de pourvoir, &c. SA MAJESTÉ EN SON CONSEIL, fans avoir égard aux Jugemens rendus au Siége de la Table de Marbre de Rouen les 24 Octobre 1685 & 2 Août dernier, que Sa Majefté a caffé & annullé, avec défenfes d'en donner de pareils à l'avenir; a ordonné & ordonne que les Sentences rendues en la Maîtrife Particuliere du Pont-de-l'Arche les 15 Septembre 1685, & 30 Juillet dernier, feront exécutées felon leur forme & teneur; ce faifant, que l'inftruction commencée en ladite Maîtrife y fera continuée, conformément à l'Edit de fa création, à l'Ordonnance des Eaux & Forêts du mois d'Août 1669 & aux Arrêts rendus en conféquence: enjoint Sa Majefté au Grand Maître des Eaux & Forêts au Département de Normandie, de tenir foigneufement la main à l'exécution du préfent Arrêt, qui fera pour cet effet enregiftré tant au Greffe dudit Siége de la Table de Marbre, que de ladite Maîtrife. Fait au Confeil d'Etat du Roi tenu à Fontainebleau le 22 Octobre 1696. *Signé*, COQUILLE, & fcellé.

ARREST DU CONSEIL,

PORTANT qu'il fera fait des huées & chaffes aux Loups en Berry par les Officiers des Eaux & Forêts.

Du 16 Février 1697.

LE Roi s'étant fait repréfenter en fon Confeil le Réglement général des Eaux & Forêts par le Roi Henri III au mois de Janvier 1583, par lequel article il eft enjoint aux Grands-Maîtres & Maîtres Particuliers des Eaux & Forêts de faire affembler un homme par feu de chacune Paroiffe de leur reffort, avec armes & chiens propres pour la chaffe aux loups trois fois l'année, aux temps qu'ils jugeront les plus propres & commodes; comme auffi ceux faits par le Roi Henri IV pour les Eaux & Forêts & la Chaffe, aux mois de Mai 1597 & Juin 1601, portant injonction aux Maîtres Particuliers & Capitaines des Chaffes de faire de trois mois en trois mois la chaffe aux loups; & étant informé qu'il y a quantité de loups dans les bois de la Province du Berry, qui mangent les beftiaux des habitans & caufent des pertes & dommages confidérables, & qu'il n'y a point d'Officiers de Louveterie pour y faire des huées & chaffes, & voulant y pourvoir; Oui le rapport du fieur Phelypeaux, &c. SA MAJESTÉ EN SON CONSEIL, a ordonné qu'il fera inceffamment fait des huées & chaffes aux loups, lieux & endroits de ladite Province de Berry, qui feront jugées néceffaires par le fieur Begon, Grand-Maître des Eaux & Forêts du Département de Berry, ou en fon abfence par les Officiers des Maîtrifes Particulieres de ladite Province, & qu'à cet effet les habitans des Villes & Villages fitués aux environs defdits lieux, feront tenus d'y affifter & de fe trouver aux jours, lieux & heures qui leur feront indiqués par ledit fieur Begon ou lefdits Officiers, à peine de dix livres d'amende contre chacun des défaillans, fans qu'aucuns des habitans puiffent porter des armes aux jours qui ne leur feront pas indiqués, ni tirer fur aucun gibier de poil ou de plume, fur les peines portées par l'Ordonnance : enjoint Sa Majefté audit fieur Begon de tenir la main à l'exécution du préfent Arrêt, lequel fera lu, publié & affiché par-tout où befoin fera. Fait au Confeil d'Etat du Roi tenu à Verfailles le 26 Février 1697. *Signé*, GOUJON.

ARREST

ARREST DU CONSEIL,

QUI ordonne que les Particuliers aufquels les Bénéficiers & autres Gens de Main-morte auront fait des ventes de leurs Bois
taillis, de quelque nature que ce foit, feront tenus d'en préfenter au Greffe des Gens de Main-morte les actes quinze jours
après qu'ils auront été faits, &c.

Du 12 Février 1697.

SA Majefté ayant été informée que les particuliers auxquels les Bénéficiers
&autres Gens de main-morte font des ventes & adjudications, foit de
taillis dont la coupe fe fait tous les neuf ans ou environ, ou de bois taillis
fur futaye, dont la coupe fe fait tous les vingt ou trente ans & plus, refufent
d'en fournir les actes aux Greffes des domaines de Gens de main-morte,
créés par Edit du mois de Décembre 1691 pour être enregiftrés, & les
droits d'enregiftrement payés conformement à icelui & aux Arrêts rendus en
conféquence, fous prétexte qu'il n'y eft point fait mention defdites ventes &
adjudications, ce qui caufe des conteftations entre les pourvus defdits Greffes
& les particuliers, auxquels Sa Majefté defirant remédier, &c. LE ROI
EN SON CONSEIL, en interprétant en tant que befoin eft ou feroit lefdits
Edits du mois de Décembre 1691, a ordonné & ordonne que les particuliers auxquels les Bénéficiers & autres Gens de main-morte feront des adjudications, tant dans les bois taillis où les coupes fe font tous les neuf ans
ou environ, que des bois taillis fur futaye, dont la vente fe fait tous les
vingt ou trente ans & plus, feront tenus d'en fournir au Greffe des Domaines
des Gens de main-morte les actes quinzaine après qu'ils auront été faits pardevant Notaires, fous feings privés ou autrement, poury être regiftrés par les
Pourvus ou Commis à l'exercice defdits Greffes, & les droits à eux payés
par lefdits particuliers, fuivant & conformément audit Edit & aux Arrêts
rendus en conféquence, fous les peines portées par iceux : enjoint Sa Majefté
aux fieurs Intendans & Commiffaires départis pour l'exécution de fes ordres
dans les Provinces & Généralités du Royaume, de tenir la main à ce que le
préfent Arrêt foit exécuté felon fa forme & teneur, fans fouffrir qu'il y foit
contrevenu, & ce nonobftant oppofitions ou autres empêchemens quelconques, & pour lefquelles ne fera déféré. Fait au Confeil d'Etat du Roi, tenu
à Verfailles le 12 Février 1697. Collationné, *figné*, GOUJON.

ARREST NOTABLE DU CONSEIL,

QUI maintient les Maire & Echevins de la Ville de Moulins dans
leurs anciens droits de faire pêcher dans la Riviere d'Allier dans
l'étendue du Bourbonnôis, à la charge néanmoins par les Pêcheurs de se conformer à l'Ordonnance des Eaux & Forêts du
mois d'Août 1669, titre de la Pêche.
Et que tous les différends qui pourront naître à l'occasion de
ce, seront jugés au Siége de la Maîtrise de Moulins.

Du 30 Juillet 1697.

SUR la Requête présentée au Roi en son Conseil par les Maire & Echevins & Habitans de la Ville de Moulins, contenant que de temps immémorial les Pêcheurs de ladite Ville avoient péché avec la permission desdits Maire & Echevins, dans la rivière d'Allier dans l'étendue du Bourbonnois; que par jugement du 14 Août 1604, rendu par le sieur Portier, lors
Grand-Maître Enquêteur & Général Réformateur des Eaux & Forêts du
Bourbonnois, sur le vu d'une Enquête faite en vertu de ses Ordonnances les
4, 5 & 6. du même mois, ils avoient été maintenus en la possession & droit de
pêche par eux prétendu en la riviere d'Allier en l'étendue du Bourbonnois
pour en jouir comme leurs prédécesseurs, &c.
LE ROI EN SON CONSEIL n'ayant égard à la Requête, a maintenu
& gardé les supplians audit droit de faire pêcher en la rivière d'Allier
dans l'étendue du Bourbonnois, à la charge par les Pêcheurs de se conformer à l'Ordonnance des Eaux & Forêts du mois d'Août 1669, titre de la
pêche, & que les différens qui pourroient naître pour raison de ce, seront
jugés au Siége de la Maîtrise des Eaux & Forêts de Moulins, & pour l'exécution du présent Arrêt, seront toutes Lettres nécessaires expédiées. Fait au
Conseil d'Etat du Roi tenu à Versailles le 30 Juillet 1697. *Signé*,
RANCHIN.

ARREST NOTABLE DU CONSEIL,

*QUI ordonne que le Procès-verbal rapporté par le Lieutenant de la
Maîtrise de Vitry-le-François, des délits commis dans les Bois de
l'Abbaye des Trois-Fontaines, sera envoyé au Greffe de la Maîtrise
de S. Dizier, pour y être jugé conformément à l'Ordonnance, attendu que ledit Lieutenant craignant le crédit de l'Abbé, n'avoit osé
agir sans un ordre exprès de Sa Majesté.*

Du 17 Décembre 1697.

SUR ce qui a été représenté au Roi en son Conseil par le sieur Jean-Baptiste l'Abbé de Morambert, Lieutenant Particulier, Assesseur criminel au

Préfidial de Vitri-le-François, & Lieutenant des Eaux & Forêts audit lieu, qu'étant le 22 Novembre 1697, affifté du Procureur de Sa Majefté, de Louis Touraftre, Greffier, & de Pierre Lecoifre, Huffier-Audiencier, dans les Bois dépendans de l'Abbaye des Trois-Fontaines, pour procéder à la diftraction du quart d'iceux, pouu être mis en réferve fuivant l'Ordonnance, il y auroit remarqué quantité de dégradations, &c. avoit cru avant de prononcer aucun jugement fur ces délits, devoir attendre fur ce les ordres de Sa Majefté, d'autant que par le crédit du fieur Abbé Desfiat, les Officiers de la Table de Marbre, accorderoient auffi-tôt des défenfes. A ces CAUSES requeroit le Suppliant qu'il plût à Sa Majefté fur ce lui donner fes ordres. Vû la Requête enfemble le Procès-verbal du 22 Novembre 1697, oui le rapport du fieur PHELIPEAUX, &c.

Le ROI EN SON CONSEIL, a ordonné que la procédure commencée par le Suppliant, fera inceffamment continuée par les Officiers de la Maîtrife des Eaux & Forêts de Saint-Dizier, & le Procès fait & parfait aux coupables des délits & dégradations, fuivant la rigueur de l'Ordonnance, jufqu'à Sentence définitive inclufivement, fauf l'appel au Siége de la Table de Marbre, & qu'à cet effet le Procès verbal fait par le Suppliant, & autres procédures, fi aucune y a, feront remifes au Greffe de la Maîtrife, à quoi faire le Greffier des Eaux & Forêts de Vitri & autres dépofitaires contraints par c rps, ce faifant bien & valablement déchargés; enjoint Sa Majefté au fieur Jacques de Mont-Saint-Pere, Grand-Maître des Eaux & Forêts du département de Champagne, de tenir la main à l'exécution du préfent Arrêt, lequel fera enregiftré au Greffe de la Maîtrife de Saint-Dizier, & exécuté nonobftant oppofitions ou empêchemens quelconques. Fait au Confeil d'Etat du Roi, tenu à Verfailles le 17 Décembre 1697. Signé, DELAISTRE.

ÉDIT DU ROI,

PORTANT création d'une Table de Marbre au Parlement de Bordeaux, avec établiffement de Juges en dernier reffort.

Du mois de Janvier 1698.

LOUIS par la grace de Dieu, Roi de France & de Navare: à tous préfent & avenir. Salut: les charges de la Jurifdiction de la Table de Marbre, établie près notre Parlement de Bordeaux, par l'Edit du mois de Février 1559, n'ayant pas toutes été remplies, & celles qui l'avoient été étant tombées vacantes en nos parties cafuelles; perfonne ne fe feroit préfenté pour s'en faire pourvoir, croyant que ces offices étoient éteints & fupprimés, & le défaut d'Officiers en ce Siége, pour juger les Appellations des matieres d'Eaux & Forêts en la Province de Guyenne, donnant fouvent lieu à des Conflits de Jurifdiction, entre le Parlement de Bordeaux, le Lieutenant de l'Amirauté dudit lieu, & les Officiers de la Table de Marbre de Paris, prétendans chacun devoir en connoître, ce qui expofe nos fujets de cette Province à beaucoup de frais & de peines, & empêche les Officiers de

D ij

pouvoir y faire obferver notre Ordonnance du mois d'Août 1669, avec toute l'exactitude & application néceffaires : A CES CAUSES, de notre certaine fcience, pleine puiffance & autorité Royale, nous avons par ces préfentes, fignées de notre main, rétabli en tant que befoin eft ou feroit créé & érigé, créons, érigeons, & établiffons dans le Palais de notre Cour de Parlement de Bordeaux, un Siége du Grand-Maître des Eaux & Forêts du Département de Guyenne, & en icelui un Lieutenant, quatre Confeillers, un Avocat & un Procureur pour nous, que nous voulons être Officiers de robe longue & gradués, un Greffier, un Receveur des amendes & quatre Huiffiers, pour à l'inftar des Officiers établis au Siége de la Table de Marbre de notre Palais à Paris, connoître & juger les appellations interjettées, & qui s'interjetteront des Sentences & Jugemens des Maîtrifes particulieres des Eaux & Forêts du reffort du Parlement de Bordeaux, concernant le fonds & propriété de nos Eaux & Forêts, ifles & rivières, entreprifes fur icelles, bois tenus en grurie, grairie, fégrairie, appanage, don, ufufruit, engagement & par indivis; à la charge néanmoins de l'appel en notredite Cour de Parlement, ès cas fujets à l'appel, & généralement jouir & ufer de tels & femblables pouvoirs, autorités, prérogatives, prééminences, priviléges, franchifes, libertés, droits, profits, revenus & émolumens, que jouiffent ceux dudit Siége de la Table de Marbre de notre Palais à Paris. Ordonnons qu'auxdits Officiers préfentement créés, il fera expédié des Lettres de provifions avec attribution de gage; fçavoir un Lieutenant, deux cent cinquante livres par chacun an, aux Confeillers, à nofdits Avocat & Procureur, chacun cent vingt livres, au Greffier cinquante livres, & au Receveur des amendes deux cent livres, qu'il prendra par fes mains fur les deniers de fa Recette : à l'égard des Huiffiers, ils n'auront aucuns gages; mais leur donnons pouvoir de mettre à exécution toutes Ordonnances, Sentences, Jugemens & commiffions, tant de nofdites Eaux & Forêts, que tous autres Juges, & d'exploiter & rapporter pardevant eux chacun en leur reffort, ainfi que font ceux dudit Siége de la Table de Marbre de notre Palais à Paris ; & quant aux Procès qui ne concernent point le fonds & propriété de nofdites Eaux & Forêts & des Bois tenus ne grurie, grairie, fegrairie, appanage, don, engagement, ufufruit & par indivis ni entreprifes fur iceux ; mais concernant le Réglement des ufages, délits & malverfations commifes dans nofdites Eaux & Forêts, ifles, rivières, enfemble les Procès qui font & feront ci-après mus pour le regard du fonds & proprié é des Bois, Forêts, ifles, rivières appartenans aux Princes, Prélats, Gentilshommes & autres nos fujets du reffort dudit Parlement; Réglement des ufages, délits & malverfations commifes en icelles : voulons qu'ils foient inftruits par ledit Grand-Maître ou fon Lieutenant audit Siége, nonobftant oppofitions quelconques, & iceux jugés & terminés en dernier reffort & fans appel audit Siége, par l'un des Préfidens de notredite Cour de Parlement, fix Confeillers dudit Parlement, le Grand-Maître, le Lieutenant & un Confeiller de la Table de Marbre, en l'abfence du Grand-Maître, deux Confeillers de ladite Table de Marbre ; enjoignons aufdits Préfidens & Confeillers de notredite Cour, d'affifter & de s'affembler en ladite Chambre des Eaux & Forêts dudit Siége, pour y juger & terminer lefdits Procès, conformément à notre Ordonnance des Eaux & Forêts du mois d'Août 1669. Si donnons en mandement à nos amés & feaux les Gens tenans notre Cour de Parlement de Guyenne , que ces préfentes , ils ayent à faire lire , publier & regiftrer , & le contenu en icelles , garder & obfer-ver felon leur forme & teneur ; ceffant & faifant ceffer tous troubles & empê-chemens contraires : CAR tel eft notre plaifir. Donné à Verfailles au mois de Janvier, l'an de grace mil fix cent quatre-vingt dix-huit ; & de notre regne le cinquante-cinquième. *Signé* , LOUIS. *Et plus bas* ; par le Roi , PHELI-PEAUX & fcellé.

DÉCLARATION DU ROI,

PORTANT fuppreffion de plufieurs Capitaineries des Chaffes.

Du 12 Octobre 1699.

LOUIS, par la grace de Dieu, Roi de France & de Navare: A tous ceux qui ces préfentes Lettres verront. SALUT. L'attention que nous donnons en toutes chofes à ce qui peut contribuer au foulagement de nos fujets, nous a fait remarquer avec peine le grand nombre de Capitaineries des chaffes qui fe font établies dans notre Royaume fous différens prétextes , & qui pri-vant les Seigneurs de Fiefs ou Hauts Jufticiers , d'un droit qui leur eft ac-quis par nos Ordonnances, dépouille leurs terres d'un de leurs principaux droits; en diminue la valeur , les expofe tous les jours à plufieurs vexations , & leur ote enfin un des honnêtes plaifirs que la nobleffe puiffe avoir ; on ne peut pas dire cependant que ces établiffemens contraires à la liberté pu-blique , ayant été faits fans un fondement très-légitime , la plûpart de ces Capitaineries fe trouvent établies dans des lieux où les Rois nos prédécef-feurs faifoient autrefois leur féjour, & où par conféquent il étoit jufte alors de garder la chaffe pour leurs plaifirs: mais ces maifons ayant ceffé d'être habitées , nous avons cru devoir remettre dans le droit commun , & décharger de cette fujettion ceux qui fe trouvoient compris dans l'étendue de ces Capitaineries; nous avons auffi été informés , que les Rois nos pré-deceffeurs avoient accordé dans différens temps aux prieres & follicitations de plufieurs Seigneurs particuliers, d'établir des Capitaineries dans leurs terres, qu'il y avoit plufieurs Seigneurs qui s'étoient arrogés eux-mêmes ce droit fans aucun fondement , & que les Gouverneurs de quelques-unes de nos Provinces ou de nos places , à qui nous avons permis de faire garder un certain canton, en abufoient , foit par l'étendue qu'ils y donnoient, foit par la fervitude qu'ils impofoient à nos peuples de n'exploiter leurs terres & de n'en ufer qu'à des fâcheufes conditions : c'eft à tous ces abus que notre affection pour nos fujets nous a porté à remédier, & dès l'année 1669 , après avoir marqué dans notre Edit du mois d'Août audit an, les Ca-pitaineries que nous voulions réferver, & les précautions à prendre pour la garde du gibier, & des bétes fauves dans nos Forêts, nous ordonnames en même temps que tous ceux qui prétendroient avoir droit de Capitaine-ries ou titre de Capitaines de chaffes, repréfenteroient leurs titres dans trois

mois , à peine de quoi , ils en feroient déchus ; mais cette difpofition étant
demeurée fans exécution , & les Capitaines ayant toujours continué d'en
faire les fonctions , les différentes affaires aufquelles nous avons été occupés,
nous ont empêché d'y apporter le remede néceffaire , qui auffi-bien auroit
été peu utile à la nobleffe de notre Royaume, qui alors uniquement occupée à
notre fervice, n'auroit pû profiter de la liberté que nous lui aurions rendue ;
mais à préfent qu'il auroit à plû à Dieu de rétablir la tranquillité dans l'Europe, nous
avons crû qu'il étoit temps de faire jouir nos fujets de toute l'application
que nous avons à leur foulagement , & à leur témoigner la fatisfaction des
fervices qu'ils nous ont rendus; c'eft ce qui nous a fait ordonner par l'Arrêt
de notre Confeil, du 13 Janvier 1698, en exécution de notre Edit du
mois d'Août 1669. qne tous ceux qui fe prétendroient Capitaines des
chaffes, repréfenteroient leurs provifions & titres pardevant les Intendans
& Commiffaires départis pour l'exécution de nos ordres dans nos Provinces,
pour fur leurs Procès-verbaux & avis , y être par nous pourvû ainfi qu'il
appartiendroit , ce qui ayant été exécuté, & leurs Procès verbaux & avis
vus & difcutés en notre Confeil, nous avons réfolu d'expliquer fur cela
nos intentions par une feule & même Déclaration, qui étant connue de tous
nos fujets, puiffe fervir de loi générale à l'avenir , & prévenir toutes les conteftations qui pourroient naître fur cette matière. A ces causes, & autres à
ce nous mouvans, de l'avis de notre Confeil & de notre pleine puiffance &
autorité Royale, nous avons dit & déclaré , difons & déclarons par ces
préfentes fignées de notre main , voulons & nous plait , que nos Edits, Déclarations, Ordonnances & Régiemens concernant les Capitaineries des
chaffes de la Varenne du Louvre , Bois de Boulogne, Vincennes, Saint-
Germain , Livry, Fontainebleau , Monceaux, Compiegne, Chambord, Blois,
Halatte , Corbeil & Limours , foient exécutés felon leur forme & teneur, en
ce qui concerne chacune (defdites Capitaineries, que nous confirmons en
tant que de befoin , & les Officiers d'icelles dans les pouvoirs, priviléges
& Jurifdictions que nous leur avons attribués , fans prétendre que ce rien
innover en leur étendue ni Jurifdiction : & de notre même autorité royale,
nous n'avons, éteint & fupprimé, éteignons & fupprimons les Capitaineries
des chaffes de Longjumeau , Longboyeau, Sequigny , Montlhery, Beçoi-
feau & Crecy, Carnelle, Pierrelay & Pontoife , Clermont en Beauvoifis,
Chevreufe, Montfort, Dourdan , Dreux, Beaumont , Soiffons , Fere en Tar-
denois , Chauny , Sens, Nogent-fur-Seine, Provins , Château-Thierry,
Suzanne , Vitry , Bar-fur-Seine , Chaumont en Baffigny & Vaffi , Langres ,
Amboife & Montrichard, Touraine, le Pleffis-les-Tours, Loches, Angoumois,
la Baffe-Marche, Chinon & Plaine d'Ablevois , le Comté du Maine, Baronnie du Château du Loire , & Forêts de Berfay, le Comté de Beaufort,
Forêts d'Anjou , Pays & Duché du Bourbonnois de la Province de Berry,
de Niort, Fontenay , Auxerre , Joigny & Saint Florentin, déjà fupprimés
par nos Lettres du mois de Novembre 1690. Châlons-fur-Saone, Châtil-
lon-fur-Seine , Breffe, Garenne de Beaune & Dijon , Forêts de la Grolle,
Forêts de Lyonnois & Breffe , Forêts de Crecy & Comté de Ponthieu ,
Montreuil , Pays conquis & reconquis , & Comté d'Ardres ,Forêts de Lyon,
Bacqueville , Buiffons, de Bleu, Lonboille & Bois de Charleval , Forêts

de Bord , Vicomté & Maîtrife du Pont-de-Larche & Garenne de Lery ,
Bois & Buiffons des Vicomtés de Rouen, Arques & Neuf Chatel , Forêts
de Bretonne , Rouvray, Leffard & la Londe Roumart & la Verte Forêts ,
Vernon , Andely & Buanis, Alençon & Vicomtés de Falaife & Domfront ,
Bellefme, Perche , Argentan , Baillage de Cottentin , Bailliages de Befançon , d'Amont , de Dole & d'Aval : toutes lefquelles Capitaineries , Officiers
& Gardes d'icelles & généralement toutes celles qui ne font pas nommément
réfervées & maintenues par ces préfentes ; enfemble leurs Officiers & Gardes,
nous avons éteint & fupprimés, éteignons & fupprimons , fous quelque prétexte , nom, titre & qualité qu'elles puiffent avoir été établies ou érigées , foit
en vertu de nos provifions , foit en vertu des commiffions de notre Grand
Veneur, ou de notre Grand Louvetier ou autrement, fans qu'elles puiffent
être ci-après rétablies , fous quelque prétexte que ce foit. Faifons très - expreffes inhibitions & défenfes aux Capitaines, Lieutenans, Gardes & autres
Officiers, de s'ingérer ci après dans l'exercice & fonctions de leurs prétendues charges , & d'en prendre la qualité , & à nos Officiers des Tables de
Marbre , Eaux & Forêts , & à tous autres de les reconnoître en aucune maniere ; & à l'égard de la Capitainerie générale des chaffes de Bourgogne,
dont eft pourvu notre fils le Duc de Bourbon , nous la lui avons réfervée pour en jouir par notredit fils , ainfi qu'il a ci-devant fait, enfemble
des gages & appointemens y attribués , fans que lui ni fes fucceffeurs au
Gouvernement de Bourgogne , puiffent donner aucunes Commiffions de
Capitaines , Lieutenans ou Gardes, dans l'étendue dudit Gouvernement ,
ayant révoqué , comme nous révoquons celles que notredit fils & fes prédéceffeurs pourroient avoir ci-devant données : faifant défenfes aux porteurs d'icelles de s'en fervir, voulons auffi pour certaines confidérations que
le fieur Marquis d'Effiat, Capitaine de celle de Longjumeau & le fieur
de Maifons , Préfident en notre Cour de Parlement , Capitaine de celle de
Pierrelaye & Pontoife , fupprimées par ces préfentes , puiffent pendant
leur vie feulement continuer les mêmes fonctions, & conferver la chaffe
dans l'étendue de leurs Capitaineries , ainfi qu'ils ont fait jufqu'à préfent
fans aucune innovation, & fans que fous aucun prétexte elles puiffent après
leurs décès être continuées, déclarant des à préfent nulles toutes provifions
qui en pourroient être expédiées après leurs décès ou fur leur démiffion, à
tous lefquels Capitaines , Lieutenans, Officiers & Gardes ci-deffus fupprimés,
nous avons néanmoins par grace fpéciale , confervé & confervons leur vie
durant , les gages & appointemens ainfi confervés foient laiffé dans nos états
pour en être payés fur leurs fimples quittances en la maniere accoutumée ,
nonobftant ladite fuppreffion : à l'exception néanmoins des gages de neuf
cent livres dont notre coufin le Duc de Noailles jouiffoit en qualité de
Capitaine des chaffes de Sequigny , à l'indemnité & dédommagement duquel
nous nous réfervons de pourvoir d'ailleurs à caufe defdits gages de 900 liv.
feulement. Voulons qu'à mefure que lefdits Capitaines & Officiers viendront
à décéder, les fonds de nos états en foient d'autant déchargés , & que des
à préfent toutes lefdites Capitaineries foient rayées des états de notre véne-
rie : faifons pareillement défenfes à tous les Gouverneurs de nos Provinces
& Gouverneurs Particuliers des Villes & places , de prendre la qualité de

Capitaines des chasses, ni de s'ingérer sous prétexte de l'autorité que leur donne leur Charge de défendre la chasse dans tout ou partie de l'étendue de leurs pouvoirs & Gouvernemens, ni donner aucunes commissions de Capitaines, Lieutenans ou Gardes des chasses, sans néanmoins préjudicier aux permissions que nous avons ci devant données, & que nous pourrons ci-après accorder à certains Gouverneurs, de faire conserver la chasse pour leur plaisir, dans l'étendue & dans les bornes qui leur ont été ou seront désignées par nos brevets, que nous avons dès à présent déclaré nuls, au cas que l'étendue & les bornes n'y soient pas comprises ; lesquels Gouverneurs ne pourront sous prétexte desdites permissions, commettre aucuns Capitaines, Lieutenans ou autres Officiers de quelque nom & qualité que ce soit dans l'étendue à eux désignée ; mais seulement se servir de Gardes pour y conserver la chasse, ni pareillement obliger les Propriétaires des terres qui se trouveront dans l'étendue à eux désignée, à d'autres devoirs & sujettions que celles de s'abstenir de la chasse : & comme les Capitaines & Officiers des Capitaineries qui sont dans l'appanage de notre très-cher & très amé frere le Duc d'Orléans, n'ont encore remis ès mains desdits sieurs Intendans & Commissaires départis dans nos Provinces pour l'exécution de nos ordres, aucuns des titres concernant les Capitaineries qui peuvent être dans l'étendue de ses appanages ; voulons & ordonnons que dans trois mois pour toutes préfixions & délais, ils ayent à y satisfaire, pour être pareillement par nous pourvû à leur conservation ou à leur réduction, sur les Procès-verbaux & avis desdits sieurs Intendans & Commissaires départis, & faute d'y satisfaire par lesdits Capitaines, les avons dès-à-présent interdit & interdisons de toutes fonctions, droits & privilèges. Si donnons en mandement à nos amés & féaux Conseillers, les Gens tenans notre Cour de Parlement, Chambre des Comptes, & Cour des Aydes à Paris, que ces présentes ils ayent à faire lire, publier & regîtrer, & le contenu en icelles, garder & observer selon sa forme & teneur. Car tel est notre plaisir. En témoin de quoi, nous avons fait mettre notre scel à cesdites présentes. Donné à Fontainebleau le 12 Octobre 1699, & de notre regne le cinquante-septième. *Signé*, LOUIS. *Et plus bas* : par le Roi, PHELIPEAUX & scellées du grand sceau de cire jaune.

ARREST DU CONSEIL,

QUI permet aux Officiers de la Maîtrise d'Amiens de s'assembler de relevée dans le Parquet des Gens du Roi du Baillage pour faire les instructions, &c.
Fait défenses aux Officiers du Baillage & tous autres de les y troubler, à peine de tous dépens, dommages & intérêts.

Du 17 Novembre 1699.

SUR ce qui a été représenté au Roi en son Conseil par les Officiers de la Maîtrise particuliere des Eaux & Forêts d'Amiens, qu'il étoit de regle qu'ils qu'ils euffent comme en toutes les autres Jurifdictions du Royaume , une Chambre d'Audience & une du Confeil, pour s'y affembler & faire les inftructions & le rapport des Procès par écrit de leur compétence , avoient plufieurs fois requis les Officiers du Baillage & Préfidial d'Amiens, de leur laiffer libre l'entrée de l'Auditoire pour y tenir leurs Audiences ; & la Chambre du Confeil ou le Parquet des Gens du Roi , aux jours & heures qu'ils ne s'en ferviront point, & n'avoient voulu leur laiffer libre que l'Auditoire , &c.

LE ROI EN SON CONSEIL, ayant égard à la Requête & conformément à l'avis dudit fieur Bignon , a permis aux Supplians de s'affembler de relevée dans le Parquet des Gens du Roi du Baillage d'Amiens , pour y faire les inftructions & juger les Procès par écrit de leur compétence : a fait très-expreffes inhibitions & défenfes aux Officiers dudit Baillage , & à tous autres de les y troubler, à peine de tous dépens, dommages & intérêts. Fait au Confeil d'Etat du Roi tenu à Verfailles le 17 Novembre 1699. *Signé*, DE LAISTRE.

ARREST NOTABLE DU CONSEIL,

QUI caffe & annulle la procédure faite par les Officiers de la Table de Marbre de Befançon de l'Ordonnance des Juges en dernier reffort contre les Officiers & Gardes des Maîtrifes de Gray & Dole , &c.

Fait défenfes aux Officiers de ladite Table de Marbre & Juges en dernier reffort , de commettre à l'avenir aucuns d'entr'eux pour faire des defcentes & informations , s'ils n'ont été commis par S. M. ou par le Grand-Maître , ou pris fon attache en cas d'abfence.

Du 3 Août 1700.

VU au Confeil d'Etat du Roi l'Arrêt rendu en icelui le 2 Mars 1700, fur la Requête du fieur Coulon , Grand-Maître des Eaux & Forêts du Département de Metz, commis par Sa Majefté, pour faire l'exercice & fonctions de pareille Charge , au Comté de Bourgogne , tendante à ce , qu'attendu que les Officiers de la Table de Marbre de Befançon s'étoient tranfportés à Dole, Gray & autres lieux des environs, fans ordre du Confeil ni de lui Grand-Maître , avoient informés contre les Officiers des Maîtrifes & iceux tellement intimidés, & les Gardes des Forêts qui étoient en fuite & avoient abandonné les Forêts au pillage des Riverains & prétendus Ufagers ; que fuppofé que ces Officiers euffent prévariqué ou fait quelques malverfations dans leurs Charges, il n'appartenoit à ceux de la Table de Marbre de faire des defcentes & inftructions fur les Lieux. L'Ordonnance des Eaux & Forêts du mois d'Août 1669 , art. 5 du titre des Grands-Maîtres attribuant aux Grands-Maîtres le droit d'inftruire & fubdéléguer pour l'inftruction des Procès des Officiers, jufqu'à Sentence définitive inclufivement , fi bon leur fembloit, de porter ou envoyer les Procès en état au Greffe de la Table de Marbre pour y être jugés par eux ou par leurs Lieutenans & commettre en la place des Officiers qu'ils interdiroient, &c.

LE ROI EN SON CONSEIL, faifant droit fur les Requêtes refpectives, a caffé & annullé la Procédure faite par les Officiers de la Table de Marbre de Befançon de l'Ordonnance des Juges en dernier Reffort de ladite Table de Marbre contre les Officiers & Gardes de la Maîtrife de Dole & Gray, & tout ce qui pouvoit s'en être enfuivi ; ce faifant que leur Procès fera fait & inftruit de nouveau par le fieur de Pierre, Confeiller de ladite Table de Marbre, commis par ledit fieur Coulon par fa Commiffion du 7 Juillet 1699, & en vertu d'icelle & du préfent Arrêt & jugé définitivement par les Officiers de ladite Table de Marbre, fauf l'appel au Parlement de Befançon. Fait Sa Majefté défenfes aux Officiers de ladite Table de Marbre de Befançon & Juges en dernier Reffort de commettre à l'avenir aucun d'entr'eux pour faire les defcentes & informations, s'ils n'ont été commis par Sa Majefté, ou par le Grand Maître, ou pris fon attache en cas d'abfence. Fait au Confeil d'Etat du Roi tenu à Verfailles le 3 Août 1700. Signé, RANCHIN.

ARREST DU CONSEIL,

QUI ordonne que l'amende de trois cent livres à laquelle celle de fept cent livres, prononcée en la Maîtrife de Ferfeigné contre les Religieux de ladite Ville, a été moderée par Sentence de la Table de Marbre de Paris, fera rendue au Receveur des Amendes de ladite Maîtrife par le Receveur de la Table de Marbre, qui l'a reçue, &c.

Du 2 Avril 1701.

SUR la Requête préfentée au Roi en fon Confeil par Jacques Leroi fon Fermier des Domaines de la Province du Maine, contenant que par Sentence de la Maîtrife des Eaux & Forêts de Perfeigné du 8 Février 1700, les Religieux de Perfeigné avoient été condamnés en 700 liv. d'amende pour avoir coupé 700 bourées en la Forêt de Perfeigné, en avoient appellé à la Table de Marbre de Paris où ils avoient obtenu le 30 Avril 1700, Sentence qui modéroit cette amende à 300 liv. laquelle ils avoient payé à Henri Hucheraud, Receveur des Amendes de ce Siége le 5 Mai 1700, la quittance duquel avec la Sentence de modération ils avoient fignifiés au Receveur des Amendes de la Maîtrife le 17 Mai enfuivant; & d'autant que l'Ordonnance de 1669, art. 23, titre des peines & amendes, il étoit dit que lorfqu'il y avoit appel des condamnations d'amendes, les Collecteurs prépofés dans les Maîtrifes en feroient le recouvrement après que l'appel auroit été jugé, foit que les amendes euffent été augmentées ou modérées au Siége de la Table de Marbre, ou ailleurs, &c.

LE ROI EN SON CONSEIL, ayant aucunement égard à la Requête, a ordonné que ladite amende de 300 liv. à laquelle celle de 700 liv. prononcée à ladite Maîtrise de Perseigné contre les Religieux de l'Abbaye de Perseigné, a été modérée par Sentence de la Table de Marbre de Paris du 30 Avril 1700, sera rendue & restituée au Receveur des Amendes de ladite Maîtrise, pour en compter ainsi que des autres deniers de sa Recette, à quoi faire celui de la Table de Marbre qui l'a reçue contraint comme dépositaire, ce faisant déchargé & l'a condamné aux frais du présent Arrêt liquidés à 30 liv. Fait au Conseil d'Etat du Roi tenu à Versailles le 2 Avril 1701. *Signé*, DUJARDIN.

A R R E S T D U C O N S E I L.

QUI fait défenses aux Chevaliers de l'Ordre de Malthe de faire aucunes coupes de futaie sans permission de Sa Majesté, &c.

Du 3 Mai 1701.

LE ROI en son Conseil, faisant droit sur les Requêtes respectives a débouté lesdits de Polastron & Pontier de leur demande, & néanmoins par grace & sans tirer à conséquence, a permis audit de Polastron de faire parachever la coupe & l'exploitation desdits deux cantons de bois dépendans de la Commenderie de Gimbré, à la charge que la somme de 590 liv. prix de la vente du 21 Décembre 1696, faite en conséquence de la Délibération de la Langue de Provence du 26 Août de la même année, sera déposée ès mains d'un notable Bourgeois de la Ville de l'Isle-Jourdain, qui donnera caution & certificateur, pour être employée sans aucune diminution, en acquisition d'héritages ou rentes au profit de la Commenderie, par l'avis du sieur le Gendre, Intendant de Justice, Police & Finances en la généralité de Montauban, & que ledit de Polastron sera tenu de mettre au Greffe de la Maîtrise particuliere des Eaux & Forêts de l'Isle-Jourdain, copie des actes justificative dudit emploi trois mois après la date d'iceux. Fait Sa Majesté défenses aux Chevaliers de l'Ordre de Jérusalem de faire couper aucuns bois de futaie sans sa permission, sur les peines portées par l'Ordonnance des Eaux & Forêts du mois d'Août 1669, & a réitéré les défenses faites audit Pontier, par Arrêt du Conseil du 18 Mai 1700, de permettre la coupe d'aucun bois, à peine de 3000 liv. d'amende & d'interdiction des fonctions de son Office. Fait au Conseil d'Etat du Roi tenu à Versailles le 3 Mai 1701. *Signé*, DUJARDIN.

D É C L A R A T I O N D U R O I,

CONCERNANT les Capitaineries des Chasses de l'appanage de M. le Duc d'Orléans.

Du 27 Juillet 1701.

LOUIS par la grace de Dieu, Roi de France & de Navarre : A tous ceux qui ces présentes Lettres verront. SALUT : par notre Déclaration du 5 Octobre 1699; Nous avons pour les caufes & motifs y contenus, fupprimé un grand nombre de Capitaineries des Chaffes qui s'étoient établies fous dif-férens prétextes dans nos Domaines, même dans quelques Domaines particu-liers; & ordonné que dans trois mois du jour de ladite Déclaration les titres des Capitaineries de l'appanage de feu notre très-cher & très-amé Frere uni-que le Duc d'Orleans, feroient remis ès mains des Intendans & Commiffaires départis pour l'exécution de nos ordres, dans les Provinces où font fitués les Terres & Domaines dudit appanage, afin qu'il y fût par Nous pourvu, ce qui auroit été exécuté au défir de ladite Déclaration; & après avoir exa-miné les Titres defdites Capitaineries, Nous avons réfolu d'expliquer nos in-tentions fur celles que Nous voulons fupprimer, & fur celles que nous défi-rons conferver pour le plaifir & la fatisfaction de notre très-cher & très-amé Neveu le Duc d'Orleans qui fe trouve préfentement jouiffant dudit appanage, par le décès de notre Frere le Duc d'Orleans.

ARTICLE PREMIER.

A ces caufes, de notre certaine fcience, pleine puiffance & autorité Royale, Nous avons par ces Préfentes fignées de notre main, éteint & fupprimé, éteignons & fupprimons les Capitaineries des Chaffes ci-devant établies à Chartres, la Ferté, Dourdan, Baugency, Nemours, Coucy, à Follambray, enfemble les Capitaines, Lieutenans & autres Officiers & Gardes qui peu-vent y avoir été ci-devant établis, foit par Nous, foit par notre Frere; leur faifant défenfes de faire à l'avenir aucun exercice ni fonction defdites Char-ges, à peine de nullité.

II. Et de notre même autorité que deffus, Nous avons maintenu & con-fervé, maintenons & confervons les Capitaineries des Chaffes d'Orleans, pays de Sologne, Montargis, Villers-Cotterêts & l'Aigue, dans lefquelles Nous permettons aux Capitaines, Officiers & Gardes ci-devant établis par notre Frere, & qui pourront l'être ci-après par notredit Neveu, d'exercer leurs fonctions, ainfi & en la manière qu'il eft permis par nos Edits & Ordonnan-nances, & fpécialement par notre Ordonnance du mois d'Août 1669 pour les Capitaineries non Royales.

III. Pourront lefdits Capitaines veiller à la confervation des Chaffes & punition des coupables, ainfi qu'il eft permis par nofdites Ordonnances, fans qu'ils puiffent empêcher les Seigneurs Hauts-Jufticiers ou les Seigneurs de Fiefs ayant cenfives & vaffaux, de chaffer eux & leurs enfans ou amis dans l'étendue de leurs Hautes-Juftices ou Fiefs (& les Seigneurs Eccléfiaftiques de la qualité fufdite, de commettre une perfonne telle qu'ils aviferont pour chaffer, à condition que celui qui fera par eux commis, fera tenu de faire regiftrer fa Commiffion au Greffe de la Maîtrife des Eaux & Forêts) ni pareillement empêcher les Particuliers d'arracher les mauvaifes herbes, de faucher leurs foins quand bon leur femblera, ni les obliger de mettre des épines dans leurs héritages, d'attacher des landons au col de leurs chiens ni leur impofer d'autres fujettions que celles portées par l'Ordonnance du mois d'Août 1669 à l'égard des Capitaineries non Royales.

IV. Lefquelles Capitaineries ainfi réfervées pour notredit Neveu, Nous

avons limités, sçavoir, celle d'Orleans, à commencer à ladite Ville d'Orleans, descendant le long de la Loire à la Chapelle Saint-Mesmin, Orme,
Boulet, Bricy, Hueftre, Sougy, Dambron, Santilly, Château-Gaillard,
Tivernon, Lyon-en-Beauffe, Ruan, Villereau (& laiffant les Villages de
Bougy, Chilleurs & Moreau en dehors). A Bouzonville-les-Bois, Cour-
celle-le-Roi & la Narville, & dudit lieu de la Narville à Nibelle (laiffant
les lieux de Chambon & Bois-Commun en dehors) enfuite à Nerploy, Beau-
champ, Lorris-le Moulinet, & dudit lieu de Moulinet à la Loire au-deffus de
Saint-Pere-les-Sully, & le long de la même rivière à Orleans, fans néanmoins
que la Terre & Marquifat de Château-neuf, Plaines, Varennes & Garenne
compofant ledit Marquifat foient cenfés être de ladite Capitainerie ; & pour
éviter toutes conteftations, Nous avons déclaré que ce que Nous entendons
dudit Marquifat être exempt de ladite Capitainerie, commencera au ruiffeau
de la Glafiere, remontant au Parc de Chenailles, & fuivant les murs de la
Métairie de la Bodriere à celle de Laizeau, paffant fur la Chauffée de l'Etang
du Moulin au chemin qui conduit à la Maîtrife de Duitz, de-là à la tête
du foffé qui fépare la partie de la Forêt appellée la Courie des héritages
des Particuliers, dudit foffé au grand chemin jufqu'à la Métairie du Rône
& jufqu'à la Forêt ; d'où tournant à droite par les buiffons & bruyeres le long
de ladite Forêt jufqu'à la plaine, & fuivant à gauche le long de ladite Forêt
jufqu'à Bouzy, & fans anticiper fur ladite Paroiffe ni fur d'autres Terres dépendantes de l'Abbaye de Saint-Benoît au grand étang de Saint Aignan
des Guets, & le long du ruiffeau qui en fort jufqu'à la petite riviere qui coule
dans la Prairie & a fon embouchure dans la Loire.

V. La Capitainerie de Sologne fera bornée & limitée à commencer à la
rivière de Loire au-deffous de Jargeau, à Ferroles, Corme, delà au ruiffeau de Lardone, & le lond dudit ruiffeau jufqu'à fon embouchure dans
la riviere de Loire, fans néanmoins que la Terre & Seigneurie de Moreau,
appartenances & dépendances foit comprife dans ladite Capitainerie dont
Nous l'avons exceptée & diftraite en tant que de befoin.

VI. Voulons que la Capitainerie de Montargis foit compofée des Plaines
& Varennes qui fe trouvent autour de ladite Ville & à une lieue ès environs,
comme auffi de toute la Forêt de Montargis, & encore des terres & plaines
à une demie lieue de pourtour de ladite Forêt ; à l'effet de quoi il fera inceffamment marqué des bornes certaines, tant par les chemins qu'autrement,
pour limiter ladite Capitainerie par les foins de notre amé & féal, Confeiller en notre Confeil d'Etat, le fieur de Bouville, Commiffaire départi pour
l'exécution de nos ordres en la Généralité d'Orleans, que Nous avons pour
ce commis; lequel fera marquer lefdites limites en préfence des Officiers de
notredit Neveu le Duc d'Orleans, ou eux duement appellés, & en dreffera
fon Procès verbal pour être enfuite par Nous autorifé & confirmé.

VII. L'étendue de la Capitainerie de Laigue fera compofée de la Forêt de
Laigue feulement, fans que fous prétexte de nos Ordonnances qui font défenfes de chaffer à une lieue de nos Forêts, les Officiers de notredit Neveu
puiffent étendre au-delà de ladite Forêt leur droit & Jurifdiction de Chaffe.

VIII. Et à l'égard de la Capitainerie de Villers-Cotterêts, Nous nous
réfervons d'en régler inceffamment les limites par un Réglement particulier;

Voulant qu'en attendant il ne foit rien innové dans ladite Capitainerie, & que la Chaffe y foit confervée conformément à notre préfente Déclaration.

IX. Ne pourront les Capitaines & autres Officiers & Gardes qui feront prépofés par notredit Neveu pour la confervation de la Chaffe, jouir d'aucuns privileges, fous prétexte de leurs Charges ni Emplois, ni exiger aucunes rétributions ou autres droits de nos Sujets, à peine de concuffion.

Si DONNONS en mandement à nos amés & féaux Confeillers, les Gens tenant nos Cour de Parlement & Cour des Aydes à Paris, que ces Préfentes ils ayent à faire lire, publier & régiftrer, & le contenu en icelles garder & obferver : CAR tel eft notre plaifir, en témoin de quoi Nous avons fait mettre notre fcel à cefdites Préfentes. Donné à Marly le 27 de Juillet 1701, & de notre Regne le cinquante-neuviéme. *Signé*, LOUIS. *Et plus bas*, par le Roi, PHELYPEAUX.

ARREST DU CONSEIL,

QUI fait défenfes à tous Pêcheurs de pêcher avec filets & engins défendus par les Ordonnances, tant dans les Rivières navigables & flottables, que dans celles qui ne le font point, & dont même la propriété appartient à des Seigneurs particuliers, fous les peines, &c.
Enjoint aux Grands-Maîtres de tenir la main à fon exécution, &c.

Du 27 Novembre 1701.

SUR la Requête préfentée au Roi en fon Confeil par les Religieux Feuillans de l'Abbaye Royale de Saint Mefmin-les-Orléans, contenant: Qu'ils font en poffeffion depuis plufieurs fiécles de la Rivière de Lioret, à l'endroit de leur Abbaye & de tous leurs domaines & héritages; que cette rivière leur appartient non-feulement pour l'eau, mais encore pour le fond & propriété dans laquelle non plus que dans la poffeffion, ils n'ont jamais été troublés. La demande du Procureur du Roi de la Maîtrife d'Orléans eft une nouvelle prétention; il ne peut prétendre que l'exécution des Ordonnances, & y faire obferver la maniere de pêcher dans les rivières navigables; l'Ordonnance de 1669 au titre de la Pêche, ne parle pour la maniere de pêcher, que des fleuves & rivières navigables, dans lefquelles il eft fait défenfes par l'Article premier, à toutes perfonnes, fauf aux Maîtres Pêcheurs d'y pêcher; & par l'art. 10 de la même Ordonnance, il leur eft fait défenfes de fe fervir de filets qui font énoncés audit article; & entre ces fortes de filets qui fervent à la pêche; il eft fait mention de l'épervier qui eft le fujet de la faifie faite à la requête du Procureur du Roi, fur les Fermiers des Supplians, & le motif du jugement rendu fur fon Réquifitoire le 2 Août 1727; mais comme par l'article premier du titre de la Pêche, il n'eft permis qu'aux Maîtres

Pêcheurs qui ont la ferme des Rivières d'y pêcher ; & que par l'art. 10, il est défendu aux Maîtres Pêcheurs de se servir des espéces de filets énoncés audit article : tout ce titre ne concerne que la pêche sur les rivieres navigables qui sont celles qui appartiennent au Roi, &c.

LE ROI EN SON CONSEIL, sans avoir égard à la Requête des Supplians ni à l'opposition par eux formée à l'Arrét de son Conseil du 5 Septembre de l'année 1700, dont sa Majesté les a débouté & déboute, ordonne que l'Arrêt & la Sentence de la Maîtrise d'Orléans, seront exécutés selon leur forme & teneur ; en conséquence, fait Sa Majesté défenses à tous Pêcheurs de pêcher avec filets & engins défendus par les Ordonnances, tant dans les Rivieres navigables & flotables que dans celles qui ne le font pas ; & dont même la propriété appartient à des Seigneurs particuliers, sous les peines portées par l'Ordonnance du mois d'Août 1669. Enjoint Sa Majesté aux Grands-Maîtres des Eaux & Forêts de tenir chacun en droit soi, la main à l'exécution du présent Arrét qui sera lu, publié & enregistré au Siége de la Table de Marbre de Paris, & par-tout ailleurs où besoin sera. Fait au Conseil d'Etat du Roi, tenu à Marli le 27 Novembre 1701. Collationné. *Signé*, EYNARD.

ÉDIT DU ROI,

PORTANT attribution & taxations aux Officiers des Eaux & Forêts, & création de Receveurs particuliers des Domaines & Bois.

Donné à Versailles au mois de Décembre 1701.

LOUIS, par la grace de Dieu, Roi de France & de Navarre : A tous présens & à venir, SALUT. L'attention particuliere que nous avons toujours donnée à la conservation de nos Forêts qui font la partie la plus précieuse de notre Domaine, & l'application que nous avons remarquée dans les Grands-Maîtres, & dans les Officiers des Maîtrises des Eaux & Forêts de notre Royaume à leur conservation, par l'exécution exacte, tant de notre Ordonnance du mois d'Août 1669, que des Arrêts & Réglemens intervenus en conséquence, nous ont engagés à leur attribuer en divers temps des augmentations de gages, des chauffages & des droits de journée, qui n'étant pas suffisans pour subvenir aux frais & dépenses ausquels ils sont obligés de la visite de leurs départemens, & dans le cours de leurs fonctions ; Nous avons résolu d'attribuer des taxations sur les prix des ventes & des augmentations de gages, tant ausdits Grands-Maîtres qu'aux Officiers desdites Maîtrises, en nous payant une Finance modérée, & nous avons en même temps résolu de créer dans lesdites Maîtrises des Receveurs particuliers, pour recevoir le prix des Ventes de nos Bois sur les lieux, sans obliger les Adjudicataires à en porter les deniers aux Recettes générales de nos Domaines & Bois, & pour veiller à la solvabilité des cautions qu'ils sont obligés de fournir aux termes de notre Ordonnance. A CES CAUSES & autres, à ce nous mouvans, de notre certaine science, pleine puissance & autorité Royale, Nous avons par le présent Edit perpétuel & irrévocable, attribué & attribuons aux Grands-

Maîtres des Eaux & Forêts, trois deniers du prix des ventes qui feront faites par chacun an dans nos Bois & Forêts, à commencer par celles faites en l'année 1701, pour l'année 1702, & à ceux dans les départemens defquels il ne fe fait pas des Ventes fuffifantes pour fixer un pied raifonnable pour lefdites taxations, des augmentations de gages proportionnées aufdites taxations qui feront fixées par les états qui feront arrêtés en notre Confeil ; comme auffi nous avons attribués & attribuons aux Officiers defdites ·Maîtrifes particulieres fix deniers pour livre de taxations fur le prix defdites ventes, & vingt mille livres d'augmentation de gages effectifs pour deux quartiers de quarante mille livres que nous leur attribuons pour en jouir par les Pourvûs defdites Offices de Grands Maîtres & Officiers defdites Maîtrifes héréditairement ; Nous avons auffi par notre préfent Edit créé & érigé, créons & érigeons en titre d'Office formé & héréditaire, un notre Confeiller Receveur particulier dans chacune des Maîtrifes des Eaux & Forêts de notre Royaume, pour recevoir fur fes quittances, tous les deniers qui proviendront des ventes tant ordinaires qu'extraordinaires de nos Bois & Forêts, à commencer par les ventes faites pour l'année 1702. Voulons que lefdits Receveurs foient préfens aux Audiences & adjudications de nos Bois, que les cautions qui feront préfentées par les Adjudicataires foient reçues avec eux, le Receveur général de nos Domaines & Bois, s'il y eft préfent, & notre Procureur en chacune Maîtrife, lefquels Receveurs payeront les gages, chauffages, taxations, droits & autres charges affignées fur nofdits Bois & Forêts des Maîtrifes de leur établiffement, fuivant les états qui s'en arrêteront en notre Confeil, & par les Grands-Maîtres, par les états de diftribution qu'ils ont droit de faire, dont lefdits Receveurs particuliers retireront les quittances en bonne forme, fous les noms & à la décharge des Receveurs généraux de nos Domaines & Bois, aufquels ils remettront les acquits & les deniers de leur recette, au fur, qu'ils les recevront, & leur compteront par état fommaire & fans frais de leurdite recette & dépenfe, dans l'année fuivante immédiatement le dernier terme des ventes expiré, pour les rapporter par les Receveurs généraux dans les états au vrai qu'ils préfenteront aux Bureaux des Finances & au Confeil, & fur leurs comptes en nos Chambres des Comptes, au moyen de quoi nous avons difpenfé & difpenfons les Receveurs particuliers de compter de leur maniment aufdits Bureaux des Finances, en notre Confeil ni en nos Chambres des Comptes : Ne pourront néanmoins nofdits Receveurs s'immifcer dans la recette des amendes dont le recouvrement doit être fait par les Collecteurs créés dans lefdites Maîtrifes, qui continueront de remettre, comme par le paffé, les deniers de leur recette entre les mains des Receveurs généraux de nos Domaines & Bois ; & d'autant qu'il y a plufieurs Maîtrifes particulieres qui font proches les unes des autres, dans lefquelles les ventes de nos Bois font de peu de conféquence ; Nous voulons qu'en ce cas il puiffe être uni & incorporé deux, trois ou quatre recettes particulieres pour être exercées par un feul Receveur, fur même quittance & provifions, fauf à les divifer quand ils le requerreront, fi nous trouvons à props de le faire ; Nous voulons auffi que lefdits Receveurs particuliers foient reçus au ferment, & inftallés aufdits Offices par les Grands-Maîtres des Eaux & Forêts qui fe trouveront fur les lieux, & en leur abfence par les Officiers des Maîtrifes,

fes, lefquels recevront les cautions qui feront données par lefdits Receveurs particuliers jufqu'à la fomme de mille livres dans les Maîtrifes où les ventes des Bois font au-deffous de huit mille liv. de produit, & de deux mille liv. pour celles au-deffus, lefquelles cautions feront reçues en préfence du Receveur général, & les actes de reception de caution & cautionnement regiftrés aux Greffes defdites Maîtrifes pour y avoir recours, le tout fans frais, aufquels Receveurs particuliers nous avons auffi attribué & attribuons trois deniers pour livre de taxations du prix des ventes de nofdits Bois & Forêts, à commencer par celles faites pour l'année 1702, & trente mille livres de gages effectifs pour deux quartiers de foixante mille livres de gages héréditaires que nous leur attribuons par le préfent Edit, pour être toutes lefdites taxations, gages & augmentations ci-deffus diftribués aufdits Officiers & employés dans les états que nous ferons arrêter en notre Confeil, des deniers des Ventes de nofdits Bois & Forêts, à commencer par celles faites pour l'année 1702, pour être lefdites fommes payées aufdits Officiers, à commencer au premier Janvier 1702, fur leurs fimples quittances, fans aucun retranchement, & en attendant que lefdits Grands-Maîtres & les Officiers des Maîtrifes ayent payé la Finance qu'ils devront par les rôles qui s'arrêteront en notre Confeil, & que les Receveurs particuliers foient reçus & inftallés, Nous voulons & entendons que les fommes aufquelles montent lefdites taxations, gages & augmentations foient employées dans nofdits états, pour être payées à celui qui fera par nous prépofé pour l'exécution du préfent Edit, fur fes fimples quittances qui feront paffées & allouées fans difficulté dans lefdits états & comptes, fans diftinction de temps. Voulons auffi que lefdits Receveurs particuliers de nofdits Bois & Forêts, jouiffent des droits des quittances qu'ils délivreront, fur le pied fixé pour les Receveurs des Tailles, & qu'ils jouiffent du droit de l'hérédité à eux accordé par le préfent Edit pendant vingt années, à commencer du premier Janvier 1702, fans que pendant ledit temps elle puiffe être revoquée, ni lefdits Officiers inquietés pour raifon de ce; & pour donner moyen aufdits Receveurs particuliers de donner leurs foins avec application aux fonctions de leurs charges, Nous voulons qu'ils jouiffent de l'exemption de toutes Tailles & autres impofitions, logemens de gens de guerre, collecte, guet & garde, tutelle & curatelle & autres charges publiques, même de la nomination de Tuteurs & Curateurs dans nos Provinces de Normandie & de Bretagne; comme auffi nous leur avons accordé & accordons droit de Committimus aux Requêtes du Palais des Cours de leur reffort; & dans ceux où il n'y en a point efdites Cours; permettons à toutes perfonnes Nobles, Officiers de Judicature ou de Finance, d'exercer ou acheter lefdits Offices de Receveurs particuliers, fans incompatibilité d'autres Charges ni degré de parenté, excepté feulement de pere à fils, & de frere à frere, pourvu qu'ils ayent atteint l'âge de 22 ans, les relevant & difpenfant à cet égard de la rigueur de nos Ordonnances, même de faire leur réfidence hors defdites Maîtrifes, pourvû qu'ils n'en foient pas éloignés de plus de dix lieues, le tout en nous payant par lefdits Grands-Maîtres, Officiers des Maîtrifes & Receveurs particuliers, la Finance qui fera pour ce fixée en notre Confeil, fur les quittances du Tréforier de nos revenus cafuels, & les deux fols pour livre d'icelle, fur les quittances de celui qui fera prépofé au recouvrement de la dite Finance, lefquelles fommes feront payées par lefdits Grands Maîtres & Officiers defdites Maîtrifes; fçavoir, moitié dans deux mois du jour de la fignification qui leur fera faite defdits rôles, & l'autre moitié trois mois après, à peine d'y être contraints par les voies ordinaires & accoutumées pour nos deniers & affaires. Voulons qu'en attendant que lefdits Offices foient ven- dus, & les Pourvus inftallés, il foit par le Prépofé pour l'exécution du pré- fent Edit, commis & établi dans lefdites Maîtrifes des perfonnes capables & folvables pour faire lefdites recettes & les fonctions defdits Offices, à la charge d'en demeurer par eux civilement refponfables, & jouiront lefd. Com- mis en attendant la vente, des mêmes priviléges & exemptions que ceux dont pourroient jouir les Titulaires; & pour donner moyen de donner aufdits Grands Maîtres, Officiers defdites Maîtrifes & Receveurs particuliers d'ac- querir lefdits Offices, taxations, gages & augmentations; nous leur avons permis & permettons d'emprunter les deniers dont ils auront befoin, même de fubroger en leur lieu & place telles perfonnes qu'ils aviferont, pour jouir defdites taxations, gages & augmentations. Voulons qu'en ce cas, ceux qui préteront leurs deniers pour faire lefdites acquifitions, ayent privilége & hy- pothéque fpéciale fur iceux, même qu'ils puiffent en jouir par leurs mains diftinctement, féparément & héréditairement fur leurs fimples quittances, & que l'emploi en foit fait fous leurs noms dans nos états, & paffé fans difficulté dans les états au vrai & comptes qui feront rendus par lefd. Receveurs géné- raux: tant en notre Confeil qu'en nos Chambres des Comptes; en juftifiant defdits contrats, ceffions ou déclarations defdits Officiers. Si donnons en mandement à nos amés & féaux Confeillers, les Gens tenant notre Cour de Parlement à Rennes, que le préfent Edit ils ayent à faire lire, publier & regiftrer, & le contenu en icelui fuivre, garder, obferver & exécuter felon fa forme & teneur. ceffant & faifant ceffer tous troubles & empêchemens qui pourroient être mis ou donnés, nonobftant tous Edits, Déclarations & autres chofes à ce contraires, aufquels nous avons dérogé & dérogeons par le préfent Edit, aux copies duquel collationnées par l'un de nos amés & féaux Confeillers-Secrétaires, voulons que foi foit ajoutée; CAR tel eft notre plaifir: Et afin que ce foit chofe ferme & ftable à toujours, Nous y avons fait mettre notre Scel. Donné à Verfailles au mois de Décembre l'an de grace mil fept cens un, & de notre le cinquante-neuviéme. Signé, LOUIS: Et plus bas, par le Roi, COLBERT. Vifa PHELYPEAUX: Vu au Confeil, CHAMILLART. Et fcellé.

ARREST DU CONSEIL D'ÉTAT DU ROI,

PORTANT que les Adjudicataires des Coupes des Forêts de Sa Majefté, payeront les Droits de Sortie de leurs Bois hors du Royaume.

Du 17 Janvier 1702.

SUR ce qui a été repréfenté au Roi en fon Confeil par le Procureur de Sa Majefté en la Maîtrife Particuliere des Eaux & Forêts d'Ypres, que le Sieur Collin de Liencourt, Grand-Maître des Eaux & Forêts du Département de Flandres, avoit adjugé partie des Bois de la Forêt d'Outhulſt, de l'Ordinaire de 1699, à Joſſe Vergy, demeurant à Merchem, Terre d'Eſpagne, proche ladite Forêt, avec faculté de les pouvoir mener & debiter par tout Pays ſans payer de droits de Péages, Travers, Entrées des Villes, ni autres, conformément à l'Arrêt du Conſeil du 19 Février 1695 : néanmoins cet Adjudicataire conduiſant chez lui un Charriot chargé de cent Fagots provenans de ſon Adjudication, deux Gardes des Fermiers des Droits de ſorties l'avoient ſaiſi, & l'avoient aſſigné à comparoir devant le Subdélégué du ſieur Barentin, Intendant en Flandres du côté de la Mer, lequel avoit déclaré tous les Adjudicataires des Coupes de la Forêt, ſujets à payer les Droits portés & réglés par les Tarifs, lorſqu'ils feroient ſortir leurs Bois hors du Royaume ; & ordonné que lorſqu'ils n'en ſortiroient que pour y rentrer, ils prendroient ſeulement des acquits à caution, & auroit condamné ledit Joſſe Vergy aux dépens du Procès : dont s'étant plaint audit ſieur de Liencourt Grand-Maître le 23 Septembre 1699, il l'auroit déchargé des condamnations portées par le Jugement de ce Subdélégué, & fait défenſes à tous Fermiers, Receveurs & autres, de percevoir aucuns Droits des Adjudicataires des bois des Forêts de Sa Majeſté, lorſqu'ils les conduiroient eux-mêmes, ſoit hors du Royaume ou ailleurs, & à tous Juges de les aſſujettir à prendre d'acquits à caution pour raiſon de cette ſortie, ſoit pour y rentrer ou autrement. Et à l'égard des dépens ſoufferts par ledit Joſſe Vergy ſur la pourſuite à lui faite pour raiſon deſdits Droits, l'avoit renvoyé à ſe pourvoir pardevant les Officiers de la Maîtriſe d'Ypres, qu'il auroit commis à cet effet, ſignifié le 30 Septembre 1699, ce qui avoit été exécuté juſqu'au dix Décembre 1700, que le ſieur de Longchamp, au nom de Thomas Templier Fermier Général des cinq groſſes Fermes, avoit de nouveau inquiété la caution d'un des Adjudicataires par exécution de ſes chevaux, pour le payement de quarante-huit florins, pour les dépens portés par la condamnation du Subdélégué, & nonobſtant leſdits Arrêt & Ordonnance, menaçoit les Adjudicataires de leur faire payer les Droits portés par les Tarifs, s'ils faiſoient conduire les Bois ſur les Terres d'Eſpagne, en ſorte qu'ils n'oſoient les faire ſortir. Et d'autant que ce procédé pouvoit cauſer du préjudice à Sa Majeſté, en ce que la Coupe de la Forêt du côté des Paroiſſes ſituées ſur les Terres d'Eſpagne, ne pourroit être débitée que par la difficulté du tranſport : A CES CAUSES, &c. LE ROI EN SON CONSEIL a évoqué à ſoi & à ſon Conſeil ladite Inſtance d'entre le Fermier des Droits de Sortie du Royaume, & Joſſe Vergy, Adjudicataires de partie des Coupes de la Forêt d'Outhulſt, de l'ordinaire de 1699 ; & y faiſant droit, a déchargé ledit Vergy du payement des Droits de Sortie du Royaume pour les Bois provenans de ſon adjudication, qu'il a fait conduire & débiter lui-même & dont eſt queſtion ; & par forme de Réglement a ordonné qu'à l'avenir les Adjudicataires des Coupes des Forêts de Sa Majeſté, qui feront ſortir les Bois provenans de leur adjudication des Pays, Terres & Seigneuries de la domination de Sa Majeſté, feront tenus de payer les Droits de Sortie portés par le Tarif arrêté au Conſeil, ſans néanmoins déroger aux exemptions accordées auſdits Adjudicataires par leſdits Arrêts du Conſeil des 19 Février & 23 Août 1695.

& autres, pour raifon des Bois qu'ils feront conduire pour leur compte dans tout le Royaume, même dans les Provinces réputées étrangères ; à l'effet de quoi fera le préfent Arrêt lû, publié & enregiftré aux Greffes des Maîtrifes particulières des Eaux & Forêts du Royaume, & par-tout où befoin fera. Enjoint Sa Majefté aux Grands-Maitres des Eaux & Forêts de France, chacun en l'étendue de fon Département, de tenir la main à l'exécution d'icelui. Fait au Confeil d'Etat du Roi tenu à Verfailles le dix-feptiéme jour de Janvier mil fept cent deux. Collationné. *Signé*, GOUJON.

ARREST DU CONSEIL,

QUI fait défenfes aux Juges ordinaires de Caftelcenfoi de prendre la qualité d'Officiers d'Eaux & Forêts.
Caffe une adjudication des Bois de la Communauté de Caftelcenfoi, par eux faite en ladite qualité d'Officiers d'Eaux & Forêts.

Du 20 Juin 1702.

SUR la Requête préfentée au Roi en fon Confeil par Me Pierre Gaillard, Maire perpétuel de la Communauté de Caftelcenfoi ; contenant que ce lieu de Caftelcenfoi étoit une Châtellenie dépendante du Duché de Nevers, où il n'y avoit jamais eu de Grurie en titre ; néanmoins Me Jacques de Lumes, Juge de la Juftice ordinaire, prenoit la qualité & faifoit les fonctions de Gruyer, fe qualifiant Lieutenant particulier aux Eaux & Forêts de Caftelcenfoi, & en cette qualité, en 1691, avoit à la requifition d'Edme Gerbaud, Procureur Fifcal, fe difant auffi Procureur Fifcal des Eaux & Forêts, fait arpenter un canton de bois de ladite Communauté, appellée Villers-fur-Aujeon, contenant cent arpens, & en avoit mis le quart en réferve le 15 Octobre 1691, & le 30 du même mois avoit adjugé les foixante-quinze arpens reftans, &c.

LE ROI EN SON CONSEIL a caffé, révoqué & annullé l'adjudication faite par ledit de Lumes, Juge ordinaire dudit lieu de Caftelcenfoi, & tout ce qui s'en eft enfuivi, & a fait très-expreffes inhibitions & défenfes audit de Lumes de prendre à l'avenir la qualité de Gruyer, Lieutenant particulier des Eaux & Forêts de Caftelcenfoi ; & audit Edme Gerbaud de prendre auffi celle de Procureur Fifcal defdites Eaux & Forêts, & d'en faire aucunes fonctions, fur les peines portées par l'Arrêt du Confeil du 14 Septembre 1688, & fera le préfent Arrêt enregiftré au Greffe de la Maitrife particulière des Eaux & Forêts Royales de Nevers. Fait au Confeil d'Etat du Roi tenu à Verfailles le vingtième Juin mil fept cent deux. *Signé*, DUJARDIN.

ARREST DU CONSEIL D'ÉTAT DU ROI,

QUI caffe l'Ordonnance du Sieur Savary, Grand-Maître des Eaux & Forêts du Département de Rouen, portant que le Sieur Herault recevra les Cautions des Adjudicataires des Bois. Et qui ordonne que les Receveurs particuliers des Bois pourvûs, & les Commis aux fonctions defdits Receveurs particuliers des Maîtrifes, où il n'y en a point, affifteront aux Ventes, feront la recette des Bois, & jouiront des Priviléges & Exemptions y attribués; avec défenfes aux Receveurs généraux des Domaines & Bois de les troubler, à peine d'interdiction & de 3000 l. d'amende.

Du 26 Décembre 1702.

Extrait des Regiftres du Confeil d'Etat.

SUR la Requête préfentée au Roi en fon Confeil par M. Claude-Jofeph Gillet, fieur Dufay, chargé par Sa Majefté du recouvrement de la Finance qui doit provenir des Offices de Receveurs particuliers créés par Edit du mois de Décembre 1701, dans chacune des Maîtrifes des Eaux & Forêts du Royaume : Contenant que par ledit Edit il eft porté que lefdits Receveurs particuliers recevront fur leurs quittances tous les deniers qui proviendront des Ventes ordinaires & extraordinaires des Bois & Forêts, à commencer par celles faites pour l'année 1702, qu'ils feront préfens aux Adjudications des Bois, & receptions des Cautions qui feroient préfentées par les Adjudicataires; payeront les Gages, Chauffages, Taxations, Droits & autres Charges affignées fur les Bois & Forêts defdites Maîtrifes, & en remettront les fonds aux Receveurs généraux des Domaines & Bois, & leur compteront par état fommaire & fans frais de leurs recettes & dépenfes, &c. Et qu'encore que le fuppliant ait fait toutes les diligences qui pouvoient dépendre de fes foins pour vendre les Offices de Receveurs particuliers, il n'en a pu vendre qu'une partie, parce que la plûpart defdits Receveurs généraux ont empêché jufques à préfent les Receveurs particuliers qui ont été pourvus, & leurs Commis prépofés par le Suppliant pour faire les fonctions defdits Offices de Receveurs particuliers non vendus, de faire leurs fonctions, &c. LE ROI EN SON CONSEIL, fans avoir égard à l'Ordonnance dudit Sieur Savary dudit jour neuf Novembre dernier, que Sa Majefté a caffée, a ordonné & ordonne, que conformément à l'Edit du mois de Décembre mil fept cent un, les particuliers qui font ou feront pourvus des Offices de Receveurs particuliers des Bois, créés par ledit Edit, ou les Commis prépofés par le Suppliant en vertu de fes procurations bien & duement regiftrées au Greffe de la Maîtrife; affifteront aux Ventes, Receptions de Cautions des Adjudicataires; recevront les deux fols pour livre, & le prix des Ventes des Bois, & jouiront des Priviléges & Droits à eux attribués ; pour les deniers qu'ils recevront des Marchands Adjudicataires, être par eux remis ès mains des Receveurs généraux, & par lefdits Receveurs généraux au Tréfor Royal, fuivant & conformément audit Edit. Fait Sa Majefté défenfes aux Receveurs généraux des Domaines & Bois, & à tous autres de troubler lefdits Receveurs particuliers ou Commis dans leurs fonctions, à peine d'interdiction de leurs Charges, trois mille livres d'amende, & de tous dépens, dommages & intérêts. Enjoint Sa Majefté aux Grands-Maîtres des Eaux & Forêts d'y tenir la main, à peine d'en répondre en leurs propres & privés noms. Et fera le préfent Arrêt exécuté nonobftant oppofitions ou autres empêchemens quelconques. Fait au Confeil d'Etat du Roi, tenu à Verfailles le vingt-fixiéme jour de Décembre mil fept cent deux. Collationné. *Signé,* Delaistre.

ARREST DU CONSEIL D'ESTAT PRIVE' DU ROI,

Par lequel il a été ordonné que le Lieutenant Général de la Table de Marbre de Bordeaux, faifant le Procès des Eccléfiaftiques pour fait de Chaffe, fe tranfportera en l'Officialité de Bordeaux, pour procéder conjointement avec l'Official, & les procédures faites fans ledit Official par ledit Lieutenant Général déclarées nulles.

Du 6 Mars 1703.

Extrait des Regiftres du Confeil d'Etat du Roi.

Sur la Requête préfentée au Roi en fon Confeil, par les Agens Généraux du Clergé de France, contenant que par Arrêt du Confeil du 3 Avril 1702, il a été ordonné, fans s'arrêter à l'oppofition des fieurs Billaut & Charlot, à l'exécution de l'Arrêt du Confeil du 15 Juin 1700, ni à l'intervention du Syndic du Clergé du Diocèfe de Bordeaux, ni à celle de Jean Candeloup, Chanoine Régulier, décrété pour fait de Chaffe, que fur l'appel d'ajournement perfonnel décerné contre les fieurs Billaut & Charlot, Prêtres, qu'on accufoit d'avoir chaffé, ils feroient tenus de procéder au Siége de la Table de Marbre de Bordeaux, fuivant les derniers erremens, à la charge néanmoins que l'Official du Diocèfe feroit appellé pour juger du délit commun; qu'en conféquence de cet Arrêt, le fieur de Candeloup a offert de fubir l'interrogatoire, & qu'il a été rendu un Jugement à la Table de Marbre, qui a ordonné qu'il le fubiroit, l'Official appellé, lequel Jugement il a fait dénoncer à l'Official de Bordeaux, avec fommation d'affifter à fon interrogatoire; que l'Official a répondu à cette fignification, qu'il étoit prêt de procéder à cet interrogatoire, avec l'Officier de la Table de Marbre qui devoit fe rendre à cet effet à l'Officialité, & que la réponfe de l'Official a été dénoncée par le fieur Candeloup, au Juge de la Table de Marbre, avec fommation de régler le différend de la Jurifdiction; mais que le Juge de la Table de Marbre, fans vouloir décider ce différend, rendit un second Jugement le 28 Juillet dernier, portant que le sieur Candeloup se rendroit le premier Août, à huit heures du matin, dans la Chambre du Conseil de la Table de Marbre, pour subir l'interrogatoire; & à cet effet, que l'Official y seroit appelé, conformément à l'Arrêt du Conseil, ce qui a obligé le Promoteur, qui a eu connoissance de ce Jugement, de faire signifier un Acte le premier Août, à six heures du matin, au Procureur du Roi de la Table de Marbre, par lequel il lui a déclaré que le sieur Vice-Gerant de l'Officialité de Bordeaux étoit prêt de procéder dans l'Officialité, à l'instruction du Procès du sieur Candeloup, avec l'Officier de la Table de Marbre ; mais le Lieutenant Général de ce Siége, prétendant que l'Official se devoit transporter dans la Jurisdiction de la Table de Marbre, après l'interrogatoire du sieur Candeloup, sans l'Official, le 3 Août dernier, ce qui est une contravention aux Ordonnances & à l'Arrêt du Conseil, qui rend la Procédure du Juge de la Table de Marbre, absolument nulle, & oblige les Supplians d'en demander la cassation, &c.

LE ROI EN SON CONSEIL, ayant égard à ladite Requête, interprétant l'Arrêt du Conseil du 3 Avril 1702, conformément à l'Article XXII. de l'Edit de Melun, à l'Edit du mois de Février 1678, & à la Déclaration du mois de Juillet 1684, a ordonné & ordonne que le Lieutenant Général de la Table de Marbre de Bordeaux, ou autre Officier du Siége, suivant l'ordre du Tableau, sera tenu de se transporter en l'Auditoire de l'Officialité, pour procéder conjointement avec l'Official, à l'instruction du Procès Criminel desdits Candeloup, Charlot & Billaut, & ce comme auparavant, les Procédures faites sans ledit Official, que Sa Majesté a déclarées nulles. Fait au Conseil d'Etat privé du Roi, tenu à Versailles le 6 Mars 1703. Collationné. *Signé*, DE MONS, avec paraphe.

ARREST DU CONSEIL D'ÉTAT DU ROI,

QUI casse une Sentence de la Table de Marbre & un Arrêt du Parlement de Rouen qui la confirmoit, & ordonne que faute par Jacques Badouet d'avoir mis en état & fait juger dans les trois mois l'appel qu'il a interjetté d'une Sentence de la Maîtrise d'Argentan, qui le condamnoit à cent livres d'amende pour fait de Chasse & Pêche, elle sera exécutée en dernier ressort.

Du 28 Août 1703.

Extrait des Registres du Conseil d'Etat.

SUR la Requête présentée au Roi en son Conseil, par Louis le Vavasseur, Receveur des Amendes de la Maîtrise des Eaux & Forêts d'Argentan, contenant que par Sentence de cette Maîtrise du 30 Avril 1696, entre le sieur Lecamus, Lieutenant Civil du Châtelet de Paris, Seigneur de Beaumais, & Jacques Badouet Sieur de la Gionnerie, demeurant en la Paroisse de Beaumais ; ledit Badouet avoit été trouvé chargé par information, & de sa reconnoiſſance ſur ſes interrogatoires, d'avoir chaſſé & péché, condamné en cent livres d'amende envers Sa Majeſté, avec les deux ſois pour livre, & cent liv. d'intérêts envers ledit ſieur Lecamus, avec défenſes de récidiver, & aux dépens ; qu'en vertu du Rôle des Amendes délivré au Suppliant, il avoit le 5 Mai 1696, ſaiſi trois geniſlons & une vache appartenans audit Badouet, pour les cent livres d'amende & deux ſols pour livre auſquels il étoit condamné par ladite Sentence ; que le 8 du même mois Badouet s'étoit oppoſé à l'exécution, avoit interjetté appel de la Sentence, ſommé le Suppliant de conſentir que les beſtiaux lui fuſſent rendus en donnant gardien ſolvable ; le 12, avoit obtenu un relief d'appel à la Table de Marbre de Rouen, de la Sentence de la Maîtriſe, ſignifié au Suppliant le 14 Mai 1696, avec déclaration qu'il mettroit en cauſe ledit ſieur Lieutenant Civil ; que ſi le Suppliant faiſoit vendre les beſtiaux, il le feroit condamner en ſes dommages & intérêts, & aſſignation à quinzaine, pour procéder ſur l'appel ; que s'agiſſant de fait de Police, le Suppliant avoit obligé Badouet à payer par proviſion, & le Procureur du Roi de la Maîtriſe avoit obligé le Suppliant à compter pardevant le ſieur Ferrand, Grand Maître, du contenu aux Rôles des Amendes à lui délivrés depuis le 16 Juin 1695, juſqu'au 9 Juillet 1696 ; & ſur ce compte, ledit ſieur Ferrand avoit le 17 Août 1696, ordonné au Suppliant de payer au Receveur Général des Bois, le répliqua d'icelui, lequel en conſéquence en avoit décerné une contrainte contre le Suppliant, le 18 Août 1696, & pour éviter ces pourſuites, l'avoit payé le 22 du même mois d'Août : que le 9 Novembre 1696, Badouet avoit déclaré au Suppliant, que par inadvertance, l'Huiſſier qu'il avoit requis de ſignifier les Lettres d'appel au Procureur du Roi de la Maîtriſe, les avoit ſignifiées au Suppliant, avec aſſignation, s'en déſiſtoit & n'entendoit point le pourſuivre, proteſtant qu'en cas qu'il fît des pourſuites, ce ſeroit à ſes frais, & de le rendre reſponſable de ſes intérêts & dépens, de l'exécution qu'il avoit faite en ſes biens, ſans lui avoir donné lors d'icelle, copie de la Sentence qui le condamnoit à cent livres, ni du Rôle des Amendes, comme auſſi de ce qu'au préjudice de l'appel, il avoit vendu ſes biens : que le 15 Septembre 1698, qui étoit deux ans après, Badouet lui avoit ſignifié une Sentence rendue à la Table de Marbre de Rouen, le 30 Juin 1698, entre lui & Jacques Ruel, Procureur & Receveur du ſieur Lecamus, en ſa Terre de Beaumais, portant que ce Ruel n'inſiſtoit point à la Sentence dont étoit appel, comme ayant été rendue ſans ſon ordre & à ſon inſçu, ſuivant qu'il l'avoit déclaré par Exploit du 23 Octobre 1697, de ſon conſentement, l'expédient reçu, ce faiſant, dit qu'il avoit été mal jugé, bien appellé, la Sentence caſſée, & en réformant, Badouet condamné en dix liv. d'amende envers le Roi, & déchargé au ſurplus des condamnations portées par icelle, dépens compenſés, &c.

LE ROI EN SON CONSEIL, a caſſé, révoqué & annullé ladite Sentence de la Table de Marbre de Rouen, du 30 Juin 1698, & l'Arrêt du Parlement de Rouen, du 17 Février 1700, confirmatif d'icelle ; ordonné que faute par ledit Badouet d'avoir mis en état & fait juger dans les trois mois l'appel par lui interjetté, de la Sentence de la Maîtriſe Particuliere d'Argentan, du 30 Avril 1696, elle ſera exécutée en dernier reſſort, ſelon ſa forme & teneur ; & en conſéquence, que les ſommes que le Suppliant juſtifiera

avoir

evoir été contraint de payer audit Badouet, lui feront rendues & reftituées, à quoi faire, contraint comme Dépofitaire, ce faifant, déchargé. Fait au Confeil d'Etat du Roi, tenu à Verfailles le vingt-huit Août mil fept cent trois. *Signé*, RANCHIN.

ÉDIT DU ROI,

QUI fupprime les Siéges & Jurifdictions des Tables de Marbre établies près les Cours de Parlemens, & révoque l'Edit du mois de Mars 1558.
Et porte Création d'une Chambre nouvelle en chaque Parlement du Royaume.

Février 1704.

LOUIS, par la grace de Dieu, Roi de France & de Navarre : A tous préfents & à venir, SALUT. Auffi-tôt après la Paix conclue par le traité des Pirenées, nous donnames toute notre application à rétablir l'ordre dans nos revenus, & principalement dans notre Domaine, dont les Forêts font une des plus notables parties ; & comme les dégradations qui y avoient été faites pendant la guerre, les avoient prefque entierement ruinées, nous en aurions fait ceffer les ventes dans la plus grande partie, fait procéder à la réformation générale, formé plufieurs Réglemens pour en fixer la coupe & l'ufage, & pour ne rien omettre fur une matiere qui méritoit une attention particuliere, nous raffemblames en un Corps d'Ordonnances, au mois d'Août 1669, tout ce qui pouvoit établir une bonne police & des Réglemens utiles pour la confervation & l'ufage de nos Bois & Forêts, ceux des Eccléfiaftiques, des Communautés & des Particuliers, & pour tout ce qui concerne la Chaffe & les Eaux; l'avantage que nous en avons reçu, & l'augmentation du revenu de nos Forêts, ont été les fruits de nos foins : & comme nous avons en vue depuis longtems, d'établir une Jurifdiction, pour connoître privativement & en dernier reffort de tout ce qui regarde nos Forêts, & généralement de tout ce qui eft attribué aux Tables de Marbre, afin que faifant ceffer les conflits, & fupprimant les différends dégrés de Jurifdictions, les affaires puiffent être expédiées avec plus de diligence & à moins de frais. A CES CAUSES & autres à ce Nous mouvant, de notre certaine fcience, pleine puiffance & autorité royale, Nous avons par le préfent Edit perpétuel & irrévocable éteint & fupprimé, éteignons & fupprimons les Siéges & Jurifdictions des Tables de Marbre, établies près nos Cours de Parlemens de Paris, Rouen, Toulouse, Dijon, Bretagne, Metz & autres Parlemens de notre Royaume, & tous les Officiers qui les compofent, & les Chambres de Réformation des Eaux & Forêts établies en aucuns de nos Parlemens, & révoqué & révoquons l'Edit du mois de Mars 1558, en ce qu'il portoit établiffement des Juges en dernier reffort èfdites Tables de Marbre, au rembourfement defquels Offices fupprimés, Nous voulons qu'il foit inceffamment procédé fuivant les liquidations qui en feront faites en notre Confeil fur les quittances de Finance ;

provifions & titres qu'ils feront tenus de repréfenter, & mettre ès mains du Sieur Controleur Général de nos Finances dans le mois. Et au lieu defdites Tables de Marbre, Chambres de Réformation & Juges en dernier reffort, Nous avons créé & érigé, créons & érigeons en chacune de nos Cours de Parlement de notre Royaume, & au Confeil Supérieur d'Alface, une Chambre compofée de nombre de Juges & Officiers ci-après déclarés, pour juger privativement à l'exclufion de toutes autres Cours, & juger en dernier reffort & fans appel, toutes les inftances & procès civils & criminels concernant les fonds, propriétés & conteftations de nos Eaux & Forêts, Ifles & Rivières, Bois tenus en grurie, grairie & fegrairie, tiers & danger, appanage, ufufruit, engagement, & par indivis, & de tous ceux qui leur feront renvoyés par Nous ou notre Confeil, & ceux qui leur feront portés ou envoyés par les Grands-Maîtres des Eaux & Forêts de leur Département; comme auffi Nous voulons & entendons que lefdites Chambres jugent en dernier reffort & fans appel toutes les appellations des Sentences & Jugemens rendus par les Grands-Maitres & les Officiers des Maîtrifes des Eaux & Forêts, & que les appellations des Sentences & Jugemens rendus par les Juges des Seigneurs & Communautés eccléfiaftiques & laïques, & de celles rendues par tous autres Juges, concernant les Eaux & Forêts, Pêches & Chaffes, fans exception, foient relevées & jugées en dernier reffort èfd. Chambres des Eaux & Forêts de nofd. Parlemens, fans qu'elles puiffent être relevées en autres Cours, lefquels Jugemens en dernier reffort feront rendus au moins par dix Juges dans la Chambre près notre Cour de Parlement de Paris, & par huit dans les autres : & à l'égard des appellations des Sentences & Jugemens qui feront rendus par les Officiers de notre cher & bien-amé le Grand-Veneur, & des Capitaineries royales refervées, il en foit ufé comme par le paffé jufqu'à ce que Nous en ayons autrement ordonné. Comme auffi Nous voulons que lefdites Chambres jugent en dernier reffort toutes les affaires qui fe trouveront pendantes en nofdits Parlemens ou èfdites Tables de Marbre au jour de la publication du préfent Edit, lefquelles Nous avons à cet effet évoquées & évoquons à notre Confeil, & icelles renvoyées & renvoyons èfdites Chambres fouveraines des Eaux & Forêts, pour y être inftruites fuivant les derniers Réglemens, & jugées en dernier reffort; déclarons nuls tous les Jugemens qui feront rendus à l'avenir en d'autres Jurifdictions qu'èfdites Chambres; enjoignons aux Greffiers defdites Jurifdictions de porter ou envoyer lefdits Procès aux Greffes des Chambres des Eaux & Forêts fur la premiere requifition qui leur en fera faite par l'une des Parties, à peine de 300 liv. d'amende; faifons défenfes à tous autres Juges d'en prendre connoiffance à peine de nullité. Voulons que lefdites Chambres des Eaux & Forêts foient compofées des Officiers ci-après déclarés, que Nous avons à cet effet créés & érigés : fçavoir, celle de notre Cour de Parlement de Paris de deux Préfidens & vingt-deux Confeillers, fix nos Confeillers Subftituts de notre Procureur Général, qui auront un Parquet près ladite Chambre, en laquelle Nous voulons que nos Avocats & Procureurs Généraux prennent des conclufions, tant dans les caufes qui feront portées à l'Audience, que dans les Inftances & Procès par écrit, & généralement dans toutes les affaires qui doivent être communiquées au Parquet, ainsi qu'ils ont accoutumé de le faire dans les autres Chambres du Parlement, à la charge néanmoins que nosdits Avocats Généraux porteront la parole chacun à leur tour aux Audiences de ladite Chambre de la Tournelle, & que le même ordre soit suivi & gardé pour les autres Chambres créées par le présent Edit; pour les autres Parlemens, d'un notre Conseiller-Contrôleur-Général des Bois & Forêts, Dépositaire des titres, plans & figures des Bois & Forêts, d'un Greffier en chef Civil & Criminel, de deux Commis audit Greffe ayant qualité de Secrétaire en ladite Chambre, d'un Greffier Garde-minutes, d'un Greffier Garde-sacs, d'un Greffier de Présentations & Affirmations, de deux Greffiers Commis à la Peau, pour écrire en parchemin les expéditions des Arrêts, d'un notre Conseiller-Trésorier-Payeur des gages des Officiers de ladite Chambre, d'un notre Conseiller-Contrôleur dudit Payeur des gages, d'un notre Conseiller-Receveur des épices, amendes & restitutions, & d'un notre Conseiller-Contrôleur dudit Receveur des épices, amendes & restitutions, de trente Procureurs postulans pour postuler en ladite Chambre seulement; d'un premier Huissier & de huit autres Huissiers, & du Concierge-Buvetier; & les Chambres créées par le présent Edit en nos Cours de Parlement de Toulouse, Rennes, Rouen, Dijon & Tournai, soient aussi composées chacun de deux Présidens, de douze Conseillers, trois nos Conseillers-Substituts de nos Procureurs Généraux ésdits Parlemens, un notre Conseiller-Contrôleur général des Bois & Forêts, Dépositaire des titres, plans & figures desdits Bois & Forêts, un Greffier en chef civil & criminel, de deux Commis audit Greffe ayant qualité de Secrétaire desdites Chambres, d'un Greffier Garde-minutes, d'un Greffier Garde-sacs, d'un Greffier des Présentations & Affirmations, & de deux Greffiers appellés Commis à la Peau, pour faire écrire en parchemin les expéditions des Arrêts, d'un notre Conseiller-Trésorier Payeur des gages des Officiers en chacune des Chambres, & d'un Conseiller-Contrôleur dudit Payeur des gages, d'un notre Conseiller-Receveur des épices, amendes & restitutions, & d'un notre Conseiller-Contrôleur dudit Receveur des épices, amendes & restitutions, aussi en chacune desdites Chambres, de quinze Procureurs postulans, tiers Référendaires & Taxateurs des dépens, d'un premier Huissier, quatre autres Huissiers & d'un Concierge-Buvetier; & d'autant qu'il n'y a que peu de bois dans l'étendue des ressorts de nos Cours de Parlemens de Bordeaux, Metz, Besançon, Grenoble, Aix, Pau, & que le Conseil Supérieur d'Alsace, établi à Colmar, est déjà composé d'un grand nombre d'Officiers; Nous voulons & entendons que les Chambres des Eaux & Forêts qui seront établies près desdites Cours, soient composées chacune seulement d'un Président & huit Conseillers, sauf si dans aucun cas il manquoit des Juges, d'appeller des Conseillers de l'ordinaire, ou d'y être pourvu en interprétation du présent Edit, ainsi que Nous aviserons. Comme aussi Nous avons créé & érigé, créons & érigeons en chacune desd. Chambres un notre Conseiller-Contrôleur général des Bois & Forêts, Dépositaire des titres, plans & figures des Bois & Forêts, deux Substituts de nos Procureurs généraux ésdites Cours, un Greffier en chef civil & criminel, deux Commis audit Greffier ayant qualité de Secrétaires de la Chambre, un Greffier Garde-minutes, un Greffier Garde-sacs, un Greffier des Présentations & Affirmations, & deux Greffiers

G ij

appellés Commis à la Peau pour écrire en parchemin les expéditions des Arrêts, un notre Conseiller - Tréforier Payeur des gages des Officiers en chacune desdites Chambres, & un notre Conseiller - Contrôleur dudit Payeur des gages, un notre Conseiller - Receveur des épices, amendes & reftitutions, & un notre Conseiller-Contrôleur dudit Receveur des épices, amendes & reftitutions, dix Procureurs poftulans, tiers-Référendaires & Taxateurs des dépens, un premier Huiffier & quatre autres Huiffiers ; & en outre en celle de notre Conseil Supérieur d'Alface, deux nos Conseillers - Secrétaires Interprétes. Tous les Offices defquelles Chambres (à l'exception de celle de Paris) pourront être poffédés par des anciens Officiers de nofdites Cours, lefquels ils feront pourvus par provifions féparées, pour en jouir & les poffeder diftinctement & féparément de leurs Offices, defquels ils pourront difpofer, ou des anciens toutefois que bon leur femblera, & nous payant la finance comme feroient d'autres particuliers. Déclarons, voulons & Nous plaît que lefdites Chambres des Eaux & Forêts, & les Officiers d'icelles, créés par le préfent Edit, faffent partie & foient du Corps de nofdites Cours de Parlemens, chacun en droit foi, & que les Officiers d'icelles puiffent prendre le titre & qualité de Conseillers en nofdites Cours de Parlemens, fans néanmoins monter à la Grand'Chambre, ni fervir à celles des Tournelles civiles & criminelles, ni pouvoir prendre rang ni féance aux Affemblées du Parlement, finon en la manière ci après expliquée. A tous lefquels Offices defdites Chambres créés par le préfent Edit, il fera par Nous pourvu de perfonnes ayant les qualités requifes, pourvû qu'ils ayent au moins l'âge de 22 ans, les difpenfant du furplus, même des degrés de parentés d'avec les Officiers des autres Chambres de nofdites Cours de Parlemens, à l'exception de pere à fils, & de frere à frere èfdites Chambres, & en payant en nos Revenus cafuels la finance qui fera pour ce fixée, & les deux fols pour livre, à l'exception des Préfidens & Conseillers feulement de la Chambre de Paris, que Nous avons difpenfés & déchargés du payement des deux fols pour livre. Et feront les Préfidens reçus & les Conseillers interrogés & pareillement reçus en nofdites Cours de Parlemens & Conseil Supérieur, de même & comme les autres Officiers d'icelles en la manière accoutumée, & y prêteront ferment, après lequel ils feront inftallés èfdites Chambres par un Préfident à Mortier defdites Cours ; & à l'égard des Subftituts & autres Officiers defdites Chambres, ils feront reçus & inftallés en icelles à la manière accoutumée ; & pour éviter que les Jugemens des affaires defdites Chambres foient retardés, Nous commettrons inceffamment le nombre de Juges que Nous eftimerons néceffaires pour inftruire & juger lefdites affaires, en attendant que lefdits Officiers créés pour compofer lefdites Chambres foient pourvus & inftallés, voulons qu'aux Proceffions & aux Affemblées publiques & particulières les Officiers defdites Chambres des Eaux & Forêts ayent rang : fçavoir, les Préfidens après les derniers Préfidens des Enquêtes & des Requêtes, & les Conseillers après ceux defdits Parlemens ; tous lefquels Officiers defdites Chambres des Eaux & Forêts jouiront, chacun à leur égard, des mêmes honneurs, priviléges, attributions, immunités, droits d'indult, de *Committimus*, de franc falé & de tous autres attribués, & dont jouiffent ceux de nofdites Cours de Parlement, fans aucune reftriction ni modification ; fera par Nous fait fonds dans nos états des sommes que Nous estimerons nécessaires pour les buvettes, menues nécessités & chauffages ; que Nous accorderons ausdites Chambres ; & d'autant que les Grands-Maîtres des Eaux & Forêts ont toujours été les principaux Officiers desdites Eaux & Forêts, & que par notredite Ordonnance du mois d'Août 1669, Nous leur avons accordé la faculté d'avoir séance, & de faire rapport des affaires avec les Officiers de nos Cours de Parlement ; Nous voulons que ceux qui seront pourvûs desdites Charges de Grands-Maîtres prêtent serment & soient reçus au Parlement de leur ressort en la manière accoutumée, & installés ésdites Chambres des Eaux & Forêts, & qu'ils y aient entrée, voix délibérative & séance après le premier & plus ancien Conseiller, étant en habit noir, avec manteau & l'épée, & non autrement, sans néanmoins qu'ils puissent se trouver ésdites Chambres, assister aux Audiences ni aux Jugemens des Procès plus de deux Grands-Maîtres à la fois, pour éviter à confusion. Voulons aussi qu'ils rapportent ésdites Chambres les Procès qu'ils auront instruits ou fait instruire ou renvoyer, & qu'ils n'auront pas jugés ès Siéges des Maîtrises, en procédant aux visites, ventes & réformations, encore qu'ils ne soient pas gradués ; & pour faire cesser les contestations qui leur seront faites par les Juges des lieux : Voulons que lesdits Grands-Maîtres, présentement pourvûs, & leurs Successeurs jouissent à l'avenir du droit de *Committimus*, de même & comme les Présidens & Conseillers de nos Cours de Parlemens, ausquels Nous avons à cet effet attribué & attribuons ledit droit de *Committimus* : Voulons aussi que lesdits Grands-Maîtres exécutent privativement à tous autres Juges, les Arrêts de nosdites Chambres des Eaux & Forêts, qui interviendront en exécution des Lettres-Patentes qui seront par Nous accordées aux Ecclésiastiques & autres, tant pour ventes ordinaires qu'extraordinaires des Bois, qu'autres cas concernant les Eaux & Forêts, conformément à notredite Ordonnance du mois d'Août 1669, lesquelles Lettres Nous voulons être registrées en nosdites Cours de Parlemens, & l'exécution d'icelles renvoyée à nos Chambres des Eaux & Forêts. Les Officiers desdites Chambres pourront vaquer, juger & tenir les Audiences pendant le cours de l'année, même pendant les vacations, excepté néanmoins dans les temps que toutes les Jurisdictions cessent ; pendant lequel temps voulons que lesdites Chambres nomment quatre ou au moins deux Commissaires pour l'instruction des affaires criminelles. Voulons que les Officiers des Maîtrises & les autres Officiers des Eaux & Forêts & Chasses qui avoient accoutumé d'être reçus au Parlement ou aux Tables de Marbre, soient à l'avenir reçus ésdites Chambres des Eaux & Forêts ; pour la réception desquels défendons de prendre plus grands droits que ceux réglés par notre Ordonnance du mois d'Août 1669 à l'égard des Tables de Marbre, en cas de conflit entre les Officiers des Chambres créés par notre présent Edit, & ceux des autres Chambres de nos Cours de Parlement, ils seront réglés par l'entremise de nos Avocats & Procureurs Généraux, suivant l'usage de nosdites Cours. Voulons que les Officiers des Maîtrises jugent en premiere instance tous les procès & différends concernant lesdites Eaux & Forêts, conformément à notre Ordonnance du mois d'Août 1669, & que les appellations des Jugemens & Sentences qui seront par eux rendus, soient relevées & jugées ésdites Chambres des Eaux & Forêts

& non ailleurs. Et pour donner moyen à ceux qui feront pourvûs des Greffes en chef defdites Chambres de figner les expéditions d'icelles, fans être obligés de fe faire pourvoir féparément d'Offices de nos Confeillers-Secrétaires, fuivant nos Réglemens, Nous avons par notre préfent Edit perpétuel & irrévocable créé & érigé, créons & érigeons en titre d'Office formé, un notre Confeiller-Secrétaire en chacune des Chancelleries établies près des Parlemens & Cours où lefdites Chambres font établies, même en celle du Confeil Supérieur d'Alface, aufquels Nous avons attribué & attribuons les mêmes gages, honneurs, autorités, prééminences, franchifes, libertés, privilége de noblesse & autres exemptions, rang, féance, fruits, profits, revenus & émolumens que ceux dont jouisent les pourvûs de pareils Offices dans les Chancelleries établies près lefdits Parlemens, lefquels Offices de nos Confeillers-Secrétaires préfentement créés, Nous avons uni & incorporé, unissons & incorporons à chacun defdits Greffiers en chef de nofdites Chambres des Eaux & Forêts, dont les pourvûs pourront prendre la qualité de nos Confeillers-Secrétaires & Greffiers defdites Chambres, fans que lefdits Offices puissent être défunis, lefquels au moyen de ce pourront figner tous les Arrêts & expéditions d'icelles, fans pouvoir être pour raifon de ce inquiétés, à l'égard des droits & émolumens defdits Greffes & Commis d'iceux, ils feront perçus par les pourvûs & Propriétaires defdits Greffes, fur le même pied que ceux des Greffes des autres Chambres defdits Parlemens font fixés; lefquels droits & émolumens appartiendront en entier aux Propriétaires defdits Greffes, au moyen de la finance qui fera par eux payée en nos Revenus Cafuels; & pour faciliter aux Officiers defdites Eaux & Forêts le moyen de foutenir les rangs & dignités, & d'en remplir les fonctions avec l'application néceffaire, Nous leur avons attribué & attribuons la fomme de cent quatre-vingt-fept mille cinq cent livres de gages, pour trois quartiers de deux cent cinquante mille livres, lefquelles leur feront départies par les Rolles qui feront arrêtés en notre Confeil, & payées aux pourvûs defdits Offices par chacun an, fans aucun retranchement, fur leurs fimples quittances, par les Payeurs pour ce créés; & à cet effet le fonds defdits gages fera fait par chapitre féparé dans les états de nos termes ou autres, avec ceux des autres Officiers de nofdits Parlemens, à commencer du premier Février 1704. Et en attendant que les acquereurs defdits Offices foient pourvûs & reçus, l'emploi defdits gages & des taxations des Payeurs fera fait fous le nom de celui qui fera par Nous prepofé pour l'exécution du préfent Edit, & à lui payés fur fes fimples quittances, & paffés dans les états & comptes, fans qu'il foit befoin d'autres Lettres que ces préfentes. A tous lefquels Receveurs & Payeurs des gages, amendes & épices defdites Chambres des Eaux & Forêts defdits Parlemens, & dudit Confeil d'Alface, & à leurs Contrôleurs créés par le préfent Edit, Nous avons attribué & attribuons les mêmes taxations, droits de deux fols & d'un fol pour livre des épices & amendes que ceux dont jouissent les pourvûs de pareils Offices éfdites Cours, fans payer autre finance que celle qu'ils payeront en nos Revenus Cafuels pour le corps de leurs épices, pour en jouir par eux de même & comme font ceux qui font pourvûs de pareils Offices éfdites Cours. Voulons que notre Ordonnance du mois d'Août 1669, & celles des Rois nos Prédéceffeurs & de Nous, fur le fait des Eaux & Forêts,

Pêches & Chasses, & particulièrement sur ce qui regarde les Bois des Ecclésiastiques en ce qui n'y a point été dérogé par notredite Ordonnance du
mois d'Août 1669, soient gardées & observées dans nosdites Chambres;
& en cas que les Réglemens qui ont été faits par nos ordres pour le rétablissement de nos Bois & Forêts, même de ceux des Ecclésiastiques & Communautés laïques & séculières, n'ayant pas été observés, soit pour faire replanter les Bois & Forêts ou autrement: Nous voulons qu'ils soient incessamment exécutés à la requête de nos Procureurs Généraux, & à la diligence
desdits Contrôleurs Généraux desdits Bois, par les Grands-Maîtres ou par
les Officiers desdites Chambres qui feront par Nous commis pour le faire;
le fonds nécessaire pour la poursuite des procès dans lesquels il n'y aura point
d'autres Parties, que notre Procureur Général sera employé dans l'état des
charges des recettes de nos Domaines & Forêts. Et afin que nous puissions
toujours sçavoir l'état de nos Bois & Forêts, & le prix des ventes d'iceux,
même des condamnations qui seront prononcées, tant par les Grands-Maîtres que dans les Maîtrises particulières. Voulons que les Grands Maîtres fassent remettre tant par leurs Sécrétaires que par les Greffiers èsdites Maîtrises,
ès mains desdits Contrôleurs Généraux des Bois à la fin de chacun quartier,
des états sommaires de toutes les condamnations qui auront été jugées par
eux ou par les Officiers desdites Maîtrises, des adjudications qui auront été
faites de nos Bois & Forêts, & ceux des appanages & de nos Domaines engagés des Ecclésiastiques & Communautés, pour en tenir registre, même à
la fin de chacune année, au temps des Procès-verbaux des visites générales
que lesdits grands-Maîtres sont tenus de faire dans leurs Départemens, &
ceux des récollemens qu'ils doivent faire des réformations par chacun an.
Comme aussi Nous voulons que les plans, figures & les procès-verbaux qui
ont été faits de l'état de nos Forêts, même de ceux des appanages des Ecclésiastiques & Communautés laïques, & ceux qui le seront à l'avenir, foient
mis & déposés dans chacune desdites Chambres, & gardés par lesdits Contrôleurs généraux dans les Bureaux qui leur seront à cet effet destinés près
desdites Chambres pour les communiquer à nos Procureurs & Avocats Généraux & autres que besoin sera, & seront tenus lesdits Contrôleurs Généraux
lorsqu'ils sortiront de charge, de laisser aux dépôts desdites Chambres les
plans, figures, procès-verbaux, registres & autres titres, suivant l'inventaire qui en aura été fait en présence des Commissaires qui seront à cet effet
nommés & députés par lesdites Chambres; comme aussi Nous voulons que
les Communautés laïques qui possèdent des bois, terres, prés, rivières &
autres biens à titre d'usage, fournissent aux Greffes des Maîtrises pour une
fois seulement, des déclarations de la consistence d'iceux, signées & cer-
tifiées, pour en tenir registre, & le double fourni ausdits Contrôleurs
généraux des Bois, pour y avoir recours quand besoin sera; ce qu'ils seront
tenus d'exécuter à peine de 10 liv. d'amende, & d'être lesdites déclarations
faites à leurs frais & dépens. Et pour donner moyen ausdits Contrôleurs
généraux de faire leurs fonctions avec application, Nous leur avons attribué & attribuons deux deniers pour livre de taxations, tant sur le prix des
ventes de nos Bois ordinaires qu'extraordinaires, même sur ceux des Ecclésiastiques & Communautés, lesquels leur seront payés par les Adjudicataires,

outre & par-deſſus le prix de leurs adjudications , à quoi faire en cas de refus ils ſeront contraints. Leſquels Contrôleurs généraux auront entrée éſdites Chambres & au Parquet , pour y être ouis & entendus au ſujet des titres , plans , figures , procès-verbaux , & piéces qui leur auront été ou devront être fournies en exécution du préſent Edit , & pour les autres cas concer- nant leurs`fonctions. Voulons auſſi que les Chambres & lieux qui étoient occupés par les Officiers des Tables de Marbre ſervent pour tenir les Au- diences , Chambre du Conſeil , Parquet , Greffe & Buvette deſdites Cham- bres , & s'ils ne ſont pas ſuffiſans , il y ſera inceſſamment par Nous pourvu ; & dans les Cours où il n'y avoit point de Table de Marbre , leſdites Cham- bres ſeront établies dans les Chambres & lieux deſdites Cours qui ſeront trouvées commodes , en attendant qu'il en ait été par Nous ordonné. Vou- lons que les pourvus des Offices de Préſidens , Conſeillers-Subſtituts , Con- trôleurs généraux des Bois & autres Offices caſuels créés par le préſent Edit , ſoient reçus à payer le droit annuel ſur le pied du ſoixantiéme denier du quart de l'évaluation deſdits Offices , ſuivant l'état qui ſera atteſté en notre Con- ſeil ; cependant Nous les avons diſpenſés & déchargés du payement du droit annuel pour l'année dans laquelle ils ſeront pourvûs , même les Préſidens- Conſeillers de prendre aucune augmentation de gages quant-à-préſent , pour être reçus audit droit annuel , & leſdits Contrôleurs généraux & Officiers in- férieurs caſuels de payer aucun prêt pour être reçus audit droit annuel , pen- dant le bail courant dudit prêt ; & à l'égard des Offices héréditaires , qu'ils jouiſſent de l'hérédité , ſans pouvoir être inquiétés ni troublés , pour raiſon de confirmation ni autrement , à nos Sécrétaires , Greffiers deſdites Cours , des droits de ſurvivance , en Nous payant les ſommes qui ſeront pour ce fixées en notre Conſeil. Permettons à ceux qui voudront acquérir leſdits Offices d'emprunter les ſommes qui leur ſeront néceſſaires à cet effet ; vou- lons que ceux qui prêteront leurs deniers ayent privilége ſpécial ſur les Offi- ces & gages. Si donnons en mandement à nos amés & féaux les Gens te- nans notre Cour de Parlement à Rennes , que le préſent Edit ils ayent à faire lire , publier & regiſtrer , & le contenu en icelui garder & obſerver , ſelon ſa forme & teneur , ceſſant & faiſant ceſſer tous troubles & empêchemens , nonobſtant tous Edits , Déclarations , Réglemens & autres choſes à ce con- traires , auſquels Nous avons dérogé & dérogeons par le préſent Edit , aux copies collationnées duquel par l'un de nos amés & féaux Conſeillers Secré- taires; voulons que foi ſoit ajoutée comme à l'original : CAR tel eſt notre plaiſir ; & afin que ce ſoit choſe ferme & ſtable à toujours , Nous y avons fait mettre notre Scel. DONNÉ à Verſailles au mois de Février l'an de grace mil ſept cent quatre , & de notre Règne le ſoixante-unième. *Signé*, LOUIS. *Et plus bas*, par le Roi, COLBERT. *Viſa* PHELYPEAUX. Vu au Conſeil, CHAMILLART, & ſcellé,

EDIT.

ÉDIT DU ROI,

POUR la réunion de la Chambre des Eaux & Forêts
de Bretagne.

Du mois d'Octobre 1704.

LOUIS par la grace de Dieu, Roi de France & de Navarre : A tous préfens & avenir ; SALUT. Nous avons par notre Edit du mois de Février dernier, pour les caufes y contenues, créé une Chambre près notre Cour de Parlement de Rennes, pour juger en dernier Reffort par les Officiers qui la devoient compofer, toutes les Inftances & Procès concernant les Eaux & Forêts, Pêches & Chaffes ; & comme il eft important que cette Jurifdiction foit exercée par des Officiers dont l'expérience Nous foit connue, Nous avons cru qu'il feroit avantageux à nos Sujets & au bien de la Juftice d'unir ladite Chambre au Corps des Officiers de notredite Cour de Parlement qui font pleinement inftruits des matières concernant lefdites Eaux & Forêts ; & d'autant que cette union augmentera le nombre des affaires, Nous avons réfolu de créer quelques nouveaux Officiers en notredite Cour, & de fupprimer les Commiffions de Préfidens aux Enquêtes dudit Parlement, pour les créer en titre d'Office à l'inftar de ceux de notre Cour de Parlement de Paris, & parce que Nous avons été informé que les Officiers qui compofent la Chambre des Requêtes du Palais établie près notredite Cour de Parlement de Rennes, ne peuvent fuffire au grand nombre d'affaires qui y font portées, cette Jurifdiction étant confidérablement augmentée à caufe du droit de *Committimus* que Nous avons accordé aux Officiers nouvellement créés en la Province de Bretagne ; Nous avons pareillement réfolu d'augmenter le nombre des Officiers de ladite Chambre, efpérant par ces moyens tirer le fecours que l'établiffement de ladite Chambre des Eaux & Forêts Nous eût procuré pour foutenir la Guerre contre les Ennemis de notre Etat. A CES CAUSES, & autres à ce Nous mouvans, de l'avis de notre Confeil & de notre certaine fcience, pleine puiffance & autorité Royale, Nous avons par notre préfent Edit perpétuel & irrévocable, uni & incorporé, uniffons & incorporons à notredite Cour de Parlement de Rennes la Chambre des Eaux & Forêts créée par notre Edit du mois de Février dernier, pour par les Officiers de notredite Cour juger en dernier Reffort & fans appel, toutes les matières & procès concernant les Eaux & Forêts, Pêches & Chaffes, conformément & en la manière portée par notre Edit du mois de Février dernier, fans qu'à l'avenir ladite Chambre puiffe être défunie de notredite Cour fous quelque prétexte que ce foit, au moyen de quoi Nous avons éteint & fupprimé, éteignons & fupprimons tous les Offices créés par notre Edit du mois de Février dernier pour la compofer, à l'exception de l'Office de notre Confeiller Contrôleur Général des Bois & Forêts que Nous avons confervé, pour en être les fonctions faites conformément à notredit Edit & aux Arrêts de notre Confeil des 29 Mars & 29 Juillet dernier ; du Greffier en chef, des deux Greffiers plumitifs, Gardes-minutes, Gardes-facs des préfentations & affirmations, deux Commis à la peau, Receveur & Payeur des gages, Receveur des épices, amendes & vacations, leurs Contrôleurs, Premier Huiffier & quatre autres Huiffiers, lefquels Nous avons réuni & réuniffons aux Offices de pareils titres & qualités de notredite Cour, pour en jouir conjointement avec leurfdites Offices, fans être tenus de prendre de nouvelles Lettres de provifions, ni de nous payer plus grand droit annuel, de marc d'or & de fceau, aux mutations que ceux qu'ils ont accoutumé, en nous payant néanmoins les fommes auxquelles ils feront modérement taxés en notre Confeil ; Nous avons auffi éteint & fupprimé, éteignons & fupprimons les quatre Commiffions de Préfidens aux Enquêtes de notredite Cour de Parlement, & les quatre Offices de nos Confeillers en ladite Cour, dont ils font pourvûs ; & de la même autorité que deffus, Nous avons créé & érigé en titre d'Office formé, un notre Confeiller Préfident à Mortier, fix nos Confeillers Préfidens, & huit nos Confeillers Laïcs en notredite Cour : fçavoir, fix originaires Bretons & deux non originaires aux mêmes honneurs, autorités, prééminence, franchifes, exemptions, immunités, droits de *Committimus*, rang & féance dont jouiffent les pareils Officiers de notredite Cour, fans aucune diftinction ; tous lefquels Officiers rouleront alternativement & par fémeftre fuivant l'ordre de leur réception & l'ufage qui eft actuellement établi audit Parlement ; Nous avons en outre créé & érigé, créons & érigeons par notre préfent Edit, deux nos Confeillers Préfidens en notredite Cour de Parlement, Commiffaires aux Requêtes du Palais, & deux nos Confeillers Laïcs en notredite Cour, Commiffaires auxdites Requêtes, l'un originaire Breton, l'autre non originaire, dont un defdits Préfidens & un Confeiller ferviront dans chacun fémeftre aux mêmes rangs, féances, droits, émolumens, honneurs, fonctions, prérogatives, attributions, immunités, *Committimus* & tous autres privileges & exemptions dont jouiffent les autres Préfidens & Confeillers de ladite Chambre, avec lefquels ils rouleront fuivant l'ordre de leur réception, à laquelle Chambre des Requêtes Nous avons attribué & attribuons par le préfent Edit la connoiffance de l'exécution de leurs Jugemens ; Voulons qu'ils en jouiffent de même que les Officiers des Requêtes du Palais de notre Cour de Parlement à Paris, à tous lefquels Offices créés par notre préfent Edit, il fera par Nous pourvû de perfonnes capables en nous payant la finance qui fera reglée en notre Confeil, & les deux fols pour livre d'icelle ès mains de Me Charles Baudouin, chargé de l'exécution dudit Edit du mois de Février dernier ; fçavoir, le principal de ladite finance fur les quittances du Tréforier de nos revenus cafuels, & lefdits deux fols pour livre fur celles dudit Baudouin ; & voulant témoigner à ceux qui font préfentement pourvûs des quatre Commiffions de Préfidens aux Enquêtes, la fatisfaction que nous avons de leurs fervices, & en cette confidération les préférer à tous autres pour remplir & exercer lefdites Offices de Préfidens, chacun dans leur Chambre, comme ils ont fait par le paffé ; Nous voulons que chacun d'eux jouiffe des mêmes gages & droits dont jouiffoient les fupprimés par le préfent Edit, tant en qualité de Préfident que de Confeiller, & qu'ils demeurent en poffeffion, & exercent lefdits Offices de Préfident préfentoment créés en vertu des Lettres que Nous leurs avons ci-devant accordées, les difpenfant de prendre nouvelles Lettres de provifions, de prêter nouveau ferment, ni de nous payer aucune finance, attendu celle qu'ils ont payée pour lefdites Commiffions & Offices de Confeillers fupprimés, au moyen de quoi nous ne ferons tenus de leur en faire aucun rembourfement; Voulons que lefdits fix Préfidens aux Enquêtes aient rang & féance dans toutes les affemblées de notredite Cour & cérémonies publiques, avant le Doyen des Confeillers, & les Confeillers créés par le préfent Edit avec les autres Confeillers, fuivant l'ordre de leur réception & l'ufage dudit Parlement; Or-donnons que celui qui fera pourvu de l'Office de notre Confeiller Contrô-leur Général des Bois & Forêts réfervé par notre préfent Edit, jouira des gages, droits, taxations de deux deniers pour livre & autres attribués audit Office, tant par notre Edit du mois de Février que par les Arrêts de notre Confeil des 29 Mars & 29 Juillet dernier; Voulons qu'il ait entrée, rang & féance en ladite Chambre, immédiatement après nos Avocats & Procureurs Généraux,& qu'il jouiffe du droit de *Committimus* & autres privileges & exemp-tions dont jouiffent les autres Officiers de notredite Cour, que nous lui avons à cet effet attribué; & pour faciliter aux Officiers préfentement créés en notre-dite Cour de Parlement & Requêtes du Palais, & audit Contrôleur Général de nos Bois & Forêts, les moyens de foutenir leurs rangs & dignités, & d'en faire les fonctions avec l'application néceffaire, Nous leur avons attribué & attribuons la fomme de vingt un mille huit cent livres de gages effectifs pour trois quartiers de vingt-neuf mille foixante-fix livres treize fols quatre deniers par an, laquelle fera diftribuée; fçavoir, au Préfident à Mortier 3000 liv. à chacun des deux Préfidens des Enquêtes, créés par augmentation 3000 liv. au moyen defquels gages ils ne partageront point les vacations des Commif-faires, auxquelles ils pourront néanmoins affifter comme Juges; Voulons que lorfque l'une des places de premier ou fecond Préfident viendra à vaquer, que le troifiéme monte & entre au droit de celui auquel il fuccedera, & que celui qui fera pourvu de l'Office vacant devienne le troifiéme Préfident & jouiffe defdits 3000 liv. de gages, qui feront pour cet effet employés fous fon nom dans nos Etats, fans qu'il puiffe jouir defdites vacations de Com-miffaires, auxquelles il pourra néanmoins affifter comme Juge; à chacun des fix Confeillers originaires Bretons 750 liv. à chacun des deux Confeillers non originaires 1000 liv. à chacun des deux Préfidens aux Requêtes du Pa-lais 1500 liv. à l'Office de Confeiller originaire Breton auxdites Requêtes 750 liv. à l'Office de Confeiller non originaire 1000 liv. au Contrôleur Gé-néral des Bois 500 liv. & le furplus montant à 1050 liv. aux autres Offi-ciers réfervés & réunis par le préfent Edit fuivant la répartition qui en fera faite par les rôles qui feront arrêtés en notre Confeil; & défirant que les Pré-fidens & Confeillers de notredite Cour reffentent des effets de notre fatisfac-tion chacun à leur tour, Nous avons accordé & accordons à chacun des quatre Préfidens aux Enquêtes; & à chacun Doyen de chaque fémeftre de la Grand'Chambre & de celle des Enquêtes 500 liv. de penfion dont ils joui-ront par chacun an, tant qu'ils rempliront lefdites places; Voulons que ceux qui leur fuccederont jouiffent de la même penfion, lefquels gages Nous vou-lons être payés aux acquéreurs defdites Offices par chacun an, fans aucun re

H ij

tranchement fur leurs fimples quittances par les payeurs d'iceux, & à cet effet
le fond defdits gages & defdites penfions fera fait par chapitre féparé avec
ceux des autres Officiers de notredite Cour; & en attendant que les acquéreurs defdits Offices foient pourvûs & reçus, l'emploi defdits gages & les
taxations de Payeurs & Contrôleurs fera fait fous le nom dudit Baudouin,
à commencer du premier Février dernier, & à lui payé fur fes fimples quittances, & paffé dans les états & comptes de ceux qui en auront fait le payement fans qu'il foit befoin d'autres Lettres que ces préfentes : Permettons à
toutes perfonnes ayant les qualités requifes, d'acquérir lefdits Offices ; Voulons qu'ils y foient reçus pourvu qu'ils aient; fçavoir, les Préfidens 30 ans &
les Confeillers 22 ans accomplis, les difpenfant du furplus de l'âge requis par
nos Ordonnances, même des degrés de parenté avec les autres Officiers de
notre Cour, à l'exception feulement de pere à fils ; Voulons que ceux qui
feront pourvus des Offices de Préfidens & Confeillers aux Enquêtes & Requêtes, foient admis au paiement du droit annuel fur le même pied que ceux
de pareille qualité audit Parlement & Requêtes, & que celui qui fera pourvû
de l'Office de notre Confeiller Contrôleur Général des Bois, foit auffi admis
au payement du droit annuel fur le pied du 60e denier du quart de l'évaluation dudit Office ; difpenfons & déchargeons ceux qui feront pourvus defdits
Offices du paiement dudit droit annuel, pendant l'année de leur réception
& du prêt pendant les années reftantes à expirer des neuf, portées par notre Déclaration du 27 Août 1701 ; difpenfons auffi lefdits Préfidens & Confeillers
de prendre aucune augmentation de gages pour être reçus audit droit annuel ;
permettons à ceux qui voudront acquérir lefdits Offices, d'emprunter les
fommes dont ils auront befoin ; Voulons que ceux qui leur prêteront leurs
deniers aient hypotheque & privilege fpécial fur lefdits Offices & gages, & qu'à cet effet il en foit fait Déclaration dans les quittances de finances.

SI DONNONS EN MANDEMENT à nos amés & féaux, les Gens tenans notre
Cour de Parlement à Rennes, que notre préfent Edit ils aient à faire lire,
publier & régiftrer, même en vacations, & le contenu en icelui faire garder
& obferver de point en point, felon fa forme & teneur, nonobftant tous Edits,
Déclarations, Réglemens, Arrêts & autres chofes à ce contraires auxquelles
Nous avons dérogé & dérogeons par le préfent Edit, aux copies duquel
collationnées par l'un de nos amés & féaux Confeillers Sécrétaires, Voulons
que foi foit ajoutée comme à l'original : CAR tel eft notre plaifir, & afin
que ce foit chofe ferme & ftable à toujours, nous y avons fait mettre notre
Scel. Donné à Fontainebleau au mois d'Octobre l'an de grace 1704, & de
notre Regne le foixante-deuxiéme. Signé, LOUIS. Et plus bas, par le Roi,
COLBERT. Vifa PHELYPEAUX. Vû au Confeil CHAMILLART, & fcellé, regiftré au Parlement de Rennes le 30 Octobre 1704. Signé, PICQUET.

ARREST DU CONSEIL D'ÉTAT DU ROI,

QUI ordonne que les Maîtres des Ponts & Pertuis de la Rivière de Marne, & autres établis en exécution de l'Edit du mois d'Avril 1704, jouiront des Droits à eux attribués par ledit Edit & les Arrêts intervenus en conséquence sur les Bateaux & Bachots chargés de Bois provenans des Forêts de Sa Majesté, qui descendront sous lesdits Ponts & Pertuis, à la charge par les Maîtres desdits Ponts & Pertuis de faire le travail auquel ils sont obligés pour passer lesdits Bateaux.

Du 24 Novembre 1705.

Extrait des Registres du Conseil d'Etat.

SUR la Requête présentée au Roi en son Conseil par Claude Beaucreux, contenant qu'il auroit acquis l'Office de Maître du Pont de Saint-Maur-lez-Fossés sur la rivière de Marne, créé par Edit du mois d'Avril 1704, moyennant la somme de sept mille livres & les deux sols pour livre, pour jouir des droits portés par l'Arrêt du Conseil du 5 Août 1704, consistant à deux sols par chacun Train de bois flotté, & cinq sols par écluse de bois quarré qui descendront sous ledit Pont, à la charge par lui de se trouver sur ledit Pont pour guider & commander aux Conducteurs desdits Trains le travail nécessaire pour passer sous ledit Pont afin d'éviter les accidens, & en cas de naufrage il sera tenu de fournir bateaux, cordes & vindat pour remettre lesdits Trains hors dudit Pont; & en outre pour jouir de vingt sols par chacun bateau chargé, & cinq sols par chacun bachot aussi chargé qui descendront sous ledit Pont, à la charge par lui de se trouver sur ledit Pont lors de la descente desdits bateaux & bachots, ou de monter sur les bateaux & bachots, pour commander ou ordonner la manœuvre aux Mariniers & Conducteurs d'iceux pour éviter les naufrages. Et quoique lesdites fonctions soient très-pénibles & avantageuses aux Mariniers & trafiquans sur ladite Rivière, en ce qu'ils évitent les naufrages fréquens qui arriveroient audit Pont; néanmoins le nommé Dubois, Voiturier par eau, auroit refusé de lui payer les droits de trois bateaux chargés de bois qu'il a fait passer sous ledit Pont le 18 Mai dernier, sous prétexte que lesdits Bois proviennent des Forêts de Sa Majesté, & que par Arrêt du Conseil du 7 Avril 1705, il est fait défenses aux pourvus des Offices de Gardes-Ports créés par ledit Edit du mois d'Avril 1704, de faire payer aucuns droits aux Adjudicataires des Bois des Forêts de Sa Majesté, lorsqu'ils feront conduire les Bois provenans de leurs Adjudications, ou les débiteront ou feront débiter pour leur compte : sur lequel refus le Suppliant auroit fait assigner ledit Dubois pardevant les sieurs Prévôt des Marchands & Echevins de la Ville de Paris, où le nommé Matthieu Huault, Marchand de Bois à Paris & trafiquant pour la provision d'icelle, ayant pris son fait & caufe & foutenu qu'il ne doit rien être payé au Suppliant à caufe defdits bateaux, fous prétexte qu'ils étoient chargés de Bois provenans des Forêts de Sa Majefté, lefdits Prévôt des Marchands & Echevins, par leur Sentence du 4 Juin dernier, auroient renvoyé les Parties au Confeil. Et comme Sa Majefté par fon Arrêt dudit jour 7 Avril 1705 n'a point parlé ni entendu décharger lefdits Mariniers des droits defdits Maîtres, étant jufte qu'ils foient payés de leur travail; joint que par autre Arrêt du Confeil du premier Septembre dernier les Bois des Forêts de Sa Majefté ont été affujettis aux droits des Gardes des Ports : requeroit le Suppliant qu'il plût à Sa Majefté ordonner que les droits portés par ledit Arrêt du Confeil du 5 Août 1704, lui feront payés fur tous les Bois provenans des Forêts de Sa Majefté, fi mieux n'aime Sa Majefté le rembourfer de la finance par lui payée en fes revenus cafuels, deux fols pour livre & loyaux coûts. Oui le Rapport du fieur Defmarefts, Confeiller ordinaire au Confeil d'Etat du Roi, Directeur des Finances.

LE ROI EN SON CONSEIL, a ordonné & ordonne que les Maîtres des Ponts & Pertuis de la Riviere de Marne & autres établis en exécution de l'Edit du mois d'Avril 1704, jouiront des droits à eux attribués par led. Edit & les Arrêts intervenus en conféquence fur les bateaux & bachots chargés des Bois provenans des Forêts de Sa Majefté qui defcendront fous lefdits Ponts & Pertuis, à la charge par les Maîtres defdits Ponts & Pertuits de faire le travail auquel ils font obligés pour paffer lefdits bateaux. Fait Sa Majefté défenfes à tous Particuliers conducteurs defdits bateaux, de paffer lefdits bateaux, fans payer lefdits droits fur les peines portées par ledit Arrêt. Fait au Confeil d'Etat du Roi tenu à Verfailles le vingt-quatriéme jour de Novembre 1705. Collationné. *Signé*, DE LAISTRE.

ÉDIT DU ROI,

PORTANT création en titre d'Offices formés & héréditaires des Offices de Confeillers du Roi, Infpecteurs, Confervateurs des Eaux & Forêts en chacune Maîtrife particuliere du Royaume, Pays, Terres & Seigneuries de l'obéiffance de Sa Majefté, en tel nombre qu'il fera jugé néceffaire & réglé par les Rôles qui feront arrêtés au Confeil, pour veiller à la confervation des Eaux & Forêts, & à l'exécution des Ordonnances fur le fait d'iceux.

Donné à Verfailles au mois de Mars 1706.

Regiftré en Parlement.

LOUIS, par la grace de Dieu, Roi de France & de Navarre. A tous préfens & à venir, SALUT : Il a été établi des Maîtrifes des Eaux & Forêts dans toute l'étendue de notre Royaume, & créé des Officiers pour procéder à la vente & adjudication de nos Bois, veiller à ce que nos Ordonnances sur le fait des Eaux & Forêts soient exécutées, empêcher les contraventions qui pourroient être faites, & connoître des contestations & délits tant en matiere civile que criminelle. Mais comme leurs fonctions sont dans la plûpart desdites Maîtrises d'une trop grande étendue, il arrive souvent que ces Officiers n'ont pas le temps suffisant pour y donner toute l'application que la matiere le requiert; c'est pourquoi nous avons estimé qu'il étoit convenable au bien de notre service & de nos Sujets, même au soulagement des Officiers desdites Maîtrises, de créer des Officiers dans chacune d'icelles pour avoir particulierement l'inspection sur lesdits Bois, Eaux & Forêts, ausquels Nous réglerons des fonctions & attribuerons des gages & des droits suffisans pour les obliger à y donner toute l'attention nécessaire. A ces causes & autres à ce Nous mouvans, de notre certaine science, pleine puissance & autorité Royale. Nous avons par le présent Edit perpétuel. & irrévocable, créé & érigé, créons & érigeons en titre d'Offices formés & héréditaires des Offices de nos Conseillers Inspecteurs Conservateurs des Eaux & Forêts en chacune Maîtrise particuliere de notre Royaume, Pays, Terres & Seigneuries de notre obéissance, en tel nombre qu'il sera jugé nécessaire & réglé par les Rolles que Nous ferons arrêter en notre Conseil pour veiller à la conservation des Eaux & Forêts, & à l'exécution de nos Ordonnances sur le fait d'iceux.

Article Premier.

A l'effet de quoi Nous voulons qu'à l'avenir nosdits Conseillers Inspecteurs présentement créés soient appellés aux assiettes, balivages, martelages & adjudications des ventes qui feront faites à notre profit, & puissent assister à toutes les descentes qui feront faites par nos Grands-Maîtres ou Officiers de nos Maîtrises, même aux ventes & adjudications des Bois des Ecclésiastiques, Communautés & autres, & qu'ils soient avertis par les Sergens à garde du jour desdites adjudications, & payés des mêmes droits & vacations que le Maître particulier, suivant les taxes qui en feront faites en la maniere accoutumée.

II. Nosdits Conseillers Inspecteurs seront du Corps des Officiers de nos Maîtrises où ils seront établis, auront séance immédiatement avant le Lieutenant, & voix délibérative aux Audiences & Chambres du Conseil, & y feront rapport du contenu en ceux de leurs Procès-verbaux qui seront de la compétence desdites Maîtrises.

III. Voulons que lesdits Inspecteurs mettent les Adjudicataires en possession de toutes les ventes & adjudications qui feront faites par nos Grands-Maîtres ou Officiers des Maîtrises particulieres des Eaux & Forêts; qu'ils leur indiquent les arbres de lizieres, pieds corniers, baliveaux & autres arbres de réserve, après toutefois que les Adjudicataires de nos Bois leur auront justifié du certificat de nos Procureurs & Receveurs en chacune Maîtrise, qu'ils font contens des cautions par eux présentées, conformément à notre Ordon-

nance de 1669 , fur le fait des Eaux & Foréts; defquelles mifes de poffeffion ils drefferont leurs Procès verbaux , & chacun des Adjudicataires des
Bois vendus par nos Grands-Maîtres ou Officiers des Maîtrifes particulieres fera tenu de payer à nofdits Infpecteurs neuf livres pour chacune
vente pour la mife de poffeffion.

IV. Tous les Régiftres qui doivent être tenus par les Adjudicataires ,
conformément à notre Ordonnance du mois d'Août 1669 , feront repréfentés à nofdits Infpecteurs toutes fois & quantes qu'ils le requereront ,
pour en examiner l'état & en vifer fans frais les pages & le dernier Article.

V. Enjoignons aux Infpecteurs de vifiter le plus fouvent qu'il leur fera
poffible nos Bois , Foréts , Buiffons , Garennes ; ceux tenus par indivis ,
grurie, grairie, fegrairie, tiers & danger, appanage , engagement , ufufruit; ceux des Eccléfiaftiques , Commandeurs , Communautés tant Régulieres que Séculieres , Maladeries , Hôpitaux, Gens de main-morte , des Particuliers & tous autres; comme auffi les rivières, canaux & routes des Bois
& rivières de leur département fans exception , ainfi que nos Grands Maîtres & Officiers des Maîtrifes particulieres font obligés de faire , fuivant
les Articles XI. du Titre des Maîtrifes particulieres, XIX & XXI. du Titre
des Grands-Maîtres , l'Art. II. du Titre des Bois des Particuliers, & autres
de notre Ordonnance du mois d'Août 1669. Leur permettons de porter
en faifant leurs vifites un fufil & autres armes défenfives , & de dreffer des
Procès-verbaux des délits , dégradations , dégâts & malverfations qu'ils trouveront être préfentement faits dans lefdites Foréts , buiffons , garennes , ou
fur les rivières , canaux & autres endroits , & qui y arriveront à l'avenir ,
lefquels Procès-verbaux ils envoyeront au Contrôleur Général de nos Finances, ou aux Grands-Maîtres ou autres Officiers aufquels la connoiffance
en eft attribuée par nos Ordonnances , & fpécialement par celle du mois
d'Août 1669 , pour y être ftatué. A cet effet Nous voulons que les Adjudications ci-devant faites , les plans , figures , titres , régiftres & papiers
concernans lefdites Foréts , Bois & Rivieres , foient communiqués aufdits
Infpecteurs fans déplacer, & qu'il leur en foit délivré les Extraits dont ils
auront befoin fans frais , par les Greffiers ou autres Dépofitaires defdits
plans , figures & titres , quand ils le requereront.

VI. Permettons aufdits Officiers de régler à l'amiable & fans frais les
conteftations qui arriveront lors de leurs vifites entre les Marchands, Ouvriers & autres pour raifon de l'exploitation ou livraifon des Bois ; finon
en drefferont Procès-verbal qu'ils renvoyeront comme deffus.

VII. Les Gardes généraux & particuliers , Gardes Bois & autres feront
tenus d'affifter nofdits Infpecteurs lorfqu'ils en feront requis, fous les peines
portées par notredite Ordonnance du mois d'Août 1669.

VIII. Voulons que nofdits Confeillers Infpecteurs en faifant leurs vifites,
informent des querelles, affaffinats & meurtres commis à l'occafion de la
chaffe , de la pèche , prife de bêtes dans nos Foréts , & larcins de Poiffon
fur l'eau, dont la connoiffance eft attribuée aux Officiers de nos Maîtrifes
par l'article VII. du titre premier de notre Ordonnance du mois d'Août
1669. Que conformément à l'article VIII. du même titre, ils informent
pareillement

pareillement & décretent contre les coupables surpris en flagrant délit, pour vols, meurtres, raps, brigandages & excès fur les perfonnes qui paffent, & dont la connoiffance appartient à nos autres Juges, à la charge de renvoyer les Accufés pris en flagrant délit, avec l'information en toute fûreté aux Juges à qui la connoiffance en eft attribuée par notre Ordonnance criminelle du mois d'Août 1670.

IX. Voulons que les commiffions, Jugemens, Sentences & Arrêts de nos Parlemens, Cours & Juges qui interviendront fur le fait des Eaux & Forêts, foient adreffés à nofdits Confeillers Infpecteurs concurremment avec les autres Officiers de nos Maîtrifes particulieres, & à l'exclufion de nos autres Juges ordinaires, finon dans les cas de récufation & autres portés par nos Ordonnances, pour par nofdits Infpecteurs ou autres Officiers des Maîtrifes faire les informations & Procès-verbaux requis en exécution defdits Jugemens, Arrêts & Sentences, & que lefdits Infpecteurs affiftent aux defcentes qui feront faites par tous autres Juges.

X. En conféquence des articles XL & XLII. du titre de l'Affiette & Balivage de notre Ordonnance du mois d'Août 1669, Nous enjoignons à tous Adjudicataires & Marchands de Bois de faire les coupes & vuidanges dans le 15 Avril de chacune année, ou le temps réglé par les Grands-Maîtres, finon & à faute de ce faire, ledit temps paffé, voulons que les Infpecteurs Confervateurs de nos Forêts dreffent des Procès-verbaux en préfence des Adjudicataires & Marchands, leurs Facteurs, Gardes-ventes, Commiffionnaires ou eux duement appellés, de l'état des coupes, la quantité & nature des Bois qui refteront à couper ou à enlever audit jour 15 Avril, ou à l'expiration des temps accordés par les Grands-Maîtres, dans lequel ils infereront les raifons des Marchands Adjudicataires & autres, & les requifitoires qu'ils pourront faire fur la prorogation du temps ou autrement, fur lequel Procès verbal il fera par Nous fait droit, conformément à l'article XLI. du même titre de notre Ordonnance.

XI. Difpenfons nofdits Infpecteurs de faire leur réfidence actuelle dans le lieu où les Maîtrifes font établies, pourvû toutefois qu'ils réfident dans le Reffort de ladite Maîtrife.

XII. Et pour donner moyen à nofdits Infpecteurs Confervateurs des Bois, Eaux & Forêts de remplir avec défintereffement les fonctions de leurs Offices, Nous leur avons attribué & attribuons par ces Préfentes trente mille livres de gages effectifs pour deux quartiers de foixante mille livres à repartir entre eux, fuivant les Rôles de la finance que Nous en ferons arréter en notre Confeil, dont il fera fait fonds dans les Etats de nos Bois ou ceux de nos Domaines, à commencer du premier Janvier dernier, defquels gages ils feront payés par les Receveurs Généraux de nos Bois & Domaines des deniers provenans de leurs Recette defdits Bois & Domaines fur leurs fimples quittances, & fans être obligés de rapporter aucune attache, certificat ni Vifa des Grands-Maîtres, dont Nous les avons, en tant que befoin eft, difpenfé & difpenfons par ces préfentes.

XIII. Leur attribuons auffi à chacun un minot de fel de francfalé qui leur fera délivré par les Officiers des Greniers à Sel du lieu de leur réfidance tous les ans, en payant feulement le prix du Marchand, fix livres par Vacation & defcentes & difcuſſions qui ſe feront à la diligence des Parties, en vertu des Commiſſions, Jugemens & Arrêt, & ſix livres auſſi pour chaque Vacation qu'ils employeront à leurs Procès-verbaux contenant les dégradations, dégâts, malverſations & autres délits qui auront été ou feront faits & commis dans les Bois, Forêts & ſur les rivieres, canaux & route d'iceux ſans exception, deſquelles Vacations nos Conſeillers Inſpecteurs feront payés; ſçavoir de celles faites aux defcentes par les parties avant la clôture des Procès verbaux, & des autres par ceux au profit deſquels il interviendra des condamnations ſur les Procès-verbaux de délits ou par les Délinquans.

XIV. Comme auſſi Nous avons attribué & attribuons à noſdits Conſeillers Inſpecteurs préfentement créés un ſol pour livre du prix total des Adjudications qui feront ci-après faites à notre profit; à l'effet de quoi Nous voulons & entendons que les Grands Maîtres, Maîtres particuliers ou autres Officiers qui feront leſdites Adjudications, à commencer du premier du préfent mois de Mars, foient tenus de charger leſdits Adjudicataires des Bois dudit ſol pour livre outre & par-deſſus le prix de leurs' adjudications, pour être payé comptant auſdits Conſeillers Inſpecteurs lors de l'adjudication; le tout à peine d'en répondre en leur propre & privé nom, & d'y être leſdits Adjudicataires contraints à la diligence de noſdits Conſeillers Inſpecteurs, de la même manière & par les mêmes voyes qu'ils font tenus de payer le prix de leur adjudication.

XV. Ne pourront les gages, taxations & autres attributions accordées par notre préfent Edit à noſdits Conſeillers-Inſpecteurs être faiſis par aucun créancier que ce puiſſe être, ſi ce n'eſt par ceux qui auront prêté leurs deniers pour l'acquiſition deſdits Offices; leur faiſons dès-à-préfent main-levée de toutes les ſaiſies qui pourroient être faites au contraire de la préfente difpoſition.

XVI. Voulons pareillement qu'il foit fait bourſe commune du total du produit du ſol pour livre ci-deſſus accordé auſdits Officiers dans les Maîtriſes où ils feront pluſieurs établis, & du tiers du produit des procès-verbaux, de miſe de poſſeſſion & autres, enſemble des vacations aux defcentes.

XVII. Jouiront au furplus ceux de nos Conſeillers-Inſpecteurs, dont la finance fera de quatre mille livres & au-deſſus, conformément à notre Edit du mois d'Août 1705, de toutes exemptions de Tailles, Subſides, Uſtenſiles ou contributions de la Collecte des Tailles & du Sel, du ſervice du Ban & Arrière-Ban, du payement de tous droits de Franc-fiefs, du logement de Gens de Guerre; & eux & leurs enfans du ſervice de la Milice & de tous autres priviléges & exemptions de Ville & Police, ſans pouvoir être faits Tuteurs ou Curateurs, ni tenus de la nomination d'iceux. Et à l'égard de ceux dont la finance fera au-deſſous de quatre mille livres, ils jouiront des mêmes & ſemblables priviléges dont jouiſſent les Maîtres particuliers & autres Officiers des Eaux & Forêts, conformément à notre Ordonnance du mois d'Août 1669, & auſſi eux & leurs enfans du ſervice de la Milice; comme auſſi Nous leur avons accordé & accordons droit de Committimus aux Requêtes du Palais, des Cours de leur reſſort, & dans ceux où il n'y en a point èſdites Cours.

XVIII. Voulons que leſdits Offices puiſſent être acquis & poſſédés par toutes ſortes de perſonnes graduées ou non graduées, ſans incompatibilité avec tous autres Offices ni dérogeance à nobleſſe, même par les Officiers des Maîtriſes particulières, qui jouiront en ce cas des gages & droits attribués auſdits nouveaux Offices, ſans être tenus de rapporter aucun certificat ni attache des Grands-Maîtres, dont Nous les avons diſpenſé & diſpenſons nonobſtant toutes choſes à ce contraires, enſemble de tous dégrés de parenté.

XIX. Voulons auſſi qu'il ſoit éxpédié ſur les quittances du Tréſorier de nos Revenus Caſuels, & ſur celle des deux ſols pour livre & du Marc d'Or, des Proviſions en notre Grande Chancellerie, à ceux qui en ſeront porteurs, leſquels ſeront reçus, pourvû qu'ils ayent l'âge de vingt ans accomplis, aux Chambres des Eaux & Forêts établies à la Table de Marbre de nos Palais, de même que le Maître particulier, information de vie & mœurs préalablement faite ſuivant l'article premier du titre des Maîtriſes de notre Ordonnance du mois d'Août 1669, en payant pour tous frais de reception par les premiers Pourvûs, douze livres.

XX. Ne pourront les Pourvûs deſdits Offices être augmentés à la Capitation, ſous prétexte de l'acquiſition qu'ils en auront faite, ni taxés par confirmation d'hérédité ou autres ſous quelque prétexte que ce puiſſe être, & ne leur ſera créé de Tréſorier de bourſe commune.

XXI. Leur permettons auſſi d'emprunter les deniers néceſſaires pour faire ladite acquiſition, voulons qu'il ſoit fait mention deſdits emprunts dans les quittances de finance & de deux ſols pour livre, au moyen de quoi ceux qui auront prêté leurs deniers auront privilége ſpécial ſur leſdits Offices.

Si DONNONS EN MANDEMENT à nos amés & feaux Conſeillers les Gens tenans notre Cour de Parlement, Chambre des Comptes & Cour des Aydes à Paris, que notre préſent Edit ils ayent à faire lire, publier & regiſtrer, & le contenu en icelui ſuivre, garder & obſerver ſelon ſa forme & teneur, ceſſant & faiſant ceſſer tous troubles & empêchemens qui pourroient être mis ou donnés, nonobſtant tous Edits, Déclarations, Réglemens & autres choſes à ce contraires, auſquels Nous avons dérogé & dérogeons par le préſent Edit, aux copies duquel collationnées par l'un de nos amés & feaux Conſeillers-Secrétaires, voulons que foi ſoit ajoutée comme à l'Original : CAR tel eſt notre plaiſir. Et afin que ce ſoit choſe ferme & ſtable à toujours, Nous y avons fait mettre notre Scel. DONNÉ à Verſailles au mois de mois de Mars l'an de grace mil ſept cent ſix, & de notre Regne le ſoixante troiſiéme. Signé, LOUIS, Et plus bas : Par le Roi PHELYPEAUX. Viſa, PHELYPEAUX. Vu au Conſeil, CHAMILLART. Et ſcellé du grand Sceau de cire verte, ſur lacs de ſoye rouge & verte.

ÉDIT DU ROI,

PORTANT Création d'Offices de Maîtres particuliers alternatifs des Eaux & Forêts, &c.

Du mois d'Août 1707.

LOUIS, par la grace de Dieu, Roi de France & de Navarre : A tous préſens & avenir : SALUT. Les dépenſes extraordinaires que Nous ſommes obligés de faire pour foutenir la guerre contre les différens Princes & Etats ligués contre Nous, Nous ayant forcé de chercher divers moyens pour Nous procurer les fonds néceſſaires, Nous avons toujours préféré ceux qui ſe ſont trouvés les moins à charge à nos Peuples; c'eſt dans cette vue que Nous avons rétabli les Offices qui ont été ci-devant ſupprimés & remboursés pendant la Paix, & d'autant moins augmenter les Impoſitions qui ſurchargent les contribuables aux Tailles; c'eſt auſſi ce qui Nous a engagé à écouter favorablement la propoſition qui Nous a été faite de créer des Maîtres particuliers, alternatifs & triennaux dans chacune des Maîtriſes de notre Royaume, ainſi qu'il y en avoit avant notre Ordonnance du mois d'Août mil ſix ſoixante-neuf. A CES CAUSES & autres à ce Nous mouvant, de l'avis de notre Conſeil & de notre certaine ſcience, pleine puiſſance & autorité royale, Nous avons par notre préſent Edit perpétuel & irrévocable, créé, érigé & établi, créons, érigeons & établiſſons en titre d'Office, formé & héréditaire en chacune des Maitriſes des Eaux & Forêts de notre Royaume, Pays, Terres & Seigneuries de notre obéiſſance, un notre Conſeiller, Maître particulier alternatif, & un notre Conſeiller, Maître particulier & triennal, pour être leſdits Offices avec les anciens Maîtres particuliers établis dans leſdites Maîtriſes, exercés & poſſédés ſous le titre d'ancien & mi-triennal, & d'alternatif & mi-triennal, à l'effet de quoi pour aucunement indemniſer leſdits anciens Maîtres particuliers de la préſente création, Nous leur avons réuni & réuniſſons la moitié dudit Office triennal, pour ne compoſer qu'un ſeul & même corps d'Office ſous le titre d'ancien & triennal, ſans que pour raiſon de ce ils ſoient obligés de Nous payer aucune nouvelle finance, dont Nous les avons déchargés & déchargeons pour toujours par le préſent Edit, leſdits Maîtres particuliers, alternatifs & mi-triennaux, auront dans l'année de leur exercice les mêmes rangs, ſéances & honneurs, tant aux Audiences des Siéges deſdites Maîtriſes, Chambres du Conſeil, qu'en toutes autres occaſions & cérémonies publiques & particulières, jouiront de leurs mêmes vacations, droits & émolumens, & feront les mêmes & ſemblables fonctions que font actuellement leſdits anciens Maîtres particuliers, & qui leur ont été attribués par leurs Edits de Création, par les Edits, Déclarations, Arrêts & Réglemens rendus depuis, & par l'Ordonnance du mois d'Août 1669, ſans aucune différence ni exception, & tout ainſi que s'ils y étoient dénommés, & qu'ils euſſent été rendus à leur profit, à l'effet de quoi Nous les avons rendus & déclarés communs par notre préſent Edit, pour leſdits Maîtres alternatifs & mi-triennaux; jouiront pareillement leſdits Maîtres alternatifs & mi-triennaux, tant en exercice que hors d'exercice, des mêmes & ſemblables priviléges & exemptions, dont jouiſſent actuellement leſdits anciens Maîtres particuliers, auſſi ſans aucune différence ni diſtinction, & tout ainſi que s'ils étoient détaillés & exprimés par le préſent Edit, & outre les chauffages, journées, droits, vacations & émolumens dont jouiſſent leſdits Maîtres particuliers anciens, Nous avons attribué & attribuons auſdits Maîtres particuliers, alternatifs & mi-triennaux, créés par notre préſent Edit, cinquante-ſept mille quatre cent quarante-cinq livres, tant pour leur tenir lieu de gages, augmentations de gages, que pour leurs chauffages & journées, ſuivant la répartition qui en ſera faite par les états qui en ſeront arrêtés en notre Conſeil, leſquels gages, chauffages & journées ſeront employés dans les mêmes états où ceux attribués aux anciens Maîtres particuliers sont employés, à commencer du premier du présent mois d'Août, pour leur être payés sur leurs simples quittances, qui seront passées & allouées sans aucune difficulté dans les comptes de ceux qui en auront fait le payement, desquels gages, augmentations de gages, chauffages & journées, ils jouiront par chacune année, sans aucun retranchement, tant en exercice que hors d'exercice, sans qu'il puisse ci-après leur être attribué aucuns autres gages, sous quelque prétexte que ce soit, dont Nous les déchargeons pour toujours ; Voulons que lesdits Maîtres particuliers & alternatifs & mi-triennaux soient admis au payement du droit annuel de leurs Offices par le Receveur de nos Revenus casuels, sur le même pied & ainsi qu'il a été reglé pour les anciens Maîtres particuliers, sans qu'ils soient tenus de payer aucun prêt pour les années qui restent à expirer du bail courant, dont Nous les avons dispensés & déchargés, ensemble du payement de l'annuel pendant la présente année & la suivante. Faisons défenses à ceux qui ont été & seront pourvûs des Offices de Maîtres particuliers, anciens & mi-triennaux, & d'alternatifs & mi-triennaux, de faire aucunes des fonctions hors l'année de leurs exercices à peine de nullité ; Voulons que ceux qui acquereront lesdits Offices de Maîtres particuliers, alternatifs & mi-triennaux, ou qui en feront les fonctions en attendant la vente, entrent en exercice au premier jour du mois de Janvier prochain, pour continuer alternativement avec les anciens Maîtres particuliers, lesquels anciens Maîtres jouiront au surplus, tant en exercice que hors d'exercice, de tous les gages, chauffages, journées, vacations, droits & émolumens que Nous leur avons ci-devant attribués sans aucune diminution ni retranchement ; toutes personnes graduées ou non graduées, soit Officiers ou autres, pourront se faire pourvoir desdits Offices de Maîtres particuliers, alternatifs & mi-triennaux créés par le présent Edit, & les tenir & exercer sans incompatibilité d'autres Offices, & jouiront les veuves de ceux qui décéderont pourvus desdits Offices pendant le temps qu'elles demeureront en viduité, des mêmes priviléges & exemptions dont leurs maris auroient joui avant leur mort ; ceux qui seront pourvûs desdits Offices, seront reçus de la même manière que les anciens ont été reçus dans leurs Offices, en payant seulement 20. liv. pour tous droits, ne pourront lesdits Officiers créés par le présent Edit, sous quelque prétexte & pour quelques causes & raisons que ce soit, être contraints ni obligés de prendre du franc-salé, en exécution de nos Déclarations des 11 Août 1705 & 12 Janvier 1706 ; comme aussi ne pourront être taxés, soit pour confirmation de leurs chauffages, journées, droits, vacations & émolumens, supplément de finance ou autrement, dont Nous les déchargeons pour toujours ; ceux qui prêteront leurs deniers pour l'acquisition desdits Offices nouveaux, auront un privilége par préférence à tous autres créanciers, tant sur iceux que sur leurs gages, augmentation de gages, chauffages, journées & droits y attribués.

SI DONNONS EN MANDEMENT à nos amés & feaux les Gens tenans notre Cour de Parlement de Bretagne à Rennes, que le présent Edit ils ayent à faire lire, publier & registrer, même en temps de vacations, & le contenu en icelui garder & observer de point en point selon sa forme

& teneur, nonobſtant tous Edits, Déclarations, Arrêts, Réglemens & autres choſes à ce contraires, auſquels Nous avons dérogé & dérogeons par le
préſent Edit, aux copies duquel collationnées par l'un de nos amés & feaux
Conſeillers-Secrétaires, voulons que foi ſoit ajoutée comme à l'original : CAR
tel eſt notre plaiſir ; & afin que ce ſoit choſe ferme & ſtable à toujours, Nous
y avons fait mettre notre ſcel. DONNÉ à Marly au mois d'Août l'an de
grace mil ſept cent ſept, & de notre Regne le ſoixante-cinquiéme. *Signé*,
L O U I S. *Et plus bas ;* Par le Roi, C O L B E R T. *Viſa*, P H E L Y P E A U X ;
Vû au Conſeil, C H A M I L L A R T, & ſcellé.

Extrait des Regiſtres de Parlement.

Lû & publié en l'Audience publique de la Cour, & enregiſtré au Greffe
d'icelle : Oui & ce le requerant le Procureur Général du Roi, pour avoir effet
ſuivant la volonté de Sa Majeſté ; ordonne ladite Cour que copies dudit
Edit feront, à la diligence du Procureur Général du Roi, envoyées aux
Siéges Préſidiaux & Royaux de ce reſſort, pour à la diligence de ſes Subſtituts y être lues & publiées, à ce que perſonne n'en ignore. Fait en Parlement à Rennes le 27 Octobre 1707. *Signé*, C. M. P I C Q U E T.

ARREST DU CONSEIL,

Q U I fait défenſes à toutes perſonnes de chaſſer dans leurs Parcs
& Clos, dans l'étendue des Capitaineries Royales, ſans per-
miſſion, &c.
Ordonne que les Seigneurs Hauts-Juſticiers feront tenus de ſouf-
frir les viſites des Officiers des Chaſſes, &c.
Permet aux Capitaines de tirer dans l'étendue deſdits Parcs, &c.

Du 17 Octobre 1707.

L E Roi étant informé des conteſtations qui ſurviennent journellement
entre les Officiers des Capitaineries Royales des Chaſſes, & les Propriétaires des Parcs, Clos & Jardins qui ſe trouvent dans l'étendue deſdites Capitaineries ; les uns prétendans qu'ils ſoient en droit de veiller par eux-mêmes ou par leurs Gardes, à la conſervation du Gibier dans leſdits Parcs,
Clos & Jardins, de même que dans les Plaines, & d'y tirer ou faire tirer
quand bon leur ſemble : & les autres, que leſdits Parcs, Clos & Jardins,
n'étant point expreſſément dénommés dans l'Ordonnance de 1669, ils ne
doivent pas être aſſujettis à la viſite deſdits Officiers ou Gardes, ni à ſouffrir
qu'ils y tirent ou y envoyent tirer ; ſur-tout pour les Parcs fermés par permiſſion expreſſe & par Lettres-Patentes de Sa Majeſté. Laquelle conteſtation ayant été particulierement renouvellée ſur ce ſujet entre le Sieur de
Bercy, à cauſe de ſon Parc de Bercy, & le ſous-Lieutenant des Chaſſes

de Vincennes, Sa Majefté a voulu expliquer, en tant que de befoin, fes intentions à cet égard, & marquer encore plus précifément ce qu'Elle veut & entend être obfervé à cet effet.

ARTICLE PREMIER.

Sa Majefté fait défenfes à toutes perfonnes, de quelque qualité & condition qu'elles foient, & fous quelque prétexte que ce puiffe être, de chaffer, ni faire chaffer à quelque Gibier que ce foit, dans leurs Parcs, Clos & Jardins qui fe trouvent dans l'étendue defdites Capitaineries Royales, fans permiffion expreffe de Sa Majefté ou du Capitaine.

II. Ordonne que les Seigneurs Hauts-Jufticiers feront tenus de fouffrir les vifites que lefdits Capitaines pourront faire ou faire faire par leurs Officiers ou Gardes pour la confervation du Gibier dans lefdits Parcs, Clos & Jardins; fauf aufdits Propriétaires de faire accompagner lefdits Officiers ou Gardes dans leurs vifites; par telle perfonne à eux que bon leur femblera.

III. Pourront auffi les Capitaines tirer dans lefdits Parcs, Clos & Jardins, quand bon leur femblera. fans qu'ils puiffent y faire tirer autres perfonnes avec eux, ni y envoyer, & fans que les autres Officiers & Gardes defdites Capitaineries puiffent ufer de la même liberté, qui fera refervée à la feule perfonne des Capitaines; de laquelle liberté Sa Majefté entend néanmoins qu'ils ufent modérément.

IV. Veut au furplus Sa Majefté que fes Ordonnances & Réglemens fur le fait des Chaffes foient exécutés felon leur forme & teneur, & que le préfent Réglement foit lû, publié & affiché, tant dans le lieu de la Jurifdiction des Capitaineries, que dans les Bourgs & Villages qui font compris dans l'étendue defdites Capitaineries Royales des Chaffes, à ce qu'aucun n'en ignore. Fait à Fontainebleau le dix-fept Octobre mil fept cent fept. *Signé*, LOUIS. *Et plus bas*, PHELYPEAUX.

DÉCLARATION DU ROI

En interprétation de l'Edit du mois d'Août 1707,

PORTANT Création des Maîtres particuliers alternatifs dans les Maîtrifes des Eaux & Forêts.

Du 29 Novembre 1707.

LOUIS, par la grace de Dieu, Roi de France & de Navarre: A tous ceux qui ces préfentes Lettres verront; SALUT. Par notre Edit du mois d'Août dernier, Nous avons créé en chacune Maîtrife particuliere des Eaux & Forêts de notre Royaume, un notre Confeiller Maître particulier alternatif, & un notre Confeiller Maître particulier triennal, pour être lefdits Offices avec ceux des Maîtres particuliers anciens, exercés & poffédés fous le titre d'ancien & mi-triennal, & d'alternatif & mi-triennal, à l'effet de quoi, pour aucunement indemniser lesdits anciens Maîtres particuliers de ladite Création, Nous leur aurions réuni la moitié dudit Office triennal, pour ne composer qu'un seul & même Corps d'Office, sous le titre d'ancien & mi-triennal, sans que pour raison de ce Ils soient obligés de Nous payer aucune nouvelle finance, le tout aux gages, augmentations de gages, chauffages, journées, vacations, émolumens, droits, privilèges, rang, séance & exemptions attribués par notredit Edit, en conséquence duquel plusieurs Maîtres particuliers anciens des Eaux & Forêts auroient offert d'acquerir lesdits Offices de Maîtres particuliers alternatifs & mi-triennaux, & de les réunir à leurs Offices anciens & mi-triennaux, y réunis par notre Edit, aux conditions de ne payer plus grand prêt ni droit annuel que celui qu'ils ont payé jusqu'à présent, tant & si long-temps que lesdits Offices seront réunis avec la faculté de les pouvoir désunir, & de les vendre quand & à qui bon leur sembleroit, pour en jouir par les acquereurs d'iceux, non à titre d'hérédité, comme il paroît que lesdits Offices ont été créés par notredit Edit du mois d'Août dernier ; mais comme d'Offices casuels & de même nature que les Maîtres anciens particuliers des Eaux & Forêts de nos Maîtrises, & désirant sur ce expliquer nettement notre intention, & favoriser les anciens Maîtres particuliers qui ont dessein de réunir lesdits Offices de Maîtres particuliers alternatifs & mi-triennaux. A CES CAUSES, & autres à ce Nous mouvans, de notre certaine science, pleine puissance & autorité royale, Nous avons déclaré & ordonné, & par ces Présentes signées de notre main, déclarons & ordonnons, voulons & Nous plaît, que lesdits Offices de Maîtres particuliers alternatifs & triennaux des Eaux & Forêts, créés par notre Edit du mois d'Août dernier, soient & demeurent pour toujours casuels & sujets au payement du prêt & du droit annuel, ainsi que les Offices des anciens Maîtres particuliers de nos Maîtrises, nonobstant que par notre Edit Nous les ayons créés en titre d'Offices formés & héréditaires, auquel Edit, pour ce regard seulement, Nous avons dérogé & dérogeons par ces Présentes ; Voulons néanmoins que ceux des anciens Maîtres particuliers des Eaux & Forêts, ausquels Nous avons réuni le mi-triennal par notre Edit, qui réuniront aussi l'Office d'alternatif & mi-triennal, créé par icelui, moyennant la finance qui sera réglée en notre Conseil, jouissent eux & leurs successeurs desdits Offices, ensemble des gages, augmentation de gages, chauffages & journées, par augmentation, & outre ceux dont ils jouissent actuellement en qualité de Maîtres particuliers anciens, tant & si longuement que lesdits Offices seront & demeureront réunis, & ce sur la simple quittance du Trésorier de nos Revenus Casuels, qui leur sera délivrée pour la finance principale desdits Offices, & celle du Préposé à l'exécution de notre Edit du mois d'Août dernier, pour les deux sols pour livre d'icelle, sans que pour raison de ladite réunion ils soient obligés d'obtenir aucunes Lettres de provisions de Nous, prêter nouveau serment, ni payer plus grand prêt & droit annuel, que ce qu'ils auront ci-devant payé pour ledit Office de Maître particulier ancien; leur permettons néanmoins & à leurs successeurs de désunir lesdits Offices de Maîtres particuliers, alternatifs & mi-triennaux, & d'en disposer quand & en faveur de qui bon leur semblera ; à l'effet de quoi voulons que sur leurs démissions & lesdites quittances de finance & de deux sols pour livre, il

soit

foit expédié aux acquéreurs defdits Offices toutes Lettres de provifions en notre grande Chancellerie, dont les droits de Sceau & de Marc d'Or feront payés feulement fur le pied des Tarifs arrêtés en notre Confeil pour les premieres provifions d'Offices de nouvelle création, & que les pourvus defdits Offices de Maîtres alternatifs & mi triennaux, ainfi défunis, ou ceux qui les auront acquis de Nous en exécution de notredit Edit du mois d'Août dernier, ayent dans l'année de leurs exercices les mêmes rangs, féance & honneurs, tant aux Audiences des Siéges defdites Maîtrifes, Chambre du Confeil, qu'en toutes autres cérémonies publiques & particulieres, que les Maîtres anciens & mi-triennaux y réunis, jouiffent des mêmes vacations, droits & émolumens qu'eux, & faffent les mêmes & femblables fonctions que font actuellement lefdits anciens Maîtres particuliers, & qui leur ont été attribuées, tant par leurs Edits de Création, que par les Edits, Déclarations, Arrêts & Réglemens rendus depuis, même par notre Ordonnance du mois d'Août 1669, fans aucune différence ni exception, & jouiffent des gages, augmentation de gages, chauffages, journées, priviléges & exemptions que Nous leur avons attribué par notredit Edit du mois d'Août dernier, tant en exercice que hors d'exercice, fans qu'eux ni lefdits anciens Maîtres pour ladite réunion, puiffent être ci-après taxés pour acquifition du francfalé, confirmations de chauffage, journées, droits, vacations & émolumens, fupplément de finance ou autrement, pour quelque caufe & occafion que ce puiffe être, dont Nous les avons dès-à-préfent déchargés & difpenfés.

Si DONNONS EN MANDEMENT à nos amés & feaux les Gens tenans notre Cour de Parlement à Rennes, que ces préfentes Lettres ils ayent à à faire lire, publier & regiftrer, & le contenu en icelles garder & obferver de point en point felon fa forme & teneur, nonobftant tous Edits, Déclarations, Arrêts, Réglemens & autres chofes à ce contraires, aufquels Nous avons dérogé & dérogeons par ces Préfentes, aux copies defquelles collàtionnées par l'un de nos amés & feaux Confeillers Secrétaires, voulons que foi foit ajoutée comme à l'original; CAR tel eft notre plaifir; en temoin de quoi Nous avons fait mettre notre Scel à cefdites Préfentes. DONNÉ à Verfailles le vingt-neuviéme jour de Novembre, l'an de grace mil fept cent fept, & de notre Règne le foixante-cinquiéme. *Signé*, LOUIS. *Et plus bas*, Par le Roi, COLBERT. Vu au Confeil, CHAMILLART, & fcellé.

Extrait des Regiftres de Parlement.

Lu, publié en l'Audience publique de la Cour, & enregiftré au Greffe d'icelle: Oui & ce le requerant le Procureur Général du Roi; ordonne qu'à fa diligence copies de ladite Déclaration feront envoyées aux Siéges Préfidiaux & Royaux de ce reffort, pour à la diligence de fes Subftituts aufdits Siéges y être pareillement lues, publiées & enregiftrées, à ce que perfonne n'en ignore, & du devoir qu'ils en auront fait, feront tenus d'en certifier la Cour dans le mois. Fait en Parlement à Rennes le treiziéme Février mil fept cent huit.

ÉDIT DU ROI,

PORTANT fuppreffion des Offices des Contrôleurs Généraux des Bois, & d'Infpecteurs des Eaux & Forêts.

Et Création de Contrôleurs Généraux anciens, alternatifs & triennaux des Eaux & Forêts, en chacun des dix-fept Départemens des grandes Maîtrifes du Royaume.

Donné à Verfailles au mois de Mars 1708.

LOUIS, par la grace de Dieu, Roi de France & de Navarre : A tous préfens & à venir, SALUT. Par notre Edit du mois de Mars 1706, Nous aurions créé en titre d'Offices formés & héréditaires des Offices de nos Confeillers Infpecteurs & Confervateurs des Eaux & Forêts en chacune des Maîtrifes particulieres de notre Royaume, Pays, Terres & Seigneuries de notre obéiffance, pour veiller à la confervation de nos Forêts, & à l'exécution de nos Ordonnances, avec attribution de gages, & d'un fol pour livre du prix de nos Bois, & d'autres privilèges & exemptions qui Nous faifoient efpérer que ces Offices feroient promptement levés ; mais ce fol pour livre fe trouvant très confidérable dans plufieurs Maîtrifes, & la finance en devant être proportionnée, il ne s'eft préfenté perfonne pour les acquérir, ce qui Nous a privé du fecours que Nous avions attendu de cette création, & Nous oblige de fupprimer ce qui refte à vendre de ces Offices; & étant informé qu'il n'a été vendu qu'un petit nombre de ceux de nos Confeillers-Contrôleurs généraux des Bois & Forêts, que Nous avions créés par notre Edit du mois de Février 1704; Nous avons pareillement réfolu de les fupprimer & d'en créer d'autres, avec des attributions nouvelles, qui puiffent en procurer la vente, & en même temps de créer auffi des premiers Commis aux Receveurs généraux de nos Domaines & Bois, pour les mettre davantage en état de remplir leurs fonctions; comme auffi de créer un Garde général Receveur des Amendes dans chaque Maîtrife particuliere, au lieu de ceux qui avoient été créés pour chaque Département par notre Edit du mois de Novembre 1689, aufquels il n'avoit pas été attribué fuffifamment de gages pour remplir leurs fonctions avec toute l'exactitude qu'elles demandent; & comme les Grands-Maîtres de nos Eaux & Forêts, n'ont point de Greffiers pour écrire & rediger fous eux leurs Procès-verbaux & Ordonnances, & en garder les minutes, lefquelles par cette raifon fe peuvent perdre ou égarer, au grand préjudice de nos fujets, Nous avons cru les devoir confier à des Officiers en titre que Nous créérons à cet effet, & en même temps établir deux nouveaux Siéges des Maîtrifes particulieres des Eaux & Forêts dans nos Villes de Soiffons & de Noyon, aux environs defquelles il fe trouve des Bois & des Rivières qui ont été négligés par ceux qui en doivent avoir le foin; & ayant par notre Edit du mois d'Août dernier créé en chacune des Maîtrifes de notre Royaume un Maître particulier, alternatif & triennal, il Nous auroit été remontré que pour y établir l'uniformité, il conviendroit d'y créer aussi des Lieutenans, nos Procureurs, Gardes-Marteaux & Greffiers alternatifs; à toutes lesquelles créations Nous Nous déterminons d'autant plus volontiers qu'elles sont aussi avantageuses à nos Sujets, que nécessaires pour la bonne Police qui doit être observée dans nos Eaux & Forêts, & qu'elles Nous produiront d'ailleurs une finance à peu près égale à celle que Nous aurions retirée de la vente des Offices d'Inspecteurs créés par notredit Edit du mois de Mars 1706.

A CES CAUSES & autres à ce Nous mouvans de notre certaine science, pleine puissance & autorité royale, Nous avons par le présent Edit perpétuel & irrévocable, éteint & supprimé, éteignons & supprimons les Offices de Contrôleurs généraux de nos Bois, ensemble ceux de nos Conseillers, Inspecteurs, Conservateurs des Eaux & Forêts, créés par nos Edits des mois de Février 1704 & Mars 1706, qui n'ont point été vendues jusqu'à présent, même l'un des deux Offices de nos Conseillers, Inspecteurs, Conservateurs des Eaux & Forêts en la Maîtrise particuliere de Creoy en Brie, dont a été pourvû Pierre Michelet de Belairmont; déclarons les provisions par lui obtenues, nulles, & au lieu d'iceux Nous avons créé & érigé, créons & érigeons en titre d'Offices formés & héréditaires en chacun des dix sept Départemens de grandes Maîtrises des Eaux & Forêts de notre Royaume, un notre Conseiller Contrôleur Général ancien, un notre Conseiller Contrôleur Général alternatif, & un notre Conseiller Contrôleur Général triennal des Bois, Buissons, Eaux & Forêts de notre Royaume, pour ne composer que deux corps d'Offices, l'un sous le titre d'ancien & mi-triennal, & l'autre sous celui d'alternatif & mi-triennal. Voulons que ceux qui ont acquis aucuns desdits Offices de Contrôleurs Généraux des Bois & Forêts, en exécution de notredit Edit du mois de Février 1704, soient conservés dans le Département de la Grande-Maîtrise qu'ils voudront choisir de l'étendue du Parlement de leur établissement, sous les titres d'anciens & mi-triennaux, à l'effet de quoi, pour leur tenir lieu de dédommagement des alternatifs qui y seront établis, Nous leur avons réuni & réunissons par le présent Edit la moitié de l'Office triennal ci-dessus créé, en Nous payant la finance pour laquelle ils seront employés dans les rôles que Nous en ferons arrêter en notre Conseil pour les nouvelles fonctions & attributions suivantes, & ce un mois après la signification desdits rôles, passé lequel ils y seront contraints comme pour nos propres deniers & affaires. Voulons que lesdits Contrôleurs Généraux, ensemble ceux créés par le présent Edit, fassent toutes les fonctions, & jouissent de toutes les attributions, honneurs, prérogatives, droits & émolumens, portés par celui du mois de Février mil sept cent quatre, que nous leur avons de nouveau attribué & attribuons; & qu'outre lesdites fonctions, ils fassent encore en l'absence des Grands-Maîtres, ou en cas de maladie ou légitime empêchement & sur leurs commissions, toutes celles qui sont attribuées ausdits Grands-Maîtres, par les Edits, Déclarations, Arrêts & Réglemens rendus en leur faveur, & qu'ils jouissent en ce cas des mêmes vacations de quarante livres qui leur sont payées, & de quinze livres seulement lorsque lesdits Grands-Maître seront présens. Pourront lesdits Controlleurs Généraux, choisir qui bon leur semblera pour leur servir de Greffier

K ij

lorfqu'ils travailleront en l'abfence des Grands-Maîtres ; & fera payé aufdits Greffiers les mêmes & femblables droits qu'aux Sécretaires des Grands Maîtres, fuivant qu'il fera dit ci-après ; tiendront la main à l'exécution de nos Edits, Déclarations, Arrêts & Réglemens, & à l'Ordonnance du mois d'Août mil fix cent foixante-neuf, fur le fait des Eaux & Forêts, affifteront à l'affiette, martelage, ballivage & récollement de nos bois, de ceux des Eccléfiaftiques & Communautés Laïques & encore de ceux des Engagiftes, même à la délivrance des chauffages, & mife du quart en réferve defdits bois, & feront payés dans toutes lefdites occafions de leurs droits, vacations & journées; fçavoir, dans nos bois, de pareils & femblables droits, qui font attribués aux Maîtres Particuliers, & dans ceux des Eccléfiaftiques, Communautés Laïques & des Engagiftes, ainfi & fur le pied qu'il eft réglé ci-deffus & fuivant la taxe qui en fera faite par les Grands Maîtres conformément à l'ufage. Auront rang & feance aux ventes de nos bois & des Eccléfiaftiques immédiatement après le Grand-Maître. Auront auffi rang & feance aux Siéges des Tables de Marbre de leur Département, immédiatement après le Lieutenant Général defdits Sieges. Pourront lefdits Cont olleurs Généraux fe faire accompagner par les Maîtres Particuliers & autres Officiers defdites Maîtrifes, en l'abfence des Grands-Maîtres, de la même maniere que lefdits Grands-Maîtres ont fait jufqu'à préfent, lorfque les Grands-Maîtres ne pourront pas vaquer par eux-mêmes à l'exercice & fonctions de leurs Offices; voulons qu'ils adreffent leurs commiffions aufdits Controlleurs Généraux par préférence à tous autres Officiers, aufquels ils avoient coutume de les adreffer ci-devant, à la charge d'envoyer par lefdits Controlleurs aux Grands-Maîtres, les Procès-verbaux qu'ils feront en conféquence defdites commiffions avec leur avis. Lefdits Controlleurs Généraux, feront leur réfidence où bon leur femblera, fans être affujettis à demeurer dans l'étendue de leur Département, jouiront lefdits Controlleurs Généraux créés par le préfent Edit, & ceux qui ont acquis en exécution de celui du mois de Février 1704, des deux deniers pour livre attribués par icelui, tant fur le prix de nos bois, que fur ceux des Eccléfiaftiques & Communautés Laïques ; & outre lefdits deux deniers nous leur avons encore attribué & attribuons par le préfent Edit, trois deniers pour livre du produit des ventes ordinaires & extraordinaires de nos bois même des chablis, à commencer par celles faites en l'année 1707, pour la préfente année 1708, lefdits trois deniers faifant partie des douze deniers attribués aufdits Infpecteurs des Eaux & Forêts, par notre Edit du mois de Mars 1706 & fupprimés par le préfent Edit, ce qui fera cinq deniers fur le prix de nos bois, & deux deniers fur ceux des Eccléfiaftiques & Communautés Laïques, lefquels droits feront payés par les Adjudicataires defdits Bois, dans les termes & de la maniere qu'il eft porté par nos Edits des mois de Février 1704 & Mars 1706; fçavoir, moitié aux Controlleurs Généraux anciens & mi-triennaux ; & moitié aux Controlleurs Généraux alternatifs & mi triennaux annuellement, foit en exercice ou hors d'exercice. Avons auffi attribué & attribuons aufdits Controlleurs Généraux les gages qui feront fixés par les rolles qui feront arrêtés en notre Confeil, à prendre dans les 30000 livres que nous avons attribués aufdits Infpecteurs Confervateurs des

Eaux & Forêts, Voulons qu'ils jouiſſent chacun d'un minot de ſel de franc-
ſalé, en payant le prix du Marchand ſeulement ; jouiront encore leſdits Controlleurs Généraux du quart des épaves de toute nature qui ſeront pêchées ſur
les fleuves & rivières navigables & vendues à notre profit dans l'étendue de
leur Département, lequel quart leur ſera payé ſur leurs ſimples quittances
par celui qui en aura reçu les deniers ; jouiront en outre de l'exemption de
toutes tailles & de toutes ſortes d'uſtenſiles, logemens de gens de guerre &
de tutelle, curatelle & nomination à icelles, enſemble de tous les mêmes &
ſemblables priviléges & exemptions dont jouiſſent actuellement les Grands-
Maîtres, ſans aucune deſtination, exception ni différence, encore qu'ils ne
ſoient exprimés par le préſent Edit ; Voulons qu'ils ſoient reçus & inſtalés en
nos Cours de Parlement de l'étendue de leur Département, & que pour tous
frais de réception, les premiers pourvus payent ſeulement cinquante livres,
y compris l'expédition du Greffier. Seront toutes perſonnes pourvues des
Offices à l'âge de vingt-deux ans, & pourront les poſſéder & unir, ſoit l'office ancien & mi-triennal, avec l'alternatif & mi-triennal ſoit l'un deux ſéparément, ſans incompatibilité d'autres Offices de Judicature, Police & Finance, ni de commerce en gros autre que celui du bois ; & de la même autorité que deſſus, nous avons auſſi créé & érigé, créons & érigeons en titre
d'Office formé & héréditaire, un notre Conſeiller premier Commis alternatif, & notre Conſeiller premier Commis triennal de nos Conſeillers Receveurs Généraux des Domaines & Bois dans chacune Généralité & pays
d'Etats de notre Royaume où noſdits Receveurs Généraux ſont établis pour
ne compoſer auſſi que deux corps d'office, l'un ſous le titre d'ancien & mi-
triennal, & l'autre, ſous celui d'alternatif & mi-triennal, pour faire remplir & exercer en l'abſence des Receveurs Généraux, toutes les fonctions qui
leur ſont attribuées par leurs Edits de création, Déclarations, Arrêts & Réglemens & tenir leurs Régiſtres de recette & de dépenſe ; & pour rémédier
aux abus qui pourroient ſurvenir à l'occaſion des permiſſions que nous avons
ci-devant accordées & que nous accorderons ci-après aux Bénéficiers & Communautés réguliéres & ſéculieres de notre Royaume de vendre leurs bois ;
Voulons que leſdits premiers Commis faſſent la Recette entière du prix deſdits Bois, enſemble des frais qui ſeront taxés par les Grands Maîtres aux
Officiers pour les viſites, balivages, martelages, ventes & adjudications,
journées, récollement & autres que les Adjudicataires ſont & ſeront obligés
de payer, pour être les deniers employés par leſdits premiers Commis à leur
deſtination, ſoit que les adjudications ſoient faites ou à faire, même le prix des
bois dont les termes ſont échus & dont les deniers ne ſont pas encore employés
ou portés en notre Tréſor Royal, ſoit auſſi que les adjudications ci-devant
faites ſoient à la charge par les Adjudicataires d'en remettre le prix en notre
Tréſor Royal, ès mains d'un notable ou ailleurs, dont nous les avons déchargés & déchargeons par le préſent Edit, ſur la totalité deſquelles ſommes
voulons que leſdits premiers Commis retiennént un ſol pour livre, que nous
leur avons attribué par le préſent Edit pour leurs droits, ports & voitures
& autres frais de recouvrement, & faute par les Adjudicataires de payer dans
les termes de leurs adjudications, leſdits premiers Commis pourront décerner leur contrainte contr'eux pour les y obliger, ainſi que pour nos propres

deniers & affaires, & de la même maniere que nos Receveurs Généraux des Domaines & bois les décernent contre les Adjudicataires de nos bois, à l'effet de quoi, Voulons que les Greffiers de chaque ·Maîtrise de notre Royaume ou autres Dépofitaires foient tenus de délivrer inceffamment aufdits premiers Commis autant des adjudications ci-devant faites, & pour l'avenir un mois après qu'elles l'auront été, enfemble le cahier des charges & les actes de réceptions de cautions, le tout fans frais, à peine de tous dépens, dommages & intérêts, defquelles cautions reçues ou à recevoir par la fuite, lefdits premiers Commis préfentement créés ne feront garans ni refponfables, mais lefdites cautions feront reçues à l'avenir avec notre Procureur èfdites Maîtrifes, le Prépofé, l'Agent ou Procureurs defdits Bénéficiers ou Communautés, fans que pour raifon de ce, lefdits premiers Commis foient tenus de rendre aucun compte en notre Confeil, Chambre des Comptes ou Bureau des Finances dont nous les déchargeons, mais feulement par un Bref étar au Controlleur Général de nos Finances, toutes fois & quantes qu'ils en feront requis, & aufdits Bénéficiers, Communautés régulieres ou féculieres, lorfqu'ils leur remettront les piéces juftificatives de la dépenfe qu'ils auront faite du prix & charge defdits Bois: enjoignons aux Grands-Maîtres & Controlleurs Généraux des Eaux & Forêts de tenir exactement la main à l'exécution de ce que deffus. Jouiront lefdits premiers Commis d'un denier pour livre du prix de nos Bois, tant ordinaires qu'extraordinaires de quelque nature qu'ils foient, même des chablis dans l'étendue de leurs Généralités ou Pays d'Etats, ledit denier faifant auffi partie des douze deniers attribués aufdits Infpecteurs Confervateurs fupprimés par le préfent Edit, lequel denier leur fera payé ainfi dans le temps & comme il eft dit ci-devant; à l'égard des Controlleurs Généraux, jouiront auffi lefdits premiers Commis des mêmes Priviléges & exemptions dont jouiffent les Receveurs Généraux de nos Domaines & Bois, encore qu'ils ne foient point ici plus particulierement exprimés; & pour procurer aufdits Receveurs Généraux des Domaines & Bois les moyens de fe choifir eux-mêmes des premiers Commis qui leur foient convenables, & ayent les qualités requifes pour en faire les fonctions, nous avons par le préfent Edit réuni & incorporé, réuniffons & incorporons lefdits Offices de premiers Commis préfentement créés, à ceux de nofdits Receveurs Généraux des Domaines & Bois, pour fur les quittances du Tréforier de nos revenus cafuels, faire par eux les fonctions & recette, & jouir des droits, émolumens & remifes à eux attribués, ainfi & de même qu'auroient pû faire lefdits premiers Commis fans aucune exception, en nous payant par chacun d'eux s mains de celui qui fera par nous prépofé pour la vente defdits Offices, fes Procureurs ou Commis, portant promeffe de rapporter les quittances du Tréforier de nos revenus cafuels pour la finance principale, & celle dudit prépofé pour les deux fols pour livre, lefquelles fommes feront payées en un feul payement dans un mois, du jour de la fignification defdits rolles, & faute d'y fatisfaire dans ledit temps & icelui paffé, ils y feront contraints chacun en droit foi comme pour nos propres deniers & affaires. Voulons que lefdits Receveurs généraux puiffent exercer lefdits Offices & jouir par leurs mains des droits, émolumens & remifes à eux attribués, fur la fimple quittance de finance qui leur fera délivrée, fans être obligés de prendre aucunes provifions, de fe faire recevoir ni prêter aucun nouveau ferment, & auffi fans qu'ils puiffent être tenus en cas de mutation de payer plus grands droits de Marc d'Or, Enregiftrement & Sceaux, que ceux qu'ils font tenus de payer pour leurs Offices de Receveurs généraux des Domaines & Bois. Leur permettons néanmoins de défunir & vendre lefdits Offices de premiers Commis, même d'y commettre toutefois & quantes fur leurs fimples procurations, telles perfonnes que bon leur femblera, pourvû qu'ils ayent atteint l'âge de vingt-deux ans accomplis. Voulons que ceux qui feront par eux commis, foient reçus aux Bureaux des Finances de chaque Généralité où ils feront établis, ou ès Jurifdictions qui connoiffent de nos Domaines, en payant feulement 6 liv. pour tous droits, y compris l'expédition du Greffe, fans que, fous quelque prétexte que ce foit ou puiffe être, ils puiffent être obligés de fe faire recevoir ni enregiftrer en nos Chambres des Comptes, dont en tant que de befoin Nous les avons difpenfé & difpenfons, dérogeant à cet effet à tous Edits, Déclarations, Arrêts & Réglemens à ce contraires; & en cas de vente defdits Offices, voulons que fur les quittances de finance qui auront été délivrées, il foit expédié aux acquéreurs des provifions en notre grande Chancellerie, dont les droits de Sceau & de Marc d'Or feront payés feulement fur le pied des Tarifs arrêtés en notre Confeil pour les premières provifions d'Office de nouvelle création. Voulons que ceux qui font commis aufdits Offices, en faffent les fonctions & jouiffent des mêmes & femblables priviléges & exemptions dans l'étendue de la Généralité où ils feront établis, dont les Titulaires pourroient jouir fans aucune différence ni exception, & que lefdits Commis ne puiffent être augmentés à la Capitation pour raifon de ladite Commiffion. Et voulant donner à nofdits Receveurs généraux des Domaines & Bois des marques de la fatisfaction que Nous avons de leur zèle, & des fecours confidérables qu'ils Nous ont donnés en plufieurs occafions depuis le commencement de cette Guerre, Nous les avons par le préfent Edit maintenus & confirmés, maintenons & confirmons dans tous leurs priviléges, exemptions, gages, taxations, remifes, droits, attributions, émolumens, honneurs, prérogatives & immunités portées par nos Edits des mois d'Avril 1685, Décembre 1701 & Février 1705, Déclarations, Arrêts & Réglemens rendus en conféquence; comme auffi Nous les avons maintenus & confirmés dans les droits d'enfaifinement des titres ou déclarations des biens mouvans de notre Domaine, conformément à notre Edit du mois de Décembre 1701, Déclaration & Arrêt rendus en conféquence, & notamment à celui du 22 Décembre 1705, que Nous voulons être exécutés felon leur forme & teneur. Permettons pour toujours à nofdits Receveurs généraux des Domaines & Bois, de vendre leurs Offices à qui bon leur femblera, fans que leurs fucceffeurs foient tenus de prendre un brevet de la 4e claffe, mentionné dans notre Edit du mois d'Avril 1707. Nous avons pareillement éteint & fupprimé, éteignons & fupprimons les Gardes généraux de nos Eaux & Forêts, créés dans chacun Département, & les Sergens Collecteurs des amendes, reftitutions & confifcations, créés par notre Edit du mois de Novembre 1689, fauf à Nous à pourvoir au remboursement de ce qui en a été vendu jufqu'à préfent, fi le cas y échet; & au lieu defdits Offices, Nous avons par le préfent Edit créé & érigé, créons & érigeons en titre d'Office formé héréditaire en chaque Maîtrise particulière de notre Royaume, Pays, Terres & Seigneuries de notre obéiſſance, un Garde général Receveur des amendes, reſtitutions & confiſcations, ou deux s'il eſt jugé néceſſaire dans les fortes Maîtrises, pour veiller tant ſur les autres Gardes particuliers & ordinaires des Maîtriſes où ils ſeront établis, qu'à la conſervation de nos Bois, Buiſſons, Eaux & Forêts, & de ceux des Bénéficiers & Communautés Régulières & Séculières, même des particuliers ; faire leur rapport des délits & malverſations qu'ils trouveront en faiſant leurs viſites, de même que les autres Gardes, avec faculté d'exploiter dans tout le Royaume, & d'accompagner les Maîtres particuliers dans toutes leurs viſites, leſquels Gardes généraux ſeront tenus d'aſſiſter les Grands-Maîtres des Eaux & Forêts, & les Contrôleurs généraux créés par le préſent Edit, chacun dans l'étendue de leur Maîtriſe, dans toutes les deſcentes, viſites & autres fonctions qu'ils feront pour le bien de notre ſervice. Feront la recette des amendes, reſtitutions & confiſcations qui ſeront prononcées à notre profit éſdites Maîtriſes, dont ils rendront compte aux Grands-Maîtres & aux Contrôleurs généraux, en préſence du Receveur général ou Receveur particulier de nos Bois, & retiendront par leurs mains le quart deſdites amendes, que Nous leur avons attribué & attribuons par le préſent Edit. Jouiront leſdits Gardes généraux, Receveurs des amendes, reſtitutions & confiſcations des gages qui ſeront fixés par le rôle que Nous ferons arrêter en notre Conſeil, à prendre dans leſdits trente mille livres, attribuées auſdits Inſpecteurs-Conſervateurs, & de trente livres chacun de droit de chauffage, dont le fonds ſera fait annuellement dans les états de nos Bois, pour leur être payé comme les autres Officiers des Maîtriſes le ſont de leurs gages & droits. Leurs vacations & aſſiſtances aux Procès-verbaux de viſites, deſcentes, ventes & adjudications des Bois leur ſeront taxées ſur le pied du tiers de celles des Contrôleurs généraux. Jouiront auſſi des mêmes & ſemblables privilèges & exemptions accordés aux Officiers des Maîtriſes près deſquelles ils ſeront établis, ſans aucune différence ni exception, & ſeront taxés d'Office à la taille par les Sieurs Intendans & Commiſſaires par Nous départis, & ne pourront être augmentés à la Capitation, ni ſujets à la Milice pour eux & leurs enfans. Seront toutes perſonnes pourvues deſdits Offices à l'âge de 22 ans, & pourront les exercer ſans incompatibilité avec tous autres Offices. Leſdits Gardes généraux ſeront reçus ès Siéges des Maîtriſes de leur établiſſement, en payant ſeulement ſix livres pour tous frais, y compris ceux du Greffe. Auront leurs cauſes commiſes, tant civiles que criminelles, au plus prochain Siége Préſidial de leur réſidence, & pourront demeurer dans tel lieu de l'étendue de la Maîtriſe de leur établiſſement que bon leur ſemblera. Nous avons encore, par notre préſent Edit créé, érigé & établi, créons, érigeons & établiſſons deux Siéges de Maîtriſes particulières de nos Eaux & Forêts; ſçavoir un en la Ville de Soiſſons pour le Baillage de Soiſſons, & pour tous les Bois qui dépendoient de la Maîtriſe de Château-Thierry, ſupprimée en 1650, dont la connoiſſance a été attribuée en 1682 par le Commiſſaire de la Réformation, tant aux Officiers de la Maîtriſe de Villers-Cotteréts, qu'à ceux des Maîtriſes de Crecy & Reims, & l'autre en la Ville de Noyon, pour les Baillages de Noyon, Peronne & Roye,

Roye, dont les Officiers de la Maîtrise Laigue se sont emparés sans tit e ni finance; chacun desquels Siéges sera composé d'un notre Conseiller Maître particulier, ancien & mi-triennal, d'un notre Conseiller Maître particulier, alternatif, & mi-triennal, d'un notre Conseiller Lieutenant ancien & mi-triennal, d'un notre Conseiller Lieutenant alternatif & mi-triennal, d'un notre Conseiller Procureur ancien & mi-triennal, d'un notre Conseiller Garde-Marteau, ancien & mi-triennal, d'un notre Conseiller Garde-Marteau, alternatif & mi-triennal, d'un Greffier ancien & mi-triennal, d'un Greffier alternatif & mi-triennal, d'un Garde général Receveur des amendes, restitutions & confiscation, ancien, alternatif & triennal, de deux Huissiers-Audienciers, de deux Arpenteurs, & du nombre de Sergens Gardes, qu'il sera estimé nécessaire pour la conservation des Eaux & Forêts dans l'étendue desdites Maîtrises, pour par lesdits Officiers faire dans l'étendue de leur ressort les mêmes & semblables fonctions que celles attribuées aux Officiers des autres Maîtrises, & les Gardes généraux celles attribuées aux autres Gardes généraux créés par le présent Edit, sans aucune différence ni exception; à l'effet de quoi voulons que tous les Edits, Déclarations, Arrêts & Réglemens, rendus en leur faveur, soient exécutés pour les Officiers desdites deux Maîtrises, ainsi & de même que s'ils y étoient dénommés; les pourvus desquels Offices, à l'exception des Arpenteurs, jouiront des gages & droits de chauffages qui seront fixés par les rôles qui seront arrêtés en notre Conseil, dont le fonds sera annuellement fait dans nos états des Bois ou des Domaines, & de pareils droits, journées, prérogatives, priviléges & exemptions, dont jouissent ou doivent jouir les Officiers des autres Maîtrises particulières des Eaux & Forêts de notre Royaume, conformément à notre Ordonnance du mois d'Août 1669, & aux Edits, Déclarations, Arrêts & Réglemens rendus en conséquence. Voulons que lesdits Offices de Maîtres particuliers, Lieutenans, nos Procureurs & de Gardes-Marteaux desdites deux Maîtrises soient & demeurent pour toujours casuels & sujets au payement du droit annuel, sur le pied du soixantiéme denier de l'évaluation desdits Offices, que Nous avons fixé au quart de la finance principale qu'ils Nous auront payée pour l'acquisition d'iceux, & avons dispensé les premiers acquereurs desdits Offices de payer aucun prêt pour les années qui restent à expirer du bail courant, dont Nous les avons dispensés & déchargés; ensemble du payement du droit annuel pendant la présente année & la suivante, sans que pendant ledit temps leur décès arrivant, lesdits Offices puissent être déclarés vacans; & à l'égard des Greffiers, Gardes généraux, Receveurs des amendes, Huissiers-Audienciers, Arpenteurs & Sergens-Gardes, ils jouiront de l'hérédité que Nous leur avons attribuée & attribuons par le présent Edit. Faisons très-expresses inhibitions & défenses aux Officiers des Maîtrises de Villers-Cotterêts, Laigue, Crecy, Reims, & à tous autres Officiers, de plus s'immiscer à l'avenir dans aucunes des fonctions attribuées aux Officiers desdites deux Maîtrises ci-dessus créées, ni de les y troubler, à peine d'interdiction, & de tous dépens, dommages & intérêts. Voulons que lesdits Offices anciens & mi-triennaux créés dans lesdites deux Maîtrises, puissent être acquis conjointement avec ceux d'alternatifs & mi-triennaux, & pos-

Tome II.   L

fédés par une feule & même perfonne, fous une feule provifion, fans payer pour ce qu'un feul droit de Sceau & de Marc d'Or, fans incompatibilité avec tous autres Offices de Judicature, Police & Finance; même de Commerce en gros, à l'exception de celui du Bois, & nonobftant tous dégrés de parenté, à la charge néanmoins par les Titulaires defdits Offices de faire leur demeure dans l'étendue du reffort de la Maîtrife dans laquelle ils feront Officiers. Seront lefdits Officiers reçus, fçavoir les Maîtres, Lieutenans, nos Procureurs & Gardes-Marteaux defdites deux Maîtrifes au Siége de la Table de Marbre au Palais à Paris, en payant douze livres pour tous frais de réception, y compris ceux du Greffe, & les autres Officiers ès Siéges defdites Maîtrifes où ils feront établis, en payant quatre livres pour tous frais. Voulons que lefdites deux Maîtrifes & leurs dépendances, fans en rien excepter, faffent partie du Département de la grande Maîtrife de Soiffons, comme étant établie dans l'étendue de la Généralité. Nous avons encore créé & érigé, créons & érigeons en titre d'Offices formés & héréditaires près chacun des Grands-Maîtres des Eaux & Forêts, un notre Confeiller Secrétaire premier Commis Greffier ancien, un notre Confeiller premier Commis Greffier alternatif, & un notre Confeiller Secrétaire premier Commis Greffier triennal en chacun des dix-fept Départemens, pour ne compofer auffi que deux corps d'Offices, l'un fous le titre d'ancien & mi-triennal, & l'autre fous celui d'alternatif & mi-triennal, pour écrire & rédiger fous lefdits Grands-Maîtres leurs Procès-verbaux, Ordonnances & Jugemens qui feront par eux rendus, en délivrer les expéditions dont ils feront requis, en garder les minutes & tenir des regiftres en bonne & due forme, accompagner lefdits Grands-Maîtres dans toutes leurs vifites, adjudications de ventes de nos Bois & de ceux des Ecléfiaftiques, réformations, & généralement à toutes les defcentes qu'ils feront d'Office ou en exécution de nos ordres. Délivreront les expéditions des attaches des Grands-Maîtres à tous ceux qui voudront fe faire pourvoir d'aucun Office d'Eaux & Forêts, fans exception, que lefdits Officiers foient reçus aux Siéges des Tables de Marbre, ou aux Siéges des Maîtrifes particulières, ainfi qu'il a toujours été d'ufage; comme auffi délivreront pareillement toutes les Ordonnances, Subdélégations & Commiffions qui feront rendues & fignées par les Grands-Maîtres fur requêtes des Parties, foit ecléfiaftiques ou laïques, & pour chacune des expéditions defdites Attaches, Commiffions & Ordonnances, il leur fera payé dix livres pour tous droits. Ils feront tenus de remettre tous les ans ès mains du Grand-Maître les états des ventes & journées des Officiers, fans pouvoir rien prétendre aux gages, droits & appointemens ci-devant attribués aux Grands-Maîtres, fous le nom de leurs Secrétaires, moyennant la finance qu'ils Nous ont payée, drefferont par chacune année, & mettront en ordre les comptes des amendes, reftitutions & confifcations de chacune Maîtrife, pour être jugés lors de la vifite defdits Grands-Maîtres, conformément à l'art. XXV de notre Ordonnance de 1669, titre des Grands-Maîtres, aufquels premiera Commis, Secrétaires, Greffiers, Nous avons attribué & attribuons pendant l'année de leur exercice trois deniers pour livre du prix des ventes ordinaires & extraordinaires, de quelque nature qu'elles foient, même des chablis, qui feront faites de nos Bois dans toutes les Maîtrifes de leur Département, à l'exception de celles où lefdits Offices d'Infpecteurs ont été

vendus, pour leur tenir lieu de gages & chauffages, lesdits trois deniers faifant partie des douze deniers que Nous avons attribués aufdits Infpecteurs,
pour leur être payés ainfi, dans les temps & de la manière qu'il eſt dit ci-
deſſus. Voulons auſſi qu'ils jouiſſent de dix livres pour droits de journées,
qui feront par eux employés au fujet des Bois des Communautés Eccléſiaſtiques ou Laïques, outre les quarante livres que Nous avons attribué aux
Grands-Maîtres par Edit du mois d'Août 1693; comme auſſi de dix livres
pour chaque expédition des Jugemens & Ordonnances des Grands Maîtres,
qu'ils délivreront, & d'un minot de fel de franc-falé chacun, en payant feulement le prix du Marchand. Jouiront auſſi leſdits premiers Commis, Secrétaires, Greffiers, de l'exemption de toutes tailles, uftenfiles, logement
de gens de guerre, guet, garde, collecte, tutelle, curatelle & autres charges de Ville & de Police ; & d'autant que ces Offices pourroient être acquis
par des particuliers qui n'auroient pas toutes les qualités & la capacité néceffaire pour les remplir avec le défintéreffement qu'ils demandent, & qui ne
conviendroient pas aufdits Grands Maîtres, Nous avons, du même pouvoir
& autorité que deſſus, réuni & incorporé, réuniſſons & incorporons leſdits
Offices de premiers Commis, Secrétaires, Greffiers, ancien & mi-triennal,
alternatif & mi-trienal, aufdits Offices de Grands-Maîtres, chacun pour ce
qui eſt de l'étendue de fon Département, pour en faire les fonctions
par qui bon leur femblera, fur leurs fimples procurations ou commiſſions,
ainſi qu'ils ont fait jufqu'à préfent, & jouir par eux defdits trois deniers pour
livre du produit des ventes ordinaires & extraordinaires de nos Bois, à commencer par celles faites en l'année 1707, pour la préfente année 1708, &
de gages, franc-falés, & autres attributions ci-deſſus, fur leurs fimples quittances, en payant chacun pour ce qui les concerne, & à proportion des Maîtrifes particulières qui fe trouveront dans l'étendue de leur Département ès
mains du prépofé à l'exécution du préfent Edit, fes Procureurs ou Commis, les fommes aufquelles la finance defdits Offices fera fixée par les rôles
qui en feront arrêtés en notre Confeil, avec les deux fols pour livre, fur les
récépiſſés dudit Prépofé, fes Procureurs ou Commis, lefquelles fommes feront pareillement payées dans un mois du jour de la fignification defdits
rôles, par chacun defdits Grands-Maîtres. Permettons aufdits Grands Maîtres de défunir & vendre lefdits Offices de premiers Commis, Secrétaires,
Greffiers, & jouiront ceux qu'ils commettront pour en faire l'exercice des
mêmes & femblables priviléges & exemptions dont les Titulaires auroient
droit de jouir ; & en cas de défunion ou vente, voulons que ceux qui auront 22 ans accomplis, puiſſent y être reçus par lefdits Grands Maîtres,
fur les provifions qui leur feront expédiées en notre grande Chancellerie,
en vertu de la quittance de finance qui en aura été délivrée aufdits Grands-
Maîtres, en payant les droits du Sceau & du Marc d'Or, fur le pied des
Tarifs arrêtés en notre Confeil pour les premieres provifions d'Offices de
nouvelle création. Confirmons lefdits Grands-Maîtres de nos Eaux & Forêts
dans tous les droits, rangs, féances, honneurs, prérogatives, priviléges &
exemptions qui leur font attribués tant par l'Ordonnance de 1669, que par
les Edits, Déclarations, Arrêts & Réglemens depuis intervenus, & leur permettons de fe qualifier du titre de nos Confeillers en nos Confeils, que Nous

L ij

leur avons, en tant que de befoin eft, attribué par notre préfent Edit. Et pour rendre tous les Officiers de nos Maîtrifes égaux & uniformes, Nous avons encore créé & érigé, créons & érigeons dans toutes lefdites Maîtrifes particulières des Eaux & Forêts de notre Royaume, Pays, Terres & Seigneuries de notre obéiffance, un notre Confeiller Lieutenant, un notre Confeiller Procureur, un notre Confeiller Garde-Marteau, & un Greffier alternatifs & triennaux, aufquels Nous avons attribué & attribuons les cinq deniers pour livre du prix de nos Bois, reftant de douze attribués aufdits Infpecteurs Confervateurs; pour leur être payés ainfi, dans les temps & de la manière qu'il eft dit ci-devant. Leur attribuons pareillement le refte des trente mille livres de gages, que Nous avions auffi attribué aufdits Infpecteurs, fuivant la répartition qui en fera faite par les rôles que Nous en ferons arrêter en notre Confeil, lefquels Offices alternatifs & triennaux Nous avons auffi réuni & incorporé, réuniffons & incorporons aux Lieutenans, à nos Procureurs, Gardes-Marteaux & Greffiers anciens établis dans lefdites Maîtrifes particulières pour les poffeder conjointement avec leurs Offices, fous le titre d'anciens, alternatifs & triennaux; de même & ainfi que les Maîtres particuliers qui acquereront & poffederont les alternatifs & mi-triennaux créés par notre Edit du mois d'Août 1707, fans être obligés d'obtenir aucunes lettres de provifions, fe faire de nouveau recevoir, prêter nouveau ferment, ni payer plus grand prêt & droit annuel, que ce qu'ils auront ci-devant payé pour leurs Offices anciens, dont Nous les déchargeons, avec faculté de défunir & vendre à qui bon leur femblera un corps d'Office, fous le titre de notre Confeiller alternatif & mi-triennal; tous lefquels Officiers jouiront des mêmes & femblables priviléges, exemptions, & de toutes fortes d'impofitions d'uftenfiles, de quelque nature que ce foit, dont jouiffent lefdits Maîtres particuliers, fans aucune différence, même les veuves de ceux qui décéderont pourvûs defdits Offices, tant & fi long-temps qu'elles demeureront en viduité, à la charge par lefdits Officiers de payer folidairement pour chaque Maîtrife ès mains de celui qui fera par Nous prépofé pour l'exécution du préfent Edit, fes Procureurs ou Commis les fommes aufquelles la finance defdits Offices fera fixée par les rôles qui en feront arrêtés en notre Confeil, avec les deux fols pour livre fur les récépiffés dudit Prépofé, fes Procureurs ou Commis, portant promeffe de rapporter quittance du Tréforier de nos Revenus Cafuels du principal de ladite finance, & celle dudit Prépofé pour les deux fols pour livre, & ce dans le mois du jour de la fignification defdits rôles, ainfi & de la même manière qu'il eft dit ci-devant. Et étant informé que jufqu'à préfent notre Ordonnance du mois d'Août 1669, fur le fait de la Pêche, n'a pas été exécutée avec l'exactitude & la régularité requife, parce que les Officiers des Maîtrifes n'ont aucun droit pour marquer les engins, filets & harnois des Maîtres Pêcheurs, & de ceux qui ont droit de Pêche fur les Rivières, lefquels fe fervent tous indiftinctement des engins & harnois prohibés par notredite Ordonnance, ce qui caufe le dépeuplement des Fleuves & Rivières de notre Royaume. Nous voulons conformément à l'art. 13 de notredite Ordonnance du titre de la Pêche, & fur les peines y portées, que tous Maîtres Pêcheurs & autres ayant droit de Pêche fur les Fleuves & Rivières de notre Royaume,

Pays, Terres & Seigneuries de notre obéiſſance, ſans aucuns excepter, ſoient tenus de faire marquer en plomb par les Officiers de nos Maîtriſes particulières des Eaux & Forêts, dans le reſſort deſquelles ils ſont établis, & au coin de ladite Maîtriſe, leurs filets, engins & harnois, & avant de pouvoir s'en ſervir, à compter du jour de l'enregiſtrement du préſent Edit en notre Parlement de Paris, pour laquelle marque il ſera payé aux Officiers deſdites Maîtriſes, tant anciennes, que des deux Maîtriſes créées par le préſent Edit, cinq ſols des grands engins, quatre ſols des moyens, & trois ſols des petits, ès mains du Garde général, ou en ſon abſence en celles du Greffier, leſquels en tiendront bon & fidele regiſtre, paraphé par les Contrôleurs généraux de chaque Département, ſans frais, & le produit ſera reparti après les frais néceſſaires prélevés entre les Officiers; ſçavoir, un cinquiéme au Maître particulier en exercice, & le ſurplus entre l'Inſpecteur, s'il y en a, le Lieutenant, notre Procureur, Garde - Marteau, Greffier & Garde Général, par portions égales, dérogeant à cet effet à notredite Ordonnance pour ce regard ſeulement, laquelle ſera au ſurplus exécutée ſelon ſa forme & teneur, en ce qui n'eſt contraire au préſent Edit. Attribuons en outre auſdits Officiers deſdites Maîtriſes, un quart des épaves, outre celui attribué par le préſent Edit aux Contrôleurs généraux des Bois dont la diſtribution ſera faite de même qu'elle eſt réglée ci-deſſus pour les droits ſur les filets, engins & harnois à pêcher. Voulons que les Maîtres particuliers anciens deſdites Maîtriſes qui n'auront pas réuni à leurs Offices ceux de Maîtres particuliers, alternatifs & mi-triennaux, créés par Edit du mois d'Août 1707, dans deux mois au plutard, du jour de l'enrégiſtrement du préſent Edit, ſoient tenus de Nous payer leur part de la finance que doivent produire leſdits cinq deniers pour livre du prix de nos Bois, enſemble des gages faiſant partie deſdits trente mille livres, & autres attributions accordées aux Officiers alternatifs & triennaux préſentement créés dans nos Maîtriſes particulières, ſuivant les rôles que nous en ferons arrêter en notre Conſeil, ſans qu'ils puiſſent s'en diſpenſer ſous quelque prétexte que ce ſoit, Voulons que dans les Départemens, Généralités, ou Maîtriſes particulieres où il a été vendu aucuns deſdits Offices d'Inſpecteurs créés par notre Edit du mois de Mars 1705, ou dans leſquelles il ne ſe fait point de ventes de Bois à notre profit, il ſoit attribué aux Officiers créés par notre préſent Edit, au lieu de partie des douze deniers à prendre ſur nos Bois, des gages ſuivant qu'ils ſeront fixés par les rôles qui en ſeront arrêtés en notre Conſeil, faiſant partie des trente mille livres qui avoient été attribués auxdits Inſpecteurs. Permettons aux Officiers créés par le préſent Edit de vendre & aliéner ſéparément du Corps de leurs Offices, à une ou pluſieurs perſonnes, les droits à eux attribués, pour en jouir par eux, leurs veuves, enfans, héritiers ou ayant cauſes héréditairement ſur leurs ſimples quittances : Voulons auſſi, qu'au moyen de la réunion faite par le préſent Edit auxdits anciens Lieutenans, nos Procureurs, Gardes-Marteau & Greffiers des Maîtriſes particulières des Offices alternatifs & triennaux créés par le préſent Edit, ils jouiſſent eux & leurs Succeſſeurs deſdits Offices, enſemble des gages, chauffages & journées y attribués par augmentation, & outre ceux dont ils jouiſſent actuellement en qualité de Lieutenans, nos Procureurs, Gardes-Marteau & Greffiers anciens, tant & fi longuement que lefdits Offices feront & demeureront réunis. Voulons au furplus que nofdits Edits des mois de Février 1704 & Mars 1706, portant création defdits Offices de Contrôleurs Généraux & d'Infpecteurs & Confervateurs des Eaux & Forêts, & les Arrêts rendus depuis en notre Confeil les 15 Février, 14 Juin & 5 Juillet 1707, & 10 Janvier 1708, foient exécutés felon leur forme & teneur; à l'égard des Titulaires defdits Offices vendus en exécution defdits Edits. Le fond des gages attribués aux Officiers créés par le préfent Edit, fera fait annuellement dans les Etats de nos Domaines ou Bois, pour leur être payés fur leurs fimples quittances, & ils jouiront héréditairement des douze deniers pour livre, auffi à eux attribués, fans qu'ils puiffent à l'avenir leur être retranchés ni diminués fous quelque prétexte que ce foit ou puiffe être. Ne pourront ceux defdits Officiers créés par le préfent Edit auxquels il n'eft point attribué de franc-falé, fous quelque prétexte & pour quelque caufe & raifon que ce foit, être contraints ni obligés d'en prendre en exécution de nos Déclarations des 11 Août 1705 & 12 Janvier 1706, ni ceux auxquels il en eft attribué être tenus à faire pour raifon de ce aucun enrégiftrement, dont Nous les avons difpenfés & déchargés pour toujours, comme auffi ne pourront lefdits Officiers être taxés, foit pour fupplément de finance, gages ou augmentation de gages, confirmations de leurs droits, privileges & exemptions, ou de l'hérédité de leurs Offices pour ceux aufquels elle eft attribuée, dans laquelle hérédité en tant que befoin feroit, nous les confirmons dès-à-préfent par le préfent Edit, enfemble leurs veuves, héritiers ou ayant caufes. Permettons aux Acquéreurs particuliers defdits Offices, & aux Grands-Maîtres, Contrôleurs Généraux des Domaines & Bois, & Officiers des Maîtrifes, auxquels Nous en réuniffons une partie par le préfent Edit, d'emprunter les fommes néceffaires pour en payer le prix & les deux fols pour livre; Voulons que ceux qui leur prêteront aient un privilege fpécial fur lefdits Offices, gages, droits & émolumens y attribués par privilege à tous autres Créanciers, fans qu'il foit befoin d'en faire mention dans les quittances de finance, mais feulement dans les contrats & actes d'emprunts qui en feront paffés. SI DONNONS en mandement à nos amés & féaux Confeillers, les Gens tenans notre Cour de Parlement, Chambre des Comptes & Cour des Aydes à Paris, que le préfent Edit ils aient à faire lire, publier & régiftrer, & le contenu en icelui garder & obferver de point en point felon fa forme & teneur, nonobftant tous Edits, Déclarations, Arrêts, Réglemens & autres chofes à ce contraires, auxquelles Nous avons dérogé & dérogeons par le préfent Edit, aux Copies duquel collationnées par l'un de nos amés & féaux, Confeillers Secretaires, Voulons que foi foit ajoutée comme à l'original: CAR tel eft notre plaifir, & afin que ce foit chofe ferme & ftable à toujours, Nous y avons fait mettre notre fcel. DONNÉ à Verfailles au mois de Mars, l'an de grace mil fept cent huit, & de notre Règne le foixantecinquiéme. Signé, LOUIS. Et plus bas, par le Roi, PHELYPEAUX. Vifa, PHELYPEAUX. Vû au Confeil DESMARETS: & fcellé du grand Sceau de cire verte, en lacs de foye rouge & verte.

Regiftrées, oui, & ce requérant le Procureur Général du Roi, pour être exécutées felon leur forme & teneur, & Copies collationnées envoyées aux Baillages & Sénéchauffées du reffort, pour y être lues, publiées & regiftrées; enjoint aux Subftituts du Procureur Général du Roi d'y tenir la main, & d'en certifier la Cour dans un mois, fuivant l'Arrêt de ce jour. A Paris en Parlement le 16 Mai 1708. *Signé*, DONGOIS.

ÉDIT DU ROI,

PORTANT réunion des Offices de Maîtres particuliers alternatifs des Eaux & Forêts aux anciens.

Et création des Procureurs poftulans aux Tables de Marbre & aux Maîtrifes.

Du mois de Mai 1708.

Regiftré au Parlement de Bretagne le 10 Juillet 1708.

LOUIS, par la grace de Dieu, Roi de France & de Navarre : A tous préfens & à venir ; SALUT. Nous avons par notre Edit du mois d'Août 1707 créé en chaque Maîtrife particulière des Eaux & Forêts de notre Royaume, un Office de Maître particulier, alternatif & triennal, aux fonctions, gages, chauffages, journées, droits, priviléges & exemptions, portées par ledit Edit, & pour indemnifer les anciens Maîtres particuliers de cette création, Nous leur avons réuni la moitié du triennal, ce qui a donné lieu à quelques-uns d'entr'eux de Nous demander encore la réunion de l'alternatif que Nous avons bien voulu leur accorder, pour éviter la multiplicité d'Officiers dans lefdites Maîtrifes; & comme il Nous a été depuis remontré, tant par les Grands-Maîtres des Eaux & Forêts, que par les autres Maîtres particuliers qui n'ont point encore acquis lefdits Offices de Maîtres alternatifs reftant à vendre, que ces Offices feroient nuifibles à la confervation des Bois & Forêts, s'ils étoient remplis & exercés par des particuliers qui pourroient les acquérir, parce que chaque Officier a une conduite différente & un deffein particulier, qui fouvent ne fe peut accommoder avec la manière uniforme qu'il eft abfolument néceffaire d'obferver pour le bien & amenagement de nos Bois & Forêts, & qu'il conviendroit mieux de réunir aux Maîtres anciens ce qui refte à vendre defdits Offices alternatifs, en leur accordant de nouveaux priviléges & exemptions qui les puiffent mettre en état de Nous payer la finance de cette réunion ; Nous avons cru devoir la rendre d'autant plus générale, que par notre Edit du mois de Mars dernier Nous avons réuni aux anciens Lieutenans, nos Procureurs Gardes Marteau & Greffiers des Maîtrifes, les Offices alternatifs, que Nous leur avons créé par le même Edit, dans la même vue d'empêcher la multiplicité des Officiers dans les Maîtrifes; & d'autant qu'il n'y a point de Procureurs dans lefdites Maîtrifes, & que ce font ceux des Parlemens, Préfidiaux ou autres Jurifdictions qui occupent, fans s'attacher à connoître notre Ordonnance de 1669, & les Réglemens faits depuis, concernant nos Eaux & Forêts, ce qui peut être pré-

judiciable à nos Sujets, Nous avons réfolu de créer en même-temps des Procureurs poftulans dans lefdites Maitrifes, & d'en augmenter le nombre dans
les Tables de Marbre. A ces causes, & autres à ce Nous mouvans, de
l'avis de notre Confeil, de notre certaine fcience, pleine puiffance, & autorité royale, Nous avons par le préfent Edit perpétuel & irrévocable dit &
déclaré, difons & déclarons, voulons & Nous plait, que ceux des Offices
de Maitres particuliers, alternatifs & mi-triennaux des Eaux & Forêts créés
par notre Edit du mois d'Août 1707, qui n'ont point encore été vendus,
foient & demeurent réunis incorporés, comme Nous les réuniffons & incorporons par le préfent Edit aux anciens Maitres particuliers mi-triennaux defdites
Maitrifes, fans que lefdits Offices puiffent ci-après & fous quelque prétexte &
occafion que ce puiffe être, créés de nouveau, non plus que des Offices de
Maitres particuliers quatriennaux, dont Nous les déchargeons pour toujours,
& en tant que de befoin réuniffons le titre quatriennal à ceux d'anciens, alternatifs & triennaux, pour en faire les fonctions, les poffeder conjointement
ou féparément de leurfdits Offices anciens & mi-triennaux, ou de les divifer & vendre quand bon leur femblera, à leur choix, & jouir par eux des
gages, chauffages, journées, droits, vacations, priviléges & exemptions
portées par ledit Edit, chacun en ce qui les concerne, fur les quittances de
finance qui leur en feront expédiées, fans que pour raifon de ladite réunion
ils foient tenus de prendre de nouvelles lettres de provifions, prêter nouveau ferment, ni fe faire de nouveau recevoir aux Tables de Marbre ou
ailleurs, dont les avons expreffément difpenfés & déchargés par le préfent
Edit., & pour faciliter aufdits Officiers les moyens de Nous payer la finance qui fera fixée pour ladite réunion par les rôles que Nous en ferons arrêter
en notre Confeil; Nous voulons qu'à l'avenir, à commencer au prochain
Département, ils jouiffent de l'exemption de toutes tailles, taillons, crues,
de toutes fortes d'uftenfiles, & généralement de toutes autres impofitions de
deniers ordinaires & extraordinaires, de quelque nature qu'elles puiffent être,
aufquelles impofitions Nous défendons de les comprendre à peine de 500 l.
d'amende, excepté la capitation tant qu'elle fubfiftera; comme auffi qu'ils
jouiffent de l'exemption du logement de gens de guerre, contribution à
iceux, de collecte, tutelle, curatelle, nomination à icelles, & de toutes autres charges de Ville & Police; Voulons auffi qu'à l'avenir les journées &
vacations que lefdits Maîtres particuliers employeront pour notre fervice,
leur foient payées & taxées à raifon de 12 liv. par jour, & celles pour &
contre les particuliers & Communautés, fur le même pied qu'ils ont accoutumé d'en être payés, leur avons attribué & attribuons le droit & faculté de
faire à l'exclufion de tous autres Juges, Notaires, Experts & autres Officiers
les Procès-verbaux de tranfport, vifites & defcentes qui feront ordonnées dans
les Bois & Forêts, fur les rivières par commiffion, Sentences ou Arrêts des
Cours fupérieures, Préfidiaux & autres Jurifdictions, à l'effet de quoi Nous
enjoignons aux Officiers de nofdites Cours & Jurifdictions de les nommer
& commettre par leurs Arrêts & Sentences, à peine de nullité des Procès-
verbaux & autres actes qui pourroient être faits par autres Officiers que par
lefdits Maitres particuliers; ne pourront les gages, chauffages & journées
attribués aufdits Officiers, être faifis par autres que par ceux qui auront prêté

les

les deniers pour 'en payer la finance & les deux fols pour livre ; faifons très-expreffes inhibitions & défenfes aux Officiers de nos Tables de Marbre , & à tous autres Juges de connoître en première inftance des matières & affaires concernant les Eaux & Forêts , & aux Procureurs de fe pourvoir ailleurs que pardevant lefdits Maîtres particuliers , pardevant lefquels elles feront portées , & par appel aux Tables de Marbre , à peine de nullité de procédures qui fe feroient ailleurs, & de 100 l. d'amende contre les Procureurs pour chaque contravention , le tout à la charge par lefdits Maîtres particuliers de payer chacun en droit foi ès mains de Jean-Jacques Clement , chargé de la vente defdits Offices de Maîtres particuliers alternatifs, les fommes aufquelles la finance defdits Offices feroit fixée par les rôles qui en feront arrêtés en notre Confeil , avec les deux fols pour livre fur les récépiffés dudit Clément , portant promeffe de rapporter les quittances du Tréforier de nos Revenus Cafuels , pour la finance principale , & celle dudit Clément pour les deux fols pour livre , lefquelles fommes feront payées en deux termes égaux ; fçavoir , la moitié dans deux mois du jour de la fignification defdits rôles , & l'autre moitié trois mois après ; & en payant dans lefdits termes , ils jouiront en entier des gages , chauffages & journées attribués aufdits Offices de Maîtres particuliers alternatifs , à commencer du premier payement , & faute d'y fatisfaire dans lefdits temps , & iceux paffés , ils n'en jouiront qu'à proportion de leurs payemens , & feront contraints au payement comme pour nos propres deniers & affaires , déchus de tous les priviléges & exemptions que Nous leur attribuons par le préfent Edit , impofés aux tailles & autres impofitions , & fujets au logement de gens de Guerre , & aux charges de Ville & de Police ; permettons aufdits anciens Maîtres d'emprunter les fommes néceffaires pour payer le prix de ladite réunion , & d'affecter & hypothéquer les gages , chauffages & journées attribués aufdits Offices de Maîtres particuliers alternatifs, même leurs anciens Offices , s'il n'y a aucunes hypothéques antérieures , & au moyen de la finance que lefdits anciens Maîtres Nous payeront pour la réunion ordonnée par le préfent Edit , Nous les avons déchargés & déchargeons de contribuer à celle qui doit être payée par nos Lieutenans , Procureurs , Gardes-Marteau & Greffiers anciens des Maîtrifes , pour la réunion que Nous leur avons faite des Offices alternatifs, créés par notre Edit du mois de Mars dernier , & des trois deniers faifant partie des douze qui avoient été attribués aux Infpecteurs des Bois fupprimés , portés par ledit Edit ; auront lefdits Maîtres particuliers leurs caufes commifes au plus prochain Préfidial de leur réfidence , hors l'étendue de leur reffort ; à l'effet de quoi Nous avons dérogé pour ce regard feulement à notre Ordonnance de 1669 : Voulons au furplus que notre Ordonnance de 1669 , en ce qui concerne lefdits Maîtres particuliers des Eaux & Forêts , les Arrêts & Réglemens rendus depuis notredit Edit du mois d'Août 1707 , & notre Déclaration du 29 Novembre enfuivant , foient exécutés felon leur forme & teneur, en ce qu'ils ne feront contraires au préfent Edit ; & de la même autorité que deffus , Nous avons par le préfent Edit créé & érigé , créons & érigeons en titre d'Office formé héréditaire douze Procureurs poftulans dans chacune des Tables de Marbre , & fix dans chacune des Maîtrifes particulières des Eaux & Forêts de notre Royaume , Pays ,

Terres & Seigneuries de notre obéiffance, pour, à l'exclufion de tous autres Procureurs des Cours & autres Jurifdictions des Villes & lieux où lefdites Maîtrifes font établies, poftuler dans lefdites Maîtrifes & dans les Tables de Marbre, concurremment avec les autres Procureurs qui y font établis, aux mêmes priviléges, facultés, profits & émolumens tels & femblables qu'en jouiffent ceux de nos Cours, Préfidiaux, Tables de Marbre &
autres Jurifdictions des lieux, avec faculté de poftuler dans nofdites Cours,
Préfidiaux & autres Jurifdictions de leur établiffement, tout ainfi & de la
même manière & aux mêmes droits & émolumens que les Procureurs defdits
Parlement & Siéges, fans aucune différence, fans néanmoins faire Corps
ni Communautés avec eux, ni être obligés d'entrer dans leurs dettes; faifons
défenfes aux Procureurs de nos Cours, Préfidiaux & autres Jurifdictions de
plus s'immifcer à l'avenir de plaider dans lefdites Maîtrifes, & à ceux des
Tables de Marbre de troubler ceux créés par le préfent Edit par augmentation, à peine de 500 liv. d'amende; ceux qui acquereront lefdits Offices
de Procureurs poftulans, y feront reçus, fur les provifions qui leur feront
expédiées en notre grande Chancellerie, pourvu qu'ils ayent atteint l'âge
de 22 ans, en prêtant ferment pardevant les Officiers defdites Tables
de Marbre, & les Maîtres particuliers des Maîtrifes fans frais; leur permettons d'emprunter pareillement les fommes néceffaires pour l'acquifition
defdits Offices.

Si DONNONS EN MANDEMENT à nos amés & feaux les Gens tenans nos Cours de Parlement à Rennes, que notre préfent Edit ils ayent
à faire lire, publier & regiftrer, & le contenu en icelui fuivre, garder
& obferver & exécuter felon fa forme & teneur, ceffant & faifant ceffer tous
troubles & empêchemens qui pourroient être mis & donnés, nonobftant tous
Edits, Déclarations, Réglemens, Arrêts & autres chofes à ce contraires, aufquels Nous avons dérogé & dérogeons par notre préfent Edit, aux copies duquel collationnées par l'un de nos amés & feaux Confeillers Secrétaires; Voulons que foi foit ajoutée comme à l'original; CAR tel eft notre plaifir : & afin
que ce foit chofe ferme & ftable à toujours, Nous y avons fait mettre notre
Scel. DONNÉ à Verfailles au mois de Mai, l'an de grace mil fept cent
huit, & de notre Règne le foixante-fixiéme. Signé, LOUIS; Et plus bas,
par le Roi, COLBERT. Vifa PHELYPEAUX. Vu au Confeil DESMARETS
Et fcellé.

DÉCLARATION DU ROI,

QUI unit les Charges de Procureurs poftulans créés par Edit du
mois de Mai 1708, tant pour les Tables de Marbre, que pour
les Maîtrifes particulières des Eaux & Forêts, aux Corps &
Communautés des Procureurs poftulans dans les Cours & autres
Jurifdictions Royales.

Donnée à Verfailles le 26 Mars 1709.

LOUIS, par la grace de Dieu, Roi de France & de Navarre: A tous
ceux qui ces préfentes Lettres verront, SALUT. Par notre Edit du mois

de Mai dernier, Nous avons pour les caufes & confidérations y contenues, créé douze Offices de Procureurs poftulans dans chacune des Tables de Marbre, & fix dans chacune des Maîtrifes particulières des Eaux & Forêts de notre Royaume, Pays, Terres & Seigneuries de notre obéïffance, pour, à l'exclufion de tous autres Procureurs des Cours & autres Jurifdictions des Villes & lieux où lefdites Maîtrifes font établies, poftuler dans lefdites Maîtrifes & dans les Tables de Marbre, concurremment avec les autres Procureurs qui y font établis, aux mêmes facultés, profits, droits & émolumens, tels & femblables qn'en jouiffent ceux de nos Cours, Préfidiaux & autres Jurifdictions de leur établiffement, fans aucune différence, fans néanmoins faire Corps & Communauté avec eux, ni être obligés d'entrer dans leurs dettes, avec défenfes aux Procureurs de nos Cours, Préfidiaux & autres Jurifdictions, de plus s'immifcer à l'avenir de plaider dans lefdites Maîtrifes, & à ceux des Tables de Marbre, de troubler ceux créés par ledit Edit par augmentation, à peine de cinq cent livres d'amende. Et par notre Déclaration du 27 Novembre dernier, Nous avons ordonné qu'en conféquence de notredit Edit il feroit établi par augmentation douze Offices de Procureurs poftulans dans chacun de nos Parlemens, Requêtes du Palais & Confeils Supérieurs, aufquels la Jurifdiction ou Chambres Souveraines pour connoître des Matieres des Eaux & Forêts ont été réunis, pour y poftuler concurremment avec les autres Procureurs qui y poftulent, tout ainfi & de la même manière que dans les Parlemens où les Tables de Marbre ont été rétablies: mais comme quelques Communautés de Procureurs de nofdits Parlemens, Préfidiaux & autres Jurifdictions Nous ont fait très-humblement fupplier de réunir à leurs Corps lefdits Offices de Procureurs poftulans, fous les offres de Nous en payer la finance que Nous en pourrions retirer; & que d'ailleurs Nous avons été informés qu'il eft important pour le bien de nos Sujets de ne pas augmenter le nombre de ces fortes d'Officiers. A CES CAUSES, & autres à ce Nous mouvans, de l'avis de notre Confeil, & de notre certaine fcience, pleine puiffance & autorité Royale, Nous avons par ces Préfentes fignées de notre main, dite & déclaré, difons & déclarons, Voulons & Nous plaît, que les douze Offices de Procureurs poftulans dans chacune Table de Marbre ou Chambre Souveraine, pour connoître des Matières des Eaux & Forêts, réunis à nos Parlemens, Requêtes du Palais & Confeils Supérieurs, & les fix Offices de Procureurs poftulans dans chacune Maîtrife particulière des Eaux & Forêts, créés par notredit Edit du mois de Mai dernier, foient & demeurent réunis & incorporés, comme par ces Préfentes Nous les réuniffons & incorporons aux Corps & Communautés des Procureurs poftulans dans nofdits Parlemens, Requêtes du Palais, Confeils Supérieurs, Tables de Marbre ou Chambres Souveraines, pour connoître des Matières des Eaux & Forêts, Préfidiaux, Bailliages, Prévôtés, Elections, & autres Jurifdictions Royales ordinaires & extraordinaires des Villes & lieux de notre Royaume où lefdites Tables de Marbre ou Chambres Souveraines, pour connoître des Matières des Eaux & Forêts, & Maîtrifes particulières defdites Eaux & Forêts font établies, fans que lefdits Offices puiffent ci-après, & fous quelque prétexte & occafion que ce foit, être créés de nouveau, dont Nous les déchargeons pour toujours, pour en faire les

M ij

fonctions & jouir des droits, profits & émolumens attribués aufdits Offices de Procureurs poftulans par notredit Edit, à la charge par lefdites Communautés de Procureurs poftulans de payer folidairement chacun en droit foi ès mains de Jean Jacques Clement, chargé de la vente defdits Offices, les fommes aufquelles la finance en fera fixée par les Rôles qui en feront arrêtés en notre Confeil, avec les deux fols pour livre, fur les récépiflés dudit Clement, fes Procureurs ou Commis, portant promeffe de rapporter les quittances du Tréforier de nos Revenus Cafuels pour la finance principale, & celles dudit Clément pour les 2 fols pour livre, lefquelles fommes feront payées en deux termes égaux; fçavoir, la moitié dans un mois du jour de la fignification defdits Rôles, & l'autre moitié un mois après, à l'effet de quoi leur permettons d'emprunter les fommes néceffaires pour ladite réunion. SI DONNONS EN MANDEMENT à nos amés & feaux Confeillers, les Gens tenans notre Cour de Parlement, Chambre des Comptes & Cour des Aydes à Paris, que ces Préfentes ils ayent à faire lire, publier & regiftrer, & le contenu en icelles garder & obferver de point en point, felon leur forme & teneur, nonobftant tous Edits, Déclarations, Arrêts, Réglemens, & autres chofes à ce contraires, aufquels Nous avons dérogé & dérogeons par ces Préfentes, aux copies defquelles collationnées par l'un de nos amés & feaux Confeillers-Secrétaires: Voulons que foi foit ajoutée comme à l'original; CAR tel eft notre plaifir, En témoin de quoi Nous avons fait mettre notre Scel à cefdites Préfentes. DONNÉ à Verfailles le vingt-fixiéme jour du mois de Mars, l'an de grace mil fept cent neuf; & de notre Regne le foixante-fixiéme. *Signé*, LOUIS; *Et plus bas*, Par le Roi, PHELYPEAUX. Vu au Confeil, DESMARETZ. Et fcellé du grand Sceau de cire jaune.

ARREST NOTABLE DU CONSEIL,

QUI fait défenfes aux Vanniers & tous autres d'employer en aucuns Ouvrages les Bois de Bourdenne; enjoint aux Grands-Maîtres & autres Officiers de ne faire aucune Adjudication, & tous Particuliers de ne couper aucun Bois dans l'étendue de douze lieues aux environs des Moulins à Poudre, qu'à la charge de mettre les Bois de Bourdenne à part, &c.

Du 7 Mai 1709.

SUR la Requête préfentée au Roi en fon Confeil, par Philippes Paulmier, Adjudicataire Général de la Fabrique & vente des Poudres & Salpêtres, contenant, &c.

Le Roi en fon Confeil, a défendu & défend à tous Vanniers & faifeurs de Panniers & autres perfonnes d'employer dans aucuns ouvrages du bois de Bourdenne, autrement appellé Bois de Pin, à peine de 300 livr. d'amende, confiscation dudit bois qui se trouvera leur appartenir, & des ouvrages dans lesquels il en sera employé : enjoint aux Grands-Maîtres & autres Officiers des Eaux & Forêts de ne faire aucune adjudication de vente de coupes de bois, dans les Forêts de Sa Majesté & bois des Communautés Eccléfiaftiques ou Laïques, & tous Seigneurs Particuliers de faire aucune vente de coupe de Bois dont ils font Propriétaires dans l'étendue de douze lieues aux environs des Moulins à Poudre, sinon à la charge, par les Adjudicataires & Acqué-reurs desdites ventes de faire mettre à part tout le bois de Bourdenne, de trois, quatre ou cinq ans de crue qui se trouvera dans lesdites coupes, & d'en faire faire des bottes de la grosseur & longueur des fagots ordinaires à peine de 300 livres d'amende pour chacune contravention ; pour lesdites bottes de bois de Bourdenne être livrées à l'Adjudicataire général de la Fabrique & vente des Poudres, ses Commis ou Préposés, en payant par eux ausdits Ad-judicataires & Acquéreurs desdites coupes de bois deux sols pour chaque botte dudit bois de Bourdenne, & au cas de prétention de plus value, le prix en sera réglé & fixé par les Grands Maîtres ou autres Officiers des Eaux & Forêts, chacun dans leur Département ; permet Sa Majesté audit Ad-judicataire général de la Fabrique & vente des poudres, ses Commis ou Préposés, de couper ou faire couper dans les Bois & Forêts de Sa Majesté, & dans ceux des Communautés Eccléfiaftiques & Laïques, Seigneurs & Par-ticuliers dans lesquels il n'y aura point de vente ouverte, adjugées ou ven-dues, tout le bois qui s'y trouvera, de trois, quatre & cinq ans de crue, en présence des Gardes desdites Forêts & Bois qui seront pour cet effet appel-lés, & seront aussi présens à l'enlèvement qui en sera fait, pour la valeur duquel bois de bourdenne qui sera pris dans les Bois & Forêts de Sa Ma-jesté, il ne sera payé aucune chose par l'Adjudicataire des Poudres, ses Commis ou Préposés, mais seront tenus de payer les salaires des Gardes desdits Forêts & Bois, à raison de vingt sols par chaque cent de bottes dudit bois de Bourdenne ; & à l'égard des bois desdites Communautés & Sei-gneurs Particuliers, la valeu en sera payée à raison de deux sols la botte, & en cas de prétention de plus value le prix en sera réglé & fixé par les Grands-Maîtres ou autres Officiers des Eaux & Forêts chacun dans leur dé-partement, & les salaires des Gardes desdits bois seront pareillement payés à raison de vingt sols par chaque cent de bottes du bois de bourdenne. En-joint Sa Majesté aux Grands Maîtres & autres Officiers des Eaux & Forêts chacun en droit soi, de tenir la main à l'exécution du présent Arrêt, lequel sera exécuté nonobstant oppositions, appellations & autres empêchemens quelconques dont, si aucuns interviennent, Sa Majesté s'en est & à son Con-seil réservé la connoissance, & icelle interdit à toutes ses Cours & Juges. Fait au Conseil d'Etat du Roi, tenu à Marly le 7 Mai 1709. Signé, DUJARDIN.

ARREST DU CONSEIL,

CONCERNANT les Offices d'Avocats du Roi créés par Edit du mois d'Octobre 1708, dans toutes les Jurifdictions du Royaume.

Du 12 Août 1710.

LE ROI ayant par Edit du mois d'Octobre 1708, créé en titre d'Office des Confeillers Avocats pour Sa Majefté, en chacun des Hôtels de Ville, Siéges de Police, & autres Siéges & Juftices Royales où il n'y en avoit point en titre, pour par les Pourvus defdites Offices y faire toutes les fonctions & jouir des droits, exemptions & attributions portées par ledit Edit, plufieurs Particuliers fe feroient préfen-és pour acquérir ces Offices dans les Hôtels de Ville & Siéges de Police de plufieurs Villes confidérables du Royaume; mais les Maires, Echevins & Officiers de Police de ces lieux, & même plufieurs Provinces entieres, ayant fait très-humblement fupplier Sa Majefté de leur en accorder la réunion par préférence à ces Particuliers, pour avoir la liberté de fe choifir des Sujets capables de remplir ces places, & conferver par ce moyen l'union entre les Officiers de leur corps; Sa Majefté fe feroit d'autant plus volontiers portée à leur accorder cette réunion, qu'elle étoit perfuadée par les raifons contenues en leurs Mémoires du bien & de l'avantage qu'ils en devoient retirer; & Sa Majefté confidérant qu'il n'eft pas moins néceffaire de procurer les mêmes avantages de cette réunion aux autres Villes & Siéges de Police du Royaume où il refte defdits Offices à lever. Oui le rapport du fieur Defmarets, Confeiller ordinaire au Confeil Royal, Controlleur Général des Finances. SA MAJESTÉ EN SON CONSEIL, a ordonné & ordonne que les Offices d'Avocats du Roi, créés par Edit du mois d'Octobre 1708, en chacun des Hôtels de Ville & Siéges de Police du Royaume, lefquels n'ont point été levés jufqu'à préfent, feront & demeureront unis aux Corps defdites Villes, & à ceux des Officiers de Police, chacun pour ce qui le concerne, avec les fonctions, gages & droits y attribués; & en conféquence permet Sa Majefté aux Maires, Echevins, Confuls & Habitans defdites Villes & Communautés, & aux Officiers de Police de commettre chacun en droit foi telles perfonnes que bon leur femblera, pour faire les fonctions defdites Offices fans que lefdits Commis foient tenus de prendre aucunes lettres de Sa Majefté, dont elle les a difpenfé; leur permet en outre de défunir & vendre lefdits Offices, à la charge, en cas de vente & de défunion, d'obtenir par les Acquéreurs des lettres de provifions en la Grande Chancellerie, dont ils ne payeront néanmoins les droits de Sceau & Marc d'or, que fur le pied des tarifs arrêtés au Confeil, pour les premieres provifions d'Offices de nouvelle création, & ceux de réception fur le pied réglé par ledit Edit du mois d'Octobre 1708, & jouiront des honneurs, gages, droits, franc-falé, fonctions, priviléges & exemptions portés par ledit Edit

& Arrêts du Conseil rendus en conséquence : ne seront tenus lesdits premiers Acquéreurs de payer aucun droit de survivance ni de compatibilité dont Sa Majesté les a déchargés & décharge, leur en faisant, en tant que besoin est ou seroit, des à-présent don & remise, le tout à la charge par les Maires, Echevins, Consuls & Habitans des Villes & Communautés, & par les Officiers des Siéges de Police, de payer chacun en droit soi, les sommes contenues aux Rolles qui seront à cet effet arrêtés au Conseil, pour la Finance desdits Offices & les deux sols pour livre d'icelle en deux termes & payemens égaux, le premier dans un mois du jour de la signification desdits Rolles, & le second deux mois après, entre les mains de Pierre Duvieu, chargé du recouvrement de ladite finance, ses Procureurs ou Commis sur leurs récépissés, portant promesse de rapporter les quittances du Trésorier des revenus casuels pour les sommes principales, & celle dudit Duvieu, pour les deux sols pour livre, trois mois après le parfait payement desdites sommes ; & pour leur faciliter ledit payement, Sa Majesté leur a permis d'emprunter lesdites sommes, en tout ou partie par des contrats qui seront faits en la maniere accoutumée, sans être obligés d'en faire mention dans les quittances de finance, & ceux qui préreront leurs deniers auront une hypotéque privilégiée sur lesdits Offices & gages y attribués ; & où lesdits Maires, Echevins, Consuls & Habitans, ne trouveroient pas à propos d'emprunter ou proroger leurs Octrois pour le temps & ainsi qu'ils le jugeront à propos, & à ceux qui n'en ont point d'en établir ; à l'effet de quoi ils envoyeront incessamment aux sieurs Commissaires départis dans les Provinces, les Mémoires sur ce nécessaires, pour y être par Sa Majesté pourvû, sur les avis desdits sieurs Commissaires départis, ausquels Sa Majesté enjoint de tenir la main à l'exécution du présent Arrêt, nonobstant oppositions ou autres empêchemens quelconques, dont si aucuns interviennent, Sa Majesté s'en est & à son Conseil, réservé la connoissance, & icelle interdit à toutes ses Cours & autres Juges. Fait au Conseil d'Etat du Roi, tenu à Versailles le 12 d'Août 1710. Collationné. *Signé*, RANCHIN.

ARREST DU CONSEIL,

QUI annulle une Sentence du Bailly de Sable en Anjou, & condamne les Religieux du Prieuré de Solesme à payer la valeur des Bois qu'ils ont fait couper en vertu de ladite Sentence, suivant l'estimation qui en sera faite par Experts, convenus avec le Procureur du Roi de la Maîtrise du Mans, ou nommés d'Office par le Maître particulier, pour le prix d'iceux être employé au profit de l'Hôpital du Mans.

Fait défenses audit Bailly & à tous autres de donner à l'avenir de pareilles permissions, & de connoître des matières d'Eaux & Forêts, sous quelque prétexte que ce soit.

Du 4 Octobre 1710.

SUR la Requéte présentée au Roi en son Conseil par le Procureur de sa Majesté en la Maîtrise particuliere du Mans, tendante à ce que pour les y contenues, il plut à Sa Majefté caffer & annuller une Sentence du Bailly de Sable du 13 Août 1709, qui condamnoit le fieur de Clairemont, nouvellement pourvû du Prieuré de Solefme, à délivrer aux Religieux du Prieuré comme fes penfionnaires, vingt-quatre charretées de gros bois par chacun an, pour leur chauffage, fuivant la tranfaction paffée entr'eux & le précédent Prieur le 17 Février 1650, & faire défenfes aux Religieux de couper aucuns bois de futaye ou balliveaux fur taillis du Prieuré ; fans permiffion de Sa Majefté, & au Bailli de Sable, de connoître des faits d'Eaux & Forêts des Eccléfiaftiques; Communautés ou Gens de Mainmorte, à peine de 500 livres d'amende, & de tous dépens, dommages & intérêts. Vû la Requête & les piéces ci-jointes, ouï le rapport du fieur Defmarets.

LE ROI EN SON CONSEIL, a caffé, révoqué & annullé la Sentence du Bailly de Sable du 13 Août 1709, & tout ce qui pourroit s'en être enfuivi, a condamné les Religieux du Prieuré de Solefme à payer la valeur des Bois qu'ils ont fait couper en conféquence de la Sentence, fuivant l'eftimation qui en fera faite par Experts, dont les Religieux & le Procureur de Sa Majefté en la Maîtrife particulière des Eaux & Forêts du Mans conviendront pardevant le Maître particulier de la Maîtrife, ou qui feront par lui nommés d'Office, pour être le prix auquel ils feront eftimés, employé à l'Hôpital de la Ville du Mans. Fait Sa Majefté défenfes aux Religieux & à tous autres de couper à l'avenir aucuns Bois de futaye ou baliveaux fur taillis fans fa permiffion, fur les peines portées par l'Ordonnance du mois d'Août 1669, & au Bailly de Sable & à tous autres Juges ordinaires d'ordonner ou faire délivrance d'aucuns Bois de futaye ou baliveaux fur taillis aux Bénéficiers, fous prétexte de chauffage ou autrement, & de connoître d'aucuns faits d'Eaux & Forêts, dont la connoiffance eft attribuée aux Officiers de la Maîtrife par l'Ordonnance, à peine de tous dépens, dommages & intérêts, & de 500 liv. d'amende. FAIT au Confeil d'Etat du Roi tenu à Verfailles le quatrième Octobre mil fept cent dix, Signé, BERTHELOT.

DÉCLARATION DU ROI,

PORTANT Réglement fur la forme de procéder à l'inftruction des Procès des Eccléfiaftiques par les Juges d'Eglife & les Juges Royaux.

Du 4 Février 1711.

LOUIS, par la grace de Dieu, Roi de France & de Navarre : A tous ceux qui ces préfentes Lettres verront, SALUT. Nous avons par nos Edits des mois de Février 1678, Juillet 1684 & Avril 1695, ordonné conformément à l'article XXII de l'Edit de Melun du mois de Février 1580, que quand l'inftruction des Procès criminels contre les Eccléfiaftiques fe feroit conjointement, tant par les Officiers pour le délit commun, que par nos Juges pour le cas privilégié, nofdits Juges feroient tenus de fe tranfporter

à

cet effet au Siége de la Jurifdiction Eccléfiaftique, fitué dans leur reffort : & comme Nous fommes informés que quelques-uns de nofdits Juges conteftent aux Officiaux dans ce cas le droit de prendre le ferment des accufés & des témoins, de faire fubir l'interrogatoire aux accufés, & de recoler & confronter les témoins fous prétexte que ce droit n'eft pas expreffément attribué aux Juges d'Eglife par l'Edit de Melun, & par les autres Edits donnés en conféquence, Nous voulons faire ceffer tout fujet de conteftation entre les Officiaux & nos Juges à cet égard, & empêcher que rien ne retarde l'inftruction & le Jugement des Procès des Eccléfiaftiques. A CES CAUSES, & autres à ce Nous mouvans, de notre certaine fcience, pleine puiffance, & autorité Royale, en interprétant, en tant que befoin feroit, l'article XXII de l'Edit de Melun, & nos Edits des mois de Février 1678, Juillet 1684 & Avril 1695, Nous avons par ces Préfentes fignées de notre main, dit, déclaré & ordonné, difons, déclarons & ordonnons, voulons & Nous plaît, que dans l'inftruction des Procès criminels qui fe font aux Eccléfiaftiques, conjointement par les Juges d'Eglife pour le délit commun, & par nos Juges pour le cas privilégié, lorfque nos Juges fe tranfporteront dans les Siéges des Officialités pour l'inftruction defdits Procès, les Juges d'Eglife ayant la parole, qu'ils prennent le ferment des accufés & des témoins, qu'ils faffent en préfence de nofdits Juges les Interrogatoires, les recollemens & confrontations, & toutes les autres procédures qui fe font par les deux Juges : de forte néanmoins que nos Juges pourront requerir les Juges d'Eglife d'interpeller les accufés fur tels faits qu'ils jugeront néceffaires, foit dans les Interrogatoires, foit lors de la confrontation & du refte de la Procédure ; lefquelles interpellations, enfemble les réponfes des accufés feront tranfcrites par les Greffiers, tant des Juges d'Eglife que de nos Juges dans les cahiers des Interrogatoires & des confrontations ; & en cas de refus des Juges d'Eglife de faire aux accufés lefdites interpellations, nofdits Juges pourront les faire eux-mêmes directement aux accufé ; lefquelles interpellations, enfemble les réponfes des accufés feront tranfcrites par les Greffiers de nofdits Juges dans les cahiers des Interrogatoires & confrontations, & des autres piéces de l'inftruction ; pour après ladite inftruction faite conjointement par les Juges d'Eglife & par nos Juges, être par eux procédé au Jugement définitif defdits Eccléfiaftiques, conformément à nos Edits des mois de Février 1580, Février 1678, Juillet 1684, & Avril 1695, que Nous voulons être exécutés felon leur forme & teneur. SI DONNONS EN MANDEMENT à nos amés & féaux Confeillers les Gens tenans notre Cour de Parlement à Paris, que ces Préfentes ils ayent à faire publier & regiftrer, & le contenu en icelles exécuter felon leur forme & teneur. CAR tel eft notre plaifir. En témoin de quoi Nous avons fait mettre notre Scel à cefdites Préfentes. DONNÉ à Verfailles le quatre Février mil cent fept onze, & de notre Regne le foixante-huitiéme. Signé, LOUIS. & fur le repli, Par le Roi, PHELYPEAUX, & fcellée du grand Sceau de cire jaune.

ARREST DU CONSEIL,

QUI ordonne que la Veuve du Sieur Veillart, Garde-Marteau de la Maîtrise de Moulins, jouira pendant sa viduité de l'exemption de logemens de Gens de Guerre, subsistances, ustensiles & autres Charges publiques.

Du 14 Juillet 1711.

SUR la Requête présentée au Roi en son Conseil par Anne-Marie Blin, veuve de Jean-Baptiste Veillart, Garde Marteau en la Maîtrise particulière des Eaux & Forêts de Moulins, contenant que quoique les Officiers des Eaux & Forêts ayent été de tout temps affranchis, tant du payement de la taille, ustensiles, subsistances, logemens de Gens de Guerre, que toutes autres Charges de Ville de leur résidence; cette exemption fondée entr'autres tant sur l'Ordonnance des Eaux & Forêts de 1669, titre des Officiers des Maîtrises article XIII, que sur l'Edit du mois d'Août 1705, & que les veuves de ceux qui sont décédés revêtus desdits Offices, ayent joui des mêmes priviléges & exemptions que leurs maris, tant qu'elles ont demeuré en viduité, dans lesquelles elles ont été maintenues & confirmées par Edit du mois de Juin 1705, Avril 1706 & Août 1707, en payant les sommes ausquelles elles seroient taxées au Conseil pour jouir des augmentations de gages; la Suppliante néanmoins auroit été comprise dans les rôles de la Ville de Moulins, pour les subsistances & ustensiles des troupes, même on lui auroit donné un logement d'Officiers de Dragons au mois de Décembre dernier, &c. Vû ladite Requête, l'Ordonnance des Eaux & Forêts, lesdits Edits, l'Ordonnance du sieur Turgot du 17 Janvier dernier, & la quittance de la somme de trois cent livres, payée par la Suppliante, pour être confirmée dans les priviléges & exemptions à elle attribués en date du 15 Février aussi dernier. OUI le rapport du sieur Desmaretz, Conseiller ordinaire au Conseil Royal: LE ROI EN SON CONSEIL a ordonné & ordonne que ladite veuve Veillart sera exempte pendant sa viduité du logement de Gens de Guerre, de la subsistance, ustensiles & autres Charges publiques, & qu'à cet effet elle sera rayée des rôles de la Ville de Moulins, où elle a été employée. Fait Sa Majesté défenses aux Maire & Echevins de l'y comprendre, à peine de cinq cent livres d'amende & de tous dépens, dommages & intérêts. FAIT au Conseil d'Etat du Roi tenu à Marly le quatorzième Juillet mil sept cent onze. Signé, RANCHIN.

DÉCLARATION DU ROÍ,

PORTANT Réglement fur les Appellations des Jugemens rendus aux Maîtrifes particulières, ou aux Gruries des Seigneurs, pour crimes ou excès commis à l'occafion de la Chaffe.

Du 13 Septembre 1711.

LOUIS, par la grace de Dieu, Roi de France & de Navarre : A tous ceux qui ces préfentes Lettres verront, SALUT. Nous avons ordonné par l'article XI du titre 13 de notre Ordonnance du mois d'Août 1669, que toutes les appellations des Maîtrifes particulières & des Jugemens rendus par les Juges des Seigneurs, concernant la matiere des Eaux & Forêts, feroient portées aux Siéges des Tables de Marbre, auxquels Nous avons attribué par l'article 5 du même titre de notredite Ordonnance, la connoiffance en dernier reffort de tous les délits, abus & malverfations commifes dans les Eaux & Forêts, foit qu'il échoie mort civile ou naturelle, ou toute autre peine ; & Nous avons ordonné par l'article premier du titre XXVII de notre Ordonnance du mois d'Août 1669, que toutes les appellations des Sentences, tant de nos Juges, que de ceux des Seigneurs, feroient portées directement dans nos Cours, lorfqu'elles feroient intervenues fur des accufations pour crimes qui méritent peines afflictives, fur l'exécution defquels articles de nofdites Ordonnances, Nous avons appris qu'il s'eft formé plufieurs conteftations dans les Siéges des Tables de Marbre, fur ce qu'on y auroit prétendu que fous les termes de délits & abus commis dans les Eaux & Forêts, dont il eft parlé dans l'article V du titre XIII de notredite Ordonnance de 1669. Les crimes & les délits commis en fait de Chaffe, y devoient être compris, & qu'on devoit les juger en dernier reffort aux Tables de Marbre, comme les autres cas portés par cet article, qu'autrement il arriveroit que contre la difpofition expreffe de l'article premier du titre XXVII de notredite Ordonnance de 1669 ; ceux qui en feroient accufés, feroient obligés d'effuyer trois dégrés de Jurifdictions, lors même qu'il feroit intervenu contr'eux des condamnations de peines afflictives, puifque dans ce cas les appellations des Jugemens qui les prononceroient devroient être portées aux Tables de Marbre, & les appellations des Tables de Marbre en nos Cours : & comme les conteftations formées à ce fujet ont été de faire ceffer toutes les difficultés, & de prévenir tout différent à l'avenir fur cette matiere, en expliquant clairement nos intentions fur la maniere dont feront jugées dorenavant dans les Siéges des Tables de Marbre les appellations des Jugemens qui prononceront des peines afflictives pour des crimes & délits commis à l'occafion de la Chaffe. A CES CAUSES & autres ce Nous mouvans, de notre certaine fcience, pleine puiffance & autorité Royale, en interprétant l'article V du titre XIII de notre Ordonnance du mois d'Août 1669, & y ajoutant, Nous avons par ces Préfentes, fignées de notre main, dit, déclaré & ordonné, difons, déclarons & ordonnons, voulons &

Nous plaît , que toutes les appellations des Jugemens rendus par les Officiers des Maîtrises particulières & par les Juges des Seigneurs, pour des crimes, excès & délits commis pour le fait & à l'occasion de la Chasse , qui prononcent des peines afflictives , soient jugées aux Siéges des Tables e Marbre par les Juges établis pour y juger en dernier ressort : Voulons que les appellations de tous les autres Jugemens rendus dans les Maîtrises particulières , & dans les Justices des Seigneurs , pour fait de Chasse , qui ne prononceront pas de peines afflictives , ne puissent être jugées en dernier ressort dans les Tables de Marbre , & qu'elles soient jugées en nos Cours de Parlement. N'en endons néanmoins qu'on puisse , sur le fondement de notre présente Déclaration , donner atteinte par incompétence , à ce qui a été jugé jusqu'à présent définitivement , sur les matières de Chasse , aux Siéges des Tables de Marbre , soit à la charge d'appel , soit en dernier ressort SI DONNONS EN MANDEMENT , &c. Car tel est notre plaisir. DONNÉ à Fontainebleau le treizième jour de Septembre , l'an de grace mil sept cent onze , & de notre Regne le soixante-neuvième. *Signé* , LOUIS. Et sur le repli , Par le Roi , PHELYPEAUX , & scellé du grand Sceau de cire jaune.

ARREST NOTABLE DU CONSEIL,

QUI fait défenses aux Officiers des Requêtes du Palais à Touloufe, de condamner les Procureurs du Roi aux Maîtrifes aux dépens des instances où ils succomberont lorsqu'ils auront fait les pourfuites fur Procès-verbaux d'Officiers ou rapports des Gardes , à moins qu'ils ne soient pris à partie en leurs propres & privés noms , &c.

Du 5 Juillet 1713.

SUR la Requéte présentée au Roi en son Conseil par les sieurs Serin , Procureur de Sa Majesté , & Redon , Garde-Marteau de la Maîtrife particulière des Eaux & Forêts de Villemur , contenant , &c. Par Sentence de la Maitrife du 8 Avril enfuivant Bose & Vila avoient été condamnés folidairement à cent livres d'amende & aux dépens , & la procédure du Juge de Negrepeliffe contre le Garde-Marteau, caffée ; Vila en avoit interjetté appel , avoit intimé les Supplians ; le Procureur du Roi avoit faifi les meubles de Vila pour le payement de l'amende & dépens ; par Sentence contradictoire de la Chambre des Requêtes du Palais du 20 Décembre 1711, le décret de prife de corps décerné contre Vila , & les Sentences de la Maîtrife avoient été caffées avec main-levée de la faifie ; le fieur Damingon , Maître particulier , & Vergier, Lieutenant, condamnés à restituer les épices de leurs Sentences jufqu'à ce interdits , & avant faire droit fur la caffation requife du Procès-verbal de Redon , & information faite en conféquence , icelles converties en Enquêtes , ordonné que les Procureur du Roi & Redon , Garde-Marteau, justifieroient pardevant M. Cahuzat , Lieutenant au

Sénéchal de Montauban, le contenu au Procès-verbal de Redon, & lefdits Vila & Bofe le contraire, & que le fulil de Vila avoit été donné par un de Montauban, pour le remettre au lieur Dorial, & avoit été battu violemment le même jour à l'heu e marquée au Procès-verbal de Redon, & lefdits Redon & Procureur du Roi au contraire, le Procureur du Roi condamné aux dépens des chefs jugés envers Vila & Bofe, avec exécutoire contre le Procureur du Roi pour fix écus de quatre livres quatre fols, pour moitié du rapport, & un écu pour les conclufions, & contre Redon & Bofe pour les deux tiers de l'autre moitié du rapport, ce qui obligeoit les Supplians de repréfenter que l'Ordonnance de 1669, titre des Chaffes, art. XVIII, défendoit de chaffer avec chiens ou oifeaux dans les vignes depuis le premier Mai jufqu'après la dépouille, à peine de 500 liv. d'amende, que la Sentence de la Maîtrife qui condamno t Vila & Bofe à 100 liv. d'amende, pour avoir chaffé dans des vignes, étoit conforme à l'Ordonnance; celle des Requêtes du Palais qui la caffoit y étoit contraire, & devoit être caffée; que par Arrêt du Confeil du 9 Août 1689 il étoit fait défenfes aux Juges de la Table de Marbre de Touloufe, unie aux Requêtes du Palais, de condamner le Procureur du Roi aux dépens des inftances où ils fuccomboient quand ils avoient fait les pourfuites fur Procès-verbaux d'Officiers ou rapports des Gardes, à moins qu'ils ne fuffent pris à partie; Serin avoit fait fes pourfuites fur Procès-verbal du Garde-Marteau, & n'avoit point été pris à partie; ainfi fi la Sentence des Requêtes du Palais fubfiftoit, les Officiers n'oferoient plus reprimer les délits, crainte d'être expofés à de pareilles condamnations. A CES CAUSES requeroient les Supplians qu'il plûr à Sa Majefté caffer ladite Sentence des Requêtes du Palais pour les Eaux & Forêts à Touloufe du 20 Décembre 1711; ce faifant, décharger les Supplians des condamnations y portées, ordonner que la Sentence de la Maîtrife de Villemur, qui condamnoit Pierre Vila & Jean Bofe, fils, Laboureurs, à 100 livres d'amende pour fait de Chaffe, feroit exécutée, ou que fur l'appel qui en avoit été interjetté les Parties procéderoient à une autre Jurifdiction, ou faire itératives défenfes à la Chambre des Requêtes du Palais à Touloufe, de condamner les Procureurs de Sa Majefté aux dépens des inftances où ils fuccomberoient lorfqu'ils auroient fait les pourfuites fur Procès-verbaux d'Officiers ou rapports des Gardes, à moins qu'ils ne foient pris à partie, & condamner cette Chambre aux frais de l'Arrêt qui interviendroit; vû ladite Requête & les piéces y jointes. Oui le Rapport du fieur Defmarets, &c. LE ROI EN SON CONSEIL, ayant aucunement égard à la Requête, a déchargé ledit Serin, Procureur de Sa Majefté en la Maîtrife de Villemur, des condamnations de dépens & autres contre lui prononcées par ladite Sentence des Requêtes du Palais pour les Eaux & Forêts à Touloufe du 20 Décembre 1711, & de tout ce qui peut s'en être enfuivi, & en conféquence ordonné que les fommes qu'il pourroit avoir été contraint de payer pour raifon de ce, lui feront rendues & reftituées, à ce faire ceux qui les ont reçues contraints comme dépofitaires, ce faifant déchargés. Fait Sa Majefté défenfes aux Officiers defdites Requêtes du Palais à Touloufe de condamner à l'avenir les Procureurs du Roi des Maîtrifes aux dépens des inftances où ils fuccomberont lorfqu'ils auront fait les pourfuites fur Procès-verbaux d'Officiers ou rapports des Gardes, à moins qu'ils ne foient pris à partie en leurs noms, à peine de nullité & de tous dépens, dommages & intérêts. Fait au Confeil d'Etat du Roi tenu à Marly le cinquiéme Juillet mil fept cent treize. *Signé*, Ranchin.

DÉCLARATION DU ROI,

QUI ordonne que nonobftant les attributions faites aux Gruyers des Seigneurs par leur Edit de Création du mois de Mars 1707, les Officiers des Maîtrifes exerceront fur les Eaux & Forêts des Eccléfiaftiques & Communautés, la même Jurifdiction que fur celle de Sa Majefté, &c.

Et qu'à l'égard des délits commis dans les Bois des Particuliers, les mêmes Officiers des Maitrifes en connoîtront, fans qu'ils ayent prévenus, ni qu'ils ayent été lorfque les Propriétaires les auront eux-mêmes commis, &c.

Du 8 Janvier 1715.

LOUIS, par la grace de Dieu, &c. Salut. Nous avons été informé que le droit attribué aux Offices de Juges-Gruyers créés par notre Edit du mois de Mars 1707, de connoître en première inftance, à l'exclufion des Officiers des Eaux & Forêts, de tous les abus & délits qui fe commettent fur les Eaux & Forêts, poffédées par les Seigneurs & Communautés, tant Eccléfiaftiques que Laïques, & par tous les Particuliers, devenoit préjudiciable au Public, parce que ces Offices ayant été réunis à leurs Juftices par notre Déclaration du premier Mai 1708, ceux qui ont été pourvus antérieurement dans leurs dépendances, n'ofent faire aucunes pourfuites contre eux, lorfqu'ils ont commis eux-mêmes des malverfations fur leurs Bois, & lorfqu'ils font quelques pourfuites contre les délinquans, ce les n'eft le plus fouvent que pour en affurer d'avantage l'impunité, foit en déchargeant purement & fimplement, foit en ne condamnant qu'en des peines très-légères, des gens fans aveu, qui n'ont pas commis les délits, & que par le même Edit ayant ordonné que l'appel des Jugemens des Juges Gruyers des Seigneurs, feroit porté directement aux Maitrifes particulières, les délinquans fe fervent de cette difpofition pour retarder l'expédition des matieres des Eaux & Forêts, & empéchent fouvent le Jugement par la multiplicité des dégrés de Jurifdiction, & le grand nombre de Procédures : & comme ce qui Nous a été repréfenté à ce fujet, Nous a paru mériter toute notre attention, Nous avons réfolu d'y pourvoir. A ces causes & autres à ce Nous mouvans, de notre certaine fcience, pleine puiffance & autorité royale, Nous avons par ces Préfentes, fignées de notre main, dit, déclaré & ordonné, difons, déclarons & ordonnons, voulons & Nous plait, que nos Officiers des Eaux & Forêts exercent fur les Eaux & Forêts des Prélats & Laïcs de notre Royaume, la même Jurifdiction que celle qu'ils

exercent fur les nôtres , en ce qui concerne le fait des ufages , délits , abus &
malverfations qui s'y commettent , fans qu'il foit befoin qu'ils ayent prévenu , ni qu'ils en ayent été requis , encore que les délits n'ayent pas été
commis par les Bénéficiers dans les Bois dépendans de leurs Bénéfices , &
à l'égard des ufages, abus & malverfations qui concernent les Eaux & Forêts qui appartiennent aux Seigneurs laïcs ou autres Particuliers , les Officiers de nos Eaux & Forêts en connoîtront , fans qu'ils ayent été requis , ni
qu'ils ayent prévenus lorfque les Propriétaires des Eaux & Forêts auront
eux-mêmes commis les délits & abus ; mais ils ne pourront en connoître
quand ils auront été commis par d'autres , à moins qu'ils n'en ayent été
requis , & qu'ils ayent prévenus les Juges-Gruyers des Seigneurs ; voulons
que toutes les appellations des Jugemens rendus par les Juges-Gruyers &
les autres Officiers des Seigneurs particuliers fur le fait des Eaux & Forêts , foient relevées directement aux Siéges des Tables de Marbre , comme
avant notre Edit du mois de Mars 1707 , que Nous entendons au furplus
être exécuté felon fa forme & teneur ; enfemble nos autres Edits , Ordonnances , Déclarations , Arrêts & Réglemens concernant les Eaux & Forêts ,
en ce qu'ils ne font pas contraires à notre préfente Declaration. SI DON-
NONS EN MANDEMENT , &c. Donné à Verfailles, &c. Signé , LOUIS.
Et plus bas , Par le Roi , PHELYPEAUX. Vu au Confeil, DESMARETS ,
& fcellé.

*Regiftré au Parlement de Paris le 23 Janvier audit an 1715 , & au Parle-
ment de Bretagne le 2 Mars 1715.*

ARREST DU CONSEIL D'ÉTAT DU ROI ,

QUI fait défenfes tant aux Officiers des Maîtrifes de Laigue
& Compiegne qu'à tous autres Officiers des Maîtrifes , d'o-
bliger les Particuliers qui obtiendront des permiffions de Sa
Majefté de couper leurs Bois , de les faire enrégiftrer &
d'exiger aucuns droits.

Du 8 Janvier 1715.

SUR la Requête préfentée au Roi en fon Confeil par Brice le Hault ,
Sieur d'Elincourt , contenant que les 15 Juillet & 4 Novembre 1712 Sa
Majefté lui avoit permis de couper les baliveaux de différens endroits des
Bois dépendans de fa Terre & Seigneurie d'Elincourt , que le fieur Rivié ,
Grand-Maître des Eaux & Forêts au Département de Soiffons , avoit rendu
une Ordonnance le 31 Décembre de la même année , portant que lefdites
permiffions feroient enregiftrées aux Maîtrifes de Compiegne & de Laigue
fans préjudice aux prétentions refpectives de Jurifdiction des Officiers defdites Maîtrifes fur les Bois du Suppliant ; pour raifon de quoi ils étoient
en inftance au Parlement , où ils avoient été renvoyés par Arrêt du Confeil

du 21 Juin 1712; que quoiqu'il ne foit rien dû aux Officiers pour ces en-régiftremens, étant fait défenfes par Arrêt du Confeil du 19 Février 1709 au Procureur du Roi de la Maîtrife de Crecy de faire aucunes failies de baliveaux coupés en vertu de permiffions accordées par S. M. ni d'obliger les Seigneurs particuliers qui obtiendront pareilles permiffions, de les faire enregiftrer, & de payer aucuns droits pour raifon de ce, ce qui fembloit de-voir être commun pour toutes les Maîtrifes : néanmoins les Officiers de la Maîtrife de Laigue lui avoient fait payer 20 livres ; fçavoir, 7 liv. 10 f. pour le Lieutenant, 5 liv. pour le Procureur du Roi, & 7 liv. 10 f. pour le Greffier, & ceux de la Maîtrife de Compiegne 14 liv. 10 f. ; fçavoir, 6 liv. pour le Maître particulier, 4 liv. pour le Procureur du Roi, & 4 liv. 10 f. pour le Greffier, fuivant qu'il paroiffoit par les reçus étant en marge des expéditions des actes des Greffes defdites Maîtrifes, des 3 & 21 Février 1713, &c.

LE ROI EN SON CONSEIL ayant égard à la Requête, & con-formément à l'Arrêt du 19 Février 1709, a fait défenfes tant aux Officiers des Maîtrifes de Laigue & Compiegne, qu'à tous autres, d'obliger les Parti-culiers qui obtiendront des permiffions de Sa Majefté de couper leurs Bois, de les faire enrégiftrer, & de payer aucuns droits pour raifon de ce, à peine de concuffion, interdiction, reftitution du quadruple, & de tous dépens, dommages & intérêts des Parties : condamne Sa Majefté lefdits Officiers def-dites Maîtrifes de Laigue & Compiegne, de rendre & reftituer au Suppliant les fommes qui ont été exigées de lui, à ce faire les Greffiers qui les ont reçues contraints comme dépofitaires ; enjoint Sa Majefté aux Grands-Maîtres des Eaux & Forêts, chacun dans leur Département, de tenir la main à l'exécu-tion du préfent Arrêt, lequel fera lu, publié, affiché & enrégiftré où befoin fera. FAIT au Confeil d'Etat du Roi tenu à Verfailles le huitiéme Janvier mil fept cent quinze. Collationné. *Signé*, GOUJON.

ARREST DU CONSEIL,

QUI exempte du Dixiéme les Chauffages, Journées & Vacations des Officiers des Eaux & Forêts,

Du 13 Juin 1716.

SUR ce qui a été repréfenté au Roi en fon Confeil par les Officiers des Eaux & Forêts, que depuis plufieurs années les émolumens qu'ils ont reti-rés de leurs Offices n'ont pas à beaucoup près fuffi pour acquitter les taxes dont ils ont été furchargés, & que l'obligation où ils font d'être prefque tou-jours en campagne pour leurs fonctions, les engage à beaucoup de dépenfe, enforte qu'au lieu de tirer du profit, ils fupportent encore le dixiéme des fommes pour lefquelles ils font annuellement employés dans les états, que les Receveurs Généraux des Bois & ceux des Maîtrifes veulent non-feule-ment leur retenir fur leurs gages & augmentations de gages, mais encore

fur

fur leurs journées, vacations & chauffages, quoique par deux décifions du Confeil des 30 Juillet & 11 Octobre 1715, il ait été réglé que l'on ne retiendroit point le dixiéme des journées & vacations, qu'avant l'Ordonnance de 1669, les Officiers des Eaux & Forêts étoient payés de leurs journées & vacations par les Adjudicataires, & recevoient leurs chauffages en efpèces; que ce chauffage ayant été évalué en argent & employé dans les états de même que leurs journées & vacations, on ne doit les regarder que comme l'objet de la récompenfe de leur travail actuel, pour lequel par conféquent ils ne doivent point être affujettis au dixiéme. Requeroient à ces caufes qu'il plût à Sa Majefté leur pourvoir en les déchargeant du dixiéme de leurs gages, augmentations de gages, chauffages & autres droits attribués à leurs Offices. Oui le rapport. LE ROI EN SON CONSEIL ordonne que les fommes par lefquelles les Officiers des Maîtrifes des Eaux & Forêts ont été employés dans les états des bois de l'année 1715, & celles dont fera fait fond à l'avenir dans lefdits états du Bois du Roi, à caufe des chauffages & droits de journées & vacations defdits Officiers, leur feront payés fans aucune réferve ni retenue du dixiéme, Sa Majefté les en a déchargé par le préfent Arrêt, pour l'exécution duquel toutes Lettres néceffaires feront expédiées. FAIT au Confeil d'Etat du Roi tenu à Verfailles le treiziéme Juin mil fept cent feize. *Signé,* DUJARDIN.

DE PAR LE ROI.

ORDONNANCE DE SA MAJESTÉ,

QUI défend à tous fes Sujets, notamment à ceux qui habitent les Frontieres, & qui ne font pas enrôlés pour les Milices entretenues, de porter armes de quelque efpèce qu'elles puiffent être, à l'exception des Gentilshommes & autres y dénommés.

Du 14 Juillet 1716.

SA MAJESTÉ étant informée que la plus grande partie des Habitans du Plat-pays de tout fon Royaume, & particulièrement ceux d'entr'eux qui ont fervi dans les Troupes, & qui ont été congédiés par les différentes réformes qui ont été faites, ne fortoient de leurs Villages, & des endroits où ils fe font retirés, qu'avec des armes, abufant de la tolérance que l'on a eu de leur en laiffer chez eux: ce qui caufe plufieurs defordres, & eft très-contraire à la fûreté publique, favorifant de plus la Contrebande & le Faux-faunage: A quoi étant néceffaire de pourvoir, Sa Majefté, de l'avis de M. le Duc d'Orléans, fon Oncle Régent, a ordonné & ordonne; que tous les Habitans du Royaume, notamment ceux des Frontières qui ne font pas enrôlés pour les Milices entretenues, à l'exception des Gentilshommes, Gens vivans noblement, Officiers de Juftice Royale, Gens de Guerre, & Compagnies d'Arquebufiers autorifées par Lettres-Patentes, ne pourront plus

Tome II. O

porter des armes de quelque efpèce qu'elles puiffent être , & pour quelque raifon que ce foit , après le terme d'un mois, du jour de la publication de la
préfente Ordonnance, à peine de dix livres d'amende pour la première contravention , de cinquante livres pour la feconde, un mois de prifon , & plus
grande peine fi le cas y échet; les amendes applicables aux Hôpitaux les
plus voifins, outre la confifcation defdites armes, qui feront portées chez
le Maire ou Syndic du lieu , & gardées par lui foigneufement jufqu'à nouvel ordre, pour être enfuite tranfportées à la Maifon de Ville des lieux qui
feront indiqués par les fieurs Intendans & Commiffaires départis dans l'étendue des Gouvernemens, chacun dans leur département. MANDE & ordonne Sa Majefté aux Gouverneurs , Lieutenans Généraux , ou Commandans en fes Provinces, Intendans ou Commiffaires départis en icelles, Gouverneurs ou Commandans particuliers des Villes & Places, Maires & Echevins defdites Villes, Baillifs , Sénéchaux , Prévôts , Juges , leurs Lieutenans & tous autres qu'il appartiendra , de tenir la main chacun à fon égard
à l'exécution de la préfente Ordonnance, & de la faire publier & afficher
par-tout où befoin fera, afin que perfonne n'en prétende caufe d'ignorance.
FAIT à Paris le quatorziéme Juillet mil fept cent feize. Signé, LOUIS.
Et plus bas: PHELYPEAUX.

ÉDIT DU ROI,

PORTANT Suppreffion de différens Offices dans les
Maîtrifes des Eaux & Forêts.

Donné à Paris au mois d'Octobre 1716.

Regiftré en Parlement.

LOUIS, par la grace de Dieu, Roi de France & de Navarre : A tous
préfens & à venir , SALUT. Par Edit du mois d'Août 1707 il a été créé
un Office de Maître particulier alternatif & mi-triennal dans chacune des
Maîtrifes des Eaux & Forêts de notre Royaume , aux fonctions, gages ,
chauffages & autres droits y portés; Par Déclaration du mois de Mai 1708,
ceux defdits Offices alternatifs & mi-triennaux qui reftoient à lever , ont été
réunis & incorporés aufdits Offices d'anciens Maîtres particuliers mi-triennaux defdites Maîtrifes , & en tant que de befoin , le titre de quatriennal a
été réuni aux Offices d'anciens, alternatifs & triennaux pour en faire les
fonctions , les poffeder conjointement ou féparément de leurfdits Offices anciens & mi-triennaux , ou les divifer & vendre quand bon leur fembleroit à leur choix , & jouir par eux des gages & autres droits, privileges &
exemptions portés par ledit Edit. Par celui de Mars 1708 , article LII. il
a été entr'autres chofes créé & érigé dans chacune defdites Maîtrifes un Lieutenant , un notre Procureur , un Garde-Marteau & un Greffier alternatifs &
triennaux , avec attribution de cinq deniers pour livre du prix de nos Bois ,
pour leur être payés dans le temps & de la manière y portée ; & par l'article

suivant ces mêmes Offices ont été réunis & incorporés aux pareils Offices anciens établis dans lesdites Maîtrises, pour être possédés conjointement sous le titre d'anciens, alternatifs & triennaux, avec faculté aux Pourvûs de désunir & vendre à qui bon leur sembleroit, un Corps d'Office sous le titre d'alternatif & mi-triennal, & aux privilèges & exemptions y attribués. Une partie desdits Offices ayant été réunis aux anciens & mi-triennaux dans plusieurs Maîtrises, il s'en trouve quelques uns où les alternatifs & mi-triennaux font divisés & possédés par différens Titulaires, dont les oppositions de sentimens & de conduite dans l'exercice de leurs fonctions font très-nuisibles au bien de notre Service, aussi bien que le grand nombre d'Offices qui ont été créés dans lesdites Maîtrises, tels que sont ceux de nos Avocats, Rapporteurs des défauts, garde-scels & autres, dont la multiplicité, les privilèges & les droits dont ils jouissent Nous font à charge & à nos Peuples ; & ne voulant conserver dans lesdites Maîtrises que les Officiers nécessaires à la conservation des Eaux & Forêts de notre Royaume, Nous nous sommes déterminés à supprimer lesdits Offices alternatifs & mi triennaux, ceux de nos Avocats, de Garde Scels, Rapporteurs des Défauts, & autres qui n'ont point été réunis, ensemble ceux qui ayant été réunis ont été divisés desdits Offices anciens & mi-triennaux par les Pourvûs d'iceux. A CES CAUSES & autres à ce Nous mouvans, de l'avis de notre très-cher & très-amé Oncle le Duc d'Orléans, Régent, de notre très-cher & très-amé Cousin le Duc de Bourbon, de notre très-cher & très-amé Oncle le Duc du Maine, de notre très-cher & très-amé Oncle le Comte de Toulouse, & autres Pairs de France, grands & notables Personnages de notre Royaume, & de notre certaine science, pleine puissance & autorité Royale, Nous avons par le présent Edit éteint & supprimé, éteignons & supprimons tous les Offices de Maîtres particuliers, Lieutenans, nos Procureurs, Garde-Marteaux & Greffiers alternatifs créés dans les Maîtrises des Eaux & Forêts de notre Royaume, par Edits des mois d'Août 1707 & Mars 1708. Ensemble ceux de nos Avocats, de Garde-Scels, Rapporteurs des Défauts & autres aussi créés dans nosd. Maîtrises, qui font possédés séparément des Offices anciens. Voulons que dorenavant chaque Maîtrise soit composée seulement d'un Maître particulier, d'un Lieutenant, d'un notre Procureur, d'un Garde-Marteau, d'un Greffier, d'un Receveur particulier de nos Bois, d'un Receveur des Amendes, d'un Garde-général Collecteur des Amendes, & du nombre d'Arpenteurs, d'Huissiers-Audienciers & de Gardes qui s'y trouvent établis ; supprimons tous les Officiers qui se trouveront outre & par-dessus ce nombre : voulons que tous les Offices alternatifs & autres réunis aux anciens, ne fassent à l'avenir qu'un même Corps d'Office, sans qu'ils puissent être divisés ; que les sommes par eux financées pour lesdites réunions tiennent lieu aux Pourvûs d'augmentation de Finance desdits Offices anciens, & que les Pourvûs desdits Offices supprimés soient tenus de représenter pardevant les Commissaires de notre Conseil que Nous commettrons à cet effet, leurs quittances de Finance, & autres titres de propriété, pour être procédé à la liquidation des sommes qui leur feront dûes pour l'acquisition desdits Offices, & ensuite pourvû au remboursement desdites Finances, des fonds qui feront par Nous à cet effet destinés. SI DONNONS EN MANDEMENT à nos amés & feaux Conseillers les Gens tenans notre Cour de Parlement, même en temps de Vacations, Chambre des Comptes & Cour des Aydes à Paris, que le préfent Edit ils ayent à faire lire, publier & regiftrer, & le contenu en icelui exécuter felon fa forme & teneur. CAR tel eft notre plaifir. Et afin que ce foit chofe ferme & ftable à toujours, Nous y avons fait mettre notre Scel. DONNÉ à Paris au mois d'Octobre, l'an de grace mil fept cent feize, & de notre Regne le fecond. Signé, LOUIS. Et plus bas, Par le Roi, le Duc d'Orléans Régent, PHELYPEAUX. Vifa VOYSIN. Vû au Confeil, VILLEROY. Et fcellé du grand Sceau de cire verte.

ARREST DU CONSEIL,

QUI maintient les Chartreux dans le privilége d'ufer & difpofer de leurs Bois pour l'utilité de leurs Maifons, fans pouvoir pour raifon de ce être inquiétés par les Officiers des Maîtrifes, &c. fauf le droit des Ufagers particuliers, conformément à leurs titres.

Du 5 Juillet 1717.

ENTRE les Religieux, Prieur & Convent de la Chartreufe de Notre-Dame d'Aponay en Nivernois, Appellans du Jugement rendu le 5 Septembre 1715 par le fieur le Feron, Grand-Maître des Eaux & Forêts de Poitou, Bourbonnois & Nivernois, fuivant leur Requête inférée en l'Arrêt du Confeil du 7 Mars 1716, & Exploits d'aflignations données au Confeil en conféquence les 25 & 28 Avril fuivant, d'une part; & Jacques Guypier, Léonard Vaget, Jean & Léonard Mazoyer, Habitans de la Paroiffe de Remilly en Nivernois, Intimés; & Me Pierre Pierre, fieur de Chamrobert, Confeiller, Procureur de Sa Majefté en la Maîtrife des Eaux & Forêts de Nevers, auffi Intimé, d'autre part; fans que les qualités puiffent nuire ni préjudicier aux Parties, &c.

LE ROI EN SON CONSEIL, faifant droit fur l'Inftance, a donné acte aufdits Guypier, Vaget, Jean & Léonard Mazoyer, de leur confentement; ce faifant, a mis & met l'appellation & ce dont eft appel au néant; émendant, a déchargé & décharge lefdits Chartreux d'Aponay, des condamnations prononcées contr'eux par la Sentence du fieur le Feron, du 5 Septembre 1715; en conféquence les a maintenu & gardé, maintient & garde dans les priviléges accordés à l'Ordre defdits Chartreux, confirmés par les Lettres-Patentes du mois de Février 1670, d'ufer & difpofer de leurs Bois pour l'utilité de leurs maifons, fans pouvoir pour raifon de ce être inquiétés par les Officiers de Sa Majefté; a fait & fait Sadite Majefté défenfes aux Officiers de la Maîtrife particulière de Nevers, & à tous autres de troubler à l'avenir lefdits Chartreux d'Aponay dans l'exploitation defdits Bois, fauf le droit des Ufagers particuliers, conformément à leurs titres, tous dépens entre les Parties compenfés. FAIT au Confeil d'Etat du Roi tenu à Paris le 5 Juillet 1717. Signé, RANCHIN.

ARREST DU CONSEIL,

QUI défend aux Officiers de la Maîtrise de Rennes de faire aucune délivrance de Bois dans les Forêts de Sa Majesté, qu'en vertu d'Arrêt du Conseil & Lettres-Patentes duement enrégistrées.

Du 14 Novembre 1721.

SUR ce qui a été représenté au Roi, en son Conseil, par les Officiers de la Maîtrise des Eaux & Forêts de Rennes, que pour satisfaire aux Ordres du sieur de Marbœuf, commandant pour Sa Majesté en la Province de Bretagne du 26 Juin dernier, portant injonction de délivrer les Bois nécessaires pour barraguer le Régiment de la Marck, campé aux environs de ladite Ville, ils ont été obligés, attendu le pressant besoin du service de marquer & abattre dans la Forêt de Rennes les quantités de Bois ci-après désignées, sçavoir, &c. Mais que ces Ordres n'étant pas suffisans pour la décharge desdits Officiers, il seroit nécessaire que ces différentes coupes fussent autorisées par Sa Majesté, à quoi voulant pourvoir, vu les procès-verbaux susdatés & autres pièces y jointes, oui le rapport du sieur le Pelletier de la Houssaye, Conseiller d'Etat ordinaire, & au Conseil de Régence pour les Finances. Le Roi en son Conseil pour cette fois seulement, & sans tirer à conséquence, a confirmé & approuvé les délivrances du Bois faites par les Officiers de la Maîtrise de Rennes, sur les Ordres du sieur de Marbœuf, commandant pour Sa Majesté en la Province de Bretagne, mentionnées ès procès verbaux du 27 Juin dernier & jours suivans. Fait Sa Majesté défenses ausdits Officiers de faire à l'avenir aucune délivrance de Bois dans les Forêts, qu'en vertu d'Arrêts du Conseil & Lettres-Patentes bien & duement registrés, sous les peines portées par l'Ordonnance des Eaux & Forêts du mois d'Août 1669. FAIT au Conseil d'Etat du Roi tenu à Paris le quatriéme jour de Novembre mil sept cent vingt-un.

ARREST DU CONSEIL,

QUI ordonne que les Appellations au Conseil seront jugées dans les trois mois portés par l'Ordonnance de 1669.

Du 24 Avril 1722.

LE ROY EN SON CONSEIL, de l'avis de Monsieur le Duc d'Orléans Régent, a ordonné & ordonne que lesdits Turpin, Marqu ette Chevalier, Regnault, de Semery, Fourdrain, Desmeaux de Vilerzy, les Prieur & Religieux de l'Abbaye de Foigny & autres Appellans, seront tenus de mettre, de leur part, chacun à leur égard dans trois mois du jour de la fignification du préfent Arrêt, l'Inftance fur leur appel de la Sentence du 22 Décembre 1721. en état d'être jugée, & d'en faire l'inftruction avec le fieur Mayeux, l'un des Infpecteurs Généraux dn Domaine pour Sa Majefté, faute de quoi & lefdits trois mois expirés, Sa Majefté veut que conformément à l'Ordonnance des Eaux & Forêts du mois d'Août 1669. titre des appellations qu'elle entend être exécutée pour les appellations portées au Confeil, de même que pour celles qui fe pourfuivent dans les autres Jurifdictions, la Sentence dont eft appel forte fon plein & entier effet, & foit exécutée contre chacun defdits Appellans, comme un Jugement en dernier reffort ; & en conféquence que chacun des condamnés fera tenu de payer les fommes aufquelles il eft condamné tant pour amende que pour reftitution entre les mains & fur les quittances du fieur Pioche, Procureur de Sa Majefté au Bailliage de la Fere, que Sa Majefté a commis & commet pour les recevoir, nonobftant tous Réglemens à ce contraires, pour être enfuite lefdits deniers employés fuivant les Ordres de Sa Majefté. Et fera le préfent Arrêt exécuté, nonobftant oppofitions ou autres empêchemens quelconques, dont fi aucuns interviennent, Sa Majefté s'eft réfervé la connoiffance & l'a interdite à toutes fes Cours & Juges. FAIT au Confeil d'Etat du Roi, tenu à Paris le vingt-quatriéme jour d'Avril mil fept cent vingt-deux. Collationné, DE VOUGNY.

ARREST DU CONSEIL D'ÉTAT DU ROI,

QUI défend de laiffer fortir les Bois hors du Royaume.

Du 18 Août 1722.

Extrait des Regiftres du Confeil d'Etat.

LE ROY étant informé que le prix & la rareté du Bois de Charpente, Menuiferie, & autres Bois néceffaires à la conftruction, eft confiderablement augmenté dans le Royaume, & principalement dans les Provinces Frontieres, par la grande quantité qui fort du Royaume journellement pour l'Etranger, qu'il eft à craindre que fi la facilité qui a été jufques ici tolérée, de laiffer fortir ces Bois fubfiftoit, les Sujets de Sa Majefté ne fe trouvaffent expofés dans la fuite au danger de ne pas trouver les Bois néceffaires pour les conftructions & réparations des édifices, & même pour le chauffage, ou de l'acheter à un prix très-cher; Et Sa Majefté jugeant qu'il n'y a pas de moyen plus fûr pour y pourvoir, que d'empêcher la vente & le tranfport des Bois dans les Pays étrangers ; & voulant faire connoître fur ce fes intentions : Oui le rapport du fieur Dodun, Confeiller ordinaire au Confeil royal & au Confeil de Régence, Contrôleur Général des Finances. SA MAJESTÉ ÉTANT EN SON CONSEIL, de l'avis de Monfieur le Duc d'Orléans Régent, a fait & fait très-expreffes inhibitions & défenfes à tous Propriétaires de Bois, aux Communautés, & aux gens de main-morte poffédans Bois, & à tous Adjudicataires & Marchands de Bois, de vendre aux Etrangers des Bois de conftruction ou autres efpéces de Bois, & d'en faire fortir ou tranfporter hors du

Royaume, à peine de confifcation, & de dix mille livres d'amende : enjoint Sa Majefté aux fieurs Intendans & Commiffaires departis pour l'exécution des Ordres de Sa Majefté dans l'étendue des Provinces & Généralités du Royaume, de tenir la main à l'exécution du préfent Arrêt, lequel fera lu, publié & affiché par-tout où befoin fera, nonobftant oppofitions ou empêchemens quelconques, dont fi aucuns interviennent, Sa Majefté fe réferve la connoiffance, & icelle interdit à toutes fes Cours & Juges. Fait au Confeil d'Etat du Roi, Sa Majefté y étant, tenu à Verfailles le dix-huitiéme jour d'Août mil fept cent vingt-deux. *Signé* Phelypeaux.

ARREST DU CONSEIL D'ÉTAT DU ROI,

QUI fait défenfes à Charles Cordier, & à tous autres chargés de la Régie des Domaines du Roi, de chaffer ou d'affermer la Chaffe, conjointement ou féparément fur lefdits Domaines; & à tous Fermiers & autres, fous prétexte de leurs Baux, de tirer fur l'étendue defdits Domaines; & à tous Roturiers de quelque qualité & condition qu'ils foient, d'y porter les armes, à peine de 500 liv. d'amende.

Du 3 Octobre 1722.

SA MAJESTÉ étant en fon Confeil, de l'avis de M. le Duc d'Orléans Régent, a reçu & reçoit le Procureur de Sa Majefté en ladite Maîtrife des Eaux & Forêts de Paris, oppofant à l'exécution dudit Arrêt du Confeil du 27 Mars dernier; faifant droit fur fon oppofition, ordonne que de la ferme des terres, circonftances & dépendances de la baronie de Levy adjugée audit Jacques Giroult le 13 dudit mois de Mars dernier, diftraction fera faite du droit de Chaffe, fans pour ce, que ledit Giroult puiffe prétendre aucune indemnité, ou diminution fur le prix de fon adjudication; fi mieux n'aime en confentir la réfolution, ce qu'il fera tenu d'opter, dans huitaine à compter de la fignification qui lui fera faite du préfent Arrêt, à la diligence du Procureur de Sa Majefté en ladite Maîtrife des Eaux & Forêts de Paris. Ordonne Sa Majefté que les Edits, Ordonnances & Déclarations des Rois fes Prédéceffeurs, Arrêts & Réglemens rendus en conféquence fur le fait de la Chaffe, feront exécutés felon leur forme & teneur; en conféquence fait Sa Majefté très-expreffes inhibitions & défenfes audit Charles Cordier & à tous autres chargés de la régie des Domaines de Sa Majefté, de chaffer ou d'affermer la Chaffe, conjointement ou féparément fur lefdits Domaines, & à tous Fermiers & autres de s'en aider & fervir, & de chaffer, fous prétexte des baux qui leur en auroient été faits, ou de tirer fur l'étendue defdits Domaines, & à tous Roturiers de quelque état & condition qu'ils foient, d'y porter les armes, à peine contre chacun des Contrevenans, de 500 liv. d'amende applicable au profit de Sa Majefté, & de plus grande peine, s'il y échoit. Fait pareillement Sa Majefté défenfes fous les mêmes peines, à tous les Seigneurs Laïcs & Eccléfiaſtiques de ſon Royaume , d'affermer la Chaſſe ſur leurs Terres & Domaines, & à toutes ſortes de perſonnes , de la prendre à ferme & redevance : enjoint aux Grands-Maîtres des Eaux & Forêts, de tenir exactement la main, chacun en droit ſoi, à l'exécution deſdits Edits , Ordonnances & Déclarations des Rois ſes Prédéceſſeurs, des Arrêts & Réglemens rendus en conſéquence ſur le fait de la Chaſſe, & du préſent Arrêt, qui ſera lu , publié & affiché partout où beſoin ſera, & exécuté nonobſtant oppoſitions ou autres empêchemens quelconques, pour leſquels ne ſera differé , & dont ſi aucuns interviennent , Sa Majeſté ſe réſerve & à ſon Conſeil la connoiſſance , & icelle interdit à toutes ſes Cours & autres Juges. F A I T au Conſeil d'Etat du Roi , Sa Majeſté y étant , tenu à Verſailles le troiſiéme Octobre mil ſept cent vingtdeux. *Signé* P H E L Y P E A U X.

A R R E S T   D U   C O N S E I L ,

QUI fait défenſes au Procureur du Roi du Préſidial de Laon , & à tous autres de troubler à l'avenir les Officiers des Maîtriſes dans les fonctions de leurs Charges ; ordonne que les réparations commencées à l'Abbaye de Saint Nicolas-au-Bois , feront continuées à la diligence du Procureur du Roi de la Maîtriſe de la Fere , &c.

Du 22 Décembre 1722.

V U au Conſeil d'Etat du Roi l'Arrêt rendu en icelui le 19 Décembre 1721, & Lettres-Patentes expédiées en conſéquence , par lequel Sa Majeſté auroit ordonné que par le ſieur Rivié , Grand Maître au Siége , & en préſence des Officiers de la Maîtriſe de la Fere , il ſeroit procédé à l'adjudication au rabais, & moins diſant du rétabliſſement de l'Egliſe, du Réfectoire & de l'Infirmerie de l'Abbaye de Saint Nicolas au Bois, Diocèſe de Laon, & enſuite à la vente au plus offrant & dernier Encheriſſeur en la maniere ordinaire des taillis & baliveaux des Bois de réſerve de ladite Abbaye pour le prix en provenant être employé au payement des Entrepreneurs deſdits bâtimens , ſur les Ordonnances dudit ſieur Grand Maître. LE ROI EN SON CONSEIL , ſans avoir égard à l'aſſignation donnée aux Religieux de l'Abbaye de Saint Nicolas au Bois , le 16 Septembre 1722 , à la Requête du Procureur du Roi au Préſidial de Laon , ni à tout ce qui s'en eſt enſuivi dont Sa Majeſté les a déchargé , ordonne que l'adjudication faite par les Officiers de la Maîtriſe de la Fere , des réparations des bâtimens de l'Abbaye de Saint Nicolas au Bois , en exécution de l'Arrêt du Conſeil du 19 Décembre 1721 , & Lettres-Patentes expédiées en conſéquence , ſera exécuté ſelon ſa forme & teneur. Fait Sa Majeſté défenſes au Procureur du Roi du Préſidial de Laon & à tous autres , de troubler à l'avenir l'Entrepreneur deſdites réparations, ni les Officiers des Maîtriſes dans les fonctions de leurs Charges , à peine de 1000 liv. d'amende ; ordonne en outre

que

que les réparations commencées en ladite Abbaye feront continuées à la diligence du Procureur du Roi, à ladite Maîtrife de la Fere, & fera le préfent Arrêt exécuté, nonobftant oppofirions ou autres empêchemens quelconques, pour lefquels ne fera differé, & dont fi aucuns in erviennent, Sa Majefté fe réferve & à fon Confeil, la connoiffance, & icelle interdit à toutes fes Cours & autres Juges. FAIT au Confeil d'Etat du Roi, tenu à Verfailles le vingt-deux Décembre mil fept cent vingt-deux. *Signé* DELAISTRE.

ARREST DU CONSEIL D'ÉTAT DU ROI,

QUI revoque celui du 21 Mars 1721, en ce qu'il ordonnoit que l'Adjudication des réparations à faire à l'Eglife & Cimetiere de Raviere feroit faite par M. l'Intendant de Paris, & l'Adjudicataire payé fur fes Ordonnances & prix des Bois qui devoient être vendus par M. de la Faluere, Grand-Maître des Eaux & Forêts du Département de Paris. Ordonne que conformément aux art. V & X du titre des Bois appartenans aux Eccléfiaftiques & Gens de Main-morte, & à l'art. VIII de celui des Bois appartenans aux Habitans & Communautés des Paroiffes, de l'Ordonnance des Eaux & Forêts de 1669, & aux Arrêts rendus en conféquence, qui feront exécutés felon leur forme & teneur, ladite Adjudication fera faite par M. de la Faluere, ou par les Officiers de la Maîtrife des lieux, fur fa Commiffion, & l'Adjudicataire payé fur fes Ordonnances.

Du 2 Mars 1723.

SUR ce qui a été repréfenté au Roi en fon Confeil par le fieur de la Faluere, Grand-Maître des Eaux & Forêts du Département de Paris ; que par Arrêt du Confeil du 21 Mars 1721, il auroit été ordonné que par le fieur Bignon, Commiffaire departi en la Généralité de Paris, ou par celui qu'il déléguera, il feroit procédé à l'adjudication, au rabais, & moins difant, des réparations à faire à l'Eglife & Cimetiere de la Paroiffe des Habitans de Raviere, Election de Tonnerre, mentionnées au procès-verbal & devis du 28 Décembre 1720, & par le fieur de la Faluere, ou en fon abfence par les Officiers de la Maîtrife des Eaux & Forêts des lieux, à la vente & adjudication, au plus offrant & dernier Encheriffeur en la maniere ordinaire, du quart de réferve des Bois de la Communauté dudit Raviere, &c. de remettre le prix de ladite adjudication ès mains du Receveur Général des Domaines & Bois de ladite Généralité, pour fur icelui être pris la fomme à laquelle monteront les réparations, & payé aux Entrepreneurs, fur les Ordonnances du fieur Commiffaire departi, à fur & à mefure, ou après la reception des ouvrages, & le furplus être par ledit fieur Receveur Général, porté au Tréfor royal. Que

Tome II. P

cet Arrêt étoit non feulement contraire à la bonne Police & Confervation des Bois, en ce qu'il convient commencer par l'adjudication des réparations, pour ne vendre enfuite des Bois, qu'à concurrence de la fomme à laquelle elles fe trouveront monter, mais encore aux difpofitions de l'Ordonnance des Eaux & Forêts du mois d'Août 1669, art. 5 & 10 du titre des Bois appartenans aux Eccléfiaftiques & Gens de main-morte, & l'art. 8 du titre des Bois appartenans aux Communautés & Habitans; que la confervation & aménagement des Bois eft confiée aux feuls Grands-Maîtres, & la connoiffance des réparations, au payement du prix defquels celui des coupes eft deftiné, eft inféparable de leur jurifdiction; que la difpofition de ladite Ordonnance a été dans tous les temps confirmée, & récemment par l'Arrêt du Confeil du premier Décembre dernier. Oui le rapport du fieur Dodun, &c.

LE ROI EN SON CONSEIL, fans s'arrêter à l'Arrêt du 21 Mars 1721 que Sa Majefté a revoqué, en ce que par icelui l'adjudication des réparations à faire à l'Eglife & au Cimetiere de la Paroiffe de la Raviere, doit être faire par le fieur Commiffaire departi de la Généralité de Paris, ou par celui qu'il fubdéléguera, & l'Adjudicataire payé fur fes Ordonnances & prix des Bois qui doivent être vendus par ledit fieur de la Faluere, appartenans aux Habitans dudit Raviere, ordonne que les articles 5 & 10 du titre des Bois appartenans aux Eccléfiaftiques & Gens de main-morte, & le 8 de celui des Bois appartenans aux Communautés & Habitans, de ladite Ordonnance des Eaux & Forêts du mois d'Août 1669 & Arrêts rendus en conféquence, feront exécutés felon leur forme & teneur; ce faifant que ladite adjudication au rabais des réparations dont eft queftion, fera faite par le fieur de la Faluere en la maniere accoutumée, ou par les Officiers de la Maîtrife de Sens qu'il pourra commettre, & l'Adjudicataire payé fur fes Ordonnances & fur le prix des Bois de réferve de ladite Communauté, dans les termes qui feront réglés par le cahier des Charges de ladite adjudication; ordonne en outre Sa Majefté, qu'il ne fera vendu des Bois de ladite Communauté qu'à concurrence du prix, auquel fe trouveront monter lefdites réparations, & qu'au furplus ledit Arrêt du Confeil dudit jour 21 Mars 1721 fera exécuté felon fa forme & teneur. FAIT au Confeil d'Etat du Roi, tenu à Verfailles le deux Mars mil fept cent vingt-trois. Collationné. Signé GOUJON, avec paraphe.

ARREST DU CONSEIL D'ÉTAT DU ROI,

PORTANT défenfes à tous Propriétaires de Bois, & à tous Adjudicataires & Marchands, de vendre du Charbon de Bois aux Etrangers, & d'en faire fortir hors du Royaume, fans une permiffion expreffe de Sa Majefté.

Du 8 Mars 1723.

Extrait des Regiftres du Confeil d'Etat.

LE ROI s'étant fait repréfenter en fon Confeil l'Arrêt rendu en icelui le 31 Octobre dernier, par lequel Sa Majefté a fait défenfes à tous Propriétaires de Bois, aux Communautés & aux Gens de main-morte possédans Bois, à tous Adjudicataires & Marchands de Bois, de vendre du charbon aux Etrangers, à peine de confiscation & de mille livres d'amende; & Sa Majesté étant informée que plusieurs de ses Sujets qui ont des Bois sur les Frontieres des Provinces de Picardie & de Champagne, & des forges dans les Pays étrangers, prétendent n'être pas compris dans ces défenses, & pouvoir, comme François, faire transporter les Charbons provenans de leurs Bois, dans les lieux où sont leurs forges & fourneaux, quoique situés en Pays étranger, ce qui donne lieu à des contestations fréquentes entr'eux & les Commis préposés pour en empêcher la sortie ; à quoi Sa Majesté désirant pourvoir : oui le Rapport du sieur Doudun, Conseiller ordinaire au Conseil Royal, Controlleur Général des Finances. LE ROI ETANT EN SON CONSEIL, en interprétant, en tant que de besoin, l'Arrêt dudit jour 31 Octobre dernier, & voulant empêcher la rareté & cherté du Bois de chauffage, a ordonné & ordonne que ledit Arrêt sera exécuté selon sa forme & teneur ; & en conséquence a fait & fait très-expresses inhibitions & défenses à tous Propriétaires de Bois, généralement quelconques, & à tous Adjudicataires & Marchands, de vendre du Charbon de Bois aux Etrangers, ni d'en faire sortir hors du Royaume, sous quelque prétexte que ce soit, sans permission expresse de S. M. à peine de confiscation dudit Charbon, Voitures & Equipages, & de trois mille livres d'amende. Enjoint Sa Majesté aux sieurs Intendans & Commissaires départis dans les Provinces & Généralités du Royaume, de tenir la main à l'exécution du présent Arrêt, qui sera lu, publié & affiché par-tout où besoin sera, nonobstant oppositions ou autres empêchemens quelconques, dont si aucuns interviennent, S. M. se reserve & à son Conseil la connoissance, & icelle interdit à toutes ses Cours & Juges. FAIT au Conseil d'Etat du Roi, Sa Majesté y étant, tenu à Versailles le huitiéme jour de Mars mil sept cent vingt-trois. *Signé*, PHELYPEAUX.

ORDONNANCE DU ROI,

PORTANT défenses aux Mariniers & Voituriers par Eau, de faire aucun dommage aux Ouvrages qui se font dans les Rivieres par ordre du Roi.

Du 27 Juillet 1723.

DE PAR LE ROI.

SA MAJESTÉ étant informée que les Mariniers, Voituriers par Eau & Conducteurs de Trains de Bois, dégradent les Ouvrages qu'Elle a ordonné & ordonne journellement pour le bien public dans les cours des Rivieres, comme Piles, Ecluses, Pertuis, Duis, Digues, Bastis, Ceintres, Bâtardeaux, Ponts de bois & autres ouvrages, même affectent de faire passer leurs Bateaux & Trains de bois sous des arches proche les piles & contre les pieux où on travaille, ce qui retarde la perfection des ouvrages, principalement dans le temps des baffes eaux, où feulement on peut travailler dans le lit des Rivieres; A quoi voulant pourvoir. LE ROI a fait & fait très-expreffes inhibitions & défenfes à tous Mariniers, Voituriers par eau & Conducteurs de Trains, de faire paffer leurs Bateaux & Trains de Bois par les arches dans lefquelles on travaille aux piles, creches, radiers & à tel autre ouvrage que ce puiffe être, de faire aucun dommage aux bâtardeaux, ponts de fervice, ceintres, pieux, échaffaux & autres préparatifs pour lef. dits ouvrages, à peine de trois cent livres d'amende, outre le dédommagement des Entrepreneurs au dire d'Experts nommés par les Parties ou d'Office. Enjoint Sa Majefté aux Commiffaires départis dans les Provinces, & dans la Généralité de Paris, aux Officiers du Bureau des Finances, de tenir la main à l'exécution de la préfente Ordonnance, qui fera lûe, publiée & affichée par tout où befoin fera. F A I T à Meudon le vingt-feptiéme jour dé Juillet mil fept cent vingt-trois. *Signé*, L O U I S. *Et plus bas*, P H E L Y- P E A U X.

A R R E S T D U C O N S E I L,

Q U I fait défenfes aux Cours de Parlement de furfeoir l'exécution des Sentences d'inftruction rendus aux Maîtrifes.

Du 2 Août 1723.

S UR ce qui a été repréfenté au Roi en fon Confeil, que s'étant commis des délits dans les Bois dépendans de l'Abbaye de Saint-Sulpice près Rennes en Bretagne, les Officiers de la Maîtrife des Eaux & Foréts de ladite Ville s'y feroient tranfportés au mois de Février dernier, & auroient dreffé Procès-verbal, que la caufe étant pendante en ladite Maîtrife, la Dame Abbeffe de ladite Abbaye ne pouvant plus éloigner le Jugement définitif qui y alloit être rendu, & pour en oppofer l'effet, s'eft pourvue au Parlement de Bretagne, a interjetté appel d'un appointement à mettre, rendu en ladite Maîtagne, & a préfenté Requête audit Parlement, au bas de laquelle eft l'Ordonnance du 14 Juillet 1723, portant qu'elle fera juger fon appel, toutes chofes demeurantes en état, laquelle Ordonnance ladite Dame Abbeffe a fait fignifier à la Maîtrife le 17 dudit mois de Juillet, ce qui empêche les Officiers de paffer outre, à quoi Sa Majefté voulant pourvoir, oui le rapport du Sr Dodun, Confeiller ordinaire au Confeil Royal, Contrôleur Général des Finances:

LE ROI EN SON CONSEIL a évoqué & évoque à foi & à fon Confeil l'inftance pendante au Parlement de Bretagne, fur l'appel d'une Sentence d'appointement à mettre rendu en la Maîtrife particulière des Eaux & Forêts de Rennes, au fujet des délits, dégradations commifes dans les Bois de l'Abbaye de Saint-Sulpice, près ladite Ville de Rennes, fans avoir égard à l'Ordonnance dudit Parlement du 14 Juillet dernier, ni à tout ce qui pouvoit s'en être enfuivi, a renvoyé & renvoye l'inftruction de ladite Inftance en ladite Maîtrife de Rennes, pour y être jugée par les Officiers d'icelle, & ftatué définitivement fur les délits & dégradations commis dans lefdits Bois, circonftances & dépendances, fauf l'appel au Confeil. Fait Sa Majefté défenfes aux Officiers dudit Parlement de Bretagne, des autres Cours du Parlement & aux Tables de Marbre, d'arrêter ou furfeoir l'exécution des Sentences d'inftructions rendues dans les Maîtrifes & aux Tables de Marbre, concernant fes Bois ou ceux des Communautés Eccléfiaftiques ou Laiques, à peine de nullité, caffation de Procédure, & de tous dépens, domma-ges & intérêts, & ce qui fera fait & ordonné pour l'inftruction en vertu du préfent Arrêt, fera exécuté nonobftant oppofition, appellation, prife à par-tie ou autres empêchemens quelconques, pour lefquels ne fera différé, dont fi aucun intervient, Sa Majefté s'en eft & à fon Confeil refervé la con-noiffance, & icelle interdit à toutes fes Cours & autres Juges. FAIT au Con-feil d'Etat du Roi tenu à Meudon le deuxiéme jour d'Août mil fept cent vingt-trois. *Signé*, RANSSIN, Procureur le Roi.

ARREST DU CONSEIL,

PORTANT Réglement pour les Bois des Eccléfiaftiques de la Province de Bretagne.

Du 10 Juin 1724.

SUR ce qui a été repréfenté au Roi en fon Confeil, que quoique par l'Ordonnance des Eaux & Forêts du mois d'Août 1669 il foit ordonné à tous les Prélats, Abbés, Officiers, Communautés Eccléfiaftiques, tant Ré-gulières que Séculières, Économes. Adminiftrateurs, Recteurs & Princi-paux de Colléges, Hôpitaux & Maladeries, Commandeurs & Procureurs de l'Ordre de Saint Jean de Jérufalem, de faire arpenter, figurer leurs Bois dans fix mois, à compter du jour de la publication de ladite Ordonnan-ce, & d'en mettre quinze jours après aux Greffes des Maîtrifes les Procès-verbaux avec les Plans & Figures, finon ledit temps paffé il y feroit pourvû à la diligence des Procureurs de Sa Majefté en chacune Maîtrife aux frais des défaillans, qui feroient contraints par faifie de leur temporel, fuivant la taxe qui en feroit faite par les Grands-Maîtres des Eaux & Forêts, chacun dans leur Département, & que pour conferver la quatriéme partie des Bois def-dits Bénéficiers ou Gens de main-morte, en nature de futaie, la referve en feroit faite par les Grands-Maîtres dans les endroits les plus propres & où le fonds pourroit mieux en porter, lequel quart feroit féparé des autres Bois par bornes & limites, fans que lefdits Bénéficiers puiffent en ufer ni couper, non plus que les baliveaux qui doivent refter dans les taillis, conformément à l'Ordonnance. La plûpart des Bénéficiers & Gens de Main-morte qui ont des Bois dans la Province de Bretagne, difpofent & exploitent leurs Bois en contravention à l'Ordonnance & aux Arrêts & Réglemens intervenus en conféquence, & Sa Majefté voulant y pourvoir : Oui le rapport du fieur Pelletier, Confeiller d'Etat ordinaire au Confeil Royal, & Contrôleur Gé-néral des Finances. LE ROI EN SON CONSEIL ordonne que l'Ordon-

nance des Eaux & Forêts du mois d'Août 1669, & les Arréts & Réglemens rendus en conféquence feront exécutés felon leur forme & teneur, &
que conformément à iceux tous les Prélats, Abbés, Prieurs, Officiers &
Communautés Eccléfiaftiques, tant Régulières que Séculières, Économes,
Adminiftrateurs, Recteurs & Principaux des Colléges, Hôpitaux & Maladeries, Commandeurs & Procureurs de l'Ordre de Saint Jean de Jérufalem,
dans l'étendue de la Province de Bretagne, feront tenus de faire arpenter,
figurer & borner leurs Bois, au plus tard dans fix mois, à commencer du
jour de la Publication du préfent Arrêt, & d'en mettre quinzaine après aux
Greffes des Maîtrifes les Procès-verbaux avec les Plans & Figures, fur lefquels feront marquées les bornes felon leur jufte affiette & diftance, finon
ledit temps paffé, il y fera pourvû en vertu du préfent Arrêt, & fans qu'il
en foit befoin d'autres, à la diligence du Procureur du Roi en chacune defdites Maîtrifes, aux frais des défaillans, fuivant la taxe qui en fera faite par
le Sieur de la Pierre, Grand-Maître des Eaux & Forêts de ladite Province
de Bretagne ; veut Sa Majefté que par ledit fieur de la Pierre, Grand-Maître,
ou les Officiers des Maîtrifes qu'il pourra commettre, la quatriéme partie
defdits Bois appartenant aufdits Bénéficiers, Gens de Main-morte & Communautés Régulières, Séculières & Laïques, foit marquée dans les endroits
où le fonds pourra mieux produire de la futaie, pour après lefdites referves
faites & féparées, le furplus defd. bois & taillis être réglé de coupe ordinaire
à l'âge de 25 ans, pour être exploités, conformément à ladite Ordonnance : Ordonne en outre S. M. que par ledit fieur Grand-Maître, ou en fon
abfence par les Officiers des Maîtrifes des lieux qu'il pourra commettre,
il fera informé de tous les délits & coupes qui fe trouveront avoir été faites
en contravention dans lefdits Bois, lefquels feront jugés définitivement fuivant la rigueur de l'Ordonnance, fauf l'appel au Confeil. Enjoint Sa Majefté
audit Sieur Grand Maître de tenir la main à l'exécution du préfent Arrêt, qui
fera lû, publié, affiché & regiftré par-tout où befoin fera, & exécuté nonobftant oppofitions ou autres empêchemens quelconques, pour lefquels ne
fera différé, dont fi aucuns interviennent, Sa Majefté s'en eft & à fon Confeil refervé la connoiffance, & icelle interdit à toutes fes Cours & autres Juges. FAIT au Confeil d'Etat tenu à Verfailles le dixiéme Juin mil fept cent
vingt-quatre. *Signé*, DE VAUGRY.

ARREST DU CONSEIL,

QUI porte Etabliffement d'une Commiffion pour l'Examen & Vérification
des titres des Seigneurs qui prétendent des Droits de Péages ; ordonne que
dans quatre mois du jour de la Publication tous Propriétaires defdits Droits
feront tenus d'envoyer au Greffier de ladite Commiffion des copies en bonne forme de leurs Titres, dont leur fera délivré Certificat par le Greffier.
Fait défenfes aufdits Propriétaires, après l'expiration du délai, de percevoir
lefdits Droits de Péages, s'ils ne juftifient de ladite repréfentation, &c.

Du 29 Août 1724.

LE Roi étant informé que la quantité de Péages qui fe perçoivent fur les
Ponts, Chauffées, Chemins & Riviéres navigables de fon Royaume, &

ruiſſeaux y affluans, eſt très-préjudiciable au Commerce, tant par les droits attribués aux Seigneurs Péagers, qui augmentent le prix des marchandiſes, & des denrées les plus néceſſaires à la vie, que par le temps conſidérable que les Voituriers ſont obligés d'employer pour acquitter ces droits, ce qui empêche les communications des Provinces les unes avec les autres, il fait ſouvent qu'une Province qui a trop grande abondance d'une eſpèce de grains ou autres denrées, ne peut en aider d'autres Provinces où ils ſont fort chè-res, & en retirer en échange d'autres eſpèces de grains ou denrées dont ils ont diſette, pendant qu'ils ſont à bas prix dans les Provinces d'où ils pourroient les tirer ; & Sa Majeſté étant auſſi informée qu'il ſe commet des abus dans la perception deſdits droits, nonobſtant les Réglemens qui ont été faits en dif-férens temps, & notamment par l'Ordonnance des Eaux & Forêts du mois d'Août 1669. Que les droits de la plûpart des Péages ne ſont pas connus au Public par l'inexécution des formalités preſcrites par leſdits Réglemens ; qu'il y en a même pluſieurs qui ne doivent plus ſubſiſter, n'ayant été accor-dés que pour un temps limité, & à des conditions qui ſont finies, & qu'il y en a d'autres qui, ſuivant la diſpoſition de ladite Ordonnance de 1669, auroient été pareillement ſupprimés, ſi l'on en avoit fait repréſenter les ti-tres conſtitutifs ; qu'encore que la repréſentation & l'examen deſdits titres ayant été ordonnés par différens Arrêts, & notamment par celui du 24 Avril 1717; cependant cet examen n'a point été ſuivi, & Sa Majeſté ju-geant cet examen également juſte & néceſſaire, puiſqu'en même temps qu'il aſſurera encore davantage l'état de ceux qui ſont bien fondés dans les droits qu'ils levent actuellement, il mettra à portée de ſoulager le Public de ceux qui ſe levent ſans titres ſuffiſans, ou dont les conceſſions ſont expirées, de réduire les droits de ceux qui les perçoivent ſur un pied plus fort qu'il n'eſt porté par leurs titres ; de faire des tarifs certains, qui, inſtruiſant de la quo-tité des droits ſur chaque eſpèce de marchandiſes, évitent les conteſtations & les retardemens auſquels les Marchands & Voituriers ſe trouvent ſou-vent expoſés d'obliger les Propriétaires de ces Péages, d'exécuter les char-ges & conditions auſquelles ils ont été aſſujettis par leurs conceſſions, à quoi Sa Majeſté voulant pourvoir : Oui le Rapport du Sieur Dodun, Conſeiller ordinaire au Conſeil Royal, Contrôleur général des Finances. SA MAJES-TÉ ÉTANT EN SON CONSEIL, a commis & commet les ſieurs Fagon, Conſeiller d'Etat ordinaire & au Conſeil Royal, de Machault & de For-tia, Conſeillers d'Etat, de Bauſſan, Angran, Roullier, Pariſot, Peireinc de Moras, Arnauld de Bouex & Berthelot, Maîtres des Requêtes, pour procé-der à l'examen & vérification de tous les titres des droits de Péages, Paſſages, Pontonages, travers & autres qui ſe perçoivent ſur les Ponts & Chauſſées, Chemins & Rivières navigables & Ruiſſeaux y affluans dans l'é-tendue du Royaume, deſquels titres ſera par leſdits Sieurs Commiſſaires dreſſé des Procès-verbaux avec leurs avis, pour le tout rapporté au Con-ſeil, être par Sa Majeſté ordonné ce qu'il appartiendra ; ordonne à cet effet, que dans quatre mois du jour de la Publication du préſent Arrêt, tous les Propriétaires deſdits droits ſeront tenus d'envoyer au ſieur Paſſelaigue que Sa Majeſté a commis & commet pour Greffier de la préſente Commiſſion, des copies collationnées, légaliſées des plus prochains Juges des lieux, des titres & pancartes en vertu defquels ils perçoivent lefdits droits, de laquelle repréfentation il leur fera délivré un certificat par ledit Greffier. Fait Sa Majefté défenfes aufdits l'roprietaires, après l'expiration du délai qui leur eft accordé pour la repréfentation de leurs titres, de percevoir lefdits droits de Péages & autres, s'ils ne juftifient de ladite repréfentation par le Certificat dudit Greffier, dont ils feront tenus d'attacher une copie collationnée au bas des pancartes defdits Péages, à peine, en cas de contravention, d'être pourfuivis extraordinairement comme Concuffionnaires. Enjoint Sa Majefté aux fieurs Intendans & Commiffaires départis dans les Provinces & Généralités du Royaume, de tenir la main à l'exécution du préfent Arrêt, qui fera lû, publié & affiché par-tout où befoin fera, & exécuté nonobftant oppofitions ou autres empêchemens quelconques, dont fi aucuns interviennent, Sa Majefté fe referve & à fon Confeil la connoiffance, icelle interdifant à toutes fes Cours & autres Juges. FAIT au Confeil d'Etat du Roi, Sa Majefté y étant, tenu à Fontainebleau le vingt-neuf Août mil fept cent vingt-quatre. *Signé*, PHELYPEAUX.

ARREST DU CONSEIL,

QUI fait défenfes à tous Particuliers d'abattre aucuns Arbres de haute-futaie, foit en corps de bois ou épars fur les foffés, fans avoir fait déclaration, fous les peines portées par l'Ordonnance.

Du 6 Septembre 1724.

LE ROI EN SON CONSEIL, ayant aucunement égard à la Requête dudit Tupon, a moderé & modere par grace, & fans tirer à conféquence la fomme de 500 livres l'amende de 3000 livres contre lui prononcée par l'Arrêt du Confeil du 23 Juin 1722, ordonne que ledit Arrêt fera au furplus exécuté felon fa forme & teneur, & que l'art. 3 du titre des Bois appartenans aux Particuliers de l'Ordonnance des Eaux & Forêts de 1669 fera auffi exécuté; en conféquence fait Sa Majefté défenfes à tous Particuliers ou Propriétaires de couper aucun arbre de futaye, foit en corps de Bois ou épars, de quelque maniere, ou fous quelque prétexte que ce foit, fans permiffion, fur les peines y portées. Enjoint aux Grands-Maîtres des Eaux & Forêts, de tenir chacun en droit foi la main à l'exécution, & fera le préfent Arrêt enregiftré aux Greffes des Maîtrifes, publié & affiché où befoin fera, à la diligence des Procureurs du Roi, & icelui. FAIT au Confeil d'Etat, tenu à Verfailles le fixiéme Septembre mil fept cent vingt-quatre. *Signé* RANCHIN.

ARREST

ARREST NOTABLE DU CONSEIL,

PORTANT Réglement pour la vente des Matériaux deftinés à la conftruction des Cazernes dans les Généralités de Paris, Lyon, Amiens, Soiffons, &c. & qui ordonne que ce qui concerne les Bois fe fera de l'autorité du Grand-Maître, le furplus par MM. les Intendans.

Du 23 Janvier 1725.

LE ROI ayant ordonné par Arrêt de fon Confeil du 11 Octobre der- nier, que par les fieurs Intendans des Généralités de Paris, Amiens, Soiffons, Châlons, Orléans, Bourges, Moulins, Riom, Lyon, Greno- ble, Montauban, Aufch, Bordeaux, Limoges, la Rochelle, Poitiers, Tours, Rouen, Caen & Alençon, les Propriétaires des lieux fur lefquels a été pris un terrein ou emplacement pour la conftruction des Cafernes, fe- roient inceffamment remis en poffeffion & jouiffance dudit terrein & emplace- ment, pour en difpofer ainfi qu'ils aviferont bon être, & que par lefdits fieurs Intendans, ou ceux qui feront commis à cet effet, il feroit par eux dreffé des Inventaires de tous les matériaux par eux employés ou deftinés à ladite conftruction, tant de ceux qui étoient dans les Briqueries & fur les Carrieres, que dans les Bois ou Forêts épars ou raffemblés, ouvragés ou non ouvragés, il feroit auffi inceffamment procédé devant eux à l'adjudica- tion defdits matériaux, foit en total ou des différentes parties, au plus offrant & dernier Encheriffeur, &c. Et Sa Majefté jugeant néceffaire d'expliquer plus précifément fes intentions fur l'exécution de cet Arrêt, particuliére- ment à l'égard des Bois qui ont été coupés, pour leurs Cafernes dont une partie eft reftée dans leurs Forêts ouvragés, & l'autre partie non ouvragée, dont le recolement & l'adjudication doivent être faits par les Maîtres des Eaux & Forêts, pour empêcher que l'enlevement qui pourroit être fait defdits Bois fans lefdites formalités, ne donnât lieu d'en couper & d'en enlever une plus grande quantité que ceux qui ont été ci-devant abattus, pour lefdites Cafernes : à quoi Sa Majefté voulant pourvoir : Oui le rapport du fieur Dodun, Confeiller ordinaire au Confeil royal, Contrôleur Général des Finances, Sa Majefté étant en fon Confeil a ordonné & ordonne que lefdits Arrêts du 11 Octobre dernier fera exécuté felon fa forme & teneur, en con- féquence que par lefdits fieurs Intendans defdites Généralités de Paris, Amiens, Soiffons, Châlons, Orléans, Bourges, Moulins, Riom, Lyon, Grenoble, Montauban, Aufch, Bordeaux, Limoges, la Rochelle, Poitiers, Tours, Rouen, Caen & Alençon, les Propriétaires des lieux fur lefquels il aura été pris un terrein ou emplacement, pour la conftruction defdites Ca- fernes, feront inceffamment mis en poffeffion & jouiffance defdits terrein & emplacement, ordonne Sa Majefté que par lefdits fieurs Intendans, ou ceux qui feront par eux commis à cet effet, il fera dreffé des Inventaires

Tome II. Q

exacts de tous les matériaux, employés ou deftinés à ladite conftruction ; pour être vendus au plus offrant & dernier Encherifleur, à la maniere accoutumée, & le prix en être remis entre les mains de gens folvables, qui feront prépofés par lefdits fieurs Intendans ; à l'exception néanmoins des Bois épars ou raflemblés, ouvragés ou non ouvragés qui ont été abattus ou deftinés pour lefdites conftructions, defquels il fera fait un recolement par les Grands-Maîtres defdites Généralités, on autres Officiers des Eaux & Eorêts, à l'effet de conftater la quantité & qualité des Bois, pour être enfuite adjugés par lefdits Grands-Maîtres ou autres Officiers des Eaux & Forêts en la forme ordinaire, & les deniers provenans defdites adjudications remis entre les mains des Receveurs des Domaines & Bois du Département où lefdits Bois feront adjugés pour être ftatué fur l'emploi defdits deniers conformément à l'Ordonnance, ordonne Sa Majefté que par lefdits fieurs Intendans, il fera drefé des états de tout ce qui fe trouvera dû à tous Entrepreneurs, Marchands & autres Intéreffés ou Employés à la conftruction defdites Cafernes, & aux Propriétaires des emplacemens pour non jouiffance ou autres prétentions, pour fur lefdits états envoyés au Confeil avec leurs avis, y être ftatué par Sa Majefté ainfi qu'il appartiendra ; enjoint Sa Majefté aufdits fieurs Intendans & aufdits fieurs Grands-Maîtres de tenir la main à l'exécution du préfent Arrêt ; chacun en droit foi. FAIT au Confeil d'Etat du Roi, Sa Majefté y étant, tenu à Marly le vingt-trois Janvier mil fept cent vingt-cinq. *Signé* PHELYPEAUX.

ARREST NOTABLE DU CONSEIL,

QUI ordonne que les Articles I, II & III du Titre des Bois des Particuliers, & les Arrêts du Confeil rendus en conféquence, feront exécutés, &c.
Fait défenfes à tous chargés de la reconnoiffance & martelage des Arbres propres pour la Marine, d'accorder des permiffions de couper leurs Bois, & de les difpenfer du délai de fix mois porté par l'Ordonnance, &c.

Du 25 Mars 1725.

LE ROI EN SON CONSEIL, ayant égard à la Requête, ordonne que les art. I, II & III du titre des Bois appartenans aux Particuliers de l'Ordonnance des Eaux & Forêts du mois d'Août 1669, & les Arrêts de fondit Confeil du 9 Novembre 1683, 10 Mars 1685, 29 du même mois 1685, 21 Septembre 1700, 21 Novembre 1702, 23 Juin 1722 & 6 Septembre 1723 ; feront exécutés felon leur forme & teneur, en conféquence fait Sa Majefté défenfes audit fieur Francy & à tous autres chargés de la reconoiffance & martelage des arbres propres pour le fervice de la marine d'accorder des permiffions aux Propriétaires de couper leurs Bois de futaye, ou Baliveaux fur Taillis, & de les difpenfer du délai de fix mois porté par lefdites Ordon-

nances & Arrêts pour lefdites coupes, à compter du jour de la permiffion &
déclaration aux Greffes des Maîtrifes du reffort, à peine de demeurer refponfables en leurs propres & privés noms, des peines & amendes y portées;
enjoint aux Srs Grands Maîtres des Eaux & Forêts de tenir chacun en droit foi
la main à l'exécution du préfent Arrêt, qui fera affiché & regiftré où befoin
fera. FAIT au Confeil d'Etat du Roi, tenu à Marly le vingt-cinq Mars mil
fept cent vingt-cinq. *Signé* GOUJON.

ARREST DU CONSEIL D'ÉTAT DU ROI,

QUI fait défenfes aux Commiffaires & autres Officiers de la Marine de donner permiffion aux Particuliers & Communautés
de couper leurs Bois, & de procéder aux vifites & à la Marque des Arbres propres pour la Marine, autrement que fuivant
les règles prefcrites par l'Ordonnance de 1669, & l'Arrêt du
21 Septembre 1700,

Du 15 Janvier 1726.

LE ROI s'étant fait repréfenter en fon Confeil les art. 4, 5 & 6 du titre
des Bois appartenans aux Eccléfiaftiques & Gens de Main-morte, de l'Ordonnance des Eaux & Forêts du mois d'Août 1669; l'art. premier du titre
des bois à bâtir pour les Maifons Royales ou Bâtimens de mer; l'art. 2 du
même titre; l'Arrêt du Confeil du 21 Septembre 1700, qui regle les formalités à obferver pour la coupe des bois propres pour la Marine; & ayant
été repréfenté à Sa Majefté, qu'au préjudice defdites Ordonnances, Arrêts
& autres Réglemens rendus en conféquence; les Commiffaires de la Marine,
ceux par eux prépofés, ou autres employés pour la conftruction & radoubs
des Vaiffeaux, fous prétexte de vifite des bois propres pour la Marine,
marquent où bon leur femble toutes fortes de bois & fe licencient jufqu'à
donner des permiffions aux Communautés & Particuliers de couper leurs
bois lorfqu'ils jugent que ces bois ne leur conviennent pas; que les Officiers de la Marine, ni ceux par eux prépofés, ne font aucunement autorifés à faire des vifites, & à marquer des arbres dans les bois de Sa Majefté,
dans ceux des Communautés & des Particuliers, fi ce n'eft en fe confor-
ment aux regles prefcrites par l'Ordonnance du mois d'Août 1669, & à
l'Arrêt du Confeil du 21 Septembre 1700, qu'ils n'ont point droit de permettre aucune coupe de bois, foit de ceux appartenans aux Communautés
Eccléfiaftiques & Laïques, ou de ceux des Particuliers. La permiffion accordée par le fieur Diffon, Ecrivain de Marine, par fon Procès-verbal du
6 Février 1724 eft fans fondement, attentatoire, contraire aux regles établies, & feroit d'un dangereux exemple fi elle fubfiftoit d'autant qu'elle mettroit en erreur les Bénéficiers ou Propriétaires de bois, en leur donnant lieu
de croire que les Ecrivains de Vaiffeau ou autres Officiers de Marine pour-

Q ij

roient leur permettre de les couper & les difpenfer des regles prefcrites par les Ordonnances pour la coupe de leurs bois, foit qu'ils foient propres pour la Marine, foit qu'ils n'y foient pas propres. Et Sa Majefté voulant y pourvoir, vu le Procès-verbal fufdaté, oui le rapport du fieur Dodun.

LE ROI EN SON CONSEIL, ordonne que l'Ordonnance des Eaux & Forêts du mois d'Août 1669, & l'Arrêt du Confeil du 21 Septembre 1700 qui reglent les formalités à obferver pour la coupe des bois propres pour la Marine, feront exécutés felon leur forme & teneur; en conféquence a déclaré nulle & attentatoire la permiffion donnée par ledit Diffon, Ecrivain de Marine, par fon Procès-verbal du 6 Février 1724 aux Religieufes de Fontevrault-de-Montaze, de couper les bois y mentionnés; lui fait Sa Majefté défenfe à tous Commiffaires & autres Officiers de Marine, ou à ceux par eux prépofés pour vifiter les bois, de procéder auxdites vifites & à la marque des arbres propres pour la Marine; autrement que fuivant les regles prefcrites par l'Ordonnance du mois d'Août 1669, & l'Arrêt du Confeil du 21 Septembre 1700; comme auffi de donner aucune permiffion fous quelque prétexte que ce puiffe être, de couper aucuns arbres dans les bois de Sa Majefté, des Communautés ou des Particuliers, à peine de 3000 liv. d'amende & de reftitution du double de la valeur des bois coupés. Enjoint Sa Majefté à tous les fieurs Grands-Maîtres des Eaux & Forêts du Royaume, de tenir chacun en droit foi la main à l'exécution du préfent Arrêt. Fait au Confeil d'Etat du Roi tenu à Marly le quinziéme jour de Janvier 1726. Collationné. *Signé*, GOUJON.

Lettres-Patentes du même jour de la même année 1726.

ARREST DU CONSEIL,

QUI ordonne que par le Grand-Maître de Soiffons, & par les Officiers de la Maîtrife de Compiegne il fera procédé à la défignation des nouvelles routes à faire dans la Forêt de Compiegne, & à la vente des Bois en provenans.

Du 2 Juillet 1726.

SUR ce qui a été repréfenté au Roi, étant en fon Confeil, que les grandes & petites routes de la Forêt de Cuife, vulgairement dite de Compiegne, étant devenues impraticables, tant par la crue des bouées & des épines que par le comblement des foffés & la ruine des chauffées & des ponts qui fervoient de communication d'une route à l'autre, il conviendroit pour la facilité des chaffes & pour l'embéliffement d'une des plus belles Forêts du Royaume, de faire défricher & élaguer à pied droit lefdites routes dans toute l'étendue de ladite Forêt, de continuer celles déja commencées, & même d'en ouvrir de nouvelles aux endroits ci-après défignés; fçavoir, &c.

A quoi Sa Majefté défirant pourvoir, oui le rapport du fieur le Peltier,

Confeiller ordinaire au Confeil Royal, Contrôleur Général des Finances.

SA MAJESTÉ ÉTANT EN SON CONSEIL a ordonné & ordonne que les routes étant dans la Forêt de Cuife dite de Compiegne, tant grandes que petites, même les chemins feront inceffamment défrichées & élaguées à pied droit dans toute leur longeur & & largeur, & que pour la facilité de la chaffe il fera percé treize nouvelles routes aux endroits de ladite Forêt ci-après défignés : ordonne Sa Majefté qu'en préfence du Grand-Maître des Eaux & Forêts du Département de Soiffons, & par les Officiers de la Maîtrife de Compiegne il fera procédé à la défignation defdites nouvelles routes, & que les bois qui en proviendron feront par eux vendus & adjugés à la maniere accoutumée pour le prix être mis ès mains du Receveur des Domaines & Bois, en exercice en la maniere accoutumée. Fait au Confeil d'Etat du Roi, Sa Majefté y étant tenu à Verfailles le 2 Juillet 1726. *Signé*, PHELYPEAUX.

ARREST DU CONSEIL,

QUI ordonne que fur les ordres du Sur-Intendant des Bâtimens, en préfence du Grand-Maître de Soiffons, & les Officiers de la Maîtrife de Compiegne, il fera procédé au défrichement & élaguement des routes faites & à faire dans la Forêt de Compiegne, que les Bois en provenans feront vendus au Siége de la Maîtrife, &c. & que lefdites routes feront dans la fuite entretenues par les ordres du Sur-Intendant.

Du 8 Juillet 1726.

LE ROI s'étant fait repréfenter l'Arrêt rendu en fon Confeil d'Etat le 2 du préfent mois de Juillet, par lequel il a été ordonné que pour la facilité des chaffes & l'embéliffement des Forêts de Cuife dite de Compiegne, les grandes & petites routes feront inceffamment défrichées & élaguées à pied droit, & qu'il en fera percé de nouvelles aux endroits défignés par ledit Arrêt, & Sa Majefté défirant que ces ouvrages enfemble l'entretien & communication foient faits fous la direction du fur-Intendant des Bâtimens de Sa Majefté; à quoi voulant pourvoir : oui le rapport du fieur le Peltier, Confeiller ordinaire au Confeil Royal, Contrôleur Général des Finances. SA MAJESTÉ ÉTANT EN SON CONSEIL, a ordonné & ordonne; que ledit Arrêt du 2 du préfent mois de Juillet, & les Lettres-Patentes expédiées fur icelui, feront exécutés felon leur forme & teneur; en conféquence, que fur les ordres dudit fieur fur-Intendant, en préfence du Grand-Maître des Eaux & Forêts du Département de Soiffons, & par les Officiers de la Maîtrife de Compiegne, il fera procédé au défrichement & élaguement à pied droit, des grandes & petites routes, même des chemins de ladite Forêt, comme auffi à l'ouverture des nouvelles routes dénommées audit Arrêt du 2 du préfent mois de Juillet, & que tous les bois qui en proviendroit feront vendus & adjugés au plus offrant & dernier enchérif-feur par les Officiers de ladite Maîtrife, pour le prix en provenant être re-mis au Receveur des Domaines & Bois en exercice en la maniere accou-tumée ; veut pareillement Sa Majefté que lefdites routes & communications, foient entretenues par les ordres dudit fieur fur-Intendant des Bâtimens ; en conféquence du préfent Arrêt à l'exécution duquel enjoint Sa Majefté audit fieur fur-Intendant de tenir la main, nonobftant oppofitions ou appellations quelconques pour lefquelles ne fera différé, & fi aucuns interviennent, Sa Majefté s'en eft réfervé la connoiffance, & icelle interdit à toutes fes Cours & Juges. Fait au Confeil d'Etat du Roi, Sa Majefté y étant, tenu à Ver-failles le 8 Juillet 1726. *Signé*, PHELYPEAUX.

ARREST DU CONSEIL,

PORTANT Réglement pour les Bois des Eccléfiaftiques fitués dans les Provinces de Touraine, Anjou & le Maine.

Du 17 Septembre 1726.

LE ROI EN SON CONSEIL, a ordonné & ordonne, que l'Ordonnance des Eaux & Forêts du mois d'Août 1669, & les Arrêts & Réglemens ren-dus en conféquence, feront exécutés felon leur forme & teneur, & confor-mément à iceux, que tous les Prélats, Abbés, Prieurs, Officiers & Com-munautés Eccléfiaftiques, tant Séculieres que Régulieres, Economes, Ad-miniftrateurs, Recteurs & Principaux des Colleges, Hôpitaux & Malade-ries, Commandeurs & Procureurs de l'Ordre de Saint Jean de Jerufalem dans l'étendue des Provinces de Touraine, Anjou & le Maine, feront te-nus de faire arpenter, figurer & borner leurs bois, au plutard dans fix mois, à compter du jour de la publication du préfent Arrêt, & de remettre quinze jours après aux Greffes des Maîtrifes les procès-verbaux, avec les plans & figures fur lefquels feront marqués les bornes felon leur jufte affiette & dif-tance, finon & ledit temps paffé, il y fera pourvu en vertu dudit préfent Arrêt, & fans qu'il en foit befoin d'autre, à la diligence du Procureur du Roi en chacune defdites Maîtrifes, aux frais des Défaillans, fuivant la taxe qui en fera faite par le fieur Eynard, Grand-Maître des Eaux & Forêts def-dites Provinces de Touraine, Anjou & le Maine. Fait Sa Majefté défenfes à tous Particuliers ou Propriétaires de couper aucun arbre de futaie, foit en corps de futaie ou épars, de quelque maniere & fous quelque prétexte que ce foit, fans fa permiffion expreffe, & en fe conformant aufdites Or-donnances, Arrêts & Réglemens rendus en conféquence ; à l'effet de quoi veut Sa Majefté, que par ledit fieur Eynard ou les Officiers des Maîtrifes qu'il pourra commettre, la quatriéme partie des bois appartenantes aufdits Bénéficiers, Gens de main-morte & Communautés régulieres, féculieres & laïques, foit marquée dans les endroits où le fonds pourra mieux produire de la futaie, pour après lefdites réferves faites & féparées, le furplus defdits bois en taillis être reglé en coupes ordinaires à l'âge de vingt cinq ans, pour être exploités conformément à ladite Ordonnance : ordonne en outre Sa Majefté, que par ledit fieur Grand-Maître, ou en fon abfence par les Officiers des Maîtrifes des Lieux qu'il pourra commettre, il fera informé de tous les délits & coupes qui fe trouveront avoir été faites en contravention dans lefdits bois & dans ceux des Laïques, lefquels délits feront par lui jugés diffinitivement, fuivant la rigueur des Ordonnances, fauf l'appel au Confeil. Fait Sa Majefté pareillement défenfes à tous Particuliers de s'immifcer à la pêche fur les rivieres navigables & flottables, fituées dans lefdites Provinces, fans au préalable s'être fait recevoir Maîtres, & avoir prêté le ferment devant les Officiers de la Maîtrife de leur reffort, de fe fervir d'aucuns filets défendus par ladite Ordonnance, le tout aux peines y portées, & que tous les Propriétaires defdites pêches ou autres ayant droit d'eux, même des Fermiers ou Régiffeurs des Domaines de Sa Majefté, pour celles qui fe trouvent indépendantes, feront tenus de remettre au Greffe des Maîtrifes, un état contenant les noms des Particuliers à qui ils auront donné des permiffions pour pêcher dans l'étendue des rivieres, fans qu'aucuns autres que les maîtres Pêcheurs puiffent s'immifcer dans lefdites pêches, ni fe fervir d'aucuns filets ni engins, qu'après les avoir fait marquer du coin de la Maîtrife, fous les peines portées par ladite Ordonnance. Fait en outre Sa Majefté défenfes à tous Particuliers de prendre & enlever les épaves qui fe pourront trouver fur les rivieres fans la permiffion des Officiers de la Maîtrife, après la reconnoiffance qu'ils en auront faite, & qu'elles aient été jugées appartenir à ceux qui les réclament : veut Sa Majefté, que faute d'être demandées & réclamées dans le temps prefcrit par l'Ordonnance, elle foient vendues par les Officiers des Maîtrifes au profit de Sa Majefté, au plus offrant & dernier enchériffeur, & les deniers provenans mis ès-mains du Receveur Général des Domaines & Bois de la Généralité, pour en compter ainfi qu'il eft porté par l'Edit du mois de Décembre 1701. Enjoint Sa Majefté audit fieur Eynard, Grand-Maître des Eaux & Forêts, de tenir la main à l'exécution du préfent Arrêt qui fera lu, publié, affiché & regiftré par tout où befoin fera, & exécuté nonobftant oppofitions ou autres empêchemens quelconques pour lefquels ne fera différé, dont fi aucuns interviennent Sa Majefté s'en eft & à fon Confeil réfervé la connoiffance, & icelle interdit à toutes fes Cours & autres Juges. Fait au Confeil d'Etat du Roi tenu à Fontainebleau le 17 Septembre 1726. Collationné, *Signé*, Ranchin.

ARREST DU CONSEIL D'ÉTAT DU ROI,

PORTANT défenfes aux Officiers de Sablé de permettre à l'avenir aux Eccléfiaftiques, Communautés & Particuliers, de couper aucun Arbre de futaie fous quelque prétexte que ce puiffe être, & de connoître des matières d'Eaux & Forêts à titre de Gruyer, Verdier ou Maître particulier, fans avoir pris l'attache du Grand-Maître, avec injonction de repréfenter dans trois mois leurs titres audit Grand Maître.

Du 10 Décembre 1726.

LE ROI s'étant fait repréfenter en fon Confeil le Jugement rendu par le fieur Eynard de Ravanne, Grand-Maître des Eaux & Forêts au Département de Touraine, Anjou & le Maine le 28 Novembre 1725, lequel fur ce que lefdits Officiers du Bailliage & Marquifat, Pairie de Sablé & Bois Dauphin avoient au préjudice des Ordonnances & Réglemens, & notamment de celle du mois d'Août 1669, donné permiffion, fait la marque & délivrance de plufieurs arbres de futaye aux Religieux de l'Abbaye du Perray-Neuf en Anjou fous prétexte de leur chauffage, ils les auroient condamnés folidairement en 300 livres d'amende envers Sa Majefté avec défenfes de plus à l'avenir donner de pareilles permiffions fous plus grande peine, & de prendre la qualité de Verdier, Gruyer, ou Juge des Eaux & Forêts, fans avoir au préalable repréfenté leurs titres, & pris l'attache du Grand-Maître du Département. Suivant qu'il eft porté par l'Arrêt du 14 Septembre 1688, & la Requête que lefdits Officiers ont préfentée au Confeil. Oui le rapport du fieur le Peletier, Confeiller d'Etat ordinaire & au Confeil royal, Contrôleur Général des Finances. LE ROI EN SON CONSEIL ayant aucunement égard à la Requête defdits Officiers de Sablé & Bois d'Auphin, a ordonné & ordonne que l'Ordonnance des Eaux & Forêts du mois d'Août 1669, & Arrêts rendus en conféquence, feront exécutés felon leur forme & teneur. Ce faifant Sa Majefté leur fait défenfes de permettre à l'avenir aux Eccléfiaftiques, Communautés & Particuliers, de couper arbre de futaye, fous quelque prétexte que ce puiffe étre, fous les peines portées par ladite Ordonnance, Arrêts & Réglemens rendus en conféquence, & de connoître de la matiere defdites Eaux & Forêts que dans le cas porté par la même Ordonnance comme de prendre la qualité de Verdier, Gruyer, Juge, ou Maître particulier des Eaux & Forêts du Département de Touraine Anjou & le Maine, à l'effet de quoi ils feront tenus de lui repréfenter dans trois mois pour toutes préfixions & délais, leurs provifions & Sentences de leur reception à la Table de Marbre, au Palais à Paris, enfemble les Arrêts du Confeil des 13 Novembre 1717 & 24 Janvier 1718, obtenus par ledit fieur Marquis de Torcy & cependant par grace, & fans tirer à conféquence Sa Majefté les a déchargés de la condamnation d'amende de 300 livres contre

eux

eux prononcée par le Jugement dudit sieur Eynard Grand-Maître, du 28 Novembre 1725. FAIT au Conseil d'Etat du Roi, tenu à Versailles le dixiéme jour de Décembre mil sept cent vingt-six. Collationné. *Signé* DE LAISTRE.

DÉCISION DU CONSEIL,

QUI exempte du Contrôle les Adjudications des Bois & réceptions de Cautions.

Du 10 Janvier 1727.

MONSIEUR, le Conseil a décidé que les adjudications des Bois du Roi & de ceux où Sa Majesté a intérêt, les adjudications des Bois Ecclésiastiques, & les receptions des cautions qui se font dans les Maîtrises en exécution desdites adjudications, ne sont point sujettes au droit de Contrôle. Je vous prie, Monsieur, d'en informer les Officiers des Maîtrises de votre Département, & de tenir la main à l'exécution de cette décision. Je suis, &c. *Signé* DE BAUDRY.

ARREST DU CONSEIL D'ÉTAT DU ROI,

QUI ordonne que sans avoir égard à un Arrêt du Parlement de Paris, les Religieux de l'Abbaye de Clair-Fontaine procéderont pardevant le sieur de la Faluere, Grand-Maître des Eaux & Forêts du Département de Paris, pour raison du fait dont est question ; fait défenses à tous Ecclésiastiques & autres Gens de Main-morte de se pourvoir ailleurs que pardevant les sieurs Grands-Maîtres au sujet de l'apposition des quarts de reserves & Réglemens des coupes ordinaires de leurs Bois taillis à 25 ans, & indemnités en baliveaux pour le reculement des coupes.

Du 18 Février 1727.

Extrait des Registres du Conseil d'Etat.

LE ROI EN SON CONSEIL, sans s'arrêter à l'Arrêt du Parlement de Paris du dix Janvier mil sept cent vingt-sept, & aux défenses y portées, a ordonné & ordonne que les Religieux de ladite Abbaye de Clair-Fontaine seront tenus de procéder devant le sieur de la Faluere, Grand-Maître des Eaux & Forêts au Département de Paris, suivant les derniers erremens jusqu'à Jugement définitif inclusivement, sauf l'appel au Conseil : fait Sa Majesté défenses ausdits Religieux & à tous autres, même aux Ecclé-

Tome II. R

fiaftiques , Communautés Régulières & Séculières, & autres Gens de Main-morte , de fe pourvoir ailleurs que pardevant les Grands-Maîtres des Eaux & Forêts de leurs reſſorts , pour raiſon des conteſtations nées & à naître au ſujet de la poſition des quarts en reſerve dans les Bois deſdits Gens de Main-morte , diviſion , ſéparation , bornages des trois autres quarts en vingt-cinq parties égales , pour n'en être les taillis exploités à l'avenir qu'à l'âge de 25 ans , indemnité en baliveaux ſur leſdits taillis pour le retranchement & reculement deſdites coupes , incidens en réſultans , circonſtances & dépen-dances , pour être par eux ſommairement décidées ſans frais , ſauf l'appel au Conſeil , à peine de nullité , caſſation de procédures , & de tous dépens, dommages & intérêts , Sa Majeſté leur en attribuant , en tant que beſoin eſt ou feroit , toute Juriſdiction & connoiſſance , l'interdiſant à toutes ſes Cours & autres Juges. FAIT au Conſeil d'Etat du Roi tenu à Marly le dix-hui-tiéme jour de Février mil ſept cent vingt-ſept. Collationné. *Signé*, GOUJON,

ARREST DU CONSEIL D'ÉTAT DU ROI ,

QUI ordonne que par le Sieur Grand-Maître des Eaux & Forêts au Departement de Champagne , il ſera procédé à l'établiſſe-ment d'autres lavages de Teinturiers ſur la Rivière de Veſle dans l'endroit qui ſera par lui indiqué.

Du 18 Mars 1727.

SUR la Requête préſentée au Roi en ſon Conſeil par le ſieur Lagoille de Courtagnon , Grand-Maître des Eaux & Forêts au Département de Champagne , prenant le fait & cauſe des Officiers de la Maîtriſe particuliere de Reims , contenante qu'il eſt obligé d'avoir recours au Conſeil , pour, arrêter les ſuites d'une entrepriſe que le Lieutenant Général de Police de Reims veut faire ſur la Juriſdiction des Eaux & Forêts , dans une matiere qui, outre qu'elle appartient par elle-même aux Officiers des Eaux & Forêts , ne peut jamais être de la competence du Lieutenant de Police , parce que les lavages de Teinturiers , qu'il s'agit de tranſplanter d'un lieu à l'autre , ne ſont point établis dans l'étendue de la Ville. Il eſt néceſſaire d'obſerver dans le fait , que les Roulliers , Voituriers publics , & même quelques Bour-geois de la ville de Reims ſe ſont plaints aux Officiers de la Maîtriſe parti-culiere de cette Ville , de ce que les lavages des Teinturiers conſtruits ſur le ruiſſeau dépendant de la riviere de Veſle qui va du grand abreuvoir du bourg de Veſle au moulin dit Brulé , le long de la chauſſée d'entre les deux pointes , faiſoient un tort conſidérable , tant audit abreuvoir , qu'aux trois buries de lignes qui ſont au-deſſus & au-deſſous. Sur ces plaintes , les Of-ficiers de la Maîtriſe ſe ſont tranſportés ſur le lieu le 9 Novembre 1724., & il paroît par le procès-verbal qu'ils ont dreſſé de l'Etat des lieux que les Eaux de l'abreuvoir étoient entiérement corrompues , noires & épaiſſes de tein-ture , ainſi que les Eaux des trois Buries, ce qui provenoit de cinq lavages de Teinturiers, dans lesquels on lave journellement des laines & étoffes de la Manufacture de Reims, nouvellement teintes de toutes couleurs, ce qui faisoit un tort considérable au public, &c.

LE ROI EN SON CONSEIL, ayant égard à la Requête, & sans s'arrêter aux procédures faites pardevant le Lieutenant Général de Police de la ville de Reims, ni à tout ce qui en est suivi, que Sa Majesté a cassé & annullé; ordonne que par le sieur de Lagoille de Courtagnon, Grand-Maître des Eaux & Forêts au Département de Champagne, ou en son absence, par les Officiers de la Maîtrise de Reims qu'il pourra commettre, il sera procédé en exécution du procès-verbal des Officiers de ladite Maîtrise du 9 Novembre 1724 à l'établissement des lavages en question sur la riviere de Vesle dans le lieu le plus commode & le moins à charge au Public. FAIT au Conseil d'Etat du Roi, tenu à Versailles le dix-huitiéme jour de Mars mil sept cent vingt-sept. *Signé* G O U J O N, avec paraphe pour le Roi.

ARREST DU CONSEIL D'ÉTAT DU ROI,

Q U I ordonne l'exécution d'autre Arrêt du 27 Septembre 1723, en ce qui concerne la Jurisdiction du Sieur Grand-Maître des Eaux & Forêts du Département de Paris, & des Officiers de la Maîtrise des Eaux & Forêts, Pêche & Chasses dans l'étendue du Bailliage d'Etampes; & sur l'appel interjetté d'une Ordonnance dudit Sieur Grand-Maître du 13 Juillet 1719, & d'un Exécutoire décerné par le Maître Particulier de ladite Maîtrise de Paris, renvoye les Parties au Parlement de Paris, pour y procéder comme en matière d'appels simples, à la charge de faire juger lesdits appels dans le délai de trois mois prescrit par l'Ordonnance de 1669; sinon & à faute de ce faire, lesd. Ordonnance & Exécutoire seront exécutés comme Jugement en dernier ressort en vertu du présent Arrêt, sans qu'il en soit besoin d'autre.

Du 10 Mai 1727.

Extrait des Regiſtres du Conseil d'Etat.

V U au Conseil d'Etat du Roi, l'Arrêt rendu en icelui le 27 Septembre 1723. par lequel Sa Majesté conformément à l'art. IV. du tit. de la Jurisdiction de l'Ordonnance des Eaux & Forêts du mois d'Août 1669, auroit maintenu & gardé le sieur de la Faluere, Grand-Maître des Eaux & Forêts au Département de Paris, & les Officiers de la Maîtrise de ladite ville, dans la jurisdiction & connoissance de toutes matières d'Eaux & Forêts, Pêches & Chasses en l'étendue du Bailliage d'Etampes, avec défenses aux Officiers, Gouverneur & Capitaine de ladite Ville, & à tous autres de les y troubler, & en connoître, à peine contre lesdits Officiers d'interdiction, & contre les autres de 1000 liv. d'amende & de tous dépens, dommages & intérêts, & ordonné que l'Ordonnance dudit fieur de la Faluere du 13 Juillet 1719 & tout ce qui s'en eſt enſuivi, feroit, fi fait n'a été, exécuté felon fa forme & teneur. La Requête des Maire & Echevins deladite ville d'Etampes ſtipulant les intérêts de tous les Habitans, tendante à ce que pour les caufes y conte-nues, il plaife à Sa Majeſté, & en la qualité qu'ils procedent, les recevoir oppofans audit Arrêt du Confeil dudit jour 27 Septembre 1723, faifant droit fur leur oppofition, renvoyer les Parties au Parlement de Paris où l'Inſtance eſt pendante, & où les appellations des Grands-Maîtres ou de leurs Lieutenans doivent être relevées fuivant l'Edit du mois de Juillet 1607, & l'Ordonnance des Eaux & Forêts du mois d'Août 1669, titre des appel-lations art. v. & plufieurs autres, & en conféquence condamner ledit fieur Grand-Maître aux dépens. Autre Requête des Officiers du Bailliage de la Prévôté d'Etampes, tendante à ce que pour les caufes y contenues, il plaife à Sa Majeſté les recevoir Parties intervenantes en l'Inſtance d'entre les Maire & Echevins de la vil'e d'Etampes, & le fieur de la Faluere, Grand-Maître des Eaux & Forêts au Département de Paris; que faifant droit fur leur in-tervention, il leur foit donné acte de ce qu'ils fe joignent aufdits Maire & Echevins de la ville d'Etampes, & adherent à leurs conclufions; qu'il leur foit pareillement donné acte de ce qu'ils emploient pour moyens d'inter-vention le contenu en ladite Requête, les Ordonnances, Edits & Déclara-tions, articles des Coutumes, Arrêts & Réglemens qui y font rapportés, & les piéces qu'ils y ont jointes, aux| inductions qu'ils en ont tirées, & en conféquence les recevoir oppofans à l'Arrêt du Confeil furpris fur Requête non communiquée le 27 Septembre 1723, faifant droit fur ladite oppofi-tion, renvoyer la caufe & les parties au Parlement de Paris où la caufe eſt pendante, pour y procéder fuivant les derniers erremens, & condamner ledit fieur de la Faluere aux dépens. Autre Requête préfentée par les Communautés des Habitans des Paroiffes de S. Germain de Morigny lès Etampes. S. George, Notre-Dame Dauvert d'Eſtrechy, Chamarande, Lardy, Feuville, Bouret, S. Vrain & de Vert le petit; tendante à ce que pour les caufes y contenues, il plaife à Sa Majeſté les recevoir Parties intervenantes en l Inſtance pendante au Confeil entre le fieur de la Faluere, Grand-Maître des Eaux & Forêts au Département de Paris, les Officiers de la Maîtrife de la même ville, & les Maire & Echevins d'Etampes, & les Officiers du Bailliage de la même ville, &c.

Vu auffi les piéces jointes aufdites Requêtes, & le dire de l'Infpecteur Général du Domaine; oui le rapport du fieur le Pelerier, Confeiller d'Etat ordinaire, & au Confeil royal, Contrôleur Général des Finances: LE ROI EN SON CONSEIL, faifant droit fur l'Inſtance, & ayant aucunement égard aufdites Requêtes, a ordonné & ordonne que l'Arrêt du Confeil dudit jour 27 Septembre 1723, en ce qui concerne le droit de Jurifdiction des matières d'Eaux & Forêts, Pêches, Chaffes en l'étendue du Bailliage d'Etampes, fera exécuté felon fa forme & teneur, & pour être fait droit fur les différentes appellations interjettées, tant de l'Ordonnance dudit fieur de la Faluere, Grand-Maître des Eaux & Forêts au Département de Paris du 13 Juillet 1719, que de l'Exécutoire délivré par le Maître particulier de la

Maîtrise des Eaux & Forêts de Paris le 8 Juin 1720, Sa Majesté a renvoyé & renvoie les Parties au Parlement de Paris, pour y procéder comme en matière d'appels simples, & suivant les derniers erremens, à la charge par elles de faire juger lesdites appellations dans le tems prescrit par l'Ordonnance des Eaux & Forêts du mois d'Août 1669, sinon, faute de ce faire dans ledit tems & icelui passé, lesdits Ordonnance & Exécutoire seront exécutés comme Jugement en dernier ressort en vertu du présent Arrêt, & sans qu'il en soit besoin d'autre. FAIT au Conseil d'Etat du Roi, tenu à Versailles le vingtième jour de Mai mil sept cent vingt-sept. Collationné, *Signé*, DE VOUGNY.

ARREST DU CONSEIL D'ÉTAT DU ROI,

QUI déboute les Religieux de Claire-Fontaine de l'opposition qu'ils avoient formée à l'Arrêt du 18 Février 1727.

Du 26 Août 1727.

Extrait des Registres du Conseil d'Etat.

SUR la Requête présentée au Roi en son Conseil par les Prieur & Religieux Augustins Déchaussés de l'Abbaye Royale de Notre-Dame de Claire-Fontaine, Diocèse de Chartres, contenant que le 5 Mars de la présente année 1727, le Procureur du Roi de la Maîtrise particuliere des Eaux & Forêts de Dourdan, leur a fait signifier un Arrêt par lui obtenu au Conseil le 18 Février de la même année, qui contient deux dispositions; l'une particuliere qui regarde les Supplians, & l'autre qui concerne toutes les Communautés & Gens de main-morte par la disposition particuliere, sans s'arrêter à un Arrêt du Parlement obtenu par les Supplians le 10 Janvier 1727, & aux défenses y portées, Sa Majesté a ordonné que les Supplians seroient tenus de procéder devant le sieur de la Faluere, Grand Maître des Eaux & Forêts au Département de Paris, suivant les derniers erremens jusqu'à Jugement définitif inclusivement, sauf l'appel au Conseil, & sur la disposition générale, Sa Majesté fait défenses aux Supplians & aux Ecclésiastiques, Communautés Régulieres & Seculieres, & autres Gens de main-morte de se pourvoir ailleurs que pardevant le Grand Maître des Eaux & Forêts de leur Ressort pour raison des contestations nées & à naître au sujet de l'opposition aux quarts en réserve dans les bois desd. Gens de main-morte, division, séparation & bornage de trois autres quarts, en vingt-cinq portions égales, pour n'en être les taillis exploités à l'avenir qu'à l'âge de ving-cinq ans, indemnités en baliveaux sur lesdits taillis pour lo reculement & retranchement des coupes incendiées, & résultant, circonstances & dépendances, pour être par eux sommairement décidées sans frais, sauf l'appel au Conseil, les Supplians sont obligés de former opposition à la disposition du premier chef de cet Arrêt, & ils se flattent que Sa Majesté n'y trouvera aucune difficulté, &c. LE ROI EN SON CONSEIL, sans avoir égard aux Requêtes des Supplians, les a débouté & déboute de leurs oppositions, & ordonné que l'Arrêt du Conseil du 18 Février 1727, sera exécuté selon sa forme & teneur dans tout son contenu. FAIT au Conseil d'Etat du Roi tenu à Versailles le vingt-sixiéme jour du mois d'Août 1727. Collationné. *Signé*, GUYOT.

ARREST DU CONSEIL D'ÉTAT DU ROI,

QUI ordonne que les Sentences de la Maîtrise particulière de Montargis des 24 & 28 Avril & premier Mai 1727, sur faits de Pêche, seront exécutées selon leur forme & teneur, sauf l'appel ; fait défenses au Juge de Ferriere de connoître des Eaux & Forêts.

Du 7 Octobre 1727.

Extrait des Registres du Conseil d'Etat.

SUR la Requête présentée au Roi en son Conseil par Etienne Ozon, Maître Particulier, & Jean-Baptiste Bonier, Ecuyer, Sieur de la Motte, Procureur du Roi de la Maîtrise Particuliere des Eaux & Forêts de Montargis, contenant qu'ils sont obligés de porter à Sa Majesté leur juste plainte d'une entreprise qui est faite contre leur Jurisdiction par le Bailli & Juge Royal de la Châtelenie de Ferriere, &c. Observent les Suppliants que le 11 Avril 1727, le nommé Garnier, Commis-Garde en la Maîtrise de Montargis, faisant les fonctions de sa Charge, rencontra le nommé Louis Suard, Manœuvre, demeurant en la Ville de Ferriere, & autres qui pêchoient avec un épervier dans un bras de riviere au-dessus du pont de Fontenay, Paroisse de Fontenay, dépendant de la Maîtrise de Montargis, ce Garde en dressa Procès-verbal, il le mit le lendemain au Greffe de la Maîtrise, & ledit Suard y fût assigné par exploit du 22 du même mois d'Avril ; mais comme le 11 le garde n'avoit pu approcher ledit Suard pour se saisir de l'épervier, le même jour 22 Avril le Garde se transporta en vertu d'un ordre du Maître Particulier, en la maison de Suard à Ferriere, pour y faire recherche de l'épervier qu'il trouva en effet, & qu'il saisit pour être porté au Greffe de la Maîtrise, dont il dressa son Procès-verbal ; la cause fut portée à l'Audience le 24, & sur les conclusions du Procureur du Roi, il intervint Sentence par laquelle Suard fut condamné en cinquante livres d'amende ; il fut ordonné que l'épervier seroit brûlé à la porte de l'Auditoire, avec défenses à Suard de récidiver sous les peines de droit ; mais quoique rien ne soit plus juridique que ce qui avoit été fait en la Maîtrise Particuliere, le Juge de Ferriere, de concert avec Suard qui vouloit se procurer la décharge des condamnations justes prononcées contre lui, a rendu une Sentence le lendemain 25 , par laquelle sur des remontrances du Procureur Fiscal données contre Garnier, il a ordonné que ce Garde seroit assigné à l'Audience du vendredi lors prochain, pour répondre aux conclusions du Procureur Fiscal, & cependant il a ordonné que l'épervier enlevé chez Suard, seroit incessamment apporté au

Greffe de la Juftice de Ferriere ; & dans les vingt-quatre heures du jour de la fignification, Suard a été déchargé des condamnations prononcées contre lui en la Maîtrife Particuliere, avec défenfes à tous Huiffiers d'exécuter le Jugement de cette Maîtrife fous peine de vingt livres d'amende, qui feroient encourue à la premiere contravention, & injonction à Pierre, Huiffier, de fignifier le Jugement & faire tous exploits néceffaires. Le Jugement de la Juftice de Ferriere a été en effet fignifié le lendemain 26 ; les Officiers de la Maîtrife Particuliere de Montargis ont le 28 rendu un autre Jugement, par lequel ils ont déchargé le fieur Garnier de l'affignation qui lui avoit été donnée devant le Juge de Ferriere & du rapport de l'épervier au Greffe de cette Jurifdiction, avec défenfes à Garnier de répondre à cette affignation à peine de vingt livres d'amende, &c. ils ont encore ordonné que Richer qui avoit fignifié à leur Greffe le Jugement de la Juftice de Ferriere, feroit affigné à comparoir aux Affifes de la Maîtrife qui fe tiendroient en la Forêt de Montargis, lieu dit Chefne Huflé, le premier Mai fuivant, pour répondre fur le fait de fa Charge, & aux autres conclufions que le Procureur du Roi voudroit prendre contre lui, ce qui feroit fignifié par le premier Huiffier Audiencier de la Maîtrife, ou autre Sergent Royal requis, à peine d'amende arbitraire, fauf fes falaires ; ce Jugement de la Maîtrife a été fignifié avec les affignations telles que de droit ; & le premier Mai, au jour indiqué, faute par Richer d'avoir comparu à l'affignation, la Maîtrife a rendu fon Jugement par lequel Richer a été condamné en trente livres d'amende par corps ; le Juge de Ferriere pour éluder & fufpendre l'exécution, a de nouveau déchargé Richer de l'amende, & a fait défenfes à tous Huiffiers de mettre à exécution les Jugemens de la Maîtrife Particuliere par un Jugement du 2 Mai ; enforte que le procès feroit fans fin, fi Sa Majefté n'avoit pas la bonté d'y pourvoir, en prononçant la caffation des Procédures faites par le Juge de Ferriere totalement incompétent, &c. A CES CAUSES requeroient les Supplians qu'il plût à Sa Majefté les maintenir & garder dans le droit de poffeffion d'exercer leurs fonctions dans l'étendue de la Maîtrife Particuliere de Montargis, conformément au Reglement de 1670 ; ce faifant fans avoir égard aux Jugemens rendus par le Bailliage de Ferriere les 25 Avril & 2 Mai 1727, qui feront caffés & annullés, enfemble tout ce qui s'en eft fuivi ; ordonner que les Sentences de la Maîtrife Particuliere de Montargis, des 24 & 28 Avril & premier Mai 1727, feront exécutées fuivant leur forme & teneur ; faire très-expreffes inhibitions & défenfes aux Juges de Ferriere de connoî re d'aucun fait concernant la Jurifdiction des Eaux & Forêts, à peine de nullité, caffation de procédure, & de tous dépens, dommages & intérêts ; & pour l'indue vexation, condamner le Bailli de Ferriere en tels dommages-intérêts qu'il plaira à Sa Majefté de régler. Vû ladite Requéte, les Sentences fufdatées & autres Pieces y jointes. Oui le Rapport du Sieur Pelletier, Confeiller d'Etat ordinaire au Confeil Royal, Contrôleur Général des Finances, LE ROI EN SON CONSEIL, ayant aucunement égard à la Requéte, fans s'arreter aux Sentences du Juge de Ferriere des 25 Avril & 2 Mai 1727 que Sa Majefté a caffé & annullé ; ordonne que les Sentences de la Maîtrife de Montargis des 24 & 28 dudit mois d'Avril & premier Mai 1727, feront exécutées felon leur forme & teneur, fauf l'appel pardevant les Juges qui en doivent connoître. Fait au Confeil d'Etat du Roi, tenu à Fontainebleau le feptiéme jour d'Octobre mil fept cent vingt-fept. Collationné, *Signé*, Delaitre avec paraphe pour le Roi.

DÉCLARATION DU ROI,

QUI défend la Fabrique, Commerce, Débit & Ufage des Poignards, Piftolets de poche, Epées en bâtons, Bâtons à ferremens, &c. à peine contre les Ouvriers & ceux qui en feront trouvés faifis, &c,

Du 23 Mars 1728.

LOUIS, par la grace de Dieu, &c. à tous, &c. SALUT. Les différents accidents qui font arrivés de l'ufage du port des couteaux en forme de poignards, de bayonnettes & de piftolets de poche, ont donné lieu à différents Reglemens, & notamment à la Déclaration du 18 Décembre 1660 & à l'Edit du mois de Décembre 1679, néanmoins quelques expreffes que foient les défenfes à cet égard, l'ufage & le port de ces armes paroit fe renouveller, &c. A ces causes, difons & déclarons, voulons & nous plaît que la Déclaration du 18 Décembre 1660, foit exécutée; ordonnons en conféquence qu'à l'avenir toute fabrique, commerce, vente, débit, achat, port & ufage des poignards, foit de poche, foit de fufils, de bayonnettes, piftolets de poche, épées en bâtons, bâtons à ferrement, autres que ceux qui font ferrés par le bout, & autres armes offenfives, cachées ou fecretes, foient & demeurent pour toujours généralement abolis & défendus; enjoignons à tous Couteliers, Fourbiffeurs, Armuriers & Marchands de les rompre & brifer inceffamment après l'enregiftrement des préfentes; fi mieux ils n'aiment faire rompre & arrondir la pointe des couteaux, enforte qu'il n'en puiffe arriver d'inconvénient, à peine contre les Armuriers, Couteliers, Fourbiffeurs & Marchands trouvés en contravention de confifcation pour la premiere fois, d'amende de 100 liv. & d'interdiction pour un an de leurs Maîtrifes & de privation d'icelles en cas de récidive, même de peine corporelle s'il y échet, & contre les Garçons qui travailleront en chambre, d'être fuftigés & fléttris pour la premiere fois, & pour la feconde d'être condamnés aux Galeres; & à l'égard de ceux qui porteront fur eux les couteaux, bayonnettes, piftolets & autres armes offenfives cachées & fecrettes, ils feront condamnés en cinq mois de prifon & en 500 livres d'amende; n'entendons néanmoins comprendre en ces préfentes les Bayonnettes à reffort qui fe mettent au bout des fufils & armes à feu pour l'ufage de la guerre, à condition que les Ouvriers qui les fabriqueront feront tenus d'en faire déclaration aux Juges de Police des lieux, ni fans qu'ils puiffent les vendre ni débiter qu'aux Officiers de nos Troupes, qui leur en délivreront certificats, dont les Ouvriers tiendront regiftres paraphés par nos Juges de Police. Si donnons en mandement, &c. Donné à Verfailles, &c. *Signé*, LOUIS. *Et plus bas*, Par le Roi, Phelipeaux. Scellé.

ARREST

ARREST DU CONSEIL D'ÉTAT DU ROI,

QUI exempte du Droit de Contrôle les Adjudications des Bois des Communautés Eccléfiaftiques & Laïques, Bénéficiers & Gens de Main-morte, les Adjudications au rabais des réparations, &c.

Du 29 Juin 1728.

Extrait des Regiftres du Confeil d'Etat.

LE ROI étant informé que les Prépofés au recouvrement des droits de Contrôle ayant voulu exiger des droits de Contrôle fur les Adjudications des Bois des Communautés eccléfiaftiques & laïques, Bénéficiers & gens de Main-morte ; fur les Adjudications au rabais, des réparations & amenagemens ; fur les Receptions de cautions, qui font faites aux Siéges des Maîtrifes par les Grands-Maîtres & autres Officiers des Eaux & Forêts, foit en exécution de l'Ordonnance de 1669, foit en vertu des Arrêts du Confeil qui permettent & ordonnent la vente des Bois defdites Communautés, & l'emploi des deniers provenans de la vente. Il a été plufieurs fois décidé au Confeil en faveur de plufieurs defdites Communautés, Bénéficiers & Gens de Main-morte, que ces fortes d'Adjudications ne devoient aucun droit de Contrôle, attendu que ce font des actes judiciaires néceffaires & forcés ; que les Communautés, Bénéficiers & Gens de Main-morte, ne parviennent à ces fortes d'Adjudications, qu'à grands frais, & font obligés d'en payer les quatorze deniers pour livre au profit de Sa Majefté. Que néanmoins, malgré ces décifions particulières, les Fermiers & Prépofés prétendent encore exiger, & ont même exigé des droits de Contrôle de ces Adjudications ; à quoi Sa Majefté defirant pourvoir par une loi générale, & dont l'exécution foit fuivie fans conteftation. Oui le rapport du fieur le Pelletier, Confeiller d'Etat ordinaire & au Confeil royal, Contrôleur Général des Finances, LE ROI ÉTANT EN SON CONSEIL, a ordonné & ordonne que les Adjudications des Bois des Communautés eccléfiaftiques & laïques, Bénéficiers & Gens de Main-morte, les Adjudications au rabais des réparations & amenagemens, qui ont été ou feront faites aux Siéges des Maîtrifes, par les fieurs Grands-Maîtres ou autres Officiers des Eaux & Forêts, Receptions de cautions auffi par eux faites judiciairement, foit en vertu de l'Ordonnance de 1669, foit en exécution des Arrêts du Confeil qui permettent & ordonnent lefdites ventes, & l'emploi des deniers qui en proviennent, feront & demeureront exemptes du droit de Contrôle. Fait Sa Majefté défenfes à tous Fermiers & Prépofés au recouvrement, de les exiger ni percevoir, à peine de concuffion ; ordonne en outre Sa Majefté, que ce qui pourra fe trouver avoir été exigé & perçu par lefdits Fermiers ou Prépofés, foit par eux rendu aux Communautés & Bénéficiers ; à ce faire lefdits Fermiers ou Prépofés contraints en vertu du préfent Arrêt, & fans qu'il en foit befoin d'autre.

Tome II. S

FAIT au Conseil d'Etat du Roi, Sa Majesté y étant, tenu à Compiegne le vingt-neuf Juin mil sept cent vingt-huit. *Signé*, PHELYPEAUX.

ARREST NOTABLE DU CONSEIL,

QUI fait défenses à toutes Personnes de mettre leurs Bestiaux en pâturage dans les Forêts du Roi aux endroits incendiés, & ce pendant quatre ans, à peine, &c.

Du 29 Juin 1728.

SUR la Requête présentée au Roi en son Conseil, par les Habitans de la Paroisse de Saint Martin en Bierre, & Hameaux de Maschevin en dépendans, contenant que de tous temps ils avoient accoutumé de mener pâturer & abreuver leurs Bestiaux dans ces hautes & basses plaines, bevieres & autres endroits de la Forêt de Fontainebleau, qui leur étoient désignés par les Officiers de la Maîtrise, suivant ces Priviléges à eux accordés par les Rois, Prédécesseurs de Sa Majesté, duquel droit ils ont toujours joui paisiblement jusqu'à l'incendie qui est arrivé dans ladite Forêt, au mois de Juin de l'année derniere 1726, qu'il leur fût fait défenses de continuer, mais la nécessité dans laquelle ils se sont trouvés pour l'entretien & nourritures de leurs Bestiaux, sans quoi ils ne pouvoient subsister ni payer la Taille, joint à la faveur des Priviléges qu'il a plû aux Rois, Prédécesseurs de Sa Majesté, de leur accorder, pour les dédommager en quelque sorte du dégat que ces bêtes fauves & noires de ladite Forêt font sur leurs héritages, leur ont fait croire que l'on n'exécuteroit pas à la rigueur les défenses qui leur avoient été faites, &c.

Vu ladite Requête, les piéces y jointes, & l'avis du sieur de la Faluere, Grand-Maître des Eaux & Forêts du Département de Paris, auquel le tout a été communiqué, par lequel il observe que les riverains des Forêts, pour se procurer des pâturages d'herbes nouvelles, au lieu de bruyeres, mettent le feu sur les rives & au-dedans desdites Forêts; que c'est ce qui a donné lieu à plusieurs Ordonnances anciennes & nouvelles, portant défenses de mettre aucuns Bestiaux en pâturage dans les lieux où le feu auroit passé, & notamment les Ordonnances des 18 Décembre 1601, 7 Mars 1702, Déclaration du 13 Novembre 1714, & Arêt du Conseil du 15 Septembre 1719, que ce feu ayant été le 5 Septembre 1726, en la Forêt de Fontainebleau, consuma plus de cinq cens arpens en plusieurs triages de jeunes voutes, entre treize cens arpens de bruyeres; il rendit son Ordonnance le 25 dudit mois de Septembre 1726, portant défenses à tous Habitans, Pastres des villages riverains de ladite Forêt, de conduire leurs Bestiaux dans les plaines & Bois incendiés avant l'expiration de quatre années, à peine de confiscation desdits Bestiaux, d'un mois de prison contre lesdits Pastres, de trente livres d'amende pour chaque bête; cette Ordonnance a été publiée, & par Arrêt du Conseil du 15 Octobre de ladite année 1726, Sa Majesté en

ordonnant l'exécution de l'article xxxii, du titre de la Police de l'Ordonnance des Eaux & Forêts du mois d'Août 1669, Arrêts, Réglemens &
Ordonnances rendus en conféquence, a fait défenfes à tous Paftres & autres,
de mener ni mettre en pâture leurs Beftiaux dans les plaines & landes qui auront été incendiées, fi ce n'eft après l'expiration de quatre années, & qu'ils
en auront préalablement obtenu permiffion du Grand-Maître, ou des Officiers de la Maîtrife, fur les peines de ladite Ordonnance de 1669, de confifcation des Beftiaux & d'un mois de prifon, & que c'eft à ces Ordonnances
& Arrêts, que ceux de Mafchevin & S. Martin ont contrevenu : oui le rapport du fieur le Pelletier, Confeiller d'Etat ordinaire & au Confeil royal,
Contrôleur Général des Finances. LE ROI EN SON CONSEIL,
ordonne que lefdites Ordonnances rendues fur ce fait dont il s'agit, & notamment l'article xxxii du titre de la Police de l'Ordonnance des Eaux &
Forêts du mois d'Août 1669, la Déclaration du 13 Novembre 1714, les
Arrêts du Confeil des 15 Septembre 1719 & 15 Octobre 1726, enfemble
l'Ordonnance dudit fieur de la Faluere du 25 Septembre audit an 1726,
feront exécutés felon leur forme & teneur; en conféquence fait Sa Majefté défenfes aux Supplians & à tous autres ufagers, Paftres des Hameaux & Villages riverains de la Forêt de Fontainebleau & de toutes autres Forêts, d'envoyer & mettre en pâturage aucuns Beftiaux dans lefdites Forêts, landes &
bruyeres adjacentes où le feu aura paffé, qu'après l'expiration de quatre années, & en avoir obtenu permiffion du Grand-Maître ou des Officiers des
Maîtrifes, à peine de confifcation des Beftiaux, d'un mois de prifon contre
ces Paftres, & de trente livres d'amende pour chacune bête; même d'être
pourfuivis & punis comme incendiaires, defquelles amendes les Habitans
demeureront civilement refponfables; & par grace, & fans tirer à conféquence pour cette fois feulement, Sa Majefté a déchargé & décharge lefdits
Supplians, des condamnations contr'eux prononcées en la Maîtrife de
Fontainebleau; enjoint Sa Majefté aux fieurs Grands-Maîtres, de tenir la
main chacun en droit foi, à l'exécution du préfent Arrêt qui fera regiftré aux
Greffes des Maîtrifes; lu, publié où befoin fera. FAIT au Confeil d'Etat
du Roi, tenu à Compiegne le vingt-neuf Juin mil fept cent vingt-huit.
Collationné avec Paraphe. *Signé*, DE VOUGNY, auffi avec Paraphe.

ARREST DU CONSEIL D'ÉTAT DU ROI,

QUI fait défenfes d'ouvrir des Carrières dans les Forêts du Roi,
fans la permiffion & l'attache du Grand-Maître.

Du 4 Janvier 1729.

SUR ce qui a été repréfenté au Roi en fon Confeil, que par Jugement
rendu par défaut le 7 Décembre 1728 par le fieur de la Faluere, Grand-
Maître des Eaux & Forêts du Département de Paris, en ordonnant l'exécution de l'Ordonnance des Eaux & Forêts du mois d'Août 1669, article 12

du titre de la Police, Arrêts & Réglemens depuis intervenus, en date des
23 Décembre 1690, 4 Décembre 1698 & 5 Mai 1699, il auroit condamné
Pierre Garnier, dit la Jeuneffe, Etienne Marchand & le nommé Hubert,
Entrepreneurs des Ponts & Chauffées, en trois livres d'amende chacun envers Sa Majefté, pour avoir établi grand nombre d'ouvriers, & ouvert plufieurs carrieres dans la Forêt de Fontainebleau fans permiffion, dont ils fe
prétextoient difpenfer, fous prétexte d'adjudications de Pavés des Chemins
royaux; & Sa Majefté voulant faire ceffer des entreprifes fi préjudiciables à
la bonne Police des Bois & fi contraires auxdites Ordonnances, Arrêts &
Réglemens. Oui le rapport du fieur Pelletier, Confeiller d'Etat ordinaire &
au Confeil royal, Contrôleur Général des Finances; LE ROI EN SON
CONSEIL, a ordonné & ordonne que l'Ordonnance des Eaux & Forêts
du mois d'Août 1669, Arrêts & Réglemens depuis intervenus, feront
exécutés felon leur forme & teneur; & néanmoins par grace, & fans tirer à
conféquence, Sa Majefté a dechargé & décharge lefdits la Jeuneffe, Marchand & Hubert, de l'amende contr'eux prononcée par le Jugement dudit
fieur de la Faluere dudit jour 7 Décembre 1728, leur fait Sa Majefté défenfes & à tous autres, d'établir à l'avenir des ouvriers, ni d'ouvrir aucune carriere dans les Forêts & Bois, qu'après en avoir obtenu permiffion de Sa
Majefté, & l'attache du Grand Maître du Département portant indication
des lieux moins dommageables. FAIT au Confeil d'Etat du Roi, tenu à
Verfailles le quatre Janvier mil fept cent vingt-neuf. *Signé*, GOUJON.

ARREST DU CONSEIL D'ÉTAT DU ROI,

PORTANT défenfes aux Officiers de la Table de Marbre,
& Juges en dernier reffort, de connoître en première Inftance
des matières d'Eaux & Forêts, Pêche & Chaffe; & aux Procureurs de fe pourvoir pour raifon de ce, ailleurs que pardevant les Officiers des Maîtrifes, à peine de nullité des
Procédures, & de cent livres d'amende.

Du 14 Juin 1729.

Extrait des Regiftres du Confeil d'Etat.

SUR la Requête préfentée au Roi en fon Confeil, par le Procureur de
Sa Majefté en la Maîtrife des Eaux & Forêts de Saint-Germain en-Laye, contenant que, quoique la connoiffance de tous délits & abus concernant le
fait de Chaffe, foit attribuée aux Officiers des Maîtrifes des Eaux & Forêts par
l'Ordonnance du mois d'Août 1669, art. 7 & 14, titre de la Jurifdiction,
avec défenfes à tous Juges d'en connoître en premiere inftance, même aux
Cours de Parlement; cependant le fieur Charpentier, Capitaine de Cavalerie, Seigneur d'Annerie, Grify & Theuville, fe feroit pourvu pour fait de
Chaffe en premiere inftance, pardevant les Officiers de la Table de Marbre

du Palais à Paris, defquels il auroit obtenu Sentence qui commet le Lieutenant Général de Pontoife, pour informer contre le fieur Alexandre de la
Colombiere de fait de Chaffe audit lieu de Theuville; en conféquence de
laquelle Commiffion, ledit Lieutenant Général de Pontoife auroit rendu fon
Ordonnance le 8 Février dernier, portant que les témoins par lui entendus
en l'information faite contre ledit fieur de la Colombiere, feront affignés
pour être recollés & confrontés avec ledit fieur de la Colombiere, même le
fieur de la Colombiere affigné en la Chambre criminelle dudit Pontoife,
pour être confronté avec lefdits témoins. Que pareillement ledit Charpentier
auroit préfenté Requête, contenant plaintes, aux fieurs Officiers de la Table
de Marbre, de ce qu'ayant donné ordre au nommé Prieur fon Garde, d'aller
fureter dans un Bois taillis appartenant au fieur de la Lerre Garde-marine,
& fitué dans la Cenfive dudit Grify, il en auroit été empêché par ledit fieur
de la Lerre, & le fieur de Mire fon oncle, ancien Capitaine d'Infanterie, fur
laquelle plainte ledit fieur Charpentier auroit obtenu permiffion d'informer
pardevant le Prévôt en garde de Pontoife, qui après l'information auroit decerné decret d'ajournement perfonnel contre les fufdits fieurs de la Lerre &
de Mire; que pareillement le 26 Janvier dernier, ledit fieur de la Lerre auroit rendu plainte pardevant le Prévôt en garde dudit Pontoife contre le
nommé Morille, Garde-Chaffe à Grify, pour avoir tiré fur fon chien, &
l'avoir menacé de le tuer; fur laquelle plainte auroit été decerné decret d'a-
journement perfonnel contre ledit Morille; contre toutes lefquelles procédures le Suppliant fe feroit pourvu pardevant les Officiers de ladite Maîtrife
de Saint Germain, & auroit obtenu Sentences les 21 Mars & 23 Avril dernier, qui font défenfes à toutes lefdites parties de procéder pour raifon defdits
faits de Chaffe, pardevant d'autres Juges que ceux de ladite Maîtrife de
Saint Germain; lefquelles Sentences il auroit duement fait fignifier à toutes
lefdites Parties, nonobftant lefquelles fignifications, lefdites Parties ne laiffent pas de folliciter leurs jugemens en caufe d'Appel au Parlement de Paris;
& comme toutes ces procédures font contraires à la difpofition defdits articles 7 & 14 du titre de la Jurifdiction de l'Ordonnance du mois d'Août
1669, & l'Édit du mois de Mai 1708, &c.

LE ROI EN SON CONSEIL, ayant égard à la Requête, a ordonné
& ordonne que les articles 7 & 14 du titre de la Jurifdiction de l'Ordonnance
du mois d'Août 1669, & l'Edit du mois de Mai 1708 feront exécutés felon
leur forme & teneur; & en conféquence, fans avoir égard à tout ce qui a été
fait & ordonné à la Table de Marbre du Palais à Paris & par le Lieutenant
Général de Pontoife ou autre, en exécution de Commiffion de ladite Table
de Marbre que Sa Majefté a caffé & annullé, a évoqué & évoque à foi & à
fon Confeil les conteftations nées à l'occafion des faits de Chaffe dont eft
queftion, & icelles les a renvoyées & renvoie pardevant les Officiers de la
Maîtrife de Saint-Germain-en-Laye, pour y être inftruites & jugées diffinitivement, fauf l'Appel fuivant ladite Ordonnance de 1669. Fait Sa Majefté
défenfes aux Officiers de ladite Table de Marbre & Juges en dernier reffort,
de connoître en premiere inftance, des matières d'Eaux & Forêts, Pêche &
Chaffe, & aux Procureurs de fe pourvoir ailleurs pour raifon de ce, que
pardevant les Officiers des Maîtrifes, à peine des nullités des procédures, &

142 . 1729. EAUX ET FORESTS.

de cent livres d'amende contre ceux defdits Procureurs qui auront occupé dans de femblables inftances, ainfi qu'il eft prefcrit par ledit Edit du mois de Mai 1708. Ordonne en outre Sa Majefté que le préfent Arrêt fera lu, publié & regiftré où befoin fera, & fignifié aux communautés des Procureurs. F A I T au Confeil d'Etat du Roi, tenu à Verfailles le quatorziéme jour du mois de Juin mil fept cent vingt-neuf. Collationné. *Signé* D E V O U G N Y.

ARREST DU CONSEIL D'ÉTAT DU ROI,

Q U I décharge du Contrôle tous Actes & Exploits faits à la requête des Procureurs du Roi dans les Maîtrifes des Eaux & Forêts; & fait défenfes aux Fermiers, fous-Fermiers, Commis
& Prépofés d'exiger aucun Droit.

Du 19 Juillet 1729.

LE ROI s'étant fait repréfenter en fon Confeil l'Edit d'établiffement du Contrôle des Exploits du mois d'Août 1669; les Déclarations rendues en interprétation les 21 Mars 1671 & 23 Février 1677 qui exemptent des droits du Contrôle tous les Exploits faits à la Requête des Procureurs généraux de Sa Majefté & de leurs Subftituts, pour parvenir aux condamna-
tions des Contrevenans à fes Ordonnances & à l'inftruction des affaires, tant Civiles que Criminelles où lefdits Procureurs généraux ou leurs Subftituts feroient feuls parties. L'Arrêt du Confeil du 26 Janvier 1689, portant qu'en fatisfaifant par les Sergens & Gardes des Eaux & Forêts aux formalités requifes par l'Ordonnance du mois d'Août 1669; ils demeuroient dé-
chargés du contrôle de leurs Procès-verbaux, Rapports & Exploits. Autre Arrêt du Confeil du 21 Juin 1704, qui ordonne aux Greffiers des préfentations & aux autres Huiffiers & Sergens de délivrer fans frais aux Procu-
reurs de Sa Majefté aux Siéges des Tables de Marbre & des Maîtrifes Par-
ticulieres des Eaux & Forêts, & aux Gardes fcels de fceller auffi fans frais les Commiffions, Sentences, Ordonnances, Jugemens, Exploits, Significations & autres expéditions faites à la requête & diligence des Procureurs de Sa Majefté, quand ils feront feuls parties, fauf s'il eft ordonné du rem-
bourfement des frais à leur en tenir compte; & Sa Majefté étant informée qu'au préjudice de fes Réglemens, les Commis & Prépofés à la perception des droits du Contrôle des Exploits, fcel des Sentences, Ordonnances & Jugemens, exigent depuis quelques temps les droits de contrôle des Procès-
verbaux, Rapports & Exploits des Huiffiers & Sergens à Garde des Eaux & Forêts des Certificats d'appofition d'Affiches pour parvenir aux ventes de ces bois & de ceux des Communautés Eccléfiaftiques & Laïques & des autres Gens de Main-morte qui fe font à la requête de fes Procureurs dans les Maîtrifes, ainfi que des Exploits & Affignations donnés aux Délinquans, des Affignations, Commandemens, Saifies & Exécutions, contraintes, emprifonnemens & autres Actes faits à la requête des Procureurs de Sa Majefté,

pourfuite & diligence des Receveurs & Collecteurs des amendes, ce qui retarde & empêche la pourfuite des affaires de Sa Majefté, l'exécution de fes Ordonnances & le recouvrement des amendes prononcées dans les Jurifdictions des Eaux & Forêts, à quoi étant néceffaire de pourvoir, oui le rapport du fieur le Pelletier, Confeiller d'Etat ordinaire & au Confeil Royal, Contrôleur Général des Finances.

SA MAJESTÉ EN SON CONSEIL, a ordonné & ordonne que les Déclarations des 21 Mars 1671 & 23 Fév. 1677 rendues en interprétation de l'Edit de l'établiffement du Contrôle du mois d'Août 1669 ; enfemble les Arrêts de fon Confeil des 26 Janvier 1689 & 21 Juin 1704, feront exécutés fuivant leur forme & teneur ; en conféquence, fait Sa Majefté défenfes à l'adjudicataire général de fes Fermes unies, aux fous-Fermiers & leurs Commis & Prépofés à la perception des droits de Contrôle & fcel des Actes judiciaires, d'exiger à l'avenir aucun droit de contrôle des Procès-verbaux, Rapports & Exploits des Huiffiers & Sergens à Garde des Eaux & Forêts, des Certificats d'appofition d'affiches pour les ventes des Bois de Sa Majefté, & de ceux des Communautés Eccléfiaftiques & Laïques & des autres Gens de main-morte, qui fe feront à la requête de fes Procureurs, des Procès-verbaux des récollemens, Sentences de congé de Cour, Exploits & Affignations donnés aux Délinquans, Significations & Commandemens, faifies, exécutions, contraintes & emprifonnemens, & de tous autres généralement quelconques qui fe feront à la requête des Procureurs de Sa Majefté aux Siéges des Eaux & Forêts, même lorfque les pourfuites fe feront à la diligence des Receveurs & Collecteurs des amendes, à peine de mille livres d'amende contre les Contrevenans, avec la reftitution des droits induement reçus; fauf néanmoins en cas que par l'événement des Jugemens & condamnations intervenus fur les pourfuites & diligence des Procureurs de Sa Majefté, il y refte des reftitutions, dommages & intérêts adjugés au profit des Communautés Eccléfiaftiques ou Laïques, ou autres Gens de main-morte ou Particuliers à fe pourvoir par ledit Adjudicataire général, fous-Fermiers, Commis & Prépofés, ainfi que de raifon à fin de recouvrement defdits droits de contrôle, fcel des Sentences qui fera exécuté, nonobftant toutes oppofitions ou autres empêchemens quelconques pour lefquels il ne fera différé, & dont fi aucuns interviennent, Sa Majefté fe réferve la connoiffance & à fon Confeil, & l'interdit à tous fes Cours & autres Juges. FAIT au Confeil d'Etat du Roi tenu à Verfailles le dix-neuviéme jour de Juillet 1729. Collationné. *Signé*, GUYOT.

ARREST NOTABLE DU CONSEIL,

PORTANT Réglement pour les Bois tant des Ecclésiastiques que des Particuliers, dans le Département de Blois & Berry.

Du 11 Juillet 1730.

LE ROI EN SON CONSEIL, a ordonné & ordonne, que l'Ordonnance des Eaux & Forêts de 1669 & les Arrêts & Réglemens intervenus en conséquence, feront exécutés felon leur forme & teneur; & que conformément à iceux, tous les Prélats, Abbés, Prieurs, Officiers, Communautés & Ecclésiastiques, tant Réguliers que Séculiers, & Laïcs, Economes, Administrateurs, Recteurs & Principaux des Colleges, Hôpitaux & Maladreries, Commandeurs & Procureurs de l'Ordre de Saint Jean de Jerusalem qui possedent des Bois dans l'étendue du Département des Eaux & Forêts de Blois & Berry, feront tenus de faire arpenter, figurer & borner leurs Bois dans trois mois au plus tard, à compter du jour de la signification qui leur fera faite du préfent Arrêt, & d'en mettre quinzaine après au Greffe des Maîtrifes dans le reffort defquelles lefdits Bois font situés, les Procès-verbaux avec les Plans & Figures fur lefquelles les bornes feront marquées felon leur jufte affiette & diftance, finon ledit temps paffé en vertu dudit préfent Arrêt, fans qu'il en foit befoin d'autre, il y fera pourvu à la diligence du Procureur du Roi en chacune defdites Maîtrifes, aux frais des Refufans, pour le payement defquelles ils feront contraints; fçavoir les Ecclésiastiques ou autres Gens de main-morte, par faifie de leur revenu temporel, & les Communautés d'Habitans des Villes & Paroiffes folidairement, fuivant la taxe qui en fera faite par le Grand-Maître dudit Département; qu'après le rapport defdits mefurages, plans & figures, il fera par ledit fieur Grand-Maître ou les Officiers defdites Maîtrifes qu'il pourra commettre, procédé au choix & diftraction de la quatriéme partie defdits bois pour être mis en réferve, à prendre dans le meilleur fonds & le plus propre à croitre en nature de futaie, & enfuite à la divifion du furplus defdits Bois en vingt-cinq parties égales, qui feront diftinguées par premiere & derniere féparées les unes des autres par bornes & foffés, pour n'être à l'avenir lefdits taillis exploités qu'à l'âge de 25 ans ou à un âge plus ou moins avancé, ainfi qu'il fera jugé être le plus convenable pour l'aménagement defdits bois, eu égard à leur nature & à la qualité du terrein. Fait Sa Majefté défenfes à tous Seigneurs & Particuliers de couper leurs bois taillis, qu'ils n'aient au moins dix ans, conformément à l'Ordonnance des Eaux & Forêts du mois d'Août 1669, ni aucuns baliveaux fur taillis, arbres épars ou de futaie, de quelque nature & fous quelque prétexte que ce puiffe être, fans fa permiffion expreffe, fous les peines y portées. Ordonne en outre Sa Majefté que par ledit fieur Grand-Maître ou lefdits Officiers qu'il pourra commettre en fon abfence, il fera inceffamment procédé, fi

fait

fait n'a été, à la vifite, reconnoiffance & Jugement définitif, fuivant la rigueur des Ordonnances, de tous les délits, dégradations & contraventions commis dans les Bois Eccléfiaftiques & des Communautés Régulieres & Séculieres & Gens de Main-morte, & dans ceux des Particuliers, circonftances & dépendances, fauf l'appel au Confeil, & que tout ce qui fera fait & ordonné par ledit Grand-Maître ou lefdits Officiers pour l'exécution du préfent Arrêt, tant au fujet des délits, dégradations & contraventions defdits Bois que pour leur aménagement & confervation, fera exécuté, nonobftant toutes oppofitions, appellations, récufations, prifes à partie ou autres empêchemens quelconques, pour lefquels ne fera différé ; & dont fi aucuns interviennent, Sa Majefté s'en réferve & à fon Confeil, la connoiffance, & icelle interdit à toutes fes Cours & autres Juges. Et fera le préfent Arrêt regiftré, lu, publié & affiché où befoin fera, & fignifié à qui il appartiendra. FAIT au Confeil d'Etat du Roi tenu à Compiegne le 11 Juillet 1730. Signé, GUYOT. Collationné.

LETTRES-PATENTES,

QUI ordonnent la coupe des Baliveaux fur un Canton de Bois appellé de la Ferriere, engagé au fieur Comte d'Autry.

Données à Verfailles le 29 Août 1730.

LOUIS, par la grace de Dieu, Roi de France & de Navarre : A nos amés & féaux Confeillers, les Gens tenans notre Cour de Parlement à Paris : SALUT. Ayant été repréfenté en notre Confeil que les baliveaux qui font fur un canton de Bois à Nous appartenant, appellé le Bois de la Ferriere, engagé au fieur Comte d'Autry, dépériffoient journellement & offufquoient le taillis par leur ombrage, il auroit été dreffé Procès-verbal de vifite dudit canton de Bois le 2 Août 1729, portant qu'il confifte en 219 arpens, fitués fur un terrain inégal, dont l'arpent commun fe trouve chargé du fort au foible, de vingt-cinq baliveaux de différens âges, fur quoi, & l'avis du fieur de Courtagnon, Grand-Maître des Eaux & Forêts du Département de Champagne du 2 Septembre audit an 1729. Nous aurions par Arrêt de notredit Confeil du 29 Août 1730, ordonné la coupe des baliveaux fur ledit canton de Bois aux réferves y contenues, & que pour fon exécution toutes Lettres néceffaires feroient expédiées. A CES CAUSES, de l'avis de notre Confeil, qui a vu ledit Arrêt de notredit Confeil du 29 Août 1730, ci-attaché fous le contre-fcel de notre Chancellerie, Nous avons conformément à icelui ordonné, & par ces Préfentes fignées de notre main, ordonnons, que par le fieur de Courtagnon, Grand-Maître, ou les Officiers de la Maîtrife de Sainte Menehould, qu'il pourra commettre, il fera choifi marqué dans ledit canton de Bois appellé de la Ferriere engagé au fieur Comte d'Autry, dix chênes modernes de foixante-dix à quatre-vingt ans, & cinq anciens des plus vifs & mieux venans par arpent pour être réfervés, & que par ledit fieur Grand-Maître ou lefdits Officiers par lui commis, il

Tome II. T

fera procédé à la vente & adjudication au plus offrant & dernier enchériffeur
en la maniere accoutumée, du furplus des baliveaux qui fe trouveront fur
ledit canton de Bois, pour être exploités au fur & à mefure de la coupe
des taillis, à la charge par l'Adjudicataire de remettre le prix de fon Adjudication ès mains du Receveur général des Domaines & Bois de la Généralité de Champagne, qui fera tenu d'en compter à notre profit, ainfi que
des autres deniers de fa recette; & que lors defdites coupes, il fera auffi réfervé vingt-cinq baliveaux par arpent, de l'âge du taillis, nature de chênes
& de la plus belle venue; ordonnons en outre que lors du récollement qui
fera fait par lefdits Officiers au fur & à mefure de l'exploitation defdites coupes, il fera en même temps procédé à la reconnoiffance des arbres ci-deffus
ordonnés être réfervés, dont Procès-verbal fera dreffé & remis au Greffe
de ladite Maîtrife. Si vous mandons, que ces Préfentes vous ayez à faire lire,
regiftrer, & le contenu en icelles exécuter felon leur forme & teneur. CAR
tel eft notre plaifir. DONNÉ à Verfailles le vingt-neuviéme jour d'Août,
l'an de grace mil fept cent trente, & de notre Regne le quinziéme. *Signé*,
LOUIS. *Et plus bas*, par le Roi, CHAUVELIN. Et fcellées du grand Sceau
de cire jaune.

ARREST DU CONSEIL D'ÉTAT DU ROI,

QUI fans s'arrêter aux Arrêts du Parlement de Paris des 22 Septembre 1728 & 7 Février 1729, ordonne que l'Ordonnance
du fieur Grand-Maître des Eaux & Forêts du Département de
Paris du 13 Juillet 1719, concernant le curage de la Rivière
d'Etampes, & l'exécutoire décerné en conféquence par le Maître particulier de la Maîtrife de Paris le 8 Juin 1720, enfemble
l'Arrêt du Confeil du 20 Mai 1727, feront exécutés felon leur
forme & teneur, comme ayant paffé en force de chofe jugée
en dernier reffort.

Du 12 Septembre 1730.

Extrait des Regiftres du Confeil d'Etat.

SUR ce qui a été repréfenté au Roi en fon Confeil par le fieur de la Faluere, Grand-Maître des Eaux & Forêts au Département de Paris, qu'ayant
le 13 Juillet 1719, rendu une Ordonnance pour faire curer la riviere d'E-
tampes, le fieur Jean-Jacques Renaud, Comte de Barre, Grand Bailly,
Gouverneur & Capitaine dudit Etampes & Conforts, en avoit interjetté appel comme de Juge incompétent, par Requête préfentée au Parlement de
Paris, fignifiée le 3 Septembre 1723, & demandé que ladite Ordonnance
fût déclarée nulle, ainfi qu'une Sentence de la Maîtrife de Paris, portant
homologation d'un marché fait par le Procureur du Roi de ladite Maîtrife,

avec un nommé Houry, le 23 Août 1719. Procès-verbaux de toifé & réception de curage du 10 Janvier 1720 & jours fuivans, de l'exécutoire décerné par le Maître particulier le 8 Juin audit an 1720, & tout ce qui s'en
eft enfuivi ; que faifant droit fur cet appel défenfes fuffent faites audit fieur
Grand-Maître & au Maître particulier de Paris, de plus rien entreprendre
fur ladite Riviere, & de décerner de pareils Exécutoires. Que fur le vû de
cette Requête & prétendue incompétence, Sa Majefté, conformément à
l'article IV du titre de la Jurifdiction de l'Ordonnance des Eaux & Forêts
du mois d'Août 1669, avoit par Arrêt du Confeil du 27 dudit mois de
Septembre de ladite année 1723, maintenu & gardé ledit fieur de la Faluere & les Officiers de ladite Maîtrife de Paris, dans la Jurifdiction & connoiffance de toutes matières d'Eaux & Forêts, Pêche & Chaffe dans l'étendue dudit Bailliage d'Etampes, avec défenfes aux Officiers, Gouverneur &
Capitaine de ladite Ville d'Etampes & à tous autres de les y troubler & en
connoître, à peine contre lefdits Officiers d'interdiction, & contre les autres
de mille livres d'amende & de tous dépens, dommages & intérêts ; & ordonné que l'Ordonnance dudit fieur de la Faluere dudit jour 13 Juillet 1719,
& tout ce qui s'en eft enfuivi, feroit, fi fait n'avoit été, exécuté felon fa forme & teneur ; & que ledit Arrêt feroit pareillement exécuté nonobftant oppofitions, appellations, empêchemens généralement quelconques, dont fi
aucuns intervenoient, Sa Majefté s'en étoit & à fon Confeil réfervé la connoiffance, & icelle interdite à toutes fes Cours & autres Juges ; que fur une
oppofition formée à cet Arrêt, par autre Arrêt contradictoire rendu le 20
Mai 1727, non-feulement avec ledit fieur Jean-Jacques Renaud, Comte
de Barre, mais encore avec Louis-Henri Duc de Bourbon, Prince de Condé,
Prince du Sang, les Maire & Echevins de la Ville d'Etampes, ftipulans pour
les intérêts de tous lefdits Habitans, les Officiers du Bailliage & de la Prévôté, les Communautés des Habitans des Paroiffes de Saint Germain de
Morigny-les-Etampes, Saint Georges, Notre-Dame d'Auvert-d'Eftrechy,
Chamarande, Lardy, Itteville, Bouret, Saint Vrain & de Vert le Petit ;
le fieur Marquis de Broglie & autres, tous Appellans comme de Juge incompétent de ladite Ordonnance dudit fieur de la Faluere dudit jour 13
Juillet 1719, ainfi que dudit Exécutoire décerné par le Maître particulier
de la Maîtrife de Paris le 8 Juin 1720 ; Sa Majefté en faifant droit fur l'Inftance, & ayant aucunement égard aux Requêtes defdits Appellans, auroit
ordonné que l'Arrêt de fon Confeil dudit jour 27 Septembre 1723, en ce
qui concerne le droit de Jurifdiction de matieres d'Eaux & Forêts, Pêche
& Chaffe en l'étendüe du Baillage d'Etampes, feroit exécuté felon fa forme
& teneur, & que pour être fait droit fur les différentes appellations interjettées, tant de ladite Ordonnance du fieur de la Faluere du 13 Juillet 1719,
que dudit Exécutoire délivré par ledit Maître particulier de la Maîtrife de
Paris le 8 Juin 1720, Sa Majefté avoit renvoyé lefdites Parties au Parlement de Paris pour y procéder comme en matiere d'appel fimple, & fuivant
les derniers erremens, à la charge par elles de faire juger lefdites appellations dans le temps prefcrit par l'Ordonnance des Eaux & Forêts du mois
d'Août 1669, finon & faute de ce faire dans ledit temps, & icelui paffé,
lefdits Ordonnance & Exécutoire feroient exécutés comme Jugement en

dernier reffort en vertu dudit Arrêt, & fans qu'il en foit befoin d'autre; que quoique ledit Arrêt contradictoire ait été fignifié audit Sieur Renaud, Comte de Barre dès le 30 Mai 1727, il n'avoit tenu compte de fuivre les derniers erremens de fon premier appel, ni de faire juger dans les trois mois conformément à ladite Ordonnance, qu'au contraire il s'étoit lui feul avifé par une nouvelle Procédure, & feize mois après ladite fignification de l'Arrêt contradictoire du Confeil, de fe pourvoir en la Chambre des Vacations du Parlement de l'aris, & d'y furprendre fur fimple Requête le 30 Septembre 1728, un Arrêt qui le reçoit de nouveau Appellant dudit Exécutoire dudit jour 8 Juin 1720, & de tout ce qui a fuivi; avec défenfes de le mettre à exécution; qu'après avoir encore laiffé périr ce dernier appel, il avoit trouvé le fecret après cet Arrêt de la Chambre des Vacations, d'en faire rendre un autre le fept Février 1729, qui ordonne que les Parties feront diligence de faire juger ledit appel dans trois mois; que le délai de trois mois étoit encore expiré, & plus de quinze mo's par-deffus, de forte que fi l'on autorifoit les Plaideurs à interjetter des nouveaux appels, ou à les réitérer après que les premiers font plus que triplement péris, pour leur laiffer perpétuer les délais prefcrits pour les faire juger, lefdits Ordonnances, Arrêt contradictoire & Jugement des Officiers des Eaux & Forêts, fe trouveroient anéantis, & le befoin du fervice totalement dérangé, &c.

LE ROI EN SON CONSEIL, fans s'arrêter aux Arrêts du Parlement de Paris des 22 Septembre 1728, & 7 Février 1729, a ordonné & ordonne que l'Ordonnance du fieur de la Faluere, Grand-Maître des Eaux & Forêts du Département de Paris du 13 Juillet 1719, & l'Exécutoire décerné par le Maître particulier de la Maîtrife de Paris le 8 Juin 1720, enfemble l'Arrêt de fondit Confeil du 20 Mai 1727, feront exécutés felon leur forme &. teneur, comme ayant paffé en force de chofe jugée en dernier reffort. Fait Sa Majefté défenfes audit fieur de Barre, & à tous autres, de faire pour raifon du fait dont eft queftion, aucunes pourfuites à peine de nullité, caffation de Procédures & de mille livres d'amende. FAIT au Confeil d'Etat du Roi tenu à Verfailles le 12 Septembre 1730. Collationné, avec paraphe. *Signé*, GUYOT, avec paraphe.

ARREST DU PARLEMENT DE ROUEN ,

QUI adjuge aux Officiers des Maîtrifes la compétence non-feulement fur les grandes & petites Rivières, mais encore fur les cours d'eau & ruiffeaux jufqu'à leur fource, tant pour les droits de Pêche & autres y prétendus, que pour l'entretien de leur cours, &c.

Du 4 Août 1731.

LOUIS, par la grace de Dieu, Roi de France & de Navarre : A tous ceux qui ces préfentes Lettres verront, SALUT. Sçavoir faifons. Que cejourd'hui la caufe offrante en notre Cour de Parlement de Rouen, entre

Louis-Augufte d'Avefgo, Ecuyer, Sieur d'Ouilly, appellant comme de grief
de Sentence rendue en la Maîtrife des Eaux & Forêts d'Alençon le 16 Septembre
1726, & demandeur en ajournement en vertu d'Arrêt & Mandement du 13
Janvier 1727, qui le reçoit appellant comme d'incompétence de ladite Sentence, & qui le décharge de l'affignation à lui donnée au Siege Général des
Eaux & Forêts de la Table de Marbre du Palais à Rouen ; en vertu de
Lettres d'anticipation, comparant par Me François Jamet fon Procureur,
d'une part; Abraham Coutard, Ecuyer, fon fils, en perfonne, & par Me Germain Bouillot fon Procureur, d'autre part: les fieurs Juges & Officiers du
Siège Général des Eaux & Forêts de la Table de Marbre du Palais à Rouen,
demandeurs en Requête par eux préfentée à notre Cour le vingt-feptiéme
jour de Mai 1727, tendante à être reçus Parties intervenantes au procès
d'entre lefdites Parties, & oppofants à l'exécution dudit Arrêt du treiziéme
jour de Janvier 1727, pour être rapporté comme furpris ; ce faifant, renvoyer lefdits fieurs Coutard & d'Avefgo, fur l'appel de ladite Sentence,
procéder audit Siége Général, pour y être jugés, fauf l'appel en la Grand'-
Chambre, comparants par Me Martin Sionville, leur Procureur, d'autre ;
Simon-David de Thiboult, Ecuyer, Sieur de Trevigny, notre Confeiller
& Procureur au Bailliage de Falaife, & les autres Officiers dudit Siege, demandeurs en Requête du neuviéme jour de Juin 1727, tendante à être
reçus auffi Parties intervenantes audit procès, aux fins de faire renvoyer les
Parties procéder au Bailliage à Falaife, comparants par Me Marin Gaultier,
leur Procureur, encore d'autre ; les Officiers de la Maîtrife Particuliere des
Eaux & Forêts d'Alençon, encore demandeurs en Requête du dixiéme jour
de Juillet 1727, tendante à être reçus Parties intervenantes audit procès,
pour faire renvoyer fur l'appel au Siége Général de la Table de Marbre,
comparants par Me Ifaïe Levert, leur Procureur, d'autre part, fans préjudice
des qualités. Ouï Thouars, Avocat du fieur d'Avefgo, lequel a dit que la compétence de la queftion d'entre les Parties n'eft point attribuée par l'Ordonnance de 1669, aux Maîtrifes des Eaux & Forêts, au contraire elle l'eft
aux Juges Royaux par la Coutume de cette Province ; pour quoi conclut,
qu'il plaife à notre Cour recevoir les Officiers de la Table de Marbre oppofants pour la forme à l'Arrêt du treiziéme jour de Janvier 1727 ; ce faifant,
les débouter de leur oppofition ; & fans s'arrêter à leur intervention, & à celle
des Officiers de la Maîtrife d'Alençon ; ayant aucunement égard à l'intervention
des Juges de Falaife, mettre l'appellation & ce dont eft appellé au néant ;
émandant & corrigeant, caffer & annuller l'Ordonnance du vingt-troifiéme
jour de Mai 1726, & tout ce qui a été fait en conféquence, comme de Juge
incompétent, fauf au fieur Coutard à fe pourvoir devant les Juges ordinaires ;
condamner l'Intimé & les Officiers, tant de la Table de Marbre que de
la Maîtrife aux dépens, chacun en ce qui les regarde. Devillers, Avocat
des Juges de Falaife, lequel a conclu à ce qu'il plaife à notre Cour, faifant
droit fur fon intervention, renvoyer les Parties pro céder devant eux, avec
dépens. Perchel, Avocat dudit fieur Coutard, lequel a dit qu'il efpere avoir
établi par les articles de l'Ordonnance des Eaux & Forêts de 1669, que
l'appel de la Sentence du feiziéme jour de Septembre 1725, ne pouvoit
être porté ailleurs qu'au Siege Général de la Table de Marbre, & que

l'appel comme d'incompétence du fieur d'Avefgo, eft très-mal-fondé, pour quoi conclut qu'il plaira à notre Cour, fur l'appel, comme d'incompétence, mettre l'appellation au néant, & que les Parties feront renvoyées procéder au Siége Général de la Table de Marbre fur l'appel du feiziéme jour de Septembre 1726, & condamner ledit fieur d'Avefgo aux dépens. Brehain, Avocat des Officiers du Siége Général de la Table de la Marbre du Palais à Rouen, lequel a dit que l'appel comme d'incompétence de la Sentence du Maître Particulier d'Alençon, n'a jam is dû être porté en notre Cour, attendu qu'aux termes de l'article II. de l'Ordonnance de 1669, au titre des Tables de Marbre, & de l'article III. au titre des Appellations, toutes appellations des Maitrifes Particulieres doivent indiftinctement être portées au Siége de la Table de Marbre. Cette queftion a été décidée par plufieurs Arrêts rendus avant & depuis cette Ordonnance, entr'autres par un Arrêt du Parlement de Paris du vingt-fixiéme jour de Mars 1652, par autre du dix-huitiéme Août 1678, par autre Arrêt du Confeil du treiziéme Février 1691, & en dernier lieu par un Arrêt de notre Cour rendu en forme de Reglement le trentiéme jour de Mars 1730: il n'y a qu'un feul cas où notre Cour en peut connoître, qui eft lorfque le Juge ordinaire eft Partie fur l'appel, ainfi qu'il arrive dans l'efpece préfente; mais l'oppofition des Officiers de la Table de Marbre à l'Arrêt de notre Cour n'eft pas moins réguliere, parce que les Juges ordinaires de Falaife ne font intervenus dans l'inftance que long-temps après. Au fond il s'agit du curage d'un ruiffeau ou cours d'eau qui provient de plufieurs fontaines: la requête introductive d'inftance du fieur Coutard en fait foi, & les Juges ordinaires de Falaife en conviennent pareillement par la Requête qu'ils ont préfentée à notre Cour. Or il eft certain que les Officiers des Eaux & Forêts doivent connoître, à l'exclufion de tous Juges, non-feulement des grandes & petites rivieres, mais auffi des cours d'eaux & ruiffeaux jufqu'à leur fource, tant pour les droits de pêche & autres y prétendus, que pour l'entretien de leur cours, à ce qu'il ne s'y faffe aucune entreprife, & pour le nétoyement & le curage d'iceux, ainfi que des boires & foffés adjacents, & généralement tout ce qui appartient à la matiere des Eaux & Forêts. Cette compétence leur eft attribuée par une Ordonnance de François I. de l'an 1543, & d'Henri II. de 1554, ainfi que par deux Arrêts du Confeil donnés en forme de Reglemens aux années 1636 & 1641. L'Ordonnance de 1669 porte que les Juges des Eaux & Forêts connoîtront, tant au civil qu'au criminel, de tous les différens qui appartiennent à la matiere des Eaux & Forêts entre toutes perfonnes, & pour quelques caufes que ce foit. Cet article eft confirmé, & plus particulierement expliqué par les art. 3, 4, 10, 11, 12, 13 & 14 du même titre. Par ce dernier art. le Roi déroge formellement à la Coutume de Normandie, & défend à tous Juges de connoître des matieres d'Eaux & Forêts; l'article 22 du titre des Grands Maîtres; les articles 11 & 12 au titre des Bois appartenans aux Gens de Main-morte; les articles 9, 10, 11 & 12, au titre des Bois, Prés & Marais appartenants aux Communautés, & l'article 5 du titre des Bois des Par iculiers, établiffent pareillement le droit de ces Officiers. Ils ont toujours été maintenus depuis dans cette compétence par différents Arrêts, entr'autres du Confeil du quatriéme jour de Janvier 1673, à l'occafion des rivieres des

Gobelins, & un autre du vingtiéme jour de Mai 1727 au fujet du curage de la riviere d'Etampes : conftant donc par conféquent que la connoiffance de la matiere dont il s'agit, appartient auxdits Officiers du Siége Général : pour quoi ledit Mᵉ Brehain conclut à ce qu'il plaife à notre Cour recevoir les Officiers dudit Siege Général de la Table de Marbre, oppofants à l'exé-cution de fon Arrêt du feiziéme jour de Janvier 1727, faifant droit fur leur oppofition, & fans s'arrêter à l'intervention des Officiers du Bailliage de Fa-laife dont ils feront déboutés, ordonner que ledit Arrêt fera rapporté comme furpris ; ce faifant, que les Parties feront renvoyées procéder audit Siége de la Table de Marbre, avec dépens. Levert, Procureur des Officiers de la Maî-trife d'Alençon, lequel a conclu aux fins de fa Requête d'intervention, & de-mande acte de ce qu'il donne adjonction aux conclufions de Mᵉ Brehain. Après qu'il en a été déliberé fur le rapport du Sʳ Abbé de la Mothe Ango, en exécution de l'Arrêt du 5 de ce mois, en la préfence du Sʳ le Baillif, Avocat Général, pour notre Procureur Général, fur ce oui, & les Procureurs des Parties faits entrer en la Chambre, leur a été prononcé l'Arrêt qui fuit. NOTREDITE COUR, par fon Jugement & Arrêt, Parties ouies, & notre Procureur Général, a reçu & reçoit les Parties de Brehain, de Villers & de Levert, Parties intervenantes, & fans s'arrêter à l'intervention des Parties de Brehain, enfemble fur leur oppofition, les a reçus oppofants à l'Arrêt du 13 Janvier 1727, & fans s'arrêter audit Arrêt & à l'appel comme d'incompétence interjetté par la Partie de Thouars, a renvoyé les Parties de Thouars & de Perchel, procéder à la Table de Marbre du Palais à Rouen ; condamne la Partie de Thouars aux dépens envers celle de Perchel, & les Parties de Touars & de Villers aux dé-pens envers celle de Brehain ; dépens compenfés à l'égard des Parties de Levert. Si DONNONS EN MANDEMENT au premier des Huiffiers de notredite Cour de Parlement de Rouen, ou autre notre Huiffier ou Sergent fur ce requis, mettre le préfent Arrêt à due & entiere exécution, felon fa forme & teneur de la part defdits Sieurs Officiers des Eaux & Forêts de la Table de Marbre à Rouen ; de ce faire te donnons pouvoir. DONNÉ à Rouen en notredite Cour de Parlement, le cinquiéme jour de Juillet l'an de grace mil fept cent trente-un, & de notre règne le feiziéme. Par la Cour, Signé, LEJAULNE. Collationné, Signé, BONNIERE. Et fcellé d'un fceau de cire jaune le quatre Août mil fept cent trente-un.

ARREST DU CONSEIL D'ÉTAT DU ROI,

QUI fait défenfes à tous Maîtres de Forges, & aux Ouvriers & Forgerons qui y travaillent, de fabriquer, vendre, ni débiter aucune grenaille de fer ou de fonte de fer qui puiffe tenir lieu de plomb à tirer, &c.

Du 4 Septembre 1731.
Extrait des Regiftres du Confeil d'Etat.

SUR ce qui a été repréfenté au Roi en fon Confeil, par les Grands-

Maîtres & Généraux Réformateurs des Eaux & Forêts des dix-sept Départemens du Royaume, que dans la plûpart des endroits où il y a des forges établies, il s'y fabrique une espece de grenaille, ou fonte de fer, dont on se sert au lieu de plomb; qu'il arrive même, à l'insçu des Maîtres de forges, que les ouvriers qu'ils employent, fabriquent de cette grenaille, la vendent à très-bon marché, ou même la donnent aux ouvriers employés à l'exploitation des bois, à condition d'avoir part au gibier qu'ils détruisent : qu'il naît de-là plusieurs inconvéniens, l'un, que cette grenaille étant donnée ou pour rien, ou à très-bon marché, cela multiplie le nombre de braconniers; l'autre, que ceux qui usent de la grenaille, ne le peuvent faire sans de grands risques, parce que cela raye les armes & les fait crever, au moyen de quoi non-seulement celui qui tire, mais ceux même qui se trouvent dans la campagne, courent risque d'en être blessés; que même lorsque le gibier n'est que légerement touché de ce métail, il meurt, & se corrompt lorsqu'il est tué, beaucoup plutôt qu'il ne seroit avec du plomb, &c.

LE ROI EN SON CONSEIL, a fait & fait très-expresses inhibitions & défenses à tous Maîtres de forges, & aux ouvriers & forgerons qui y travaillent, de fabriquer, vendre, ni débiter aucune grenaille de fer, ou fonte de fer qui puisse tenir lieu de plomb à tirer. Fait Sa Majesté très-expresses défenses à toutes sortes de personnes, de quelque qualité & condition qu'elles soient de se servir de grenaille de fer, ou fonte de fer qui puisse tenir lieu de plomb à tirer, & ce, à peine de cent livres d'amende, qui demeureront encourus contre chacun des contrevenans, & qui seront prononcées indépendamment de l'amende encourue pour le fait de chasse. Ordonne Sa Majesté que ceux des Maîtres de forges, qui auront vendu, débité ou donné, fait vendre, débiter ou donner de cette grenaille, ou fonte de fer, par les ouvriers par eux employés, seront condamnés en 300 livres d'amende, comme garants & responsables des faits de leurs ouvriers, outre les amendes fixées par les anciennes Ordonnances, & notamment par celle des Eaux & Forêts du mois d'Août 1669. Enjoint Sa Majesté aux Sieurs Grands-Maîtres des Eaux & Forêts des dix-sept Départemens du Royaume, de tenir la main à l'exécution du présent Arrêt, qui sera lû, publié & affiché par-tout où besoin sera, & enregistré au Greffe de chacune des Maîtrises & Gruries dont chaque Département est composé, pour y avoir recours quand besoin sera. FAIT au Conseil d'Etat du Roi, tenu à Versailles le quatriémo jour de Septembre mil sept cent trente-un. Collationné. *Signé*, DE VOUGNY.

ARREST DU GRAND CONSEIL,

QUI casse un Bail de Biens Ecclésiastiques fait par anticipation de quelques années.

Du 21 Janvier 1732.

NOTRE GRAND-CONSEIL a déclaré & déclare ledit Bail fait par anticipation le 10 Juillet 1725, nul, & en conséquence condamné ledite ladite Partie de l'Ardy de rendre & restituer à la Partie de Fuet les fruits par elle perçus en vertu dudit Bail, tant en grains que deniers ; ordonne que ladite Partie de l'Ardy sera tenue de remettre incessamment à ladite Partie de Fuet les Papiers, Cueillerets & autres titres dudit Prieuré, qui lui ont été remis en conséquence des précédens Baux, & de remettre dans six mois les nouveaux Cueillerets & autres qu'elle est obligée de fournir suivant son Bail de l'année 1718, & de se purger par serment qu'elle n'en retient aucun par dol, fraude ou autrement, & ne cesse & delaisse de les avoir ; ordonne qu'elle sera tenue de satisfaire aux autres clauses énoncées audit Bail de 1718, & sera tenue ladite Partie de l'Ardy de remettre & rendre libre à ladite Partie de Fuet, moitié des granges & greniers dudit Prieuré dans un mois, à compter du jour de la signification du présent Arrêt, & l'autre moitié desdites granges & greniers au premier Juillet prochain ; & sur les demandes en dommages & intérêts, & autres demandes & requêtes des Parties, a mis & met icelles hors de Cour ; condamne la Partie de l'Ardy en tous les dépens envers toutes les Parties. Si donnons en mandement au premier des Huissiers de notre Conseil en ce qui est exécutoire en notre Cour & suite, & hors d'icelle au premier desdits Huissiers, ou autres Huissiers ou Sergens sur ce requis, qu'à la requête dudit Jean Ozenne, le présent Arrêt, il mette à exécution de point en point selon sa forme & teneur, nonobstant oppositions ou appellations quelconques, pour lesquelles & sans préjudice d'icelles ne sera différé, & en outre faire pour l'exécution des présentes, tous exploits, significations, commandemens, contraintes & autres actes de justice requis & nécessaires ; de ce faire te donnons pouvoir, sans pour ce demander Placets, *Visa ni pareatis*. Donné en notredit Grand Conseil à Paris le vingt-un Janvier mil sept cent trente-deux, & de notre regne le dix-huitiéme. Collationné, avec Paraphe. Par le Roi à la relation de son Grand-Conseil. *Signé*, VERDUC, avec Paraphe.

DÉCISION

De Monseigneur le Contrôleur Général,

QUI porte que les journées des Officiers des Eaux & Forêts ne sont sujettes en aucuns cas aux Droits réservés.

Du 21 Avril 1733.

VU au Conseil de Sa Majesté, le Mémoire présenté par le sieur Pasquier, Chanoine & Député de l'Eglise Cathédrale d'Autun, contenant que les Officiers de la Maîtrise particulière de Dijon, accompagnés de deux arpenteurs, ont employé vingt-huit jours ès mois de Mai & Juin 1731 à la visite générale de leurs Bois situés dans la Terre & Seigneurie de Belligny-Sur-Ouche, dépendans de ladite Cathédrale, à l'effet de distinguer & séparer les Bois communaux du même lieu par bornes, y poser le quart de réserve, &

régler les coupes ordinaires à l'âge de 25 ans, dont il fut dreffé procès verbal par lefdits Officiers, en conféquence de la Commiffion du fieur d'Auxy,
Grand-Maître des Eaux & Foréts ; qu'ils ont befoin de ce procès-verbal,
que le fieur Bouvé, Greffier de cette Maîtrife, ne leur peut délivrer, parce que
le Fermier veut exiger les quatre fols pour livre des journées des Officiers,
lefquelles reviennent à 560 livres, & encore le fol pour livre des journées des
Arpenteurs qui montent à 400, que la prétention de ce Fermier n'eft pas
jufte, fuivant ce qu'il paroît par la lettre de M. Fagon du 14 Décembre 1716,
qu'il en coûte affez de frais aux Eccléfiaftiques, dont ils ne peuvent jamais
efperer le dédommagement dans l'efpéce dont il s'agit, pour quoi les Supplians concluent à ce qu'ils foient difpenfés du payement defdits droits. La
réponfe de Gregoire Carlier fon Fermier, defdits droits, réferves, autre
Mémoire par lequel il foutient que fa prétention eft jufte, fondée fur les Réglemens, fur ladite lettre de 1716 & fur les loix ; que ces droits font préfentement réduits à commencer du premier Janvier dernier à 3 f. pour livre,
conformément à la déclaration du 3 Août 1732, à quoi il borne fa demande, fur le montant des fommes payées aux Officiers, à l'exception de celles
payées aux Arpenteurs. Pour prouver qu'il eft bien fondé, il n'a qu'à avoir
recours aux Edits, Déclarations & Arrêts des mois d'Avril 1691, Mars
1703, Novembre 1704, Février 1705. Janvier 1708, 9 Mars 1709,
31 Décembre 1715, Octobre 1716, 22 Sept. 1722, 3 Mai 1723, 9 Avril
1724, & par le tarif du 8 Août 1716, attaché fous le Contre-Scel de l'Edit
du même mois qui ordonne ces droits réfervés être perçus fur toutes vacations,
droits, épices des Juges, &c. Dans tous les Tribunaux fupérieurs & inférieurs, à l'exception de ce qui regarde les droits du Roi, que ces droits font
par conféquent dûs au fujet de ce qui fe fait pour les Eccléfiaftiques, en vertu
de Commiffions du Confeil ou des Grands-Maîtres ; qu'il les a reçus en pareil
cas lors des délivrances des procès-verbaux de vifites, par ces raifons il a
lieu d'efperer qu'il fera ordonné que les trois fols pour livre feront payés du
montant des vacations reçues par les Officiers de la Maîtrife de Dijon pour
raifon du fait dont il s'agit, à l'exception des falaires des Arpenteurs, fur
lefquels il ne prétend rien exiger, n'étant rien dû.

En marge defquels Mémoires, il eft écrit de la main de M. le Contrôleur
Général ce qui fuit.

DÉCISION DE M. LE CONTROLEUR GÉNÉRAL.

Les journées des Officiers des Eaux & Forêts ne font fujettes en aucun cas,
aux droits réfervés, & cela a été décidé autant de fois que la queftion s'eft
préfentée.

Et fi le Fermier ne donne pas fes ordres en conformité, il faut expédier
l'Arrêt.

LETTRES-PATENTES,

QUI ordonnent la vente des Baliveaux fur taillis, engagés au Sieur Préfident d'Aligre.

Données à Verfailles le 9 Juin 1733.

LOUIS, par la grace de Dieu, Roi de France & de Navarre : A nos amés & féaux Confeillers les Gens tenans notre Cour de Parlement à Paris, SALUT. Notre amé & féal le fieur d'Aligre, Préfident à Mortier en notredit Parlement, Nous ayant fait repréfenter qu'il fe trouve dans partie des taillis des Bois dont il eft engagifte, montant à fix cens vingt arpens, fitués dans le reffort de la Maîtrife de Château-Neuf en Thimerays, une grande quantité de Baliveaux de différens âges, qui offufquent lefdits Taillis & les empêchent de repouffer ; Nous aurions par Arrêt cejourd'hui rendu en notre Confeil, ordonné le Réglement des coupes defdits Bois, la vente & adjudication des taillis defdites coupes, au profit dudit fieur d'Aligre, des Baliveaux qui fe trouveroient fur lefdits Taillis à notre profit, & que pour l'exécution dudit Arrêt, toutes Lettres néceffaires feroient expédiées. A CES CAUSES, de l'avis de notre Confeil, qui a vu l'Arrêt cejourd'hui rendu en notredit Confeil ci attaché fous le contrefcel de notre Chancellerie, Nous avons conformément à icelui ordonné, & par ces Préfentes fignées de notre main, ordonnons, que par le fieur de la Faluere, Grand-Maître des Eaux & Forêts du Département de Paris, ou par les Officiers de la Maîtrife des lieux qu'il pourra commettre, il fera inceffamment procédé au Réglement des coupes des Bois en queftion, dont le fieur d'Aligre eft engagifte ; & enfuite à la vente & adjudication en la maniere accoutumée des Taillis defdites coupes, au profit dudit fieur d'Aligre, & des Baliveaux qui fe trouveront fur lefdits Taillis, à la réferve de quatre anciens Chefnes par arpent, des plus fains & mieux venans, & de tous les Baliveaux de l'âge de quarante ans & au-deffous, outre ceux de l'âge du Taillis, conformément à ce qui eft prefcrit par l'Ordonnance des Eaux & Forêts du mois d'Août 1669, pour les Baliveaux ordonnés être vendus par ces Préfentes, être exploités au fur & à mefure defdits Taillis, & le prix d'iceux remis ès mains du Receveur de nos Bois, pour en compter par lui à notre profit, ainfi que des autres deniers de fa recette. Si vous mandons que ces Préfentes vous ayez à lire, regiftrer, & le contenu en icelles exécuter felon leur forme & teneur : CAR tel eft notre plaifir. Donné à Verfailles le neuviéme jour du mois de Juin, l'an de grace mil fept cent trente trois, & de notre Regne le dix-huitiéme. *Signé*, LOUIS. *Et plus bas* : Par le Roi, PHELYPEAUX. Et fcellées du grand Sceau de cire jaune.

ARREST DU CONSEIL,

QUI fait défenfes aux Officiers des Maîtrifes de ne recevoir les Cautions & Certificateurs des Adjudicataires qu'en cas qu'ils foient folvables, à peine d'en répondre en leurs propres & privés noms.

Du 23 Juin 1733.

LE ROI EN SON CONSEIL, faifant droit fur l'inftance, & fans avoir égard aux fins & conclufions prifes par le fieur Roux, Maître particulier de Beaumont, Lieutenant, Guyot du Buiffon, Garde-Marteau & Yvert de Boifme, Procureur du Roi de la Maîtrife d'Argentan inferée en leurs Requêtes des 21 Novembre 1731, 26 Janvier & 7 Juin de l'année derniere 1732, dont Sa Majefté les a déboutés & déboute, a reçu & reçoit le fieur Infpecteur Général du Domaine oppofant, en tant que befoin eft ou feroit, à l'exécution de l'Arrêt du Confeil du 11 Novembre 1727, en conféquence & faifant droit fur fon oppofition, a pareillement reçu & reçoit le fieur Pierre Harlan, Receveur particulier des Bois de ladite Maîtrife d'Argentan, oppofant audit Arrêt. Ce faifant, Sa Majefté a condamné & condamne tant le Maître particulier, le Lieutenant, le Procureur du Roi, que le Garde Marteau de ladite Maîtrife, conjointement & folidairement avec Jacques Varin, Adjudicataire des Bois de la Forêt d'Orbec, pour l'ordinaire de l'année 1726, les cautions & certificateurs dudit Varin à payer audit fieur Harlan le prix de l'adjudication faite audit Jacques Varin le 6 Octobre 1725, des Bois de ladite Maîtrife, à quoi faire, ils feront tous folidairement contraints comme pour les deniers royaux; ordonne Sa Majefté que les Maitres particuliers des Maîtrifes, Lieutenans, Procureurs du Roi & Garde Marteau, feront tenus de tenir la main lors des ventes, à ce qu'il ne foit reçu aucunes encheres de perfonnes infolvables, & d'avertir les Grands-Maîtres de ne point recevoir leurs encheres, leur fait Sa Majefté défenfes de recevoir aucunes cautions & certificateurs, qu'en cas qu'ils foient bons & bien folvables, à peine d'en répondre en leurs propres & privés noms. Enjoint Sa Majefté aux fieurs Grands-Maîtres des Eaux & Forêts, chacun en droit foi, à tenir la main à l'exécution du préfent Arrêt, qui fera enregiftré aux Greffes des Maîtrifes particulieres, lu & publié par-tout où befoin fera. FAIT au Confeil d'Etat du Roi, tenu à Compiegne le vingt-trois Juin mil fept cent trente-trois. Signé, DE VOUGNY.

ARREST DU PARLEMENT DE BRETAGNE,

QUI confirme les Officiers de la Maîtrise de Rennes dans le droit de se servir de la Chambre du Préfidial aux heures que les Juges Préfidiaux n'y feront point.

Du 26 Juin 1733.

VU par la Cour la Requête de Germain-François Poullain fieur de Sainte Foix, Maître des Eaux & Forêts de la Sénéchauffée de Rennes & dépendances, tendante pour les caufes y contenues, à ce qu'il plût à la Cour voir à ladite Requête attaché le procès-verbal de l'expofant, & ayant égard à ce que deffus enjoindre & faire commandement audit Gevezé & à la Barre d'obéir audit expofant, pour tout ce qui concerne fa charge, en conféquence d'ouvrir la Chambre du Confeil, lorfque les Préfidiaux n'y feront pas, à peine d'être procédé contr'eux extraordinairement, feroit pareillement fait défenfes aux Officiers du Préfidial & à toutes autres perfonnes, de troubler l'expofant dans le droit d'entrer dans la Chambre du Confeil, lorfque les Préfidiaux n'y feront pas, à peine de tous dépens, dommages & intérêts, & d'être procédé contr'eux par les voies de droit. Ladite Requête fignée, Poullain de Sainte-Foix & Coffon Procureur; fur ce oui le rapport de Maître le Long, Confeiller en grande Chambre, & tout confideré, LA COUR enjoint & fait commandement aufdits Gevezé & la Barre d'ouvrir la Chambre du Confeil du Préfidial au fuppliant, lorfque les Préfidiaux n'y feront pas, à peine d'être extraordinairement procédé contr'eux, fait défenfes aux Officiers du Préfidial & à toutes autres perfonnes, de troubler le fuppliant dans le droit d'entrer dans ladite Chambre du Confeil, lorfque lefdits Préfidiaux n'y feront pas, à peine de tous dépens, dommages & intérêts, & d'être procédé contr'eux par les voies de droit. FAIT en Parlement à Rennes le vingt-fixiéme jour de Juin mil fept cent trente trois. *Signé*, LE CLAVIER.

ARREST DU CONSEIL D'ÉTAT DU ROI,

QUI excepte du payement des droits de trois fols pour livre, & des autres droits réfervés, tous les Procès-verbaux de vifites, recollemens, martelages, & autres actes judiciaires qui feront faits dans les Bois appartenans aux Communautés Eccléfiaftiques & Laïques; & qui règle les cas où lefdits droits pourront être perçus.

Du 28 Juillet 1733.
Extrait des Regiftres du Confeil d'Etat.

LE ROI étant informé que les Sous-Fermiers des Domaines, droits réfervés, & autres joints & réunis, prétendent exiger trois fols pour livre fur

les journées, droits & salaires des Officiers des Maîtrises particulieres des Eaux & Forêts, dans le cas où ils se transportent pour faire les recollemens, visites & martelages des Bois & Forêts, tant des Communautés ecclésiastiques que laïques, ou pour reprimer les abus & les malversations qui peuvent s'y commettre ; pour raison de quoi les Officiers font des descentes & visites dans lesdits Bois & Forêts, soit en vertu d'Arrêts ou d'Ordres du Conseil, ou de ceux des Grands-Maîtres ; ce qui rend lesdits transports & visites forcés, & par conséquent onéreux ausdits Ecclésiastiques & Laïcs, lesquels se trouvent obligés aux frais desdites journées, droits & salaires desdits Officiers, qui font pour eux en pure perte, ne pouvant dans ces cas en avoir aucun dédommagement : Sur quoi Sa Majesté desirant pourvoir , & faire connoître ses intentions sur le payement desdits droits de trois sols pour livre, & de ceux réservés par la Déclaration du 3 Août 1732. dans les cas d'affaires contentieuses & particulières , concernant lesdites Eaux & Forêts. Oui le rapport du sieur Orry Conseiller d'Etat, & ordinaire au Conseil royal , Contrôleur Général des Finances , LE ROI ÉTANT EN SON CONSEIL, a excepté & excepte du payement des droits de trois sols pour livre , & des autres droits réservés , tous les procès-verbaux de visites , recollemens , martelages , & autres actes judiciaires qui auront rapport aux Bois & Forêts appartenans aux Communautés ecclésiastiques & laïques, dans les cas où lesdits droits tombent à leur perte & sans répétition. Ordonne Sa Majesté que les affaires qui seront poursuivies à la Requête des Procureurs de Sa Majesté , des Maîtrises des Eaux & Forêts, pour le maintien & le bon ordre de la Police , sans partie civile, seront aussi exemptes du payement desdits droits; & en conséquence, fait Sa Majesté très-expresses inhibitions & défenses aux Sous-Fermiers desdits droits, leurs Commis & Préposés , de les exiger , sous peine de restitution , & de tous dépens, dommages & intérêts. N'entend néanmoins Sa Majesté, comprendre dans lesdites exceptions, tous les procès verbaux & autres actes judiciaires émanés, soit des Grands-Maîtres, ou des Officiers des Maîtrises des Eaux & Forêts, pour affaires contentieuses entre Particuliers ; pour raison desquelles tous les droits réservés seront payés sur le pied qu'ils font réduits & modérés par la Déclaration du 3 Août de l'année derniere 1732. Et sera le présent Arrét lu, publié, affiché , & enregistré aux Greffes des Maîtrises particulières , & par-tout ailleurs où besoin sera, & exécuté nonobstant toutes oppositions ou autres empêchemens quelconques. Enjoint Sa Majesté aux sieurs Intendans & Commissaires departis dans les Provinces & Généralités du Royaume, & aux Grands Maîtres & Officiers des Eaux & Forêts , d'y tenir la main. FAIT au Conseil d'Etat du Roi, Sa Majesté y étant, tenu à Compiegne le vingt-huitiéme jour de Juillet mil sept cent trente-trois.
Signé, PHELYPEAUX.

ARREST DU CONSEIL D'ÉTAT DU ROI,

PAR lequel il eſt fait défenſes aux Officiers de la Table de Marbre, de ſurſeoir, ſous tel prétexte que ce ſoit, l'exécution des Sentences & Jugemens rendus dans les Maîtriſes, pour abus, délits, malverſations & confiſcations dont il ſera appellé, à peine d'interdiction & d'amende arbitraire.

Comme auſſi faiſant droit ſur les Concluſions de l'Inſpecteur du Domaine, ordonne que le Procureur du Roi de la Maîtriſe de Bourges ſera tenu d'opter dans ſix mois entre ledit Office de Procureur du Roi, & celui de Juge de l'Abbaye de Plein-pied, ſinon ledit temps paſſé, ledit Office de Procureur du Roi eſt déclaré vacant & impétrable au profit de Sa Majeſté.

Du 11 Août 1733.

Extrait des Regiſtres du Conſeil d'Etat.

LE ROI EN SON CONSEIL, ayant égard à la Requête, & ſans s'arrêter aux Jugemens de la Table de Marbre du Palais à Paris des 30 Août & 22 Septembre de l'année derniere 1732, que Sa Majeſté a caſſé & annullé, ordonne que l'Arrêt de ſondit Conſeil du 7 Mars 1724, & les Lettres Patentes expédiées ſur icelui ſeront exécutés ſelon leur forme & teneur ; en conſéquence, que par le ſieur Blanchebarbe, Grand-Maître des Eaux & Forêts du Département de Blois & Berri, ou les Officiers de la Maîtriſe de Bourges qu'il pourra commettre, il ſera inceſſamment procédé à la viſite des Bois de l'Abbaye de Plainpied, à la reconnoiſſance de tous les balliveaux & taillis qui y ont été coupés en contravention audit Arrêt, dont Procès-verbal ſera dreſſé, & au Jugement définitif deſdits délits & contraventions, conformément à l'Ordonnance des Eaux & Forêts, du mois d'Août mil ſix cent ſoixante-neuf, ſauf l'appel au Conſeil : Comme auſſi que par ledit ſieur Grand-Maître, ou les Officiers par lui commis, il ſera pareillement inceſſamment procédé dans leſdits bois, au choix & appoſition du quart de la totalité d'iceux dans le meilleur fonds, & où le Bois eſt mieux venant & de la meilleure eſſence, pour être réſervé & croître en futaye, & à la diviſion des trois autres quarts en vingt-cinq parties égales, pour en être exploitée une par chacune année, & demeurer à l'avenir en coupes réglées à l'âge de vingt-cinq ans ; leſquelles coupes ſeront diſtinguées & déſignées par premiere & derniere, dont Procès-verbal ſera auſſi dreſſé, pour être, avec les pans & figures deſdits Bois dépoſés au Greffe de ladite Maîtriſe, lors deſdites coupes, il ſera réſervé vingt-cinq balliveaux par arpent, de l'âge du taillis des plus beaux brins & mieux venans, outre ceux réſervés lors des coupes précédentes ; Fait cependant Sa Majeſté défenſes au ſieur Abbé de ladite Abbaye, & à tous autres, de faire aucunes coupes ni entreprise dans lefdits bois qu'ils n'ayent été réglés, conformément à l'Arrêt dudit jour 7 Mars 1724, & au préfent Arrêt, à peine d'être procédé extraordinairement contre les contrevenans ; fait en outre Sa Majefté iteratives défenfes aux Officiers de ladite Table de Marbre, de furfeoir fous tel prétexte que ce foit, l'exécution des Sentences & Jugemens rendus dans les Maîtrifes, pour abus, délits, malverfations & confifcations dont il fera appellé, à peine d'interdiction & d'amende arbitraire ; & faifant droit fur les conclufions de l'Infpecteur Général du Domaine, ordonne Sa Majefté que le Procureur du Roi de ladite Maîtrife de Bourges, fera tenu d'opter dans fix mois, à compter de ce jour, entre ledit Office de Procureur du Roi & l'Office de Juge de l'Abbaye de Plainpied, finon & faute de ce faire dans ledit temps, & icelui paffé, en vertu du préfent Arrêt, & fans qu'il en foit befoin d'autre, Sa Majefté a déclaré & déclare ledit Office de Procureur du Roi de la Maîtrife de Bourges, vacant & impétrable, au profit de Sa Majefté : Et fera le préfent Arrêt exécuté nonobftant oppofition, appellation, recufation, prife à partie, ou autres empêchemens quelconques, pour lefquels ne fera différé, & dont fi aucun intervient, Sa Majefté s'en eft & à fon Confeil réfervé la connoiffance, & icelle interdite à toutes fes Cours & autres Juges. Fait au Confeil d'Etat du Roi, tenu à Compiegne le onze Août mil fept cent trente-trois. Collationné. *Signé*, GUYOT, avec paraphe.

ARREST DU CONSEIL D'ÉTAT DU ROI,

QUI ordonne que l'art. XLIII de l'Edit du mois de Mai 1716, fera exécuté felon fa forme & teneur ; en conféquence que les Receveurs des Amendes de toutes les Maîtrifes feront tenus de faire fignifier à requête du Procureur du Roi dans la quinzaine les Sentences defdites Maîtrifes portant condamnations, &c.

Du 3 Novembre 1733.

SUR ce qui a été repréfenté au Roi en fon Confeil, qu'encore bien que par Arrêt du Confeil contradictoirement rendu en icelui le 14 Mars 1727, entre le fieur Henry Renault, Receveur des amendes de la Maîtrife particuliere des Eaux & Forêts de Rennes, & Jofeph - Guillaume Boby, Collecteur defdites amendes ; Sa Majefté ait ordonné que conformément à l'art. 43 de l'Edit du mois de Mai 1716, ledit Renault feroit tenu de faire fignifier dans la quinzaine les Sentences de condamnation d'amende, reftitutions & confifcations fous les peines y portées, & que le Collecteur feroit tenu de prendre au Greffe de ladite Maîtrife les rolles defdites amendes, reftitutions & confifcations qui lui feroient délivrés par le Greffier, fuivant l'article 10 dudit Edit, avec défenfes audit Renault de s'immifcer en la collecte defdites amendes, fous telles peines qu'il appartiendroit, cependant ledit Renault avoit fait les repréfentations à ladite Maîtrife,

prétendant

prétendant que c'étoit au Collecteur à faire lesdites fignifications, parce qu'il lui étoit attribué cinq fols pour livre de la recette actuelle & la faculté d'exploiter, que fi cela n'étoit, il faudroit que le Receveur à qui il n'é·o·t attribué que deux fols pour livre, débourfât fouvent plus qu'il ne recevoit pour payer les Sergens qui feroient fes exploits, ou bien qu'ils fuffent payés fur les deniers de la Recette, ne pouvant envoyer en campagne pour rien, fur lefquelles repréfentations, le Maître Particulier de ladite Maîtrife auroit par Sentence du fix Avril mil fept cent trente, ordonné que tous Collecteurs feroient tenus de fignifier les Sentences de condamnations, reftitutions d'amendes & confifcations aux parties condamnées, ce qui a obligé ledit Boby, Collecteur, d'interjetter appel de ladite Sentence fur lequel les Parties font actuellement en inftance au Parlement, & cependant ni l'un ni l'autre ne fe met en devoir de faire fignifier les Sentences, & Sa Majefté voulant y pourvoir, vû le dedire de l'Infpecteur Général du Domaine du 10 Août de la préfente année 1733, auquel le tout a été communiqué. Oui le rapport du fieur Orry, Confeiller d'Etat ordinaire au Confeil Royal, Controlleur Général des Finances.

LE ROI EN SON CONSEIL, a évoqué & évoque à foi & à fondit Confeil, l'inftance pendante au Parlement de Bretagne, entre le fieur Renault, Receveur des amendes de la Maîtrife particuliere des Eaux & Forêts de Rennes, & le fieur Boby, Collecteur defdites amendes, fur l'appel interjetté par ledit Boby, de la Sentence de ladite Maîtrife du 6 Avril 1720, faifant droit & fans avoir égard à ladite Sentence que Sa Majefté a caffée & annullée, & tout ce qui pourroit s'en être enfuivi; ordonne Sa Majefté que l'article 43 de l'Edit du mois de Mai 1716, & Arrêt de fon Confeil du 4 Mars 1727, feront exécutés felon leur forme & teneur, en conféquence que ledit Renault & les Receveurs defdites amendes, reftitutions & confifcations des autres Maîtrifes, feront tenus de faire fignifier à la Requête du Procureur de Sa Majefté, dans la quinzaine les Sentences defdites Maîtrifes portant condamnations d'amendes, reftitutions & confifcations, à peine d'être condamnés fuivant lefdits Edits & Arrêts, au payement du montant defdites condamnations, à l'effet de quoi les Greffiers defdites Maîtrifes feront tenus à la premiere requifition de leur délivrer lefdites Sentences, enjoint Sa Majefté aux fieurs Grands-Maîtres & Offi ciers des Maîtrifes des Eaux & Forêts du Royaume, de tenir la main à l'exécution du préfent Arrêt, lequel fera enrégiftré aux Greffes defdites Maîtrifes. Fait au Confeil d'Etat du Roi, tenu à Fontainebleau, le troifième jour du mois de Novembre mil fept cent trente-trois, Collationné. *Signé* EYNARD.

ARREST DU CONSEIL D'ÉTAT DU ROI,

QUI fait défenses aux Greffiers des Experts d'entreprendre sur les fonctions des Greffiers des Maîtrises, à peine de 1000 liv. d'amende, & de tous dépens, dommages & intérêts.

Du 22 Décembre 1733.

Extrait des Regiſtres du Conſeil d'Etat.

SUR la Requête préſentée au Roi en ſon Conſeil, par les Officiers de la Maitriſe particuliere des Eaux & Forêts du Mans : contenant, que Me Jacques-Louis Mareſchal, Greffier des Experts de la Sénéchauſſée & Siège Préſidial du Mans, leur a fait ſignifier le 14 Mars de la préſente année 1733, un Arrêt du Conſeil qu'il a obtenu contre les Officiers de la Sénéchauſſée de ladite Ville du Mans le 28 Octobre 1727, avec ſommation de s'y conformer chacun en droit ſoi, & proteſtation de ſe pourvoir pour la reſtitution des Procès-verbaux de montrées, priſées, toiſées & eſtimations faites par Experts, prétendus induement reçûs, & des émolumens perçûs pour raiſon deſdits Procès-verbaux ; que les diſpoſitions de l'Arrêt, ſur lequel ledit Mareſchal fonde ſa prétention, prouvent ſeules qu'il ne peut s'appliquer à la Juriſdiction des Eaux & Forêts. Il ordonne que l'Edit de création des Offices de Greffiers des Experts du mois de Novembre 1704, la Déclaration du 3 Mars 1705, l'Arrêt du Conſeil du 4 Novembre 1711, ſeront exécutés en ce qui concerne les fonctions attribuées auſdits Officiers. En conſéquence, fait défenſes aux Officiers de la Sénéchauſſée du Mans, & tous autres, de faire rediger par les Greffiers des Juriſdictions aucuns rapports d'Experts, même lorſque les Procès-verbaux de viſite & eſtimation ſe feront en préſence des Officiers de ladite Sénéchauſſée & des autres Siéges ; ordonne que leſdits Procès-verbaux ſeront faits par les pourvûs deſdits Offices de Greffiers des Experts, ſauf à faire rediger les Procès verbaux des dires & conteſtations des Parties, par les Greffiers ordinaires des Siéges ; fait pareillement défenſes aux Experts de faire leurs rapports en d'autres mains qu'en celles des pourvûs deſdits Offices, le tout à peine de nullité & de cinq cent livres d'amende. Ordonne que Dugaſt, Greffier de la Sénéchauſſée du Mans, ſera tenu de remettre dans quinzaine aux Greffiers des Experts de ladite Sénéchauſſée, les minutes des Procès-verbaux de rapports & viſites des réparations de l'Abbaye d'Evreux, & de la Cure de Creſſé, enſemble de tous les autres Procès-verbaux de rapports qu'il peut avoir reçûs, & de leur rendre & reſtituer la moitié des vacations qu'il en a perçû, l'autre moitié lui demeurant, pour avoir redigé les dires & conteſtations des Parties. Il eſt aiſé d'établir que cet Arrêt ne regarde point les Supplians qui n'y ſont point Parties, ni dé nommés ; il ne faut pour cela que jetter les yeux ſur l'Edit de création de Greffiers de l'Ecritoire, du mois de Novembre 1704, qui a donné lieu audit Arrêt. Par cet Edit Sa Majeſté a créé des Greffiers des Experts dans chacune Ville ou Bourg, où il y a Juſtice Royale, pour rédiger les rapports de viſites, priſées, toiſées & eſtimations qui ſeront faites par les Experts,

de maifons , terres , héritages , ouvrages & réparations , pour raifon de partages , licitations collocations ou autrement , de même & ainfi que lefdites
fonctions font faites en la Ville de Paris, par les Greffiers de l'Ecritoire y établis : aux termes de cet Edit, il eft évident que ces Greffiers font établis uniquement pour les Juftices ordinaires, n'y étant faite aucune mention des Juftices
extraordinaires, & encore moins de celles des Eaux & Forêts; & effectivement
il ne fe fait aux Siéges des Eaux & Forêts, partages, licitations , ni collocations ; d'ailleurs ces Greffiers des Experts font créés pour faire leurs fonctions , de même que ceux établis dans la Ville de Paris ; & jamais ceux-ci n'ont
fait de fonction dans la Jurifdiction de la Maîtrife des Eaux & Forêts de
Paris , ainfi que les Supplians le prouvent par la Lettre des Officiers de cette
Maîtrife du 24 Avril dernier , fervant de certificat : aufli eft-ce une nou-
veauté de la part dudit fieur le Marefchal, qui ne s'eft avifé d'agiter cette
queftion que depuis deux mois , quoique pourvû depuis longtemps de l'un
des deux Offices de Greffiers des Experts de la Sénéchauflée du Mans. Le fieur
le Fevre dont il a acheté le fecond , n'ayant jamais eu cette prétention , non
plus que fes prédéceffeurs, &c.
   LE ROI ÉTANT EN SON CONSEIL , ayant égard à la Requête , a
déclaré & déclare commun avec les Supplians , l'Arrêt de fondit Confeil rendu le 30 Avril 1726 , entre le Greffier de la Maîtrife de Sezanne & le nommé Brufley , Greffier , tant du Bailliage & Prévôté de Sezanne, que des Experts de la même Ville ; en conféquence , fait Sa Majefté très-expreffes inhibitions & défenfes au nommé Jacques-Louis le Marefchal , Greffier des Experts de la Sénéchauflée & Siége Préfidial du Mans , d'entreprendre fur les
droits & fonctions du Greffier de la Maîtrife des Eaux & Forêts de ladite
Ville du Mans, à peine de 1000 livres d'amende , & de tous dépens, dommages & intérêts. Fait au Confeil d'Etat du Roi , tenu à Verfailles le vingt-deux
Décembre mil fept cent trente-trois. Collationné. *Signé*, EYNARD.

ARREST DU CONSEIL D'ÉTAT DU ROI,

QUI reçoit l'Infpecteur du Domaine oppofant à celui du 20 Déc. 1707 ,
  en ce qu'il maintient les Officiers du Comté de Joigny dans le droit d'exercer leur Jurifdiction fur les Eaux & Forêts appartenans aux Particuliers ,
  Eccléfiaftiques , Communautés & Gens de main-morte dudit Comté. Déboute M. le Duc de Villeroi , & les Maire & Echevins de Joigny de leur
  oppofition à l'Arrêt du Confeil du 22 Avril 1732 , & renvoye lefd. Maire ,
  Echevins & Habitans de ladite Ville en la Maîtrife de Montargis , pour y
  procéder en exécution dudit Arrêt , & de l'Ordonnance du Maître particulier de ladite Maîtrife du 12 Septembre 1732.

Du 29 Décembre 1733.
Extrait des Regiftres du Confeil d'Etat.

SUR la Requête préfentée au Roi en fon Confeil, par fon Procureur en
la Maîtrife particuliere des Eaux & Forêts de Montargis: contenant , que

par Arrêt du Conseil du 22 Avril 1732, Sa Majesté , sans avoir égard à la
Sentence du Juge de Joigny du 28 Février audit an , qu'elle a cassée & annullée, a ordonné que la procédure commencée en la Maîtrise particuliere des
Eaux & Forêts de Montargis , en exécution de l'Ordonnance du sieur Miotte
de Ravannes , Grand-Maître des Eaux & Forêts du Département d'Orléans
du 6 Août 1731 , seroit continuée; & en conséquence que les Habitans &
Communauté de la Ville de Joigny , & autres dénommés en ladite Ordonnance , seroient tenus de remettre au Greffe de ladite Maîtrise , les plans ,
figures & bornage de leurs Bois , pour être le quart d'iceux mis en réserve ,
& le surplus réglé en coupes ordinaires à l'âge de vingt-cinq ans , avec défenses ausdits Habitans , & à tous autres, de faire aucune coupe ni entreprise
dans leurs Bois , à compter du jour de la signification qui leur seroit faite dudit Arrêt à la requête & diligence du Procureur de Sa Majesté en ladite
Maîtrise , qu'après qu'ils auront été ainsi réglés , à peine d'être procédé
contr'eux , conformément à l'Ordonnance du mois d'Août 1669 , que ledit
Arrêt , ensemble le mandement du sieur Bory , Grand Maître audit Département d'Orléans du 28 Mai 1732 , adressé au Maître particulier des Eaux
& Forêts de Montargis , portant qu'il seroit exécuté selon sa forme & teneur
ont été signifiés par exploit du 10 Juin de ladite année 1732 , non-seulement aux Maire & Echevins de ladite Ville de Joigny , tant pour eux, que
pour le Corps des Habitans & Communauté de ladite Ville , mais encore
aux Officiers de la Grurie & Grairie des Eaux & Forêts du Comté de Joigny,
avec défenses de faire aucune coupe ni entreprise dans leurs Bois , & commandement de satisfaire dans huitaine audit Arrêt ; & conformément à icelui,
de remettre au Greffe de ladite Maîtrise , les plans , figures & bornages de
leurs Bois communaux ; à quoi lesdits Maire & Echevins , & Communautés
d'Habitans n'ayant tenu compte de satisfaire , le Suppliant a été obligé de
donner sa Requête au Maître particulier des Eaux & Forêts de Montargis ,
& d'obtenir son Ordonnance le 12 Septembre 1732 , par laquelle il a ordonné , que faute par lesdits Maire & Echevins , Habitans & Communauté,
d'avoir satisfait audit Arrêt, & remis au Greffe , les plans, figures & bornages
de leurs Bois communaux, qu'à la requête du Procureur de Sa Majesté en
ladite Maîtrise , Jacques Beillard , Arpenteur ordinaire, se transporteroit le
Lundi 15 dudit mois de Septembre en ladite Ville de Joigny , & de-là dans
lesdits Bois communaux , pour y procéder de suite & sans interruption ,
aux mesurages & arpentages desdits Bois, pour en être ensuite remis au Greffe
le plan figuré aux dépens desdits Maire & Echevins , Habitans & Communauté dudit Joigny. Qu'en vertu de ladite Ordonnance , ledit Beillard , Arpenteur, s'étant transporté en ladite Ville de Joigny , il auroit à la Requête
du Procureur du Roi en ladite Maîtrise , fait signifier ladite Requête & Ordonnance aux Maire & Echevins de ladite Ville par exploit du 18 Septembre audit an , avec déclaration qu'il se transporteroit le lendemain neuf heures
du matin dans lesdits Bois communaux pour en faire le mesurage & arpentage, avec un Plan figuré , & les auroit fait sommer d'y être présens ; &
d'y faire trouver un Indicateur capable pour faciliter & abreger ledit arpentage & mesurage. Que lesdits Maire & Echevins , & Communautés d'Habitans , par une entreprise téméraire , au lieu de satisfaire ausdits Arrêt & Or-

donnance, y ont au contraire formé oppofition, par acte fignifié, tant au Suppliant, qu'audit Beillard, Arpenteur, fous prétexte qu'ils ont fatisfait à l'Ordonnance de 1669, & fait arpenter & borner lefdits Bois communaux dès le 11 Juin, & autres jours fuivans 1697, par les Officiers de la Grurie de Joigny, qu'ils fuppofent être en droit de connoître des Bois de la Communauté de ladite Ville, même de toutes les autres Communautés tant Séculieres que Régulieres dans l'étendue de leur reffort ; ce qui eft une prétention chimérique, & contraire à l'Ordonnance de 1669, &c.

LE ROI EN SON CONSEIL, faifant droit fur l'inftance, a reçu & reçoit l'Infpecteur Général du Domaine oppofant à l'Arrêt du Confeil du vingt Décembre mil fept cent fept, en ce qu'il maintient les Officiers du Comté de Joigny dans le droit d'exercer leur Jurifdiction fur les Eaux & Forêts appartenans aux Particuliers, Eccléfiaftiques, Communautés & Gens de main-morte dudit Comté ; ce faifant, & fans avoir égard à l'oppofition formée par le fieur Duc de Villeroi, Comte de Joigny, & par les Maire & Echevins de la Ville de Joigny à l'Arrêt du Confeil du 22 Avril de l'année derniere 1732, dont Sa Majefté les a débouté & déboute : Ordonne Sa Majefté que l'Arrêt dudit jour 22 Avril 1732, & l'Ordonnance du Maître particulier de la Maîtrife de Montargis du 12 Septembre de ladite année pour l'exécution dudit Arrêt, feront exécutés felon leur forme & teneur : en conféquence que la procédure commencée en la Maîtrife de Montargis pour raifon de ce dont eft queftion, fera continuée ; à l'effet de quoi les Maire, Echevins & Habitans de ladite Ville de Joigny, feront tenus de fe trouver aux jour & heure qui leur feront indiqués par les Officiers de ladite Maîtrife dans les Bois communaux de ladite Ville, pour être préfens à la vifite, & leur en faire l'indication, à peine de mille livres d'amende folidaire, & de plus grande peine s'il y échoit. Enjoint Sa Majefté aux Gardes defdits Bois de s'y tranfporter avec l'Arpenteur de ladite Maîtrife pour les lui indiquer, à peine de cinq cent livres auffi d'amende. Et fera le préfent Arrêt lû, publié & affiché dans ladite Ville de Joigny, & où befoin fera, & exécuté nonobftant toutes oppofition, appellation, récufation, prife à partie, ou autres empêchemens quelconques, pour lefquels ne fera différé, dont fi aucun intervient, Sa Majefté s'en eft & à fon Confeil réfervé la connoiffance, & icelle interdite à toutes fes Cours & autres Juges. Fait au Confeil d'Etat du Roi, tenu à Verfailles le vingt-neuviéme jour du mois de Décembre mil fept cent trente-trois. Collationné. *Signé*, EYNARD, avec paraphe.

ARREST DU CONSEIL D'ÉTAT DU ROI,

PORTANT Réglement pour les Bois des Chartreux.

Du 2 Février 1734.

Extrait des Regiftres du Confeil d'Etat.

SUR la Requête préfentée au Roi en fon Confeil, par le Général de l'Ordre des Chartreux, Prieur de la grande Chartreufe, & les Prieurs & Religieux des Chartreufes de la Province de Dauphiné , contenant. Que de tous les Priviléges qu'il a plû à Sa Majefté & aux Rois fes prédeceffeurs , accorder à l'Ordre des Chartreux , celui qui a toujours été regardé comme le plus précieux , eft de pouvoir couper , ufer & difpofer librement de leurs Bois , pour l'entretien & l'utilité de leurs Maifons , ils étoient en fi bon état lorfque l'Ordonnance de 1669 , fut rendue pour la Police néceffaire à la confervation & exploitation des Bois du Royaume , que par Lettres Patentes du mois de Février 1670 , le feu Roi de très glorieufe mémoire , en confirmant les Chartreux dans leurs anciens Priviléges , leur permit d'exploiter & de difpofer librement de leurs Bois , ainfi qu'ils aviferoient bon être , nonobftant le contenu en cette Ordonnance , qui faifoit loi , tant pour tous les Bois des Forêts de Sa Majefté , que pour tous ceux de fes autres Sujets , Gens de main-morte & autres ; & pour que lefdits Chartreux ne puiffent être troublés ni inquiétés dans la libre difpofition des leurs , Sa Majefté dérogea expreffément en leur faveur à ladite Ordonnance , & impofa filence généralement à tous fes Officiers fur ce fujet , &c.

LE ROI EN SON CONSEIL , ayant aucunement égard à la Requête , a reçu & reçoit les Suppliants oppofans au Réglement des fieurs Commiffaires de la réformation des Bois de la Province du Dauphiné , du 15 Octobre 1731 , ce faifant Sa Majefté les a maintenu & maintient dans les Priviléges qui leur ont été ci-devant accordés , de jouir de leurs Bois en bons peres de familles ; ordonne néanmoins Sa Majefté que l'article IX du titre III du Réglement defdits fieurs Commiffaires fera exécuté , & en conféquence , qu'à l'égard des Bois dont les Religieux Chartreux jouiffent en commun , ou par ufage avec les Habitans de différentes Communautés féculieres , ils feront tenus , ainfi & de la même maniere que lefdits Habitans & Communautés , & fous les mêmes peines , de fe conformer à tout ce qui eft prefcrit pour la confervation des Bois communs ou chargés d'ufage , & qu'ils feront en outre tenus fix mois auparavant de couper des Arbres & Bois de futaye , d'envoyer au fieur Controlleur Général des Finances & au fieur Secrétaire d'Etat , ayant le Département de la Marine , la Déclaration contenant la quantité d'Arbres & Bois de futaye , qu'ils fe propoferont de couper , leur qualité , âges , effences fituation ; leur fait Sa Majefté très-expreffes inhibitions & défenfes , & de faire fortir leurs Bois hors du Royaume fans fa permiffion : le tout à peine de trois mille livres d'amende , & de confifcation defdits Bois. Fait au Confeil d'Etat du Roi , tenu à Marly le deux Février mil fept cent trente-quatre. Collationné. *Signé* , DE VOUGNY.

ARREST DU CONSEIL,

QUI maintient les Huiffiers Audienciers dans l'exemption de logement de Gens de Guerre , & autres Priviléges attribués à leurs Offices.

Du 30 Mars 1734.

SUR la Requête préfentée au Roi en fon Confeil , par Jofeph Donard , Huiffier Audiencier en la Maîtrife particuliere des Eaux & Forêts de Poitiers, contenant, &c. LE ROI EN SON CONSEIL, ayant égard à la Requête, sans s'arrêter à l'Ordonnance du sieur le Nain, Intendant & Commissaire départi en la Généralité de Poitiers du 7 Juillet de l'année derniere 1733, que Sa Majesté a cassé & annullé, a ordonné & ordonne que l'article 13 du titre des Officiers des Maîtrises des Eaux & Forêts, l'article premier du titre des Huissiers Audienciers & Gardes de l'Ordonnance des Eaux & Forêts du mois d'Août 1669, les Arrêts du Conseil rendus en conséquence & notamment celui du 4 Avril 1723, seront exécutés selon leur forme & teneur, en conséquence Sa Majesté a maintenu & maintient le Suppliant & les Huissiers Audienciers des autres Maîtrises, dans lesdits Priviléges & exemptions attribués à leurs Offices, par lesd. Ordonnances & Arrêts. Fait Sa Majesté très-expresses inhibitions & défenses aux Maires & Echevins des Villes & Bourgs, & à tous autres de les comprendre dans aucun rolle d'ustensiles, fournitures, contributions & subsistances & autres charges publiques, de leur délivrer aucun logement de gens de guerre, & de les troubler dans les Priviléges & exemptions attribués à leursdits Offices, à peine de cinq cent livres d'amende, & de tous dépens, dommages & intérêts. Fait au Conseil d'Etat du Roi, tenu à Versailles le trente Mars mil sept cent trente-quatre. Collationné. *Signé*, DE VOUGNY.

DÉCLARATION DU ROI

CONCERNANT les comptes des amendes, restitutions, confiscations & condamnations des Eaux & Forêts.

Donnée à Versailles le 6 Avril 1734.

Regiſtrée en la Chambre des Comptes.

LOUIS, par la grace de Dieu, Roi de France & de Navarre: A tous ceux qui ces présentes Lettres verront; SALUT. Par notre Déclaration du 15 Février 1727, article premier, Nous avons ordonné qu'il seroit arrêté en notre Conseil, des états, généralité par généralité, dans lesquels seroient employées les sommes provenant des amendes, restitutions, confiscations & condamnations prononcées en matieres d'Eaux & Forets, à commencer depuis le premier Janvier 1716 jusques & compris l'année 1724, lesquels états seroient incessamment remis entre les mains des Receveurs généraux de nos Domaines & Bois qui seroient tenus d'en compter par état au vrai en notre Conseil, & ensuite en nos Chambres des Comptes; & qu'à l'avenir il seroit arrêté un état desdites amendes pour chaque Généralité, dont lesdits Receveurs généraux compteroient conjointement avec les autres deniers de leur recette, chaque année de leur exercice; & que les recettes seroient admises conformément à nosdits états, & les dépenses allouées sur les simples quittances des Officiers qui y seroient employés. Le temps considérable qu'il a fallu pour faire arrêter dans les Maîtrises tous les comptes particuliers des amendes qui avoient été jusqu'alors négligées, & pour ensuite les faire examiner en notre Conseil, ne nous ayant pas permis de faire ar-

t_ter annuellement des états du produit defdites amendes, les Receveurs généraux de nos Domaines & Bois n'en ont pú compter, comme Nous l'avions
ordonné, conjointement avec les autres deniers de leur recette. Et comme
Nous avons fait arrêter des états particuliers du produit defdites amendes de
l'année 1725 & fuivantes, jufques & compris 1729, & que notre intention
eft qu'il en foit encore arrêté d'autres pour les années 1730, 1731, 1732
& 1733, dont Nous voulons qu'il foit compté à notre profit, par lefdits
Receveurs généraux de nos Domaines & Bois, par des comptes particuliers ; pour leur en faciliter la reddition & l'appurement de ceux qu'ils ont
rendus de leurs exercices ordinaires, par rapport aux recettes forcées par efti-
mations, qui ont été faites au Jugement defdits comptes, pour raifon defdites amendes, reftitutions & confifcations ; Nous avons réfolu d'en prefcrire
la forme, & les délais dans lefquels ils feront repréfentés en nos Chambres
des Comptes, & de défigner en des termes fi précis les piéces que Nous
voulons être rapportées pour en juftifier les recettes & les dépenfes, que ce
foit une loi ftable & uniforme qui ne puiffe être fujette à aucune interprétation. A ces causes, & autres à çe Nous mouvans, de l'avis de notre Confeil & de notre certaine fcience, pleine puiffance & autorité Royale; Nous
avons par ces Préfentes, fignées de notre main, dit, déclaré & ordonné, difons, déclarons & ordonnons, voulons & Nous plaît ce qui enfuit,

Article Premier,

Qu'à commencer de la préfente année 1734, les Receveurs généraux de
nos Domaines & Bois foient tenus de compter du produit des amendes,
reftitutions & confifcations qui auront été prononcées dans les Maîtrifes de
chacune Généralité pendant le cours de la préfente année, & des fuivantes,
conjointement avec les autres deniers de leurs recettes, de la même manière
& dans les temps portés par nos Ordonnances, fur les états particuliers defdites amendes, qui feront arrêtés en notre Confeil à cet effet, conformément
à l'article LVIII de notre Edit du mois de Mai 1716,

II. Et pour procurer aufdits Receveurs généraux de nos Domaines & Bois
les moyens de rendre les comptes particuliers du produit defdites amendes
des années 1716 & fuivantes, jufques & compris 1733, conformément à
notre Edit du mois de Mai 1716 & Déclaration du 15 Février 1727, Nous
leur avons accordé & accordons, pour les préfenter en nos Chambres des
Comptes, les délais ci-après ; fçavoir, ceux des amendes, reftitutions & confifcations de l'année 1716 & fuivantes, jufques & compris 1724, jufqu'au
dernier Décembre de la préfente année 1734, ceux de l'année 1725 & fuivantes, jufques & compris 1729 jufqu'au dernier Juin de l'année prochaine 1735,
& ceux des années 1730, 1731, 1732 & 1733 dont les états ne font point
encore arrêtés, jufqu'au dernier Décembre de ladite année 1735. Et en pré-
fentant par lefdits Receveurs généraux lefdits comptes dans les délais ci-deffus, Nous les avons déchargés & déchargeons, même ceux d'entr'eux qui
les ont ci-devant préfentés & fait juger, des amendes ordinaires & extraordinaires, qui ont été ou pourroient être prononcées contr'eux, faute d'avoir
préfenté lefdits comptes dans les temps portés par les Edits des mois d'Août
1669,

1669, Avril 1685 & Déclaration du 2 Septembre 1693, & les avons pareillement déchargés & déchargeons des intérêts auxquels ils peuvent avoir été ou pourroient être condamnés à la clôture defdits comptes ; en conféquence de notre Déclaration du 27 Décembre 1701, aufquels Edits & Déclarations Nous avons expreffément dérogé & dérogeons par ces Préfentes, à cet égard feulement,

III. Et attendu que Nous avons fait comprendre en nofdits états, non-feulement les débets des comptes defdites amendes, tels qu'ils ont été arrêtés par les Grands-Maîtres ou Officiers des Maîtrifes, mais encore plufieurs parties de dépenfes ou reprifes que Nous avons jugé y avoir été mal à propos paffées, & que le rapport de ces comptes dont les débets ne cadrent pas avec les fommes employées en recette en nos états, pourroit caufer par la fuite des erreurs & embarras préjudiciables à nos intérêts, s'ils étoient joints aux comptes que lefdits Receveurs généraux en doivent rendre à notre profit en nos Chambres des Comptes : Ordonnons qu'en procédant au Jugement des comptes particuliers defdites amendes, les recettes qui y feront faites des fommes qui feront employées en nos états, foient admifes purement & fimplement efdits comptes, conformément à l'Article III de notre Déclaration du 15 Février 1727, fans qu'elles puiffent être augmentées ni diminuées, ni lefdits Receveurs généraux tenus de rapporter d'autres piéces juftificatives defdites recettes, que nofdits états. Voulons pareillement que les dépenfes employées efdits états, foient auffi paffées & allouées dans lefdits comptes pour le paffé, jufques & compris l'année 1733 feulement, fur les fimples quittances des parties, conformément à l'emploi qui en fera fait en nofdits états, ainfi & de la même manière que Nous les aurons paffées & allouées dans les états au vrai qui en auront été arrêtés en notre Confeil, même les reprifes qui pourroient être allouées dans lefdits états au vrai ; dérogeant à cet effet, & pour ce regard feulement, à notre Edit du mois de Mai 1716 & à tous autres Edits, Déclarations, Arrêts & Réglemens, en ce qu'ils fe trouveroient contraires à la difpofition des Préfentes, & nonobftant la reftriction portée par l'Arrêt d'enrégiftrement en notre Chambre des Comptes à Paris, du 14 Mars 1727 de notre Déclaration du 15 Février précédent ; le tout pour le paffé feulement, & fans tirer à conféquence pour l'avenir.

IV. Ordonnons à cet effet qu'à l'avenir, à commencer de la préfente année 1734 les recettes du produit defdites amendes, reftitutions & confifcations, ne foient admifes ès comptes de ladite année & des fuivantes, qu'en rapportant par lefdits Receveurs généraux des expéditions des comptes particuliers qui auront été rendus pour chacune année par les Receveurs des amendes dans les Maîtrifes où il y en a d'établis en titre ou par commiffion, ou par les collecteurs dans celles où il n'y a pas de Receveurs, arrêtés par les Grands-Maîtres ou par les Officiers des Maîtrifes. Et attendu que les dépenfes qui font employées en nofdits états des amendes, fous les noms de nos Procureurs, Greffiers ou autres Officiers des Maîtrifes, pour rembourfemens de frais par eux faits pour la pourfuite des amendes, arrêtés & expéditions defdits comptes, ne doivent être regardées que comme des gratifications modiques que Nous avons jugé à propos d'accorder à ces Officiers, fur le produit même des amendes, pour les peines, foins & papiers qu'ils employent aufdites pourfuites, & que le furplus des amendes, déduction faite des taxations des Receveurs généraux, eft toujours deftiné à notre Tréfor royal, ordonnons que ces fortes de dépenfes foient paffées & allouées, tant pour le paffé que pour l'avenir, fur les fimples quittances defdits Officiers, fuivant l'emploi qui en fera fait en nofdits états, fans être tenus de rapporter aucuns états defdits frais, dont nous les difpenfons; & pour cet effet, voulons qu'à l'avenir les dépenfes de cette nature foient employées fous leurs noms dans nofdits états, fous le titre de gratifications : Ordonnons néanmoins que les dépenfes qui feront employées efdits états, en vertu d'Arrêts de notre Confeil, ne foient paffées & allouées ès comptes defdits Receveurs généraux, qu'en rapportant par eux les Arrêts qui les auront ordonnées, avec les quittances des Parties prenantes, fur ce fuffifantes.

V. Et afin que lefdits Receveurs généraux puiffent être inftruits des débets des comptes defdites amendes, & en pourfuivre le recouvrement contre les Receveurs ou Collecteurs, ordonnons que les Greffiers des Maîtrifes feront tenus de leur délivrer fans frais, des expéditions en bonne forme defdits comptes, quinzaine après l'arrêté d'iceux par les Grands-Maîtres ou Officiers des Maîtrifes, à peine de privation de leurs gages; fauf à leur être par Nous pourvu d'un falaire raifonnable pour lefdites expéditions, à prendre fur lefdites amendes; enjoignons à nos Procureurs efdites Maîtrifes, de tenir la main à l'exécution du préfent article.

VI. Enjoignons pareillement aux Grands-Maîtres & aux Officiers des Maîtrifes, en arrêtant les comptes particuliers defdites amendes, de rayer les reprifes des fommes qui y feront employées, comme n'ayant pu être recouvrées, faute par les Collecteurs ou Receveurs de rapporter les diligences valables, en la forme prefcrite par l'article XXIV de notre Edit du mois de Mai 1716, & de diftinguer par le *finito* defdits comptes, les débets clairs d'avec les débets qui procéderont defdites reprifes rayées; de deftiner les débets clairs aux Receveurs particuliers des amendes, ou aux Receveurs généraux; & de faire faire recette de comptes en comptes, des débets qui procéderont defdites reprifes rayées, jufqu'à ce que les Collecteurs ou Receveurs aient juftifié des diligences valables, & de l'infolvabilité des débiteurs, pour opérer le rétabliffement defdites reprifes.

VII. Ordonnons que les fommes qui feront employées en recette dans nos états defdites amendes, & dont les Receveurs généraux de nos Domaines & Bois juftifieront avoir fait recette fans reprife dans les comptes de leurs exercices ordinaires, leur feront paffées & allouées en reprifes fans difficulté, dans les comptes particuliers qu'ils rendront defdites amendes.

VIII. Et attendu qu'en exécution des Préfentes il doit être compté à notre profit par des comptes particuliers du produit net de toutes les amendes, reftitutions & confifcations prononcées dans les Maîtrifes de notre Royaume, non-feulement de l'année 1716 & des fuivantes, jufques & compris 1733, mais encore des années antérieures à 1716 que Nous avons fait comprendre en recette dans nofdits états, lorfque les comptes en ont pu être arrêtés & envoyés en notre Confeil : Ordonnons, voulons & Nous plaît, que toutes les recettes forcées par eftimation qui ont été faites au Jugement des comptes des exercices ordinaires defdits Receveurs généraux, pour le pro-

duit defdites amendes, reftitutions & confifcations des années antérieures à
1716 & des fuivantes, compris 1733, foient rayées & rejettées defdits comptes, les indécifions mifes fur icelles, & les fouffrances prononcées fur les reprifes, levées & déchargées, en rapportant feulement par lefdits Receveurs
généraux, des Certificats des Officiers ou Greffiers des Maîtrifes, portant
que pendant lefdites années il n'y a été prononcé aucunes amendes, reftitutions & confifcations, ou qu'il n'en a été rendu aucun compte à caufe de la
fuite ou infolvabilité des Receveurs & Contrôleurs; ou enfin en juftifiant par
eux de l'emploi qui aura été fait en recette dans nos états, des débets des
comptes defdites amendes qui auront été arrêtés par les Grands-Maîtres, ou
par les Officiers des Maîtrifes.

IX. Il fera par Nous pourvu, en arrêtant les états au vrai defdites amendes qui feront préfentés en notre Confeil, aux fonds néceffaires, tant pour
les épices des comptes à rendre fur lefdits états en nos Chambres des Comptes que pour les façons & reliages defdits comptes, vacations des Procureurs & pour les frais de recouvrement defdits états : & à l'égard des états
au vrai qui ont été ci-devant arrêtés, & efquels il n'a été fait aucun fonds
pour la reddition defdits comptes & recouvrement d'état, il y fera pourvu
par remplacement dans le premier état qui fera arrêté en exécution des Préfentes.

X. Difpenfons lefdits Receveurs généraux de nos Domaines & Bois, de
compter par des états au vrai particuliers, du produit defdites amendes, ès
Bureaux de nos Finances, nonobftant l'adreffe & envoi qui peut y avoir
été fait defdits états contre la difpofition de l'article premier de notre Déclaration du 15 Février 1727, laquelle Nous voulons au furplus être exécutée en tout fon contenu, en ce qui n'eft pas contraire aux difpofitions des
Préfentes. Si donnons en mandement à nos amés & féaux, Confeillers les
Gens tenans notre Chambre des Comptes à Paris, que ces Préfentes ils aient
à faire lire, publier & regiftrer, & le contenu en icelles garder, obferver &
exécuter felon leur forme & teneur. Car tel eft notre plaifir. En témoin de
quoi Nous avons fait mettre notre Scel à cefdites Préfentes. Donné à Verfailles le fixiéme jour d'Avril, l'an de grace mil fept cent trente-quatre, &
de notre Regne le dix-neuviéme. Signé, LOUIS. Et plus bas, par le Roi,
PHELYPEAUX. Vu au Confeil, ORRY. Et fcellé du grand Sceau de cire
jaune.

ARREST DU CONSEIL D'ÉTAT DU ROI,

QUI règle les Fonctions d'entre le Maître Particulier & le Lieutenant de la Maîtrife des Eaux & Forêts d'Argentan.

Du 10 Août 1734.
Extrait des Regiftres du Confeil d'Etat.

SUR la Requête préfentée au Roi en fon Confeil, par Jacques-Louis le Goux,
Confeiller de Sa Majefté, Lieutenant de la Maîtrife des Eaux & Forêts d'Argentan, contenant, &c.   Y ij

LE ROI EN SON CONSEIL, ayant aucunement égard à la Requête, a ordonné & ordonne.

ARTICLE PREMIER.

Que le Suppliant, Lieutenant en la Maîtrise d'Argentan, sera qualifié de Lieutenant en ladite Maîtrise, laquelle qualité lui sera donnée dans tous les Actes de judicature, où il s'agira de le nommer.

II. Dans les Jugemens des Causes, Instances & Procès, tant à l'Audience qu'en la Chambre du Conseil, la voix du Maître ne prévaudra point à celle du Lieutenant ; mais dans les cas où ils se trouveront d'avis contraires, il sera pris un tiers pour les départager.

III. Les Assises seront tenues par le Maître particulier, ou en son absence, par le Lieutenant, aux jours & lieux accoutumés, conformément à l'article premier du titre des Assises de l'Ordonnance du mois d'Août 1669, qui sera exécuté selon sa forme & teneur : & en conséquence que tous les Officiers qui composent ladite Maîtrise, seront tenus d'assister ausdites Assises sans néanmoins que dans l'appel qui y sera fait, le Lieutenant, le Procureur du Roi, le Garde-Marteau, & le Greffier, qui composent la Jurisdiction, soient compris.

IV. Le sieur le Roux, Maître Particulier, étant Gradué, le Lieutenant n'aura que le rapport & son suffrage, conformément à l'article second du titre des Maîtres Particuliers de ladite Ordonnance, & l'instruction, le jugement, & la prononciation, suivant la pluralité des voix, demeureront audit Maître Particulier Gradué, tant en l'Audience qu'en la Chambre du Conseil.

V. Les Epices seront taxées par celui qui présidera, sans qu'il soit tenu de prendre à cet égard l'avis d'aucun autre Officier.

VI. Les Gardes des Forêts du Roi, & ceux des Seigneurs Particuliers, ensemble les Facteurs, ou Gardes-Ventes seront reçus à l'Audience ou en la Chambre du Conseil, de l'avis du Lieutenant, & autres Officiers, & les Droits de ces réceptions seront partagés entre le Maître Particulier, le Lieutenant, quand il y sera présent, & le Procureur du Roi ; ensorte néanmoins que le Maître aura un tiers plus que chacun des autres.

VII. Celui qui fera la procédure criminelle, pourra rendre seul tel Décret qu'il appartiendra, ou renvoyer les Parties à l'Audience sur les procédures qu'il aura faites, le tout sur les conclusions du Procureur du Roi. Et en cas que l'affaire soit grave & qu'elle mérite une instruction extraordinaire, le jugement qui ordonnera le récollement & la confrontation, ne pourra être rendu que de l'avis des Officiers du Siége.

VIII. Les Procès-verbaux de récollemens ne pourront, quand il y aura contestation, être jugés par le Maître Particulier, ni par le Lieutenant, en son absence, sur le parterre ; mais seront portés à l'Audience, & jugés à la pluralité des voix, conformément à l'article VII. du titre des Récollemens de l'Ordonnance de 1669. Mais lorsqu'il n'y aura ni contestation de la part des Adjudicataires, ni réquisition du Procureur du Roi, le Procès-verbal de récollement sera clos sur le champ, du consentement dudit Procureur du Roi, & sans qu'il soit besoin de renvoyer à l'Audience, il sera signé, tant par les Officiers préfens , que par les Adjudicataires des Bois.

IX. Tous appointemens fe prononceront à l'Audience à la pluralité des voix , par le Maître Particulier , ou en fon abfence , par le Lieutenant ; & ledit Lieutenant fe chargera enfuite des Procès lorfqu'ils auront été inftruits, pour en faire fon rapport , fans qu'il foit befoin qu'il lui en foit fait de diftribution ; mais il n'en fera le rapport qu'après avoir pris jour pour cela , avec le Maître Particulier , comme Chef du Siége.

X. Le Lieutenant aura voix délibérative lorfqu'il fera queftion de ftatuer fur les Procès-verbaux, foit que lefdits Procès - verbaux ayent été par lui dreffés , foit qu'ils l'ayent été par le Maître Particulier.

XI. Toutes les Sentences , mêmes celles que le Lieutenant , ou le Garde-Marteau , rendront , en l'abfence du Maître Particulier , feront intitulées du nom dudit Maître Particulier , fauf audit Lieutenant , ou Garde-Marteau à marquer à la fin d'icelles , qu'elles ont été par eux rendues.

XII. Le Lieutenant pourra , fi bon lui femble , affifter à toutes les Affiettes, & à tous les Martellages qui fe feront , tant des Bois du Roi , que de ceux des Eccléfiaftiques & Communautés , fans néanmoins qu'il puiffe prendre aucunes vacations lorfque le Maître Particulier fera préfent ; & le jour defdites Affietes, & Martellage , fera indiqué par le Maître Particulier , ou en fon abfence par le Lieutenant.

XIII. Dans les cas qui requiereront célérité , auffi-tôt que le Maître Particulier fera abfent du lieu où fe tient le Siége de la Maîtrife , le Lieutenant pourra faire toutes fes fonctions en fon lieu & place. Et fera le préfent Réglement , lû , publié & enregiftré au Greffe de ladite Maîtrife , & exécuté non-obftant oppofition , appellation , ou autres empêchemens quelconques , dont fi aucun intervient , Sa Majefté s'en eft & à fon Confeil réfervé la connoiffance , & icelle interdit à toutes fes Cours & Juges. Fait au Confeil d'Etat du Roi , tenu à Verfailles , le dix Août mil fept cent trente-quatre. Collationné. *Signé*, GUYOT , avec grille & paraphe.

ARREST DU CONSEIL D'ÉTAT DU ROI,

QUI maintient le fieur Richer , Lieutenant en la Maîtrife des Eaux & Forêts d'Auxerre , dans les Privileges & Exemptions attribués à fon Office par l'Ordonnance de 1669 , & le décharge de la nomination faite de fa perfonne le 26 Décembre 1734 , à la charge de Marguillier de fa Paroiffe , fauf au Curé & Marguilliers de ladite Eglife de procéder à une nouvelle Election , fi bon leur femble.

Du 11 Février 1735.

Extrait des Regiftres du Confeil d'Etat.

LE ROI EN SON CONSEIL , ayant égard à la Requête , a maintenu & maintient le Suppliant dans les privileges & exemptions attribués par l'Or-

donnance des Eaux & Forêts du mois d'Août 1669, à fon Office de Lieutenant de la Maîtrife particuliere des Eaux & Forêts d'Auxerre, tant qu'il
fera pourvû dudit Office. Ce faifant, Sa Majefté a caffé & annullé la nomination faite de fa perfonne par Acte du 26 Décembre de la derniere année 1734, à la Charge de Marguillier de la Fabrique de Notre Dame de
la Dehors de la Ville d'Auxerre, & tout ce qui pourroit s'en être enfuivi, &
l'a déchargé & décharge de l'exercice de ladite Charge, fauf aux Curé &
Marguilliers de ladite Eglife de procéder à une nouvelle Election, fi bon
leur femble. Fait au Confeil d'Etat du Roi, tenu à Marly le vingt-deux Février mil fept cent trente-cinq. Collationné. *Signé*, DE VOUGNY, avec
paraphe.

ARREST DU CONSEIL D'ÉTAT DU ROI,

PAR lequel, conformément à l'Ordonnance des Eaux & Forêts
du mois d'Août 1669, & à l'Arrêt du Confeil du 16 Mai 1724,
rapporté dans la Conférence, tom. 2, pag. 789, Sa Majefté
fait défenfes à toutes perfonnes, fans diftinction de qualité, de
défricher ni faire défricher aucuns Bois ni Pâtis, à peine de
mille livres d'amende, & de confifcation des Terres défrichées;
Enjoint à Meffieurs les Grands - Maîtres & aux Officiers des
Eaux & Forêts, chacun en droit foi, de tenir la main à l'exécution dudit Arrêt, ainfi qu'il avoit été ordonné par autre Arrêt du 22 Février 1729.

Du 29 Mars 1735.

Extrait des Regiftres du Confeil d'Etat.

SUR la Requête préfentée au Roi en fon Confeil par le Procureur de
Sa Majefté, en la Maîtrife des Eaux & Forêts de Sens; contenant, que
plufieurs Seigneurs & Curés excitoient leurs Habitans & Paroiffiens à défricher les Bois & Pâtis communaux de leurs Paroiffes, pour procurer aux
uns, de nouveaux accenfemens, & aux autres, des droits de Dixmes; que
ce procédé fi contraire non-feulement à la difpofition de l'Ordonnance des
Eaux & Forêts du mois d'Août 1669, & à l'Arrêt du Confeil du 16 Mai
1724, obligeoit ledit Procureur du Roi de fupplier très humblement Sa
Majefté d'en arrêter le cours, &c.
    LE ROI EN SON CONSEIL a ordonné & ordonne que l'Ordon-
nance des Eaux & Forêts du mois d'Août 1669, & l'Arrêt de fondit Confeil du 16 Mai 1724, feront exécutés felon leur forme & teneur; en conféquence fait Sa Majefté très-expreffes inhibitions & défenfes à toutes perfonnes, fans diftinction de qualité, Propriétaires de Seigneuries, de défricher ni faire défricher, ni fouffrir qu'il foit défriché aucuns Bois ni Pâtis
communaux, appartenans aux Habitans defdites Seigneuries, à peine de

mille livres d'amende, confiscation des Terres défrichées au profit du Roi, & de prison contre les Habitans, outre le rétabliſſement des Bois & Pâtis à leurs frais & dépens; ordonne en outre Sa Majeſté que ſur la Commiſ-ſion du ſieur de la Faluere, Grand-Maître des Eaux & Forêts du Départe-ment de Paris, il ſera, à la diligence du Suppliant, inceſſamment pro-cédé à la reconnoiſſance des portions de Bois communaux, eſſartés dans l'étendue du reſſort de la Maîtriſe de Sens, pour être les Délinquans jugés au Siège de ladite Maîtriſe ſuivant la rigueur des Ordonnances, ſauf l'appel en la manière accoutumée. Enjoint Sa Majeſté aux Sieurs Grands-Maîtres des Eaux & Forêts du Royaume, & aux Officiers des Maîtriſes particulières, de tenir la main, chacun en droit ſoit, à l'exécution du préſent Arrêt, qui ſera lû, publié, affiché & enregiſtré par-tout où il appartiendra. FAIT au Conſeil d'Etat du Roi, tenu à Verſailles le vingt-neuviéme Mars mil ſept cent trente-cinq. Collationné avec paraphe. *Signé*, D E V O U G N Y, avec Paraphe.

ARREST DU CONSEIL D'ÉTAT DU ROI,

Q U I ordonne que l'Ordonnance de M. Coulon, Grand-Maître des Eaux & Forêts du Département de Metz du 18 Juillet 1733, ſera exécutée, & en conſéquence que les Officiers de la Maî-triſe de Metz rendront dans quinzaine au Chapitre de la même Ville les deux mille neuf cent quatre-vingt-neuf livres douze ſols ſix deniers, qu'ils ont perçus ſans la taxe du Grand-Maître ; & pour avoir induement reçu ladite ſomme, les condamne ſo-lidairement en trois mille livres d'amende envers Sa Majeſté, avec injonction audit Sieur Grand-Maître de tenir la main à l'exécution dudit Arrêt.

Du 5 Avril 1735.

Extrait des Regiſtres du Conſeil d'Etat.

S U R la Requête préſentée au Roi en ſon Conſeil par les Princier, Doyen, Chanoines & Chapitre de Metz, contenant qu'ayant obtenu un Arrêt du Conſeil le cinq Septembre 1730 qui leur a permis de diſpoſer d'une partie des Bois du Domaine de leur Egliſe, ils ont été obligés de payer aux Offi-ciers de la Maîtriſe de Metz une ſomme de deux mille neuf cent quatre-vingt-neuf livres douze ſols ſix deniers, pour leurs opérations qui ont procédé & ſuivi l'exécution dudit Arrêt, ſuivant les quittances que leſdits Officiers en ont fourni, de laquelle ſomme les Supplians doivent être rembourſés ſur le prix des Bois vendus ; à l'effet de quoi ils ſe pourvurent au mois de Juillet 1733 devant le ſieur Coulon, Grand-Maître des Eaux & Forêts du Départe-ment de Metz, par une Requête, tendante à ce qu'il lui plût ordonner que, ſur le prix principal de la vente deſdits Bois, le Receveur Général des Do-

maines & Bois de la Généralité de Metz, leur délivreroit la fomme de trois
mille livres pour le rembourfement des frais faits pour parvenir à l'obtention
& à l'exécution dudit Arrêt du 5 Septembre 1730. Mais ledit fieur Grand-
Maître, au lieu d'ordonner ce rembourfement, rendit fon Ordonnance le 18
dudit mois de Juillet, portant qu'attendu que ces fommes ont été reçues fans
aucune taxe, ni Ordonnance du feu fieur Collart fon Prédéceffeur, ni de lui,
contre la difpofition de l'Article XII du Titre des Bois des Eccléfiaftiques,
& de l'Article XVI du Titre des Bois des Habitans des Paroiffes, de l'Ordonnance des Eaux & Forêts du mois d'Août 1669, des Arrêts & Réglemens intervenus en conféquence; il ordonne aufdits Officiers de la Maîtrife
de Metz, & en tant que befoin feroit, les condamne de rendre & reftituer
aux Supplians ladite fomme de deux mille neuf cent quatre-vingt-neuf livres
douze fols fix deniers qu'ils ont reçues fans taxe dont ils feront tenus, chacun à leur égard, de retirer une décharge, & de lui en certifier, vingt-quatre
heures après la fignification qui leur feroit faite de ladite Ordonnance, à
peine de reftitution du quadruple, & autres portées par l'Ordonnance de
1669, fauf aufdits Officiers à fe pourvoir pardevant ledit fieur Coulon, &
de préfenter leurs procès-verbaux, pour fur iceux leur être fait droit à proportion du travail qu'ils ont fait & dû faire. Les Supplians ont fait fignifier
leur Requête & l'Ordonnance dudit fieur Coulon, aux Officiers de la Maîtrife
de Metz, le 20 Mars 1734, avec fommation d'y fatisfaire, au lieu de quoi ils
ont répondu par un acte du fept Avril fuivant, figné du fieur Grinfard Maître particulier, qu'ils alloient fe pourvoir au Confeil, pour faire caffer ledit
Decret, même y faire rayer & biffer les termes d'exiger & reftituer, qui fe
trouveroient dans l'original; cependant, comme depuis ce tems, les Supplians font toujours en fouffrance, faute du rembourfement qui doit leur être
fait de ladite fomme qu'ils ont payée de bonne foi, fur les quittances des Officiers de ladite Maîtrife, & de laquelle les Supplians doivent être rembourfés
fur le prix des Bois vendus; qu'ils font arrêtés dans leur pourfuite de l'exécution de l'Ordonnance du fieur Coulon, par la déclaration que ces Officiers
ont faite; qu'ils alloient fe pourvoir au Confeil, en caffation de ladite Ordonnance. Il eft néceffaire que Sa Majefté ait la bonté de décider fi l'Ordonnance du fieur Coulon fera exécutée, ou fi les Supplians feront rembourfés
de leurs avances, par le Receveur Général des Domaines & Bois, fur le
prix de leurs Bois vendus, & ils ont été confeillés de donner la préfente Requête pour leur être fur ce pourvu. Requeroient A CES CAUSES, &c.
　　LE ROI EN SON CONSEIL, ayant égard à la Requête, a ordonné & ordonne que l'Ordonnance du fieur Coulon, Grand-Maître des
Eaux & Forêts du Département de Metz, du 18 Juillet 1733, fera exécutée
felon fa forme & teneur, & en conféquence, que dans quinzaine, à compter
du jour de la fignification qui fera faite du préfent Arrêt à la Requête des Supplians; ceux des Officiers de la Maîtrife de Metz, qui ont touché les deux
mille neuf cent quatre-vingt-neuf livres douze fols fix deniers, dont il s'agit,
feront tenus de les rendre & reftituer aufdits Supplians; à peine d'y être contraints par les voies ordinaires & accoutumées, fauf aufdits Officiers à fe pourvoir pardevant ledit fieur Grand-Maître, pour leur être fait droit fur les procès verbaux qu'ils lui repréfenteront du travail qu'ils ont fait dans les Bois
defdits

defd. Suppliaus , ainfi qu'il appartiendra ; & pour avoir par lefd. Officiers induement reçu ladite fomme de deux mille neuf cent quatre-vingt neuf livres
douze fols fix deniers , Sa Majefté les a condamné & condamne folidairement en
3000 liv. d'amende envers Elle , au payement de laquelledite fomme de 3000
livres ils feront contraints comme pour fes propres deniers & affaires : enjoint
Sa Majefté audit fieur Grand-Maître de tenir la main à l'exécution du préfent
Arrêt qui fera enregiftré au Greffe de ladite Maîtrife , & exécuté nonobftant
toutes oppofitions ou autres empêchemens généralement quelconques pour
lefquels ne fera différé. F A I T au Confeil d'Etat du Roi , tenu à Verfailles le
cinq Avril mil fept cent trente-cinq. Signé , DE VOUGNY , avec Paraphe.

ARREST DU CONSEIL,

QUI fait défenfes à tous les Juges des Seigneurs de donner aucune permiffion de couper des Bois & Arbres de futaie , Baliveaux fur taillis , ou Arbres épars , & aux Greffiers defdites
Juftices de recevoir aucune déclaration des Particuliers pour
raifon de ce , &c.

Du 10 Mai 1735.

SUR ce qui a été repréfenté au Roi en fon Confeil par fon Procureur en la
Maîtrife particulière des Eaux & Forêts de Mâcon, que, quoiqu'aux termes de
l'art. 3 du tit. des Bois appartenans aux Particuliers de l'Ordonnance des
Eaux & Forêts du mois d'Août 1669 , de l'Arrêt du 21 Septembre 1700 ,
& de différens Réglemens intervenus depuis, il foit fait expreffément défenfes
aux Propriétaires des Bois , de couper aucun arbre de futaye ou baliveaux fur
taillis, fans permiffion de Sa Majefté ou fans en avoir fix mois auparavant fait
leur déclaration au Greffe de la Maîtrife, dans le reffort de laquelle leurs Bois
font fitués, &c.

LE ROI EN SON CONSEIL a ordonné & ordonne que les Ar-
rêts de fondit Confeil des 1 Mars & 26 Août 1692 , feront exécutés felon
leur forme & teneur ; en conféquence Sa Majefté a fait & fait très-expreffes inhibitions & défenfes aux Juges de la Seigneurie de Pont-de-Vaux & aux Juges des
autres Seigneuries du Royaume , de donner , fous quelque prétexte que ce puiffe
être, aucune permiffion de couper aucun arbre , foit de futaye , baliveaux
fur taillis, ou arbres épars ; & aux Greffiers , tant de ladite Juftice de Pont-
de-Vaux , qu'à ceux des autres Juftices Seigneuriales , de recevoir des Particuliers, aucune déclaration, pour raifon des arbres qu'ils voudront abattre ,
à peine de 1000 livres d'amende contre lefdits Juges , & de 500 liv. contre
lefdits Greffiers , fauf aufdits Particuliers de quelque qualité & condition
qu'ils foient, à fe pourvoir au Confeil, pour obtenir la permiffion de couper
les arbres qu'ils voudront abattre , ou à en faire leur déclaration au Greffe de
la Maîtrife, dans le reffort de laquelle lefdits Bois feront fitués , fix mois auparavant d'en faire l'exploitation ; & ce conformément à l'art. 3 du tit. des
Bois appartenans aux Particuliers de l'Ordonnance des Eaux & Forêts du

mois d'Août 1669, aux Arrêts du Conseil des 21 Septembre 1700 & 6 Septembre 1723, déclare Sa Majesté nulles & de nul effet, toutes les permissions qu'aucuns desdits Juges auront données, & toutes les déclarations que lesdits Greffiers auront reçues. Fait Sa Majesté défenses aux Particuliers de s'en servir, à peine de 100 livres d'amende & de confiscation des Bois qui se trouveront abattus : enjoint Sa Majesté aux sieurs Grands-Maîtres des Eaux & Forêts & aux Officiers des Maîtrises particulières, de tenir chacun en droit soi la main à l'exécution du présent Arrêt qui sera enregistré aux Greffes desdites Maîtrises, lu, publié & affiché par-tout où besoin sera, & exécuté nonobstant toutes oppositions ou autres empêchemens généralement quelconques, dont si aucuns interviennent, Sa Majesté s'en est & à son Conseil, réservé la connoissance, & icelle interdite à toutes ses Cours & Juges. FAIT au Conseil d'Etat du Roi, tenu à Versailles le dix Mai mil sept cent trente-cinq. *Signé*, LE VOUGNY.

ARREST DU PARLEMENT DE BRETAGNE,

RENDU sur les Remontrances & Conclusions de M. le Procureur Général du Roi, qui fait défenses à toutes personnes de jetter des immondices, & mettre les Lins & Chanvres à rouir dans des Rivières & Etangs, à peine de confiscation, & de 50 liv. d'amende.

Du 6 Août 1735.

LE Procureur Général du Roi entré en la Cour, a remontré que les Ordonnances qui concernent les Eaux & Forêts, ont eu dans tous les tems une attention particulière à prévenir tout ce qui peut nuire à la navigation & à la pêche dans les rivières. L'Article 42 du Titre 27 de l'Ordonnance de 1669 contient une disposition générale qui a une application sans bornes, à toutes immondices & matières nuisibles à la navigation & à la pêche; cependant il n'est que trop ordinaire de voir dans toutes les rivieres des Lins & des Chanvres, que les riverains y mettent à rouir, & qui en corrompant l'eau, détruisent le poisson. L'esprit & l'objet de la loi, sans qu'il soit besoin de rapporter plusieurs décisions particulières sur cette matière, suffisent pour émouvoir le ministère public contre un si grand inconvénient.

A CES CAUSES, ledit Procureur Général du Roi a requis qu'il y soit pourvu sur ses conclusions, qu'il a laissées par écrit, & sur ce délibéré.

LA COUR faisant droit sur les remontrances & conclusions du Procureur Général du Roi, a ordonné que l'Article 42 du Titre 27 de l'Ordonnance de 1669 sera bien & duement exécuté, en conséquence fait défenses à toutes personnes de jetter des immondices, & mettre des Lins & Chanvres à rouir dans les rivieres & étangs, à peine de confiscation desdits Lins & Chanvres, & de 50 livres d'amende, même de plus grande peine en cas de recidive, enjoint à tous Juges royaux & Hauts-Justiciers, & aux Substituts du Procureur Général du Roi & Procureurs Fiscaux, de tenir la main à l'exécution du préfent Arrêt, chacun dans fon reffort, & afin que perfonne n'en ignore , ordonne qu'icelui fera lu, publié & enregiftré dans tous les *Siéges* royaux , Préfidiaux, des Eaux, Forêts & Jurifdiictions en Haute-Juftice, même publié à l'iffue des Grand'Meffes de toutes les Paroiffes de la Province, & affiché par-tout où befoin fera. FAIT en Parlement à Rennes le fix Août mil fept cent trente-cinq. *Signé*, LE CLAVIER.

ARREST DU CONSEIL D'ÉTAT DU ROI,

Sur les Conclufions du Sieur Infpecteur Général du Domaine.

QUI ordonne que les Habitans des Communautés, fituées dans l'étendue du Domaine du Roi, feront tenus de prépofer un ou plufieurs Gardes pour veiller à la confervation de leurs Bois communaux, lefquels prêteront ferment, & feront leurs rapports aux Greffes des Maîtrifes, conformément à l'Ordonnance des Eaux & Forêts de 1669, à peine de cinquante livres d'amende pour chacune contravention.

Du 23 Août 1735.

Extrait des Regiftres du Confeil d'Etat.

SUR la Requête préfentée au Roi en fon Confeil, par fon Procureur en la Maîtrife particulière des Eaux & Forêts de Befançon, contenant, &c.

LE ROI EN SON CONSEIL, ayant aucunement égard à la Requête, a reçu & reçoit l'Infpecteur Général du Domaine, Appellant des trois Sentences de la Maîtrife particulière de Befançon du 27 Mars de l'année derniere 1734 ; en conféquence, faifant droit fur fon appel, & fans avoir égard aufdites Sentences, ni au Jugement de la Chambre des Eaux & Forêts du Parlement de Befançon, du 11 Août fuivant, en ce qu'il ordonne que les Gardes nommés par les Communautés de Chambornay-lès-Bellevaux, Palize & Jaux, continueront de faire leurs rapports au Greffe de la Juftice des lieux, en conformité defdites Sentences. Ordonne Sa Majefté que les Habitans defdites Communautés feront tenus de prépofer un ou plufieurs Gardes pour veiller à la confervation de leurs Bois communaux ; lefquels Gardes feront auffi tenus de prêter ferment, & faire leurs rapports au Greffe de ladite Maîtrife de Befançon, conformément à l'Ordonnance des Eaux & Forêts du mois d'Août 1669, à peine de cinquante livres d'amende pour chaque contravention. Fait Sa Majefté très-expreffes inhibitions & défenfes aux Officiers de ladite Maîtrife, de rendre à l'avenir, de pareilles Sentences fur des faits femblables à ceux dont il s'agit, fous les peines portées par ladite Ordonnance de 1669. FAIT au Confeil d'Etat du Roi, tenu à Verfailles le vingt-trois Août mil fept cent trente-cinq. Collationné. *Signé*, GUYOT, avec Paraphe.

Z ij

ARREST DU CONSEIL,

QUI fixe le rang que doivent tenir les Receveurs Généraux &
Particuliers des Bois lorfqu'ils affiftent aux Adjudications.

Du 15 Novembre 1735.

LE ROI EN SON CONSEIL, a ordonné & ordonne que l'Edit
du mois de Décembre 1727, portant confirmation des Receveurs Généraux des Domaines & Bois, & des Receveurs Particuliers des Bois dans leurs
Offices, fera exécuté felon fa forme & teneur ; en conféquence, que lors des
ventes & adjudications des bois appartenans à Sa Majefté, qui feront faites
par les Sieurs Grands-Maîtres ou les Officiers des Maîtrifes Particulieres des
Eaux & Forêts, les Receveurs Particuliers des Bois defdites Maîtrifes auront
en l'abfence des Receveurs Généraux, la même féance & le droit de répré-
fentation que lefdits Receveurs Généraux. Et fera le préfent Arrêt enregiftré aux Greffes defdites Maîtrifes. F A I T au Confeil d'Etat du Roi,
tenu à Verfailles le quinziéme Novembre mil fept cent trente-cinq. Collationné. *Signé,* E Y N A R D.

ARREST DU PARLEMENT DE BRETAGNE,

QUI fait défenfes à tous Juges, autres que ceux des Eaux &
Forêts & Gruyers, de connoître des actions qui procéderont
des contrats & marchés faits pour achat de Bois, Cendres &
Charbons, lorfque les contrats ont été faits avant que les marchandifes fuffent tranfportées hors les bois, rivières ou étangs.

Du 19 Novembre 1735.

Extrait des Regiftres du Parlement.

LA COUR ordonne que les articles V. & XIV. du titre I. de l'Ordonnance de 1669, feront bien & duement exécutés ; en conféquence fait défenfes
à tous Juges-Confuls, Prévôts, Préfidiaux, & à tous autres, hors ceux des
Maîtrifes & des Gruries, de connoître des actions qui procédent des contrats, marchés, promeffes, baux & affociations, tant entre Marchands, qu'autres, pour fait de marchandifes de bois de chauffage ou mairain, cendres
& charbon, pourvû toutefois que les contrats, marchés, promeffes, baux &
affociations ayent été faits, avant que les marchandifes fuffent tranfportées
hors les bois, rivieres & étangs ; fait pareillement défenfes à toutes Communautés & Particuliers, Marchands, ou autres de pourfuivre, répondre
& procéder pour raifon de ces chofes devant lefdits Juges, à peine de

nullité de ce qui fera fait, de dommages & intérêts, & de cent livres d'amende contre les Parties. Enjoint auxdits Juges de renvoyer fur le champ les contestations à ce sujet devant les Officiers des Maîtrises ou des Gruries, en tant que le fait les touche; ordonne au surplus que ledit titre I. de l'Ordonnance de 1669, ensemble les Arrêts & Reglemens de la Cour concernant la compétence des Maîtrises des Eaux & Forêts, seront bien & duement exécutés, & que le présent Arrêt sera lû, publié & enregistré dans tous les Siéges Présidiaux & Royaux de ce Ressort. Fait en Parlement à Rennes, le dix-neuf Novembre mil sept cent trente-cinq.

ARREST DU CONSEIL,

QUI casse un Exécutoire décerné fur les Amendes, avec défenses d'en rendre de pareils fous les peines portées par l'art. LVI de l'Edit du mois de Mai 1716.

Du 6 Décembre 1735.

SUR la Requête présentée au Roi en son Conseil par le sieur Verriere, Receveur des amendes en la Maîtrise Particuliere des Eaux & Forêts de Tours : contenant qu'ayant acquis ledit Office du sieur Michel Porché, il en a obtenu des provisions de Sa Majesté le 31 Décembre 1734, & depuis la commission du sieur Eynard, Grand-Maître, que dans le temps qu'il se disposoit à se faire recevoir, il a eu avis qu'il avoit été décerné par le Maître Particulier de ladite Maîtrise, un exécutoire de quatre-vingt-quinze livres dix sols à prendre fur lui, à compte des frais extraordinaires occasionnés par une saisie de bois faite dans le parc de Couziere, appartenant au sieur Duc de Montbaron, qu'outre lesdits quatre-vingt-quinze livres dix sols, il y auroit encore à payer pour l'entier acquittement de cet exécutoire, environ trois cens livres lorsque la liquidation desdits frais feroit faite, & comme le produit net des amendes de l'année 1734, les charges prélevées, ne montent pas à quarante sols, qu'il n'y a eu aucune amende jugée dans ladite Maîtrise pendant le cours de la présente année 1735, il ne poutra être en état d'acquitter ledit exécutoire de long-temps, un comptable ne pouvant être forcé de payer au-dessus de ce qu'il a reçu, &c.

LE ROI EN SON CONSEIL, ayant égard à la requête & sans s'arrêter à l'exécutoire décerné, pour raison du fait dont est question, par le Maître Particulier de la Maîtrise des Eaux & Forêts de Tours, le 9 Février de la présente année 1735, que Sa Majesté a cassé & annullé; a déchargé & décharge le Suppliant du payement des sommes contenues audit exécutoire. Fait Sa Majesté défenses audit Maître Particulier d'en rendre de pareils à l'avenir fous les peines portées par l'Edit du mois Mai 1716. FAIT au Conseil d'Etat du Roi, tenu à Versailles le six Décembre mil sept cent trente-cinq. Collationné. Signé, EYNARD.

ARREST DU CONSEIL,

QUI fait défenses au Juge Châtelain de Bellevaux , & à tous autres Juges des Seigneurs , de prendre connoiffance des coupes d'arbres , futaie , baliveaux fur taillis & arbres épars des Bois des Communautés , &c.

Du 6 Décembre 1735.

SUR la Requête préfentée au Roi en fon Confeil, par fon Procureur en la Maîtrife Particuliere des Eaux & Forêts de Befançon, contenant , &c.

LE ROI EN SON CONSEIL, ayant égard à la Requête, & fans s'arrêter aux Sentences rendues par le nommé Claude-Antoine Pertin , Juge & Châtelain de la Juftice de Bellevaux, du 9 Décembre 1732 , ni au Juge-ment de la Chambre des Eaux & Forêts du Parlement de Befançon, du 30 Mars 1735 , qui confirme lefdits Sentences, ni à tout ce qui pourroit s'en être enfuivi , que Sa Majefté a caffé & annullé ; a ordonné & ordonne que les rapports des Gardes des Bois de la Communauté de Chambornay , fur lefquels lefdites Sentences ont été rendues , feront inceffamment envoyés au Greffe de la Maîtrife de Befançon, pour être ftatué à la requête du Sup-pliant par les Officiers de ladite Maîtrife, fuivant la rigueur de l Ordonnance des Eaux & Forêts du mois d'Août 1669 , fauf l'appel en la maniere accou-tumée ; ordonne en outre Sa Majefté que les Arrêts de fondit Confeil des 20 Novembre 1725 & 10 Décembre 1726, feront exécutés felon leur forme & teneur ; en conféquence fait Sa Majefté itératives défenfes au Juge de la Seigneurie de Bellevaux , & à tous autres Juges de Seigneurs , de prendre connoiffance des coupes d'arbres de futayes, ballivaux fur taillis ou arbres épars qui feront faites dans les bois des Communautés , fous les peines portées par ledit Arrêt du 20 Novembre 1725 ; condamne Sa Majefté ledit Pertin en deux cens livres d'amende, faute par lui de s'être conformé audit Arrêt, au payement de laquelledite fomme de deux cens livres , il fera contraint par les voies ordinaires & accoutumées à la requête du Suppliant. Et pour l'exécution du préfent Arrêt , feront toutes Lettres-patentes expé-diées. Enjoint Sa Majefté au fieur Procureur Général dudit Parlement, d'en requérir & pourfuivre l'enregiftrement ; & qu'en cas qu'il y furvienne quel-que difficulté , d'en informer le Confeil. FAIT au Confeil d'Etat, tenu à Verfailles le 6 Décembre mil fept cent trente-cinq. Signé, EYNARD.

ARREST DU CONSEIL,

QUI fait défenses aux Officiers du Bailliage de Langres, & à tous autres de troubler les Officiers de ladite Maîtrise dans leurs fonctions, à peine d'interdiction & de 3000 liv. d'amende.

Du 6 Mars 1736.

SUR la Requête présentée au Roi en son Conseil par le Procureur de Sa Majesté en la Maîtrise des Eaux & Forêts de Sens, contenant qu'environ l'année 1640, il a été demembré du Bailliage de Sens, un territoire considérable, faisant partie de la Généralité de Champagne, en faveur d'une nouvelle Erection d'un Bailliage en la ville de Langres, que, quoique la Jurisdiction des Eaux & Forêts en l'étendue de ce demembrement, n'ait point été distraite, elle avoit néanmoins été prétendue par les Officiers de la Maîtrise de Chaumont en Basigny, en sorte que depuis ladite année 1640 jusqu'en 1727, cette Jurisdiction étoit demeurée en litige ; que ce litige avoit été terminé en faveur de la Maîtrise de Sens, par l'Arrêt du Conseil audit an 1727, rendu contradictoirement entre ledit sieur Grand-Maître des Eaux & Forêts des Départemens de Paris & de Champagne, & les Officiers desdites Maîtrises de Sens & de Chaumont, &c.

LE ROI EN SON CONSEIL, sans s'arrêter à la procédure faite à la requête des Sieurs du Chapitre de Langres, devant les Officiers du Bailliage dudit lieu, pour raison des arbres de futaye & baliveaux coupés dans les Bois de la Seigneurie de Relampon, ni à l'Appel interjetté au Parlement par lesdits Officiers, à l'assignation donnée à leur Requête en conséquence dudit Appel, tant au sieur de la Faluere, Grand-Maître des Eaux & Forêts du Département de Paris, qu'aux Officiers de la Maîtrise de Sens le 26 Janvier 1736, ni à tout ce qui pourroit s'en être ensuivi, que Sa Majesté a cassé & annullé, a ordonné & ordonne que l'Ordonnance des Eaux & Forêts du mois d'Août 1669, Titre des Bois appartenans aux Communautés des Gens de Main-morte, & les Arrêts du Conseil des 16 Mai 1724, 22 Février 1729, 19 Juin 1731 & 29 Mars 1735, seront exécutés selon leur forme & teneur, & que conformément à iceux, lesdits Sieurs du Chapitre, pour la coupe desdits Bois de futaye & baliveaux, & lesdits Jean Lambert, Claude Venichon & Felix Cardot, pour les défrichemens par eux faits de partie de Pastis communaux des Habitans d'Harbot, seront tenus de procéder au Siége de ladite Maîtrise, comme auparavant lesdites Procédures, Appel & Assignations, jusqu'à Sentence diffinitive inclusivement, sauf l'Appel en la maniere accoutumée. Fait Sa Majesté défenses aux Officiers du Bailliage de Langres & à tous autres, de troubler à l'avenir ceux de ladite Maîtrise de Sens dans leurs fonctions, ni prendre connoissance des Bois de Gens de Main-morte, prés & pastis communaux, sous quelque prétexte que ce puisse être, à peine d'interdiction & de 3000 livres d'amende, & sera le présent Arrêt lu, publié & affiché par tout où befoin fera, & exécuté nonobftant Oppofitions, Appellations, Recufations, Prifes à parties, ou autres empéchemens quelconques, pour lefquels ne fera differé, & dont fi aucuns interviennent, Sa Majefté s'en eft & à fon Confeil réfervé la connoiffance, & icelle interdite à toutes fes Cours & autres Juges. Fait au Confeil d'Etat du Roi, tenu à Verfailles le fixiéme Mars mil fept cent trente-fix. Signé, DE VOUGNY.

ARREST DU CONSEIL,

QUI fait défenfes aux Juges & Confuls de prendre connoiffance des conteftations concernant la matière des Eaux & Forêts, à peine de 1000 livres d'amende, &c.

Du 13 Mars 1736.

SUR la Requête préfentée au Roi en fon Confeil, par le Procureur de Sa Majefté, en la Maîtrife des Eaux & Forêts d'Avallon, &c. LE ROI EN SON CONSEIL, ayant égard à la Requête, & fans s'arrêter à la Sentence des Juges & Confuls de Saulieu du 13 Juillet 1735, ni à tout ce qui peut s'en être enfuivi, que Sa Majefté a caffé & annullé, a ordonné & ordonne que les articles 4 & 14 du titre de la Jurifdiction de l'Ordonnance des Eaux & Forêts du mois d'Août 1669, feront exécutés felon leur forme & teneur; en conféquence que pour raifon du fait dont il s'agit, circonftances & dépendances, les parties feront tenues de procéder en la Maîtrife des Eaux & Forêts d'Avallon, jufqu'à Sentence diffinitive inclufivement, fauf l'Appel en la maniere accoutumée. Fait Sa Majefté très-expreffes inhibitions & défenfes auxdits Juges & Confuls de prendre à l'avenir connoiffance de pareilles conteftations, à peine de 1000 livres d'amende qui demeurera encourue à la premiere contravention, & fera le préfent Arrêt lu, publié & affiché par-tout où befoin fera, & exécuté nonobftant oppofitions ou autres empêchemens généralement quelconques, dont fi aucuns interviennent, Sa Majefté s'en eft & à fon Confeil refervé la connoiffance, & icelle interdite à toutes fes Cours & Juges. Fait au Confeil d'Etat du Roi, tenu à Verfailles le 13 Mars mil fept cent trente fix. Signé, DE VOUGNY.

ARREST.

ARREST DU CONSEIL D'ÉTAT DU ROI,

QUI décharge le nommé Douard, Huiffier-Audiencier de la Maîtrife de Poitiers, de fept livres cinq fols d'uftenfiles, à laquelle il a été impofé au Rôle de 1735 ; condamne les Maire & Échevins de ladite Ville en cinq cent livres d'amende & au coût de l'Arrêt ; & fait défenfes fous les mêmes peines & de plus grandes s'il y échoit, aux Maires & Echevins des Villes & Bourgs, & à tous autres de comprendre à l'avenir les Officiers Huiffiers-Audienciers, Arpenteurs, Gardes généraux & Gardes particuliers des Maîtrifes des Eaux & Forêts dans aucuns Rôles d'uftenfiles, fournitures, contributions, fubfiftances & autres charges publiques, de leur diftribuer aucuns logemens de Gens de Guerre, & de les troubler dans les priviléges & exemptions attribués à leurs Offices.

Du 20 Mars 1736.

SUR la Requête préfentée au Roi en fon Confeil, par Jofeph Douard, Huiffier audiencier en la Maîtrife particulière des Eaux & Forêts de Poitiers, contenant qu'au mépris de l'Ordonnance des Eaux & Forêts du mois d'Août 1669, art. 13, titre des Officiers des Maîtrifes & d'une infinité d'Arrêts rendus en conféquence, notamment de celui du 30 Mars 1734, obtenu par le Suppliant qui caffe une Ordonnance du fieur Lenain, Intendant de Poitiers, le maintient dans fes priviléges & exemptions, & fait défenfes aux Maîtres & Echevins de comprendre le fuppliant & les Huiffiers-Audienciers des autres Maîtrifes, dans aucuns rôles d'uftenfiles, fournitures, contributions, fubfiftances & autres charges publiques, de leur diftribuer aucun logement de Gens de guerre, & de les troubler dans les priviléges & exemptions attribués à leurfdits Offices, à peine de 500 liv. d'amende, & de tous dépens, dommages & intérêts. Lefdits Maires & Echevins, par une dérifion des plus marquées, n'ont pas laiffé de l'impofer à 5 livres de capitation & 7 livres 5 fols d'uftenfiles pour l'année 1735, fuivant qu'il eft juftifié par le certificat du Collecteur en exercice de l'année 1735. Ce qui oblige le Suppliant de repréfenter très humblement, que fi l'Ordonnance & l'autorité du Confeil ne font pas capables de contenir fes Maires & Echevins, il fera dans la dure néceffité de fe pourvoir tous les ans, & les frais des Arrêts & Commiffions qui montent à plus de 50 livres, le confommeront, à ces caufes requeroit le Suppliant, &c.

LE ROI EN SON CONSEIL, ayant égard à la Requête, a ordonné & ordonne que l'art. 13 du tit. des Officiers des Maîtrifes, l'art. 1 du tit. des Huiffiers-Audienciers, & Gardes de l'Ordonnance des Eaux & Forêts du mois d'Août 1669, les Arrêts du Confeil en conformité, & notamment celui du 30 Mars 1734, feront exécutés felon leur forme & teneur. En conféquence Sa Majefté a maintenu & maintient le Suppliant, & les Huiffiers

Audienciers des autres Maîtrises des Eaux & Forêts, soit en lize ou par commiſſion dans les priviléges & exemptions attribu s à leurs Offices. Par lefdites Ordonnances & Arrêts Sa Majeſté a déchargé & décharge le Suppliant de 7 livres 5 ſols aufquels il a été impoſé au rôle d'uſtenſiles de la ville de Poitiers de l'année 1735. Ordonne en outre Sa Majeſté que les Prépoſés au recouvrement de l'uſtenſile & autres impoſitions de la ville de Poitiers, feront tenus de reſtituer audit Suppliant lefdits 7 livres 5 ſols, & pour avoir par les Maires & Echevins de ladite ville de Poitiers, impoſé le Suppliant à l'uſtenſile contre la difpoſition expreſſe defdi es Ordonnances & Arrêts, notamment de celui du 30 Mars 1734, Sa Majeſté les a condamné & condamne en 500 livres d'amende, & au coût du préfent Arrêt liquidé à 40 livres. Fait Sa Majeſté très-expreſſes inhibitions & défenſes, & aux Maires & Echevins des Villes & Bourgs & à tous autres, de comprendre à l'avenir les Officiers, Huiſſiers Audienciers, Arpenteurs, Gardes Généraux & Gardes Particuliers des Maîtrifes des Eaux & Forêts, dans aucun rôle d'uſtenſiles, fournitures, contributions, fubſtances & autres charges publiques, de leur diſtribuer aucun logement de Gens de guerre, & de les troubler dans les priviléges & exemptions attribués à leurs Offices, fous femblables peines de 500 livres d'amende, & de plus grande, s'il y échoit. Enjoint Sa Majeſté aux ſieurs Intendans & Grands Maîtres des Eaux & Forêts des Provinces & Généralités du Royaume, de tenir la main à l'exécution du préfent Arrêt, qui fera enregiſtré aux Greffes des Maîtrifes, lu, publié & affiché par-tout où befoin fera, & exécuté, nonobſtant oppoſitions ou autres empêchemens généralement quelconques, dont fi aucuns interviennent, Sa Majeſté s'en eſt & à fon Confeil, réfervé la connoiſſance, & icelle interdite à toutes fes autres Cours & Juges. FAIT au Confeil d'Etat du Roi, tenu à Verſailles le vingt Mars mil fept cent trente-ſix. Collationné. *Signé*, DE VOUGNY, avec Paraphe.

ARREST DU CONSEIL D'ÉTAT DU ROI,

QUI ordonne que les Sentences des Maîtrifes des Eaux & Forêts feront fignifiées dans la quinzaine, à la requête des Procureurs du Roi, pourfuite & diligence des Receveurs des Amendes, & à leurs frais.

Du 4 Septembre 1736.

Extrait des Regiſtres du Confeil d'Etat.

LE ROI étant informé des conteſtations qui naiſſent journellement entre les Collecteurs & Receveurs des amendes des Maîtrifes particulières des Eaux & Forêts, à l'occaſion des fignifications des jugemens que les Grands-Maîtres des Eaux & Forêts rendent dans le cours de leurs viſites, & des Sentences que les Officiers defdites Maîtrifes prononcent, quoique par l'article XLIII de l'Edit du mois de Mai 1716 il foit expreſſément porté, que les jugemens rendus fur les procès-verbaux des Grands-Maîtres, Officiers & Gardes des Maîtrifes, feront fignifiés dans la quinzaine, à la Requête du Procureur du Roi en chacune des Maîtrifes, pourfuite & diligence des Receveurs des amendes ; & que faute par lefdits Receveurs d'y fatisfaire, ils feront condamnés par les Officiers, au montant des condamnations contenues aufdits Jugemens & Sentences. Néanmoins après une difpofition fi précife, il s'eleva en 1727 une conteftation entre le Collecteur & le Receveur des amendes de la Maîtrife de Rennes, au fujet defdites fignifications : fur quoi il fut rendu au Confeil un Arrêt contradictoire, le 4 Mars 1727, par lequel Sa Majefté, faifoit droit fur l'inftance, ordonna que conformément audit article XLIII de l'Edit du mois de Mai 1716, le Receveur feroit tenu de faire fignifier dans la quinzaine, les Sentences portant condamnations d'amendes, reftitutions & confifcations, fous les peines y portées.

LE ROI ÉTANT EN SON CONSEIL, a ordonné & ordonne que les articles X & XLIII de l'Edit du mois de Mai 1716, portant réglement pour les amendes des Eaux & Forêts, & les Arrêts du Confeil des 4 Mars 1727 & 3 Novembre 1733, feront exécutés felon leur forme & teneur : en conféquence, que les Receveurs des amendes des Maîtrifes particulières des Eaux & Forêts, feront tenus de faire fignifier à leurs frais, dans la quinzaine, à la Requête du Procureur du Roi defdites Maîtrifes, les Sentences qui y auront été rendues, portant condamnations d'amendes, reftitutions & confifcations au profit de Sa Majefté; à peine par lefdits Receveurs, d'être condamnés conformément audit Edit, au payement du montant defdites condamnations, fauf à eux à fe faire rembourfer de leurs frais par les Parties condamnées, fi elles font folvables; & au cas qu'elles ne le foient pas, ils en demeureront chargés au moyen des 2 fols pour livre qui leur font accordés par Edit du mois de Février 1691, & que pour mettre lefdits Receveurs en état de faire faire lefdites fignifications dans ledit tems, les Greffiers des Maîtrifes feront tenus de leur délivrer *gratis* lefdites Sentences, trois jours après qu'elles auront été prononcées, à peine d'y être contraints par les voies ordinaires & accoutumées. Enjoint Sa Majefté aux fieurs Grands-Maîtres & Officiers des Maîtrifes du Royaume, de tenir la main à l'exécution du préfent Arrêt, qui fera enregiftré aux Greffes defdites Maîtrifes, & par-tout où befoin fera. F A I T au Confeil d'Etat du Roi, Sa Majefté y étant, tenu à Verfailles le quatre Septembre mil fept cent trente-fix. *Signé*, PHELYPEAUX.

ARRESTS DU CONSEIL D'ÉTAT DU ROI,

QUI caffent un Arrêt du Confeil de Rouffillon du 30 Janvier 1736, comme contraire à l'art. IX du tit. de la Jurifdiction de l'Ordonnance des Eaux & Forêts du mois d'Août 1669 ; ordonnent l'exécution d'un Décret décerné en la Maîtrife de Quillan, font défenfes audit Confeil de Rouffillon, de rendre à l'avenir de pareils Arrêts, & aux Parties de fe pourvoir ailleurs qu'aux Maîtrifes, pour raifon des cas concernant la matière des Eaux & Forêts.

Des 29 Janvier & 17 Décembre 1737.

Extrait des Regiftres du Confeil d'Etat.

SUR la Requête préfentée au Roi en fon Confeil par le Procureur de Sa Majefté en la Maîtrife particuliere des Eaux & Forêts de Quillan : contenant qu'un Garde de ladite Maîtrife, ayant été requis de fe tranfporter dans la Forêt de Faucouvette, appartenante au fieur Luillier, Seigneur de Faucouvette, pour vérifier les délits qui venoient d'y être commis, & qui s'y commettoient par des Habitans de Montlits ; ce Garde s'y tranfporta, & reconnut qu'il y avoit été coupé quantité d'Arbres, dont fes Souches étoient couvertes de rémanans des Arbres enlevés, qu'ayant fuivi la traînée de ces Arbres il a été conduit au lieu de Montlits, & a trouvé devant la porte du nommé Salette, fix defdits Arbres ; & dans la Cour du nommé Jaromont, dit Magré, fix Arbres ; de ce que deffus, ledit Garde a dreffé fon Procès-verbal le 12 Janvier 1736, qu'il a dépofé & affirmé à ladite Maîtrife le 14 du même mois ; qu'enfuite de ce Procès-verbal, le fieur Luillier, Seigneur dudit lieu de Faucouvette, a préfenté fa Requête à la Maîtrife, demandé que le Garde & fes Affiftans fuffent réfumés & répetés fur le contenu audit Procès-verbal, pour l'information faite, être décerné contre les coupables tels Décrets qu'il conviendroit, requerant la jonction du Procureur du Roi ; ladite Requête répondue le 16 dudit mois de Janvier de Soit enquis, & l'information ayant été enfuite faite fur le vû dudit Procès-verbal de l'information & des conclufions du Suppliant, les nommés Salette, Jaromont, dit Magré, ont été décrétés d'ajournement perfonnel. Ledit Salette s'eft pourvû au Confeil de Rouffillon contre ce Décret, & ledit fieur Luillier de fon côté s'y eft auffi pourvû pour obtenir un Pareatis, afin de mettre ce même Décret à exécution ; mais par le Jugement dudit Confeil de Rouffillon du 30 Janvier 1736, rendu fur la Requête du fieur Luillier, & fur celle dudit Salette, fans avoir égard au Pareatis demandé par le fieur Luillier, le Décret décerné par les Officiers de la Maîtrife de Quillan, & tout ce qui pouvoit s'en être enfuivi, a été caffé par tranfport de Jurifdiction, avec défenfes de fe pourvoir, pour raifon du fait en queftion, ailleurs que pardevant le Juge competent dans le Reſſort dudit Conſeil de Rouſſillon, à peine de nullité, caſſation, mille livres d'amende, dépens, dommages & intérêts; auquel effet les piéces de Bois dont eſt queſtion, ſeroient remiſes à la garde du baille de Montlits, pour les repréſenter, ſi le cas y écheoit; Ordonne qu'il ſeroit informé à la Requête du Procureur Général, aux frais dudit Salette ſur les faits contenus en ſa Requête, circonſtances & dépendances, pardevant le Conſeiller Rapporteur, pour le tout communiqué & rapporté, être ordonné ce qu'il appartiendroit, ce qui l'oblige de repréſenter très-humblement que le délit pour lequel le nommé Salette a été décrété, a été commis dans le Reſſort de la Maîtriſe, comme il eſt juſtifié par le Procès-verbal du Garde, ce qui établit la Juriſdiction, & non le domicile du délinquant, comme le prétendent les Officiers de Rouſſillon; que les Gardes des Eaux & Forêts peuvent exercer leurs fonctions, & exploiter hors de leur Reſſort, même dans un autre Parlement, ſans prendre aucun Pareatis ni permiſſion, lorſque le délit pour lequel il exploite a été commis dans l'étendue de la Maîtriſe où ils ſont établis, & que ſi le Jugement du Conſeil de Rouſſillon avoit lieu, les intérêts du Roi en ſouffriroient un grand dommage, &c.

Oui le rapport du ſieur Orry, Conſeiller d'Etat & ordinaire au Conſeil Royal, Controlleur Général des Finances, LE ROI EN SON CONSEIL, avant faire droit ſur la Requête, a ordonné & ordonne que le ſieur Procureur Général du Conſeil du Rouſſillon, ſera tenu d'envoyer inceſſamment au ſieur Controlleur Général des Finances, les motifs ſur leſquels le Jugement du 30 Janvier 1736, dont il s'agit, a été rendu pour être communiqué à l'un des Inſpecteurs Généraux du Domaine, & enſuite par Sa Majeſté ſtatué ce qu'il appartiendra. Fait au Conſeil d'Etat du Roi, tenu à Verſailles le vingt-neuviéme jour de Janvier mil ſept cent trente-ſept. Collationné. *Signé*, DE VOUGNY, avec paraphe.

Extrait des Regiſtres du Conſeil d'Etat.

Du 17 Décembre 1737.

VEU au Conſeil d'Etat du Roi, &c.

LE ROI EN SON CONSEIL, ſans s'arrêter à l'Arrêt rendu au Conſeil de Rouſſillon le 30 Janvier 1736, que Sa Majeſté a caſſé & annullé, a ordonné & ordonne que le décret d'ajournement perſonnel décerné par les Officiers de la Maîtriſe particuliere des Eaux & Forêts de Quillan, le 21 du même mois, contre le nommé François Salette, Jaromont dit Magré, ſera mis à exécution, en conſéquence que ledit Salette ſera pourſuivi pour raiſon du fait dont il s'agit, pardevant les Officiers de ladite Maîtriſe, juſqu'à Sentence définitive incluſivement, ſauf l'appel aux Requêtes du Palais à Toulouſe. Fait Sa Majeſté très-expreſſes inhibitions & défenſes audit Conſeil de Rouſſillon, de rendre à l'avenir de pareils Arrêts & aux Parties de ſe pourvoir en ſemblables cas, ailleurs que pardevant les Officiers de ladite Maîtriſe, à peine de nullité, caſſation de procédures, mille livres d'amende, & de tous dépens, dommages & intérêts; permet Sa Majeſté aux

Gardes & Huiſſiers de ladite Maîtriſe, de mettre à exécution dans la Province de Rouſſillon & ailleurs les Décrets, Sentences & Ordonnances des Officiers de ladite Maîtriſe, pour les délits qui auront été commis dans l'étendue du Reſſort de ladite Maîtriſe ; ſans que pour raiſon de ce, il ſoit aſſujetti à demander aucune permiſſion, ni Pareatis. Et ſera le préſent Arrêt enregiſtré au Greffe de ladite Maîtriſe, lû, publié & affiché par-tout où beſoin ſera, & exécuté nonobſtant oppoſitions ou autres empêchemens généralement quelconques, & dont ſi aucuns interviennent, Sa Majeſté s'en eſt & à ſon Conſeil réſervé la connoiſſance, & icelle interdite à toutes ſes Cours & autres Juges. Fait au Conſeil d'Etat du Roi, tenu à Verſailles le dix-ſept Décembre mil ſept cent trente ſept. Collationné. *Signé*, E Y N A R D, avec paraphe.

A R R E S T   D U   C O N S E I L,

Q U I fixe le rang que doit tenir le Receveur des Bois de la Maîtriſe d'Avallon lorſqu'il aſſiſte aux Adjudications.

Du 26 Février 1737.

V U au Conſeil d'Etat du Roi, l'Arrêt rendu en icelui le 15 Novembre 1735, ſur la Requête de François Lauveau de Lavault, Receveur particulier des Bois, en la Maîtriſe des Eaux & Forêts d'Avallon, par lequel Sa Majeſté a ordonné que l'Edit du mois de Décembre 1727, portant confirmation des Receveurs Généraux des Domaines & Bois, & des Receveurs Particuliers des Bois dans leurs Offices, ſeroit exécuté ſelon ſa forme & teneur, en conſéquence que lors des ventes & adjudications des Bois appartenant à Sa Majeſté, qui ſeront faites par les Srs Grands-Maîtres ou les Officiers des Maîtriſes particulieres des Eaux & Forêts, les Receveurs particuliers des Bois deſd. Maîtriſes auroient, en l'abſence deſd. Receveurs Généraux, la même ſeance, & le droit de repréſentation que leſd. Receveurs Généraux, & que ledit Arrêt ſeroit enrégiſtré aux Greffes deſdites Maîtriſes ; la Requête des Officiers de la Maîtriſe d'Avallon, tendante à ce que pour les cauſes y contenues, il plût à Sa Majeſté, les recevoir oppoſans à l'exécution dudit Arrêt du 15 Novembre 1735, faiſant droit ſur leur oppoſition, ordonner que dans les cas qui obligeroient le ſieur Lauveau, de ſe trouver au Siége de ladite Maîtriſe, il ne pourra y occuper qu'une place ſéparée du peuple & des parties, qui lui ſera par eux déſignée, & d'où il ſera à portée d'entendre ce qui ſe paſſera au Siége, & condamner ledit Lauveau en outre aux dépens de l'Arrêt qui interviendra, &c.

LE ROI EN SON CONSEIL, faiſant droit ſur l'inſtance, ſans s'arrêter aux Requêtes des Officiers de la Maîtriſe particuliere des Eaux & Forêts d'Avallon, ni à l'oppoſition par eux formée à l'Arrêt du Conſeil du 15 Novembre 1735, dont Sa Majeſté les a débouté & déboute ; a ordonné & ordonne que ledit Arrêt fera exécuté felon fa forme & teneur. Fait au Confeil d'Etat du Roi, tenu à Verfailles le vingt-fix Février mil fept cent trente-fept. *Signé*, DE VOUGNY.

ARREST DU CONSEIL D'ÉTAT DU ROI,

QUI fait défenfes aux Officiers de la Table de Marbre de Rouen, de connoître en première inftance d'aucune des matières d'Eaux & Forêts, Pêche & Chaffe ; & de recevoir aucun Garde defdites Eaux & Forêts, Pêche & Chaffe, à peine de nullité, & de tous dépens, dommages & intérêts.

Du 26 Février 1737.

Extrait des Regiftres du Confeil d'Etat.

SUR la Requête préfentée au Roi en fon Confeil, par fon Procureur, en la Maîtrife particuliere des Eaux & Forêts de Caen ; contenant, que les fieurs Prieur & Religieux de l'Abbaye Saint-Etienne de Caen, ayant donné une Commiffion de Garde de Bois, chaffe & pêche, & de Tireur pour eux dans l'étendue de leurs Terres & Seigneuries, dépendantes de ladite Abbaye, au nommé François Leroy, qui s'eft pourvû au Siége général de la Table de Marbre du Palais à Rouen, où il a été reçû en ladite fonction par Sentence du 2 Mars 1736, à la charge par lui de rendre de bons & fidels Procès verbaux audit Siége, pour fait de chaffe & de pêche, & pour le délit où il fera requis, &c.

LE ROI EN SON CONSEIL, ayant égard à la Requête, fans s'arrêter au Jugement de la Table de Marbre de Rouen, du 2 Mars 1736, que Sa Majefté a caffé & annullé, a ordonné & ordonne que l'Article II. du Titre des Huiffiers Audienciers & Gardes des Forêts, de l'Ordonnance des Eaux & Forêts du mois d'Août 1669, & les Arrêts & Réglemens intervenus depuis, feront exécutés felon leur forme & teneur ; & en conféquence, que le nommé Leroy, fera tenu de fe pourvoir à la Maîtrife particuliere des Eaux & Forêts de Caen, à l'effet d'y être reçu s'il y a lieu en la fonction de Garde des Bois, pêches & chaffes dépendans de l'Abbaye de Saint-Etienne de Caen. Fait Sa Majefté très-expreffes inhibitions & défenfes aux Officiers de ladite Table de Marbre, de connoître à l'avenir en premiere inftance d'aucune des matières d'Eaux & Forêts, Pêches & Chaffes, & de recevoir aucun Garde defdites Eaux & Forêts, Pêches & Chaffes, fi ce n'eft dans le cas que les Officiers des Maîtrifes auroient refufé de procéder à la réception defdits Gardes, & qu'il y eût appel dudit refus, à peine de nullité, & de tous & pens, dommages & intérêts ; & fera le préfent Arrêt regiftré, lû, & affiché par tout où befoin fera. Fait au Confeil d'Etat du Roi, à Verfailles le vingt-fixiéme Février mil fept cent trente-fept. Pri à Verfionné. *Signé*, DE VOUGNY.

ARRESTS DU CONSEIL D'ESTAT PRIVÉ DU ROI,

QUI ordonnent que les Officiers des Eaux & Forêts précéderont ceux des Elections en toutes Assemblées publiques & particulières.

Des 29 Septembre 1634 & 15 Avril 1737.

Extrait des Regiſtres du Conſeil d'Etat Privé du Roi.

ENTRE les Préſidens, Lieutenans, Aſſeſſeurs, Elûs', Controlleurs &
autres Officiers en l'Election du Mans, Demandeurs en Requête du 12e jour
de Mai 1633, & Défendeurs d'une part. Et Charles Doiſſeau, ſieur de
Richelieu, Pierre Rouillet, ſieur de Lagroie, Conſeillers du Roi, Maîtres
ancien & alternatif, Hierôme Rebuffé, ſieur de la Rainiere, auſſi Conſeiller
du Roi, Bailli & Lieutenant Général, & Jean de Blain, Procureur du Roi aux
Eaux & Forêts du Maine au Mans, Défendeurs & Demandeurs en Requête
verbale du deuxiéme jour de Décembre 1633, & en contravention d'Arrêt
du Parlement de Paris du 28 Mars 1715, confirmé par Arrêt du Grand
Conſeil, du 30 Août 1630.
LE ROI EN SON CONSEIL, faiſant droit ſur l'Inſtance, ordonne que
leſdits Officiers des Eaux & Forêts, précéderont en toutes aſſemblées publiques & particulieres leſdits Officiers de l'Election, ſans dépens de ladite Inſtance. Fait au Conſeil Privé du Roi, tenu à Paris le 29 Septembre 1634.
Signé, CARRÉ.

Extrait des Regiſtres du Conſeil d'Etat Privé du Roi.

Du 15 Avril 1737.

ENTRE les Officiers de l'Election du Mans, demandeurs aux fins des
Lettres par eux obtenues au Grand Sceau, le 11 Juin 1734, & Exploit
d'aſſignation donnée en conſéquence le 18 du même mois, d'une part.
Et les Officiers de la Maîtriſe particuliere des Eaux & Forêts du Pays
& Comté du Maine au Mans, Défendeurs d'autre part, ſans que les qualités puiſſent nuire ni préjudicier.
LE ROI EN SON CONSEIL, faiſant droit ſur l'Inſtance, a ordonné
& ordonne que l'Arrêt du Conſeil du 29 Septembre 1634, ſera exécuté ſelon ſa forme & teneur; & en conſéquence que les Officiers des Eaux &
Forêts de la Ville du Mans, précéderont ceux de l'Election en toutes aſſem-
com.publiques & particulieres, avec défenſes de les y troubler à l'avenir;
& ſur le luSa Majeſté leſdits Officiers de l'Election du Mans, aux dépens,
tat Privé du Rdes demandes les a mis hors de Cour. Fait au Conſeil d'E-
ſept cent trente-ſe.tenu à Verſailles le quinzième jour du mois d'Avril mil
ſept cent trente-ſe. Collationné. Signé, HATTE, avec paraphe.

ARREST

ARREST DU CONSEIL D'ÉTAT DU ROI,

RENDU en interprétation de l'article XIV du Réglement du 29 Août 1730, pour les Bois de la Province de Franche-Comté.

QUI ordonne que les Parties contre lesquelles il sera intervenu dans les Maîtrises particulières des Eaux & Forêts de ladite Province, des Sentences portant condamnations d'amendes, restitutions & autres peines, seront tenues, à l'avenir, de faire signifier aux Gardes Généraux, Collecteurs des amendes desdites Maîtrises, les appels qu'elles en auront interjetté à la Chambre des Eaux & Forêts établie près le Parlement de Besançon, & les Jugemens de décharges & modérations qui seront intervenus sur lesdits appels, à peine de payer les frais qui auront été faits contr'elles par lesdits Gardes Généraux & Collecteurs des amendes, faute de leur avoir fait faire lesdites significations dans le temps prescrit par l'article V du titre VI de l'Ordonnance de 166.

Du 30 Avril 1737.

Extrait des Registres du Conseil d'Etat du Roi.

SUR ce qui a été représenté au Roi en son Conseil, par le sieur Doroz, Procureur Général du Parlement de Besançon, que par l'Art. XIV. de l'Arrêt du Conseil du 29 Août 1730, portant réglement pour les Bois du Comté de Bourgogne, rendu en interprétation de l'Ordonnance des Eaux & Forêts du mois d'Août 1669, & de l'Édit du mois de Mai 1716, il est dit, que faute par les Parties qui auront obtenu des Arrêts de décharge des condamnations contr'elles prononcées aux Siéges des Maîtrises Particulieres des Eaux & Forêts, de les avoir fait signifier aux Procureurs du Roi des Maîtrises, dans le temps prescrit par l'Article V du titre desdits Procureurs de Sa Majesté, de ladite Ordonnance de 1669, lesdits Procureurs de Sa Majesté feront pourfuivre l'exécution des Sentences, à peine d'en répondre en leur propre & privé nom, & sans que sous aucun prétexte que ce soit, les Parties puissent se dispenser de cette signification. Cette disposition a donné lieu au Collecteur des amendes de la Maîtrise de Besançon, & Gruie de Pontarlier, de représenter à la Chambre des Eaux & Forêts établie près ledit Parlement, que suivant l'Article XXI. dudit Édit du mois de Mai 1716, les Collecteurs sont tenus de se charger en recette du montant des Rolles des amendes sauf à porter en reprise les Parties dont les condamnés auront obtenu des décharges ou modérations en cause d'appel, en rapportant les significations des Jugemens rendus sur les appellations, & pour les amendes qui

Tome II. Bb

n'auront pas été payées par les Gens fans aveu, en rapportant les diligences faites contr'eux, & les Jugemens qui les auront déclarés inutiles & vagabons. Ce Collecteur a ajouté que l'inexécution de cet article le jettoit dans de grands embarras, non-feulement lorfqu'il fait fa collecte, mais encore dans la reddition de fes comptes, puifque n'étant point informé des appellations interjettées par les Parties employées dans les Rolles qui lui font remis, ni des Arrêts de décharge ou de modération qu'elles obtiennent, il faifoit inutilement des voyages chez elles pour fe faire payer des amendes prononcées contr'elles; que d'ailleurs, il ne pouvoit pas rendre fes comptes dans les régles, par le défaut de fignification qui devroit lui être faite; que ces deux Piéces fi néceffaires ne venoient jamais à fa connoiffance, parce que les appellations des Sentences fe fignifient au Procureur du Roi, qui les renvoye avec fes Mémoires au Procureur Général; que l'appellation étant jugée, les Parties fignifient les Arrêts de décharge audit Procureur Général, & au Procureur du Roi de la Maîtrife qui les gardent, foit pour fe pourvoir en caffation, foit fans faire attention qu'ils doivent les remettre au Collecteur, pour opérer fa décharge; ce qui lui caufe de grands frais, par les contraintes qu'il eft obligé de faire, ignorant tout ce qui fe paffe.

LE ROI EN SON CONSEIL, en interprétant en tant que befoin eft ou feroit, l'Article XIV. de l'Arrêt du Confeil du 29 Août 1730, portant réglement pour les Bois fitués dans la Province de Franche Comté, a ordonné & ordonne, que les Parties contre lefquelles il fera intervenu dans les Maîtrifes Particulieres des Eaux & Forêts de ladite Province, des Sentences portant condamnations d'amendes, reftitutions, & autres peines, feront tenus à l'avenir de faire fignifier aux Gardes Généraux, Collecteurs des amendes defdites Maîtrifes, les appels qu'ils auront interjetté defdites Sentences à la Chambre des Eaux & Forêts établie près le Parlement de Befançon, & les Jugemens de décharge ou modération qui feront intervenus fur lefdits appels, à peine de payer les frais qui auront été faits contr'elles par lefdits Gardes Généraux, Collecteurs des amendes, faute de leur avoir fait faire lefdites fignifications dans le temps prefcrit par l'Article V. du titre VI. de l'Ordonnance des Eaux & Forêts du mois d'Août 1669, & fera au furplus l'Arrêt dudit jour 29 Août 1730, exécuté felon fa forme & teneur. Fait au Confeil d'Etat du Roi, tenu à Verfailles le trentiéme jour du mois d'Avril mil fept cent trente-fept. Collationné. *Signé*, DE VOUGNY.

ARREST DU CONSEIL,

QUI maintient le fous-Fermier des Domaines de la Ville de Sedan dans le droit de chaffer aux Oifeaux de paffage, & de pêcher fur les ruiffeaux dépendans dudit Domaine, conformément à fon bail, à la charge néanmoins de fe conformer aux Ordonnances.

Du 21 Mai 1737.

SUR la Requête préfentée au Roi en fon Confeil, par Michel Boulande, Lieutenant de la Milice Bourgeoife de Sedan, arriere-fermier de la chaffe

des oiſeaux de rivieres & paſſagers , contenant que les anciens Princes de
Sedan étoient dans l'uſage d'affermer la chaſſe des oiſeaux de rivieres & paſſagers , tels que ſont les oyes ſauvages, canards , cercelles , becaſſines , plu-
viers , vanneaux & autres de pareille nature qui abondent en ce pays, & y
produiſent beaucoup de douceurs ; que depuis la réunion de cette Principauté à la Couronne de France , les Fermiers des Domaines de Sa Majeſté
ont à l'exemple deſdits Princes, ſous-fermé cette même chaſſe ; que le 10
Septembre 1705 , ils ont été troublés par le Grand-Maître des Eaux &
Forêts de ce Département, que le premier Août 1707 , ils ont encore été
plus particulierement troublés par Sentence de la Maîtriſe de cette ville,
portant condamnation de cinquante livres d'amende contre les arrieres-Fer-
miers de cette chaſſe & de la pêche des ruiſſeaux, ce qui obligea Jean de la
Place , lors Fermier de ces Domaines, de préſenter ſa Requête au Conſeil ,
lequel informé de la différence qu'il y a de cette chaſſe à celle du gibier ordinaire & domeſtique , que cette chaſſe qui n'a , & ne peut avoir lieu dans les
bois, ſur les montagnes ni dans les plaines, mais ſeulement dans les lieux
marécageux & le long des rivieres, procure l'abondance dans ce pays, a
par Arrêt du 10 Juillet 1708 , annullé la défenſe du Grand-Maître, caſſé
la Sentence de la Maîtriſe des Eaux & Forêts de cette ville, &c.

LE ROI EN SON CONSEIL, a ordonné & ordonne que l'Arrêt
du Conſeil du 10 Juillet 1708, & le bail du 7 Février 1733 , ſeront
exécutés ſelon leur forme & teneur , & en conſéquence ſans s'arrêter à la Sentence de la Maîtriſe des Eaux & Forêts de Sedan du 11 Février 1737 , que
Sa Majeſté a caſſée & annullée, que ledit Boulande continuera de jouir du
droit de chaſſe aux canards , de cercelles , & autres gibiers de cette nature ,
enſemble du droit de pêche des ruiſſeaux qui lui ont été ſous-fermés , à la
charge par lui de ſe conformer aux Ordonnances. Fait Sa Majeſté défenſes
aux Officiers de la Maîtriſe de Sédan , & à tous autres de le troubler dans
la libre jouiſſance des droits à lui affermés , à peine d'en répondre en leurs
propres & privés noms. F A I T au Conſeil d'Etat du Roi , tenu à Verſailles
le vingt-un Mai mil ſept cent trente ſept. *Signé*, D E V O U G N Y.

ARREST NOTABLE DU CONSEIL,

PORTANT Réglement entre les Officiers de Caſtelnaudari.

Du 3 Juin 1737.

ENTRE Me Paul Rouager, Conſeiller de Sa Majeſté, Lieutenant en la
Maîtriſe Particuliere des Eaux & Forêts de Caſtelnaudary, demandeur aux fins
de la commiſſion par lui obtenue au grand Sceau le 25 Septembre 1734 .
& exploit d'aſſignation donnée en conſéquence le 14 Octobre ſuivant , &
encore aux fins de ſes requêtes verbales inſérées aux procès-verbaux du ſieur
Rapporteur de l'inſtance des 26 Mai 1735 & 24 Février 1736, d'une
part ; & Me Hugues Embry de Villenouvettes , Conſeiller du Roi , Maître
Particulier de la Maîtriſe , d'autre part défendeur , ſans que les qualités puiſ-

fent nuire ni préjudicier aux Parties. Vu au Conſeil d'Etat privé du Roi , &c.
LE ROI EN SON CONSEIL, faiſant droit ſur l'inſtance,
a ordonné ce qui ſuit :

ARTICLE PREMIER.

I. Le ſieur Rouager ſera qualifié de Lieutenant en la Maîtriſe des Eaux
& Fôrêts de Caſtelnaudary , conformément à ſes proviſions.

II. Toutes les Requêtes qui ſeront préſentées à ladite Maîtriſe, ſeront intitulées en ces termes : A M. le Maître Particulier ou M. le Lieutenant en
la Maîtriſe des Eaux & Forêts de Caſtelnaudary , & non autrement.

III. Les Requêtes concernant l'inſtruction des procès ſeront répondues
par le Lieutenant , & toutes les autres par le Maître Particulier , & en ſon
abſence par le Lieutenant.

IV. La parole ſera adreſſée à l'Audience au terme pluriel , Meſſieurs ,
& non au Maître Particulier par le terme ſingulier , Monſieur.

V. Le Lieutenant & autres Officiers de la Maîtriſe ne pourront tenir
les Audiences qu'en l'abſence du Maître Particulier, à l'effet de quoi les
premiers du Siége porteront audit Maître Particulier les procès au cartel pour
les cauſes qui doivent s'y plaider, comme auſſi le Greffier ou les Gardes
qui auront des procès-verbaux à affirmer, ſeront tenus d'aller l'avertir pour
ladite audience , & en ſon abſence le Lieutenant.

VI. Le Lieutenant ſera tenu conformément à l'art. III , du titre des Lieutenans de l'Ordonnance du mois d'Août 1669 , de réſider dans la ville de
Caſtelnaudary , ſans en pouvoir déſemparer, particulierement aux jours &
heures d'Audiences, & lorſqu'il ſeroit obligé d'aller en campagne, ou que
pour cauſe de maladie il ne pourra pas aſſiſter aux Audiences il ſera tenu d'en
faire avertir le Maître ou le Garde-Marteau, ainſi qu'il eſt porté audit article,
& ſous les peines y contenues.

VII. Les Procureurs ne pourront aller aux Audiences qu'ils ne ſoient
revêtus de leurs robes.

VIII. Le Maître Particulier ni les autres Officiers de ladite Maîtriſe ne
pourront rendre la Juſtice dans leurs maiſons ni ailleurs que dans le Siege
deſtiné pour l'adminiſtration de la Juſtice.

IX. Le Lieutenant , tant que le Maître Particulier ne ſera pas gradué ,
ſera toutes les procédures néceſſaires pour l'inſtruction des procès par écrit ,
comme auſſi les inſtructions des procès criminels , pourra néanmoins ledit
Maître Particulier, encore qu'il ne ſoit pas gradué, faire les viſites, les deſcentes & vérifications des dégradations & eſtimations d'icelles , ſoit qu'il
s'agiſſe de l'intérêt de Sa Majeſté ou de celui des Communautés ou autres
perſonnes, pourra même faire les premieres informations en cas de délits, ſans
que le Lieutenant puiſſe faire leſdits fonctions, ſi ce n'eſt en cas d'abſence
ou légitime empêchement du Maître Particulier.

X. Le Lieutenant ne pourra faire les informations de vies & mœurs des
Officiers qui ſeront reçus en ladite Maîtriſe , ni procéder à leur reception,
encore que le Maître ne ſoit pas gradué, ſi ce n'eſt qu'il fût abſent depuis
trois jours au moins , ou en cas de maladie ou autres empêchemens légitimes
dudit Maître Particulier,

XI. Les procès sujet à rapport, seront portés par le Greffier au Maître Particulier, qui sera tenu de les remettre, sans autre distribution, au Lieutenant.

XII La voix du Maître Particulier ne pourra en aucun cas prévaloir sur celle du Lieutenant.

XIII Lorsqu'il n'y aura que deux Officiers au Siége, & qu'ils se trouveront d'avis contraire, il y aura partage, & le partage sera levé par celui des trois Officiers du Siege qui n'aura pas assisté à la délibération, & en son absence par le plus ancien Gradué qui se trouvera dans la ville, suivant l'ordre du tableau.

XIV. Le Maître Particulier fera la taxe des épices, & lorsqu'il aura été appellé un Gradué dans les cas de l'article précédent, ses vacations seront prises sur la totalité desdites épices, dont le surplus sera partagé par moitié entre le Maître Particulier & le Lieutenant.

XV. Les Sentences & appointemens seront intitulés du seul nom & qualité du Maître, soit qu'il soit absent ou présent, & néanmoins il sera fait mention à la fin desdites Sentences & appointemens qu'ils ont été pronóncés par le Lieutenant, lorsqu'il les aura rendus en absence du Maître Particulier.

XVI. Les lettres & paquets adressés aux Officiers de la Maîtrise en général, seront portés au Maître Particulier pour l'ouverture en être faite par lui au Siége en présence desdits Officiers ou eux duement appellés.

XVII. Le Lieutenant ne pourra viser ni arrêter les rôles des amendes, restitutions & confiscations jugées au Siége, qu'en cas d'absence ou légitime empéchement du Maître Particulier, & seront lesdits rôles arrêtés dans le temps de l'Ordonnance.

XVIII. Le Maître Particulier paraphera tous les registres du Greffe, & le Lieutenant en cas d'absence du Maître.

XIX. Fait Sa Majesté défenses au Lieutenant & aux autres Officiers de ladite Maîtrise, d'insérer dans les registres du Greffe, après les Jugemens rendus par le Maître Particulier, ou à la suite des procès-verbaux par lui faits, aucunes protestations, ni de bâtonner ou parapher aucuns desdits procès verbaux.

XX. Fait pareillement défenses, tant au Maître Particulier qu'audit Lieutenant & aux Officiers de ladite Maîtrise, d'insérer les procès-verbaux & protestations qu'ils feront les uns contre les autres, dans le registre plumitif du Greffe.

Sur le surplus des demandes, fins & conclusions des Parties, Sa Majesté les a mises hors de Cour & de procès, tous dépens compensés, sauf les frais & coût du présent Arrêt. Ordonne que toutes Lettres-patentes à ce nécessaires seront expédiées. FAIT au Conseil d'Etat du Roi, tenu à Paris le trois Juin mil sept cent trente-sept. Signé, HATTE'.

ARREST DU CONSEIL D'ÉTAT DU ROI ;

QUI ordonne qu'à l'avenir les Receveurs des Amendes compteront de leur maniement dans le courant du mois de Juillet de
chacune année.

Du 4 Juin 1737.

Extrait des Regiſtres du Conſeil d'Etat.

SUR ce qui a été repréſenté au Roi étant en ſon Conſeil, que pour la conſervation des forêts de Sa Majeſté, & empêcher la multiplicité des délits qui s'y commettent journellement, tant par les riverains, qu'autres, il eſt d'une conſéquence
infinie de faire payer régulierement les amendes, reſtitutions & confiſcations
prononcées & à prononcer contre les délinquans, ſoit par les ſieurs Grands-
Maîtres, ſoit par les Officiers des Maîtriſes Particulieres des Eaux & Forêts ;
ſans quoi les délits demeurant impunis, il eſt à craindre que ces mêmes délinquans ne ſe portent à des excès qui ne tendroient pas moins qu'au détriment entier deſdites forêts ; que ç'a été pour prévenir ce déſordre, & mettre
cette partie de recouvrement en regle, que par l'article XXVI. de l'Edit du
mois de Mai 1716. portant Reglement ſur les amendes des Eaux & Forêts,
il a été ordonné que les Receveurs deſdites amendes ſeroient tenus de compter
dans le courant du mois d'Oĉtobre de chaque année, du montant des ſommes qui leur auroient été remiſes par les colleĉteurs deſdites amendes, dans
le cours de l'année précédente, qui auroit commencé au mois d'Oĉtobre,
en préſence des Officiers deſdites Maîtriſes, & à la diligence du Procureur
du Roi en chacune deſdites Maîtriſes ; que même leſdits ſieurs Grands-Maîtres,
aux termes de l'article XXXI. de cet Edit, ſont tous les ans, lors de leurs viſites, tenus de faire un état du débet de ces comptes, & d'en faire la réviſion,
s'ils n'ont pas affiſté à l'arrêté d'iceux, & qu'ils jugent cette reviſion néceſſaire : mais qu'il arrive ſouvent que la plûpart deſdits ſieurs Grands-Maîtres,
ayant fait leurs viſites avant le premier Oĉtobre de chaque année, ils ſe
trouvent hors d'état d'exécuter ce qui leur eſt preſcrit par cet Edit ; enſorte
que pour remédier à cet inconvénient, il ſeroit du bien & de l'utilité du
ſervice, d'ordonner qu'à l'avenir, & à commencer dès la préſente année
1737, leſdits Receveurs ſeront tenus de rendre leurs comptes dans le cours
du mois de Juillet de chaque année ; au lieu que, ſuivant l'article XXVI.
dudit Edit, ils ne ſont affujettis à les rendre que dans le mois d'Oĉtobre. Et
Sa Maĵeſté déſirant ſur ce faire connoître ſes intentions. OUI le rapport du
ſieur Orry, Conſeiller d'Etat & ordinaire au Conſeil Royal, Contrôleur Général des Finances. LE ROI EN SON CONSEIL, en interprétant, en tant
que beſoin eſt ou ſeroit, l'article XXVI. de l'Edit du mois de Mai 1716,
portant Reglement ſur les amendes des Eaux & Forêts, a ordonné & ordonne qu'à l'avenir, & à commencer dès la préſente année 1737, les Receveurs des amendes, reſtitutions & confiſcations prononcées & à prononcer,
ſoit par les ſieurs Grands-Maîtres, ſoit par les Officiers des Maîtriſes Parti-

culieres des Eaux & Forêts, feront tenus de compter dans le courant du mois de Juillet de chacune année, du montant des fommes qui auront dû leur être remifes par les Gardes Généraux, Collecteurs defdites amendes, reftitutions & confifcations, dans le cours de l'année précédente ; & ce, à peine contre lefdits Receveurs, conformément à l'article XXXIX. dudit Edit, de cinquante livres d'amende, faute d'avoir préfenté leurs comptes dans le temps prefcrit par le préfent Arrêt. Et fera au furplus ledit Edit du mois de Mai 1716, exécuté felon fa forme & teneur. Enjoint Sa Majefté auxdits fieurs Grands-Maîtres, & aux Procureurs du Roi en chacune defdites Maîtrifes Particulieres, de tenir la main à l'exclufion dudit préfent Arrêt. FAIT au Confeil d'Etat du Roi Sa Majefté y étant, tenu à Verfailles le quatriéme jour du mois de Juin mil fept cent trente-fept. *Signé*, PHELYPEAUX.

ARREST DU CONSEIL D'ÉTAT DU ROI,

QUI ordonne que les Appels des Sentences des Maîtrifes, ainfi que les Jugemens qui interviendront fur iceux, portant décharge ou modération d'amendes, feront fignifiés aux Collecteurs des amendes.

Du 15 Juin 1737.

Extrait des Regiftres du Confeil d'Etat.

VU au Confeil d'Etat du Roi, l'Arrêt rendu en icelui le 30 Avril 1737, par lequel Sa Majefté pour les caufes y contenues, a ordonné que les parties contre lefquelles il feroit intervenu dans les Maîtrifes particulieres des Eaux & Forêts de la Province de Franche-Comté, des Sentences portant condamnation d'amendes, reftitutions & autres peines, feroient tenus à l'avenir de faire fignifier aux Gardes généraux, Collecteurs des amendes defdites Maîtrifes, les appels qu'ils auroient interjettés defdites Sentences à la Chambre des Eaux & Forêts établie près le Parlement de Befançon, & les Jugemens de décharge ou modération qui feroient intervenus fur lefdits appels, à peine de payer les frais qui auroient été faits contr'elles par lefdits Gardes généraux, Collecteurs des amendes, faute de leur avoir fait faire lefdites fignifications dans le temps prefcrit par l'article V du titre IV de l'Ordonnance des Eaux & Forêts du mois d'Août 1669. Et Sa Majefté étant informée que les abus qui regnoient en Franche-Comté, & aufquels elle a eu intention de remédier par l'Arrêt dudit jour 30 Avril 1737, fe font introduits dans les autres Provinces & Généralités du Royaume ; de maniere qu'il feroit du bien & de l'utilité du fervice de rendre ledit Arrêt exécutoire dans toute l'étendue du Royaume ; à quoi Sa Majefté défirant pourvoir. Oui le rapport du fieur Orry, Confeiller d'Etat & ordinaire au Confeil Royal, Contrôleur général des Finances.

LE ROI ÉTANT EN SON CONSEIL, a ordonné & ordonné que l'Arrêt de fondit Confeil du 30 Avril 1737 fera exécuté felon fa forme & te-

neur: en conféquence, que les parties contre lefquelles il fera in'ervenu dans
les Maîtrifes particulieres des Eaux & Forêts du Royaume, des Sentences
poitant condamnation d'amendes, reftitutions &. autres peines, feront tenues
à l'avenir de faire fignifier aux Gardes généraux, Col'eéteurs des amendes
defdites Maîtrifes, les appels qu'elles auront interjettés defdites Sentences,
foit aux Chambres des Eaux & Forêts établies près les Parlemens, foit aux
Tables de Marbres, & les Jugemens de décharge ou modéra'ion qui feront
intervenus fur lefdits appels; à peine de payer les frais qui auront été faits
contre elles par lefdits Gardes généraux, Colleéteurs des amendes, faure de
leur avoir fait faire lefdites fignifications dans le temps prefcrit par l'article V du titre VI de l'Ordonnance des Eaux & Foré's du mois d'Août 1669.
Enjoint Sa Majefté aux fieurs Grands-Maîtres des Eaux & Forêts de tenir
chacun en droit foi, la main à l'exécution du préfent Arrêt, qui fera enrégiftré aux Greffes defdites Maîtrifes, & lu, publié & affiché par-tout où befoin fera, à ce que perfonne n'en puiffe prétendre caufe d'ignorance. FAIT
au Confeil d'Etat du Roi. Sa Majefté y étant, tenu à Verfailles le vingt-
cinquiéme jour du mois de Juin 1737. Signé, PHELYPEAUX.

ARREST DU CONSEIL,

QUI fait défenfes aux Officiers de Police de la Ville de Provins de prendre connoiffance des matières d'Eaux & Forêts,
& de ce qui concerne le curement des Rivières & des Ruiffeaux
qui traverfent ladite Ville, à peine de 500 liv. d'amende, &
de tous dépens, dommages & intérêts.

Du 16 Juillet 1737.

SUR la Requête préfentée au Roi en fon Confeil par le Procureur de Sa
Majefté en la Maîtrife particuliere des Eaux & Foréts de Provins, contenant, que quoique par les articles premier & 4 du titre de la Jurifdiétion
de l'Ordonnance des Eaux & Forêts du mois d'Août 1669. la connoiffance de toutes les matières d'Eaux & Forêts, tant au Civil qu'au Criminel & du curement des rivieres & ruiffeaux foit attribuée aux Officiers
des Maîtrifes, & que par l'art. 14 du même titre, il foit expreffément fait
inhibitions & défenfes à tous autres Juges, généralement quelconques de prendre connoiffance d'aucun fait d'eaux & rivières, circonftances & dépendances, néanmoins lorfque les Officiers de ladite Maîtrife fe font mis en devoir en l'année 1716 de veiller à l'obfervation des Ordonnances pour faire
faire le curement des rivières de Durtin & de Voulzie, qui traverfent ladite
Ville de Provins & fe rendent un peu au-deffous dans la rivière de Seine,
& celui des ruiffeaux qui traverfent ladite Ville & affluent auxdires rivières
les Officiers de Police de la même Ville, ont préterdu être en droit de faire
faire à l'exécurion de ceux de la Maîtrife dans l'étendue de ladite Ville le
curement defdites rivières & ruiffeaux, &c.

LE ROI EN SON CONSEIL, ayant aucunement égard à la Requête, sans s'arrêter aux Lettres d'appel obtenues par le nommé Greffard, Greffier de Police de la Ville de Provins le 4 Mai 1737 & l'assignation donnée en Parlement en vertu desdites Lettres le 7 du même mois, au Suppliant & à tout ce qui pourroit s'en être ensuivi, a ordonné & ordonne que les art. premier, 4 & 14 du titre de la Jurisdiction des Eaux & Forêts de l'Ordonnance du mois d'Août 1669, ensemble l'Arrêt du Conseil du 5 Août 1718, & les Sentences de la Maîtrise particuliere de ladite Ville de Provins des 12 & 13 Avril audit an 1737, seront exécutés selon leur forme & teneur; en conséquence, fait Sa Majesté très-expresses inhibitions & défenses aux Officiers de Police de ladite Ville de prendre à l'avenir connoissance des matieres d'Eaux & Forêts & de ce qui concerne le curement des rivieres & ruisseaux dont il s'agir, à peine de 500 liv. d'amende, & de tous dépens, dommages & intérêts, & sera le présent Arrêt exécuté nonobstant oppositions ou autres empêchemens généralement quelconques, dont si aucuns interviennent, Sa Majesté s'en est & à son Conseil réservée la connoissance & icelle interdite à toutes ses Cours & autres Juges. FAIT au Conseil d'Etat du Roi tenu à Versailles le 16 Juillet 1737. *Signé*, DE VOUGNY.

ARREST DU CONSEIL D'ÉTAT DU ROI,

PORTANT Réglement entre la Maîtrise des Eaux & Forêts & le Bailliage de la Province & Baronnie de Beaujolois, & ordonnant l'exécution en faveur de cette Maîtrise de tous les Edits & Déclarations, Arrêts & Réglemens rendus en faveur des autres Maîtrises du Royaume.

Du 6 Août 1737.

Extrait des Regiſtres du Conſeil d'Etat.

VU au Conseil d'Etat du Roi, les Requêtes & Mémoires respectivement présentés par les Officiers du Bailliage de la Province de Beaujolois d'une part, & ceux de la Maîtrise particuliere des Eaux & Forêts de la même Province d'autre part : les mémoires des Officiers dudit Bailliage, tendant principalement à ce que toutes les matières d'Eaux & Forêts de ladite Province soient par eux jugées conjointement avec les Officiers de ladite Maîtrise qui ne feront qu'un seul corps de Jurisdiction pour raison desdites matières avec le Bailliage, &c.

Et ceux des Officiers de ladite Maîtrise, tendant à ce que pour les causes y contenues il plût à Sa Majesté ordonner que les articles 1, 5, 7, 11 & 14 du titre de la Jurisdiction des Eaux & Forêts de l'Ordonnance du mois d'Août 1669, l'Arrêt du Conseil du 29 Décembre 1693 rendu pour la Maîtrise de Grenoble, & autres rendus en faveur des différentes Maîtrises du Royaume soient exécutés dans celle du Beaujolois, faire défenses aux Officiers du Bailliage & autres Jurisdictions d'y contrevenir à peine de nul-

lité de leurs Jugemens, & aux Parties de se pourvoir pour raison des matières d'Eaux & Forêts, Pêches & Chasses, circonstances & dépendances
pardevant d'autres Juges que ceux de ladite Maîtrise en premiere Instance,
& aux Procureurs de faire aucune Procédure qu'en icelle pour raison de ces
matières, à peine d'interdiction & de mille livres d'amende contre chacun
des contrevenans, &c.

LE ROI EN SON CONSEIL, faisant droit sur l'Instance, sans s'arrêter aux Requêtes, Piéces & Mémoires produits par les Officiers du Bailliage de Villefranche en Beaujolois, ni aux Ordonnances par eux rendues
les 16 & 23 Janvier & 26 Février 1737, que Sa Majesté a cassé & annullé, a ordonné & ordonne que la Sentence rendue par les Officiers de
la Maîtrise particuliere des Eaux & Forêts de la même Ville le 19 Janvier audit an 1737, ensemble les articles 1, 5, 7, 11 & 14 du titre de la
Jurisdiction de l'Ordonnance des Eaux & Forêts du mois d'Août 1669, l'article 13 du titre 2 de ladite Ordonnance, ledit Edit du mois de Mai 1708,
l'Arrêt du Conseil du 29 Décembre 1693, & autres Arrêts & Réglemens
rendus concernans la matière des Eaux & Forêts seront exécutés selon leur
forme & teneur dans la Province de Beaujolois; en conséquence, fait Sa Majesté défenses aux Officiers dudit Bailliage & autres Jurisdictions d'y contrevenir, à peine de nullité de tous Actes, Procédures & Jugemens, & aux
parties de se pourvoir en matières d'Eaux & Forêts, Pêches & Chasses, circonstances & dépendances, que pardevant ceux de ladite Maîtrise en première Instance, & aux Procureurs de se présenter ni faire aucunes procédures pour raison desdites matières qu'en ladite Maîtrise, à peine d'interdiction
& de mille livres d'amende contre chacun des contrevenans. Ordonne en outre Sa Majesté que tous Greffiers en titre ou par commission & tous autres
qui se trouveront saisis de procès, minutes, procédures, registres, piéces,
papiers & documens concernans les Eaux & Forêts, seront tenus de les remettre au Greffe de ladite Maîtrise, à quoi faire ils seront contraints, même
par corps, comme dépositaires, en vertu du présent Arrêt, sans qu'il en soit
besoin d'autres; ce faisant ils en seront & demeureront bien & duement déchargés; & sans s'arrêter aux décrets & interdictions prononcés par les Officiers dudit Bailliage, contre le Greffier & le Garde général de ladite Maîtrise, ni au décret de prise de corps décerné contre le nommé Philippe Debrun, Garde particulier, & à tous autres décrets & procédures concernans
les faits dont il s'agit, que Sa Majesté a cassé & annullé, a renvoyé & renvoye lesdits Greffiers, Garde général, & ledit Philippe Debrun & autres
que les Officiers dudit Bailliage ont pu décréter dans leurs fonctions. Fait
Sa Majesté défenses aux Officiers dudit Bailliage de les y troubler, & de
rendre à l'avenir de semblables décrets, & à tous Huissiers & autres Officiers
de les mettre à exécution, ni procéder en conséquence, à peine d'interdiction & de mille livres d'amende. Ordonne en outre Sa Majesté que les Officiers de ladite Maîtrise continueront de tenir leurs Audiences toutes les se-
maines le Mardi après midi, & de s'assembler dans la Chambre du Conseil
étant dans le Palais de Villefranche, dont le Concierge sera tenu de leur
ouvrir les portes, à peine de prison. Fait Sa Majesté défenses aux Officiers
dudit Bailliage de s'emparer des clefs du Palais, & de troubler les Officiers

de ladite Maîtrise en quelque forte & maniere que ce foit, ni de prendre connoiffance direïtement ni indireïtement des matieres d'Eaux & Forêts, Pêches & Chaffes, à peine de trois mille·livres d'amende. Que le fieur Mignot, Lieutenant général dudit Bailliage, & Maître particulier de ladite Maîtrife, ainfi que le fieur Chaftelain Deffertines, Procureur du Roi des deux Siéges, feront tenus chacun à leur égard d'opter dans fix mois à compter du jour de la publication ou fignification qui fera faite du préfent Arrêt de l'un ou de l'autre de leurs deux Offices, finon & à faute de ce faire dans ledit temps & icelui paffé, l'Office que chacun poffede en ladite Maîtrife demeurera vacant & impétrable, & qu'en attendant qu'ils aient ladite option, il fera commis inceffamment & fans frais en leur fait & place, aufdits Offices de Maître particulier & de Procureur du Roi en ladite Maîtrife, fur les nominations qui en feront faites par M. le Duc d'Orleans en faveur des perfonnes qu'il jugera capables d'exercer lefdits Offices, & en cas de conteftations fur l'exécution dudit préfent Arrêt, Sa Majefté les a renvoyés & les parties pardevant le fieur Taboureau des Reaux, Grand-Maître des Eaux & Forêts du Département de Lyonnois pour leur être par lui fait droit diffinitivement, fauf l'appel au Confeil : & fera ledit préfent Arrêt enrégiftré au Greffe de ladite Maîtrife, lu, publié, affiché & fignifié par-tout & à qui il appartiendra, & exécuté nonobftant toutes oppofitions ou autres empêchemens généralement quelconques, dont fi aucuns interviennent, Sa Majefté s'en eft & à fon Confeil réfervé la connoiffance, & icelle interdite à toutes fes Cours & autres Juges. FAIT au Confeil d'Etat du Roi, tenu à Verfailles le fixiéme jour d'Août mil fept cent trente-fept. Collationné. *Signé*, GUYOT.

ARREST DE LA COUR DE PARLEMENT,

QUI décharge les Sieurs Febur, Maître particulier, & Guido, Garde-Marteau de la Maîtrife de Chaumont, du *Veniat* contr'eux prononcé par une Sentence de la Table de Marbre de Paris du 11 Mai 1737, qui eft mife au néant ; avec défenfes aux Juges de la Table de Marbre de donner à l'avenir de pareils *Veniat.*

Du 7 Septembre 1737.

LOUIS, par la grace de Dieu, Roi de France & de Navarre, au premier Huiffier de notre Cour de Parlement ou autres Huiffiers ou Sergens fur ce requis ; fçavoir, faifons qu'entre Me Alexis-Antoine Febur notre Confeiller, Maître particulier en la Maîtrife des Eaux & Forêts de Chaumonten-Baffigny, Appellant du Jugement rendu par les Juges des Eaux & Forêts de la Table de Marbre du Palais à Paris, fur le requifitoire du Subftitut de notre Procureur Général dudit Siége le 11 Mai dernier, & de tout ce qui a été fait avant & après, & demandeur aux fins de fes deux Requêtes des 30 Juillet dernier & 6 Septembre préfent mois, la première tendante à ce qu'en venant plaider avec M. le Procureur Général, sur l'appel interjetté par le Demandeur de la Sentence contre lui rendue par les Juges des Eaux & Forêts de la Table de Marbre du Palais à Paris sur le requisitoire du Substitut de M. le Procureur Général audit Siége le 11 Mai dernier, il fut ordonné qu'ils plaideroient sur ladite Requéte, &c.

Et entre Louis Guido, Conseiller du Roi, Garde-Marteau en ladite Maîtrise de Chaumont, aussi Appellant de ladite Sentence du 11 Mai dernier, comme de Juges incompétens & Demandeur aux fins de sa Requéte du 30 Juillet ensuivant à ce qu'en plaidant sur sondit appel, il plût à la Cour mettre l'appellation au néant, émendant le décharger du *Veniat* prononcé par ladite Sentence, &c. d'une part, & M. le Procureur Général prenant le fait & cause de son Substitut à la Table de Marbre du Palais à Paris, Intimé & Défendeur, d'autre part. Après que l'Averdy, Avocat d'Antoine Febure, Griffon, Avocat de Louis Guido & Coquereau, Avocat du sieur Laugeois & autres, ont été ouis pendant deux Audiences, ensemble Joly de Fleury pour le Procureur Général du Roi.

NOTREDITE COUR reçoit les Parties de Coquereau opposantes à l'Arrêt d'évocation, & la partie de Griffon appellante de la Sentence du 23 Mars 1737 faisant droit sur ledit appel, a mis & met l'appellation au néant; ordonne que ce dont est appel sortira son plein & entier effet, condamne l'Appellant en l'amende de douze livres, & néanmoins renvoie la demande portée en ladite Sentence aux Requêtes du Palais pour y procéder suivant les derniers erremens; à cet effet ordonne que le Procès-verbal du 26 Avril 1736 déposé au Greffe de la Cour, sera porté au Greffe des Requêtes du Palais, condamne les Parties de Griffon aux dépens à cet égard, même en ceux réservés; ordonne que les termes injurieux inférés dans la Requéte imprimée & dans celle du 5 Septembre présent mois demeureront supprimés; fait défenses au Procureur de la partie de Griffon de signer à l'avenir de pareilles Requêtes, le condamne ensemble la Partie de Griffon aux dépens de ladite Requéte imprimée & celle du 5 Septembre présent mois, en tant que touche l'appel interjetté par les Parties de l'Averdy & de Griffon des condamnations contre elles énoncées par la Sentence du 11 Mai 1737, a mis & met les appellations & ce dont a été appellé au néant, émendant, décharge les Parties de l'Averdy & de Griffon des condamnations contr'elles énoncées, déclare nul le Procès-verbal du 25 Avril 1737; sur le surplus des demandes, fins & conclusions des Parties les met hors de Cour; faisant droit sur le requisitoire du Procureur Général du Roi, fait défenses aux Juges de la Table de Marbre de donner à l'avenir de pareils *Veniat*, ni de prendre la qualité de Cour; fait pareillement défenses au Substitut du Procureur Général du Roi audit Siége de prendre la qualité de Procureur Général du Roi. Si mandons au premier Huissier de notredite Cour de mettre le présent Arrêt à due & entière exécution en tout son contenu selon sa forme & teneur, de ce faire te donnons pouvoir. DONNÉ en Parlement le 7 Septembre 1737, & de notre regne le 23. Collationné. *Signé*, BARDON : *Et plus bas*, par la Chambre, DUFRANC.

ARREST DU CONSEIL D'ÉTAT DU ROI,

QUI caffe cinq Jugemens de la Table de Marbre, rendus contre les difpofitions des articles XI du titre premier, & II du titre XIII de l'Ordonnance des Eaux & Forêts du mois d'Août 1669, & des Arrêts & Réglemens intervenus en conféquence. Condamne le Seigneur de Treuveray à payer ès mains du Collecteur des Amendes de la Maîtrife de Chaumont, une amende de cinquante livres qu'il a reçue d'un particulier; & à laquelle il l'avoit fait condamner en fa Juftice, pour la coupe d'un Baliveau; & les Officiers de la Juftice de Treuveray, à reftituer audit Particulier quatre-vingt-feize livres deux fols fix deniers, par eux induement exigés de lui pour frais de pourfuite, avec inhibitions & défenfes aufdits Officiers de récidiver, fous les peines portées par les Ordonnances.

Du premier Octobre 1737.

Extrait des Regiftres du Confeil d'Etat.

SUR la Requête préfentée au Roi en fon Confeil, par le Procureur de Sa Majefté, de la Maîtrife particuliere des Eaux & Forêts de Chaumont en Baffigny : contenant que quoique par l'Article XVI. du Titre XXV. de l'Ordonnance des Eaux & Forêts, du mois d'Août mil fix cent foixante-neuf, & une infinité d'Arrêts rendus en conféquence, les Officiers des Maîtrifes foient en droit de connoître des délits, abus, négligences ou malverfations commifes par les Particuliers, Habitans ou Officiers des lieux fitués dans l'étendue defdites Maîtrifes; qu'il foit même enjoint aux Officiers defdites Maîtrifes, d'y veiller, & de réprimer ces abus, fuivant la rigueur des Ordonnances : Néanmoins le fieur Jean-François de Biodot de Cafteya, Seigneur du lieu de Treuveray, Maîtrife de Chaumont, à la follicitation de fon Procureur Fifcal, qui eft un Charron, a fait jufqu'à préfent toutes les tentatives imaginables pour entretenir l'abus dans l'étendue de fa Jurifdiction, & fouftraire fes Officiers de l'obfervation des Ordonnances. Les Officiers de la Maîtrife de Chaumont, font conftamment en droit & en poffeffion de connoître des délits qui fe commettent dans les Bois de Treuveray ; ils ont la Police & la Jurifdiction fur ces Bois, de même que fur tous ceux qui font fitués dans l'étendue de ladite Maîtrife ; tous les Seigneurs & toutes les Communautés ne font aucune difficulté de fe foumettre à cette regle, le fieur de Cafteya feul prétend avoir une Grurie qui empêche tous Actes de Jurifdiction de la part de ladite Maîtrife, dans les Bois communaux de Treuveray, foit qu'il foit queftion de délit commis dans la Furaye ou la Réferve, ou de concuffion & malverfation commifes par fes Officiers, fur le fait des Bois ; cependant ces Bois communaux ont été mis en regle fous fes yeux au mois de Juin mil fept cent trente-un, les trois quarts ont été divifés en vingt-cinq coupes, & le quart reftant a été mis en réferve, le tout par les Officiers de ladite Maîtrife. En effet, au mois de Février mil fept cent trente-trois, le nommé Nicolas Gerard, Laboureur, demeurant à Hevilliers, fut accufé d'avoir coupé un chêne de fept pieds & demi de tour dans les Bois communaux de Treuveray; quoiqu'il n'y eût que les Officiers de la Maîtrife en droit de connoître d'un pareil délit, dont l'Amende appartient à Sa Majefté, & la reftitution à la Communauté, le nommé Seurat, Charron, demeurant à Treuveray, que le Seigneur a choifi pour fon Procureur Fifcal, y fit tranf-porter les Officiers du fieur de Cafteya, & après bien des procédures, ledit Gerard a été condamné en la Juftice de Treuveray, le feize Février audit an, en cinquante livres d'amende au profit du fieur de Cafteya, en pareille fomme de dommages & intérêts envers la Communauté, & en quatre-vingt feize livres deux fols fix deniers de dépens; le Greffier de cette Juftice a reçu foixante & feize livres huit fols à compte de fes frais, & le Syndic du lieu, trente-une livres quatre fols, à compte des dommages & intérêts adjugés à la Communauté. Une conduite auffi blâmable formoit trois contraventions fenfibles, &c.

Le fieur de Cafteya pour mettre fes Officiers à couvert des juftes pourfuites que le Suppliant faifoit conr'eux, ne trouva pas de remède plus efficace, que de recourir à la Table de Marbre, où fur l'expofé de fa prétendue Gruerie, & que les Officiers de la Maîtrife de Chaumont n'avoient point la moindre Jurif-diction dans fes Bois communaux, il obtint un Jugement le premier Juillet mil fept cent trente-trois, qui, contre toutes fortes de regles, fait défenfes aux Of-ficiers de ladite Maîtrife, d'en connoître; outre cela, le dix-fept Septembre mil fept cent trente-cinq, en exécution des ordres du Confeil, & de la Com-miffion du fieur de Courtagnon, Grand-Maître des Eaux & Forêts du Dépar-tement de Champagne, du vingt-fix Avril précédent, les Officiers de la Maî-trife firent un Martellage pour les preffantes réparations qui étoient à faire aux maifons de Treuveray. Le fieur de Cafteya a pris ce Martellage pour trouble à fon droit & à fa poffeffion, comme s'il pouvoit en avoir fur des chênes : il a d'abord obtenu un premier Jugement à la Table de Marbre, le quatorze Octo-bre mil fept cent trente-cinq, qui a fait défenfes aux Habitans d'employer au-cuns des chênes à eux délivrés, & aux Officiers de la Maîtrife, d'en connoître. Par un fecond Jugement du premier Février mil fept cent trente-fix, il a obte-nu la permiffion de faire intimer les Officiers de la Maîtrife en leur privé nom, pour avoir fait ce Martellage, enforte que ces chênes, dont partie étoient abat-tus, fe trouvent aujourd'hui diffipés fans aucun emploi utile. Le neuf Janvier de ladite année mil fept cent trente fix, les Officiers de Treuveray, fur le fon-dement de cette indépendance prétendue par le fieur de Cafteya, ayant été marquer dans les Bois communaux une quantité confidérable d'heftres & de charmes, qu'ils fe font diftribués entr'eux, & ont vendus; deux Habitans prin-cipaux vinrent les dénoncer aux Officiers de la Maîtrife, & on y envoya le Garde général, pour connoître ces délits. Son Procès-verbal fait foi de la mau-vaife conduite de ces Officiers & de leur pernicieufe économie. Les Officiers de la Maîtrife ayant prévu que vainement ils rendroient des Sentences, par rapport aux défenfes de la Table de Marbre, & au parti qu'elle avoit pris dans cette affaire pour le fieur de Cafteya, a ordonné, par Sentence du vingt-trois dudit mois de Janvier, que le Procureur du Roi fe pourvoiroit au Confeil. Depuis ce tems le fieur de Cafteya a furpris un Jugement par défaut à la Table de Marbre, le dix-neuf Janvier mil fept cent trente-fept, par lequel il lui eft donné acte de ce qu'il prend pour trouble en fa prétendue poffeffion paifible & tranquille, par lui & par fes auteurs, du droit de Juftice, Grurie dans toute l'étendue des Terres de Treuveray, Saint Jouaire & Laneuville, les préten-dues entreprifes que les Officiers de ladite Maîtrife font journellement fur la-dite Grurie, le maintient & garde en ladite prétendue poffeffion, & fait dé-fenfes aufdits Officiers de l'y troubler à l'avenir, & pour l'avoir fait, les con-damne en fes dommages & intérêts, fuivant la liquidation qui en fera faite en la maniere accoutumée, & aux dépens. Le fieur de Cafteya a fait fignifier ce Jugement aux Officiers de ladite Maîtrife, le feize Février fuivant, avec affignation à la Table de Marbre, pour voir taxer les dépens; & comme ce Jugement eft auffi injufte & auffi infoutenable que les précédens, & qu'il eft entierement contraire aux difpofitions de l'Ordonnance & des Réglemens in-tervenus depuis, le miniftere du Suppliant l'obligeant de veiller à la con-fervation de la Jurifdiction de ladite Maîtrife, il a recours à l'autorité de Sa Majefté, pour lui être fur ce pourvu.

LE ROI EN SON CONSEIL, ayant égard à la Requête, fans s'arrêter au Jugement rendu au Siege de la Table de Marbre du Palais à Paris, pour raifon des faits dont eft queftion, les premier Juillet 1733, 14 Octobre 1735, premier & 3 Février 1736, & 19 Janvier 1737, que Sa Majefté a caffé & annullé, a ordonné & ordonne que les articles XI. du titre premier & II. du titre XIII. de l'Ordonnance des Eaux & Forêts, du mois d'Août 1669, & les Arrêts & Réglemens intervenus en conféquence, feront exécutés felon leur formé & teneur; condamne Sa Majefté, fçavoir, le fieur de Cafteya à payer entre les mains du Garde Général, Collecteur des Amendes de la Maîtrife de Chaumont en Baffigny, la fomme de cinquante livres, par lui reçue du nom-mé Gerard, pour pareille fomme d'amende prononcée contre lui par les Of-ficiers de la Juftice de Treuveray, au profit dudit fieur de Cafteya, pour, de ladite fomme de cinquante livres, en être compté au profit de Sa Majefté, par le Collecteur defdites Amendes, ainfi que des autres deniers de fa Recette, & les Officiers de ladite Juftice, à rendre & reftituer audit Gerard les quatre-vingt feize livres deux fols fix deniers, par eux induement exigés de lui pour frais de pourfuites, & au paiement defquelles fommes feront lefdits fieurs de Cafteya & Officiers de ladite Juftice, contraints par les voies ordinaires & ac-coutumées. Fait Sa Majefté très-expreffes inhibitions & défenfes aufdits Offi-ciers, de récidiver, fous les peines portées par ladite Ordonnance de 1669. Enjoint Sa Majefté au fieur de Courtagnon, Grand-Maître des Eaux & Forêts du Département de Champagne, & aux Officiers de ladite Maîtrife, de tenir, chacun en droit foi, la main à l'exécution du préfent Arrêt, qui fera lu, publié, affiché & fignifié par tout & à qui il appartiendra : Et fera ledit préfent Arrêt, exécuté, nonobftant oppofitions ou autres empêchemens généralement quel-conques, dont fi aucuns interviennent, Sa Majefté s'en eft & à fon Confeil, réfervé la connoiffance, & icelle interdite à toutes fes Cours & autres Juges. FAIT au Confeil d'Etat du Roi, tenu à Fontainebleau le premier jour du mois d'Octobre mil sept cent trente-sept. Collationné. *Signé*, EYNARD; avec paraphe.

ARREST DU CONSEIL,

QUI casse un Décret d'ajournement personnel décerné à la Table de Marbre de Paris le 18 Septembre 17:7; fait défenses au Greffier de ladite Table de Marbre d'expédier à l'avenir aucune commission pour y procéder en première instance en matière d'Eaux & Forêts, Pêche & Chasse, &c.

Du 31 Décembre 1737.

SUR la Requête présentée au Roi en son Conseil, par son Procureur en la Maîtrise particuliere des Eaux & Forêts de Paris, contenant, que quoique la connoissance de tous délits & abus concernant les Eaux & Forêts, Pêches & Chasses, soit attribuée aux Officiers des Eaux & Forêts, de l'Ordonnance du mois d'Août 1669, articles 7 & 14. du Titre de la Jurisdiction, & qu'il soit fait défenses à tous Juges, d'en connoître en premiere instance, même aux Cours de Parlement, ce qui a été confirmé par plusieurs Arrêts & Réglemens du Conseil, &c. LE ROI EN SON CONSEIL, ayant égard à la Requête, sans s'arrêter au Décret d'ajournement personnel décerné le 18 Septembre 1737, par les Officiers de la Table de Marbre du Palais à Paris, contre les nommé Brimeur, Coueffé, Vaillant, Lafleur & Parvi, ni à tout ce qui peut s'en être ensuivi, que Sa Majesté a cassé & annullé, a ordonné & ordonne que les articles 7 & 14. du Titre de la Jurisdiction de l'Ordonnance des Eaux & Forêts, du mois d'Août 1669, ensemble l'Edit du mois de Mai 1708, & les Arrêts du Conseil des 14 Juin 1729, & 26 Février 1737, seront exécutés selon leur forme & teneur; en conséquence, que pour raison du fait dont est question, les Parties seront tenues de se pourvoir pardevant les Officiers de la Maîtrise particuliere des Eaux & Forêts de Paris, pour y plaider sur leurs contestations, jusqu'à Sentence définitive inclusivement, sauf l'appel en la maniere accoutumée; leur fait Sa Majesté défenses de procéder & se pourvoir ailleurs, pour raison de ce, qu'en ladite Maîtrise, à peine de 1000 liv. d'amende; & aux Greffiers de ladite Table de Marbre, d'expédier à l'avenir aucune commission pour y procéder en premiere instance, en matiere d'Eaux & Forêts, Pêche & Chasse, à peine de 100 livres d'amende & d'interdiction, contre chacun des Contrevenans; & pour la contravention à l'Edit du mois de Mai 1708, commise par le nommé Thomas Ory le jeune, Procureur au Parlement, Sa Majesté l'a condamné & condamne en 100 livres d'amende, au paiement de laquelle il sera contraint par les voies ordinaires & accoutumées, comme pour les propres deniers & affaires de Sa Majesté; & enjoint très expressément Sa Majesté aux autres Procureurs, de se conformer à l'avenir audit Edit, sous pareilles peines de 100 livres d'amende pour chaque contravention qui demeurera contr'eux encourue, par le seul fait d'inexécution de leur part, dud.

Edit,

Edit, & fera le préfent Arrêt, fignifié à la Communauté defdits Procureurs, & à tous ceux qu'il appartiendra, lu, publié & affiché où befoin fera, & exécuté nonobftant oppofitions ou autres empêchemens généralement quelconques, dont fi aucuns interviennent, Sa Majefté s'en eft, & à fon Confeil, réfervé la connoiffance, & icelle interdite à toutes fes Cours & autres Juges. FAIT au Confeil d'Etat du Roi, tenu à Verfailles le trente-un Décembre mil fept cent trente-fept. *Signé*, EYNARD.

ARREST DU CONSEIL,

QUI fait défenfes au Lieutenant de Police de Poitiers de connoître d'un fait de Riviere, fous prétexte de Police, & renvoye les Parties à la Maîtrife de Poitiers.

Du premier Avril 1738.

SUR la Requête préfentée au Roi en fon Confeil, par fon Procureur en la Maîtrife des Eaux & Forêts de Poitiers, &c. LE ROI EN SON CONSEIL, ayant égard à la Requête, fans s'arrêter au Jugement du Lieutenant Général de Police de la Ville de Poitiers, du 21 Février 1738, ni à tout ce qui s'en eft enfuivi, que Sa Majefté a caffé & annullé, a ordonné & ordonne que pour raifon du fait dont il s'agit, circonftances & dépendances, les Parties feront tenues de procéder en la Maîtrife des Eaux & Forêts de ladite Ville, fuivant les derniers erremens de la Procédure qui a été commencée, & ce jufqu'à Sentence définitive inclufivement, fauf l'appel à la maniere accoutumée ; fait Sa Majefté, très-expreffes inhibitions & défenfes aufdites Parties, de fe pourvoir ailleurs qu'en ladite Maîtrife, à peine de 500 livres d'amende, & de tous dépens, dommages & intérêts ; & audit Lieutenant Général de Police, de connoître dudit fait, à peine de nullité & de caffation de procédure. FAIT au Confeil d'État du Roi, tenu à Verfailles le premier Avril mil fept cent trente-huit. *Signé*, DE VOUGNY.

ARREST DU CONSEIL D'ÉTAT DU ROI,

QUI fait défenfes à toutes perfonnes de relever les Appellations des Sentences des Juges - Gruyers des Seigneurs & autres Juftices particulières du reffort de la Table de Marbre du Palais à Paris, en matière d'Eaux & Forêts, ailleurs qu'audit Siége de la Table de Marbre, & aux Procureurs au Parlement de préfenter des Requêtes pour faire recevoir lefdits Appels ailleurs qu'audit Siége, à peine de nullité des Procédures & de 200 l. d'amende contre les Procureurs pour la première contravention, & de plus grande peine en cas de recidive.

Du 6 Mai 1738.

Extrait des Regiftres du Confeil d'Etat.

SUR la Requête préfentée au Roi en fon Confeil, par les Officiers du Siége de la Table de Marbre du Palais à Paris. Contenant que le 2 Août 1736, le fieur Dupré, Seigneur d'Aulnay, ayant rendu plainte devant le Juge dudit lieu, contre le nommé Pierre le Clerc, Garde-Chaffe de Matougnes, & autres Particuliers, d'un fait de Chaffe arrivé fur fa Terre d'Aulnay le 17 dudit mois, fur laquelle plainte ledit Juge fit informer le 25, laquelle information a donné lieu à un Décret d'ajournement perfonnel, qui, faute par ledit le Clerc de s'être repréfenté, a été converti en Décret de prife de corps. Que ledit Pierre le Clerc avoit, par le miniftere de Me Dupré fon Procureur, obtenu un Arrêt du Parlement le 5 Septembre audit an 1736, qui le reçoit appellant de toute cette procédure, tient fon appel pour bien relevé; & cependant fait défenfes de paffer outre & faire pourfuite ailleurs, même de mettre ledit Décret d'ajournement perfonnel & converfion en prife de corps à exécution, à peine de nullité & mille livres d'amende. Que fur l'avis que le fieur Procureur Général en leur Siége a eu au mois de Septembre 1737, de cet Arrêt, & que cet appel n'étoit pas encore jugé, il leur a repréfenté que le jugement de l'appel dont il s'agit étant pour un fait de Chaffe devoit être porté à la Table de Marbre, & non au Parlement; & a fait ordonner fur fon réquifitoire par Sentence du 10 Septembre 1737, que les Parties procéderoient à la Table de Marbre, avec défenfes de procéder ailleurs, à peine de cinq cent livres d'amende, & ce conformément aux Déclarations du Roi des 16 Février 1602 & 27 Décembre 1607, l'Article VIII. du titre XIV de l'Ordonnance de 1669, & la Déclaration du Roi du 8 Février 1715. qui portent que les appellations des Maîtres Particuliers, Gruries, & même des Officiers des Seigneurs particuliers fur le fait de Chaffe, Eaux & Forêts, feront relevées directement aux Siéges des Tables de Marbre, que la même Sentence a auffi prononcé contre ledit Dupré, une amende de deux cent liv. pour avoir relevé cet appel au Parlement contre la difpofition des Arrêts du Confeil des 6 Mai 1692, 2 Juin 1693, 26 Mars 1697, 2 Décembre 1698, 29 Septembre 1699, 19 Janvier 1700 & 29 Septembre 1708. Que quoique toutes ces Ordonnances, Déclarations & Arrêts du Confeil euffent pour objet, d'un côté de conferver à la Table de Marbre la Jurifdiction qui lui eft attribuée, & de l'autre d'éviter l'impunité des délits, & d'arrêter par les amendes, l'affectation des Parties & des Procureurs à enfreindre une Loi fi claire, & d'ailleurs fi facile dans fon exécution, il n'eft cependant que trop fréquent de voir les délinquans & quelques Procureurs s'y fouftraire. A CES CAUSES, &c.

LE ROI EN SON CONSEIL, ayant égard à la Requête, fans s'arrêter à l'Arrêt rendu au Parlement de Paris, le cinq Sept. mil fept cent trentefix, pour raifon du fait dont il s'agit, a ordonné & ordonne que l'Article VIII du titre XIV de l'Ordonnance des Eaux & Forêts du mois d'Août mil fix cent foixante-neuf, enfemble la Déclaration du huit Janv. mil fept cent quinze, les Arrêts & Réglemens intervenus depuis, feront exécutés felon leur forme & teneur; en conféquence que fur l'appel interjetté par le nommé Pierre le Clerc, de la procédure extraordinaire faite contre lui par le Juge de la Seigneurie d'Aulnay fur Marne à l'occafion du fait en queftion, les Parties feront tenues de procéder au Siége de la Table de Marbre du Palais à Paris, & ce jufqu'à Jugement définitif inclufivement, fauf l'appel en la maniere accoutumée. Fait Sa Majesté très-expresses inhibitions & défenses ausdites Parties, de procéder sur ledit appel, ailleurs qu'à ladite Table de Marbre, à peine de nullité, cassation des procédures & de tous dépens, dommages & intérêts; & aux Procureurs dudit Parlement, de porter de semblables appels, ailleurs qu'à ladite Table de Marbre, à peine de deux cent livres d'amende pour la premiere fois, & de plus grande peine en cas de récidive : sera tenu le Greffier dudit Parlement, de remettre au Greffe de ladite Table de Marbre, les pieces & procédures concernant ledit fait, à peine d'y être contraint par les voies ordinaires & accoutumées ; ce faisant, il en sera & demeurera bien & duement déchargé ; & sera le présent Arrêt exécuté nonobstant oppositions ou autres empêchemens généralement quelconques, dont si aucuns interviennent, Sa Majesté s'en est, & à son Conseil, réservé la connoissance, & icelle interdite à toutes ses Cours & autres Juges. Fait au Conseil d'Etat du Roi, tenu à Marly, le sixiéme jour de Mai mil sept cent trente-huit. Collationné, *Signé*, DE VOUGNY.

ARREST DU CONSEIL,

QUI ordonne que les Appellans des Sentences des Maîtrises feront tenus de faire juger leurs Appellations dans le temps prescrit par l'Ordonnance, sinon les Sentences feront exécutées en dernier ressort.

Du 10 Juin 1738.

VU au Conseil d'Etat du Roi, l'Article III. du Titre des Appellations de l'Ordonnance des Eaux & Forêts du mois d'Août 1669, portant que l'appel des Sentences des Maîtres particuliers sera relevé immédiatement aux Siéges des Tables de Marbre, dans le mois de la Sentence prononcée ou signifiée à la Partie, a mis en état de juger dans les trois mois de la prononciation ou signification, sinon que la condamnation sera exécutée en dernier ressort, soit qu'il y ait appel ou non. L'Article V dudit Titre, par lequel il est dit que les appellations des Grands-Maîtres ou de leurs Lieutenans, ne pourront être relevées ailleurs qu'au Parlement, & que le temps de les juger & relever soit pareil tant au civil qu'au criminel, à celui qui a été prescrit pour les appellations des Maîtres particuliers, sinon que leurs jugemens soient exécutés en la forme & maniere établies par les articles précédens. Les articles LII & LIV de l'Edit du mois de Mai 1716, le premier portant que les Appellans tant des Sentences des Maîtrises, que des Jugemens de la Table de Marbre, feront juger leurs appellations dans le temps prescrit par ladite Ordonnance de 1669, & tenus de consigner les vacations nécessaires pour parvenir aux jugemens desdites appellations, & de les faire signifier dans la huitaine après les délais de ladite Ordonnance expirés, sinon ledit temps passé, les Sentences feront exécutées, sans qu'il soit besoin de nouveau Jugement. Le second, que tous les Jugemens qui seront rendus sur les appellations de

D d ij

Sentence des Maîtrises & de la Table de Marbre, après lesdits délais expirés, soient déclarés nuls. L'Ordonnance rendue en réformation par le sieur de la Faluere, Grand-Maître des Eaux & Forês du Département de Paris, le 22 Juillet 1737, par laquelle & pour les causes y contenues, il a ordonné que l'Ordonnance des Eaux & Forêts du mois d'Août 1669, article III du Titre des Appellations, & l'Article LII. de l'Edit du mois de Mai 1716, seroient exécutés selon leur forme & teneur ; & suivant iceux, faute par Denis Dondé, Huissier Audiencier en la Maîtrise des Eaux & Forêts de Paris, d'avoir fait juger ses appels dans le temps y porté, que les Sentences de ladite Maîtrise & du Siége de la Table de Marbre de Paris des 2 Janvier, 17 Juillet 1736 & premier Février 1737, seroient exécutés selon leur forme & teneur, comme chose jugée en dernier ressort : Et pour avoir par ledit Dondé manqué de respect & désobéi à ses Supérieurs, il a été interdit de ses fonctions d'Huissier, jusqu'à ce que par Sa Majesté il en ait été autrement ordonné, & condamné en vingt livres d'amende envers le Roi. L'Acte de signification de ladite Ordonnance audit Dondé du 14 Décembre 1737, l'Arrêt du Parlement de Paris du 16 Mars 1737, rendu sur la simple Requête dudit Dondé, par lequel il est reçu Appellant de l'Ordonnance rendue en réformation par ledit sieur de la Faluere ledit jour 22 Juillet 1737, & fait défenses de l'exécuter, avec permission par provision de continuer ses fonctions d'Huissier. Et Sa Majesté voulant sur ce faire connoître ses intentions : Oui le rapport du sieur Orry, Conseiller d'Etat ordinaire au Conseil Royal, Controlleur Général des Finances.

LE ROI EN SON CONSEIL, sans s'arrêter aux Arrêts du Parlement de Paris, rendus pour raison des faits dont il s'agit, les 16 Mars & 23 Décembre 1737, a ordonné & ordonne, que les Ordonnances du sieur de la Faluere, Grand-Maître des Eaux & Forêts du Département de Paris, seront exécutées selon leur forme & teneur, comme ayant passé en force de chose jugée en dernier ressort : Et sera le présent Arrêt exécuté nonobstant oppositions ou autres empêchemens généralement quelconques, & dont si aucuns interviennent, Sa Majesté s'en est & à son Conseil réservé la connoissance, & icelle interdite à toutes ses Cours & autres Juges. Fait au Conseil d'Etat du Roi, tenu à Versailles le dixiéme jour de Juin mil sept cent trente-huit. Collationné. Signé, DE VOUGNY, avec paraphe.

ARREST DU CONSEIL,

QUI casse un Jugement de la Table de Marbre du Palais à Paris du 17 Mai 1738; ordonne que la Sentence rendue en la Maîtrise de Saint-Germain-en-Laye du 5 Octobre 1737, sera exécutée comme ayant passé en force de chose jugée en dernier ressort.

Du 24 Juin 1738.

SUR la Requête présentée au Roi en son Conseil, par son Procureur en la Maîtrise particuliere de Saint-Germain-en-Laye ; contenant que quoiqu'il soit ordonné en termes exprès, par les articles 3 & 5 du titre des appellations de l'Ordonnance des Eaux & Forêts du mois d'Août *1669*, & par les articles 52, 53 & 54 de l'Edit du mois de Mai 1716, portant Réglement sur les amendes des Eaux & Forêts, que les Appellans des Sentences des Maîtrises seront tenus de faire juger leurs appellations dans les trois mois du jour de la prononciation desd. Sentences, lorsqu'elles ont été prononcées à l'Audience, ou du jour de la signification, quand elles ont été rendues sur Procès par écrit & que l'exécution de ces sages dispositions, soit d'une nécessité absolue, ayant été confirmée par une infinité d'Arrêts du Conseil, qui ont fixé la Jurisprudence sur cette matière, cependant les Juges des Tables de Marbre affectent de n'avoir aucun égard aux fins de non-recevoir qui sont opposées aux appellations lorsqu'ils ont laissé passer le temps prescrit par ces articles de l'Ordonnance sans faire juger leurs appellations, quoiqu'il soit d'une conséquence infinie d'empêcher qu'on ne contrevienne à une loi si sage, & dont l'exécution est si publique.

LE ROI EN SON CONSEIL, ayant égard à la requête, sans s'arrêter au Jugement de la Table de Marbre du Palais à Paris, du 17 Mai 1738, que Sa Majesté a cassé & annullé, a ordonné que la Sentence rendue le 5 Octobre 1737, en la Maîtrise particuliere des Eaux & Forêts de Saint-Germain-en-Laye, pour raison du fait en question, sera exécutée selon sa forme & teneur, comme ayant passé en force de chose jugée en dernier ressort, & sera le présent Arrêt exécuté, nonobstant oppositions ou autres empêchemens généralement quelconques, & dont si aucuns interviennent, Sa Majesté s'en est & à son Conseil réservé la connoissance & icelle interdite à toutes ses Cours & autres Juges. Fait au Conseil d'Etat du Roi, tenu à Versailles le 24 Juin 1738. *Signé*, DE VOUGNY.

ARREST DU CONSEIL D'ÉTAT DU ROI,

QUI casse & annulle un Jugement de la Table de Marbre de Paris, en dernier ressort du 6 Mars 1738, qui avoit admis les Prieur & Religieux de l'Abbaye de Vauluisant, à faire preuve qu'ils n'étoient point les auteurs des délits mentionnés au Procès-verbal des Officiers de la Maîtrise de Sens du 15 Octobre 1736, sur lequel étoit intervenue une Sentence de ladite Maîtrise du 17 Août 1737, & ordonne Sa Majesté que la Sentence de ladite Maîtrise sera exécutée selon sa forme & teneur.

Du 5 Août 1738.

Extrait des Registres du Conseil d'Etat.

SUR la Requête présentée au Roi en son Conseil, par son Procureur en la Maîtrise particuliere des Eaux & Forêts de Sens ; contenant, que le 15 Octobre 1736, les Officiers de la Maîtrise de Sens, se transporterent dans les Bois de l'Abbaye de Vauluifant, pour en faire la vifite, fur ce qu'ils avoient appris qu'il s'y commettoit journellement des délits, ils reconnurent effectivement qu'il avoit été coupé dans le quart de réferve dépendant de ladite Abbaye, mille huit cent vingt-cinq pieds d'arbres de différentes grof- feurs, depuis deux jufqu'à cinq pieds de tour, dont la plûpart des troncs étoient couverts de moufle & encore feignans, duquel délit ils dreflerent Procès-verbal, qui fut fignifié aufdits Religieux, avec affignation pour être condamnés aux peines portées par l'Ordonnance de 1669. Lefdits Religieux firent fignifier des défenfes, par lefquelles ils convinrent qu'à la vérité il y avoit des délits dans leur réferve, mais que c'étoit les Riverains feuls qui en étoient les auteurs, ce qu'ils offroient de juftifier par un grand nombre de procédures & de Sentences qui avoient été rendues à leur requête & dans leur juftice, contre plufieurs Particuliers trouvés par les Gardes de ladite Abbaye, coupans des bois dans ladite réferve; la caufe portée en cet état à l'Audience, le Suppliant leur fit connoître que les raifons qu'ils alléguoient pour leurs défenfes, loin de leur être de quelque avantage, prouvoient invin- ciblement au contraire, qu'ils étoient les vrais auteurs du délit, en ce que dans les productions qu'ils faifoient pour juftifier leurs diligences qui confif- toient en plus de quarante piéces, tant Sentences qu'autres procédures, il s'en trouvoit à peine deux qui euflent été faites contre gens trouvés dans ladite ré- ferve, les autres procédures étans pour délits commis dans leurs coupes or- dinaires; & qu'il étoit certain, que fi les Riverains étoient les feuls auteurs du délit, l'on verroit des procédures faites contre ceux qui les auroient commis, d'autant plus que cette réferve eft fituée à la porte de ladite Abbaye; que les Gardes ne peuvent faire leurs tournées qu'ils ne paflent & repaflent de- dans ou auprès de ladite réferve; il ajouta que l'on n'y pouvoit donner au- cun coup de coignée qu'il ne fût entendu de ladite Abbaye, & qu'il étoit aifé de conclure que n'ayant point de procédure qui prouvât que c'étoit les Riverains qui euflent fait le délit mentionné au Procès-verbal des Officiers de ladite Maîtrife, lefdits Religieux étoient les feuls & vrais auteurs defdits dé- lits; au moyen de quoi ils furent condamnés le 17 Août 1737, par Sentence définitive rendue fur délibéré en huit cent livres d'amende envers Sa Majefté, & en huit cent livres de reftitution au profit de la manfe conventuelle de ladite Abbaye, dont il feroit fait un fonds, pour le revenu en appartenir à l'Hôpi- tal des lieux pendant dix ans; que cette Sentence fût fignifiée aufdits Religieux, avec commandement de fatisfaire à la condamnation, mais qu'ils en inter- jetterent appel, & furprirent un Jugement au Souverain, le 6 Mars 1738, fur ce qu'ils y avancerentque c'étoient les Riverains qui avoient commis les dé- lits mentionnés au Procès-verbal du 15 Octobre 1736, par lequel Jugement il a été permis aufdits Religieux d'en faire preuve pardevant le plus prochain Juge Royal, & cependant permis au Procureur Général du Roi d'en faire preuve contraire. Le Suppliant fentant que cet Arrêt eft contraire à l'efprit de l'Ordonnance, & que même il indique à tous les délinquans une retraite aflu- rée, a recours à Sa Majefté pour en obtenir la caflation, &c.

LE ROI EN SON CONSEIL, ayant égard à la Requête, fans s'ar- rêter au Jugement de la Table de Marbre du Palais à Paris, du 6 Mars 1738, que Sa Majefté a caflé & annullé, & tout ce qui s'en eft enfuivi, a ordonné &

ordonne que la Sentence rendue en la Maîtrise particuliere des Eaux & Forêts de Sens, le 17 Août 1737, contre les Prieur & Religieux de l'Abbaye de Vauluifant, pour raifon defdits délits mentionnés au Procès-verbal des Officiers de ladite Maîtrife, du 15 Octobre 1736, fera exécutée felon fa forme & teneur, & fera le préfent Arrêt exécuté nonobftant oppofition ou autres empêchemens généralement quelconques, & dont fi aucuns interviennent, Sa Majefté s'en eft & à fon Confeil réfervée la connoiffance, & icelle interdite à toutes les Cours & autres Juges. Fait au Confeil d'Etat du Roi, tenu à Compiegne le cinq Août mil fept cent trente huit. Collationné. *Signé* G U Y O T, avec paraphe.

ARREST DU CONSEIL,

QUI ordonne que les Officiers des Maîtrifes exerçans par commiffion de Meffieurs les Grands-Maîtres feront difpenfés de fe faire recevoir aux Siéges des Tables de Marbre, tant qu'ils n'exerceront leurs fonctions que par commiffion.

Du 19 Août 1738.

SUR la Requête préfentée au Roi en fon Confeil, par le fieur Thomas Maupoint, Avocat au Parlement : contenant, &c.

LE ROI EN SON CONSEIL, ayant égard à la Requête a ordonné & ordonne, que l'Arrêt du Confeil du 10 Juin 1738, fera exécuté felon fa forme & teneur ; en conféquence, fans s'arrêter au Jugement rendu par les Juges en dernier reffort du Siége de la Table de Marbre du Palais à Paris le 17 Mai audit an 1738, a difpenfé & difpenfe le Suppliant ainfi que les Officiers par Commiffion des autres Maîtrifes particulieres des Eaux & Forêts du reffort de la Table de Marbre, de fe faire recevoir en ladite Table de Marbre, tant qu'ils n'exerceront leurs fonctions que fur les Commiffions des fieurs Grands-Maîtres des Eaux & Forêts, & ce nonobftant ce qui eft porté par le Réglement & Jugement du Siége de ladite Table de Marbre des 2 Janvier 1734 & 17 Mai 1738 ; enjoint Sa Majefté aux fieurs Grands-Maîtres de tenir la main à l'exécution du préfent Arrêt, lequel fera enregiftré au Greffe de ladite Table de Marbre, fignifié à qui il appartiendra & exécuté nonobftant oppofition ou autres empêchemens généralement quelconques, & dont fi aucuns interviennent, Sa Majefté s'en eft & à fon Confeil réfervée la connoiffance & icelle interdite à toutes fes Cours & autres Juges. FAIT au Confeil d'Etat du Roi, tenu à Verfailles le dix-neuf Août mil fept cent trentehuit. *Signé*, GUYOT.

ARREST DU CONSEIL D'ÉTAT DU ROI,

CONCERNANT les Arbres plantés fur les Pâtis communs.

Du 11 Novembre 1738.

Extrait des Regiſtres du Conſeil d'Etat.

SUR la Requête préſentée au Roi en fon Conſeil, par René Cochon, Ecuyer, fieur de Maurepas, Conſeiller-Secrétaire du Roi, Maiſon & Couronne de France, ancien Conſeiller au Conſeil ſupérieur du Cap de S. Domingue, tant en fon nom, que comme prenant le fait & cauſe de Joſeph Grandin fon Agent, Pierre Priou fon Garde-Chaſſe, Bleret, Poullain & Cuillé, ouvriers. Contenant qu'il eſt Propriétaire inconteſtable de ſix grands fiefs dans les Paroiſſes de Saint Etienne de Montluc & de Cordemais, du reſſort de la Maîtriſe des Eaux & Forêts de Nantes. Que dans l'étendue de ces fiefs, il y a des quantités conſidérables de Terres vaines & vagues, appellées vulgairement dans le pays, des Communs, où il ſe trouve quelques pieds d'arbres épars ; chaque Seigneur & chaque Propriétaire de fief, eſt également Propriétaire de ſes Communs, & en diſpoſe à ſon gré, ſoit pour les vendre ou les accenſer aux Habitans du pays qui les mettent en culture, moyennant les cens & redevances tels qu'ils ſont ſtipulés dans les contrats d'Affeagement ; ces Terreins ſont appellés improprement Communs. Il ſemble que ſous cette dénomination, l'on doit entendre des fonds communs, qui appartiennent en commun, au Général des Habitans de chaque fief & paroiſſe où ils ſe trouvent ſitués ; cependant ils appartiennent en toute propriété, aux Seigneurs des fiefs, ainſi qu'il a été jugé par Arrêt du 10 Décembre 1736, rendu au Parlement de Rennes, ſur les remontrances du Procureur Général, portant défenſes à toutes ſortes de perſonnes, de demolir les foſſés, d'abattre les arbres qui ſe trouvent ſur chaque partie accenſée par les Seigneurs, pour les mettre en culture & en valeur. Si le Diſpoſitif de cet Arrêt ne juge pas préciſément que ces Communs de Terres vaines & vagues appartiennent aux Propriétaires des fiefs, du moins le préambule ne permet pas d'en douter ; il y a d'autres Communs qui appartiennent effectivement au Général des Habitans des fiefs ou paroiſſes qu'on ne leur diſpute pas, mais dont on a toujours fait diſtinction avec ceux du Seigneur. Le Suppliant en poſſede qui lui appartiennent en propre, dans l'étendue de ſes fiefs, & ſur leſquels il ſe trouve quelques mauvais pieds d'arbres ; en 1728, il ſe pourvut au Conſeil, pour y demander la permiſſion de couper 50 pieds d'arbres ; il expoſa qu'ils étoient épars dans l'étendue des Communs dépendans de ſes fiefs. Sur cet expoſé la permiſſion lui fut accordée le 15 Janvier de la même année 1728 ; mais comme il n'avoit pas beſoin de tant d'arbres ſur le champ, il ne fit couper que huit Chênes & deux Chataigniers dans cette même année. Au mois de Mai 1735, il en fit couper un, en vertu de cette permiſſion, il y fut troublé & inſulté en la perſonne de ſes domeſtiques par la Demoiſelle Anne-Marie Luzeau, femme du ſieur la Berillais Gaudin ſon Vaſſal, ſous prétexte qu'il anticipoit par uſurpation, ſur les

Communs

Communs appartenans à titre onéreux aux Vaſſaux des paroiſſes de Saint
Etienne de Montluc & de Cordemais. La conteſtation fut portée par cette
femme à la Maîtriſe ; les Officiers firent une deſcente ſur les lieux, dont ils
dreſſerent procès-verbal le 3 Juin 1735; le Suppliant s'étoit déjà pourvu
avant ce jour, aux Reguaires de Nantes, où il intervint Sentence définitive,
qui a été confirmée au Parlement de Rennes, par Arrêt du 12 Mai 1736. Le
Procureur du Roi de la Maîtriſe s'eſt pourvu au Conſeil pour faire caſſer cet
Arrêt ; il a ſoutenu que le Suppliant avoit abuſé de la permiſſion du Conſeil,
en faiſant couper dans l'eſpace de plus de huit années, des arbres dans les
Communs des paroiſſes de Saint Etienne de Montluc & de Cordemais ; il a
ſoutenu que le délit au fond, étoit de la connoiſſance de la Maîtriſe, que les
Reguaires de Nantes étoient incompetens, & que l'Arrêt du Parlement de
Rennes étoit contraire aux Ordonnances. Enfin par Arrêt du Conſeil du 19
Février 1737, celui du Parlement & la Sentence des Reguaires, ont été caſſés; Sa Majeſté a revoqué la permiſſion accordée au Suppliant en 1728, & a
ordonné que la procédure commencée en la Maîtriſe ſeroit continuée & jugée
définitivement, ſauf l'Appel au Conſeil. En exécution de cet Arrêt, eſt intervenu Sentence en ladite Maîtriſe, le 1 Juin 1737 qui le condamne en 2000
livres d'amende envers Sa Majeſté, pour avoir fait abattre pluſieurs Chênes
futaye dans les Communs des paroiſſes de Saint Etienne de Montluc & de
Cordemais, ſans obſerver les formalités; condamne en outre en 2000
livres de reſtitution au profit des Habitans; condamne pareillement le ſieur
Grandin en 80 livres d'amende, pour avoir porté des piſtolets de poche,
Pierre Priou en 10 livres, pour avoir porté le fuſil, & n'avoir pas juſtifié de ſa
reception de Garde-Chaſſe, & les nommés Bleret, Poullain & Cuillé en 6
livres chacun, pour avoir abattu les arbres en tems de ſeve, le tout au profit
de Sa Majeſté; la même Sentence ordonne à l'égard des Terreins, Landes &
Patis communs, enfermés & plantés par l'ordre du Suppliant & de la Fontaine publique, & vu ce qu'il réſulte de ſon Interrogatoire, que les informations ſeront converties en Enquêtes, &c.

LE ROI EN SON CONSEIL, ayant aucunement égard à la Re-
quête, ſans avoir égard à l'Appel interjetté par le Suppliant, de la Sentence
de la Maîtriſe particulière des Eaux & Forêts de Nantes, renduë pour raiſon
du fait dont il s'agit, le 1 Juin 1737, dont Sa Majeſté l'a débouté & déboute,
a ordonné & ordonne que ladite Sentence ſera exécutée ſelon ſa forme & teneur; & cependant par grace, & ſans tirer à conſéquence, Sa Majeſté a
moderé & modere à 400 livres les 4000 livres d'amende & de reſtitution prononcées contre ledit Suppliant par ladite Sentence, & l'a déchargé & décharge du ſurplus deſdites amendes & reſtitution. Ordonne en outre Sa
Majeſté, que les autres condamnations prononcées par la même Sentence,
tant contre ledit Suppliant, que contre les nommés Grandin, le Cuillé, Bleret, Poullain & Priou, pour amendes, frais, dépens & défenſes y portées,
ſeront exécutées ſelon leur forme & teneur. FAIT au Conſeil d'Etat du Roi,
tenu à Fontainebleau le onziéme jour du mois de Novembre mil ſept cent
trente-huit. Signé, EYNARD.

ARREST DU CONSEIL,

QUI ordonne que tous Pêcheurs à verge & engin, & les Meuniers du Reffort, &c. payeront au Collecteur des Amendes, fçavoir chaque Pêcheur fix fols trois deniers, & chaque Meunier fept fols fix deniers, & préfenteront huitaine avant la tenue des Affifes de Saint-Remy aux Officiers de la Maîtrife le Poiffon par eux péché, appellé le premier coup de Seine, ou Plat de Poiffon du Roi, à peine, &c.

Du 2 Décembre 1738.

SUR la Requête préfentée au Roi en fon Confeil, par le Procureur de Sa Majefté en la Maîtrife particulière des Eaux & Forêts de Paris, &c.

LE ROI EN SON CONSEIL, ayant égard à la Requête, a ordonné & ordonne, que l'Arrêt du Confeil du 9 Janvier 1683 fera exécuté felon fa forme & teneur, & néanmoins, en l'interpretant en tant que befoin eft ou feroit, Sa Majefté a déclaré & déclare n'avoir point entendu comprendre dans les défenfes portées par ledit Arrêt, les Pêcheurs à verges & à engin & les Meuniers; & en conféquence, que conformément à l'Ordonnance des Eaux & Forêts du mois d'Août 1669, & aux Réglemens qui l'ont précédé & fuivi, concernant la tenue des affifes ou hauts-jours des Officiers des Maîtrifes, tous les Pêcheurs à verge & à engins, ainfi que les Meuniers du reffort de la Maîtrife particulière des Eaux & Forêts de Paris, feront tenus de comparoître aux affifes ou hauts-jours de ladite Maîtrife, s'ils n'ont excufe légitime, & ce, aux jours & lieux qui leur feront à cet effet indiqués, en la forme ordinaire par les Officiers de ladite Maîtrife, à peine contre chacun defdits Pêcheurs & Meuniers defaillans, de 3 livres d'amende pour la première fois, & en cas de recidive, de 6 livres auffi d'amende, fans que pour raifon de ce, les Officiers de la Table de Marbre du Palais de Paris, puiffent prononcer la décharge ou modération defdites amendes, à peine de nullité de leurs jugemens. Ordonne en outre Sa Majefté, que lefdits Pêcheurs & Meuniers, foit qu'ils comparoiffent aufdites affifes, ou qu'ils n'y comparoiffent pas, feront tenus de payer à l'avenir, lors de la tenue de chacune defdites affifes, ès mains du Garde Général, Collecteur des amendes de ladite Maîtrife; fçavoir chaque Pêcheur 6 fols 3 deniers, & chaque Meunier 7 fols 6 deniers, à quoi montent les droits, dont les uns & les autres font tenus de tous tems envers le Domaine, & ce fuivant le rôle qui en fera arrêté par lefdits Officiers, & enfuite remis audit Garde Général pour du montant dudit rôle, ainfi que des amendes qui auront été prononcées contre les defaillans, en être par lui compté au profit de Sa Majefté, ainfi que des autres deniers de fa Recette; ordonne en outre Sa Majefté que les Jurés Pêcheurs à engin de la ville de Paris, feront tenus, comme par le paffé, huitaine avant la tenue des affifes de Saint Remy, de préfenter aux Officiers de ladite Maîtrife, le poiffon par eux pêché, appellé le premier coup de Seine, ou plat de poisson du Roi, à peine de 50 livres d'amende, qui demeurera contr'eux encourue, chaque fois qu'ils y auront manqué, au payement desquelles amendes, ainsi que les droits de 6 sols 3 deniers & de 7 sols 6 deniers, dont est question, tous lesdits Pêcheurs & Meuniers seront contraints par les voies ordinaires & accoutumées ; & sera le présent Arrêt lu, publié, affiché & signifié par-tout & à qui il appartiendra, & exécuté nonobstant oppositions ou autres empêchemens généralement quelconques, dont si aucuns interviennent, Sa Majesté s'en est & à son Conseil réservée la connoissance, & icelle interdite à toutes ses Cours & autres Juges. FAIT au Conseil d'Etat du Roi, tenu à Versailles le deux Décembre mil sept cent trente-huit. Collationné. *Signé*, EYNARD.

ARREST DU CONSEIL D'ÉTAT DU ROI,

QUI fait défenses aux Officiers des Maîtrises des Eaux & Forêts de donner aucune permission pour la coupe des Bois appartenans aux Particuliers; & aux Greffiers, d'exiger desdits Particuliers plus de dix sols, tant pour la réception de chaque Déclaration, que pour l'expédition d'icelle.

Du 2 Décembre 1738.

Extrait des Registres du Conseil d'Etat.

SUR la Requête présentée au Roi en son Conseil, par son Procureur en la Maîtrise particulière des Eaux & Forêts de Rochefort, contenant, que le ministère public qui lui est confié, ne lui permet pas de dissimuler plus long-temps à Sa Majesté les abus & les contraventions qui se commettent depuis quelque tems dans cette Maîtrise, au mépris des dispositions les plus sages de l'Ordonnance des Eaux & Forêts de 1669, & des Arrêts & Réglemens intervenus en conséquence; en effet, quelqu'uns des Officiers de cette Maîtrise donnent journellement des permissions furtives pour l'exploitation des arbres, futayes & baliveaux sur taillis, soit en corps de Bois ou épars, & ce, indistinctement pour un grand nombre, comme pour un moindre, sans qu'il puisse être en état de sçavoir si les Particuliers, auxquels ces permissions ne sont accordées qu'à prix d'argent, exploitent dans les six mois portés par l'Ordonnance ; si les futayes ou baliveaux sur taillis sont de l'âge requis ; & si, abusant de la déclaration qui a été faite, il ne se fait pas une exploitation beaucoup plus considérable, ce qui est directement contraire à l'article III du titre des Bois appartenans aux Particuliers, de l'Ordonnance de 1669, & à l'article V de l'Arrêt du Conseil du 21 Septembre 1700, qui font très-expresses inhibitions & défenses à tous Particuliers, Propriétaires des Bois, futayes & baliveaux sur taillis, situés à six lieues des rivieres navigables, & quinze lieues de la Mer, de les couper, sans au préalable en avoir fait six mois auparavant leurs déclarations au Greffe de la Maîtrise particulière, dans l'étendue de laquelle leurs Bois sont situés, à peine de 3000 livres d'amende

Ee ij

envers Sa Majefté, & de confifcation des Bois coupés ; ces permiffions abufives·
font également profcrites par l'Arrêt du Confeil du 6 Septembre 1723 , par
lequel il eft fait défenfes à tous Particuliers ou Propriétaires de Bois , de couper aucuns arbres de futayes, foit en corps de Bois ou épars, de quelque manière , & fous quelque prétexte que ce foit , fans en avoir préalablement obtenu la permiffion de Sa Majefté, fous les peines portées par l'article III de la·
dite Ordonnance , &c.

LE ROI EN SON CONSEIL, ayant égard à la Requête, aor-
donné & ordonne que les art. I & III du tit. des Bois appartenans aux Particuliers , de l'Ordonnance des Eaux & Forêts du mois d'Août 1669 , enfemble
les Arrêts du Confeil des 21 Septembre 1700, 19 Juillet & 6 Septembre
1723 , & l'Ordonnance du fieur de Bazoncourt, Grand-Maître des Eaux &
Forêts du Département de Poitou , du 31 Juillet 1737 , feront exécutés felon
leur forme & teneur ; en conféquence, fait Sa Majefté très·expreffes inhibitions & défenfes à tous Particuliers ou Propriétaires de Bois, de quelque qualité & condition qu'ils foient , de couper aucun arbre de futaye, foit en corps
de Bois , baliveaux fur taillis, ou arbres épars, qu'ils n'en aient obtenu la
permiffion du Confeil, ou fait leur déclaration au Greffe de la Maîtrife particulière des Eaux & Forêts des lieux, fix mois auparavant, & ce, fous les
peines portées par lefdites Ordonnances & Arrêts. Fait en outre Sa Majefté
très-expreffes inhibitions & défenfes aufdits Particuliers ou Propriétaires de
Bois , de couper aucuns taillis, qu'ils n'aient atteint au moins l'âge de dix
ans , conformément à ladite Ordonnance de 1669, & à l'Arrêt du Confeil,
dudit jour 19 Juillet audit an 1723 , aux Officiers, tant de la Maîtrife de
Rochefort, qu'à ceux des autres Maîtrifes du Royaume, de donner aucune
permiffion , foit verbale, foit par écrit, de couper aucun defdits Bois, &
de recevoir pour raifon de ce , aucune fomme d'argent ou autre chofe équi-
valente, à peine de fufpenfion de leurs fonctions, radiation de leurs gages ;
& de 500 livres d'amende, qui ne pourra être reputée comminatoire, & autres
plus grandes, fi le cas y échet ; & aux Greffiers defdites Maîtrifes, d'exiger
pour chacune des déclarations qui feront faites aux Greffes defdites Maîtrifes,
plus de dix fols, tant pour la reception de chaque déclaration , que pour
l'expédition d'icelle , quelques quantités d'arpens de futaye, baliveaux fur
taillis , ou arbres épars qui s'y trouvent compris, à peine de deftitution de
leurs charges , & de reftitution des fommes qu'ils auront reçues au-delà defdits dix fols, & de 1000 livres d'amende, qui ne pourra non plus être reputée comminatoire. Enjoint Sa Majefté aux fieurs Grands Maîtres des Eaux &
Forêts, & aux Procureurs du Roi en chacune defdites Maîtrifes, de tenir
chacun en droit foi la main à l'exécution du préfent Arrêt, lequel fera en-
·regiftré aux Greffes defdites Maîtrifes, lu, publié, affiché & fignifié par-tout
& à qui il appartiendra. FAIT au Confeil d'Etat du Roi, tenu à Verfailles
le deuxiéme jour du mois de Décembre mil fept cent trente-huit. Collationné,
Signé , EYNARD,

ARREST DU CONSEIL D'ÉTAT DU ROI,

QUI caffe & annulle la Procédure faite & le Décret d'ajournement perfonnel décerné en la Juftice de Châtillon, contre
Claude Desjardins, Sergent à Garde de la Maîtrife de Soiffons;
renvoye ledit Desjardins dans fes fonctions; & ordonne que
pour raifon des faits réfultans du Procès-verbal dudit Desjardins du 19 Juin 1738, les Particuliers y dénommés feront tenus
de procéder en ladite Maîtrife, avec très-expreffes inhibitions
& défenfes aux Juges de Châtillon de connoître à l'avenir d'aucune matière d'Eaux & Forêts, Pêches & Chaffes, fous les
peines portées par l'Ordonnance de 1669.

Du 23 Décembre 1738.

Extrait des Regiftres du Confeil d'Etat.

SUR la Requête préfentée au Roi en fon Confeil, par le Procureur de Sa
Majefté, en la Maîtrife particulière des Eaux & Forêts de Soiffons, contenant, que le 19 Juin 1738, Claude Desjardins, Sergent à garde de ladite
Maîtrife, pour la confervation des Eaux & Forêts appartenans aux Eccléfiaftiques & Gens de Main-morte, faifant les fonctions de fa Commiffion, &
ayant trouvé le fieur Itand de Beaurepaire, demeurant à Vincelles, près Cha-
tillon-fur-Marne chaffant avec deux autres Particuliers dans les Bois &
Ufages du College royal de Navarre à Paris; il en a le même jour dreffé procès-verbal, qu'il a dépofé au Greffe de ladite Maîtrife, & affirmé le même
jour; que le fieur Itand, qui a lui-même ufé de toutes fortes de mauvais traitemens en la perfonne de ce Garde, à qui il a donné plufieurs bourades de
fufil, & affecté de rendre une plainte pardevant les Juges ordinaires de Chatillon, fuppofant que le Garde étoit venu pour l'affaffiner, a obtenu permiffion d'en informer, & avec des témoins à fa dévotion, qui dépendent de lui,
ou comme domeftiques, gens à fes gages, ou qui lui doivent, a procédé
de façon, que les Juges de Chatillon, avec qui il eft en toutes fortes de liai-
fons, d'alliance & de familiarité, ont decrété ledit Garde d'ajournement perfonnel, au moyen de quoi ledit fieur Itand s'eft excufé de répondre fur l'affignation qui lui a été donnée en ladite Maîtrife de Soiffons, alléguant que pour
pareil fait, il étoit en procès au Siége de Chatillon, que ledit fieur Itand n'a
affecté, que pour fe fouftraire à la peine que fes excès & fes contraventions
méritent, & pour ôter aux Juges, qui en doivent connoître le jugement de
fes entreprifes; & comme par l'art. VII du tit. I de l'Ordonnance des Eaux
& Forêts du mois d'Août 1669, il appartient aux feuls Juges des Eaux &
Forêts de connoître du fait de Chaffe, des querelles & excès commis à cette
occafion, & finguliérement pour les Eaux & Forêts des Prélats & autres Ec-
cléfialtiques, Chapitres & Colléges; & que la connoiffance en eft interdite à

tous autres Juges ordinaires, tels que ceux de Chatillon, à peine de nullité & d'amende arbitraire : que d'ailleurs par un Decret de cette nature, la garde dudit Desjardins est abandonnée, sans qu'il puisse faire aucunes fonctions ; & qu'il est intéressant pour le bien du service, d'arrêter de tels conflits, qui ne tendent qu'à de plus grandes contraventions, à les perpétuer, & à procurer l'impunité aux Délinquans, &c.

LE ROI EN SON CONSEIL, ayant égard à la Requête, sans s'arrêter à la procédure commencée, à l'occasion de ce dont il s'agit, pardevant les Juges ordinaires de Chatillon, ni au Decret d'ajournement personnel par eux décerné contre le nommé Desjardins, Garde des Eaux & Forêts en la Maîtrise particulière de Soissons, que Sa Majesté a cassé & annullé, & tout ce qui peut s'en être ensuivi, a ordonné & ordonne que les articles I, VII & XIV du tit. de la Jurisdiction de l'Ordonnance des Eaux & Forêts du mois d'Août 1669, seront exécutés selon leur forme & teneur ; & en conséquence, Sa Majesté a déchargé & décharge ledit Desjardins dudit Decret, & l'a renvoyé & renvoie dans ses fonctions, comme avant ledit Decret ; ordonne en outre Sa Majesté, que pour raison des faits résultans du procès-verbal dressé par ledit Desjardins le 19 Juin 1738, le sieur Itand & les autres Particuliers y denommés, seront tenus de procéder pardevant les Officiers de ladite Maîtrise, jusqu'à Sentence diffinitive inclusivement, sauf l'appel en la manière accoutumée. Fait Sa Majesté très-expresses inhibitions & défenses ausdits Juges de Chatillon, de connoître à l'avenir d'aucune matière d'Eaux & Forêts, Pêches & Chasses, sous les peines portées par ladite Ordonnance de 1669 ; & sera le présent Arrêt lu, publié, affiché & signifié par tout, & à qui il appartiendra, & exécuté nonobstant oppositions ou autres empêchemens généralement quelconques, pour lesquels ne sera différé, & dont si aucuns interviennent, Sa Majesté s'en est & à son Conseil, réservée la connoissance, & icelle interdite à toutes ses Cours & autres Juges. FAIT au Conseil d'Etat du Roi, tenu à Versailles le vingt-troisiéme jour du mois de Décembre mil sept cent trente-huit. Collationné. *Signé*, EYNARD.

ARREST DU CONSEIL,

QUI ordonne l'exécution d'un autre du 19 Juin 1731, & confirme les Officiers des Eaux & Forêts dans le droit de Jurisdiction sur les Prés, Marais, Pâtis, Communes, Landes & secondes Herbes, à l'exclusion des autres Jurisdictions.

Du 6 Janvier 1739.

SUR la Requête présentée au Roi en son Conseil, par son Procureur en la Maîtrise des Eaux & Forêts de Caen ; contenant que le sieur Marquis de Louvigny, ayant fait assigner pardevant le Sénéchal de ses Fiefs, Jean Crevet, Marchand de la Ville de Caen, pour voir ordonner au profit dudit sieur de Louvigny, la confiscation d'une jument & d'un poulain appartenans audit

Crevet, & qui avoient été trouvés le 3 du même mois, pâturans fur une portion de prairie, faifant partie de celle de Vinoix, dont la feconde herbe eft commune aux Habitans de la Paroiffe après la premiere herbe coupée; le Suppliant prétendant avec raifon que cette affaire n'étoit point de la compétence d'un Juge ordinaire de Seigneur, donna fon requifitoire à la Maîtrife, fur lequel il intervint le 9 Septembre 1738, une Sentence, portant défenfes au fieur de Louvigny & audit Crevet de procéder ailleurs qu'en ladite Maîtrife, à peine de cent livres d'amende, & permiffion au Suppliant de les faire affigner, &c.

LE ROI EN SON CONSEIL, ayant égard à la Requête, fans s'arrêter à l'Arrêt rendu le 7 Octobre 1738, en la Chambre des Vacations du Parlement de Rouen, pour raifon du fait dont il s'agit, que Sa Majefté a caffé & annullé & tout ce qui peut s'en être enfuivi, a ordonné & ordonne que les articles 2 du titre de la Jurifdiction 4, & 20 du titre des Bois, Prés, Marais, Landes, Pâtis & autres biens appartenans aux Communautés & Habitans des Paroiffes, de l'Ordonnance des Eaux & Forêts du mois d'Août 1669, & les Arrêts & Réglemens intervenus en conféquence, & notamment l'Arrêt du Confeil du 19 Juin 1731, feront exécutés felon leur forme & teneur, ce faifant que les Officiers de la Maîtrife particuliere des Eaux & Forêts de Caen, connoîtront à l'exclufion des Juges ordinaires des Prairies de Caen, Louvigny, & autres qui font communes pour les fecondes herbes, tant pour les entreprifes faites & à faire fur le pâturage commun d'icelles, que pour régler la maniere d'en ufer. Fait Sa Majefté très-expreffes inhibitions & défenfes au fieur de Louvigny, de porter de pareilles matières devant fon Sénéchal, & à fon Sénéchal d'en connoître à peine de nullité, caffation de procédures, de cinq cent livres d'amende & de tous dépens, dommages & intérêts, & pour faire droit fur les conteftations, d'entre ledit fieur de Louvigny & le nommé Jean Crevet, Marchand à Caen, Sa Majefté a renvoyé & renvoye les Parties pardevant les Officiers de ladite Maîtrife, pour y procéder jufqu'à Sentence définitive inclufivement, fauf l'appel en la maniere accoutumée, & fera le préfent Arrêt enregiftré au Greffe de ladite Maîtrife, lû, publié & affiché & fignifié par-tout & à qui il appartiendra, & exécuté nonobftant oppofition, appellation, prife à partie ou autres empêchemens généralement quelconques pour lefquels ne fera différé & dont fi aucuns interviennent, Sa Majefté s'en eft & à fon Confeil réfervée la connoiffance, & icelle interdite à toutes fes Cours & autres Juges. FAIT au Confeil d'Etat du Roi, tenu à Verfailles le fix Janvier mil fept cent trente-neuf. Signé, DE VOUGNY.

ARREST DU CONSEIL,

QUI fait défenfes à tous Juges Royaux de connoître d'aucunes matières d'Eaux & Forêts, à peine de nullité des Procédures.

Du 10 Mars 1739.

SUR la Requête préfentée au Roi en fon Confeil, par le Procureur de

S. M. en la Maîtrise particuliere des Eaux & Forêts de la Ferre contenant que les Prieur & Religieux de l'Abbaye de Saint-Eloi de Noyon, fe prétendans Hauts Jufticiers & Voyers de la Terre d'Ovoir, fituée dans le reffort de ladite Maîtrife, y ont, en vertu de l'Ordonnance du Maître Particulier de la même Maîtrife, fait affigner par Exploit du premier Mars 1738, le fieur Antoine Fouquet, Seigneur d'Herronné, pour s'y voir condamner aux reftitutions, dommages & intérêts réfultans des délits par lui prétendus commis fur des ormes & fauls étant fur les voyeries que lefdits Prieur & Religieux de Saint-Eloi difent dépendre de leur Juftice & Seigneurie ; mais qu'au lieu par ledit Fouquet, de répondre en ladite Maîtrife, il s'eft pourvû pardevant le Lieutenant Général du Bailliage de Saint Quentin, par une requête expofitive ; tant de fes prétendus droits fur les arbres des Vóyeries contentieufes, que de fa prétendue poffeffion de les émonder, & prenant pour trouble dans cette poffeffion la demande qui lui étoit intentée en ladite Maîtrife, à la requête defdits Prieur & Religieux, il a conclu à ce qu'il lui fût permis de les faire affigner audit Bailliage, ce que le Juge lui a accordé par Ordonnance du 6 Juin audit an 1738, &c.

LE ROI EN SON CONSEIL, ayant égard à la requête, fans s'arrêter à l'Ordonnance du Lieutenant Général du Baillage de Saint Quentin, du 6 Juin 1738, à l'affignation donnée en conféquence aux Prieur & Religieux de l'Abbaye de Saint-Eloi de Noyon, à la Requête du fieur Fouquet, & à tout ce qui peut s'en être enfuivi, que Sa Majefté a caffée & annullée, a ordonné & ordonne que la Sentence rendue au Siége de la Maîtrife particuliere des Eaux & Forêts de la Ferre, le 5 Juillet audit an 1738, fera exécutée felon fa forme & teneur ; ce faifant que pour raifon du fait dont il s'agit, les Parties feront tenues de procéder en ladite Maîtrife fur leurs différends & conteftations, fuivant les derniers erremens, & ce jufqu'à Sentence définitive incluſivement fauf l'appel en la maniere accoutumée. FAIT Sa Majefté très-expreffes inhibitions & défenfes au Lieutenant Général audit Baillage & à tous autres Juges Royaux ordinaires, de connoître d'aucune matière d'Eaux & Forêts, Pêches & Chaffes, circonftances & dépendances, à toutes perfonnes de quelque qualité & condition qu'elles foient, de procéder, & à tous Procureurs, d'occuper fur lefdites matières en premiere inftance, ailleurs que pardevant les Officiers des Maîtrifes particulieres des Eaux & Forêts, à peine de nullité des Procédures, d'amende arbitraire contre les Parties, & de trois cent livres d'amende contre les Procureurs qui auront occupé dans de femblables matières, qui ne pourra être réputée comminatoire. FAIT au Conſeil d'Etat du Roi, tenu à Verfailles le dix Mars mil fept cent trente-neuf, Collationné, Signé, DE VOUGNY, avec paraphe.

ARREST

ARREST DU CONSEIL,

QUI casse & annulle un Jugement de la Table de Marbre de Paris, qui avoit reçu l'appel d'une Ordonnance rendue en réformation par M. de la Faluere, Grand-Maître des Eaux & Forêts du Département de Paris.

Du 24 Mars 1739.

VU au Conseil d'Etat du Roi, l'Arrêt rendu en icelui le 15 Avril 1738, sur la Requête du sieur de la Faluere, Grand-Maître des Eaux & Forêts du Département de Paris, &c.

LE ROI EN SON CONSEIL, faisant droit sur l'instance sans s'arrêter au Jugement de la Table de Marbre du Palais à Paris du 14 Mars 1738, ni à tout ce qui peut s'en être ensuivi que Sa Majesté a cassé & annullé, a ordonné & ordonne que l'Ordonnance rendue en réformation, par le sieur de la Faluere, Grand-Maître des Eaux & Forêts du Département de Paris, au Siége de la Maîtrise de Dourdan, le premier Août 1737, sera exécutée selon sa forme & teneur, comme ayant passé en force de chose jugée en dernier ressort, enjoint aux Officiers de ladite Table de Marbre, de se conformer, lors des Jugemens qu'ils rendront sur l'appel des Sentences des Maîtrises, à ce qui est prescrit par l'Ordonnance des Eaux & Forêts du mois d'Août 1669, & à l'Edit du mois de Mai 1716, sur les peines y portées, sans qu'en aucun cas & sous quelque prétexte que ce soit, ils puissent recevoir l'appel d'aucunes Sentences, après l'expiration des délais prescrits tant par ladite Ordonnance de 1669, que par l'Edit du mois de Mai 1716, à peine de cassation & de tous dépens, dommages & intérêts qui ne pourront être réputés comminatoires, & sur le surplus des demandes, fins & conclusions des parties, Sa Majesté les a mis & met hors de Cour & de Procès. Et sera le présent Arrêt enregistré au Greffe du Siége de la Table de Marbre, & à celui des Maîtrises particulieres des Eaux & Forêts du ressort, & signifié à qui il appartiendra. FAIT au Conseil d'État du Roi, tenu à Versailles le vingt-quatre Mars mil sept cent trente neuf. Collationné. Signé, DE VOUGNY.

ARREST DU CONSEIL,

QUI maintient les Officiers de la Maîtrise de Mont-Brison dans les Priviléges attribués à leurs Charges par l'Ordonnance des Eaux & Forêts de 1669; ordonne que les sommes qu'ils ont été obligés de payer pour Impositions extraordinaires leur seront restituées.

Du premier Décembre 1739.

LE ROI EN SON CONSEIL, faisant droit sur les Requêtes des

Officiers de la Maîtrise particuliere des Eaux & Forêts de Montbrison, sans s'arrêter à l'Ordonnance du Subdélégué du sieur Intendant & Commissaire départi en la Généralité de Lyon, résidant audit lieu de Mont Brison, du 3 Mai 1738, que Sa Majesté a cassée & annullée, a ordonné & ordonne que les art. 9 & 13 du titre des Officiers des Maîtrises de l'Ordonnance des Eaux & Forêts du mois d'Août 1669, & les Arrêts & Réglemens intervenus depuis, feront exécutés selon leur forme & teneur, en conféquence a maintenu & maintient les Officiers, Huissiers Audienciers, Arpenteurs, Receveurs des amendes, Garde Général, Collecteurs desdites amendes, & Gardes Particuliers de ladite Maîtrise de Montbrison, soit en titre, soit par commission, dans l'exemption de logement de Gens de guerre, ustensiles, fournitures, contributions, subsistance, tutelles & curatelles, collecte de deniers Royaux & autres charges publiques, & ce autant & si long-temps qu'ils exerceront leurs charges, ou commissions. Fait Sa Majesté très-expresses inhibitions & défenses aux Maire, Echevins, Consuls & Collecteurs des tailles, de les comprendre à l'avenir dans aucuns rôles d'ustensiles, fournitures, contributions & autres charges publiques, de leur distribuer aucun logement de Gens de guerre, & de les troubler dans les priviléges & exemptions attribués à leurs Offices, à peine de cinq cent livres d'amende qui ne pourra être réputée comminatoire, & de tous dépens, dommages & intérêts; ordonne en outre Sa Majesté que les Officiers, Huissiers Audienciers, Arpenteurs, Receveurs des amendes, Garde Général, Collecteurs desdites amendes & Gardes particuliers de ladite Maîtrise, feront dorénavant taxés d'Office à la taille par ledit sieur Intendant, conformément à ce qui est porté par ladite Ordonnance de 1669, décharge Sa Majesté lesdits Officiers des sommes pour lesquelles ils ont été compris dans les rôles qui ont été arrêtés pour les années 1737 & 1738, concernant l'étape & autres impositions extraordinaires, & que les deniers qu'ils justifieront avoir payés pour raison de ce, comme contraints, leur seront rendus & restitués, & qu'à ce faire ceux qui les auront reçus feront contraints en vertu du préfent Arrêt, & sans qu'il en soit besoin d'autre, par les voies ordinaires & accoutumées, sauf leurs recours contre qui & ainsi qu'ils aviferont bon être, ce faisant ils en feront & demeureront bien & valablement déchargés; enjoint Sa Majesté audit sieur Intendant, de tenir la main à l'exécution du préfent Arrêt, lequel fera enregistré au Greffe de ladite Maîtrise, lû, publié & affiché par-tout où besoin fera, & exécuté nonobstant oppositions & autres empêchemens généralement quelconques, pour lesquels ne fera différée, & dont si aucuns interviennent Sa Majesté s'en est & à son Conseil réfervé la connoissance, & icelle interdite à toutes fes Cours & autres Juges. FAIT au Conseil d'Etat du Roi, tenu à Versailles le premier Décembre mil sept cent trente-neuf. Collationné. *Signé*, EYNARD.

ARREST NOTABLE DU CONSEIL,

QUI déboute les Officiers du Bailliage & Siége Préfidial de Bourges, exerçant la charge de Lieutenant Général de Police réunie à leur Corps, de leur oppofition à l'Arrêt du Confeil du 22 Février 1729, & ordonne que conformément à icelui les Officiers de la Maîtrife de Bourges connoîtront de tout ce qui concerne le nétoyement & curement des Rivières de d'Yenfelle & d'Avoir.

Du 19 Janvier 1740.

VU au Confeil d'Etat du Roi, l'Arrêt rendu en icelui le 22 Février 1729, fur la Requête du Procureur de Sa Majefté, en la Maîtrife particuliere des Eaux & Forêts de Bourges, tendante à ce qu'il plût à Sa Majefté, fans avoir égard aux Ordonnances rendues par le Lieutenant Général de Police de la Ville de Bourges, des 5 Juillet & 28 Août 1728, qui feront caffées & annullées, ainfi que tout ce qui s'en étoit enfuivi, ordonner que les Sentences de ladite Maîtrife, des 10 Juin, 6 & 13 Septembre audit an 1728, concernant le curement des Rivieres d'Yenfelle & d'Avoir, feroient exécutées felon leur forme & teneur, en conféquence faire défenfes audit Lieutenant Général de Police, & à tous autres Officiers d'en connoître, à peine de nullité, caffation de procédures, & de telle amende qu'il plairoit à Sa Majefté de prononcer, par lequel Arrêt & pour les caufes y contenues, Sa Majefté a caffé & annullé les Ordonnances du Lieutenant Général de Police de la Ville de Bourges, des 5 Juillet & 28 Août 1728, & ordonné que les Sentences de la Maîtrife particuliere des Eaux & Forêts de la même Ville, des 10 Juin, 6 & 13 Septembre audit an 1728, feroient exécutées felon leur forme & teneur, & Sa Majefté a fait défenfes aux Officiers de Police & autres que ceux de ladite Maîtrife de Bourges, de prendre connoiffance dans l'étendue du reffort de ladite Maîtrife, de la réformation & curement defdites rivières, à peine de nullité & de dix mille livres d'amende; la fignification dudit Arrêt, faite le 28 Mars audit an 1729, à la Requête du Procureur du Roi de ladite Maîtrife de Bourges, aux Officiers du Bailliage & Siége Préfidial de la même Ville, exerçant la charge de Lieutenant Général de Police, réunie à leur corps; la Requête des Officiers dudit Bailliage & Siége Préfidial de Bourges, tendante à ce qu'il plût à Sa Majefté les recevoir oppofans à l'Arrêt du Confeil dudit jour 22 Février 1729, &c.

LE ROI EN SON CONSEIL, faifant droit fur l'inftance, fans s'arrêter à l'oppofition formée par les Officiers du Bailliage & Siége Préfidial de la Ville de Bourges, exerçant la charge de Lieutenant Général de Police de ladite Ville, réunie, & leur corps à l'Arrêt du Confeil rendu pour raifon du fait en queftion le 22 Février 1729, dont Sa Majefté les a déboutés, a ordonné & ordonne que ledit Arrêt fera exécuté felon fa forme & teneur; &

fera le préfent Arrêt enregiftré au Greffe dudit Bailliage & Siége Préfidial de
Bourges, & en celui de la Maîtrife particuliere des Eaux & Forêts de la même
Ville, pour y avoir recours fi befoin eft. FAIT au Confeil d'Etat du Roi,
tenu à Verfailles le dix-neuf Janvier mil fept cent quarante. *Signé*, DE
VOUGNY.

ARREST DU CONSEIL,

QUI ordonne que le Procureur Général du Parlement de Douai
fera tenu de prendre le fait & caufe de fes Subftituts fur les
appellations des Sentences des Maîtrifes où les Subftituts feront
Parties, & ce fur les piéces & mémoires qu'ils lui enverront
dans les temps prefcrits par l'Ordonnance des Eaux & Forêts
du mois d'Août 1669.

Du 19 Janvier 1740.

SUR la Requête préfentée au Roi en fon Confeil, par le Procureur de Sa
Majefté en la Maîtrife particuliere des Eaux & Forêts de la Motte-au-Bois,
&c.

LE ROI EN SON CONSEIL, ayant égard à la Requête, fans s'arrêter
à 'Arrêt du Parlement de Douay, rendu pour raifon du fait dont il s'agit, le
18 Février 1737, ni à tout ce qui peut s'en être enfuivi, que Sa Majefté a
caffé & annullé, a ordonné & ordonne que l'Arrêt du Confeil du 9 Août 1701,
fera exécuté felon fa forme & teneur, & en conféquence que le fieur Procureur Général du Parlement, fera tenu de prendre le fait & caufe du Suppliant
fur l'appel interjetté par le nommé Buvette, Adjudicataire des Bois de la
Forêt de Nieppe, pour l'Ordinaire de 1736, au Siége de la Maîtrife
particuliere des Eaux & Forêts de la Motte-au-Bois, & de faire inceffamment
toutes les diligences néceffaires pour faire juger ledit appel fur les piéces &
mémoires inftructifs qui lui ont été ou lui feront à cet effet envoyés par le
Suppliant, lequel fera mis en vertu du préfent Arrêt, & fans qu'il en foit befoin d'autre, hors de caufe & de Procès; ordonne en outre Sa Majefté que
ledit fieur Procureur Général fera tenu à l'avenir de prendre le fait & caufe
de fes Subftituts aux Siéges des Maîtrifes des Eaux & Forêts du Reffort dudit Parlement, fur les appellations des Sentences defdites Maîtrifes où ils feront parties, & ce, fur les piéces & mémoires inftructifs qu'ils lui enverront
dans le temps prefcrit par l'article 5 du titre 6 de l'Ordonnance des Eaux &
Forêts du mois d'Août 1669, & fera le préfent Arrêt exécuté nonobftant
oppofition, ou autres empêchemens généralement quelconques, pour lefquels ne fera différé, & dont fi aucuns interviennent, Sa Majefté s'en eft &
à fon Confeil réfervée la connoiffance, & icelle interdite à toutes fes Cours
& autres Juges. FAIT au Confeil d'Etat du Roi, tenu à Verfailles le dix-neuf
Janvier mil fept cent quarante. Collationné. *Signé*, DE VOUGNY.

ARREST NOTABLE DU CONSEIL,

QUI fait défenses aux Officiers des Maîtrises de rendre aucunes Ordonnances tendantes à réformation générale.

Du 23 Février 1740.

VU au Conseil d'Etat du Roi, Sa Majesté y étant, l'Ordonnance rendue le 9 Septembre 1739 par les Officiers de la Maîtrise particuliere des Eaux & Forêts de Vitry-le-François, sur le Requisitoire du Procureur de Sa Majesté en ladite Maîtrise, par laquelle & pour les causes y contenues, il est ordonné que les Sentences intervenues au Siége de la Maîtrise les 12 Août 1737, 26 Février & 3 Juin 1738, seront exécutées selon leur forme & teneur, comme ayant passé en force de chose jugée en dernier ressort, conformément à l'article 3 du titre 14 de l'Ordonnance des Eaux & Forêts du mois d'Août 1669 ; & en conséquence que dans le 16 Décembre alors prochain les Syndics & quatre principaux Habitans de chacune des Paroisses situées dans l'étendue des Bailliages de Vitry & Châlons, seroient tenus de déposer au Greffe de la Maîtrise copie des titres justificatifs de la propriété des pâtis, usages, prés, marais, bois, buissons & autres biens communs desdites Paroisses, avec une déclaration signée desdits Syndics, des Marguilliers en charge, & desdits quatre principaux Habitans de la quantité & consistance d'iceux, de leurs tenans, aboutissans & aspects du soleil, dans laquelle déclaration ils feroient mention des noms, sur-noms, qualités & demeures des Particuliers qui avoient anticipés sur lesdits biens, ou qui s'étoient emparés de tout ou partie d'iceux : deuxièmement que lesdits Syndics & quatre principaux Habitans feroient aussi tenus de désigner dans la même Déclaration les chemins & aisances communes, les ruisseaux, cours d'eaux, fossés & vatregands desdites Paroisses, & l'état actuel où ils se trouvoient, s'il n'y avoit point eu d'entreprises sur lesdits chemins & aisances, mêmes sur les finages, & si lesdits ruisseaux, cours d'eaux, fossés & vatregands avoient été curés & nétoyés, conformément à ce qui étoit porté par l'Ordonnance rendue par ledit sieur de Courtagnon, Grand-Maître des Eaux & Forêts du Département de Champagne le 23 Septembre audit an 1737 ; & que faute par lesdits Syndics & quatre des principaux Habitans desdites Paroisses de fournir lesdites copies & déclarations en bonne forme dans le délai y porté, qu'ils feroient alors contraints au payement de la somme de 100 liv. d'amende pour chaque Paroisse, payable solidairement par iceux Syndics & quatre des principaux Habitans, en leur propre & privé nom, sans aucuns recours contre les Communautés, & faute par eux d'avoir satisfait dans les temps à ce qui avoit été prescrit par les Sentences ci-dessus énoncées ; ils ont été condamnés aussi solidairement aux frais de la signification qui leur seroit faite de ladite Ordonnance, lesquels ont été taxés & liquidés à 17 s. pour chaque Paroisse, pour le payement desquels 17 s. ils feroient contraints en vertu de la même Ordonnance. Troisièmement, qu'au surplus les assises ou hauts jours de la

Maîtrife feroient tenus par lefdits Officiers au Palais Royal dudit Vitry les 16 & 17 dudit mois de Décembre, auxquels jours lefdits Syndics feroient tenus d'apporter leurs déclarations, fi fait n'avoit été, finon que ladite amende demeureroit contr'eux encourue, à l'effet de quoi le rôle en feroit délivré au Sergent Collecteur de ladite Maîtrife, fur la repréfentation des exploits de fignifications de ladite Ordonnance. Quatriémement, qu'aux affifes ou hauts jours tous Officiers de Grurie feroient tenus de comparoître, à peine de 1000 liv. d'amende, enfemble tous les Gardes de l'étendue de ladite Maîtrife, Maîtres de Forges & Fourneaux, Ouvriers, Marchands de bois, Facteurs, Briquetiers, Chaufourniers, Tuiliers, Charbonniers, Verriers, Potiers, Tonneliers, Cercliers, Braffeurs, Hôteliers, Charpentiers, Bucherons, Charrons, Menuifiers, Teinturiers, Tanneurs, Megiffiers, Meûniers, Oifeliers, Jardiniers, Pêcheurs, Batteliers & autres Gens fabricans & commercans dans les bois & fur les rivières; & enfin que durant la tenue defdites affifes les Forêts de Sa Majefté & celles des Communautés Laïques & Eccléfiaftiques, Gens de Main-morte & des Particuliers demeureroient formées, fans que fous quelque prétexte que ce fût perfonne y pût entrer, à peine de 20 liv. d'amende, & y commettre aucun délit fous peine de la vie; l'Ordonnance rendue le 13 Décembre audit an 1739, par le fieur Pelletier de Beaupré, Intendant & Commiffaire départi en la Province & Frontiere de Champagne, fur les plaintes qui lui avoient été portées de la part de plufieurs Communautés du reffort de ladite Maîtrife de Vitry-le-François contre les difpofitions de l'Ordonnance defdits Officiers de ladite Maîtrife, par laquelle Ordonnance ledit fieur Intendant a fait défenfes auxdites Communautés de fe préfenter jufqu'à nouvel ordre aux affifes, & de fatisfaire aux fignifications qui leur avoient été faites, & à tous Huiffiers de continuer le port de l'Ordonnance des Officiers de ladite Maîtrife, fous peine d'être traités comme Concuffionnaires, & que l'Ordonnance dudit fieur Intendant feroit lue, publiée & affichée par-tout où befoin feroit, en cas de réfiftance ou de refus de la part defdits Officiers, &c.

LE ROI EN SON CONSEIL, fans avoir égard à la Requête de fon Procureur en la Maîtrife particuliere des Eaux & Forêts de Vitry-le-François, ni aux conclufions y contenues, dont Sa Majefté les a déboutés & déboute, & fans s'arrêter à l'Ordonnance des Officiers de ladite Maîtrife rendue pour raifon du fait dont il s'agit le 9 Septembre 1739, que Sa Majefté a caffée & annullée, a fait & fait très-expreffes inhibitions & défenfes aux Officiers de ladite Maîtrife, de rendre à l'avenir de femblables Ordonnances, à peine de nullité, & 10000 liv. d'amende, & d'être déclarés incapables d'exercer aucuns Offices dans les Eaux & Forêts, & même de plus grandes peines fi le cas y échoit; & Sa Majefté a interdit & interdit le Maître particulier, & le Procureur du Roi de ladite Maîtrife pendant trois mois à compter du jour & date du préfent Arrêt, fans que fous quelque prétexte que ce foit ils puiffent pendant ledit temps faire aucunes des fonctions attachées à leur Office, à peine de faux; enjoint Sa Majefté au fieur le Peltier de Beaupré, Intendant & Commiffaire départi en la Province & Frontiere de Champagne, & au fieur de Courtagnon, Grand-Maître des Eaux & Forêts de la même Province, de tenir chacun en droit foi la main à l'exé-

cution dudit préfent Arrêt qui fera enrégiftré, lu, publié, affiché & fignifié par-tout & à qui il appartiendra, & exécuté nonobftant oppofitions ou
autres empêchemens généralement quelconques, pour lefquels ne fera différé, & dont fi aucuns interviennent, Sa Majefté s'en eft & à fon Confeil
réfervé la connoiffance, & icelle interdit à toutes fes Cours & autres Juges.
FAIT au Confeil d'Etat du Roi tenu à Verfailles le 23 Février 1740. *Signé*,
AMELOT.

ARREST DU CONSEIL,

QUI fait défenfes à la Chambre des Eaux & Forêts de Befançon de procéder à l'information de vie & mœurs des Officiers
des Maîtrifes fans la commiffion expreffe du Sieur Grand-Maître du Département, à peine de nullité de ladite information,
& de tout ce qui s'en feroit enfuivi, fous les peines portées par
l'Arrêt du Confeil du 28 Juillet 1722.

Du 23 Février 1740.

SUR la Requête préfentée au Roi en fon Confeil par le fieur Dauxy, Grand-
Maî re du Département de Bourgogne & Alface, contenant, &c.
LE ROI EN SON CONSEIL, ayant égard à la requête, a ordonné &
ordonne que les articles premier du titre des Officiers des Maîtrifes & 11 du
titre des Tables de Marbre & Juges en dernier reffort de l'Ordonnance des
Eaux & Forêts du mois d'Août 1669, & l'Arrêt du Confeil du 28 Juillet 1722, feront exécutés felon leur forme & teneur; & en conféquence, que
les requêtes qui feront préfentées à la Chambre des Eaux & Fo êts du Parlement de Befançon par les Officiers qui feront à l'avenir pourvus de provifions de Sa Majefté, pour l'exercice de la Jurifdiction des Eaux & Forêts
du Parlement de Befançon & en chacune des Maîtrifes établies en Franche-
Comté, feront répondues par le Préfident de ladite Chambre d'un foit montré au Procureur Général, lequel donnera fes conclufions préparatoires pour
l'information de vie & mœurs des récipiendaires qui feront tenus de fe pourvoir pardevant le fieur Grand-Maître du Département, & de lui préfenter
leurs provifions avec leurs Requêtes adreffées à ladite Chambre des Eaux
& Forêts, l'Ordonnance de foit montré, & les conclufions du Procureur
Général pour être enfuite procédé à l'information de vie & mœurs & à l'examen de la capacité defdits Récipiendaires fur le fait des Eaux & Forêts par
ledit fieur Grand-Maître ou celui des Officiers de la Maîtrife des lieux qu'il
jugera à propos de commettre à cet effet; ordonne en outre Sa Majefté que
fous quelque prétexte que ce puiffe être, même de l'abfence dudit fieur Grand-
Maître, il ne pourra être procédé par aucun Officier de ladite Chambre à
ladite information fans la commiffion expreffe dudit fieur Grand-Maître, à
peine de nullité de ladite information & de tout ce qui feroit s'en enfuivi, & que
dans l'acte de réception il fera fait mention de la commiffion du fieur Grand-

Maître sous les mêmes peines ; valide néanmoins Sa Majesté, par grace &
sans tirer à conséquence la réception qui a été faite en ladite Chambre le
5 Décembre 1737, de la personne du sieur Boillot dans l'Office de Lieutenant en la Maîtrise particuliere des Eaux & Forêts de Beaume, quoique les
formalités portées par ladite Ordonnance de 1669 & par l'Arrêt du Conseil du 28 Juillet 1722 n'aient pas été observées ; fait Sa Majesté très-expresses inhibitions & défenses à ladite Chambre des Eaux & Forêts de Besançon,
de procéder à aucune réception d'Officiers de la Maîtrise, sans l'information
de vie & mœurs préalablement faite par ledit sieur Grand-Maître, à l'Officier
par lui commis sous les peines portées par ledit Arrêt du Conseil du 28 Juillet 1722, & sera le présent Arrêt enregistré au Greffe de ladite Chambre
des Eaux & Forêts à la diligence du Procureur Général dudit Parlement, &
lu, publié, affiché & signifié par-tout & à qui il appartiendra, & exécuté,
nonobstant oppositions ou autres empêchemens généralement quelconques,
& dont si aucuns interviennent, Sa Majesté s'en est & à son Conseil réservée
la connoissance, & icelle interdite à toutes ses Cours & autres Juges. FAIT
au Conseil d'Etat du Roi, tenu à Versailles le 23 Février 1740. Collationné.
Signé, DE VOUGNY.

ARREST NOTABLE DU CONSEIL,

QUI casse une Sentence rendue en la Justice de Montignac
contre un des Gardes de la Maîtrise d'Angoulême, pour avoir
averti des gens qui pêchoient dans la Rivière de Charente, de
se conformer à l'Ordonnance, ce que le Procureur Fiscal avoit
pris pour trouble dans les Droits du Seigneur, &c.
Fait défenses audit Juge de rendre de pareilles Sentences, sous
peine, &c,

Du 8 Mars 1740.

SUR la Requête présentée au Roi en son Conseil par le Procureur de Sa Majesté en la Maîtrise particuliere des Eaux & Forêts d'Angoulême, contenant
que Pierre Robert, Garde de la Maîtrise, ayant vu sur le bord de la Rivière
navigable de Charente deux Pêcheurs qui avoient leur batteau à bord, avec
quelques poissons, & des engins de pêche non marqués, il leur dit uniquement de se conformer à l'Ordonnance, & de ne pêcher qu'avec des engins
permis & marqués des armes de Sa Majesté, à l'Ecusson de ladite Maîtrise,
pour ne point encourir la confiscation, ce qu'ils promirent de faire : comme
son objet n'étoit que de les engager à se mettre en regle, il se contenta de
leur faire un simple avertissement sans en dresser de Procès-verbal, cependant quoiqu'il n'y eût rien de blâmable ni de répréhensible dans la conduite
de ce Garde, dont les fonctions l'autorisoient à constater la contravention,
& même à saisir les engins non marqués ; le Procureur Fiscal de la Justice
de Montignac, Membre dépendant de la Duché & Pairie de la Rochefoucault, a prétendu que la remontrance de ce Garde étoit un trouble formé
                                                            contre

contre le droit dudit fieur Duc de la Rochefoucault, & par un trait d'ani-
mofité des plus extraordinaires, en a porté fa plainte au Juge dudit Montignac, qu'il qualifie de Juge Gruyer, quoiqu'il ne le foit point, ce qui eft
un fait pofitif; & fur cette plainte il a fait informer & décréter ledit Garde
d'ajournement perfonnel, qui lors de fon audition a foutenu n'avoir ufé de
fon pouvoir qu'avec modération & fageffe; que le Juge de Montignac étoit
incompétent, & que le Procureur Fifcal étoit non-recevable dans fa plainte,
& la procédure extraordinaire qu'il intentoit; mais malgré la fageffe de cette
réponfe & la force de ces moyens, ledit Procureur d'Office a achevé fon
inftruction par voie extraordinaire, & fait rendre une Sentence définitive le
2 Juin 1739, par laquelle ledit Robert, Garde eft déclaré duement atteint
& convaincu d'avoir troublé les Pêcheurs du fieur Duc de la Rochefoucault,
en allant leur demander la repréfentation de leurs fillets, avec menaces de
confifquer le tout; pour réparation de quoi il eft condamné en 200 livres
envers le fieur Duc de la Rochefoucault, avec défenfes de récidiver, fous
telles peines que de raifon; cette Sentence a été fignifiée audit Robert dès le
lendemain avec le commandement de payer l'amende y portée, & avec menaces des contraintes les plus rigoureufes; ce qui oblige le Suppliant pour
le maintien de la Jurifdiction dont le dépôt lui eft confié, & par le devoir
de fon miniftère & l'attachement inviolable qu'il a pour les intérêts de Sa Majefté, de prendre le fait & caufe dudit Robert Garde, de réclamer l'autorité de Sa Majefté contre une entreprife auffi irrégulière & téméraire de la part
du Procureur Fifcal & du Juge de Montignac, & pour cet effet de repréfenter, &c,

    LE ROI EN SON CONSEIL, ayant égard à la requête, fans s'arrêter
à la Sentence rendue pour raifon du fait dont il s'agit, le 2 Juin 1739 par
le Juge de la Juftice de Montignac contre le nommé Pierre Robert, Garde
des Forêts de la Maîtrife particuliere d'Angoulême, ni à tout ce qui peut
avoir précédé ladite Sentence, que Sa Majefté a caffée & annullée, a ordonné
& ordonne que l'Ordonnance des Eaux & Forêts du mois d'Août 1669, &
la Déclaration du Roi du 8 Janvier 1715 feront exécutées felon leur forme
& teneur; & en conféquence Sa Majefté a fait très-expreffes inhibitions & défenfes aufdits Juges de rendre à l'avenir de pareilles Sentences, à peine de
nullité & caffation de procédures, & tous dépens, dommages & intérêts; enjoint Sa Majefté au fieur de Bafoncourt, Grand-Maître des Eaux & Forêts
du Département de Poitou & aux Officiers de ladite Maîtrife de tenir chacun en droit foi la main à l'exécution du préfent Arrêt, lequel fera exécuté,
nonobftant oppofitions ou autres empêchemens généralement quelconques,
pour lefquels ne fera différé & dont fi aucuns interviennent, Sa Majefté s'en
eft & à fon Confeil réfervée la connoiffance & icelle interdite à toutes fes Cours
& autres Juges. FAIT au Confeil d'Etat du Roi tenu à Verfailles le 8 Mars
1740. Signé, DE VOUGNY.

ARREST DU CONSEIL,

QUI fait défenfes de fe pourvoir fur l'exécution des Sentences portant condamnation d'amendes rendues aux Siéges des Maîtrifes particulières des Eaux & Forêts, circonftances & dépendances, ailleurs que pardevant les Officiers des mêmes Siéges, & à tous autres Juges d'en connoître fous les peines y portées.

Du 8 Mars 1740.

SUR la Requête préfentée au Roi en fon Confeil, par le Procureur de Sa Majefté, en la Maîtrife particuliere des Eaux & Forêts de Clermont en Beauvoifis, contenant, &c. LE ROI EN SON CONSEIL, ayant égard à la requête, a ordonné & ordonne que les articles premier & fecond du titre premier de l'Ordonnance des Eaux & Forêts, du mois d'Août 1669, feront exécutés felon leur forme & teneur, & en conféquence fans s'arrêter à la procédure extraordinaire commencée, fur la plainte du nommé Provoft, par le Lieutenant Civil & Criminel du Bailliage de Clermont en Beauvoifis, à la Sentence de provifion prononcée contre Jean Dauchy, Garde Général, Collecteur des Amendes de la Maîtrife particuliere dudit lieu de Clermont, le 18 Janvier 1740, au Décret d'ajournement perfonnel décerné le même jour, contre ledit Dauchy, à la converfion d'icelui, fi aucune y a, en Décret de prife de corps, ni à tout ce qui peut s'en être enfuivi, que Sa Majefté a caffé & annullé, a renvoyé & renvoie ledit Provot, à fe pourvoir au Siége de ladite Maîtrife, contre ledit Dauchy, ainfi qu'il avifera bon être; fait Sa Majefté, très-expreffes inhibitions & défenfes audit Provot & à tous autres, de fe pourvoir fur l'exécution des Jugemens & Sentences, portant condamnations d'amendes prononcées aux Siéges des Maîtrifes particulieres des Eaux & Forêts, circonftances & dépendances, ailleurs que pardevant les Officiers des mêmes Siéges, & à tous autres Juges, d'en connoître, à peine de nullité des procédures, de 500 livres d'amende, tant contre les Juges que contre les Parties, & de tous dépens, dommages & intérêts, & fera le préfent Arrêt, exécuté, nonobftant oppofition ou autres empêchemens généralement quelconques, pour lefquels ne fera différé, & dont fi aucuns interviennent, Sa Majefté s'en eft, & à fon Confeil, réfervée la connoiffance & icelle interdite à toutes fes Cours & autres Juges. FAIT au Confeil d'Etat du Roi, tenu à Verfailles le huit Mars mil fept cent quarante. Signé, DE VOUGNY.

ARREST DU CONSEIL,

QUI caffe deux Jugemens de la Table de Marbre du Palais, & renvoye devant M. de Courtagnon, Grand-Maître des Eaux & Forêts de France au Département de Champagne, une demande en triage formée par le Chapitre de Châlons, &c.

Du 29 Mars 1740.

SUR la Requête préfentée au Roi en fon Confeil, par le fieur de Courtagnon, Grand-Maître des Eaux & Forêts du Département de Champagne, &c. LE ROI EN SON CONSEIL ayant égard à la Requête, fans s'arrêter aux Jugemens rendus au Siége de la Table de Marbre du Palais à Paris, pour raifon du fait dont il s'agit les 6 Juillet & 19 Octobre 1735, ni à tout ce qui peut s'en être enfuivi, que Sa Majefté a caffé & annullé, a ordonné & ordonne que l'article 19 du titre des Bois, Prés, Marais, Landes, Pâtis, Pêcheries & autres biens appartenans aux Communautés & Habitans des Paroiffes, de l'Ordonnance des Eaux & Forêts, du mois d'Août 1669, & les Arrêts & Réglemens intervenus en conféquence, feront exécutés felon leur forme & teneur; ce faifant, Sa Majefté a évoqué & évoque à foi & à fon Confeil, l'inftance d'entre les Doyens, Chanoines & Chapitre de l'Eglife Cathédrale de Châlons, comme Seigneurs dudit lieu de la Paroiffe de Champigneul, & lefd. Habitans dudit lieu, concernant la demande en triage des Prés, Pâtis, Bois, Brouffailles, Marais & autres Ufages étant dans l'étendue dudit lieu de Champigneul, formée contre lefdits Habitans, par les Doyen, Chanoines & Chapitre, au Siége de la Table de Marbre, circonftances & dépendances; & pour faire droit aux Parties, Sa Majefté les a renvoyé & renvoie pardevant le fieur de Courtagnon, Grand-Maître des Eaux & Forêts du Département de Champagne, pour y procéder fur leurs différends & conteftations jufqu'à Jugement définitif inclufivement, fauf l'appel au Parlement de Paris; & fera le préfent Arrêt, exécuté nonobftant oppofition ou autres empêchemens généralement quelconques, dont fi aucun intervient, Sa Majefté s'en eft, & à fon Confeil, réfervée la connoiffance, & icelle interdite à toutes fes Cours & autres Juges. FAIT au Confeil d'Etat du Roi, tenu à Verfailles le vingt-neuf Mars mil fept cent quarante. Signé, DE VOUGNY.

ARREST DU CONSEIL,

QUI décharge le Sieur d'Auvernay, Maître Particulier de la Maîtrise de Nevers, de la nomination faite de sa personne par les Officiers de l'Hôtel de Ville pour Echevin, le maintient dans tous les priviléges & exemptions attribués à son Office de Maître Particulier, &c.

Du 26 Avril 1740.

SUR la Requête présentée au Roi en son Conseil, par le sieur d'Auvernay, Maître Particulier de la Maîtrise des Eaux & Forêts de Nevers, contenant que nonobstant les dispositions précises & littérales de l'article 13. du titre des Officiers des Maîtrises, de l'Ordonnance des Eaux & Forêts, du mois d'Août 1669, & de l'Arrêt du Conseil, contradictoirement rendu en pareil cas, en faveur du sieur Nicol son prédécesseur, le 4 Décembre 1717, qui le décharge de l'Echevinage; néanmoins les Officiers de l'Hôtel de Ville de Nevers l'ont élu Echevin, & veulent le forcer d'en faire les fonctions, &c. LE ROI EN SON CONSEIL, ayant égard à la Requête, a ordonné & ordonne que l'article 13. du Titre des Officiers des Maîtrises, de l'Ordonnance des Eaux & Forêts, du mois d'Août 1669, & l'Arrêt du Conseil rendu pour raison du fait dont il s'agit, le 4 Décembre 1717, seront exécutés selon leur forme & teneur; & en conséquence, sans s'arrêter à l'Election faite par les Officiers de l'Hôtel de Ville de Nevers, de la personne du Suppliant, pour Echevin de ladite Ville, & à tout ce qui peut avoir suivi ladite Election, que Sa Majesté a cassée & annullée, a maintenu & maintient le Suppliant dans tous les priviléges & exemptions attribués à son Office de Maître Particulier de la Maîtrise des Eaux & Forêts de ladite Ville de Nevers, & l'a déchargé & décharge dudit Echevinage; fait S. M. très-expresses inhibitions & défenses aux Officiers dudit Hôtel de Ville de faire à l'avenir de pareilles élections, à peine de 500 liv. d'amende, qui ne pourront être réputées comminatoires; condamne Sa Majesté lesdits Officiers de l'Hôtel de Ville au coût du présent Arrêt, que Sa Majesté a liquidé à 60 livres; enjoint Sa Majesté au Sieur de Sauvigny, Intendant & Commissaire départi en la Généralité de Moulins, & au Sieur de Bazoncourt, Grand-Maître des Eaux & Forêts du Département de Poitou, de tenir chacun en droit soi la main à l'exécution du présent Arrêt, lequel sera lû, publié, signifié à tous & à qui il appartiendra, & exécuté nonobstant oppositions ou autres empêchemens généralement quelconques, pour lesquels ne sera différé, & dont si aucuns interviennent, Sa Majesté s'en est & à son Conseil réservée la connoissance, & icelle interdite à toutes ses Cours & autres Juges. FAIT au Conseil d'Etat du Roi tenu à Versailles le vingt-six Avril mil sept cent quarante. Signé, DE VOUGNY.

ARREST NOTABLE DU CONSEIL,

QUI maintient les Officiers de la Maîtrise de Rouen dans le droit de connoître d'une conteftation au fujet d'un droit de Pêche fur la Rivière de Seine, &c.
Fait défenfes aux Gardes des Bois de la Seigneurie de Mauny de donner à leur Juge la qualité de Maître Particulier des Eaux & Forêts de ladite Seigneurie, jufqu'à ce que ledit Juge ait juftifié de fon droit devant les Officiers de ladite Maîtrise de Rouen.

Du 31 Mai 1740.

SUR la Requête préfentée au Roi en fon Confeil par fon Procureur en la Maîtrise particulière des Eaux & Forêts de Rouen, contenant que pour l'intérêt de Sa Majefté & la confervation des droits de ladite Maîtrise, il eft obligé de réclamer l'autorité de Sa Majefté contre un Arrêt du Parlement de Paris du 4 Juillet 1739, qui évoque une inftance pendante à ladite Maî- trise, dans laquelle il eft Partie d'Office, au fujet tant d'un droit de Pê- che que le Marquis d'Etampes & les Habitans de Mannerville prétendent avoir, & fe conteftent réciproquement fur la Seine, qui eft une Rivière na- vigable & dépendante du Domaine de la Couronne, que des qualités que ledit Marquis d'Etampes s'attribue de Seigneur & de Propriétaire de ladite Rivière & de la Jurifdiction qu'il prétend y exercer au préjudice des droits de Sa Majefté & des Officiers, & enfraint toutes les Loix & les Ordonnan- ces rendues fur cette matière, & établit cette Cour Juge d'une conteftation dont la connoiffance eft expreffément refervée en première inftance aux Officiers de ladite Maîtrise, à l'exclufion de toutes autres Cours & Jurif- dictions, &c. LE ROI EN SON CONSEIL, ayant égard à la Requête, fans s'arrêter à l'Arrêt du Parlement de Paris du 4 Juillet 1739, ni à tout ce qui peut s'en être enfuivi, a ordonné & ordonne que le Sieur Marquis d'E- tampes, ainfi que les nommés Pierre Lemercier & François Megard, fe difant Sergens & Gardes des Eaux & Forêts, Pêches & Chaffes de la Ba- ronnie de Mauny, & Jean Leiné, Nicolas Lieffe, Pierre Briffant & Louis Legras, Habitans & Pêcheurs de la Paroiffe de Manneville, feront tenus quinzaine au plus-tard après la fignification du préfent Arrêt, de procéder au Siége de la Maîtrise particulière des Eaux & Forêts de Rouen, fur & en exécution des Sentences rendues en ladite Maîtrise pour raifon des contef- tations dont il s'agit, les 16 & 30 Avril, & 27 Juin 1738, circonftan- ces & dépendances, jufqu'à Sentence définitive inclufivement, fauf l'appel à la Table de Marbre de Rouen: Fait Sa Majefté très-expreffes inhibitions & défenfes aux Parties de fe pourvoir & procéder en première inftance ail- leurs qu'en ladite Maîtrise, & par appel qu'à ladite Table de Marbre, à peine de 1000 liv. d'amende, & de tous dépens, dommages & intérêts;

& à tous autres Juges de connoître defdites conteftations à peine de nullité, caffation de procédures ; fait en outre S. M. défenfes aux Gardes dudit fieur
Marquis d'Etampes de qualifier le Juge dudit lieu de Mauny du titre de *Maître particulier ou Verdier* , qu'au préalable il n'ait juftifié par titres autentiques
en ladite Maîtrife de Rouen, qu'il a ce droit , & qu'il en eft en poffeffion
de tous temps , & ce à peine d'amende arbitraire , & fera le préfent Arrêt
exécuté nonobftant oppofitions , récufations , prife à partie, clameur de
Haro , Chartre Normande, ou autres empêchemens généralement quelconques, pour lefquels ne fera differé , & dont fi aucuns interviennent, Sa Majefté s'en eft & à fon Confeil réfervée la connoiffance , & icelle interdite à
toutes fes Cours & autres Juges. FAIT au Confeil d'Etat du Roi tenu à
Verfailles le trente-un Mai mil fept cent quarante. *Signé*, DE VOUGNY.

ARREST DU CONSEIL,

QUI déboute le Sieur Marquis d'Etampes de fon oppofition à l'Arrêt précédent.

LE ROI EN SON CONSEIL, fans s'arrêter à la Requête ni à l'oppofition formée par le Sieur Marquis d'Etampes à l'Arrêt du Confeil rendu
le 31 Mai 1740 , fur la Requête du Procureur de Sa Majefté en ladite Maîtrife particulière des Eaux & Forêts de Rouen, dont Sa Majefté l'a débouté
& déboute, a ordonné & ordonne que ledit Arrêt fera exécuté felon fa forme
& teneur ; enjoint Sa Majefté au fieur de Savary , Grand-Maître des Eaux &
Forêts du Département de Rouen, & aux Officiers de ladite Maîtrife de tenir
chacun en droit foi la main à l'exécution du préfent Arrêt, lequel fera enrégiftré au Greffe de ladite Maîtrife, pour y avoir recours fi befoin eft. FAIT
au Confeil d'Etat du Roi tenu à Verfailles le 28 Novembre mil fept cent
quarante-un, *Signé*, EYNARD,

ARREST NOTABLE DU CONSEIL,

QUI caffe une Ordonnance du Lieutenant Général de Police
à Rouen , par laquelle étoit ordonné aux Adjudicataires des
Bois du Roi de vendre tous leurs Bois blancs & brûlots aux
Boulangers , Pâtiffiers & Manufacturiers de Fayance , &c.
Ordonne que lefdits Adjudicataires jouiront de la liberté de ven-
dre leurs Bois aux premiers venus , fans diftinction,

Du 16 Août 1740.

SUR la Requête préfentée au Roi en fon Confeil , par les Marchands de
Bois , Adjudicataires des Forêts de Sa Majefté des Maîtrifes de Rouen , Caudebec & autres, pour l'ordinaire de la préfente année 1740 , contenant que

le fieur Lieutenant Général de Police du Bailliage de la ville de Rouen a rendu le 11 Juin audit an 1740, fur la Requête des Manufacturiers de fayance du fauxbourg Saint Sever de ladite ville, une Sentence par forme en Reglement, au fujet de la confommation des Bois blancs, à l'exécution de laquelle il leur eft impoffible de fatisfaire, fans contrevenir au cahier des charges de leur adjudication, fans donner atteinte aux libertés que les Arrêts du Confeil leur accordent, & fans bleffer en même-temps l'intérêt de Sa Majefté, celui du Public & celui des Marchands; en effet par le III art. de ce prétendu Reglement, fait uniquement pour l'avantage des Fayanciers, il eft porté qu'à l'avenir, tous les Bois blancs & brulots, en telle quantité qu'il puiffe y en avoir, feront apportés en droiture au quay, pour en être livrés, par préference aux Boulangers, Plaftriers, Cuifiniers & Patiffiers qui fe préfenteront pour en avoir; & après que le Bois aura été une demi journée en préfence du guay, & qu'il ne fe fera préfenté perfonne, il fera porté aux frais & dépens des Marchands dans le fauxbourg Saint Sever, au Chantier défigné pour y être vendu & diftribué entre ceux des Manufacturiers de fayance qui en auront befoin. Il eft néanmoins d'ufage & de regle, que les Marchands de Bois faffent venir & porter en droiture tous les Bois des Forêts, de quelque efpèce qu'ils foient, fur les ports & quays de cette ville, deftinés de tout tems pour la decharge de leurs bateaux; d'ailleurs par le cahier des charges des Adjudications, les Marchands & Adjudicataires ont la liberté de difpofer & de vendre leurs Bois aux Bourgeois & autres perfonnes qui en font la confommation, de gré à gré, au prix fixe; & en cas de non vente, ils font obligés d'empiler leurs Bois fur le port & quay de cette ville, & ils ont cette libre difpofition de vendre le Bois de gré à gré fur le port à la décharge de leurs bateaux, & d'empiler enfuite fur le même port le Bois non vendu, en attendant qu'il fe préfente des acheteurs; ce qui fait porter les adjudications au prix où elles font, qui ne feroit pas tel fi les Adjudicataires étoient obligés à de plus grands frais, &c.

LE ROI EN SON CONSEIL, ayant égard à la requête des Supplians, fans s'arrêter aux Sentences rendues pour raifon du fait dont il s'agit, les 11 & 21 Juin 1740 par le fieur Lieutenant Général de Police de la Ville & Vicomté de Rouen, que Sa Majefté a caffées & annullées, ainfi que tout ce qui peut s'en être enfuivi, a ordonné & ordonne que l'Arrêt du Confeil du 31 Août 1728, portant reglement pour la fixation du prix du Bois à brûler, deftiné pour l'approvifionnement de ladite ville; & le cahier des charges des adjudications faites & à faire des Bois du Roi, feront exécutés felon leur forme & teneur; & en conféquence que les Bois blancs & brulots provenans des Forêts de Sa Majefté, continueront d'être conduits & empilés fur les ports & quays ordinaires de ladite ville, pour être diftribués, comme par le paffé, à tous ceux qui, fans aucune exception, voudront en acheter. Fait Sa Majefté très-expreffes inhibitions & défenfes au Lieutenant Général de Police de ladite ville, de rendre à l'avenir de femblables Sentences, fous telles peines qu'il appartiendra; enjoint Sa Majefté au fieur Savary, Grand-Maître des Eaux & Forêts du Département de Rouen, & aux Officiers des Maîtrifes particulières du même Département, de tenir chacun en droit foi la main à l'exécution du préfent Arrêt, lequel fera enregiftré au Greffe defdites Maîtrifes, lu, publié, affiché & fignifié par-tout, & à qui il apparatiendra, & exécuté nonobftant oppofitions, recufations, prifes à partie, clameur de haro, Chartre Normande ou autres empéchemens généralement quelconques, pour lefquels ne fera differé, & dont fi aucuns interviennent, S. Ma. s'en eft & à fon Confeil, réfervée la connoiffance, & icelle interdite à toutes fes Cours & autres Juges. FAIT au Confeil d'Etat du Roi, tenu à Compiegne le feiziéme jour Août mil fept cent quarante. *Signé*, GUYOT.

ARREST DU CONSEIL,

QUI caffe deux Arrêts du Parlement de Paris, & ordonne que la procédure commencée en la Maîtrife de Mont-Brifon contre deux Particuliers, pour avoir coupé & déshonoré quelques Arbres, &c. y fera continuée jufqu'à Jugement définitif inclufivement, fauf l'appel à la Table de Marbre, &c.

Du 13 Septembre 1740.

SUR la Requête préfentée au Roi en fon Confeil, par le Procureur de Sa Majefté en la Maîtrife particulière des Eaux & Forêts de Mont-Brifon, contenant que le fieur Marquis de Fenoir, Seigneur de Tirange, ayant rendu plainte en ladite Maîtrife le 25 Décembre 1739, de ce que la nuit du 22 au 23 du même mois, il avoit été coupé dans un enclos faifant la continuation de l'avenue qui conduit à fon Château de Tirange, deux Tilleuls & trois Noyers, & que l'on avoit écouronné à cinq pieds de hauteur cinq autres Noyers. Il en avoit été dreffé un procès-verbal le 29 du même mois, qui conftate le délit, que le 2 Avril 1740, fur le vu des informations faites en la Maîtrife les 15 Février & 26 Mars, il avoit été prononcé un Decret de prife de corps contre les nommés Riberon, dit Voyras & Maifon-Neuve, Habitans dudit lieu de Tirange, lefquels ont fubi interrogatoire le 11 dudit mois d'Avril; que dans cet état, ces deux Particuliers ayant interjetté appel de cette procédure, au lieu de la relever à la Table de Marbre, fuivant l'art. II du tit. XIII de l'Ordonnance de 1669, contre la difpofition de ladite Ordonnance, relevé au Parlement de Paris, où ils ont obtenu Arrêt du 11 Mai 1740, qui, en les recevant Appellans, ordonne l'apport des charges & informations, ce qui a été fait; que ces Particuliers fur une nouvelle Requête qu'ils ont préfentée au même Tribunal, ont obtenu le 22 Juin dernier, un fecond Arrêt, qui en les recevant de nouveau, Appellans, en adhérant au premier appel, fait défenfes indéfinies, de paffer outre, & de faire aucunes pourfuites; que les chofes en cet état, il fe voit obligé de fe pourvoir pour l'intérêt du Roi & celui de la Jurifdiction de la Maîtrife, qui fouffrent un préjudice notable de ces Arrêts, rendus par Juges incompetens, aux termes de l'art. II du tit. XIII de l'Ordonnance de 1669, qui d'ailleurs font contraires à la difpofition de l'art. VI du tit. XIV de la même Ordonnance, &c.

LE ROI EN SON CONSEIL, ayant égard à la requête, fans
s'arrêter

s'arrêter aux Arrêts du Parlement de Paris, rendus pour raison du fait dont il s'agit, les 11 Mai & 22 Juin 1740, a ordonné & ordonne que le procès commencé en la Maîtrise particulière des Eaux & Forêts de Monbrison contre les nommés Riberon, dit Voyras & Maison Neuve, sera continué jusqu'à Sentence définitive inclusivement, sauf l'appel en la Table de Marbre. & sera le présent Arrêt exécuté nonobstant oppositions ou autres empéchemens généralement quelconques, pour lesquels ne sera différé, & dont si aucuns interviennent, Sa Majesté s'en est & à son Conseil, réservé la connoissance, & icelle interdite à toutes ses Cours & autres Juges. FAIT au Conseil d'Etat du Roi, tenu à Versailles le treize Septembre mil sept cent quarante. *Signé*, GUYOT.

ARREST DU CONSEIL,

QUI ordonne l'exécution de l'art. XLIII du titre de l'Ordonnance des Eaux & Forêts de 1669, pour raison de la Police & Marche-pied des Rivières.

Du 13 Septembre 1740.

SUR la Requête présentée au Roi en son Conseil, par le Procureur de Sa Majesté en la Maîtrise particulière des Eaux & Forêts de Lyon, contenant, &c.

LE ROI EN SON CONSEIL, ayant égard à la Requête, sans s'arrêter aux Ordonnances du Bureau des Finances de Lyon des 11 Mai & 4 Novembre 1739, ni à tout ce qui peut s'en être ensuivi, que Sa Majesté a cassé & annullé, a ordonné & ordonne que l'Ordonnance des Eaux & Forêts du mois d'Août 1669, sur le fait de la Police & Marchepied des rivieres. & les Sentences de la Maîtrise particulière de Lyon, rendues pour raison du fait dont est question, les 8 Mai & 22 Octobre audit an 1739, seront exécutés selon leur forme & teneur; en conséquence fait Sa Majesté très-expresses inhibitions & défenses à tous Propriétaires de bateaux, moulins, bacs & écluses sur les fleuves du Rosne & riviere de Saone, & à tous Propriétaires riverains des routes & chemins servant de marchepied ausdits fleuves & rivieres, de se pourvoir ailleurs qu'en ladite Maîtrise, à peine de nullité des procédures, & de 3000 livres d'amende, & d'interdiction contre les Procureurs qui signeront les Requêtes par toute autre Jurisdiction; ordonne en outre S. M. qu'à la requête, poursuite & diligence du Suppliant, les Propriétaires des moulins & autres édifices extant sur lesdits fleuves & rivieres seront tenus dans un mois, à compter du jour & date de la signification qui leur sera faite du présent Arrêt, de représenter pardevant le sieur Taboureau des Reaux, Grand-Maître des Eaux & Forêts du Département du Lyonnois, ou celui des Officiers de la Maîtrise qu'il jugera à propos de commettre à cet effet, les titres en vertu desquels ils ont fait construire lesdits moulins & édifices, dont procès-verbal sera dressé par lesdits sieur Grand-Maitre ou ledit Officier, pour sur ledit procès-verbal & l'avis dudit sieur Grand-Maître

Tome II. H h

qui feront envoyés au Confeil, être enfuite par Sa Majefté ordonné ce qu'il appartiendra, finon & à faute de ce faire dans ledit tems, & icelui paffé qu'il fera procédé à la démolition defdits moulins & édifices, conformement à l'article 43 du titre 27 de ladite Ordonnance de 1669, & fera ledit préfent Arrêt lu, publié, affiché & fignifié par-tout où befoin fera, & à qui il appartiendra, & exécuté nonobftant oppofitions, recufations, prifes à parties, appellations ou autres empéchemens généralement quelconques, pour lefquels ne fera differé, & dont fi aucuns interviennent, Sa Majefté s'en eft & à fon Confeil, réfervée la connoiffance, & icelle interdite à toutes fes Cours & autres Juges. FAIT au Confeil d'Etat du Roi, tenu à Verfailles le treiziéme jour de Septembre mil fept cent quarante. Collationné. *Signé*, GUYOT.

ARREST DU CONSEIL,

QUI ordonne que les Riverains de la Rivière d'Eure feront affignés devant les Officiers de la Maîtrife de Château - Neuf en Thimeraye, pour fe voir ordonner de curer ladite Rivière, chacun en droit foi, &c.

Du 7 Février 1741.

SUR la Requête préfentée au Roi en fon Confeil, par le Procureur de Sa Majefté en la Maîtrife particulière des Eaux & Forêts de Chateau Neuf en Thimeraye, contenant que la riviere d'Eure qui paffe au travers de la ville de Chartres, n'ayant pas été curée depuis plus de cinquante ans, les immondices qui s'y font amaffées, fe font multipliées au point, qu'elle eft prefque entiérement comblée dans différens endroits, de maniere que s'il n'eft promptement pourvu à l'enlevement de ces immundices, les moulins à bled au nombre de dix, qui fe trouvent dans l'étendue de fon cours, venant à ceffer de moudre, il feroit à craindre que les Habitans de cette ville & des environs manquaffent de farines ; que les chofes en cet état, il croit qu'il feroit du bien & de l'utilité du Public, d'obliger les riverains de cette riviere, enfemble les Meuniers, & autres qui y exercent des droits, de contribuer chacun en droit foi aux ouvrages à faire pour la mettre en bon état, & que c'eft dans ces circonftances qu'il a été confeillé de fe pourvoir. A CES CAUSES, requeroit le Suppliant qu'il plût à Sa Majefté lui permettre de faire affigner pardevant le Maître particulier de ladite Maîtrife, tous les riverains & autres ayant des droits fur ladite riviere d'Eure, pour fe voir condamner chacun en droit foi, à faire les ouvrages néceffaires pour la mettre en bon état ; vu ladite requête & les pieces y jointes, &c.

LE ROI EN SON CONSEIL, ayant égard à la Requête du Suppliant, a ordonné & ordonne que les riverains & Meuniers de la riviere d'Eure, & généralement tous ceux qui y exercent quelques droits, feront inceffamment affignés pardevant les Officiers de la Maîtrife particulière de Chateau-Neuf en Thimeraye, pour voir dire qu'ils feront tenus chacun en droit foi, de curer ladite riviere, & la rendre praticable, & en cas de refus de tous ou de

partie defdits riverains, Meuniers & autres, dé déduire leurs raifons, defquelles il fera par lefdits Officiers dreffé procès-verbal, pour fur icelui, &
l'avis du fieur Grand-Maître des Eaux & Forêts du Département de Paris,
auquel ledit procès-verbal fera communiqué, & par lui envoyé au Confeil,
être enfuite par Sa Majefté ftatué ce qu'il appartiendra ; & fera le préfent Arrêt exécuté nonobftant oppofitions, appellations ou autres empêchemens généralement quelconques, pour lefquels ne fera differé, & dont fi aucuns interviennent, Sa Majefté s'en eft & à fon Confeil réfervée la connoiffance, &
icelle interdite à toutes fes Cours & autres Juges. FAIT au Confeil d'Etat du
Roi, tenu à Verfailles le fept Février mil fept cent quarante-un. *Signé*,
DE VOUGNY.

ARREST DU CONSEIL,

QUI ordonne que par les Officiers des Maîtrifes de Rennes &
Villecartier il fera informé & procédé jufqu'à Jugement définitif inclufivement contre les auteurs des incendies arrivés dans
les Forêts de Sa Majefté ; fait défenfes aux Ufagers & Riverains
de mener leurs Beftiaux à demi-lieue près des cantons incendiés pendant cinq ans ; à peine de 500 livres, &c.

Du 25 Avril 1741.

SUR ce qui a été repréfenté au Roi en fon Confeil par le fieur de la
Pierre, Grand-Maître des Eaux & Forêts du Département de Bretagne,
que le feu ayant été mis au mois d'Août 1741, dans les Forêts de Rennes
& Villecartier, &c.

LE ROI EN SON CONSEIL, a ordonné & ordonne que par le
fieur de la Pierre, Grand Maître des Eaux & Forêts du Département de Bretagne, ou les Officiers des Maîtrifes Particulieres de Rennes & Villecartier qu'il pourra commettre à cet effet, il fera procédé à la vente & adjudication au plus offrant & dernier encherifleur en la maniere accoutumée,
des cent arpens de bois taillis ou environ incendiés dans la forêt de Rennes, & des cent arpens ou environ de taillis, appellés les taillis de Mareillés,
dépendans de la forêt de Villecartier, auffi incendiés, &c. Fait Sa Majefté très-
expreffes inhibitions & défenfes aux Ufagers defdites forêts & à tous autres,
d'amener ou envoyer fous quelque prétexte que ce foit, pendant cinq ans, à
compter du jour & date du préfent Arrêt, leurs beftiaux pâturer dans les landes & bruyeres où le feu a été mis, & d'en approcher plus près d'une demi-
lieue, à peine de confifcation des beftiaux qui y feront trouvés, de cinq cens
livres d'amende qui ne pourra être réputée comminatoire contre les propriétaires defdits beftiaux, même de plus grandes peines fi le cas y échoit ; ordonne, en outre, Sa Majefté qu'à la requête, pourfuite & diligence du Procureur du Roi, en chacune defdites Maîtrifes, il fera inceffamment informé
contre les auteurs, complices & adherans defdits incendies, circonftances &

II h ij.

dépendances, pour leur procès être fait & parfait par lefdits Officiers defdites Maîtrifes jufqu'à Sentence définitive incluſivement, fuivant la rigueur des Ordonnances, fauf l'appel au Confeil. Enjoint Sa Majefté aux fieurs Grands-Maîtres & aux Officiers defdites Maîtrifes, de tenir chacun en dro it foi la main à l'exécution du préfent Arrét, lequel fera enregiftréau Greffe defdites Maîtrifes, lu, publié & fignifié par-tout & à qui il appartiendra, & exécuté nonobſtant oppofitions ou autres empêchemens généralement quelconques, pour lefquels ne fera differé, & fi aucuns interviennent, Sa Majefté s'en eſt & à fon Confeil, réfervée la connoiffance, & icelle interdite à toutes fes Cours & autres Juges. FAIT au Confeil d'Etat du Roi, tenu à Verfailles le vingt-cinq Avril mil fept cent quarante-un. *Signé*, DE VOUGNY.

ARREST NOTABLE DU CONSEIL,

QUI confirme une Sentence rendue en la Maîtrife Particulière de Rennes, contre les Meuniers de la Kivière de Vilaine, pour avoir pris dix fols de chaque Bateau qui paffoit à leurs Eclufes ; & leur fait expreffes défenfes de récidiver.

Du 9 Mai 1741.

SUR la Requête préfentée au Roi en fon Confeil par Pierre Goupil, ci-devant Meûnier au moulin d'Apigné, appartenant à la dame Marquife de Carcado, JeanBlanc, Meûnier aux moulins de Meffac, appartenants à la dame Marquife de Piré, Pierre Geffroy, Meûnier au moulin du Boifle, appartenant au fieur Préfident de Marbeuf, & Pierre Leviel, Meûnier au moulin de la Moliere, appartenant au fieur d'Efclos, contenant que tous lefdits moulins font fitués fur la riviere de Vilaine depuis Rennes jufqu'à Meffac, qui n'eſt ni navigable ni flotable qu'un peu au-deffous dudit Meffac vers Redon, que cependant le Procureur de Sa Majefté en la Maîtrife Particuliere des Eaux & Forêts de Rennes, croyant qu'il devoit en être ufé fur cette riviere pour le chomage des moulins, fuivant les difpofitions de l'article XLV. du titre de la Police & confervation des Eaux & Forêts & Rivieres, de l'Ordonnance des Eaux & Forêts du mois d'Août 1669, fit une remontrance au Maître Particulier de ladite Maîtrife, le 29 Juillet 1729, par laquelle il expofa que le Meûnier de Meffac, l'un des Supplians, prenoit dix fols pour le paffage des grands bateaux, & cinq fols pour celui des petits; & que le 19 du même mois, il avoit pris trente fols pour le paffage de trois ba-teaux, fur quoi il requit & obtint une permiffion d'informer. Il fait en confé-quence entendre quatorze témoins, tous Marchands & Bateliers, ennemis des Supplians, qui dépoferent dans leur propre caufe ; cette information fut cependant fuivie d'un décret d'ajournement perfonnel, rendu, tant contre les Supplians, que contre Jean Denis & Jean Derennes, autres Meûniers de ladite riviere de Vilaine ; ils fubirent tous interrogatoires & par Sentence du 21 Octobre audit an 1729, ils furent condamnés folidairement en 1000 l. d'amende; auffi-tôt que cette Sentence leur eût été fignifiée, ils en interjetterent appel en la Chambre Souveraine des Eaux & Forêts réunie au Parlement de Rennes ; la difficulté d'obtenir audience, enfuite la négligence de leurs Procureurs, & la ceffation des pourfuites du Procureur de Sa Majefté en ladite Maîtrife empêcherent les Suppliants de penfer à faire prononcer fur leur appel, dans le délai prefcrit par ladite Ordonnance de 1669 ; ils croyoient que le Receveur des amendes de ladite Maîtrife avoit fait paffer cette Ordonnance en décharge dans fes comptes, y ayant plus de dix années que la Sentence étoit rendue, cependant il vient de renouveller fes diligences par des exécutions de leurs meubles, avec menace de les conftituer prifonniers, ce qui les oblige de reclamer la clémence & la protection de Sa Majefté, & de convenir qu'il eft vrai qu'ils ont pris dix fols pour chaque bateau, mais qu'ils ont fuivi en cela l'ufage établi avant eux fur la riviere de Vilaine, &c.

LE ROI EN SON CONSEIL, ayant aucunement égard à la Requête, a ordonné & ordonne que la Sentence de la Maîtrife Particuliere des Eaux & Forêts de Rennes, rendue pour raifon du fait dont il s'agit, le 21 Octobre 1729, fera exécutée felon fa forme & teneur, & cependant par grace, & fans tirer à conféquence, Sa Majefté a moderé & modere à trois cens livres l'amende de mille livres prononcée contre les Supplians par ladite Sentence, & les a déchargé & décharge du furplus de ladite amende, à condition néanmoins de payer les frais, fuivant la taxe qui en fera faite par le fieur de la Pierre, Grand-Maître des Eaux & Forêts dudit Département de Bretagne. Fait Sa Majefté très-expreffes inhibitions & défenfes auxdits Suppliants de récidiver fous plus grandes peines. Et fera le préfent Arrêt enregiftré au Greffe de ladite Maîtrife, pour y avoir recours fi befoin eft. FAIT au Confeil d'Etat du Roi, tenu à Verfailles le neuf Mai mil fept cent quarante-un. Signé, DE VOUGNY.

ARREST DU CONSEIL,

QUI ordonne que fans avoir égard à trois Arrêts du Parlement de Befançon, que Sa Majefté a caffés & annullés, il fera par les Officiers de la Maîtrife de Dole procédé au Réglement des Bois des Eccléfiaftiques & Communautés de leur reffort.

Du 6 Juin 1741.

SUR la Requête préfentée au Roi en fon Confeil, par le Procureur de Sa Majefté en la Maîtrife Particuliere des Eaux & Forêts de Dole, contenant qu'après avoir donné fon attention fur ce qui concerne la manutention des forêts qui appartiennent à Sa Majefté, il a cru devoir porter fes vues fur ce qui peut concerner la police & les amenagemens des Forêts qui appartiennent aux Communautés & Habitans des Paroilles; que quoique l'exécution de cette formalilité émane directement de l'Ordonnance des Eaux & Forêts du mois d'Août 1669, il a néanmoins été arreté par des Jugemens de la Chambre des Eaux & Forêts du Parlement de Besançon, qui attaquent directement les dispositions de cette Ordonnance, que dans le fait le sieur Desbief son prédécesseur, fit rendre trois Sentences en ladite Maîtrise, les 10, 17 & 31 Octobre 1733, qui ordonnent aux Habitans & Communautés de Molay, Sarcey & Rahon, de remettre au Greffe de ladite Maîtrise les procès-verbaux, & plans figurés de tous leurs bois communaux; que faute de le faire dans huitaine, le Procureur du Roi y feroit procéder par l'Arpenteur de ladite Maîtrise, & à leurs frais, & leur ont interdit de prendre, couper, ni enlever aucun pied d'arbre jusqu'à ce que la visite de leurs bois eût été faite, le plan levé, le procès-verbal dressé, le quart de réserve apposé & le surplus reglé en coupes ordinaires, mais que ces Habitans au lieu de se conformer à ces Sentences, en ont interjetté appel en ladite Chambre des Eaux & Forêts de Besançon, où ils ont obtenus trois Jugemens le 15 Janvier 1734, par lesquels lesdites Sentences ont été mises au néant, émendant le Procureur du Roi a été débouté des conclusions qu'il avoit prises en premiere instance, & il a été ordonné aux Officiers des Justices des lieux de faire exécuter l'Ordonnance de 1669, pour l'exploitation des bois qui appartiennent auxdites Communautés, &c.

LE ROI EN SON CONSEIL, ayant égard à la Requête, sans s'arrêter aux trois Jugemens de la Chambre des Eaux & Forêts du Parlement de Besançon, du même jour 15 Janvier 1734, que Sa Majesté a cassés & annullés, & tout ce qui peut s'en être ensuivi, a ordonné & ordonne que les Sentences de la Maîtrise Particuliere des Eaux & Forêts de Dole, rendues pour raison du fait dont il s'agit, les 10, 17 & 31 Octobre 1733, seront exécutées selon leur forme & teneur; & en conséquence que par l'Arpenteur qui sera à cet effet nommé par le sieur d'Auxy, Grand-Maître des Eaux & Forêts du Département de Bourgogne, Comté de Bourgogne & Alsace, il sera incessamment procédé aux frais & dépens des Communautés Ecclésiastiques & Laïques de la Province de Franche-Comté, à l'arpentage général, & à la levée du plan figuratif des bois qui leur appartiennent, & ensuite par ledit sieur Grand-Maître ou les Officiers de la Maîtrise Particuliere des lieux qu'il pourra commettre, tant au choix, à la distraction & au bornage du quart juste de la totalité desdits bois pour être réservés à prendre dans les endroits où le fonds sera jugé être le plus propre à produire de la futaie, sans que lesdits Ecclésiastiques & Communautés, leurs successeurs ni autres, puissent sous quelque prétexte que ce soit, y faire aucune coupe, si ce n'est en vertu d'Arrêt & Lettres-patentes duement vérifiées conformément à l'Ordonnance des Eaux & Forêts du mois d'Août 1669, qu'au reglement des trois autres quarts desdits bois en coupes ordinaires à l'âge de vingt-cinq ans, qui seront distinguées & désignées par premiere & derniere sur ledit plan, pour le nombre d'arpens dont chacune doit être composée, à l'effet de quoi il en sera dressé procès-verbal pour être avec ledit plan déposé au Greffe de ladite Maîtrise, & que lors desdites coupes, il sera réservé vingt-cinq baliveaux de l'âge du taillis par arpent, de brin & essence de chêne, autant qu'il sera possible, outre tous les anciens & modernes qui y seront. Et sera le présent Arrêt exécuté nonobstant opposition ou autres empéchements généralement quelconques, pour lesquels ne sera différé, & dont si aucuns interviennent Sa Majesté

s'en eft & à fon Confeil réfervée la connoiffance, & icelle interdi:e à toutes
fes Cours & autres Juges. FAIT au Confeil d'Etat du Roi , tenu à Verfailles
le fix Juin mil fept cent quarante-un. *Signé*, DE VOUGNY.

ARREST DU CONSEIL,

QUI ordonne que par les Officiers des Maîtrifes de Rennes &
Villecartier il fera informé & procédé jufqu'à Jugement définitif inclufivement contre les auteurs des incendies arrivés dans
les Forêts de Sa Majefté ; fait défenfes aux Ufageis & Riverains
de mener leurs Beftiaux à demie lieue près des cantons incendiés pendant cinq ans, à peine de 500 livres, &c.

Du 13 Juin 1741.

SUR ce qui a été repréfenté au Roi, par le fieur de la Pierre , Grand-Maître
des Eaux & Forêts du Département de Bretagne , que le feu ayant été mis de
nouveau aux mois d'Avril & Mai 1741 , en différens cantons de la Forêt de
Rennes, &c.

LE ROI EN SON CONSEIL , a ordonné & ordonne que par le fieur de la
Pierre , Grand-Maître des Eaux & Forêts du Département de Bretagne , ou
les Officiers de la Maîtrife particuliere de Rennes, qu'il pourra commettre
à cet effet, il fera inceffamment procédé à la vente & adjudication au plus offrant & dernier enchériffeur, en la maniere accoutumée , des cent foixante-
fept arpens , ou environ de taillis incendiés dans la Forêt de Rennes, &c. Fait
Sa Majefté très-expreffes inhibitions & défenfes à tous ceux qui ont des droits
d'ufage dans les Forêts dépendantes du domaine , fituées dans ladite Province
de Bretagne , & à tous autres de quelque qualité & condition qu'ils foient de
mener ou envoyer , fous quelque prétexte que ce foit pendant cinq ans, à
compter du jour & date des incendies qui arriveront dans lefdites Forêts , leurs
beftiaux pâturer dans les landes & bruyeres , où le feu aura été mis & d'en
approcher plus près d'une demie lieue , à peine de confifcation des beftiaux
qui y feront trouvés, & de cinq cent livres d'amende contre les Propriétaires
defdits beftiaux qui ne pourra être réputée comminatoire & du fouet contre les
Pâtres qui conduiront lefdits beftiaux , ordonne en outre Sa Majefté , qu'à la
requête , pourfuite & diligence du Procureur du Roi en ladite Maîtrife, il
fera inceffamment informé contre les auteurs , complices & adhérans defdits incendies , circonftances & dépendances , pour leur Procès être fait &
parfait par les Officiers de la Maîtrife , jufqu'à Sentence définitive inclufivement , fuivant la rigueur des Ordonnances, fauf l'appel au Confeil. Enjoint
Sa Majefté audit fieur Grand-Maître & aux Officiers des Maîtrifes particulieres des Eaux & Forêts de ladite Province de Bretagne , de tenir chacun
en droit foi , la main à l'exécution du préfent Arrêt , lequel fera enregiftré
aux Greffes defdites Maîtrifes , lû , publié , affiché & fignifié par tout & à qui
il appartiendra & exécuté nonobftant oppofition ou autres empêchemens géné-

ralement quelconques, pour lefquels ne fera différé & dont fi aucuns inter: viennent, Sa Majefté s'en eft & à fon Confeil réfervée la connoiffance & icelle interdite à toutes fes Cours & autres Juges. FAIT au Confeil d'Etat du Roi, tenu à Verfailles le treize Juin mil fept cent quarante un. *Signé*, DE VOUGNY.

ARREST DU CONSEIL,

QUI caffe une Sentence du Bailliage de Thionville & un Arrêt rendu au Parlement de Metz, & ordonne que les conteftations entre le Seigneur & les Habitans du lieu de Saint-Ankange, au fujet du partage de leurs Bois communaux, feront portées devant le Sieur Coulon, Grand-Maître, &c.

Du 20 Juin 1741.

SUR la Requête préfentée au Roi en fon Confeil, par les Habitans & Communauté de Saint-Ankange en la Prévôté de Thionville : contenant que le fieur François-Benoît Durand, Confeiller au Parlement de Metz, Seigneur dudit lieu de Saint-Ankange, s'étant pourvu incompétamment au Bailliage de Thionville, fur une demande en triage, par une requête du 9 Août 1731, il y a furpris une Sentence le 11 Septembre enfuivant, par laquelle il fut fait défenfes de plus à l'avenir vendre, engager, aliéner, ni partager aucuns pacages, prés & autres aifances des Communautés, ni en difpofer autrement que pour la pâture fans l'exprès gré, confentement & permiffion dudit fieur Durand, en lui laiffant fa portion compétente ; fçavoir le triage, ce faifant les difpofitions & abandonnement que les Supplians ont fait à quelques particuliers, d'aucunes defdites prairies ou aifances de la Communauté, ont été déclarés nuls & de nul effet, lefdits Supplians condamnés aux dommages & intérêts réfultans de l'inexécution de l'Arrêt du Parlement de Metz, du 19 Juillet précédent & aux dépens ; cet Arrêt du 19 Juillet 1731, contenoit un Réglement pour le pâturage & le partage des reguains, entre les Seigneurs & les Habitans du reffort dudit Parlement ; lefdits Supplians ne purent obtenir que le 24 Août 1731, l'Ordonnance du fieur Intendant de Metz qui les autorifoit à défendre à ladite demande dudit fieur Durand ; au moyen de quoi il obtint cette Sentence par défaut & ils n'eurent d'autres voyes que l'appel ; mais ledit fieur Durand trouva le moyen à la faveur d'un Arrêt dudit Parlement, que la dame de Givecourt avoit furpris en pareil cas, & que le Confeil a depuis caffé, de les intimider & de les faire départir de leur appel, de forte que par Arrêt du 15 Décembre de la même année 1731, ledit fieur Durand a fait confirmer la Sentence du Baillage de Thionville, & condamner les Supplians en douze livres d'amende & aux dépens, &c.

LE ROI EN SON CONSEIL, ayant égard à la Requête, fans s'arrêter à la Sentence du Baillage de Thionville du 11 Septembre 1731, ni à l'Arrêt du Parlement de Metz du 15 Décembre enfuivant, que Sa Majefté a

caffé

caffés & annullés , & tout ce qui peut s'en être enfuivi, a déchargé & décharge les Supplians des amendes & dépens prononcés contr'eux , par lefdites Sentences & Arrêts , & en conféquence ordonne S. M. que pour raifon des différents & conteftations qui font entre le fieur Durand , Seigneur de Saint-Ankange & lefdits Supplians, au fujet du triage prétendu par ledit fieur Durand, dans les bois , prés , landes & communes dudit lieu de Saint-Ankange , les Parties feront tenues de fe pourvoir & procéder pardevant le fieur Coulon, Grand-Maître des Eaux & Forêts du Département de Metz , jufqu'à jugement définitif inclufivement , fauf l'appel au Confeil , & ce conformément aux articles 2 & 14 du titre de la Jurifdiction , 22 du titre des Grands-Maîtres , 4, 12, 19 & 20 du titre des bois , prés , marais & autres biens appartenans aux Communautés & Habitans , de l'Ordonnance des Eaux & Forêts du mois d'Août 1669 ; condamne Sa Majefté ledit fieur Durand , à rendre & reftituer audit Suppliant le montant des amendes & dépens portés par lefdites Sentences & Arrêts , même les fruits qu'il pourroit avoir perçus en vertu dès Sentences & Arrêts , à dire d'Experts , dont lefdites Parties conviendront , finon qui feront nommés d'office, par ledit fieur Grand-Maître , & fera le préfent Arrêt exécuté non-obftant oppofitions ou autres empêchemens généralement quelconques , pour lefquels ne fera différé & dont fi aucuns interviennent, Sa Majefté s'en eft & à fon Confeil réfervé la connoiffance , & icelle interdit à toutes fes Cours & autres Juges. FAIT au Confeil d'Etat du Roi, tenu à Verfailles le vingt Juin mil fept cent quarante-un. *Signé*, DE VOUGNY,

---

ARREST DU CONSEIL,

QUI caffe une Procédure en première inftance , faite à la Table de Marbre de Paris , pour faits de Chaffe , & renvoye les Parties fe pourvoir en la Maîtrife de Poitiers ; &c.

Du 8 Août 1741.

SUR la Requête préfentée au Roi en fon Confeil, par le Procureur de Sa Majefté en la Maîtrife particuliere des Eaux & Forêts de Poitiers : contenant qu'encore que la connoiffance de tous délits & abus concernans les Eaux & Forêts , pêches , & chaffes , foit attribuée aux Officiers des Maîtrifes, par les art. VII & XIV du tit. de la Jurifdiction de l'Ordonnance des Eaux & Forêts du mois d'Août 1669 , & qu'il foit expreffément fait défenfes à tous Juges, d'en connoître en première inftance , même aux Cours de Parlement; ce qui eft confirmé par plufieurs Arrêts du Confeil, & notamment par celui du 14 Juin 1729 , intervenu fur la Requête du Procureur du Roi en la Maîtrife particulière de Saint-Germain-en-Laye, &c.

Il eft néanmoins arrivé que le Sr Louis de Marconnaye, Seigneur de la Milliere, s'eft pourvu pour fait de Chaffe en 1re inftance, pardevant les Officiers de la Table de Marbre du Palais de Paris, où il a furpris une commiffion en forme de plainte le 4 Mars 1740, qui renvoie pour l'information être faite pardevant

le Lieutenant Général au Bailliage & Siége royal de Lufignan, en vertu de laquelle cet Officier a procédé à l'information dudit fait de Chaffe, le 18 defd. mois & an, fur lefquelles plainte & information, les Officiers de ladite Table de Marbre ont le 17 Août audit an 1740, fur la Requête à eux préfentée par ledit fieur de Marconnaye, décreté de foit affigné les Particuliers y denommés, & ce decret leur a été fignifié le 5 Juillet 1741, avec affignation pour être ouis & interrogés. Comme cette procédure eft directement contraire à la difpofition defdits art. VII & XIV du tit. de la Jurifdiction de ladite Ordonnance de 1669, à celle de l'Edit du mois de Mai 1708, & des Arrêts & Réglemens intervenus en conféquence, & notamment des Arrêts du Confeil ci-deffus énoncés, &c.

LE ROI EN SON CONSEIL, ayant égard à la Requête, fans s'arrêter au decret d'affigné pour être oui, décerné le 17 Août 1740 par les Officiers de la Table de Marbre du Palais à Paris contre les Particuliers y denommés, ni à tout ce qui peut avoir précédé ou fuivi ledit decret, que Sa Majefté a caffé & annullé, a ordonné & ordonne que les art. VII & XIV du tit. de la Jurifdiction de l'Ordonnance des Eaux & Forêts du mois d'Août 1669, enfemble l'Edit du mois de Mai 1708, & les Arrêts du Confeil des 14 Juin 1729, 26 Février & 31 Décembre 1737, feront exécutés felon leur forme & teneur; & en conféquence que pour raifon du fait dont il s'agit, circonftances & dépendances, les Parties feront tenues de fe pourvoir pardevant les Officiers de la Maîtrife particuliere des Eaux & Forêts de Poitiers, pour y procéder fur leurs conteftations jufqu'à Séntence diffinitive inclufivement, fauf l'appel à ladite Table de Marbre; fait Sa Majefté très-expreffes inhibitions & défenfes aufdites Parties de fe pourvoir & procéder en premiere inftance ailleurs qu'en ladite Maîtrife, & par appel qu'en ladite Table de Marbre, à peine de nullité, caffation de procédures, mille livres d'amende, & de tous dépens, dommages & intérêts; & fera le préfent Arrêt fignifié à qui il appartiendra, & exécuté nonobftant oppofitions ou autres empêchemens généralement quelconques, pour lefquels ne fera differé, & dont fi aucuns interviennent, Sa Majefté s'en eft & à fon confeil, réfervé la connoiffance, & icelle interdit à toutes fes Cours & autres Juges. FAIT au Confeil d'Etat du Roi, tenu à Verfailles le huit Août mil fept quarante-un. *Signé*, GUYOT.

ARREST NOTABLE DU CONSEIL,

QUI maintient Nicolas Joliot, Huiffier-Audiencier de la Maîtrife de Befançon, dans le droit & poffeffion de mettre à exécution dans toute l'étendue de ladite Maîtrife, toutes Ordonnances, Sentences, Jugemens, Arrêts & Commiffions, tant des Juges des Eaux & Forêts, que de tous autres Juges, &c.

Du 15 Août 1741.

SUR la Requête préfentée au Roi en fon Confeil, par Nicolas Joliot, Huiffier audiencier en la Maîtrife particulière des Eaux & Forêts de Befançon, contenant que par Edit de création des Huiſſiers audienciers des Maîtriſes du Royaume, du mois d'Août 1692, il leur eſt expreſſément attribué la faculté de mettre à exécution, non-ſeulement les Sentences & Jugemens rendus dans les Siéges des Maîtriſes, mais encore tous Arrêts & Jugemens rendus par tous autres Juges; ſur la foi de cet Edit, les Huiſſiers des Maîtriſes ont joui de ce droit dans toute l'étendue du Royaume, & notamment dans l'étendue de la Province du Comté de Bourgogne ; cependant le Parlement de Beſançon, par Arrêt contradictoire, rendu entre Agnès-Ambroiſe Pinaire, Huiſſier audiencier du Bailliage & Siége préſidial de Beſançon, du 29 Juillet 1737, a fait défenſes au Suppliant de faire aucun exploit de ſignification de Procureur à Procureur, des actes concernant l'inſtruction des procès des Bailliage & Préſidial de Beſançon, à peine d'interdiction & de cent livres d'amende pour chaque contravention, leſquelles peines demeureront encourues de plein droit, du moment des ſignifications faites de pareils actes; & aux dépens. Que les choſes en cet état, il ſe croit bien fondé à reclamer la protection de Sa Majeſté contre cet Arrêt, &c.

LE ROI EN SON CONSEIL, ayant égard à la Requête, ſans s'arrêter à l'Arrêt de Beſançon rendu contradictoirement entre le Suppliant & le nommé Pinaire, Huiſſier audiencier au Bailliage & Siége préſidial de Beſançon le 29 Juillet 1737, que Sa Majeſté a caſſé & annullé, & tout ce qui peut s'en être enſuivi, a ordonné & ordonne que les Edits des mois d'Août 1692 & Décembre 1693, & les Arrêts du Conſeil des 27 Décembre 1729, 4 Septembre 1731, 3 Juin 1732 & 5 Avril 1735, ſeront exécutés ſelon leur forme & teneur; & en conſéquence Sa Majeſté a maintenu & maintient ledit Suppliant dans le droit & poſſeſſion de mettre à exécution, dans toute l'étendue de la Maîtriſe particulière des Eaux & Forêts de Beſançon, où il eſt immatriculé ſeulement toutes Ordonnances, Sentences, Jugemens, Arrêts & Commiſſions, tant des Juges des Eaux & Forêts que de tous autres Juges ; fait Sa Majeſté très-expreſſes inhibitions & défenſes à tous Huiſſiers Sergens & autres, de l'y troubler, à peine de mille livres d'amende, & de tous dépens, dommages & intérêts; & audit ſuppliant de faire aucunes fonctions hors de l'étendue de ladite Maîtriſe, ſous les mêmes peines ; & ſera le préſent Arrêt enregiſtré au Greffe de ladite Maîtriſe, ſignifié à qui il appartiendra, & exécuté nonobſtant oppoſitions ou autres empêchemens généralement quelconques, pour leſquels ne ſera différé, & dont ſi aucuns interviennent, Sa Majeſté s'en eſt & à ſon Conſeil, réſervé la connoiſſance, & icelle interdit à toutes ſes Cours & autres Juges. FAIT au Conſeil d'Etat du Roi, tenu à Verſailles le quinze Août mil ſept cent quarante-un. Signé, GUYOT.

ARREST NOTABLE DU CONSEIL,

QUI fait expresses défenses aux Officiers de la Table de Marbre de Rouen de procéder à la réception d'aucuns Gardes des Eaux & Forêts, Pêches & Chasses, &c.

Du 12 Septembre 1741.

SUR la Requête présentée au Roi en son Conseil, par le Procureur de Sa Majesté; en la Maîtrise particuliere des Eaux & Forêts de Rouen, contenant que l'Abbé, Prieur & Religieux de l'Abbaye de Saint Amand de Rouen, ayant donné des commissions de Gardes-Chasses & Tireurs, dans l'étendue des Fiefs, Terres & Seigneuries dépendantes de ladite Abbaye, aux nommés Louis, Saint Pierre & Daniel Touin; ces derniers se sont pourvus par le ministere de Me Touin, Procureur au Siége de la Table de Marbre de ladite Ville, où ils ont été reçus ausdites fonctions, par deux Jugemens du 5 Juin 1741, à la charge de rendre de bons & fideles Procès-verbaux qu'ils seroient tenus de déposer au Greffe dudit Siége, ce qui oblige le Suppliant de représenter très-humblement à Sa Majesté, que les réceptions desdits Saint Pierre & Touin, au Siége de ladite Table de Marbre, sont nulles & contraires aux articles 7 & 14. du titre de la Jurisdiction, & à l'article 2. du titre des Huissiers Audienciers, & Gardes de l'Ordonnance des Eaux & Forêts du mois d'Août 1669, à l'Edit du mois de Mai 1708, aux Arrêts du Conseil des 22 Octobre 1686, 18 Septembre 1703, 14 Juin 1709, 26 Février & 31 Septembre 1737, par lesquels il est fait très-expresses défenses aux Officiers des Tables de Marbre, de connoître en premiere instance des matieres d'Eaux & Forêts, Pêches & Chasses, & aux Officiers de la Table de Marbre de Rouen, de recevoir aucuns Gardes, si ce n'est dans le cas que les Officiers des Maîtrises auroient refusé de procéder à la réception desdits Gardes, & qu'il y eût appel dudit refus, & que c'est dans ces circonstances qu'il a été conseillé de se pourvoir, &c.

LE ROI EN SON CONSEIL, ayant aucunement égard à la Requête, sans s'arrêter aux Jugemens rendus au Siége de la Table de Marbre de Rouen, le 5 Juin 1741, portant réception des nommés Louis, Saint-Pierre & Daniel Touin, pour faire les fonctions de Gardes-Chasses dans l'étendue des Fiefs, Terres & Seigneuries dépendantes de l'Abbaye de Saint Amand de Rouen, que Sa Majesté a cassés & annullés, a ordonné & ordonne que les articles 7 & 14. du titre de la Jurisdiction, & 2. du titre des Huissiers Audienciers & Gardes de l'Ordonnance des Eaux & Forêts du mois d'Août 1669, ensemble l'Edit du mois de Mai 1708, & les Arrêts du Conseil des 22 Octobre 1686, 18 Septembre 1703, 14 Juin 1729, 26 Février & 31 Septembre 1737, seront exécutés selon leur forme & teneur, & en conséquence, que dans un mois au plus tard, à compter du jour que la signification du présent Arrêt aura été faite, lesdits Saint-Pierre & Touin seront tenus de se pourvoir pardevant les Officiers de la Maîtrise particuliere des Eaux & Forêts de Rouen, pour être reçus, (s'il y a lieu,) dans lesdites fonctions de Garde-Chasses; fait Sa Majesté, très expresses inhibitions & défenses ausdits Officiers de la Table de Marbre, de procéder à la réception des Gardes des Bois, Pêches & Chasses, à peine de nullité; & sera le présent Arrêt signifié à qui il appartiendra, & exécuté nonobstant oppositions ou autres empêchemens généralement quelconques, pour lesquels ne sera différé, & dont si aucuns interviennent, Sa Majesté s'en est, & à son Conseil, réservé la connoissance, & icelle interdit à toutes ses Cours & autres Juges, &c. *Signé*, G U Y O T.

ARREST DU CONSEIL,

QUI casse & annulle toutes les Adjudications de Bois, ci-devant faites à la Feuille, dans le ressort de la Maîtrise de Nevers, & notamment celle faite à Etienne Tenaille l'aîné, les 2 Décembre 1721 & 8 Janvier 1727, par les Habitans & Communautés de Dornecy. Fait défenses audit Tenaille & à tous autres Marchands de se rendre à l'avenir Adjudicataires de pareils Bois, & aux Communautés de faire, sous quelque prétexte que ce soit, de semblables Adjudications, sous peine de 3000 liv. d'amende pour chaque contravention. Ordonne que ledit Tenaille sera remboursé sur les Ordonnances du Grand-Maître sur les deniers provenans des ventes de Bois, après la liquidation des sommes à lui dûes par le Sieur Intendant & Commissaire départi en la Généralité de Moulins.

Du 12 Septembre 1741.

SUR la Requête présentée au Roi en son Conseil par Etienne Tenaille l'aîné, Marchand de Bois à Clamecy, contenant qu'il est obligé de réclamer l'autorité de Sa Majesté, contre une Ordonnance rendue par le sieur Bazoncourt, Grand-Maître des Eaux & Forêts du Département de Poitou le 11 Juillet 1740, par lequel il a cassé & annullé tous marchés & ventes de Bois à la feuille de quelles manières qu'elles aient été faites, par les Communautés & Habitans des Paroisses de Nivernois, notamment par ceux de Dornecy. Cette Ordonnance a pour motif la modicité du prix de ces sortes de ventes, occasionné par la fraude, l'artifice & autres manœuvres. Dans le fait, la Communauté de Dornecy est propriétaire de plusieurs Cantons de bois; elle est ainsi, que toutes celles de la Province de Nivernois & du Morvan, de temps immémorial dans l'usage de vendre ses Bois à la feuille; & pour parvenir à la fraude & la dissipation du prix qui en provient, il est exactement payé entre les mains des Receveurs des Tailles & appliqué au payement de la Taille & autres impositions. En 1721 & 27, les Habitans de cette Communauté firent publier & afficher les coupes ordinaires de leurs Bois après différentes

mifes faites par plufieurs Marchands. Le Suppliant comme plus offrant &
dernier enchérisseurs'en rendit Adjudicataire moyennant trois livres la feuille
par chacun arpent, & ce pardevant le Juge du même lieu, en préfence du
Procureur d'Office, à la réquifition & du confentement des Syndics & Echevins des Habitans fur trois publications & affiches précédées de Procès-verbaux d'affiettes; en un mot les Adjudications qui lui ont été faites, font revêtues de toutes les formalités qu'exige l'Ordonnance des Eaux & Forêts du
mois d'Août 1669, les claufes & charges en font entr'autres chofes de laiffer les branchages & ramages pour le chauffage des Habitans, ce qui diminue d'autant le prix des Bois, de payer chacun an le prix des feuilles entre
les mains du Receveur des Tailles; en outre le fol pour livre, enfemble
les frais des Officiers & ceux faits par les Echevins pour parvenir aufdites
Adjudications, que fur la foi de ces Adjudications il a payé annuellement
le prix des feuilles, il a fait veiller à la confervation de ces Bois, & ne préfu-
mant pas qu'il pût jamais être évincé, il a fait marché avec plufieurs Marchands de Bois pour la fourniture de Paris, il fe difpofoit à les exécuter au
moment que l'Ordonnance dudit fieur Grand-Maître lui a été fignifié, qui
le réduit dans l'impoffibilité de remplir les engagemens, & l'expofe à des
dommages, intérêts capables d'entraîner fa ruine & celle de toute fa famille.
De ce récit fimple il naît une foule de moyens en faveur du Suppliant,
&c.

LE ROI EN SON CONSEIL, fans s'arrêter à la Requête du Suppliant
ni à l'oppofition par lui formée à l'Ordonnance du fieur de Bazoncourt,
Grand-Maître des Eaux & Forêts du Département de Poitou du 12 Juillet
1740, dont Sa Majefté l'a débouté & déboute, a ordonné & ordonne que
ladite Ordonnance fera exécutée felon fa forme & teneur; & en conféquence
Sa Majefté a caffé & annullé, caffe & annulle toutes les Adjudications de
Bois ci-devant faites à la feuille dans le reffort de la Maîtrife particuliere de
Nevers, & notamment celle faite audit Suppliant les 2 Décembre 1721 &
8 Juillet 1727 par les Habitans & Communautés d'Ornecy. Fait Sa Majefté
très-expreffes inhibitions & défenfes audit Suppliant & à tous autres Marchands de fe rendre à l'avenir Adjudicataires de pareils Bois & aux Communautés de faire fous quelque prétexte que ce foit de femblables Adjudications, à peine contre les Adjudicataires & Communautés de 3000 liv.
d'amende pour chaque contravention qui ne pourront être réputées comminatoire & en outre de confifcation des bois qui auront été coupés au préjudice des défenfes portées par le préfent Arrêt. Ordonne en outre Sa Majefté que par le fieur Intendant & Commiffaire départi en la Généralité de
Moulins, il fera inceffamment procédé à la liquidation des fommes avancées
par ledit Suppliant à ladite Communauté d'Ornecy pour raifon du prix des
bois compris aufdites Adjudications, enfemble des intérêts qu'en font dûs
& échus, à compter du 11 Juillet audit an 1740, pour du montant defdites fommes & intérêts, en être ledit Suppliant rembourfé fur les Ordonnances dudit fieur Grand-Maître, tant fur le prix des Bois vendus par les
Officiers de la Juftice dudit lieu de Dornecy au profit de ladite Communauté pour l'ordinaire de la préfente année 1741, que fur les deniers étant
ès mains du Receveur Général des Domaines & Bois de la Généralité de

Moulins provenant du prix de la réserve ci-devant oppofée dans les Bois de ladite Communauté, à ce faire & vuider fes mains defdits deniers en celles dudit Suppliant fera ledit Receveur Général contraint par les voies ordinaires & accoutumées, ce faifant il en demeurera bien & valablement quitte & déchargé, & ce en vertu du préfent Arrêt & fans qu'il en foit befoin d'autre, enjoint Sa Majefté aufdits fieurs Intendant & Grand-Maître, ainfi qu'aux Officiers de ladite Maîtrife de tenir chacun en droit foi la main à l'exécution dudit préfent Arrêt, lequel fera à cet effet enrégiftré au Greffe de ladite Maîtrife, & exécuté, nonobftant oppofition ou autres empêchemens généralement quelconque pour lefquels ne fera différé, & dont fi aucuns interviennent, Sa Majefté s'en eft & à fon Confeil réfervé la connoiffance, & icelle interdit à toutes fes Cours & autres Juges. FAIT au Confeil d'Etat du Roi tenu à Verfailles le 12 Septembre 1741.

ARREST DU CONSEIL,

QUI fait défenfes aux Officiers du Bailliage de Langres & tous autres de troubler à l'avenir ceux de la Maîtrife de Sens dans leurs fonctions, & de prendre connoiffance des Bois des Communautés & Gens de Main-morte, Prés, Pâtis & Communaux, à peine d'interdiction & de 3000 liv. d'amende.

Du 12 Septembre 1741.

SUR la Requête préfentée au Roi en fon Confeil par le Procureur de Sa Majefté en la Maîtrife des Eaux & Forêts de Sens; contenant que les prés & pâtis communaux doivent aux termes des conceffions faites aux Habitans des Paroiffes, refter toujours unis aufdites Communautés, & ne peuvent fuivant l'Edit du mois d'Avril 1676 être aliénés en tout ou en partie, fans permiffion du Roi, que l'exécution de cet Edit fait le principal objet de la Juvion en première Inftance des Officiers des Maîtrifes, en vertu de l'attribution qui leur en a été donnée à l'exclufion de tous autres Juges par l'art. 20 du titre 25 de l'Ordonnance des Eaux & Forêts du mois d'Août 1669 & les Arrêts du Confeil des 16 Mai 1724, 22 Février 1729, 19 Juin 1731 & 29 Mars 1735, qui font défenfes de défricher ni faire défricher aucuns bois ni pâtis communaux; & aux Officiers de Juvions ordinaires d'en prendre connoiffance, &c.

LE ROI EN SON CONSEIL, fans s'arrêter à l'acte en forme de Réglement fait le 18 Juin 1738 par les Officiers du Bailliage de Langres, en ce qui concerne les pâtis & communs des Habitans des Paroiffes fituées dans le reffort dudit Bailliage, que Sa Majefté a caffé & annullé, ainfi que tout ce qui peut s'en être enfuivi, a ordonné & ordonne que l'art. 20 du titre 25 de l'Ordonnance des Eaux & Forêts du mois d'Août 1669, enfemble les Arrêts du Confeil des 16 Mai 1724, 22 Février 1729, 19 Juin 1731, 29 Mars 1735, & notamment celui du 6 Mars 1736 feront exécutés felon leur forme

& teneur, & en conféquence, fait Sa Majefté très-expreffes inhibitions & défenfes aux Officiers dudit Bailliage, & à tous autres de troubler à l'avenir
fous quelque prétexte que ce foit, ceux de la Maîtrife particuliere des Eaux
& Forêts de Sens dans leurs fonctions, & de prendre connoiffance des Bois
des Communautés & Gens de Main-morte, prés, pâtis à peine d'interdiction
& de 3000 liv. d'amende qui ne pourra être réputée comminatoire. Enjoint
Sa Majefté au fieur de la Faluere, Grand-Maître des Eaux & Forêts du Département de Paris, & aux Officiers de ladite Maîtrife de tenir chacun en
droit foi la main à l'exécution du préfent Arrêt, lequel fera à cet effet enrégiftré au Creffe de ladite Maîtrife, lu, publié, affiché & fignifié par-tout
& à qui il appartiendra & exécuté, nonobftant oppofition & autres empêchemens généralement quelconques, & dont fi aucuns interviennent, Sa Majefté s'en eft & à fon Confeil réfervé la connoiffance, & icelle interdit à
toutes fes Cours & autres Juges. FAIT au Confeil d'Etat du Roi tenu à Verfailles le 12 Septembre 1741. *Signé*, DE VOUGNY.

ARREST NOTABLE DU CONSEIL,

QUI fait défenfes au Sieur Marquis des Sales, Engagifte du Domaine de Vaucouleurs, & aux Officiers de la Grurie Royale
de Vaucouleurs, de percevoir à l'avenir aucunes des amendes
qui feront adjugées au Siége de la Maîtrife de Chaumont en
Baffigny, ou en celui de ladite Grurie, pour raifon des délits
qui feront commis dans les Bois fitués dans l'étendue defdites
Maîtrife & Grurie, appartenans aux Eccléfiaftiques & Communautés, & dans ceux dépendans du Domaine de Vaucouleurs,
foit qu'ils foient poffédés par Sa Majefté, foit qu'ils ayent été
cédés à titre d'engagement, &c.

Du 15 Octobre 1741.

VU au Confeil d'Etat du Roi l'Arrêt rendu en icelui le premier Avril 1738,
fur la Requête du Procureur de Sa Majefté en la Maîtrife particuliere des
Eaux & Forêts de Chaumont-en-Baffigny, tendante à ce que pour les caufes y contenues, il plût à Sa Majefté ordonner que l'article 16 du titre 32
de l'Ordonnance des Eaux & Forêts du mois d'Août 1669, fera exécuté
felon fa forme & teneur, tant pour les amendes provenantes de fes Bois
que de celles perçues par fes Officiers pour délits commis dans ceux des Communautés Séculieres & Régulieres, & en conféquence faire défenfes au fieur
Marquis des Salles, Seigneur engagifte du Domaine de Vaucourt & fes dépendances, & à tous autres de s'approprier à l'avenir les amendes qui fe prononceront pour délits commis dans les Bois defdites Communautés ; dont le
recouvrement fera fait par les Collecteurs des amendes de ladite Maîtrife,
& pour l'avoir fait, condamner ledit fieur Marquis des Salles à rendre &
restituer

reftituer le montant de celles qu'il a reçues ; faire auffi défenfe aux Officiers de la Grurie royale de Vaucouleurs de participer à l'avenir dans les amendes, & pour avoir reçu moitié, les condamner outre la reftitution chacun en 1000 liv. d'amende, fauf à Sa Majefté à prononcer plus grande peine s'il y échoit ; par lequel Arrêt Sa Majefté avant faire droit fur ladite Requête, a ordonné qu'elle feroit communiquée, tant audit fieur Marquis des Salles qu'aux Officiers de ladite Grurie de Vaucouleurs, pour y fournir des réponfes dans les délais prefcrits par les Réglemens du Confeil, & être enfuite par Sa Majefté ordonné ce qu'il appartiendroit, &c.

La Requête dudit fieur Marquis des Salles tendante à ce que pour les caufes y mentionnées, il plaife à Sa Majefté, fans avoir égard aux Conclufions du Procureur du Roi en lad. Maîtrife inférées en l'Arrêt du Confeil du premier Avril 1738, ordonner que le Contrat d'engagement du Domaine de Vaucouleurs du 12 Avril 1587, fera exécuté felon fa forme & teneur ; & en conféquence qu'il fera maintenu & gardé dans la poffeffion & jouiffance des amendes & confifcations qui ont été & feront prononcées pendant le cours de la réformation des Bois fitués dans l'étendue de la Prévôté de Vaucouleurs, à laquelle il a été procédé en exécution de l'Arrêt du Confeil du 30 Août 1728, & autres fubféquens, pour raifon des délits commis dans les Bois dont il eft propriétaire à titre d'engagement, ce faifant que dans les Ordonnances qui feront rendues par le fieur de Courtagnon, Grand-Maître des Eaux & Forêts du Département de Champagne, ou par les Officiers qui ont été ou feront par lui commis, il fera dit que les amendes feront payées entre les mains de l'Engagifte ou de fon Receveur : faire défenfes au Collecteur des amendes de ladite Maîtrife, ou autres de s'immifcer à l'avenir dans la perception defdites amendes, & le condamner à reftituer audit Engagifte celles qu'il a reçues ; les piéces énoncées & jointes à ladite Requête, &c. Oui le rapport, &c.

LE ROI EN SON CONSEIL, faifant droit fur l'Inftance, fans s'arrêter à la Requête ni à la demande du fieur Marquis des Salles, dont Sa Majefté l'a débouté & déboute, a ordonné & ordonne que les articles 5 du titre 22, 16 & 17 du titre 32 de l'Ordonnance des Eaux & Forêts du mois d'Août 1669, feront exécutés felon leur forme & teneur ; & en conféquence fait Sa Majefté très-expreffes inhibitions & défenfes, tant audit Marquis des Salles qu'aux Officiers de la Grurie Royale de Vaucouleurs, de percevoir à l'avenir fous quelque prétexte que ce foit, aucunes des amendes qui feront adjugées au Siége de la Maîtrife particuliere des Eaux & Forêts de Chaumont-en-Baffigny, & en celui de ladite Grurie pour raifon des délits qui feront commis dans les Bois fitués dans l'étendue defdites Maîtrife & Grurie appartenans aux Eccléfiaftiques & Communautés Séculieres & Régulieres, & dans ceux dépendans du Domaine de la Ville & Prévôté de Vaucouleurs, foit qu'ils foient poffédés par Sa Majefté, foit qu'ils aient été cédés à titre d'engagement, à peine de reftitution, 1000 liv. d'amende qui ne pourra être répurée comminatoire, & de tous dépens, dommages & intérêts ; condamne Sa Majefté, tant ledit fieur Marquis des Salles, que les Officiers de ladite Grurie, à rendre & reftituer inceffamment ès mains du Garde général, Collecteur des amendes de fadite Maîtrife, les amendes de cette Géné-

Tome II. K k

ralité qu'ils peuvent avoir perçues depuis trente ans ; à ce faire & vuider leurs mains defdites amendes, feront ledit fieur Marquis des Salles, les Officiers de ladite Grurie contraints à la requête du Procureur du Roi en ladite Maîtrife par les voies ordinaires & accoutumées, comme pour les propres deniers de Sa Majefté, ce faifant ils en feront & demeureront bien & duement quittes & déchargés : & avant faire droit fur le furplus du réquifitoire de l'Infpecteur général du Domaine ; ordonne Sa Majefté que dans un mois au plutard pour toute préfixion & délai, à compter du jour que la fignification du préfent Arrêt aura été faite audit fieur Marquis des Salles, il fera tenu de remettre ès mains du fieur Contrôleur Général des Finances le contrat d'engagement du Domaine de ladite Ville & Prévôté de Vaucouleurs du 12 Août 1587, à l'effet de juftifier de la nature & étendue des droits & Domaines dont le Roi lui a cédé la jouiffance par ledit contrat ; pour fur icelui & le dire de l'Infpecteur Général du Domaine auquel il fera communiqué, être enfuite par Sa Majefté ordonné ce qu'il appartiendra : enjoint Sa Majefté au fieur de Courtagnon, Grand-Maître des Eaux & Forêts du Département de Champagne, & aux Officiers de ladite Maîtrife de tenir chacun en droit foi la main à l'exécution dudit préfent Arrêt, lequel fera à cet effet enrégiftré au Greffe de ladite Maîtrife & Grurie, lu, publié, affiché & fignifié par-tout & à qui il appartiendra, & exécuté nonobftant oppofition ou autres empêchemens généralement quelconques pour lefquels ne fera différé, & dont fi aucuns interviennent, Sa Majefté s'en eft & à fon Confeil réfervé la connoiffance, & icelle interdit à toutes fes Cours & autres Juges. FAIT au Confeil d'Etat du Roi, tenu à Verfailles le dix Octobre mil fept cent quarante-un. *Signé*, GUYOT.

ARREST DU CONSEIL,

QUI caffe & annulle un Jugement de la Table de Marbre de Rouen, qui avoit infirmé une Sentence de la Maîtrife d'Argentan, & interdit le Lieutenant de ladite Maîtrife, fous prétexte qu'il l'avoit rendue, fur un rapport non fignifié, & fur affignation verbale ; de laquelle interdiction Sa Majefté releve ce Lieutenant, & le décharge du *veniat* porté audit Jugement.

Du 19 Décembre 1741.

SUR la Requête préfentée au Roi en fon Confeil, par le fieur le Goux, Lieutenant en la Maitrife particuliere des Eaux & Forêts d'Argenton, & Doyen des Confeillers de l'élection dudit lieu, contenant que le 18 Mai 1741 le nommé Chefnel, Garde de la Forêt de Gouffey, appartenante à Sa Majefté, s'étant tranfporté dans celui des triages de cette Forêt appellée des Naudées, il y trouva le nombre de quarante une bête au maille qui pâturoient & abroutiffoient ce Bois, & qui étoient gardées par fept Pâtres, tous de la Forêt de Crennes, encore bien que les Habitans de cette Paroiffe n'aient aucun droit

d'ufage dans ladite Forêt , que de ces fept Pâtres trois difparurent à l'appro-
che du Garde , & des quatre autres defquels étoit le fils du nommé Croifé,
Delacroix déclarerent leurs noms, que le Garde leur ayant demandé à qui
ces bêtes appartenoient, il lui répondirent que partie étoit à eux & l'autre
partie à des Particuliers de Crennes, que fur cette déclaration ce Garde fe
mit en devoir de faifir lefdits Beftiaux pour les mettre en dépôt, mais qu'étant
feul il en fut empêché par les Pâtres qui les amenerent chez eux, qu'alors ce
Garde leur déclara qu'il les mettoit en leur charge & garde , & leur enjoignit
de la faire bonne & fûre jufqu'à ce que de Juftice il en eût été autrement
ordonné, &c.

LE ROI EN SON CONSEIL, ayant égard à la Requête , a caffé & annullé, caffe & annulle le Jugement de la Table de Marbre du Palais à Rouen,
rendu le 26 Octobre 1741, fur l'appel interjetté à ladite Table de Marbre
par le nommé Croifé Delacroix de la Sentence de la Maîtrife particuliere
d'Argentan du 29 Mai de la même année , & tout ce qui peut avoir été fait
en vertu dudit Jugement ; ce faifant Sa Majefté a évoqué & évoque à elle
en fon Confeil ledit appel & pour y faire droit: Ordonne Sa Majefté que ledit
Delacroix fera tenu de s'y pourvoir & faire juger fon appel dans les délais prefcrits par les Réglemens, finon & à faute de ce faire que ladite Sentence fera
exécutée felon fa forme & teneur, & faifant droit fur le furplus des Conclufions du Suppliant, Sa Majefté l'a relevé & releve de l'interdiction prononcée contre lui par ledit Jugement, & l'a déchargé du *Veniat* y porté, &
fera le préfent Arrêt exécuté nonobftant oppofition, Clameur de Haro, Chartre Normande ou autres empêchemens généralement quelconques, pour lefquels ne fera différé, & dont fi aucuns interviennent, Sa Majefté s'en eft &
à fon Confeil réfervé la connoiffance, & icelle interdit à toutes fes Cours
& autres Juges. FAIT au Confeil d'Etat du Roi tenu à Verfailles le 19 Décembre 1741, *Signé*, EYNARD.

ARREST DU CONSEIL D'ÉTAT DU ROI,

QUI fait défenfes aux Juges de la Pairie de Saint Aignan , de
permettre la coupe d'aucunes Futayes, Baliveaux fur Taillis, ou
Arbres épars, à quelques perfonnes & fous quelque prétexte
que ce foit, à peine d'amende arbitraire, & de tous dépens,
dommages & intérêts.

Du 16 Décembre 1741.

Extrait des Regiftres du Confeil d'Etat.

SUR la Requête préfentée au Roi en fon Confeil, par le Procureur de Sa
Majefté en la Maîtrife particuliere des Eaux & Forêts de Blois, contenant,
qu'ayant été informé que différens Seigneurs & Particuliers abattoient &
faifoient abattre journellement fur ceux de leurs Domaines fis dans l'étendue de cette Maîtrife, des futaies, baliveaux fur taillis & arbres épars, fans

au préalable avoir observé aucune des formalités prescrites par l'Ordonnance des Eaux & Forêts du mois d'Août 1669, & les Arrêts du Conseil des 21 Septembre 1700, 6 Septembre 1723 & 2 Décembre 1738. Les Officiers de cette même Maîtrise sur son réquisitoire, se transporterent les 15 & 18 Mai 1741 dans les Bois appartenans aux nommés Chabault & Ricard, & au sieur du Goury, Seigneur de la Terre appellée les Echevées, où étant, ils reconnurent qu'il avoit été coupé tout récemment, &c.

Que ces Officiers instruits comme le Suppliant, que presque tous les Sei- & Particuliers qui possédent des Bois dans cette Maîtrise, coupent indistinctement & depuis long-tems, tous les arbres qu'ils jugent à propos, sans observer d'en faire leurs déclarations six mois auparavant au Greffe de ladite Maîtrise, ou d'en demander dans le même délai, la permission au Conseil; & voulant rémédier à cet abus, d'autant plus préjudiciable au bien de l'Etat, qu'il est peu de Maîtrise dans ce Royaume, ou comme dans celle de Blois, il se trouve plus d'arbres propres au service de la Marine, dresserent leurs Procès-verbaux des délits commis par lesdits Chabault & Ricard, & par ledit sieur du Goury; que ces Procès-verbaux ayant été déposés au Greffe de ladite Maîtrise, il requit sur la communication qu'il en prit, que ledit sieur de Goury & lesdits Chabault & Ricard y fussent assignés, pour s'y voir condamner chacun en 3000 liv. d'amende envers Sa Majesté, & en la confiscation desdits arbres, conformément ausdits Réglemens, sur quoi il est intervenu le 20 Mai audit an 1741, trois Sentences conformes à ses Conclusions; que ces Sentences rendues il les fit signifier audit sieur du Goury & ausdits Chabault & Ricard, avec assignation pour répondre aux Conclusions qu'il entendoit prendre contre eux; que ledit sieur du Goury étant comparu à l'échéance de l'assignation par le ministere de Buisson son Procureur, il demanda d'être renvoyé de l'assignation à lui donnée, fondé sur ce qu'il avoit été en droit de disposer des arbres en question, au moyen de la disposition qui lui en avoit été donnée par les Officiers de la Duché Pairie de Saint-Aignan, & exhiba alors cette permission; mais ledit Suppliant en ayant pris communication, il est intervenu sur son réquisitoire le premier Juillet audit an 1741 une Sentence, par laquelle il a été ordonné que ladite permission seroit & demeureroit déposée au Greffe de ladite Maîtrise; & cependant, que ledit sieur du Goury seroit tenu de fournir ses moyens de défenses, tant contre le Procès-verbal du 18 Mai de ladite année, que contre les Conclusions que ledit Suppliant jugeroit à propos de prendre dans la suite; que la cause ayant été continuée au huit dudit mois, il lui fut signifié le 7 un acte d'intervention au nom du sieur Duval, Procureur Ducal de la Duché-Pairie de Saint-Aignan, lequel fit aussi comparoître à l'Audience le lendemain huit, ledit Buisson, par le ministere duquel ladite intervention avoit été faite pour revendiquer la cause, non-seulement dudit sieur du Goury, & celles desdits Chabault & Ricard, mais encore des autres Particuliers qui avoient été, ou pû être assignés en ladite Maîtrise, pour raison d'arbres par eux coupés, & cela fondé sur ce que ledit sieur du Goury & ces Particuliers, étant justiciables de la Maîtrise dudit lieu de Saint-Aignan, ils n'avoient pu être introduits dans une autre Jurisdiction; mais que cette intervention ayent été trouvée, & au fond & dans la forme insoutenable, les Officiers de ladite Maîtrife de Blois rendirent le 8 du même mois de Juillet une troifiéme Sentence, portant que fans avoir égard à ladite intervention dont ledit fieur Duc de Saint-Aignan eft débouté, les Parties feroient tenues de procéder au Siége de ladite Maîtrife, conformément à la Sentence du premier dudit mois de Juillet; que les chofes étoient en cet état, lorfque le 13 Juillet dernier, ledit fieur Duval, fous le nom dudit fieur Duc de Saint-Aignan, pour fe perpétuer dans la connoiffance d'une Jurifdiction, qui aux termes de l'Ordonnance de 1669 n'appartient qu'au Roi feul & aux Officiers établis par Sa Majefté, a fait fignifier audit Suppliant un acte, par lequel il fe porte Appellant de la Sentence de ladite Maîtrife du huit du même mois, & protefte de tous dépens, dommages & intérêts contre lui, au cas qu'il foit paffé outre, déclarant au furplus qu'il n'entend point revendiquer les inftances qui peuvent être pendantes au Siége de ladite Maîtrife, contre les Communautés & Gens de Main-morte; repréfente très-humblement ledit Suppliant, &c.

LE ROI EN SON CONSEIL, ayant égard à la Requête du Suppliant, fans s'arrêter à l'appel interjetté le 13 Juillet 1741 par le fieur Duval, Procureur Ducal de la Duché-Pairie de Saint-Aignan, fous le nom du fieur Duc de Saint-Aignan, de la Sentence de la Maîtrife particuliere des Eaux & Forêts de Blois du 8 du même mois, ni à tout ce qui peut avoir été fait en exécution dudit appel, a ordonné & ordonne, que ladite Sentence fera exécutée felon fa forme & teneur; en conféquence, que le fieur du Goury, les nommés Chabault, Ricard & tous autres qui ont été & feront affignés en ladite Maîtrife, pour raifon des futaies, baliveaux fur taillis, ou arbres épars par eux coupés fans permiffion du Confeil, ou fans en avoir fix mois auparavant fait leur déclaration au Greffe de ladite Maîtrife, feront tenus de procéder en la Maîtrife, jufqu'à Sentence définitive inclufivement, fauf l'appel au Siége de la Table de Marbre. Fait Sa Majefté très-expreffes inhibitions & défenfes aux Juges de la Duché-Pairie de Saint-Aignan, de permettre à l'avenir la coupe d'aucune futaie, baliveaux fur taillis, ou arbres épars à quelque perfonne & fous quelque prétexte que ce foit, à peine d'amende arbitraire & de tous dépens, dommages & intérêts. Enjoint Sa Majefté au fieur de Grand-Bourg, Grand-Maître des Eaux & Forêts du Département de Blois & Berry, & aux Officiers de ladite Maîtrife de tenir chacun en droit foi, la main à l'exécution du préfent Arrêt, lequel fera enrégiftré au Greffe de ladite Maîtrife, & en celui de la Juftice dudit Duché-Pairie de Saint-Aignan, & exécuté nonobftant oppofition ou autres empêchemens généralement quelconques, pour lefquels ne fera différé, & dont fi aucuns interviennent, Sa Majefté s'en eft & à fon Confeil réfervé la connoiffance, & icelle interdit à toutes fes Cours & autres Juges. FAIT au Confeil d'Etat du Roi, tenu à Verfailles le vingt fixiéme jour du mois de Décembre mil fept cent quarante-un. Collationné. *Signé*, EYNARD.

ARREST DU CONSEIL,

QUI ordonne aux Maires, Confuls, Echevins, Notables, Syndics & Tréforiers des Villes, Bourgs, Villages & Paroiſſes fituées dans l'étendue de deux lieues des Forêts de Sa Majeſté, de chaſſer de leur Confulat les Particuliers condamnés en l'amende pour délits commis dans les Forêts, à peine contr'eux & contre ceux qui les retireront de 300 liv. d'amende, & de demeurer reſponſables des condamnations.

Du 23 Janvier 1742.

LE ROI EN SON CONSEIL, a ordonné & ordonne que l'Arrêt du Conſeil du 11 Octobre 1723, ſera exécuté ſelon ſa forme & teneur; & en conſéquence que les Maires, Confuls, Echevins, Notables, Syndics & Tréforiers des Villes, Bourgs, Villages & Paroiſſes fituées dans l'étendue de deux lieues des Forêts de Sa Majeſté, ſeront tenus de chaſſer les condamnés hors l'étendue deſdites Villes, Bourgs, Villages & Paroiſſes, fitôt qu'ils leurs auront été dénoncés à la requête du Procureur du Roi en chacune des Maîtriſes particulieres des Eaux & Forêts & toutes les fois qu'ils y reviendront, à peine contre leſdits Maires, Confuls, Echevins, Notables, Syndics & Tréforiers, & ceux qui les retireront dans la diſtance de deux lieues deſdites Forêts de 300 liv. d'amende qui ne pourra être réputée comminatoire dont ils feront & demeureront folidairement reſponſables, comme auſſi de toutes les amendes & reſtitutions qui auront été prononcées contre les Délinquans & de tous les délits qu'ils commettront dans leſdites Forêts. Enjoint Sa Majeſté aux ſieurs Grands-Maîtres des Eaux & Forêts & aux Officiers deſdites Maîtriſes de tenir chacun en droit ſoi la main à l'exécution du préſent Arrêt, lequel ſera enrégiſtré aux Greffes deſdites Maîtriſes, lu, publié, affiché, figniſé par-tout & à qui il appartiendra, & exécuté nonobſtant oppoſition, Clameur de Haro, Chartre Normande ou autres empéchemens généralement quelconques, & dont ſi aucuns interviennent, Sa Majeſté s'en eſt & à ſon Conſeil réſervé la connoiſſance, & icelle interdit à toutes ſes Cours & autres Juges. FAIT au Conſeil d'Etat du Roi, tenu à Verſailles, le 23 Janvier 1742. Signé, PHELYPEAUX.

ARREST NOTABLE DU CONSEIL,

QUI caffe un Arrêt de la Cour des Aydes de Paris, par lequel elle avoit retenu la connoiffance d'un délit commis dans les Bois de la Seigneurie de Dorbault, faifie réellement de l'autorité de ladite Cour, & commis le Préfident de l'Election de Tours pour informer, &c.

Du 30 Janvier 1742.

SUR la Requête préfentée au Roi en fon Confeil par le Procureur de Sa Majefté en la Maîtrife particuliere des Eaux & Forêts de Tours, contenant, qu'encore bien que par l'article premier du titre de la Jurifdiction de l'Ordonnance de 1669, il foit dit que les Juges établis pour le fait des Eaux & Forêts connoîtront, tant au Civil qu'au Criminel de tous différents qui appartiennent à la matière des Eaux & Forêts, entre quelques perfonnes & pour quelques caufes quelles aient été intentées, & que l'article 9 du même titre porte expreffément que la compétence des Juges ne fe réglera point fur le fait des Eaux & Forêts par le domicile du Défendeur, ni par aucun privilége de caufes commifes, ou quelqu'autre que ce foit, que même les articles 11 & 13 du même titre, leur attribuant privativement à tous autres Juges la connoiffance des abus, délits & malverfations commis dans les Bois de leur reffort, & que par l'article 14 dudit titre, il foit défendu à tous Juges; même aux Cours Supérieures d'en connoître en première Inftance, & à tous Particuliers de s'y pourvoir, à peine de nullité de ce qui fera fait & d'amende arbitraire contre les Parties; que par l'Arrêt du Confeil du 21 Août 1691, pareilles défenfes aient été faites à tous Juges, & aux Parties de fe pourvoir pardevant d'autres Juges que ceux des Maîtrifes particulieres, à peine de 1000 liv. d'amende pour chaque contravention; & que par l'Edit du mois de Mai 1708 & l'Arrêt du Confeil du 14 Juin 1729 rendu en conformité de cet Edit, pareilles défenfes aient été faites à tous Juges & aux Procureurs des Cours Supérieures de s'y pourvoir, à peine de nullité des Procédures & de 100 liv. d'amende contre ceux defdits Procureurs qui auroient occuppé dans de femblables Inftances; néanmoins le fieur Laiguiller, Fermier judiciaire de la Terre de Dalbault, faifie réellement fur le fieur Treby pere, laquelle eft fituée dans la Paroiffe de Samblançay du reffort de ladite Maîtrife de Tours, s'eft pourvu pour raifon de délits, malverfations & dégradations prétendues commifes dans les Bois dépendans de ladite Terre de Dolbault, en la Cour des Aydes de Paris, où la faifie réelle de ladite Terre eft pendante; enlaquelle Cour ledit fieur Laiguiller a obtenu Arrêt le 25 Novembre 1740, qui commet le Préfident de l'Election de Tours pour informer des faits concernans la matière des Eaux & Forêts, pour les charges & informations rapportées, être ordonné ce que de raifon; qu'en conféquence de cet Arrêt; le Préfident de ladite Election a informé & informe actuellement, &c.

LE ROI EN SON CONSEIL, ayant aucunement égard à la Requête, sans s'arrêter à l'Arrêt de la Cour des Aydes de Paris, rendu le 25 Novembre 1740 sur la Requête de Claude-Louis Leguiller, Fermier judiciaire de la Terre & Seigneurie de Dolbault, ni à tout ce qui peut avoir été fait en conséquence dudit Arrêt, que Sa Majesté a cassé & annullé, a évoqué & évoque à soi & à son Conseil la plainte portée par ledit Leguillier à ladite Cour des Aydes pour raison des délits par lui prétendus avoir été commis dans les Bois dépendans de ladite Terre & Seigneurie, & pour faire droit sur ladite plainte, circonstances & dépendances; Sa Majesté a renvoyé & renvoie ledit Leguillier pardevant les Officiers de ladite Maîtrise particuliere des Eaux & Forêts de Tours, pour y procéder en première Instance, jusqu'à Sentence définitive inclusivement, sauf l'appel en la manière accoutumée. Fait Sa Majesté très-expresses inhibitions & défenses audit Leguiller de se pourvoir en première Instance à l'occasion des délits dont il s'agit ailleurs que pardevant les Officiers de ladite Maîtrise, à peine de nullité, cassation des Procédures, 1000 liv. d'amende, & de tous dépens, dommages & intérêts, & sera le présent Arrêt signifié à qui il appartiendra, & exécuté nonobstant opposition ou autres empêchemens généralement quelconques, pour lesquels ne sera différé, & dont si aucuns interviennent, Sa Majesté s'en est & a son Conseil réservé la connoissance, & icelle interdit à toutes ses Cours & autres Juges. FAIT au Conseil d'Etat du Roi, tenu à Versailles le 30 Janvier 1742. *Signé*, ...

ARRESTS DU CONSEIL D'ÉTAT DU ROI,

QUI fait défenses au Gruyer de Mangienne, & à tous autres Juges de Seigneurs, tant Ecclésiastiques que Laïques, de prendre connoissance des usages, délits, abus & malversations qui se commettent sur les Eaux & Forêts des Prélats, & autres Ecclésiastiques, Chapitres & Communautés Régulières, Séculières & Laïques du Royaume, & de troubler les Officiers des Maîtrises dans leur Jurisdiction, telle qu'elle leur est attribuée par l'Ordonnance de 1669, & les Déclarations du Roi des 8 Janvier 1715 & 9 Août 1723, à peine de mille livres d'amende, & de tous dépens, dommages & intérêts.

Du 20 Février 1742.

Extrait des Registres du Conseil d'Etat.

SUR la Requête présentée au Roi en son Conseil par les Habitans & Communauté d'Azannes, Diocèse de Verdun, contenant que le deux Août mil sept cent trente six les Officiers de la Gruerie de Mangienne se transporterent dans les bois de ladite Communauté, & dressèrent procès-verbal

portant

portant entr'autres chofes, qu'il avoit été coupé, depuis le mois de Mars précédent, dans le canton appellé au-deffous du moulin à vent de Roumagne,
la quantité de quatre-vingt-douze pieds d'arbres de différentes effences & de
groffeur, depuis trois jufqu'à dix-huit pouces, & qu'ils avoient reconnu que
les affiettes des coupes ordinaires, n'étoient pas bien nétoyés ; qu'en conféquence de ce procès-verbal ils ont été affignés par devant les Officiers
de ladite Gruerie, fur quoi eft intervenue Sentence par défaut le 21 Août
audit an 1736, par laquelle ils ont été condamnés en cinquante livres d'a-
mende envers le Fifc dudit Mangienne, & en pareille fomme de dommages &
intérêts au profit de la Fabrique dudit lieu d'Azannes & aux dépens, liquidés
à quarante-deux livres quatre fols, pour raifon des délits mentionnés audit
procès-verbal, & leur enjoint de vuider les bois exploités & ceux qu'ils
exploiteroient à l'avenir dans les fix femaines après la coupe, conformément à l'Ordonnance des Eaux & Forêts du mois d'Août 1669. Que le 24
Août 1741 les Officiers de ladite Gruerie fe font tranfportés de nouveau dans
lefdits bois, & ont dreffé leur procès-verbal duquel il réfulte qu'ils ont
trouvé dans les coupes ordinaires des bois de ladite Communauté, exploitées
en l'année 1740, cinq tas de bois façonnés en bois de chauffage, qui n'avoient
pas encore alors été enlevés, & qu'il avoit été coupé en délit dans le canton
appellé le Bochet, la quantité de vingt-neuf pieds d'arbres de différentes effences,
dont les houpies étoient reftées fur la place, fur lequel procès-verbal lefdits
Officiers ont rendu une feconde Sentence par défaut le 19 Septembre audit
an 1741, par laquelle ils ont condamné lefdits Supplians en cinquante livres
damende envers ledit fifc, & en pareille fomme de dommages & intérêts au
profit de ladite Fabrique, & aux dépens liquidés à vingt-huit livres un fol
neuf deniers ; que les chofes en cet état, ils fe trouvent obligés de repréfenter très-humblement à Sa Majefté que les Officiers de ladite Gruerie, en
faifant leurs vifites dans lefdits bois, & prononçant ainfi des condamnations
contr'eux, ont formellement contrevenu à l'Ordonnance des Eaux & Forêts
du mois d'Août 1669, & à la Déclaration du Roi du 8 Janvier 1715, &c.

LE ROI EN SON CONSEIL, ayant égard à la requête fans
s'arrêter aux Sentences rendues par les Officiers de la Gruerie Seigneuriale de
Mangienne, les 21 Août 1736 & 19 Septembre 1741, contre les Supplians,
que Sa Majefté a caffées & annullées, ainfi que tout ce que qui peut s'en être
enfuivi, a ordonné & ordonne que l'Ordonnance des Eaux & Forêts du
mois d'Août 1669, & les Déclarations du Roi des 8 Janvier 1715 & 9
Août 1723, enfemble les Arrêts & Reglemens intervenus depuis, feront
exécutés felon leur forme & teneur; en conféquence que les Officiers des
Maîtrifes Royales exerceront fur les Eaux & Forêts des Prélats & des autres
Ecclefiaftiques, Chapitres & Communautés Régulieres, Séculieres & Laïques
du Royaume, la même Jurifdiction que celle qu'ils excercent fur les bois
de Sa Majefté, en ce qui concerne le fait des ufages, délits, abus & malverfations qui s'y commettent, fans qu'il foit befoin qu'ils ayent prévenu,
ni qu'ils en ayent été requis, encore bien que les délits n'ayent pas été
commis par les propriétaires des bois. Fait Sa Majefté très-expreffes inhibitions & défenfes au Gruyer de ladite Greurie de Mangienne, & à tous autres Juges de Seigneurs, tant Ecclefiaftiques que Laïques, de prendre con-

noissance à l'avenir desdits usages, délits, abus, malversations, & de troubler les Officiers desdites Maîtrises dans l'exercice de leur Jurisdiction, telle qu'elle leur est attribuée par lesdites Ordonnances, Déclarations, Arrêts & Reglemens, à peine de mille livres d'amende, & de tous dépens, dommages & intérêts. Condamne Sa Majesté, les Officiers de ladite Gruerie à rendre & restituer aux Supplians les cent livres d'amende, & les soixante-dix livres cinq sols neuf deniers de dépens prononcés contr'eux par lesdites Sentences, au payement desquelles dites sommes de cent livres d'une part, & de 70 liv. 5 s. 9 den. d'autre part, les Officiers de ladite Gruerie seront contraints par les voies ordinaires & accoutumées comme pour les propres deniers & affaires de Sa Majesté, ce faisant, ils en seront & demeureront bien & valablement quittes & déchargés, sauf néanmoins au Procureur du Roi de la Maîtrise Particuliere des Eaux & Forêts des lieux, à poursuivre lesdits Supplians, s'il y a lieu, pour raison des délits, abus & malversations qu'ils peuvent avoir commis dans leurs bois, ainsi qu'il appartiendra. Enjoint Sa Majesté au sieur Coulon, Grand-Maître des Eaux & Forêts du Département de Metz, & aux Officiers de ladite Maîtrise, de tenir chacun en droit soi la main à l'exécution du présent Arrêt, lequel sera enregistré au Greffe de ladite Maîtrise, lû, publié & signifié par-tout & à qui il appartiendra, & exécuté nonobstant oppositions, ou autres empêchemens généralement quelconques, pour lesquels ne sera différé, & dont si aucuns interviennent, Sa Majesté s'en est & à son Conseil reservé la connoissance, & icelle interdit à toutes ses Cours & autres Juges. FAIT au Conseil d'Etat du Roi, tenu à Versailles le vingtiéme Février mil sept cent quarante-deux. Collationné. *Signé*, DE VOUGNY.

ARREST NOTABLE DU CONSEIL,

QUI confirme une Sentence rendue en la Maîtrise de Saint-Germain-en-Laye, contre un particulier de Versailles, pour des Bois de délit trouvés en sa maison, & qu'il avoit achetés de Particuliers inconnus au marché public.

Du 3 Avril 1742.

SUR la Requête présentée au Roi en son Conseil par Jacques Tasset, Portier des Ecuries de Monsieur le Duc d'Orléans, contenant que le 12 Février 1740, le sieur de Paige, Commissaire de Police à Versailles, s'étant transporté dans une Maison qu'il occupe rue des Bourdonnois, où pend pour enseigne le cerceau d'or, il y trouva huit pieds d'arbres, essence de chêne, de huit, dix, quinze & dix-huit pieds de haut, sur cinq à six pouces de corsage, avec quatre perches de deux pieds de haut ou environ; que sur la déclaration qui lui fut faite par la femme du nommé Raban, locataire de ladite maison, que les bois appartenoient au Suppliant, cet Officier en a dressé procès-verbal qui lui a été signifié le 27 Avril en suivant, avec assignation à comparoir en la Maîtrise Particuliere des Eaux & Forêts de Saint-Germain-en-Laye. Comparu à l'Audience, il a déclaré les avoir achetés de particuliers à lui inconnus, & qu'ils provenoient de ceux des Céleſtins de Paris; ſur quoi eſt intervenue Sentence en ladite Maîtriſe le deux Mai audit an 1740, par laquelle il été condamné en cinquante-ſix d'amende envers Sa Majeſté, & en pareille ſomme de reſtitution au profit deſdits Céleſtins; ce qui l'oblige de repréſenter très-humblement à Sa Majeſté qu'il eſt infiniment plus malheureux que coupable, en ce que ces bois ſe vendoient publiquement à Verſailles ſans aucun empéchement; que s'il avoit ſçu que leſdits Particuliers n'euſſent pas été en droit de les vendre, il ne les auroit pas achetés; qu'il eſpere que Sa Majeſté, vû ſon innocence, aura la bonté de le décharger des condamnations d'amendes & reſtitutions prononcées contre lui par ladite Sentence, & que c'eſt dans ces circonſtances qu'il a été conſeillé de ſe pourvoir, &c.

LE ROI EN SON CONSEIL, ſans s'arrêter à la Requête ni à la demande du Suppliant, dont Sa Majeſté l'a débouté & déboute, a ordonné & ordonne que la Sentence de la Maîtriſe particuliere des Eaux & Forêts de Saint Germain-en-Laye, rendue pour raiſon du ſait dont il s'agit, le 2 Mai 1740, ſera exécutée ſelon ſa forme & teneur. Sera le préſent Arrêt enrégiſtré au Greffe de ladite Maîtriſe, pour y avoir recours ſi beſoin eſt. FAIT au Conſeil d'Etat du Roi, tenu à Verſailles le trois Avril mil ſept cent quarante-deux. Signé, DE VOUGNY.

DÉCLARATION DU ROI,

QUI ordonne que les Juges Gruyers de la Province de Bretagne ſeront tenus de ſe faire recevoir & de prêter ſerment par devant le Maître particulier de la Maîtriſe Royale la plus prochaine,

Donnée à Verſailles le 9 Mai 1742.

Regiſtrée en Parlement le 8 Juillet 1742.

LOUIS, par la grace de Dieu, Roi de France & de Navarre; A tous ceux qui ces Preſentes Lettres verront, SALUT. Par la Déclaration du 15 Avril 1710, le feu Roi notre très honoré Seigneur & Biſayeul, jugea à propos de réunir les Offices de Juges-Gruyers, créés par l'Edit du mois de Mars 1707, aux Juſtices Seigneuriales de notre Province de Bretagne, voulant que les fonctions en fuſſent remplies par les Officiers de ces Juſtices, ou par tels autres que les propriétaires voudroient choiſir, en prêtant par eux au Siége le plus prochain de nos Maîtriſes particulieres, le ſerment en tel cas requis & accoutumé, ſi ce n'eſt lorſqu'ils commettroient leurs anciens Juges, leſquels ne ſeroient tenus de prêter un nouveau ſerment; depuis laquelle Déclaration le feu Roi en auroit donné une nouvelle le 8 Janvier 1715, par laquelle il auroit ordonné que l'appel des Sentences des Juges-Gruyers ſeroit relevé directement aux Tables de Marbre, enſorte que celle de Bretagne ayant été réunie à notre Parlement de Rennes, on a prétendu que les Juges

L l ij

des Hauts-Justiciers, qui exercent aussi la fonction de Gruyers, étoient obligés de se faire recevoir en cette Cour, ce qui auroit donné lieu de nous faire différentes représentations, les uns soutenant que l'exception portée par la Déclaration de l'année 1710, en faveur des Juges ordinaires, à qui les Seigneurs Hauts-Justiciers auroient confié aussi la fonction de Juge-Gruyer, devoit avoir lieu, même pour ceux qui avoient été pourvûs postérieurement à cette Déclaration, & les autres prétendant, au contraire, que la grace accordée aux Juges des Justices Seigneuriales par la Déclaration du 15 Avril 1710, ne regardoit que ceux qui étoient alors en possession de leurs Offices, attendu que dans les loix semblables la dispense de prestation d'un nouveau serment est toujours restrainte aux premiers pourvûs, & qu'ainsi les Officiers des Seigneurs qui avoient été revêtus de l'Office de Juge-Gruyer, depuis cette Déclaration, étoient tenus de prêter un double serment, l'un aux Sénéchaussées Royales, comme Juges Seigneuriaux ordinaires, l'autre en qualité de Juges-Gruyers devant les Juges établis pour connoître des matieres des Eaux & Forêts, & comme il est nécessaire de faire cesser le doute qui s'est formé à cet égard, & qui a donné lieu de prétendre que les Sentences rendues par les Juges-Gruyers des Seigneurs, qui n'avoient été reçus que dans les Sénéchaussées Royales, étoient nulles par le défaut de pouvoir, Nous avons résolu d'expliquer nos intentions sur ce sujet de la maniere la plus conforme à l'esprit des Ordonnances, Edits & Déclarations qui concernent la Jurisdiction des Eaux & Forêts, & en même-temps la moins onéreuse aux pourvus des Offices de Juges-Gruyers réunis aux Justices Seigneuriales de notre Province de Bretagne, qui seroient exposés à de trop grands frais s'ils étoient obligés de se faire recevoir en notre Parlement de Rennes, auquel la Table de Marbre est à présent réunie. A CES CAUSES, & autres à ce Nous mouvantes, de notre certaine science, pleine puissance & autorité Royale, Nous avons par ces Présentes, signées de notre main, dit, déclaré & ordonné, disons, déclarons & ordonnons, voulons & nous plaît, que les Juges-Gruyers d'ancienne ou de nouvelle création, dont les Offices ont été réunis aux Justices des Seigneurs Ecclésiastiques ou Laïques de notre Province de Bretagne, soient tenus de se faire recevoir & de prêter le serment en ladite qualité de Juges-Gruyers pardevant le Maître Particulier de la Maîtrise Royale la plus prochaine du Siége & lieu de l'exercice de leur Jurisdiction, ce qui aura lieu sans aucune distinction, & soit que lesdits Juges-Gruyers soient en même-temps Juges ordinaires desdits Seigneurs, ou qu'ils ne soient pourvus que de l'Office de Juge-Gruyer, le tout à peine de nullité des Jugemens, qui seroient par eux rendus, & néanmoins par grace, & sans tirer à conséquence, avons validé & validons les Procédures, Ordonnances & Sentences par eux ci-devant faites ou rendues, en cas qu'il ne s'y trouve pas d'autres nullités ou contraventions à nos Ordonnances, Edits, ou Déclarations, & que lesdites Procédures, ou Ordonnances & Sentences ne soient attaquées, que par le défaut de pouvoir suffisant. SI DONNONS EN MANDEMENT, à nos amés & féaux les Gens tenans notre Cour de Parlement de Bretagne, que ces Présentes ils ayent à enregistrer, & le contenu en icelles garder & observer selon sa forme & teneur : CAR tel est notre plaisir. En témoin de quoi Nous avons fait mettre notre Scel. Donné à

Versailles le neuviéme jour du mois de Mai, l'an de grace mil sept cent quarante deux, & de notre Regne le vingt-septiéme. *Signé*, LOUIS *Et plus bas*, Par le Roi, PHELYPEAUX.

ARREST DU CONSEIL D'ÉTAT DU ROI ;

PORTANT défenses à tous Juges de Seigneurs de prendre connoissance à l'avenir *des coupes d'Arbres de Futaye ou autres délits* qui pourront être commis dans les quarts de Réserves, ni des coupes de Baliveaux sur Taillis ou Arbres épars qui seront faites dans les Bois des Communautés, à peine de demeurer garants & responsables envers Sa Majesté, en leurs propres & privés noms, du montant des amendes ausquelles les Délinquans auroient dû être condamnés.

Du 10 Juillet 1742.

Extrait des Registres du Conseil d'Etat.

SUR la Requête présentée au Roi en son Conseil, par le Procureur de Sa Majesté en la Maîtrise particuliere des Eaux & Forêts de Chaumont en Bassigny, contenant que le Réglement des Bois dépendans de la Communauté de Saint Usage, ayant été fait, le quart en réserve fut établi dans un lieu tellement peuplé de chênes, que le taillis ne pouvoit y croître, n'y ayant, dessous ces chênes, que des ronces & des épines qui avoient été abrouties, de façon que le sieur de Courtagon, Grand-Maître des Eaux & Forêts du Département de Champagne, rendit une Ordonnance, portant que les Habitans de ladite Communauté seroient tenus de receper les cantons de réserve ; que le garde des Bois de l'Abbaye de Clairvaux, faisant sa tournée dans ceux du Département de ladite Communauté, trouva le 19 Juin 1740, dans cette partie recepée dont le rejet étoit âgé de deux ans, le fils de Joseph-Odot Breton, Laboureur audit Saint Usage, qui y gardoit quatre chevaux ou jumens & un poulain, & en fit son rapport le même jour au Greffe de la Justice de Clairvaux, sur lequel le Procureur Fiscal fit assigner ledit Breton, pour se voir condamner à l'amende ; qu'ayant eu avis de cette assignation, il revendiqua la cause, fondé sur l'Ordonnance des Eaux & Forêts du mois d'Août 1669, Arrêts & Reglemens rendus en conséquence, & notoirement sur l'Arrêt du Conseil du cinq Mars mil sept cent trente-sept, qui attribuent aux Officiers des Maîtrises, la connoissance de tous les délits commis dans tous les quarts de réserve, & de ceux de la futaye des coupes ordinaires ; que quoique les Officiers de la Justice de Clairvaux ne dussent pas ignorer la disposition de cet Arrêt, ayant été signifié à leur Greffe, néanmoins sans avoir égard à cette revendication, ils ont condamné ledit Breton par Sentence du 19 Décembre 1740, à cent livres d'amende envers les Seigneurs dudit lieu de Clairvaux. Cette entreprise de leur part oblige le Suppliant de repréfenter très-humblement à Sa Majefté que ce n'eft pas la premiere fois que ces Officiers ont voulu s'approprier la connoif- fance de tous les délits, &c.

LE ROI EN SON CONSEIL, ayant égard à la Requête, fans s'arrêter à la Sentence du Juge de l'Abbaye de Clairvaux, rendue pour raifon du fait dont il s'agit, le 19 Décembre 1740, ni à tout ce qui peut s'en être enfuivi, que Sa Majefté a caffé & annullé, a ordonné & ordonne que la Déclaration du 8 Janvier 1715, enfemble les Arrêts du Confeil des 6 Décembre 1735 & 5 Mars 1737, feront exécutés felon leur forme & teneur ; & en conféquence, que le rapport du Garde des bois de ladite Abbaye, fur lequel ladite Sentence eft intervenue, fera envoyé par le Juge de ladite Abbaye, au Greffe de ladite Maîtrife particuliere des Eaux & Forêts de Chaumont en Baffigny, & ce, dans la huitaine au plus tard, à compter du jour & date de la fignification qui lui fera faite du préfent Arrêt, à la requête du Suppliant, pour, fur ledit rapport & les conclufions dudit Suppliant, être ftatué par les Officiers de ladite Maîtrife, fuivant la rigueur de l'Ordonnance des Eaux & Forêts du mois d'Août 1669. Fait Sa Majefté, très-expreffes inhibitions & défenfes au Juge de ladite Abbaye, & à tous autres Juges des Seigneurs, de prendre connoiffance, à l'avenir, des coupes d'arbres de futaye, ou autres délits qui pourront être commis dans les quarts de réferve, ni des coupes de baliveaux fur taillis ou arbres épars, qui feront faites dans les bois des Communautés, à peine de demeurer garants & refponfables envers Sa Majefté, en leurs propres & privés noms, du montant des amendes aufquelles les Délinquans auroient été condamnés. Et fera le préfent Arrêt enregiftré au Greffe de ladite Maîtrife, lu, publié, affiché, & fignifié par-tout & à qui il appartiendra, & exécuté nonobftant oppofition ou autres empêchemens généralement quelconques, pour lefquels ne fera différé, & dont fi aucuns interviennent, Sa Majefté s'en eft & à fon Confeil réfervé la connoiffance, & icelle interdit à toutes fes Cours & autres Juges. FAIT au Confeil d'Etat du Roi, tenu à Verfailles le dix Juillet mil fept cent quarante-deux, Collationné, Signé, GUYOT,

---

ARREST DU CONSEIL,

QUI exempte les Gardes de la Maîtrife d'Abbeville du droit de Chauffée qui fe leve aux portes de ladite Ville, pour eux, leurs chevaux & les beftiaux trouvés en délit, & confifqués au profit du Roi,

Du 31 Juillet 1742,

LE ROI EN SON CONSEIL, ayant égard à la Requête, a ordonné & ordonne que l'article XIII. du titre des Officiers des Maîtrifes de l'Ordonnance des Eaux & Forêts du mois d'Août 1669, fera exécuté felon fa forme & teneur ; en conféquence Sa Majefté a fait & fait très-expreffes inhibitions & défenfes aux Commis & Prépofés aux portes de la Ville d'Abbeville, pour la perception du droit de chauffée ou travers qui se leve au profit de ladite ville, d'exiger à l'avenir, sous quelque prétexte que ce soit, ledit droit, des Sergens, Gardes des Forêts de Sa Majesté, situées dans le Ressort de la Maîtrise particuliere d'Abbeville, tant pour eux personnellement, lorsqu'ils passeront revêtus de leurs casaques & bandoulieres, pour le service de Sa Majesté, & leurs chevaux, que pour les chevaux & autres bestiaux trouvés en délits, & confisqués au profit de Sa Majesté, que lesdits Gardes conduiront en ladite ville, pour y être vendus en conformité de ladite Ordonnance de 1669, à peine de restitution des sommes qui pourroient, pour raison de ce, avoir été exigées desdits Gardes, & de cent livres d'amende pour chaque contravention aux défenses ci-dessus, qui ne pourra être réputée comminatoire, dont les Mayeurs & Echevins de la ville seront & demeureront garants & responsables en leurs propres & privés noms. Enjoint Sa Majesté au sieur Chauvelin, Intendant & Commissaire departi en la Généralité d'Amiens, & au sieur Bauldry, Grand Maître des Eaux & Forêts du Département de Picardie, de tenir chacun en droit soi, la main à l'exécution du présent Arrêt, lequel sera à cet effet enregistré, tant au Greffe de l'Hôtel de ladite ville qu'en celui de ladite Maîtrise, & exécuté nonobstant oppositions ou empêchemens généralement quelconques, & dont si aucuns interviennent, Sa Majesté s'en est & à son Conseil réservé la connoissance, & icelle interdit à toutes ses Cours & ses autres Juges. FAIT au Conseil d'Etat du Roi, tenu à Versailles le trente-un Juillet mil sept cent quarante-deux. *Signé*, GUYOT.

ARREST NOTABLE DU CONSEIL,

QUI ordonne que les articles II & XIV du titre premier, IV & XX du titre vingt-sept de l'Ordonnance de 1669, seront exécutés selon leur forme & teneur; en conséquence, sans s'arrêter à un Arrêt du Parlement de Paris, &c. les nommés Pluget & Guenin seront tenus de répondre en la Maîtrise de Bar sur-Seine, sur l'assignation donnée à la requête du Procureur du Roi, pour avoir enlevé des terres & gazons sur les communes de la Paroisse de Balnot.

Du 31 Juillet 1742.

SUR la Requête présentée au Roi en son Conseil par le Procureur de Sa Majesté en la Maîtrise particuliere des Eaux & Forêts de Bar-sur-Seine, contenant qu'étant informé que plusieurs Habitans du village de Riccy, & autres lieux circonvoisins du territoire de Balnot, s'ingéroient d'aller détruire & enlever toutes les terres & gazons des communes appartenantes à la Communauté dudit Balnot, situées sur la Montagne des Hardilliers, qui sont les seules ressources de ladite Communauté composée de Vignerons & de Laboureurs, pour le paturage des bestiaux, le Maître Particulier de ladite

Maîtrise accom   é du Suppliant, & fur fon requifitoire, s'eft transporté fur les omm   le 25 Novembre 1741, où il a trouvé différents Parti, u.ie s & (ers qui travailloient à piocher & enlever les terres defdits pâturages na   re de leurs maîtres, pour les transporter dans leurs vignes, & fur des te   ens où ils en faifoient planter de nouvelles, malgré les défenses du Confeil, dont ledit Maître Particulier a dreffé procès-verbal, que ledit Suppliant a fait fignifier le troifiéme Février 1742, aux nommés Thomas Pluget, Officier de Sa Majefté, demeurant à Riccy-Baffec, & à Claude Guenun, Marchand Commiffionnaire de Vin, demeurant à Riccy-Hauterive, avec affignation en ladite Maîtrife, pour répondre aux fins dudit procès-verbal, & fe voir condamner à rétablir les lieux au même état où ils étoient avant leurs entreprifes, & aux amendes, dommages & intérêts à ce cas appartenants ; mais au lieu par ces deux Particuliers de répondre à cette affignation, qui étoit très-réguliere, fentant bien qu'ils ne pouvoient éviter la jufte condamnation qu'ils méritoient, ils ont par acte du 28 dudit mois de Fevrier interjetté appel, tant comme de Juge incompétent qu'autrement, du procès verbal dudit Maître Particulier, & de ce qui pouvoit l'avoir précédé & fuivi; ils ont même le cinquiéme Avril enfuivant furpris au Parlement de Paris un Arrêt qui reçoit leur appel & fait défenfes de paffer outre, & faire pourfuites en exécution dudit procès-verbal, ailleurs qu'en ladite Cour, fous les peines y portées, & cet Arrêt a été fignifié au Maître particulier le 23 dudit mois d'Avril, avec fommation de s'y conformer, ce qui arrête le cours d'une inftruction légitime & fondée fur l'Ordonnance des Eaux & Forêts du mois d'Août mil fix cent foixante-neuf, & les Arrêts du Confeil rendus en conféquence, pour réprimer une entreprife & un abus très-répréhenfible & contraire aux difpofitions de la même Ordonnance, &c.

LE ROI EN SON CONSEIL, ayant égard à la Requête, & fans s'arrêter à l'Arrêt du Parlement de Paris, rendu le 5 Avril 1742, fur l'appel interjetté audit Parlement, par les nommés Thomas Pluget & Claude Guenin, du procès-verbal dreffé par le Maître Particulier de la Maîtrife de Bar-fur-Seine le 25 Novembre 1741, & de l'Affignation à eux donnée en conféquence le 3 Février audit an 1742, ni à tout ce qui peut s'en être enfuivi, a ordonné & ordonne que les articles II. & XIV. du titre de la Jurifdiction, IV. & XX. du titre des bois, prés, marais, landes, pâtis, & autres biens appartenants aux Communautés & Habitans des Paroiffes, de l'Ordonnance des Eaux & Forêts du mois d'Août 1669, & les Reglemens intervenus depuis, notamment les Arrêts du Confeil des 19 Juin 1731, 6 Janvier & 10 Mars 1739, feront exécutés felon leur forme & teneur; ce faifant, que dans un mois au plus tard, à compter du jour & date de la fignification qui fera faite du préfent Arrêt, à la Requête du Suppliant auxdits Pluget & Guenin, ils feroient tenus de procéder en ladite Maîtrife fur & aux fins dudit procès-verbal, jufqu'à Sentence définitive inclufivement, fauf l'appel en la maniere accoutumée. Et fera ledit préfent Arrêt exécuté nonobftant oppofitions ou autres empêchemens généralement quelconques, pour lefquels ne fera différé, & dont fi aucuns interviennent, Sa Majefté s'en eft & à fon Confeil réfervé la connoiffance, & icelle interdit à toutes fes Cours & autres Juges. FAIT au Confeil d'Etat du Roi, tenu à Verfailles le trente-un de Juillet mil fept cent quarante-deux. Signé, GUYOT.   ARREST

ARREST DU CONSEIL,

QUI ordonne l'exécution des Articles V & VIII du Titre de l'Ordonnance du mois d'Août 1669, & de l'Arrêt du Conseil du 11 Août 1733, qui font défenses aux Officiers des Eaux & Forêts & autres Officiers de Judicature, de tenir plus d'un Office.

Du 14 Août 1742.

LE ROI ÉTANT EN SON CONSEIL a ordonné & ordonne que les articles V & VIII du titre XI de l'Ordonnance des Eaux & Forêts du mois d'Août 1669, & l'Arrêt du Conseil du 11 Août 1733, feront exécutés felon leur forme & teneur; & en conféquence que dans fix mois, à compter du jour de la fignification qui fera faite du préfent Arrêt, à la diligence du Procureur de Sa Majefté en la Maîtrife particulière des Eaux & Forêts de Chauny, le fieur Garde du Muret, Maître particulier de ladite Maîtrife fera tenu d'opter entre fon office de Maître particulier, & ceux de Bailly du Mar-quifat de Genlis & des autres Seigneuries des environs, finon & à faute de ce faire dans ledit tems & icelui paffé, que ledit Office de Maître particulier en ladite Maîtrife, fera & demeurera déclaré vacant & impetrable aux Parties cafuelles, & en vertu du préfent Arrêt, & fans qu'il en foit befoin d'autre; enjoint Sa Majefté au fieur Rivié, Grand-Maître des Eaux & Forêts du Dé-partement de Soiffons, & au Procureur du Roi en ladite Maîtrife, de tenir chacun en droit foi la main à l'exécution du préfent Arrêt, lequel fera à cet effet, enregiftré au Greffe de ladite Maîtrife, & exécuté nonobftant oppofi-tions ou autres empêchemens généralement quelconques, pour lefquels ne fera differé, & dont fi aucuns interviennent, Sa Majefté s'en eft & à fon Confeil, réfervée la connoiffance, & icelle interdite à toutes fes Cours & autres Juges. FAIT au Confeil d'État du Roi, Sa Majefté y étant, tenu à Verfailles le quatorze Août mil fept cent quarante deux. *Signé*, PHELYPEAUX.

ARREST NOTABLE DU CONSEIL,

QUI caffe, comme attentatoire à l'autorité du Confeil, une Ad-judication faite pour fix ans des pacages & glandées de la Forêt de la Barte & autres appartenantes à Sa Majefté, par les Offi-ciers de la Maîtrife de Rodez, de l'autorité du Grand-Maître. Ordonne que les Adjudications de pacages & glandées ne fe pour-ront faire que pour un an.

Du 9 Octobre 1742.

SUR ce qui a été repréfenté au Roi en fon Confeil, Sa Majefté y étant, que le 9 Juin 1742, les Officiers de la Maîtrife particulière de Rodez ont

Tome II. M m

en conféquence du mandement à eux adreffé par le fieur Raymond, Grand-Maître des Eaux & Forêts du Département de Guyenne, adjugé au nommé Antoine Herail pour fix années qui finiront au 9 Juin 1748, les pacages, glandées, terres labourables, & endroits défrichés des Bois & Forêts appar-tenans à Sa Majefté, dans le reffort de ladite Maîtrife, y compris le Bois appellé la Barthe, le tout à la charge par ledit Herail, fuivant fes offres, 1°. de replanter à la fin de fon Bail en gland ou feines, non-feulement ledit Bois de la Barthe, mais encore les défrichemens qui ont été faits dans lefdits Bois & Forêts depuis la réformation ; 2°. de payer annuellement, & pendant chacune defdites fix années, ès mains du Receveur particulier des Bois de la-dite Maîtrife, la fomme de neuf cent quarante-deux livres huit deniers, tant en principal, que deux fols deux deniers pour livre, en deux payemens égaux, l'un à la Saint Jean-Baptifte, & l'autre aux Fêtes de Noël de chacune defdites fix an-nées ; 3°. de fe conformer aux autres claufes & conditions portées au cahier des charges de ladite adjudication, & d'autant que cette adjudication eft non-feule-ment attentatoire à l'autorité du Confeil, mais encore contraire à la difpo-fition des Réglemens concernant l'adjudication qui doit être faite chaque an-née des pacages & glandées des Forêts de Sa Majefté, elle a réfolu de faire connoître fur ce fes intentions ; oui le rapport du fieur Orry, &c.

LE ROI ÉTANT EN SON CONSEIL, a caffé & annullé, comme at-tentatoire à l'autorité du Confeil, l'adjudication faite le 9 Juin 1742, par les Officiers de la Maîtrife particulière de Rodez, au nommé Antoine He-rail, des pacages, glandées, terres labourables & endroits défrichés des Bois & Forêts appartenans à Sa Majefté ; fait très-expreffes inhibitions & dé-fenfes audit Herail de s'immifcer directement ou indirectement, & fous quelque prétexte que ce foit, dans la jouiffance des chofes comprifes dans ladite ad-judication, à peine de tous dépens, dommages & intérêts, & au fieur Ray-mond, Grand-Maître des Eaux & Forêts du Département de Guyenne, ainfi qu'aux Officiers de ladite Maîtrife, de faire à l'avenir de pareilles adjudica-tions, fans y être autorifés par Sa Majefté, à peine d'interdiction, & d'en ré-pondre en leurs propres & privés noms, pour la première fois, & en cas de récidive, de plus grandes peines ; enjoint très-expreffément Sa Majefté audit fieur Grand-Maître & Officiers de procéder annuellement à ladite adjudication des pacages, glandées & paiffons defdits Bois & Forêts, dans la forme pref-crite par les articles I & II du titre XVIII de l'Ordonnance des Eaux & Forêts du mois d'Août 1669 ; & fera le préfent Arrêt enregiftré au Greffe de ladite Maîtrife, pour y avoir recours fi befoin eft, & exécuté nonobftant oppofi-tions ou autres empêchemens généralement quelconques, pour lefquels ne fera differé, & dont fi aucuns interviennent, Sa Majefté s'en eft & à fon Con-feil, réfervée la connoiffance, & icelle interdite à toutes fes Cours & autres Juges. FAIT au Confeil d'Etat du Roi, tenu à Verfailles le neuf Octobre mil fept cent quarante-deux. Signé, PHELYPEAUX.

ARREST DU CONSEIL,

QUI donne acte aux Magiftrats de Lille de leur déclaration qu'ils n'entendent affujettir les Adjudicataires des Bois du Roi aux droits d'Entrée & Octrois, pour les Bois qu'ils feront conduire & débiter pour leur compte.

Ordonne que conformément à l'Arrêt du Confeil du 25 Mai 1706, lefdits Adjudicataires feront tenus de payer les droits attribués aux Offices de Mouleurs & les falaires des Jaugeurs.

Du 25 Décembre 1742.

LE ROI EN SON CONSEIL, faifant droit fur l'inftance, a donné & donne acte aux Magiftrats de la ville de Lille de la déclaration par eux faite, qu'ils n'ont point entendu, & n'entendent point empêcher directement ni indirectement le nommé Legrand, Adjudicataire des Bois de la Forêt de Nieppe, pour les ordinaires des années 1740 & 1741, de jouir de l'exemption des droits d'octroy fur les Bois provenans des Forêts de Sa Majefté, qu'il fera conduire & debiter dans ladite ville pour fon compte, en fourniffant néanmoins une déclaration de lui certifiée veritable; & en conféquence ordonne Sa Majefté que conformément à l'Arrêt du Confeil du 25 Mai 17.6, ledit Legrand fera tenu de payer les droits attribués aux Offices de Mouleurs de Bois, & les droits & falaires de Jaugeurs de ladite ville, pour les Bois qu'il y fera entrer, & ce en la maniere accoutumée, & fous les peines portées audit Arrêt, & fur toutes les autres demandes, fins & conclufions des parties, Sa Majefté les a mis & met hors de Cour & de procès. FAIT au Confeil d'Etat du Roi, tenu à Verfailles le vingt-cinquiéme jour du mois de Décembre mil fept cent quarante-deux. *Signé*, EYNARD.

ARREST DU CONSEIL,

QUI maintient le Garde Général Collecteur des Amendes de la Maîtrife de Soiffons dans le droit de mettre à exécution dans le reffort de ladite Maîtrife (feulement), toutes Ordonnances, Sentences, Jugemens, Arrêts & Commiffions, tant des Juges des Eaux & Forêts, que de tous autres Juges, &c.

Du 15 Janvier 1743.

SUR la Requête préfentée au Roi en fon Confeil, par Alexandre-Marie Parmentier, Garde Général, Collecteur des amendes en la Maîtrife particulière des Eaux & Forêts de Soiffons, contenant, &c.

M m ij

LE ROI EN SON CONSEIL, ayant égard à la Requête, fans s'arrêter à la Sentence des Officiers du Bailliage de Soiffons du 22 Décembre 1741
que Sa Majefté a caffée & annullée, a ordonné & ordonne que l'Edit du mois de
Mars 1708, portant création des Offices de Gardes Généraux, Collecteurs des
Amendes des Maîtrifes particulières des Eaux & Forêts, fera exécuté felon fa
forme & teneur ; & en conféquence Sa Majefté a maintenu & maintient le Suppliant dans le droit & poffeffion de mettre à exécution, dans toute l'étendue de la
Maîtrife particulière des Eaux & Forêts de Soiffons, où il eft immatriculé feulement, toutes Ordonnances, Sentences, Jugemens, Arrêts & Commiffions, tant des Juges de ladite Maîtrife, que de tous autres Juges ; fait Sa
Majefté très-expreffes inhibitions & défenfes à tous Huiffiers, Sergens & autres, de l'y troubler, à peine de 1000 liv. d'amende, & de tous dépens,
dommages & intérêts, & audit Suppliant, de faire aucunes fonctions hors l'é-
tendue de ladite Maîtrife, fous les mêmes peines ; & fera le préfent Arrêt enregiftré au Greffe de ladite Maîtrife, & exécuté nonobftant oppofitions ou autres empêchemens généralement quelconques, pour lefquels ne fera differé,
& dont fi aucuns interviennent, Sa Majefté s'en eft & à fon Confeil, réfervée
la connoiffance, & icelle interdite à toutes fes Cours & autres Juges. FAIT au
Confeil d'Etat du Roi, tenu à Verfailles le quinze Janvier mil fept cent quarante trois. *Signé*, DE VOUGNY.

ARREST NOTABLE DU CONSEIL,

QUI caffe un Jugement de la Chambre Souveraine des Eaux
& Forêts de Befançon, & ordonne que la demande en partage de Bois communs, formée par les Habitans de Chantran
contre les Habitans de Reugny, fera rapportée devant le Grand-
Maître des Eaux & Forêts de Bourgogne, pour y être jugée,
&c. & procéder, s'il y a lieu, audit partage.

Du 15 Janvier 1743.

SUR la Requête préfentée au Roi en fon Confeil par le Sieur Dauxy, Grand-
Maître des Eaux & Forêts du Département de Bourgogne, Comté de
Bourgogne & Alface, contenant que quoique par l'Article 22. du Titre 3.
de l'Ordonnance des Eaux & Forêts, du mois d'Août 1669, il foit dit que
les Grands-Maîtres régleront les partages des Eaux, Bois, Prés & Pâtis communs, tant pour le triage prétendu par les Seigneurs, que pour l'ufage & la
divifion entr'eux, & les Habitans ; que par l'Article 19. du Titre 27. de la
même Ordonnance, il foit porté que tous partages entre les Seigneurs & les
Communautés, feront faits par lefdits Grands-Maîtres, en connoiffance de
caufe, fur les Titres repréfentés par avis & rapports d'Experts, & que par
Arrêt du Confeil du 18 Février 1727, il foit défendu à toutes Communautés,
de fe pourvoir ailleurs que pardevant lefdits Grands-Maîtres, pour raifon des
conteftations nées & à naître au fujet du réglement, partage, divifion, fépa-

ration & bornage de leurs Bois; il eſt néanmoins arrivé que les Habitans & Communauté de Chantran, Copropriétaires avec les Habitans & Communauté de Reugny, du reſſort de la Maîtriſe particuliere de Beſançon, d'un canton de Bois appellé Fretelotte, ſitué entre le territoire de ces deux Communautés, ont fait aſſigner ces derniers au Bailliage d'Arnan, le 12 Février 1742, pour procéder au partage dudit canton de Fretelotte, ſur quoi les Habitans de Reugny prévenus de l'incompétence des Officiers dudit Bailliage, ſe ſont pourvûs pardevant lui, & lui ont préſenté leur Requête expoſitive du fait, & tendante à l'évocation de cette conteſtation, pour en conſéquence être par lui procédé au partage de cette Forêt, s'il y avoit lieu; que ſur cette Requête il a par ſon Ordonnance du 5 Mai 1742, fait défenſes aux Parties, de procéder audit Bailliage d'Arnan, ou ailleurs, que pardevant le Conſeil de Sa Majeſté, où il leur a ordonné de ſe retirer, pour être procédé ſur le partage & réglement en queſtion, ſur quoi les Habitans de Chantran au lieu de déférer à cette Ordonnance, en ont interjetté appel à la Chambre des Eaux & Forêts du Parlement de Beſançon, laquelle, par Jugement du 4 Juillet audit an 1742, a déclaré l'Ordonnance dudit ſieur Grand Maître, nulle & incompétente, & a condamné les Habitans de Reugny aux dépens; les choſes en cet état, ledit ſieur d'Auxy ſe trouve obligé de repréſenter très-humblement à Sa Majeſté, qu'un pareil Jugement eſt évidemment attentatoire à l'autorité de Sa Majeſté, ſaiſie de la conteſtation des Parties, par ſon Ordonnance du 5 Mai 1742, & encore contraire à ladite Ordonnance de 1669, qui fixe l'attribution des partages des Bois des Communautés, aux Grands-Maîtres des Eaux & Forêts, dans leurs Départemens; qu'il eſt en outre d'un exemple dangereux pour l'avenir, par la confuſion des Tribunaux, & par l'entrepriſe de la Juriſdiction des Bailliages, ſur celle des Grands-Maîtres, dans une matiere ſi expreſſément réſervée à ceux-ci, & aux Officiers des Siéges des Eaux & Forêts; & que c'eſt dans ces circonſtances, qu'il a été conſeillé de ſe pourvoir. A CES CAUSES, requeroit, &c.

LE ROI EN SON CONSEIL, ayant égard à la Requête, ſans s'arrêter au Jugement de la Chambre des Eaux & Forêts du Parlement de Beſançon, du 4 Juillet 1742, que Sa Majeſté a caſſé & annullé, ainſi que tout ce qui peut s'en être enſuivi, a évoqué & évoque à ſoi & à ſon Conſeil, l'appel interjetté en ladite Chambre, par les Habitans & Communauté de Chantran, de l'Ordonnance rendue par le Suppliant, du 5 Mai audit an 1742, & pour faire droit aux Parties, Sa Majeſté les a renvoyé & renvoye pardevant ledit Suppliant, pour, conformément aux articles 22. du tit. 3 & 19. du titre 25. de l'Ordonnance des Eaux & Forêts du mois d'Août 1669, procéder au partage & diviſion du canton de Bois appellé Fretelotte, s'il y a lieu, ainſi qu'il appartiendra, ſauf l'appel au Conſeil; Fait Sa Majeſté très-expreſſes inhibitions & défenſes auſdites Parties, de ſe pourvoir pour raiſon du fait dont il s'agit en premiere inſtance, ailleurs que pardevant ledit Suppliant, & par appel, qu'au Conſeil, à peine de nullité, caſſation des procédures, 1000 livres d'amende, & de tous dépens, dommages & intérêts; & ſera le préſent Arrêt, exécuté nonobſtant oppoſitions ou autres empêchemens généralement quelconques, pour leſquels ne ſera différé, & dont ſi aucuns interviennent, Sa Majeſté s'en eſt, & à ſon Conſeil, réſervée la connoiſſance, & icelle interdite à toutes fes Cours & autres Juges. FAIT au Confeil d'Etat du Roi, tenu à Verfailles le quinze Janvier mil fept cent quarante-trois. Collationné. *Signé*, DE VOUGNY.

ARREST DU CONSEIL D'ÉTAT DU ROI,

QUI ordonne que les meubles & effets faifis fur un Adjudicataire de Bois Eccléfiaftiques faute de payement des termes échus, feront vendus à la pourfuite du Receveur Général nonobftant toutes oppofitions faites & à faire ; & qu'attendu qu'il paroît du dérangement dans les affaires dudit Adjudicataire, fes biens & autres effets feront faifis pour fureté des termes à échoir des Bois du Roi, dont il eft auffi Adjudicataire, nonobftant que les termes du payement des Bois du Roi ne foient pas échus.

Du 22 Janvier 1743.

SUR la Requête préfentée au Roi en fon Confeil par le fieur Laurent Charon, Ecuyer, Secrétaire du Roi, Maifon, Couronne de France & de fes Finances, Receveur Général des Domaines & Bois de la Généralité de Paris, contenant que le 5 Juillet 1740, le nommé Gilles Gournay s'eft rendu Adjudicataire au Siége de la Maîtrife particuliere de Crecy, de trente arpens de Bois, faifant partie de la réferve ci-devant appofée dans les Bois dépendans de l'Evêché de Meaux, moyennant la fomme de 18840 livres, payable, fçavoir, un tiers à Noël 1740, & les deux autres tiers à Noël & à la S. Jean 1741, outre les 26 deniers pour livre, payables comptant ; que quoique tous ces termes fuffent échus, ledit Gournay doit encore, du prix de ces trente arpens de Bois, 7640 livres 15 fols, indépendamment des frais que le Suppliant a été obligé de faire contre lui, pour parvenir au paiement qu'il a ci-devant fait, & à celui de ladite fomme de 7640 livres 15 fols, &c. LE ROI EN SON CONSEIL, ayant égard à la Requête, a ordonné & ordonne que nonobftant l'oppofition formée par le nommé Rauffin, à la vente des meubles & effets du nommé Gilles Gournay, Adjudicataire des Bois de l'Evêché de Meaux, & toutes celles faites & à faire pour raifon de ce, & fans y préjudicier, il fera paffé outre à la vente defdits meubles & effets, au plus offrant & dernier Enchériffeur, en la maniere accoutumée, fauf à être fait droit fur les deniers qui en proviendront aux Oppofans, s'il y échet, & ainfi qu'il appartiendra ; permet Sa Majefté au Suppliant, pour la confervation des intérêts du Roi, de faire faifir provifoirement les Bois provenans des deux ventes dont ledit Gournay s'eft rendu Adjudicataire, le 28 Octobre 1742 au Siége de la Maîtrife de Fontainebleau, foit que lefdits Bois foient dans les ventes, fur les Ports ou ailleurs, même de faifir entre les mains des Débiteurs dudit Gournay le prix de ceux defdits Bois qu'il peut leur avoir vendus. Condamne Sa Majefté ledit Gournay au coût & fignification du préfent Arrêt que Sa Majefté a liquidé & liquide à 75 liv. & fera ledit préfent Arrêt exé-

cuté, nonobftant oppofitions ou autres empêchemens quelconques, pour lefquels ne fera différé, & dont fi aucuns interviennent, Sa Majefté s'en eft &
à fon Confeil réfervée la connoiffance, & icelle interdite à toutes fes Cours &
autres Juges. FAIT au Confeil d'Etat du Roi; tenu à Verfailles le 22 Janvier 1743. Collationné. *Signé*, DE VOUGNY.

ARREST DU CONSEIL,

QUI ordonne que fur une conteftation pour Ufages dans une
Forêt les Parties procéderont en la Gruerie Royale de Falaife;
caffe une Sentence rendue au Bailliage de la même Ville, qui
avoit évoqué la caufe, &c.

Du 2 Avril 1743.

SUR la Requête préfentée au Roi en fon Confeil par le Subftitut du Procureur de Sa Majefté, en la Gruerie Royale de Falaife, contenant qu'il fe trouve
obligé d'avoir recours à l'autorité de Sa Majefté, pour réprimer les entreprifes
continuelles que font les Officiers du Bailliage de Falaife, contre la Jurifdiction de ladite Gruerie, & notamment au fujet de la conteftation mue & inftruite
au Siége de ladite Gruerie, entre la dame de Cordey & le fieur Mathon, au
fujet des ufages qui appartiennent aux Habitans de la Terre de Cordey dans les
bruyeres de ladite Terre, laquelle conteftation les Officiers du Bailliage de
Falaife, ont évoqué à leur Siége, &c.
LE ROI EN SON CONSEIL, ayant égard à la Requête, fans
s'arrêter à la Sentence rendue au Bailliage de Falaife, le 6 Octobre mil fept
cent quarante-deux, que Sa Majefté a caffée & annullée, ainfi que tout ce qui
peut s'en être enfuivi, a ordonné & ordonne que pour raifon du fait dont eft
queftion, les Parties feront tenues de procéder au Siége de la Gruerie Royale
de Falaife, jufqu'à Sentence définitive inclufivement, fauf l'appel à la Table
de Marbre du Palais à Rouen; fait Sa Majefté très-expreffes inhibitions &
défenfes aux Parties, de procéder audit Bailliage & aux Officiers d'icelui, d'en
connoître, à peine de nullité, caffation des Procédures, 1000 livres d'amende, & de tous dépens, dommages & intérêts; & fera le préfent Arrêt, exécuté
nonobftant oppofition, clameur de haro, chartre Normande, ou autres empêchemens généralement quelconques, pour lefquels ne fera différé, & dont
fi aucuns interviennent, Sa Majefté s'en eft & à fon Confeil, réfervée la connoiffance, & icelle interdite à toutes fes Cours, & autres Juges. FAIT au
Confeil d'Etat du Roi, tenu à Verfailles le deux Avril mil fept cent quarante-trois. Collationné. *Signé*, DE VOUGNY.

ARREST NOTABLE DU CONSEIL,

QUI fait défenfes au Seigneur de Cluis de donner à fon Juge pour les Eaux & Forêts la qualité de Maître particulier, & audit Juge de la prendre , à peine contre l'un ou l'autre de 500 liv. d'amende , &c.

Du 27 Août 1743.

SUR la Requête préfentée au Roi en fon Confeil , par Germain-Chriftophe de Flexelle, Chevalier, Marquis de Bregny , Seigneur de Cluys, &c. Contenant que depuis plufieurs fiécles , lui & fes auteurs font en poffeffion paifible & continue, d'une Jurifdiction de Maîtrife particuliere , qui s'exerce féparément de la Juftice ordinaire, en titre de Verderie, dans l'étendue de ladite Terre , Haute-Juftice de Cluys, dans laquelle de toute ancienneté lui & fes Auteurs font en droit d'établir & inftituer un Maître Verdier & autres Officiers néceffaires pour exercer la Jurifdiction, & juger les matieres d'Eaux & Forêts, privativement aux Juges des Jurifdictions ordinaires, & à tous autres, fauf l'appel au Siége de la Table de Marbre du Palais à Paris, que fa poffeffion n'a pas même été interrompue depuis l'Arrêt du Confeil du quatorze Septembre mil fix cent quatre-vingt huit, qui fait défenfes à tous Seigneurs , de donner à leurs Juges ordinaires la qualité de Juges des Eaux & Forêts, s'ils n'y font fondés en titres & poffeffions inconteftables ; que cependant fous prétexte de cet Arrêt, & que le Suppliant & fes Prédéceffeurs ont négligé de fe faire maintenir & confirmer dans le droit d'établir un Juge avec titre de Maître Verdier, & autres Officiers, pour exercer la Jurifdiction des Eaux & Forê s, plufieurs Particuliers envieux & mal intentionnés, ont provoqué cette caufe, & commis quantité d'abus, malverfations & délits dans les Bois & Forêts qui lui appartiennent dans ladite Terre de Cluys & fes dépendances, & fous ce prétexte, s'efforcent d'anéantir fa Jurifdiction, & d'éluder les amendes, dommages & reftitutions aufquelles ils ont été condamnés par fon Juge Verdier, foit en furprenant des défenfes des Juges des Maîtrifes particulieres, foit par les conflits qu'ils forment, par les appellations d'incompétence qu'ils interjettent ou autrement ; mais que comme Sa Majefté, par l'Arrêt du Confeil du quatorze Septembre audit an 1688, en faifant défenfes aux Seigneurs de donner à leurs Juges ordinaires, la qualité de Juges des Eaux & Forêts, n'a entendu comprendre que les Seigneurs Jufticiers, qui n'ayant qu'une Jurifdiction ordinaire, employoient dans leurs provifions, & faifoient prendre à leurs Officiers la qualité de Juges des Eaux & Forêts, ce qui eft un abus & un préjudice à la prévention que l'Ordonnance des Eaux & Forêts du mois d'Août 1669, donne aux Juges des Maîtrifes de Sa Majefté, fur les Juges des Seigneurs qui n'ont qu'une Jurifdiction ordinaire, & que cet Arrêt n'a rien changé ni innové à l'égard des Seigneurs, qui outre le Juge de leur Jurifdiction ordinaire, ont eu de tout tems une Jurifdiction en titre de Verderie,

féparée

féparée & diftincte de la Juftice ordinaire, exercée par un Juge & autres Officiers en chef, ainfi que de toute ancienneté, il s'eft pratiqué dans la Terre & Seigneurie de Cluys; il a dans ces circonftances été confeillé de fe pourvoir, &c.

LE ROI EN SON CONSEIL, fans avoir égard à la Requête ni aux demandes, fins & conclufions du Suppliant, dont Sa Majefté l'a débouté & débouté, lui a fait & fait très expreffes inhibitions & défenfes, de donner au Juge de la Terre & Seigneurie de Cluys, à lui appartenante, la qualité de Maître particulier, & audit Juge, de la prendre, à peine contre l'un ou l'autre, de 500 livres d'amende, qui ne pourra être reputée comminatoire; enjoint Sa Majefté, au fieur Grand-Maître des Eaux & Forêts du Département de Blois & Berry, & aux Officiers de la Maîtrife particuliere d'Iffoudun, de tenir chacun en droit foi, la main à l'exécution du préfent Arrêt, lequel fera à cet effet enregiftré au Greffe de ladite Maîtrife, pour y avoir recours, fi befoin eft. FAIT au Confeil d'Etat du Roi, tenu à Verfailles le vingt-fept Août mil fept cent quarante-trois. Collationné. *Signé*, DE VOUGNY.

ARREST DU CONSEIL,

QUI caffe une Sentence du Bailliage de Caën du premier Avril 1743, ordonne aux Habitans de Petitville de fe pourvoir & procéder en premiere inftance pardevant les Officiers de ladite Ville de Caën, jufqu'à Sentence diffinitive inclufivement, pour raifon des Entreprifes faites fur les Pâtis communs de ladite Paroiffe, &c.

Du 4 Février 1744.

SUR la Requête préfentée au Roi en fon Confeil, par le Procureur de Sa Majefté en la Maîtrife particulière des Eaux & Forêts de Caen, contenant, &c.

LE ROI EN SON CONSEIL, ayant égard à la Requête, fans s'arrêter à la Sentence du Bailliage de Caen du 1 Avril 1743, que Sa Majefté a caffée & annullée, & tout ce qui peut s'en être enfuivi, a ordonné & ordonne que les art. II & XIV du tit. de la Jurifdiction IV & XX du tit. des Bois, prés, marais, landes, pâtis & autres biens appartenans aux Communautés & Habitans des paroiffes de l'Ordonnance des Eaux & Forêts du mois d'Août 1669, enfemble les Arrêts du Confeil des 17 Août 1700, 19 Juin 1731, 6 Janvier 1739 & 12 Septembre 1741, & l'Ordonnance du Maître particulier de la Maîtrife de Caen du 12 Mars 1743, feront exécutés felon leur forme & teneur; & en conféquence que, pour raifon du fait dont il s'agit, les Parties feront tenues de fe pourvoir & procéder en premiere inftance pardevant les Officiers de ladite Maîtrife jufqu'à Sentence diffinitive inclufivement, fauf l'appel en la Table de Marbre du Palais à Rouen, & fera le préfent Arrêt enregiftré au Greffe de ladite Maîtrife, lu, publié & fignifié par-tout & à qui il appartiendra, & exécuté nonobftant oppofition, appellation, clameur de haro, Chartre normande ou autres empêchemens généralement quelconques.

pour lesquels ne sera différé, & dont si aucuns interviennent, Sa Majesté s'en est & à son Conseil, réservée la connoissance, & icelle interdite à toutes ses Cours & autres Juges. FAIT au Conseil d'Etat du Roi, tenu à Versailles le quatre Février mil sept cent quarante-quatre. *Signé*, DE VOUGNY, avec paraphe.

ARREST NOTABLE DU CONSEIL,

QUI déclare les Officiers, Greffier, Arpenteur, Receveur & Collecteur des Amendes, Huissiers-Audienciers & Gardes particuliers de la Maîtrise de Tournehem, exempts de toutes charges publiques, conformément à l'art. XIII du tit. 1 de l'Ordonnance de 1669.

Du 25 Février 1744.

LE ROI EN SON CONSEIL, faisant droit sur l'instance, sans s'arrêter aux Requêtes, demandes, fins & conclusions des Maire & Echevins de la ville d'Ardres, dont Sa Majesté les a débouté & déboute, a ordonné & ordonne que l'art. XIII du tit. II de l'Ordonnance des Eaux & Forêts du mois d'Août 1669, & l'Arrêt du Conseil du 18 Septembre 1736, seront exécutés selon leur forme & teneur; & en conséquence Sa Majesté a maintenu & maintient les Maître particulier, Lieutenant, Procureur du Roi, Garde-Marteau, Greffier, Huissiers-audienciers, Arpenteur, Receveur des amendes, Garde Général, Collecteur des amendes, & Gardes Particuliers de la Maîtrise particulière des Eaux & Forêts de Tournehem en Artois, quoique résidans en ladite ville d'Ardres en Picardie, dans l'exemption du logement de Gens de Guerre, ustensiles, fournitures, contributions, subsistances, tutelles, curatelles, collecte des deniers royaux & autres charges publiques; fait Sa Majesté très expresses inhibitions & défenses aux Maire & Echevins de ladite ville d'Ardres, de troubler les Officiers, Greffier, Huissier-audiencier, Arpenteur, Receveur & Collecteur des Amendes & Gardes Particuliers de ladite Maîtrise, dans la jouissance de ladite exemption, à peine de 500 liv. d'amende qui ne pourra être reputée comminatoire, & de tous dépens, dommages & intérêts; enjoint très-expressément Sa Majesté ausdits Maire & Echevins d'indiquer 24 heures au plus tard après que la signification du présent Arrêt leur aura été faite, d'autres logemens à ceux des Officiers & soldats qui se trouveront chez aucuns des Officiers de ladite Maîtrise; enjoint aussi Sa Majesté au sieur Intendant & Commissaire départi en la Généralité d'Amiens, de tenir la main à l'exécution du présent Arrêt, & sur le surplus des demandes, fins & conclusions des parties, Sa Majesté les a mis & met hors de Cour & de procès. FAIT au Conseil d'Etat du Roi, tenu à Versailles le vingt-cinq Février mil sept cent quarante-quatre. *Signé*, DE VOUGNY.

ARREST DU CONSEIL,

QUI ordonne l'exécution de l'article premier du titre vingt-cinq de l'Ordonnance des Eaux & Forêts du mois d'Août 1669, portant que tous les Bois dépendans des Paroisses & Communautés d'Habitans, seront arpentés, figurés & bornés dans six mois, &c.

Du 5 Juin 1744.

SUR la Requête présentée au Roi en son Conseil, par le sieur Pajot du Bouchet, Grand Maître des Eaux & Forêts du Département de Champagne, contenant que les Habitans de Thin-le-Montier, ayant négligé d'exécuter les dispositions de l'art. I du tit. XXV de l'Ordonnance des Eaux & Forêts du mois d'Août 1669, & s'étant même opposés avec violence & rébellion à ce que les Officiers de la Maîtrise particulière de Reims, en vertu de la commission du sieur de Courtagnon, ci-devant Grand-Maître dudit Département, établissent une regle dans leurs Bois; le suppliant a dressé sa Commission le 4 Mars 1744 au Garde-Marteau & au Greffier de ladite Maîtrise, & leur a ordonné de se transporter audit lieu de Thin-le-Montier, accompagné de Simon-Pierre Bourgeois Arpenteur de la Maîtrise de Chateau-Renault, pour procéder à la visite des Bois de la Communauté, & à la désignation du quart à mettre en réserve & en cas de rébellion de la part desdits Habitans, ou de quelqu'un d'eux, il a ordonné en outre conformément à l'art. XXVIII du tit. III de l'Ordonnance de 1669, à la Maréchaussée la plus prochaine, de prêter main-forte auxdits Officiers, & de traduire dans les prisons de ladite ville de Reims les plus mutins pour y rester, jusqu'à ce que par ledit sieur Pajot du Bouchet, Grand-Maître, il en eût été autrement ordonné; que les Officiers par lui commis, se sont transportés au village de Thin-le-Montier, le 5 Mars audit an 1744, où ils ont essayé d'engager lesdits Habitans à se soumettre aux ordres de Sa Majesté, & sur les menaces qui leur ont été faites par lesdits Habitans, ils ont envoyé chercher la Marechaussée; mais malgré ce secours, les Officiers commis & même la Marechaussée, ont été obligés de se sauver de la fureur d'une Communauté entière de Paysans rébelles, & d'aller dans un village voisin dresser procès-verbal des maltraitemens qu'ils venoient de souffrir, que pour mettre ordre à de pareils excès, d'autant plus dangereux, que l'exemple de ces Habitans pourroit exciter d'autres villages à la revolte, &c.

LE ROI EN SON CONSEIL, ayant égard à la Requête, sans s'arrêter à l'Arrêt du Parlement de Paris du 20 Mai 1744, ni à tout ce qui peut s'en être ensuivi, a ordonné & ordonne que la procédure extraordinaire commencée contre les nommés Jean le Blanc & Jean Launois, Habitans du village de Thin-le-Montier, sera continuée par le Grand-Maître des Eaux & Forêts du Département de Champagne, & du Commissaire du Conseil en cette partie, jusqu'à Jugement définitif inclusivement, sauf l'appel au Conseil; fait

Sa Majesté très-expresses inhibitions & défenses audit le Blanc Launois & autres, de procéder en premiere instance, pour raison du fait dont il s'agit, ailleurs que pardevant ledit sieur Grand-Maître, & par appel qu'au Conseil, à peine de nullité, cassation de procédure, mille livres d'amende, & de tous dépens, dommages & intérêts. FAIT au Conseil d'Etat du Roi, tenu à Versailles le cinq Juin mil sept cent quarante-quatre. Collationné. *Signé*, DE VOUGNY, avec paraphe.

ARREST DU CONSEIL,

QUI ordonne que la Sentence de la Maîtrise de Rhodez du 23 Juillet 1742, rendue à l'occasion du cours des Eaux & du défrichement d'une portion des Marais & Pâtis communs de la Paroisse de Vialetes, portant défenses aux Parties de procéder ailleurs à peine de nullité, cassation de Procédure, mille livres d'amende, & de tous dépens, dommages & intérêts, sera exécutée selon sa forme & teneur, comme ayant passé en force de chose jugée.

Du 5 Juin 1744.

SUR la Requête présentée au Roi en son Conseil, par le Procureur de Sa Majesté en la Maîtrise particulière de Rhodez, contenant, &c.

LE ROI EN SON CONSEIL, ayant égard à la Requête, sans s'arrêter à l'Arrêt de la Chambre souveraine des Eaux & Forêts du Parlement de Touloufe du 23 Avril 1743, que Sa Majesté a cassée & annullée, ainsi que tout ce qui peut s'en être ensuivi, a ordonné que la Sentence de la Maîtrise particulière de Rhodez, rendue pour raison du fait dont il s'agit, le 23 Juillet 1742, sera exécutée selon sa forme & teneur, comme ayant passé en force de choses jugées en dernier ressort, & sera le présent Arrêt enregistré au Greffe de ladite Maîtrise, lu, publié, affiché & signifié par-tout & ainsi qu'il appartiendra, & exécuté nonobstant oppositions ou autres empêchemens généralement quelconques, pour lesquels ne sera différé, & dont si aucuns interviennent, Sa Majesté s'en est & à son Conseil, réservée la connoissance, & icelle interdite à toutes ses Cours & autres Juges. FAIT au Conseil d'Etat du Roi, tenu à Warvik le cinq Juin mil sept quarante-quatre. Collationné. *Signé*, DE VOUGNY.

ARREST DU CONSEIL,

QUI ordonne que les articles LVI & LVII de l'Edit du mois de Mai 1716, portant Réglement pour les amendes, reſtitutions & confiſcations prononcées en matière d'Eaux & Forêts, feront exécutés ſelon leur forme & teneur.

Du 10 Juillet 1744.

LE ROI ÉTANT EN SON CONSEIL, a ordonné & ordonne que les art. 56 & 57 de l'Edit du mois de Mai 1716, portant réglement pour les amendes, reſtitutions & confiſcations prononcées en matière d'Eaux & Forêts, feront exécutés ſelon leur forme & teneur ; en conſéquence fait iteratives & très-expreſſes défenſes aux Grands-Maîtres des Eaux & Forêts, de décerner, ſous quelque prétexte que ce ſoit, aucun exécutoire, ſur les deniers provenans deſdites amendes, reſtitutions & confiſcations, ſous les peines portées par ledit Edit ; aux Collecteurs & Receveurs deſdites amendes & confiſcations, d'en faire le payement, & aux Officiers des Maîtriſes particulières, d'en allouer aucun en dépenſes dans les comptes que les Gardes Généraux, Collecteurs & Receveurs deſdites amendes, reſtitutions & confiſcations, rendront devant eux du produit de leur recouvrement, & ce à peine de deſtitution de leur charge ou commiſſion, & de mille livres d'amende qui ne pourra être reputée comminatoire, à l'effet de quoi Sa Majeſté a expreſſément dérogé & deroge à l'Arrêt du Conſeil du 18 Avril 1723, & à tous autres, en ce qui ſe trouveroit contraire aux diſpoſitions dudit Edit du mois de Mai 1716, que Sa Majeſté veut & entend être exécuté ſelon ſa forme & teneur : enjoint très-expreſſément Sa Majeſté auſdits Grands-Maîtres, de tenir chacun en droit ſoi, la main à l'exécution du préſent Arrêt, lequel ſera enregiſtré aux Greffes deſdites Maîtriſes, &c. FAIT au Conſeil d'Etat du Roi, Sa Majeſté y étant, tenu à Dunkerque le dix Juillet mil ſept cent quarante-quatre. Signé, PHELYPEAUX.

LETTRE DE M. DE BAUDRY,

CONCERNANT les déclarations des Bois que les Particuliers veulent faire abattre.

Du 24 Novembre 1744.

M. Le Contrôleur Général eſt informé, Meſſieurs, que pluſieurs Particuliers font couper journellement de leurs Bois, ſous prétexte qu'ils ont obtenu la permiſſion du Conſeil d'en diſpoſer, ou qu'ils en ont fait leur déclaration au Greffe de la Maîtriſe particulière des Eaux & Forêts du reſſort quelques années auparavant ; & d'autant que l'intention du Roi eſt que ces ſortes de permiſſions ou déclarations ne ſubſiſtent que pendant un an, à

compter du jour de leurs dates. M. le Contrôleur Général me charge de vous
mander de n'avoir dorénavant aucun égard aux permissions du Conseil, qui
auront été enregistrées au Greffe de votre Maîtrise, ni aux déclarations qui
auront été faites pour coupe de Bois, lorsqu'elles se trouveront surannées.
Ayez soin de vous conformer au présent ordre, & de m'en accuser la réception. Je suis, Messieurs, entiérement à vous. *Signé*, DE BAUDRY.

ÉDIT DU ROI,

Donné à Versailles au mois de Février 1745.

QUI ordonne que les Grands-Maîtres des Eaux & Forêts seront
tenus au rachat de l'annuel, & les Officiers des Eaux & Forêts à celui du prêt & de l'annuel, & création d'un Trésorier-
Payeur & d'un Contrôleur des quatorze deniers pour livre du
prix des adjudications des Bois.

Régistré en Parlement.

LOUIS, par la grace de Dieu, Roi de France & de Navarre, à tous présens & à venir : SALUT. Nous trouvants dans la nécessité de demander des secours aux Officiers de notre Royaume pour soutenir les dépenses extraordinaires de la Guerre, les Grands-Maîtres des Eaux & Forêts, les Officiers
de nos Maîtrises & les Receveurs particuliers de nos Bois étant dans le nombre de ceux qui jouissent de priviléges les plus considérables, nous avons
estimé qu'ils se porteroient d'autant plus volontiers à y contribuer que nous
sommes disposés à leur procurer des avantages qui les dédommagent des Finances que nous leur demandons, notre intention étant, en faisant racheter
l'annuel à nos Grands-Maîtres, & le prêt & annuel à nos Officiers des Eaux
& Forêts pour jouir par eux à l'avenir de leurs Offices à titre de survivance,
de leur attribuer partie des taxations dont ils jouissoient sur la vente de nos
Bois, & dont le feu Roi avoit ordonné la perception à son profit par Edit
du mois de Juillet 1715, en payant par eux les Finances proportionnées audit rachat & au profit desdites taxations. A CES CAUSES, & autres à ce nous
mouvans, de l'avis de notre Conseil & de notre certaine science, pleine puissance & autorité Royale, Nous avons par le présent Edit perpétuel & irrévocable, dit, statué & ordonné, disons, statuons & ordonnons, voulons &
nous plait ce qui suit.

ARTICLE PREMIER.

Les pourvus des Offices de nos Conseillers, Grands-Maîtres, Enquêteurs
& Généraux Réformateurs des Eaux & Forêts de notre Royaume, anciens
Mitriennaux des 17 Départemens créés par Edit du mois de Février 1689,
regîstré le 28, & par celui du mois de Mars 1703, regîstré le 19 Avril sui-

vant, feront tenus de nous payer le rachat de l'annuel, & les pourvus des Offices de nos Confeillers, Maîtres particuliers, Lieutenans, Procureurs, Gardes-Marteaux, Greffiers, Receveurs particuliers de nos Bois, Receveurs des amendes, Arpenteurs & autres Officiers qui compofent nos Maîtrifes particulieres des Eaux & Forêts, feront auffi tenus de nous payer pour le rachat du prêt & de l'annuel de leurs Offices les fommes pour lefquelles ils feront compris dans les Rôles qui feront arrêtés en notre Confeil, & les deux fois pour livre en quatre termes égaux de trois mois en trois mois, à commencer du mois d'Avril prochain.

II. Après que les Propriétaires defdits Offices auront fait lefdits rachats du prêt & droit annuel, ils les poffederont à titre de furvivance, à commencer du premier Janvier 1746, pour laquelle furvivance ceux qui fe feront pourvoir à l'avenir defdits Offices, feront tenus de nous payer à chaque mutation, fur les quittances du Tréforier de nos revenus cafuels le huitiéme denier & le troifiéme tiers en fus en conformité de l'Edit du mois de Décembre 1709, & de la Déclaration du 9 Août 1732. Voulons que ceux qui auront fait ledit rachat & leurs Succeffeurs qui auront payé ledit droit de furvivance, demeurent à l'avenir, à compter dudit jour premier Janvier 1746 difpenfés de la rigueur des quarante jours, & que leurs héritiers & ayant caufe puiffent difpofer defdits Offices comme de chofes à eux appartenantes.

III. Les pourvus defdits Offices ne pourront plus être admis au payement du prêt & annuel, & le décès des Titulaires arrivant après le premier Janvier 1745, les Offices de ceux qui n'auront pas racheté le prêt & annuel, tomberont vacans à nos parties cafuelles, pour être lefdits Offices, ainfi que ceux qui font ou feront tombés vacans en nos parties cafuelles, vendus à notre profit en la manière accoutumée, & enfuite poffédés par ceux qui les acquerront à titre de furvivance, en nous payant par eux ledit droit de furvivance, outre & par-deffus les fommes aufquelles lefdits Offices vacans auront été taxés, fans qu'audit cas, les veuves, enfans ou héritiers puiffent prétendre aucune préférence.

IV. A l'égard des pourvus defdits Offices rendus héréditaires, qui Nous auroient payé le prêt en vertu de la Déclaration du 19 Juin 1740, pour être admis au payement de l'annuel : Voulons qu'il leur foit tenu compte des 5 neuviémes de ce qu'ils juftifieront avoir payé pour le prêt, defquels 5 neuviémes il leur fera fait déduction fur les fommes pour lefquelles ils feront employés aux rôles pour acquérir l'hérédité.

V. Avons attribué & attribuons douze deniers de taxations, faifant part des quatorze deniers pour livre fur la vente de nos Bois, tant ordinaires qu'extraordinaires, de quelque nature qu'ils foient, même des chablis créés par les Edits des mois de Février 1704 & Mars 1706, dont la perception fe fait actuellement à notre profit, ladite attribution de douze deniers : fçavoir, cinq deniers à nos Grands-Maîtres des Eaux & Forêts, pareils cinq deniers à nos Officiers des Maîtrifes particulieres des Eaux & Forêts, & deux deniers à nos Receveurs particuliers des bois, fuivant la répartition qui en fera faite proportionnément aux fommes pour lefquelles ils auront été compris dans les rôles qui feront arrêtés en notre Confeil, pour en jouir par tous lefdits Officiers, à compter de l'ordinaire 1744, en payant au Tréforier de nos revenus cafuels les fommes comprifes auxdits rôles, & les 2 f. pour livre en quatre termes égaux de trois en trois mois, à commencer au mois d'Avril prochain.

VI. Et de la même autorité que deffus, Nous avons par notre préfent Edit créé & érigé, créons & érigeons en titre d'office formé à titre de furvivance, un, notre Confeiller Tréforier, Receveur & Payeur, & un, notre Confeiller Contrôleur defdits quatorze deniers pour livre du prix des Adjudications de nos Bois mentionnés au précédent article, pour par ledit Tréforier recevoir par chacune année, & immédiatement après les Adjudications de nos Bois fur fes quittances contrôlées, à commencer de l'ordinaire dernier, des mains, tant des Receveurs généraux de nos Domaines & Bois que des Receveurs particuliers de nos Bois, le montant defdits 14 deniers pour livre, & en payer les portions réparties par les rôles arrêtés en notre Confeil, que Nous en avons attribuées par le préfent Edit à nos Officiers des Eaux & Forêts fur leurs fimples quittances pareillement contrôlées; auquel Tréforier Nous avons attribué & attribuons un denier & demi pour livre de taxations, faifant partie defdits quatorze deniers qu'il retiendra par fes mains pour lui tenir lieu de gages, d'épices, vacations, façon, reddition & autres frais des comptes qu'il fera tenu de rendre chaque année en notre Chambre des Comptes de Paris dans les 18 mois après l'expiration de chacun; & en outre deux minots de fel de franc-falé, en payant le prix marchand feulement; & auquel Contrôleur Nous avons auffi attribué le demi denier reftant defdits quatorze deniers, qui lui fera payé par ledit Tréforier; & en outre dix fols pour droit de contrôle de chacune quittance, avec un minot de fel de franc-falé, en nous payant par lefdits Tréforiers & Contrôleurs les fommes fixées par les rôles qui feront arrêtés en notre Confeil avec les deux fols pour livre d'icelle. Jouiront les pourvus des Offices préfentement créés des mêmes priviléges, prérogatives & exemptions dont jouiffent nos Receveurs & Contrôleurs généraux de nos Domaines & Bois, ainfi & de même que s'ils étoient exprimés par notre préfent Edit.

VII. Les pourvus defdits Offices pourront les poffeder fans incompatibilité, feront reçus & préteront ferment pardevant les Juges tenans le Siége de la Table de Marbre de notre Palais à Paris, en payant pour tous frais de réception; fçavoir, cent livres par le Tréforier & vingt-cinq livres par le Contrôleur.

VIII. Maintenons & confirmons lefdits Grands-Maîtres des Eaux & Forêts dans l'exercice & fonctions de leurs Offices & dans la jouiffance des mêmes droits, autorité, féance, prééminences, pouvoirs, fonctions, exercice de Juftice, privileges & prérogatives, droit de *Committimus*, & droit de journée & vacations, chauffages, appointemens de leurs Sécrétaires, dont ont joui & jouiffent actuellement les Grands-Maîtres, à eux attribués par les Edits & Ordonnances précédemment rendus, & fpécialement par l'Ordonnance du mois d'Août 1669 & Novembre 1706 qui feront exécutés felon leur forme & teneur, fans aucune diminution ni retardement.

IX. Maintenons pareillement les Officiers de nos Maîtrifes dans leurs rangs, féances & honneurs, tant aux Audiences des Siéges defdites Maîtrifes, Chambre du Confeil qu'en toutes autres occafions & cérémonies publiques, même

dans

dans leurs droits de journées, vacations, chauffages & émolumens à eux attribués par les Edits & Déclarations rendus pour lesd. Offices & par lad. Ordonnance de 1669, par l'article 13 de laquelle ils ont été exemptés de logemens de Gens de guerre, uſtenſiles, fournitures, contributions, ſubſiſtan-
ces, tutelles & curatelles, collecte de deniers & autres charges publiques
avec leurs cauſes commiſes, tant civiles que criminelles, au Préſidial du reſſort, même ès Villes taillables auſquelles ils ſeront taxés d'Office par les Commiſſaires départis, s'ils n'ont point priviléges d'ailleurs, pour tout le temps
qu'ils exerceront leur charge, ſans que ſous aucun prétexte ils puiſſent être
tenus de contribuer aux impoſitions ci-deſſus, dans leſquelles exemptions nous
les confirmons : Voulons en outre que nos Conſeillers Receveurs particuliers
des Bois continuent de jouir des taxations, droits de quittances, droits de
Committimus, exemptions & priviléges à eux accordés par leur Edit de création du mois de Décembre 1701.

X. Ceux qui prêteront auſdits Officiers pour le paiement des ſommes pour
leſquelles ils ſeront compris dans les rôles qui ſeront arrêtés en notre Conſeil
en exécution du préſent Edit, auront privilege ſpécial & préférence à tous
Créanciers ſur le prix deſdits Offices, conformément aux ſtipulations qui en
auront été faites, dont il ſera fait déclaration dans les quittances de Finances.
qui ſeront données auxdits Officiers : Voulons qu'ils puiſſent auſſi ſtipuler que
la retenue du dixiéme n'aura pas lieu ſur les arrérages de rentes, qu'ils conſti-
tueront pour raiſon deſdits emprunts, dérogeant à toutes choſes à ce contraires & déchargeant du dixiéme le produit deſdites taxations de quatorze deniers pour livre. Si donnons en mandement à nos amés & féaux Conſeillers
les gens tenant notre Cour de Parlement, Chambre des Comptes & Cour des
Aydes à Paris, Grands-Maîtres, Enquêteurs & Généraux, Réformateurs,
& leurs Lieutenans au Siége de la Table de Marbre de notre Palais à Paris,
que notre préſent Edit ils aient à faire lire, publier & regiſtrer, & le contenu
en icelui garder & obſerver & exécuter de point en point ſelon ſa forme &
teneur, nonobſtant tous Edits, Déclarations, Arrêts, Réglemens & autres
choſes à ce contraires auxquelles Nous avons dérogé & dérogeons par notre
préſent Edit, aux copies duquel, collationnées par l'un de nos amés & féaux
Conſeillers-Secretaires, Voulons que foi ſoit ajoutée comme à l'original ;
CAR tel eſt notre plaiſir ; & afin que ce ſoit choſe ferme & ſtable à toujours,
Nous y avons fait mettre notre ſcel. DONNÉ à Verſailles au mois de Février,
l'an de grace 1745, & de notre regne le trentiéme. *Signé*, LOUIS : *Et plus
bas*, par le Roi, PHELYPEAUX. *Viſa*, DAGUESSEAU, Vu au Conſeil ORRY; &
ſcellé du grand Sceau de cire verte en lacs de ſoie rouge & verte.

Par la Déclaration du Roi du 24 Juillet 1745, les privileges, prérogatives & exemptions accordés aux Grands-Maîtres des Eaux & Forêts ont été
confirmés conformément à l'Edit du mois de Février 1745.

ARREST DU CONSEIL D'ÉTAT DU ROI,

PAR lequel Sa Majefté, fans avoir égard à un Arrêt du Parlement de Paris du 12 Janvier 1745, a jugé 1°. Qu'une demande tendante à la deftruction d'une Garenne, & aux dommages-intérêts de dégats faits par des Lapins, doit être portée pardevant les Officiers des Maîtrifes des Eaux & Forêts. 2°. Que les *Committimus* & évocations ne peuvent avoir lieu en matière d'Eaux & Forêts.

Du 23 Février 1745.

Extrait des Regiftres du Confeil d'Etat.

SUR la Requête préfentée au Roi en fon Confeil, par le Procureur Général de Sa Majefté, au Siége Général de la Table de Marbre du Palais à Paris, contenant qu'étant obligé par état de veiller à l'exécution des Réglemens & des Loix qu'il a plu à Sa Majefté de donner, concernant la Jurifdiction des Eaux & Forêts, il ne peut fe difpenfer de fe pourvoir contre un Arrêt du Parlement de Paris qui détruit une des Loix les plus effentielles de la matière, & feroit capable de jetter le trouble & la confufion dans la Jurifdiction defdits Eaux & Forêts, s'il étoit poffible qu'il fût exécuté : Que dans le fait, Jeanne Ternois, veuve de Pierre Lefevre, Fermiere de la Terre d'Epineufe, François Hochedé & Alexandre Ternois, Laboureurs au même lieu, fe pourvurent en la Maîtrife particuliere de Clermont-en-Beauvoifis, contre le fieur Marquis d'Arcy, où ils préfenterent leur Requête, tendante à ce qu'il fût tenu de détruire les Lapins du Bois appellé de Faviere, & aux dommages-intérêts réfultans des dégas qu'ils avoient caufés dans leurs Terres, que ledit fieur d'Arcy n'ayant point comparu, il eft intervenu Sentence par défaut en ladite Maîtrife le 26 Février 1744, qui au principal, a renvoyé les Parties au délai de l'Ordonnance, & cependant fans préjudice des droits des Parties, a ordonné qu'il feroit procédé à la vifite & eftimation des dégats caufés par les Lapins des Bois dudit fieur Marquis d'Arcy, & ce par Experts convenus ou nommés d'office : Qu'en vertu de cette Sentence ledit fieur Marquis d'Arcy a été fommé le 29 Février audit an 1744, de convenir d'Experts, & le 14 Mars enfuivant, l'Expert nommé par Ternois & Conforts, a prêté ferment, de même que celui nommé d'Office pour ledit Sr. Marquis d'Arcy, le 16 du même mois de Mars. Le Procès-verbal de preftation de ferment a été fignifié audit fieur Marquis d'Arcy, & le 19 dudit mois de Mars il a été procédé à la vifite : Que le 15 Avril enfuivant Ternois & Conforts, ont formé leurs demandes en entérienement du rapport & eftimation : Que lorfque ledit fieur Marquis d'Arcy a vu qu'il alloit être condamné en ladite Maîtrife, il s'eft avifé de faire ufage de fon *Committimus* aux Requétes du Palais à Paris;

Qu'il y avoit lieu de penſer que les Requêtes du Palais ne retiendroient point une conteſtation ſur laquelle étoit intervenu un Réglement en ladite Maîtriſe ; conteſtation d'ailleurs, qui, de ſa nature n'étoit point ſujette au *Commit timus*, mais que cependant leſdites Requêtes du Palais l'ont retenue ſans faire attention aux diſpoſitions des Ordonnances à cet égard ; Que les choſes en cet état, le Suppliant croyant qu'il devoit maintenir l'exécution deſdites Ordonnances, a formé ſon Réquiſitoire en ladite Table de Marbre, ſur lequel eſt intervenu un Jugement le dix-ſept Juillet audit an mil ſept cent quarante-quatre, qui a renvoyé la demande, dont il s'agit en ladite Maîtriſe de Clermont, ledit Sr Marquis d'Arcy a interjetté appel au Parlement, dudit Jugement. Cet appel a été ſuivi d'un Arrêt dudit Parlement du 12 Janvier 1745 qui a mis l'appellation & ce dont étoit appel, au néant ; émendant, a ordonné que les Parties procéderoient auſdites Requêtes du Palais, ce qui oblige le Suppliant d'avoir recours à Sa Majeſté, de lui repréſenter très-humblement que toutes les Ordonnances & la Juriſprudence des Arrêts du Conſeil s'é-lèvent également contre celui du Parlement du douze Janvier audit an 1745, &c.

LE ROI EN SON CONSEIL, ayant égard à la Requête, ſans s'arrê-ter à l'Arrêt du Parlement de Paris du 12 Janvier 1745, ni à tout ce qui peut s'en être enſuivi, a ordonné & ordonne que la Sentence de la Maîtriſe parti-culière des Eaux & Forêts de Clermont en-Beauvoiſis, du 26 Février mil ſept cent quarante-quatre, & le Jugement de la Table de Marbre du Palais à Paris, du 17 Juillet, audit an mil ſept cent quarante-quatre, ſeront exécutés ſelon leur forme & teneur ; & en conſéquence que pour raiſon du fait dont il s'agit, le ſieur Marquis d'Arcy, la veuve de Pierre Lefevre, & les nommés Hoche-dé & Ternois ſeront tenus de procéder en ladite Maîtriſe, ſuivant les der-niers erremens, juſqu'à Sentence définitive incluſivement, ſauf l'appel au Siége de ladite Table de Marbre. Fait Sa Majeſté très-expreſſes inhibitions & dé-fenſes auſdites Parties, de ſe pourvoir & procéder en première inſtance ail-leurs qu'en ladite Maîtriſe, & par appel, qu'au Siége de ladite Table de Mar-bre, à peine de nullité, caſſation de procédure, de mille livres d'amende, & de tous dépens, dommages & intérêts ; & ſera le préſent Arrêt exécuté, nonobſtant oppoſitions ou autres empêchemens généralement quelconques, pour leſquels ne ſera différé, & dont ſi aucuns interviennent, Sa Majeſté s'en eſt & à ſon Conſeil réſervée la connoiſſance, & icelle interdit à toutes ſes Cours & autres Juges. FAIT au Conſeil d'Etat du Roi, tenu à Verſailles le vingt-troiſiéme jour de Février mil ſept cent quarante-cinq. Collationné. *Signé*, DE VOUGNY.

Diſpoſitif de l'Arrêt rendu ſur l'oppoſition du Marquis d'Arcy à l'Arrêt des autres parts.

LE ROI EN SON CONSEIL, faiſant droit ſur l'Inſtance, & ayant égard au requiſitoire du Sieur Freteau, Inſpecteur Général du Domaine, ſans s'arrêter à l'oppoſition formée par le Sieur Marquis d'Arcy à l'Arrêt du Conſeil du vingt-trois Février mil ſept cent quarante-cinq, dont Sa Majeſté l'a débouté & déboute, a ordonné & ordonne que ledit Arrêt sera exécuté selon sa forme & teneur ; condamne Sa Majesté ledit Sieur Marquis d'Arcy aux coût & signification du présent Arrêt, qui demeureront liquidés à soixante-quinze livres. FAIT au Conseil d'Etat du Roi, tenu à Versailles le vingt-un Février mil sept cent quarante-sept. *Signé*, DE VOUGNY.

ARREST NOTABLE DU CONSEIL,

QUI fait défenses au Sénéchal de Bigorre, de prendre, sous quelque prétexte que ce soit, connoissance des Bois des Communautés & Gens de Main-morte, prés, pâtis, landes & communaux, à peine, &c.

Du 16 Mars 1745.

LE ROI EN SON CONSEIL, ayant égard à la Requête, sans s'arrêter à la Sentence de la Sénéchaussée de Bigorre du 15 Juin 1743, que Sa Majesté a cassée & annullée, ainsi que tout ce qui peut s'en être ensuivi, a ordonné & ordonne que les articles II. & XIV. du titre I, IV. & XX. du titre XXV. de l'Ordonnance des Eaux & Forêts du mois d'Août 1669, ensemble les Arrêts du Conseil des 17 Avril 1700, 19 Juin 1731, 6 Janvier 1739, & 12 Septembre 1741, seront exécutés selon leur forme & teneur, & en conséquence que pour raison du fait dont il s'agit, les Parties seront tenues de se pourvoir en premiere instance au Siége de la Maîtrise particuliere de Tarbes, & d'y procéder sur leurs différends & contestations, circonstances & dépendances jusqu'à Sentence définitive inclusivement, sauf l'appel en la maniere accoutumée. Fait Sa Majesté très expresses inhibitions & défenses aux Officiers de ladite Sénéchaussée, & à tous autres, de troubler à l'avenir ceux de ladite Maîtrise dans leurs fonctions, & de prendre, sous quelque prétexte que ce soit, connoissance des bois des Communautés & Gens de main-morte, prés, pâtis, landes & communaux, à peine de nullité, cassation des procédures, & de mille livres d'amende, qui ne pourra être réputée comminatoire. Enjoint Sa Majesté, au sieur Raymond, Grand-Maître des Eaux & Forêts du Département de Guyenne, & aux Officiers de ladite Maîtrise, de tenir chacun en droit soi, la main à l'exécution du présent Arrêt, lequel sera à cet effet enregistré au Greffe de ladite Maîtrise, lu, publié, affiché & signifié par-tout & à qui il appartiendra, & exécuté nonobstant oppositions, appellations, recusation, prise à partie, ou autres empêchements généralement quelconques, pour lesquels ne sera différé, & dont si aucuns interviennent, Sa Majesté s'en est & à son Conseil réservée la connoissance, & icelle interdit à toutes ses Cours & autres Juges. FAIT au Conseil d'Etat du Roi, tenu à Versailles le seizième Mars mil sept cent quarante-cinq. Collationné, *Signé*, DE VOUGNY.

DÉCLARATION DU ROI,

PORTANT confirmation des Priviléges, Prérogatives & Droits accordés aux Grands-Maîtres des Eaux & Forêts, conformément à l'Edit du mois de Février 1745.

Donnée au Camp de Boft le 24 Juillet 1745.

LOUIS, par la grace de Dieu, Roi de France & de Navarre : A tous ceux qui ces préfentes Lettres verront ; SALUT. Les Grands-Maîtres des Eaux & Forêts ayant donné jufqu'ici une attention diftinguée pour la confervation & l'augmentation de nos eaux & forêts, pêches & chafles, & défirant leur marquer la fatisfaction que Nous avons de leur fervice, en expliquant plus particulierement les honneurs, priviléges, prérogatives & droits qui leur ont été accordés par Nous, & par les Rois nos Prédécefleurs, dans lefquels notre intention eft de les maintenir & conferver. A CES CAUSES, & autres à ce Nous mouvant, de notre certaine fcience, pleine puiffance & autorité Royale, Nous avons par ces préfentes, fignées de notre main, dit, déclaré & ordonné, difons, déclarons & ordonnons, voulons & nous plaît ce qui fuit.

ARTICLE PREMIER.

Les finances qui Nous feront payées en exécution de notre Edit du mois de Février 1745, par les Grands-Maîtres, Enquêteurs, & Généraux Réformateurs des Eaux & Forêts de notre Royaume, feront & demeureront unies & incorporées à leurs Offices, pour leur tenir lieu d'augmention des finances, fans que l'évaluation defdits Offices & les droits du marc d'or, Garde des Rôles & du Sceau, puiffent être augmentés ; voulons qu'ils jouiffent par eux, leurs fucceffeurs & ayant caufes, des cinq deniers pour livre, faifant partie des quatorze deniers pour livre, fur les ventes de nos bois, tant ordinaires qu'extraordinaires, de quelque nature qu'ils foient, même des chablis, foit dans leur Département, foit dans les Départemens les uns des autres, & ce, à compter des ventes faites en l'année 1744, pour l'Ordonnance de 1745.

II. Aliénons & attribuons auxdits Grands-Maîtres des Eaux & Forêts lefdits 5 deniers, faifant partie defdits 14 deniers pour livre du prix de la vente de nos bois ordonnés être perçus à notre profit par Edit du mois de Juillet 1715, dont la totalité continuera d'être employée en recette dans les états de nos bois, dans lefquels il fera fait emploi en dépenfe à leur profit du montant defdits 5 d. defquels ils feront payés comptant fur leurs quittances, & auffitôt après les adjudications, par les Tréforiers-Receveurs particuliers ou par les Receveurs généraux de nos bois, fans que le payement en puiffe être par eux retardé, fous prétexte que nos états ne feront pas encore arrêtés, ou fous tels autres prétextes que ce foit. Voulons que les payemens qui feront faits defdits cinq deniers par nofdits Tréforiers-Receveurs Généraux ou particuliers en vertu des préfentes, leur foient paffés & alloués en dépenſe de leurs états, & comptés ſur les ſimples quittances deſdits Grands-Maîtres, en rapportant, pour la premiere fois ſeulement, copie collationnée des préſentes, & de leurs quittances de finance, n'entendant qu'ils ſoient tenus à aucun enregiſtrement, dont nous les avons diſpenſé & diſpenſons, dérogeant à cet effet à tous Edits, Arrêts & Reglemens à ce contraires.

III. Maintenons & confirmons leſdits Grands-Maîtres des Eaux & Forêts dans l'exercice de la Juriſdiction & des fonctions attribués à leurs Offices, & eux, leurs ſucceſſeurs, veterans & veuves, dans tous les honneurs, rangs, ſéances, droits, immunités, priviléges, exemptions & prérogatives portés par les Edits, & notamment par notre Ordonnance des Eaux & Forêts du mois d'Août 1669, & les Edits des mois de Février 1704, Septembre 1706 & Mars 1708, regiſtrés où beſoin a été, qui ſeront exécutés ſelon leur forme & teneur, pour jouir des priviléges mentionnés en iceux, comme s'ils étoient ici rapportés de nouveau en détail; & en les expliquant en tant que beſoin eſt ou ſeroit, voulons que conformément à l'Edit du mois de Mars 1708, leſdits Grands-Maîtres ſoient qualifiés & intitulés en tous actes & Jugemens, Conſeillers en nos Conſeils, Grands-Maîtres-Enquêteurs & Généraux Réformateurs des Eaux & Forêts de France, & qu'ils jouiſſent du droit de *Committimus*, en notre Grande Chancellerie, comme les Préſidents & Conſeillers en notre Chambre de Parlement, ſuivant l'Edit du mois de Février 1704, & nos Lettres-patentes du 28 Décembre 1724, & généralement de tous les droits qui ont été attribués, & dont ont ci devant joui ou dû jouir les Pourvûs des mêmes Offices. SI DONNONS EN MANDEMENT à nos amés & féaux Conſeillers & Gens tenans notre Cour de Parlement & Chambre des Comptes à Paris, que ces Préſentes ils ayent à faire lire, publier & regiſtrer, & le contenu en icelles garder & obſerver, & exécuter ſelon leur forme & teneur, nonobſtant toutes choſes qui pourront être à ce contraires, auxquelles Nous avons dérogé & dérogeons par ces Préſentes : CAR tel eſt notre plaiſir. En témoin de quoi Nous avons fait mettre notre Scel à ces Préſentes. DONNE' au Camp de Boſt, le vingt-quatriéme jour du mois de Juillet, l'an de grace mil ſept quarante-cinq, & de notre Regne le trentiéme. Signé, LOUIS. *Et plus bas*, Par le Roi, PHELYPEAUX, Vu au Conſeil, ORRY. Et ſcellé du grand ſceau de cire jaune.

ARREST NOTABLE DU CONSEIL,

QUI fait défenſes à tous Juges des Seigneurs dans le reſſort de la Maîtriſe de Montmaraut, de prendre, ſous quelque prétexte que ce ſoit, connoiſſance d'aucunes coupes d'Arbres Futayes, Baliveaux ſur Taillis, ou Arbres épars, ſoit dans les Bois des Communautés Eccléſiaſtiques ou Laïques, ſoit dans ceux des particuliers, ni d'aucun cas royal en matière d'Eaux & Forêts, à peine, &c.

Du 31 Juillet 1745.

SUR la Requête préſentée au Roi en ſon Conſeil par le Procureur de Sa

Majeſté en la Maîtriſe particuliere des Eaux & Forêts de Montmaraut, contenant que quoique par différents Arrêts du Conſeil, & notamment par ceux des
6 Déc. 1735, 5 Août 1738, & 10 Juil. 1742, il ſoit fait défenſes aux Juges des
Seigneurs de connoître, ſous quelque prétexte que ce ſoit, d'aucune coupe d'arbres futayes, baliveaux ſur taillis, ou arbres épars, & qu'il leur ſoit expreſſément
enjoint, dans les cas où il en viendroit à leur connoiſſance de cette eſpece, de
les renvoyer pardevant les Officiers de la Maîtriſe particuliere des lieux ;
néanmoins il eſt arrivé le 13 Février 1744, que trois particuliers, ſe diſant
Gardes de la Gruerie de Nades, (Juſtice Seigneuriale) firent leur rapport au
Greffe de cette Gruerie, portant que faiſant leurs viſites dans les bois de la
Seigneurie de Nades & Chouvigny, ils ont trouvé la ſouche d'un arbre,
eſſence de hêtre, de quatre pieds deux pouces de tour, fraichement coupé,
partie à la ſcie & partie à la coignée, & qu'ayant fait perquiſition dans les
maiſons riveraines dudit bois, pour connoître l'auteur de ce délit, ils avoient
trouvé l'arbre en queſtion dans la maiſon du nommé Giraudet, Sabotier. Le
quinze Juin de la même année 1744, le Procureur d'office de la Juſtice Seigneuriale, a fait aſſigner ledit Giraudet, & ſur cette aſſignation il a été rendu
Sentence par défaut en cette Juſtice le 19 Août enſuivant, par laquelle ce
particulier a été condamné en dix livres huit ſols quatre deniers d'amende,
& en pareille ſomme de reſtitution au profit de la dame le Noir, Dame dudit
lieu, & aux dépens liquidés à 13 l. 3 ſ. : le Suppliant ayant eu connoiſſance de
cette procédure, animé par ſon zèle & par l'article IV. du titre VI. de l'Ordonnance des Eaux & Forêts du mois d'Août 1669, a fait ſon requiſitoire
pardevant les Officiers de ladite Maîtriſe, par lequel il a fait connoître entr'autres choſes que s'agiſſant d'un arbre-futaye, coupé dans ledit bois de ladite
Seigneurie, l'amende en étoit dévolue de plein droit à Sa Majeſté ; ſur lequel requiſitoire, il a été rendu Sentence en ladite Maîtriſe le 11 Septembre
audit an 1744, portant que les Parties procéderoient pardevant les Officiers
en queſtion, pardevant les Officiers de ladite Maîtriſe ; mais ſur la ſignification qui fut faite de cette Sentence au Juge dudit lieu de Nades, le quatorziéme du même mois de Septembre, ladite dame le Noir, prenant le fait &
cauſe des Officiers de ſa Juſtice, a interjetté appel de cette Sentence au
Parlement de Paris, où elle a obtenu Arrêt le dixiéme Octobre enſuivant, qui
la reçoit appellante de la Sentence de ladite Maîtriſe du onziéme Septembre
précédent ; lui permet d'intimer ſur ledit appel qui bon lui ſemblera, & fait
défenſes de mettre ladite Sentence à exécution : en vertu de cet Arrêt, elle a,
le 31 du même mois d'Octobre, fait intimer ledit Suppliant audit Parlement,
& le 10 Juillet 1745, neuf mois après ledit appel, il a été rendu un ſecond
Arrêt audit Parlement, qui met l'appellation, & ce dont étoit appel, au néant,
caſſe toute la procédure faite en la Maîtriſe, & condamne le Suppliant en des dommages & intérêts envers la dame le Noir, & aux dépens. Dans ces circonſtances
ledit Suppliant ſe trouve obligé de repréſenter très-humblement à Sa Majeſté
que ſi cet Arrêt avoit lieu, les Juges des Juſtices Seigneuriales connoîtroient
indiſtinctement dans les bois des particuliers, & même dans ceux des Communautés, des coupes d'arbres de futayes, & prononceroient, au profit de leurs
Seigneurs, des amendes qui, aux termes de l'article IV. du titre XXXII. de
ladite Ordonnance de 1669, appartiennent inconteſtablement à Sa Majeſté, &c.

LE ROI EN SON CONSEIL, ayant égard à la Requête, sans s'arrêter à l'Arrêt du Parlement de Paris du 10 Juillet 1745, ni à tout ce qui peut s'en être ensuivi, a ordonné & ordonne que la Sentence de la Maîtrise particuliere des Eaux & Forêts de Montmaraut, rendue pour raison du fait dont il s'agit, le onziéme Septembre 1744, sera exécutée selon sa forme & teneur, comme ayant passé en forme de chose jugée en dernier ressort. Fait Sa Majesté très-expresses inhibitions & défenses au Juge de la Seigneurie de Nades, & à tous autres Juges de Seigneurs du ressort de ladite Maîtrise, de prendre à l'avenir, sous quelque prétexte que ce soit, connoissance d'aucunes coupes d'arbres futayes, baliveaux sur taillis, ou arbres épars, soit dans les bois des Communautés Ecclésiastiques & Laïques, soit dans ceux des particuliers, ni d'aucun cas Royal en matieres d'Eaux & Forêts, à peine de 500 l. d'amende, & de demeurer garants & responsables envers Sa Majesté, en leurs propres & privés noms, du montant des amendes auxquelles les délinquants auroient été condamnés, & aux Parties de procéder, pour raison de ce, ailleurs que pardevant les Officiers de ladite Maîtrise, à peine de 1000 l. d'amende. Et sera le présent Arrêt exécuté nonobstant oppositions ou autres empêchemens généralement quelconques, pour lesquels ne sera différé, & dont si aucuns interviennent, Sa Majesté s'en est & à son Conseil réservée la connoissance, & icelle interdite à toutes ses Cours & autres Juges. F A I T au Camp de Gand, le trente-un Juillet mil sept cent quarante-cinq. Collationné. *Signé*, DE VOUGNY,

---

ARREST DU CONSEIL,

QUI décharge de l'ustensile les Greffiers, Receveur des Amendes, Garde général, Arpenteur de la Maîtrise de Caën, & l'Arpenteur général des Eaux & Forêts de Caën, conformément aux articles XIII du titre 11, & premier du titre 10 de l'Ordonnance des Eaux & Forêts du mois d'Août 1669,

Du 21 Septembre 1745.

SUR la Requête présentée au Roi en son Conseil, par Pierre-Julien Ygouf, Greffier, Jean Maugé, Receveur des amendes, restitutions & confiscations; Jacques Lange & Robert Sosson, Arpenteurs, Louis Fouquet, Huissier de la Maîtrise particuliere des Eaux & Forêts de Caën, contenant, &c.

LE ROI EN SON CONSEIL, ayant égard à la Requête, a ordonné & ordonne que l'article 13. du titre 2. & l'article premier du titre 10. de l'Ordonnance des Eaux & Forêts, du mois d'Août 1669, ensemble les Arrêts du Conseil des 2 Mai 1702, 4 Avril & 28 Décembre 1723, 30 Mars 1734, 22 Février 1735, 29 Mars & 18 Septembre 1736, premier Décembre 1739, & 26 Avril 1740, & l'article 9. de l'Edit du mois de Février 1745, seront exécutés selon leur forme & teneur, & en conséquence Sa Majesté a maintenu & maintient les Supplians dans le droit d'exemption de logement

logement de Gens de Guerre, uftenfiles, fournitures, contributions, fubfiftances, tutelles & curatelles, collectes de deniers royaux, & au res charges
publiques ; décharge Sa Majefté les Suppliant, des fommes pour lefquelles ils ont été compris dans le rôle de l'uftenfile de la Ville de Caen, arrêté
pour la préfente année 1745 ; condamne Sa Majefté les Maire & Echevins
de ladite Ville, à leur rendre & reftituer les fommes qu'ils juftifieront avoir
été contraints de payer, pour raifon dudit uftenfile, à quoi faire lefdits
Maire & Echevins, feront contraints par les voies ordinaires & accoutumées,
ce faifant décharges, fauf leur recours contre qui, & ainfi qu'ils aviferont bon
être ; fait Sa Majefté très-expréffes inhibitions & défenfes aux Maire & Echevins de ladite Ville de Caen, de comprendre à l'avenir, fous quelque prétexte que ce foit, lefdits Supplians dans les rôles d'uftenfiles, fournitures,
contributions, fubfiftances & autres charges publiques de ladite Ville, de leur
diftribuer aucuns logemens de Gens de Guerre, & de les troubler dans les
privilèges & exemptions attribués à leurs Offices, tant & fi long-tems qu'ils
en feront les fonctions, à peine de 500 livres d'amende, qui ne pourra être
réputée comminatoire, & même de plus grande, fi le cas y échoit ; condamne Sa Majefté les Maire & Echevins de la Ville de Caen au coût du
préfent Arrêt, & à la fignification d'icelui, qui feront & demeureront liquidés à 75 livres; enjoint Sa Majefté au fieur Intendant & Commiffaire départi en la Généralité de Caen, de tenir la main à l'exécution du préfent Arrêt,
lequel fera exécuté, nonobftant oppofition, clameur de haro, chartre Normande ou autres empêchemens généralement quelconques, pour lefquels ne
fera différé, & dont fi aucuns interviennent, Sa Majefté s'en eft, & à fon Confeil, réfervée la connoiffance, & icelle interdit à toutes fes Cours & autres
Juges. FAIT au Confeil d'Etat du Roi, tenu à Verfailles le vingt-un Septembre mil fept cent quarante-cinq. *Signé*, DE VOUGNY, avec Paraphe.

ORDONNANCE DE M. DU VAUCEL,

Grand-Maître au Département de Paris,

PORTANT Réglement pour les huées & chaffes aux Loups
qui fe feront dans fon Département.

Du 22 Janvier 1746.

LOUIS-FRANÇOIS DU VAUCEL, Chevalier, Maître d'Hôtel du Roi,
Confeiller en fes Confeils, Grand Maître Enquêteur & Général Réformateur
des Eaux & Forêts de France, au Département de Paris & Ifle de France.

Sur ce qui nous a été remontré par le Procureur du Roi en la Maîtrife des
Eaux & Forêts de Sens, que quoique la Chaffe ait été de tout tems une des
principales matieres foumifes à la Jurifdiction des Eaux & Forêts, fait qui ne
peut être contefté, puifqu'à remonter jufqu'au dixième fiécle, tems où les
Loix du Royaume ont recommencé de prendre vigueur, cette portion de
Jurifdiction nous avoit été réfervée, & aux Officiers des Maîtrifes, à l'exclu-

fion de tous autres Juges, fans que jufqu'à préfent rien y ait donné atteinte ;
que l'établiffement des Capitaineries Royales, dont la Jurifdiction, tant en
caufe principale que d'appel, a été pofitivement établie par Déclaration du
Roi, du 9 Mai 1656, & confirmée par Edit du mois de Mai 1689, qui,
aux termes de la Déclaration du Roi, du 12 Octobre 1699, enregiftrée par-
tout où befoin a été, nous puiffions connoître d'autres Juges fur le fait des
Chaffes, que ceux des Capitaineries de la Varenne du Louvre, Bois de Boulogne, Vincennes, Saint-Germain-en-Laye, Livry, Fontainebleau, Monceaux, Compiegne, Chambord, Bois, Halatte, Corbeil & Limours, lefquels, dans l'étendue de leur reffort, connoiffent chacun en droit foi, de
toutes les contraventions qui fe commettent, tant pour raifon du port d'armes,
que pour fait de Chaffes par les perfonnes prohibées, & ce de la même maniere
qu'en connoiffoient les Grands-Maîtres & Officiers des Maîtrifes, avant l'établiffement defdites Capitaineries, & qu'ils ont le droit exclufif d'en connoître
dans l'étendue de leurs Départemens, ès endroits où il n'y a point de Capitainerie établie; que même dans ces Capitaineries, les amendes devant s'y recevoir par le Sergent Collecteur des Maîtrifes, nous y confervions par-là une
efpèce de Jurifdiction, d'autant plus qu'aux termes de l'Article XL. du Titre
XXX. de l'Ordonnance de 1669. nous allouions dans le compte des amendes,
aux Officiers des Capitaineries, une fomme de 300 livres, pour les frais qu'ils
pourroient avoir faits; que quoique la Chaffe foit de toute ancienneté prohibée aux perfonnes dénommées en l'Article XXVIII. du Titre XXX. de l'Ordonnance de 1669, & fous les peines y portées, néanmoins il a appris avec
une furprife extrême, qu'il fe faifoit des attroupemens & port d'armes dans le
Pays de Langres; que s'étant fait informer du fait, pour prendre telles conclufions qu'il aviferoit bon être, les Habitans de la Communauté de Selles lui
ont remis une Requête en forme de plainte des vexations du nommé Briard
& du nommé Benoift le jeune fon prépofé; que ces vexations fe trouvent prou-
vées par un placard imprimé, conçu en ces termes.

» De par le Roi, Nous Jean-Claude Briard, demeurant à Riviere-le-Bois,
» Election de Langres, Lieutenant de la Louveterie en ladite Election,
» fuivant nos Lettres de provifion du 30 Août 1730, Ordonnance de Mon-
» feigneur l'Intendant, en date du 12 Juin 1733; réception à la Table de
» Marbre à Paris, en date du 13 Septembre 1730; Sentence du Grand-
» Maître, Enquêteur, Général Reformateur des Eaux & Forêts de France,
» qui condamne les Habitans & Communauté de l'Election de Langres, de
» payer les droits attribués par chacune année audit Briard; & en conféquence
» fait fçavoir aux Habitans de Selles & dépendances, de fe trouver au lieu
» d'Endilly, & d'envoyer un homme par feu, entre huit & neuf heures du
» matin, capable d'y faire la Chaffe du loup, à peine de trois livres d'amen-
» de, le Jeudi 18 du préfent mois de Novembre; enjoignons à tous les Fufi-
» liers de fe fournir de poudre & de plomb, fur les mêmes peines d'amende;
» il eft auffi enjoint au Syndic en Charge, d'apporter un rôle des noms, fur-
« noms de tous les Habitans, fans en omettre aucun, auffi fur les mêmes
» peines d'amende. Les Syndics des Communautés auffi en Charge, font auffi
» tenus de nous apporter pour les frais de ladite Chaffe, après icelle faite,
» deux fols parifis, lequel veut bien fe reftraindre à cette fomme, fans qu'il

» foit befoin que ledit fieur Louvetier ou fes Lieutenans foient tenus de par-
» courir de porte en porte, comme il a été fait ci-devant, à peine de défo-
» béïffance par ledit fieur Syndic, & de dix livres d'amende, qui feront en-
» courues contre lui, fuivant les Réglemens. Les Syndics & Habitans font
» tenus de reconnoître, & de fe foumettre à M. Jean Benoît le jeune, notre
» Sous-Lieutenant, & de lui obéïr comme à nous-mêmes, à peine auffi d'a-
» mende arbitraire. Fait à Chaumont ce onze Novembre préfent mois, mil
» fept cent quarante-cinq. *Signé*, BRIARD : & plus bas, eft écrit à la main.
» Les Habitans dudit lieu font avertis de remettre au fieur Syndic chacun
» deux fols, & ce par feu, pour après ladite Chaffe nous être remis, à peine
» d'y être contraints fuivant les Ordonnances. *Signé*, BENOIST, LOUVETIER,
» pour BRIARD. » Que le ton décifif avec lequel ce Particulier s'exprime pour
attrouper avec armes, poudre & plomb, les Habitans de ladite Communauté
& dépendances au jour & lieu qu'il indique, à la charge de payer les droits
attribués, dit-il, par Sentence du Grand-Maître-Enquêteur & général Reformateur des Eaux & Forêts de France, fous peine de trois livres d'amende,
avec injonction au Syndic, auffi fous les mêmes peines, d'apporter un rôle
des noms & furnoms de tous les Habitans, fans en omettre aucun ; & en outre
pour les frais de ladite Chaffe, & après icelle faite, deux fols parifis par feu,
fomme à laquelle il veut bien fe reftraindre, fans qu'il foit befoin que lui ou
fes Sous-Lieutenans foient tenus de parcourir de porte en porte, comme il a
été fait ci-devant, à peine de défobéïffance & de dix livres d'amende, avec
ordre aux Syndic & Habitans de reconnoître, & de fe foumettre à Jean Benoît le jeune, fon Sous-Lieutenant, & de lui obéïr comme à lui-même, auffi
à peine d'amende arbitraire. Que ces expreffions inouïes dans la bouche d'un
Particulier, qui n'eft revêtu d'aucun caractere, qui n'a aucune Jurifdiction,
qui par conféquent ne peut infliger de peines comminatoires, encore moins
lever des taxes fur les Sujets du Roi, font capables de perfuader tous ceux
qui ignorent les Ordonnances fur le fait des Chaffes, & particuliérement des
Habitans de campagne, qui naturellement fe prêtent à la fantaifie de quicon-
que leur préfente de la vraifemblance, n'étant pas probable d'imaginer qu'un
homme qui a, peut-être à peine lui même, la faculté de porter des armes
pour ces fortes de Chaffes feulement, puiffe & doive parler avec des termes fi
defpotiques ; que de ces abus en naiffent encore d'autres plus énormes : une
multitude de Chaffeurs de cette efpèce, fe trouvant attroupés, & fe croyant
à l'abri par leur nombre, des peines portées contre les contrevenans aux Ordonnances, & voulant d'ailleurs s'indemnifer de la perte de leur tems, & des
frais occafionnés par ces prétendus droits de Louveterie, tirent fur les gibiers
de toutes efpèces, bêtes fauves, gibiers défendus, les Biches, même fi elles
fe rencontrent ; tout leur eft bon, & s'accoutument infenfiblement à vivre du
produit de la vente de ces bêtes, ou de ces bêtes mêmes : ils abandonnent
bientôt leur métier, & deviennent des fujets fainéans, & peu propres à l'état
de leur profeffion, bienheureux s'ils ne font point entraînés par l'efprit de fai-
néantife dans les crimes les plus atroces. Que dans ce placard, ce prétendu
Lieutenant de Louveterie, qui n'oublie rien de ce qui regarde fes intérêts,
n'ufe d'aucune précaution pour empêcher d'autre Chaffe que celle du loup ;
que même, quand il y auroit pourvu, les Habitans des Communautés qui fe

font laiſſés entraîner par les termes deſpotiques de ſon placard, au ſujet de la Chaſſe au loup, euſſent peu fait d'attention aux défenſes qu'il eût pu faire pour empécher toute autre eſpèce de Chaſſe, ne pouvant ignorer que la connoiſſance de contrevenans à l'Ordonnance ſur le fait des Chaſſes, eſt attribuée aux Officiers des Maîtriſes d'Eaux & Forêts ; qu'indépendamment de ce que ledit Briard n'étoit point reconnu de notre Prédéceſſeur ni de Nous, par lettres d'attache ſur ſes proviſions, & que ces proviſions ne ſoit point au Greffe de la Maîtriſe de Sens, c'eſt que nous ne pourrions le reconnoître ni l'autoriſer à de pareilles Chaſſes, ſans contrevenir aux Ordonnances de 1318, 1485, 1597, 1600, 1601 & 1607, à l'Ordonnance de 1669, aux Déclarations du 12 Octobre 1699 & 2 Janvier 1706, que l'art. XLI du tit. XXX de l'Ordonnance de 1669, ayant ſupprimé toutes les Charges & Commiſſions ſur le fait des Chaſſes, & toute Juriſdiction en étant attribuée aux Grands Maîtres, Capitaines des Chaſſes & Officiers des Maîtriſes & Capitaineries, il n'y a donc aujourd'hui que ces Officiers qui aient droit de connoître du fait des Chaſſes, de quelque eſpèce qu'elle ſoit; que pour ſe convaincre de ce droit, il n'y a qu'à lire l'art. XIX de l'Ordonnance d'Henri III, donnée à Paris en Janvier 1583. Cet article eſt ſpécialement pour la Chaſſe au loup; il enjoint aux Grands-Maîtres, Reformateurs, leurs Lieutenans, Maîtres particuliers & autres, de faire aſſembler un homme par feu de chaque Paroiſſe de leur reſſort, avec armes & chiens propres pour la Chaſſe des loups, trois fois l'année, au tems le plus propre & le plus commode qu'ils aviſeront pour le mieux; que cet article, confirmé par l'art. VII de l'Ordonnance d'Henri IV, donnée à Paris au mois de Janvier 1600, ne ſouffre aucune équivoque ; que ces Loix établiſſent très clairement que la Chaſſe des loups eſt de la Juriſdiction des Grands-Maîtres & ſous leur direction, & ne regarde en rien les Grands Veneurs ou Grands Louvetiers, ni les Officiers de ſon équipage; que l'art. XXXVII de l'Ordonnance d'Henri IV du mois de Mai 1597, eſt encore une preuve du droit qu'ont les Grands Maîtres, de prendre connoiſſance de ces ſortes de Chaſſes; il eſt conçu en ces termes : & d'autant que le nombre des loups eſt infiniment accru & augmenté, à l'occaſion du peu de devoir que nos Sergens Louvetiers de nos Forêts, font d'y chaſſer, bien qu'ils ſoient ſpécialement inſtitués pour cet effet, nous leur avons enjoint de faire de trois mois en trois mois rapport pardevant les Maitres particuliers & Gruyers, des priſes qu'ils auront faites des loups, ſous peine de privation des droits & priviléges attribués à leurs Offices pour la premiere fois, de leurſdits Offices pour la ſeconde, ſans que par noſdits Officiers leur puiſſe être délivré aucuns Bois pour la confection des engins à prendre loup, qu'il ne leur ſoit apparu deſdits rapports; que cette Ordonnance, auſſi confirmée par les art. IV de celles du même Roi Henri IV. des mois de Janvier 1600 & Juin 1601, établiſſent d'autant plus la Juriſdiction des Grands-Maîtres & Officiers des Maîtriſes ſur le fait de ces ſortes de Chaſſes, qu'il faudroit être bien prévenu pour appliquer à des Louvetiers de l'équipage du Grand-Veneur ou Grand-Louvetier, la dénomination de Sergens Louvetiers, contenus dans la diſpoſition dudit art. XXXVII de l'Ordonnance de 1597, pour en conclure que c'eſt de ces ſortes d'Officiers dont elle a entendu parler; que pour être perſuadé du contraire, il n'y a qu'à lire les anciennes Ordonnances, on y verra des créations de Sergens fieffés, Sergens

traverſiers, Maîtres-Gardés, Surgardes, Routiers, Sergens dangereux &
Sergens Louvetiers; on y verra que ces Gardes avoient des fonctions diſtinc-
tes & ſéparées les unes des autres; que la preuve de ce fait ſe tire de l'art. II
de l'Ordonnance de Philippe V, ſurnommé le Long, en l'année 1318, par
laquelle fixant les gages des différens Gardes, il dit que nul autre Garde ne
pourra prendre double gage, excepté nos **Veneurs**, auſquels nous avons
donné la garde de nos Forêts; il s'enſuit donc que les Sergens Louvetiers,
dont parle cette Ordonnance, étoient des Gardes entiérement ſoumis aux
ordres des Grands-Maîtres & Officiers des Maîtriſes, tant comme Sergens &
Gardes Louvetiers, que comme Seigens & Gardes de Bois; que du tems
d'Henri IV le nombre des loups étoit ſi conſidérable en France, qu'indépendamment de la diſpoſition de l'art. XXXVII de ſon Ordonnance du mois de
Mai 1597, il avoit par ſes Ordonnances de Janvier 1600, & Juin 1601 art.
VI & VII, admoneſté tous les Seigneurs Hauts-Juſticiers, Seigneurs de Fiefs,
de faire aſſembler de trois mois en trois mois, ou plus ſouvent encore, ſuivant
le beſoin, aux termes & jours plus commodes & plus propres, leurs Payſans &
Rentiers, & chaſſer au-dedans de leurs terres, bois & buiſſons, avec chiens,
arquebuſes & autres armes aux loups, renards, blereaux, loutres & autres bêtes nuiſibles, & de prendre acte & atteſtation du devoir qu'ils en avoient fait,
pardevant leurs Officiers & autres perſonnes publiques, & iceux envoyer inceſſamment après aux Greffes des Maîtriſes particulières des Eaux & Forêts du
reſſort où ils ſeroient demeurans, revoqua par ce moyen toutes les permiſſions
particulières qu'il avoit pu par importunité ou autrement avoir accordées, &
fait depêcher de tirer de l'arquebuſe à qui que ce ſoit, s'il n'eſt de ladite qualité
& en ſon fief, & ſur les Domaines & terres qui en dépendent ſeulement, & enjoignit aux Maîtres particuliers & Capitaines des Chaſſes, d'y tenir la main,
& contraindre les Sergens Louvetiers par condamnation d'amende, ſuſpen-
ſion & privation de leur état & charge, à chaſſer & tendre aux loups & renards, & faire rapporter pardevant eux de quinzaine en quinzaine, ou de mois
en mois pour le moins, du devoir qu'ils en avoient fait, & des priſes par eux
faites; que ces articles démontrent donc que, d'un côté, ſi les Seigneurs
Hauts-Juſticiers, Seigneurs de fiefs, ont la permiſſion de chaſſer pour leurs
plaiſirs, dans leurs terres & fiefs ſeulement, ils doivent auſſi ſoulager leurs
Vaſſaux par la deſtruction des bêtes nuiſibles. Que l'acte public que requiert
cette Ordonnance, eſt conſtaté qu'il n'a été tiré ſur aucun gibier défendu; que
le dépôt de cet acte au Greffe das Maîtriſes, avec l'injonction aux Officiers des
Maîtriſes & Capitaines des Chaſſes d'y tenir la main, eſt une preuve que non-
ſeulement il n'a point entendu les priver de leur Juriſdiction ſur cet article,
mais même qu'il les y confirme & maintient, dans le droit de connoître ſeuls
& privativement à tous autres Juges, chacun en droit ſoi, de tous faits concernant la Chaſſe, & port d'armes, & attroupemens pour fait de Chaſſe.
Qu'enfin, pour d'autant mieux établir que la Chaſſe eſt prohibée à toutes perſonnes, ſi ce n'eſt aux Seigneurs Hauts-Juſticiers, Seigneurs de fiefs, dans
leurs terres & fiefs ſeulement, & que les Officiers de l'équipage du Grand-Veneur n'ont pas droit de provoquer les Chaſſes aux loups, il n'y a qu'à lire l'art.
V de l'Ordonnance d'Henri IV, donnée à Paris en Juillet 1607. Cette Ordonnance donne ſimplement pouvoir aux Officiers de Louveterie de porter

l'arquebufe aux Affemblées pour la Chaffe des loups , par la permiffion du Capitaine des Chaffes ; qu'il croit important de rapporter les difpofitions de cet article après les prohibitions du port d'armes. Le Roi Henri IV s'exprime ainfi : N'entendons comprendre aux rigueurs de notre Edit , les Officiers de notre Louveterie pour le regard du port d'arquebufe aux Affemblées qui fe feront pour courre , & prendre les loups dans nos Forêts , Bois & buiffons en dépendans, avec permiffion du Capitaine des Chaffes en icelles ou de leurs Lieutenans , & affiftés de l'un des Gardes ordinaires defdites Chaffes. Que cet article prouve bien clairement & fans aucune équivoque , que les Officiers de Louveterie ne peuvent convoquer aucunes Affemblées pour Chaffe aux loups , & qu'il ne peut être regardé que comme une tolérance d'y pouvoir porter l'arquebufe , & ce néanmoins fans l'infpection d'un Garde ; qu'il eft bien différent audit Briard de pouvoir porter l'arquebufe aux Affembléesqui fe font pour courre , & prendre les loups par permiffion du Capitaine des Chaffes , ou d'ordonner de fon autorité , les Affemblées pour ces fortes de Chaffe , & d'exiger en conféquence des droits exorbitans; que les Officiers de Louveterie font fimplement Officiers d'équipage , que le Grand-Veneur commande quand il plaît au Roi de faire chaffer le loup en fa préfence; que dans ce cas feul , ils ont le droit d'indiquer & d'inviter les Vaffaux des Seigneurs & Communautés de s'affembler pour faire les battues , huées néceffaires; que ce fait ne peut être révoqué en doute aux termes de l'Ordonnance de Charles VIII de l'an 1485. Cette Ordonnance, en Langue latine , s'exprime en termes bien pofitifs , & ne peut fouffrir une double fignification. *De cætero magni venatores Regni , in Nemoribus & Dominationibus altorum Jufticiariorum nobilium non venabuntur, neque compellent homines prædictorum Dominorum ad eos circà venationem hujufmodi juvandum , nifi nos in propriá perfonná interfuerimus* ; qu'il eft donc conftant que les Officiers de venerie ou louveterie font feulement bornés au fimple pouvoir de porter arquebufe aux affemblées des Chaffes aux loups , & qu'ils ne peuvent chaffer comme Officiers de louveterie, que quand ils feront commandés par le Grand-Veneur ou Grand Louvetier, pour les Chaffes que le Roi veut faire en perfonne; qu'outre ce cas , ils n'ont aucun pouvoir pour ordonner des Affemblées , encore moins pour tirer aucuns droits : *neque compellent homines prædictorum Dominorum ad eos circà venationem hujufmodi juvandum , nifi nos in propriá perfoná interfuerimus* ; que c'eft dans l'efprit de ces Loix, que font intervenus les Arrêts du Confeil de 1671 & 1677, par lefquels Sa Majefté étant informée que dans les Provinces de Picardie & Champagne, quelques Particuliers fe difant Lieutenans de Louveterie , commettoient divers abus , en obligeant les Laboureurs, lorfqu'ils font occupés à la culture des terres, de s'affembler pour chaffer aux loups , & fous ce prétexte , exigeoient de groffes amendes de ceux qui ne s'y trouvoient pas, & que lorfqu'ils avoient tué quelques loups, ils faifoient une impofition fur les villages de leur Département, qui montoit quelquefois à des fommes confidérables, & que même ils établiffoient des Payfans, aufquels ils permettoient de porter des fufils, & de chaffer au préjudice des Ordonnances, ce qui avoit donné lieu à diverfes vexations fur les Habitans defdits villages ; à quoi ayant jugé néceffaire de pourvoir, il a été fait défenfes à tous Lieutenans de Louveterie & autres, qui fe prétendroient Officiers d'icelles , de faire aucune publication de Chaffe aux loups, que du confentement de deux Gentilshommes de l'étendue du Département où ils réfidoient, qui feroient nommés par les Commiffaires départis efdites Provinces, lefquels auroient foin de voir fi les Habitans des lieux, où lefdits Officiers voudroient faire la Chaffe, pourroient y affifter, fans quitter leur labeur, avant que de confentir à ladite publication, & lorfque lefdits Officiers auroient tué quelques loups, ils feroient tenus de les repréfenter aufdits Gentilshommes, qui leur délivreroient leur certificat, fur lequel lefdits Commiffaires départis feroient la taxe des frais qu'ils auroient faits pour la prife defdits loups, laquelle feroit impofée fur les villages des environs où ils auroient été pris, à raifon de deux fols pour Paroiffe, & payé fans aucun frais. Fait en outre défenfes Sa Majefté de lever de plus grands droits pour raifon de ce, ni de donner aucune permiffion pour porter des fufils, à peine de privation de leurs charges, & d'être procédé contr'eux, & contre ceux qui fe trouveroient portans des fufils en vertu de leur permiffion, fuivant la rigueur des Ordonnances, avec injonction aufdits Commiffaires départis, de tenir la main à l'exécution defdits Arrêts ; que l'énoncé de ces Arrêts prouve fans contredit, que ces prétendus Louvetiers ne font pas fuffifans pour ordonner de leur chef, & fans y être autorifés, des Affemblées de Chaffe aux loups, & ne dérogeant en rien aux anciennes Ordonnances ci-deffus citées, & notamment à celle de Juillet 1607, art. V, qu'ils confervent le droit de porter arquebufe à ces fortes d'Affemblées, lorfqu'elles font convoquées par les Grands-Maîtres & Capitaines des Chaffes ; que ces Arrêts qui paroiffent en quelque façon, alterer la Jurifdiction des Grands-Maîtres & Officiers des Maîtrifes fur la connoiffance de cette efpece de Chaffe, en l'attribuant aux Commiffaires départis dans les Provinces, n'euffent point eu lieu dans cette forme ; fi les Grands-Maîtres & Officiers des Maîtrifes des Départemens ci-deffus dénommés fuffent intervenus, ou y euffent formé oppofition, certainement l'exécution leur en eût été adreffée ; qu'outre les termes précis des Ordonnances ci-deffus citées, qui établiffent fi clairement leur Jurifdiction, & aufquels ces Arrêts ne donnent aucune atteinte, que les Arrêts de 1697 & 1698, ce dernier rendu contradictoirement entre le fieur de Serancour, Commiffaire départi en la Généralité de Bourges & le fieur Begon, Grand Maître de ce Département, font une preuve du fait qu'il avance ; que l'Arrêt du 26 Février 1697 ordonnoit que par le fieur Begon, ou en fon abfence, par les Officiers des Maîtrifes particulières de ladite Province de Berry, il feroit fait des huées & chaffes aux loups ès endroits qui feroient jugés néceffaires, & qu'à cet effet, les Habitans des villes & villages fitués ès environs defdits lieux, feroient tenus d'y affifter, & de fe trouver aux jours & heures qui feroient indiqués par ledit fieur Begon, à peine de dix livres d'amende contre chacun défaillant ; que ledit fieur Begon ayant rendu fes Ordonnances pour l'exécution dudit Arrêt le 19 Avril audit an, par lefquelles il commettoit les Maîtres particuliers de Bourges, Vierzon & Iffoudun, pour faire faire la Chaffe aux loups dans l'étendue de leurs Maîtrifes, fuivant & ainfi qu'il étoit porté par lefdits Arrêts & Ordonnances, le fieur de Serancour, Commiffaire départi en ladite Province, rendit auffi une Ordonnance par laquelle il enjoignoit, fous peine de trois livres d'amende, à tous les Habitans de la Paroiffe Saint Privé, de fe trouver le 23 Novembre dernier, armés

de fufils ou de bâtons, dans les lieux qui leur feroient indiqués par le fieur de
Moufoge , qu'il avoit commis pour commander les huées & chaſſes aux
loups, qui feroient faites dans les Bois de Coutremoré ; que ledit fieur Begon ,
s'étant pourvu contre l'Ordonnance du fieur de Seraucourt ; & ce dernier ayant
fourni de réponſe aux moyens dudit fieur Begon, eſt intervenu ledit Arrêt
du 15 Janvier 1698 , par lequel Sa Majeſté, fans s'arrêter à l'Ordonnance
rendue par ledit fieur Seraucourt, a ordonné & ordonne que l'Arrêt du Conſeil
du 25 Février dernier , feroit exécuté felon fa forme & teneur ; que d'ailleurs
par l'art. I du tit. XXX de l'Ordonnance de 1669, le Roi voulant que les Ordonnances des Rois fes Prédécesſeurs fur le fait des Chaſſes , & fpécialement
celles des mois de Juin 1601 & Juillet 1607 foient obſervées en toutes leurs
difpoſitions, auſquelles il n'a point été dérogé , & qui ne contiendront rien de
contraire à ces préſentes. C'eſt donc aux anciennes Ordonnances qu'il faut
s'arrêter, puiſque par ladite Ordonnance de 1669, non-ſeulement il n'a point
été dérogé , mais encore l'on ne voit rien qui y ſoit contraire, que même la déclaration dn 12 Octobre 1699, en fixant le nombre des Capitaineries, a ſupprimé généralement toutes les autres qui fubſiſtoient alors, leurs Officiers &
Gardes, fous quelque prétexte, noms & qualités qu'ils puiſſent avoir établis ou
érigés, ſoit en vertu de proviſions du Roi, ou de commiſſion du Grand-Veneur ou Grand-Louvetier ou autrement, ſans pouvoir être rétablis , ſous
quelque prétexte que ce fût, à la réſerve de la Capitainerie générale des Chaſſes de Bourgogne , dont Sa Majeſté a voulu que M. le Duc de Bourbon
jouiſſe , & de celle de Long-Jumeau & de Pierre-Lay, dont M. le Marquis
d'Effiat & Préſident de Maiſons , quoique ſupprimés, pourroient faire les
fonctions pendant leur vie ſeulement ; en ſorte qu'au moyen de cette déclaration , la Juriſdiction des Chaſſes pouvant moins que jamais être fuſceptible de
partage ni concurrence, ſoit que la Police ou autrement, & la manutention
générale à l'exécution des Ordonnances demeure conſervées aux Grands-Maîtres & Officiers d'Eaux & Forêts, par titre & poſſeſſion depuis que la Monar-
chie fubſiſte , à la ſeule exception des Capitaineries réſervées par ladite déclaration, par laquelle Sa Majeſté , en ſuivant toujours l'eſprit des anciennes Ordonnances, ſi préciſément confirmées par celles de 1669 , fait défenſes à
tous ſoit-diſans Officiers de Capitainerie , Venerie & Louveterie, autres que
ceux reconnus en ladite déclaration, de s'ingerer ci-après dans l'exercice &
fonction , ni d'en prendre la qualité, ainſi qu'aux Gouverneurs de Provinces,
ou de Villes & Places, de prendre pareille qualité, s'ingerer de défendre la
Chaſſe dans tout ou partie de leur pouvoir ou gouvernement, ni de donner
aucune commiſſion de Capitaines, Lieutenans ou Gardes-Chaſſes. Fait défenſes aux Officiers des Tables de Marbre, Eaux & Forêts, & à tous autres de les
reconnoître en aucune maniere. Qu'il s'enfuit donc que s'il eſt fpécialement
défendu aux Officiers de Louveterie & à toutes les perſonnes de la qualité fufdite , de s'ingerer dans aucune fonction de Chaſſe, & aux Grands-Maîtres &
Capitaines des Chaſſes, Officiers des Maîtriſes & Capitaineries & Table de
Marbre, de reconnoître ces ſortes de perſonnes, qu'à plus forte raiſon, nous
ne pouvons connoître un prétendu Lieutenant & autres bas Officiers de Louveterie , dont les charges n'ont d'autre étendue que ſur le détail qui les concerne, & l'entretenement ou exercice de leurs équipages, ſuivant que l'établit

la

la Déclaration du 2 Janvier 1706, & qui en est le seul & vrai motif, sans
que ces charges aient aucun rapport à la connoissance & police, & conservations
attribuées aux Grands Maîtres, Maîtrises & Capitaineries sur le fait des
Chasses, ni que le Grand-Veneur & Grand-Louvetier, chacun en ce qui les
concerne, puisse y prétendre intendance générale ou jurisdiction particulière
en aucune maniere, & sous quelque prétexte que ce puisse être. Que c'est donc
une entreprise très-condamnable audit Briard, de vouloir par lui ou ses Préposés, convoquer des Chasses, faire des battues & huées de son autorité, &
sans autre pouvoir que de porter l'arquebuse aux Assemblées de chasse au
loup, d'exiger des droits excessifs, tandis que les plus forts que les Loix aient
accordés aux Sergens Louvetiers, sont de deux deniers par loup ou louveteau,
& ce quatre deniers par louve ; qu'étant nécessaire de remédier à tant d'abus,
il a cru que le dû de sa charge l'obligeoit de se pourvoir. A CES CAUSES,
requeroit ledit Procureur du Roi, qu'il nous plût ordonner que conformément à l'art. I. du tit. XXX. de l'Ordonnance des Eaux & Forêts du mois
d'Août 1669, celles des Rois Philippe V surnommé le Long, de 1318, Charles VIII de 1485, d'Henri III de 1583, Henri IV 1597, 1600, 1601 &
1607 aux articles ci dessus rapportés, ensemble les Déclarations du 12 Octobre 1699, & 2 Janvier 1706, seront exécutées selon leur forme & teneur ; &
en conséquence ordonner que, lorsque les Syndics & Habitans des Communautés du ressort de ladite Maîtrise, se trouveront inquiétés par les loups,
renards, autres bêtes nuisibles, qu'ils seront tenus de se retirer pardevers
nous, pour y être pourvus dans les formes requises par lesdites Ordonnances.
Ce faisant faire défenses audit Briard, se disant Lieutenant de Louveterie, à
Benoît le jeune, qu'il qualifie de son Sous-Lieutenant, & à tous autres qui se
prétendent Officiers de Louveterie, de faire en leurs noms, ou en celui de
gens qu'ils voudroient commettre, aucune publication de Chasse aux loups
dans l'étendue de leur établissement & résidence, ni d'exiger aucuns droits,
& aux Habitans des Bourgs, Villages & Hameaux du ressort de ladite Maîtrise
de Sens, & notamment aux Syndic & Habitans de la Communauté de Selles
du Bailliage de Langres, ancien ressort de la Maîtrise de Sens, de s'attrouper
avec armes, poudre & plomb, sous les ordres dudit Briard, & autres Officiers de Louveterie, à l'effet de faire les huées & chasses aux loups, ni sous
quelque autre prétexte que ce puisse être, à peine d'être procédé contr'eux,
suivant la rigueur des Ordonnances : faire pareillement défenses audit Briard,
ses Sous-Lieutenans, si aucuns il a, & à tous autres Officiers de Louveterie,
de porter l'arquebuse dans l'étendue du ressort de ladite Maîtrise, s'il n'est Seigneur Haut-Justicier ou possédant fief, si ce n'est par notre permission, & en
présence de tel Officier qu'il nous plaira commettre, lorsqu'il sera, suivant
l'exigence des cas, nécessaire de faire des huées & chasses aux loups, & que
pour icelle, l'Officier que nous aurons choisi, aura fait convoquer & assembler
à jour le plus commode qu'il lui plaira indiquer, & aux endroits qui seront par
lui jugés les plus propres, les Habitans des Paroisses où il sera à propos de
faire lesdites chasses aux loups, auxquelles Assemblées seulement, il sera permis audit Briard, ses Sous-Lieutenans & autres Officiers de Louveterie, de
porter l'arquebuse, se réservant ledit Procureur du Roi, à prendre contre
ledit Briard, ses Sous-Lieutenans & autres Officiers de Louveterie, telles au-

tres conclufions qu'il avifera bon être, tant pour le port d'armes, que pour avoir par abus, différentes fois, attroupé les Habitans des villages du reffort du Bailliage de Langres, & exigé des droits infolites, & que notre Ordonnance fera enregiftrée au Greffe de ladite Maîtrife, fignifiée aufdits Briard, Benoît le jeune, Syndic de la Communauté de Selles, & à tous autres qu'il appartiendra, même publiée où befoin fera, & exécutée felon fa forme & teneur. Vu la requête des Habitans de ladite Communauté de Selles, les Ordonnances, Arrêts & Réglemens, & tout confideré: Nous, ayant égard à la remontrance & requifition du Procureur du Roi, ordonnons que la requête defdits Habitans de la Communauté de Selles, & ledit placard imprimé, de nous vifés & paraphés, feront dépofés au Greffe de la Maîtrife des Eaux & Forêts de Sens, pour fervir & valoir ce que de raifon, & y avoir recours toutes fois & quantes que befoin fera: ordonnons pareillement que conformément à l'article I du titre XXX de l'Ordonnance des Eaux & Forêts du mois d'Août 1669, celles des Rois Philippe V furnommé le Long, de 1318, de Charles VIII de 1485, d'Henri III de 1583, d'Henri IV de 1597, 1600, 1601 & 1607, rendues pour raifon du fait dont eft queftion, & notamment les difpofitions contenues aux articles ci-deffus rapportés, en l'expofé dudit Procureur du Roi, feront exécutées felon leur forme & teneur: ce faifant, ordonnons que, lorfque les Syndics & Habitans des Communautés du reffort de ladite Maîtrife fe trouveront inquétés par les loups, renards & autres bêtes nuifibles, qu'ils feront tenus de fe retirer pardevers nous, pour y être par nous pourvu dans les formes requifes par lefdites Ordonnances, Arrêts & Réglemens; & en conféquence avons fait & faifons très-expreffes inhibitions & défenfes audit Briard, fe difant Lieutenant de Louveterie, à Benoît le jeune, qu'il qualifie de fon Sous-Lieutenant, & à tous autres qui fe prétendroient Officiers de Louveterie, de faire en leurs noms ou par des Prépofés, de quelque état, qualité & condition qu'ils puiffent être, aucune publication ou convocation de chaffes aux loups dans l'étendue de leurs établiffemens ou réfidence, ni d'exiger aucuns droits, & aux Habitans des Bourgs, Villages & Hameaux du reffort de ladite Maîtrife de Sens, & notamment aux Syndic & Habitans de la Communauté de Selles du Bailliage de Langres, ancien reffort de la Maîtrife de Sens, de s'attrouper avec armes, poudre & plomb, fous les ordres dudit Briard ou autres Officiers de Louveterie, à l'effet de faire des chaffes aux loups, ni fous quelque prétexte que ce puiffe être, à peine d'être procédé contr'eux, fuivant la rigueur des Ordonnances: faifons pareillement défenfes audit Briard, fes Sous-Lieutenans, fi aucuns il a, & à tous autres Officiers de Louveterie, de porter l'arquebufe dans l'étendue du reffort de ladite Maîtrife, s'il n'eft Seigneur Haut-Jufticier ou poffédant fief, fi ce n'eft pas notre permiffion, & en préfence de tel Officier qu'il nous plaira commettre, lorfqu'il fera, fuivant l'exigence des cas, néceffaire de faire des huées & chaffes aux loups, & que pour icelle, l'Officier que nous aurons choifi, aura fait convoquer les Affemblées à jour le plus commode qu'il lui plaira indiquer, & aux endroits qui feront par lui jugés les plus propres aux Habitans des Paroiffes où il fera à propos de faire lefdites chaffes aux loups; aufquelles Affemblées feulement avons permis, conformément à l'art. V de l'Ordonnance du mois de Juillet 1607, audit Briard, s'il eft Lieutenant de Louveterie, & autres Officiers de Louveterie, de porter l'arquebufe. Enjoignons au Procureur du Roi de ladite Maîtrife de tenir la main à l'exécution de ces préfentes, fauf à lui à prendre contre ledit Briard, fes Sous Lieutenans & autres Officiers de Louveterie, & toutes autres perfonnes à qui le port d'armes eft prohibé par les Ordonnances, telles con-clufions qu'il avifera bon être, tant pour ledit port d'armes, que pour par ledit Briard avoir par abus, différentes fois attroupé les Habitans des villages du reffort du Bailliage de Langres, & exigé d'eux des droits infolites : ordonnons en outre que notre préfente Ordonnance fera enrégiftrée au Greffe de ladite Maîtrife, fignifiée audit Briard, Benoît le jeune, Syndic de la Communauté de Selles, & à tous autres qu'il appartiendra, même publiée & affichée où befoin fera, & exécutée felon ſa forme & teneur. DONNÉ en notre Hôtel à Paris ce vingt-deux Janvier mil fept cent quarante-fix. *Signé,* DU VAUCEL, par mondit Seigneur, l'Eclopé.

ARREST DU CONSEIL D'ÉTAT DU ROI,

PAR lequel Sa Majefté a fait défenfes au Sieur Herlin, Rece-veur des Amendes de la Table de Marbre de Dijon, de s'im-mifcer à l'avenir, fous quelque prétexte que ce foit, dans la Collecte des Amendes, Reftitutions & Confifcations pronon-cées & à prononcer au Siége de ladite Table de Marbre, fur l'appel des Sentences, Procès-verbaux, ou autres Actes émanés des Maîtrifes particulières des Eaux & Forêts du reffort de la-dite Table de Marbre, à peine de 1000 liv. d'amende,

Du 16 Août 1746.

Extrait des Regiftres du Confeil d'Etat.

VU au Confeil d'Etat du Roi l'Arrêt rendu en icelui le 3 Décembre 1743, fur la requête de Jean Baptifte Leblanc, Garde Général, Collecteur des amendes de la Maîtrife particulière des Eaux & Forêts d'Autun, &c.

LE ROI EN SON CONSEIL, faifant droit fur l'Inftance, fans s'ar-rêter aux requêtes, demandes, fins & conclufions du nommé Maurice Herlin, Receveur des amendes de la Table de Marbre de Dijon, dont Sa Majefté l'a débouté & déboute, a ordonné & ordonne que les articles XVII & XXIII du titre XXXII de l'Ordonnance des Eaux & Forêts du mois d'Août 1669, & les articles I, VI, XI, XV, XVI, XVII, XVIII, XIX, XX, XXI, XXIII, XXVII, XXVIII, XXX & XXXII de l'Edit du mois de Mai 1716, concernant les amendes, reftitutions & confifcations prononcées en matiere d'Eaux & Forêts, feront exécutés felon leur forme & teneur ; & en conféquence Sa Majefté a fait & fait très-expreffes inhibitions & défenfes audit Herlin, de s'immifcer à l'avenir, fous quelque prétexte que ce foit, dans la collecte des amendes, reftitutions & confifcations prononcées, & à pronon-cer au Siége de ladite Table de Marbre, fur l'appel des Sentences, Procès-verbaux , ou autres actes émanés des Maîtrifes particulières des Eaux & Forêts du reffort de ladite Table de Marbre, à peine de mille livres d'amende pour la premiere contravention , qui ne pourra être réputée comminatoire, & de plus grande peine en cas de récidive : condamne Sa Majefté ledit Herlin à rendre & reftituer au nommé Jean-Baptifte le Blanc, Garde Général , Collecteur des amendes de la Maîtrife particulière d'Autun, la fomme de treize cent cinquante livres, qu'il a induement retenue par fes mains pour les cinq fols pour livre de celle de 5400 livres, à laquelle s'eft trouvée monter l'amende prononcée contre le nommé François Bonnin & fes affociés, par Jugement de ladite Table de Marbre du 20 Mars 1743, rendu fur l'appel interjetté en ladite Table de Marbre, du Procès-verbal de récollement des Bois dépendans du Prieuré de Saint Jean l'Evangélifte de Bar, dit le Régulier, uni à l'Eglife de Notre-Dame de Semur en Auxois , fait par les Officiers de ladite Maîtrife le 8 Septembre 1738 , à quoi faire & vuider fes mains des 1350 liv. dont eft queftion en celles dudit le Blanc, fera ledit Herlin contraint par les voies ordinaires & accoutumées; ce faifant, il en fera & demeurera bien & valablement quitte & déchargé, & ce en vertu du préfent Arrêt, & fans qu'il en foit befoin d'autre. Fait en outre Sa Majefté très-expreffes inhibitions & défenfes audit Herlin de prendre à l'avenir, auffi fous quelque prétexte que ce foit, la qualité de Collecteur des amendes de ladite Table de Marbre ; fera ledit préfent Arrêt enrégiftré tant au Greffe de ladite Table de Marbre, qu'en celui de ladite Maîtrife pour y avoir recours, fi befoin eft, & exécuté nonobftant oppofition ou autres empêchemens généralement quelconques, pour lefquels ne fera différé, & dont fi aucuns interviennent, Sa Majefté s'en eft & à fon Confeil, réfervée la connoiffance, & icelle interdite à toutes fes Cours & autres Juges, & fur le furplus des demandes, fins & conclufions des Parties, Sa Majefté les a mis & met hors de Cour & de Procès. FAIT au Confeil d'Etat du Roi, tenu à Verfailles le feiziéme jour d'Août mil fept cent quarante-fix. Collationné, *Signé*, DE VOUGNY, avec paraphe.

ORDONNANCE NOTABLE

De M. le Grand-Maître des Eaux & Forêts de Paris ,

SUR l'Adminiftration de Biens communs des Paróiffes , &c.

Du 4 Janvier 1747.

SUR ce qui Nous a été remontré par les Procureurs du Roi des Maîtrifes des Eaux & Forêts de notre Département, & fingulierement par celui de la Maîtrife d'Auxerre, que de même que Nous avions toute cour & jurifdiction fur les Eaux & Forêts , Pêches & Chaffes dans l'étendue de notre Département, à l'exception , pour la Chaffe, de ce qui en a été démembré pour compofer les Capitaineries reconnues, Nous avions pareillement toute cour & jurifdiction fur les terres vaines & vagues, communes , prés , marais , palus , pâtis & padouans, & deffechemens d'iceux, tant pour ce qui eft dépendant du

Domaine de Sa Majesté, que pour ce qui appartient aux Eccléfiastiques, Gens de main-morte & Communautés, & même aux Seigneurs particuliers, & que les conteftations en ces matieres étant fpécialement foumifes en premiere inftance à la Jurifdiction des Officiers des Maîtrifes, chacune dans l'étendue de fon reffort, ils croyoient devoir prévenir les abus qui s'introduifent dans l'adminiftration des biens communs appartenans aux Habitans & Communautés des Paroiffes, tels que font les bois, prés, marais, landes, pâtis, pêcheries, & autres biens communs, en Nous requerant de faire revivre les difpofitions des anciennes Ordonnances, & notamment de celle du mois d'Août 1669, Arrêts & Reglemens depuis intervenus; que pour y parvenir avec tout le fuccès qu'ils fe font propofés, & ne laiffer aucun doute fur nos fonctions & les leurs, ils nous y expoferent que par Edit de François Premier, donné à Saint-Maur-des-Foffés en Avril 1567, adreffé au Grand Maître & Officiers des Maîtrifes, il eft fait défenfes aux Seigneurs de s'attribuer les terres vaines, pâtis & communs de leurs fujets, avec injonction auxdits Officiers d'y tenir la main; que par l'Edit d'Henri IV. donné à Paris en Octobre 1594, auffi adreffé au Grand-Maître & Officiers des Maîtrifes, il a été permis à Herman Taffin, David & Philippes Taffin fes enfans, de continuer leur invention pour mettre les chofes inutiles en valeur, le deffechement des marais & la nagivation des ruiffeaux & rivieres, pourvu que ce foit du gré & confentement de ceux qui y auront intérét, & fans préjudicier à perfonne; & que par autre Edit du même Roi, donné à Fontainebleau en Avril 1599, il a voulu & ordonné que tous pâtis & marais dans le Royaume, pays, terres & feigneuries de fon obéiffance, tant dépendans du Domaine que ceux appartenans aux Eccléfiaftiques, Gens nobles & du Tiers Etat, fuffent deffechés & effuyés par le fieur Bradeleu & fes Affociés, ou les propriétaires, & par eux rendus propres au labour, prairies ou herbages felon que leurs fituations naturelles le permettroient; que l'article III. de cet Edit ordonne que le deffechement fera fait dans le temps qui fera limité par le Grand-Maître des Eaux & Forêts, ou Maître particulier des lieux. Que les articles VIII. & IX. du même Edit, veu'ent que les Officiers d'Eaux & Forêts faffent les partages defdits marais deffechés entre les Parties intereffées. Que l'article XVII. ordonne au Grand Maître & Maître particulier des Eaux & Forêts de vifiter & informer fur la commodité & incommodité du deffechement des marais. Que l'article XVIII. veut que le Grand-Maître, fes Lieutenants ou Maîtres particuliers, les uns en l'abfence des autres, faffent choix & option de la moitié qui reviendra au Roi pour la plus commode, & qu'ils mettent l'entrepreneur & fes affociés en poffeffion de l'autre moitié. Enfin, que l'article XIX. s'explique en ces termes: Qu'advenant débat, ou procès entre Propriétaires, Seigneurs fonciers, Communautés ou autres particuliers prétendant intérêts fur les palus & marais deffechés pour raifon des deffechemens, circonftances & dépendances d'iceux, Nous en avons attribué toute cour, jurifdiction & connoiffance en premiere inftance au Grand-Maître Général Réformateur, ou fes Lieutenants ou Officiers ès Siéges de nos Tables de Marbre privativement à tous autres Juges. Que fuivant cet Edit, tous les marais à deffecher en l'étendue du Royaume, étoient abandonnés pour moitié au fieur Bradeleu & à fes affociés, & l'autre moitié pour ceux du Domaine étoit

réfervée au Roi , & que les autres propriétaires avoient pareillement moitié
de ce qui leur appartenoit avant le deffechement, mais qu'on ne peut dif-
convenir que notre Jurifdiction & celle des Officiers des Maîtrifes, s'y trouvent folidement établies pour régler tous les différends qui pouvoient furvenir dans une entreprife de cette conféquence, où non-feulement le domaine
de la Couronne fe trouvoit intereffé , mais encore tous les Eccléfiaftiques,
Gens de main-morte, Communautés & Particuliers ; que pour d'autant plus
établir que les Communautés ne peuvent rien entreprendre fur les ufages
communs, landes, marais, pâtis & pâturages, ni faire baux de leurs revenus
communs de leur autorité, & que dans tous les cas ils font foumis à la Jurifdiction des Maîtrifes, il n'y a qu'à lire l'Arrêt du 23 Septembre 1692,
qui permet aux Habitans des Paroiffes des environs de Calais, de faire curer
& approfondir les foffés des marais & vatregans, l'on verra que Sa Majefté a
voulu que les ouvrages qu'il y convenoit de faire, tant pour le curement
que pour les ponts & éclufes, fuffent publiés & baillés au rabais féparement
pour chaque Paroiffe pardevant le Maître particulier des Eaux & Forêts
de Calais ; celui du 17 Août 1709 , par lequel on voit que les Habitans des
villages de Douyrins, Billy & Befelain, s'étant pourvûs au Confeil d'Artois,
au fujet d'un marais, la procédure qui avoit été faite audit Confeil d'Artois
fut caffée, révoquée & annullée, & tout ce qui pouvoit s'en être enfuivi,
le Procureur qui avoit occupé pour eux, fut condamné en cinquante livres
d'amende, & il fut ordonné que les Parties procéderoient au Siége de la
Maîtrife d'Arras, fauf l'appel en la maniere accoutumée ; qu'indépendamment
de ces autorités, l'on ne peut réfifter fur notre droit de Jurifdiction, & fur celui
defdites Maîtrifes, contre les difpofitions des articles dudit titre XXV. de
l'Ordonnance de 1669 ; que les trois premiers articles qui reglent les amenagemens qu'ils exigent dans les bois des Communautés, ne laiffent aucun doute
fur nos fonctions à cet égard, non plus que les articles IV. V. & VI, qui nous
indiquent ce que nous devons faire dans les amendes en triage par les Seigneurs contre les Habitans, & où ces demandes fe trouveroient avoir lieu,
de quelle façon lefdits Seigneurs & Habitans doivent jouir des portions qui leur
font échues, foit en bois, prés, marais, iffes, pâtis, landes, bruyeres & graffes
pâtures, après le partage que nous fommes en droit de faire exclufivement
à tous autres Juges, fuivant l'article XXII. du titre III de ladite Ordonnance,
& dans la forme prefcrite par l'article XIX. du titre XXV. en conformité
defquelles eft intervenu Arrêt du Confeil du 20 Mai 1698, qui caffe une Ordonnance du fieur de Lafond, Intendant en Alface, qui avoit permis, contre
les défenfes du fieur Goulon, à quelques prétendus Ufagers en la forêt de la
Holle, de jouir de leurs communes & ufages en ladite forêt ; ordonne que
celles du fieur Coulon, des 12 & 25 Avril audit an, feroient exécutées felon
leur forme & teneur ; que l'article VII. dit que fi dans les pâtures, marais,
prés & pâtis échus au triage des Habitans, ou tenus en commun fans
partage, il fe trouvoit quelques endroits inutiles & fuperflus dont la Communauté pût profiter fans incommoder le pâturage, ils pourront les donner à
ferme, après un réfultat d'affemblée faite dans les formes, pour une, deux
ou trois années, par adjudication des Officiers des lieux, fans frais, & le prix
employé aux réparations des Paroiffes dont les Habitans font tenus, ou autres

urgentes affaires de la Communauté; il ne s'enfuit pas que ces Communautés puissent, de leur propre mouvement, faire procéder à l'adjudication de leurs prés, marais, isles, pâtis, landes, bruyeres & grasses pâtures, en vertu d'un simple acte d'assemblée; que l'Ordonnance exigeant que le résultat de l'assemblée soit fait dans les formes, il est nécessaire, pour y parvenir, qu'ils implorent notre autorité, & celle des Officiers des Maîtrises, afin que leurs déliberations ne soient point préjudiciables au bien public & aux Ordonnances; que pour se convaincre de cette vérité, ils nous rappellent les circonstances dans lesquelles sont intervenus les Arrêts du Conseil des 31 Mars 1693 & 24 Mai 1707; que par le premier rendu du propre mouvement du Roi, l'on voit que Sa Majesté s'étant fait représenter une Ordonnance du sieur Danguin de Château-Renard, Intendant de la Généralité de Moulins, du 13 Mars 1693, par laquelle sur la représentation qui lui avoit été faite par les Habitans des Paroisses de la Province de Nivernois, qu'ils étoient dans l'impossibilité de payer les sommes auxquelles ils étoient taxés pour les droits de nouveaux acquêts, à cause des usages qu'ils possédoient en commun, si on ne leur permettoit de vendre partie des bois sujets auxdites taxes, il avoit ordonné qu'à la diligence du Préposé au recouvrement, il seroit pardevant lui procédé à la vente & adjudication, tous les jeudis de chaque semaine, de tout ou de partie des bois possédés en commun par lesdits Habitans, & celle du sieur Millon, Grand-Maître des Eaux & Forêts au Département de Poitou, Nivernois, Angoumois, la Marche & Saintonge, du 26 du même mois de Mars, qui, ayant vû que l'Ordonnance dudit sieur Danguin étoit une entreprise sur les fonctions de sa charge, & contraire à l'Ordonnance du mois d'Août 1669, avoit fait défenses à toutes personnes de quelque qualité qu'elles puissent être, de mettre en vente, aucuns desdits bois communs, & aux Marchands & à tous autres d'en acheter, à peine de 3000 liv. d'amende, & d'être procédé extraordinairement contre les contrevenans, avec injonction aux Officiers des Maîtrises de faire publier ladite Ordonnance dans tous les lieux où celle du sieur Danguin avoit été rendue publique. Sa Majesté, sans s'arrêter à l'Ordonnance dudit sieur Danguin, qu'Elle cassa, révoqua & annulla, ordonna que celle dudit sieur Millon seroit exécutée selon sa forme & teneur; que par le second, l'on voit aussi que sur ce qui fut représenté au sieur le Boultz, Grand-Maître du Département de Touraine, de quelques Habitans des Paroisses de Tizay & Silvais, s'étoient emparés de plusieurs arpens de marais & communes dépendans desdites Paroisses, il avoit ordonné le vingt-huit Mai 1706, qu'ils seroient assignés à la Maîtrise de Chinon, pour représenter les titres en vertu desquels ils jouissoient; qu'ils comparurent & déclarerent qu'ils en jouissent en vertu de baux à ferme qui leur avoient été faits par les Communautés des Habitans desdites Paroisses, pour raison desquels ils s'étoient pourvus pardevant le Subdélégué du sieur Turgot, Intendant de Tours, qui par deux Ordonnances des 17 & 28 Mai 1706, avoit ordonné que lesdits Habitans se pourvoiroient pardevant ledit sieur Intendant pour l'homologation des baux à ferme qui leur avoient été faits, sous le prétexte que le prix étoit destiné au payement de l'ustensi e & de la Capitation, pour raison de quoi soutenoient qu'ils n'étoient pas justiciables de la Maîtrise, ce qui donna lieu au Procureur du Roi de ladite Maîtrise de Chinon de se pourvoir au Conseil d'Etat, & de repréfenter à Sa Majefté que ce n'étoit pas la deftination du prix des communes qui en régloit la compétence , & qu'elle n'en pouvoit pas ôter la connoiffance aux Officiers des Maîtrifes, pour la donner aux Intendans, ou à leurs Subdé-légués, & que lefdites Maîtrifes étoient en droit & en poffeffion des faits de marais, pâtis & communes, & d'en faire les baux, ou de les homologuer, furquoi intervint ledit Arrêt du 24 Mai 1707, qui caffe, révoque & annulle lefdites deux Ordonnances des 17 & 28 Mai 1706; ordonne que les Parties procéderont en ladite Maîtrife, maintient & garde lefdits Officiers au droit & poffeffion de connoître des matieres concernant les marais, pâtis & com-munes des Paroiffes, & d'en faire ou homologuer les baux à ferme qui feront jugés néceffaires ; & fait défenfes à tous Juges de les troubler, & aux Parties de fe pourvoir ailleurs qu'en ladite Maîtrife en premiere inftance , à peine de nullité, de caffation de procédures, & de cinq cens livres d'amende contre chacun des contrevenans. Que l'article VIII. du titre XXV. portant défenfes rigoureufes d'entreprendre fur les quarts en réferve & futaye, fi ce n'eft pour les caufes & dans les formes qu'il prefcrit, ces formes doivent être entiere-ment dirigées par les Grands-Maîtres & Officiers des Maîtrifes, ainfi qu'il a été jugé par deux Arrêts du Confeil des 1 Décembre 1722 & 2 Mars 1723, qui en révoquant deux précédens Arrêts qui avoient attribué au fieur Bi-gnon, lors Intendant de Paris, l'emploi des coupes de bois appartenans aux Communautés de Tonnerre & Riviere, ont ordonné que les réparations ad-jugées au rabais pour lefdites Communautés, le feroient par notre Prédécef-feur, qui décerneroit fes Ordonnances pour le payement des adjudicataires. Que les articles IX. & X. prefcrivent la forme dont feront faites les affiettes des coupes ordinaires , ainfi que le récollement, en y confervant notre Jurifdiction & celle des Officiers des Maîtrifes; mais que Sa Majefté, ayant reconnu l'avantage qui devoit refulter de la réduction des tailles des Ecclé-fiaftiques, Gens de main-morte & Communautés, elle a établi, par une Jurif-prudence certaine dans toute l'étendue du Royaume, que lefdites coupes fe-roient divifées & bornées en vingt-cinq parties par Nous ou les Officiers des Maîtrifes, enforte qu'elles ne font plus à l'arbitrage des Juges ordinaires pour les affiettes, & que les récollemens par Arpenteurs Jurés des Maîtrifes, en deviendroient inutiles, par la pofition des bornes de divifion, s'il n'étoit pas néceffaire de reconnoître fi les Juges des lieux, Procureur d'Office, Syndics & Députés de chaque Paroiffe, font faire les réferves prefcrites & une exploitation réguliere. Que l'article XI. qui indique de quelle façon fe doivent faire lefdites coupes, veut, que les bois qui en proviendront foient diftribués fuivant la coutume, & qu'en cas de plaintes ou conteftations fur le partage ou diftribution, le Grand-Maître y pourvoye en faifant fes vifi-tes ; que cette difpofition, pour la néceffité du partage des bois, a toujours été reconnue fi importante pour obvier à tous abus qui naîtroient des ventes de ces fortes de coupes, que toutes les fois que les principaux Ha-bitans des Paroiffes les ont provoquées fans avoir été de nous autorifées, con-formément à l'article XII. elles ont été déclarées nulles ; que l'on voit en-core qu'en contravention audit article XII. & à une Ordonnance du fieur Coulon, Grand-Maître au Département de Lorraine & Barrois, du 14 Sep-tembre 1652, le fieur Defmaretz de Vaubourg, Intendant en Lorraine, ayant

permis

permis aux Habitans des Villages des Prévôtés & Offices de Nancy, Amancé-l'Avant-garde, le Pont-à-Mouffon, Preny, Saint-Michel, Gondreuil, Comté de Vaudemont, Evêché, Comté & Chapitre de Toul, & autres Offices à portée de Nancy, de vendre les bois provenant du partage des Communautés, fans qu'il leur fût apporté aucun trouble ni empêchement ; ledit fieur Coulon rendit une feconde Ordonnance le 13 Novembre fuivant, portant nouvelles défenfes aux Communautés de l'étendue de fon Département, & fpécialement à celles dépendantes des Prévôtés dénommées en l'Ordonnance dudit fieur Intendant du 28 Octobre précédent, fous les peines de droit ; il fut jugé, par Arrêt du Confeil du 3 Mars 1693, fur le vû des motifs dudit dudit fieur de Vaubourg, & la réponfe du fieur Coulon, que les Ordonnances du fieur Coulon des quatorze Septembre & dix-fept Novembre mil fix cent quatre-vingt-douze, feroient exécutées felon leur forme & teneur, parce qu'il n'eft permis aux Communautés de vendre leurs bois que lorfque pour le plus grand avantage defdites Communautés, il eft par Nous jugé à propos; que c'eft encore fur le fondement de cet article que par Arrêt du Confeil du 24 Oct. 1702, il a été décidé que lorfqu'il feroit jugé à propos par le Grand-Maître de Bourgogne, de vendre les coupes ordinaires des bois communaux de la ville d'Avallon, il en feroit fait adjudication au Siege de la Maîtrife, quoique les Maire & Echevins de ladite Ville euffent déclaré par acte du 19 Août 1702, conformément aux ordres des fieurs Commiffaires établis pour la liquidation des dettes des Communautés de Bourgogne, que lefdits Commiffaires prétendoient avoir droit, & étoient en poffeffion il y avoit quarante ans, d'adjuger les bois & revenus communs d'Avallon, & que le fieur Ferrand, qui étoit un des Commiffaires, & en outre Intendant de Bourgogne, eût fourni une réponfe conforme à ladite déclaration; que par un autre Arrêt du vingt-huit Mai 1709, une adjudication de quarante arpens de bois qui avoit été faite par les Maire & Echevins de Ville de Sedan, le vingt-huit Mars précédent, a été caffée, révoquée & anulée, & celle faite en la Maîtrife de Sédan, de la même quantité de bois, le même jour vingt-huit Mars 1709, en exécution de l'Ordonnance du fieur Coulon, Grand-Maître, a été confirmée; qu'enfin, pour l'exécution dudit article, le Procureur du Roi de la Maîtrife de Befançon, ayant fait faifir des bois abbatus dépen dans de la Communauté de Deluz, dont le Maire prétendoit être en droit de connoître par Arrêt du Confeil du vingt-deux Avril 1704, l'Ordonnance rendue par ledit Maire, fût caffée ; défenfes furent faites à tous Maires & Officiers d'Hô-tels-de-Ville, de connoître des matieres d'Eaux & Forêts, à peine de nullité, caffation de procédure, dépens, dommages & intérêts, & de cinq cens livres d'amende, & ordonné que les pourfuites commencées en ladite Maîtrife y feroient continuées; que les articles XIII. XIV. XV. XVI. XVII. & XVIII. concernant la police qui doit être gardée pour le bon amenage-ment des bois & leur confervation, ainfi que la façon dont les Commu-nautés doivent jouir de leur part en la pêche, le tout fous l'infpection des Maîtrifes qui doivent pourvoir aux confervations qu'ils trouveroient aux-dits articles, non-feulement l'article XIX. dudit titre XXV. prefcrit la forme que nous devons garder dans le partage entre les Seigneurs & les Communau-tés, conformément aux anciennes Ordonnances, & à ce qui avoit été jugé par

Tome II. R r

Arrêt du Conseil Privé du 18 Juillet 1603, pour l'exécution desquels il est certain que Sa Majesté ayant révoqué les procès & différends pendans au Parlement de Paris, entre le sieur de Bournonville & les Habitans de Couriere, elle les renvoya par Arrêt du vingt-cinq Janvier mil sept cent un, avec leurs circonstances & dépendances, pardevant le Grand-Maître des Eaux & Forêts au Département de Picardie & d'Artois, pour y procéder jusqu'au Jugement définitif inclusivement, sauf l'appel au Parlement de Paris; mais encore que l'art. XX veut que les Grands-Maîtres & Officiers des Maîtrises instruisent & jugent sommairement les différends qui pourroient survenir en exécution desdits partages, sans que les Juges ordinaires des lieux en puissent connoître; que les Arrêts du Parlement de Paris des 19 Avril 1611, 18 Avril 1712 & 7 Décembre 1713, établissent combien la disposition dudit Arrêt du 18 Juillet 1603, celles desdits art. XIX & XX, & des art. II & IV du titre de la Jurisdiction de ladite Ordonnance, sont conformes aux anciennes Ordonnances. Que l'art. XXI voulant que hors le cas de réformation, les amendes & confiscations appartiennent aux Seigneurs Hauts Justiciers, & les restitutions en tous les cas, aux Communautés. L'art. XXII veut que les restitutions, dommages & intérêts soient appliqués aux réparations & nécessités publiques; que c'est conformément à toutes les dispositions des Ordonnances, Arrêts & Réglemens intervenus en conséquence, qu'une contestation mue entre les Officiers de la Maîtrise de Chaumont, & les Maire & Echevins de la même ville, pour raison d'une adjudication des Bois communaux de ladite ville, que ces derniers avoient fait le 2 Septembre 1694, & qui avoit donné lieu au Grand-Maître de prononcer des condamnations d'amendes par Jugement du 27 Septembre 1694, le Grand-Maître, les Officiers de ladite Maîtrise, & lesdits Maire & Echevins ayant été envoyés pardevant le sieur Larcher, Commissaire départi en la Généralité de Châlons, pour être entendus, dresser Procès verbal de leurs dires & contestations, & donner son avis; ladite contestation fut terminée en faveur du Grand-Maître de Champagne, & des Officiers de ladite Maîtrise par Arrêt du 8 Mars 1695, sur le Procès-verbal & avis dudit sieur Larcher, Commissaire, & conformément à icelui, S. M. faisant droit sur les Requêtes respectives, a maintenu & gardé les Officiers de la Maîtrise de Chaumont au droit de Jurisdiction dans les Bois communaux de ladite Ville de Chaumont, & néanmoins sans tirer à conséquence, a ordonné l'exécution de ladite Adjudication; il a été fait défenses ausdits Maire & Echevins de troubler à l'avenir les Officiers de ladite Maîtrise dans l'exercice de leur Jurisdiction, & ordonné que le Greffier de l'Hôtel de Ville remettroit au Greffe de la Maîtrise expédition de l'Adjudication; que cette portion de notre Jurisdiction, & de celles des Officiers des Maîtrises, ne pouvant souffrir aucune concurrence ni partage, toutes les fois que les Juges ordinaires, même les Cours, en ont voulu prendre connoissance en première instance, Sa Majesté y a pourvu conformément à ladite Ordonnance de 1669; qu'il ne falloit pas moins que des dispositions aussi positives pour remplir l'objet de l'Edit du mois d'Avril 1667, qu'il est constant que cet Edit qui tendoit à rétablir les Communautés Ecclésiastiques & Laïques dans la propriété & possession des prés, bois, pâtis, terres vaines & vagues qui avoient été aliénés, n'avoient point eu d'exécution dans l'étendue des trois Evêchés & ressort du Parlement de Metz, jusqu'en l'année 1726, à cause des Guerres.

Que Sa Majesté ayant voulu que lesdites Communautés dans l'étendue desdits trois Evêchés & reffort du Parlement de Metz, rentraffent pareillement dans les prés, bois, pâtis, terres vaines & vagues qui avoient été aliénés, Elle ordonna, par Arrêt du Conseil du 12 Mars audit an 1726, que toutes personnes, de quelque qualité & condition qu'elles fuffent, qui poffédoient de ces fortes de biens acquis depuis l'année 1620, feroient tenus de repré-fenter dans un mois, du jour de la fignification qui feroit faite dudit Arrêt pardevant le Sieur Collard, Grand-Maître des Eaux & Forêts du Département de Metz, ou pardevant tel Officier de chacune Maîtrise ou Gruerie de fon Département qu'il voudroit commettre, les titres de leurs acquifi-tions ou poffeffions d'iceux, dont il feroit dreffé Procès-verbaux, pour iceux, avec l'avis dudit fieur Grand-Maître, vu & rapporté au Con-feil, être par Sa Majesté ordonné ce qu'il appartiendroit, finon & à faute d'y fatisfaire, a voulu Sa Majesté qu'ils demeuraffent déchus purement & fim-plement de leur propriété ou poffeffion. Que cet Arrêt établit bien pofitive-ment, qu'en ces matières notre Jurifdiction ne peut fouffrir aucune concur-rence ni partage. Que le Grand-Maître du Département de Metz étant le feul nommé dans cet Arrêt, & Sa Majesté ne le laiffant maître de commettre tel Officier de Judicature que bon lui fembleroit, voulant au contraire qu'il com-mette un Officier de chacune Maîtrise ou Gruerie de fon Département, il eft donc fans contredit que pour raifon des prés, bois, pâtis, terres vaines & va-gues, landes, ufages & communes, on ne peut diftraire notre Jurifdiction & celle des Maîtrifes. Que ce fait démontré refte à prouver que toutes les fois que les Juges ordinaires, & même les Cours, ont voulu en prendre con-noiffance, Sa Majesté y a pourvu, fuivant qu'il réfulte des Arrêts, tant du Par-lement, que du Conseil, des 5 Septembre 1608, 30 Octobre 1687, 2 Oc-tobre 1688, 2 Juin 1693, 4 Mai 1694, 17 Janv. 1696, 2 Décembre 1698 & 16 Juin 1699, & notamment par ceux ci-après récemment rendus; le pre-mier, du 19 Juin 1731, intervenu fur la Requête des Officiers des Eaux & Forêts du Vicomté d'Auge, Sa majesté ayant égard à ladite Requête, & fans s'arrêter aux Arrêts du Parlement des 29 Avril & 4 Juin 1728, que S. M. a caffé & annullé; ordonne que les articles II du titre de la Jurifdiction, IV & XX du titre des Bois, Prés, Marais, Landes, Pâtis & autres biens ap-partenans aux Communautés & Habitans des Paroiffes, de l'Ordonnance de 1669, & les Arrêts & Réglemens intervenus en conféquence, feront exécu-tés felon leur forme & teneur; ce faifant, que les Officiers des Eaux & Fo-rêts du Vicomté d'Auge connoitront, à l'exclufion des Juges ordinaires, des prairies qui font communes pour les fecondes herbes, tant pour les entrepri-fes faites fur le pâturage commun d'icelles, que pour régler la manière d'en ufer, & pour les autres cas concernant les parties communes, & en confé-quence Sa Majesté a renvoyé les conteftations dont étoit queftion pardevant les Officiers des Eaux & Forêts du Vicomté d'Auge, pour y être jugées en la manière ordinaire. Fait Sa Majesté défenfes aux Juges ordinaires dudit Vi-comté, de connoître defdites matières, à peine de nullité, caffation de pro-cédures, & aux Parties de s'y pourvoir, à peine de 500 liv. d'amende; le fecond du 29 Mai, ordonne l'exécution de l'Ordonnance de 1669, & de l'Arrêt du Conseil du 16 Mai 1724, & en conféquence fait défenfes à toutes

Perfonnes , fans diftinction de qualité, de défricher aucuns Bois ni Pâtis ,
à peine de 1000 liv. d'amende , & de confifcation des terres défrichées ;
enjoint aux fieurs Grands-Maîtres des Eaux & Forêts du Royaume , & aux
Officiers des Maîtrifes particulières , de tenir la main , chacun en droit foi ,
à l'exécution dudit Arrêt ; le troifiéme , du 20 Août 1737 , caffe & annulle
un partage fait entre le Seigneur de Vernot & les Habitans dudit lieu , des
Bois communaux defdits Habitans , fauf audit Seigneur de Vernot à fe pourvoir pour obtenir fon triage dans lefdits Bois , s'il y avoit lieu , ainfi qu'il
eft prefcrit par l'Ordonnance du mois d'Août 1669 ; le quatriéme , du 29
Mars 1740 , caffe deux Jugemens de la Table de Marbre de Paris des 6 Juillet
& 19 Octobre 1735 , évoque l'inftance en triage d'entre le Chapitre de Châlons & les Habitans de Champigneuil , & renvoye ladite inftance devant le
Sieur de Courtaignon , Grand-Maître de Champagne , pour y procéder conformément à l'Ordonnance de 1669 , Arrêts & Réglemens intervenus en conféquence ; le cinquiéme , du 12 Septembre 1741 , ordonne l'exécution de
l'art. XX du 25 de l'Ordonnance de 1669 , des Arrêts du Confeil des 16
Mai 1724 , 22 Février 1729 , 19 Juin 1731 , 29 Mars 1735 , & notamment celui du 6 Mars 1736 , lequel dernier Arrêt caffé & annullé toute
la procédure faite devant les Officiers du Bailliage de Langres , pour raifon
de défrichement des Bois communaux , fit défenfes aux Officiers dudit Bailliage , & à tous autres , de troubler à l'avenir ceux de la Maîtrife de Sens
dans leurs fonctions , & de prendre connoiffance des Bois des Communautés
& Gens de Main-morte , Prés , Pâtis communaux , à peine de 3000 liv. d'a-
mende. Les Officiers dudit Bailliage imaginerent de faire un acte en forme
de Réglement pour ledit Bailliage le 18 Juin 1738 , dans lequel ils avoient
fait entrer des difpofitions concernant les Pâtis communaux & Bornages d'i-
ceux dans l'étendue dudit Bailliage. Ce Réglement fut caffé par ledit Arrêt
du 12 Septembre 1741 , en ce qui concernoit les Pâtis communaux , & il a
été de nouveau fait très-expreffes inhibitions & défenfes aux Officiers dudit
Bailliage , & à tous autres , de troubler à l'avenir , fous quelque prétexte que
ce fût , ceux de la Maîtrife de Sens , & de prendre connoiffance des Bois des
Communautés & Gens de Main - morte , Prés , Pâtis communaux , & du
bornage d'icéux , à peine d'interdiction & de 3000 liv. d'amende , qui ne
pourroit être réputéé comminatoire, avec injonction au Grand-Maître & aux
Officiers de ladite Maîtrife , d'y tenir la main ; le fixiéme , du 4 Février
1744 , caffe une Sentence du Bailliage de Caen du premier Avril 1743 ,
& ordonne que les art. II & XIV du titre de la Jurifdiction , IV & XX
du titre 25 , & les Arrêts du Confeil des 17 Août 1700 , 19 Juin 1731 ,
6 Janvier 1739 & 12 Septembre 1741 , & de l'Ordonnance du Maître par-
culier de la Maîtrife de Caen qui avoit admis la réquifition & revendication
du Procureur du Roi , fur une conteftation concernant les Pâtis de la Paroiffe
de Petiville , portée audit Bailliage , feroient exécutées felon leur forme & teneur , & en conféquence ordonne aux Habitans de Petiville de fe pourvoir
& procéder en première inftance devant les Officiers de ladite Maîtrife , jufqu'à
Sentence définitive , pour raifon des entreprifes faites fur les Pâtis communaux de ladite Paroiffe ; & le feptiéme , du 5 Juin audit an 1744 , caffe un
Arrêt de la Chambre des Eaux & Forêts du Parlement de Touloufe du 23
Avril 1743 , & tout ce qui pouvoit s'en être enfuivi , & conformément aux ar-

ticles I, II & XIV du titre premier de l'Ordonnance de 1669, & aux Arrêts du Conseil des 19 Juin 1731, 29 Mars 1735, 6 Mars 1736, 6 Janvier 1739, 12 Septembre 1741 & 4 Février 1744, ordonne que la Sentence de la Maitrise de Rhodez du 23 Juillet 1742, rendue à l'occasion du cours des eaux & du défrichement d'une portion de marais & pâtis communs de la Paroisse de Viales, portant défenses aux Parties de procéder ailleurs, à peine de nullité, cassation de procédure, 1000 liv. d'amende, & de tous dépens, dommages & intérêts, seroit exécutée selon sa forme & teneur; qu'en cet état où il est bien démontré que les bois, prés, marais, landes, pâtis, pêcheries & autres biens appartenans aux Communautés & Habitans des Paroisses doivent, aux termes des concessions faites ausdits Habitans, rester toujours unies aux Communautés; qu'ils ne peuvent être aliénés en tout ou en partie sans permission du Roi; qu'ils ne peuvent non plus, aux termes desdites Ordonnances, faire baux ni adjudications de la jouissance des revenus de leurs fonds, ni vendre leurs coupes ordinaires que lorsqu'il est par Nous jugé plus avantageux ausdites Communautés; que hors ce cas, ils doivent jouir en commun, & se partager entr'eux les fruits, sauf à être par Nous réglé sur les plaintes & contestations qui naîtroient sur les partages; que cette jouissance commune ayant toujours été regardée comme un objet assuré pour le maintien des Communautés, par une disposition de l'Edit du mois d'Avril mil six cent soixante-sept, Sa Majesté a voulu que les remboursemens que les Communautés feroient pour rentrer dans les biens communs aliénés pour causes légitimes, & qui auroient tourné aux biens & utilités des Communautés se fissent en dix années, & que les Habitans des Paroisses privilégiées & non privilégiées fussent taxés chacun à proportion des biens qu'ils se trouveroient posséder dans lesdites Paroisses, & que cependant ils payeroient l'intérêt à raison du denier vingt-quatre, qui diminueroit à proportion, sans que les créanciers des Communautés, même ceux qui se trouveroient créanciers pour raison du remboursement du prix pour lequel les communes auroient été aliénées, pussent faire saisir les communes, ni en faire faire bail judiciaire, ni s'en faire adjuger les fruits ou la jouissance à quelque titre, & sous quelque prétexte que ce fût en justice par les Habitans, à peine de perte de leur dû, & de 10000 liv. d'amende: combien ne devons-nous point apporter d'attention à l'exécution de cette loi? Qu'en effet sous des prétextes moins favorables que les cas que cet Edit a prévû, si les principaux Habitans des Communautés devenoient maîtres de donner les revenus des biens communs par bail ou adjudication, il n'y auroit que les plus riches qui pourroient s'en rendre Adjudicataires, & insensiblement Proprietaires par convenance des héritages qu'ils pourroient posséder auprès desdits biens communs, ou qu'au moins ils s'empareroient de partie par motion de bornes; qu'outre que ces baux ou adjudicarions se feroient souvent à vilité de prix, c'est que les Pauvres ne pourroient subsister, n'ayant plus en nature la portion du fruit commun; qu'indépendamment de ces conséquences contre lesquelles nous sommes obligés, ainsi que les Officiers des Maîtrises, d'être perpétuellement en garde pour le maintien desdites Communautés, il en résulteroit une extrêmement dangereuse de la vente des coupes ordinaires du Bois desdites Communautés, en ce que les Pauvres n'ayant plus leur lot dans chaque coupe par les ventes qui s'en feroient, ils seroient forcés de brigander leurs bois; peut-être d'abord

ne se livreroient-ils au brigandage que pour subvenir à leur besoin : mais
peu-à-peu s'accoutumant au pillage , ils en feroient commerce dans les Villes
voisine : trop heureux , si s'étant livrés à ce métier en abandonnant la culture
des terres , ils ne se plongeoient pas dans les entreprises les plus criminelles,
& qui ne font que trop fréquentes dans les bois ! Que c'est pour prévenir tous
ces désordres qu'ont été rendus les Ordonnances & Arrêts dont ils nous ont
rapporté les dispositions , & pour l'exécution desquels nous sommes , avec
les Officiers desdites Maîtrises , seuls Juges compétens ; que c'est l'exécution de ces Ordonnances & Arrêts qu'ils font obligés aujourd'hui de
nous demander pour rémédier aux abus qui s'introduisent dans l'administration des revenus desdites Communautés , dont les principaux Habitans se
rendroient maîtres en se les faisant adjuger. A CES CAUSES requeroient
lesdits Procureurs du Roi , qu'il Nous plût ordonner que l'Edit du mois
d'Avril 1667 , l'Ordonnance des Eaux & Forêts du mois d'Août 1669 , &
les Arrêts & Réglemens depuis intervenus pour raison des Bois, Prés, Marais , Landes, Pâtis , Pécheries & autres biens appartenans aux Communautés & Habitans des Paroisses, feront exécutés selon leur forme & teneur ;
en conséquence leur permettre de faire assigner à certain & compétent jour,
tant les Maires, Echevins , Syndics , qu'autres principaux Habitans en pareilles qualités & fonctions, sous quelque titre & nom que ce soit, dans les
Communautés du ressort de leurs Maîtrises qui possédent des biens communs
pour représenter les baux & adjudications qui peuvent avoir été faits des revenus desdits biens communs pour demeurer au dépôt du Greffe, & être par
nous statué sur la validité ou invalidité desdits baux & adjudications, de leur
utilité pour les Communautés où il se trouvera de pareils baux ou adjudications, ou du préjudice qu'elles en peuvent souffrir ; & en outre procéder,
comme de raison, & que , où aucuns desdits Maires, Echevins , Syndics &
principaux Habitans feroient défaut, qu'ils feront condamnés en telle amende
qu'il Nous plaira arbitrer, & réassignés à nouveaux délais, dans lesquels ils
feront tenus de comparoir, sous telles autres peines qu'il sera par Nous ad-
visé bon être ; ordonner que si aucuns d'eux déclaroient que les Habitans de
leurs Communautés jouissent des fruits de leurs biens communs par partages
qni s'en font, conformément à l'Ordonnance, pour la subsistance de chacun,
que lesdits Syndics feront tenus d'affirmer leur déclaration ; faire défenses ausdits Maires, Echevins , Syndics & autres principaux Habitans à la tête desdites Communautés, de faire faire à l'avenir, sous quelque prétexte que ce
puisse être, aucuns baux ou adjudications de leurs revenus communs, & spécialement de vendre les coupes ordinaires de leurs taillis, soit par acte volontaire , ou par adjudication devant les Juges des lieux , à peine de nullité,
500 liv. d'amende contre lesdits Maires & Echevins, Syndics & principaux
Habitans , en leurs propres & privés noms : faire pareillement défenses à toutes personnes , de quelque qualité & condition que ce puisse être , de prendre
à bail ou se rendre Adjudicataire des revenus des biens communs des Habitans des Paroisses, d'acheter par acte volontaire ou par adjudication devant
les Juges des lieux , les coupes ordinaires des taillis desdites Communautés,
aussi à peine de cinq cent livres d'amende, au payement desquelles lesdits
Maires, Echevins, Syndics & principaux Habitans, Preneurs, Adjudica-

taires ou Acquéreurs, feront folidairement contraints par toutes voyes dûes
& raifonnables ; comme auffi faire défenfes à tous Juges, Praticiens, ou autres faifant fonctions de Juges dans les Communautés, & à tous Notaires
Royaux & des Seigneurs, de prêter leur miniftère à aucune adjudication
de coupes ordinaires de taillis des Communautés, & des autres revenus de
leurs biens communs, à peine de nullité, & de telle autre qu'il appartiendra:
Enjoindre aux Juges defdites Communautés, Procureurs d'Office, Syndics
& Députés des Paroiffes, de faire les réferves prefcrites, & de veiller à ce
que les coupes ordinaires defdites Communautés foient faites par gens entendus & capables de répondre de la mauvaife exploitation, & de tenir chacun en droit foi, la main à l'exécution de notre Ordonnance à intervenir, le
tout fous les peines de droit ; & que notredite Ordonnance fera enrégiftrée aux
Greffes defdites Maîtrifes, fignifiée à tous qu'il appartiendra, lue, publiée
& affichée par-tout où befoin fera, & exécutée felon fa forme & teneur,
nonobftant & fans préjudice de l'appel : & tout confideré, NOUS ayant égard
aux remontrances & requifitions defdits Procureurs du Roi, ordonnons que
les anciennes Ordonnances, l'Edit du mois d'Avril 1667, & l'Ordonnance
des Eaux & Forêts du mois d'Août 1669, Arrêts & Réglemens intervenus
en conféquence pour raifon des Bois, Prés, Marais, Landes, Pâtis, Pêcheries & autres biens appartenans aux Communautés & Habitans des Paroiffes, feront exécutés felon leur forme & teneur ; & en conféquence leur
avons permis de faire affigner à certain & compétent jour au Siége & pardevant les Officiers de leurs Maîtrifes, chacun en droit foi, tous Maires,
Echevins, Syndics & principaux Habitans des Paroiffes, en pareilles qualités & fonctions, fous quelques titres & noms que ce foit, pour repréfenter les
baux & adjudications qui peuvent avoir été faits des revenus des biens communs des Communautés, à la tête defquels ils fe trouvent pour demeurer au
dépôt du Greffe, & être par Nous ftatué dans le cours de nos vifites fur la
validité ou invalidité defdits baux ou adjudications, ou du préjudice qu'elles en pourroient fouffrir, & en outre procéder comme de raifon, finon &
faute de comparoir dans les délais qui feront prefcrits, lefdits Maires, Echevins, Syndics & principaux Habitans defdites Paroiffes, feront condamnés
en 50 liv. d'amende en leur propre & privé nom, & réaffignés à un nouveau
délai pour y comparoir, à peine du double & d'être contraints par toutes
voyes dûes & raifonnables. Ordonnons que où aucuns defdits Maires, Echevins, Syndics & principaux Habitans defdites Communautés déclareroient
que les Habitans de leurs Communautés jouiffent des fruits de leurs biens
communs par partages qui s'en font conformément à l'Ordonnance pour la
fubfiftance de chacun, que lefdits Syndics feront tenus d'affirmer leur déclaration ; faifons défenfes à tous Maires, Echevins, Syndics & autres principaux Habitans à la tête des Communautés de notre Département, de faire
faire à l'avenir, fous quelque prétexte que ce puiffe être, aucuns baux ou adjudications de leurs revenus communs, & fpécialement de vendre les coupes
ordinaires de leurs taillis, foit par actes volontaires ou par adjudications, devant les Juges des lieux, à peine de 500 liv. d'amende contre lefdits Maires, Echevins, Syndics & principaux Habitans, en leur propre & privé
nom. Faifons pareillement défenfes à toutes perfonnes, de quelques qualités

& condition qu'elles puiffent être, de prendre à bail ou fe rendre Adjudicataires des fruits & revenus communs des Habitans defdites Paroiffes, d'a-
cheter par acte ou par adjudication, devant les Juges des lieux, les coupes ordinaires des taillis defdites Communautés, auffi à peine de 500 liv.
d'amende, au payement defquelles lefdits Maires, Echevins, Syndics &
principaux Habitans, Preneurs, Adjudicataires ou Acquereurs feront folidairement contraints par toutes voyes dûes & raifonnables. Comme auffi
faifons défenfes à tous Juges, Praticiens & autres faifant fonctions de Juges
dans les Communautés, & à tous Notaires Royaux & des Seigneurs de prêter
leur miniftère à aucunes adjudications ou ventes volontaires des coupes ordinaires des taillis defdites Communautés & des autres revenus de leurs biens
communs, à peine de nullité, & de telle autre peine qu'il appartiendra, fi ce
n'eft que pour le plus grand avantage des Communautés il en eût été par Nous
autrement ordonné, conformément aux articles VII & XII du titre XXV
de ladite Ordonnance du mois d'Août 1669. Enjoignons aufdits Juges des
Communautés, Procureurs d'Office, Syndics & Députés des Paroiffes, de
faire les réferves prefcrites, & de veiller à ce que les coupes ordinaires defdites Communautés foient faites par gens entendus & capables de répondre
de la mauvaife exploitation, & de tenir, chacun en droit foi, la main à
l'exécution des préfentes, le tout fous les peines de droit : & fera notre préfente Ordonnance enregiftrée aux Greffes defdites Maîtrifes, fignifiée à tous
qu'il appartiendra, lûe, publiée & affichée par-tout où befoin fera, exécutée
felon fa forme & teneur. DONNÉ en notre Hôtel à Paris le quatriéme Janvier mil fept cent quarante - fept. *Signé*, DU VAUCEL. *Et plus bas*, Par
Monfeigneur, L'ECLOPÉ.

ARREST DU CONSEIL D'ÉTAT DU ROI,

QUI caffe un Arrêt du Parlement de Bretagne, & confirme les
Officiers des Maîtrifes des Eaux & Forêts dans le droit de connoître, exclufivement aux Gruyers des Juftices Seigneuriales,
de tous les cas Royaux & de Réformation.

Du 12 Août 1747.

Extrait des Regiftres du Confeil d'Etat.

SUR la Requête préfentée au Roi en fon Confeil, par le Procureur de Sa
Majefté en la Maîtrife particulière des Eaux & Forêts de Vannes, contenant
que le fieur Goualefdre de Kgus, Maître particulier de ladite Maîtrife, faifant fes vifites le premier Juin 1745 dans les Bois de la Communauté de Gourhel, & ayant remarqué que la plûpart des arbres étoient ébranchés ou coupés
à tête, & que les taillis étoient exploités, fans réferve d'anciens baliveaux ni
modernes ; un particulier qui fe trouva dans le bois lui dit qu'en faifant fignifier le Procès-verbal de ces délits à Mathurin Druais, on en découvriroit les
auteurs ; qu'en conféquence ledit Mathurin Druais ayant été affigné pour être
oui ;

oui, il a fubi interrogatoire le 26 Janvier 1746, duquel il réfulte entr'autres chofes, que la Dame de Bavalan a fait abattre une grande quantité d'arbres dans les Bois communaux de Gourhel, fans permiffion du Confeil, & que pour détourner les peines & amendes qui pouvoient réfulter de ces dégradations faites contre l'intention des Habitans dudit lieu, elle faifoit procéder par fon Juge Gruyer contre quelques miférables, fur lefquels elle vouloit faire tomber le poids des condamnations qu'elle-même méritoit ; que la Dame de Bavalan voyant qu'elle alloit être condamnée en ladite Maîtrife aux amendes portées par l'Ordonnance des Eaux & Forêts du mois d'Août 1669, & les Arrêts & Réglemens intervenus depuis, elle a cherché à détourner le coup dont elle étoit menacée ; & pour y parvenir, elle a préfenté Requête au Parlement de Bretagne, tendante à ce qu'il fût fait défenfes aux Officiers de ladite Maîtrife de continuer les inftructions qu'ils avoient commencées au fujet des délits commis dans lefdits bois de Gourhel ; que pour autorifer cette demande, elle avoit expofé dans fa Requête, que les Officiers de ladite Maîtrife, pour rendre illufoire la procédure que ladite Dame de Bavalan avoit commencée dans fa Gruerie, faifoient d'Office une procédure pour le même objet, de forte que deux Tribunaux fe trouvoient faifis de la connoiffance du même délit ; que quoique ce moyen ne pût & ne dût pas être écouté, pour peu qu'on voulût faire attention à la Déclaration du Roi du 8 Janvier 1715, puifque s'agiffant d'un cas royal, il ne pouvoit y avoir de conflit de Jurifdiction entre les Juges Royaux & un Juge Seigneurial ; néanmoins le Parlement de Bretagne n'a point fait difficulté de rendre un Arrêt le 13 Juin 1746, qui renverferoit, s'il pouvoit être exécuté, les difpofitions de l'art. XV du titre des Bois des Communautés & Habitans des Paroiffes de ladite Ordonnance de 1669, de la Déclaration du 8 Janvier 1715, & des Arrêts rendus en conféquence. Cet Arrêt a ordonné que les fuites & procédures concernant les délits qui ont été faits dans les Bois dudit lieu de Gourhel, continueroient d'être faites dans la Jurifdiction du même lieu, avec défenfes aux Juges de ladite Maîtrife de Vannes & à tous autres d'en connoître ; & a condamné les Officiers de cette Maîtrife aux dépens ; que les difpofitions de cet Arrêt l'obligent de repréfenter très - humblement à Sa Majefté, que fans qu'il foit néceffaire d'examiner fi véritablement il y avoit une procédure commencée en la Juftice Seigneuriale & Gruerie de Gourhel, pour raifon des arbres ébranchés ou abattus fans permiffion du Confeil, & des taillis exploités fans réferve de Baliveaux mentionnés au Procès verbal dudit Maître particulier du premier Juin 1745, comme ce fait eft abfolument indifferent, malgré l'impreffion qu'il a fait fur ledit Parlement de Bretagne, le Suppliant peut facilement établir qu'en convenant de cette prétendue litifpendance en deux différentes Jurifdictions, l'Arrêt dudit Parlement du 13 Juin 1746, n'en feroit pas moins contraire à la Déclaration du 8 Janvier 1715, &c.

LE ROI EN SON CONSEIL, ayant aucunement égard à la Requête, fans s'arrêter à l'Arrêt du Parlement de Bretagne, rendu pour raifon du fait dont il s'agit le 13 Juin 1746, que Sa Majefté a caffé & annullé, ainfi que tout ce qui peut s'en être enfuivi, a ordonné & ordonne que l'art. XV du titre 25 de l'Ordonnance des Eaux & Forêts du mois d'Août 1669, enfemble la Déclaration du Roi du 8 Janvier 1715, & les Arrêts du Confeil des 20.

Novembre 1725, 6 Décembre 1735, 4 Juin 1737, 5 Août 1738, 20 Février, 10 Juillet & 23 Octobre 1742, 27 Août 1743 & 31 Juillet 1745, feront exécutés felon leur forme & teneur, & en conféquence que la procédure commencée en la Maîtrife particulière de Vannes contre la Dame de Bavalan, à l'occafion des délits commis dans les Bois de la Communauté de Gourhel, mentionnés au Procès-verbal dreffé par le Maître particulier de ladite Maîtrife le premier Juin 1745, fera continuée en ladite Maîtrife fuivant les derniers erremens jufqu'à Sentence définitive inclufivement, fauf l'appel pardevant les Juges qui en doivent connoître: condamne Sa Majefté ladite Dame de Bavalan au coût & à la fignification du préfent Arrêt qui feront & demeureront liquidés à la fomme de 75 livres, & fera ledit préfent Arrêt enrégiftré au Greffe de ladite Maîtrife, pour y avoir recours fi befoin eft, & exécuté nonobftant oppofition ou autres empéchemens généralement quelconques, pour lefquels ne fera différé, & dont fi aucuns interviennent, Sa Majefté s'en eft & à fon Confeil réfervée la connoiffance; & icelle interdite à toutes fes Cours & autres Juges. FAIT au Confeil d'Etat du Roi tenu à la Commanderie du Vieux Jonc le douze Août mil fept cent quarante-fept.

ARREST DU CONSEIL,

QUI fait très-expreffes défenfes au Greffier en Chef du Bailliage de Loudun, & de l'Ecritoire audit Bailliage, & à fon Commis au Greffe d'entreprendre fur les droits & fonctions du Greffier de ladite Maîtrife de Chinon, à peine de 1000 liv. d'amende.

Du 30 Janvier 1748.

SUR la Requête préfentée au Roi en fon Confeil par le Procureur de Sa Majefté en la Maîtrife particulière des Eaux & Forêts de Chinon, contenant que le Sieur de Maupeou, Premier Préfident du Parlement de Paris, Seigneur du Marquifat de la Motte Chaudaignies, du reffort de ladite Maîtrife, ayant rendu plainte en ladite Maîtrife de dégradations & délits commis dans les Bois de ladite Seigneurie par les nommés Clément, Fermiers de ladite Terre, a demandé que pour conftater ces délits & dégradations, & les dommages & intérêts qui pourroient en réfulter, il fût procédé à la vifite defdits Bois; que fur cette demande il a été ordonné que lefdits Clement feroient affignés, & qu'il feroit procédé à ladite vifite & eftimation des Bois coupés en délits, qu'en conféquence il a été nommé des Experts qui ont prêté le ferment ordinaire, & fe font tranfportés le 18 Décembre 1747 dans les Bois en queftion; mais que lorfqu'ils fe difpofoient à procéder, ils ont été arrêtés par le nommé Diot de la Valete, Greffier en Chef du Bailliage de Loudun, & le nommé Michel-René Cremier, fon Commis, qui ont prétendu que ces Experts ne pouvoient faire rédiger leur rapport que par eux, comme Greffiers des Experts & de l'Ecritoire, créés par Edit du mois de Novembre 1704, avec défenfes d'employer d'autres perfonnes, ni rédiger eux-mêmes leur rapport, à peine de nullité, de 500 liv. d'amende, & de tous dépens, dommages &

intérêts, &c. LE ROI EN SON CONSEIL ayant aucunement égard à la requête, a déclaré & déclare commun avec le Greffier de la Maîtrise particuliere de Chinon l'Arrêt du Conseil du 30 Avril 1726, rendu contradictoirement entre le Greffier de la Maîtrise particulière de Sezanne, & le nommé Brusley, Greffier tant du Bailliage & Prévôté de ladite Ville de Sezanne, que des Experts de la même Ville ; ce faisant Sa Majesté a fait & fait très-expresses inhibitions & défenses au nommé Diot de la Valette, Greffier en Chef du Bailliage de Loudun & de l'Ecritoire audit Bailliage, & au nommé Michel-René Cremier, son Commis audit Greffe, d'entreprendre sur les droits & fonctions du Greffier de ladite Maîtrise de Chinon, à peine de 1000 liv. d'amende, & de tous dépens, dommages & intérêts, & sera le présent Arrêt régistré & signifié par-tout & à qui il appartiendra, & exécuté nonobstant oppositions ou autres empêchemens généralement quelconques, pour lesquels ne sera différé, & dont si aucuns interviennent, Sa Majesté s'en est & à son Conseil réservée la connoissance, & icelle interdite à toutes ses Cours & autres Juges. FAIT au Conseil d'Etat du Roi tenu à Marly le trente Janvier mil sept cent quarante huit. *Signé*, DE VOUGNY.

ARREST DU CONSEIL,

QUI casse un Arrêt du Parlement de Bordeaux, & ordonne l'exécution des art. V & IX du titre premier de l'Ordonnance des Eaux & Forêts du mois d'Août 1669, & en conséquence que pour raison de Société contractée pour l'exploitation des Bois les Parties seront tenues de procéder en première instance pardevant les Juges de la Maîtrise des Eaux & Forêts de Bordeaux, sauf l'appel en la Table de Marbre.

Du 25 Juin 1748.

SUR la Requête présentée au Roi en son Conseil par le Procureur Général de Sa Majesté au Siége de la Table de Marbre du Palais à Bordeaux, contenant qu'il manqueroit à ce que son Ministère exige de lui s'il négligeoit de demander la cassation d'un Arrêt du Parlement de Bordeaux qui ne tend pas moins qu'à détruire entierement les dispositions de l'Ordonnance des Eaux & Forêts du mois d'Août 1669, & à tolérer un défrichement fait sans permission du Roi. Dans le fait, les nommés Robert & Monjanet s'étant associés pour l'exploitation d'une futaye, Monjanet a fait assigner son Associé pour compter de cette exploitation devant les Juges & Consuls de Bordeaux, & a obtenu le 8 Juillet 1747 une Sentence par défaut, conforme à ses conclusions. Ledit Robert a interjetté appel de cette Sentence au Parlement de Bordeaux, comme de Juge incompétent, & a demandé par la Requête qu'il y a présenté sur l'appel le 12 Août ensuivant d'être renvoyé pour raison du compte de la société qu'il avoit contractée pour cause d'exploitation de futaye en la Maîtrise particulière de Bordeaux ; au lieu d'avoir égard à ce délinatoire, le

Sf ij

Parlement de Bordeaux par Arrêt du 4 Décembre 1747, a confirmé la Sentence des Juges Confuls, &c. LE ROI EN SON CONSEIL ayant égard
à la Requête, fans s'arrêter à la Senence des Juges-Confuls de Bordeaux, ni à
l'Arrêt du Parlement de Bordeaux, rendu pour raifon du fait dont il s'agit les 8
Juillet & 4 Décembre 1747, que Sa Majefté a caffé & annullé, ainfi que
tout ce qui peut s'en être enfuivi, a ordonné & ordonne que les art. V & IX du
titre premier de l'Ordonnance des Eaux & Foréts du mois d'Août 1669 feront
exécutés felon leur forme & teneur;& en conféquence que pour raifon du compte de fi ciété dont il s'agit d'entre les nommés Robert & Monjanet, les Parties
feront tenues de proceder, en première inftance, pardevant les Officiers de
la Maîtrife particuliere de Bordeaux,fauf l'appel au Siége de la Table de Marbre
du Palais à Bordeaux; fait Sa Majefté très expreffes inhibitions & défenfes aufdites Parties de procéder en première inftance pour raifon dudit compte de fociété ailleurs qu'en ladite Maîtrife, à peine de nullité, caffation de procédures,
1000 liv. d'amende, & de tous dépens, dommages & intérêts, & fera le
préfent Arrêt lû, publié, affiché & fignifié par-tout & à qui il appartiendra,
& exécuté nonobftant oppofition ou autres empéchemens généralement quelconques, pour lefquels ne fera différé, & dont fi aucuns interviennent, Sa
Majefté s'en eft & à fon Confeil réfervée la connoiffance, & icelle interdite
à toutes fes Cours & autres Juges. FAIT au Confeil d'Etat du Roi tenu à
Verfailles le vingt-cinq Juin mil fept cent quarante-huit. Collationné. Signé,
DE VOUGNY.

ARREST DU CONSEIL,

QUI fait défenfes aux Communautés Eccléfiaftiques, Séculières & Régulières, Laïques, & même aux particuliers Propriétaires des Bois, de faire abattre aucuns Arbres futayes ou épars,
Baliveaux fur taillis, qui auront été marqués du Marteau de
la Marine, &c.

Du 23 Juillet 1748.

LE ROI s'étant fait repréfenter en fon Confeil, Sa Majefté y étant,
l'Ordonnance des Eaux & Forêts du mois d'Août 1669, titre des bois à
bâtir pour les Maifons royales, bâtimens de mer, & les titres des bois appartenans aux Eccléfiaftiques & Gens de main-morte, Communautés & Habitans
des Paroiffes, qu'aux Particuliers, de la même Ordonnance, enfemble l'Arrêt
du Confeil du 21 Septembre 1700, fervant de Réglement pour les bois
propres au fervice de la Marine, & Sa Majefté ayant reconnu, par le compte
qu'Elle s'eft fait rendre, des difpofitions des différens articles contenus dans
ces titres de l'Ordonnance de 1669, & de celles portées par l'Arrêt du Confeil du 21 Septembre audit an 1700, qu'il n'y eft infligé aucune peine contre
ceux qui fe trouveroient convaincus d'avoir abattu ou fait couper des arbres,
que le bien du fervice de la Marine auroit déterminé à faire marquer pour
le fervice préfent, ou pour être confervé pour celui à venir, & que fous ce

prétexte plufieurs Communautés Eccléfiaftiques & Laïques, & même des Particuliers s'étoient ingérés de difpofer, fans aucunes formalités, de ces fortes d'arbres, & d'autant qu'une pareille licence eft auffi contraire à l'efprit & la lettre des Réglemens qu'au bien du fervice de la Marine, Sa Majefté a réfolu de faire connoître fur ce, fes intentions: O u ɪ le Rapport du Sieur de Machault, Confeiller ordinaire au Confeil Royal, Contrôleur Général des Finances :

LE ROI EN SON CONSEIL, a ordonné & ordonne que les articles contenus en l'Ordonnance des Eaux & Forêts du mois d'Août 1669, titre des bois à bâtir pour les Maifons royales & bâtimens de mer, des bois appartenans aux Eccléfiaftiques & Gens de main-morte, Communautés & Habitans des Paroiffes, & des bois appartenans aux Particuliers, enfemble l'Arrêt du Confeil du 21 Septembre 1700, feront exécutés felon leur forme & teneur ; & en conféquence Sa Majefté a fait & fait très-expreffes inhibitions & défenfes aux Communautés Eccléfiaftiques, Séculieres & Régulieres, Laïques, & même aux Gens de main-morte, Particuliers, Propriétaires de bois de quelque qualité & condition qu'ils foient, de faire abattre à l'avenir, fous quelque prétexte que ce foit, aucuns des arbres-futayes ou épars, & baliveaux fur taillis qui auront été marqués du marteau de la Marine, pour le fervice, foit préfent foit à venir de ladite Marine, à peine de confifcation defdits arbres & baliveaux, de trois mille livres d'amende pour la première contravention, qui ne pourra être réputée comminatoire, & de plus grande peine en cas de récidive. Enjoint Sa Majefté très-expreffement aux Commiffaires de la Marine, de dénoncer aux Sieurs Grands-Maitres des Eaux & Forêts, & aux Officiers des Maîtrifes particulieres, ceux qui contreviendront aux défenfes portées par le préfent Arrêt, & tant auxdits Sieurs Grands-Maîtres qu'aux Officiers defdites Maîtrifes de tenir, chacun en droit foi, la main à l'exécution du préfent Arrêt, lequel fera lu, publié, affiché, & fignifié par-tout & à qu'il appartiendra, & exécuté nonobftant oppofitions ou autres empêchemens généralement quelconques, pour lefquels ne fera différé, & dont fi aucuns interviennent, Sa Majefté s'en eft & fon Confeil réfervé la connoiffance, & icelle interdite à toutes fes Cours & autres Juges. F a ɪ t au Confeil d'Etat du Roi, tenu à Verfailles le 23 Juillet mil fept cent quarante-huit. *Signé*, PHELIPPEAUX.

ARREST DU CONSEIL,

QUI ordonne que les Adjudicataires des Bois du Roi ne pourront être impofés dans les Rôles des Tailles pour raifon de leurs Adjudications.

Du 3 Septembre 1748.

SUR ce qui a été repréfenté au Roi en fon Confeil, que pour pouvoir procéder à l'adjudication qui doit être faite des bois de Sa Majefté pour l'ordinaire de 1749 & à l'avenir, il feroit néceffaire qu'Elle expliquât fes intentions par rapport aux charges dont les Adjudicataires pourront être tenus à caufe defdites adjudications à l'occafion defquelles ils ont été compris dans les rôles des tailles de quelques Paroiffes, pour raifon de quoi on menace de les pourfuivre ; à quoi Sa Majefté voulant pourvoir : OUI le Rapport du fieur de Machault, Confeiller ordinaire au Confeil Royal, Contrôleur Général des Finances :

SA MAJESTÉ EN SON CONSEIL, a ordonné & ordonne que ceux qui fe rendront Adjudicataires de fes bois & forêts, ne feront tenus d'aucuns autres droits que de ceux qui font contenus dans le cahier des charges qui eft arrêté, & qui doit leur être communiqué avant de procéder à l'adjudication, & que lefdits Adjudicataires ne pourront, pour raifon de leurs adjudications, être compris dans les rôles des tailles des Paroiffes où feront fitués lefdits bois & où ils en feront l'exploitation, à peine contre les Collecteurs defdites Paroiffes, de demeurer garans & refponfables en leurs propres & privés noms des cotes auxquelles ils auront impofé lefdits Adjudicataires, fauf à impofer lefdits Marchands de Bois dans les Paroiffes de leur domicile, pour raifon de leur commerce & faculté, ainfi qu'il a toujours été pratiqué. Veut en conféquence Sa Majefté que fi aucuns defdits Adjudicataires fe trouvoient compris dans les rôles des tailles de l'année mil fept cent quarante-fept, pour raifon de l'exploitation des bois de Sa Majefté en conféquence de leurs adjudications, ils en foient & demeurent déchargés en vertu du préfent Arrêt, & que les fommes pour lefquelles ils pourroient avoir été compris dans les rôles & qu'ils auroient payées, leur foient rendues & reftituées, & rimpofées fur les Habitans defdites Paroiffes. Enjoint Sa Majefté aux fieurs Intendans & Commiffaires départis dans les Provinces & Généralités du Royaume de tenir la main à l'exécution du préfent Arrêt, fur lequel toutes Lettres néceffaires feront expédiées. FAIT au Confeil d'Etat du Roi, tenu à Verfailles le troifiéme jour du mois de Septembre mil fept cent quarante huit. *Signé*, PHELYPEAUX.

ARREST DU CONSEIL D'ÉTAT DU ROI,

QUI déclare que le Charme n'eft pas mort-bois, & fait défenfes aux Officiers des Maîtrifes de prononcer les Amendes au profit d'autres que du Roi.

Du 10 Septembre 1748.

Extrait des Regiftres du Confeil d'Etat.

SUR la Requéte préfentée au Roi en fon Confeil par le Procureur de Sa Majefté en la Maîtrife particuliere des Eaux & Forêts d'Autun, &c. LE ROI EN SON CONSEIL, ayant égard à la Requête & aux requifitions du fieur Freteau, l'un des Infpecteurs Généraux du Domaine, fans avoir égard aux Arrêts rendus par les Juges en dernier reffort de la Table de Marbre du Palais à Dijon, les 6 Avril & 10 Juillet 1748, que Sa Majefté a caffé & annullé, ainfi que ce qui peut s'en être enfuivi, a ordonné & ordonne que l'article V. du titre XXIII. de l'Ordonnance des Eaux & Forêts du mois d'Août mil six cent soixante-neuf, sera exécuté selon sa forme & teneur, & en conséquence que les Juges de ladite Table de Marbre, seront tenus de se conformer dorénavant dans leurs Jugemens aux Ordonnances, Déclarations, Arrêts & Réglemens qui ont fixé les droits d'usage de mort-bois aux neuf especes portées en l'article IX. de la Chartre Normande du Roi Louis X. de l'année 1315, qui sont saulx, morsaulx, épines, puisnes, seurs, aulnes, gensts, genievres & ronces, évoquant le principal, & faisant droit sur l'appel interjetté par Antoine Marqueron, de la Sentence intervenue au Siege de la Maîtrise particuliere d'Autun, le 2 Déc. 1747, sans s'arrêter audit appel, & ayant aucunement égard à ladite Sentence, Sa Majesté a condamné & condamne le nommé Jean Bouduy, Fermier dudit Marqueron, à payer les amendes & restitutions prononcées contre lui par ladite Sentence; sçavoir, l'amende ès mains du Garde Général, Collecteur des amendes de ladite Maîtrise, pour en être par lui compté au profit de Sa Majesté, ainsi que des autres deniers de sa recette, & la restitution au sieur de Cercey, Seigneur du Feu. Fait Sa Majesté très-expresses inhibitions & défenses aux Officiers de ladite Maîtrise de prononcer à l'avenir les amendes au profit d'autres que de Sa Majesté, à peine de répétitions contr'eux, du quadruple pour la premiere contravention, & d'amende arbitraire & de plus grande peine en cas de récidive. Et sera le présent Arrêt enregistré au Greffe, tant de ladite Table de Marbre que de ladite Maîtrise, pour y avoir recours en cas de besoin, & exécuté nonobstant oppositions ou autres empêchemens généralement quelconques, pour lesquels ne sera differé, & dont si aucuns interviennent, Sa Majesté s'en est & à son Conseil, réservée la connoissance, & icelle interdite à toutes ses Cours & autres Juges. FAIT au Conseil d'Etat du Roi, tenu à Versailles le dixiéme jour de Septembre mil sept cent quarante-huit. Collationné à l'original. *Signé*, BERGERET.

LOUIS, par la grace de Dieu, Roi de France & de Navarre: Au premier notre Huissier, ou Sergent sur ce requis, Nous te mandons & commandons que l'Arrêt dont l'extrait est ci-attaché sous le contre-scel de notre Chancellerie, cejourd'hui rendu en notre Conseil d'Etat, sur la Requête à Nous présentée en icelui, par notre Procureur en la Maîtrise particuliere des Eaux & Forêts d'Autun, tu signifies à tous qu'il appartiendra, à ce qu'aucun n'en ignore, & faire en outre pour son entiere exécution, à la requête de notre Procureur, tous commandemens, sommations, inhibitions & défenses y portées sous les peines y contenues, & autres actes & exploits nécessaires sans autre permission, nonobstant oppositions, ou autres empêchemens généralement quelconques, pour lesquels ne sera differé, & dont si aucuns interviennent, Nous nous en réservons & à notre Conseil la connoissance, & icelle interdisons à toutes nos Cours & autres Juges: CAR tel est notre plaisir. DONNÉ à Versailles le dixiéme jour de Septembre l'an de grace mil sept cent quarante-huit, & de notre regne le trente-quatriéme. Par le Roi en son Conseil, *Signé*, BERGERET. Scellé le dix-neuf Septembre mil sept quarante-huit.

ARREST NOTABLE DU CONSEIL,

QUI fait défenfes aux Grands-Maîtres d'ordonner le payement
d'aucunes fommes fur les deniers provenans des Amendes, même
pour les frais & falaires des Officiers de Maréchauffée, qui auront exécuté ou prêté main-forte à l'exécution des Ordonnances, Jugemens, &c,

Du 11 Juillet 1749.

SUR la Requête préfentée au Roi en fon Confeil par Louis Clere du Fief,
Receveur des amendes, reftitutions & confifcation de la Maîtrife particuliere
des Eaux & Forêts de Niort, contenant, qu'en conféquence d'un exécutoire
décerné fur lui par le fieur de Bazoncourt, Grand-Maître des Eaux & Forêts du Département de Poitou le 3 Juillet 1738, au profits des Exempts
& Cavaliers de la Maréchauffée de Niort, montant à la fomme de 631 liv.
il leur a payé cette fomme ; qu'en exécution d'un autre exécutoire dudit Grand-
Maître du 16 Mars 1739, il a encore payé une fomme de 220 liv. 10 f.
en vertu de deux autres exécutoires des 16 Mars 1739 & 22 Septembre
1740; il a aussi payé auxdits Exempts, Brigadiers & Cavaliers de la Maréchauffée la fomme de 194 liv. 10 f. d'une part, & 237 liv. d'autre; que dans
un compte qu'il a rendu pour les amendes prononcées depuis le premier Janvier 1734 jufqu'au dernier Août 1740, & qui a été arrêté par ledit fieur
Grand-Maître le 24 Septembre audit an 1740, il a porté la fomme de
1369 liv. 4 f. à laquelle montoient plufieurs Exécutoires décernés fur lui
par ledit fieur Grand-Maître, laquelle lui a été allouée en dépenfe; mais qu'il
n'en a pas été de même à l'occafion d'un autre compte qui a été arrêté le 26
Octobre 1742 par les Officiers de ladite Maîtrife, dans lequel il avoit employé en dépenfe les deux Exécutoires des 3 Juillet 1738 & 16 Mars 1739,
montant à 851 liv. 10 f. que ces Officiers fur l'infpection de ces deux Exécutoires, les allouerent en dépenfe; mais que ce compte ayant été envoyé
au Confeil, il fut renvoyé au mois de Juillet 1743 au Procureur du Roi de
ladite Maîtrife, avec ordre de requérir la radiation de cet article de 851 l,
10 f. qu'ayant rendu autre compte, il y employa la fomme de 371 l. 10 f.
pour le montant de deux autres Exécutoires décernés fur lui par ledit fieur
Grand-Maître les 16 Mars 1739 & 22 Septembre 1740, & ce compte ayant
auffi été envoyé au Confeil, il a pareillement été renvoyé au Procureur de
Sa Majefté en ladite Maîtrife, pour requérir la radiation de cette fomme de
371 liv. 10 f. ce qui a été exécuté ; enforte qu'il a été pourfuivi à la requête
du fieur Avignon, Receveur général des Domaines & Bois de la Généralité
de Poitiers, pour le recouvrement de ces mêmes fommes qu'il a recours à
l'autorité de Sa Majefté pour la fupplier très humblement d'obferver qu'il
eft un Officier fubordonné aux ordres du fieur Grand-Maître, qu'il a payé
en conféquence de fes ordres, & que par conféquent il ne peut y avoir de
motifs

motifs réels pour lui rayer dans la dépenfe de fes comptes le montant de ces Exécutoires, &c.

LE ROI EN SON CONSEIL, ayant égard à la Requéte, a ordonné & ordonne que l'article 56 de l'Edit du mois de Mai 1716, portant Réglement pour les amendes, reft.tutions & confifcations prononcées en matiere d'Eaux & Forérs, & l'Arrêt du Confeil du 10 Juillet 1744, feront exécutés felon leur forme & teneur, en conféquence Sa Majefté a fait & fait très-expreffes défenfes aux Grands-Maîtres des Eaux & Forêts de décerner à l'avenir fous quelque prétexte que ce foit, aucun exécutoire fur les deniers provenans defdites amendes, reftitutions & confifcations, fous les peines portées par ledit Edit ; aux Gardes Généraux, Colleéteurs & Receveurs defdi es amendes, reftitutions & confifcations d'en faire le payement, & aux Officiers des Maîtrifes particulieres d'en allouer aucun en dépenfe dans les comptes que les Gardes Généraux, Colleéteurs & Receveurs defdites amendes, reftitutions & confifcations rendront devant eux du produit de leur recouvrement, & ce à peine de deftitution de leurs Charges ou Commiffions, & de 1000 liv. d'amende qui ne pourra être répurée comminatoire, à l'effet de quoi Sa Majefté a expreffément dérogé & déroge à l'Arrêt du Confeil du 8 Avril 1723, & à tous autres en ce qui fe trouveroit contraire aux difpofitions de l'Edit du mois de Mai 1716, concernant lefdites amendes, reftitutions & confifcations, & de l'Arrêt du Confeil du 10 Juillet 1744, que Sa Majefté a déclaré & déclare vouloir être exécutés dans tout leur contenu, & cependant par grace & fans tirer à conféquence, Sa Majefté a déchargé & décharge ledit Suppliant du paiement de la fomme de 1223 liv. faifant partie de celle de 1345 liv. 16 f. 2 den. portée en recette dans l'état des Bois du Roi de la Généralité de Poitiers, de l'année 1744, arrêté au Confeil Royal des Finances le 8 Décembre de la même année, pour les débets des comptes dudit Suppliant des quatre derniers mois 1740 & des années 1741 & 1742. arrêtés le 17 Janvier 1744, & mentionnés en la contrainte décernée contre lui en vertu dudit Etat du Roi, par le fieur Avignon, Receveur Général des Domaines & Bois de ladite Généralité le 19 Mai 1747, pour le paiement de ladite fomme de 1345 liv. 15 f. 2 den. Ordonne en outre Sa Majefté qu'en remettant par ledit Suppliant audit fieur Avignon les exécu oires & quittances dont eft queftion, montant enfemble à 1223 l. & en lui payant en deniers ou quittances valables la fomme de 122 liv. 16 f. 2 den. faifant avec celle de 1223 liv. ci deffus mentionnée la fomme de 1345 liv. 16 f. 2 den. portée en recette dans l'état des Bois du Roi de ladite année 1744, concernant ladite Généralité, ledit Suppliant fera élargi & mis hors de prifon, où il eft détenu ; à quoi faire le Geolier d'icelle fera contraint par les voies ordinaires & accoutumées, ce faifant il en fera & demeurera bien & valablement déchargé. Ordonne en outre Sa Majefté que pour remplacer audit fieur Avignon la fomme de 1223 liv. il fera fait emploi en dépenfe de pareille fomme fous fon nom au chapitre des amendes, dans l'état des Bois du Roi de ladite Généralité qui fera arrété au Confeil pour l'ordinaire de la préfente année 1749, laquelle dite fomme de 1223 lui fera paffée & allouée par fes mains dans la dépenfe de fes états & comptes de ladite année 1749, en rapportant feulement lefdits exécutoires & quittances, le tout

Tome II.   T en vertu du préfent Arrêt & fans qu'il en foit befoin d'autre. Fait au Confeil d'Etat du Roi, tenu à Verfailles le onze Février mil fept cent quarante-neuf. *Signé*, DE VOUGNY.

ARREST DU CONSEIL,

QUI défend aux Officiers des Maîtrifes de permettre, fous quelque prétexte que ce foit, aucun effartement ou défrichement dans les Bois des Communautés Eccléfiaftiques, Séculières ou Régulières, ou des Particuliers, &c.

Du 25 Février 1749.

SUR la Requête préfentée au Roi en fon Confeil, par le fieur Ferret, Confeiller au Parlement de Metz, Seigneur de la Terre & Seigneurie de Verny contenant qu'il dépend de cette Seigneurie un petit Bois appellé D****, dont une partie joignant au grand-chemin, & qui confifte en huit ou neuf arpens, fe trouve tellement abrouti depuis quelques années, qu'il ne fçauroit fe flatter d'en tirer jamais aucun profit, ce qui l'a engagé à préfenter fa Requête aux Officiers de la Maîtrife particuliere de Metz, pour qu'il lui fût permis de faire effarter & labourer cette partie abroutie aux offres de la faire femer en glands & feines, & de la tenir en défenfe par des foffés, ce qui lui a été accordé par Sentence de ladite Maîtrife du 28 Août 1747; mais qu'après avoir exécuté cette Sentence, il s'eft apperçu qu'une quarantaine d'arbres fruitiers, vieux & rabougris qui font fur cette portion de bois, nuiffent confidérablement à la production des glands & feines qu'il y a fait femer; & comme il eft très-intéreffant pour lui d'avoir un taillis capable de produire dans la fuite une belle futaie; il efpère que Sa Majefté aura la bonté de lui permettre de faire couper & arracher les arbres en queftion, & que c'eft dans ces circonftances qu'il a été confeillé de fe pourvoir.

LE ROI EN SON CONSEIL, ayant égard à la Requête, fans s'arrêter à la Sentence de la Maîtrife particuliere de Metz, rendue pour raifon du fait dont il s'agit, le 28 Août 1747, que Sa Majefté a caffée & annullée, a fait & fait très-expreffes inhibitions & défenfes aux Officiers de ladite Maîtrife, & à ceux des autres Maîtrifes de rendre à l'avenir de pareilles Sentences, & de permettre fous quelque prétexte que ce foit aucun effartement & défrichement de bois appartenans aux Communautés Eccléfiaftiques & Laïques, & aux Particuliers, à peine d'interdiction & de 3000 liv. d'amende qui ne pourra être réputée comminatoire; permet Sa Majefté au Suppliant de faire couper & déraciner les quarante arbres fruitiers, étant fur le canton de bois appellé de Memnée, dépendant de la Seigneurie de Verny à lui appartenant, à la charge néanmoins de faire labourer & enfemencer en glands & feines dans un an, à compter du jour & dare du préfent Arrêt, les terreins vains & vagues dudit canton de bois, finon & faute de ce faire dans ledit temps & icelui paffé : Ordonne Sa Majefté qu'il y fera pourvu aux frais & dépens dudit Suppliant, à la Requête & diligence du Procureur de Sa Majesté en ladite Maîtrise ; enjoint Sa Majesté au sieur Coulon, Grand-Maître des Eaux & Forêts du Département de Metz, & aux Officiers de ladite Maîtrise de tenir chacun en droit soi la main à l'exécution dudit présent Arrêt, lequel sera à cet effet enregistré au Greffe de ladite Maîtrise pour y avoir recours si besoin est. FAIT au Conseil d'Etat du Roi, tenu à Versailles le vingt-cinq Février mil sept cent quarante-neuf. *Signé*, DE VOUGNY.

ARREST DU CONSEIL D'ÉTAT DU ROI,

QUI casse & annulle une Sentence de la Sénéchaussée de Baugé, & ordonne que sur une demande en désistement d'héritages formée contre le sieur le Tourneux, Procureur du Roi en la Maîtrise d'Angers, les Parties procéderont au Présidial d'Angers, conformément à l'art. XIII. du titre des Officiers des Maîtrises de l'Ordonnance des Eaux & Forêts du mois d'Août 1669, qui porte que ces Officiers auront leurs causes commises, tant civiles que criminelles, au Présidial du ressort.

Du 4 Mars 1749.

Extrait des Registres du Conseil d'Etat.

SUR la Requête présentée au Roi en son Conseil, par René-François le Tourneux, Procureur de Sa Majesté en la Maîtrise particulière des Eaux & Forêts d'Angers, contenant, que quoique par Sentence du Présidial d'Angers, rendue contre les veuve & héritiers de Pierre Quentin du 2 Juillet 1735, il ait été autorisé à rentrer dans la jouissance & propriété de quatre quartiers de vignes, sis sur le territoire de Lué, faute de paiement de 100 liv. restant du principal du prix de la vente qui en avoit été faite audit Quentin par contrat du 29 Décembre 1696 & des intérêts échus depuis : Cependant Jacques Chailleu, Huissier, & Charlotte Quentin sa femme, que cette Sentence décharge, attendu leur renonciation, ont pris depuis la qualité d'héritiers, & l'ont fait assigner le 10 Septembre 1748 au Siége Royal de Baugé afin de désistement de ces quatre quartiers de vignes & restitution des fruits. Qu'il a par acte du 26 Novembre ensuivant demandé son renvoi au Présidial d'Angers, en conséquence de l'article XIII du titre des Officiers des Maîtrises de l'Ordonnance des Eaux & Forêts du mois d'Août 1669, qui porte expressément que ces Officiers auront leurs causes commises, tant civiles que criminelles au Présidial du ressort ; mais que loin de prononcer ce renvoi, l'Avocat chargé du ministere public audit Baugé, ayant prétendu que l'action étoit réelle, non susceptible de *Committimus*, & que le Suppliant étant en même temps Procureur du Roi du Présidial d'Angers, on ne pouvoit l'y renvoyer, quoique l'action soit mixte & que l'Ordonnance ne distingue ni n'excepte aucune

T t ij

action de l'effet de l'attribution. Ledit Suppliant a été débouté de son déclinatoire, & l'affaire retenue par Sentence contradictoire du 9 Décembre audit
an 1748, &c.

LE ROI EN SON CONSEIL, ayant égard à la Requête, a évoqué & évoque à soi & à son Conseil l'appel interjetté par le Suppliant de la Sentence
de la Sénéchaussée de Baugé rendue le 9 Décembre 1748 entre lui d'une
part, & le nommé Chailleu, Huissier, & sa femme d'autre part, faisant droit
sur ledit appel, sans s'arrêter à ladite Sentence que Sa Majesté a cassée & annullée ainsi que tout ce qui peut s'en être ensuivi, ordonne Sa Majesté que l'article XIII du titre des Officiers des Maîtrises de l'Ordonnance des Eaux &
Forêts du mois d'Août 1669 & l'Arrêt du Conseil du 19 Janvier 1700 seront exécutés selon leur forme & teneur, & en conséquence que ledit Suppliant, ainsi que ledit Chailleu & sa femme seront tenus de procéder sur leurs
différens & contestations, circonstances & dépendances au Présidial d'Angers
jusqu'à Sentence définitive inclusivement, sauf l'appel au Parlement de Paris.
Fait Sa Majesté très-expresses inhibitions & défenses aux Parties de se pourvoir & procéder, en première instance, ailleurs qu'audit Présidial & par appel qu'audit Parlement, à peine de nullité, cassation de procédures, 1000 liv.
d'amende, & de tous dépens, dommages & intérêts, & sera le présent Arrêt
exécuté, nonobstant oppositions ou autres empêchemens généralement quelconques pour lesquels ne sera différé, & dont si aucuns interviennent, Sa Majesté s'en est & à son Conseil réservé la connoissance, & icelle interdite à toutes ses Cours & autres Juges. Fait au Conseil d'Etat du Roi, tenu à Versailles le quatriéme jour du mois de Mars mil sept cent quarante-neuf. Collationné.
Signé, DE VOUGNY.

ARREST DU CONSEIL,

QUI maintient le Garde-Marteau & l'un des Sergens à Garde
de la Maîtrise de Lyon, dans tous les priviléges & exemptions portés par l'art. XIII du tit. 2 de l'Ordonnance de 1669,
& les Edits de Mars 1708 & Août 1715.

Du 3 Juin 1749.

SUR la Requête présentée au Roi en son Conseil, par le sieur Blaise Angran, Garde Marteau de la Maîtrise particulière des Eaux & Forêts de Lyon,
& par Philippe Maisant, Garde Général, Collecteur des amendes de ladite
Maîtrise, tous deux demeurans en la paroisse de Fleury-la-Forêt, Election
de Lyon, contenant que par Edit du mois de Février 1674, Sa Majesté a
ordonné que les Officiers des Eaux & Forêts seroient exempts de la contribution aux tailles; que le motif de cette exemption énoncé dans cet Edit, étoit
d'engager les Officiers à s'acquitter de leurs fonctions, avec tant de fermeté
& d'exactitude qu'ils ne puissent être détournés de leur devoir, ni par la faveur, ni par la crainte, & que la contribution aux Tailles pourroit les en-

gager à ménager des délinquans , par l'appréhenfion d'être impofés à des fommes exceffives ; que c'eft fans doute par les mêmes confidérations que par Edit du mois d'Août 1705 ; portant révocation de plufieurs privilèges & exemptions , les Officiers des Eaux & Forêts ont été maintenus dans ceux qui leur avoient été précédemment accordés ; que néanmoins ledit fieur Angran qui étoit pourvu dudit Office de Garde-Marteau en l'année 1745 ; ayant fait fes repréfentations pour être employé dans le Rôle des Tailles au Chapitre des Exempts & Privilégiés, & ayant payé par provifion les 60 liv. aufquelles il avoit été impofé , & ledit Mayfant ayant pareillement payé 19 liv. pour fa cote. Les Habitans ont regardé cet acte de complaifance comme un acquiefcement , ils ont demandé au fieur Intendant & Commiffaire départi en la Généralité de Rouen, de faire affeoir d'Office la Taille de la Paroiffe de Fleury, & ont fait commettre pour cet effet le fieur de Ternieres, Préfident de l'Election , Subdélégué du Sieur Intendant , & le Sieur Fleury , Lieutenant : que ces deux Particuliers, ennemis des Supplians, dont ils ont éprouvé l'exactitude, ont profité de l'occafion de fe venger en les impofant , chacun à 100 liv. de Taille , & en chacun 92 liv. d'Uftenfiles & de Capitation ; que cette preuve fenfible de la fageffe des motifs qui ont déterminé Sa Majefté à donner l'Edit du mois de Février 1674 ; fait connoître de quelle conféquence il eft d'en maintenir les difpofitions ; que fi les Officiers des Eaux & Forêts étoient expofés au caprice des Collecteurs des Tailles , ou des Officiers des Elections qui font l'affiette, ils feroient furchargés d'impofitions, ou obligés de prévenir leur ruine par des complaifances continuelles pour ces Elus & les Subdélégués , ou ceux qui leur appartiendroient ; qu'il réfulteroit de ces inconvéniens que les Officiers attachés à leur devoir, ne pourroient refter en place , & que la police des Forêts feroit abandonnée, & que c'eft dans ces circonftances qu'ils ont été confeillés de fe pourvoir. A CES CAUSES, LE ROI EN SON CONSEIL ayant aucunement égard à la Requête, a ordonné & ordonne que l'art. XIII du titre 2 de l'Ordonnance des Eaux & Forêts du mois d'Août 1669 , enfemble l'art. XXXIII de l Edit du mois de Mars 1708 , & l'Edit du mois d'Août 1715 , fer nt exécurés felon leur forme & teneur ; en conféquence que les Supplians continueront de jouir de l'exemption de logement de Gens de Guerre , uftenfiles, fournitures, contributions, fubfiftance, tutelle & curatelle , collecte des deniers royaux, & autres charges publiques ; comme auffi qu'ils auront leurs caufes commifes , tant civiles que criminelles au Préfidial du reffort , & qu'ils feront taxés d'Office par le Sieur Intendant & Commiffaire départi dans la Généralité de Rouen , s'ils n'ont point privilèges ailleurs, le tout auffi long-temps qu'ils exerceront leurs Charges : déboute Sa Majefté lefdits Supplians du furplus de leurs demandes, fins & conclufions. FAIT au Confeil d'Etat du Roi tenu à Verfailles le troifiéme Juin mil fept cent quarante-neuf. *Signé*, DE VOUGNY.

ARREST NOTABLE DU CONSEIL,

QUI fait défenfes au fieur de la Londe & tous autres Porteurs de Brevets de Confervateurs des Chaffes du Roi , de rendre aucunes Ordonnances fur ce qui peut concerner la Police des Forêts , &c.

Du 29 Juin 1749.

LE ROI s'étant fait repréfenter en fon Confeil le Brevet du 17 Avril 1746, par lequel Sa Majefté a nommé le fieur Préfident de la Londe , Confervateur de fes Chaffes dans l'étendue des Forêts de la Maîtrife de Rouen, enfemble une Ordonnance datée du 20 Mai dernier, publiée & affichée à Rouen au nom dudit Préfident de la Londe, laquelle porte défenfes à toutes perfonnes d'entrer dans les Forêts de Sa Majefté dans l'étendue de la Maîtrife de Rouen, pour y cueillir & enlever des bruyeres, mouffes & herbes, fous quélque prétexte que ce foit, avant le mois d'Août, fous peine d'être pourfuivi felon la rigueur des Ordonnances, même par emprifonnement de leurs perfonnes, & par laquelle ledit fieur Préfident de la Londe, enjoint au Garde-Général-Infpecteur, & autres Gardes defdits Forêts, d'y tenir exacte-ment la main, &c. LE ROI ÉTANT EN SON CONSEIL a ordonné & ordonne que l'art. XII du titre des Peines & Amendes de l'Ordonnance des Eaux & Forêts du mois d'Août 1669, & les Déclarations portant fuppreffion des Capitaineries des Chaffes, à l'exception de celles y mentionnées, feront exé-cutées felon leur forme & teneur; & qu'en conféquence l'Ordonnance rendue par le Préfident de la Londe le 20 Mai dernier, que fa Majefté a caffée & caffe, fera & demeurera nulle & comme non-avenue : fait Sa Majefté très-expreffes inhibitions & défenfes audit Préfident de la Londe, ainfi qu'à tous autres Porteurs de Brevets de Confervateurs de fes Chaffes d'en rendre de pareille à l'avenir; leur enjoint en outre Sa Majefté de fe conformer exactement dans l'ufage de leurs Brevets à la la Déclaration du 12 Octobre 1669, & au fieur Pequet & autres Officiers des Eaux & Forêts du Département de Rouen de tenir exactement la main à l'exécution du préfent Arrêt, lequel fera pour cet effet enregiftré aux Greffes defdites Maîtrifes, lu, publié, affiché & fignifié par tout & à qui il appartiendra. FAIT au Confeil d'Etat du Roi, Sa Majefté y étant, tenu à Verfailles le vingt-neuf Juin mil fept cent quarante-neuf. Signé, PHELYPEAUX.

ARREST DU CONSEIL,

QUI condamne la Veuve Denis, Adjudicataire fous le nom de fon Gendre des Bois du Roi en la Maîtrife de Caudebec, en 1000 liv. d'amende, pour avoir déraciné des fouches, & faute d'avoir ravalé ou récépé les étocs des Bois abougris, &c.

Du 29 Juillet 1749.

LE ROI s'étant fait repréfenter en fon Confeil, l'Arrêt rendu en icelui le 20 Février 1748, par lequel, pour les caufes y contenues, Sa Majefté a commis le fieur Gallois de Maquerville, Infpecteur Général des Bois deftiné pour l'approvifionnement de la Ville de Rouen, pour procéder lorfque le bien du fervice de Sa Majefté le requeroit, à la vifite & reconnoiffance des Forêts appartenantes à Sa Majefté dans le reffort des Maîtrifes particulières du Département de Rouen, & dreffer des Procès-verbaux de tous les délits, abus, dégradations & malverfations qui fe trouveroient avoir été commis dans lefdites Forêts, foit par les Adjudicataires des ventes annuelles d'icelles, foit par les Riverains ou autres, pour fur lefdits procès-verbaux être enfuite par Sa Majefté ordonné ce qu'il appartiendroit; Sa Majefté a par le même Arrêt enjoint très expreffément aux Officiers des Maîtrifes d'affifter ledit fieur Gallois de Maquerville lors des vifites qu'il feroit defdites Forêts; & ce toutefois & quantes il les en requereroit, & aux Gardes, tant généraux que particuliers, d'obéir audit fieur Gallois de Maquerville, & d'exécuter les ordres qu'il leur donneroit, à peine, &c.

L'Arrêt du Confeil du même jour 20 Février 1748, par lequel, pour les caufes y mentionnées, Sa Majefté a ordonné que par ledit fieur Gallois de Maquerville il feroit procédé à la connoiffance de l'état actuel des ventes des Forêts appellées du Trait & de Brethonne, appartenantes au Roi, exploitées depuis quelques années par la veuve Denis, fous le nom d'Adrien Langlois, fon Gendre; enfemble du nombre de fouches de bois qui avoient été écuifées, arrachées & extirpées, dans lefdites ventes, en contravention à l'art. XLII du titre de l'Affiette, Ballivage, Martelage & Vente des Bois, de l'Ordonnance des Eaux & Forêts du mois d'Août 1669, & du Cahier des charges des Adjudications de Bois de Sa Majefté dudit Département, le tout en préfence de ladite veuve Denis, & dudit Langlois, ou eux duement appellés, defquelles reconnoiffances, enfemble des dires & requifitions de ladite veuve Denis & dudit Langlois, il feroit par ledit fieur Gallois de Maquerville, dreffé procès-verbal, pour fur icelui & l'avis qu'il enverroit au Confeil avec ledit Procès-verbal, être enfuite par Sa Majefté ordonné ce qu'il appartiendroit, & par le même Arrêt Sa Majefté a fait très-expreffes inhibitions & défenfes, tant à ladite veuve Denis & audit Langlois, qu'à tous autres Adjudicataires des Bois du Roi dudit Département, d'écuifer, extirper & arracher à l'avenir, fous aucun prétexte, aucune fouche de bois, de quelqu'effence que ce foit, à peine d'être procédé extraordinairement contr'eux, de 1000 liv. d'amende, qui ne pourroit être réputée comminatoire, & de tous dépens, dommages & intérêts ; le Procès-verbal du 17 Avril enfuivant, dreffé par le fieur Gallois de Maquerville, duquel il fe ré ulte entr'autres chofes, que s'étant tranfporté dans la Forêt du Trait, accompagné des Officiers de la Maîtrife de Caudebec, fuivi de plufieurs Gardes de ladite Forêt, & affifté du fieur Bertrand, Greffier de ladite Commiffion, il a en préfence de la veuve Denis & de Langlois, fon Gendre, Adjudicataire des ventes de ladite Forêt, pour l'ordinaire de 1747, reconnu dans une de ces ventes plufieurs trous recouverts, defquels avoient été arrachées des fouches de différentes effences, dont quelques unes, même à en juger par les racines remanantes, paroiffoient avoir été arrachées vertes ; que ladite veu ve Denis & ledit Langlois fur ce interpellés avoient répondu que la plûpart de ces fouches étant pourries, avoient été enlevées par la chûte des arbres ; qu'à l'égard de celles qui pourroient avoir été arrachées vertes, ils n'avoient eu aucune part à leur arrachement, lequel étoit furement poftérieur à leur exploitation, qu'étant entré de fuite dans une autre des ventes adjugée dans la même Forêt à ladite veuve Denis, fous le nom dudit Langlois, pour le même ordinaire 1747, il avoit remarqué qu'on en avoit auffi enlevé plufieurs fouches, & que plufieurs des fouches reftantes n'avoient pas été fuffifamment ravallées ; le recru cependant fur lefd. fouches étant bien venant, que ladite veuve Denis & ledit Langlois étoient convenus defdits arrachemens & enlevemens de fouches, s'excufant fur ce qu'elles étoient pourries ; qu'enfin ayant examiné les autres ventes de la même Forêt, auffi adjugées à ladite veuve Denis, fous le nom dudit Langlois, pour ledit ordinaire 1747, il avoit reconnu les mêmes délits d'arrachemens de fouches, & de fouches non ravallées, defquels faits ladite veuve Denis & ledit Langlois étoient pareillement convenus : L'Arrêt rendu au Confeil le 25 Juin 1748, par lequel le Roi a ordonné que ladite veuve Denis, Adjudicataire fous le nom d'Adrien Langlois, fon Gendre, au Siége de la Maîtrife particulière des Eaux & Forêts de Caudebec, de 50 arpens de bois de futaye en plufieurs ventes différentes de la Forêt du Trait, appartenant à Sa Majefté pour l'ordinaire 1747, enfemble ledit Langlois, fes Cautions, Certificateurs & Facteurs, feroient affignés à la requête du fieur Piquet de Clariel, Avocat au Parlement de Rouen, commis par Sa Majefté à cet effet, pour comparoître dans la quinzaine au plus tard pardevant ledit fieur Gallois de Maquerville, pour par les uns & les autres répondre aux faits contenus au procès-verbal dreffé par ledit fieur Gallois de Maquerville le 17 Avril précédent, dont leur feroit fait lecture & donné communication fur leur récépiffé par le Greffier de la Commiffion, pour fur leur réponfe dont procès-verbal feroit dreffé par ledit fieur Gallois de Maquerville, ainfi que de leurs dires, requifitions & conteftations, enfemble fur les conclufions dudit fieur Piquet de Clariel, Procureur du Roi en ladite Commiffion, auquel le tout feroit communiqué, & fur l'avis dudit fieur Gallois de Maquerville, qui feroit par lui envoyé au Confeil, être enfuite par Sa Majefté ordonné ce qu'il appartiendra ; le procès-verbal dreffé par ledit fieur Gallois de Maquerville le 14 Août enfuivant ; les conclufions données fur ledit procès-

verbal

verbal par ledit fieur Piquet du Clariel, Procureur du Roi en ladite Commiffion, le 19 dudit mois d'Août ; l'avis dudit fieur Gallois de Maque-
ville du 20 du même mois, & l'art. XLV du titre de l'Affiette, Balivage
& Martelage, de l'Ordonnance des Eaux & Forêts du mois d'Août 1669,
par lequel il eft très - expreffément enjoint aux Adjudicataires de faire
couper & ravaller le plus près de terre que faire fe pourra toutes les fouches
& étocs de bois pillés ou rabougris étant dans les ventes, & aux Officiers
d'y avoir l'œil & tenir la main, à peine de fufpenfion de leurs Charges; &
Sa Majefté défirant fur ce faire connoître fes intentions : Oui le rapport, &c.

LE ROI EN SON CONSEIL, faifant droit fur le Requifitoire du
fieur Piquet du Clariel, Procureur de Sa Majefté en la Commiffion établie par
Arrêt du Confeil du 20 Février 1748, & ayant aucunement égard aux dires
& défenfes de la veuve Denis & du nommé Langlois, fon Gendre, a ordonné
& ordonne que l'art. XLV du titre de l'Affiette, Balivage & Martelage de
l'Ordonnance des Eaux & Forêts du mois d'Août 1669, enfemble l'Arrêt du
Confeil du 20 Février 1748, feront exécutés felon leur forme & teneur ;
& cependant par grace & fans tirer à conféquence, Sa Majefté a modéré &
modére à la fomme de 1000 liv. les amendes & reftitutions encourues par
ladite veuve Denis & Langlois, fon Gendre, au payement de laquelledite
fomme de 1000 liv. ils feront, ainfi que leurs Cautions & Certificateurs, folidairement contraints par les voyes ordinaires & accoutumées, ce faifant ils
en feront & demeureront bien & valablement quittes & déchargés. Décharge
Sa Majefté, fans tirer à conféquence, les Officiers de la Maîtrife particulière
des Eaux & Forêts de Caudebec, des peines par eux encourues pour ne s'être
pas conformés dans l'exercice de leurs fonctions, à ce qui leur eft prefcrit par
l'art. XLV du titre de l'Affiette, Balivage & Martelage de l'Ordonnance du
mois d'Août 1669, & leur enjoint expreffément de tenir à l'avenir la main
à l'exécution de ladite Ordonnance, fous les peines y portées ; enjoint auffi
Sa Majefté au fieur Piquet, Grand-Maître des Eaux & Forêts du Département
de Rouen, de tenir la main à l'exécution du préfent Arrêt, lequel fera enregiftré au Greffe de ladite Maîtrife, pour y avoir recours, fi befoin eft, lû, publié, affiché & fignifié par-tout & à qui il appartiendra, & exécuté nonobftant oppofitions, clameur de Haro, Chartre Normande, ou autres empêchemens généralement quelconques, pour lefquels ne fera différée, & dont
fi aucuns interviennent, Sa Majefté s'en eft & à fon Confeil réfervé la connoiffance, & icelle interdite à toutes fes Cours & autres Juges. F A I T au
Confeil d'Etat du Roi tenu à Verfailles le vingt-neuvième Juillet mil fept
quarante-neuf. *Signé,* BERGERET.

ARREST NOTABLE DU CONSEIL,

QUI ordonne l'exécution des art. XXIV & XXV du titre 27 de l'Ordonnance de 1669 ; en conféquence que les Officiers des Maîtrifes de Rouen & Lyon fe tranfporteront chez les Particuliers qui tiennent des Atteliers près les Forêts du Roi, à l'effet de les reconnoître, & que lefdits Particuliers feront tenus de déclarer les Bois dont ils s'approvifionneront.

Du 29 Juillet 1749.

LE ROI s'étant fait repréfenter en fon Confeil l'article XXIV. du titre de la Police & Confervation des Eaux , Forêts & Rivieres de l'Ordonnance du mois d'Août 1669 , par lequel Sa Majefté a expreffément enjoint aux Officiers des Maîtrifes particulieres d'empêcher le débit du bois de délit ès villes fermées qui font à la diftance de deux lieues des forêts du Roi , & leur a , à cet effet, permis de faire perquifition dans les maifons, des bois de merain & à bâtir qu'ils auront eu avis y avoir été portés pour y être par eux pourvu, ainfi qu'il appartiendra , & autorife les Gardes defdites forêts à faire les mêmes vifites en préfence d'un Officier de la Maîtrife, ou au défaut en la préfence du Juge ordinaire, du Procureur du Roi , ou du Procureur d'office , defquelles vifites lefdits Gardes feront tenus de dreffer leurs procès-verbaux , & les rapporter au Greffe de la Maîtrife , pour être les coupables punis par les Grands-Maîtres ou Officiers de la Maîtrife, fuivant la rigueur de l'Ordonnance, enfemble l'article XXV. du même titre , portant que les Monafteres , Gouverneurs de Places, Commandans les Troupes, Seigneurs & Gentilshommes , feront ouvertures des portes des Villes & Châteaux aux Grands-Maîtres , Maîtres Particuliers & Procureurs du Roi, pour faire les recherches, perquifitions & procédures qu'ils jugeront à propos pour le fervice de Sa Majefté, & qu'ils feront tenus de mettre ès mains des Officiers du Roi, tous accufés de délits ès forêts, même les cavaliers & foldats paffants ou tenants garnifon, à la premiere requifition qui leur en fera faite, fans qu'ils les puiffent retenir ou garder, nonobftant tous priviléges , & fous aucuns prétextes de Juftice Militaire , Police & autrement , à peine de défobéïffance , & de répondre en leurs propres & privés noms des amendes , reftitutions & intérêts ; & Sa Majefté étant informée que les Habitans d'Elbeuf, ceux de la Paroiffe de la Londe, & autres Paroiffes riveraines de la forêt de Rouveray , ou enclavées en icelle, y commettent journellement des dégradations fans nombre , & auxquels les Officiers de la Maîtrife de Rouen n'ont pu jufqu'à préfent mettre fin, & qu'il en eft de même des Habitans d'Eftrepagny, par rapport à la forêt de ce nom, que comme ladite Forêt de Rouveray appartient à Sa Majefté, enfin que les Habitans de ces différents lieux pouffent leurs entreprifes à tenir chez eux des atteliers dans lefquels ils n'employent prefque que des bois de délits , & Sa Majefté défirant fur ce faire connoître ſes intentions : O u i le Rapport du ſieur de Machault, Conſeiller ordinaire au Conſeil Royal, Contrôleur Général des Finances.

LE ROI EN SON CONSEIL, a ordonné & ordonne que les articles XXIV. & XXV. du titre de la Police & Conſervation des Forêts, Eaux & Rivieres, de l'Ordonnance du mois d'Août 1669, feront exécutés ſelon leur forme & teneur ; & en conſéquence que les Officiers des Maîtriſes particulieres de Rouen & Lyon, feront tenus, chacun en droit ſoi, de ſe tranſporter inceſſamment chez ceux des Habitans des Paroiſſes ou Villages du reſſort deſd. Maîtriſes, qui ont des atteliers & amas de bois, à l'effet de les reconnoître, de les marquer du Marteau du Roi, & du tout dreſſer procès-verbal pour être dépoſé au Greffe de chacune deſd. Maîtriſes, & ſur icelui, ordonner ce qu'il appartiendra, au cas que leſdits bois ſe trouvent de ceux coupés en contravention, dans les Forêts du Roi, ordonne en outre Sa Majeſté que les Habitans d'Elbeuf, ceux de la Paroiſſe d'Eſtrepagny, de la Londe, & autres Riverains des Forêts du Rouveray & d'Eſtrepagny, ou enclavées en icelles, tenans des atteliers, feront tenus dans un mois au plus tard, à compter du jour de la date que la publication du préſent Arrêt ſera faite, de faire au Greffe deſdites Maîtriſes leurs déclarations des bois de quelque eſſence qu'ils ſoient, qu'ils ont ou peuvent avoir chez eux, & qu'ils feront tenus de renouveller chaque fois qu'ils s'approviſionneront de bois pour leurs atteliers ; laquelle déclaration, qui ſera reçue ſans frais par le Greffier deſdites Maîtriſes, contiendra la quantité & qualité du bois qui ſera en leur poſſeſſion, & le nom du Marchand de qui ils l'auront acheté ; ſinon & faute de ce faire dans ledit temps, & icelui paſſé, qu'ils feront tenus pour voleurs de bois, & comme tels punis ſuivant la rigueur de ladite Ordonnance. Enjoint très-expreſſement Sa Majeſté, aux Cavaliers de la Maréchauſſée, d'aſſiſter les Officiers deſdites Maîtriſes & de leur prêter main-forte toutes fois & quantes ils les en requéreront, à peine de déſobéiſſance ; & au Sr Pecquet, Grand-Maître des Eaux & Forêts du Département de Rouen, ainſi qu'aux Officiers deſdites Maîtriſes, de tenir, chacun en doit ſoi, la main à l'exécution du préſent Arrêt, lequel ſera à cet effet, lu, publié, affiché & ſignifié par-tout & à qui il appartiendra, & exécuté nonobſtant oppoſition, récuſation, priſe à partie, clameur de Haro, Chartre Normande ou autres empêchemens généralement quelconques, pour leſquels ne ſera differé. F a i t au Conſeil d'Etat du Roi, tenu à Compiegne le vingt-neuf Juillet mil ſept cent quarante-neuf. *Signé*, B e r g e r e t.

ARREST NOTABLE DU CONSEIL,

QUI ordonne que les art. XLV & XLVII de l'Edit de Mai 1716 contre les Inutils & les Vagabonds feront exécutés felon leur forme & teneur ; & que conformément à une Sentence de la Maîtrife de Lyon Guillaume Mouchelet fera inceffamment tiré des Prifons où il eft détenu, & conduit aux Galères pour y fervir pendant cinq ans.

Du 29 Juillet 1749.

LE ROI s'étant fait repréfenter en fon Confeil l'article XLV. de l'Edit du mois de Mai mil fept cent feize, portant Reglement fur les amendes prononcées en matieres d'Eaux & Forêts, par lequel Sa Majefté a ordonné que ceux qui ayant été déclarés inutils & vagabonds, qui commettront de nouveaux délits, feront condamnés, les hommes en cinq ans de Galères, les femmes ou ceux qui feront hors d'état de fervir dans les Galères au fouet & flétris, l'article XLVI du même Edit portant que les Gardes feront refponfables en leurs propres & privés noms des délits commis par ceux qui ayant été déclarés Inutils & Vagabonds retomberont pour la feconde fois dans lefdits délits, & que lefdits Gardes feront tenus des amendes aufquelles ces Inutils & Vagabonds auront été condamnés, s'ils ne les amenent dans les Prifons de la Maîtrife ; l'arr. XLVII dudit Edit, par lequel le Roi a expreffément enjoint aux Procureurs de Sa Majefté des Maîtrifes & Grueries, de faire faire, fur la plainte & rapport des Gardes, le procès aux Vagabonds & Inutils, & ordonne que les Officiers defdites Maîtrifes pourroient faire le procès aux Inutils & Vagabonds fur les rapports des Gardes dépofés & affirmés véritables, fans une plus ample inftruction ; la Sentence de la Maîtrife particulière de Lyon du 3 Mai 1732, par laquelle, pour raifon des délits réfultans du procès-verbal énoncé en ladite Sentence, le nommé Guillaume Mouchelet a été banni des Forêts du Roi ; la Sentence de la même Maîtrife en date du 29 Octobre 1738, faute par ledit Mouchelet d'avoir exécuté la Sentence rendue contre lui le 3 Mai 1732, il a été condamné à fervir le Roi fur les Galères pendant l'efpace de cinq ans, & l'Arrêt du Parlement de Rouen du 7 Août 1741, rendu fur l'appel interjetté au même Parlement par ledit Mouchelet de la Sentence intervenue en ladite Maîtrife le 29 Octobre 1738, par lequel Arrêt, la Cour faifant droit fur l'appel dudit Mouchelet, a caffé & annullé tout ce qui a été fait en ladite Maîtrife depuis l'acte d'affirmation du procès-verbal des Gardes du 27 Janvier 1738, & ordonné que ledit Mouchelet feroit reconduit dans les Prifons de ladite Maîtrife, pour fon procès lui être fait & parfait par decret, répétitions, recollement, confrontation, & pardevant autres Juges que celui dont étoit appel : & Sa Majesté ayant reconnu par le compte qu'Elle s'est fait rendre de cet Arrêt, qu'il ne peut se soutenir sans anéantir les dispositions précises & littérales des art. XLV & XLVII de l'Edit du mois de Mai 1716, concernant lesdites amendes, & sans donner lieu à l'impunité d'une infinité de délits qui se commettent dans les Forêts du Roi, Sa Majesté a résolu de faire connoître sur ce ses intentions ; Oui le rapport du sieur de Machault, Conseiller ordinaire au Conseil Royal, Contrôleur Général des Finances.

LE ROI EN SON CONSEIL, sans s'arrêter à l'Arrêt du Parlement de Rouen du 7 Août 1741, a ordonné & ordonne que les art. XLV & XLVII de l'Edit du mois de Mai 1716, portant Réglement sur les amendes prononcées en matière d'Eaux & Forêts, & la Sentence de la Maîtrise particulière de Lyon, rendue pour raison du fait dont il s'agit le 29 Oct. 1738, seront exécutés selon sa forme & teneur ; & que conformément à ladite Sentence le nommé Guillaume Mouchelet sera incessamment tiré des Prisons où il est détenu, & conduit aux Galères pour y servir en qualité de Forçat pendant cinq ans, ainsi qu'il y a été condamné par la même Sentence ; enjoint Sa Majesté au sieur Pequet, Grand-Maître des Eaux & Forêts au Département de Rouen, & au Procureur du Roi en ladite Maîtrise de tenir chacun en droit soi la main à l'exécution du présent Arrêt, lequel sera à cet effet enregistré au Greffe de ladite Maîtrise, pour y avoir besoin est, & exécuté nonobstant opposition, Clameur de Haro, Charte Normande, ou autres empêchemens généralement quelconques, pour lesquels ne sera différé, dont si aucuns interviennent Sa Majesté s'en est & à son Conseil réservée la connoissance, & icelle interdite à toutes ses Cours & autres Juges. FAIT au Conseil d'Etat du Roi tenu à Compiegne le vingt-neuviéme Juillet mil sept cent quarante-neuf. Signé, BERGERET.

ARREST DU CONSEIL,

QUI casse deux Sentences de la Table de Marbre de Dijon, qui avoient infirmé deux Sentences de la Maîtrise d'Avallon, en ce que lesdites Sentences adjugeoient des salaires aux Gardes ; pour raison de quoi lesdits Jugemens portoient défenses aux Juges dont étoit appel de prononcer aucuns dépens dans les cas où le Substitut du Procureur Général seroit seul Partie, & que les défenses seroient signifiées à la requête du Procureur Général par un Huissier de Dijon aux frais des Juges qui avoient prononcé les condamnations en faveur desdits Gardes.

Du 2 Septembre 1749.

SUR la Requête présentée au Roi en son Conseil par les Officiers de la Maîtrise particulière des Eaux & Forêts d'Avallon, contenant qu'ils se trouvent forcés de porter leurs plaintes au Conseil sur deux Arrêts de la Table de

Marbre du Palais à Dijon, qui sont auſſi préjudiciables aux intérêts de Sa Majeſté, que contraires aux Ordonnances & Réglemens rendus en matière d'Eaux & Forêts; que le premier de ces Arrêts, qui eſt du 17 Juillet 1748, caſſe un rapport d'un Garde des Forêts de la Châtellenie du Châtel-Girard, appartenant à Sa Majeſté, du 13 Mars précédent, pour n'avoir pas été produit au Greffe dans deux jours, décharge le nommé Jacques Baudey, Laboureur audit lieu, des condamnations contre lui prononcées par Sentence de la Maîtriſe d'Avalon du 17 Avril précédent, fait défenſes aux Officiers de ladite Maîtriſe de prononcer aucuns dépens dans les cas où le Subſtitut du Procureur Général de la Chambre ſera ſeul Partie; ordonne que cet Arrêt ſera ſignifié au Juge dont eſt appel & à ſes frais par un Huiſſier qui ſera à cet effet envoyé à la requête du Procureur Général : que le ſecond Arrêt en date du 25 Août 1749, décharge le nommé Jean Larmounier, Laboureur à Villeneuve-lez-Preſles, des condamnations contre lui énoncées par Sentence de la Maîtriſe du 10 Décembre précédent, tant en amende & reſtitution que dépens; enjoint à tous les Gardes des Bois de ſe conformer à l'Ordonnance des Eaux & Forêts du mois d'Août 1669; ce faiſant de faire le reſouchement des Bois qu'ils trouveront en délit chez les Particuliers; fait itératives inhibitions & défenſes aux Officiers de ladite Maîtriſe de prononcer aucuns dépens dans les inſtances ou procès où il n'y aura que le Subſtitut du Procureur Général pour Partie, ce qui ſera ſignifié au Lieutenant de ladite Maîtriſe, à la diligence du Procureur Général, aux frais de ce premier, par un Huiſſier qui lui ſera envoyé exprès de la Ville de Dijon. Que l'on voit dans la diſpoſition de ces deux Arrêts une fauſſe interprétation & une contrariété manifeſte à l'eſprit de l'Ordonnance de 1669, & en même-temps une affectation de rechercher les Supplians, pour leur faire ſupporter des frais de ſignification par des voyages exprès d'Huiſſiers de Dijon. On dit plus, c'eſt que les Juges qui les ont rendus ne ſont pas d'accord avec eux-mêmes, puiſqu'ils autoriſent ce qu'ils condamnent, en accordant au miniſtère dudit Sieur Procureur Général ce qu'ils retranchent à celui dudit ſieur Procureur du Roi, quoique chargé également des fonctions publiques. Que l'art. IX du titre de ladite Ordonnance de 1669 qui a ſervi de fondement à l'Arrêt du 17 Juillet 1748, ne prononce point de nullité des rapports produits après les deux jours, il exige ſeulement que les Gardes les faſſent dans ce délai, afin de leur ôter tout prétexte d'excuſe. Que ces deux Arrêts ſuppriment viſiblement le droit que cette Ordonnance accorde d'adjuger des frais de rapports aux Gardes; qu'il eſt dit par l'art. IX du titre 8 de la même Ordonnance que les Greffiers pourront employer dans les rôles les ſalaires des Sergens, ſur les rapports deſquels il y aura eu condamnation, ce qui établit ſans contredit la faculté d'en adjuger, &c. Oui le rapport du Sieur de Machault, Conſeiller ordinaire au Conſeil Royal, Contrôleur Général des Finances.

LE ROI EN SON CONSEIL, ayant aucunement égard à la Requête, ſans s'arrêter aux Arrêts de la Table de Marbre du Palais à Dijon des 17 Juillet 1748 & 25 Avril 1749, que S. M. a caſſé & annullé, ainſi que tout ce qui peut s'en être enſuivi, a ordonné & ordonne que les Sentences rendues en la Maîtriſe particulière des Eaux & Forêts d'Avalon, contre les nommés

Jacques Baudey & Jean Lamonier, les 17 Avril & 19 Déc. 1748, feront exécutés felon leur forme & teneur, & fera le préfent Arrêt exécuté nonobftant oppofitions, ou autres empêchemens généralement quelconques, pour lefquels ne fera différé, & dont fi aucuns interviennent, Sa Majefté s'en eft & à fon Confeii réfervée la connoiffance, & icelle interdit à toutes fes Cours & autres Juges. FAIT au Confeil d'Etat du Roi tenu à Verfailles le deuxiéme Septembre mil fept cent quarante-neuf. *Signé*, BERGERET.

ARREST NOTABLE DU CONSEIL,

QUI déboute le fieur de Rochemont, Engagifte de la Baronnie de Montcenis, de la demande tendante à ce qu'il plût à Sa Majefté lui permettre de difpofer des brouffailles accrues dans les jardins, vergers & aifances du Château de ladite Baronnie.

Ordonne que par l'Arpenteur qui fera nommé, il fera fait plan figuratif dudit **Bois** & des autres dépendans de ladite Baronnie, &c.

Du 9 Décembre 1749.

SUR la Requête préfentée au Roi en fon Confeil, par le fieur de Rochemont, ancien Maréchal de Logis des Gendarmes de la Garde de Sa Majefté, Meftre de Camp de Cavalerie; contenant que les Commiffaires du Confeil députés par Arrêt du 14 Juillet 1722, & autres intervenus depuis pour procéder conformément à l'Edit du mois d'Août 1708, à la vente & aliénation des Domaines de Sa Majefté, lui pafferent contrat de vente le 7 Septembre 1747 de la Terre & Baronnie de Montcenis, & de tout ce qui en dépend; entr'autres un Four bannal que le précédent Engagifte, qui ne l'étoit qu'à vie, avoit laiffé détruire depuis 26 ans; que les Bois, appellés Signy, fis aux environs de Torcy, confiftant en 15 ou 20 arpens dépendant de ladite Baronnie, étoient deftinés pour l'entretien dudit Four; que depuis qu'il n'a plus été chauffé, les taillis dudit canton ont été négligés par les Engagiftes, qui les ont laiffé à couper; que le Château dudit Montcenis eft totalement en ruine, les baffes-cours, vergers, jardins & autres aifances autour & joignant ledit Château, font en friche; qu'il a crû par fucceffion de temps fur deux arpens de terrein, dépendant de ladite Baronnie, toutes fortes de bois qui n'ont pas encore été dans le cas d'être coupés, ce qui compofe un petit revenu dont le Suppliant doit jouir, de même que des taillis étant fur ledit canton de Bois de Signy, & de ceux de la Marolle, du Chatenay & vieux Fourneraux, dépendant auffi de ladite Baronnie, ainfi qu'il en eft ufé par tous les Engagiftes qui jouiffent & font annuellement couper les taillis des Bois dépendans des terres qu'ils tiennent à titre d'engagement; que cependant les Officiers de la Maîtrife particulière d'Autun fe. font émancipés, depuis qu'il est Possesseur pour lui & les siens de ladite Baronnie, à borner le canton de broussailles qui joint ledit Château, & qui formoit anciennement les jardins & vergers dudit Château, & prétendent qu'il fait partie des Bois qui doivent être vendus au profit de Sa Majesté, & par-là non-seulement le privent des jardins, vergers & aisances dudit Château, mais aussi de faire chauffer ledit Four bannal, & du revenu qui lui appartient des taillis, qui font partie de ladite Baronnie ; qu'il espère que Sa Majesté aura la bonté de lui permettre de couper annuellement ce canton de Bois destiné de tous temps à chauffer ledit Four bannal, & par coupes réglées, les taillis dépendans de ladite Baronnie, à la charge d'y laisser les baliveaux anciens & modernes ' conformément à l'Ordonnance des Eaux & Forêts du mois d'Août 1669, & lui laisser l'entière possession des broussailles qui se font accrus joignant le Château dudit lieu, dans un endroit qui en composoit les aisances, jardins & vergers, & que c'est dans ces circonstances qu'il a été conseillé de se pourvoir. A CES CAUSES, &c.

LE ROI EN SON CONSEIL, sans s'arrêter à la Requête du Suppliant ni à ses demandes, fins & conclusions, dont Sa Majesté l'a débouté & déboute, a ordonné & ordonne que par celui des Arpenteurs de la Maîtrise particulière des lieux, qui sera à cet effet nommé par le sieur de Fleury, Grand-Maître des Eaux & Forêts du Département de Bourgogne, Comté de Bourgogne & Alsace, il sera incessamment procédé à l'arpentage général & à la levée du Plan figuratif de tous les Bois appartenans à Sa Majesté dans l'étendue de la Baronnie de Montcenis, & ensuite par ledit sieur Grand-Maître ou les Officiers de ladite Maîtrise qu'il pourra commettre au bornage desdits Bois, dont il sera dressé procès-verbal en présence du Procureur de Sa Majesté en ladite Maîtrise, pour sur ledit procès-verbal, ensemble sur les conclusions du Procureur de Sa Majesté en ladite Maîtrise & l'avis du sieur Grand-Maître, qui seront par lui envoyés au Conseil, être ensuite par Sa Majesté ordonné ce qu'il appartiendra. Enjoint Sa Majesté audit sieur Grand Maître & aux Officiers de ladite Maîtrise de tenir chacun en droit soi la main à l'exécution dudit présent Arrêt, lequel sera à cet effet enregistré au Greffe de ladite Maîtrise, pour y avoir recours si besoin est, & exécuté nonobstant oppositions ou empêchemens généralement quelconques, pour lesquels ne sera différé, & dont si aucuns interviennent, Sa Majesté s'en est & à son Conseil réservée la connoissance, & icelle interdit à toutes ses Cours & autres Juges. FAIT & arrêté au Conseil d'Etat du Roi tenu à Versailles le neuf Décembre mil sept cent quarante-neuf. Signé, EYNARD.

RÉGLEM

RÉGLEMENT

FAIT PAR LA MAITRISE DE PARIS

Des Droits de Péages qui se perçoivent par le Fermier du Bac du Choisi-le-Roi-sur-Seine, &c.

Du 15 Décembre 1749.

A TOUS ceux qui ces présentes Lettres verront : Prosper Cavelier, Conseiller du Roi, Maître particulier des Eaux & Forêts de la Maîtrise, Ville, Prévôté, Vicomté de Paris & lieux en dépendans ; SALUT : sçavoir faisons, que sur ce que le Procureur du Roi Nous a remontré que par Sentences des 9 Août 1719 & 5 Juin 1739, intervenues sur son requisitoire, par lequel, pour remédier aux abus, vexations & concuffions qui s'exerçoient alors sur les passages par le Fermier du Bac de Choisi-le-Roi-sur-Seine, provenant de ce que les anciens Tarifs ci-devant faits pour les Droits de Péage, Bacs & autres endroits, étoient effacés par vetusté, ce qui servoit de prétexte ausdites vexations, il auroit requis, pour la sûreté publique, & empêcher que le Fermier du Bac ne puiffe percevoir de plus grands Droits que ceux portés aux anciens Tarifs, que nouvelles Pancartes & Tarifs feroient faits des Droits de Paffage & Péage, que ce Fermier pourroit percevoir, à raison :

	liv.	f.	d.
Pour un homme de pied, six deniers, ci			6
Pour un carroffe à deux chevaux, dix fols, ci		10	
Pour une charrette chargée de quatre piéces de Vin, ou marchandifes équivalentes, quinze fols, ci		15	
Pour un homme à cheval chargé, deux fols, ci		2	
Pour un Cavalier, un fol fix deniers, ci		1	6
Pour une bête afine chargée, avec fon conducteur, deux fols, ci		2	
Pour un bœuf avec le conducteur, un fol fix deniers, ci		1	6
Pour une vache avec le conducteur, un fol, ci		1	
Pour un porc, six deniers, ci			6
Pour un mouton, trois deniers, ci			3
Pour une charrette à vuide avec deux chevaux & deux conducteurs, quatre fols fix deniers, ci		4	6

Et que défenfes fuffent faites à ce Fermier de percevoir d'autres droits que ceux portés en ladite Pancarte, à peine de concuffion & de tous dépens, dommages & intérêts ; que par la Sentence intervenue fur cette remontrance, & ayant égard au requisitoire dudit Procureur du Roi, il auroit été ordonné que nouvelles Pancartes & Tarifs defdits Droits de Paffage feroient mis & a ofés, tan a dit ac u'audit lieu de hoifi &

endr its requis & néceffaires, avec défenfe au Fermier dudit Bac de Choifi de prendre & percevoir d'autres Droits que ceux portés audit requifi oire, lefquels feroient mentionnés dans ladite Pancarte, à peine de concuffion & de tous dépens, dommages & intérêts; que cette Sentence auroit été exécutée & les Pancartes mifes & appofées avec les formalités requifes; enforte que tous les Paffagers avoient été inftruits des Droits de Paffage à payer au Fermier de ce Bac, jufqu'à ce que le nommé Duchange, Adjudicataire ou Fermier dudit Bac de Choifi-le-Roi depuis quelques années, pour couvrir les vexations qu'il exerce fur les Paffagers dans la perception des Droits beaucoup plus forts que ceux prefcrits par les Ordonnances & Réglemens, auroit, de fon autorité privée, enlevé ces Pancartes, pour fouftraire à la vue du Public les Droits de Paffage qu'il peut légitimement percevoir; enforte qu'il en feroit venu plufieurs plaintes au Procureur du Roi; qu'à l'effet de conftater fi ces plaintes étoient fondées, & de les réprimer pour la fûreté publique & la facilité du commerce qui fe fait par ce Bac, Jean Leguillon, Garde Général, fe feroit tranfporté audit Bac de Choifi-le-Roi, ou après avoir inutilement cherché les Pancartes aux lieux où elles devoient fe trouver, fe feroit rendu chez ledit Duchange, Fermier, lui auroit demandé où étoient les Pancartes des Droits de Paffage, lequel ayant cherché dans fa maifon, & en ayant trouvé une fur le haut d'une armoire, l'avoit rapportée audit Garde Général, difant que cette Pancarte avoit été arrachée, lorfqu'on a commencé de bâtir pour Sa Majefté la terraffe proche dudit Bac, & que l'autre avoit été perdue dans les Eaux, & qu'il attendoit que le Bac eût changé d'endroit pour les réafficher, dont ledit Leguillon auroit dreffé fon procès-verbal le quatre defdits mois & an, & à l'inftant donné affignation audit Duchange, à la requête dudit Procureur du Roi, à comparoir cejourd'hui en notre Audience & pardevant Nous, tenans le Siége en ladite Maîtrife des Eaux & Forêts du Palais à Paris, heure préfente, pour fe voir condamner à réafficher les Pancartes portant Tarif des Droits dûs pour le paffage du Bac de Choifi-le-Roi, & répondre à telles conclufions que ledit Procureur du Roi aviferoit prendre contre ledit Duchange; & comme de femblables prétextes, pour couvrir les vexations de ce Fermier, ne font pas recevables, & qu'il importe infiniment à la tranquillité publique de faire ceffer les plaintes qui font journellement faites à ce fujet, en remettant les chofes dans l'ordre par l'obfervation régulière de Réglemens ci-devant faits pour la perception defdits Droits de Paffage, & notamment en renouvellant la difpofition & faifant exécuter le Tarif porté par Sentences des 9 Août 1719 & 5 Juin 1739, ledit Procureur du Roi Nous auroit requis, qu'il Nous plût ordonner que les anciens Réglemens concernant les Droits de Péage & Paffage des Bacs, & notamment nos Sentences fufdatées, ainfi que le Tarif des Droits inferés en icelles, feroient exécutés felon leur forme & teneur: ce faifant & conformément aufdites Sentences, que ledit Duchange, Fermier dudit Bac de Choifi-le-Roi, feroit tenu de faire mettre fur des poteaux proche dudit Bac, de chaque côté de la rivière, en lieux apparens, la Pancarte & Tarif defdits Droits qui lui ont été taxés pour ledit Paffage, à ce que perfonne n'en ignore, & ait à payer lefdits Droits, fuivant la fixation portée audit Tarif; faire défenfe audit Duchange, fes Fermiers

& Régiſſeurs, d'exiger de plus fortes ſommes que celles de ladite taxe, à peine d'être pourſuivi & punis comme Concuſſionnaires, ſuivant la rigueur des Ordonnances ; ordonner que dans huitaine, pour tout délai, leſdites Pancartes ſeront réappoſées, & dreſſé procès-verbal de ladite appoſition par le premier Huiſſier de cette Maîtriſe, & icelui dépoſé au Greffe ; & attendu la ſouſtraction deſdits Tarifs faite par ledit Duchaſge, & la contravention par lui comm.ſe auſdits Réglemens, & notamment auſdites Sentences des 9 Août 1719 & 5 Juin 1739, le condamner en 50 liv. d amende envers le Roi, lui faire défenſe de récidiver, à peine d'être pourſuivi comme Concuſſionnaire, & puni ſuivant la rigueur des Ordonnances ; comme auſſi d'ordonner qu'en cas de conteſtations, pour raiſon deſdits Droits de l'aſſage, les Parties ſeront tenues de ſe pourvoir en ce Siége ; leur faire défenſe de faire pourſuite & exercer aucune procédure pour raiſon de ce, en premiere inſtance, ailleurs qu'audit Siége, à peine de nullité & d'amende, conformément à l'Ordonnance des Eaux & Forêts du mois d'Août 166ſ, Arrêts & Réglemens depuis intervenus ; enjoindre aux Huiſſiers, Garde général & Gardes particuliers, de veiller à ce que leſdites Pancartes ſoient toujours en lieu apparent, & en bon état audit lieu de Choiſi-le-Roi, y faire de fréquentes viſires, ainſi que des autres Bacs établis ſur les rivières du reſſort de ladite Maîtriſe, dreſſer procès-verbaux des contraventions qui y ſeroient commiſes ; & que la Sentence qui interviendra ſur le préſent requiſitoire ſera imprimée, lue, publiée & affichée par tout où beſoin ſera, & notamment en cette Ville de Paris, & aux lieux où leſdits Bacs ſont établis, à ce qu'aucun.n'en ignore, & ait à s'y conformer ſous telles peines qu'il appartiendra : ſur quoi Nous avons donné défaut contre ledit Duchange non comparant, ni Procureur pour lui duement attendu & appellé en la manière accoutumée, & pour le profit, après avoir ouï le Procureur du Roi en ſes concluſions : ordonnons que les anciens Réglemens concernant les Droits de Péage & de Paſſage des Bacs, & notamment nos Sentences des 9 Août 1719 & 5 Juin 1739, ainſi que les Tarifs deſdits Droits inſérés en icelle, ſeront exécutés ſelon leur forme & teneur : ce faiſant & conformément auſdites Ordonnances, que ledit Duchangé, Fermier dudit Bac de Choiſi-le-Roi, ſera tenu de faire mettre ſur des poteaux proche dudit Bac, de chaque côté de la Rivière, en lieux apparens, la Pancarte & Tarif deſdits Droits qui lui ont été taxés pour ledit Paſſage, à ce que perſonne n'en ignore & ait à payer leſdits Droits, ſuivant la fixation dudit Tarif. Faiſons défenſe audit Duchange, ſes Fermiers & Régiſſeurs, d'exiger de plus fortes ſommes que celles de ladite taxe, à peine d'être pourſuivis & punis comme Concuſſionnaires ; ordonnons que dans huitaine, pour tout délai leſdites Pancartes ſeront réappoſées, & dreſſé procès verbal de ladite réappoſition par le premier Huiſſier de cette Maîtriſe, & icelui dépoſé au Greffe ; & faiſant droit ſur le requiſitoire dudit Procureur du Roi, & attendu la ſouſtraction deſdits Tarifs faite par ledit Duchange, la contravention par lui commiſe auſdits Réglemens, & notamment à nos Sentences des 9 Août 1719 & 5 Juin 1739, le condamnons en dix livres d'amende envers le Roi, lui faiſons défenſe de récidiver ſous plus grande peine ; comme auſſi ordonnons qu'en cas de conteſtations pour raiſon deſdits Droits de Paſſage, les Parties ſeront tenues de ſe pourvoir en ce Siége : leur faiſons défenſe de faire pourſuites &

exercer aucune procédure pour raifon de ce, en première inftance, que pardevant Nous, à peine de nullité & d'amende, conformément à l'Ordonnance des Eaux & Forêts du mois d'Août 1669, Arrêts & Réglemens depuis intervenus. Enjoignons aux Huiffiers, Garde général & Gardes particuliers de veiller à ce que lefdites Pancartes foient toujours en lieu apparent & en bon état audit lieu de Choifi-le-Roi ; y faire de fréquentes vifites, ainfi que des autres Bacs établis fur les Riviéres du reffort de ladite Maîtrife, dreffer procès-verbaux des contraventions qui y feront commifes ; & que notre préfente Sentence fera imprimée, lue, publiée & affichée par-tout où befoin fera, & notamment en cette Ville de Paris & aux lieux où lefdits Bacs font établis, à ce que perfonne n'en ignore, fous telle peine qu'il appartiendra. Condamnons en outre ledit Duchange au coût de l'impreffion & appofition de ladite Sentence, & aux frais du procès-verbal faits par ledit Leguillon, que Nous avons taxés à fept livres dix fols, tant pour fon voyage & affirmation, que pour l'affignation, non compris la préfente Sentence, qui fera fignifiée & exécutée nonobftant oppofition ou appellation quelconques, pour lefquelles ne fera différé, & fans préjudice d'icelles. Ce fut fait & donné par nous Maître particulier fufdit, tenant le Siége en ladite Jurifdiction au Palais à Paris, les jours & an que deffus. *Signé*, MALASSIS.

ARREST DU CONSEIL,

QUI autorife les Officiers des Maîtrifes à connoître des conteftations au fujet des Arbres plantés fur les grands chemins en vertu de l'Arrêt du Confeil du 3 Mai 1720.

Du 13 Janvier 1750.

VU au Confeil d'Etat du Roi la Sentence rendue en la Maîtrife particulière des Eaux & Forêts de Provins, le 18 Mai 1748, par laquelle le fieur Antoine Boivin de Vaurouy, Abbé Commendataire de l'Abbaye de Notre-Dame de Pruilly, a été condamné en 60 liv. d'amende envers Sa Majefté, & en pareille fomme de dommages & intérêts envers le fieur Nicolas-Louis Augufte, Marquis de Culant, Seigneur Haut-Jufticier d'Intigny, pour par ledit fieur de Vaurouy avoir fait abattre la quantité de 108 Ormes du nombre de ceux que ledit fieur Marquis de Culant a fait planter conformémeni à l'Arrêt du Confeil du 3 Mai 1720, le long du grand chemin qui conduit de Provins à Bray, & qui traverfe le territoire d'Intigny ; la requête dudit fieur de Varouy tendante à ce que pour les caufes y contenues, il plaife à Sa Majefté le décharger de ladite amende de 60 liv. & les autres pièces jointes & énoncées à ladite requête : oui le rapport, &c.

LE ROI EN SON CONSEIL, ayant égard à la Requêts par grace, & fans tirer à conféquence, a déchargé & décharge le fuppliant de l'amende de 60 l. prononcée contre lui par Sentence de la Maîtrife particulière de Provins, du 18 Mai 1748, à condition néanmoins de payer les frais fuivant la taxe qui

en fera faite par le fieur du Vaucel, Grand-Maître des Eaux & Forêts du Département de Paris; fait Sa Majefté très-expreffes inhibitions & défenfes audit
fuppliant de récidiver, fous les peines portées par l'Arrêt du Confeil du 3 Mai
1720, & fera le préfent Arrêt enregiftré au Greffe de ladite Maîtrife, pour y
avoir recours fi befoin eft. FAIT au Confeil d'Etat du Roi tenu à Verfailles le
treize Janvier mil fept cent cinquante. *Signé*, DE VOUGNY.

ARREST DU CONSEIL,

QUI confirme une Sentence rendue en la Maîtrife de Fontainebleau le 15 Janvier 1749, par laquelle les Freres de l'Ecole
Charitable de Fontainebleau & le nommé la Foffe avoient été
condamnés folidairement en 32 liv. d'amende & 32 liv. de reftitution, pour avoir lefdits Freres acheté dudit la Foffe une
corde de Bois de délit trouvée dans leur cour.

Du 27 Janvier 1750.

VU au Confeil d'Etat du Roi, la Sentence rendue en la Maîtrife particuliére
de Fontainebleau le 15 Janvier 1749, par laquelle les Freres des Ecoles chré-
tiennes établies audit Fontainebleau, & le nommé Jerôme dit la Foffe, ont été
condamnés folidairement par défaut en 32 l. d'amende & en 32 l. de reftitution envers Sa Majefté, pour par lefdits Freres avoir acheté dudit la Foffe,
une corde de bois de délit trouvée dans leur cour par un des Gardes de la Forêt
de Fontainebleau; la Requête defdits Freres & dudit la Foffe, tendante à ce
que, pour les caufes y contenues, il plaife à Sa Majefté les décharger defdites
amende & reftitution, les autres piéces énoncées & jointes à ladite Requête
& l'avis du fieur du Vaucel, Grand-Maître des Eaux & Forêts du Département de Paris du 31 Octobre 1749. Oui le rapport, &c.
    LE ROI EN SON CONSEIL, ayant aucunement égard à la Re-
quête, a ordonné & ordonne que la Sentence de la Maîtrife particulière de
Fontainebleau, rendue pour raifon du fait dont il s'agit, le 15 Janvier 1749,
fera exécutée felon fa forme & teneur; & cependant par grace & fans tirer
à conféquence, Sa Majefté à modeié & modere à 10 liv. l'amende de 32 l.
prononcée folidairement contre les Supplians par ladite Sentence, & les a
déchargés & décharge du furplus de ladite amende, ainfi que de la reftitution
portée par la même Sentence, à condition néanmoins d'en payer les frais fuivant la taxe qui en fera faite par le fieur du Vaucel, Grand-Maître des Eaux
& Forêts du Département de Paris; fait Sa Majefté très-expreffes inhibitions
& défenfes audit Suppliant de récidiver, fous plus grandes peines; & fera le
préfent Arrêt enregiftré au Greffe de ladite Maîtrife, pour y avoir recours fi
befoin eft. FAIT au Confeil d'Etat du Roi tenu à Verfailles le vingt-fept
Janvier mil fept cent cinquante. *Signé*, DE VOUGNY.

ARREST DU CONSEIL,

QUI ordonne que le Maître particulier des Eaux & Forêts de
Pau aura les caufes commifes au Préfidial de Dax, & par appel
au Parlement de Bordeaux, tant qu'il fera pourvû de l'Office
de Maître.

Du 27 Janvier 1750.

SUR la Requête préfentée au Roi en fon Confeil par le fieur François de
Vicq, Maître particulier de la Maîtrife des Eaux & Forêts à l'au, contenant, &c.

LE ROI EN SON CONSEIL, ayant égard à la Requête, fans
s'arrêter à l'Arrêt du Parlement de Pau du 10 Sept. 1745, que Sa Majefté a
caffé & annullé, ainfi que tout ce qui peut s'en être enfuivi, a ordonné & ordonne que l'Edit du mo.s de Mai 1708, & la Sentence rendue au Préfidial de
Dax le 25 Janvier 1746, contre le fieur Dujardin, feront exécutés felon
leur forme & teneur, & en confequence que le Suppliant continuera d'avoir,
tant qu'il fera pourvû de l'Office de Maître particulier de la Maîtrife particuliere
des Eaux & Forêts de Pau, fes caufes commifes en 1re inftance au Préfidial de
Dax, & par appel au Parlement de Bordeaux, & fera le préfent Arrêt enregiftré au Greffe de lad. Maîtrife pour y avoir recours fi befoin eft ; lû, publié, affiché & fignifié par-tout & à qui il appartiendra, & exécuté nonobftant oppofition & autres empêchemens généralement quelconques, pour lequel ne
fera différé, & dont fi aucuns interviennent S. M. s'en eft & à fon Confeil réfervée la connoiffance, & icelle interdite à toutes fes Cours & autres Juges.
FAIT au Confeil d'Etat du Roi tenu à Verfailles le 27 Janvier mil fept cent
cinquante. *Signé*, DE VOUGNY.

ARREST DU CONSEIL,

QUI fait défenfes à toutes perfonnes d'établir aucuns Moulins
à fcier du Bois, aux rives des Forêts du Roi, fans permiffion
expreffe de Sa Majefté, à peine, &c.

Du 28 Janvier 1748.

SUR la Requête préfentée au Roi en fon Confeil par le Procureur de Sa Majefté
en la Maîtrife particulière des Eaux & Forêts de Sedan, contenant qu'il fe
trouve obligé de réclamer l'autorité de Sa Majefté pour empêcher une entreprife formelle faite contre la difpofition des Ordonnances, très-nuifible
& très-préjudiciable aux intérêts de Sa Majefté ; dans le fait les nommés Jean
Mabillon & Nicolas Legrand, Gardes des Bois de ladite Maîtrife, ayant fait
leur rapport au Greffe d'icelle le 27 Aqût 1747, portant qu'étant fur le can

ton de Bois appellé le petit Dieulet, appartenant à S. M. fur le bord du ruiffeau qui fépare ledit Bois de ceux des Religieux de Belval, ils ont reconnu que Jean Petit, Marchand de Bois & Maître de Forges, a fait conftruire une Scirie fur ledit ruiffeau, à côté d'un taillis d'environ fept ans, laquelle y fait un grand tort par le gonflement du ruiffeau qui fe répand dans le taillis, & que l'eau qui y croupit y fait périr les arbres & le cratin, qu'étant entrés dans trois arpens ou environ de taillis fitués à côté de ladite Scirie, ils y ont marqué plufieurs arbres, tant anciens, modernes, que baliveaux péris entierement.

LE ROI EN SON CONSEIL, ayant égard à la Requête, fans s'arrêter à la Sentence du Garde-Marteau de la Maîtrife particulière de Sedan, rendue pour raifon du fait dont il s'agit, le 19 Février 1748, que Sa Majefté a caffée & annullée ainfi que tout ce qui peut s'en être enfuivi, a ordonné & ordonne que les articles XVIII & XLIII du titre 27 de l'Ordonnance des Eaux & Forêts du mois d'Août 1669, feront exécutés felon leur forme & teneur; & en conféquence, que dans un mois au plus tard, à compter du jour & date de la fignification qui fera faite du préfent Arrêt, à la requête du Suppliant, le nommé Jean Petit, Marchand de Bois, fera tenu de faire démolir le Moulin à fcier du Bois qu'il a fait conftruire fur le ruiffeau qui fépare le canton de Bois nommé le petit Dieulet appartenant à S. M. d'avec les Bois dépendans de l'Abbaye de Belval, finon & faute de ce faire dans ledit temps, & icelui paffé, qu'il y fera pourvû à fes frais & dépens à la requête dudit Suppliant; ordonne en outre S. M. que dans le même délai d'un mois ledit Petit fera tenu de faire repeupler, auffi à fes frais & dépens, la portion dudit canton de Bois qui a été endommagé par le gonflement des eaux dudit ruiffeau, caufé par l'établiffement dudit moulin, & de mettre ledit ruiffeau en tel état qu'il ne puiffe plus nuire audit canton de Bois; lequel repeuplement fera fait en préfence de celui des Officiers de lad. Maîtrife, que le fieur Coulon, Grand-Maître des Eaux & Forêts du Département de Metz, jugera à propos de commettre à cet effet, dont du tout il fera par ledit Officier dreffé procès-verbal pour être, quinzaine après au plus tard, dépofé au Greffe de la Maîtrife; fait Sa Majefté très-expreffes inhibitions & défenfes audit Petit, & à tous autres de conftruire à l'avenir, fous quelque prétexte que foit, aucun Moulin à fcier du Bois, fans permiffion de Sa Majefté, à peine de démolition, de confifcation de tous les matériaux qui en proviendront, & de 3000 liv. d'amende, qui ne pourra être réputée comminatoire; enjoint Sa Majefté audit fieur Grand-Maître & aux Officiers de ladite Maîtrife de tenir chacun en droit foi la main à l'exécution dudit préfent Arrêt, lequel fera à cet effet lû, publié & fignifié par tout & à qui il appartiendra, & exécuté nonobftant oppofitions ou autres empêchemens généralement quelconques, pour lefquels ne fera différé, & dont fi aucuns interviennent, Sa Majefté s'en eft & à fon Confeil réfervée la connoiffance, & icelle interdite à toutes fes Cours & autres Juges. FAIT au Confeil d'Etat du Roi tenu à Verfailles le vingt-huit Janvier mil fept cent cinquante. Signé, DE VOUGNY.

ARREST NOTABLE DU CONSEIL,

QUI ordonne que fans s'arrêter à la Sentence rendue au Bailliage de Saint-Sauveur-le-Vicomte le 31 Juillet 1749, la Demoiſelle veuve Avril fera tenue de procéder en la Maîtriſe de
Valogne fur l'Aſſignation lui donnée en ladite Maîtriſe à requête
du ſieur Dumeſnildot, Seigneur de Vierville, pour avoir fait
pêcher dans les noues dudit ſieur de Vierville, dont ladite Avril
prétendoit auſſi être Propriétaire, &c.
Ordonne que les Officiers des Maîtriſes connoîtront, conformément à l'article X du titre premier de l'Ordonnance de 1669,
de la propriété, lorſqu'elle ſera incidente ou propoſée pour
défenſes, &c.

Du 3 Mars 1750.

SUR la Requête préſentée au Roi en ſon Conſeil par le Procureur de Sa
Majeſté en la Maîtriſe particulière des Eaux & Forêts de Valogne, contenant que le 9 Juin 1749, le ſieur Charles Dumenildot, Seigneur de Vierville, a fait aſſigner en ladite Maîtriſe Bonne-Marie Langevin, veuve du Sr
Hervé Avril, pour ſe voir condamner en 200 liv. de dommages-intérêts envers
ledit ſieur Dumeſnildot, pour par ladite veuve Avril avoir fait empêcher à dif-
différentes fois, & notamment le 4 du même mois Juin dans les noues dudit
lieu de Vierville, qui appartiennent audit ſieur Dumeſnildot ; que ſur cette aſſignation ladite veuve Avril a préſenté une Requête en forme de plainte au
Bailli de Saint-Sauveur-le-Vicomte, comme étant troublée dans la poſſeſſion & le droit qu'elle avoit de faire pêcher dans les noues en queſtion ; que
le Suppliant en ayant été informé, il a donné ſon requiſitoire au Maître particulier de ladite Maîtriſe le 26 dudit mois de Juin, tendant à ce qu'il lui
plût faire défenſes audit Sr Dumeſnildot, & à ladite veuve Avril, de procéder pour raiſon du fait en queſtion, ailleurs qu'en ladite Maîtriſe, à peine
de 500 liv. d'amende, & de tous dépens, dommages & intérêts ; ſur quoi
le Maître particulier en ladite Maîtriſe, a rendu une Ordonnance le 30 du
même mois de Juin, portant défenſes aux Parties de procéder ailleurs que pardevant lui ; que ſur la ſignification qui a été faite de cette Ordonnance à lad.
veuve Avril le 3 Juillet enſuivant, elle s'eſt pourvûe audit Bailliage de Saint-
Sauveur-le-Vicomte, où elle a obtenu Sentence le 31 du même mois de Juillet,
par laquelle il a été ordonné que les Parties procéderoient en ce Siége ſur le
fait de la propriété des noues dont il s'agiſſoit, ſauf après le Jugement d'i-
celles à retourner par leſdites Parties en ladite Maîtriſe, ſur le fait de la Police de la Pêche, & juſqu'à ce il a été fait défenſes auſdites Parties de procéder
ſur le premier chef ailleurs qu'audit Bailliage, à peine de 500 liv. d'amende.
Que les choſes en cet état ledit Suppliant ſe trouve obligé de repréſenter très-
humblement à Sa Majeſté, que la Sentence du Bailliage de Saint-Sauveur-le-

Vicomte

Vicomte du 31 Juillet 1749 eft totalement contraire à l'art. X du tire premier de l'Ordonnance des Eaux & Forêts du mois d'Août 1669, &c.

LE ROI EN SON CONSEIL, ayant aucunement égard à la Re-
quête, fans s'arrêter à la Sentence du Bailliage de Saint-Sauveur-le-Vicomte
du 31 Juillet 1749, que Sa Majefté a caffée & annullée, ainfi que tout ce qui
peut s'en être enfuivi, a ordonné & ordonné que la nommée Bonne-Marie
Langevin, veuve du fieur Hervé Avril, fera tenue de procéder en la Maîtrife particulière des Eaux & Forêts de Valogne, fur & aux fins de l'affignation qui lui a été donnée en ladite Maîtrife, à la requête du Sr Charles
Dumefnildot, Seigneur de Vierville, le 9 Juin précédent, en ce jufqu'à Sentence définitive inclufivement, fauf l'appel au Siége de la Table de Marbre
à Rouen, & fera le préfent Arrêt enregiftré au Greffe de ladite Maîtrife,
pour y avoir recours fi befoin eft, & exécuté nonobftant oppofitions, Clameur de Haro, Chartre Normande, ou autres empêchemens généralement
quelconques, pour lefquels ne fera différé, & dont fi aucuns interviennent,
Sa Majefté s'en eft & à fon Confeil réfervée la connoiffance, & icelle interdite
à toutes fes Cours & autres Juges. FAIT au Confeil d'Etat du Roi tenu à
Verfailles le troifiéme Mars mil fept cent cinquante. Signé, DE VOUGNY.

ARREST NOTABLE DU CONSEIL,

QUI ordonne que les Officiers des Maîtrifes auront, à l'exclufion des Juges-Confuls & autres, la connoiffance de tous différends
entre Marchands de Bois au fujet de leurs comptes de Société.

Du 8 Mars 1750.

SUR la Requête préfentée au Roi en fon Confeil par le Procureur de Sa
Majefté en la Maîtrife particuliere des Eaux & Foréts de Sens, &c.

LE ROI EN SON CONSEIL, ayant égard à la Requête, fans
s'arrêter à la Sentence des Juges-Confuls de la Ville de Sens, ni à l'Arrêt du
Parlement de Paris, rendu pour raifon du fait dont il s'agit, les 16 Mai 1747
& 7 Février 1748, ni à tout ce qui peut s'en être enfuivi, a ordonné & ordonne que les art. V & IX du titre premier de l'Ordonnance des Eaux &
Foréts du mois d'Août 1669, & l'Arrêt du Confeil du 25 Juin 1748, feront exécutés felon leur forme & teneur ; & en conféquence que pour raifon du
compte de fociété d'entre les nommés Etienne Thouin, & Nicolas Tabouin,
Marchands de Bois, lefdites Parties feront tenues de procéder en première inftance pardevant les Officiers de la Maîtrife particulière de Sens, fauf l'appel
au Siége de la Table de Marbre du Palais de Paris ; fait Sa Majefté très-expreffes inhibitions & défenfes aufdites Parties de procéder en première inftance, pour raifon du compte de fociété, ailleurs qu'en ladite Maîtrife, à peine
de nullité, caffation de procédures, mille livres d'amende, & tous dépens,
dommages & intérêts ; & fera le préfent Arrêt lû, publié, affiché & fignifié
par-tout & à qui il appartiendra, & exécuté nonobftant oppofitions ou autres

empêchemens généralement quelconques, pour lesquels ne fera différé, & dont fi aucuns interviennen, Sa Majefté s'en eft & à fon Confeil réfervée la connoiffance, & icelle interdite à toutes fes Cours & autres Juges. F A I T au Confeil d'Etat du Roi tenu à Verfailles le huit Mars mil fept cent cinquante. *Signé*, D E V O U G N Y.

ARREST NOTABLE DU CONSEIL,

Q U I ordonne fur la demande en triage formée par le Prévôt de Leré, contre les Habitans dudit lieu de Leré, que ledit Prévôt, fur 286 arpens de communes, en aura feulement 45 par forme de cantonnement, parce que les deux tiers de 286 arpens n'euffent pas fuffi pour les befoins des Habitans, &c.

Du 7 Avril 1750.

S U R la Requête préfentée au Roi en fon Confeil par le fieur Tachereau des Piétieres, Titulaire de la Prévôté de Leré, dépendante de l'Eglife de faint Martin de Tours, & en cette qualité Seigneur des Paroiffes de Leré & Sury, contenant que ces deux Communautés joignantes l'une à l'autre, poffédent une commune de 350 arpens ou environ, qu'elles tiennent de la conceffion gratuite des Seigneurs, & dont les deux tiers feroient plus que fuffifans pour l'ufage des Habitans ; que le Suppliant réuniffant en fa faveur les conditions qu'exige l'article IV du titre 25 de l'Ordonnance des Eaux & Forêts du mois d'Août 1669, pour autorifer les Seigneurs à prétendre la diftraction à leur profit du tiers des communes, a été confeillé d'avoir recours à Sa Majefté pour demander le triage de celui de Leré & Sury ; que fa demande peut d'autant moins faire difficulté, qu'il eft certain que les Habitans de ces Communautés ont une étendue de marais plus confidérable qu'ils n'en ont befoin ; qu'ils vendent tous les ans des foins fans en faire de partage égal, mais avec confufion & de façon que les plus entreprenans font les mieux partagés, ce qui excite des difputes & rixes continuelles : que les Seigneurs qui ont accordé ces communes pour la nourriture des beftiaux de leurs Habitans, n'ont point entendu que le furplus de ce qui étoit néceffaire pour cet ufage, fût enlevé à leurs Seigneuries : & que par cette raifon le furplus doit leur revenir, & que c'eft fans doute cette confidération qui a fervi de fondement à une infirmité d'Arrêts, qui ont ordonné le partage des communes entre les Seigneurs & les Habitans, & à l'art. IV du titre 25 de ladite Ordonnance de 1669, dont ledit Appellant réclame l'autorité, & que c'eft dans ces circonftances qu'il a été confeillé de fe pourvoir. A CES CAUSES requeroit le Suppliant qu'il plût à Sa Majefté ordonner, conformément à l'art. IV du titre 25 de ladite Ordonnance de 1669, que par l'Arpenteur qui fera à cet effer commis par le fieur de Grandbourg, Grand-Maître des Eaux & Forêts du Département de Blois & Berry, il fera inceffamment procédé à la diftraction au profit dudit Suppliant du tiers des communes de Leré & Sury, pour par lui

jouir du tiers defdites communes, ainfi que des revenus de ladite Prévôté :
Vû ladite Requête, fignée Gervaife, Avocat du Suppliant, & les piéces jointes à ladite Requête, enfemble les ordres du Confeil adreffés audit fieur Grand-
Maître le 6 Août 1746, à l'effet d'entendre les Parties fur cette demande, le
procès-verbal dreffé par ledit fieur Grand-Maître le 4 Novembre 1748 &
jours fuivans, contenant les comparutions defdites Parties, leurs dires, requifitions & proteftations, & la repréfentation de leurs titres, &c. La tranfaction paffée au mois de Janvier Janvier 1255, entre Louis Comte de San-
cerre, & les Doyen & Chapitre d Saint-Martin de Tours, & Prévôt de Leré,
fur les conteftations mûes entr'eux au fujet des limites du territoire de la Ville
dudit Leré & du territoire de Bannefois & d'Aumoutrée, de la baillée qui
fut faite à Garnier Argiver, portant entr'autres chofes que les Bois qui étoient
au delà de Louron d'Echo, du côté de Leré, & tout Leré avec toutes fes appartenances, & tout ce qui étoit dans la baillée qui fût faite à Garnier Argiver, & tout le refte excepté deux territoires, fçavoir Bannefio & Mecha,
tant en hommes qu'en héritages quelconques, demeureroient aux Doyen,
Chapitre & Prévôt de Saint-Martin de Tours, quitte & libre, & le Comte
de Sancerre s'eft défifté en faveur defdits Doyen, Chanoines, Chapitre &
Prévôt, & leur a fait abandon de tout ce qui pouvoit lui appartenir de droits
dans lefdits territoire & lieux, pour les poffeder & avoir perpétuellement,
excepté le Fief de Jean de Curfel, fis fur le territoire de Leré ; la tranfaction paffée le dernier Juillet 1258, en préfence dudit Louis Comte de Sancerre entre Odon de Leré, Prévôt dudit Leré, qui prétendoit la Juftice haute
& baffe fur le Seigneur de Sury, & tout le territoire dudit Sury, d'une part;
& Guillaume dit Roy, Seigneur dudit Sury, par laquelle il a été dit que le
Prévôt de Leré & fes Succeffeurs auroient toute haute & baffe Juftice fur le
fieur Chevalier de Sury, tant de fait, de corps, que d'autre partie, & dans
fa maifon & famille, poffeffions, cens, hemmes, & dans domaine du 14 Janvier 1750, auquel le tout a été communiqué, par lequel il a obfervé entr'autres chofes que l'on ne doit point comprendre dans la demande en triage, formée par ledit fieur Defpictieres, les portions de communes répandues dans
les territoires de Leré & de Sury, qui ont été covertes depuis long-temps
en terres labourables, dont divers particuliers jouiffent féparément, & qui
montent à 44 arpens 79 perches; quant aux 306 arpens 40 perches qui font
demeurés en nature de marais & pâtis, qui font en un feul teuant, & qui forment les véritables communes de ces deux Paroiffes, on doit encore fouftraire
à ladite demande en triage deux parties qui en dépendent, l'une de 13 arpens 14 perches, qui a été affignée aux Chanoines & Chapitre de Leré, pour
leur tenir lieu de la part commune qui leur appartenoit dans ces pâturages,
comme Habitans du lieu; & l'autre de 7 arpens 26 perches, qui a été délaiffée par le même motif au Propriétaire du Domaine de Sainte-Catherine, attendu que ces cantonnemens particuliers, au profit de perfonnes que l'on
entrevoit par les titres produits avoir eu un droit indivis fur tout le furplus,
ont libere d'autant le furplus au profit du Seigneur & des Habitans, & qu'on
ne voit point de motifs pour les autorifer à revenir contre ces arrangemens,
qui ont été jugés utiles lorfqu'ils ont été faits, & qui fubfiftent depuis long-
temps; que l'on ne doit envifager comme fufceptible de l'application de la de-

mande en triage , que les 286 arpens qui font réellement reftés en commun
entre les Seigneurs & les Habitans; mais en fuppofant qu'on voulût bien diftraire au profit dudit fieur Defpictiere une partie des marais & pâtis communs, du moins faut-il que ce qui reftera aux Habitans defdites Paroiffes,
fuffire à leurs befoins . car c'eft là une des conditions les plus effentielles que
ladite Ordonnance de 1669 requiert pour admettre la demande en triage ;
or, il paroît que leurs juftes befoins ne feroient pas remplis, fi on accordoit
audit fieur Defpictiere la diftraction de 95 arpens 33 perches & demie, faifant le tiers, par deux confidérations ; la premiere, que dans le pays dont
il s'agit les terres labourables ne font utiles aux Propriétaires, & ne peuvent être confervées en valeur qu'autant qu'ils ont une étendue proportionnée de pâturages où ils puiffent nourrir & engraiffer les beftiaux qui fervent
au labour, & qui font l'objet principal de leur commerce ; on ne peut pas
douter que les anciens Seigneurs de Leré, en abandonnant aux Habitans des
deux Paroiffes fituées dans leur Seigneurie, une étendue de marais & pâtis,
telle que celle dont il s'agit , n'ayent eu en vne cette proportion qui étoit
néceffaire entre les terres à mettre en labour, & celles à laiffer en pâturages; ce feroit donc contrevenir à la convention originaire entre le Seigneur
& les Habitans , que de priver tout d'un coup ceux-ci d'une partie auffi confidérable que les tiers des communaux fur lefquels ils ont compté, comme fur
un fecours qui leur étoit abfolument néceffaire pour fe foutenir dans les autres bien qu'ils tenoient à cens & autres redevances feigneuriales. La feconde confidération naît d'une circonftance de fait, c'eft que les marais communs aufdites deux Paroiffes & au Seigneur, font adjacens à la Riviere de
Loire - que cette Riviere les couvre pendant une partie de l'année, enforte
qu'ils paroiffent alors comme confondus avec les furplus de fon lir, ce qui
empêche forcément lefdits Habitans de s'aider pendant ce temps d'une grande
partie de ces marais pour le pâturage & l'engraiffement de leurs beftiaux , &
que dans cet état il femble que la demande en triage formée par ledit Defpictiere doit fe réfoudre en une fimple demande en cantonnement, qui eft le
genre d'arrangement que l'on a introduit en faveur des Seigneurs qui ne font
pas fondés à réclamer le tiers des Bois ou pâturages communs entr'eux &
leurs Habitans, faute que les deux tiers foient fuffifans pour fournir aux Habitans leur jufte néceffaire. Pourquoi l'Infpecteur général du Domaine eftime
que le cantonnement que ledit fieur Defpictiere peut juftement prétendre, doit
être limité à la quantité de 40 ou 45 arpens au plus, à la diftraction defquels
ledit fieur Grand-Maître fera chargé de procéder au profit dudit fieur Defpictiere & de fes fucceffeurs titulaires de ladite Prévôté de Leré, en obfervant
de choifir un canton dont le terrein foit d'une valeur mitoyenne, eu égard
au furplus des fonds qui refteront aufdits Habitans. Oui le Rapport, &c;

LE ROI EN SON CONSEIL., faifant droit fur l'inftance, conformément à l'avis de l'Infpecteur général du Domaine, a ordonné & ordonne
que des 286 arpens de marais ou pâtis communs, dont le fieur Prévôt de
Leré, les Habitans de la Paroiffe de Leré & ceux de la Paroiffe de Sury,
ont jufqu'à préfent joui par indivis, il en fera inceffamment par le fieur de
Grandbourg, Grand-Maître des Eaux & Forêts du Département de Blois &
de Berry, ou oelui des Officiers de la Maîtrife particulière des lieux qu'il

jugera à propos de commettre à cet effet, diſtrait & ſéparé par bornes & limites au profit du Prévôt de Leré, la quantité de 45 arpens, à prendre dans
l'endroit des marais ou pâtis qui ſera par ledit Grand-Maître ou ledit Officier
jugé la plus convenable, eû égard à la nature du terrein, pour par ledit ſieur
Prévôt de Leré & ſes Succeſſeurs en ladite Prévôté, jouir des 45 arpens de marais ou pâtis en queſtion, comme des autres biens & revenus attachés à ladite Prévûté, ſans en aucun cas & ſous quelque prétexte que ce ſoit les Habitans deſdites Paroiſſes de Leré & de Sury puiſſent y erercer ni y prétendre
aucun droit d'uſages, deſquelles diſtraction pe terrein & plantation de bornes il ſera par ledit ſieur Grand-Maître ou l'Officier par lui commis, dreſſé
procès verbal en préſence de toutes les Parties, ou elles duement appellées
pour y avoir recours ſi beſoin eſt; ordonne en outre Sa Majeſté que les deux
cent quarante-un arpens reſtans deſdits marais ou pâts, ſeront & demeureront
en toute propriété aux Habitans deſdites Paroiſſes de Leré & de Sury, & décharger de tous droits d'uſages envers ledit ſieur Prévôt de Leré, ſes Succeſſeurs & Fermiers, pour par les Habitans deſdites Paroiſſes jouir en commun, comme par le paſſé, deſdits deux cent quarante-un arpens de marais ou
pâtis; ordonne en outre Sa Majeſté que tous les frais légitimément faits & à
faire, généralement généralement, pour parvenir à la limitation & au boi-
nage deſdits marais ou pâtis ſeront payés par les Parties, chacune à proportion de ce qui lui reviendra deſdit marais ou pâtis; ſur le ſurplus des
demandes, fins & concluſions des Parties Sa Majeſté les a mis & met hors
de Cour & de procès: & ſera le préſent Arrêt exécuté nonobſtant oppoſitions
ou autres empêchemens généralement quelconques, pour leſquels ne ſera-
différé, & dont ſi aucuns interviennent Sa Majeſté s'en eſt & à ſon Conſeil
réſervée la connoiſſance, & icelle interdite à toutes ſes Cours & autres Juges. FAIT au Conſeil d'Etat du Roi tenu à Verſailles le ſeptiéme Avril
mil ſept cent cinquante. *Signé*, DE VOUGNY.

ARREST NOTABLE DU CONSEIL,

QUI jugé que les Cautions & Certificateurs des Adjudicataires
des Bois, ſont teſponables non-ſeulement du prix des Adjudications, mais encore de tous délits commis dans les ventes, &c.

Du 7 Avril 1750.

SUR la Requête préſentée au Roi en ſon Conſeil par les nommés Bar-
tholomé, Hoqué & Pierre-Joſeph Beaucamps, contenant que le 23 Septembre 1743 le nommé Etienne Demarre s'étant rendu Adjudicataire en
la Maîtriſe du Queſnoy de trois arpens de bois taillis, appellés la Haye des
Lombards, dépendante de la Forêt de Mormal, pour l'ordinaire de 1749,
ils ont eu le malheur de ſe rendre caution & Certificateur dudit Demarre, &
que pendant ſon exploitation des perſonnes peu au fait ou mal intentionnées
ont à l'inſçu & ſans la participation des Supplians commis quelques délits,
deſquels il a été dreſſé procès-verbal ʃe 21 Avril 1749, par les Officiers

de ladite Maîtrife, fur lequel ils ont rendu une Sentence le 22 Mai enfuivant, par laquelle ils ont condamné ledit Demarre & eux folidairement,
& comme fes Cautions & Certificateurs en 587 liv. 8 f. 8 d. d'amende, &
en pareilles fommes de reftitution, & ont tellement effrayé ledit Demarre,
qu'auffi tôt qu'il en a eu connoiffance, il a vendu tous fes effets, & s'eft re-
tiré dans le Pays étranger, fans avoir même payé le prix de fon Adjudication, de manière que les Supplians qui n'ont aucune part aux délits qui peuvent avoir été commis, fe trouveroient eux & leurs familles expofées expofées à une ruine totale, & obligés d'abandonner le peu d'effets qui leur
appartiennent, & qui ne fuffiroient pas a beaucoup près pour payer le prix de
l'Adjudication & les frais, fi Sa Majefté n'avoit pas la bonté de venir venir
à leur fecours en les déchargeant des amendes & reftitutions prononcées par
cette Sentence, & que c'eft dans ces circonftances qu'ils ont été confeillés
de fe pourvoir. A ces causes requeroient les Supplians qu'il plût à Sa
Majefté, par fans tirer à conféquence, les décharger des 587 liv. 8 f. 1 d.
d'amende, & pareille fomme de reftitution, prononcées foldairement contr'eux & ledit Demarre, par Sentence de ladite Maîtrife du 22 Mai 1749,
aux offres qu'ils font de payer ès mains du fieur de Malezieu, Receveur
général des Domaines & Bois de la Province de Haynault, le prix de l'Adjudication faite audit Demarre & les frais, en leur accordant une furféance
à toutes poûrfuires pour raifon de ce pendant tel temps que Sa Majefté jugera à propos. Vû ladite Requête & les piéces y jointes, enfemble les Sentences & procès - verbal de recollement des 22 Mai & 14 Novembre 1749
ci-deffus mentionnés, & l'avis du fieur Raulin, Grand-Maître des Eaux &
Forêts du département de Haynault du 10 Février 1750. Oui le rapport,
&c.

   LE ROI EN SON CONSEIL, ayant aucunement égard à la Requête, a ordonné & ordonne que la Sentence de la Maîtrife particulière du
Quefnoy, rendue pour raifon du fait dont il s'agit le 22 Mai 1749, fera
exécutée felon fa forme & teneur ; & cependant par grace & fans tirer à conféquence, Sa Majefté a modéré & modére à 50 liv. les amendes montantes
enfemble à 587 liv. 8 f. 8. d. prononcées folidairement contre les Supplians
& le nommé Demarre, par ladite Sentence, & les a déchargé & décharge au
furplus defdites amendes & reftitutions portées par la même Sentence, à condition néanmoins par lefdits Supplians, fuivant leurs offret, de payer ès mains
du fieur de Malezieu, Receveur général des Domaines & Bois de la Province-
de Haynault, le prix des trois arpens de bois taillis dont ledit Demarre s'eft
rendu Adjudicataire en ladite Maîtrife pour l'ordinaire de l'année dernière
1749 & les frais, fuivant la taxe qui en fera faite par le fieur Raulin, Grand-
Maître des Eaux & Forêts du Département de Haynault, accorde Sa Majefté
aufdits Supplians terme & délai jufqu'au 15 Mai prochain pour faire la traite
& vuidange entieres defditsbois, paffé lequel temps ordonne Sa Majefté que
par les Officiers de la Maîtrife il fera procédé au récollement aux termes de
l'Ordonnance des Eaux & Forêts du mois d'Août 1669; enjoint Sa Majefté
audit fieur Grand-Maître & aux Officiers de ladite Maîtrife de tenir chacun
en droit foi la main à l'exécutron du préfent Arrêt, lequel fera à cet effet
enregiftré an Greffe de ladite Maîtrife de tenir chacun en droit foi, la main

à l'exécution du préfent Arrêt, lequel fera à cet effet enregiftré au Greffe de ladite Maîtrife pour y avoir recours fi befoin eft. FAIT au Confeil d'Etat du Roi tenu à Verfailles le fept Avril mil fept cent cinquante. *Signé*, DE VOUGNY.

ARREST DU CONSEIL,

QUI décharge le Sieur Marchais, l'un des Officiers de la Table de Marbre de Paris des Droits de Franc-Fief des Terres & Biens nobles par lui poffédes.

Du 19 Mai 1750.

SUR la Requête préfentée au Roi en fon Confeil par les Officiers de la Table de Marbre du Palais à Paris, contenant qu'ils ne fçauroient voir leurs plus beaux Priviléges compromis dans une conteftation d'entre un de leurs Membres & le Fermier des Domaines de la Généralité de Paris, fans réclamer l'exécution des Edits & Arrêts qui leur accordent & confirment les Droits & Priviléges que le Fermier ofe attaquer le 26 Septembre 1746, il a été fignifié au fieur Marchais, Confeiller honoraire de la Table de Marbre, une contrainte pour le payement d'un Droit de Franc-Fief Il eft facile d'établir que les Supplians font exempts de ce Droit, & que par conféquent la contrainte ne peut être exécutée. Les Officiers de la Table de Marbre de Dijon, dont la Jurifdiction n'eft point auffi ancienne ni fi étendue que celle de Paris, mais qui a comme elle l'avantage de faire corps du Parlement, ont été déchargés par Arrêt du Confeil du 8 Juillet 1749, des droits de Franc-Fief, que le Fermier des Domaines de Bourgogne vouloit exiger d'eux; dane ces circonftances les Supplians efpérent avec confiance que Sa Majefté voudra bien les confirmer & animer le zèle que la première & la plus ancienne Jurifdiction a toujours fait paroître pour la confervation de cette précieufe partie du Domaine de la Couronne, &c.

LE ROI EN SON CONSEIL, avant égard à la Requête, a ordonné & ordonne que les Edits des mois d'Avril 1516, Décembre 1545, & l'Arrêt du Confeil du 8 Juillet 1749, feront exécutés felon leur forme & teneur; & en conféquence a déchargé & décharge le fieur Marchais des droits de Franc-fief des Terres & Biens nobles qu'il poffède à Veriere, & pour lefquels il a été compris dans la contrainte de de Lambelinot, fou Fermier des Domaines de la Généralité de Paris, du 29 Août 1746; fait Sa Majefté défenfes audit Lambelinot, fes Commis & Prépofés, & à tous autres de faire aucune pourfuite contre le fieur Marchais pour raifon defdits droits. FAIT au Confeil d'Etat du Roi tenu à Verfailles le dix-neuf Mai mil fept cent cinquante. *Signé*, DE VOUGNY.

ARREST NOTABLE DU CONSEIL,

QUI fait défenfes à tous Juges ordinaires royaux, de connoître ; fous quelque prétexte que ce foit, des matieres dont la connoiffance eft attribuée par l'Ordonnance de 1669 aux Officiers des Maîtrifes.

Du 23 Juin 1750.

SUR la Requête préfentée au Roi en fon Confeil par le Procureur de Sa Majefté en la Maîtrife d'Arques, contenant que les Avocat & Procureur d'Arques s'étoient mis dans l'ufage de venir plaider en ladite Maîtrife fans robe ; que le fieur Pecquet, Grand-Maître des Eaux & Forêts du Département Rouen, ayant rendu une Ordonnannce le 31 Août 1749, pour réprimer cet abus en défendant aux Avocats & aux Procureurs de paroître fans robes au Siége de ladite Maîtrife, ceux-ci fe font ligués & font convenus de porter au Bailliage & aux Confuls toutes les caufes de la compétence des Eaux & Forêts ; qu'entre une infinité de preuves que le Suppliant pourroit rapporter de complot féditieux, il fe contentera de produire une Sentence du Bailliage, rendue dans une efpece dont la connoiffance appartenoit aux Officiers de ladite Maîtrife, fans que leur compétence pût faire la matiere d'un doute raifonnable ; que le fieur Daval, Curé de la Frenaye, ayant fait abattre plufieurs arbres épars fur les terres de la dépendance de fa Cure, le fieur d'Imbleval, Seigneur de cette Paroiffe, fit affigner le 20 Septembre enfuivant les héritiers de ce Curé au Bailliage d'Arques pour s'y voir condamner à payer la fomme de 1000 liv. pour la valeur defdits ararbres abattus, fi mieux n'aimoient, fuivant l'eftimation, que ledit Suppliant inftruit de cette diftraction de Jurifdiction, a obtenu une Sentence en ladite Maîtrife le 24 du même mois de Septembre, qui a fait défenfes aux Parties de procéder ailleurs qu'en ladite Maîtrife, pour raifon du fait dont eft queftion ; mais que le nommé Maschand, Procureur du fieur d'Imbleval, ,e plus obftiné des Procureurs à ne point porter de robe au Siége de ladite Maîtrife, a fait rendre une autre Sentence audit Bailliage, le 21 Octobre audit an 1749, qui a fait défenfes aux parties de procéder ailleurs qu'audit Bailliage, &c.

LE ROI EN SON CONSEIL, ayant aucunement égard à la Requête fans s'arrêter à la Sentence du Lieutenant du Lieutenant Général du Bailliage d'Arques féant à Dieppe, du 21 Octobre 1749, que Sa Majefté a caffée & annullée, ainfi que tout ce qui peut s'en être enfuivi, a ordonné & ordonne que l'article premier du titre de la Jurifdiction de l'Ordonnance des Eaux & Forêts du mois d'Août 1669, & l'Arrêr du Confeil du 10 Mai 1739, feront exécuutés felon leur forme & teneur ; en conféquence que pour raifon du fait dont il s'agit les Parties feront tenues de procéder en premiere inftance pardevant les Officiers de la Maitrife particuliere des Eaux & Forêts d'Arques, féante en ladite Ville de Dieppe, fur tous différends

&

& conteftations , & ce jufqu'à Sentence définitive inclufivement , fauf l'appel
à la Table de Marbre du Palais à Rouen ; fait Sa Majefté très-expreffes inhibitions & défenfes au Lieutenant général dudit Bailliage , & à tous autres
Juges Royaux ordinaires de connoître d'aucune matiere d'Eaux & Foréts ,
Pêches & Chaffes , circonftances & dépendances; & à toutes perfonnes de
quelque qualité &'condition qu'elles foient , de procéder , & à tous Procureurs d'occuper fur lefdites matieres , en premiere inftance , ailleurs que pardevant les Officiers des Maîtrifes des Eaux & Foréts , à peine de nullité des
procédures , d'amende arbitraire contre les Parties , & de 300 liv. d'amende
contre les Procureurs qui auront occupé dans femblables matieres , qui ne
pourra être réputée comminatoire ; & fera le préfent Arrêt lû , publié , affiché & fignifié par tout & à qui il appartiendra , & exécuté nonobftant oppofition , Clameur de Haro , Chartre Normande , ou autres empéchemens
généralement quelconques , pour lefquels ne fera différé , & dont , fi aucuns
interviennent , Sa Majefté s'en eft & à fon Confeil réfervée la connoiffance ,
& icelle interdite à toutes fes Cours & autres Juges. FAIT au Confeil d'Etat
du Roi tenu à Compiegne le vingt-trois Juin mil fept cent cinquante. *Signé*,
DE VOUGNY.

ARREST DU CONSEIL,

QUI confirme une Sentence rendue en la Maîtrife de Moulins contre le fieur de Lats , Curé de Miliers , pour délits commis par fes Domeftiques dans la Forêt de Meffurage , appartenante à Sa Majefté.

Du 30 Juin 1750.

VU au Confeil d'Etat du Roi la Sentence rendue en la Maîtrife particuliere des Eaux & Forêtrs de Moulins , le 29 Avril 1748 , par laquelle
le fieur Claude de Lats , Curé de la Paroiffe de Miliers , a été condamné en
90 liv. d'amende , & en pareille fomme de reftitution envers Sa Majefté ,
pour raifon des délits commis par fes Domeftiques dans la Forêt de Meffurage , appartenante à Sa Majefté , mentionnés au procès-verbal dreffé par
le Garde général de ladite Maîtrife , & l'un des Gardes particuliers de ladite
Forêt , le 26 Mars précédent , & la Requête dudit fieur de Lats , tendant
à ce que pour les caufes y contenues il plaife à Sa Majefté le décharger
des amende & reftitution portées par ladite Sentence : Oui le rapport , &c.
LE ROI EN SON CONSEIL, ayant aucunement égard à la Requête ,
a ordonné & ordonne que la Sentence de la Maîtrife particuliere de Moulins ,
rendue pour raifon du fait dont il s'agit , le 29 Avril 1748 , fera exécutée
felon fa forme & teneur ; & cependant par grace , & fans tirer à conféquence , Sa Majefté a moderé à 30 liv. l'amende de 90 liv. prononcée contre le
Supliant par ladite Sentence , & l'a déchargé & décharge du furplus de ladite amende , ainfi que de la reftitution portée par la même Sentence , à
condition néanmoins de payer les frais fuivant la taxe qui en fera faite par

le fieur de Bajoncourt, Grand-Maître des Eaux & Forêts du Département de Poitou ; fait Sa Majefté très-exprefles inhibitions & défenfes audit Suppliant de récidiver fous plus grandes peines ; & fera le préfent Arrêt enregiftré au Greffe de ladite Maîtrife, pour y avoir recours fi befoin eft. FAIT au Confeil d'Etat du Roi tenu à Compiègne le trente Juin mil fept cent cinquante. *Signé*, DE VOUGNY.

ARREST DU CONSEIL D'ÉTAT DU ROI,

QUI juge, 1°. qu'il n'appartient qu'à Meffieurs les Grands-Maîtres des Eaux & Forêts de faire les Réglemens & les Partages des Bois entre les Seigneurs & les Habitans. 2°. Que le Charme & le Tremble ne doivent pas être rangés dans la Claffe des Mort-bois, qui n'eft compofée que de neuf efpèces énoncées en l'Article IX de la Chartre Normande de l'an 1315, & en l'Article V du Titre XXIII de l'Ordonnance des Eaux & Forêts de 1669.

Du 14 Juillet 1750.

Extrait des Regiftres du Confeil d'Etat.

SUR la Requête préfentée au Roi en fon Confeil par le fieur de Fleury, Grand-Maître des Eaux & Forêts au Département de Bourgogne, Comté de Bourgogne & Alface, contenant qu'il eft obligé de fe pourvoir contre un Jugement de la Chambre Souveraine des Eaux & Forêts du Parlement de Befançon, qui renferme des contraventions à l'Ordonnance des Eaux & Forêts du mois d'Août 1669, capables de troubler l'ordre de la Jurifdiction établi par cette Ordonnance, & de caufer la ruine des Forêts, en comprenant fous le nom de Mort-bois le Charme & le Tremble. Dans le fait, s'étant élevé une conteftation entre le fieur d'Hemery, Seigneur de Bougey, & les Habitans du même lieu, fur le Réglement & l'exercice des droits d'ufage defdits Habitans dans les Forêts de Bougey, & fur la quantité des Bois qui devoient être compris fous la dénomination de Mort-bois, cette conteftation a été portée en la Maîtrife particuliere de Vefoul, qui n'a pas fait difficulté de décider des queftions dont la connoiffance eft attribuée aux Grands-Maîtres des Eaux & Forêts, & de les juger contre les difpofitions des Ordonnances, & d'un Arrêt du Confeil enregiftré en fon Greffe. La Sentence de ladite Maîtrife rendue le 26 Avril 1748, a réglé la part & portion defdits Habitans dans les Bois de Bougey, & a compris dans le nombre des Mort-bois, le Tremble, le Charme, & généralement toutes efpèces de Bois autres que le Chéne, le Poirier, le Pommier, le Cérifier, le Hêtre & autres Arbres fruitiers portant fruits à grains ou à noyaux : fur l'appel qui a été interjetté de cette Sentence en ladite Chambre Souveraine des Eaux & Forêts de Befançon, il eft intervenu un Jugement confirmatif, dont le Suppliant demande la caſſation, tant pour conſerver ſa Juriſdiction, que pour empêcher l'abus des droits d'uſage en Mort-bois, &c.

LE ROI EN SON CONSEIL, ayant égard à la Requête, ſans s'arrêter à la Sentence de la Maîtriſe particuliere de Veſoul, ni à l'Arrêt de la Chambre Souveraine des Eaux & Forêts de Beſançon, des 26 Avril 1748 & 12 Mars 1750, que Sa Majeſté a caſſés & annullés, ainſi que tout ce qui peut s'en être enſuivi, a ordonné & ordonne que les articles XXII du titre III, V du titre XXIII, & XIX du titre XXV de l'Ordonnance des Eaux & Forêts du mois d'Août 1669, & les Arrêts du Conſeil des 10 Septembre 1748 & 27 Janvier 1750, ſeront exécutés ſelon leur forme & teneur; & en conſéquence, que pour raiſon du Réglement à faire entre le Seigneur de Bougey & les Habitans du même endroit, touchant l'exercice des Droits d'uſages prétendus par leſdits Habitans dans les Forêts dudit lieu, les Parties ſeroient tenues de ſe pourvoir pardevant le Suppliant; & que lors dudit Réglement l'uſage du Mort-bois ſera limité aux neuf eſpèces de Bois portées tant par l'article IX de la Chartre Normande du Roi Louis X, de l'année 1315, que par l'article V du titre XXIII de ladite Ordonnance de 1669, & ſera le préſent Arrêt exécuté, nonobſtant oppoſition ou autres empêchemens généralement quelconques, pour leſquels ne ſera différé, & dont, ſi aucuns interviennent, Sa Majeſté s'en eſt & à ſon Conſeil réſervée la connoiſſance, & icelle interdite à toutes ſes Cours & autres Juges. FAIT au Conſeil d'Etat du Roi tenu à Compiegne le quatorze Juillet mil ſept cent cinquante. Collationné. *Signé*, BERGERET.

ARREST NOTABLE DU CONSEIL,

QUI caſſe une ſurſéance accordée par la Chambre des Comptes de Dole à un Adjudicataire des Bois du Roi, & des Bois d'une Communauté, contre les contraintes décernées par le Receveur Général des Domaines & Bois de Bourgogne.

Du 14 Juillet 1750.

SUR la Requête préſentée au Roi en ſon Conſeil par le ſieur Langlois, Receveur Général des Domaines & Bois du Comté de Bourgogne, contenant que le 28 Mars 1747, le nommé Charles Arnaut, demeurant à Beſançon, s'eſt rendu Adjudicataire en la Maîtriſe particuliere des Eaux & Forêts de Beſançon, de huit arpens ſoixante-douze perches de bois, du quart de ceux dépendant de la Communauté d'Auxon, vendus en exécution de l'Arrêt du Conſeil du 8 Janvier précédent, moyennant la ſomme de 1926 livres 8 ſols en principal, outre les ving-ſix deniers pour livre; que le 13 Janvier 1748, autre adjudication lui a été faite, en exécution de l'Arrêt du 24 Juin 1747, de onze arpens de bois du quart de réſerve de ceux de la Communauté d'Oſte, pour la ſomme de 2211 livres auſſi en principal, outre les 26 deniers pour livre; que le 30 Décembre 1748, ledit Arnaud a encore eu l'adjudi-

Z z ij

cation de quatre-vingt-quinze arpens quatre-vingt-deux perches & demie de
coupes ordinaires des bois du Roi, vendus en ladite Maîtrife pour l'ordinaire de 1749, pour la fomme de 2156 liv. 1 fol 3 deniers, outre les vingt-
fix deniers pour livre ; que n'ayant pû être payé que d'une partie de ces
adjudications, il a été obligé de fe fervir de la voie de la contrainte ; que
cet Adjudicataire, informé que la Chambre des Comptes, Cour des Aydes
de Franche-Comté, avoit accordé, le 27 Janvier 1750, à Claude-François
Bachelu, Adjudicataire de bois de Sa Majefté en la Maîtrife particuliere de
Dole une furféance contre les contraintes du Suppliant, perfuadé qu'il en
feroit de même à l'égard de tous les Adjudicataires qui voudroient fe difpenfer de payer le prix de leurs adjudications, n'a pas manqué de fuivre
cette route, toute irréguliere qu'elle foit, & y a réuffi, en obtenant le 29 Avril
1750, en cette Chambre des Comptes, Cour des Aydes, un Arrêt qui furfeoit
l'exécution des contraintes dudit Suppliant, fans aucun autre motif que la fup-
pofition qu'il a faite dans fa Requete, que fon Affocié avoit vraifemblablement payé les fommes qui lui étoient demandées, comme fi ledit Suppliant
étoit capable de fe faire payer deux fois d'une même chofe ; que fi un tel
foupçon eft injurieux à toutes fortes de perfonnes, l'injure eft bien plus grave
à l'égard d'un Officier qui occupe une place où l'équité, l'honneur & la
probité doivent être les premieres regles de toutes fes actions; que les chofes
en cet état, il fe trouve obligé de repréfenter très-humblement, &c.

LE ROI EN SON CONSEIL, ayant égard à la Requête, fans s'arrêter à l'Arrêt de la Chambre des Comptes, Cour des Aydes & Finances à
Dole, rendu pour raifon du fait dont il s'agit, le 29 Avril 1750, que Sa Majefté a caffé & annullé, ainfi que tout ce qui peut s'en être enfuivi, a ordonné
& ordonne que les adjudications de Bois, tant de Sa Majefté que des Communautés d'Auxon & d'Ofte, faites au nommé Charles Arnaud, en la Maîtrife
particuliere des Eaux & Forêts de Befançon, les 28 Mars 1747, 13 Janvier
& 30 Décembre 1748, enfemble les contraintes décernées contre lui par le
Suppliant, les 24 Mai 1749 & 25 Avril 1750, feront exécutées felon leur
forme & teneur. Et fera le préfent Arrêt enregiftré au Greffe de ladite Maîtrife pour y avoir recours, fi befoin eft, & exécuté nonobftant oppofitions
ou autres empêchemens généralement quelconques, pour lefquels ne fera
différé, & dont, fi aucuns interviennent, Sa Majefté s'en eft & à fon Confeil
réfervée la connoiffance, & icelle interdite à toutes fes Cours & autres Juges.
FAIT au Confeil d'Etat du Roi, tenu à Compiegne le quatorze Juillet mil
fept cent cinquante. Signé, BERGERET, Greffier du Confeil.

ARREST NOTABLE DU CONSEIL,

QUI ordonne que les contraintes décernées par le Receveur général des Domaines & Bois de Bourgogne contre le nommé Bachelu, Adjudicataire des Bois du Roi en la Maîtrise de Dole, faute par ledit Bachelu d'avoir payé, &c. feront exécutées, nonobstant les Arrêts de la Chambre des Comptes de Dole, &c.

Permet aux Receveurs généraux de fe fervir, pour leurs recouvremens de tels Huiffiers que bon leur femble, fans diftinction, &c.

Du 14 Juillet 1750.

SUR la Requête préfentée au Roi en fon Confeil par le Sr Langlois, Receveur Général des Domaines & Bois du Comté de Bourgogne, Commis par Arrêt du Confeil du 4 Novembre 1748, pour finir les exercices de fes prédeceffeurs, contenant qu'ayant reconnu par les regiftres tenus par le feu fieur Eftevu, fon prédéceffeur, qui lui ont été remis lors de l'inventaire fait après fon décès, de l'autorité de la Chambre des Comptes de Dole, qu'Alexis Bachelu, avoit eu, le 12 Novembre 1739, l'adjudication de cinquante-neuf arpens huit perches de bois, du feiziéme triage de la Forêt de Chaux, appartenante à Sa Majefté, vendus en la Maîtrife de Dole, pour l'ordinaire de 1740, à deux cens quarante livres l'arpent, ce qui formoit, tant en principal que vingt-fix deniers pour livre, une fomme de quinze mille fept cens quinze livres cinq fols huit deniers, fur laquelle il n'avoit été payé, fuivant fefdits regiftres, que quinze mille cent cinquante-trois livres feize fols quatre deniers ; que le même Alexis Bachelu avoit auffi eu le 14 Novembre 1740, l'adjudication de quatre-vingt-huit arpens quarante-neuf perches de bois des dix-feptiéme & dix-huitiéme triages de la même Forêt de Chaux, vendus à ladite Maîtrife pour l'ordinaire de 1741, à foixante-douze livres l'arpent, montant au total à fept mille foixante-une livres neuf fols onze deniers, fur laquelle il n'avoit été payé que cinq mille trois cens quatre-vingt-trois livres quinze fols dix deniers ; que fur cette même vente il étoit dû en outre vingt-trois livres dix-huit fols neuf deniers pour principal, & vingt-fix deniers pour livre de trente perches de fur-mefure : enfin que le même Alexis Bachelu avoit encore eu ledit jour 14 Novem. 1740, l'adjudication de foixante-douze arpens quarante-deux perches de bois dans les Forêts d'Arne Fougeret, Anureface & Champronnans, auffi appartenantes à Sa Majefté, fituées dans la Gruerie de Gendrey, vendus en ladite Maîtrife pour l'ordinaire de 1741, compris les ventes arriérées de 1740, à trente-deux livres l'arpent, ce qui monte en total à la fomme de deux mille cinq cens foixante-huit livres dix fols deux deniers, fur laquelle il n'avoit été payé que deux mille cent quatre-vingt-onze livres feize fols neuf deniers, indépendamment de quoi il étoit dû vingt-huit livres fept fols huit deniers pour principal, & vingt-fix deniers pour livre de quatre-vingt perches de fur-mefure dans aucunes defdites ventes, enforte qu'il reftoit dû au Roi de toutes fes adjudications 2658 liv. 15 f. 3 deniers; le Suppliant, après avoir épuifé toutes les démarches de la politeffe, fut enfin obligé de décerner des contraintes le 17 Février 1749, tant contre ledit Alexis Bachelu, que contre Claude-Erançois Bachelu, fon frere & affocié, pour toutes les ventes ci-deffus défignées, ainfi que contre leurs cautions & certificateurs, & après les avoir fait vifer à la feconde Chambre de ladite Cour des Comptes, il les fit fignifier le vingt fix du même mois audit Claude-François Bachelu feulement, foit afin de ne pas multiplier les frais, foit par rapport à l'infolvabilité notoire dudit Alexis Brachelu, ces contraintes n'ont rien operé; il n'a pas été payé un fol dès-lors fur les différentes parties, mais ledit Claude-François Bachelu, pour fe mettre à l'abri de l'exécution, a préfenté, le 27 Juin 1750, fa Requéte à ladite Chambre, par laquelle, après s'être plaint de ce que ledit fieur Eftevu fe fervoit de différents Huiffiers pour fon recouvrement contre lui, & après avoir expofé fauffement & contre la vérité des regiftres, qu'il ne devoit plus rien, il a demandé qu'il lui fût permis d'appeller ledit Suppliant, pour voir dire qu'il entreroit en compte avec lui; que par provifion il fût furfis à l'exécution de toutes contraintes, & qu'il lui fût donné acte de ce qu'ils y forment, en tant que befoin, oppofition fur ce feul expofé, & fans que Bachelu en ait rapporté aucunes preuves, il a été rendu Arrêt en la feconde Chambre de ladite Cour des Comptes ledit jour 27 Janvier 1750, par lequel il a été permis audit Bachelu d'appeller pardevant elle ledit Suppliant, pour procéder fur & aux fins de fa Requête, & en outre ladite Cour furfis à l'exécution de toutes contraintes; cet Arrêt a été fignifié audit Suppliant le même jour, avec affignation à comparoître dans les délais de l'Ordonnance, &c.

LE ROI EN SON CONSEIL, ayant égard à la Requête, fans s'arrêter aux Arrêts de la Chambre des Comptes, Cour des Aydes & Finances de Dole, rendus pour raifon du fait dont il s'agit, les vingt-fept & vingt-huit Janvier mil fept cent cinquante, que Sa Majefté a caffés & annullés, ainfi que tout ce qui peut s'en être enfuivi, a ordonné & ordonne que ladite contrainte décernée par le Suppliant contre le nommé Claude-Brançois Bachelu, Adjudicataire des Bois de Sa Majefté, les 17 & 19 Février 1749, fera exécutée felon fa forme & teneur. Permet Sa Majefté audit Suppliant d'employer tels Huiffiers que bon lui femblera pour faire fon recouvrement, & autres fonctions de fon Office, fans diftinction de lieux, de Jurifdiction & de demeures defdits Huiffiers, non plus que des redevables de deniers Royaux. Et fera le préfent Arrêt enregiftré au Greffe de la Maîtrife particuliere des Eaux & Forêts de Dole, pour y avoir recours fi befoin eft, & exécuté nonobftant oppofitions ou autres empêchemens généralement quelconques, pour lefquels ne fera différé, ou dont, fi aucuns interviennent, Sa Majefté s'en eft & à fon Confeil réfervée la connoiffance, & icelle interdite à toutes fes Cours & autres Juges. FAIT au Confeil d'Etat du Roi tenu à Compiegne le quatorze Juillet mil fept cent cinquante. *Signé*, BERGERET.

ARREST NOTABLE DU CONSEIL,

QUI enjoint aux Adjudicataires des Bois de fe conformer aux Ordonnances pour la jauge de leurs Bois de chauffage.
Fait défenfes aux Mayeur & Echevins de la Ville de Lille d'en prendre connoiffance, fauf, en cas de contravention, à y être pourvû par les Officiers de la Maîtrife de, &c. conformément à l'article II du titre premier de l'Ordonnance de 1669.

Du 11 Août 1750.

VU au Confeil d'Etat du Roi, l'Arrêt rendu en icelui le 27 Décembre 1746, fur la Requéte de Pierre Dufquene, Adjudicataire des bois de la Forêt de Nieppe, tendante, &c.

LE ROI EN SON CONSEIL, faifant droit fur l'inftance, fans s'arrêter ni avoir égard aux demandes, fins & conclufions des Mayeur, & Echevins de la ville de Lille, dont Sa Majefté les a déboutés & déboute, a ordonné & ordonne que l'Ordonnance du fieur Bauldry, Grand-Maître des Eaux & Forêts du Département de Picardie, du dix-huit Octobre 1746, fera exécutée fa forme teneur; ce faifant, que la main-levée provifoire accordée par Arrêt du Confeil du 27 Décembre enfuivant, au nommé Duquefne des bois fur lui faifis les 26 & 31 Octobre & 4 Novembre audit an 1746, à la requête defdits Mayeur & Echevins, fera & demeurera définitive, & néanmoins qu'à commencer de la préfente année 1750, pour l'ordinaire de l'année pro-chaine 1751, ainfi fucceffivement d'année en année, la jauge vifitée dans la Forêt de Nieppe pour les fagots qui s'y fabriquent, & qui, fuivant cette jauge, doivent avoir trente-cinq à trente-fept pouces de longeur, fur dix huit à vingt pouces de groffeur, fera nommément fpécifiée dans le cahier des charges des adjudications des ventes ordinaires ou extraordinaires, de ladite Forêt. Enjoint très-expreffément Sa Majefté aux Adjudicataires defdites ventes, de fe conformer, lors de leurs exploirations, à ladite jauge, & aux Officiers de ladite Maîtrife particuliere de la Motte-aux-Bois de la faire exactement obferver, tant par les Adjudicataires que par les Ouvriers dont ils fe ferviront. Fait Sa Majefté défenfes aux Mayeur & Echevins de ladite ville de Lille, & à tous autres de s'immifcer directement ou indirectement à changer ladite jauge, fauf, en cas de contravention de la part defdits Adjudicataires & de celle de leurs ouvriers, à y étre pourvu en la maniere accoutumée par les Officiers de ladite Maîtrife, en conformité de l'article II. du titre I. de l'Ordonnance des Eaux & Forêts du mois d'Août 1669; fur le furplus des demandes, fins & conclufions des Parties, Sa Majefté les a mis & met hors de Cour & de procès. Enjoint auffi Sa Majefté audit fieur Grand-Maître de tenir la main à l'exécution du préfent Arrêt; lequel fera enregiftré au Greffe de ladite Maîtrife de Lille & en celui de l'Hôtel de Ville de Lille, pour y avoir recours fi befoin eft. F A I T au Confeil d'Etat du Roi, tenu à Verfailles le onze Août mil fept cent cinquante. *Signé*, B E R G E R E T.

ARREST DU CONSEIL,

QUI caffe deux Jugemens de la Table de Marbre de Metz fur l'appellation d'une Sentence de la Maîtrife de Thionville, comme ayant été rendus après les délais preferits pour relever & faire juger les appellations.
Ordonne que ladite Sentence fera exécutée comme ayant paffée en force de chofe jugée en dernier reffort.

Du 5 Septembre 1750.

SUR la Requête préfentée au Roi en fon Confeil par le fieur Pierre-Henri Limbourg, Procureur de Sa Majefté en la Maîtrife particulière des Eaux & Forêts de Thionville, contenant, &c.
LE ROI EN SON CONSEIL, ayant égard à la Requéte, fans s'arréter aux Arrêts de la Table de Marbre du Palais à Metz, intervenus au Souverain les 22 Juin 1748 & 27 Juin 1750, que Sa Majefté a caffés & annullés, ainfi que tout ce qui peut s'en être enfuivi, a ordonné & ordonne que la Sentence de la Maîtrife particulière des Eaux & Forêts de Thionville, rendue contre le nommé Nicolas Marx, pour raifon du fait dont il s'agit, le 11 Mars 1748, fera exécutée felon fa forme & teneur, comme ayant paffé en force de chofe jugée en dernier reffort. Et fera le préfent Arrêt exécuté nonobftant oppofitions ou autres empêchemens généralement quelconques, pour lefquels ne fera differé, & dont, fi aucuns interviennent, Sa Majefté s'en eft & à fon Confeil, réfervée la connoiffance, & icelle interdite à toutes fes Cours & autres Juges. F A I T au Confeil d'Etat du Roi, tenu à Verfailles le quinze Septembre mil fept cent cinquante. *Signé*, B E R G E R E T.

ARREST

ARREST DU CONSEIL D'ÉTAT DU ROI,

QUI ordonne l'exécution de l'article XII du titre IV, & l'article IX du titre XX de l'Ordonnance de 1669, en conséquence qu'à l'avenir & à commencer de l'année 1750, les Officiers & Gardes des Maîtrises particulieres ne pourront être payés des gages, chauffages, journées & vacations à eux attribués, qu'en rapportant les certificats du Grand-Maître de leurs Départemens, avec défenses aux Receveurs Généraux & Particuliers desdites Maîtrises de leur payer lesdits gages, &c, sans les certificats de service du Grand-Maître, à peine de radiation.

Du 20 Octobre 1750.

Extrait des Regiſtres du Conſeil d'Etat.

LE ROI s'étant fait repréſenter en ſon Conſeil l'Article 12 du Titre 4, & l'Article 9 du Titre 20 de l'Ordonnance des Eaux & Forêts du mois d'Août 1669, par le premier deſquels les Maîtres particuliers ſont tenus d'envoyer au Grand-Maître autant de Procès-verbaux des viſites générales ſignés d'eux & des autres Officiers de la Maîtriſe, un mois après qu'elles auront été faites, à peine de trois cens livres d'amende contre le Maître, privation de ſes gages, que le Receveur des Bois ou du Domaine ne pourra payer ni employer en ſon compte, qu'en rapportant la certification des Grands-Maîtres, que les Procès-verbaux leur auront été remis; & le ſecond porte que les Officiers des Eaux & Forêts ne pourront être payés des ſommes qui ſeront reglées pour leurs chauffages, s'ils ne ſervent & font réſidence actuelle, pour quoi ils ſeront obligés d'apporter au Receveur les certificats & atteſtations des Grands-Maîtres; & Sa Majeſté étant informée qu'au préjudice de ces diſpoſitions, le Receveur Général des Domaines & Bois de la Généralité de Caen, & les Receveurs Particuliers des Maîtriſes qui compoſent ladite Généralité, ont la facilité de payer aux Officiers & Gardes des Eaux & Forêts, les gages, chauffages, journées & vacations qui leur ſont attribués, pour raiſon du ſervice actuel qu'ils doivent, & que la Chambre des Comptes de Rouen, reçoit & juge les comptes deſdits Receveurs, ſans qu'ils y joignent les certificats de ſervice du ſieur Olivier, ſans leſquels leſdits Receveurs ne peuvent valablement payer, aux termes deſdits Articles. Comme au moyen de la facilité que les Officiers & Gardes trouvent avec leſdits Receveurs, & ceux-ci avec la Chambre des Comptes, la précaution qui avoit été priſe par l'Ordonnance de 1669, pour obliger leſdits Officiers & Gardes à faire leur devoir, devient inutile, il peut s'enſuivre des inconvéniens très préjudiciables aux intérêts de Sa Majeſté, parce que d'un côté, ſi les Officiers & Gardes ne ſont plus dans la néceſſité de rapporter des certificats de leur ſervice, pour être

Tome II.   A a a

payés, il pourra arriver qu'ils fe relacheront de leur devoir, & que leur négligence occasionnera la dégradation des Forêts ; & d'un autre côté, fi le Grand-Maître, qui doit veiller à la conduite des Officiers & Gardes, & les réprimer lorfqu'ils ont prévariqué, eft dans le cas d'ordonner des fufpenfions ou radiations de gages, chauffage, ou autres droits, il s'enfuivroit de la facilité que ces Officiers ont d'être payés, fans juftifier de leur fervice, que ceux qui feroient interdits, recevroient, comme s'ils avoient fait le fervice, & que la partie, dont la radia-tion feroit ordonnée, au lieu d'entrer dans les coffres de Sa Majefté, feroit payée à ceux qui, par leurs malverfations, fe feroient mis dans le cas de les perdre, à quoi S. M. voulaut pourvoir : Oui le rapport du Sr de Machault, Confeiller ordinaire au Confeil Royal, Contrôleur Général des Finances.

LE ROI EN SON CONSEIL a ordonné & ordonne que l'Article 12 du Titre 4, & l'Article 9 du Titre 20 de l'Ordonnance des Eaux & Forêts du mois d'Août 1669, feront exécutés felon leur forme & teneur ; en confé-quence, qu'à l'avenir & à commencer de la préfente année 1750, les Officiers & Gardes des Maîtrifes particulieres du Département de Caen, ne pourront être payés des gages, chauffages, journées & vacations atttribués à leurs Offices ou Commiffions, qu'en rapportant les Certificats du fieur Olivier, Grand-Maître des Eaux & Forêts dudit Département ; fait Sa Majefté expreffes inhi-bitions & défenfes, tant au Receveur Général des Domaines & Bois de la Généralité de Caen, qu'aux Receveurs Particuliers des Bois defdits Maîtrifes, de payer aux Officiers & Gardes d'icelles, lefdits gages, chauffages & autres droits attribués à leurs Charges ou Commiffions, fans les Certificats de fer-vice dudit fieur Grand-Maître, à peine de radiation dans la dépenfe des comptes dudit Receveur Général, des fommes qui auront été payées fans rap-porter lefdits Certificats de fervice : enjoint Sa Majefté au fieur Procureur Général de la Chambre des Comptes de Rouen, de tenir la main à l'exécu-tion du préfent Arrêt, lequel fera à cet effet enregiftré au Greffe, tant de ladite Chambre que defdites Maîtrifes. FAIT au Confeil d'Etat du Roi, tenu à Fontainebleau le 20 Octobre mil fept cent cinquante. Signé, EYNARD.

ARREST NOTABLE DU CONSEIL,

QUI ordonne que la Sentence rendue en la Maîtrife d'Abbe-ville, contre les Maire & Echevins de la même Ville, pour entreprifes faites fur le marchepied de la Riviere de Somme, fera exécutée felon fa forme & teneur, comme ayant paffé en force de chofe jugée.

Du 10 Novembre 1750.

SUR la Requête préfentée au Roi en fon Confeil, par le Procureur de Sa Majefté en la Maîtrife particulière d'Abbeville, contenant que le Maître par-ticulier de ladite Maîtrife, en faifant fes vifites fur la riviere de Somme, le 12 Février 1748, y a remarqué plufieurs entreprifes nuifibles à la navigation, commifes par différens particuliers , & même par les Maire & Echevins d'Abbeville qui avoient fait planter à deux pieds de diftance de ladite riviere, des arbres qui incommodoient les Bateliers, que fur le procès-verbal dreffé de ces différentes contraventions par cet Officier le même jour 13 Février 1748 & pour les faire ceffer, les Parties ont été affignées en ladite Maîtrife en vertu de fon Ordonnance du 22 du même mois, mais que ces Maire & Echevins, pour empecher l'effet de cette Procédure, fe font avifés de rendre une Sentence le 13 Mars enfuivant, qui caffe ladite Ordonnance, fait défenfes aux Particuliers affignés de procéder en ladite Maîtrife, & ordonne que l'Adjudicataire de la plantation des arbres, fera affigné devant lefdits Maire & Echevins, pour répondre aux conclufions que le Procureur du Roi de ladite ville pourroit prendre : que les Gens du Roi au Siege de la Table de Marbre du Palais à Paris, inftruits du procédé irrégulier de ces Maire & Echevins, qui tendoit à perpétuer des abus, qu'il étoit important de faire ceffer, en ont porté leurs plaintes devant les Juges en derniers reffort, & ont requis que l'Ordonnance des Eaux & Forêts du mois d'Août 1669 ; & celle du Maître Particulier de ladite Maîtrife rendue en conféquence, fuffent exécutées, & que celle defdits Maire & Echevins fut caffée, fur quoi Arrêt eft intervenu le 14 Février 1749, qui a ordonné que les articles 23 du titre des Grands-Maîtres, 6 du titre des Maîtres Particuliers, 42 de la Police des Rivieres, & 7 du titre des chemins Royaux, de ladite Ordonnance de 1669, Arrêts & Reglemens fur ce intervenus, feroient exécutés felon leur forme & teneur ; en conféquence la Sentence defd. Maire & Echevins a été déclarée nulle, avec défenfes d'en rendre de pareilles à l'avenir, & il a en outre été ordonné que l'Ordonnance du Maître particulier de ladite Maîtrife, 22 Février audit an 1748, feroit exécutée felon fa forme & teneur ; que fur les affignations données en vertu de ladite Ordonnance, les Parties procéderoient en ladite Maîtrife d'Abbeville, en la maniere accoutumée jufqu'à Sentence définitive inclufivement, fauf l'appel devant lefdits Juges en dernier reffort, s'il y écheoit : qu'en vertu de cet Arrêt qui décidoit le conflit que les Maire & Echevins avoient voulu former, les Officiers de ladite Maîtrife, ont rendu Sentence le 21 Juillet 1749, par laquelle les Maire & Echevins ont été condamnés en cinq cens livres d'amende envers Sa Majefté, pour avoir fait planter des arbres fur le marche pied de ladite riviere, dans la diftance prohibée par l'art. 7 du tit. 28 de ladite Ordonnance de 1669, & a ordonné que lefdits arbres feroient arrachés ; que lefdits Maire & Echevins, pour tâcher de s'échapper aux condamnations qu'ils ont encourues, fe font pourvus au Parlement, où ils ont demandé d'être reçus Appellants, tant comme de Juges incompétens qu'autrement, de la Sentence ladite Maîtrife du 21 Juillet 1749, avec défenfes de l'exécuter, ce qui leur a été accordé par Arrêt fur cette Requête du 20 Août enfuivant : que les chofes en cet état le Suppliant croit devoir reclamer l'autorité de Sa Majefté, contre le procédé defdits Maire & Echevins, & lui repréfenter très-humblement, &c.

LE ROI EN SON CONSEIL, ayant égard à la Requête, fans s'arrêter à l'Arrêt du Parlement de Paris du 20 Août 1749, ni à tout ce qui peut s'en être enfuivi, a ordonné & ordonne que la Sentence de la Maîtrife particuliere des Eaux & Forêts d'Abbeville, rendue pour raifon du fait dont il s'agit, le 21 Juillet de la même année 1749, contre les Maire & Echevins dudit lieu d'Abbeville fera exécutée felon fa forme & teneur, comme ayant paffé en force de chofe jugée en dernier reffort. Et fera le préfent Arrêt exécuté, nonobftant oppofitions ou autres empêchemens généralement quelconques pour lefquels ne fera différé, & dont fi aucuns interviennent, Sa Majefté s'en eft & à fon Confeil réfervée la connoiffance, & icelle interdite à toutes fes Cours & autres Juges. FAIT au Confeil d'Etat du Roi, tenu à Fontainebleau le dix Novembre mil fept cent cinquante. *Signé*, EYNARD.

ARREST DU CONSEIL D'ÉTAT DU ROI,

QUI caffe plufieurs Arrêts du Parlement de Paris, & Sentences du Bailliage de Pontoife, rendus fur des demandes en dommages-intérêts, pour prétendus dégats caufés par le Gibier; & ordonne que pour raifon defdites demandes, les Parties procéderont en la Maîtrife des Eaux & Forêts de Saint-Germain en Laye.

Du 24 Novembre 1750.

Extrait des Regiftres du Confeil d'Etat.

SUR la Requête préfentée au Roi en fon Confeil, par le Procureur de Sa Majefté en la Maîtrife particuliere des Eaux & Forêts de Saint Germainen-Laye; contenant, que par l'Ordonnance des Eaux & Forêts du mois d'Août 1669, & par différens Arrêts du Confeil rendus en conféquence, il eft expreffément ordonné, » que les Juges établis pour le fait des Eaux & Forêts, » connoîtront, tant au Civil qu'au Criminel, à l'exclufion de tous autres » Juges. 1°. De toutes affaires & matieres, concernant lefdites Eaux & Forêts. » 2°. De tous délits, abus, dégradations & malverfations, comme auffi de tou-» tes caufes, inftances, procès & differends mûs fur le fait de la châffe & de la » pêche, même fur les terres des Particuliers, que Sa Majefté; en vue de faire exécuter cette Loi immuable, s'eft plufieurs fois élevée, foit contre les Juges ordinaires, foit contre les Parlemens, qui voulant connoitre defdites matières, donnoient lieu à des conflits de Jurifdiction, & par une fuite néceffaire, immortalifoient les inftances fommaires, par des Arrêts dont l'incompétence étoit d'autant plus averée, que l'article 14 du titre premier de ladite Ordonnance de 1669, » fait très-expreffes inhibitions & défenfes à tous autres » Juges ordinaires, même au Grand Confeil & Cour de Parlement, de prendre » connoiffance des matieres comprifes dans la Jurifdiction des Eaux & Forêts, » circonftances & dépendances, à peine de nullité de ce qui feroit fait, & d'a-» mende arbitraire contre les Parties, » que pendant le cours des années 1702, & autres fubféquentes à lad. Ordonnance de 1669, des Procureurs de S. M. en différentes Maîtrifes, ayant reclamé l'exécution de cette Ordonnance, & s'étant plaint de ce qu'il y étoit contrevenu, tantôt par les Juges ordinaires, tantôt par les Cours Souveraines, Sa Majefté a annullé toutes ces procédures incompétentes, & a ordonné toutes les fois que l'occasion s'en est présentée, le renvoi des Causes & des Procès mûs, aux Maîtrises, & prononcé des peines severes contre les contrevenants ; que le Suppliant vient aujourd'hui déférer à Sa Majesté le fait plus singulier qui puisse s'imaginer, tant pour l'incompétence dont il a été l'occasion, que pour l'objet en lui-même. Les nommés François Pate, Jean Godet & Conforts, au nombre de cent & plus, tous habitans d'Emery, Livilliers, Grify, Génicourt & autres Paroisses voisines, situées dans le Vexin-François, se sont successivement pourvûs au Bailliage de Pontoise, à l'effet d'obtenir permission d'assigner Thérese Charpentier, Seigneur en partie d'Emery & Livilliers, Arnault-Marie d'Emery d'Orceval, aussi Seigneur en partie d'Emery & Livilliers, ensemble les autres co-Seigneurs desdits Terres, & Pierre Vallin, Bourgeois de Paris, au nom & comme Curateur aux causes des sieurs & demoiselle Charpentier » au sujet des prétendus délits commis » en leurs grains par les lievres, lapins & perdrix qu'ils prétendent que lesdits » sieurs Charpentier ont fait répandre sur lesdites Terres d'Emery & Livil- » liers, pour voir dire que par Experts dont les Parties conviendroient, sinon » qui seroient nommés d'Office, les pieces de terres détaillées en leur Requête, » seroient vues & visitées, & ensuite être constaté & estimé le dommage occa- » sionné par lesdits lievres, lapins & perdrix. « Tel est le prétendu délit dont le Bailliage de Pontoise a été induement saisi, & sur lequel sont intervenues plusieurs Sentences les 16, 18 & 22 Décembre 1749 & 19 Février 1750. C'est peut-être la premiere fois qu'il ait été dit en Justice que des lievres, lapins ou perdrix, commettoient des délits ; une pareille expression est très-propre à peindre le chagrin des Particuliers, qui ayant exercé la chasse impunément pendant longues années sur les terres où ils n'avoient aucun droit, se sont vûs obligés de rentrer dans leurs spheres, sous peines d'être repris & condamnés conformément à l'article 28 du titre 3 de l'Ordonnance de 1669 ; que de ce chagrin accompagné d'un desir de vengeance, il en soit résulté des demandes mal énoncées & incompétemment dirigées par voie de récrimination, à l'effet sans doute de troubler les Seigneurs d'Emery, Livilliers, & autres Terres circonvoisines, dans le droit de chasse qui leur est accordé par les Ordonnances ; tout cela caractérise une obstination indocile dans l'esprit de Vassaux, & par conséquent une nécessité indispensable de les retenir par la supériorité des Loix ; mais soit que les Particuliers se plaignent de dégradations survenues dans leurs héritages, soit qu'ils veuillent inculper à titre de délit & malversation les Seigneurs des Terres, où leurs cultivations sont situées, y eut-il jamais une demande plus appartenante aux Siéges des Maîtrises, qui sont spécialement chargés, & d'obvier à la multiplication des lapins (comme il paroît par l'article 11 du titre 30 des Chasses de l'Ordonnance de 1669,) & de maintenir les Seigneurs dans l'exercice du droit de chasse sur leurs Terres, tel qu'il est porté en plusieurs articles du même titre? De deux choses l'une, ou la demande des Vassaux cultivateurs a quelqu'ombre de fondement, ou elle est une chimere. Au premier cas, il n'y a que la Jurisdiction des Eaux & Forêts qui puisse régler compétemment l'indemnité du cultivateur vis-à-vis le Seigneur qui a le droit de chasse : au second cas, c'est encore à la Jurisdiction des Eaux & Forêts qu'il est réservé de verger le Seigneur ayant la chasse, des entreprises ou écarts de ses Vassaux. Quoi qu'il en soit, les Officiers du Bailliage de Pontoise, au mépris des Ordonnances, Arrêts & Réglemens, ont permis d'assigner en leur

Siége ; ils ont rendu plufieurs Sentences, ils ont ordonné des vifites pour conftater le dommage ; fur l'appel de ces Sentences porté au Parlement de Paris, (où il a été allégué des nullités dans la procédure des Habitans d'Emery, Livilliers & environs) le Parlement par Arrêts des 29 Décem. 1749 & 27 Avril 1750, a confirmé lefdites Sentences, & ordonné par provifion, qu'il feroit procédé aux vifites ordonnées par le Bailliage de Pontoife, enforte que l'on eft dans le cas de procéder actuellement à l'entérinement de ces vifites nulles & incompé-tenstes, & à l'appréciation du dommage caufé par les lapins, lievres & perdrix ; le Suppliant a même appris que non- eulement on portoit à des fommes exhorbi-tantes, le prétendu ravage des lapins, lievres & perdrix qui a été caractérifé comme un délit par les Habitans qui prétendent être indemnifés, mais encore que les pro-cédures ont été multipliées, tant au Bailliage de Pontoife ou aux Requêtes du Pa-lais, & au Parlement de Paris, au point de ne pouvoir plus fe reconnoître dans leurs involutions difpendieufes ; tandis qu'il eft de régle qu'en toutes demandes de cette qualité, il intervienne fur le champ dans les Maîtrifes, un Jugement définitif, qui paffe en force de chofe jugée en dernier reffort, lorfque depuis la Sentence de la Maîtrife, il s'eft écoulé un mois fans appel ou fans pourfuite ; mais comme la matiere dont il s'agir, ne peut être que de la compétence des Juges établis pour le fait des Eaux & Forêts, en ce que les dégats dont fe plaignent les Habitans d'Emery, Livilliers & environs, font un fait appar-te-nant à la chaffe, ou comme dégradation de terres ravagées par le gibier, ou comme un différend occafionné par ce même gibier, compris dans le droit de chaffe des Seigneurs, il eft manifefte que la demande des Habitans d'Emery & Conforts, ne pouvoit être portée en premier lieu qu'en ladite Maîtrife de Saint-Germain-en-Laye, & par appel à la Table de Marbre du Palais à Paris, conformément à ladite Ordonnance de 1669, & aux Arrêts intervenus en conféquence ; d'où il réfulte que le Bailliage de Pontoife & le Parlement de Paris, ont contrevenu à la difpofition des Ordonnances & Arrêts du Confeil, en ne renvoyant pas l'inftance dont il s'agit, devant les Juges qui en doivent connoître. Dans ces circonftances les Officiers des Eaux & Forêts, ayant un in-térêt fenfible de faire exécuter l'Ordonnance de 1669, & d'arrêter les entre-prifes des Juges ordinaires, le Suppliant a été confeillé de donner la préfente Requête. A CES CAUSES, requéroit, &c.

LE ROI EN SON CONSEIL, ayant égard à la Requête fans s'arrêter aux Sentences du Bailliage de Pontoife, & aux Arrêts du Parlement de Paris, des 16, 18, 22 & 29 Décembre 1749, 19 Février & 27 Avril 1750, ni à tout ce qui peut s'en être enfuivi, a ordonné & ordonne que les nommés François Patte, Jean Godet & Conforts, Habitans des Paroiffes d'Emery, Li-villiers, Grify, Génicourt & autres circonvoifins dénommés dans lefdites Sentences & Arrêts, & les fieurs Charpentier & autres co Seigneurs defdites Paroiffes, feront tenus de procéder en premiere inftance, pour raifon du fait dont il s'agit, pardevant les Officiers de la Maîtrife particuliere des Eaux & Forêts de Saint-Germain en-Laye, jufqu'à Sentence définitive inclufivement, fauf l'appel au Siége de la Table de Marbre du Palais à Paris : Fait S. M. très-expreffes inhibitions & défénfes aux Parties de fe pourvoir & procéder pour rai-fon des demandes formées par lefd. Patte, Godet & Conforts, circonftances & dépendances, ailleurs qu'en ladite Maîtrife, à peine de caffation de procé-dures, mille livres d'amende, & de tous dépens, dommages & intérêts ; ordonne

en outre Sa Majefté, que toutes les piéces & procédures faites, tant audit Bailliage de Pontoife, qu'audit Parlement de Paris, feront dans quinzaine au plus
tard, à compter du jour de la fignafication qui fera faite du préfent Arrét,
apportées au Greffe de ladite Maîtrife, à quoi faire feront tous Officiers &
Dépofitaires contraints par les voies ordinaires & accoutumées ; ce faifant, ils
en demeureront bien & valablement déchargés : Et fera le préfent Arrêt exécuté
nonobftant oppofitions ou autres empêchemens généralement quelconques,
pour lefquels ne fera differé, & dont fi aucuns interviennent, Sa Majefté s'en
eft & à fon Confeil réfervée la connoiffance, & icelle interdite à toutes fes
Cours & autres Juges. FAIT au Confeil d'Etat du Roi, tenu à Verfailles le
vingt quatre du mois de Novembre mil fept cent cinquante. Collationné,
Signé, EYNARD, avec paraphe.

ARREST DU CONSEIL,

QUI ordonne que les Procès entre les Receveurs des Domaines
& Bois, & les Adjudicataires, pour le paiement du prix de leurs
adjudications, feront portées devant les Officiers des Maîtrifes,
& non ailleurs.

Du 24 Novembre 1750.

SUR la Requête préfentée au Roi en fon Confeil, par Jean-Antoine
Loubet, Receveur particulier des Bois de la Maîtrife de Quillant, & le fieur
Theriffe, Procureur de Sa Majefté en ladite Maîtrife : contenant que fur des
procédures de Françoife Theveny, veuve du fieur Arcens, les Officiers de
la Châtellenie de Quillant, après eux le Senechal de Limoux, & enfuite le
Parlement de Touloufe ont entrepris de connoître des conteftations d'entre
les Suppliants & ladite veuve Arcens, pour raifon des faifies faites à la requête
dudit Receveur, faute de payement du prix d'une adjudication de Bois, ce
qui met lefdits Supplians dans la néceffité de recourir à Sa Majefté, pour
demander très humblement qu'il lui plaife caffer & annuller tout ce qui a été
fait ailleurs qu'en ladite Maîtrife, à quoi ils efperent que Sa Majefté les trouvera bien fondés fur les raifons qu'ils déduiront après avoir rendu compte du
fait ; le feu fieur Arcens s'étant rendu Adjudicataire pour la fomme de 9149
liv. 14 f. 11 d. de la vente de 2900 pieds d'arbres, à prendre dans différens
endroits des Forêts de Quillant, appartenantes à Sa Majefté, pour être exploités en plufieurs années ; & ledit fieur Arcens étant venu à décéder, fans
que lui ni fes caurions euffent achevé d'en payer le prix, il inftitua pour fon
héritiere ladite Theveny fa femme, à la charge néanmoins d'en rendre fon
hérédité à Etienne Arcens leur fils, ainfi qu'on le trouve dans fon teftament
du 6 Juin 1734 ; au lieu par ladite Dame Arcens de payer à Sa Majefté ce
que fon mari devoit de refte de l'Adjudicataire dont eft queftion, elle s'em-
para de tous les meubles de la fucceffion, & les fit vendre à fon profit ;
elle vendit même aux fieurs Pinet par contrat du 31 Mars 1742, deux pieces

de terres dépendantes de la même fucceffion, pour la fomme de 2100 liv.
dont elle reçut à compte celle de 1000 liv.; ledit Receveur, l'un defdits Supplians, qui ignoroit toutes ces manœuvres, ayant décerné le 20 Septembre
1749 une contrainte, tant contre ladite Arcens, que contre les cautions &
Certificateurs de fon mari, pour les obliger à lui payer ce qui étoit dû de refte
du prix de ladite adjudication, & en vertu de cette contrainte leur ayant été
fait les 23, 24 & 25 du même mois, un commandement d'y fatisfaire, ladite Arcens a de mauvaife foi, répondu qu'elle avoit répudié l'hérédité de fon
mari, devant le Juge ordinaire dudit lieu de Quillant, depuis le 19 Décembre 1742; & enfuite elle a obtenu fur fon contrat de mariage, des lettres
qualifiées dans le pays, lettres de rigueur pour être payée fur les biens de fon
mari de la fomme de 3800 liv. qu'elle difoit lui être dûe de fes reprifes & con-
ventions matrimoniales, comme ladite Arcens n'avoit obtenu ces lettres,
que dans la vue de fruftrer Sa Majefté du payement de ce qui lui eft dû de refte
de ladite adjudication, elle s'empreffa non-feulement de faire faire en conféquence un commandement à fes enfans, de lui payer fes reprifes & conven-
tions matrimoniales, & de faire faifir entre les mains du fieur Pinet de la Pinouffe, les 1100 liv. qu'il devoit de refte de fon acquifition, mais encore
de faire affigner devant le Juge de Quillant, fçavoir ledit fieur Pinet de la
Pinouffe, pour fe voir condamner à la délivrance des 1100 liv. à fon profit,
& fes enfans pour le voir ainfi dire & ordonner. C'eft dans ce tems-là feulement, que ledit Receveur fut informé pour la premiere fois, de la créance
des 1100 liv. fur le fieur Pinet de la Pinouffe; il n'en fut pas plutôt informé,
qu'il l'a fit faifir entre fes mains, par exploit du 29 Septembre 1749; pour
avoir main-levée de cette faifie, & toujours dans la vue de fruftrer Sa Majefté
de ce qui lui eft dû; ladite Arcens fit affigner ledit Receveur pardevant
le Juge de fa Châtellenie de Quillant, par exploit du 8 Octobre enfuivant;
cette affignation ayant été donnée incompétemment, puifqu'il n'y avoit que
les Officiers de ladite Maîtrife, qui puffent en connoître, attendu qu'il s'a-
giffoit du prix d'une adjudication de bois, ainfi que de l'exécution d'une
contrainte faute de payement, & que les Receveurs ne peuvent, fous quelque prétexte que ce foit, être diftraits de leurs Juges, pour raifon des pourfuites qu'ils font en cette qualité, foit pour ce qui eft dû à Sa Majefté, foit
de quelque autre maniere que ce puiffe être; ledit Receveur propofa fon Déclinatoire, & demanda fon renvoi pardevant les Officiers de ladite Maîtrife;
ce Déclinatoire étant des plus juftes, & ladite Arcens fentant bien qu'elle
ne pourroit éviter le renvoi devant les Officiers de la Maîtrife, ne chercha
plus qu'à gagner du tems pour éluder le Jugement; mais enfin ne pouvant
plus l'éviter, elle fe pourvut devant le Sénechal de Limoux, par appel,
fous prétexte de déni de juftice. & y obtint le 12 Mars 1750, une Sentence,
qui en retenant la caufe, déboute ce Receveur de fon Déclinatoire avec dépens, ordonne au furplus fur le fonds, que les parties en viendront au premier jour d'Audience. Les chofes en cet état, le Procureur du Roi en ladite
Maîtrife, s'eft pourvu devant les Officiers de cette Jurifdiction, & y a obtenu
fur Requête le 8 Avril audit an 1750, une Sentence qui caffe par incompétence & indu recours, toutes les pourfuites & procédures faites, tant devant
le Juge de la Châtellenie de Quillant, que devant le Sénechal de Limoux;

Cette

Cette Sentence ayant été fignifiée à la requête du Procureur du Roi, tant audit Receveur qu'à ladite Arcens, par exploit du lendemain, ledit Receveur a fait affigner devant les Officiers de ladite Maîtrife, par exploit du 13 du même mois, fçavoir ledit fieur Pinet de la Pinoulle, pour fe voir condamner à lui délivrer les deniers qu'il avoit fait faifir entre fes mains; & ladite Arcens pour le voir ainfi dire & ordonner; ladite Arcens dans le défefpoir de fa caufe, s'eft pourvue par Requête au Parlement de Touloufe, pour demander la caffation par incompétence, & tranfport de Jurifdiction, de tout ce qui avoit été fait pardevant les Officiers de ladite Maîtrife, & l'exécution de la Sentence du Sénéchal de Limoux; fur quoi il eft intervenu Arrêt en forme d'Ordonnance délibérée, le 30 Avril 1750, qui permet à ladite Arcens de faire affigner les Parties en cette Cour, aux fins de fa requête, & en conféquence de cet Arrêt, elle a fait donner affignation le 9 Mai enfuivant audit Receveur, au Procureur du Roi de ladite Maîtrife, & audit Pinet de la Pinoulle; mais toutes ces procédures doivent être anéanties, & les Parties doivent être renvoyées devant les Officiers de ladite Maîtrife, pour y procéder fuivant les derniers erremens de l'Inftance, dès qu'on voit qu'il s'agit d'une faifie faite par le Receveur particulier des Bois de Sa Majefté, faute de payement du prix d'une adjudication de Bois, &c.

LE ROI EN SON CONSEIL, ayant égard à la Requête, fans s'arrêter à l'Arrêt du Parlement de Touloufe du 30 Avril 1750, non plus qu'aux procédures faites pardevant le Juge de la Chatellenie de Quillant & le Sénéchal de Limoux, pour raifon du fait dont il s'agit, ni à tout ce qui peut s'en être enfuivi, que Sa Majefté a caffé & annullé, a ordonné & ordonne que la Sentence de la Maîtrife particulière des Eaux & Forêts de Quillant, rendue contre la veuve Arcens, le 8 du même mois d'Avril, fera exécutée felon fa forme & teneur, & en conféquence que les Parties feront tenues de procéder en ladite Maîtrife, fuivant les derniers erremens, fauf l'appel en la maniere accoûtumée, & fera le préfent Arrêt exécuté, nonobftant oppofitions ou autres empêchemens généralement quelconques, pour lefquels ne fera différé, & dont fi aucuns interviennent, Sa Majefté s'en eft & à fon Confeil, réfervée la connoiffance, & icelle interdite à toutes fes Cours & autres Juges. FAIT au Confeil d'Etat du Roi, tenu à Verfailles le vingt-quatre Novembre mil fept cent cinquante. *Signé*, LYNARD.

ARREST NOTABLE DU CONSEIL,

CONCERNANT les Réceptions des Cautions des Adjudicataires des Bois.

Du 15 Décembre 1750.

SUR la Requête préfentée au Roi en fon Confeil, par Jean Dubois de Caquevi'le, Receveur particulier des Bois de la Maîtrife des Eaux & Forêts de Bayeux, contenant que le 12 Octobre 1750, le nommé Bertrand Lemonier, habitant de la Paroiffe de Saint-Severt, s'eft rendu adjudicataire en ladite

Maîtrife, 1°. De trente arpens de bois futaye, faifant partie de la Forê· des Biards, pour l'ordinaire de 1751, moyennant la fomme de 25500 livres en principal; 2°. De dix arpens de taillis, du bois de Merouard, pour la fomme de 500 livres en principal, pour le même ordinaire; que le 16 du même mois d'Octobre ledit Lemonier a préfenté au Greffe de ladite Maîtrife les nommés Germain Gaullard, & Michel Lechevalier, qui ont déclaré, fç..voir ledit Gaullard, qu'il fe rendoit caution dudit Lemonier pour l'adjuditation defdits trente arpens de futaye, certificateur pour celle de dix arpens de taillis, & ledit Lechevalier, qu'il fe rendroit caution dudit Lemonier pour les dix arpens de taillis, & certificateur pour les trente arpens de futaye. Qu'ayant pris communication au Greffe de ladite Maîtrife, du regiftre fur lequel font infcrites ces déclarations, il a par acte du 17 du même mois d'Octobre, tranfcrit fur ledit Regiftre, déclaré que lefdits Gaullard & Lechevalier n'étoient point des fujets folvables, pour répondre du prix de ces adjudications, d'autant que l'infolvabilité dudit Lemonier étoit notoire, & que faute par ce dernier de donner bonne & fuffifante caution & certificateur au plus tard dans lundi lors prochain, qui étoit l'expiration du délai de huitaine, accordé aux Adjudicataires, pour donner caution, il proteftoit de fe pourvoir, & faire les diligences prefcrites par l'Ordonnance des Eaux & Forêts du mois d'Août 1669, aux fins de faire paffer l'effet des deux adjudications au penultiéme Encherifleur de chacune d'icelles, il a en outre déclaré qu'au cas que contre & au préjudice de fes blâmes, les Officiers de ladite Maîtrife fe portaffent à recevoir lefdits Gaullard & Lechevalier pour cautions & certificateurs, il proteftoit de les faire juger garants de l'infolvabilité de ces trois Particuliers, & refponfables perfonnellement des principaux defdites adjudications, claufes, charges & conditions portées par icelle; enfuite de quoi le Suppliant a fait fignifier fes blâmes, tant au Procureur du Roi de ladite Maîtrife qu'audit Lemonier, avec déclaration à ce dernier qu'il ne connoiffoit point fes facultés, ni celles defdits Gaullard & Lechevalier, & le 20 du même mois d'Octobre le Procureur de Sa Majefté en ladite Maîtrife a donné fon requifitoire, portant que faute par ledit Lemonier d'avoir fourni dans les délais de huitaine du jour defdites adjudications, d'autres cautions & certificateurs au défir de ladite Ordonnance de 1669, lefdites adjudications feroient renvoyées aux penul· tiémes encherifleurs, qu'en conféquence de ce requifitoire ledit Suppliant a par acte fignifié le même jour, fait reporter à Etienne Guillot, penultiéme encherifleur defdits trente arpens de futaye, & à Thomas-François Lefevre, pénultiéme Encherifleur defdits dix arpens de taillis, l'adjudication des mêmes bois, & leur a en même-temps fait donner copie de fes blâmes contre les cautions préfentées par ledit Lemonier, avec déclarations que lefdits Guillot & Lefevre, étant les penultiémes encherifleurs, & ledit Lemonier n'ayant pas donné des cautions & certificateurs folvables, lefdites adjudications leur étoient renvoyées, avec fommation de fournir par eux dans la huitaine des cautions & certificateurs folvables, à quoi ledit Guillot & Lefevre ont fatisfait; que le vingt-trois du même mois d'Octobre ledit Lemonier a préfenté fa Requête au Maître particulier de ladite Maîtrife, tendante à ce qu'il lui plût débouter ledit Suppliant de fes prétentions, fur quoi cet Officier a rendu une Ordonnance le même jour, portant que la Requête dudit Lemonier feroit fignifiée audit Suppliant pour y fournir des réponses dans vingt-quatre heures, pour sur ses réponses, ensemble sur les conclusions du Procureur du Roi en ladite Maîtrise, être statué sur la solvabilité ou insolvabilité des cautions & certificateurs dudit Lemonier ; que lesdites Requête & Ordonnance lui ayant été signifiées le même jour, il a, par acte du vingt-quatre du même mois pour toutes réponses, déclaré qu'il protestoit de nullité d'une pareille procédure ; que le Procureur de Sa Majesté en ladite Maîtrise a de sa part, par acte du vingt-six du même mois d'Octobre, persisté dans son requisitoire du vingt dudit mois, à ce que lesdites adjudications fussent renvoyés aux penultiémes encherisseurs, & déclaré qu'il n'entendoit pas se rendre caution de ces mêmes adjudications pour ledit Lemoiner, vû les blâmes proposés par ledit Suppliant contre ses cautions ; sur quoi le Maître particulier en ladite Maîtrise a rendu Sentence le même jour vingt-six Octobre, par laquelle, sans avoir égard aux blâmes proposés par ledit Suppliant, il a reçu pour cautions & certificateurs dudit Lemonier, lesdits Gaullard & Lechevalier ; qu'en vertu de cette Sentence ledit Lemonier ayant commencé l'exploitation des bois en question, le Garde-Marteau de ladite Maîtrise, à la requisition dudit Suppliant, s'y est opposé ; & que par le procès-verbal que cet Officier en a dressé le vingt-huit dudit mois d'Octobre, il a saisi les bois coupés, & a fait défenses de continuer l'exploitation ; que sur ces défenses ledit Lemonier, pour les faire lever, a fait comparoître au Greffe de ladite Maîtrise, le lendemain vingt-neuf dudit mois d'Octobre, les nommés Jacques Malherbe, Louis Gilles, Pierre Gueroult, Jean Basire fils, Jacques-François Hebert, Robert Langlois & Jean Vitard, tous rentiers des ventes de la Sabloniere & des Carreaux, du ressort de ladite Maîtrise, lesquels se sont rendus cautions dudit Lemonier, & ce, par augmentation des cautions par lui nouvellement fournies ; que ce nouvel acte de cautionnement ayant été signifié audit Suppliant le même jour 29 Octobre, à la requête dudit Lemonier, avec sommation de donner main-levée de ladite opposition dans le lendemain au plus tard, pour continuer de sa part l'exploitation desdits bois ; il a protesté de nullité contre cette procédure ; d'un autre côté lesdits Guillot & Lefevre, penultiémes encherisseurs desdits bois auxquels ledit Suppliant avoit dès le vingt du même mois d'Octobre, renvoyé lesdites adjudications, lui ont fait sommer le trente-un dudit mois, de leur faire main-levée desdits bois, faute de quoi ils ont protesté contre lui de tous dépens, dommages & intérêts ; que sur cette sommation il a, par acte signifié le même jour aux Officiers de ladite Maîtrise, déclaré qu'il persistoit dans ses blâmes des cautions & certificateurs dudit Lemonier ; Lemonier a de son côté donné une nouvelle Requête au Maître particulier de ladite Maîtrise, tendante à ce qu'attendu le refus fait par ledit Suppliant de lui donner main-levée des bois à lui adjugés, il lui plût l'autoriser à en faire l'exploitation ; que sur cette Requête, cet Officier a ordonné que ledit Suppliant seroit appellé au mercredi quatre Novembre ensuivant ; qu'en effet il a été assigné ledit jour trente-un Octobre à la requête dudit Lemonier, & que ledit jour quatre Novembre 1750, malgré la représentation faite par le Procureur de Sa Majesté en ladite Maîtrise, & son requisitoire portant que le Conseil étant saisi, & les piéces y étant renvoyées, il devoit être sursis jusqu'à sa décision ; le Maître particulier de ladite Maîtrise a rendu une seconde

Bbb ij

Sentence ledit jour quatre Novembre 1750, par laquelle il a ordonné que faute par ledit Suppliant d'avoir donné audit Lemonier un certificat pour l'exploitation desdits bois, vû la réception des cautions, & en outre le paye‧ment fait des 26 deniers pour livres, ledit Lemonier étoit autorisé à faire l'exploitation desdits bois à lui adjugés, & que cette Sentence feroit exécutée provisoirement; que les chofes en cet état, il fe trouve obligé de repréfenter très-humblement à Sa Majefté, que la procédure dudit Lemonier eft abfolu‧ment défectueufe & contraire à ladite Ordonnance de 1669, &c.

LE ROI EN SON CONSEIL, ayant égard à la Requête, fans s'arrêter aux Ordonnances & Sentences du Maître particulier de la Maî‧trife Bayeux, rendues pour raifon du fait dont il s'agit, les vingt-trois & vingt-fix Octobre & quatre Novembre mil fept cent cinquante, que Sa Majefté a caffées & annullées, ainfi que tout ce qui peut s'en être enfuivi, a ordonné & ordonne que les articles 29 & 30 du titre 15 de l'Ordonnance des Eaux & Forêts du mois d'Août 1669, feront exécutés felon leur forme & teneur; en confequence que faute par le nommé Bertrand Lemonier, qui s'eft rendu adjudicataire en ladite Maîtrife le 12 dudit mois d'Octobre, de trente arpens de furaye d'une part, & dix arpens de taillis d'autre part, d'avoir donné dans la huitaine du jour & date des adjudications, bonnes & fuffifantes cautions & certificateurs, lefdites adjudications feront & demeureront dévolues aux penultiemes enche‧riffeurs, fauf au Suppliant à pourfuivre ledit Lemonier par les voies ordinaires & accoutumées, comme pour les propres deniers & affaires de Sa Majefté, pour le payement, tant de la folle enchere dudit Lemonier, & des vingt-fix deniers pour livre d'icelles, que pour le rendre garant & refponfable des dommages & intérêts que pourroient prétendre lefdits penultiémes encherif‧feurs, pour par ledit Lemonier avoir commencé l'exploitation des bois en queftion; fait que S. M. très-expreffes inhibitions & défenfes audit Lemonier de paffer outre à l'exploitation defdits bois, à peine d'amende arbitraire, & tous dé‧pens, dommages & intérêts; enjoint Sa Majefté au fieur Olivier, Grand-Maître des Eaux & Forêts du Département de Caen, & aux Officiers de ladite Maîtrife, de tenir, chacun en droit foi, la main à l'exécution du préfent Arrêt, lequel fera, à cet effet, enregiftré au Greffe de ladite Maîtrife pour y avoir recours fi befoin eft, & exécuté nonobftant oppofitions, clameur de haro, Chartre Normande, ou autres empêchemens généralement quelconques, pour lefquels ne fera différé, & dont fi aucuns interviennent, Sa Majefté s'en eft & à fon Confeil réfervée la connoiffance, & icelle interdite à toutes fes Cours & autres Juges. FAIT au Confeil d'Etat du Roi, tenu à Verfailles pour les Finances, le quinze Décembre mil fept cent cinquante, Signé, EYNARD.

ARREST NOTABLE DU CONSEIL,

QUI maintient les Officiers de la Maîtrise de Saint Dizier, dans le droit de faire seuls, à l'exclusion des Officiers Municipaux de ladite Ville de Saint-Dizier, les adjudications tant de la Pêche, que des Bois appartenans à ladite Ville, &c.

Du 22 Décembre 1750.

SUR la Requête présentée au Roi en son Conseil, par les Officiers de la Maîtrise particulière de Saint-Dizier, contenant qu'ils sont obligés de recourir à l'autorité de Sa Majesté, pour rentrer dans les droits de Jurisdiction qui leur sont attribués par l'Ordonnance des Eaux & Forêts du mois d'Août 1669, sur les bois communaux dépendans de la Ville de Saint-Dizier, & sur la rivière qui lui appartient ; que les Officiers Municipaux de la même Ville ont usurpé sur leurs prédécesseurs, sur le vain titre de Juges Civils, Criminels & de Police qu'ils s'étoient arrogé, & dont ils viennent d'être dépouillés par M. le Duc d'Orléans, Seigneur engagiste du domaine de Saint-Dizier, suivant l'acte de Délibération du Corps de ladite Ville du trente-un Mars mil sept cent cinquante, approuvée & autorisée par le sieur Caze de la Bove, alors Intendant & Commissaire Départi en la Province de Champagne ; que ces Officiers Municipaux sont d'autant plus mal fondés à exercer la Jurisdiction des Eaux & Forêts, tant sur les bois que sur la partie de la rivière qui appartiennent à ladite Ville, eux qui sont la plupart Maîtres de Forges ; que ces bois, ainsi que la rivière, sont enclavés dans le milieu du Domaine engagé à M. le Duc d'Orléans ; que d'ailleurs par l'article 8 du titre 22 de ladite Ordonnance de 1669, Sa Majesté a expressément ordonné que les Grands-Maîtres & Officiers des Maîtrises particulieres auroient la même connoissance & Jurisdiction sur les Eaux & Forêts des Ecclesiastiques & autres Gens de main-morte, assises dans l'étendue des Domaines engagés, concédés, ou tenus à quelque titre que ce fût, qu'ils avoient & doivent avoir ès Domaines dont le Roi jouissoit, sans que les Engagistes, Usufruitiers & Possesseurs, ni leurs Officiers pussent s'en entremettre sous aucun prétexte, &c. qu'il résulte des dispositions de cet article une prohibition expresse de Jurisdiction pour la matiere d'Eaux & Forêts contre les Officiers Municipaux de ladite Ville de Saint-Dizier sur les bois communaux & la rivière appartenant à ladite Ville, & une attribution directe aux Officiers de la Maîtrise de la même Ville ; que quoique les Supplians ayent par considération pour leurs Concitoyens fait aux Officiers Municipaux différentes représentations qui tendoient à leur faire connoître leur incompétence sur le fait dont il s'agit, ils n'ont eu d'autre réponse que celle qu'on plaideroit ; que pour éviter d'avoir un procès avec toute la Ville, dans les frais duquel ils auroient été obligés de contribuer comme Concitoyens (quoique Parties adverses) ils ont mieux aimé attendre qu'il se présentât quelqu'occasion favorable pour faire prononcer sur l'usurpation de ces Officiers

Municipaux à leur préjudice, & empêcher les abus journaliers qui fe commettent au grand préjudice de tous les Habitans ; en effet ces Officiers Municipaux adjugent la péche de la riviere, ce font toujours quelques Membres
de l'Hôtel de Ville qui font adjudicataires de la pêche ; mais pour fauver
les apparences, conferver la ferme & éviter la clameur publique, l'on fait
cette adjudication fous le nom d'un particulier qui leur eft affidé, enforte
que la Ville n'en reçoit pas furement toute la valeur, & la riviere fe détruit,
tant par les pêches forcées, que par les filets prohibés dont on fe fert ; abus
qui n'a pas été jufqu'ici réprimé, dans la crainte d'un procès ; quant aux bois
il y a bien d'autres abus qui ne font pas moins préjudiciables aux intérêts
de la Ville, en ce que la coupe annuelle n'étant pas fuffifante pour former une
diftribution à tous les Habitans, les Officiers Municipaux font faire annuellement la divifion en différens petits coupons, par demi arpent, ou arpent
plus ou moins, & les adjugent eux-mêmes fans la participation des Officiers
de la Maîtrife, & à qui ils veulent, leurs créatures & amis n'y font pas oubliés,
ni eux-mêmes, d'où il eft aifé de conclure que le bien commun n'eft pas
toujours ce qui les guide ; que tous ces abus & ces inconvéniens étant contraires à la difpofition de l'article 8 du titre 22 de ladite Ordonnance de
1669, lefdits Supplians ne peuvent fe difpenfer de reclamer l'autorité de
Sa Majefté ; pour en arrêter le cours, &c.

LE ROI EN SON CONSEIL, ayant égard à la Requête, a ordonné
& ordonne que l'article 8 du titre 22, & les articles 9, 12 & 15 du titre 25,
de l'Ordonnance des Eaux & Forêts du mois d'Août 1669, feront exécutés
felon leur forme & teneur ; en conféquence, Sa Majefté a maintenu & gardé,
maintient & garde les Supplians ès qualités qu'ils procedent, dans le droit de
faire feuls à l'exclufion des Officiers Municipaux de la Ville de Saint-Dizier,
les adjudications, tant de la riviere qui appartient à la même Ville, que des taillis
des coupes ordinaires des bois dépendants de ladite Ville ; à la charge par lefdits
Supplians, fuivant leurs offres de procéder gratuitement auxdites adjudications, fans que les Officiers Municipaux de la même Ville, puiffent, fous quelque prétexte que ce foit, les y troubler, à peine, pour chaque contravention,
de cinq cens livres d'amende, qui ne pourra être réputée comminatoire, ni être
fupportée par d'autres que par lefdits Officiers Municipaux, & en outre de tous
dépens, dommages & intérêts envers lefdits Supplians ; donne Sa Majefté aéte
auxdits Supplians du défiftement des Officiers Municipaux de ladite Ville
de Saint-Dizier, porté par les articles 5 & 6 de leur Délibération du 31
Mars 1750, de toutes fonétions, à l'exception de celles qui font purement
Municipales. Enjoint Sa Majefté au Sieur Pajot du Bouchet, Grand-Maître des
Eaux & Forêts du Département de Champagne, & aux Officiers de la Maîtrife
Particuliere de Saint-Dizier, de tenir, chacun en droit foi, la main à l'exécution
du préfent Arrêt, lequel fera lû, publié, affiché & fignifié par-tout & à qui
il appartiendra, & exécuté nonobftant oppofitions ou autres empêchemens
généralement quelconques, pour lefquels ne fera différé, & dont fi aucuns
interviennent, Sa Majefté s'en eft & à fon Confeil réfervée la connoiffance,
& icelle interdite à toutes fes Cours & autres Juges. FAIT au Confeil
d'Etat du Roi, tenu pour les Finances à Verfailles le vingt-deux Décembre
mil fept cent cinquante. *Signé*, EYNARD.

ARREST DU CONSEIL,

QUI ordonne que les appellations des Sentences des Maîtrises, seront relevées dans le mois, & jugées dans les trois mois, du jour de leur prononciation ou signification, sinon lesdites Sentences seront exécutées, comme ayant passé en force de chose jugée en dernier ressort.

Du 12 Janvier 1751.

SUR la Requête présentée au Roi en son Conseil par le Procureur de Sa Majesté en la Maîtrise Particuliere des Eaux & Forêts de Chateau-Neuf en Thimarais, contenant que le Garde-Général de ladite Maîtrise, accompagné d'un des Sergens à Garde des Forêts de Sa Majesté, a fait divers Procès verbaux, le premier le premier Août 1748, contre le sieur Després de Bretigny & Jacques Vauvelle, demeurant tous deux Paroisse de Marchainville, pour avoir abattu cent pieds de chéne, tant sur taillis qu'épars, sans permission ni déclaration, & le second le deux dudit mois d'Août contre lesdits Vauvelle & Pierre Goguet, pour avoir abattu sans permission ni déclaration, cinquante pieds de chênes, que sur ces Procès-verbaux Sentences sont intervenues en ladite Maîtrise les treize & vingt Novembre mil sept cent vingt-huit; par la premiere desquelles lesdits Goguet & Vauvelle ont été solidairement condamnés en 3000 livres d'amende envers Sa Majesté, & par le second, lesdits de Bretigny & Vauvelle ont été aussi solidairement condamnés en 3000 livres d'amende envers Sa Majesté; qu'en conséquence de ces condamnations littéralement écrites dans le texte de l'Ordonnance des Eaux & Forêts du mois d'Août 1669, art. 3, titre des Bois appartenans aux Particuliers, dans les articles 5 & 7 de l'Arrêt du Conseil du 21 Septembre 1700, & encore dans celui du 2 Décembre 1738; le Collecteur des amendes de ladite Maîtrise, a fait commandement audit Vauvelle de payer, par exploit du 3 Décembre 1748, que le 14 dudit mois de Décembre il fit procéder à une saisie de grains dans les granges dudit Vauvelle, avec établissement de Gardien, que lesdits Vauvelle & Goguet se contenterent le 17 Décembre ensuivant, de faire signifier un appel pur & simple desdites Sentences; qu'encore que cet appel ne fût point suspensif de l'exécution desdites Sentences, néanmoins le Collecteur sursit toutes poursuites jusqu'au 29 Mars 1749, qu'il fit par Procès-verbal dudit jour 29 Mars, procéder au recensement des grains compris en la saisie du 14 Décembre 1748, que par autre Procès-verbal du premier Avril ensuivant, lesdits grains s'étant trouvés monter à cent vingt-deux minots, ils furent vendus 183 livres, à raison de 1 livre 10 sols le minot, que c'est après toutes ces procédures & seulement le 22 Avril 1749, que lesdits Vauvelle & Goguet ont pris Sentence sur Requête non communiquée au Siége de la Table de Marbre du Palais à Paris, qui les a reçu Appellans de celles rendues en ladite Maîtrise les 13 ou 20 Novembre 1748, & fait

fenfes de les exécuter. Que ces Particuliers ont fuivi cet appel & qu'enfin par jugement du 26 Juillet 1749, les Juges de ladite Table de Marbre ont mis l'appellation & ce dont a été appellé au néant, émandant,
déchargé lefdits Vauvelle & Goguet, des condamnations contr'eux prononcées, & en conféquence ont déclaré la faifie & exécution des effets dudit
Vauvelle, par exploit du 14 Décembre 1748, enfemble le Procès - verbal
de vente defdits effets du premier Avril enfuivant, nul & de nul effet; ordonné que le Collecteur defdites amendes feroit tenu de rendre audit Vauvelle, le prix des effets fur lui vendus, à quoi faire contraint par toutes
voies dues & raifonnables, quoi faifant déchargé; que ce jugement a été
fignifié au Collecteur defdites amendes, par exploit du 6 Août 1749, avec
commandement d'y fatisfaire; ce qu'ayant refufé de faire lefdits Goguet &
Vauvelle ont fait procéder par voies de faifie & exécution de fes meubles,
par exploit du 9 dudit mois d'Août, &c.
    LE ROI EN SON CONSEIL, ayant égard à la Requête, fans
s'arrêter aux Jugemens de la Table de Marbre du Palais à Paris, des 26
Juillet 1749 & 23 Octobre 1750, que Sa Majefté a caffé & annullé, ainfi
que tout ce qui peut s'en être enfuivi, a ordonné & ordonne que les Sentences rendues en la Maîtrife Particuliere des Eaux & Forêts de Château-Neuf en Thimarais, contre les nommés Jacques Vauvelle & Pierre
Goguet, & le fieur Desprès de Brerigny, les 13 & 20 Novembre 1748,
feront exécutés felon leur forme & teneur, comme ayant paffé en force de
chofe jugée en dernier reffort; & fera le préfent Arrêt enregiftré au Greffe
de ladite Maîtrife, pour y avoir recours, fi befoin eft, & exécuté nonobftant oppofitions, ou autres empêchemens généralement quelconques, pour
lefquels ne fera différé, & dont fi aucuns interviennent, Sa Majefté s'en
eft & à fon Confeil réferve la connoiffance & icelle interdit à toutes fes
Cours & autres Juges. FAIT au Confeil d'Etat du Roi tenu pour les Finances à Verfailles le douze Janvier mil fept cent cinquante un. *Signé*,
BERGERET.

LOGEMENT DE GENS DE GUERRE.

COPIE de la Lettre du Miniftre de la Guerre, adreffée à MM.
les Intendans, contenant la décifion de Sa Majefté, fur plufieurs Articles concernant le Logement des Gens de Guerre.

Du 22 Mars 1751.

VOUS aurez fans doute remarqué, Monfieur, en lifant l'Ordonnance du
25 Juin de l'année derniere, qu'après avoir fait l'énumération de tous ceux
qui doivent jouir de l'exemption du logement de gens de guerre, conformément au Réglement de Poitiers, du 4 Novembre 1651 & à l'Ordonnance du 30 Janvier 1687, & autres rendue poftérieurement, Sa Majefté
a réfervé à MM. les Intendans, par l'article XCIII, de décider de la validité

lidité des titres de ceux qui n'étant pas compris dans cette Ordonnance au nombre des exempts, prétendroient cependant que ce privilége leur auroit été accordé par des concessions particulieres ou autrement, sauf à ceux qui se croiroient lésés par leurs Ordonnances, à se pourvoir pardevant Sa Majesté.

Comme depuis la publication de cette Ordonnance, il est revenu quantité de plaintes de la part de plusieurs prétendus privilégiés, que les Maires & Echevins ont entrepris d'assujettir au logement, & sur les demandes desquels MM. les Intendans n'ont pas voulu prendre sur eux de prononcer; j'ai rassemblé les différentes représentations qui me sont revenues à ce sujet, sur lesquelles j'ai reçu les ordres du Roi, dont je vais avoir l'honneur de vous faire part.

L'Article LXXX. de l'Ordonnance du 25 Juin, n'a attribué l'exemption du logement des gens de guerre, qu'aux Grands-Maîtres & Maîtres particuliers des Eaux & Forêts, sur le fondement de ce qui avoit été décidé par Arrêt du Conseil du 15 Novembre 1676, contre les Officiers inférieurs de la Maîtrise de la Ferté Milon, cependant les Officiers des Eaux & Forêts ayant représenté que par l'Article XIII. de l'Ordonnance de 1669, il est expressément porté que les Maîtres Particuliers, Lieutenans, Procureurs du Roi, Gardes-Marteau, Greffiers, Arpenteurs & Sergens à Garde, seront exempts du logement des gens de guerre, ustensile, fourniture, &c. & que cette disposition a été confirmée par Arrêt du Conseil du 4 Avril 1723; & de plusieurs autres, Sa Majesté a décidé que cette Ordonnance de 1669, étant de beaucoup antérieure aux époques fixées par l'Edit de 1715, pour la révocation des priviléges, l'exemption qu'elle accorde à tous les Officiers des Maîtrises, doit d'autant plus subsister qu'elle paroît avoir été plutôt attachée à la fonction de ces charges, qu'à la finance, qui a été payée par les Officiers qui en ont été pourvus, à l'exception seulement des Huissiers Audienciers des Maîtrises qui ayant été créés depuis 1688, sont censés compris dans la révocation de l'Edit de 1715.

Vous voudrez bien, Monsieur, décider les difficultés qui vous seront portées dans tous ces cas, en conformité de ce que je vous marque des intentions de Sa Majesté. J'ai l'honneur d'être, &c. Signé, M. P. DE VOYER D'ARGENSON.

ARREST NOTABLE DU CONSEIL,

QUI juge qu'on ne peut, en vertu d'aucuns Priviléges, même ceux des Présidens & Conseillers des Cours Souveraines, se souftraire à la Jurisdiction des Maîtrises, dans les cas qui sont de sa compétence.

Du 6 Avril 1751.

SUR la Requête présentée au Roi en son Conseil, par le Procureur de Sa Majesté en la Maîtrise particuliere de Bordeaux, contenant que le sieur

Raganeau, Conseiller au Parlement de Bordeaux, ayant rendu plainte en ladite Maîtrise, des voies de fait commises à la chasse par le sieur Dupin, Préfident en la Cour des Aydes de la même Ville, il lui a été permis d'informer par Ordonnance du 18 Décembre 1750, que sur l'information qui a été faite, le Lieutenant en ladite Maîtrise, a le 23 du même mois, décerné un décret d'assigné pour être oui contre ledit sieur Dupin, qui a subi interrogatoire le 31 dudit mois de Décembre : que les choses en cet état ; le Procureur Général de la Cour des Aydes, a formé un réquisitoire, portant que la procédure tenue en ladite Maîtrise, étoit un attentat aux priviléges & prérogatives des Officiers de cette Cour, fondé sur l'art. 38 d'une Déclaration du Roi de 1734, & tendante à ce que le décret d'assigné pour être oui, décerné contre ledit sieur Dupin, fût cassé, & tant le sieur Maurice Lieutenant en ladite Maîtrise, qui a prononcé ledit décret que le Suppliant qui l'a requis, fussent ajournés à comparoir en personne en ladite Cour, pour y répondre aux interdits qui seroient contr'eux fournis, & se voir faire inhibitions & défenses de prononcer à l'avenir de semblables décrets; que le 12 Janvier 1751, il a été rendu Arrêt conforme au réquisitoire dudit sieur Procureur Général, & ledit Suppliant, ainsi que le Lieutevant en ladite Maîtrise, ont été assignés en conséquence : que les Juges établis pour juger en dernier ressort les Procès de réformations des Eaux & Forêts, ont cassé par Arrêt du 15 du même mois de Janvier 1751, celui de la Cour des Aydes du 12 du même mois, & ont renvoyé ledit Suppliant & le Lieutenant en ladite Maîtrise, dans les fonctions de leurs charges ; mais que comme la Cour des Aydes pourroit continuer ses entreprises, il est interressant pour l'ordre des Jurisdictions, que Sa Majesté ait la bonté d'ordonner l'exécution de ses Ordonnances & Arrêts, concernant les Eaux & Forêts, &c.

LE ROI EN SON CONSEIL, ayant égard à la Requête, sans s'arrêter à l'Arrêt de la Cour des Aydes de Bordeaux du 12 Janvier 1751, que Sa Majesté a cassé & annullé, ainsi que tout ce qui peut s'en être ensuivis, a ordonné & ordonne que les articles 9 & 14 du titre premier & onziéme du titre 24 de l'Ordonnance des Eaux & Forêts du mois d'Août 1669, ensemble l'article 26 du titre 4 des Evocations, Réglemens des Juges & Committimus du même mois d'Août 1669, l'article 26 du titre des Evocations de l'Ordonnance du mois d'Août 1737, & les Arrêts du Conseil intervenus depuis, feront exécutés selon leur forme & teneur ; & en conséquence que la procédure extraordinaire, commencée pour raison de fait dont il s'agit en la Maîtrise particuliere de Bordeaux, à la requête du sieur Raganeau, Conseiller au Parlement de Bordeaux, contre le sieur Dupin, Préfident en la Cour des Aydes de la même Ville, sera continuée jusqu'à Sentence définitive inclusivement, sauf l'appel à la Table de Marbre de ladite Ville de Bordeaux. Fait sa Majesté très-expresses inhibitions & défenses aux Officiers de ladite Cour des Aydes, de troubler à l'avenir, sous quelque prétexte que ce soit, les Officiers de ladite Maîtrise dans l'exercice de la Jurisdiction qui leur est attribuée, & sera le présent Arrêt exécuté nonobstant oppositions ou autres empêchemens généralement quelconques, pour lesquels ne sera différé, & dont si aucuns interviennent, Sa Majesté s'en est

& à fon Confeil réfervée la connoiffance, & icelle interdite à toutes fes Cours & autres Juges. FAIT au Confeil d'Etat du Roi tenu pour les Finances à Verfailles le fix Avril mil fept cent cinquante-un. Collationné. *Signé*, DE VOUGNY.

ARREST DU CONSEIL,

QUI exempte les Gardes des Forêts du Roi de la collecte des Tailles & autres Impofitions.

Du 6 Avril 1751.

SUR la Requête préfentée au Roi en fon Confeil, par Charles Campion, Sergent à Garde pour Sa Majefté de la Forêt de Remy, contenant, &c. A CES CAUSES, &c. Vu, &c. Oui le rapport.

LE ROI EN SON CONSEIL, ayant égard à la Requête, a ordonné & ordonne, que l'art. XIII du titre 2 de l'Ordonnance des Eaux & Forêts, du mois d'Août 1669, & les Arrêts & Réglemens rendus depuis, feront exécutés felon leur forme & teneur, & en conféquence Sa Majefté a déchargé & décharge le Suppliant de la nomination faite de fa perfonne le 5 Juillet 1750, pour faire la collecte des Tailles, & autres impofitions de la Paroiffe de Remy, pendant fa préfente année 1751, auquel effet les Habitans de ladite Paroiffe feront tenus dans la huitaine du jour que la fignification du préfent Arrêt leur aura été faite, de convoquer une nouvelle affemblée, & de procéder à la nomination d'un autre Collecteur. Fait Sa Majefté très-expreffes inhibitions & défenfes aux Habitans de ladite Paroiffe & à tous autres, de nommer à l'avenir pour faire la collecte des impofitions, aucuns des Gardes des Bois & Forêts de Sa Majefté, Huiffiers Audienciers & Gardes-pêche des Maîtrifes particulieres des Eaux & Forêts, tant qu'ils exerceront leurs Commiffions, à peine de nullité des nominations, 500 livres d'amende, & de tous dépens, dommages & intérêts; enjoint Sa Majefté au fieur Meliand, Intendant & Commiffaire départi en la Généralité de Soiffons, & au fieur Maffon de Courcelle, Grand-Maître des Eaux & Forêts du Département de Soiffons, de tenir chacun en droit foi, la main à l'exécution du préfent Arrêt, lequel fera enrégiftré où befoin fera, fignié à qui il appartiendra, & exécuté nonobftant oppofitions ou autres empêchemens généralement quelconques, pour lefquels ne fera différé, & dont fi aucuns interviennent, Sa Majefté s'en eft & à fon Confeil réfervée la connoiffance, & icelle interdit à toutes fes Cours & autres Juges. Fait au Confeil d'Etat du Roi, tenu pour les Finances, à Verfailles le fix Avril mil fept cent cinquante-un. *Signé*, DE VOUGNY.

ARREST DU CONSEIL,

QUI défend à toutes Communautés, de faire des adjudications de leurs Bois, à la feuille, & à tous Marchands, de s'en rendre Adjudicataires, à peine, &c.

Du 6 Avril 1751.

SUR la Requête préfentée au Roi en fon Confeil, par les Echevins, Habitans & Communauté de la Ville de Vaffy, contenant, &c. A GES CAUSES, &c. Vû, &c. Oui le rapport, &c.

LE ROI EN SON CONSEIL, faifant droit fur l'inftance, fans avoir égard aux Requêtes ni aux demandes, fins & conclufions d'Edme Leclerc de Champmartin, Marchand de Bois, dont Sa Majefté l'a débouté & déboute, a ordonné & ordonne que l'Arrêt du Confeil du 12 Septembre 1741, fera exécuté felon fa forme & teneur dans toutes les Maîtrifes particulieres, & notamment dans celle d'Auxerre, ce faifant, Sa Majefté a caffées & annullées toutes les adjudications de bois ci-devant faites à la feuille dans le reffort du Département de Paris, & fingulierement celles faites par les Habitans & Communauté de Vaffy devant le Juge du lieu, les 5 Décem.1730, & 10Avril 1736, tant audit Leclerc de Champmartin, qu'aux nommés Jean Robin, Claude Petit, Guillaume Leclerc, François Rouffeau, & François Mourillon. Fait Sa Majefté très-expreffes inhibitions & défenfes auxdits Leclerc de Champmartin, Robin, Petit, Leclerc, Rouffeau, & de Bazarnes, & à tous autres Marchands, de fe rendre à l'avenir directement ou indirectement, adjudicataires de pareils bois, & aux Communautés, de faire fous quelque prétexte que ce foit de femblables adjudications, à peine contre les Adjudicataires & les Communautés, de 3000 livres d'amende pour chaque contravention qui ne pourra être réputée comminatoire, & en outre de confifcation des bois qui auroient été coupés au préjudice des défenfes portées par le préfent Arrêt, ordonne en outre Sa Majefté, que par le fieur Intendant Commiffaire départi en la Généralité d'Orléans; que Sa Majefté a commis & commet à cet effet, il fera inceffamment procédé à la liquidation des fommes que lefdits Leclerc de Champmartin, Robin, Petit, Leclerc, Rouffeau & de Bazarnes, ont ou peuvent avoir avancées à ladite Communauté de Vaffy, pour raifon du prix des bois compris auxdites adjudications, enfemble des intérêts qui en font dus & échus: pour du montant des fommes & intérêts d'icelles entre lefdits Leclerc de Champmartin, Robin, Petit, Leclerc, Rouffeau & de Bazarne, rembourfés en vertu des Ordonnances du fieur de Vaucel, Grand Maître des Eaux & Forêts du Département de Paris, fur le prix des coupes ordinaires des bois de ladite Communauté de Vaffy; ordonne en outre Sa Majefté que par celui des Arpenteurs de ladite Maîtrife d'Auxerre, qui fera à cet effet nommé par ledit fieur Grand-Maître, il fera inceffamment, fi fait n'a été, procédé à l'arpentage général & à la levée du plan figuratif des bois dépendans de ladite Communauté de Vaſſy, & enſuite par le ſieur Grand Maître ou les Officiers de ladite Maîtriſe, ſur ſa Commiſſion à l'augmentation de la réſerve ci-devant appoſée dans leſdits bois, juſqu'à la concurrence du quart juſte de leur totalité, à prendre dans l'endroit où le fonds eſt le plus propre à produire de la futaie, ſans que les Supplians, leurs ſucceſſeurs, ni autres, puiſſent ſous quelque prétexte que ce ſoit y faire aucune coupe, non plus que dans les trois cent cinquante-un arpens quinze perches précédamment mis en réſerve, ſi ce n'eſt en vertu d'Arrêt & Lettres-Patentes duement vérifiées conformément à l'article 4 du titre 24 de l'Ordonnance des Eaux & Forêts du mois d'Août 1669, ſous les peines y portées, comme auſſi au Réglement des trois autres quarts deſdits bois, en coupes ordinaires à l'âge de vingt-cinq ans, qui ſeront diſtinguées & déſignées par premiere & derniere ſur leſdits plans pour le nombre d'arpens dont chacun doit être compoſé, à l'effet de quoi il en ſera dreſſé Procès-verbal pour être avec leſdits plans dépoſés au Greffe de ladite Maîtriſe, & que lors deſdites coupes, il ſera réſervé par chaque arpent, vingt-cinq baliveaux de l'âge du taillis, de brin & eſſence de chêne, autant qu'il ſera poſſible, outre tous les anciens & modernes qui y ſeront, enjoint Sa Majeſté au ſieur Intendant & aux ſieurs Grands-Maîtres des Eaux & Forêts, ainſi qu'aux Officiers deſdites Maîtriſes, de tenir chacun en droit ſoi la main à l'exécution du préſent Arrêt, lequel ſera à cet effet enregiſtré aux Greffes deſdites Maîtriſes, & exécuté, non-obſtant oppoſitions & autres empêchemens généralement quelconques, pour leſquels ne ſera différé, & dont ſi aucuns interviennent, Sa Majeſté s'en eſt & à ſon Conſeil réſervée la connoiſſance, & icelleinterdite à toutes ſes Cours & autres Juges. F A I T au Conſeil d'Etat du Roi tenu pour les Finances à Verſailles le ſix Avril mil ſept cent cinquante-un. *Signé*, DE VOUGNY.

A R R E S T   D U   C O N S E I L,

QUI caſſe pluſieurs Décrets décernés par le Bailliage d'Amiens, contre des Gardes de la Maîtriſe d'Abbeville, ſous prétexte des violences par eux commiſes, en exécutant les Sentences de ladite Maîtriſe; fait défenſes aux Parties de procéder ailleurs qu'en ladite Maîtriſe, pour raiſon des plaintes énoncées en l'Arrêt; & à tous autres Juges d'en connoître.

Du 4 Mai 1751.

SUR la Requête préſentée au Roi en ſon Conſeil par le Procureur de Sa Majeſté en la Maîtriſe particuliere des Eaux & Forêts, contenant, &c. Oui le rapport.

LE ROI EN SON CONSEIL, ayant égard à la Requête, a ordonné & ordonne que les articles premier, 2, 7 & 14 du titre de la Juriſdiction des Eaux & Forêts du mois d'Août 1669, & les Arrêts du Conseil des 23 Décembre 1738 & 8 Mars 1740, seront exécutés selon leur forme & teneur; & en conséquence sans s'arrêter à la procédure extraordinaire commencée au Bailliage d'Amiens, sur la plainte du nommé François Dailly & de Françoise Holland sa femme, ni au décret de prise de corps décerné par les Officiers dudit Bailliage, contre les nommés de Gouy, Garde général, Collecteur des amendes de la Maîtrise particuliere d'Abeville, Gomel, Darguenies, Prevot dit Picard, du Chauffoy & Sanguier, Gardes particuliers de ladite Maîtrise, le 3 Avril 1751, ni à tout ce qui peut s'en être ensuivi, que Sa Majesté a cassé & annullé, a renvoyé & renvoie ledit Dailly & sa femme, à se pourvoir pour raison du fait dont il s'agit par devant les Officiers de ladite Maîtrise, ainsi qu'ils aviseront bon être, sauf l'appel en la maniere accoutumée. Fait sa Majesté très-expresses inhibitions & défenses ausdits Dailly & à sa femme, & à tous autres de se pourvoir sur l'exécution des Sentences de ladite Maîtrise, circonstances & dépendances ailleurs que pardevant les Officiers du même Siége, & à tous autres Juges d'en connoître à peine de nullité des procédures, de 500 livres d'amende, tant contre les Juges que contre les Parties, & de tous dépens, dommages & intérêts; enjoint Sa Majesté au Grand Prevôt, & aux Officiers & Exempts de la Maréchaussée de la Généralité d'Amiens, de prêter main-forte aux Officiers & Gardes de ladite Maîtrise, pour l'exécution des Sentences d'icelle, enjoint aussi Sa Majesté au sieur Bauldry, Grand-Maître des Eaux & Forêts du Département de Picardie, & aux Officiers de ladite Maîtrise, de tenir chacun en droit soi, la main à l'exécution du présent Arrêt, lequel sera lu, publié, affiché & signifié partout & à qui il appartiendra, & exécuté nonobstant oppositions ou autres empêchemens généralement quelconques, & dont si aucuns interviennent, Sa Majesté s'en est & à son Conseil réservée la connoissance, & icelle interdit à toutes ses Cours & autres Juges. FAIT au Conseil d'Etat du Roi, tenu pour les Finances à Versailles le quatre Mai mil sept cent cinquante-un. Collationné. *Signé*, DE VOUGNY.

ARREST DU CONSEIL,

QUI déboute le sieur Demir, les Habitans des Paroisses de Grisi, Eunay, Herouville, Liviliers & Genicourt, & le Procureur du Roi au Bailliage de Pontoise, de leur opposition à l'Arrêt du Conseil du 24 Novembre 1750, par lequel il est ordonné que les Parties y dénommées, procéderont en la Maîtrise de Saint-Germain en Laye, pour raison de prétendus dégats causés par des Lapins, &c.

Du 11 Mai 1751.

VU au Conseil d'Etat du Roi, l'Arrêt rendu en icelui le 24 Novembre 1750, sur la requête du Procureur de Sa Majesté en la Maîtrise particulière

des Eaux & Forêts de Saint Germain-en-Laye, tendante, &c. oui le rapport, &c.

LE ROI EN SON CONSEIL, faifant droit fur l'inftance, fans
avoir égard à l'oppofition formée par le fieur Demir, & les Habitans des
Paroiffes d'Eunay, Grify, Herouville, Liviliers & Genicourt, à l'Arrêt du
Confeil du 24 Novembre 1750, ni à l'intervention du Procureur de Sa
Majefté au Bailliage de Pontoife, dont Sa Majefté les a débouté & déboute,
a ordonné & ordonne que ledit Arrêt fera exécuté felon fa forme & teneur;
condamne Sa Majefté le fieur Demir, les Habitans defdites Paroiffes & le
Procureur du Roi dudit Bailliage de Pontoife au coût & à la fignification du
préfent Arrêt, qui feront & demeureront liquidés à 75 liv. & fur le furplus
des demandes, fins & conclufions des Parties, Sa Majefté les a mis & met
hors de Cour & de Procès. FAIT au Confeil d'Etat du Roi, tenu pour les
Finances, à Verfailles le onziéme jour du mois de Mai mil fept cent cinquante-un. Signé, DE VOUGNY.

ARREST NOTABLE DU CONSEIL,

QUI maintient les Officiers de la Maîtrife & de la Table de
Marbre de Paris, refpectivement dans la connoiffance des délits
commis fur les Arbres plantés fur les grands chemins, & branches d'iceux, &c.

Du 18 Mai 1751.

SUR la Requête préfentée au Roi en fon Confeil, par le Procureur de Sa
Majefté en la Maîtrife particulière des Eaux & Forêts de Paris, contenant
qu'il eft forcé de fe pourvoir contre une Sentence rendue en ladite Maîtrife le
1 Mars 1751, & contre l'appel qui en a été interjetté, que pour faire juger
que les motifs qui le déterminent à fe pourvoir, font des mieux fondés, il
obfervera dans le fait, que Pierre Charmat, Curé de Saint Germain-lès-
Arpajon s'eft ingéré de fa propre autorité & au mépris des formalités requifes
par l'Ordonnance des Eaux & Forêts du mois d'Août 1669, de faire couper
en fa préfence, un Noyer de la groffeur de 4 pieds 10 pouces, au-deffus de
la culée que ledit fieur Curé a fait charger ce Noyer fur une voiture, & l'a
fait conduire chez lui. Que le Seigneur de la Noiville à caufe de fa haute Juftice & droit de Voyerie, a articulé par fa demande formée en ladite Maîtrife, que cette entreprife a été commife par ledit Curé, nonobftant la certi-
tude qu'il avoit que ce Noyer ne lui appartenoit point; mais bien audit Seigneur de la Noiville, & en tout cas, le Suppliant obferve que, quand il
lui auroit appartenu, comme Curé de Saint Germain-lès-Arpajon, il n'en
pouvoit faire faire la coupe & effartement, fans en avoir préalablement obtenu la permiffion du Confeil, à peine de 3000 liv. d'amende; que cette
voie de fait au mépris des remontrances du Concierge & du Garde du Seigneur de la Noiville, ayant été conftatée par un procès-verbal, & une plainte

des 22 & 23 Décembre 1750, le Seigneur de la Noiville par respect dû au caractere du fieur Charmat, a préféré l'action civile ; & en conféquence a préfenté requête au Maître particulier de ladite Maîtrife, à l'effet d'obtenir permiffion de faire faifir & revendiquer entre les mains dudit fieur Curé le Noyer dont eft queftion , & fur ladite faifie , d'affigner à certain & compétent jour ledit fieur Curé pour fe voir condamner à lui rendre & reftituer ledit Noyer , & en 300 liv. de dommages & intérêts , & en outre répondre & procéder , comme de raifon , à fin de dépens , avec réferve de prendre par la fuite , telles conclufions qu'il aviferoit bon être, fans préjudice de celles que le Supplant jugeroit à propos de prendre pour l'amende acquife à Sa Majefté , pour raifon du fait en queftion ; que par Ordonnance du 28 dudit mois de Décembre , le Maître particulier de cette Maîtrife a permis de faifir & revendiquer , & d'affigner fur ladite faifie & revendication ; qu'en conféquence par acte du 31 du même mois duement contrôlé, il a été procédé à la faifie & révendication dudit Noyer, étant dans la cour dudit fieur Curé, fur la repréfentation qu'il en a faite, & s'en eft chargé ; que ce délit & l'auteur du délit étant conftans par cet acte, l'Huiffier a donné affignation audit Curé , pour voir déclarer lefdites faifie & révendication bonnes & valables , & en outre pour répondre & procéder aux fins de ladite Requête ; que fur cette affignation , ledit fieur Charmat a fourni des exceptions déclinatoires le 7 Janvier 1751 , prétendant que le fait en queftion n'étoit point de la compétence de ladite Maîtrife , fous prétexte, a-t-il dit, qu'il donnoit lieu à un procès fur la propriété d'un arbre Noyer, planté fur une terre dépendante de fa Cure, dont aux termes de l'article 10 du titre de la Jurifdiction de ladite Ordonnance de 1669, ladite Maîtrife ne pouvoit connoître ; que par des repliques du 11 dudit mois , le Seigneur de la Noiville a foutenu que ces exceptions n'étoient pas réfléchies, que le fait dont eft queftion , n'avoit aucun rapport à la difpofition de l'article 10 du titre de la Jurifdiction ; que la connoiffance en appartenoit aux feuls Officiers de la Maîtrife , tant par les Ordonnances anciennes , que par celle de 1669, & par l'Arrêt du Confeil du 3 Mai 1720, &c.

LE ROI EN SON CONSEIL , ayant aucunement égard à la Requête, fans s'arrêter à l'appel interjetté par le fieur Charmat , Curé de la Paroiffe de Saint Germain-lès-Arpajon , le 3 Mars 1751, des Sentences & Ordonnances rendues contre lui en la Maîtrife particuliere des Eaux & Forêts de Paris , les 5 & 12 Février précédent , non plus qu'au relief d'appel obtenu par ledit fieur Charmat en la Chancellerie du Palais à Paris, le 10 du même mois de Mars , ni à tout ce qui peut s'en être enfuivi , a ordonné & ordonne que pour raifon du fait dont eft queftion , les Parties feront tenues de procéder en premiere Inftance , au Siége de ladite Maîtrife , jufqu'à Sentence définitive incluivement , fauf l'appel à la Table de Marbre ; auquel effet Sa Majefté a permis & permet audit fieur Charmat de former , fi bon lui femble, oppofition à la Sentence intervenue contre lui en ladite Maîtrife , le premier dudit mois de Mars , à condition néanmoins qu'il fera tenu de faire juger ladite oppofition dans la quinzaine du jour que la fignification du préfent Arrêt lui aura été faite ; finon & à faute de ce faire dans ledit tems & icelui paffé , ladite Sentence paffera en force de chofe jugée en dernier reffort ;

fait

fait Sa Majefté très expreffes inhibitions & défenfes aufdites Parties de fe pourvoir & procéder en premiere Inftance fur ledit fait, ailleurs qu'en ladite Maîtrife, & par appel, qu'à la Table de Marbre, à peine de nullité, caffation des procédures, mille livres d'amende, & de tous dépens, dommages & intérêts; & fera ledit préfent Arrêt exécuté, nonobftant oppofitions, recufations, prifes-à-parties, ou autres empêchemens généralement quelconques, pour lefquels ne fera différé, & dont fi aucuns interviennent, Sa Majefté s'en eft & à fon Confeil, réfervée la connoiffance, & icelle interdite à toutes fes Cours & autres Juges. Fait au Confeil d'Etat du Roi, tenu pour les Finances, à Verfailles le fixiéme jour du mois d'Avril mil fept cent cinquante-un. *Signé*, DE VOUGNY.

ARREST DU CONSEIL,

QUI maintient les Officiers des Maîtrifes & des Tables de Marbre, refpectivement dans le droit de connoître de tous différends, querelles, excès & affaffinats, à l'occafion de la Chaffe & de la Pêche.

Du 1 Juin 1751.

SUR la Requête préfentée au Roi en fon Confeil, par le Procureur Général de Sa Majefté, en la Table de Marbre de Bordeaux, contenant qu'il eft obligé de fe pourvoir contre un Arrêt du Parlement de Bordeaux, qui tend à renverfer l'ordre de la Jurifdiction établi par l'Ordonnance des Eaux & Forêts, du mois d'Août 1669, & par la Déclaration du Roi, du 13 Septembre 1711, concernant la Juridiction de ladite Table de Marbre, en matiere de Chaffes; dans le fait, le fieur Abbé de Menfignac a préfenté Requête au Lieutenant en la Maîtrife de Perigueux, le 17 Juillet 1750, tendante à ce qu'il lui plût fe tranfporter au Château de Menfignac, pour recevoir la plainte & dreffer Procès verbal de l'état des bleffures faites au fieur de Senfilhan de Beaulieu fon neveu, par un Braconnier; ce Juge s'étant tranfporté au Château de Menfignac, le lendemain 18 du même mois de Juillet; il y a reçu les plaintes des fieurs de Senfilhan de Beaulieu & de Menfignac frere, & des filles dudit fieur de Beaulieu, portant que lefdits fieurs de Senfilhan de Beaulieu & de Menfignac avoient rencontré le fieur Lymere chaffant fur leurs terres; que lui ayant demandé pourquoi il chaffoit fur des terres dont il n'étoit point Seigneur, & dans un tems prohibé; il lui répondit qu'il chaffoit pour fon plaifir; que ledit fieur de Senfilhan de Beaulieu ayant voulu paffer fur une haye, pour appeller à témoins de cette réponfe, des gens qui travailloient dans une Terre voifine, ledit Lymere lui lâcha un coup de fufil dont il étoit griévement bleffé; le Procès-verbal dreffé enfuite de la plainte, conftate les bleffures; les informations qui ont été faites fur cette plainte, ayant été portées en la Maîtrife particuliere de Bordeaux, ledit fieur Lymere a été décrété de prife de corps le 24 Juillet audit an 1750; cet Accufé pour fe fauver par la récrimination, a rendu plainte de fon cô é contre ledit fieur Senfilhan de Beaulieu & de Menfignac, pardevant le Lieutenant Criminel de Perigueux, qui les a décrétés, & fur ce décret, ils fe font pourvus par-devant les Juges, en dernier reffort, de la Table de Marbre de Bordeaux, où ils ont obtenu Arrêt le 5 Août enfuivant, qui a caffé la procédure crimi-nelle & le décret inftruit & décerné par le Lieutenant Criminel de Perigueux, à la requête dudit Lymiere, comme le tout fait par tranfport de Jurifdiction; au lieu de reconnoître la juftice de l'Arrêt de ladite Table de Marbre, ledit fieur Lymiere s'eft pourvu au Parlement de Bordeaux, où il a obtenu Arrêt le 14 du même mois d'Août, qui a caffé celui de ladite Table de Marbre, du 5 du même mois, & tout ce qui pouvoit s'en être enfuivi, comme le tout fait par tranfport de Jurifdiction; les chofes en cet état, le Suppliant eft obligé d'avoir recours à la juftice de Sa Majefté, pour maintenir la Jurifdic-tion qu'elle a établie en matiere d'Eaux & Forêts, Pêches & Chaffes, &c.

LE ROI EN SON CONSEIL, ayant égard à la Requête, fans s'arrêter à l'Arrêt du Parlement de Bordeaux, du 14 Août 1750, que Sa Majefté a caffé & annullé, ainfi que tout ce qui peut s'en être enfuivi, a ordonné & ordonne que les articles I. & VII. du titre de la Jurifdiction, 2 du titre des Tables de Marbre, & 3 du titre des appellations de l'Ordonnance defdites Eaux & Forê.s, du mois d'Août 1669, enfemble la Déclaration du Roi, du 13 Septembre 1711, feront exécutés felon leur forme & teneur, & en conféquence, que pour raifon du fait dont il s'agit, circonftances & dépen-dances, les Parties feront tenues de procéder en premiere inftance, en la Maîtrife particuliere de Bordeaux, fauf l'appel au Siége de la Table de Marbre de la même Ville; fait Sa Majefté très expreffes inhibitions & dé-fenfes aufdites Parties, de fe pourvoir ailleurs en premiere inftance, qu'en ladite Maîtrife, & par appel, qu'à la Table de Marbre, à peine de nullité, caffation de procédures, & 1000 livres d'amende, & de tous dépens, dom-mages & intérêts, & fera le préfent Arrêt, exécuté nonobftant oppofitions ou autres empêchemens généralement quelconques, pour lefquels ne fera différé, & dont fi aucuns interviennent, Sa Majefté s'en eft, & à fon Con-feil, réfervée la connoiffance, & icelle interdit à toutes fes Cours & autres Juges. FAIT au Confeil d'Etat du Roi, tenu pour les Finances, à Verfailles le premier Juin mil fept cent cinquante un. *Signé*, DE VOUGNY.

ARREST NOTABLE DU CONSEIL,

QUI permet au fieur Marquis de Saint-Brice, de donner à fon Juge, en la Seigneurie de Bouffac, la qualité de Maître particulier des Eaux & Forêts, pour par ledit Juge connoître des matieres d'Eaux & Forêts dans ladite Seigneurie, à l'exception des Cas Royaux, dont, aux termes de l'Ordonnance de 1669, & de la Déclaration du 8 Janvier 1715, la connoiffance appartient aux Officiers des Maîtrifes Royales, &c.

Du 1 Juin 1751.

SUR la Requête préfentée au Roi en fon Confeil, par Jean de Carbonniere, Marquis de Saint Brice, contenant que comme Propriétaire de la Terre & Baronnie de Bouffac, fife en Berry, à caufe de Françoife Armand de Richac, fille d'Albert de Richac, Comte de Saint-Paul, fon époufe; il a toujours eu de tems immémorial, le droit d'établir dans le nombre de ceux qui compofent la Juftice, un Maître particulier & autres Officiers, pour l'exercice de la Jurifdiction des Eaux & Forêts, dans toute l'étendue des Bois dépendans de ladite Terre & Baronnie de Bouffac; qu'en effet ce droit a tellement été reconnu pour certain, que lors de l'Arrêt du Confeil, du 14 Septembre 1688, qui fit défenfes à tous Seigneurs, de donner à leurs Officiers, la qualité de Gruyers & Juges des Eaux & Forêts, & aux Officiers des Tables de Marbre, de les recevoir fous cette dénomination, s'ils n'étoient fondés en titres & poffeffion inconteftables, vûs & examinés par les Grands-Maîtres des Eaux & Forêts; le fieur de Richac fon beau pere, a été maintenu & confervé dans ce droit, par Arrêt du Confeil, du 29 Mars 1712, en conféquence duquel il a obtenu des Lettres-Patentes de Sa Majefté, le 8 Septembre de la même année, lefquelles Lettres ont été enrégiftrées par tout où befoin a été; mais que comme ces Arrêt & Lettres-Patentes qui n'ont été accordées dans le tems, que fur des titres certains & inconteftables, n'ont point encore été confirmées par Sa Majefté, depuis fon avenement à la Couronne, & que le Suppliant qui eft Propriétaire aujourd'hui de ladite Terre & Baronnie de Bouffac, à caufe de ladite dame fon époufe, & qui par conféquent a un intérêt fenfible d'être maintenu dans le même droit, de même & ainfi que ledit fieur de Richac fon beau-pere, l'a été, appréhende que par défaut de le renouveller de Lettres-Patentes, il ne furvienne quelque obftacle qui porte atteinte aux droits de fa Terre, & ne lui occafionne quelques difcuffions dans l'exercice de fa Jurifdiction, joint encore aux autres inconvéniens qui pourroient furvenir, il a penfé que Sa Majefté convaincue par elle-même, de la légitimité de fon droit, voudra bien avoir les mêmes égards & les mêmes bontés dont elle a déjà honoré ledit fieur de Rilhac, en lui accordant des Lettres-Patentes portant confirmation des premieres, & que

D d d ij

c'eſt dans ces circonſtances, qu'il a été conſeillé de ſe pourvoir, &c.

LE ROI EN SON CONSEIL, ayant aucunement égard à la Requête, en interprétant en tant que beſoin eſt ou ſeroit, l'Arrêt du Conſeil du 29 Mars 1712, & les Lettres-Patentes expédiées ſur icelui, le 8 Septembre enſuivant, a ordonné & ordonne que l'Arrêt du Conſeil, du 14 Septembre 1688, & la Déclaration du Roi, du 8 Janvier 1715, feront exécutés ſelon leur forme & teneur, & en conſéquence Sa Majeſté a maintenu & confirmé, maintient & confirme le Suppliant ès noms & qualités qu'il procéde, dans le droit & la poſſeſſion où il eſt de donner au Juge ordinaire de la Terre & Baronnie de Bouſſac, à lui appartenante, la qualité de Maître des Eaux & Forêts de ladite Terre, pour par ledit Juge, connoître des matieres concernant leſdites Eaux & Forêts, dans l'étendue des Bois d'icelle, à l'exception néanmoins des cas royaux, dont, aux termes de l'article XI. du titre de la Juriſdiction de l'Ordonnance des Eaux & Forêts, du mois d'Août 1669, & de la Déclaration du Roi, du 8 Janvier 1515, la connoiſſance appartient aux ſeuls Officiers de la Maîtriſe Royale, dans le reſſort de laquelle leſdits Bois ſont ſitués, à la charge par ledit Juge, de ſe conformer, lors des Sentences qu'il rendra, à ce qui eſt preſcrit par leſdites Ordonnances, Déclarations, Arrêts & Réglemens intervenus juſqu'à préſent ſur cette matiere, ſauf l'appel deſdites Sentences, au Siége de la Table de Marbre du Palais à Paris; feront au ſurplus leſdits Arrêts du Conſeil, & Lettres-Patentes des 29 Mars & 8 Septembre 1712, exécutés ſelon leur forme & teneur, & pour l'exécution du préſent Arrêt, feront toutes Lettres-Patentes néceſſaires expédiées F A I T au Conſeil d'Etat du Roi, tenu pour les Finances, à Verſailles, le premier Juin mil ſept cent cinquante-un. Signé, DE VOUGNY.

ARREST DU CONSEIL,

QU I ordonne le cantonnement des Uſagers dans les Bois du Prieuré de Fontaine.

Du 1 Juin 1751.

VU au Conſeil d'Etat du Roi, la Requête du ſieur Claude-François Franchel, Chanoine en l'Egliſe Métropolitaine de Beſançon, & Titulaire du Prieuré de Fontaine, & en cette qualité Seigneur haut, moyen & bas Juſticier dudit lieu de Fontaine, tendante à ce que pour les cauſes y contenues il plaiſe à Sa Majeſté ordonner que les Habitans dudit lieu de Fontaine, qui prétendent avoir des droits d'uſage dans les Bois dépendans dudit Prieuré, feront tenus de repréſenter les titres en vertu deſquels ils jouiſſent deſdits droits, pour enſuite être continué, s'il y a lieu, ſuivant la poſſibilité deſdits Bois, & le nombre des Uſagers; les ordres du Conſeil, adreſſés au ſieur d'Auxy, Grand-Maître des Eaux & Forêts du Département de Bourgogne, le 6 Mars 1736, à l'effet de conſtater l'état deſdits Bois, de les faire arpenter, d'entendre les Parties, & de dreſſer Procès-verbal de la repréſentation de leurs Titres, ainfi que de leurs dires & requifitions, & du nombre de maifons & de charrues dont le Village de Fontaine eft compofé ; le Procès-verbal dreffé par ledit fieur Grand-Maître, le 12 Mai 1742, & jours fui-vans, contenant les comparutions, dires & requifitions, tant du fieur Fran-chel, que des Habitans & Communauté dudit lieu de Fontaine, qui ont foutenu être également Propriétaires defdits Bois, duquel il réfulte en outre que ledit fieur Grand-Maître ayant fait arpenter lefdits Bois, ils fe font trou-vés contenir trois mille cinq cent foixante & treize arpens feize perches, divi-fés en plufieurs cantons, partie futaïe, partie taillis, où il y a beaucoup de places vaines & vagues, &c.

LE ROI EN SON CONSEIL, faifant droit fur l'inftance, a ordonné & ordonne que des trois mille cinq cent foixante & treize arpens feize perches de terrein, tant en bois que fouillies, fitués fur le territoire du lieu appellé de Fontaine, il fera inceffamment par le fieur de Fleury, Grand-Maître des Eaux & Forêts du Département de Bourgogne, ou celui des Officiers de la Maîtrife particuliere des lieux qu'il jugera à propos de commettre à cet effet, & en préfence du Procureur de Sa Majefté en ladite Maîtrife, diftrait & féparé par bornes & limites, au profit des Habitans & Communauté du même en-droit de Fontaine, la quantité de 1700 arpens pour en jouir par eux, en toute propriété, dont 500 arpens en fouillies, feront compofés des cantons défignés fur le plan général defdits Bois, par les lettres AA. C. A. D. C. & le furplus des portions marquées fur ledit plan par les lettres SS. pour lefdits 500 arpens de fouillies continuer d'être employé alternativement, par lefdits Habitans, comme par le paffé, apporter du bois, & enfuite à être mife en culture; & 1200 arpens à prendre dans les endroits de 3073 arpens 16 perche reftans, où le bois n'eft ni de bonne ou de mauvaife qualité; le tout par forme de cantonnement, & pour tenir lieu aufdits Habitans & Commu-nauté de Fontaine, des différens droits d'ufages qu'ils ont jufqu'à préfent exercés dans la totalité defdits bois & fouillies, lefquels 1200 arpens de bois feront pris dans la partie d'iceux qui fe trouve fituée du côté du Couchant, en remontant du Midi au Septentrion, en embraffant partie du canton mar-qué fur ledit plan par la lettre J, & tous ceux qui font défignés fur le même plan par les lettres Z. &. G. F. H. J. K. L; ordonne en outre Sa Majefté que les 1873 arpens 16 perches à quoi monte le furplus defdits bois & fouil-lies, feront & demeureront auffi en toute propriété au Prieuré de Fontaine, déchargés de tous droits d'ufage, chauffage & fervitude, tels qu'ils puiffent être envers lefdits Habitans, à l'exception néanmoins du droit de pâturage que le Prieur dudit Prieuré & les Habitans auront réciproquement dans toute l'étendue defdits bois & fouillies, en fe conformant dans l'exercice dudit droit, à ce qui eft prefcrit par l'Ordonnance des Eaux & Forêts du mois d'Août 1669, fous les peines y portées à la charge par lefdits Habitans, de payer à l'avenir comme par le paffé, au Prieur dudit Prieuré, les redevances & autres prefta-tions, fous lefquelles lefdits droits d'ufage leur ont originairement été ac-cordés par le Seigneur dudit lieu ; maintient Sa Majefté le Prieur dudit Prieuré dans la Seigneurie directe & fonciere fur tous les bois & fouillies, en-femble dans le droit de juftice & de chaffe fur iceux, ainfi qu'il en a toujours joui ; à condition cependant que l'exercice de ladite juftice, pour ce qui concerne les bois & fouillies en queftion, fera & demeurera reftraint à ce qui eft prefcrit par ladite Déclaration du Roi du 8 Janvier 1715; ordonne en outre Sa Majefté que tous les frais faits & à faire généralement quelconques, pour parvenir à la délimitation des parts & portions de bois & fouillies ci-deffus exprimés, feront fupportés par lefdits Prieur & Habitans, chacun à proportion de ce qu'ils y doivent amender, eu égard à la quantité d'arpens qui leur fera échue, & qu'immédiatement après que le partage defdits bois & fouillies aura été fait, il fera par le fieur Grand-Maître ou les Officiers de ladite Maîtrife, fur fa commiffion procédé, Parties préfentes ou elles duement appellées, tant au choix de la diftraction, & au bornage du quart jufte des 1200 arpens de bois revenans à ladite Communauté de Fontaine, & des 1873 arpens 16 perches reftans audit Prieuré pour être réfervés à prendre dans les endroits des bois où le fonds eft le plus propre à produire de la futaye, fans que le Prieur dudit Prieuré & les Habitans dudit lieu de Fontaine, leurs Succeffeurs, ni autres, puiffent fous quelque prétexte que ce foit, y faire aucune coupe, fi ce n'eft en vertu d'Arrêt & Lettres-Patentes duement vérifiés, conformément à l'Article IV. du titre 24. de ladite Ordonnance de 1669, qu'au réglement des trois autres quarts defdits Bois en coupes ordinaires, à l'âge de vingt-cinq ans, qui feront diftinguées & défignées par première & dernière, fur ledit Plan général defdits Bois, pour le nombre d'arpens dont chacun doit être compofé, à l'effet de quoi il en fera dreffé Procès-verbal, pour être, avec ledit Plan, dépofé au Greffe de ladite Maîtrife, & que lors defdites coupes, il fera réfervé par chaque arpent, vingt-cinq baliveaux de l'âge du taillis, le tout de bois & effence de chêne, autant qu'il fera poffible, outre tous les anciens & modernes qui s'y trouveront; feront les Prieur dudit Prieuré, & Habitans de ladite Communauté de Fontaine, tenus chacun en droit foi, d'établir les Gardes néceffaires pour veiller à la confervation defdits Bois, faute de quoi il y fera pourvu par ledit fieur Grand-Maitre, qui decernera fes exécutoires fur les revenus temporels dudit Prieuré, pour les Bois qui lui appartiendront, & fur les revenus de ladite Communauté, fi elle en a pour les cent arpens qui lui feront échus; finon contre lefdits Habitans, pour le paiement des falaires defdits Gardes, & fur le furplus des demandes, fins & conclufions defdites Parties, Sa Majefté les a mis & met hors de Cour & de Procès. FAIT au Confeil d'Etat du Roi, tenu pour les Finances, à Verfailles, le premier Juin mil fept cent cinquante-un. *Signé*, DE VOUGNY.

ARREST DU CONSEIL D'ÉTAT DU ROI,

QUI ordonne l'exécution d'une Sentence de la Maîtrise particuliere des Eaux & Forêts de Sens, du 31 Janvier 1750; modére
par grace l'amende y portée contre les Habitans & Communauté
de Talmay; enjoint auſdits Habitans d'établir inceſſamment les
Gardes néceſſaires à la conſervation des Bois Communaux dudit lieu de Talmay, & de les faire recevoir à ladite Maîtriſe de
Sens, ſous les peines y portées; ordonne en outre l'exécution
de la Déclaration du Roi, du 8 Janvier 1715; en conſéquence
fait défenſes au Juge de Talmay, de prendre connoiſſance des
délits & abus qui ſeront commis dans les Bois Communaux; lui
enjoint ſeulement de recevoir l'affirmation des Rapports & Procès-verbaux des Gardes d'iceux, & de les renvoyer au Greffe
de ladite Maîtriſe de Sens, pour être pourſuivis & jugés en ce
Siége; que faute par les Syndic & Habitans dudit lieu de Talmay, de faire les pourſuites néceſſaires ſur leſdits Rapports de
délits, ils en ſeront réputés fauteurs, & comme tels, condamnés aux amendes, ſuivant l'Ordonnance de 1669, & que quatre
des principaux Habitans dudit lieu, ſeront ſolidairement contraints au paiement deſdites amendes, ſauf leur recours à l'encontre des autres Contribuables.

Du premier Juin 1751.

Extrait des Regiſtres du Conſeil d'Etat.

SUR la Requête préſentée au Roi en ſon Conſeil par les Habitans & Communauté de Talmay, contenant qu'ils ſont obligés de recourir à l'autorité
de Sa Majeſté, pour être déchargés de l'amende de quinze cent huit livres,
& de pareille ſomme de reſtitution, auſquelles ils ont été condamnés par Sentence de la Maîtriſe de Sens du 31 Janvier 1750, que quoiqu'ils ne ſoient ni
coupables ni reſponſables des délits, pour raiſon deſquels leſdites amendes
& reſtitutions ont été prononcées, ils n'ignorent pas qu'ils auroient dû naturellement ſe pourvoir au Siége de la Table de Marbre du Palais à Paris,
pour faire infirmer ladite Sentence, mais que l'éloignement dont ils ſont, ſoit
du reſſort de ladite Maîtriſe de Sens, ſoit de la Ville de Paris, les a mis
hors d'état de pouvoir relever leur appel dans le mois, conformément à l'Ordonnance des Eaux & Forêts du mois d'Août 1669; que d'ailleurs ils ſont
dans un cas particulier, Sa Majeſté peut ſeule modérer les condamnations
contr'eux prononcées par ladite Sentence, ou les en décharger; c'eſt pour-

quoi ils ont recours directement au Tribunal de Sa Majesté, pour lui représenter très-humblement que ladite Sentence est fondée sur le rapport du
Garde-Marteau de ladite Maîtrise de Sens du 27 Mai 1749, par lequel cet
Officier dit avoir parcouru les Bois communaux dudit lieu de Talmay, &
qu'il y a reconnu, 1°. trente troncs de chênes, dont les corps lui ont paru
avoir été abattus depuis six mois à un an; 2°. que dans les taillis qui s'exploitoient alors par les Habitans du même lieu, ils avoient laissé beaucoup
d'épines & de buissons de peu de valeur; 3°. que dans les mêmes cantons
il avoit trouvé la quantité de cinquante-huit troncs de chênes, qui lui ont
paru avoir été abattus depuis six mois à un an, que c'est pour raison de ces
dégradations qu'ils ont été condamnés par ladite Sentence en quinze cent huit
livres d'amende envers Sa Majesté, & en pareille somme de restitution, applicable suivant ladite Ordonnance de 1669; qu'ils écartent d'abord le second chef dudit Procès-verbal, au sujet de la prétendue mauvaise exploitation de leurs taillis, qu'ils en ont dit la raison dans les défenses qu'ils ont
fournies en ladite Maîtrise, les ouvrages de la Campagne, qui se succèdent,
ne leur avoient pas encore permis de nétoyer la place de leurs coupes, mais
ils y ont satisfait; & leurs bois sont en bon état, il ne faut que voir le détail des différens ouvrages, dont ils sont chargés pendant le cours de l'année,
ainsi qu'ils l'ont dit par les mêmes défenses : ils estiment donc qu'il n'y a lieu
à aucune peine contr'eux à cet égard. Par rapport aux deux autres articles,
qui concernent les chênes abattus dans lesdits bois, ils osent dire, qu'il n'y a
rien à leur imputer, parce que, comme ils l'ont dit, ils ne sont point les auteurs des délits, ils ne sont pas même accusés d'avoir abattus les arbres, dont
il s'agit, & ce n'est que parce que le Garde-Marteau de ladite Maîtrise n'a
trouvé que les troncs de ces arbres, qu'ils ont été condamnés comme garans & responsables des délits commis dans lesdits Bois communaux; il n'y
a aucune Ordonnance qui rende les Habitans d'une Communauté responsables des délits commis dans leurs Bois communaux, celle de 1669 ne prononce des peines que contre ceux qui sont convaincus de délits, &c.

LE ROI EN SON CONSEIL, ayant aucunement égard à la Requête,
a ordonné & ordonne, que la Sentence de la Maîtrise particulière de Sens,
rendue pour raison du fait dont il s'agit, le 31 Janvier 1750, sera exécutée
selon sa forme & teneur, & cependant par grace, & sans tirer à conséquence,
Sa Majesté a modéré & modere à cent cinquante livres, l'amende de quinze
cent huit livres, prononcée contre les Supplians, par ladite Sentence, & les
a déchargé & décharge du surplus de ladite amende., ainsi que de la restitution portée par la même Sentence, à condition néanmoins de payer les frais
suivant la taxe qui en sera faite par le sieur Duvaucel, Grand-Maître des Eaux
& Forêts du Département de Paris. Enjoint Sa Majesté ausdits Supplians,
d'établir incessamment, si fait n'a été, les Gardes nécessaires pour veiller à la
conservation des bois dépendans de la Communauté de Talmay, & de les
faire recevoir en ladite Maîtrise, faute de quoi il y sera pourvu par ledit sieur
Grand-Maître, qui décernera ses Exécutoires sur les revenus de ladite Communauté, si elle en a, sinon contre lesdits Supplians pour le paiement des salaires desdits Gardes : ordonne en outre Sa Majesté que la Déclaration du
Roi du 8 Janvier 1715, sera exécutée selon sa forme & teneur; & en conséquence

féquence Sa Majefté a fait & fait très-expreffes inhibitions & défenfes au Juge
dudit lieu de Talmay, de prendre à l'avenir, fous quelque prétexte que ce
foit, aucune connoiffance des délits, abus & malverfations qui feront commis dans les Bois de ladite Communauté ; lui enjoint feulement Sa Majefté
de recevoir l'affirmation des Gardes defdits Bois fur leurs Procès-verbaux
& rapports, & de les renvoyer incontinent après au Greffe de ladite Maîtrife,
pour y être pourfuivie à la requête du Syndic & Habitans de ladite Communauté ; le Procureur de Sa Majefté à ladite Maîtrife joint, faute de quoi les
Syndic & Habitans dudit lieu feront réputés fauteurs des délits qui feront
conftatés par lefdits Procès-verbaux ou rapports, & comme tels condamnés
aux peines & amendes prefcrites par l'Ordonnance des Eaux & Forêts du mois
d'Août 1669, au paiement defquelles quatre des principaux Habitans dudit
lieu de Talmay, feront folidairement contraints, fauf leurs recours contre
les autres contribuables, qui y feront contraints par les mêmes voies. Enjoint
auffi Sa Majefté audit fieur Grand-Maître & aux Officiers de ladite Maîtrife,
de tenir chacun en droit foi la main à l'exécution du préfent Arrêt, lequel fera
à cet effet enregiftré au Greffe de ladite Maîtrife, pour y avoir recours fi befoin eft. FAIT au Confeil d'Etat du Roi, tenu pour les Finances à Verfailles
le premier jour de Juin mil fept cent cinquante-un. Signé, DE VOUGNY, avec
paraphe. A côté, collationné avec paraphe.

ARREST DU CONSEIL,

QUI confirme une Sentence rendue en la Maîtrife de Saint-Pons,
contre les Economes-Séqueftres des Bénéfices vacans, pour délits commis dans les Bois de l'Evêché de Beziers ; caffe le Jugement rendu en la Chambre des Eaux & Forêts de Touloufe, fur
l'appel de ladite Sentence ; & ordonne que les fommes que le
Procureur du Roi en ladite Maîtrife a été contraint de payer
en vertu dudit Jugement, lui feront rendues, &c.

Du 22 Juin 1751.

SUR la Requête préfentée au Roi en fon Confeil par le Procureur de Sa Majefté en la Maîtrife particulière des Eaux & Forêts de Saint Pons, féante à
Mayamel, contenant que le 17 Décembre 1744, le Lieutenant de la Maîtrife faifant la vifite des Bois dépendans de l'Evêché de Beziers, qui étoit
alors vacant par la mort du Sieur de Rouffet, reconnut qu'il avoit été commis beaucoup de délits dans le bois de Lignan, dépendans dudit Evêché ; les
uns faits du vivant dudit fieur Evêque, & les autres depuis fa mort, & pendant la vacance ; defquels délits il dreffa Procès verbal, en vertu duquel le
Syndic de l'Hôpital dudit Beziers, héritier dudit Sieur Evêque, & le Sieur
Laneuville, Commis de l'Econome-Sequeftre des Bénéfices vacans, furent
affignés en la Maîtrife, à la requête du Suppliant, pour fe voir condamner

aux peines & amendes portées par l'Ordonnance des Eaux & Forêts du mois
d'Août 1669 : que fur cette aſſignation le Syndic dudit Hôpital s'étant préſenté, & ledit Sieur de Laneuville étant défaillant, il fut rendu Sentence en
la Maîtriſe le 20 Août 1745, portant qu'avant faire droit contre le Syndic
dudit Hôpital, il feroit procédé à la vérification, tant du bois de Lignan,
que du bois appellé du Rivage, auſſi dependant dudit Evêché, pour ſçavoir
ſi les arbres coupés dans leſdits bois de Lignan, étoient des arbriſſeaux, &
ſi les arbres de celui de Rivage avoient été réellement coupés ou emportés,
par l'inondation de la rivière, & jugeant l'utilité dudit défaut contre ledit
Économe-Sequeſtre, il fut condamné en 250 liv. d'amende envers Sa Majeſté, pour les délits commis pendant ſa régie, que cette Sentence fut ſignifiée
au Syndic dudit Hôpital, & à l'Econome-Sequeſtre, le premier Octobre enſuivant, avec commandement d'y ſatisfaire, leſquels interjetterent appel en la
Chambre des Eaux & Forêts établie près le Parlement de Toulouſe ; mais que
n'ayant pas été jugé dans le délai preſcrit par l'article 3 du titre des Appellations de ladite Ordonnance de 1669, & les articles 52 & 54 de l'Edit du
mois de Mai 1716 ; & cette Sentence ayant alors acquis la force de choſe jugée en dernier reſſort, le Collecteur des amendes de ladite Maîtriſe fit faire
un nouveau commandement le 19 Décembre 1746, audit ſieur Laneuville,
de payer ladite ſomme de 250 liv. avec les 2 ſols pour livre d'icelle, & les
frais portés par la Sentence, après lequel il fit faire un itératif commandement & ſaiſie le lendemain 20 Décembre, entre les mains dudit ſieur Laneuville ; & le 4 Septembre 1749, le Suppliant obtint une ſeconde Sentence en
la Maîtriſe, par laquelle ledit ſieur Laneuville fut condamné à payer les ſommes portées par la première Sentence du 20 Août 1745 : qu'en vertu de cette
ſeconde Sentence, le Collecteur des amendes de la Maîtriſe, a fait faire le 13
Mai 1750, commandement audit ſieur Laneuville de délivrer leſdites ſommes, & faute par ledit ſieur Laneuville d'y ſatisfaire, il lui a fait faire le 14
Novembre en ſuivant, un itératif commandement, & a voulu faire des exécutions ; mais que ledit ſieur Laneuville voyant qu'il ne pouvoit plus recu-
ler le paiement, a payé tant ladite amende que les frais, ce qui monte en tout
à 456 liv. 1 ſ. que dans l'intervalle de la ſignification de cette Sentence à l'itératif commandement, il a été donné Requête en ladite Chambre des Eaux
& Forêts le 3 Juillet 1750, par les ſieurs Mariſal & Miny, Economes-Sequeſtres des Bénéfices vacans, à l'inſçu dudit Suppliant, tendante à la caſſation de la ſeconde deſdites Sentences, du commandement fait en conſéquence, & de tout ce qui s'en étoit enſuivi, attendu qu'il ne s'agiſſoit des intérêts de Sa Majeſté ; ſur quoi il a été rendu un Jugement en ladite Chambre
des Eaux & Forêts le 30 Mars 1751 ; qui ſans entendre ledit Suppliant, ni
d'avoir mis en cauſe, ce qui étoit indiſpenſable, puiſqu'on concluoit contre
lui perſonnellement ; faiſant droit ſur l'appel deſdits Economes-Sequeſtres,
ſans avoir égard à la Sentence de la Maîtriſe du 4 Septembre 1749, qui a été
été caſſée & annullée, ainſi que tout ce qui s'en eſt enſuivi, a condamné ledit
Suppliant à reſtituer par toutes voies & par corps audit Econome, ladite
ſomme de 156 liv. 1 ſ. payée par ledit Laneuville leur Commis, au Collecteur des amendes de ladite Maîtriſe, le 14 Novembre 1750, dépens compenſés ; ce Jugement a été ſignifié audit Suppliant le 6 Avril enſuivant, avec

commandement de payer ladite fomme de 456 liv. 1 f. lors de laquelle fignification, il a déclaré qu'il alloit fe pourvoir pardevant Sa Majefté en caffation dudit Jugement, en ce que d'un côté il n'avoit pas pû être décerné de
contrainte contre lui perfonnellement, mais feulement contre le Collecteur
des amendes de ladite Maîtrife, chargé par l'Edit du mois de Mai 1716, du
recouvrement des amendes, au nom dudit Suppliant; pourfuite & diligence
du Receveur des amendes; que de l'autre, mal à propos il avoit été expofé
par lefdits Economes qu'il ne s'agiffoit pas des intérêts de Sa Majefté, puifqu'il étoit queftion d'une amende prononcée à fon profit, & qu'il proteftoit de
nullité & caffation de tout ce qui pourroit être fait au préjudice de ladite Déclaration, & de tous dépens, dommages & intérêts; cependant au préjudice
de cette Déclaration, il lui a été fait le lendemain un itératif commandement,
par le même Huiffier, porteur de Commiffion, & trois affiftans, qui ont voulu l'arrêter prifonnier, de forte qu'il a été forcé pour éviter l'emprifonnement
de fa perfonne, de payer par forme de confignation, non-feulement ladite
fomme de 456 liv. 1 f. mais encore celle de 84 liv. que l'Huiffier a exigé pour
les frais; & le 15 dudit mois d'Avril, l-fdits Economes-Sequeftres lui ont
fait fignifier un acte, par lequel ils ont déclaré, que par le Commandement
qu'ils lui avoient fait faire, ils n'avoient pas prétendu acquiefcer audit Jugement, en ce que les dépens y ont été compenfés; & qu'au contraire ils fe ré-
fervoient de fe pourvoir pour raifon de ce, & d'en pourfuivre la répétition;
que les chofes en cet état il fe trouve obligé de faire de très-humbles remontrances à Sa Majefté, pour faire caffer le Jugement de ladite Chambre, auffi
contraire à fes intérêts, qu'injufte vis-à-vis dudit Suppliant, &c.

LE ROI EN SON CONSEIL, ayant aucunement égard à la Requête,
fans s'arrêter au Jugement de la Chambre des Eaux & Forêts, établie près le
Parlement de Touloufe, rendu pour raifon du fait dont il s'agit, le 30 Mars
1751, que Sa Majefté a caffé & annullé, ainfi que tout ce qui peut s'en être
fuivi, a ordonné & ordonne que la Sentence intervenue le 20 Août 1745, en
Maîtrife particulière de Saint Pons, féante à Mazamet, contre le fieur Laneuville, Commis des fieurs Marechal & Meny, Economes Sequeftres des Bénéfices vacans, fera exécutée felon fa forme & teneur, comme ayant paffé en
force de chofe jugée en dernier reffort; condamne Sa Majefté lefdits fieurs
Marechal & Meny, ès noms & qualités qu'ils procèdent, à rendre & reftituer
au Suppliant la fomme de 540 liv. 1 f. qu'il a payée, comme contraint, le 7
Avril 1751, au paiement de laquelle fomme de 540 liv. 1 f. lefdits fieurs
Marechal & Meny feront contraints par les voies ordinaires & accoutumées,
ce faifant ils en feront & demeureront bien & valablement quittes & déchargés; & fera le préfent Arrêt exécuté nonobftant oppofitions ou autres empêchemens généralement quelconques, pour lefquels ne fera différé, & dont
fi aucuns interviennent, Sa Majefté s'en eft & à fon Confeil réfervée la connoiffance, & icelle interdit à toutes fes Cours & autres Juges. FAIT au Confeil d'Etat du Roi, tenu pour les Finances à Verfailles le 22 Juin 1751. *Signé,*
DE VOUGNY.

BULLE

De Son Alteſſe Séréniſſime & Eminentiſſime, & Sacré Conſeil de Malthe.

PORTANT rég'ement ſur le fait de l'adminiſtration des Bois de l'Ordre, dépendans des Commanderies des ſix grands Prieurés de France.

Du 5 Juillet 1751.

FRERE EMMANUEL PINTO, par la grace de Dieu, humble Maître de la Sainte Maiſon de l'Hôpital de Saint Jean de Jeruſalem, & de l'Ordre Militaire du Saint Sépulchre du Seigneur, Gardien des Pauvres de Jeſus-Chriſt: A tous ceux qui ces préſentes Lettres verront, liront & ouiront; SALUT. Sçavoir faiſons. Que la Bulle ci-après a été extraite du Livre des Bulles conſervées en notre Chancellerie, dans lequel on a coutume d'enre-giſtrer les Bulles, laquelle Nous avons ordonné être extraite & rédigée en cette forme publique, afin qu'on y puiſſe ajouter foi, tant en Jugement que dehors; de laquelle Bulle la teneur ſuit:

FRERE EMMANUEL PINTO, par la grace de Dieu, humble Maître de la ſacrée Maiſon de l'Hôpital de Saint Jean de Jeruſalem, & de l'Ordre Militaire du Saint Sepulchre du Seigneur, Gardien des Pauvres de Jeſus-Chriſt; & Nous Couvent de la même Maiſon: A tous & un chacun Freres de notre Ordre, chargés de l'adminiſtration de nos biens dans le Royaume de France, que ces préſentes Lettres verront, liront & ouiront, Salut éternel dans le Seigneur. Comme la conſervation des biens qui nous ont été donnés par les Fideles, eſt la baſe fondamentale de notre Ordre; les Vénerables Cha-pitres Généraux ont cru devoir établir certaines regles pour en aſſurer la bonne & ſage adminiſtration, afin que notredit Ordre pût retirer de ſes biens les fonds néceſſaires pour remplir les Services auxquels il eſt engagé envers la Chrétienté; c'eſt dans cette vue que par les Statuts 14, 15, 16, 17, 18, 19 & 20, Titre des Commanderies, il a été preſcrit aux Venerables Prieurs, Baillis & Com-mandeurs d'améliorer les Commanderies dont l'adminiſtration leur a été confiée: & par les Statuts 1, 2 & 3, Titre des Viſites, il a été ordonné aux Prieurs reſpectifs de faire tous les cinq ans la viſite des Commanderies de leurs Prieurés, & de ſtatuer tout ce qui leur paroîtroit convenable pour aſſurer l'obſervation des Loix de notre Ordre, & le bon gouvernement de ſes biens; & quoique rien ne ſoit échappé à la ſageſſe des Légiſlateurs, & qu'il ne ſoit pas poſſible de rien ajouter aux diſpoſitions générales qui ont pour objet la conſervation des biens de notre Ordre, il Nous a cependant paru que

Je changement des temps ayant occafionné une augmentation confidérable dans la valeur des bois, & rendu cette efpece de bien très-précieufe; l'intérêt de notre Ordre exigeoit de Nous, de renouveller & d'étendre les difpofitions du Statut 60, Titre des Prohibitions & des Peines, & du Décret de notre Vénerable Confeil, du 25 Février 1648 ; afin de parvenir à fixer fur un pied ftable l'adminiftration particuliere des bois dépendans des Prieurés, Bailliages & Commanderies, des trois Vénérables Langues de France ; ce qui eft d'autant plus important, que les fecours que notre Ordre a retirés en différens temps de ces bois, exige cette attention de notre part, pour conferver à notre vénérable commun Tréfor des reffources capables de fournir aux befoins preffans, que les révolutions ne manquent jamais d'occafionner : c'eft pourquoi Nous nous fommes fait repréfenter l'Ordonnance rendue par le Roi Louis le Grand, au mois d'Août 1669, & le Reglement du Confeil de Sa Majefté Très-Chrétienne, glorieufement regnante, du 12 Octobre 1728, rendu fur le fait des bois de notre Ordre, par lefquels Nous avons connu la bonté avec laquelle leurs Majeftés ont bien voulu donner une attention particuliere à la confervation de nos bois; mais comme Nous avons été informés que malgré la juftelle & la précifion de ces Loix, quelques-uns des Freres de notre Ordre en ont éludé l'exécution, Nous avons cru devoir, fous le bon plaifir de Sa Majefté Très-Chrétienne, pourvoir, en ce qui dépend de Nous, à l'entiere exécution defdites Ordonnances de 1669 & 1728., & aux Loix particulieres de notre Ordre. A CES CAUSES, ayant mûrement confideré, Nous avons reglé, dit, ftatué & ordonné ce qui fuit :

ARTICLE PREMIER.

Nous défendons très-expreffément aux Prieurs, Baillis & Commandeurs de notre Ordre, de couper, pour quelque caufe & fous quelque prétexte que ce foit, les bois futayes dépendans des Prieurés, Bailliages & Commanderies, & généralement tous les arbres dont la confervation eft prefcrite par les Ordonnances de 1669 & de 1728, de quelque qualité, effence & groffeur qu'ils fe trouvent, foit que lefdits arbres fe trouvent en corps de futaye, qu'ils foient épars, ou en allées en décoration auprès des Commanderies : & outre les peines indictes contre les Délinquans par lefdites Ordonnances, Nous ordonnons que conformément au Statut 60, Titre des Prohibitions & des Peines, & au Décret de 1648, les Contrevenans foient privés, pour toujours, des Prieurés, Bailliages & Commanderies, des Offices de notre Ordre, & de toute autre adminiftration quelconque, & fans efpérance d'en obtenir.

ART. II. Pour parvenir à éviter que nos bois ne foient dégradés par les Particuliers riverains, & tous autres, Nous ordonnons aux Baillis, Prieurs & Commandeurs de veiller à leur confervation ; & à cet effet d'établir dans leurs Commanderies le nombre de Gardes qui fera jugé convenable, lefquels feront reçus pardevant les Officiers des Maitrifes, conformément à l'art. 10 du Réglement de 1728.

ART. III. Ordonnons que conformément aux art. 1 & 2 du Tit. 24 de ladite Ordonnance de 1669, & à l'article 1 de l'Ordonnance de 1728, les Prieurs, Baillis & Commandeurs de notre Ordre, feront dans fix mois, (fi fait n'a

été) arpenter, figurer & borner les bois de leurs Prieurés, Bailliages & Commanderies, par un Arpenteur Juré de la Maîtrise des Eaux & Forêts, dans
le reffort de laquelle les bois font fitués, qui en fera le plan & dreffera Procès-verbal, dans lequel il fera conftaté la continance de chaque piece, & la
qualité des bois qui y croiffent ; qu'en conféquence de cette opération, les
Prieurs, Baillifs & Commandeurs requierent le Grand-Maître des Eaux &
Forêts du reffort, pour mettre la quatriéme partie des bois en réferve, & pour
regler les coupes des trois autres quarts de la maniere qu'il a été prefcrit par
les articles 4 & 5 de ladite Ordonnance de 1728.

ART. IV. Dans les bois où il a été anciennement établi des droits d'ufage, de
paturage, de panage, & tous autres, les Prieurs, Baillis & Commandeurs feront
tenus de fe pourvoir au Confeil de Sa Majefté Très-Chrétienne, pour obliger
ceux qui prétendent lefdits droits, de juftifier de leurs titres, & de faire conftater l'état des bois : & fi les Ufagers rapportent des titres en bonne & légitime
forme, lefdits Commandeurs, après avoir pris l'avis de notre Confeil à Paris,
pourront renoncer aux preftations fur lefquelles lefdits ufages auront été établis, ou, fuivant l'exigence des cas, lefdits Commandeurs cederont, fous
notre agrément & bon plaifir, aufdits ufagers, la partie defdits bois qui fera
jugée convenable, pour y exercer le droit d'ufage ; laquelle partie délaiffée
aux Ufagers, fera bornée & féparée des bois qui refteront en propre à notre
Ordre.

ART. V. Les Prieurs, Baillis & Commandeurs ayant fait appofer le quart de
réferve, & régler les coupes des trois autres quarts, feront tenus de remettre en
Convent aux Vénerables Langues, & dans les mains de notre Vénerable Ambaffadeur près Sa Majefté Très-Chrétienne, une expédition en forme de la procédure faite par l'Arpenteur, du plan figuratif par lui dreffé, & de la procédure faite en conféquence par les Officiers des Maîtrifes, pour l'appofition
du quart de réferve, & le Reglement des coupes, renfermant de plus dans
le papier terrier de chaque Commanderie, un pareil Duplicata de la fufdite
Expédition : & à cet effet, Nous ordonnons aux Commiffaires qui feront
nommés par les Vénerables Chapitres, pour faire les amélioriffemens des
Prieurés, Bailliages & Commanderies, de ne procéder aux amélioriffemens
que dans le cas où les Prieurs, Baillis & Commandeurs, leur rapporteront
la preuve en bonne forme, qu'ils ont entierement fatisfait à ce qui leur eft
prefcrit ci-deffus : Défendons aux Vénerables Langues & Chapitres de recevoir
pour bons & valables tous amélioriffemens & papiers terriers qui feroient faits
en contravention des difpofitions du préfent article, lefquels Nous déclarons
nuls & de nul effet.

ART. VI. Les Commiffaires députés pour faire les amélioriffemens des
Prieurés, Bailliages & Commanderies, admettront pour amélioriffement les dépenfes qui auront été faites pour l'arpentage des bois, l'appofition du quart en
réferve, le Reglement des coupes, les frais des réceptions des Gardes-Bois,
les repeuplemens des bois, foit en plantant dans les places vagues, foit en femant
lefd. places en gland, pour les mettre en valeur, & toutes autres dépenfes qui
auront été faites pour l'augmentation, la fureté & la confervation defdits bois.

ART. VII. Seront tenus lefdits Prieurs, Baillis & Commandeurs de laiffer,
lors de l'exploitation des bois taillis, le nombre d'arbres & baliveaux prefcrit

par les articles 6 & 7 du Reglement de 1728; & en confidération de ce qu'ils auront fait mettre leurs bois en regle, Nous leur permettons de fe prévaloir à mefure qu'ils feront la coupe des taillis, des baliveaux, hêtres, charmes, & autres bois qui leur font accordés dans lefdits bois taillis, pour indemnifer du reculement des coupes defdits taillis, conformément à l'article 8 de ladite Ordonnance de 1728, fans encourir les peines portées par l'article premier du préfent Reglement; laquelle indemnité n'aura lieu que jufqu'à la révolution du temps reglé pour l'entiere coupe defdits taillis.

Art. VIII. La vuidange des coupes ordinaires des taillis fera faite au premier Avril de chaque année; & en conféquence les Prieurs, Baillis & Commandeurs feront procéder, fans retardement, par les Officiers de Juftice des Commanderies, au récollement defdites coupes; lefquels Officiers conftateront exactement par leurs procès-verbaux, fi l'exploitation a été faite en regle, & s'il a été laiffé le nombre de baliveaux prefcrit par les articles 6 & 7 du Reglement de 1728; defquels procès-verbaux de récollement ils remettront une expédition en forme au Greffe des Maîtrifes du reffort, conformément à l'article 9 dudit Reglement.

Art. IX. Ordonnons aux Vénerables Prieurs, leurs Lieutenans, & à ceux de nos Religieux qui feront commis pour faire les Vifites quinquenniales des Prieurés, Bailliages & Commanderies, de vifiter les bois pour connoître s'ils font dans la regle prefcrite par les Reglemens de 1669 & de 1728; & en cas que les Prieurs, Baillis & Commandeurs n'ayent pas fait oppofer le quart en réferve, regler les coupes, & fait laiffer dans les coupes des taillis le nombre des baliveaux prefcrit par les articles 6 & 7 de l'Ordonnance de 1728, lefdits Vifiteurs ordonneront ce que de raifon pour l'entiere exécution defdits Reglemens.

Art. X. Comme auffi dans le cas où les Prieurs, Baillis & Commandeurs auroient négligé de pourvoir au repeuplement defdits bois, foit en faifant planter dans les places vagues, foit en les faifant femer en gland; qu'ils n'auroient pas pareillement pourvû à la garde defdits bois, ou que les Gardes par eux commis ne feroient pas leur devoir, pourront lefdits Vifiteurs, en cours de vifite feulement, ordonner ce qu'ils trouveront à propos pour ledit repeuplement, & nommer tel nombre de Gardes qu'ils jugeront convenables, auxquelles ils donneront des commiffions pour être reçus aux Maîtrifes, & leur affigneront des gages fuffifans, que les Commandeurs feront obligés de payer fans difficulté; pourront auffi lefdits Vifiteurs révoquer ceux defdits Gardes pourvus par les Commandeurs, qui feront trouvés en faute, ou incapables de remplir leur devoir.

Art. XI. Et comme par le Statut 60, titre de Prohibitions & des Peines, & par le Décret de 1648, il eft difpofé que les Prieurs, Baillis & Commandeurs prendront dans les bois des Prieurés, Bailliages & Commanderies, ceux néceffaires pour réparer les bâtimens defdites Commanderies, Nous déclarons que cette faculté ne doit être entendue feulement, que pour faire les poutres, chevrons, planches & autres charpentes qui feront jugées néceffaires pour lefdites réparations: défendons auxdits Prieurs, Baillis & Commandeurs de fe prévaloir de cette faculté pour fe procurer le moyen de payer la main d'œuvre & les autres matériaux, lefquels doivent être payés fur les fruits des Commanderies : Nous exceptons néanmoins les cas de ruine & de destruction de bâtimens causés par guerre, incendie, ou autres cas fortuits, qui exigent un rétablissement total, Nous réservant, à cet égard, de secourir lesdits Commandeurs selon les occurrences, & dans la forme ordinaire de nos Loix & Statuts.

ART. XII. Pour éviter plus efficacement les abus à l'occasion des bois demandés par nos Religieux, pour les réparations des Commanderies, & en même-temps pour leur faciliter les moyens de les obtenir plus promptement, Nous ordonnons que le Procureur de notre venerable commun Trésor dans chaque Prieuré, soit & s'entende être Commissaire né pour l'inspection des bois.

ART. XIII. Les Prieurs, Baillis & Commandeurs qui demanderont des bois pour les réparations des bâtimens des Prieurés, Bailliages & Commanderies, s'adresseront audit Procureur Commissaire des bois, & le requereront de se transporter sur les lieux.

ART. XIV. Le Procureur Commissaire étant arrivé sur les lieux, nommera un ou plusieurs Experts-Charpentiers, suivant l'exigence des cas, auxquels il fera prêter serment en présence du Commandeur ou de son Procureur, de bien & fidelement procéder ; il visitera avec ledit Expert les bâtimens qu'il est nécessaire de réparer, & dressera procès-verbal, lequel contiendra clairement & en détail, le nombre des arbres qui doivent être employés en nature pour faire lesdites réparations.

ART. XV. Ensuite ledit Procureur Commissaire se transportera sans délai, dans les bois de la Commanderie, avec l'Expert Charpentier, & marquera du Marteau de l'Ordre, les arbres que ledit Expert jugera propres à être employés en nature aux réparations constatées, sans que sous quelque prétexte que ce soit, il en puisse être marqué, ou abattu une plus grande quantité que celle portée par les Devis, & quant aux branches ou descentes desdits arbres, les Prieurs, Baillis & Commandeurs en disposeront conformément à l'art. 14 du Reglement de 1728.

ART. XVI. Ledit Procureur Commissaire marquera d'abord les arbres épars, ceux qui se trouveront dans les hayes, chemins & lizieres des bois, & ensuite les baliveaux qui se trouveront dans les taillis de la coupe ordinaire de l'année.

ART. XVII. S'il ne se trouve pas la quantité d'arbres nécessaires & qui soient de la qualité prescrite par le procès-verbal de visite, il se transportera dans les taillis des deux dernieres coupes, ensuite dans ceux qui se doivent couper dans l'année & la suivante, & y marquera, du marteau de l'Ordre, les arbres nécessaires, conformément à ce qui est disposé par l'article 15.

ART. XVIII. Il fera mention dans son procès-verbal du nombre des arbres qu'il aura marqué dans les hayes, dans les chemins, & dans les lizieres des bois, dans la coupe qui doit être faite dans l'année, & la suivante, & dans celles des deux précédentes, comme aussi de la grosseur & longueur desdits arbres.

ART. XIX. Si dans les endroits indiqués par l'article précédent, il ne se trouve pas le nombre d'arbres nécessaires pour les réparations, le Procureur Commissaire fera mention dans son procès-verbal du nombre & de la qualité

des

des arbres qu'il n'aura point trouvés, ensemble de leur destination, & des endroits où ils pourront être pris avec moins de dommage.

ART. XX. Ledit Procureur, Commissaire déférera sans retardement son Procès-verbal signé de lui & des Experts qui l'auront assisté, au premier vénérable Chapitre ou assemblée, qui, après un mur examen dudit Procès-verbal & de toutes ses parties, délibérera s'il convient accorder en tout ou en partie les bois demandés, ou de les refuser ; comme aussi ladite Délibération portera, s'il est convenable que les arbres marqués soient employés en nature ou vendus pour le prix en provenant être affecté sans divertissement à acheter les bois des mesures & proportions indiquées par le devis des réparations.

ART. XXI. Si par la Délibération dudit vénérable Chapitre ou Assemblée, il est déterminé d'accorder les arbres contenus dans le Procès-verbal du Commissaire, le même Vénérable Chapitre ou Assemblée remettront ledit Procès-verbal avec leur Délibération, scellé de leur cachet à notre Agent Général à Paris, lequel présentera Requête au Conseil du Roi au nom dudit Prieur, Bailli ou Commandeur, & à ses frais, pour obtenir l'Arrêt portant permission de couper les arbres marqués du Marteau de l'ordre, par ledit Procureur Commissaire, conformément à ce qui est prescrit par les articles 19, 20, 21, 22, 23, 24 & 25 du Réglement de 1728.

ART. XXII. Défendons au Procureur Commissaire de remettre son Procès-verbal en d'autres mains qu'en celles du Vénérable Chapitre ou assemblée, lesquels ne pourront les remettre à autre qu'à notre Agent Général : défendons pareillement à notredit Agent Général de présenter Requête au Conseil de Sa Majesté sans la délibération & l'approbation par écrit dudit Vénérable Chapitre ou Assemblée.

ART. XXIII. La délivrance des arbres en exécution de l'Arrêt du Conseil qui accordera la permission d'en faire la coupe, & le récollement de l'exploitation desdits arbres, seront faits par les Officiers des Commanderies, conformément à l'article 26 dudit Réglement de 1728, & l'expédition en forme du Procès-verbal dudit récollement sera déposée au Greffe de la Maîtrise du Ressort.

ART. XXIV. Les réparations étant faites, le Prieur, Bailli ou Commandeur sera tenu d'avertir le Procureur Commissaire des Bois, lequel se transportera sur les lieux pour constater par un Procès-verbal, l'emploi de ceux accordés pour les réparations ; duquel Procès-verbal ledit Commissaire fera faire trois expéditions, une desquelles il adressera au Vénérable Chapitre, en cas que les améliorissemens eussent été déja visités ; mais si la visite n'en avoit pas encore été faite, elle sera insérée dans la même ; la seconde sera adressée à l'Agent de l'Ordre à Paris, & la troisiéme sera déposée au Greffe de la Maîtrise du Ressort, à la diligence desdits Prieur, Bailli ou Commandeur.

ART. XXV. Les Prieurs, Baillis & Commandeurs, rempliront exactement les autres formalités prescrites par les articles 23 & 25 dudit Réglement de 1728.

ART. XXVI. Les Prieurs, Baillis & Commandeurs, rembourseront audit Procureur Commissaire des Bois, les frais de transport, de séjour & de retour : nous invitons ledit Procureur Commiſſaire à une dépenſe modeſte, & à une économie ſéante & religieuſe, conformément à nos Statuts & louables Coutumes.

ART. XXVII. Toutes les fois que ledit Procureur Commiſſaire des Bois aura connoiſſance de dégradations ou autres déſordres dans les Bois de quelque Prieuré, Bailliage ou Commanderie, il ſera tenu d'en donner ſans perte de temps part au Vénérable Prieur ou ſon Lieutenant, de ſe tranſporter avec leur participation ſur les lieux indiqués, & y trouvant des délits & malverſations, en dreſſer un Procès-verbal qu'il enverra au Vénérable Chapitre ou Aſſemblée, pour ſur icelui être pourvu par ledit Chapitre ſuivant l'exigence des cas, & nos louables Coutumes : à cet effet, nous exhortons les Vénérables Prieurs, & tous autres Religieux de donner part audit Procureur Commiſſaire de tous déſordres ou contraventions au préſent Réglement, dans quelque Bois, auſſi-tôt qu'ils en auront connoiſſance.

ART. XXVIII. Si leſdits délits & malverſations procédent du fait des Receveurs, Fermiers ou Particuliers Riverains, & que les Gardes des Bois ne juſtifient pas qu'ils ayent fait des diligences pour la recherche & punition des coupables, nous donnons pouvoir audit Procureur Commiſſaire des Bois de pourvoir à la garde & ſureté deſdits bois, en deſtituant les Gardes négligens, & nommant d'autres à leur place, de la même maniere qu'il eſt diſpoſé à l'égard des Viſiteurs de notre Ordre, par les articles 9 & 10 ci-deſſus.

ART. XXIX. Défendons très-expreſſément aux Prieurs, Baillis & Commandeurs, d'accorder à leurs Receveurs, Fermiers, Gardes Bois & à tous autres la permiſſion de couper les arbres morts dans les Bois des Prieurés, Bailliages & Commanderies, ni de donner auxdits Receveurs, Fermiers, Gardes-Bois ou autres, la faculté de couper des bois pour leur chauffage, ſi ce n'eſt des bois taillis qui appartiennent comme fruits auxdits Prieurs, Baillis & Commandeurs, dans l'Ordre, & les temps qu'il eſt permis d'en faire l'exploitation.

ART. XXX. Au cas que les Commiſſaires des Bois ne ſoient pas en état par maladie, incommodité, ou autrement, de ſe tranſporter ſur les lieux, à la requiſition des Commandeurs, ils pourront avec la participation du Vénérable Prieur ou de ſon Lieutenant, déléguer celui ou ceux de nos Religieux qu'ils trouveront à propos, leſquels délégués ſe conformeront en cette partie à tout ce qui a été preſcrit auxdits Commiſſaires des Bois.

ART. XXXI. Nous enjoignons donc & mandons, en vertu de la Sainte Obédience, aux Vénérables Prieurs, leurs Lieutenans ; aux Vénérables Chapitres, aux Receveurs & Procureurs de notre commun Tréſor, & à tous autres qu'il appartiendra, d'obſerver chacun en droit ſoi, & de veiller à l'entiere exécution du préſent Réglement, tellement que ſi quelqu'un y contrevient en quelque partie, il ſoit entendu avoir encouru la peine d'incapacité, & les autres peines portées par les Statuts, Ordonnances & Décrets qui parlent des améliorſſemens, papiers terriers, de l'accompliſſement des préceptes des viſites, de même que s'il étoit fait mention expreſſe des Bois de France dans leſdits Statuts, Ordonnances & Décrets, voulons en outre que le préſent Réglement, juſqu'à ce qu'autrement ſoit ordonné, ait la même force &

autorité que les Statuts & établissemens de notre Ordre, & afin que personne n'en ignore, le présent Réglement sera lu, publié aux Chapitres, imprimé & affiché dans les Salles où se tiennent lesdits Chapitres & dans le principal Manoir des Commanderies, pour être exécuté selon sa forme & teneur. En témoin de quoi nous avons à ces présentes fait appendre le Sceau en plomb de notre Bulle commune. Donné à Malthe en notre Couvent, le cinq du mois de Juillet mil sept cent cinquante-un.

Et parce que telle est la vérité, nous avons en témoignage de ce, fait apposer à ces présentes le Scel de notre Bulle Magistrale en cire noire. Donné à Malthe en notre Couvent, les jour, mois & an ci-dessus dits.

Regiftrée en Chancellerie. (L. S.) *Signé* , FR. FRANÇOIS GEUDES, Vice-Chancelier.

ARREST DU CONSEIL,

QUI déclare que les Propriétaires ou Possesseurs des grands Bois ou Forêts qui sont limitrophes de plusieurs Paroisses, ne sont tenus de contribuer aux frais de constructions, réparations ou constructions des Eglises Paroissiales ou Presbitaires d'aucune desdites Paroisses, ou autres charges de cette nature.

Du 30 Novembre 1751.

SUR ce qui a été représenté au Roi en son Conseil, que l'Eglise & le Presbitère de la Paroisse de Haute-Rive, Election de Verneust, sont en très-mauvais état, qu'il est nécessaire de rétablir l'un & l'autre, & que pour diminuer les frais de ce rétablissement, les Habitans demandent permission de supprimer la partie inférieure de cette Eglise, & ne laisser subsister que le Chœur, ils exposent en même-temps que, nonobstant la diminution que cette suppression opéreroit dans cette dépense, ils ne pourroient par rapport à leur petit nombre & à leur indigence, prévenir la ruine entière de ces édifices, si Sa Majesté n'avoit la bonté de se charger à ses frais, de les faire rétablir, cette Paroisse ne contenant qu'environ quinze cens arpens, dont cent cinquante sont en bruyeres, deux cens cinquante en labeur, appartiennent à de pauvres Particuliers qui n'y recueillent pas de quoi se nourrir pendant trois mois, & mille à onze cens arpens de Bois appartiennent au Roi, & font partie de la Forêt de Château-Neuf. Et Sa Majesté voulant expliquer ses intentions d'une maniere qui ne laisse subsister aucune difficulté sur les prétentions formées ou à former au sujet desdites contributions par les Habitans desdites Paroisses, oui le rapport, LE ROI ÉTANT EN SON CONSEIL, sans avoir égard à la demande des Habitans de la Paroisse d'Haute-Rive pour les fonds par eux prétendus devoir être faits par Sa Majesté en tout ou partie, pour les réparations de l'Eglise & du Presbitère de ladite Paroisse, & sauf à être pourvu en la maniere & par les voies ordinaires sur le surplus de leurs demandes, déclare que les Propriétaires ou Possesseurs de grands Bois ou Forêts qui font limitrophes de plufieurs Paroiffes, ne font tenus de contribuer aux frais de conftructions, réparations ou reconftructions des Eglifes paroif-fiales ou Presbitères d'aucune defdites Paroiffes ou autres Charges de cette nature, fous prétexte que lefdits Bois & Forêts ou partie d'iceux, feroient partie du territoire defdites Paroiffes. FAIT au Confeil d'Etat du Roi, tenu pour les Finances, à Verfailles le trente Novembre mil fept cent cinquante-un. *Signé*, PHELYPEAUX.

ARREST NOTABLE DU CONSEIL;

QUI fait défenfes aux Juges des Eaux & Forêts du Domaine engagé d'Evreux, de permettre à l'avenir la coupe d'aucun Bois futaye, Baliveaux fur taillis, ou arbres épars, &c. & de recevoir les déclarations des Particuliers qui en voudront faire abattre, &c. maintient les Officiers des Maîtrifes dans le droit de connoître des délits commis à cet égard par les Particuliers.

Du 7 Décembre 1751.

VU au Confeil d'Etat du Roi, l'Arrêt rendu en icelui le 14 Août 1742 fur la requête du Procureur de Sa Majefté en la Maîtrife particulière de Pacy, Ezy & Nonancour, tendante, &c.

LE ROI EN SON CONSEIL, faifant droit fur l'Inftance, fans s'arrêter à la Sentence rendue par le Juge des Eaux & Forêts du Comté d'E-vreux le 29 Juillet 1741, ni à l'Arrêt du Parlement de Rouen du 9 Mars 1742 que Sa Majefté a caffés & annullés, ainfi que tout ce qui peut s'en être enfuivi, a ordonné & ordonne que l'art. III du tit. des Bois appartenans aux Particuliers de l'Ordonnance des Eaux & Forêts du mois d'Août 1669, la Déclaration du Roi du 8 Janvier 1715, & les Arrêts du Confeil des 16 Août 1692, 21 Septembre 1700, 19 Juillet & 6 Septembre 1723, 29 Décembre 1733, 2 Décembre 1738, 26 Décembre 1741 & 20 Février 1742, feront exécutés felon leur forme & teneur; ce faifant, Sa Majefté a renvoyé & renvoie le nommé Charles Odievre en la Maîtrife particulière de Pacy, pour y procéder fur les conclufions prifes par le Procureur de Sa Majefté en ladite Maîtrife, en conféquence du procès-verbal des Officiers de ladite Maî-trife du 27 Octobre 1741, jufqu'à Sentence définitive inclufivement, fauf l'appel au Siége de la Table de Marbre du Palais à Rouen; fait Sa Majefté très-expreffes inhibitions & défenfes aux Juges des Eaux & Forêts, & aux autres Officiers dudit Comté d'Evreux, de permettre à l'avenir la coupe d'aucune futaye, baliveaux fur taillis ou arbres épars, à quelques perfonnes & fous quelque prétexte que ce foit, & de recevoir les déclarations des Par-ticuliers qui voudront en abattre, lefquelles déclarations feront faites au Greffe de ladite Maîtrife de Pacy, fix mois avant l'exploitation; fauf aux Officiers du fieur Duc de Bouillon, Com e d'Evreux, à exercer en matiere d'Eaux & Forêts, la Jurifdiction ordinaire dans l'étendue de la Juftice & Seigneurie dudit

Comté d'Evreux, conformément au contrat d'échange des Seigneuries de Sedan & Raucourt du 20 Mars 1651. Enjoint Sa Majesté au sieur Pecquet, Grand-Maître des Eaux & Forêts du Département de Rouen, & aux Officiers de ladite Maîtrise de Pacy, de tenir chacun en droit soi, la main à l'exécution du présent Arrêt, lequel sera à cet effet enrégistré au Greffe de ladite Maîtrise, pour y avoir recours, si besoin est. FAIT au Conseil d'Etat du Roi, tenu pour les Finances à Versailles le sept Décembre mil sept cent cinquante un. Collationné, *Signé*, DE VOUGNY.

ARREST DU CONSEIL,

QUI ordonne que la Sentence rendue en la Maîtrise de Saint Gaudens contre la Communauté de Balesta, sera exécutée selon sa forme & teneur, comme ayant passé en force de chose jugée, faute par ladite Communauté d'avoir fait juger son appel de ladite Sentence dans le temps prescrit par l'Ordonnance & l'Edit de Mai 1716.

Du 7 Décembre 1751.

SUR la Requête présentée au Roi en son Conseil par le Procureur de Sa Majesté en la Maîtrise particuliere des Eaux & Forêts de Saint-Gaudens, contenant que l'indécision de la contestation d'entre ladite Maîtrise & la Communauté de Saint-Laurent, pendante au Conseil depuis plus de six ans, & d'un autre côté la faveur que les Délinquans trouvent à la Chambre des Eaux & Forêts, réunie au Parlement de Toulouse, excitent toutes les Communautés à jouir de leurs bois, sans observer aucunes régles; que la Communauté de Balesta, ayant coupé à discretion dans son quart de réserve suivant qu'il a été constaté par le Procès-verbal qu'en a dressé le Maître particulier de ladite Maîtrise, les 29 Novembre, premier & 2 Décembre 1749, elle a été condamnée par Sentence de ladite Maîtrise du 11 Mars 1750, en 2000 livres d'amende envers Sa Majesté; que le 22 Avril ensuivant cette Communauté a interjetté appel en ladite Chambre, de la Sentence de ladite Maîtrise du 11 Mars précédent, & cette Chambre a rendu un jugement le 9 Février 1751, par lequel sans avoir égard aux fins de non recevoir résultantes du laps de temps qui s'est écoulé du jour de la Sentence à celui de l'appel, elle a mis l'appellation & ce dont étoit appel au néant & réformant, sans s'arréter au Procès-verbal du Maitre particulier de ladite Maîtrise, des 29 Novembre, premier & 2 Décembre 1749, ensemble sur toutes les demandes, fins & conclusions des Parties, les a mis hors de Cour & de Procès, que la désobéissance aux Ordonnances ne sçauroit être plus sensible qu'elle l'est dans ce jugement, &c.

Vu ladite Requête, &c.

LE ROI EN SON CONSEIL, ayant égard à la Requête, sans s'arréter au jugement de la Chambre des Eaux & Forêts, réunie au Parlement de Touloufe, du 9 Février 1751, que Sa Majefté a caffé & annullé; ainfi que tout ce qui peut s'en être enfuivi, a ordonné & ordonne que la Sentence de la Maîtrife particuliere de Saint-Gaudens, rendue contre les Habitans & Communauté de Balefta, pour raifon du fait dont il s'agit, le 11 Mars 1750, fera exécutée felon fa forme & teneur, comme ayant paffé en force de chofe jugée en dernier reffort, & fera le préfent Arrêt exécuté nonobftant oppofitions ou autres empêchemens généralement quelconques, pour lefquols ne fera différé, & dont fi aucuns interviennent, Sa Majefté s'en eft & à fon Confeil réfervée la connoiffance, & icelle interdit à toutes fes Cours & autres Juges. FAIT au Confeil d'Etat du Roi, tenu pour les Finances à Verfailles le fept Décembre mil fept cent cinquante un. *Signé*, EYNARD, Greffier.

ARREST NOTABLE DU CONSEIL,

QUI ordonne aux Procureurs Généraux des Parlemens & Tables de Marbre de prendre le fait & caufe des Procureurs du Roi aux Maîtrifes, &c.

Fait défenfes aux Cours de Parlement, & à tous autres Juges de condamner les Procureurs du Roi aux Maîtrifes, aux dépens des inftances dans lefquelles ils fuccomberont, lorfqu'ils auront agi fur les Procès-verbaux des Officiers ou rapports des Gardes en bonne forme.

Du 7 Décembre 1751.

SUR la Requête préfentée au Roi en fon Confeil, par le fieur Ooulon; Grand-Maître des Eaux & Forêts du Département de Metz, contenant qu'il fe trouve dans l'obligation pour le bien du fervice de Sa Majefté, de recourir à fon autorité, & de l'interpofer pour reprimer au plutôt les entreprifes journalieres des Officiers du Siége de la Table de Marbre de Metz, qui rendent des jugemens non-feulement contraires aux Ordonnances de Sa Majefté, mais encore qui occafionnent un trouble & une confufion dans les Jurifdictions, enforte que les Officiers des Maîtrifes, & les Procureurs de Sa Majefté en icelles, ne peuvent plus veiller à la manutention des Ordonnances; dans le fait le nommé Pierre Bourguignon fimple roturier, & faifant commerce de cloux, prétend à caufe d'un petit fief par lui acquis depuis peu, du fieur Mercier, fitué au Village d'Aiglemont qui eft du domaine de Sa Majefté, avoir le droit de chaffer univerfellement fur tout le territoire d'Aiglemont dont Sa Majefté eft feul Seigneur. à caufe de fa principauté de Chateau-Regnault en Ardonne, acquife de Madame la Princeffe de Conty, Douairiere en 1629, en échange de Pont-fur-Seine, le fieur Lemercier fon prédéceffeur, voulant faire recevoir fes aveux & dénombremens, ils ont été communiqués au Procureur de Sa Majefté en la

Maîtrise particulière de Chateau-Regnault, lequel les ayant remis au Supliant aux termes de l'article 11 du titre 6 & de l'article 8 du titre 27 de
l'Ordonnance des Eaux & Forêts du mois d'Août 1669; & a rendu une
Ordonnance le 28 Avril 1742, par laquelle fur le vû & examen des titres
& piéces, il a entr'autres chofes fait défenfes audit fieur Lemercier de chaffer en quelque façon & maniere que ce fût, fur le territoire d'Aiglemont
dépendant du Domaine de Sa Majefté, & cependant il a permis audit Lemercier de tirer fur les terres, eaux & marais de fon fief feulement, & non
ailleurs, aux oifeaux de riviere, grues, oyes fauvages, bizets, ramiers &
tous autres gibiers de paffage, non défendus; cette Ordonnance a été enrégiftrée au Greffe de ladite Maîtrife le 19 Juin 1742; ledit Bourguignon,
fucceffeur, dont les aveux & dénombremens ne font pas encore blamés, au-
lieu de fe conformer à cette Ordonnance, chaffe journellement par tout le
Domaine de Sa Majefté, & même avec des chiens d'arrêt, qui font précifément les chiens couchans, défendus par l'article 16 du titre 30 de la fufdite Ordonnance de 1669, pourquoi il a été pris par Procès-verbal dreffé le 15 Août 1750, par Pierre Guillemain, Sergent à Garde, furveil-
lant des bois de Sa Majefté, pêches & chaffes, lequel conftate qu'en faifant fes vifites ordinaires, il a vû & trouvé ledit Bourguignon, avec Nicolas Perrot, Garçon, fur le ban & terroir d'Aiglemont, avec un chien ga-
riolé, & un chien blanc, au champ appellé Grufy, contigu aux terres de
la Grandville, qui chaffoient au bois & dans les haies & triages deffus ledit canton; fur quoi les ayant joint, il leur avoit demandé pourquoi ils
chaffoient, ils auroient répondu qu'ils avoient droit de chaffer & qu'ils vouloient chaffer; & il avoit demandé audit Perot, pourquoi il chaffoit & portoit un fufil; ledit Bourguignon auroit répondu que c'étoit fon domeftique,
& que c'étoit lui qui le lui faifoit porter; & ledit Bourguignon auroit dit
& déclaré que les chiens étoient des chiens d'arrêt, ce Procès-verbal enregiftré & dépofé au Greffe de la Maîtrife le 16 Août 1750, a été affirmé à l'audience fuivante, tenue le 19 du même mois d'Août dans les délais de l'Ordonnance. Sur quoi Sentence eft intervenue au Siége de ladite
Maîtrife, le 12 Mai 1751, fur les conclufions du Procureur du Roi commis par ledit Suppliant, attendu le décès du Titulaire, par laquelle ledit
Bourguignon a été condamné fuivant l'article du titre 30 de l'Ordonnance
de 1669, en 200 livres d'amende, pour avoir chaffé avec chiens couchans
feulement, ledit Bourguignon s'étant pourvu au Siége de ladite Table de
Marbre de Metz, il a obtenu un jugement le 7 Juin enfuivant, qui l'a reçu
Appellant de ladite Sentence, lui a permis de faire intimer le Procureur de
Sa Majefté, en ladite Maîtrife, & lui a fait défenfes de mettre en exécution
ladite Sentence, à peine de 3000 livres d'amende, & par autre Jugement
du 24 Juillet audit an, ledit Siége a donné défaut audit Bourguignon, contre le Commis Procureur du Roi, en ladite Maîtrife, & pour le profit, a mis
l'appellation & ce dont il eft appellé, au néant, émandant a déchargé ledit Bourguignon, des condamnations contre lui prononcées par ladite Sentence, du 12 Mai 1751, en conféquence, faifant droit fur la demande par
lui formée, par Requête du 7 Juin enfuivant, l'a maintenu & gardé au
droit & poffeffion où il étoit, & dans lequel fes auteurs ont toujours été, de

jouir fuivant leurs titres, du droit de chaffe fur le terroir du lieu d'Aiglé ment , fait défenfes au Procureur de Sa Majefté en ladite Maîtrife & à tous autres de l'y troubler , & a condamné ledit Procureur du Roi, en tous les dépens , tant des caufes principale que d'appel ; l'irrégularité de ces Jugemens rendus contre les difpofitions des Ordonnances de Sa Majefté, & celle des Arrêts du Confeil , fe démontre vifiblement , &c.

LE ROI EN SON CONSEIL, ayant aucunement égard à la Re-quête , fans s'arrêter au Jugement de la Table de Marbre de Metz , du 7 Juin 1751 , que Sa Majefté a caffé & annullé , ainfi que tout ce qui peut s'en être enfuivi , a ordonné & ordonne que l'article 2 du titre des Procu-reurs du Roi , les articles 2 & 3 du titres des Tables de Marbre , & jugé en dernier reffort , & les articles 3 & 5 du titre des appellations de l'Or-donnance des Eaux & Forêts du mois d'Août 1669, enfemble les articles 49, 52, 54 & 55, de l'Édit du mois de Mai 1716, les Arrêts du Con-feil des 9 Août 1689, 29 Mai 1703, 13 Mai 1704, 13 Août 1709, 11 Août 1733, 19 Août 1738, & 19 Octobre 1751 , l'Ordonnance du fieur Coulon, Grand-Maître des Eaux & Forêts du Département de Metz du 28 Avril 1742, qui a paffé en force de chofe jugée en dernier ref-fort , & la Sentence de la Maîtrife particuliere de Chateauregnault, ren-due le 12 Mai 1751, contre le nommé Bourguignon, feront exécutés fe-lon leur forme & teneur , ce faifant, Sa Majefté a déchargé & décharge le Commis Procureur du Roi, en la Maîtrife de Chateauregnault, des con-damnations d'amende, & des dépens contre lui prononcés par lefdits Ju-gemens ; ordonne en outre Sa Majefté , que les fommes qu'il juftifiera avoir été contraint de payer en exécution defdits Jugemens , lui feront rendues & reftituées , par ceux qui les auront reçues, à quoi faire ils feront contraints par les voies ordinaires & accoutumées , & en vertu du préfent Arrêt , & fans qu'il en foit befoin d'autre, ce faifant ils en feront & demeureront bien & valablement déchargés ; enjoint Sa Majefté à fon Procureur au Siége de la Table de Marbre de Metz, de prendre le fait & caufe des Pro-cureurs du Roi , des Maîtrifes & Gruries du reffort du Parlement de Metz , fur les appellations des Sentences des Maîtrifes, où ils auront été parties fur les mémoires & piéces inftructives qu'ils lui envoiront. Fait Sa Majefté, très-expreffes inhibitions & défenfes, tant aux Officiers du Parlement de Metz , qu'à ceux de la Table de Marbre , & à tous autres de condamner les Procureurs du Roi efdites Maîtrifes & Grueries , aux dépens des inf-tances dans lefquelles ils fuccomberoient , lorfqu'ils auront fait des pour-fuites fur des Procès verbaux , ou rapports des Gardes en bonne forme , à moins qu'ils ne foient pris à partie en leurs propres & privés noms ; & fera le préfent Arrêt lu , publié & affiché & fignifié par tout & à qui il appartiendra, & exécuté nonobftant oppofitions & autres empêchemens quel-conques, pour lefquels ne fera différé; & dont fi aucuns interviennent , Sa Majefté s'en eft & à fon Confeil réfervée la connoiffance , & icelle interdit à toutes Cours & autres Juges. Fait au Confeil d'Etat du Roi , tenu pour les Finances à Verfailles le fept Décembre mil fept cent cinquante-un.
Signé, EYNARD.

ARREST

ARREST NOTABLE DU CONSEIL,

QUI ordonne que la Garenne établie fans titres exprès fur la Seigneurie de Mouchy-Cayeux, fera détruite, &c.

Du 7 Décembre 1751.

SUR la requête préfentée au Roi en fon Confeil, par Charles Germain de Bournel, Chevalier, Marquis de Mouchy Cayeux, contenant qu'il eft en poffeffion depuis plufieurs fiécles, tant par lui que par fes auteurs, du droit de Garenne, dépendante de la Terre de Mouchy Cayeux en Artois, que nonobftant une poffeffion auffi ancienne qui auroit bien dû fuffire fur-tout dans un Pays où les titres fe font aifément perdus à caufe des guerres, quelques particuliers fe font avifés de prétendre qu'il devoit juftifier par titres fon droit de Garenne ; que pour faire ceffer cette mauvaife difficulté, il a raporté trois fortes de titres, &c.

LE ROI EN SON CONSEIL, fans avoir égard à la Requête ni aux demandes, fins & conclufions du Suppliant, dont Sa Majefté l'a débouté & déboute, a ordonné & ordonne qu'il fera tenu de faire détruire inceffamment les lapins étant dans les Bois appellés Deleglire & de la Juftice, fitués fur le Terroire de Mouchy Cayeux, à peine de répondre en fon propre & privé nom, des dommages que lefdits lapins pourroient caufer aux fruits enfemencés fur ledit Terroire, fauf & fans préjudice audit Suppliant de faire exécuter contre les Tenanciers & Habitans dudit Territoire, les prohibitions de chaffe & de pêche portées par les titres de la Terre & Seigneurie dudit lieu de Mouchy Cayeux, enjoint Sa Majefté au fieur Bauldry, Grand-Maître des Eaux & Forêts du Département de Picardie, & aux Officiers de la Maîtrife particuliere des lieux, de tenir chacun en droit foi la main à l'exécution du préfent Arrêt, lequel fera à cet effet enregiftré au Greffe de ladite Maîtrife, pour y avoir recours fi befoin eft. FAIT au Confeil d'Etat du Roi, tenu pour les Finances à Verfailles le fept Décembre mil fept cent cinquante-un. Signé, EYNARD.

ARREST NOTABLE DU CONSEIL,

QUI maintient les Officiers des Maîtrifes dans le droit de connoître de la propriété, lorfqu'elle fera incidente ou propofée pour défenfe à l'action, &c.

Du 7 Décembre 1751.

SUR la Requête préfentée au Roi en fon Confeil, par le Procureur de Sa Majefté en la Maîtrife particuliere des Eaux & Forêts de Rhodez, contenant

Tome II.

que pour raifon d'une depaiffance de brebis & moutons faite dans un Bois taillis, à garde fai e, le nommé Jean Talon, Maréchal du lieu de Francoules en Quercy, Propriétaire dudit Bois, a porté plainte en ladite Maîtrife, le 25 Août 1749, contre Jean Magot, Laboureur du village de Courubay, même Paroiffe, fur laquelle & les informations faires en conféquence, ledit Magot a été décreté d'ajournement perfonnel le 7 Septembre enfuivant: lequel a comparu en perfonne le 26 dudit mois de Septembre ; & pour faire diverfion, ledit Magot prétendant que ce Bois taillis n'étoit qu'une piece de terre où il y a, à la vérité, quelques arbres écouronnés de chêne, & que la moitié de cet héritage lui appartenoit en propriété, s'eft avifé de faire affigner par exploit le 11 dudit mois de Septembre ledit Talon devant les Juges de Francoules en divifion & partage dudit Bois ou piece de terre; fur laquelle affignation, ledit Talon par fes défenfes a infifté à fin de non procéder, & a demandé le renvoi de la caufe en ladite Maîtrife, où fur fa plainte ledit fieur Magot avoit été fdécreté d'ajournement perfonnel ; que pour un feul & même fait, il ne pouvoit pas y avoir deux Inftances féparées devant différens Juges; que s'étant pourvu en ladite Maîtrife pour raifon du délit, la conteftation de la proprié é n'étant qu'incidente & propofée pour défenfe, les Officiers des Eaux & Forêts étoient feuls compétens pour connoitre, & du délit & de la propriété; fuivant l'article X du titre premier de l'Ordonnance des Eaux & Forêts du mois d'Août 1669; & quoique ce renvoi ne pût fouffrir la moindre difficulté, néanmoins les Juges ordinaires dudit Francoules ont, par Sentence du 8 Novembre 1749, débouté ledit Talon des fins de non-procéder, & ont retenu la caufe, concernant la propriété, &c.; ce qui a engagé ledit Talon à fe pourvoir devant les Officiers de ladite Maîtrife, en caffation de la Sentence des Ju;es ordinaires du lieu de Francoules, du 8 Novembre 1749, par incompétence, tranfport de Jurifdiction ; & fur les conclufions du Suppliant eft intervenue Sentence en ladite Maîtrife le 19 Janvier 1750, par laquelle celle des Juges ordinaires dudit Francoules a été caffée & annullée, & il a été ordonné que les Parties procéderoient au Siége de la Maî rife, tant fur le fait de la paiffance des brebis & moutons dans ledit Bois taillis, que fur la propriété de ce Bois conteftée par Magot ; fur quoi ils ont procédé en ladite Maitrife, tant fur la paiffance, que fur la conteftation de la propriété incidemment propofée, & il a été rendu le 3 Février enfuivant, une autre Sentence qui a civilifé ladite demande, & ordonné qu'avant de faire droit fur les demandes des Parties, fans préjudice de leurs droits refpeétifs, il feroit procédé dans le mois, par Experts convenus ou nommés d'Office, à la vérification de la piece de bois ou terre dont il s'agit, foit à l'effet de fçavoir quelle étoit la portion dudit bois ou terre que ledit Magot prétendoit lui appartenir, en vertu des aétes produits au procès, & quelle étoit la portion dudit Talon; ce qui feroit vérifié par lefdits Experts, fur les bornes & marques de féparation s'il y en avoit, enfemble fur les aétes & autres pieces qui pourroient être produites refpeétivement, préaiablement communiquées, & encore fur les charges & décharges du Cadaftre; lefquels Experts rapporteroient auffi à laquelle des Parties appartenoit le terrein dudit Bois fur lequel avoit été faire la paiffance dont étoit queftion; auquel effet les témoins ouïs en information, feroient appellés pour en faire l'indication aux Experts, sans préjudice néanmoins des reproches qui pourroient être proposés contre lesdits témoins ; cette Sentence porte aussi que ledit Talon pourroit, si bon lui sembloit, dans quinzaine, prouver, tant par actes, que par témoins, avoir joui du terrein dudit Bois, sur lequel avoit été faite ladite paissance, pendant trente ans avant l'Instance, sans aucun trouble, ni empêchement de la part dudit Magot ou ses Auteurs, & ledit Magot ses faits contraires dans pareil délai ; cette Sentence parut si juste à toutes les Parties, qu'elles y acquiescerent, & firent procéder à l'amiable à la vérification des lieux contentieux, par un seul Expert, nommé Jean Carles, Agrimenseur de Cares, qui vérifia le local dont il s'agissoit, en présence de toutes les Parties, & fit son rapport le 27 Février 1750, portant que la portion de terre qui appartenoit audit Magot, n'étoit que d'un quart qui tomboit sur la terre labourable, & nullement sur le Bois ; & du consentement de toutes les Parties, l'Expert a fixé ledit quart, y a planté deux bornes de pierres, & a déclaré que les autres trois quarts comprenant le Bois & partie de la terre labourable, appartenoient audit Talon, le tout relativement à la montre qui lui avoit été faite, & aux instructions que les Parties avoient respectivement données ; il a déclaré encore qu'à tout ce que dessus, les Parties avoient donné leur consentement ; que nonobstant des acquiescemens si formels aux deux Sentences de ladite Maîtrise, par Requéte du 20 Mars 1750, ledit Magot a interjetté appel desdites deux Sentences, à la Chambre des Eaux & Forêts réunie au Parlement de Touloufe, où il a demandé à être relevé de l'acquiescement par lui donné auxdites deux Sentences & la cassation d'icelle ; & la cause ayant été plaidée le 2 Mars dernier, il est intervenu un Jugement qui, faisant droit sur l'appel dudit Magot, de la Sentence de ladite Maîtrise du 19 Janvier 1750, casse ladite Sentence, renvoie la cause concernant la demande en propriété du fonds, sur laquelle ledit Talon prétend que le bétail dudit Magot a fait la paissance, devant le Juge de Francoules, & réformant la Sentence de ladite Maîtrise du 3 Février ensuivant, a ordonné qu'avant faire droit sur l'Instance pendante en ladite Maîtrise, concernant ladite paissance, il seroit sursis au jugement de ladite Instance, jusqu'à ce que par le Juge de Francoules il eût été prononcé définitivement sur l'Instance pendante pardevant lui, concernant la propriété du fonds contesté par ledit Magot ; a condamné au surplus ledit Talon aux dépens concernant la Sentence de ladite Maîtrise du 17 Janvier 1750, & a renvoyé à ladite Maîtrise la connoissance des dépens faits en icelle au sujet de la paissance ; ceux de l'appel de la Sentence du 3 Février ensuivant compensés ; que les choses en cet état, il se trouve obligé de représenter très humblement à Sa Majesté, que le Jugement de ladite Chambre des Eaux & Forêts du Parlement de Touloufe, est entiérement contraire aux dispositions de ladite Ordonnance de 1669, & aux Arréts & Réglemens intervenus depuis en conséquence, &c.

LE ROI EN SON CONSEIL, ayant égard à la Requéte, sans s'arrêter au Jugement de la Chambre des Eaux & Forêts réunie au Parlement de Touloufe, du 2 Mars 1751, que Sa Majesté a cassé & annullé, ainsi que tout ce qui peut s'en être ensuivi, a ordonné & ordonne que les Sentences de la Maîtrise particulière de Rhodez, des 19 Janvier & 3 Février 1750, seront exécutées felon leur forme & teneur, comme ayant paffé en force de chofe jugée en dernier reffort, ce faifant que les nommés Magot & Talon feront tenus pour raifon du fait dont il s'agit, de procéder au Siége de ladite Maîtrife, jufqu'à Sentence définitive inclufivement, fauf l'appel en ladite Chambre des Eaux & Forê·s ; fait fa Majefté très-expreffes inhibitions & dé-fenfes aufdits Talon & Magot de fe pourvoir en premiere Inftance fur le fait dont il s'agit, ailleurs qu'en ladite Maîtrife, à peine de nullité, caffation des procédures, 1000 liv. d'amende & de tous dépens, dommages & intérêts ; & fera le préfent Arrêt enrégiftré au Greffe de ladite Maîtrife, pour y avoir recours, fi befoin eft ; & exécuté nonobftant oppofitions, ou autres empê-chemens généralement quelconques, pour lefquels ne fera différé, & dont fi aucuns interviennent, Sa Majefté s'en eft & à fon Confeil réfervée la con-noiffance, & icelle interdite à toutes fes Cours & autres Juges. FAIT au Confeil d'Etat du Roi, tenu pour les Finances à Verfailles le fept Décembre mil fept cent cinquante-un. *Signé*, EYNARD.

ARREST NOTABLE DU CONSEIL,

QUI annulle l'abandon de cinquante-un arpens de Bois, fait par les Habitans de Chamon à leur Curé, pour aider à fournir à la nourriture ; fauf audit Curé à fe pourvoir vers lefdits Ha-bitans de la non-jouiffance de ces Bois, &c.

Du 7 Décembre 1751.

SUR la Requête préfentée au Roi en fon Confeil, par les Habitans & Communautés de Châmon & Cray, contenant que cette Paroiffe ayant été très-long-temps deftituée de Curé, & pendant près d'un fiécle mal deffervie par les Curés voifins, parce que les revenus de cette Cure ne fuffiroient pas pour la fubfiftance & entretien d'un Curé ; ils fe déterminerent à augmenter les revenus de leur Cure, pour fe procurer un Curé toujours réfident ; que cette réfolu-tion prife, il fut paffé un acte le 28 Octobre 1699, par lequel ils délaiffe-rent à cette Cure, outre les deniers qui font peu confidérables, & par forme de fupplément, la quantité de cinquante-un arpens de Bois de leur Commu-nauté, tenant à la réferve qui avoit été alors appofée dans leurs Bois com-muns, à la charge par le Curé de dire deux Meffes par femaine, les Lundi & Samedi ; & par le même acte, ils s'obligerent auffi de le loger, & de lui garantir ce qu'il lui délaiffoit ; que depuis 1699, les Curés dudit lieu de Châmon ont toujours joui de ce Bois dont ils ont difpofé à leur volonté, fans aucuns troubles de la part des Supplians ; que malgré cet abandonne-ment, les Officiers de la Maîtrife particulière des Eaux & Forêts d'Auxerre, ayant fait l'aménagement des Bois de ladite Communauté, ils y ont compris les cinquante-un arpens appartenans au Curé, & ils les ont féparés en deux triages qu'ils ont dénommés, l'un le Bois Guillebaudin, de la continence de vingt cinq arpens foixante-une perches ; & l'autre, le petit Bois, de la continence de vingt cinq arpens quatre perches ; & ils en ont fixé l'exploitation pour les ordinaires des années 1756 & 1758 , &c.

LE ROI EN SON CONSEIL , ayant aucunement égard à la Requête , a caffé & annullé , caffe & annulle l'acte paffé pardevant Jean Marfe , Notaire au Bailliage de Vezelav le 28 Octobre 1699 , entre le fieur Thomas Leroi , Prêtre Deffervant à Tarot-fur-Girolles d'une part , & les Aureurs des Supplians d'autre part , & la vente faite en vertu dudit acte par le fieur Terion , Curé de la Paroiffe de Châmon au nommé Barbier de la Broffe , ainfi que tout ce qui peut s'en être enfuivi , a ordonné & ordonne que la Sentence de la Maîtrife d'Auxerre , rendue pour raifon du fait dont il s'agit , le 21 Août 1750, fera exécutée felon fa forme & teneur ; & cependant par grace, & fans tirer à conféquence , Sa Majefté a modéré à 100 liv. l'amende de 2000 liv. prononcée folidairement , tant contre ledit fieur Terion & ledit Barbier de la Broffe , que lefdits Supplians, & les a déchargés & décharge du furplus de ladite amende , à condition néanmoins de payer les frais fuivant la taxe qui en fera faite par le fieur du Vaucel , Grand-Maître des Eaux & Forêts du Département de Paris , fauf audit fieur Terion ès qualités qu'il procéde , à fe pourvoir ainfi qu'il avifera bon être , contre lefdits Supplians , pour fe faire indemnifer par lui & fes fucceffeurs Curés defdites Paroiffes de Châmon & Cray , pour la non-jouiffance defdits bois ; enjoint Sa Majefté audit fieur Grand-Maître & aux Officiers de ladite Maîtrife , de tenir la main à l'exécution du préfent Arrêt , lequel fera à cet effet enrégiftré au Greffe de ladite Maîtrife , pour y avoir recours , fi befoin eft. FAIT au Confeil d'Etat, tenu pour les Finances , à Verfailles le fept Décembre mil fept cent cinquante-un. *Signé*, EYNARD, Greffier.

ARREST NOTABLE DU CONSEIL,

QUI fait défenfes à toutes Communautés de vendre leurs Bois à la feuille , &c.

Du 7 Décembre 1751.

SUR la Requête préfentée au Roi en fon Confeil par le Procureur de Sa Majefté , en la Maîtrife particuliere des Eaux & Forêts d'Avalon , contenant que par adjudication faite le 12 Juillet 1734 , devant le Juge de la Seigneurie de Giroles , le nommé François Baudu , Marchand de bois à Vermanton , s'eft rendu adjudicataire d'un canton de bois dépendant de la Communauté du même endroit, appellé le bois de la Cofte , confiftant en quatre-vingt-onze arpens & demi , âgé de douze à treize ans , à la charge entr'autres chofes , par ledit Baudu , de ne pouvoir exploiter qu'en l'année 1747, & de laiffer feize baliveaux par arpens ; & ce , moyennant la fomme de 2150 livres , fur quoi il a été payé comptant celle de 600 livres ès mains de Blaife Colas , Greffier de la Juftice dudit Giroles , pour être employée , &c. indépendamment de 100 livres , pour les frais de ladite adjudication ; & encore , entre les mains

des Echevins, la fomme de 30 livres, pous les vins bûs par les habitans &
enchériffeurs, lors de cette délivrance. Il a été convenu en outre qu'il feroit
loifible audit Baudu de faire couper des rouettes dans ledit canton pendant les
13 années avant l'exploitation ; que ledit Baudu fachant parfaitement les vues
de cette vente, il a tenté à la faire autorifer à ladite Maîtrife d'Avalon, où
elle a été déclarée nulle par Sentence contradictoire rendue entre le Suppliant,
ledit Baudu & lefdits Habitans, le 28 Juin 1748 ; que fur l'appel que ledit
Baudu a interjetté le 29 Juillet enfuivant, au Siége de la Table de Marbre
du Palais à Dijon, intervint un Jugement le 18 Août 1750, par lequel la
Sentence de ladite Maîtrife a été infirmée, & la délivrance dudit canton confirmée. Il a encore été ordonné que ledit Baudu feroit tenu d'en commencer
la coupe dès le mois d'Octobre, alors prochain, pour finir le 15 Avril 1752 ;
que le devoir dudit Suppliant l'oblige de réclamer contre ce Jugement, rendu
plus d'une année après la Sentence de ladite Maîtrife, contraire à toutes les
régles & au bien public, à l'Ordonnance des Eaux & Forêts du mois d'Août
1669, & à l'Edit du mois de Mai 1716, &c.

LE ROI EN SON CONSEIL, ayant égard à la Requéte, fans s'arrêter au Jugement de la Table de Marbre de Dijon, du 18 Août 1750, que
Sa Majesté a caffé & annullé, ainfi que tout ce qui peut s'en être enfuivi, a
ordonné & ordonne, que la Sentence de la Maîtrife particuliere d'Avalon,
rendue pour raifon du fait dont il s'agit, le 28 Juin 1748, fera exécutée felon
fa forme & teneur, comme ayant paffé en force de chofe jugée en dernier reffort. Ordonne en outre Sa Majesté, que les Arrêts du Confeil des 12 Septembre
1741, & 6 Avril 1751, feront auffi exécutés felon leur forme & teneur ;
ce faifant, Sa Majesté a caffé & annullé toutes les adjudications des bois ci-
devant faites à la feuille dans le reffort de ladite Maîtrife, & notamment celle
faite au fieur François Baudu, Marchand de bois à Vermanton, par les Habitans & Communauté de Giroles, pardevant les Officiers de la Juftice ordinaire dudit lieu, le 12 Juillet 1734. Fait Sa Majesté très-expreffes inhibitions & défenfes audit Baudu, & à tous autres Marchands, de fe rendre à l'a-
venir, directement ni indirectement, adjudicataires de pareils bois ; & aux Communautés de faire, fous quelque prétexte que ce foit, de femblables adjudications, à peine, contre les Adjudicataires & Communautés, de 3000 livres
d'amende pour chaque contravention, qui ne pourra être réputée comminatoire ; & en outre, de confifcation des bois qui auront été coupés au préjudice des défenfes portées par le préfent Arrêt ; & fera ledit préfent Arrêt enregiftré au Greffe de ladite Maîtrife, pour y avoir recours, fi befoin eft, fignifié à qui il appartiendra, & exécuté nonobftant oppofitions ou autres empêchemens généralement quelconques, pour lefquels ne fera différé ; & dont, fi
aucuns interviennent, Sa Majesté s'en eft, & à fon Confeil, réfervée la connoiffance, & icelle interdit à toutes fes Cours & autres Juges. FAIT au Confeil d'Etat du Roi, tenu pour les Finances à Verfailles, le fept Décembre mil
fept cent cinquante-un. *Signé*, EYNARD, Greffier.

ARREST DU CONSEIL,

QUI ordonne que la délivrance de 306 ormes que les Echevins de Beauvais veulent faire abattre fur les Remparts de leur Ville, pour en planter de nouveaux, fera faite par un Officier de la Maîtrise des lieux qui fera commis par le Grand-Maître, & que lefdits Echevins feront tenus de dépofer au Greffe de ladite Maîtrise les piéces juftificatives de la nouvelle plantation.

Du 21 Décembre 1751.

SUR la Requéte préfentée au Roi en fon Confeil, par les Maire & Echevins de la Ville de Beauvais, contenant que s'étant attachés depuis quelques années à applanir les Remparts de ladite Ville, & à planter des deux côtés de jeunes arbres de bonne effence, ils ont eu la fatisfaction de réuffir jufqu'à-préfent, dans les parties qu'ils ont entreprifes, avec l'applaudiffement du fieur Intendant & Commiffaire départi en la Généralité de Paris ; qu'ils ont formé le deffein d'applanir & planter de jeunes arbres fur le Rempart, qui eft depuis la Porte de Brefle, jufqu'à celle de Paris ; & fur celui qui commence au Jardin de la Manufacture dudit Beauvais, & qui finit à la Porte S. Jean ; mais que pour cet effet, il eft néceffaire d'abattre & de ruiner 306 Ormes des plus dépériffans ; & fur le retour de ceux étant fur ces deux parties de Rempart, afin de pouvoir planter mille arbres de bonne effence, & décorer cette Ville d'une promenade, pour les Habitans d'icelle ; qu'ils efpérent que Sa Majefté voudra bien feconder leurs vues, en leur permettant de faire abattre & déraciner les trois cens fix Ormes dont eft queftion ; & que c'eft dans ces circonftances, qu'ils ont été confeillés de fe pourvoir, &c.

LE ROI EN SON CONSEIL, ayant égard à la Requéte, a permis & permet aux Supplians de faire abattre & déraciner trois cens fix Ormes des plus anciens & dépériffans de ceux étant fur les Remparts de la Ville de Beauvais, mentionnés au procès-verbal du 14 Mai 1751 ; & ce, fuivant la marque & délivrance qui leur en fera inceffamment faire par celui des Officiers de la Maîtrife particuliere des lieux, qui fera à cet commis par le fieur Maffon de Courcelles, Grand-Maître, à la charge par lefdits Supplians d'employer les deniers qui proviendront du prix defd. Ormes, à planter fur lefd. Remparts mille jeunes Ormes de belle venue ; de les entretenir en bon état pendant 5 ans au moins, & de remettre au Greffe de lad. Maîtrife les piéces juftificatives de lad. plantation, un an au plus tard après que les 306 arbres auront été coupés, à peine de reftitution de la valeur d'iceux, & d'amende arbitraire, conformément à l'Ordonnance du mois d'Août 1669. Ordonne Sa Majefté que tous les frais légitimes faits & à faire généralement quelconques, pour parvenir, tant à la délivrance defdits Ormes, qu'aux récollemens d'iceux, ne pourront, fous quelque prétexte que ce foit, excéder la fomme de 50 liv. à laquelle Sa Majefté les a fixé par le préfent Arrêt, à peine de reftitution de ce qui fe trouvera avoir été exigé au delà de ladite fomme de 50 livres; & de 500 livres d'amende, qu ne pourra être répu*ée comminatoire ; & attendu la modicité de l'objet, Sa Majefté a difpenfé & difpenfe lefdits Suppliuns, pour la coupe defdits arbres dont il s'agit, de la formalité des Lettres-Patentes portées par ladite Ordonnance de 1669. FAIT au Confeil d'Etat du Roi, tenu pour les Finances à Ve failles, le vingt-un Décembre mil fept cent cinquante-un. *Signé*, EYNARD.

ARREST NOTABLE DU CONSEIL,

QUI fait défenfes aux Cours de Parlement d'ordonner, & aux Officiers des Maîtrifes de faire aucune délivrance de chauffages, à autres que ceux qui font employés dans l'état arrêté au Confeil en vertu de l'Ordonnance de 1669.

Du 25 Janvier 1752.

SUR la Requête préfentée au Roi en fon Confeil par le Procureur de Sa Majefté, en la Maîrife p rriculiere des Eaux & Forêts de Pau, &c.

LE ROI EN SON CONSEIL, ayant égard à la Requête, & faifant droit fur les réquifitions de l'Infpecteur Général du Domaine, fans s'arrêter aux Arrets du Parlement de Pau, des 28 Mars 1749, 20 Mai & 7 Avril 1750, ni aux Sentences intervenues au Siége particulier de la Maîtrife des Eaux & Forê s de Pau, les 14 & 22 Mars, & 8 Avril audit an 1750, que Sa Majefté a caffées & annullées, ainfi que tout ce qui peut s'en être enfuivi, a ordonné & ordonne que les articles 1er, 5, 6, 7 & 11 du titre 20 de l'Ordonnance du mois d'Août 1669, & l'état arrêté le 24 Mai 1675, au Confeil Royal des Finances, en exécution de ladite Ordonnance, concernant les droits de chauffages & de pâturages affignés fur les Forêts de Sa Majefté du Département de Guyenne, feront exécu és feion leur forme & teneur ; & en conféquence, Sa Majefté a fait & f it très-expreffes défenfes & inhibitions aux Officiers dudit Parlement, & à ceux de ladite Maîtrife, d'ordonner & faire à l'avenir, fous quelque prétexte que ce foit, aucune délivrance de chauffage, foit en efpèces, foit en argent, au profit des Capucins de la Ville de Pau, ni de tous autres, s'ils ne juftifient pas être nommément compris dans l'état des chauffages & autres droits de ladite année 1675 ; & cependant Sa Majefté, ayant égard aux Lettres-Patentes que Louis XIII. a accordées auxdits Capucins le 6 Mai 1632, & la confirmation de ces Lettres prononcée par Sa Majefté régnante, par celles du mois d'Août 1716, ordonne que le chauffage de dix charretées de bois y mentionné, fera réduit & évalué en deniers, conformément à l'article 6 du titre 20 de ladite Ordonnance de 1669 ; & que du montant de ladite évaluation, à laquelle il fera procédé au Confeil fur l'avis du fieur Baftard, Grand Maitre des Eaux & Forêts du Département de Guyenne, eu égard au prix que les Bois des environs de ladite Ville de Pau fe vendoient en 1675, il fera fait emploi en dépenfe dans

l'état

l'état du Roi des Domaines de la Généralité de Pau, au chapitre des Aumônes, fans que lefdits Capucins puiffent prétendre à l'avenir, à titre de chauffage plus grand droit que le payement annuel de la fomme qui aura été réglée; enjoint Sa Majefté audit fieur Grand-Maître, & aux Officiers de ladite Maîtrife de Pau de tenir, chacun en droit foi, la main à l'exécution du préfent Arrêt, lequel fera enregiftré au Greffe de ladite Maîtrife, pour y avoir recours fi befoin eft. FAIT au Confeil d'Etat du Roi tenu pour les Finances à Verfailles le vingt-cinq Janvier mil fept cent cinquante-deux. *Signé*, BERGERET.

ARREST NOTABLE DU CONSEIL,

QUI caffe un Arrêt du Parlement de Bretagne, pour avoir été rendu après les délais fixés pour les appellations des Sentences des Maîtrifes; ordonne que celle de la Maîtrife de Rennes dont étoit appel, fera exécutée felon fa forme & teneur, comme ayant paffé en force de chofe jugée.

Fait défenfes aux Officiers de la Maîtrife de Rennes de délivrer pour les chauffages dûs dans les Forêts du Roi, d'autres bois que le bois mort giffant, à peine, &c.

Du 1 Février 1752.

SUR la Requête préfentée au Roi en fon Confeil par le Procureur de Sa Majefté en la Maîtrife particulière des Eaux & Forêts de Rennes, contenant qu'informé de la mauvaife interprétation que plufieurs Bénéficiers & Gens de Main-morte donnoient aux difpofitions de l'état arrêté au Confeil Royal des Finances le 2 Décembre 1673, pour l'exercice des droits de chauffage qui leur ont été confirmés par le même état; il a fur fon requifitoire été conftaté les 22 & 23 Novembre par le Garde-Marteau de ladite Maîtrife, relativement à un précédent Procès-verbal de cet Officier du premier Juin de la même année, que le fieur de Larlan, Titulaire actuel du Prieuré de Gahard, avoit coupé dans les différens triages de la Forêt de Rennes, appartenant à Sa Majefté, qui lui avoient été marqués pour l'exercice de fon droit de chauffage de lad. année 1750, 105 pieds de chênes, 70 baliveaux, 5 arbres fruitiers, 8 hêtres & 3 boulleaux; fur quoi & fur les conclufions du Suppliant ledit fieur de Larlan a été condamné par Sentence de ladite Maîtrife du 10 Mai 1751, rendue contradictoirement & fur productions refpectives, en 2577 liv. d'amende, & en pareille fomme de reftitution au profit du Roi. Que cette Sentence ayant été fignifiée à fa requête audit fieur de Larlan, & ce dernier en ayant interjetté appel au Parlement de Rennes, il eft intervenu en cette Cour le 20 Août enfuivant un Arrêt par lequel avant faire droit fur ledit appel, & fans préjudicier à l'état de l'inftance d'entre ledit fieur de Larlan, d'une part; & le fieur Procureur

General dudit Parlement prenant le fait & caufe dudit Suppliant, d'autre part ; 'fur ce qu'il a été contefté par ledit fieur de Lerlan, que les dé-lits & abus de bois mentionnés aux Procès-verbaux des mois de Juin & Octobre 1750, euffent été faits par lui, ni par fes Ouvriers & Commis ou autres perfonnes de fa part, & foutenu qu'il n'avoit fait abattre que des ar-bres qui lui avoient été défignés pour fon droit de chauffage, il a été or-donné qu'à la requéte dudit Suppliant, il feroit pardevant le Maître de ladite Maîtrife informé par tous genres de preuves, même par publica-tions de Monitoires, contre ceux ou celles qui auroient commis lefdits dé-lits ou abats de bois, pour le tout rapporté à la Cour être ftatué definitive-ment ce qu'il feroit vu appartenir ; repréfente très - humblement le Sup-pliant, &c.

LE ROI EN SON CONSEIL, ayant égard à la Requête, fans s'ar-rêter à l'Arrêt du Parlement de Rennes du 20 Août 1751, que Sa Majefté a caffé & annullé, ainfi que tout ce qui peut s'en être enfuivi, a ordonné & ordonne que la Sentence de la Maîtrife particuliere de Rennes, rendue pour raifon du fait en queftion le 10 Mai de la même année contre le fieur de Larlan, Titulaire actuel du Prieuré de Gahard, fera exécutée felon fa forme & teneur, comme ayant paffé en force de chofe jugée en dernier reffort ; ordonne en outre Sa Majefté que conformément à l'état arrêté au Confeil Royal des Finances le 2 Décembre 1673, le Prieur dudit Prieuré conti-nuera de jouir, comme par le paffé, du bois mort giffant pour fon chauffage audit Prieuré, à prendre dans la Forêt de Rennes, fans qu'en aucun cas & fous quelque prétexte que ce foit, il puiffe prétendre pour l'exercice du droit de chauffage dont il s'agit, la délivrance d'arbres en étant, c'eft-à-dire, de bout, & les Officiers de ladite Maîtrife lui faire la délivrance d'aucuns ar-bres de cette efpèce, à peine d'en répondre en leurs propres & privés noms ; pour la premiere contravention, & en cas de récidive, de deftitution de leurs Charges ; enjoint Sa Majefté au fieur de la Pierre, Grand-Maître des Eaux & Forêts du Département de Bretagne, & aux Officiers de ladite Maî-trife de tenir, chacun en droit foi, la main à l'exécution du préfent Arrêt, lequel fera enregiftré au Greffe de ladite Maîtrife, & exécuté nonobftant oppofitions & autres empêchemens généralement quelconques, pour lefquels ne fera différé ; & dont fi aucuns interviennent, Sa Majefté s'en eft & à fon Confeil refervée la connoiffance, & icelle interdit à toutes fes Cours & autres Juges. FAIT au Confeil d'Etat du Roi tenu pour les Finances à Verfailles le premier Février mil fept cent cinquante-deux.
Signé, BERGERET.

ARREST DU CONSEIL,

QUI caffe un Arrêt du Parlement de Paris, & ordonne que
fur une demande de Chauflée établie fur une Riviere les Parties procéderont en la Maîtrife parriculiere des lieux.

Du 8 Février 1752.

SUR la Requête préfentée au Roi en fon Confeil par le Procureur Général
de Sa Majeflé de la Table de Marbre du Palais à Paris, conrenant que la
manutention de la Jurifdiction des Eaux & Forêts, dont il eft chargé, l'o-
blige à porter fes plaintes conre un Arrêt du Parlement de Paris, qui renverferoit l'ordre de cette Jurifdiction s'il pouvoit être exécuté; dans le fait
Pierre Sabatier, Bourgeois à la Ville d'Aurilhac, a préfenté Requête au
Maître parriculier de la Maîtrife de Saint Flour, expofi ive que le fieur De-
puycaftel, Lieutenant Général au Bailliage & Siége Préfidial d'Aurilhac,
avoit fait faire fur la rivière de Jordanne, une chauflée qui occafionnoit un
regonflement des eaux & un préjudice confidérable à tous les Riverains,
pour quoi il a conclu à ce qu'il lui fût permis de l'affigner en ladite Maîtrife, pour
fe voir condamner à détruire cette chauflée, & en des dommages & intéréts,
en verru de l'Ordonnance de foient les Parties affignées, appofée au
bas de cette Requête, ledit Sabatier a fait affigner en ladite Maîtrife, ledit
fieur de Puycaftel; ce dernier ayant interjetté appel comme de Juge incompétent de l'Ordonnance du Maître particulier de ladite Maîtrife, de foient
parties appellées, par Arrê du Parlement de Paris du 19 Juin 1751, l'Ordonnance dont il s'agit a été infirmée, & les Parties renvoyées fur la demande dudit Sabatier, pardevant les Juges qui en devoient connoître; les
chofes en cet état, le Suppliant remontre très humblement à Sa Majeflé
qu'il n'y a que les Officiers des Eaux & Forêts qui doivent connoître
d'une demande à fin de démolition de chauflée, conftruite fur une rivière,
&c.

LE ROI EN SON CONSEIL, ayant égard à la Requête, fans s'arrêter à l'Arrét du Parlement de Paris du 19 Juin 1751, ni à tout ce qui peut
s'en être enfuivi, a ordouné & ordonne que les articles 3 & 11 du titre de la
Jurifdiction de l'Ordonnance des Eaux & Forêts du mois d'Août 1669, feront exécutés felon leur forme & teneur, & en conféquence que pour raifon du fait dont il s'agit, le fieur de Puycaftel, Lieutenant Géné al au Bailliage & Siége Préfidial d'Aurilhac, fera tenu de procéder en la Maîtrife
parriculière de Saint Flour, fur l'affignation qui lui a été donnée en cette
Maîtrife le 30 Novembre 1750, à la Requête du nommé Pierre Sabatier,
Bourgeois de ladite Ville d'Aurilhac, en vertu de l'Ordonnance du Maître
particulier de ladite Maîtrife, du 20 du même mois de Novembre, jufqu'à
Sentence définirive incluivement, fauf l'appel au Siége de la Table de Marbre du Palais à Paris, & fera le préfent Arrêt exécuté nonobftant oppofi-

Hhh ij

tions ou autres empêchemens généralement quelconques, pour lesquels ne
sera différé, & dont si aucuns interviennent, Sa Majesté s'en est & à son
Conseil réservée la connoissance, & icelle interdit à toutes ses Cours, & autres Juges. FAIT au Conseil d'Etat du Roi, tenu pour les Finances à Versailles le huit Février mil sept cent cinquante-deux. *Signé*, BERGÉRET.

ARREST NOTABLE DU CONSEIL,

QUI fait défenses aux Juges des Tables de Marbre d'arrêter
& surseoir, sous quelque prétexte que ce soit, l'exécution des
Sentences & Ordonnances d'instruction, rendues par les Officiers des Maîtrises dans les cas réparables en définitive, à peine, &c.

Du 29 Février 1752.

SUR la Requête présentée au Roi en son Conseil par le Procureur de
Sa Majesté en la Maîtrise particuliere de Thionville, contenant, &c.
LE ROI EN SON CONSEIL, ayant égard à la Requête, sans s'arrêter au Jugement de la Table de Marbre de Metz, du 28 Juin 1751, que
Sa Majesté a cassé & annullé, ainsi que tout ce qui peut s'en être ensuivi,
a ordonné & ordonne que les articles 2 du titre des Tables de Marbre &
6 du titre des appellations de l'Ordonnance des Eaux & Forêts du mois
d'Août 1669, ensemble la Déclaration du Roi du 8 Janvier 1715, l'art.
49 de l'Edit du mois de Mai 1716, & l'Ordonnance rendue par le Maître particulier de la Maîtrise de Thionville le 21 Juin 1751, seront exécutés selon leur forme & teneur, & en conséquence que les visites & reconnoissances des délits, abus, malversations & contraventions commis
dans les bois appartenant à ladite Dame de Boutteville, situés sur le ban
d'Hombourg & sur les bans circonvoisins & autres procédures commencées
par les Officiers de ladite Maîtrise le 28 du même mois de Juin, & pour
par eux continuées jusqu'à Sentence définitive inclusivement, sauf l'appel
en ladite Table de Marbre. Fait Sa Majesté très expresses défenses aux Officiers de ladite Table de Marbre, d'arrêter & surseoir sous quelque prétexte
que ce soit, l'exécution des Sentences & Ordonnances d'instruction des
Officiers des Maîtrises, dans les cas réparables en définitive, à peine d'a-
mende arbitraire, & sera le présent Arrêt lu, publié, affiché & signifié
par tout & à qui il appartiendra, & exécuté nonobstant oppositions ou autres empêchemens généralement quelconques, pour lesquels ne sera différé,
& dont si aucuns interviennent, Sa Majesté s'en est & à son Conseil réservée
la connoissance & icelle interdit à toutes ses Cours & autres Juges. FAIT
au Conseil d'Etat du Roi tenu pour les Finances à Versailles le vingt-neuf
Février mil sept cent cinquante-deux. *Signé*, BERGÉRET.

ARREST DU CONSEIL,

QUI fait défenfes au Sieur Lieutenant Civil du Châtelet de Paris, de connoître de ce qui a rapport aux pourfuites faites pour le recouvrement des amendes, & de toutes affaires appartenantes à la matiere des Eaux & Forêts, à peine, &c.

Du 29 Février 1752.

SUR la Requête préfentée au Roi en fon Confeil par le Procureur de Sa Majefté en la Maîtrife particuliere des Eaux & Forêts, & réformation du Duché de Vendôme, contenant que par Jugement des fieurs Commiffaires de ladite réformation du 28 Septembre 1705, la Terre & Baronnie de Mondenbleau a été déclarée domaniale, & le fieur Marquis de Chabannais, poffeffeur d'icelle, condamné pour arbres & baliveaux manquans fur ladite Terre, en 10000 livres d'amende & en 300000 livres de reftitution envers Sa Majefté, que faute de payement defdites dettes, amendes & reftitutions, il a par exploit de Guimbrehe, Garde général de ladite Maîtrife du 12 Février 1748, fait faifir entre les mains des Fermiers de ladite Terre, entr'autres de Pierre Pefcar, Fermier du Moulin à Foulon, & de Pierre Leconte fon beau-pere, fubrogé en fon lieu & place, qui par Jugemens des fieurs Commiffaires de ladite réformation, des 22 Avril 1749, & 19 Janvier 1751, ont été condamnés de vuider leurs mains en celles du Receveur des amendes de ladite Maîtrife, de la fomme de 773 livres pour fermages échus & de ceux à échoir, en le faifant dire avec le nommé Cotin de l'Ifle, fe difant Fermier général de ladite Terre, mais que ce dernier ayant eu la fubtilité de fe faire payer par ledit Lecomte, de ladite fomme, au préjudice des faifies faites à la Requête du Suppliant; au lieu de défendre à la demande & fommation dudit Lecomte, l'a fait évoquer au Châtelet de Paris, où par Sentence du 28 Août 1751, il a été ordonné qu'ils y procéderoient, que ledit Lecomte de fon côté a préfenté Requête au fieur Lieutenant Civil du Châtelet, par laquelle il a demandé l'évocation des affignations données à fa Requête le 6 Mars 1750, aux fieurs Marquis de Sourdis, & de Chabannais, & audit Cotin de l'Ifle, pardevant les fieurs Commiffaires de ladite réformation, fur laquelle Requête ledit Lieutenant Civil a rendu une Ordonnance le 15 Octobre audit an 1751; par laquelle il a déclaré lefdites affignations évoquées pardevant lui, & permis d'affigner avec défenfes de procéder ailleurs à peine de nullité, & qu'en vertu de cette Ordonnance ledit Suppliant a été par exploit de Guerreau, Huiffier audit Châtelet du 23 dudit mois d'Octobre, affigné pardevant le fieur Lieutenant Civil; que les chofes étant en cet état, il fe trouve obligé d'avoir recours à Sa Majefté, & de lui repréfenter très humblement, &c.

LE ROI EN SON CONSEIL, ayant égard à la Requête, fans s'arrêter à l'Ordonnance du fieur Lieutenant Civil au Châtelet de Paris du

15 Octobre 1751, que Sa Majesté a cassée & annullée, ainsi que tout ce qui peut s'en être ensuivi, a ordonné & ordonne que l'Arrêt du Conseil du 22 Août 1723, sera exécuté selon sa forme & teneur, & en conséquence que pour raison du fait dont il s'agit, les nommés Leconte, Costin de l'Isle & autres, seront tenus de procéder suivant les derniers erremens pardevant le sieur Eynard de Ravannes, Grand-Maître des Eaux & Forêts du Département de Touraine, Anjou & le Maine. Commissaire nommé par les Arrêts pour procéder à la réformation générale des Domaines & Bois du Duché de Vendôme, ou les Officiers de la Maîtrise particuliere de Vendôme par lui subdélégués, conformément aux assignations qu. leur ont été données à la Requête du Suppliant. Fait Sa Majesté très-expresses défenses audit sieur Lieutenant Civil. & à tous autres Juges de connoître en premiere instance d'aucuns faits d'Eaux & Forêts, & aux Parties de procéder pardevant eux, pour raison de ce, à peine de nullité, cassation de procédures, 1000 livres d'amende, & de tous dépens, dommages & intérêts, & sera le présent Arrêt enrégistré au Greffe de ladite Maîtrise pour y avoir recours si besoin est, signifié à qui il appartiendra, & exécuté nonobstant oppositions & autres empêchemens généralement quelconques, pour lesquels ne sera différé, & dont si aucuns interviennent, Sa Majesté s'en est & à son Conseil réservée la cornoissance & icelle interdit à toutes ses cours & autres Juges. FAIT au Conseil d'Etat du Roi, tenu pour les Finances à Versailles le vingt-neuf Février mil sept cent cinquante - deux. *Signé,* BERGERET.

ARREST DU CONSEIL D'ÉTAT DU ROI,

QUI sans s'arrêter au Jugement de la Table de Marbre du Palais à Paris, du 12 Novembre 1751, ordonne l'exécution des art. II, tit. XIII, & VI du tit. XIV, de l'Ordonnance des Eaux & Forêts du mois d'Août 1669, & de l'art. XLIX de l'Edit de Mai 1716; en conséquence que la Procédure à l'extraordinaire commencée en la Maîtrise de Sedan contre les y dénommés, pour raison de délits & empreinte d'un faux Marteau du Roi, sera continuée suivant les derniers erremens par les Officiers de ladite Maîtrise de Sedan jusqu'à Sentence définitive inclusivement, sauf l'appel en ladite Table de Marbre. Fait défenses aux Officiers dudit Siège & à tous Juges d'arrêter ou surseoir l'instruction des Procès commencés dans les Maîtrises particulières, tant en matière civile que criminelle, pour abus, délits, malversations, confiscations, sous les peines y portées.

Du 29 Février 1752.

SUR la Requête présentée au Roi en son Conseil par le Procureur de Sa

Majefté en la Maîtrife Particuliere des Eaux & Forêts de Sedan , contenant
que par l'Article 5 du titre 7 de l'Ordonnance des Eaux & Forêts du mois
d'Août 1669 , il a été enjoint au Garde-Marteau de chaque Maîtrife de
faire une vifite de quinzaine en quinzaine dans les Bois de Sa Majefté des
ventes qui y font ouvertes & en leurs réponfes , enfemble des routes & chemins fervant à la voiture des bois pour connoître de l'exploitation & des
abus, délits & contraventions dont il dreffa fes Procès-verbaux fur fon regiftre qu'il fera figner par les Sergens à Garde & par les Facteurs ou Gardes-
ventes , pour être par lui trois jours après mis au Greffe, dont il demeurera
déchargé , & après avoir été communiqué au Procureur du Roi, être rapporté & jugé au premier jour d'Audience. Que le Garde-Marteau de ladite
Maîtrife de Sedan, en fe conformant à ces difpofitions , affifté de Jean Grand-
Jean & Jofeph Haban , Gardes des bois du Roi, a fait une vifite dans les
coupes des bois de Sa Majefté vendus pour l'ordinaire de 1751 , à Jean Nicaife & Conforts , affifes au triage du Grand Dieulet , & que fuivant le
Procès-verbal qu'il en a dreffé le premier Octobre 1751 , il eft conftaté
qu'il a reconnu entr'autres délits très graves commis dans lefdites ventes ,
que l'on y avoit coupé dix des plus beaux arbres marqués pour réferve ; que
fur vingt-huit arbres de différentes effences on y avoit coupé & enlevé l'empreinte du marteau du Roi qui avoit été appliqué pour réferver lefdits arbres on y avoit fait au corps des Plaquis fans empreinte , & que fur de pareils plaquis, dont ledit Garde-Marteau a fait lever les levres , il a reconnu
l'empreinte d'une fleur de lys beaucoup plus petite que celle du Marteau du
Roi, defquelles empreintes il en a fait couper & lever deux qu'il a dépofé au
Greffe de la Maîtrife ; qu'après avoir compté & calculé les arbres anciens &
modernes marqués du vrai Marteau du Roi & qui fe trouvent actuellement
exiftant & fur pied dans lefdites coupes , il en a trouvé trois cent cinquante-
quatre feulement, compris un chêne de dix pieds & demi de tour, bien venant & bien placé auquel il lui a paru, par les deux plaquis qui fe trouvent
au corps, que les marques du Marteau du Roi qui y ont été appliquées pour
les réferver, ont été enlevées : qu'il a reconnu auffi l'état d'un arbre appellé
dans le Pays Aigrette , bien placé , portant huit pieds de tour , vraifemblablement marqué du Marteau du Roi, pour être réfervé : qu'en paffant devant
la maifon de Pierre Protat, Tourneur en bois demeurant à Beaumont en
Argonne , il y a trouvé & reconnu un corps d'arbre communément appellé
Aigrette, portant huit pieds de tour & dix-fept pieds de longueur , ayant
deux Plaquis au corps, dont l'un marqué du Marteau du Roi & l'autre
fans aucune marque apparente , qu'il a jugé être le même corps d'arbre que
celui de l'Aigrette ci-deffus ; que ledit Protat lui a déclaré que ce même corps
d'arbre provenoit de la coupe actuelle du Grand Dieulet , qui lui
avoit été vendu par ledit Nicaife , qui lui en auroit vendu encore d'autres pareillement marqués du Marteau du Roi, pour réferve s'il n'en eût été
empêché par le Garde du Triage ; pour quoi il a faifi ledit corps d'arbre ès
mains dudit Protat ; que fur ce Procès-verbal le Suppliant a préfenté fa Requête en forme de plainte , au Maître particulier de ladite Maîtrife le 20 dudit mois d'Octobre, aux fins d'informer defditsfaits, de Marteau contrefait ;
de fauffe marque & autres délits , circonftances & dépendances : l'informa-

tion a été commencée le même jour & continuée les jours suivans : sur les preuves réfultantes de ces informations , il a été , sur les conclufions dudit Suppliant , décerné le 30 dudit mois un décret de prife de corps contre Nicaife pere , Nicolas Legrand , Sergent à Garde des Bois du Roi , & un décret d'ajournement perfonnel contre Jean Nicaife fils : qu'en conféquence ledit Legrand a été emprifonné le premier Novembre enfuivant & a fubi fon interrogation le deux : à l'égard dudit Nicaife pere , il s'eft évadé le fix du même mois , il a été fait une information par addition , mais ledit Suppliant fe difpofant à continuer l'inftruction de cette affaire très-effentielle pour les intérêts de Sa Majefté , en a été empêché par un Jugement de la Table de Marbre du Palais à Paris du 12 dudit mois de Novembre , rendu fur la Requête defdits Nicaife pere & fils , qui les reçoit Appellans des Décrets de prife de corps & d'ajournement perfonnel , a ordonné que fur ledit appel les Parties auroient Audience au premier jour , qu'à cet effet les charges , informations & autres procédures extraordinaires faites en ladite Maîtrife , feroient apportées & envoyées au Greffe dudit Siége , à ce faire le Greffier de ladite Maîtrife contraint par corps , à lui enjoint d'obéir trois jours après le premier commandement qui lui en feroit fait , à peine de cinquante livres & d'interdiction : que ce Jugement ayant été fignifié le quinze , ce Greffier y a obéi pour éviter les peines que l'on avoit impofé contre lui , au moyen de quoi ladite Maîtrife fe trouve entierement dépouillée de la connoiffance de cette affaire : que les chofes en cet état , il fe trouve obligé d'avoir recours à Sa Majefté & de lui repréfenter très-humblement que ce Jugement ne tend à rien moins que de fouftraire aux yeux de la Juftice un crime auffi grave que celui du Marteau du Roi , contrefait d'une empreinte de fauffe marque, qu'il eft contraire aux intérêts de Sa Majefté , à l'article 2 du titre 13 , à l'article 6 du titre 14 de l'Ordonnance de 1669 , & à l'article 49 de l'Edit du mois de Mai 1716 , &c.

LE ROI EN SON CONSEIL, ayant égard à la Requête fans s'arrêter au Jugement de la Table de Marbre du Palais à Paris du 12 Novembre 1751 , que Sa Majefté a caffé & annullé , ainfi que tout ce qui peut s'en être enfuivi , a ordonné & ordonne que les articles 2 du titre 13 & 6 du titre 14 de l'Ordonnance des Eaux & Forêts du mois d'Août 1669 , enfemble l'article 49 de l'Edit du mois de Mai 1716 , & les Arrêts & Réglemens intervenus depuis , feront exécutés felon leur forme & teneur , en conféquence que la procédure commencée en la Maîtrife particuliere de Sedan , contre les nommés Jean Nicaife pere , Jean Nicaife fils , Nicolas Legrand , Sergent à Garde des Bois de Sa Majefté du reffort de ladite Maîtrife, leurs complices & adhérans , pour raifon du fait dont il s'agit , fera continuée fuivant les derniers erremens par les Officiers de ladite Maîtrife jufqu'à Sentence définitive inclufivement, fauf l'appel en ladite Table de Marbre : fait S. M. très-expreffes inhibitions & défenfes aux Officiers de lad. Table de Marbre , & à tous autres Juges d'arrêter ou furfeoir , fous quelque prétexte que ce foit , l'inftruction des Procès commencés dans les Maîtrifes particulieres , tant en matiere civile que criminelle , pour abus , délits , malverfations & confifcations , dans les cas réparables en définitif , & fera le préfent Arrêt enrégiftré au Greffe de ladite Maîtrife, pour y avoir recours fi befoin eft , fignifié à qui il appartiendra

&c

& exécuté nonobftant oppofitions ou autres empêchemens généralement quelconques , pour lefquels ne fera différé , & dont fi aucuns interviennent Sa Majefté s'en eft & à fon Confeil réfervée la connoiffance , & icelle interdite à toutes fes Cours & autres Juges. F A I T au Confeil d'Etat du Roi, tenu pour les Finances à Verfailles le vingt-neuf Février mil fept cent cinquante-deux. Collationné. *Signé*, B E R G E R E T , avec paraphe.

ARREST DU CONSEIL,

Q U I fait défenfes aux Tables de Marbre de procéder à aucunes réceptions de Gardes , fi ce n'eft en cas de refus de la part des Officiers des Maîtrifes , & lorfqu'il y aura appel de ce refus.

Du 28 Mars 1752.

S U R la Requête préfentée au Roi en fon Confeil par le Procureur de Sa Majefté en la Maîtrife particulière de Poitiers , contenant , &c.
LE ROI EN SON CONSEIL , ayant égard à la requête , fans s'arrêter au Jugement de la Table de Marbre du Palais à Paris du 2 Novembre 1750 , portant réception du nommé François Pionneau dit la France , pour faire les fonctions de Garde Bois , Pêches & Chaffes des Terres & Seigneuries de Beragés & Défobinieres , appartenantes à la dame veuve du fieur de Peftatazy , que Sa Majefté a caffé & annullé , ainfi que tout ce qui peut s'en être enfuivi , a ordonné & ordonne que l'article 2 du titre 10 de l'Ordonnance des Eaux & Forêts du mois d'Août 1669 , & l'Arrêt du Confeil du 26 Février 1737 , feront exécutés felon leur forme & teneur ; & en conféquence) fait Sa Majefté très-expreffes inhibitions & défenfes audit Pionneau dit la France, de faire fous quelque prétexte que ce foit aucunes fonctions de Garde Bois , Pêches & Chaffes dans l'étendue defdites Terres , & aux Officiers de ladite Table de Marbre de connoître à l'avenir en premiere inftance , d'aucunes des matières des Eaux & Forêts , Pêches & Chaffes , & de recevoir aucuns Gardes defdites Eaux & Forêts , Pêches & Chaffes , fi ce n'eft dans les cas où les Officiers des Maîtrifes , auront refufé de procéder à la réception des Gardes , & qu'il y aura appel dudit refus , à peine de nullité de 100 livres d'amende envers les Procureurs qui fignerois les Requêtes , & fera le préfent Arrêt enrégiftré au Greffe de la Maîtrife particuliere de Poitiers , pour y avoir recours fi befoin eft , & exécuté nonobftant oppofitions & autres empêchemens généralement quelconques , pour lefquels ne fera différé , & dont fi aucuns interviennent , Sa Majefté s'en eft & à fon Confeil réfervée la connoiffance , & icelle interdit à toutes fes Cours & autres Juges. F A I T au Confeil d'Etat du Roi tenu pour les Finances à Verfailles le vingt-huit Mars mil fept cent cinquante-deux. *Signé* , B E R G E R E T.

ARREST DU CONSEIL D'ÉTAT DU ROI,

QUI déclare fujets au Contrôle des Exploits les Procès-verbaux faits par les Gardes de Bois des Seigneurs, & les pourfuites faites à la requête de leur Procureur Fifcal, qui ne concernent point la Police générale & les Matières criminelles.

Du 16 Mai 1752.

Extrait des Regiftres du Confeil d'Etat.

VU au Confeil d Etat du Roi la Requête préfentée en icelui par les Abbé,
Prieur & Religieux de l'Abbaye de Clairvaux, Généralité de Châlons, contenant que le Fermier du Contrôle a donné tout récemment des ordres à fes
Commis d'arrêter les Rapports qui n'auront point été contrôlés dans les
quatre jours de leurs dates, à l'effet d'en dreffer Procès-verbal & de pourfuivre la condamnation des amendes, que cette prétention eft fans fondement, le Fermier ne pouvant citer aucun Arrêt qui ait affujetti au Contrôle les Procès-verbaux & Rapports des Gardes des Bois; qu'au contraire
toutes les fois que cette queftion s'eft préfentée, elle a été jugée contre le
Fermier, &c.

LE ROI EN SON CONSEIL a ordonné & ordonne que les Arrêts des
13 Juin & 30 Août 1672, 10 Avril 1691, 26 Juillet 1701, 28 Mars 1719
& 19 Mars 1743, feront exécutés felon leur forme & teneur; en conféquence,
que les Procès-verbaux & rapports des Gardes des Bois & Forêts defdits Abbé, Prieur & Religieux de Clairvaux, pour faits de Chaffe, ou pour délits commis dans lefdits Bois & fur les rivières, feront contrôlés au contrôle des Exploits fur le pied de neuf fols fix deniers, à caufe de chacun des
Délinquans y dénommés, tant pour le contrôle du rapport, que de l'affignation donnée en conféquence, pourvû que l'affignation foit renfermée dans
le même Procès-verbal, & avant qu'il foit clos; mais fi le rapport eft clos,
& que l'affignation foit donnée par un acte fubféquent, il fera payé deux
droits, fçavoir, un pour le rapport, & un autre pour l'Exploit d'affignation; que les Procès-verbaux de diligences des Gardes defdits Abbé,
Prieur & Religieux faits pour chablis abattus par les vents, Cerfs trouvés
morts, & pour délits commis par gens inconnus, feront exempts d'enrégiftrement & des droits de Contrôle; mais que fi les auteurs des délits viennent
à être connus par la fuite, les affignations qui leur feront données feront
contrôlées fur le pied de neuf fols fix deniers pour chaque Délinquant; ordonne pareillement Sa Majefté, que tous les Exploits donnés à la Requête
du Procureur Fifcal defdits Abbé, Prieur & Religieux, pour délits & dégats commis dans leurs Terres & Bois, & ceux pour paivenir à des condamnations d'amende, pour payement de redevances & autres cas qui ne
concernent point la Police générale, ou les pourfuites des affaires criminelles, feront contrôlés, & les Droits payés dans les délais des Réglemens &

fous les peines y portées. FAIT au Conſeil d'Etat du Roi, tenu pour les Finances à Verſailles, le ſeize Mai mil ſept cent cinquante deux. Collationné.
Signé, DE VOUGNY.

ARREST DU CONSEIL D'ÉTAT DU ROI,

QUI caſſe un Arrêt du Parlement de Grenoble, & fait défenſes à cette Cour, d'entreprendre ni ordonner à l'avenir, ſous
quelque prétexte que ce ſoit, aucune réformation & deſcente,
en matière d'Eaux & Forêts, de commettre aucun Officier
dudit Parlement pour ce, & de faire & inſtruire le Procès aux
Officiers des Maîtriſes particulieres de ſon Reſſort, s'il n'a été
commis à cet effet par Sa Majeſté, ou pris l'attache du Grand
Maître des Eaux & Forêts.

Du 13 Juin 1752.

SUR la Requête préſentée au Roi en ſon Conſeil, par Antoine Burlet d'Au-
trive, Procureur de Sa Majeſté en la Maîtriſe particulière de Grenoble, contenant que Sa Majeſté ayant jugé qu'il étoit néceſſaire pour la conſervation
des Bois dépendans du Domaine de la Couronne, & de ceux appartenans
tant aux Eccléſiaſtiques & Communautés Régulieres & Séculieres, qu'aux
Particuliers de la Province du Dauphiné, que l'Ordonnance des Eaux & Forêts du mois d'Août 1669, & les Arrêts & Réglemens du Conſeil intervenus en conſéquence y fuſſent exécutés, dans toutes leurs diſpoſitions; elle a
pour y parvenir créé par l'Edit de Mai 1729, trois Maîtriſes dans cette même Province, au lieu d'une ſeule qu'il y avoit auparavant. Le Suppliant qui
avoit travaillé près de dix ans ſous les yeux des ſieurs Commiſſaires de la
Réformation, s'eſt fait pourvoir en 1732 de l'Office de Procureur du Roi
en ladite Maîtriſe; enſortequ'il y a vingt ans qu'il en exerce les fonctions ſans
jamais avoir reçu aucun reproche de ſes Supérieurs. L'Arrêt du Conſeil du
29 Décembre 1693, les différens Mémoires que leſdits ſieurs Commiſſaires
ont adreſſé au Conſeil pendant la durée de ladite réformation, ceux des Grands-
Maîtres depuis l'établiſſement des trois Maîtriſes, & enfin le nombre d'affaires ſuſcitées aux Officiers deſdites Maîtriſes depuis leur établiſſement, prouvent d'une manière convaincante l'oppoſition opiniâtre que le Parlement de
Grenoble a fait paroître dans tous les temps contre les Réglemens en matière
d'Eaux & Forêts, & les contradictions ſans nombre que les Officiers chargés
de la manutention de ces Réglemens ont eſſuyé de la part des Officiers de cette
Cour. Il eſt certain, dans le fait, qu'au moment même de l'établiſſement deſdites Maîtriſes, les Officiers de ce Parlement ont projetté de les détruire, ou
au moins d'obliger par les plus dures perſécutions les Officiers dont elles
étoient & ſont compoſées, de ne faire aucune des fonctions qui leur ſont attribuées; le projet de ces Officiers principaux vient de s'accomplir pour la

Maîtrise de Grenoble, en attendant qu'ils puissent se ménager un prétexte de l'effectuer pour celles de Saint Marcelin & de Die. En effet les Officiers dudit Parlement se sont avisés au mois de Février 1752, de faire une descente dans le Greffe de ladite Maîtrise de Grenoble, & de commettre un d'entr'eux pour dresser un Procès-verbal de visite & vérification des titres & papiers qui y sont déposés. Cette conduite de leur part a donné lieu audit Suppliant d'en dresser Procès-verbal les 26 & 27 du même mois ; le 22 Mars ensuivant, ces mêmes Officiers l'ont décreté de prise de corps, ainsi qu'il résulte de l'Arrêt de ce jour. La soumission qu'il doit par état à la Justice, & son innocence, le détermineroient sans peine à se présenter sur ce décret, d'autant plus qu'il ne lui sera pas difficile de confondre ses ennemis & la calomnie, mais devant qui se remettra-t-il ? & qui seront ses Juges ? Les Officiers de ce Parlement ses Parties, qui constamment ne sont point en droit de l'obliger de répondre pardevant eux, ainsi qu'il va l'établir avec la derniere évidence. Il est donc de la justice de Sa Majesté de le renvoyer pardevant son Juge naturel pour lui faire & instruire son Procès, s'il est coupable, dans la forme prescrite par ladite Ordonnance de 1669, l'entreprise dudit Parlement étant absolument attentatoire aux dispositions de cette même Ordonnance ainsi qu'à celles des Arrêts & Réglemens rendus en conformité, &c.

LE ROI EN SON CONSEIL ayant égard à la Requête, sans s'arrêter au Decret de prise de corps décerné contre le Suppliant le 22 Mars 1752 par le Parlement de Grenoble, que Sa Majesté a cassé & annullé, ainsi que tout ce qui peut s'en être ensuivi, a ordonné & ordonne que les articles 4 & 5 du titre 3, 7, 8 & 10 du titre 13 de l'Ordonnance des Eaux & Forêts du mois d'Août 1669, & les Arrêts du Conseil des premier Août 1682, 27 Avril 1683 & 3 Juin 1693, seront exécutés selon leur forme & teneur, ce faisant que le Procès-verbal de visite & vérification des papiers & titres étant au Greffe de la Maîtrise particulière de Grenoble, & toutes les Procédures qui ont ou peuvent avoir été faites avant ou depuis ledit décret par ledit Parlement, seront incessamment remis au Greffe de ladite Maîtrise, en présence dudit Suppliant, ou lui duement appellé, à l'effet d'en prendre communication, & de fournir sur le tout ses réponses dans deux mois au plutard, à compter du jour que lesdits Procès-verbal & Procédures auront été remis, à quoi faire seront les Greffiers & Dépositaires desdits Procès-verbal & Procédures contraints par les voies ordinaires & accoutumées; ce faisant ils en seront & demeureront bien & valablement déchargés, & ce en vertu du présent Arrêt & sans qu'il en soit besoin d'autre ; ordonne en outre Sa Majesté que par le sieur Hennet de Courbois, Grand-Maître des Eaux & Forêts du Département du Lyonnois, ou celui des Officiers des Maîtrises particulières dudit Département qu'il jugera à propos de commettre à cet effet, il sera aussi incessamment procédé à la continuation des Procédures commencées par ledit Parlement contre ledit Suppliant : pour son Procès lui être fait & parfait s'il y a lieu par ledit sieur Grand-Maître jusqu'à Jugement définitif inclusivement, sauf l'appel au Conseil, en appellant néanmoins avec lui le nombre de Gradués requis par l'Ordonnance, auquel effet Sa Majesté a attribué & attribue en tant que besoin est ou seroit, tant audit sieur Grand-Maître qu'auxdits Gradués, toutes Cours, Jurisdictions & connoissance, & icelle interdit à toutes ses Cours & autres Juges. Fait Sa

Majesté très-expresses inhibitions & défenses audit Parlement d'entreprendre ni ordonner à l'avenir, sous quelque prétexte que ce soit, aucune réformation & descente en matière d'Eaux & Forêts, de commettre aucun Officier dudit Parlement pour ce, & de faire & instruire le Procès aux Officiers des Maîtrises particulières de son ressort, s'il n'a été commis à cet effet par Sa Majesté, ou pris l'attache dudit sieur Grand-Maître, conformément à ce qui est prescrit par l'article 8 du titre 13 de ladite Ordonnance de 1669, & sera le présent Arrêt signifié à qui il appartiendra, & exécuté nonobstant oppositions ou autres empêchemens généralement quelconques pour lesquels ne sera differé, & dont si aucuns interviennent, Sa Majesté s'en est & à son Conseil réservée la connoissance & icelle interdit à toutes ses Cours & autres Juges. FAIT au Conseil d'Etat du Roi, tenu pour les Finances, à Versailles le treize Juin mil sept cent cinquante-deux. Collationné, *Signé*, DE VOUGNY, avec paraphe.

ARREST DU CONSEIL,

QUI, conformément à plusieurs autres qui y sont rélatés, maintient le premier Huissier-Audiencier de la Maîtrise d'Avalon dans le droit de mettre à exécution, dans le ressort de ladite Maîtrise, tous Jugemens, Ordonnances & Commissions, tant des Juges des Eaux & Forêts que de tous autres Juges, &c.

Du 11 Juillet 1752.

SUR la Requête présentée au Roi en son Conseil par le sieur Philibert Bailly; Premier Huissier Audiencier en la Maîtrise particulière des Eaux & Forêts d'Avalon, contenant, &c.

LE ROI EN SON CONSEIL, ayant égard à la Requête, sans s'arrêter à l'Arrêt du Parlement de Dijon, obtenu par défaut par les nommés Condren, Premier Huissier, Maillet, Morizot & Regnier, Huissiers Audienciers au Bailliage d'Avalon, contre le Suppliant le premier Février 1752, que Sa Majesté a cassé & annullé, ainsi que tout ce qui peut s'en être ensuivi; a ordonné & ordonne que l'Edit du mois de Décembre 1693, & les Arrêts du Conseil des 27 Décembre 1729, 14 Septembre 1731, 3 Juin 1732, 5 Avril 1735 & 15 Août 1741, seront exécutés selon leur forme & teneur, & en conséquence Sa Majesté a maintenu & maintient ledit Suppliant dans le droit & possession de mettre à exécution dans toute l'étendue de la Maîtrise particulière des Eaux & Forêts d'Avalon, où il est immatriculé seulement, toutes Ordonnances, Sentences, Jugemens, Arrêts & Commissions, tant des Juges des Eaux & Forêts, que de tous autres Juges; fait Sa Majesté très-expresses inhibitions & défenses à tous Huissiers, Sergens & autres de l'y troubler, à peine de 1000 liv. d'amende & de tous dépens, dommages & intérêts, & audit Suppliant de faire aucune fonction hors l'étendue de ladite Maîtrise sous les mêmes peines, & sera le présent Arrêt enrégistré au Greffe de ladite Maîtrise, signifié à qui il appartiendra, & exécuté nonobstant oppositions & autres empêchemens généralement quelconques, pour lesquels ne sera différé, & dont si aucuns interviennent, Sa Majesté s'en est & à son Conseil réservée la connoissance, & icelle interdit à toutes ses Cours & autres Juges. FAIT au Conseil d'Etat du Roi tenu pour les Finances à Versailles le onze Juillet mil sept cent cinquante-deux. *Signé*, DE VOUGNY.

ARREST NOTABLE DU CONSEIL,

QUI fait défenses à la Table de Marbre de Metz d'entreprendre aucune réformation, de descendre sur les lieux & de faire le Procès aux Officiers des Maîtrises, si elle n'a pris l'attache du Grand-Maître, ou n'a été commise par Sa Majesté.

Du 25 Juillet 1752.

SUR la Requête présentée au Roi en son Conseil par le sieur Jean-Jacques Nansé, Maître particulier, & Ignace Fellmann, Procureur de Sa Majesté en la Maîtrise des Eaux & Forêts d'Ensicheim, contenant que le nommé Libz, l'un des Gardes de la Forêt de la Haste appartenant au Roi, ayant commis des malversations dans ses fonctions, a été poursuivi criminellement à la requête du Procureur de Sa Majesté en ladite Maîtrise; le Procès a été instruit par le Maître particulier, & par Sentence rendue en ladite Maîtrise le 17 Août 1751; ce Garde a été condamné en 150 liv. d'amende, & en pareille somme de restitution envers Sa Majesté, a été interdit de ses fonctions, & condamné aux dépens; il a appelé de cette Sentence le 9 Septembre ensuivant à la Table de Marbre du Palais de Metz; son appel n'a point été relevé, & il s'en est déporté par acte signifié au Procureur Général du même Siége le 9 Novembre de la même année; nonobstant ce désistement le Procureur Général de ladite Table de Marbre a obtenu Arrêt en ce Siége le 8 Janvier 1752, qui lui a permis d'anticiper ledit Libz sur ledit appel, & a ordonné au Greffier de ladite Maîtrise de remettre au Greffe de ladite Table de Marbre les minutes des charges & informations sur lesquelles la Sentence du 17 Août 1751 avoit été rendue; ledit Procureur Général a fait signifier cet Arrêt au Greffier de ladite Maîtrise le 3 Fév. audit an 1752, lequel pour y satisfaire a porté les minutes du Procès du Greffe de ladite Table de Marbre; ledit Libz a été assigné le 19 du même mois pour comparoître en ladite Table de Marbre; mais il n'a pas comparu à cause qu'il s'étoit désisté de son appel; le 23 du même mois de Février ladite Table de Marbre a rendu un autre Arrêt sur les conclusions du Sr Procureur Général, qui a cassé & annullé la procédure extraordinairement instruite en la Maîtrise contre ledit Libz, & ordonné qu'elle seroit recommencée aux frais du Maître particulier, & qu'il seroit procédé à une nouvelle information à la poursuite & diligence dudit sieur Procureur Général, par le sieur Thomas, l'un des Conseillers de ladite Table de Marbre, commis à cet effet, lequel se transporteroit sur les lieux; en exécution de cet Arrêt ledit fieur Thomas, Commiffaire nommé, ledit fieur Procureur Général, le Greffier, un Huiffier & un Interprête, fe font rendus à Enficheim, ils font arrivés le 5 Mars 1752, & le 7 du même mois le fieur Thomas a décerné un exécutoire contre le Maitre particulier de ladite Maîtrife de la fomme de 1353 livres, qui lui a été fignifié avec commandement de payer le 8 du même mois. L'Huiffier réitera le commandement de payer; le Maître particulier étoit alors abfent & occupé à fes fonctions; l'Huiffier par les ordres dudit fieur Procureur Général fe préfenta au domicile dudit Maître particulier pour faifir fes meubles & effets, & ayant trouvé les portes de deux chambres fermées, il y appofa le fcellé & fe retira pour obtenir permiffion de faire ouvrir les portes par un Serrurier; dans ces entrefaites le Maître particulier étant arrivé, & ayant fait fignifier un acte audit fieur Procureur Général de la Table de Marbre, contenant fes proteftations de nullité de tout ce qui fe faifoit, & que le payement qu'il feroit ne pouvoit lui être imputé comme un acquiefcement; il a payé en effet le 9 dudit mois de Mars la fomme de 1414 liv. 10 f. pour éviter la vente de fes effets. Ledit Commiffaire au lieu d'informer feulement contre ledit Libz, fuivant la commiffion qui lui avoit été donnée par l'Arrêt du 23 Février 1752, a interrogé les témoins fur la conduite des Officiers de ladite Maîtrife, & a rédigé leurs dépofitions à charge contre lefdits Officiers; les Suppliants font fondés à demander la caffation des Arrêts de ladite Table de Marbre des 8 Janvier & 23 Février 1752, & ils font intéreffés à fe pourvoir à cet effet, fçavoir, le Procureur du Roi, pour le foutien des intérêts de Sa Majefté & de la Jurifdiction de ladite Maîtrife, & le Maître particulier, pour faire ceffer les pourfuites exercées contre lui, & fe faire reftituer les fommes qu'il a payées, & qu'il pourroit être contraint de payer à l'avenir fur des exécutoires décernés dans le cours des procédures que ladite Table de Marbre n'eft pas en droit de faire, &c.

LE ROI EN SON CONSEIL, ayant aucunement égard à la Requête fans s'arrêter aux Arrêts de ladite Table de Marbre de Metz, rendus au Souverain les 8 Janvier & 23 Février 1752, que Sa Majefté a caffés & annullés, a ordonné & ordonne que l'article VIII du titre XIII de l'Ordonnance des Eaux & Forêts du mois d'Août 1669, & la Sentence de la Maîtrife particuliere d'Enficheim, intervenue contre le nommé Libz, Garde de la Forêt de la Hafte le 17 Août 1751, feront exécutés felon leur forme & teneur, ce faifant que dans un mois au plus tard, à compter du jour & date de la fignification qui fera faite du préfent Arrêt, le Greffier de la Table de Marbre fera tenu d'envoyer à M. le Garde des Sceaux, Contrôleur Général des Finances, toute la procédure faite en premiere inftance par les Officiers de ladite Maîtrife contre ledit Libz, & remife au Greffe de ladite Table de Marbre, & celle faite en la même Table de Marbre, & l'exécutoire décerné contre le Maître particulier de ladite Maîtrife, pour fur lefdites procédures & exécutoires être par Sa Majefté ftatué ce qu'il appartiendra; à quoi faire & envoyer lefdites procédures, exécutoires & autres actes concernant le fait en queftion, fera le Greffier de ladite Table de Marbre contraint par les voyes ordinaires & accoutumées, même par corps; ce faifant il en fera & demeurera bien & valablement déchargé en vertu du préfent Ar-

rêt, & fans qu'il en foit befoin d'autre. Fait Sa Majefté très-expreffes inhibitions & défenfes aux Officiers de ladite Table de Marbre de rendre à l'a-
venir de pareils Arrêts, d'entreprendre ni ordonner, fous quelque prétexte
que ce foit, aucunes réformations & defcentes en matiere d'Eaux & Forêts, de
commettre aucuns Officiers dud. Siége pour ce, ou de faire & inftruire le Procès aux Officiers des Maîtrifes particulieres du reffort de ladite Table de Marbre, s'ils n'ont été commis à cet effet par S. M. ou pris l'attache du Grand-
Maître des Eaux & Forêts du Département, conformément à ce qui eft prefcrit par l'article VIII du titre XIII de ladite Ordonnance de 1669, & fera
ledit préfent Arrêt exécuté nonobftant oppofitions & autres empêchemens
généralement quelconques, pour lefquels ne fera différé, & dont fi aucuns
interviennent, Sa Majefté s'en eft & à fon Confeil refervée la connoiffance,
& icelle interdit à toutes fes Cours & autres Juges. FAIT au Confeil d'Etat
du Roi tenu pour les Finances le vingt-cinq Juillet mil fept cinquante-
deux. *Signé*, DE VOUGNY.

ARREST DU CONSEIL,

QUI maintient les Grands-Maîtres dans le droit de deftituer feuls
& fans appel les Gardes des Bois des Communautés, & de nommer à leur place fans la participation defdites Communautés.

Du 15 Août 1752.

SUR la Requête préfentée au Roi en fon Confeil, par Jean Barré, ci-devant Garde Général à cheval des Bois ufagers de Rocroy & des environs,
& Collecteur des amendes de la grurie de Moncornet, contenant qu'il avoit
été pourvu de cette Commiffion dès l'année 1730, par le fieur Courtagnon
alors Grand-Maître des Eaux & Forêts du Département de Champagne, que
le fieur Pajot du Bouchet ayant fuccédé audit fieur de Courtagnon, il a de
nouveau commis ledit Suppliant à la garde defdits Bois le 8 Août 1743;
que ledit Suppliant, qui a exercé cette Commiffion pendant plus de vingt
années, fans qu'il y ait eu la moindre plainte contre lui, de la part des
Communautés ufageres, ne devoit naturellement pas s'attendre à s'en voir
dépouiller un jour, fur-tout en continuant, comme il a toujours fait, de fe
comporter au gré du Public & du Particulier; mais que cependant il a appris
avec le dernier étonnement, que ledit fieur Pajot du Bouchet a difpofé de
cette place en faveur du nommé Jofeph Lambert, le 10 Décembre 1751,
qu'en ayant été bientôt informé, il a fait fignifier le 22 du même mois, un
acte aux Officiers de ladite Grurie, portant qu'il étoit Appellant de fa deftitution & révocation faite par ledit fieur Grand-Maître en faveur dudit Lambert, & qu'en conféquence, il s'oppofoit à la réception que celui-ci pouvoit
requerir en en ladite Commiffion de Garde Général; que bien qu'il fût d'un
préalable de faire ftatuer fur cet appel & fur cette oppofition, néanmoins les
Officiers de ladite Grurie ont jugé à propos de recevoir & d'inftaller provifoirement ledit Lambert, qu'il n'a pas eu plutôt avis de cette procédure;

que

que par un autre acte signifié audit Lambert le 29 dudit mois de Décembre,
il lui a déclaré qu'il étoit Appellant, tant de sa commission & réception,
que de tout ce qui pourroit s'en être ensuivi, comme étant le tout fait au mépris de l'Arrêt du Conseil du 6 Mars 1731, que c'est pour faire droit sur cet
appel, qu'il a l'honneur de recourir à l'autorité de Sa Majesté, & de lui représenter très-humblement, &c.

Oui le rapport, LE ROI EN SON CONSEIL, sans avoir
égard aux requêtes, demandes, fins & conclusions du Suppliant, ni à l'appel par lui interjetté le 22 Décembre 1751, de la Commission de Garde Général, Collecteur des amendes de la Gruerie de Moncornet, expédiée le 10
du même mois de Décembre, par le sieur du Bouchet, ci-devant Grand-
Maître des Eaux & Forêts du Département de Champagne, en faveur du
nommé Joseph Lambert, dont Sa Majesté l'a débouté & déboute, a ordonné
& ordonne que ladite Commission sera exécutée selon sa forme & teneur;
fait Sa Majesté très-expresses inhibitions & défenses audit Suppliant de faire
sous quelque prétexte que ce soit, aucunes fonctions de Garde dans les Bois
du Marquisat de Moncornet, à peine de faux, & d'être poursuivi extraordinairement, suivant la rigueur des Ordonnances; & aux Juges de la Gruerie
& à tous autres, de s'immiscer à la nomination des Gardes desdits Bois,
laquelle nomination demeurera conservée au sieur Grand Maître dudit Département de Champagne seulement; & sera le présent Arrêt exécuté nonobstant oppositions, & autres empêchemens généralement quelconques, pour
lesquels ne sera différé, & dont si aucuns interviennent, Sa Majesté s'en est
& à son Conseil, réservée la connoissance, & icelle interdite à toutes ses
Cours & autres Juges. FAIT au Conseil d'Etat, tenu pour les Finances, à
Versailles le quinze Août mil sept cent cinquante-deux. *Signé,* DE VOUGNY.

ARREST DU CONSEIL,

QUI maintient les Officiers des Maîtrises dans le droit de connoître de la propriété lorsqu'elle sera connexe à un fait de visitation & réformation, ou incidente & proposée pour défense,
conformément à l'article X du titre premier de l'Ordonnance
de 1669.

Du 15 Août 1752.

SUR la Requête présentée au Roi en son Conseil, par le Procureur de Sa
Majesté en la Maîtrise particulière des Eaux & Forêts de Pacy & Nonancourt,
contenant que sur une action résultante d'un prétendu délit de Bois, intentée en ladite Maîtrise, de la part du sieur Baron d'Autelay, contre le nommé Routier de Maisonville; la nommée Clotilde Chevalot, veuve du sieur
Nicolas Tiercé, est intervenue en l'Instance par une Requête du 10 Décembre 1751, par laquelle Requête elle a conclu à ce qu'attendu que dans le
fait dont étoit question, elle étoit Propriétaire du fonds qui faisoit la contestation, & sur lequel avoit été abbatu le Bois du prétendu délit, ainsi qu'elle

le juftifieroit par titres, & que la connoiffance n'en appartenoit point aux Officiers de ladite Maîtrife, aux termes de l'Ordonnance des Eaux & Forêts du mois d'Août 1669, les Parties fuffent renvoyées à procéder pardevant les Juges auxquels la connoiffance en appartenoit; que par Sentence de ladite Maîtrife du 20 du même mois de Décembre, rendue fur les conclufions dudit Suppliant, l'intervenante a été déboutée de fes déclinatoires, & il a été ordonné que les Parties procéderoient fuivant les derniers erremens; de laquelle Sentence cette veuve & ledit Routier de Maifonville ont interjetté appel le 31 Janvier 1752, lequel appel a été dénoncé audit Suppliant, de forte qu'il fe trouveroit tenu de la fuite du procès, pour foutenir la compétence de la Jurifdiction de ladite Maîtrife, mais que cet appel fe trouve à tous égards, dénué de raifon, même précifément condamné par l'art. 10 du tit. premier de ladite Ordonnance de 1669, fur lequel appel ladite veuve Tiercé & ledit Routier de Maifonville ont prétendu qu'il eft de principe que tout Juge qui connoît du principal, doit connoître de l'acceffoire qui en eft inféparable; que fi l'action lui eft attribuée, on ne peut lui refufer l'exception, étant conftamment compétent d'abfoudre, dés qu'il eft compétent de condamner; qu'ainfi l'incompétence prétendue n'étant fondée que fur la propriété alléguée, il s'enfuit néceffairement que cette propriété n'étoit propofée, que pour l'exception & défenfe, la connoiffance en eft directement dévolue aux Juges faifis de l'action; pour reconnoître par l'inftruction, fi le Défendeur ne fera pas condamnable de la peine du délit, enfin que fi le fyftême de ladite veuve Tiercé & dudit fieur Routier de Maifonville peut être écouté, il en réfulteroit cette abfurdité manifefte, qu'il fuffiroit à tous délinquans dans les Bois des Particuliers d'alléguer le poffeffoire ou pétitoire, pour éluder impunément la condamnation, & rendre illufoire l'exercice d'une Jurifdiction fi authentiquement établie par les Ordonnances de Sa Majefté, &c.

LE ROI EN SON CONSEIL, ayant égard à la Requéte, fans s'arrêter à l'appel interjetté par le nommé Routier de Maifonville & la veuve Tiercé le 31 Janvier 1752, de la Sentence de ladite Maîtrife particulière de Pacy du 20 Décembre 1751, que Sa Majefté a déclaré & déclare nul & de nul effet, a ordonné & ordonne que l'art. 10 du tit. I de l'Ordonnance des Eaux & Forêts du mois d'Août 1669, fera exécuté felon fa forme & teneur, & en conféquence que pour raifon du fait en queftion, les Parties continueront de procéder en ladite Maîtrife, fuivant les derniers erremens, jufqu'à Sentence définitive inclufivement, fauf l'appel au Siége de ladite Table de Marbre du Palais de Rouen; & fera le préfent Arrêt exécuté nonobftant oppofitions, appellations, clameur de Haro Charte Normande, ou autres empêchemens généralement quelconques, pour lefquels ne fera différé; & dont fi aucuns interviennent, Sa Majefté s'en eft & à fon Confeil, réfervée la connoiffance, & icelle interdite à toutes fes Cours & autres Juges. FAIT au Confeil d'Etat, tenu pour les Finances, à Verfailles le quinze Août mil fept cent cinquante-deux. *Signé*, DE VOUGNY.

ARREST NOTABLE DU CONSEIL,

QUI maintient les Grands-Maîtres, conformément aux Ordonnances & Réglemens qui y font rapportés, dans le droit de connoître de tous différends entre les Seigneurs & Communautés, pour délivrances, usages & partages des Bois communaux, &c.

Du 5 Septembre 1752.

SUR la Requête préfentée au Roi en fon Confeil, par le fieur de Fleury, Grand Maître des Eaux & Forêts du Département de Bourgogne, Comté de Bourgogne & Alface, contenant que, nonobftant les difpofitions précifes de l'Ordonnance des Eaux & Forêts du mois d'Août 1669, qui attribue expreffément aux Grands-Maîtres la connoiffance de tout ce qui concerne le Réglement des ufages & partages des Bois, prés, pâtis, bruyeres & graffes pâtures entre les Seigneurs & les Habitans des Paroiffes, & nonobftant les Arrêts du Confeil rendus en conféquence, qui confirment cette attribution, la Chambre fouveraine des Eaux & Forêts du Département de Befançon, ne ceffe de méprifer cette Loi, en ordonnant toujours le contraire : le Suppliant a juftement lieu de fe plaindre de deux Arrêts qui viennent d'être rendus dans la même affaire, entre le fieur Lampinel, Seigneur de Sainte Marie-en-Chaux, & les Habitans & Communauté de Bruche ; dans ce fait, ledit fieur Lampinel a un four banal audit lieu de Sainte-Marie, pour le chauffage duquel il a droit de prendre feulement le bois mort & mort bois, dans une Forêt appellée Mentmora appartenante aux Habitans dudit lieu de Bruche ; le nommé Tranfmufel, Fermier de ce four, ayant par indifcrétion coupé des bois dans cette Forêt, le Garde-Marteau de la Gruerie de Luxeul qui n'eft qu'une fimple Juftice ou Gruerie feigneuriale de l'Abbaye de Luxeul, en a fait fon rapport au Greffe de cette Juftice le 27 Janvier 1745, par lequel il a conftaté que le nommé Tranfmufel conduifoit un chariot chargé de bois menus avec un pied de hêtre vif, façonné en bois de chauffage ; & par Sentence rendue en ladite Juftice ou Gruerie de Luxeul le 9 Août enfuivant, il a été condamné en 15 liv. d'amende, au profit de ladite Abbaye, & en 15 liv. de reftitution envers ladite Communauté de Bruche ; le Fermier ayant interjetté appel de cette Sentence, en ladite Chambre, ledit fieur Lampinel y a été reçu partie intervenante, il a produit fes titres pour juftifier qu'il avoit droit de prendre le bois mort & mort bois pour le chauffage de fon four banal audit lieu de Sainte Marie, dans ladite Forêt, ce procès a été terminé par Arrêt de cette Chambre du premier Septembre 1750, par lequel l'amende de 15 liv. a été modérée à 50 f. au profit du Seigneur de Bruche, & à pareille fomme envers ladite Communauté. Ledit fieur Lampinel a été maintenu dans la poffeffion de prendre & faire prendre dans ladite Forêt le bois mort & mort bois néceffaire pour l'affouage dudit four banal de Sainte Marie ; le Fermier a été renvoyé du furplus des condamnations contre lui prononcées

Kkk ij

par ladite Sentence, & lefdits Habitans de Bruche condamnés aux dépens;
ce Fermier quoique reftraint au feul bois mort & mort bois, ayant en vertu de
cet Arrêt, continué de couper comme auparavant, toutes fortes de bois,
notamment du Hêtre & du Charme que ladite Chambre foutient toujours être
du nombre & de l'efpece du mort bois, il a été fait un nouveau rapport, &
par Sentence du même Juge, du 2 Janvier 1751, ledit Tranfmufel a encore
été condamné en une amende de 500 liv. au profit de ladite Abbaye, & par
un fecond Arrêt de ladite Chambre du 23 Juillet audit an 1751, l'amende
a été modérée à dix liv., & prononçant fur le requifitoire du Procureur Général, le Procureur d'Office de ladite Juftice a été condamné en 20 liv. d'a-
mende, & ladite Communauté à 50 liv. faute par eux d'avoir procuré l'exécution de l'Arrêt du 27 Novembre 1747, portant que les bois des Communautés feroient tenus en regle, enjoint audit Procureur d'Office ainfi qu'aux
Habitans de le faire mettre à entiere exécution, dans un mois après la fignification qui lui fera faite dudit Arrêt, à la diligence du Procureur Général de
ladite Chambre, à peine de 500 liv. d'amende, fait défenfes audit fieur
Lampinel de faire aucune coupe dans les bois de ladite Communauté de Bruche, jufqu'après le réglement qui en doit être fait, fauf à lui à fe pourvoir
pardevant le Juge de la Juftice des lieux pour fe faire adjuger un canton dans
ledit bois, pour l'exercice de fon droit d'affouage. Les chofes en cet état,
le Suppliant fe trouve obligé de repréfenter très-humblement à Sa Majefté
que le motif de ces deux Arrêts eft incompréhenfible, par l'affectation des
Juges de cette Chambre, d'accorder d'un côté audit fieur Lampinel le bois
mort & mort bois, conformément à fes titres, tandis que de l'autre, on lui
permet de prendre indéfiniment tout ce qui lui fera néceffaire pour l'affouage
de fon four banal, & un canton qui fera délivré par les Juges des lieux, &c.
   Oui le rapport, LE ROI EN SON CONSEIL, ayant égard à
la Requête, fans s'arrêter aux Arrêts de la Chambre fouveraine des Eaux &
Forêts du Département de Befançon, rendus pour raifon du fait dont il s'agit,
les 1 Juin 1750 & 23 Juillet 1751, que Sa Majefté a caffés & annullés, ainfi
que tout ce qui peut s'en être enfuivi, a ordonné & ordonne que les art. XXII
du tit. III; XI, XIX & XX du tit. XXV, de l'Ordonnance des Eaux & Forêts du mois d'Août 1669, enfemble la Déclaration du Roi, du 8 Janvier
1715, l'Edit du mois de Mai 1716, & la Commiffion donnée par le Suppliant aux Officiers de la Maîtrife particuliere de Vefoul le 11 Août 1751,
feront exécutés felon leur forme & teneur; ce faifant, Sa Majefté a évoqué &
évoque à foi & à fon Confeil, toutes les demandes formées & à former par le
fieur Lampinel, Seigneur de Sainte Marie-en-Chaux, pardevant le Juge
de Bruche & ailleurs, pour raifon du droit qu'il prétend avoir de prendre du
bois mort & mort bois pour le chauffage & affouage du four banal dudit lieu,
dans la Forêt appellée Montmort, dépendante de la Communauté de Bruche,
& pour faire droit aux Parties fur leurs différends & conteftations, circonftances & dépendances, Sa Majefté les a renvoyés & renvoie pardevant ledit Suppliant, pour y procéder jufqu'à Jugement définitif inclufivement, fauf l'appel au Confeil; auquel effet Sa Majefté a attribué & attribue, en tant que
befoin eft ou feroit audit Suppliant, toute jurifdiction & connoiffance, &
icelle interdit à toutes fes Cours & autres Juges permet Sa Majefté audit Sup-

pliant de commettre pour faire les fonctions de Procureur du Roi, & de Greffier en la Commission, telles personnes qu'il jugera à propos de choisir; fait Sa Majesté très-expresses inhibitions & défenses ausdites Parties de se pourvoir & procéder pour raison de ce dont est question, ailleurs que pardevant ledit Suppliant, à peine de nullité, cassation de procédure, 1000 l. d'amende, & de tous dépens, dommages & intérêts; & sera le présent Arrêt lu, publié, affiché & signifié par-tout, & à qui il appartiendra, & exécuté, nonobstant oppositions, prises-à-parties, & autres empêchemens généralement quelconques, pour lesquels ne sera différé, & dont si aucuns interviennent, Sa Majesté s'en est & à son Conseil réservée la connoissance, & icelle interdite à toutes ses Cours & autres Juges. FAIT au Conseil d'Etat du Roi, tenu pour les Finances, à Versailles le cinq Septembre mil sept cinquante-deux. *Signé*, DE VOUGNY.

ARREST NOTABLE DU CONSEIL,

QUI autorise les Procureurs du Roi aux Maîtrises à se faire payer par les Parties condamnées les frais des poursuites, &c.

Du 5 Septembre 1752.

SUR la Requête présentée au Roi en son Conseil, par le Procureur de Sa Majesté en la Maîtrise particulière des Eaux & Forêts de Reims, contenant que les Juges de la Table de Marbre du Palais à Paris ont rendu un Jugement le trente Avril 1749, en faveur des sieurs Godart & Contés, par lequel ils ont infirmé une Sentence rendue en ladite Maîtrise le trente Mars 1748, au chef par lequel ces deux Particuliers ont été condamnés aux dépens faits en la Maîtrise sur la poursuite du Suppliant, & ont modéré à dix livres l'amende de 500 livres prononcée contre chacun d'eux par la même Sentence; dès que les Juges de ladite Table de Marbre ont décidé que ces deux Particulies avoient commis les délits dont ils étoient accusés, & convaincus par le Procès-verbal du Garde, & qu'en qualité de Délinquans ils sont condamnés en l'amende, ces mêmes Juges n'ont pas été en droit d'infirmer ladite Sentence, quant au chef des dépens, & les en décharge; que par la contravention la plus formelle à l'article IX du titre VIII de l'Ordonnance des Eaux & Forêts du mois d'Août 1669, à l'article XII de l'Edit du mois de Mai 1716, & à une Jurisprudence constante observée au Conseil & dans les Siéges des Maîtrises: par l'article IX du titre VIII de ladite Ordonnance de 1669, les Greffiers des Maîtrises peuvent employer dans les Rôles des Amendes cinq sols pour chaque article de condamnation, pour le droit de Sentence deux sols, pour le droit de chaque défaut, & sept sols six deniers pour le salaire du Sergent à garde, sur le rapport duquel il y a une condamnation prononcée: l'article XII de l'Edit du mois de Mai 1716 contient la même disposition; par tous les Arrêts du Conseil rendus en faveur des Parties qui s'y sont pourvues, soit pour obtenir des décharges, foit pour obtenir modération des amendes prononcées contr'elles, elles ont toujours été condamnées à payer les frais & dépens aufquels elles avoient donné lieu, foit qu'elles ayent été déchargées des amendes, foit qu'elles ayent été modérées ; par un ordre particulier du Confeil adreffé au Predéceffeur du Suppliant le trente Mars 1739 il lui fut enjoint de requérir la radiation de deux articles dans la dépenfe du compte des amendes de l'année 1737, le premier de vingt quatre fols payés au Greffier, & le deuxiéme de quatre livres deux fols fix deniers payés aux Gardes pour droits qui leur étoient attribués, parce que ces droits doivent être employés dans les Rôles des Amendes, & payés par les Parties condamnées, outre & indépendamment des amendes aufquelles elles étoient condamnées ; ledit Suppliant a été fort attentif à fe conformer à ces difpofitions, depuis qu'il eft pourvu de fon Office : il a toujours requis la condamnation de fes frais contre les Parties, indépendamment des amendes qu'il a fait prononcer contr'elles au profit de Sa Majefté ; fi l'on donnoit atteinte à cette Loi, & fi le Jugement de ladite Table de Marbre fubfiftoit, il feroit impoffible de contenir les Délinquans, qui ne font qu'en trop grand nombre dans le reffort de ladite Maîtrife, foit pour bois ou arbres coupés en contravention, foit pour faits de Chaffe & de Pêche par des Braconniers, Chaffeurs ou Pêcheurs fans droit ni qualité & en temps défendu ; on ne pourroit pas les contenir, fi ledit Suppliant étoit obligé de faire en fon nom & de fes deniers les frais & débourfés qu'il convient pour faire ceffer ce défordre ; fa fortune ne feroit pas fuffifante pour y fournir ; il eft vrai, il eft obligé de faire toutes les pourfuites & procédures de fon Miniftère gratis ; mais il n'eft pas jufte, & ce n'eft fûrement pas l'intention de Sa Majefté qu'il faffe toutes les avances & débourfés de fes propres deniers, fans efpérer de les recouvrer, puifque par les Ordonnances Elle veut que fes frais foient payés par les Délinquans ; indépendamment, outre & par-deffus les amendes, il faut donc qu'il foit payé ou par les Parties, ou par Sa Majefté, fi les Juges de la Table de Marbre en déchargent les Délinquans : ledit Suppliant repréfente d'ailleurs que dans tous les Tribunaux du Royaume, excepté ceux des Maîtrifes, les Procureurs de Sa Majefté font toujours indemnifés fur le Domaine des avances & débourfés qu'ils font obligés de faire, & qu'on leur accorde des exécutoires contre les Fermiers du Domaine ; avant l'Edit du mois de Mai 1716, les Procureurs de Sa Majefté dans les Maîtrifes avoient recours aux Grands Maîtres de leurs Départemens, qui ordonnoient le rembourfement de leurs frais & débourfés fur les amendes ; mais depuis cet ufage a été interdit, & il eft défendu aux Grands-Maîtres de délivrer aucuns exécutoires fur le produit des amendes ; le Jugement rendu par les Juges de la Table de Marbre du 30 Avril 1749 ne peut donc fe foutenir, & c'eft pour le faire réformer que le Suppliant fe trouve obligé de donner la préfente Requête : A CES CAUSES, &c.

LE ROI EN SON CONSEIL, ayant égard à la Requête, fans s'arrêter au Jugement de ladite Table de Marbre du Palais à Paris du 30 Avril 1749, que Sa Majefté a caffé & annullé, ainfi que tout ce qui peut s'en être enfuivi, a ordonné & ordonne que l'article IX du titre VIII de l'Ordonnance des Eaux & Forêts du mois d'Août 1669, enfemble les articles XII & L de l'Edit du mois de Mai 1716, & la Sentence de la Maîtrise particulière de Reims, rendue pour raison dont il s'agit le 30 Mars 1748, seront exécutés selon leur forme & teneur, & sera le présent Arrêt exécuté nonobstant oppositions ou autres empéchemens généralement quelconques, pour lesquels ne sera différé, & dont si aucuns interviennent, Sa Majesté s'en est & à son Conseil réservée la connoissance, & icelle interdit à toutes ses Cours & autres Juges. FAIT au Conseil d'Etat tenu pour les Finances à Versailles le cinq Septembre mil sept cent cinquante-deux. *Signé*, DE VOUGNY.

ARREST DU CONSEIL D'ÉTAT DU ROI,

QUI fait défenses aux Particuliers d'abattre aucuns Arbres futayes en corps de Bois ou épars, sans avoir fait déclaration au Greffe de la Maîtrise du Reffort.

Du 24 Octobre 1752.

SUR la Requête présentée au Roi en son Conseil par le Procureur de Sa Majesté en la Maîtrise particulière des Eaux & Forêts de Rennes, contenant qu'au mois de Janvier 1751 le Maître particulier ayant eu avis qu'il avoit été abattu depuis un an sans permission de Sa Majesté, ni sans déclaration préalablement faite au Greffe de la Maîtrise, plusieurs Arbres épars sur différentes pièces de terres dépendantes de la succession de défunte Demoiselle Julienne-Françoise Dolivet, il se transporta le 11 du même mois de Janvier, avec les Officiers de cette Maîtrise, sur les pièces de terres, où ils reconnurent qu'il y avoit effectivement été coupé 42 arbres, essence de chênes, & un châtaignier, des grosseurs depuis 5 jusqu'à 10 pieds de tour, dont ils dressèrent Procès-verbal, en conséquence duquel le Suppliant a fait assigner en la Maîtrise le 12 du mois de Janvier la nommée Perine Demay, veuve d'Alexis Dolivet, au nom & comme Tutrice de ses enfans mineurs, héritiers en partie de la Demoiselle Dolivet leur tante, pour se voir condamner conjointement & solidairement avec les autres co-héritiers de la Demoiselle Dolivet en l'amende portée par l'Ordonnance des Eaux & Forêts du mois d'Août 1669, Arrêts & Réglemens intervenus depuis pour raison des Arbres coupés mentionnés audit Procès-verbal ; sur quoi est intervenue Sentence contradictoire en ladite Maîtrise le 27 Mars ensuivant, par laquelle la veuve Dolivet, audit nom, & les nommés Mathurin Ruault, fils de Mathurin Ruault, héritiers en partie de ladite Demoiselle Dolivet, ont été condamnés conjointement & solidairement en 3000 livres d'amende envers Sa Majesté, & aux dépens liquidés en 271 liv. 5 s. laquelle Sentence ayant été signifiée à la veuve Dolivet & audit Ruault le 7 Avril 1751, la veuve Dolivet, audit nom, en a interjetté appel au Parlement de Rennes, & a relevé son appel par Lettres du 3 Mai de la même année 1751, sur lequel appel est intervenu Arrêt en cette Cour le 6 Août ensuivant, par lequel la veuve Dolivet & lesdits Ruault ont été déchargés des amendes &

dépens prononcés contr'eux par la Sentence de la Maîtrise du 27 Mars précédent ; que les chofes en cet état il fe trouve obligé d'avoir recours à Sa Majefté, & de lui repréfenter très-humblement que cet Arrêt eft entierement contraire aux difpofitions de l'Ordonnance de 1669, notamment aux articles III du titre XIV, & III du titre XXVI, aux articles LII & LIV de l'Edit du mois de Mai 1716, & aux Arrêts du Confeil des 21 Septembre 1700, 6 Septembre 1723 & 2 Décembre 1738, portant défenfes à tous Particuliers d'abattre aucun Arbre futaye, foit en corps de Bois ou épars, fans au préalable en avoir obtenu la permiffion de Sa Majefté, ou fait leur déclaration fix mois auparavant au Greffe de la Maîtrife particulière du Reffort, à peine de 3000 liv. d'amende, & qui déclare nuls tous Jugemens rendus fur les appellations des Sentences des Maîtrifes après le délai des trois mois expirés, &c.

LE ROI EN SON CONSEIL, ayant égard à la Requête, fans s'arrêter à l'Arrêt du Parlement de Rennes du 6 Août 1751, que Sa Majefté a caffé & annullé, ainfi que tout ce qui peut s'en être enfuivi, a ordonné & ordonne que l'article III du titre XIV, & l'article III du titre XXVI de l'Ordonnance des Eaux & Forêts du mois d'Août 1669, la Déclaration du Roi du 8 Janvier 1715, les articles LII & LIV de l'Edit du mois de Mai 1716, les Arrêts du Confeil des 21 Septembre 1700, 6 Septembre 1723 & 2 Décembre 1738, feront exécutés felon leur forme & teneur, ainfi que la Sentence de la Maîtrife particulière de Rennes, rendue pour raifon du fait dont il s'agit le 27 Mars 1751, comme ayant paffé en force de chofe jugée en dernier reffort, & cependant par grace & fans tirer à conféquence Sa Majefté a modeté & modere à 100 l. l'amende de 3000 l. prononcée contre i'errine Demay, veuve d'Alexis Dolivet, au nom & comme Tutrice de fes enfans mineurs, & les nommés Ruault, & les a déchargé & déchatge du furplus de l'amende, à condition néanmoins de payer les frais fuivant la taxe qui en fera modérement faite par le fieur de la Pierre, Grand Maître des Eaux & Forêts du Département de Bretagne ; fait Sa Majefté très-expreffes inhibitions & défenfes à la veuve Dolivet & aufdits Ruault de recidiver fous plus grande peine, & fera le préfent Arrêt enregiftré au Greffe de la Maîtrife, pour y avoir recours fi befoin eft, & exécuté nonobftant oppofitions ou autres empêchemens généralement quelconques, pour lefquels ne fera différé, & dont fi aucuns interviennent, Sa Majefté s'en eft & à fon Confeil refervée la connoiffance, & icelle interdit à toutes fes Cours & autres Juges. FAIT au Confeil d'Etat du Roi tenu pour les Finances à Fontainebleau le vingt-quatriéme jour du mois d'Octobre mil fept cent cinquante-deux. *Signé*, DE VOUGNY.

ARREST

ARREST DU CONSEIL D'ÉTAT DU ROI,

QUI confirme une Ordonnance du Sieur du Vaucel, Grand-Maître des Eaux & Forêts au Département de Paris, du 10 Avril 1752, concernant le Juge Gruyer de la Gruerie Royale de Montlhery, pour s'être immiscé dans la connoissance des cas, qui, aux termes de l'Ordonnance des Eaux & Forêts du mois d'Août 1669, & des Réglemens, n'appartiennent point aux Juges Gruyers Royaux. Ordonne que la Procédure commencée par les Officiers de la Maîtrise particuliere des Eaux & Forêts de Paris, pour raison du fait dont il s'agit, sera continuée par ledit Sieur Grand-Maître jusqu'à Jugement définitif inclusivement, sauf l'appel au Conseil. Fait défenses audit Juge Gruyer de Montlhery de s'immiscer dorénavant, directement ni indirectement, dans la connoissance d'aucuns des cas portés en l'Ordonnance de 1669, & au présent Arrêt, qui n'appartiennent pas aux Juges Gruyers Royaux.

Du 6 Février 1753.

Extrait des Regiſtres du Conſeil d'Etat.

SUR la Requête préſentée au Roi en ſon Conſeil par le Procureur de Sa Majeſté en la Maîriſe particulière de Paris, contenant, qu'ayant été informé que le ſieur le Maréchal abuſant des fonctions attachées à l'Office de Gruyer de la Gruerie Royale de Montlhery, dont il eſt pourvu en titre, tomboit journellement dans différens genres de contraventions. Le Suppliant crut, autant pour le maintien du miniſtère qui lui eſt confié, que pour le bien du ſervice, devoir en porter ſes plaintes au ſieur du Vaucel, Grand Maître des Eaux & Forêts du Département de Paris, & Chef de l'une & l'autre Juriſdiction. Que le Requiſitoire qu'il forma à cette occaſion, ayant paru audit ſieur Grand-Maître, mériter une attention ſingulière, ce dernier rendit une Ordonnance le 10 Avril 1752, par laquelle il permit audit Suppliant de faire informer des faits par lui articulés contre ledit ſieur le Maréchal, pardevant les Officiers de ladite Maîtriſe, lors des Aſſiſes qui devoient ſe tenir inceſſamment audit lieu de Montlhery, ſauf audit ſieur le Maréchal à déduire ſes moyens de défenſes contre le Requiſitoire dudit Suppliant, ſi aucun il avoit, lors de ladite information devant les mêmes Officiers, dont Procès-verbal ſeroit par eux dreſſé en préſence dudit Suppliant, pour ſur ledit Procès-verbal, enſemble ſur les Concluſions dudit Suppliant, être enſuite par ledit ſieur Grand-Maître, ordonné en préſence des Officiers de ladite Maîtriſe, ce qu'il appartiendroit. Que quoiqu'au fond cette Ordonnance n'ait jamais pû ni dû être conſiderée que comme un Jugement qui tendoit à éclaircir ſi les faits imputés audit ſieur

Tome II. L ll

le Maréchal étoient fondés ou non; néanmoins ce Juge Gruyer, craignant fans doute les fuites que pouvoit avoir contre lui une Procédure de cette nature, fi une fois elle étoit commencée, & étant d'ailleurs prévenu que la même Ordonnance le condamnoit à reftituer au nommé Jean Mathey, Bourgeois de Paris, quelques fommes qu'il avoit exigées de lui, fous prétexte d'une permiffion qu'il lui avoit induement accordée pour difpofer de certains bois qui lui appartenoient, n'a imaginé d'autre moyen pour fe fouftraire aux juftes condamnations déjà prononcées par cette Ordonnance, & à celles qui feroient la fuite & l'exécution des informations ordonnées par cette même Ordonnance, être faites pour acquérir la preuve des faits articulés contre lui par ledit Suppliant, que celui d'interjetter appel au Parlement de Paris de ladite Ordonnance, fur lequel appel il a obtenu fur Requête non communiquée, un Arrêt le 5 Mai 1752, qui le reçoit Appellant de ladite Ordonnance, tient fon appel pour bien relevé, lui permet de faire intimer fur icelui qui bon lui femblera, fur lequel ledit appel les Parties auront Audience au premier jour; & cependant fait défenfes de mettre ladite Ordonnance à exécution, paffer outre & faire pourfuites ailleurs, à peine de nullité, 1000 l. d'amende, dépens, dommages & intérêts. Il eft fenfible, & le Suppliant ne craint pas de le dire, que cet Arrêt eft l'effet de la furprife la plus caractérifée faite à la Cour, qu'il foit poffible d'imaginer; & dans cet efprit, il fe flatte que le fimple récit qu'il fe propofe de faire ici des faits réfultans du Procès-verbal que les Officiers de ladite Maîtrife ont dreffé à Montlhery le 8 Mai & jours fuivans audit an 1752 lors de leurs affifes, paroîtra plus que fuffifant pour faire connoître d'un côté que cet Arrêt eft infoutenable à tous égards, & de l'autre, combien le fieur le Maréchal s'eft fait illufion à lui-même, en portant au Parlement l'appel de l'Ordonnance de l'exécution de laquelle il s'agit, qui encore un coup ne peut & ne doit être confiderée que comme un Jugement d'inftruction, & combien la conduite qu'il a tenue dans l'exercice des fonctions qui lui ont été confiées, eft repréhenfible en tous points; mais avant de rapporter ici les différens chefs de l'accufation intentée contre lui, ledit Suppliant croit devoir obferver qu'il eft conftant en matiere d'Eaux & Forêts, qu'aux termes des Ordonnances, tant anciennes que nouvelles, & des Réglemens faits en conféquence, & notamment de l'article 49 de l'Edit du mois de Mai 1716. Les Cours de Parlement & Table de Marbre, ne peuvent, fous aucun prétexte, arrêter ou furfeoir l'exécution des Sentences d'inftruction des Maîtrifes & des Tables de Marbre dans les cas réparables en définitif, concernant les Bois appartenans, foit au Roi, foit aux Communautés, & que dans les cas où les Parties & leurs Procureurs auroient par furprife & faux expofé obtenu des défenfes d'exécuter lefdites Sentences; l'intention de Sa Majefté eft, qu'icelles Parties & leurs Procureurs foient condamnés en telles amendes qu'il appartiendra, &c.

LE ROI EN SON CONSEIL, ayant égard à la Requête du Suppliant, fans s'arrêter à l'Arrêt de défenfes obtenu au Parlement de Paris le 5 Mai 1752, par le fieur le Maréchal, Juge Gruyer de la Guerie Royale de Montlhery, fur l'appel par lui interjetté audit Parlement de l'Ordonnance du fieur du Vaucel, Grand-Maître des Eaux & Forêts du Département de Paris du 20 Avril de la même année, ni à tout ce qui peut avoir été fait en vertu dudit Arrêt, a ordonné & ordonne que l'Ordonnance dudit fieur Grand-Maître fera exécutée felon fa forme & teneur, comme ayant paffé en force de chofe jugée en dernier reffort ; & en conféquence, que la Procédure commencée à la Requête dudit Suppliant par les Officiers de la Maîtrife particulière de Paris, contre ledit fieur le Maréchal, le 8 Mai & jours fuivans audit an 1752, fera continuée par ledit Grand-Maître, jufqu'au Jugement définitif inclufivement, fauf l'appel au Confeil. Fait Sa Majefté défenfes audit fieur le Maréchal de fe pourvoir à procéder en première inftance, pour raifon des faits dont eft queftion, ailleurs que pardevant ledit fieur Grand-Maître, & par appel qu'au Confeil, à peine de nullité, caffation de Procédures, mille livres d'amende, qui ne pourra être réputée comminatoire, & de tous dépens, dommages & intérêts. Fait en outre Sa Majefté très-expreffes inhibitions & défenfes audit fieur le Maréchal, 1°. de s'immifcer dorénavant directement ni indirectement dans la connoiffance des cas, qui, aux termes de l'Ordonnance des Eaux & Forêts du mois d'Août 1669, & des Arrêts & Réglemens intervenus depuis, n'appartient pas aux Juges Gruyers Royaux. 2°. D'établir & recevoir à l'avenir fous quelque prétexte que ce foit, fans l'attache dudit fieur Grand-Maître, aucun Subftitut du Procureur du Roi, Greffier & Huiffier Audiencier en ladite Gruerie, ni Gardes des Bois, foit de Sa Majefté, foit des Eccléfiaftiques, Gens de main-morte & particuliers ; 3°. de donner, foit verbalement, foit par écrit, aucune permiffion aux particuliers pour la coupe de leurs Bois futaie, balliveaux fur taillis, arbres épars, ou taillis feulement, à peine pour la première contravention de radiation de fes gages, & en cas de recidive d'être procédé extraordinairement contre lui, fuivant la rigueur des Ordonnances. Enjoint Sa Majefté audit fieur Grand-Maître, & aux Officiers de ladite Maîtrife, de tenir chacun en droit foi, la main à l'exécution du préfent Arrêt, lequel fera enrégiftré au Greffe defdites Maîtrife & Gruerie, pour y avoir recours, fi befoin eft, lû, publié, affiché & fignifié par-tout & à qui il appartiendra, & exécuté nonobftant oppofition, récufation, prife à partie ou autres empêchemens généralement quelconques, pour lefquels ne fera différé, & dont fi aucuns interviennent, Sa Majefté s'en eft & à fon Confeil réfervée la connoiffance, & icelle interdit à toutes fes Cours & autres Juges. FAIT au Confeil d'Etat du Roi, tenu pour les Finances, à Verfailles le fixiéme jour de Février mil fept cent cinquante-trois. Collationné. Signé, BERGERET.

ARREST DU CONSEIL,

QUI permet aux Gardes de la Maîtrife de Sainte-Menehoult de porter des fufils & autres armes défenfives lorfqu'ils feront en fonction, &c.

Du 20 Mars 1753.

SUR la Requête préfentée au Roi en fon Confeil, par les Gardes des Forêts appartenantes à Sa Majefté dans le reffort de la Maîtrife particulière de

Sainte Menehoult, contenant, que le premier Juillet 1750, le sieur Maré-chal de Belle-Isle a rendu une Ordonnance pour le désarmement des Habi-tans de la Ville de Sainte Menehoult ; qu'ayant toujours été dans l'usage de porter des fusils pour la sureté de leur personne, ils ont cru attendu leurs fonc-tions n'être pas dans le cas de les déposer ; mais qu'ayant été instruits depuis, qu'aux termes de cette Ordonnance ils étoient assujettis au désarmement com-me de simples Habitans, quatre d'entre les Supplians ont les 16 & 17 Octo-bre ensuivant, déposés leurs fusils dans l'endroit qui étoit pour ce destiné ; que ce dépôt n'ayant pas apparemment été fait dans le temps fixé par ladite Or-donnance, le sieur Mathieu, Subdélégué audit Sainte Menehoult du sieur In-tendant & Commissaire départi en la Généralité de Châlons, a fait consti-tuer les quatre Gardes à mesure qu'ils se sont présentés, dans les Prisons de ladite Ville de Sainte Menehoult où ils ont resté détenus l'espace de deux jours, malgré les inconvéniens qu'ils lui ont fait sentir pouvoir résulter de leur détention ; qu'en effet aussi-tôt qu'ils ont été mis en liberté, c'est-à-dire, les 18 & 19 du même mois d'Octobre, leur premier soin a été d'aller visi-ter les bois qui leur avoient été confiés, où ils ont trouvé qu'il y avoit été coupé la quantité de deux cent quarante-huit arbres essence de chêne, trem-ble, charmes, fresne, sault, aulne & cerisier, depuis un jusqu'à quatre pieds de tour, dont ils ont dressé des Procès-verbaux ; que les choses en cet état ils se trouvent obligés d'avoir recours à Sa Majesté & de lui représenter très-humblement, qu'étant désarmés ils ne peuvent plus continuer leurs fonc-tions, à moins qu'il ne plaise à Sa Majesté leur permettre de porter des fu-sils, & autres armes pour leur défense, & en même temps pour la conserva-tion des Forêts de Sa Majesté, & à cet effet rendre commun avec eux l'Ar-rêt du Conseil du 11 Avril 1724, par lequel Sa Majesté a permis le port d'armes aux Gardes des Maîtrises & Grueries du Département de Metz, at-tendu qu'ils sont pour le moins autant exposés que ceux-ci, puisque les Ha-bitans des Hameaux situés aux rives des Forêts de Sa Majesté sont presque tous Braconniers, qui ne cherchent qu'à les dégrader, & que sans armes les Supplians qui sont obligés de veiller jour & nuit à la conservation de ces Fo-rêts ne seroient pas en état de faire leurs fonctions, ni en sureté de leurs per-sonnes ; & que c'est dans ces circonstances qu'ils ont été conseillés de se pour-voir. A CES CAUSES, &c.

LE ROI EN SON CONSEIL, ayant égard à la Requête, a or-donné & ordonne que l'Arrêt du Conseil du 11 Avril 1724, sera exécuté selon sa forme & teneur ; en conséquence Sa Majesté a permis & permet aux Supplians, & à ceux qui leur succéderont, de porter des fusils & des armes, en allant & revenant faire leurs fonctions de Gardes, dans les Forêts apparte-nantes à Sa Majesté dans le ressort de la Maîtrise particuliere de Sainte-Me-nehoult. Fait Sa Majesté très-expresses inhibitions & défenses à toutes per-sonnes de les y troubler, à peine de 3000 liv. d'amende, & de tous dépens, dommages & intérêts ; & sera le présent Arrêt enregistré au Greffe de ladite Maîtrise, pour y avoir recours si besoin est. FAIT & arrêté au Conseil Royal des Finances le Roi y étant, tenu à Versailles le vingt Mars mil sept cent cinquante-trois. Signé, PHELYPEAUX.

ARREST DU CONSEIL,

QUI ordonne que les Receveurs Généraux des Domaines & Bois de l'appanage de M. le Duc d'Orléans, auront féance à main gauche des Grands-Maîtres aux Adjudications des Bois dudit appanage.

Du 3 Avril 1753.

SUR la Requête préfentée au Roi en fon Confeil, par M. le Duc d'Orléans, premier Prince du Sang, contenant, &c.

LE ROI EN SON CONSEIL, ayant égard à la Requête de M. le Duc d'Orleans, a ordonné & ordonne que l'Edit du mois de Décembre 1727, fera exécuté felon fa forme & teneur dans l'étendue de l'appanage de M. le Duc d'Orléans, & en conféquence que les Receveurs Généraux des Domaines defdits appanages fiégeront immédiatement à la gauche defdits Grands-Maîtres ou autres Officiers, ou telles autres perfonnes que M. le Duc d'Orléans jugera à propos de commettre pour faire lefdites adjudications des ventes ordinaires des Bois dudit appanage, conformément à ce qui eft prefcrit par l'Arrêt du Confeil du 5 Août 1751, & les Lettres-Patentes expédiées fur icelui le 15 du même mois, à l'effet par lefdits Receveurs Généraux de faire leurs repréfentations s'il y échoit, fur la validité ou invalidité des encheres, & la folvabilité des Encheriffeurs ; enjoint Sa Majefté au Grand-Maître des Eaux & Forêts dans le Département defquels lefdits Bois fe trouvent fitués, de tenir chacun en droit foi la main à l'exécution du préfent Arrêt, lequel fera à cet effet enregiftré au Greffe des Maîtrifes particulieres dudit appanage, pour y avoir recours fi befoin eft. FAIT au Confeil d'Etat du Roi tenu pour les Finances à Verfailles le trois Avril mil fept cent cinquante-trois. *Signé*, DE VOUGNY.

ARREST DU CONSEIL,

QUI ordonne que la délivrance de 57 Ormes que Sa Majefté permet aux Maire & Syndics de la Ville d'Avranches, d'abattre fur les Places de cette Ville, fera faite par les Officiers de la Maîtrife des lieux.

Du 3 Avril 1753.

SUR la Requête préfentée au Roi en fon Confeil par les Maire & Echevins de la Ville & Communauté d'Avranches, contenant qu'il dépend de ladite Ville deux rangs d'Ormes plantés d'ancienneté dans une place vulgairement appellée le Pallet, que ces arbres au nombre de cinquante-fept font fur leur retour, & pour la plupart fecs ; que d'un autre côté, étant néceffaire de faire réparer le chemin du grand Tertre pour faciliter l'abord de ladite Ville, qui

eſt extrêmement rude & difficile, de faire clôre la Place publique, dite
Baudangé, pour éviter les malheurs qui peuvent arriver par le défaut de clôture, & de faire quelqu'autres dépenfes également utiles & néceffaires, les
Habitans dudit lieu fe font affemblés le 8 Novembre 1751, & ont délibéré
entr'autres chofes qu'il étoit abfolument néceffaire d'abattre lefdits Ormes,
mais qu'étant informés qu'ils ne peuvent le faire fans une permiffion expreffe
de Sa Majefté, ils la fupplient très-humblement de la leur accorder, & que
c'eſt dans ces circonſtances, qu'ils ont été confeillés de fe pourvoir, &c.

LE ROI EN SON CONSEIL, ayant égard à la Requête, a
permis & permet aux Supplians de faire abattre les cinquante-fept Ormes
étant fur la place du Pallet de la ville d'Avranches, & ce fuivant la marque
& délivrance qui leur en fera faite inceffamment par celui des Officiers de la
Maîtrife particulière des lieux, qui fera à cet effet commis par le fieur Olivier, Grand-Maître des Eaux & Forêts du Département de Caën, à la
charge par lefdits Supplians d'employer lefdits Ormes en nature, ou le prix
qui en proviendra, aux réparations les plus urgentes & néceffaires, à faire au
chemin appellé le grand Tertre, pour le rendre praticable, & à la clôture
de la place dite Baudangé de ladite Ville; de faire planter fur ladite Place
du Pallet cent jeunes Ormes de bonne effence, de les armer d'épines, & de les
entretenir en bon état pendant cinq ans, & de remettre au Greffe de ladite
Maîtrife les pieces juſtificatives dudit emploi & de ladite plantation un an au
plus tard après que lefdits Ormes auront été coupés, à peine de reſtitution de
la valeur d'iceux & d'amende arbitraire, conformément à l'Ordonnance des
Eaux & Forêts du mois d'Août 1669, ordonne Sa Majefté que tous les frais
légitimement faits & à faire généralement quelconques, pour parvenir à la
délivrance defdits Ormes, ne pourront fous quelque prétexte que ce foit,
excéder la fomme de vingt livres, à laquelle Sa Majefté les a fixés par le préfent Arrét, à peine de reſtitution de ce qui fe trouvera avoir été exigé au-delà
de ladite fomme de vingt livres, & de cinq cens livres d'amende, qui ne
pourra être réputée comminatoire, & attendu la modicité de l'objet, Sa
Majefté a difpenfé & difpenfe lefdits Supplians pour la coupe des Ormes
dont il s'agit de la formalité des Lettres-Patentes, portée par ladite Ordonnance de 1669; FAIT & arrêté au Confeil Royal des Finances, tenu à
Verfailles le trois Avril 1753. Signé, DE VOUGNY.

ARREST NOTABLE DU CONSEIL,

QUI fait défenfes à tous Juges des Seigneurs de prendre connoiffance des coupes d'Arbres futayes ou autres délits qui pourront être commis dans les quarts de réferve, & des coupes de
Balliveaux fur taillis ou Arbres épars, qui feront faites dans les
Bois des Communautés, à peine, &c.

Du 17 Avril 1753.

SUR la Requête préfentée au Roi en fon Confeil, par le Procureur de Sa

Majesté en la Maîtrise particulière des Eaux & Forêts de Dijon, contenant que la connoissance des Cas Royaux & de réformation appartient aux Officiers des Maîtrises privativement aux Gruyers des Seigneurs, & que ce principe incontestable en lui-même, a été confirmé par une infinité d'Arrêts, & notamment par celui intervenu le 7 Décembre 1751, en faveur des Officiers de la Maîtrise particulière de Paris, contre le Gruyer d'Evreux, néanmoins le Bailli de la Justice de l'Abbaye de Sainte Benigne de Dijon a rendu une Sentence le 12 Janvier 1752, qui a déclaré Marisot & Toussaint Basset atteints & convaincus d'avoir abattu, le 13 Novembre 1751, dans les Bois de la Communauté de Chambiere, deux chênes d'environ six pieds de tour chacun, pour raison de quoi ils ont été condamnés solidairement en quarante-huit livres d'amende, & en pareille somme de restitution ; a pareillement déclaré Etienne Barbarin, Joseph Barbarin & Jean Garot duement atteints & convaincus d'avoir façonné en bois de moule les branchages desdits Chênes, & d'avoir abattu en même-temps deux arbres fruitiers, pour réparation de quoi il les a condamnés aussi solidairement en quinze livres d'amende & autant de restitution, a ordonné que lesdites amende & restitution seroient payées aux mains du Greffier de ladite Justice pour sur le tout être prélevé les frais de la procédure, &c.

LE ROI EN SON CONSEIL, ayant égard à ladite Requête, sans s'arrêter à la Sentence rendue par le Juge de l'Abbaye de Sainte Benigne de Dijon le 12 Janvier 1752, que Sa Majesté a cassée & annullée, ainsi que tout ce qui peut s'en être ensuivi, la déclaration du Roi du 8 Janvier 1715, ensemble les Arrêts du Conseil des 20 Novembre 1725, 6 Décembre 1735, 5 Mars 1737, 10 Juillet 1742 & 7 Décembre 1751, seront exécutés selon leur forme & teneur, & en conséquence les Procès-verbaux & autres procédures sur lesquelles ladite Sentence est intervenue, seront renvoyées par le Juge de ladite Abbaye au Greffe de la Maîtrise particulière de Dijon, & ce dans la huitaine au plus tard, à compter du jour & date de la signification qui lui sera faite du présent Arrêt à la requête du Suppliant, pour sur lesdits procès-verbaux & autres procédures, & les conclusions dudit Suppliant être statué par les Officiers de ladite Maîtrise, suivant la rigueur de l'Ordonnance des Eaux & Forêts du mois d'Août 1669 ; fait Sa Majesté très-expresses inhibitions & défenses au Juge de ladite Abbaye & à tous autres Juges des Seigneurs, de prendre connoissance à l'avenir des coupes d'arbres de futaye, ou autres délits qui pourront être commis dans les quarts de réserve, ni de coupes de balliveaux sur taillis, ou arbres épars, qui seront faites dans les Bois desdites Communautés, à peine de demeurer garants & responsables envers Sa Majesté en leurs propres & privés noms, du montant des amendes auxquelles les délinquans auroient été condamnés, & de tous dépens, dommages & intérêts ; & sera le présent Arrêt enregistré au Greffe de ladite Maîtrise, lu, publié, affiché & signifié par-tout & à qui il appartiendra, & exécuté nonobstant oppositions ou autres empêchemens généralement quelconques, pour lesquels ne sera différé, & dont si aucuns interviennent, Sa Majesté s'en est & à son Conseil, réservée la connoissance, & icelle interdite à toutes ses Cours & autres Juges. FAIT au Conseil d'Etat, tenu pour les Finances à Versailles le dix-sept Avril mil sept cent trente-trois. Signé, DE VOUGNY.

ARREST NOTABLE DU CONSEIL,

QUI maintient les Officiers des Maîtrises dans le droit de connoître de la propriété lorsqu'elle est connexe à un fait de réformation & visitation, ou incidente & proposée pour défense.

Du 7 Août 1753.

SUR la Requête présentée au Roi en son Conseil, par le Procureur de Sa Majesté de la Maîtrise particulière des Eaux & Forêts de Saint Germain en-Laye, contenant qu'en exécution de l'Arrêt du Conseil du 21 Décembre 1734, rendu sur la requête des Abbé, Prieur & Religieux de l'Abbaye d'Ablecourt, Ordre de Prémontrés ; il a été par les Officiers de ladite Maîtrise procédé à l'apposition du quart de réserve des Bois dépendans de ladite Abbaye, & à la division des trois autres quarts en douze portions égales, pour en être exploité une de deux ans en deux ans, & demeurer à l'avenir réglés en coupes ordinaires à l'âge de vingt-quatre ans, suivant le Procès-verbal des Officiers de ladite Maîtrise des 24 Janvier & 14 Février 1735, qu'en conséquence les Abbé, Prieur & Religieux de ladite Abbaye ont exploité successivement tous les deux ans lesdites coupes, & notamment en 1737 la seconde d'icelles destinée pour former l'ordinaire de 1737 à 1738, contenant huit arpens trente-neuf perches, appellée la caste à Feraux, tenant d'un côté & d'un bout aux Bois & Terres d'Orgeval, d'autre bout sur le mur d'Ablecourt, & d'autre côté à la troisième piece des Bois, même les balliveaux à l'âge au-dessus de quarante ans, à eux accordés par cet Arrêt, pour les indemniser du reculement desdites coupes, & les aider à faire les réparations de leurs fermes, desquels arbres il leur a été fait délivrance, & ladite coupe a été depuis, c'est à dire, lors du recollement d'icelle, trouvée bien exploitée ; que néanmoins & nonobstant une possession desdits Bois si ancienne, si bien établie, sans aucun trouble depuis ledit tems, & nonobstant les bornes posées, il a plu au sieur Marquis d'Orgeval de vendre au nommé Varillon & Mignot, Marchands de Bois, vingt-trois perches ou environ desdits Bois à prendre dans la seconde coupe des Bois de ladite Abbaye, que lesdits Marchands ont fait exploiter le 20 Février 1753, même les balliveaux qui s'y sont trouvés, quoique marqués de l'empreinte du Marteau du Roi, & ont fait enlever sur le champ les Bois en provenans, malgré la défense à eux faite par le Garde, qui en a fait son rapport le 21 du même mois de Février ; les Officiers de ladite Maîtrise saisis du rapport de ce Garde, ont commencé à connoître de ce délit, & en étoient compétens au desir de l'Ordonnance des Eaux & Forêts du mois d'Août 1669, puisqu'en premier lieu, par l'art. XIV du titre premier de cette Ordonnance, il est fait très-expresses inhibitions & défenses à tous Juges ordinaires, même au Grand Conseil & aux Parlemens de prendre connoissance des matieres concernant la Jurisdiction des Eaux & Forêts, circonstances & dépendances, à peine de nullité & d'amende arbitraire ;

raire, & qu'en second lieu dans le cas où le sieur Marquis d'Orgeval auroit proposé la propriété pour défense, il est ordonné par l'art. X du même titre que les Officiers des Eaux & Forêts connoîtront de la propriété des Eaux & Bois appartenans aux Communautés & Particuliers, lorsqu'elle sera connexe ou incidente à un fait de réformation & de visitation, ou proposée pour défense contre la poursuite ; cependant le Suppliant ayant pris communication du Procès-verbal, ainsi que de la Déclaration faite au Greffe par les Bucherons qui ont abattu lesdits Bois, & en conséquence formé sa demande en ladite Maîtrise, sur laquelle est intervenue Sentence le 26 du mois de Mars, par laquelle il a été ordonné que l'Arpenteur se transporteroit dans le Canton de Bois en question, pour en reconnoître le bornage & en constater la quantité, & la qualité & essence des Bois abattus, & que ledit Mignot seroit assigné en ladite Maîtrise dans le délai de l'Ordonnance; ce qui a été effectué le 29 Mars ensuivant ; ledit sieur Marquis d'Orgeval ayant été assigné en reconnoissance de garantie par ledit Mignot, a, pour éluder les poursuites, obtenu du Parlement, sur Requête non-communiquée, & sous le faux prétexte d'incompétence, un Arrêt qui fait défenses audit Suppliant de poursuivre ladite Instance ailleurs qu'au Parlement, à peine de nullité & de 1000 liv. d'amende; que les choses en cet état, il se trouve obligé de représenter très-humblement à Sa Majesté que cet Arrêt est entiérement contraire aux intentions de Sa Majesté, & tant à ladite Ordonnance de 1669, qu'aux différens Arrêts & Réglemens sur ce intervenus, & notamment aux Arrêts du Conseil des 30 Août 1679, 13 Février 1691 & 6 Mai 1692; & que c'est dans ces circonstances, qu'il a été conseillé de donner la présente Requête. A CES CAUSES, &c.

LE ROI EN SON CONSEIL, ayant égard à la Requête, sans s'arrêter à l'Arrêt du Parlement de Paris du 29 Mars 1753, a ordonné & ordonne que les art. X & XIV du titre premier de l'Ordonnance des Eaux & Forêts du mois d'Août 1669, seront exécutés selon leur forme & teneur, & en conséquence que pour raison du fait dont il s'agit, les nommés Mignot & Varillon, Marchands de Bois, ainsi que ledit sieur Marquis d'Orgeval seront tenus de procéder en premiere Instance, en la Maîtrise particuliere de Saint Germain-en-Laye, sur l'assignation qui a été donnée ausdits Mignot & Varillon à la Requête du Suppliant le 5 du même mois de Mars & jusqu'à Sentence définitive inclusivement, sauf l'appel au Siége de la Table de Marbre du Palais à Paris, & sera le présent Arrêt exécuté, nonobstant oppositions & autres empêchemens généralement quelconques, pour lesquels ne sera différé, & dont si aucuns interviennent, Sa Majesté s'en est & à son Conseil réservée la connoissance, & icelle interdite à toutes ses Cours & autres Juges. FAIT au Conseil d'Etat du Roi, tenu pour les Finances à Compiegne le sept Août mil sept cent cinquante-trois. *Signé*, DE VOUGNY.

ORDONNANCE

DE M. LE GRAND-MAISTRE

DES EAUX ET FORESTS DE FRANCE

*Au Département de Paris & Iſle de France , Commiſſaire
en cette partie ,*

PORTANT Réglement concernant les fonctions du Juge
Gruyer & Officiers de la Grurie Royale de Montlhery , Reſſort de la Maîtriſe des Eaux & Forêts de Paris.

Du 28 Août 1753.

Extrait des Minutes du Greffe de la Maîtriſe des Eaux & Forêts de Paris.

LOUIS-FRANÇOIS DU VAUCEL , Chevalier, Conſeiller du Roi en ſes
Conſeils , Grand Maître, Enquêteur & Général Réformateur des Eaux & Forêts de France au Département de Paris & Iſle de France, & Commiſſaire
en cette partie , par Arrêt du Conſeil du ſixiéme jour de Février 1753. Vu
ledit Arrêt du Conſeil du ſix Février 1753 , & Commiſſion ſur icelui , notre
Ordonnance du 16 du même mois, la Sentence de la Maîtriſe de Paris du 19
dudit mois, l'Exploit de ſignification deſdits Arrêts & Ordonnance , à la requête du Procureur du Roi en la Maîtriſe de Paris par Defeſtre , Huiſſier
ordinaire du Roi en ſes Conſeils du 9 Mars dernier à Me Maréchal , Procureur en la Chambre des Comptes de Paris & Juge - Gruyer en la Grurie
Royale de Montlhery , avec aſſignation à comparoir le lundi 12 du même
mois de Mars , dix heures du matin, pardevant le Maître particulier de la
Maîtriſe des Eaux & Forêts de Paris tenant ſes Aſſiſes & hauts-jours au Siége
de ladite Grurie Royale en l'Auditoire de Montlhery pour être préſent auſdites Aſſiſes & au Procès-verbal qui ſeroit dreſſé par ledit Maître particulier ,
à la Requête dudit Procureur du Roi , & repréſenter lors tous les regiſtres &
minutes du Greffe de ladite Grurie en exécution , au déſir & ainſi qu'il eſt porté
auſdits Arrêt du Conſeil & Ordonnance. Autre Exploit de ſignification du
même jour à la ſuſdite requête par ledit Defeſtre à la Communauté des Huiſſiers
du Parlement , en la perſonne du ſieur Peſchot , l'un d'eux , trouvé procédant
à l'Audience de ladite Maîtriſe aux fins y contenues , avec défenſes de mettre
à exécution aucuns Arrêts du Parlement obtenus en exécution de l'Arrêt y
énoncé. Autre Exploit de ſignification à la ſuſdite Requête par ledit Defeſtre
ledit jour 12 dudit mois de Mars deſdits Arrêt & Ordonnance au ſieur Suzanne , ſe diſant & faiſant les fonctions du Greffier de ladite Grurie de Montlhery , & au ſieur Charles Lhéritier , Praticien ſe diſant & faiſant les fonctions
de Subſtitut du Procureur du Roi en ladite Grurie , avec aſſignation à com-

paroir le même jour, heure préfente & fuivant, pardevant ledit Maître particulier pour être préfens aufdites Affifes, & audit Procès verbal. Autre Exploit de fignification dudit jour par ledit Defeftre à la fufdite requête au fieur Goudon, Lieutenant en ladite Grurie, trouvé à l'Audience defdites Affifes en l'Auditoire de la Ville de Montlhery, à ce qu'il n'en ignore. Autre Exploit de fignification faite audit Procureur du Roi à la Requête dudit Maréchal par de la Croix, Huiffier ordinaire ès Confeils du Roi le 10 dudit mois de Mars, par lequel ledit Maréchal déclare qu'il s'oppofe à l'exécution dudit Arrêt, & appel de notredite Ordonnance du 16 Février dernier, avec proteftation de fe pourvoir fur lefdits appel & oppofition, & de nullité, dépens, dommages & intérêts, & le Procès-verbal daté en fon commencement du 12 dudit mois de Mars, enfemble les piéces y énoncées, & au précédent, en exécution de notre Ordonnance du 10 Avril 1752. Vû auffi la Requéte à Nous préfentée par ledit Procureur du Roi, notre Ordonnance étant enfuite du 15 Mai dernier, portant, foit communiquée à Partie, pour y fournir de réponfe dans un mois pour tout délai, du jour de la fignification de ladite Ordonnance, finon & à faute de ce faire dans ledit temps & icelui paffé, feroit ftatué ce qu'il appartiendroit, l'Exploit de fignification de ladite Requête & Ordonnance par ledit Defeftre à la Requête dudit Procureur du Roi, audit Maréchal en fon domicile le 21 dudit mois de Mai : Et tout confidéré, après que ledit Maréchal n'a ni dit, ni écrit, ni produit, Nous avons donné Acte audit Procureur du Roi du contenu en fa Requête ; & faifant droit fur fes conclufions, ordonnons, que l'Ordonnance des Eaux & Forêts du mois d'Août 1669, & notamment les Articles VI. & VIII. du Titre des Officiers des Maîtrifes, les Articles V. & VII. du Titre des Grands-Maîtres, les Articles compofant le Titre des Gruyers des Gruries Royales, l'Article II. du Titre des Tables de Marbre, les Articles III. IV. & V. du Titre des Bois appartenans aux Particuliers, les Articles XIV. & XV. du Titre des amendes & reftitutions de ladite Ordonnance, la Déclaration du 8 Janvier 1715, les Articles III. IV. V. XI. XII. XIII. XIV. XV. XVI. XX. LXVIII. CVII. CVIII. & CX. du Réglement concernant la Maîtrife des Eaux & Forêts de Paris, l'Arrêt du Confeil portant homologation dudit Réglement du 5 Mai 1672, regiftré au Greffe de ladite Maîtrife ; enfemble les Arrêts du Confeil des 21 Sept. 1700, 19 Juillet & 6 Sept. 1723, 10 Mai 1735, 2 Déc. 1738, & 26 Décem. 1741, concernant la Police à obferver pour la coupe des Bois des Particuliers, les Arrêts du Confeil des 10 Juin & 19 Août 1738, autres Arrêts & Réglemens depuis intervenus, & notamment l'Arrêt du Confeil & notre Ordonnance en conféquence des 6 & 16 Février dernier, feront exécutés felon leur forme & teneur ; & en conféquence, 1°. Que les Officiers de la Grurie de Montlhery feront tenus de réfider au lieu où elle eft établie, ou tout au moins au couvert & demie lieue de la Forêt de Sequigny, conformément & fous les peines portées par l'Article III. du Réglement du premier Mai mil fix cent foixante-fix.

2°. Qu'aucune perfonne ne pourra exercer de fonctions audit Siége, à moins qu'il ne foit pourvû de Provifions de Sa Majefté, ou de notre Commiffion, jufqu'à ce qu'il en ait été autrement ordonné par Sa Majefté, qu'il n'ait, en vertu defdites Lettres de Commiffion ou Provifions, été reçu au

M m m ij

Siége & pardevant les Officiers de ladite Maîtrife de Paris, & inftallé au Siége de ladite Grurie de Montlhery en vertu defdites Lettres de Provifions ou Commiffion & Sentence de réception, fous les peines portées par les Ordonnances & Réglemens.

3°. Que néanmoins les Greffiers & Huiffiers Audienciers pourvûs par Provifions de Sa Majefté ou de notre Commiffion, après avoir fait regiftrer lefdites Lettres au Greffe de la Maîtrife de Paris, prêteront ferment, feront reçus & inftallés pardevant les Officiers de ladite Grurie, & dépoferont au Greffe de la Maîtrife copie collationnée de l'Acte de leur réception dans un mois au plus tard après la date d'icelle.

4°. Faifons défenfes aux Officiers de ladite Grurie, fous quelque prétexte que ce puiffe être, de donner aucune Comm.ffion de Subftitut du Procureur du Roi, Greffier, Huiffier, Gardes-Bois & Chaffes de Particuliers, à peine de nullité defdites Commiffions, réceptions des Pourvûs, 500 livres d'amende pour la premiere fois, & de plus grande peine en cas de récidive; en conféquence, déclarons nulles & de nul effet les Commiffions ci-devant données pour lefdits Offices par les Officiers de ladite Grurie de Montlhery; faifons très-expreffes inhibitions & défenfes aux Pourvûs de femblables Commiffions d'en faire aucun exercice ni fonctions, à peine de faux.

5°. Ordonnons pareillement que les Seigneurs Eccléfiaftiques ou Particuliers ayant des Bois dans l'étendue de la Forêt de Sequigny, feront tenus de nous préfenter le nombre de Gardes qui fera néceffaire pour veiller à la confervation defdits bois, pour y être par Nous pourvû fous le bon plaifir de Sa Majefté, attendu que cet établiffement de Gardes eft un Acte de Juftice que les Particuliers ne peuvent faire l'étendue de ladite Forêt, puifqu'il eft inconteftable que le Roiy a feul la Juftice.

6°. Déclarons nulles toutes & femblables Commiffions de Gardes de bois, Pêches & Chaffes qui pourroient avoir été ci devant données, comme attentatoires aux droits de Sa Majefté; enfemble les réceptions faites fur lefdites Commiffions en quelque lieu & en quelqu'endroit que lefdits Gardes ayent été reçus; faifons défenfes aux Pourvûs de ces Commiffions de porter la bandolliere, & de continuer leurs fonctions, à peine de faux, fauf aux Eccléfiaftiques & Particuliers à nous préfenter, pour la garde de leurs Bois, gens dont la probité & capacité feront connus, pour y être par Nous pourvû en connoiffance de caufe.

7°. Ordonnons en outre, que fur les Procès-verbaux defdits Gardes par Nous pourvûs, affirmés fans frais, épices ni vacations, les Officiers de ladite Grurie pourront juger, fauf l'appel en ladite Maîtrife, les délits contenus efdits rapports, dont l'amende fe trouvera fixée par l'Ordonnance à douze livres & au-deffous; leur enjoignons d'envoyer, fans aucun retard, à ladite Maîtrife, le Jugement des délits & contraventions dont l'amende eft fixée par ladite Ordonnance au-deffus de ladite fomme de douze livres; ou dans le cas que lefdites amendes feroient arbitraires, faifons défenfes aux Officiers de ladite Grurie, fous quelque prétexte que ce puiffe être, de prononcer fur lefdits cas, à peine de cinq cent livres d'amende pour la premiere fois, & d'interdiction pour la récidive, conformément à l'Article III. du Titre des Gruyers de ladite Ordonnance de 1669.

8°. Leur faifons pareillement défenfes d'arbitrer, réduire ou modérer, fous quelque prétexte que ce puiffe être, les amendes portées & réglées par ladite Ordonnance de 1669, afin de retenir les caufes & couvrir leur incompétence & défaut de pouvoir, & ce, fous peine de fufpenfion de leurs charges pour la premiere fois, de privation en cas de récidive, fuivant les difpofitions des Articles XIV. & XV. du Titre des peines & amendes de ladite Ordonnance de 1669.

9°. Ordonnons auffi que les Officiers de ladite Grurie ne pourront en aucuns cas connoître ni retenir aucune caufe & conteftations entre Parties lorfqu'il ne s'agira pas de condamnations pour délits de leur compétence, mais d'intérêts particuliers, foit au civil, au criminel ou de Police; & feront tenus fans délai, dès l'introduction, de renvoyer la caufe & les Parties au Siége de ladite Maîtrife; pourront néanmoins recevoir & répondre les plaintes fans frais ni vacations, en les renvoyant pareillement & par la même Ordonnance pour en être informé & pourfuites faites au Siége de ladite Maîtrife, fuivant les circonftances & l'exigence des cas.

10°. Que cependant & lorfqu'il s'agira de flagrans délits découverts dans le cours de vifites de Polices que les Officiers de ladite Grurie font tenus de faire, lefdits Officiers, en pareilles circonftances, pourront recevoir les plaintes, faire arrêter l'Accufé pris en flagrant délit, même informer, recevoir les dépofitions des témoins préfens, à la charge de renvoyer auffitôt à la Maîtrife lefdites plaintes, charges & informations pour y être décreté fur les conclufions du Procureur du Roi en icelle, & qu'exécutoire fera accordé aux Officiers de ladite Grurie par le Maître particulier, tant pour les vacations que pour les frais du Greffe, à proportion du travail. Faifons défenfes aux Officiers de ladite Grurie, fous aucun prétexte, de fe faire payer d'aucune fomme avant l'obtention, & qu'en vertu defdits Exécutoires.

11°. Enjoignons aux Officiers de ladite Grurie d'obferver ponctuellement l'Article III. du Titre des Bois appartenans aux Particuliers de ladite Ordonnance de 1669, les Arrêts & Réglemens depuis intervenus, & notamment les Arrêts du Confeil des 10 Mai 1735, 2 Décembre 1738 & 2 Décembre 1741, & en conféquence, leur faifons très-expreffes inhibitions & défenfes de donner aucunes permiffions de couper aucuns Bois de Particuliers, foit futaie, baliveaux fur taillis, arbres épars, merins & bois taillis, à peine de nullité, cinq cent livres d'amende, & de plus grande peine, s'il y échoit, conformément à l'Article III. & XXVI. de l'Ordonnance de 1669. Leur enjoignons pareillement de tenir la main à ce que lefdits taillis de Particuliers ne foient coupés avant l'âge de dix ans au moins réglé par les Ordonnances; ordonnons à cet effet qu'ils feront de fréquentes vifites dans lefdits Bois, drefferont Procès-verbaux fur le Regiftre coté & paraphé par le Maître particulier & le Procureur du Roi de ladite Maîtrife de Paris dans lequel ils porteront les bois de futaie, baliveaux, arbres épars, coupés par les Particuliers fans permiffion de Sa Majefté, ou les taillis dont l'ufance aura été faite avant l'âge porté par lefdits Réglemens; que ces Procès-verbaux feront envoyés au Greffe de ladite Maîtrife, pour être les contrevenans pourfuivis à la diligence dudit Procureur du Roi audit Siége, & que ledit Gruyer ne pourra connoître & prononcer fur lefdits Procès-verbaux, attendu que les amendes encourues pour lesdites contraventions excédent la somme de douze livres.

12º. Ordonnons, que s'il survient quelques contraventions sur les rivieres dont quelques-uns ayent lieu de se plaindre, ils recevront les plaintes desdits Particuliers, & les renvoyeront, pour l'instruction & le jugement, au Siége & pardevant les Officiers de la Maîtrise.

13º. Que tous Procès-verbaux & Jugemens faits ou rendus en ladite Grurie pour raison du nivellement, jauge, vannage & Réglement concernant les Eaux & Rivieres, & pour l'exploitation des Moulins qui y sont établis, demeureront nuls & de nul effet, faisons très-expresses inhibitions & défenses aux Officiers de ladite Grurie de s'immiscer à l'avenir en la connoissance desdits jauges, niveaux de pente desdites Rivieres & cours d'Eaux, ainsi que du Réglement & vannages des Moulins établis sur ces rivieres, à peine de nullité de leurs Procédures &' Sentence, 500 livres d'amende pour la premiere contravention, d'interdiction en cas de récidive, conformément audit Article III. Titre des Gruyers de ladite Ordonnance de mil six cent soixante-neuf.

14º. Que pour la conservation des Régistres & Minutes de ladite Grurie ceux constatés par les Procès-verbaux des Officiers de la Maîtrise Particuliere des Eaux & Forêts de Paris, en date des 8 Mai 1752 & 12 Mars 1753. & remis à leur Greffe, seront & demeureront avec lesdits Procès-verbaux contenant Inventaire d'iceux déposés au Greffe de ladite Maîtrise, jusqu'à ce que, s'il en est besoin, il ait été créé par Sa Majesté un Office de Greffier en ladite Grurie.

15º. A l'effet de quoi seront lesdits Réglemens & Arrêts, ensemble notre présente Ordonnance, lue, publiée à chaque Audience des Assises tenante, & Expéditions imprimées d'iceux jointes aux Minutes & Registres de ladite Grurie, & seront ces Présentes déposées au Greffe de la Maîtrise des Eaux & Forêts de Paris, & regístrées par le Greffier d'icelle sur le Regístre de ladite Grurie de Montlhery, & par-tout où besoin sera. Imprimées, lues, publiées, affichées & exécutées par provision, nonobstant oppositions ou appellations quelconques, & sans préjudice d'icelles, sauf, en cas d'appel par les Appellans, à le faire relever & juger au Conseil dans les délais prescrits par les Réglemens. Fait & donné par Nous, Grand Maître & Commissaire susdit en réformation en la Chambre du Conseil de la Maîtrise des Eaux & Forêts de Paris, le vingt-huit Août mil sept cent cinquante-trois. *Signé*; DU VAUCEL. Par Monseigneur L'ECLOPÉ.

ARREST NOTABLE DU CONSEIL,

Q U I ordonne l'exécution des articles XIII du titre X , & XXIV
du titre XXX de l'Ordonnance de 1669 , & confirme les condamnations prononcées en conféquence par le Grand · Maître
des Eaux & Forêts de Rouen contre un Garde , pour avoir
chaffé dans la Forêt de Longboel.

Du 28 Août 1753.

S U R la Requête préfentée au Roi en fon Confeil par le Procureur de Sa
Majefté en la Maîtrife Particuliere du Pont-de-l'Arche , contenant que le devoir de fa charge , l'intérêt de Sa Majefté & la manutention des Ordonnances,
le mettent dans l'indifpenfable néceffité de fe pourvoir au Confeil contre un
Arrêt rendu au Parlement de Rouen le premier Décembre 1752 , cet Arrêt
eft fi injufte au fonds , & fi irrégulier en la forme que fa deftruction ne paroîtra pas fufceptible de difficulté ; dans le fait Pierre Jacques Lecor , Garde
Général des Bois & Chaffes, tant de la Baronnie du Pont Saint-Pierre, que
de la confervation de la Chaffe de la Forêt de Longboel, qui appartient à Sa
Majefté , convoqua le 12 Janvier 1752 , une chaffe dans cette Forêt; il étoit
accompagné de plufieurs Gardes du fieur Comte de Pont Saint-Pierre ,' confervateur des Chaffes de la même Forêt de Longboel , & du fieur Radepont,
Seigneur voifin ; il y eut ce jour là un cerf tué à coups de fufil ; pour couvrir
le délit de tous ces Gardes ledit Lecor dreffa le même jour un Procès-verbal ,
dans lequel il annonça qu'en paffant dans la vente à Chouque ; il y avoit trouvé un Cerf mort dont la feffe gauche avoit été mangée , par quelques ani-
maux chiens, ou loups , & que fa mort provenoit de deux balles de plomb ;
qu'il l'avoit dépouillé , & en avoit partagé la chair entre les Gardes qui étoient
avec lui , & qu'il en avoit pris la nape avec le bois; qu'il avoit tâché les jours
fuivans de découvrir les auteurs du délit ; qu'en faifant fa tournée le 14 du
même mois , il avoit trouvé une biche de deux ans entierement mangée par
les loups & chiens , & qu'il n'en avoit trouvé feulement que les os & la tête;
ledit Lecor dépofa ce Procès-verbal le 15 Janvier 1752, au Greffe de ladite
Maîtrife , & l'affirma véritable pardevant le Maître particulier ; le Suppliant
requit le 18 qu'il lui fût permis de faire informer de ces délits ; le même jour
il obtint une Sentence qui permit l'information ; ayant apris que le 10 Février enfuivant on avoit encore tué un cerf dans ladite Forêt de Longboel ,
il donna le 12 un requifitoire pour qu'il fût informé de ce nouveau fait ; par
une Ordonnance du même jour , l'information en fut ordonnée ; le 16 du
même mois de Février , il fut fait une information qui conftate que les Gardes
& autres qui étoient en la compagnie dudit Lecor , avoient tiré fur les deux
cerfs tués les 12 Janvier & 10 Février 1752 , les nommés Romain Daniel
pere & fils , Gardes des Bois de Radpont. Jean Goffent Facteur de Launay,
fils , & le nommé Gandonne , Garde des terres dudit fieur Comte de Pont,
Saint-Pierre furent décrétés d'ajournement perfonnel, par Sentence du 22
Février audit an 1752; tous les accufés fubirent interrogatoire ; ils déclarerent

qu'ils avoient chaffé avec ledit Lecor, en conféquence de fon invitation ; ils prétendirent qu'ils avoient chaffé au fanglier, & non au cerf ; ces interrogatoires déterminerent les Officiers de ladite Maitrife à rendre le 7 Mars enfuivant, une Sentence qui décrete d'ajournement perfonnel ledit Lecor, & le nommé Leffart fon valet, qui avoit été auffi du nombre des Chaffeurs ; ils fubirent auffi leurs interrogatoires, le 11 Avril enfuivant, les Officiers de ladite Maitrife rendirent une Sentence, qui en civilifant le Procès, convertit les informations en enquêtes ; ledit Lecor & fes complices fe défendirent au civil, ils fournirent des reproches contre les nommés Lambert & le Courtois, qui avoient dépofé contr'eux, au fujet du cerf tué le 12 Janvier précédent, mais ils ne reprocherent point les témoins qui avoient dépofé relativement au cerf tué le 10 Février enfuivant ; après une inftruction complette le fieur Pecquet Grand-Maître des Eaux & Forêts du Département de Rouen, rendit le 30 Septembre audit an 1752, un jugement qui conformément à l'article 4 du titre des Chaffes de l'Ordonnance des Eaux & Forêts du mois d'Août 1669, condamne lefdits Lecor, de Leffart, Romain Daniel pere & fils, Jean Goffent, de Launay fils, & Louis Gandonne, en chacun cent livres d'amende envers Sa Majefté, & pour raifon du cerf par eux tué le 10 Février 1752, les condamne conformément à l'article 12 de l'Ordonnance du mois de Janvier 1600, folidairement en quatre-vingt-trois écus & un tiers d'amende, auffi envers Sa Majefté ; le même jugement interdit ledit Lecor de fes fonctions de Garde, pour en avoir mal ufé & abufé de fon miniftere, le déclare incapable d'aucune fonction de Garde dans les Forêts du Roi, avec défenfes à tous ces particuliers d'y chaffer à l'avenir fous les peines de droit, fauf à eux à exercer leur recours ainfi qu'ils aviferont ; ils font auffi condamnés folidairement en 139 livres 12 fols 4 deniers de dépens ; ledit Lecor & fes complices interjetterent appel de ce jugement au Parlement de Rouen, quoique ledit fieur Comte de Pont Saint-Pierre eût été prévenu par les voies de la politeffe, avant que fes Gardes fuffent pourfuivis & qu'il eut affuré qu'il trouveroit bon qu'on les jugeât à la rigueur, cependant il intervint dans l'inftance d'appel pour les foutenir de fon crédit ; le premier Décembre le Parlement de Rouen, a rendu après avoir entendu le Subftitut du Procureur Général, un Arrêt qui en recevant ledit fieur de Pont Saint-Pierre partie intervenante, & Appellant fur le barreau, tient fon appel pour bien relevé, & y faifant droit enfemble fur les appellations dudit Lecor & fes Conforts, met les appellations au néant, en conféquence décharge ledit Lecor & Conforts des condamnations prononcées contr'eux par le jugement dudit fieur Grand-Maître ; l'injuftice de cet Arrêt eft évidente, &c.

LE ROI EN SON CONSEIL, ayant égard à la Requête, fans s'arrêter à l'Arrêt du Parlement de Rouen du premier Décembre 1752, que Sa Majefté a caffé & annullé ainfi que tout ce qui peut s'en être enfuivi a ordonné & ordonne que les articles 13 du titre 10 & 4 du titre 30 de l'Ordonnance des Eaux & Forêts du mois d'Août 1669, & la Sentence du Grand-Maître du Département de Rouen rendue pour raifon du fait dont il s'agit le trente Septembre audit an mil fept cent cinquante-deux, feront exécutés felon leur forme & teneur & fera le préfent Arrêt exécuté nonobftant oppofitions, Clameur de Haro, Chartre Normande, & autres empêchemens généralement

quelconqua

quelconques pour lesquels ne sera différé, & dont si aucuns interviennent, Sa Majesté s'en est & à son Conseil réservée la connoissance & icelle interdit à toutes ses cours & autres Juges. FAIT au Conseil d'Etat du Roi, tenu pour les Finances à Versailles le vingt-huit Août mil sept cent cinquante-trois. *Signé.* DE VOUGNY.

ARREST NOTABLE DU CONSEIL,

QUI fait défenses à tous Juges Gruyers des Seigneurs de pren-dre à l'avenir, sous quelque prétexte que ce soit, connoissance d'aucunes coupes d'arbres futayes, baliveaux sur taillis ou ar-bres épars, soit dans les Bois des Communautés Ecclésiastiques & Laïques, soit dans ceux des Particuliers, ni d'aucun cas royal en matiere d'Eaux & Forêts, à peine, &c.

Du 29 Janvier 1754.

SUR la Requête présentée au Roi en son Conseil, par Louis d'Astorg, Comte d'Aubarede, Marquis de Roquepine, Brigadier des Armées de Sa Majesté, contenant, &c.

LE ROI EN SON CONSEIL, ayant aucunement égard à la Re-quête, sans s'arrêter à la Sentence rendue par le Juge Gruyer du Comté d'Au-barede le premier Juillet 1752, ni au jugement de la Chambre des Eaux & Forêts établie par le Parlement de Toulouse du 3 Juillet 1753, que Sa Ma-jesté a cassé & annullé ainsi que tout ce qui peut s'en être ensuivi, a ordonné & ordonne que l'article 3 du titre des appellations de l'Ordonnance des Eaux & Forêts du mois d'Août 1669 ; ensemble la Déclaration du Roi du 8 Janvier 1715, les articles 52 & 54 de l'Edit du mois de Mai 1716, & les Arrêts du Conseil des 16 Août 1692, 20 Novembre.1725, 29 Décembre 1733, 6 Décembre 1735, 4 Juin 1737, 5 Août 1738, 26 Décembre 1741, 20 Février & 10 Juillet 1742, 31 Juillet 1745 & 7 Décembre 1751, seront exécutés selon leur forme & teneur, sauf néanmoins au Suppliant à faire as-signer si bon lui semble le nommé Bernard Clarac son Fermier, pardevant les Officiers de la Maîtrise royale, dans le ressort de laquelle les délits im-putés audit Clarac ont été commis, & y procéder contre lui jusqu'à Sentence définitive inclusivement, comme avant la Sentence, & le jugement en ques-tion ; sauf l'appel au Conseil. Fait Sa Majesté très-expresses inhibitions & dé-fenses tant audit Suppliant, qu'audit Clarac de se pourvoir & procéder, en premiere instance pour raison du fait dont il s'agit ; ailleurs qu'en ladite Maî-trise & par appel qu'au Conseil, à peine de nullité, cassation des procédures, 1000 livres d'amende, qui ne pourra être réputée comminatoire, & de tous dépens, dommages & intérêts. Fait aussi Sa Majesté très-expresses inhibitions & défenses au Juge Gruyer dudit Comté d'Aubarede, & à tous autres Juges des Seigneurs, de prendre à l'avenir sous quelque prétexte que ce soit, con-noissance d'aucunes coupes d'arbres futaies, baliveaux sur taillis, ou arbres épars , foit dans les bois des Communautés Eccléfiaftiques & Laïques , foit dans ceux dudit Suppliant ou des autres Particuliers ni d'aucun cas Royal en matière d'Eaux & Forêts, à peine de 500 livres d'amende, & de demeurer garans & refponfables envers Sa Majefté en leur propre & privé nom du montant des amendes auxquelles les Délinquans auroient été condamnés , & fera le préfent Arrêt exécuté nonobftant oppofitions ou autres empêche-mens généralement quelconques , pour lefquels ne fera différé ; & dont fi aucuns interviennent , Sa Majefté s'en eft & à fon Confeil refervée la con-noiffance, & icelle interdit à toutesfes Cours & autres Juges. F A I T & arrêté au Confeil d'Etat du Roi tenu pour les Finances à Verfailles le vingt-neuf Janvier mil fept cent cinquante - quatre. *Signé* , B E R G E R E T.

ARREST DU CONSEIL D'ÉTAT DU ROI ;

QUI fans s'arrêter à l'Affignation donnée aux Adminiftrateurs de l'Hôpital de Dreux pardevant le Bailly de ladite Ville, que Sa Majefté a caffée & annullée, & tout ce qui s'en eft enfui-vi ; ordonne que pour raifon d'un fait de Pêche dont il s'agit , les Parties procéderont en premiere inftance en la Maîtrife de Dreux jufqu'à Sentence définitive , fauf l'appel au Siége de la Table de Marbre du Palais à Paris; défenfes aux Parties pour raifon de ce de procéder ailleurs qu'en ladite Maîtrife fous les peines y portées : condamne le nommé Guillery , Procureur audit Bailliage de Dreux en cent livres d'amende , pour avoir figné la Requête qui a donné lieu à ladite Affignation.

Du 4 Mars 1754.

Extrait des Regiftres du Confeil d'Etat.

LE ROI EN SON CONSEIL , faifant droit fur l'Inftance, fans s'arrêter à l'affignation donnée aux Adminiftrateurs de l'Hôpital de la Ville de Dreux , à la requête du fieur le Meneftrel , pardevant le Bailly de ladite Ville de Dreux , le 18 Septembre 1752 , que Sa Majefté a caffée & annullée , ainfi que tout ce qui peut s'en être enfuivi , a ordonné & ordonne que pour raifon du fait de Pêche dont il s'agit , circonftances & dépendances , les Parties fe-ront tenues de fe pourvoir en premiere Inftance pardevant les Officiers de la Maîtrife particuliere des Eaux & Forêts de Dreux , pour y procéder jufqu'à Sentence définitive inclufivement , fauf l'appel au Siége de la Table de Mar-bre du Palais à Paris. Fait Sa Majefté très-expreffes inhibitions & défenfes aufdites Parties de procéder fur ledit fait de Pêche ailleurs qu'en ladite Maîtri-fe , à peine de nullité , caffation de Procédures, mille livres d'amende , & de tous dépens , dommages & intérêts; & pour par le nommé Guillery , Pro-cureur au Bailliage de Dreux , avoir figné la Requête dudit fieur le Meneftrel qui a donné lieu à ladite affignation, Sa Majefté a condamné & condamne ledit Guillery en cent livres d'amende, au payement de laquelle il fera contraint par les voyes ordinaires & accoutumées, comme pour les propres deniers & affaires de Sa Majefté; & fera le préfent Arrêt exécuté nonobftant oppofitions ou autres empêchemens généralement quelconques, pour lefquels ne fera différé, & dont fi aucuns interviennent, Sa Majefté s'en eft & à fon Confeil refervée la connoiffance, & icelle interdit à toutes fes Cours & autres Juges. FAIT au Confeil d'Etat du Roi tenu pour les Finances à Verfailles le cinq Mars mil fept cent cinquante-quatre. Collationné. *Signé*, BERGERET.

ARREST NOTABLE DU CONSEIL,

QUI ordonne que les Particuliers qui voudront faire abattre des Bois feront tenus de faire leurs déclarations aux Greffes des Maîtrifes dans le reffort defquelles lefdits Bois font fitués, fans les pouvoir faire en une autre Maîtrife fous prétexte de proximité, ou autre tel qu'il puiffe être.

Du 9 Juillet 1754.

SUR la Requête préfentée au Roi en fon Confeil par le fieur Auguftin Aubery, Marquis de Vatan, Colonel du Régiment d'Infanterie de fon nom; contenant, que de la Terre de Vatan à lui appartenante, il dépend des bois taillis confidérables, dont on fait couper annullement quelque partie, avec les baliveaux qui fe trouvent; qu'en conformité de l'article 5 de l'Arrêt du Confeil du 21 Septembre 1700, le fieur Marquis de Vatan, Confeiller d'Etat & ancien Prevôt des Marchands de la Ville de Paris, fon pere, avant de faire commencer les exploitations des bois taillis, a fait faire par le Receveur de ladite Terre en l'année 1738, une Déclaration au Greffe de la Maîtrife particulière d'Iffoudun, ainfi qu'il eft juftifié par le certificat du Greffier de cette Maîtrife, du 24 Avril de la même année; ainfi que toutes les formalités qui font prefcrites par les Ordonnances des Eaux & Forêts du mois d'Août 1669, & par l'Arrêt du Confeil du 21 Septembre 1700, ayant été remplies à cet égard, il a eu lieu d'être furpris de la fignification qui lui a été faite à la requête du Procureur du Roi en la Maîtrife particuliere de Blois, d'une Sentence rendue par les Officiers d'icelle le 17 Janvier 1750, par laquelle le Suppliant a été condamné en trois mille livres d'amende pour avoir fait couper des baliveaux fur taillis, fans permiffion de Sa Majefté, & fans avoir préalablement fait fa déclaration au Greffe de ladite Maîtrife de Blois; que les chofes en cet état il fe trouve obligé d'avoir recours à Sa Majefté & de lui repréfenter que ladite Terre eft à près de vingt lieues de diftance de la Ville de Blois, & qu'elle n'eft qu'à quatre lieues de celle d'Iffoudun, ce qui fait penfer que ces bois étoient dans le reffort de ladite Maîtrife d'Iffoudun, fait qui eft même prétendu par les Officiers de cette derniere Maîtrife; enforte que fi on n'eût pas fait de déclaration en leur Greffe, il y a toute ap-

Nnn ij

parence qu'ils auroient condamné ledit Suppliant en une pareille amende de
trois mille livres ; qu'il lui eſt indifférent en quelle Maîtriſe, ſ it de Blois, ſoit
d'Iſſoudun, il doit faire ſa déclaration ; mais qu'il lui eſt intéreſſant de n'etre
aſſujetti qu'à une ſeule Maîtriſe ; qu'il a rempli ſes obligations en faiſant ſa
déclaration au Greffe de ladite Maîtriſe d'Iſſoudun, que c'eſt aux Officiers de
cette Maîtriſe à ſoutenir contre ceux de la Maîtriſe de Blois, leur droit de
Juriſdiction ſur les Bois de la Terre de Vatan, qu'au ſurplus il eſt pret de ſe
conformer à ce qui ſera décidé, & que c'eſt dans ces circonſtances, qu'il a
été conſeillé de donner la préſente Requéte. A CES CAUSES, requiércroit,
&c.

LE ROI EN SON CONSEIL, ayant aucunement égard à la Requête, a
ordonné & ordonne que l'Ordonnance des Eaux- & Forêts du mois d'Août
1669, & l'Arrêt du Conſeil du 21 Septembre 1700, enſemble les Arrêts
& Réglemens intervenus en conſéquence, & la Sentence de la Maîtriſe particuliere de Blois, rendue pour raiſon du fait dont il s'agit le 17 Janvier
1750, ſeront exécutés ſelon leur forme & teneur, & cependant par grace
& ſans tirer à conſéquence, Sa Majeſté a déchargé & décharge le Supplianit
de l'amende de 3000 liv. prononcée contre lui, par ladite Sentence, à condition néanmoins de payer les frais ſuivant la taxe qui en ſera faite par le ſieur
le Ray de Chaumont, Grand-Maître des Eaux & Forêts du Département de
Blois & Berry; ordonne en outre Sa Majeſté que ledit Suppliant ſera tenu
à l'avenir de faire au Greffe de ladite Maîtriſe de Blois la déclaration des
Bois de futaie, baliveaux ſur taillis, ou arbres épars qu'il ſera couper ſur la
Terre de Vatan, & ce ſix mois avant de pouvoir en faire l'exploitation ſous
les peines portées par leſdites Ordonnances & Réglemens, & ſera le préſent
Arrêt enrégiſtré au Greffe de ladite Maîtriſe pour y avoir recours ſi beſoin
eſt. FAIT au Conſeil d'Etat du Roi tenu pour les Finances, à Compiegne
le neuf Juillet mil ſept cent cinquante-quatre. Signé, DE VOUGNY.

ARREST DU CONSEIL D'ÉTAT DU ROI,

QUI fait de nouveau très-expreſſes inhibitions & défenſes aux
Communautés Eccléſiaſtiques, Séculières, Régulières & Laïques, & même aux Particuliers Propriétaires de Bois, de faire
abattre aucun des Arbres futaie ou épars, & Baliveaux ſur taillis, qui auront été marqués du Marteau de la Marine, pour le
ſervice, ſoit préſent ſoit avenir, de ladite Marine, ſous les
peines y portées.

Du 23 Juillet 1754.

Extrait des Regiſtres du Conſeil d'État.

LE ROI s'étant fait repréſenter en ſon Conſeil, Sa Majeſté y étant, l'Arrêt
rendu en icelui le 23 Juillet 1748, par lequel, pour les cauſes y contenues ;

elle a ordonné que les articles portés par l'Ordonnance des Eaux & Forêts du mois d'Août 1669, titre des bois à bâtir pour les Maifons royales & Bâtimens de mer, des bois appartenants aux Eccléfiaftiques & Gens de mainmorte, Communautés & Habitans des Paroiffes & des Bois appartenans aux particuliers, enfemble l'Arrêt du Confeil du 21 Septembre 1700, feroient exécutés felon leur forme & teneur : Et en conféquence, Sa Majefté a fait très expreffes inhibitions & défenfes aux Communautés Eccléfiaftiques, Séculieres, Régulieres & Laïques, & même aux particuliers propriétaires de bois, de quelque qualité & condition qu'ils fuffent, de faire abattre à l'avenir, fous quelque prétexte que ce fût, aucun des arbres futaie, ou épars & baliveaux fur taillis qui auroient été marqués du marteau de la Marine, pour le fervice, foit préfent, foit à venir de ladite Marine, à peine de confifcation defdits arbres & baliveaux, de trois mille livres d'amende pour la premiere contravention, qui ne pourroit être réputée comminatoire, & de plus grande peine en cas de récidive ; & la Sentence rendue en la Maîtrife particulière de Châlon-fur-Saône, le 26 Mars 1754, par laquelle les fept arbres énoncés au Procès-verbal des Officiers de la Marine, du 14 Mai 1753, ont été déclarés acquis & confifqués au profit du Roi, pour avoir été coupés par le nommé Pierre Dommartin dans la Forêt de l'Abbaye du Miroir, annexée à celle de Cîteaux, quoique marqués précédemment pour le fervice avenir de la Marine ; & ledit Pierre Dommartin a été, pour raifon de ce, condamné en trois mille livres d'amende envers Sa Majefté, dont les Prieur & Religieux de ladite Abbaye du Miroir demeureroient civilement refponfables. Et Sa Majefté étant informée qu'au préjudice des défenfes expreffes qui font faites par l'Arrêt du Confeil du 23 Juillet 1748, à toutes perfonnes indiftinctement, d'entreprendre la coupe d'aucun des arbres qui fe trouveront avoir été marqués pour le fervice, foit préfent, foit avenir, de la Marine, plufieurs particuliers tombent journellement dans ce genre de contravention, fous différens prétextes, elle a réfolu de faire connoître fur ce fes intentions : oui le rapport.

LE ROI ETANT EN SON CONSEIL, a ordonné & ordonne que l'Arrêt du Confeil du 23 Juillet 1748 ; & la Sentence de la Maîtrife particulière des Eaux & Forêts de Châlon-fur-Saône, rendue contre le nommé Pierre Dommartin le 26 Mars 1754, pour raifon du fait dont il s'agit, feront exécutés felon leur forme & teneur ; & en conféquence, Sa Majefté a fait & fait de nouveau, très-expreffes inhibitions & défenfes aux Communautés Eccléfiaftiques, Séculieres, Régulieres & Laïques, & même aux particuliers propriétaires de bois, de quelque qualité & condition qu'ils foient, de faire abattre à l'avenir, fous quelque prétexte que ce foit, aucun des arbres futaie, ou épars, & baliveaux fur taillis qui auront été marqués du marteau de la marine, pour le fervice, foit préfent, foit avenir de ladite marine, à peine de confifcation defdits arbres & baliveaux, de trois mille livres d'amende pour la première contravention, qui ne pourra être réputée comminatoire, & de plus grande peine en cas de récidive. Enjoint Sa Majefté très-expreffément aux Commiffaires de la marine, de dénoncer aux fieurs Grands-Maîtres des Eaux & Forêts, & aux Officiers des Maîtrifes particulières des lieux, ceux qui contreviendront aux défenfes portées par le préfent Arrêt, &

tant auxdits sieurs Grands-Maîtres, qu'aux Officiers desdites Maîtrises, de tenir chacun en droit soi, la main à l'exécution dudit présent Arrêt, lequel sera lû, publié, affiché & signifié par-tout & à qui il appartiendra, & exécuté nonobstant opposition ou autres empêchemens généralement quelconques, pour lesquels ne sera différé, & dont si aucuns interviennent, Sa Majesté s'en est, & à son Conseil, réservée la connoissance, & icelle interdit à toutes ses Cours & autres Juges. F A I T au Conseil d'Etat du Roi, Sa Majesté y étant, tenu pour les Finances, à Compiegne, le vingt-troisiéme jour de Juillet mil sept cent cinquante-quatre. *Signé*, ROUILLÉ.

ORDONNANCE
DE M. LE GRAND-MAISTRE
DES EAUX ET FORESTS DE FRANCE
AU DEPARTEMENT DE LA GENERALITE' DE METZ,

QUI maintient respectivement les Officiers de la Maîtrise des Eaux & Forêts de Sedan, & les Officiers de la Gruerie Royale de Montmedi, ressort de ladite Maîtrise de Sedan, dans les droits de Jurisdiction & fonctions appartenans ausdits Officiers chacun en droit soi, conformément à l'Ordonnance des Eaux & Forêts du mois d'Août 1669, à l'Edit de création de ladite Gruerie Royale de Montmedi du mois de Novembre 1691, & à l'Edit de Mai 1716, sur le fait des Eaux & Forêts, & portant Réglement concernant les fonctions des Officiers de ladite Gruerie de Montmedi, ainsi qu'elles leur sont attribuées par les dispositions desdites Ordonnances & Edits susdatés.

Du premier Août 1754.

EDMOND COULON, CHEVALIER, &c.
VU la Requête à Nous présentée par les Officiers de la Maîtrise particulière des Eaux & Forêts de Sedan, expositive, qu'ils ne peuvent plus long-temps garder le silence sur l'entreprise journaliere des Officiers de la Gruerie de Montmedi, qui veulent les exclure de toutes les opérations concernant les Bois, tant du Roi, que des Ecclésiastiques, Communautés & Gens de mainmorte situés dans l'étendue de leur Gruerie, &c.

NOUS Grand-Maître, Général Réformateur & Commissaire susdit, faisant droit sur le tout, ordonnons que l'Ordonnance des Eaux & Forêts du mois d'Août 1669, notamment le titre IX des Gruyers, l'Edit de Création de la Gruerie de Montmedi du mois de Novembre 1691, régistré au Parlement de Metz le trois Décembre suivant, l'Edit du mois de Mai 1716, ensemble lés Arrêts & Réglemens rendus en conféquence, feront exécutés felon leur forme & teneur, & fuivant iceux, que les Officiers de ladite Gruerie créés pour l'adminiftration de la Juftice, Police, confervation & aménagement, tant des Eaux & Forêts & Bois appartenant au Roi, que de ceux des Eccléfiaftiques, Gens de main-morte & particuliers dépendans des quatre Prévôtés de Montmedy, Marville, Chaurancy & Dampvilliers, feront tenus de faire les fonctions de leurs Charges, vifites des bois conformément à la fufdite Ordonnance de 1669, & faire exécuter, fuivre & obferver de point en point les Réglemens rendus, tant fur le fait des coupes ordinaires & extraordinaires des Bois du Roi, que pour les droits d'ufages, chauffages, paturages & pannages, dont les Foréts du Roi peuvent être chargées, fans qu'il y foit contrevenu en quelque forte & maniere que ce foit, fous les peines y portées, maintenons & gardons les Officiers de la Maîtrife de Sedan, dans la jurifdiction & connoiffance de toutes matières d'Eaux & Forêts, Pêches & Chaffes, dans l'étendue de ladite Gruerie, telle qu'elle leur eft attribuée par ladite Ordonnance de 1669; en conféquence qu'ils procéderont feuls à l'exclufion des Officiers de ladite Grurie, aux affiettes, martelages, balivages, délivrances, récollemens, réglemens de coupes, appofition de quart de réferve, & autres opérations à faire pour aménagement, & affifteront à toutes adjudications fur notre Commiffion, tant pour ce qui concerne le Roi, que les Eccléfiaftiques, Communautés & Gens de main-morte, fitué dans l'étendue de ladite Grurie, Reffort de ladite Maîtrife. Ordonnons en outre, que les Officiers de ladite Maîtrife feront tenus de fe tranfporter au Greffe de ladite Grurie, & feront, en préfence des Officiers en icelle, un inventaire exact & détaillé de tous les Regiftres, & de toutes autres piéces du Greffe, qui fera figné du Greffier, & certifié que, par dol ou autrement, il ne retient aucune piéce : de tout quoi, il fera dreffé procès-verbal ; qu'enfuite il fera fait diftraction & enlevement de tous les Regiftres, Ordonnances, Procès-verbaux, Plans, Cartes figuratifs, & autres concernans les bois du Roi, Eccléfiaftiques, Communautés & Gens de main-morte, à l'exception des Regiftres fervans à la tranfcription des rapports des Sergens à garde, & ceux d'audiance, fi aucuns y a ; defquelles piéces, qui feront diftraites & enlevées, le Greffier de ladite Maîtrife fera tenu de donner fon récepiffé au pied dudit inventaire, pour être par lui dépofé dans l'armoire de la Chambre de la Maîtrife ; quoi faifant, le Greffier de ladite Grurie fera & demeurera déchargé. Que les Officiers de ladite Grurie feront tenus de remettre à ceux de ladite Maîtrife, le marteau du Roi qu'ils ont entre leurs mains, pour être enfuite brifé ; de quoi, il fera dreffé procès-verbal, & mis au Greffe de ladite Maîtrife. Ordonnons également que le Gruyer de Montmedy tiendra exactement le Siége à Marville, fuivant l'Arrêt du Confeil de la tranflation du 21 Avril 1733, aux jours & heures certains & accoutumés en chacune femaine ; aura un marteau particulier, duquel il marquera les arbres de délits & chablis, l'empreinte duquel fera dépofée au Greffe de ladite Maîtrife, dont il fera dreffé acte, avec défenfes de s'en fervir d'autre, fous tel prétexte que ce foit ; vifitera, de quinzaine en quinzaine, les Eaux & Forêts de ladite Grurie ; en la même forte & maniere que les Officiers des Maîtrifes doivent procéder à leurs vifites ; fera les mêmes obfervations & rapports des délits, dégats, abroutiffemens, malverfation, abbatis de baliveaux, pieds cor-

miers, arbres de lifiere & autres réferves, bornes & foffés, & généralement de
tout ce qui aura été fait contre l'ordre établi par l'Ordonnance. Sera tenu d'a-
voir un Regiftre coté & paraphé par le Maître particulier, ou le Lieutenant
& le Procureur du Roi de ladite Maîtrife, dans lequel il tranfcrira les procès-
verbaux de fes vifites, obfervations, marques & reconnoiffances ; les rapports des Sergens à garde, & tous les autres actes de fa Charge, qu'il fera
figner par les Sergens, trois jours après chacun acte. Il jugera les articles de
fa compétence, & enverra une expédition, fous fon feing des autres, au
Greffe de ladite Maîtrife ; fera procès-verbaux indéfiniment de toutes matieres ; informera, décretera & arrêtera en flagrant délit, tant pour les Eaux
& Forêts, bois, buiffons appartenans au Roi, fitués dans fon détroit, que
pour les bois tenus en gruerie, grairie, tiers & danger, indivis, appanages,
ufufruit & par engagement, & des Communautés. Ordonnons en outre, que
le Greffier de ladite Grurie fera tenu d'avoir trois Regiftres, qui feront cotés
& paraphés par le Maître particulier ou le Lieutenant, & par le Procureur
du Roi de ladite Maîtrife. Le premier, fera pour l'infinuation des Edits, Déclarations, Réglemens & Ordonnance, Provifions, Commiffion, réception,
inftitutions & deftitutions d'Officiers & Gardes de ladite Grurie. Le fecond,
contiendra les procès-verbaux de vifite du Gruyer, & des rapports des Gardes
& Sergens, qui feront par eux fignés fur le Regiftre, à mefure qu'ils auront
été faits ou préfentés, fans retardement ou changement de dates, & des confifcations, amendes, reftitutions, dommages-intérêts adjugés en conféquence.
Le troifiéme, des caufes d'audiance, auquel feront tranfcrits les Jugemens
rendus, afin d'y avoir recours, & obvier au divertiffement des minutes. Les
Sergens à Garde des bois de ladite Grurie, feront pareillement tenus d'a-
voir chacun un Regiftre, cotté par nombre, & paraphé du Maître particulier & du Procureur du Roi de ladite Maîtrife, lequel contiendra les Procès-
verbaux de leurs vifites, rapports, exploits & tous autres actes de leurs charges, enfemble l'extrait de la vente ordinaire & extraordinaire, & l'état, leur
qualité & valeur des arbres chablis ou encroués, & généralement de tout
ce qui fera fait pour & contre le fervice du Roi, dans l'étendue de leurs
Gardes ; les Sergens à Garde des Bois de ladite Gruerie, porteront audit
Gruyer, les rapports de tous délits, les affirmeront & feront régiftrer également au Greffe, vingt-quatre heures après la reconnoiffance du fait : ordonnons en outre que fur les Procès-verbaux defdits Gardes affermés fans
frais, épices ni vacations les Officiers de ladite Gruerie pourront juger, fauf
l'appel à ladite Maîtrife, les délits contenus efdits rapports, dont l'amende
fe trouvera fixée par l'Ordonnance & au deffous ; leur enjoignons d'envoyer
fans aucun retard à ladite Maîtrife, le Jugement des délits & contraventions,
dont l'amende eft fixée par ladite Ordonnance au-deffus de la fomme de
12 liv. ou dans le cas que lefdites amendes feroient arbitraires, faifons défenfes aux Officiers de ladite Gruerie, fous quelque prétexte que ce puiffe être,
de prononcer fur lefdits cas, à peine de 500 liv. d'amende pour la première
fois & d'interdiction pour la récidive ; leur faifons pareillement défenfes d'arbitrer, réduire ou modérer fous quelque prétexte que ce puiffe être, les amendes portées & reglées par l'Ordonnance de 1669, afin de retenir les caufes
& couvrir leur incompétence & défaut de pouvoir, & ce fans peine de fufpenfion

penſion de leurs Charges pour la première fois, de privation en cas de récidive : ordonnons auſſi que les Officiers de ladite Gruerie ne pourront en
aucun cas connoître ni retenir aucune cauſe & conteſtations entre Parties,
lorſqu'il ne s'agira pas de condamnations pour délits de leur compétence, mais
d'intérêts particuliers, ſoit au Civil, au Criminel ou Police, & ſeront tenus
ſans délai de l'introduction, de renvoyer la cauſe & les Parties au Siege
de ladite Maîtriſe ; pourront néanmoins recevoir & répondre les plaintes ſans
frais ni vacations, en les renvoyant pareillement, & par la même Ordonnance, pour en être informé & pourſuites faites au Siége de ladite Maîtriſe,
ſuivant les circonſtances & l'exigence des cas ; que cependant lorſqu'il s'agira
de fragans délits découverts dans le cours des viſites de Police, que les Officiers de ladite Gruerie ſeront tenus de faire, leſdits Officiers en pareilles circonſtances pourront recevoir les plaintes, faire arrêter les Accuſés pris en
fragant délit, même informer, recevoir les dépoſitions des Témoins préſens,
à la charge de renvoyer auſſi-tôt à la Maîtriſe leſdites plaintes, charges &
informations, pour y être décrété ſur les Concluſions du Procureur du Roi
en icelle, & qu'exécutoire ſera accordé aux Officiers de ladite Gruerie par le
Maître particulier, tant pour les vacations, que pour les frais du Greffe à
proportion du travail ; faiſons défenſes aux Officiers de ladite Gruerie, ſous
aucun prétexte de ſe faire payer d'aucune ſomme ; répondra ledit Gruyer des
délits, abroutiſſemens & déſordres qui arriveront ès Eaux & Forêts de ladite
Gruerie, & ſera tenu des amendes & reſtitutions, que les Délinquans & Uſur-
pateurs auroient encourues, faute d'avoir pourvu par condamnation juſqu'à
12 liv. ou par le défaut d'en avoir envoyé les Procès-verbaux & avis au Greffe
de la Maîtriſe, huit jours après le délit commis ou uſurpation faite ; faiſons
défenſes aux Officiers de ladite Gruerie de recevoir aucuns Gardes de bois,
pêche & chaſſe tant au Roi que des Seigneurs particuliers, Eccléſiaſtiques,
Communautés & Gens de Main-morte, validons néanmoins les actes de réceptions faites juſqu'à préſent à la charge par leſdits Gardes de faire régiſtrer
au Greffe de ladite Maîtriſe ſans frais, leurs commiſſions & réceptions ; enjoignons au ſurplus aux Officiers de ladite Gruerie de ſe conformer à ce que
preſcrit l'Ordonnance de 1669, notamment le titre IX & l'Edit du mois de
Mai 1716, leſquels ſeront au ſurplus exécutés ſelon leur forme & teneur,
& ſera la préſente Ordonnance ſervant de Réglement, régiſtrée au Greffe
de ladite Gruerie, par le Greffier de ladite Maîtriſe, & enſuite regiſtrée &
dépoſée au Greffe de la Maîtriſe des Eaux & Forêts de Sedan. FAIT & donné
à la Grange-aux-Bois, ce premier Août 1754. Signé, COULON : Et plus bas,
par Monſeigneur PIERDHAVY, avec paraphe. Et enſuite eſt écrit, enrégiſtré
au Greffe de la Gruerie Royale de Montmedi ; ce requérant M. le Procureur
du Roi de la Maîtriſe particuliere des Eaux & Forêts de Sedan, au déſir de
la préſente Ordonnance, par moi Greffier Commis ad hoc, ſouſſigné. A
Marville le 13 Août 1754. Signé, PENACHEZ, & enſuite eſt encore écrit ;
enregiſtrée ès regiſtres de la Maîtriſe particuliere des Eaux & Forêts de Sedan & dépendances, par moi Greffier ſouſſigné, cejourd'hui 20 Août 1754.
Signé, LIEBAULT, avec paraphe.

ARREST NOTABLE DU CONSEIL,

QUI ordonne que les opérations néceffaires pour mettre en bon état les bras de la Rivière du Morin paffant à Crecy, feront faites de l'autorité du Grand-Maître des Eaux & Forêts de Paris, ou des Officiers de la Maîtrife de Crecy fur la Commiffion.

Du 7 Janvier 1755.

SUR la Requête préfentée au Roi en fon Confeil, par fon Procureur en la Maîtrife des Eaux & Forêts de Crecy, contenant que le mauvais état dans lequel fe trouvoient les deux bras de la riviere du Morin, dont l'un prend fa naiffance du lit principal de ladite riviere à l'Orient, au lieu vulgairement appellé la Tour Falan, & fe termine, après avoir tourné autour de la ville dudit Crecy, par la jonction de ce bras audit lit principal au Midi, & l'autre traverfe ladite vil!e, ayant donné lieu aux Maire, Echevins & principaux Habitans de ladite ville, de fe pourvoir pardevant le fieur du Vaucel, Grand-Maître des Eaux & Forêts du Département de Paris, par Requête expofitive, qu'il y avoit de la néceffité de procéder à la vifite de ces deux bras de riviere, & d'ordonner ce qui conviendroit pour les mettre en leur état naturel, & ledit fieur Grand-Maître ayant rendu fon Ordonnance le 17 Août 1747, à l'effet de ladite vifite, il réfulte du procès-verbal qu'il a dreffé le 8 dudit mois d'Août, que l'on ne peut rien imaginer de plus mal en ordre, & de plus propre à caufer des maladies; que fans qu'il foit befoin d'entrer dans le détail de ce que contient ce procès-verbal, au moyen de ce que le Suppliant le joindra à la préfente Requête; il obfervera qu'entr'autres perfonnes qui ont affifté à ladite vifite, & ont figné audit procès-verbal, on y voit la comparution & la fignature pure & fimple du fieur Dubois, Lieutenant Général de Police de ladite ville, & que dans ce Procès-verbal,il eft entr'autres chofes, dit que contre la difpofition de l'Ordonnance, & fans aucune permiffion, il a été conftruit un pont de bois fur ladite riviere, par le moyen duquel, & de l'ufage qu'en fait le nommé Legros, la ville en reçoit des incommodités confidérables; que les Maire, Echevins & principaux Habitans dudit Crecy, laffés de voir que les exhortations que ledit fieur Grand-Maître avoit fait aux Riverains de ces deux bras de riviere, lors de fa vifite, pour les mettre en état, n'auroient rien opéré; ils ont pris le parti de lever l'expedition dudit procès-verbal, ils fe font pourvus au Confeil & ont demandé fur les faits contenus en ce procès-verbal, tout ce qui pouvoit rendre à réformer les abus qu'il conftate; que cette demande connue au Suppliant, & qui eft en état d'être jugée, au moyen de l'avis que ledit fieur Grand-Maître a envoyé le quinze Juillet 1751, étoit feule capable de fixer fon attention, pour empêcher qu'il ne fût rien introduit de nouveau qui pût préjudicier au cours de ladite riviere, tant autour de ladite ville, qu'au travers d'icelle; que c'eft dans cet efprit du maintien du bon ordre, qu'ayant fçu que ledit Legros, qui s'étoit déja ingéré de son autorité privée, comme on le voit audit procès-verbal du 8 Août mil sept cent quarante-sept, de faire construire, contre la disposition de l'Ordonnance, & sans permission, un pont de bois sur la riviere, vis-à-vis sa maison, par le moyen duquel, & de l'usage qu'il en faisoit, la ville recevoit des incommodités considérables, venoit encore de faire des plantâts de saulx nuisibles au cours de la riviere, suivant qu'il est constaté par procès-verbal du deux Avril mil sept cent cinquante-trois, le Suppliant l'auroit fait assigner par exploit du sept dudit mois d'Avril, pour être condamné aux peines & amendes auxquelles son entreprise donnoit lieu : que la cause portée à l'Audience dudit sieur Grand-Maître dans le cours de ses visites & réformations à Crecy, il est intervenu Jugement contradictoire le 20 Août mil sept cent cinquante-quatre, par lequel ledit sieur Legros a été condamné à arracher les saulx par lui plantés sur le bord de la riviere, qui entoure ladite ville de Crecy, proche le pont de la porte de Meaux, & ce, dans huitaine du jour dudit Jugement, sinon qu'ils seroient arrachés à la diligence du Suppliant, aux frais & dépens dudit Legros, & pour avoir de son autorité privée, fait ladite plantation, le condamne en dix livres d'amende, & aux frais liquidés à trois livres, avec défenses de faire à l'avenir pareilles entreprises sous plus grandes peines ; le Suppliant observera ici qu'encore que la compétence dudit sieur Grand-Maître fût d'autant plus certaine pour connoître de la contravention dudit Legros, qu'elle avoit été annoncée & reconnue par la présence & la signature du Lieutenant Général de Police de Crecy, au procès-verbal de la visite dudit sieur Grand-Maître, dudit jour huit Août mil sept cent quarante-sept, néanmoins ledit sieur Legros, à l'instant de l'assignation qui lui a été donnée à la Requête dudit Suppliant, ledit jour sept Avril mil sept cent cinquante-trois, ayant été consulter le sieur Camus, son Procureur ; cet Officier Ministeriel ne connoissant, comme ceux de son espece, que la basse chicane, de concert avec le sieur Aupoix, Substitut du Procureur du Roi au Bailliage & Police de Crecy, qui est en même-temps postulant, & par conséquent Confrere dudit Camus, imagina sous le nom dudit sieur Aupoix de demander sur un exposé ridicule, & sans fondement, addressé au plus ancien Officier du Bailliage, faisant les fonctions de Juge pour la vacance du Siege, qu'il lui plût évoquer la contestation, à peine de nullité, de cassation des procédures, & de toutes pertes, dépens, dommages & intérêts, même de prise à partie, au cas qu'il fût passé outre ; faire aussi défenses audit Legros de comparoître & procéder pardevant lesdits Officiers, à peine de cinquante livres d'amende ; on remarquera encore que ce requisitoire fut adressé au plus ancien Officier du Bailliage, comme faisant les fonctions de Juge pour la vacance du Siege, néanmoins il fut présenté pour être répondu, au Lieutenant Général de Police qui le rejetta, par la déclaration qu'il en fit le 10 Avril, & ce n'est qu'en conséquence de cette déclaration, que l'on voit une prétendue Ordonnance du nommé Soudin, Procureur, du 11 dudit mois d'Avril, portant soit permis d'assigner à vendredi prochain, heure d'audience ordinaire ; & ce qu'il faut encore singulierement remarquer, c'est que le Suppliant atteste, comme fait constant, que la copie signifiée de la déclaration du Lieutenant Général de Police, la prétendue Ordonnance dudit Soudin, ensuite de la copie dudit requisitoire, sont ainsi que l'exploit d'affignation écrits de la main dudit Camus ; de ces obfervations il réfulte deux chofes bien conftantes , c'eft que d'un côté Camus étoit plaine-ment perfuadé , quand il a fabriqué le requifitoire , qu'il ne feroit point admis par le Lieutenant Général de Police , qu'il feroit même rejetté par les Gradués , ce qui l'a fait recourir audit Soudin fon Confrere , quoiqu'il ne fût pas le plus ancien Procureur au Bailliage & Police de Crecy ; il n'a pas fait attention que cette adreffe & la préfentation audit Lieutenant Général de Police, impliquoient contradiction , & de l'autre ayant lui-même écrit dans la copie fignifiée aux Officiers de la Maîtrife la déclaration dudit Lieutenant Général de Police , la prétendue Ordonnance dudit Soudin , & l'exploit d'affignation en conféquence, il fe faifoit connoître Procureur & Confeil dudit Legros. c'eft donc fur de telles irrégularités que le Suppliant s'eft perfuadé que rien ne pouvoit l'arrêter dans la pourfuite de fon action , qu'il a provoqué le Jugement dudit fieur Grand-Maitre , lequel a prononcé contradictoirement contre ledit Legros , fans qu'il ait excipé d'aucune Sentence intervenue fur ce prétendu requifitoire qui lui fit défenfes de comparoir & procéder en ladite Maîtrife , il eft donc à fuppofer que ledit Camus n'a enfanté ce requifitoire que pour fe préparer le droit de s'ériger en Juge , pour rendre illufoire , s'il étoit poffible , le Jugement dudit fieur Grand-Maître ; &c.

LE ROI EN SON CONSEIL , ayant égard à la Requête, fans s'arrêter à l'Ordonnance du cinq Novembre mil fept cent cinquante-quatre , que Sa Majefté a caffée & annullée, ainfi que tout ce qui peut s'en être enfuivi , a or-donné & ordonne que le Jugement du fieur du Vaucel, Grand-Maître, du 20 Août précédent , & ce qui a été fait en conféquence , fera exécuté felon fa forme & teneur ; ce faifant , que le curage & autres opérations néceffaires à faire fur les bras de riviere du Morin , pour les mettre en bon état, feront faites fur les Ordonnances dudit fieur Grand-Maître , ou des Officiers de la Maîtrife particuliere de Crecy fur fa Commiffion , & pour avoir par le nommé Camus , Procureur à Crecy , & du nommé Legros , pratiqué le requifitoire fur lequel il s'eft arrogé le droit de juger, au préjudice de la déclaration faite par le Lieu-tenant Général de Police de ladite ville de Crecy , S. M. a condamné & con-damne ledit Camus en 300 l. d'amende , au payement de laquelle fomme il fera contraint par les voies accoutumées, & que tout ce qui fera fait pour l'exé-cution du préfent Arrêt, & par la fuite pour la police & confervation des eaux defdits bras de riviere, par le fieur Grand-Maître, ou les Officiers de ladite Maîtrife par lui commis , fera exécuté par provifion, nonobftant & fans pré-judice de l'appel au Confeil, & qu'il fera imprimé , publié, affiché & fignifié par-tout où il appartiendra , & auffi exécuté par provifion nonobftant oppo-fitions , récufations , prifes à Partie , ou autres empêchemens généralement quelconques, pour lefquels ne fera différé , & dont fi aucuns interviennent , Sa Majefté s'en eft & à fon Confeil réfervée la connoiffance , & icelle inter-dite à toutes fes Cours & autres Juges. FAIT au Confeil d'Etat du Roi, tenu pour les Finances à Verfailles le fept Janvier mil fept cent cinquante-cinq. Signé, BERGERET.

ARREST NOTABLE DU CONSEIL,

QUI maintient les Officiers de Bar-le-Duc dans le droit d'exercer leur Jurifdiction fur les Bois de la Communauté de la Haycourt, &c.

Du premier Avril 1755.

VU AU CONSEIL D'ETAT DU ROI, l'Arrêt rendu en icelui le vingt-quatre Juin mil fept cent quarante-neuf, par lequel, pour les caufes y contenues, Sa Majefté a évoqué à foi & à fon Confeil, les appels interjettés au Parlement de Paris, par les Habitans & Communauté de la Haycourt, des Ordonnances & Sentences de la Maîtrife particuliere des Eaux & Forêts de Bar-le-Duc des vingt-huit Août & dix-huit Décembre mil fept cent quarante-huit, enfemble toutes les conteftations concernants les bois fitués dans le reffort de ladite Maîtrife, & dont avoient joui lefdits Habitans, &c.

LE ROI EN SON CONSEIL, faifant droit fur l'inftance, a maintenu & maintient les Officiers de la Maîtrife particuliere des Eaux & Forêts de Bar-le-Duc dans le droit d'exercer leur Jurifdiction fur les bois dont jouiffent les Habitans & Communautés de la Haycourt, fuivant & ainfi qu'il eft porté par l'Edit du mois de Novembre mil fept cent fept; la déclaration du trente-un Janvier mil fept cent vingt-quatre, & les Arrêts & Reglemens intervenus depuis; ce faifant, Sa Majefté, par grace & fans tirer à conféquence, a déchargé & décharge lefdits Habitans de la Haycourt, des amendes, reftitutions, dommages & intérêts prononcés contr'eux, par les Sentences de ladite Maîtrife des quinze Mai mil fept cent quarante-un, vingt-huit Août & dix-huit Décembre mil fept cent quarante-huit, quinze Septembre mil fept cent quarante-neuf, & vingt-trois Novembre mil fept cent cinquante, à condition néanmoins de payer les frais, fuivant la taxe qui en fera faite par le fieur Gallois, Confeiller d'Etat en Lorraine. Fait Sa Majefté très-expreffes inhibitions & défenfes auxdits Habitans de récidiver fous les peines portées par les Ordonnances & Réglemens rendus fur le fait des Eaux & Forêts; leur enjoint Sa Majefté de fe conformer, lors de la coupe des Bois de ladite Communauté, à ce qui eft prefcrit par fadite Ordonnance & les Reglemens fous les mêmes peines, en ce qui concerne la propriété defdits bois; ordonne Sa Majefté qu'il fera plus amplement contefté. Et fera le préfent Arrêt enregiftré au Greffe de ladite Maîtrife pour y avoir recours fi befoin eft. FAIT au Confeil d'Etat du Roi tenu, pour les Finances, à Verfailles le premier Avril mil fept cent cinquante-cinq. *Signé,* DE VOUGNY.

ARREST DU CONSEIL,

QUI maintient Laurent d'Autier, pourvû par M. le Duc d'Orléans de l'Office de Garde Général Collecteur des Amendes en
la Maîtrife de Noyon , dans le droit de mettre à exécution
tous Jugemens , Arrêts , Sentences & Commiffions , tant des
Juges des Eaux & Forêts , que des Juges ordinaires dans l'é-
tendue du reffort de ladite Maîtrife , &c.

Du premier Avril 1755.

SUR la Requête préfentée au Roi en fon Confeil , par Laurent d'Autier ,
Garde Général , Collecteur des Amendes de la Maîtrife des Eaux & Forêts
de Noyon , contenant , &c. Oui le rapport.

LE ROI EN SON CONSEIL , ayant égard à la Requête , a ordonné & ordonne que l'Edit du mois de Mars 1708 fera exécuté felon fa forme
& teneur ; & en conféquence Sa Majefté a maintenu le Suppliant dans le droit
& poffeffion de mettre à exécution , dans toute l'étendue de la Maîtrife
particulière des Eaux & Forêts de Noyon où il eft immatriculé feulement ,
toutes Ordonnances , Sentences , Jugemens , Arrêts & Commiffions , tant
des Juges de la Maîtrife , que tous autres Juges ; fait Sa Majefté très-expreffes inhibitions & défenfes à tous Huiffiers , Sergens & autres , de l'y troubler ,
à peine de 1000 liv. d'amende , & de tous dépens , dommages & intérêts , &
au Suppliant de faire aucunes fonctions hors de l'étendue de ladite Maîtrife ,
fous les mêmes peines ; & fera le préfent Arrêt enrégiftré au Greffe de ladite
Maîtrife , & exécuté nonobftant oppofitions , ou autres empêchemens généralement quelconques , pour lefquels ne fera différé , & dont fi aucuns interviennent , Sa Majefté s'en eft & à fon Confeil , réfervée la connoiffance , &
icelle interdite à toutes fes Cours & autres Juges. FAIT au Confeil d'Etat du
Roi , tenu pour les Finances , à Verfailles le premier Avril mil fept cent cinquante-cinq. *Signé,* DE VOUGNY.

ARREST DU CONSEIL D'ÉTAT DU ROI,

QUI caſſe & annulle les Sentences de la Table de Marbre du Palais à Paris, des 20 Août 1749 & 20 Juin 1750 ; ordonne l'exécution de l'Ordonnance des Eaux & Forêts du mois d'Août 1669, de la Déclaration du 8 Janvier 1715, autres Arrêts & Réglemens, ainſi que des Sentences de la Maîtriſe de Sens des 28 Septembre 1748 & 8 Février 1749, portant condamnation d'amende pour délits commis dans les Bois de Preſſigny ; fait dé-fenſes aux Officiers de ladite Table de Marbre de rendre de pareils Jugemens à l'avenir, & aux Officiers de la Juſtice dudit lieu de Preſſigny de connoître d'aucune coupe de Futaye, Ba-liveaux ſur taillis, Arbres épars, ſoit dans les Bois des Commu-nautés Eccléſiaſtiques ou Laïques, ſoit dans ceux des Particu-liers, ni d'aucuns délits commis eſdits Bois, ſous les peines y portées, aux Parties de procéder ailleurs pour raiſon de ce, qu'en ladite Maîtriſe de Sens. Enjoint aux Officiers de ladite Juſtice de Preſſigny d'envoyer au Greffe de la Maîtriſe de Sens les Procès-verbaux & Procédures faites pour raiſon des délits dont il s'agit.

Du 6 Mai 1755.

Extrait des Regiſtres du Conſeil d'Etat.

SUR la Requête préſentée au Roi en ſon Conſeil, par le Procureur de Sa Majeſté en la Maîtriſe particuliere des Eaux & Forêts de Sens, contenant que le 21 Juin 1748, les Officiers de ladite Maîtriſe, accompagnés de l'Inſpec-teur d'icelle, réſidant à Langres, s'étant tranſportés dans les Bois appartenans au Seigneur de la Terre de Preſſigny, ils reconnurent qu'il y avoit été coupé par le nommé Guillot, Fermier de cette Terre, dans un Canton appellé Baix, conſiſtant en vingt arpens ou environ qui étoient en exploitation, la quantité de vingt ceriſiers, de groſſeur depuis deux juſqu'à quatre pieds de tour, dont les troncs étoient couverts de mouſſe & de rapaille ; & dans un au-tre Canton, dit le Pas du Peau, ils trouverent huit troncs d'autres ceriſiers, depuis un pied & demi juſqu'à deux pieds de tour, dont ils dreſſerent Procès-verbal, en conſéquence duquel ledit Guillot fut aſſigné en ladite Maîtriſe le 2 Août enſuivant, où il fit ſignifier des défenſes le 28 Septembre de la même année, par leſquelles il prétendit qu'il ne devoit pas être pourſuivi pardevant les Officiers d'icelle pour raiſon de la coupe de ces arbres, l'ayant été pour le même fait par le Procureur Fiſcal de ladite Terre & Seigneurie de Preſſigny, en vertu d'un Procès-verbal dreſſé par le Garde des bois de cette Terre les 17 & 18 du même mois de Juin 1748, ſur lequel étoit intervenu Sentence le 2 Juil.

enfuivant, qui l'avoit renvoyé de la demande formée contre lui par le Procureur Fifcal, fur la déclaration qu'il fit, que les dix-huit cerifiers coupés dans le Canton de Baix n'avoient point été abattus par fes ordres, mais par fes Ouvriers fans fa participation, & qu'à l'égard de ceux coupés dans le Canton dit le Pas du l'eau, ils l'avoient fait par ordre du Seigneur de Preffigny, pour quoi il requit fon renvoi ; que nonobftant ces défenfes, il intervint Sentence contradictoire en ladite Maîtrife, ledit jour 28 Septembre 1748, par laquelle ledit Guillot fut condamné en deux cens quatre vingt-quatorze livres d'amende envers Sa Majefté ; que ledit Guillot ayant interjetté appel de cette Sentence au Siége de la Table de Marbre du Palais à Paris, il y a obtenu un Jugement le 21 Août 1749, qui en le recevant Appellant, & le Seigneur de Preffigny Partie intervenante, & incidemment Appellant comme de Juge incompétent, a déchargé ledit Guillot de l'amende de 294 liv. prononcée contre lui par la Sentence de ladite Maîtrife, & a ordonné que les art. XI & XII du titre premier de l'Ordonnance des Eaux & Forêts du mois d'Août 1669, & un Jugement de ladite Table de Marbre du 9 Mai 1742, feroient exécutés felon leur forme & teneur, en conféquence a maintenu & gardé le Seigneur de Preffigny dans le droit d'exercer la Haute-Juftice & Gruerie dans les Bois dudit lieu, & a fait défenfes aux Officiers de ladite Maîtrife de les y troubler, & de s'immifcer dans la connoiffance des délits ordinaires commis dans les Bois feigneuriaux, s'ils n'en étoient requis ; & cependant faifant droit fur l'appel du Seigneur de Preffigny, de la Sentence du Juge du même lieu, du 2 Juillet 1748, a condamné Guillot en cinq livres d'amende, & en trente livres de dommages & intérêts envers le Seigneur de Preffigny ; que le 5 Novembre 1748, l'Infpecteur de ladite Maîtrife de Sens, s'étant tranfporté audit lieu de Preffigny, fur la réquifition à lui faite par le nommé Delorme, Syndic de la Communauté du même endroit, le 26 Octobre précédent, à l'effet de faire la vifite & reconnoiffance d'un délit confidérable commis dans les Bois de cette Communauté, ce Syndic déclara qu'il avoit oui dire qu'il y avoit plus de cent pieds d'arbres, tant Chênes que Hêtres & Charmes coupés dans lefdits Bois ; qu'il en avoit averti les Officiers de la Juftice du lieu, & que l'on trouveroit en leur Greffe les noms des Delinquans ; que cet Infpecteur s'étant tranfporté dans lefdits Bois avec ce Syndic, il reconnut qu'il avoit été coupé cent neuf arbres, fçavoir, &c. ; que l'Infpecteur ayant voulu faifir ces cent neuf arbres, & les laiffer à la charge & garde du Syndic, celui-ci refufa de s'en charger, attendu qu'il étoit feul ; que le nommé Facenet, Garde des Bois de ladite Communauté, n'avoit pas voulu en faire fon rapport, & qu'il n'étoit pas poffible qu'il fe chargeât d'une pareille garde, d'autant qu'il y avoit lieu de croire que ces arbres n'avoient été abattus que de l'ordre des Officiers dudit lieu, n'ayant été coupés par aucun des Habitans, mais bien par les Coupeurs dudit Quillot, dont du tout l'Infpecteur dreffa Procès-verbal, & fur le refus du Syndic, il fit faifir les cent neuf arbres en queftion par exploit de Bonhomme Huiffier, du 6 du même mois de Novembre, qui les laiffa à la charge & garde defdits Habitans de Preffigny, jufqu'à ce que par Juftice, il en eût été autrement ordonné. Que le Suppliant ayant pris communication defdits Procès verbal & Exploit de faifie, & voyant qu'il n'y avoit rien de conftaté contre les prétendus Délinquans,

quans, fur lefquels le Syndic de la Communauté vouloit faire tomber le délit,
fentant d'ailleurs que fa dénonciation étoit dénuée de preuves, & même de dénomination des auteurs du délit, il ne put s'empêcher de penfer que cette dénonciation n'avoit été imaginée, que pour mettre le Corps de la Communauté
à l'abri ; que les arbres fe trouvant marqués du Marteau de cette Communauté,
il ne pouvoit pas fe faire qu'il n'y eût une connivence entre le Syndic & les Officiers dudit lieu, puifqu'on n'avoit pu fe fervir de ce Marteau, fans la participation de l'un & de l'autre, ayant chacun une clef du coffre où il eft renfer-
mé, & d'ailleurs n'étant pas à préfumer que le Syndic d'une Communauté
ignorâ les vrais auteurs d'un délit auffi confidérable, qui n'avoit pu fe faire
fans bruit ; il fit affigner les Habitans, les Officiers & les Gardes de ladite
Communauté, pour fe voir condamner aux peines portées par ladite Ordonnance de 1669, & voir dire que les cent neuf arbres faifis feroient confifqués au profit du Roi ; fur quoi il intervint Sentence par défaut en ladite
Maîtrife le 8 Février 1749, par laquelle lefdits Habitans, Officiers & Gardes ont été folidairement condamnés en huit cens livres d'amende envers Sa
Majefté, & en pareille fomme de reftitution, applicable fuivant l'Ordonnance ; & par la même Sentence, il a été ordonné que les cent neuf arbres faifis
feroient vendus au profit de Sa Majefté ; que ces Habitans, Officiers & Gardes
ayant interjetté appel de cette Sentence en ladite Table de Marbre, ils y ont
obtenu un Jugement le 28 Février 1750, qui en recevant le Seigneur de
Preffigny Partie intervenante, lui a donné acte de ce qu'il adhéroit audit appel, & de ce qu'il prenoit leur fait & caufe, & faifant droit fur les appellations & fur les conclufions des Gens du Roi, a déchargé les Habitans, Officiers & Gardes de ladite Communauté des condamnations prononcées contr'eux, & ordonné que les Jugemens de ladite Table de Marbre des 9 Mai
1742 & 20 Août 1749, feroient exécutés felon leur forme & teneur, &
en conféquence fait défenfes aux Officiers de ladite Maîtrife de connoître des
délits ordinaires qui feroient commis dans les Bois de ladite Communauté
de Preffigny, lorfqu'ils auroient été prévenus par les Officiers dudit lieu ; il
a été ordonné en outre, que le prix defdits bois faifis & vendus cent trente livres, feroit rendu & reftitué au Seigneur de Preffigny ; & faifant droit fur les
appellations interjettées par le Curé du même endroit, & Claude Pierro Laboureur, de la procédure faite par les Officiers dudit Preffigny comme de
Juges incompétens, leur a été fait défenfes de recidiver, ils ont été condamnés en cinq cent liv. d'amende au profit du Seigneur de Preffigny, en cinq
cens livres de dommages & intérêts envers les Habitans dudit lieu, & en tous
les dépens envers le Seigneur, les Officiers & les Habitans du même lieu. Que
les chofes en cet état, le Suppliant fe trouve obligé de repréfenter à Sa Majefté, &c.

LE ROI EN SON CONSEIL, ayant égard à la Requête,
fans s'arrêter aux Jugemens de la Table de Marbre du Palais à Paris, des 20
Août 1749 & 28 Février 1750, que Sa Majefté a caffés & annullés, ainfi que
tout ce qui peut s'en être enfuivi, a ordonné & ordonne que l'Ordonnance des
Eaux & Forêts du mois d'Août 166., la Déclaration du 8 Janvier 1715,
& les Arrêts du Confeil intervenus en conféquence, enfemble les Sentences
de la Maîtrife particulière de Sens, rendues pour raifon du fait dont il s'agit

les 28 Septembre 1748 & 8 Février 1749, feront exécutés felon leur forme & teneur ; fait Sa Majefté très-expreffes inhibitions & défenfes aux Juges de ladite Table de Marbre, de rendre de pareils Jugemens à l'avenir, & aux Officiers de la Juftice de Preffigny de connoître, fous quelque pré exte que ce foit, d'aucune coupe d'arbres futaye, baliveaux fur taillis & arbres épars, foit dans les Bois des Communautés Eccléfiaftiques & Laïques, foit dans ceux des Particuliers, ni d'aucuns délits dans les quarts de réferve appofés dans les Bois appartenans aufdites Communautés Eccléfiaftiques & Laïques, non plus que d'aucun cas Royal en matiere d'Eaux & Forêts, à peine de cinq cens livres d'amende, & de demeurer garants & refponfables envers Sa Majefté, en leurs propres & privés noms, du montant des amendes aufquelles les Délinquans auroient été condamnés, & aux Parties de procéder, pour raifon de ce, ailleurs que pardevant les Officiers de ladite Maitrife. Enjoint Sa Majefté aux Officiers de la Juftice dudit lieu de Preffigny, d'envoyer les Procès-verbaux & autres l'rocédures, pour raifon des délits dont eft queftion, au Greffe de ladite Maîtrife ; & fera le préfent Arrêt regiftré & fignifié par-tout & à qui il appartiendra, & exécuté nonobftant oppofitions ou autres empêchemens généralement quelconques, pour lefquels ne fera différé, & dont fi aucuns interviennent, Sa Majefté s'en eft & à fon Confeil, réfervée la connoiffance, & icelle interdite à toutes fes Cours & autres Juges. FAIT au Confeil d'Etat du Roi, tenu à Marly le fix Mai mil fept cent cinquante-cinq. *Signé*, DE VOUGNY.

ARREST DU CONSEIL,

QUI caffe deux Arrêts du Parlement de Bordeaux, &c. ordonne l'exécution de deux Ordonnances rendues par le Grand-Maître des Eaux & Forêts de Guyenne, pour le curement de la Riviere de Rane, &c.

Du 20 Mai 1755.

SUR la Requête préfentée au Roi en fon Confeil, par le fieur Baftard, Grand Maître des Eaux & Forêts du Département de Guyenne, contenant que par Arrêt du Confeil du 20 Septembre 1729, Sa Majefté avoit fait défenfes à tous Particuliers de faire des Moulins, Eclufes, Murs & autres Edifices fur les Rivieres navigables & flotables, fous les peines portées par les Ordonnances des Eaux & Forêts du mois d'Août 1669 ; & enjoint aux Communautés & Particuliers, qui auroient négligé de faire faire le curement de leurs Rivieres, Ruiffeaux, Canaux & Foffés, d'y faire travailler au plutôt, & de les entretenir en bon état, à peine de cinquante livres d'amende, & il a été fait défenfes aufdites Communautés & Particuliers, de quelque qualité, état & condition qu'ils fuffent, de fe pourvoir, pour raifon de ce, ailleurs que pardevant le fieur Grand-Maître, & à tous autres Juges d'en connoître en premiere Inftance ; en exécution de cet Arrêt, le Suppliant a rendu une Ordon-

nance le 17 Juillet 1751 pour la riviere de Rane, laquelle a été exécutée
par les Riverains, à l'exception du fieur Demothes, Lieutenant Général en
la Sénéchauffée de Caftel, qui non feulement a refufé de s'y foumettre, mais
même s'eft pourvu par appel au Parlement de Bordeaux, où il a obtenu un
Arrêt de furfis le 28 Septembre enfuivant; au mois de Décembre de la même
année 1751, le Suppliant procédant à la vifite des réparations qu'il avoit ordonnées fur ladite riviere de Rane, reconnut que la partie de cette Riviere
qui appartenoit audit fieur Demothes, étoit dans le même état; qu'on n'y
avoit point travaillé, ce qui avoit même excité des plaintes de la part des autres Riverains, en ce que leurs travaux devenoient inutiles, faute par ledit
fieur Demothes d'avoir fait travailler à la partie qui le concernoit, dont il a
dreffé Procès-verbal le 30 du même mois de Décembre, fur lequel il a rendu
une deuxiéme Ordonnance le 3 Janvier 1752, portant que fans avoir égard
à l'appel interjetté par ledit fieur Demothes, de l'Ordonnance du 17 Juillet
1751, ni à l'Arrêt du Parlement portant furfis, a ordonné que ladite Ordonnance du 17 Juillet 1751 feroit exécutée nonobftant ledit appel & l'Arrêt;
en conféquence il a enjoint audit fieur Demothes de mettre des Ouvriers dans
les 24 heures, fur ladite Riviere, à peine d'y être procédé à fes frais & dépens; il a en outre par cette feconde Ordonnance, autorifé les Confuls des
lieux à y mettre des Ouvriers, & condamné ledit fieur Demothes en cinquante
livres d'amende, pour n'avoir pas exécuté celle du 17 Juillet 1751; en
vertu de cette feconde Ordonnance, il a été décerné des exécutoires contre
ledit fieur Demothes, dont il a payé le montant comme contraint, après quoi
il s'eft pourvu de nouveau par appel audit Parlement, où il a obtenu Arrêt le
6 Mars 1752 qui a caffé les deux Ordonnances rendues par le Suppliant,
fçavoir celle du 17 Juillet 1751, comme incompétemment rendue, & celle
du 3 Janvier 1752, comme attentatoire à l'autorité du Parlement, ainfi que
les exécutoires, en ordonnant la reftitution des fommes payées par ledit fieur
Demothes, & faifant droit fur les conclufions du Procureur Général, il a
été fait défenfes au Suppliant de rendre à l'avenir de pareilles Ordonnances,
& il lui a été enjoint de fe conformer exactement à ladite Ordonnance de
1669, & aux Arrêts du Confeil rendus en conféquence. Les chofes en cet
état, le Suppliant fe trouve obligé de repréfenter à Sa Majefté qu'il étoit très-
compétent pour rendre la premiere Ordonnance du 17 Juillet 1751, tant par
ladite Ordonnance de 1669, que par l'Arrêt du Confeil du 20 Septembre
1729. Quant à celle du 3 Janvier 1752, elle eft fondée fur les difpofitions
des art. III & V du tit. des Appellations de ladite Ordonnance de 1669, &
fur l'art. LII de l'Edit du mois de Mai 1716, portant que les appels des Ordonnances des Grands-Maîtres doivent être jugés dans les trois mois, finon
qu'elles feront exécutées en dernier reffort, d'où il s'enfuit que la premiere
Ordonnance du Suppliant eft du 27 Juillet 1751. Le fieur Demothes a obtenu
un Arrêt de furfis le 28 Septembre enfuivant, & l'Arrêt dudit Parlement qui
a fait droit fur l'appel, eft du 6 Mars 1752, ainfi qu'il s'eft écoulé près de huit
mois depuis le jour de l'Ordonnance du Suppliant du 17 Juillet 1751, jufqu'à celui de l'Arrêt dudit Parlement du 6 Mars 1752; & c'eft dans ces circonftances qu'il a recours à Sa Majefté, &c.

LE ROI EN SON CONSEIL, ayant aucunement égard à la Requête;

fans s'arrêter à l'Arrêt du Parlement de Bordeaux du 6 Mars 1752, a ordonné & ordonne que l'Arrêt du Conseil du 20 Septembre 1729, & l'Ordonnance rendue en conféquence par le Suppliant le 17 Juillet 1751, feront exécutés felon leur forme & teneur; enjoint Sa Majefté au fieur Demothes de s'y conformer, à peine d'amende arbitraire; & fera le préfent Arrêt fignifié à qui il appartiendra, enrégiftré où befoin fera, & exécuté nonobftant oppofitions, appellations & autres empêchemens généralement quelconques, pour lefquels ne fera différé, & dont fi aucuns interviennent, Sa Majefté s'en eft & à fon Confeil réfervée la connoiffance, & icelle interdite à toutes fes Cours & autres Juges. FAIT au Confeil d'Etat du Roi, tenu pour les Finances à Verfailles le vingt Mai mil fept cent cinquante-cinq. Signé, DE VOUGNY.

ARREST NOTABLE DU CONSEIL,

QUI fait défenfes à tous Gens de Main-morte de fe pourvoir ailleurs qu'au Confeil, fur le fait de l'amenagement & du réglement de leurs Bois.

Du 20 Mai 1755.

SUR la Requête préfentée au Roi en fon Confeil, par le fieur Hennet de Courbois, Grand-Maître des Eaux & Forêts du Département de Lyonnois, contenant, &c.

LE ROI EN SON CONSEIL, ayant égard à la Requête, a caffé & annullé, caffe & annulle l'Arrêt du Parlement de Grenoble, du 14 Décembre 1751, ainfi que tout ce qui s'en eft enfuivi, fauf au fieur Evêque de Grenoble, de porter au Confeil fes griefs & repréfentations, fur les opérations faites par le Suppliant, dans les Bois de fon Evêché, fuivant le Procès-verbal du 10 Septembre audit an 1751, pour y être fait droit ainfi qu'il appartiendra; ce faifant, Sa Majefté a ordonné & ordonne que l'Arrêt du Confeil, du 29 Avril 1749, fera exécuté felon fa forme & teneur; & en conféquence, fait Sa Majefté très-expreffes inhibitions & défenfes audit fieur Evêque de Grenoble, & à tous Bénéficiers & Communautés Eccléfiaftiques & Laïques de la Province de Dauphiné, de fe pourvoir ailleurs qu'au Confeil, fur le fait de l'aménagement & du réglement de leurs Bois, & audit Parlement, d'en connoître, & fera le préfent Arrêt exécuté nonobftant oppofitions, appellations, récufations, prifes à partie, & autres empêchemens généralement quelconques, pour lefquels ne fera différé, & dont fi aucuns interviennent, Sa Majefté s'en eft & à fon Confeil, réfervée la connoiffance, & icelle interdit à toutes fes Cours & autres Juges. FAIT au Confeil d'Etat du Roi, tenu pour les Finances, le vingt Mai mil fept cent cinquante-cinq. Signé, DE VOUGNY.

ARREST NOTABLE DU CONSEIL,

QUI maintient les Officiers des Maîtrises dans le droit de faire, à l'exclusion de tous autres Juges, Experts, &c. les visites des Eaux & Forêts des Ecclésiastiques, qui feront ordonnées par les Juges ordinaires, &c.

Revoque un Arrêt du Conseil en ce qu'il avoit ordonné que les Bois dépendans de l'Abbaye de Larivourt feroient visités par Experts & Soucheteurs nommés par le Lieutenant Général du Bailliage de Troyes, &c.

Du 20 Mai 1755.

SUR la Requête présentée au Roi en son Conseil, par le Procureur de Sa Majesté en la Maîtrise particuliere de Troyes, contenant qu'encore bien que l'Ordonnance des Eaux & Forêts du mois d'Août 1669, aux articles 13 & 14 du titre premier, 2 & 21 du titre 3, & 11 du titre 4, attribue aux Officiers des Maîtrises, la connoissance en premiere instance, des délits, abus & malversations dans les Bois des Ecclésiastiques & Gens de Main-morte, & le droit exclusif de faire toutes les visites, tant dans lesdits Bois que dans ceux de Sa Majesté, & que l'Edit du mois de Mai 1708 confirme expressément ces dispositions, en ordonnant tant aux Cours supérieures, qu'à tous les Juges ordinaires, qui rélativement aux contestations pendantes pardevant eux, seroient dans le cas d'ordonner des visites de Bois, de les renvoyer aux Officiers des Eaux & Forêts, sans pouvoir nommer aucun Expert, à l'effet desdites visites, à peine de nullité des Procès-verbaux & autres Actes qui pourroient être faits par d'autres Officiers que ceux des Eaux & Forêts ; néanmoins le sieur de Quelin, Evêque de Bethléem, & Abbé Commendataire de l'Abbaye de Larivourt, au préjudice de ces dispositions, se seroit pourvû au Grand Conseil, où il auroit obtenu le 5 Février 1755, un Arrêt qui avant faire droit sur les contestations qui font indécises en cette Cour, entre ledit sieur de Quelin & les héritiers du feu sieur Abbé de Vougny, précédent Titulaire, à l'occasion des réparations des bâtimens de ladite Abbaye, ordonne, entre autres choses, que la visite générale des Bois qui en dépendent, sera faite par des Experts Marchands de bois, qui se feront assister par des Soucheteurs, qui seront nommés & prêteront serment pardevant le Lieutenant Général du Bailliage de Troyes, & qu'en procédant à cette visite, les Experts expliqueront & détailleront l'état actuel des Bois, les dégradations qui peuvent s'y trouver, le tems & les causes d'icelles, qu'ils en feront l'estimation, & que pendant le cours de la visite, les Parties pourront faire telles requisitions & observations, qu'elles jugeront à propos; que cette disposition de l'Arrêt du Grand-Conseil, étant une contravention formelle à ce que prescrit ladite Ordonnance de 1669, & l'Edit de 1708, le Suppliant se croit autorisé à recourir à la protection de Sa Majesté, & de réclamer l'exécution des Loix qu'elle a établies, &c.

LE ROI EN SON CONSEIL, ayant égard à la Requête, fans s'arrêter à l'Arrêt du Grand-Conseil, du 5 Février 1755, a ordonné & ordonne que les articles 11, 13 & 14 du titre premier, 2 & 21 du titre 3, & 11 du titre 4 de l'Ordonnance des Eaux & Forêts, du mois d'Août 1669, & l'Edit du mois de Mai 1708, feront exécutés felon leur forme & teneur, & en conféquence que la vifite demandée au Grand-Conseil, par le fieur Evêque de Bethléem, Abbé Commendataire de l'Abbaye de Larivourt, des Bois dépendans de ladite Abbaye, fera faite par les Officiers de la Maîtrife particuliere de Troyes, lefquels drefferont Procès verbal de l'état actuel defdits Bois, ainfi que des délits & dégradations qui peuvent y avoir été commis, le tout en préfence des Parties intéreffées, où elles duement appellées, pour, fur ledit Procès-verbal, être par ledit Suppliant, requis relativement à la police & à la bonne adminiftration des Bois, & par les Officiers de ladite Maîtrife, ftatué ce qu'il appartiendra, fans préjudice des demandes & conteftations pendantes entre les Parties, audit Grand-Conseil, qui continueront d'y être inftruites, & jugées en la maniere ordinaire. FAIT au Conseil d'Etat du Roi, tenu pour les Finances, à Verfailles, le vingt Mai mil fept cent cinquante-cinq. *Signé*, DE VOUGNY.

ARREST DU CONSEIL D'ÉTAT DU ROI,

EN FORME DE REGLEMENT,

QUI caffe & annulle une Sentence de la Table de Marbre du Palais à Paris du 9 Avril 1755 ; ordonne l'exécution d'une Sentence de la Maîtrife des Eaux & Forêts de Fontainebleau du 3 Février précédent ; permet au Garde Général de ladite Maîtrife de faire perquifition des Bois de délit en provenant de la Forêt de Fontainebleau, dans les maifons des Villages & hameaux voifins de ladite Forêt.

Du 21 Mai 1755.

LE Roi s'étant fait repréfenter en fon Conseil, Sa Majefté y étant, la Sentence rendue au Siége de la Table de Marbre du Palais à Paris, le 9 Avril 1755, par laquelle le procès-verbal d'ouverture de porte & perquifition faite dans une maifon fife au Village d'Hericy, appartenante à Jean-Gafpard Chenal, les 23 & 24 Janvier de la préfente année, anroit été déclaré nul, ledit Chenal auroit été déchargé des condamnations contre lui prononcées par une Sentence de la Maîtrife des Eaux & Forêts de Fontainebleau, du 3 Février précédent ; & faifant droit fur les Conclufions du Procureur de Sa Majefté en lad. Table de Marbre, il auroit été ordonné que les Gardes de ladite Maîtrife feroient tenus de fe conformer à l'avenir à l'article XXIV du titre XXVII de l'Ordonnance des Eaux & Forêts du mois d'Août 1669 ; en conféquence, il auroit été fait défenfes auxdits Gardes de fe tranfporter, faire faire aucunes ou-

ver:ures de porte, & faire perquition dans les maifons, finon en préfence des
Officiers de ladite Maîtrife, ou à défaut, en préfence du Juge ordinaire, du
Procureur de Sa Majefté ou du Procureur d'Office. Il auroit été en outre en-
joint auxdits Gardes d'affirmer leurs procès-verbaux dans le tems preferit par
l'Ordonnance. Sa Majefté auroit reconnu que, quoique l'article XXIV du titre
XXVII de ladite Ordonnance de 1669, ne doive avoir d'application que pour
les perquifitions qui fe font ès Villes fermées; & que, fuivant les articles VIII
& IX du titre X de la même Ordonnance, les Gardes ne doivent quitter la
garde des Forêts que pour comparoître alternativement à l'Audience de la
Maîtrife, & y préfenter & affirmer leurs rapports, qu'il fuffit d'etre dépofés
au Greffe, deux jours au plus après le délit commis. Néanmoins, par une interprétation contraire à l'efprit de la Loi, ces mêmes difpofitions ont fervi de
motifs pour décharger ledit Chenal, dont le délit étoit d'autant plus conftant,
que le Garde Général de ladite Maîtrife, affifté d'un Huiffier & de deux Gardes
de la Forêt de Fontainebleau, ne s'étoit tranfporté dans la maifon dudit Chenal, qu'après avoir reconnu qu'il avoit été coupé & fcié nuitamment dans ladite Forêt, au triage de Bois Simon, plufieurs chênes & hêtres verds; &, fur
des avis certains, que ledit Chenal étoit l'auteur de ces délits; ce que ces Gardes ont de nouveau reconnus, par les marques qui étoient fur les bois verds
trouvés dans ladite maifon; que d'ailleurs, cette perquifition n'avoit été faite
que par fuit & vertu d'une Ordonnance rendue fur les Conclufions du Procureur de Sa Majefté en ladite Maîtrife, dont ledit Garde Général étoit porteur;
que fi le Jugement de la Table de Marbre fubfiftoit, il tendroit à favorifer les
dégradations continuelles qui fe commettent dans ladite Forêt; que l'impunité
avoit même tellement enhardi les brigands qui la dévaftoient; que dans le
mois de Janvier de la préfente année, ils y étoient venus par attroupement,
& avoient fait rebellion aux Gardes & Cavaliers de la Maréchauffée qui avoient
voulu les arrêter; ce qui a déterminé Sa Majefté à commettre, par Arrêt du
4 Février dernier, le fieur du Vaucel, Grand-Maître des Eaux & Forêts du
Département de Paris, pour leur faire leur procès en dernier reffort, en appellant le nombre des Gradués requis par l'Ordonnance. Que d'ailleurs, quand
les Officiers de la Table de Marbre auroient cru devoir fe déterminer en faveur
dudit Chenal, par des moyens de nullité, ils ne devoient point, au préjudice
des intérêts de Sa Majefté, lui donner main levée des bois de délits, & ils
auroient dû en laiffer fubfifter la faifie jufqu'à ce que le délit eût été conftaté
de la maniere qu'ils auroient eftimé être plus réguliere; & Sa Majefté défirant
fur ce faire connoitre fes intentions: Ouï le rapport du fieur Moreau de Sechelles, Confeiller d'Etat ordinaire & au Confeil Royal, Contrôleur Général
des Finances.

LE ROI ÉTANT EN SON CONSEIL, fans s'arrêter ni avoir
égard au Jugement rendu pour le fait dont il s'agit, au Siége de la Table de
Marbre du Palais à Paris, le 9 Avril 1755, ni à tout ce qui a pû s'en être
enfuivi, a ordonné & ordonne, que la Sentence de la Maitrife particulière
des Eaux & Forêts de Fontainebleau, du 3 Février précédent, fera exécutée
felon fa forme & teneur. Permet Sa Majefté au Garde Général de ladite Maîtrife de faire, dans les maifons des Villages & Hameaux voifins de la Forêt
de Fontainebleau, toutes perquifitions de bois de délit, dont il dreffera des

procès-verbaux, qu'il affirmera & déposera au Greffe de ladite Maît:ife, deux jours au plus tard après lefdites perquifitions, fans néanmoins qu'il puiffe en faire aucunes dans la Ville de Fontainebleau & autres Villes, qu'en préfence d'un Officier de ladite Maîtrife, ou à défaut, en la préfence du Ju:e ordinaire, du Procureur de Sa Majefté, ou du Procureur d'Office. Enjoint Sa Majefté au fieur du Vaucel, Grand-Maître des Eaux & Forêts du Département de Paris, & aux Officiers de ladite Maîtrife, de tenir, chacun en droit foi, la main à l'exécution du préfent Arrét. lequel fera enregiftré & fignifié par-tout & à qui il appartiendra; imprimé, lû, publié & affiché en ladite Ville de Fontainebleau, & lieux circonvoifins; & exécuté, nonobftant oppofition, récufation, prife à partie, & autres empêchemens généralement quelconques, pour lefquels ne feia différé; & dont, fi aucuns interviennent, Sa Majefté s'en eft, & à fon Confeil, réfervée la connoiffance, & icelle interdit à toures fes Cours & autres Juges. FAIT au Confeil d'Etat du Roi, Sa Majefté y étant, tenu à Verfailles le vingt Mai mil fept cent cinquante-cinq. *Signé*, PHELYPEAUX.

L OUIS, par la grace de Dieu, Roi de France & de Navarre : Au premier notre Huiffier ou Sergent fur ce requis. Nous te mandons & commandons que l'Arrét, dont l'extrait eft ci-attaché fous le contre-fcel de notre Chancellerie, cejourd'hui donné en notre Confeil d'Etat, Nous y étant, tu fignifies à tous qu'il appartiendra, & faffes, en vertu d'icelui & des Préfentes, toutes fignifications, fommations, contraintes, & autres actes & exploits néceffaires, tant en la Ville de Fontainebleau, que dans les lieux circonvoifins dont tu feras requis, fans autres permiffion, nonobftant toutes oppofitions, récufation, prife à partie, & autres empêchemens généralement qu Iconques : Car tel eft notre plaifir. Donné à Verfailles le vingtiéme jour du mois de Mai, l'an de grace mil fept cent cinquante-cinq, & de notre règne le quarantiéme. *Signé*, LOUIS. *Et plus bas*, par le Roi, PHELYPEAUX.

ARREST NOTABLE DU CONSEIL,

QUI ordonne que fans avoir égard à un Arrêt du Parlement de Paris les Ordonnances rendues par le Grand-Maître des Eaux & Forêts de Champagne, pour l'amenagement des Bois de la Communauté de Balnot, feront exécutées felon leur forme & teneur; & que les Habitans de ladite Communauté feront tenus de répondre pour les délits commis dans lefdits Bois devant les Officiers de la Maîtrife de Bar-fur-Seine.

Du 3 Juin 1755.

S UR la Requête préfentée au Roi en fon Confeil, par le Procureur de Sa Majefté en la Maîtrife particulière des Eaux & Forêts de Bar-fur-Seine, contenant

tenant que les Chanoines de l'Eglise Collégiale de Saint Etienne de Troyes, possédoient, en 1742, un canton de bois, confistant environ en vingt-huit arpens, essence de Chesne : ledit canton appellé la Garenne, situé sur le finage de Balnot le Châtel, que lesdits Chanoines ont toujours négligé de faire conserver ; que le Suppliant ayant vû par lui-même ledit bois, & ayant reconnu qu'il étoit intéressant de faire conserver cette partie, située dans un très-bon fonds, présenta une Requête au sieur Pajot du Bouchet, alors Grand-Maître des Eaux & Forêts de Champagne, à l'effet d'être autorisé à faire faire la visite dudit bois ; de faire procéder à l'arpentage d'icelui, pour en constater la quantité & qualité ; d'y faire apposer ensuite un quart de réserve, & distribuer le surplus en coupes ordinaires ; au bas de laquelle Requête est l'Ordonnance dudit sieur Grand-Maître, du 17 Octobre 1742, conforme aux Conclusions du Suppliant ; qu'il l'auroit fait signifier auxdits Chanoines de Saint Etienne de Troyes, par Exploit du 18 Janvier 1743, & les auroit fait sommer par le même Exploit de se trouver le 29 du même mois audit bois, à l'effet d'être présens à la visite & arpentage dudit canton de bois, pour être ensuite indiqué en leur présence l'endroit, pour y être mis le quart en réserve, & le surplus distribué en coupes ordinaires ; de présenter un Garde, pour être reçu par les Officiers de ladite Maîtrise, & veiller ensuite à la conservation desdits bois ; sinon qu'il y seroit pourvû ainsi qu'il appartiendroit ; que sur cette assignation lesdits Chanoines se seroient rendus ledit jour 29 Janvier 1743, audit lieu de Balnot, représentés par le sieur Remy, Grand-Chambrier dudit Chapitre, leur Député, qui auroit aussi requis ladite visite & arpentage ; qu'en conséquence, il auroit été procédé en sa présence & celle de leur Procureur Fiscal, à la visite & arpentage desdits bois, ainsi qu'il est constaté par les procès-verbaux qui en ont été dressés les 29 Janvier & 16 Août 1743 ; ce dernier a été fait sur la réquisition desdits Chanoines ; qu'après les opérations faites, lesdits Chanoines, pour éviter l'exécution, tant de l'Ordonnance des Eaux & Forêts du mois d'Août 1669, que celle dudit sieur Grand-Maître, & pour faire détruire entiérement ledit canton de bois, l'auroit vendu aux Habitans de Balnot, pour servir de pâturage à leurs bestiaux, ainsi qu'il est énoncé au contrat qui leur en a été passé devant les Notaires Royaux en ladite Ville de Troyes, le 20 Mai 1745, dûement contrôlé, insinué & homologué par le sieur Intendant, Commissaire départi en Bourgogne, le 25 Juin ensuivant, & ce, moyennant une rente fonciere & non rachetable de trente livres, & douze deniers de cens. Que le Suppliant ayant appris cette manœuvre de la part desdits Chanoines, auroit crû qu'il étoit de son devoir de ne pas rester dans le silence, & qu'il ne devoit pas se prêter à la destruction de ladite partie de bois ; en conséquence, il avoit fait assigner les Habitans dudit Balnot, comme nouveaux possesseurs dudit canton de bois, par Exploit du 26 Novembre 1747, à la nouvelle visite & au nouvel arpentage que ledit Suppliant vouloit faire faire le 29 dudit mois de Novembre en leur présence, dudit canton de bois, pour être ensuite mis en régle ; que le 29 dudit mois les Officiers de ladite Maîtrise se transporterent audit Balnot, à l'effet de procéder à la visite, & d'indiquer l'endroit où seroit apposé ledit quart de réserve, & le surplus distribué en trois coupes, pour être coupées à l'âge de vingt-quatre ans, & de 8 ans en 8 ans ; que l'Arpenteur auroit ensuite procédé audit arpentage, & diftribué ledit canton de bois, ainfi qu'il lui avoit été ordonné ; que dans l'intervalle du tems qui s'eft écoulé depuis cette vifite faire ledit jour vingt-quatriéme Novembre 1747, juf.u'au 24 Juillet 1740, que lefdits Officiers ont procédé à la reconnoiffance de ladite diftribution, les Habitans de Balnot ont coupé & recoupé ledit canton de bois ; que par ce procès-verbal de reconnoiffance dudit jour 24 Juillet 1749, le Suppliant a requis qu'il fut fait défenfes auxdits Habitans d'intervertir l'ordre des coupes prefcrites, & de mener pâturer, dans ledit bois, leurs beftiaux, aux peines portées par ladite Ordonnance de 1669 ; que ledit Suppliant avoit fait fignifier copie defdits procès-verbaux auxdits Habitans, & dépofer une copie du plan defdits bois entre les mains de leurs Syndics, alors en charge, ainfi qu'il eft conftaté par Exploit du 19 Décembre 1751 ; que fur cette fignification, lefdits Habitans auroient fignifié audit Suppliant, par Exploit du 31 dudit mois de Décembre 1751, un acte d'appel, tant de ladite Ordonnance dudit fieur Grand-Maître, du 17 Octobre 1748, que des Procès-verbaux dreffés par les Officiers, les 29 Novembre 1747, & 24 Juillet 1749 ; que lefdits Officiers & Arpenteurs s'étant fait taxer de leurs journées par le Grand-Maître, qui, par fon Ordonnance des 9 Août 1749, a taxé leurs vacations à la fomme de cent vingt livres, & ordonné qu'au payement d'icelle, le Syndic & deux principaux Habitans, feront folidairement contraints ; qu'en vertu de cette Ordonnance, & fur le refus defdits Habitans de payer cette fomme, le Greffier de ladite Maîtrife leur a fait faire un Commandement de payer cette fomme de cent vingt livres, le 31 Décembre 1751, & fait faire des faifies & exécutions fur deux des principaux Habitans, fur quoi lefdits Habitans fe font pourvûs au Parlement de Paris, où ils ont obtenu un Arrêt le 25 Janvier 1752, & fignifié au Suppliant le 4 Février fuivant, qui fait défenfes de mettre à exécution lefdites Ordonnances dudit fieur Grand-Maître, & le contenu auxdits procès-verbaux ; donne main-levée auxdites faifies & exécutions, & fait défenfes de procéder ailleurs qu'audit Parlement, à peine de 1000 livres d'amende, & de tous dépens, dommages & intérêts ; que lefdits Habitans, à l'abri dudit Arrêt & défenfes, ont non-feulement envoyé pâturer leurs beftiaux dans ladite piéce de bois, & fait abroutir les taillis ; mais même couper l'hiver dernier tout ce qui étoit défigné pour le quart de réferve, & les coupes ordinaires, fans aucune réferve de baliveaux ; defquels délits le Suppliant a fait dreffer procès-verbal par les Officiers de lad. Maîtrife, le premier Juin 1754 ; & ledit Suppliant ayant craint d'encourir les peines portées par ledit Arrêt, il n'a pû pourfuivre lefdits Habitans de Balnot, pour raifon defdits délits ; mais comme il feroit très-dangereux de laiffer fubfifter un pareil Arrêt, qui eft contraire aux difpofitions de ladite Ordonnance, &c.

LE ROI EN SON CONSEIL, ayant égard à la Requête, fans s'arrêter à l'Arrêt du Parlement de Paris, rendu pour raifon du fait dont il s'agit, le 25 Janvier 1752, ni à tout ce qui peut s'en être enfuivi, a ordonné & ordonne que les Ordonnances du fieur Pajot du Bouchet, ci-devant Grand-Maître des Eaux & Forêts du Département de Champagne, des 17 Octobre 1742. & 9 Août 1749, enfemble le réglement établi dans les bois dépendans de la Communauté de Balnot, par les procès-verbaux des 29 Novenibre 1747. & 24 Juillet 1749, feront exécutés felon leur forme & teneur ; ce faifant, que les Habitans dud. lieu de Balnot feront tenus de répondre & procéder pardevant les Officiers de la Maîtrife particuliere de Bar-fur-Seine, pour raifon des délits commis dans lefdits bois mentionnés au procès-verbal du premier Juin 1754, jufqu'à Sentence définitive inclufivement, fauf l'appel en la maniere accoutumée. Fait Sa Majefté très-expreffes inhibitions & défenfes aux Habitans dudit lieu de Balnot, de mener ou envoyer paître leurs troupeaux dans lefdits bois, fous les peines portées par l'Ordonnance des Eaux & Forêts du mois d'Août 1669 ; leur enjoint Sa Majefté d'établir un Garde pour veiller à la confervation defdits bois ; faute de quoi il y fera pourvû par le fieur Telles, d'Acofta Grand-Maître des Eaux & Forêts du Département de Champagne, qui décernera fes exécutoires fur les revenus de ladite Communauté, fi elle en a : finon, contre lefdits Habitans, pour le payement des falaires defdits Gardes. Et fera le préfent Arrêt fignifié à qui il appartiendra, & exécuté nonobftant oppofitions ou autres empêchemens généralement quelconques, pour lefquels ne fera différé ; & dont, fi aucuns interviennent, Sa Majefté s'en eft, & à fon Confeil, réfervée la connoiffance, & icelle interdit à toutes fes Cours & autres Juges. FAIT au Confeil d'Etat du Roi, tenu pour les Finances à Verfailles le trois Juin mil fept cent cinquante-cinq. Signé, DE VOUGNY.

ARREST NOTABLE DU CONSEIL,

QUI confirme une Ordonnance du Grand-Maître des Eaux & Forêts de Guyenne, par laquelle il eft défendu aux Habitans de la Vallée du Figuer de nourrir des Chêvres, &c.

Du 3 Juin 1755.

SUR la Requête préfentée au Roi en fon Confeil, par les Habitans de la Vallée du Figuer, compofée du Bourg du Figuer, & des Villages de Gefliés, Lifcout, Sulhac & Saintereaux, dans le Comté de Foix, & par les Habitans du lieu d'Arbiech, dépendant de la Châtellenie du Figuer, contenant qu'ils fe voyent obligés de fe pourvoir contre une Ordonnance en forme de Réglement du fieur Baftard, Grand Maître des Eaux & Forêts du Département de Guienne, du 29 Octobre 1753, dont l'exécution entraîneroit leur ruine totale, & les forceroit à quitter leurs habitations. La vallée de Figuer, & le lieu d'Arbiech font fitués à l'extrémité du haut Comté de Foix, au plus haut des montagnes, fur la frontiere d'Efpagne : fi bien que pour paffer du Bourg du Figuer en Efpagne, il ne faut que deux heures de tems. Il n'y a, dans toute l'étendûe de cette vallée, qu'un bois, confiftant en arbres épars dans les endroits efcarpés de la montagne, dont le plus grand nombre eft en bois de fapin, n'y ayant que très-peu d'arbres effence de chêne ; cette partie des bois eft de tous les tems réfervée & gardée pour les Bâtimens des Habitans. Dans tout le refte on ne voit que des brandes produifant quelque peu de noifetier,

du buits, & autres femblables arbres, & de la brouffaille ; c'eft la partie deftinée pour leur chauffage, & où ils menent paître leurs chévres : perfonne n'o-
feroit en introduire dans l'autre partie de bois, deftinée & gardée pour les Bâtimens, & que les Habitans ont un fi grand intérêt de tenir en défends. Le pays
eft fi ingrat & aride, qu'il n'y a ni vignes ni arbres fruitiers : il eft d'ailleurs fi
froid & fi dépourvu de fourrages, qu'on eft obligé tous les ans d'envoyer les bêtes
à laine hiverner dans le plat pays, jufqu'à quinze & vingt lieues loin ; enforte
que tant que dure la rigueur de la faifon, les Supplians ne peuvent garder chez
eux que les chévres, dont le laitage fait leur principale & prefque unique ref-
fource ; telle eft la fituation de ces lieux, qui font la féparation des deux Royaumes, &c.

LE ROI EN SON CONSEIL, fans avoir égard à la Requête ni aux
demandes, fins & conclufions des Supplians, dont Sa Majefté les a débouté
& déboute, a ordonné & ordonne que l'Ordonnance du fieur Baftard, Grand-
Maître des Eaux & Forêts du Département de Guyenne, rendue pour raifon
du fait dont il s'agit, le 19 Octobre 1753, fera exécutée felon fa forme & teneur. FAIT au Confeil d'Etat du Roi, tenu pour les Finances à Verfailles le
troifiéme Juin mil fept cent cinquante-cinq. *Signé*, DE VOUGNY.

ARREST DU CONSEIL D'ÉTAT DU ROI,

QUI caffe une Adjudication faite le 14 Avril 1755 par le fieur
Lorrain, Subdélégué du Sieur Intendant & Commiffaire départi en la Généralité de Châlons, des Prés & Pâtis appartenans à la Communauté des Habitans de Poiffons, & du droit
de Pêche appartenant à ladite Communauté fur la Rivière dudit lieu, avec défenfes audit Subdélégué de faire à l'avenir
pareille Adjudication, fauf aufdits Habitans & Communauté à
fe retirer pardevers M. Telles, Grand-Maître du Département de Champagne, pour être pourvu à nouvelle Adjudication, conformément à ce qui eft prefcrit par les articles VII &
XVII & du titre XXV de l'Ordonnance de 1669.

Du 2 Septembre 1755.

Extrait des Regiftres du Confeil d'Etat.

SUR la Requête préfentée au Roi en fon Confeil, par le Procureur de Sa
Majefté en la Maîtrife particuliere de Waffy, contenant, que quoique par l'article II de la Jurifdiction de l'Ordonnance des Eaux & Forêts, du mois d'Août
1669, le droit de connoître du fait des ufages, communes, landes, pâtis &
pâturages appartenans aux Communautés, foit attribué aux Officiers des Maîtrifes, à l'exclufion de tous autres Juges, & que les articles VII & XVII du titre
XXV de la même Ordonnance, prefcrivent la forme dans laquelle lefdits pâtis

doivent être adjugés, ainsi que les pêcheries ; néanmoins, le sieur Lorrain, Subdélégué à Wassy du sieur Intendant & Commissaire départi en la Généralité de Châlons, a fait faire les publications des pâtis de la Communauté de Poissons, pour être adjugés le 3 Avril dernier pardevant lui, au profit de ladite Communauté ; que même, par une entreprise des plus déplacées, il a fait comprendre, dans lesdites publications, la pêche de la Riviere de cette Communauté, pour, par lui, être procédé à l'adjudication d'icelle ; que le Suppliant ayant été informé de cette entreprise, il a, avant l'heure indiquée pour ladite adjudication, fait signifier son opposition à icelle, fondé sur lad. Ordonnance de 1669, & sur un Arrêt du Conseil du 24 Mai 1707, qui casse deux Ordonnances du Subdélégué de Chinon, rendues à l'occasion de la connoissance qu'il avoit pris des prés communs des Habitans de Tizay ; par lequel Arrêt, lesdites deux Ordonnances ont été cassées & annullées, & les Officiers de la Maîtrise de Chinon, maintenus & gardés dans le droit de connoître des matières concernant les marais & pâtis communs, situés dans le ressort de leur Maîtrise. Cette opposition, qui devoit opérer le renvoi des Parties au Siége de ladite Maîtrise, n'a causé qu'un sursis auxdites adjudications, puisque le 14 dudit mois d'Avril elles ont été faites par ledit sieur Lorrain, à deux Particuliers dudit lieu de Poissons ; que les choses en cet état, il se trouve obligé d'avoir recours à Sa Majesté, & de lui représenter que si l'adjudication dont il s'agit subsistoit, ce seroit déranger l'ordre établi par ladite Ordonnance de 1669, à l'occasion desdits pâtis & pêcheries, & ôter aux Grands-Maîtres & Officiers des Maîtrises, la Jurisdiction qu'ils ont sur les pâtures, marais, prés, pâtis & pêcheries appartenans aux Communautés d'Habitans. A CES CAUSES, &c.

LE ROI EN SON CONSEIL, ayant égard à la Requête, sans s'arrêter à l'adjudication faite le 14 Avril 1755, par le sieur Lorrain, Subdélégué à Wassy du sieur Intendant & Commissaire départi en la Généralité de Châlons, des prés & pâtis appartenans à la Communauté de Poissons, & du droit de pêche sur la Riviere dudit lieu, que Sa Majesté a cassé & annullé, ainsi que tout ce qui peut s'en être ensuivi, a ordonné & ordonne que l'Ordonnance des Eaux & Forêts du mois d'Août 1669, sera exécutée selon sa forme & teneur ; en conséquence, fait Sa Majesté très-expresses inhibitions & défenses audit Subdélégué, de faire à l'avenir de pareilles adjudications, sauf aux Habitans & Communautés de Poissons à se pourvoir pardevant le sieur Telles d'Acosta, Grand-Maître des Eaux & Forêts du Département de Champagne, pour être pourvû à une nouvelle adjudication desdits prés, pâtis & droit de pêche, suivant & conformément à ce qui est prescrit par les articles VII & XVII du titre XXV de ladite Ordonnance de 1669. Et sera le présent Arrêt exécuté, nonobstant opposition ou autres empêchemens généralement quelconques, pour lesquels ne sera différé ; & dont, si aucuns interviennent, Sa Majesté s'en est, & à son Conseil, réservée la connoissance, & icelle interdit à toutes ses Cours & autres Juges. FAIT au Conseil d'Etat du Roi, tenu à Versailles le deux Septembre mil sept cent cinquante-cinq. Collationné, avec paraphe. Signé, DE VOUGNY, avec paraphe.

ARREST DU CONSEIL D'ÉTAT DU ROI,

PORTANT Réglement concernant les Matériaux à prendre dans tous les endroits non clos, même dans les Bois du Roi, & des Communautés Eccléfiaftiques & Laïques, Seigneurs & Particuliers, pour l'ufage des travaux des Ponts & Chauffées, & qui exempte ces mêmes Matériaux de tous droits de Traites, Aydes, Domaines, Octrois, Péages ; & géneralement de tous autres droits, lors de l'exportation d'iceux.

Du 7 Septembre 1755.

Extrait des Regiftres du Confeil d'Etat.

LE Roi étant informé que les Entrepreneurs des Ponts & Chauffées du Royaume, font quelquefois troublés dans l'exécution des Ouvrages dont ils font Adjudicataires, par les Propriétaires des fonds fur lefquels ils font obligés de prendre les matériaux qui leur font néceffaires, ou même par les Seigneurs directs ou Jufticiers defdits fonds ; comme auffi que, lorfqu'ils fe trouvent obligés de prendre lefdits matériaux dans les Bois & Forêts appartenans à Sa Majefté, & fur les bords defdites Forêts, ou dans les bois appartenans à des Eccléfiaftiques, Communautés Laïques & autres gens de main-morte, il fe forme des conflits entre les Officiers des Maîtrifes des Eaux & Forêts, à qui la police des bois & la manutention de tout ce qui concerne leur confervation, eft attribuée, & les Officiers des Bureaux des Finances, qui ont la connoiffance de ce qui concerne les adjudications des Ouvrages des Ponts & Chauffées ; & Sa Majefté voulant tout-à-la-fois prévenir les inconvéniens cideffus, & affurer de plus en plus l'exécution des Réglemens précédemmens rendus, concernant l'exemption de tous droits pour lefdits matériaux, lors de leur tranfport par terre ou par eau, elle auroit jugé à propos d'expliquer fes intentions fur cet objet, & de donner de plus en plus des marques de fa protection à des Ouvrages dont l'utilité eft reconnue, & qui, en facilitant les communications & le commerce, augmentent les produits des droits mêmes, auxquels on voudroit affujettir ceux qui les conftruifent ; fur quoi : Oui le Rapport du fieur Moreau de Sechelles, Confeiller d'Erat ordinaire, & au Confeil Royal, Contrôleur Général des Finances : LE ROI ÉTANT EN SON CONSEIL, a ordonné & ordonne ce qui fuit.

ARTICLE PREMIER.

Les Arrêts du Confeil des 3 Octobre 1667, 3 Décembre 1672, & 22 Juin 1706, feront exécutés felon leur forme & teneur ; en conféquence, les Entrepreneurs de l'entretien du pavé de Paris, ainfi que des autres Ouvrages

ordonnés pour les Ponts, Chauffées & Chemins du Royaume, turcies & levées des Rivieres de Loire, Cher & Aillier, & autres y affluantes, pourront
prendre la pierre le grès, le fable & autres matériaux pour l'exécution des
Ouvrages dont ils font Adjudicataires, dans tous les lieux qui leur feront indiqués par les devis & adjudications defdits Ouvrages, fans néanmoins qu'ils
puiffent les prendre dans des lieux qui feront fermés de murs, ou autres
clôtures équivalantes, fuivant les ufages du pays. Fait Sa Majefté défenfes aux
Seigneurs ou Propriétaires defdits lieux non clos, de leur apporter aucun
trouble ni empêchement. fous quelque prétexte que ce puiffe être, à peine de
toute perte, dépens, dommages & intérêts, même d'amende, & de telle autre
condamnation qu'il appartiendra, felon l'exigence des cas, fauf néanmoins
auxdits Seigneurs & Propriétaires à fe pourvoir contre lefdits Entrepreneurs,
pour leur dédommagement, ainfi qu'il fera réglé ci-après. Dans le cas où les
matériaux indiqués par les devis ne feront pas jugés convenables ou fuffifans,
les Infpecteurs Généraux ou Ingenieurs pourront en indiquer à prendre dans
d'autres lieux ; mais lefd. indications feront données par écrit, & fign es defd.
Infpecteurs ou Ingenieurs. Veut Sa Majefté que les Entrepreneurs ne puiffent
faire aucun autre ufage des matériaux qu'ils auront extraits des terres appartenantes aux particuliers, que de les employer dans les Ouvrages dont ils font
Adjudicataires, à peine de tous dommages & intérêts envers les propriétaires,
& même de punition exemplaire.

ART. II. Lefdits Infpecteurs Généraux & Ingenieurs indiqueront, autant
qu'ils le pourront, pour prendre lefdits matériaux, les lieux où leur extraction caufera le moins de dommage : ils s'abftiendront, autant que faire fe
pourra, d'en faire prendre dans les bois ; & dans les cas où l'on ne pourroit
s'en difpenfer, fans augmenter confidérablement le prix des Ouvrages, veut
Sa Majefté que les Entrepreneurs ne puiffent mettre des Ouvriers dans les
bois appartenans à Sa Majefté, ou aux Gens de main-morte, même dans les
lifieres & aux abords des Foréts, & diftances prohibées par les Réglemens,
fans avoir pris la permiffion des Grands-Maîtres des Eaux & Forêts, ou des
Officiers des Maîtrifes par eux commis, qui conftateront les lieux où il fera
permis auxdits Entrepreneurs de faire travailler, & la maniere dont fe fera
l'extraction defdits matériaux, comme auffi les chemins par lefquels ils les
voitureront. Voulant Sa Majefté que, dans le cas où lefdits Officiers auroient
quelque repréfentation à faire pour la confervation defdits bois, ils en adreffent fans retardement leur Mémoire au fieur Contrôleur Général des Finances,
pour y être ftatué par Sa Majefté ; & ne pourront, en aucuns cas, lefdits Officiers, exiger defdits Entrepreneurs aucuns frais ni vacations, pour raifon
defdites vifites & permiffions ci-deffus ordonnées.

ART. III. Les Propriétaires des terreins fur lefquels lefdits matériaux auront été pris, feront pleinement & entiérement dédommagés de tout le préé-
judice qu'ils auront pu en fouffrir, tant par la fouille pour l'extraction defdits matériaux, que par les dégâts auxquels l'enlevemen. aura pu donner lieu.
Sera payé ledit dédommagement auxdits Propriétaires, par les Entrepreneurs,
fuivant l'eftimation qui en fera faite par l'Ingenieur qui aura fait le devis des
Ouvrages ; & en cas que lefdits Propriétaires ne vouluffent pas s'en rapporter
à ladite eftimation, il fera ordonné un rapport de trois nouveaux Experts

nommés d'office, dont lefd. Propriétaires feront tenus d'avancer les frais. Veut Sa Majefté que les Entrepreneurs rejettent en outre, à leurs frais & dépens, dans les fouilles & ouvertures qu'ils auront faites, les terres & décombres qui en feront provenus.

Art. IV. Les bois, pierres, grès, fables, fers & autres matériaux que les Entrepreneurs des Ouvrages du pavé de Paris, des Ponts & Chauffées, Turcies & Levées, feront tranfporter, pour l'exécution de leurs Ouvrages, même leurs outils & équipages, feront exempts de tous droits de traite, entrée & fortie, même de ceux dépendans des Fermes des Aydes, Domaine & Barrage, droits d'Octrois, Péages, Pontonnages, & de tous autres généralement quelconques appartenans à Sa Majefté, aliénés, engagés ou concedés, foit aux Villes & Communautés, foit aux Particuliers, à quelque titre que ce foit, conformément à la Déclaration du 17 Septembre 1692, aux Arrêts du Confeil des 2 Juin & 4 Août 1705, & autres fubféquens, en rapportant certificat de leur deftination par l'Ingenieur, vifé des fieurs Tréforiers de France, Commiffaires du pavé de Paris, & des Ponts & Chauffées dans la Généralité de Paris, & des fieurs Intendans & Commiffaires départis dans les Provinces & autres Généralités du Royaume. Enjoint Sa Majefté auxdits fieurs Intendans & Commiffaires départis dans les Provinces & Généralités du Royaume, aux Officiers des Bureaux des Finances, aux Grands-Maîtres & aux Officiers des Maîtrifes des Eaux & Forêts, de tenir la main, chacun en droit foi, à l'exécution du préfent Arrêt, qui fera lû, publié & affiché par-tout où befoin fera. Fait au Confeil d'Etat du Roi, Sa Majefté y étant, tenu à Verfailles le fept Septembre mil fept cent cinquante-cinq. *Signé*, M. P. de Voyer d'Argenson.

ARREST.

ARREST DU CONSEIL D'ÉTAT DU ROI,

PAR lequel Sa Majefté, fans s'arrêter à un Arrêt du Parlement de Paris du 25 Janvier 1755, ni à tout ce qui a suivi, a déchargé les Officiers de la Maîtrise des Eaux & Forêts de Beaugency de l'Affignation qui leur avoit été donnée à la requête de M. le Duc de Saint-Aignan, fous prétexte des Droits de fa Duché-Pairie de la Ferté-Saint-Aignan, & ordonne l'exécution des art. II & III du tit. XXVI de l'Ordonnance de 1669, & des articles V & VII de l'Arrêt du Confeil du 21 Septembre 1700; ce faifant que les Procédures, commencées en la Maîtrise de Beaugency, pour raifon de coupe de Bois fans permiffion du Confeil rapportée à ladite Maîtrise ni déclaration, feront continuées nonobftant la confirmation des Maîtrises des Eaux & Forêts des Duchés-Pairies de Saint-Aignan, la Ferté-Hubert & autres, par Lettres-Patentes du 14 Mai 1690.

Du 9 Septembre 1755.

Extrait des Regiftres du Confeil d'Etat.

SUR la Requête préfentée au Roi en fon Confeil, par les Maître Particulier, Lieutenant, Procureur de Sa Majefté & Garde-Marteau en la Maîtrise particulière des Eaux & Forêts de Beaugency, contenant qu'en conformité de l'article II du titre XXVI de l'Ordonnance des Eaux & Forêts du mois d'Août 1669, par lequel il leur eft ordonné de vifiter les bois des particuliers, pour y faire obferver ladite Ordonnance, & réprimer les contraventions ; & fur l'avis qu'ils ont eu que le Duc de Saint Aignan faifoit couper des baliveaux anciens & modernes dans fes bois dépendans de la Métairie de la Cheminée Blanche, fituée Paroiffe de Crouy, en une piéce d'environ quinze arpens, exploitée pour l'ordinaire de l'année 1754, ils s'y font tranfportés le 14 Septembre 1754, & ont dreffé Procès-verbal, duquel il réfulte qu'il y a été coupé en même tems que le taillis, la plus grande partie des baliveaux anciens & modernes, fans qu'il en ait été rapporté aucune permiffion, ni fait déclaration au Greffe de ladite Maîtrise : pourquoi, & attendu que ladite coupe eft une contravention à ladite Ordonnance de 1669, article III du même titre XXVI, & l'Arrêt du Confeil du 21 Septembre 1700, il a été donné affignation le 19 Décembre fuivant, aux nommés Berthelin & Goureau, Marchands, qui ont exploité ladite piéce de bois en ladite Maîtrise de Beaugency, pour être condamnés aux peines & amendes portées par ladite Ordonnance de 1669; que le Duc de Saint Aignan, follicité par fes Marchands, a, par exploit du 9 Janvier 1755, fait fignifier aux Supplians des Lettres-Patentes du 24 Mai 1690, obtenues fur un Arrêt du 5 du même mois, par lequel, fuivant ce qui eft exposé en ses Lettres, Sa Majesté l'a confirmé dans la possession & jouissance des trois Maîtrises particulières des Eaux & Forêts du Duché & Pairie de Saint Aignan, Châtelenie des Aix, d'Anguillon, Baronnie & Châtellenie de la Ferté-Hubert, & leur a déclaré qu'il prenoit pour trouble, à la Jurisdiction & aux droits de la Maîtrise des Eaux & Forêts de la Baronnie de la Ferté de Saint Aignan, le procès-verbal dudit jour 14 Septembre 1754 : l'assignation du 19 Décembre ensuivant, & proteste de nullité de la procédure qui pourroit être faite ; ensuite il s'est pourvu au Parlement de Paris, ou, sur les mêmes motifs, & sur une Requête non communiquée, il a obtenu Arrêt le 25 du même mois de Janvier, qu'il a fait signifier le 5 Mai dernier, par lequel il s'est fait délivrer commission pour faire assigner les Supplians, à l'effet de voir dire qu'il auroit acte de ce qu'il prenoit le procès-verbal pour trouble ; que, tant ledit procès-verbal, que l'assignation donnée en conséquence, seroient déclarés nuls ; qu'il seroit maintenu & gardé en la possession & jouissance de ses Maîtrises particulieres au Duché-Pairie & Baronnie de la Ferté Saint Aignan, avec défenses aux Supplians de plus l'y troubler à l'avenir ; & pour l'avoir fait, qu'ils seroient condamnés en telles amendes, dommages & intérêts qu'il plairoit à ladite Cour arbitrer, & aux dépens ; & par provision, défenses de faire poursuites ni procédures ailleurs qu'en ladite Cour, à peine de nullité, 1000 livres d'amende ; & pour procéder sur les fins de ladite commission, le Duc de Saint Aignan a fait assigner les Supplians en ladite Cour. Tels sont les faits qui mettent les Supplians dans la nécessité de se pourvoir & représenter à Sa Majesté, que ledit Arrêt est doublement contraire a la disposition de ladite Ordonnance de 1669, 1°. En ce qu'il interdit aux Officiers des Eaux & Forêts une connoissance & jurisdiction qui leur est attribuée par cette Ordonnance. 2°. En ce que par provision, il arrête une Jurisdiction contre la disposition textuelle de l'article VI du titre XIV de la même Ordonnance ; & qu'au fond, il n'est question d'aucun fait qui puisse être de la compétence des Officiers particuliers du Duc de Saint Aignan, les Officiers de la Maîtrise de Beaugency n'ayant, au contraire, rien fait qui ne soit de la compétence des Maîtrises Royales, puisqu'il ne s'agit que de coupe de baliveaux, dont la connoissance est attribuée privativement aux Maîtrises Royales, & interdite formellement aux Officiers des Seigneurs particuliers, par plusieurs décisions du Conseil : le Duc de Saint Aignan est même astreint par les Lettres Patentes dont il entreprend de se prévaloir, à ce que ses Officiers n'exercent que conformément à ladite Ordonnance de 1669 ; & par aucun titre, ils ne peuvent exclure les Officiers des Maîtrises Royales de faire, dans l'étendue de leur ressort, leurs fonctions, pour les cas Royaux, sur les bois, tels que sont, entr'autres, la coupe avant l'âge de dix ans, les réserves des baliveaux de l'âge des modernes, jusqu'à quarante ans, & n'en disposer par coupe que conformément à l'Ordonnance & aux Arrêts du Conseil, dont l'exécution leur est singuliérement confiée ; & en ces cas, Sa Majesté n'a pas jugé à propos que ses Officiers, s'acquittant des devoirs de leurs Charges, fussent exposés à être traduits en aucune Cour ; toutes les fois qu'il en a été question, Sa Majesté les a déchargés des assignations, notamment par l'Arrêt du Conseil du 22 Novembre 1712, qui a renvoyé les Officiers de la Maîtrise de Vire, de l'assignation qui leur avoit été donnée en pareil cas au Parlement de Rouen,

& a ordonné que les procédures commencées en la Maîtrise, seroient continuées. A CES CAUSES, &c.

LE ROI EN SON CONSEIL, ayant égard à la Requête, sans s'arrêter
à l'Arrêt du Parlement de Paris, du 25 Janvier 1755, ni à tout ce qui peut
s'en être ensuivi, a déchargé & décharge les Supplians de l'assignation qui leur
a été donnée audit Parlement, à la requête du Duc de Saint Aignan, le 5 Mai
ensuivant, pour y procéder aux fins dudit Arrêt; ce faisant, ordonne Sa Majesté. que les articles II & III du titre XXVI de l'Ordonnance des Eaux &
Forêts du mois d'Août 1669, & les articles V & VII de l'Arrêt du Conseil,
du 21 Septembre 1700, seront exécutés selon leur forme & teneur; en conséquence, que les procédures commencées en la Maîtrise particulière de Beaugency, pour raison du fait dont il s'agit, seront continuées jusqu'à Sentence
définitive inclusivement, sauf l'appel en la maniere accoutumée. Et sera le
présent Arrêt enregistré au Greffe de ladite Maîtrise, pour y avoir recours si
besoin est, & exécuté nonobstant opposition ou autres empêchemens généralement quelconques, pour lesquels ne sera différé; & dont, si aucuns interviennent, Sa Majesté s'en est, & à son Conseil, réservée la connoissance, &
icelle interdit à toutes ses Cours & autres Juges. FAIT au Conseil d'Etat du Roi,
tenu à Versailles le neuf Septembre mil sept cent cinquante-cinq. Collationné,
avec paraphe. Signé, DE VOUGNY, avec paraphe.

ARREST DU CONSEIL,

QUI juge que tous différends entre les Syndics & Habitans sur
l'exploitation & le partage des Bois provenant des coupes ordinaires, &c. doivent être portés devant les Officiers des Maîtrises particulieres.

Du 6 Janvier 1756.

SUR la Requête présentée au Roi en son Conseil, par les nommés Benoist,
Guyot, Bouchez, de Prille, Buisson, Morlot, Guerin & Gatrey, Habitans
de la Communauté de Bourbonne - les - Bains, contenant que, par Arrêt
du Conseil du 7 Novembre 1747, il leur a été permis de mettre les bois
de ladite Communauté en coupes réglées, d'exploiter la vieille écorce,
dont le martelage seroit fait par un Officier de la Maîtrise de Chaumont; qu'en
conséquence de cet Arrêt, ladite Communauté a adjugé à un particulier des
annuelles de ses bois, pour les mettre en cordes, & ensuite la répartition en a
été faite aux Habitans; qu'ils se trouvent obligés de porter leurs justes plaintes à
Sa Majesté, à l'occasion des mauvaises manœuvres & malversations exercées
par le sieur Jean-Baptiste-Thomas de Revoye, & Didier Chevalier, Syndics en
Charge de lad. Communauté, qui se croyent en droit de disposer seuls & sans
avis ni participation de personne, de ces mêmes bois, qu'ils auroient dû répartir
aux Habitans avec égalité, en ont été enlevés, 1°. pour eux personnellement, de
vingt-cinq à trente cordes, qu'ils ont choisi indistinctement dans toute la cou-

pe, auparavant, pendant & après la traite ; & ce, au préjudice des autres pauvres Habitans, qui n'en ont eu, en 1754, qu'une corde, & les autres deux, & plusieurs point du tout. 2°. Ils ont fait passer plusieurs de ces cordes dans les Villages voisins, & en ont pareillement donné une infinité à leurs parens & amis, qui sont en grand nombre, jusqu'à dix, 15 à 20 cordes au delà de leur lot, ce qui a été cause que de trois à quatre cordes que chaque Habitant auroit dû avoir, ils n'en ont eu que deux. 3°. Ils ont fait couper, à leur profit, dans l'ordinaire de 1755, & autres cantons de bois, plusieurs chablis anciens & modernes, qu'ils ont fait conduire, tant dans leurs maisons, que dans les entrepôts, pour mieux cacher leur infidélité. 4°. Non contens de cet abus, ils ont fait laisser à l'Adjudicataire les plus beaux arbres de la coupe, sous prétexte de tocques qui n'ont point été mis en cordes ; & cela, dans la seule vue de se les approprier ; si vrai, qu'après la traite des cordes, ils en ont enlevés partie même, au préjudice d'un Réglement fait par le Juge des lieux, sur leur réquisitoire. 5°. Ils n'ont point dressé ni déposé au Greffe, en lad. année 1754, copie du procès-verbal, qui constate la quantité de cordes & fagots que la coupe a produit, quoi qu'ordonné par le Réglement du Sr Pajot du Boucher, alors Grand-Maître des Eaux & Forêts de Champagne, du 17 Février 1748 ; & cela, pour empêcher que les Habitans n'ayent connoissance de rien. Les Habitans opprimés par les malversations des Syndics, & l'inaction des Officiers de la Justice des lieux qui auroient dû les réprimer, sur les clameurs publiques, se sont pourvus pardevant le Procureur du Roi en lad. Maîtrise de Chaumont, qui a fait assigner les Syndics, pour rendre compte de leur gestion. Sur cette assignation, Sentence contradictoire est intervenue le 15 Novembre 1754, qui a commis le Procureur du Roi de la Grurie de Coiffy, pour vérifier les faits, les Habitans assemblés en corps, & être du tout dressé procès-verbal ; ce qui a été fait le 4 Décembre ensuivant. Les choses en cet état, les Syndics, pour éluder les peines par eux encourues, ont fait signifier au Procureur du Roi de la Maîtrise de Chaumont un acte d'appel, le 4 du même mois de Décembre, de la Sentence qui a été relevée au Siége de la Table de Marbre du Palais à Paris, par Lettres obtenues en Chancellerie le 20 du même mois de Décembre. A ces causes, &c.

LE ROI EN SON CONSEIL, ayant égard à la Requête, sans s'arrêter à l'appel interjetté par les Syndics de la Communauté de Bourbonne-les-Bains, le 4 Décembre 1754, de la Sentence rendue en la Maîtrise particuliere de Chaumont en Bassigny le 25 Novembre précédent, ni tout ce qui a suivi led. appel, a ordonné & ordonne que les Parties seront tenues de procéder en ladite Maîtrise, suivant les derniers erremens, jusqu'à Sentence définitive inclusivement ; sauf, en cas de contestations sur le Jugement qui interviendra, à être pourvu par Sa Majesté, aux moyens les plus propres pour parvenir à un Réglement des coupes ordinaires des bois dépendans de ladite Communauté, & à la répartition égale entre les Habitans d'icelle, sur les mémoires qui en seront remis au Conseil par le sieur de Telles d'Acosta, Grand Maître des Eaux & Forêts du Département de Champagne ; &, cependant, fait Sa Majesté très-expresses inhibitions & défenses aux Syndics de la Communauté, & à tous autres, de continuer l'exploitation de celle des coupes destinées pour l'ordinaire de 1756, ni d'enlever aucuns bois, jusqu'à ce que, par ledit sieur Grand-Maître, ou les Officiers de ladite Maîtrise, il n'en ait été autrement ordonné.

Et fera le préfent Arrêt exécuté nonobftant oppofition & autres empêchemens généralement quelconques, pour lefquels ne fera différé, & fi aucuns interviennent, Sa Majefté s'en eft, & à fon Confeil, réfervée la connoiffance, & icelle interdit à toutes fes Cours & autres Juges. FAIT au Confeil d'Etat du Roi, tenu pour les Finances à Verfailles le fix Janvier mil fept cent cinquante fix. *Signé*, BERGERET.

ARREST NOTABLE DU CONSEIL,

QUI confirme la Jurifdiction des Grands-Maîtres & Officiers des Maîtrifes fur les Rivières, Ruiffeaux & Canaux de leur Département.

Fait défenfes aux Tables de Marbre d'entreprendre aucune réformation defdites Rivières, &c.

Et de commettre autres que les Officiers des Maîtrifes, pour l'inftruction des affaires en matière d'Eaux & Forêts.

Du 13 Janvier 1756.

SUR la Requête préfentée au Roi en fon Confeil, par le fieur Baftard, Grand-Maître des Eaux & Forêts du Département de Guyenne, contenant que, fous prétexte d'une prétendue négligence de la part des Officiers de la Maîtrife particulière de Bordeaux, la Table de Marbre de la même Ville auroit par Arrêt rendu en Souverain le 8 Juillet 1754, ordonné fur le fimple requifitoire du miniftère public, fans qu'il y eût aucune inftance liée en ce Tribunal, le curement d'un ruiffeau qui fépare les Jurifdictions de Virelade & d'Arbanats, ainfi que de tous les foffés, canaux & rivieres du reffort de ladite Table de Marbre, que la conduite qu'elle a tenue dans cette occafion eft contraire à l'obligation où elle eft de ne connoître que par appel de la matiere des Eaux & Forêts, & que cette Jurifprudence fondée fur l'Ordonnance du mois d'Août 1669, a toujours été foutenue, lorfque les Tables de Marbre ont voulu y donner atteinte, que l'Arrêt de ladite Table de Marbre de Bordeaux porte auffi fur une matiere de réformation, pour laquelle l'incompétence des Tables de Marbre a toujours été reconnue, lorfqu'elles ont voulu agir fans commiffion, foit du Confeil, foit des Grands-Maîtres des Eaux & Forêts; que Sa Majefté a fi bien reconnu la néceffité de maintenir ce qui eft prefcrit à cet égard par ladite Ordonnance de 1669, que par Arrêt du Confeil du 27 Septembre 1729, elle a renouvellé les défenfes y portées à tous Juges autres que le Suppliant, de connoître des curemens des rivieres, ruiffeaux & canaux dans l'étendue dudit Département de Guyenne, que l'Arrêt de ladite Table de Marbre contient d'ailleurs une attribution de Jurifdiction aux Officiers des lieux au préjudice de ceux des Eaux & Forêts, & que ce tranfport de Jurifdiction qui n'eft fondé fur aucun motif, ne peut fe foutenir, parce que les Juges des Tables de Marbre ne peuvent en aucune façon, commettre des Officiers particuliers pour l'exécution de ladite Ordonnance de 1669, fans quoi la matiere des Eaux & Forêts deviendroit commune entre les Officiers des Maîtrifes & les Juges particuliers, & feroit bientôt anéantie; que les chofes en cet état, il ne peut fe difpenfer d'avoir recours à l'autorité de Sa Majefté pour faire cefferles entreprifes des Juges de cette Table de Marbre, & les contenir dans les bornes qui leur font prefcrites par ladite Ordonnance. A CES CAUSES, &c. Oui le rapport, &c.

LE ROI EN SON CONSEIL, ayant égard à la Requête, fans s'arrêter à l'Arrêt de la Table de Marbre de Bordeaux du 8 Juillet 1754 que Sa Majefté a caffé & annullé, ainfi que tout ce qui peut s'être enfuivi, a ordonné & ordonne que l'Ordonnance des Eaux & Forêts du mois d'Août 1669 & l'Arrêt du Confeil du 27 Septembre 1729 feront exécutés felon leur forme & teneur, & en conféquence que les Communautés & Particuliers de la Province de Guyenne, qui ont négligé de faire faire le curement de leurs rivieres, ruiffeaux, canaux & foffés, feront tenus d'y faire travailler inceffamment fous l'infpection du Grand-Maître des Eaux & Forêts du Département de Guyenne, ou des Officiers de la Maîtrife particulière des lieux fur fa Commiffion: fait Sa Majefté très-expreffes inhibitions & défenfes aux Juges de ladite Table de Marbre de connoître en premiere Inftance d'aucune matiere d'Eaux & Forêts, d'entreprendre aucun fait de réformation, & de commettre pour l'inftruction les Officiers des lieux, au préjudice de ceux des Maîtrifes des Eaux & Forêts dudit Département, à peine de nullité. Enjoint Sa Majefté aux Officiers defdites Maîtrifes de tenir exactement la main à l'exécution dudit Arrêt de 1729, & de faire de fréquentes vifites fur les rivieres, ruiffeaux & canaux de leur reffort, à peine de privation du payement de leurs gages & droits; fera le préfent Arrêt enrégiftré au Greffe defdites Maîtrifes, pour y avoir recours, fi befoin eft, & exécuté nonobftant oppofitions ou autres empêchemens généralement quelconques, pour lefquels ne fera différé, & dont fi aucuns interviennent, Sa Majefté s'en eft & à fon Confeil réfervée la connoiffance, & icelle interdite à toutes fes Cours & autres Juges. FAIT au Confeil d'Etat, tenu pour les Finances à Verfailles le treize Janvier mil fept cent cinquante-fix. *Signé*, BERGERET.

ARREST DU CONSEIL,

QUI ordonne que conformément aux Arrêts rendus en faveur des Officiers des Maîtrifes du Mans, Angers, Tours, Sezanne & Sens, ceux de la Maîtrife d'Angoulême, précéderont les Officiers de l'Election dans toutes Affemblées & Cérémonies, tant publiques que particulieres.

Du 26 Janvier 1756.

SUR la Requête préfentée au Roi en fon Confeil, par les Officiers de la particulière des Eaux & Forêts d'Angoulême, contenant qu'il n'eft plus douteux que les Officiers des Maîtrises doivent avoir la préféance fur ceux des Elections, dans les Affemblées & Cérémonies tant publiques que particulières, elle a été décidée en faveur des Maîtrifes du Mans, Angers, Tours, Sezanne & Sens par cinq Arrêts contradictoires des 15 Avril 1737, 6 Octobre 1738, 14 Août 1741, 30 Décembre 1743 & 25 Juillet 1755. Les Supplians qui n'ont jufqu'alors pris aucun rang dans les Affemblées & Cérémonies, font dans le deffein d'ufer de leurs droits à l'avenir, & en conféquence ils fupplient Sa Majefté de vouloir bien déclarer communs avec eux les cinq Arrêts dont il s'agit ; ils fe flattent que leur demande ne fera aucune difficulté, & même que, comme la regle eft conftante, on leur évitera toutes difcuffions à cet égard. Requeroient à ces caufes les Supplians qu'il plût à Sa Majefté déclarer communs avec eux les Arrêts contradictoirement rendus entre les Officiers des Maîtrifes du Mans, Angers, Tours, Sezanne & Sens, & ceux des Elections des mêmes Villes lefdits jours 15 Avril 1737, 6 Octobre 1738, 14 Août 1741, 30 Décembre 1743 & 25 Juillet 1755, & en conféquence ordonner que les Supplians précéderont dans toutes les Affemblées & Cérémonies tant publiques que particulières les Officiers de l'Election d'Angoulême, avec défenfes de les y troubler, fous les peines qu'il appartiendra ; ordonner que l'Arrêt qui interviendra fur la préfente Requête, fera exécuté nonobftant oppofitions ou autres empêchemens généralement quelconques, dont fi aucuns interviennent, il plaife à Sa Majefté de s'en réferver la connoiffance. Vu ladite Requête fignée Moriceau, Avocat des Supplians, & les Arrêts du Confeil des 15 Avril 1737, 6 Octobre 1738, 14 Août 1741, 30 Décembre 1743 & 25 Juillet 1755, ci-deffus mentionnés. Oui le rapport, &c.

LE ROI EN SON CONSEIL, ayant égard à la Requête, a ordonné & ordonne que les Arrêts du Confeil des 15 Avril 1737, 6 Octobre 1738, 14 Août 1741, 30 Décembre 1743 & 25 Juillet 1755 feront exécutés felon leur forme & teneur, & en conféquence que les Officiers de la Maîtrife particulière des Eaux & Forêts d'Angoulême précéderont ceux de l'Election de la même Ville dans toutes les Affemblées générales & particulières, Proceffions & Cérémonies publiques, & notamment aux Affemblées de l'Hôtel-de-Ville, on fera tenu d'appeller les Officiers de ladite Maîtrife avant ceux de l'Election. Fait Sa Majefté défenfes aux Officiers de ladite Election de troubler ceux de ladite Maîtrife dans ladite préféance ; & fera le préfent Arrêt exécuté nonobftant oppofitions ou autres empêchemens généralement quelconques, pour lefquels ne fera différé, & dont fi aucuns interviennent, Sa Majefté s'en eft & à fon Confeil réfervée la connoiffance, & icelle interdite à toutes fes Cours & autres Juges. FAIT au Confeil d'Etat, tenu pour les Finances à Verfailles le vingt Janvier mil fept cent cinquante-fix. Signé, BERGERET.

ARREST DU CONSEIL;

QUI juge que routes demandes pour deftructions de Garennes & réparation des dommages caufés par les Lapins, doivent être portées devant les Officiers des Maîtrifes qui en doivent connoître en premiere inftance à l'exclufion de tous autres Juges.

Du 27 Janvier 1756.

SUR la Requête préfentée au Roi en fon Confeil par le Procureur de Sa Majefté en la Maîtrife particulière des Eaux & Forêts de Pacy, contenant que par exploit du 14 Novembre 1754, les nommés Henri Guillotin, Charles du Mamel & Confors, au nombre de trente-fept Habitans de la Paroilfe de Goupillieres auroient fait affigner pardevant le Vicomte, Juge ordinaire de Beaumont le Royer, le fieur Antoine Henri Poitier de Rubelles à caufe des dégats faits à leurs grains par fes lapins, qu'il feroit contraint de faire détruire en la Garenne de fa Terre & Seigneurie de Goupillieres, du reffort de ladite Maîtrife, que le fieur de Rubelles ayant propofé fon déclinatoire, il lui a été accordé, & en conféquence il a procédé au Châtelet de Paris où le Suppliant a revendiqué la caufe, comme étant de la compétence de ladite Maîtrife fur le fondement, 1°. que l'excès réductible de gibier intéreffe l'exercice du droit de Chaffe, dont la connoiffance eft attribuée aux Maîtrifes par l'Ordonnance des Eaux & Forêts du mois d'Août 1669; 2°. que par Arrêt du Confeil du 23 Février 1745, il a été jugé que les actions tendantes à deftruction de garennes & dégats de gibier, doivent être portées devant les Officiers defdites Maîtrifes; lequel Arrêt doit être tenu pour contradictoire, vu le débouté de l'oppofition y formée, prononcé par l'Arrêt du Confeil du 21 Février 1747. Ce qui a été encore confirmé par autre Arrêt du Confeil du 24 Novembre 1750; 3°. que par l'art. IX du titre premier de ladite Ordonnance de 1669, tout Privilége de caufes commifes ceffe, lorfqu'il s'agit de matiere d'Eaux & Forêts, dont tous Juges Royaux autres que les Officiers des Maîtrifes font incompétens par l'art. XIV du titre premier; que le Suppliant avoit pris cette voie de réclamation comme la plus prompte, ne prévoyant pas que les Juges du Châtelet réfiftaffent à des autorités auffi décifives; que cependant, fans y avoir égard, ils ont retenu la caufe par leur Sentence du 26 Août 1755; ce qui oblige le Suppliant de recourir à Sa Majefté, & de lui repréfenter qu'il ne s'agit pas feulement d'une matiere ordinaire d'Eaux & Forêts, mais d'un cas de Police générale & de réformation, fuivant la difpofition de l'art. XIII du titre premier de ladite Ordonnance de 1669, & la Déclaration du Roi du 8 Janvier 1715, qui prouvent que le cas de haute Police & de réformation eft attribué aux Maîtrifes mêmes à l'exclufion des Juges qui avoient titre de Gruerie, &c.

LE ROI EN SON CONSEIL, ayant égard à la Requête, fans s'arréter à la Sentence du Châtelet de Paris du 26 Août 1755, que Sa Majefté

a

a caſſée & annullée, ainſi que tout ce qui peut s'en être enſuivi, a ordonné & ordonne que le ſieur Portier de Rubelles, Seigneur de Goupillieres, & les Habitans dudit lieu ſeront tenus de procéder en premiere Inſtance, pour raiſon du fait dont il s'agir, pardevant les Officiers de la Maîtriſe particulière des Eaux & Forêts de Pacy, ſauf l'appel au Siége de la Table de Marbre du Palais à Rouen; fait Sa Majeſté défenſes aux Parties de ſe pourvoir ailleurs qu'en la Maîtriſe, à peine de nullité, caſſation de procédures, 1000 liv. d'amende, & de tous dépens, dommages & intérêts; & ſera le préſent Arrêt exécuté nonobſtant oppoſitions, clameur de haro, Charte Normande & autres empêchemens généralement quelconques, par leſquels ne ſera différé, & dont ſi aucuns interviennent, Sa Majeſté s'en eſt & à ſon Conſeil réſervée la connoiſſance, & icelle interdite à toutes ſes Cours & autres Juges. FAIT au Conſeil d'Etat, tenu pour les Finances à Verſailles ce vingt-ſept Janvier mil ſept cent cinquante-ſix. Signé, BERGERET.

ARREST DU CONSEIL D'ÉTAT DU ROI,

QUI fait défenſes aux Communautés d'Habitans de faire des Adjudications de leurs Bois à la feuille, & aux Marchands de s'en rendre Adjudicataires, à peine, &c.

Du 27 Janvier 1756.

VU au Conſeil d'Etat du Roi, l'adjudication faite à la Feuille pardevant le Juge ordinaire de Girolles, ſur la Place publique dudit lieu le 12 Juillet 1734, d'un Canton de bois appellé la Coſte de Prés de Precy conſiſtant en quatre-vingt-onze arpens cinquante perches, de l'âge de dix à douze ans dépendant de la Communauté de Girolles, au nommé François Bardet de Latour, Marchand de bois, moyennant la ſomme de 2150 livres, ſçavoir 600 liv. comptant, & le ſurplus payable en treize années par payemens égaux, & à la charge par l'Adjudicataire de n'en faire la coupe qu'en l'année 1747, tems auquel le taillis auroit acquis l'âge de ving-cinq ans, la Sentence rendue en la Maîtriſe particulière des Eaux & Forêts d'Avalon le 28 Juin 1748, par laquelle ladite adjudication a été déclarée nulle, & les Habitans de Girolles ont été condamnés à rembourſer audit Bardet de Latour les ſommes qu'il leur auroit payées; le Jugement de la Table de Marbre du Palais à Dijon rendu le 18 Août 1750 ſur l'appel interjetté par ledit Bardet de Latour, de la Sentence de la Maîtriſe, & ſur l'acquieſcement donné par leſdits Habitans, de même qu'ils avoient fait en ladite Maîtriſe à l'homologation de ladite adjudication, par lequel Jugement la Sentence de ladite Maîtriſe a été infirmée, & il a été permis audit Bardet de Latour, d'exploiter les bois qui lui avoient été adjugés, l'oppoſition formée par le Procureur de Sa Majeſté en ladite Maîtriſe le 5 Octobre enſuivant, autre Jugement de la Table de Marbre du 28 Novembre de la même année, par lequel, ſans s'arrêter à l'oppoſition, il a été ordonné que le premier Jugement du 18 Août précédent ſeroit exécuté; la Requête préfentée au Confeil par le Procureur du Roi en la Maîtrife tendante à ce qu'il plût à Sa Majefté, fans s'arrêter au Jugement de la Table de Marbre du 18 Août 1750 qui feroit caffé & annullé, ainfi que tout ce qui pourroit s'en être enfuivi, ordonner que la Sentence de ladite Maîtrife du 28 Juin 1748 feroit exécutée felon fa forme & teneur, comme ayant paffé en force de chofe jugée en dernier reffort ; faire défenfes audit Bardet de Latour de faire aucune coupe dans le Canton de bois à lui vendu à la Feuille le 12 Juillet 1734, par lefdits Habitans de Girolles, à peine de confifcation & 3000 liv. d'amende envers Sa Majefté, & de tous dépens, dommages & intérêts au profit de ladite Communauté. L'Arrêt du Confeil rendu fur ladite Requête le 7 Décembre 1751 par lequel Sa Majefté, fans s'arrêter au Jugement de ladite Table de Marbre du 18 Août 1750 que Sa Majefté a caffé & annullé, ainfi que tout ce qui pourroit s'en être enfuivi, a ordonné que la Sentence de ladite Maîtrife d'Avalon du 28 Juin 1748 feroit exécutée felon fa forme & teneur, comme ayant paffé en force de chofe jugée en dernier reffort, Sa Majefté a en outre ordonné l'exécution des Arrêts du Confeil des 12 Septembre 1741 & 6 Avril 1751 ; ce faifant, Sa Majefté a caffé & annullé toutes les adjudications de Bois ci-devant faites à la Feuille dans le reffort de ladite Maîtrife, notamment celle faite audit Bardet de Latour par lefdits Habitans de Girolles le 12 Juillet 1734, & Sa Majefté a fait défenfes audit Bardet de Latour & à tous autres Marchands, de fe rendre à l'avenir directement ou indirectement Adjudicataires de pareils Bois, & aux Communautés, de faire de femblables adjudications, à peine contre les Adjudicataires & les Communautés, de 3000 liv. d'amende pour chaque contravention, qui ne pourroit être réputée comminatoire, & de confifcation des bois qui avoient été coupés, la fignification dudit Arrêt faite audit Bardet de Latour à la requête du Procureur de Sa Majefté en ladite Maîtrife le 17 Avril 1752, le Procès-verbal dreffé par les Officiers de ladite Maîtrife le 19 du même mois d'Avril, contenant les dégradations & les baliveaux manquans dans le canton de Bois dont il s'agit, & la faifie des bois giffans. La requête préfentée par ledit Bardet de Latour au fieur de Fleury, Grand-Maître des Eaux & Forêts du Département de Bourgogne, Comté de Bourgogne & Alface, tendante à ce qu'il lui plût lui faire main-levée des bois faifis, aux offres qu'il faifoit d'en configner le prix, l'Ordonnance dudit fieur Grand-Maître étant au bas de la requête du 12 Juin audit an 1752, portant que par-devant le Maître particulier de ladite Maîtrife, il feroit procédé en préfence des Parties à l'eftimation des bois faifis pour la fomme à laquelle ils fe trouveroient monter, être remife ès mains du fieur Rougeot, Receveur Général des domaines & bois de la Généralité de Dijon, pour y refter jufqu'à ce qu'il en eût été autrement ordonné ainfi qu'il appartiendroit, moyennant quoi ledit fieur Grand-Maître a fait main-levée des bois faifis, &c.

LE ROI EN SON CONSEIL, faifant droit fur l'Inftance, a reçu & reçoit le nommé Bardet de Latour oppofant à l'Arrêt du Confeil du 7 Décembre 1751, ce faifant par grace & fans tirer à conféquence, Sa Majefté a ordonné & ordonne que la main-levée provifoire qui lui a été donnée par Ordonnance du fieur de Fleury, Grand Maître des Eaux & Forêts du Département de Bourgogne, Comté de Bourgogne & Alface, du 2 Juin 1752 des bois fur lui faifis, fera & demeurera définitive, & que la fomme de 5559 liv.

2 f. qu'il a consignée en exécution de ladite Ordonnance ès mains du sieur Rougeot, Receveur Général des domaines & bois de la Généralité de Dijon, lui sera rendue en vertu du présent Arrêt, & sans qu'il en soit besoin d'autre, décharge Sa Majesté ledit Bardet de Latour des amendes & restitutions montantes ensemble à la somme de 42092 liv. prononcées contre lui par Sentence de ladite Maîtrise particuliere d'Avalon du 13 Janv. 1753, & sur le surplus des demandes, fins & conclusions des Parties, S. M. les a mis & met hors de Cour & de Procès; ordonne en outre Sa Majesté que les Arrêts du Conseil des 12 Septembre 1741 & 6 Avril 1751 seront exécutés selon leur forme & teneur, & en conséquence fait Sa Majesté très-expresses inhibitions & défenses audit Bardet de Latour & à tous autres, de se rendre à l'avenir directement ou indirectement Adjudicataires des Bois à la Feuille, & aux Communautés, de faire de semblables adjudications, à peine contre les Adjudicataires & les Communautés de 3000 liv. d'amende pour chaque contravention, qui ne pourra être reputée comminatoire, & de confiscation des bois qui auront été coupés; enjoint Sa Majesté audit sieur Grand-Maître & aux Officiers de ladite Maîtrise, de tenir chacun en droit soi, exactement la main à l'exécution du présent Arrêt, lequel sera à cet effet enregistré au Greffe de ladite Maîtrise pour y avoir recours, si besoin est. FAIT au Conseil d'État, tenu pour les Finances à Versailles le vingt-sept Janvier mil sept cent cinquante six. *Signé*, BERGERET.

ARREST DU CONSEIL,

QUI condamne l'Ordre de Malthe pour délits commis dans les Bois de la Commanderie de Boncourt, & néanmoins par grace remet les amendes.

Du 27 Janvier 1756.

SUR la requête présentée au Roi en son Conseil par Louis-Adrien de Cabuil, Chevalier de l'Ordre de Saint Jean de Jerusalem, Commandeur de la Commanderie du Temple de Reims, Agent Général du même Ordre, contenant que le 23 Décembre 1754, la Maîtrise de Reims rendit une Sentence par défaut qui contient différentes dispositions; elle confisque des bois coupés pour le feu Bailli de Laval dans sa Commanderie de Boncourt, elle condamne l'Ordre de Malthe en qualité de successeur, à la cotte-morte du Bailli de Laval en 9958 liv. 10 f. d'amende envers Sa Majesté pour des arbres qu'on dit avoir été coupés en délit, tant dans les coupes ordinaires de cette Commanderie, que dans le quart de réserve, la même Sentence condamne l'Ordre de Malthe en pareille somme de restitution, &c.

LE ROI EN SON CONSEIL, ayant égard à la Requête, en interprétant en tant que besoin est ou seroit, l'Arrêt du Conseil du 21 Mai 1754, par grace & sans tirer à conséquence a déchargé & décharge l'Ordre de Malthe des amendes & restitutions prononcées contre ledit Ordre comme héritier de la cotte-motte du feu fieur de Laval Montmorency, Commandeur de Boncourt, par Sentence de la Maîtrife particulière de Reims du 23 Décembre 1752, à condition néanmoins de payer les frais fuivant la taxe qui en fera faite par ledit fieur Telles d'Acofta, Grand-Maître des Eaux & Forêts du Département de Champagne ; & fera au furplus l'Arrêt du Confeil du 21 Mai 1754 exécuté felon fa forme & teneur. FAIT au Confeil d'Etat, tenu pour les Finances à Verfailles le vingt-fept Janvier mil fept cent cinquante-fix. *Signé*, BERGERET.

ARREST DU CONSEIL,

QUI maintient les Officiers de la Maîtrife de Pau dans le droit de connoître des délits commis dans les Bois communaux. Déboute les Syndics de la Communauté de Mommours de leurs demandes tendantes à ce qu'il plût à Sa Majefté ordonner que la connoiffance des délits commis dans leurs Bois appartiendroit comme par le paffé aux Jurats de Mommours, &c.

Du 27 Février 1756.

SUR la Requête préfentée au Roi en fon Confeil, par les Syndics de la Communauté de Mommours, contenant qu'ils font obligés de fe pourvoir contre un Arrêt du Parlement de Navarre du 6 Juillet 1754, &c. A CES CAUSES requeroient les Supplians qu'il plût à Sa Majefté caffer ledit Arrêt & la Sentence de la Maîtrife de Pau du 8 Juin 1753, que cet Arrêt a confirmé. Ce faifant ordonner que les tranfactions des 21 Avril 1538 & 16 Mars 1671, enfemble les Arrêts dudit Parlement de Navarre des 23 Juin 1665, 7 Mai 1704 & 20 Juillet 1712 feront exécutés felon leur forme & teneur, & en conféquence que les délits commis de jour dans la Forêt de Verbeille continueront d'être portés comme par le paffé, devant les Jurats de Mommours en premiere Inftance, & par appel au Parlement de Navarre, faire défenfes aux Officiers de ladite Maîtrife, de connoître defdits délits & conteftations, au fieur Marquis de Mefplet d'Efquieule & à tous autres, d'y traduire les Délinquans, fous quelque prétexte & pour quelque caufe que ce puiffe être, fous telles peines qu'il plaira à Sa Majefté d'arbitrer, & au cas que Sa Majefté trouvât quelque difficulté à adjuger dès à préfent aux Supplians leurs conclufions, ordonner que leur requête fera communiquée audit fieur Marquis d'Efquieule pour y répondre dans le délai du réglement ; toutes chofes demeurantes en état : vu ladite requéte, figné l'Orrain, Avocat des Supplians, & les pieces énoncées & jointes à ladite requête, enfemble la Sentence de ladite Maîtrife de Pau, & l'Arrêt du Parlement de Navarre des 8 Juin 1753 & 6 Juillet 1754, ci-deffus en conteftation, & l'avis du fieur Baftard, Grand-Maître des Eaux & Forêts du Département de Guyenne du 6 Juillet 1755. Oui le rapport du fieur Moreau de Sechelles, Confeiller d'Etat ordinaire, & au Confeil Royal, Contrôleur Général des Finances, &c.

LE ROI EN SON CONSEIL a débouté & déboute les Supplians de leurs demandes, fins & conclufions. FAIT au Confeil d'Etat, tenu pour les Finances à Verfailles le vingt-fept Février mil fept cent cinquante-fix. *Signé;* BERGERET.

ARREST DU CONSEIL,

QUI décharge le fieur de Vic, Maitre particulier des Eaux & Forêts de Belefme de la nomination faite de fa perfonne pour remplir les fonctions de Maire de Belefme.

Du 6 Avril 1756.

SUR la Requête préfentée au Roi en fon Confeil, par le fieur René-Charles de Vic, Maître particulier des Eaux & Forêts de Belefme, contenant que quoiqu'aux termes de l'article 5 du titre 2 de l'Ordonnance des Eaux & Forêts du mois d'Août 1669, il ne puiffe tenir deux Charges dans les Forêts, non plus qu'aucun Office de Judicature ou de Finance, & que fuivant l'article 13 du même titre, les Officiers des Maîtrifes foient exempts de toutes Charges publiques, néanmoins les Habitans de la ville de Belefme, l'ont nommé pour faire les fonctions de Maire de ladite ville ; que comme cette nomination attaque les privileges attachés à fa Charge, il fupplie Sa Majefté de le décharger de ladite nomination, & ce, à l'exemple de plufieurs Officiers des Maîtrifes, qui ont été déchargés des nominations qui avoient été faites de leurs perfonnes pour faire les fonctions de Marguilliers de leur Paroiffe, ou autres Charges publiques ; notamment le Lieutenant en la Maîtrife particuliere d'Auxerre, qui a été déchargé par Arrêt du Confeil du vingt-deux Février mil fept cent trente-cinq, de la nomination qui avoit été faite de fa perfonne à la Charge de Marguillier de fa Paroiffe, & que c'eft dans ces circonftances qu'il a recours. A CES CAUSES requeroit, &c.

LE ROI EN SON CONSEIL, ayant égard à la Requête, a ordonné & ordonne que les articles 5 & 13 du titre 2 de l'Ordonnance des Eaux & Forêts du mois d'Août 1669, feront exécutés felon leur forme & teneur ; & en conféquence Sa Majefté a déchargé & décharge le Suppliant de la nomination qui a été faite de fa perfonne pour faire les fonctions de Maire de la ville de Belefme ; ordonne S. M. que les Habitans de ladite ville feront tenus de procéder inceffamment à l'élection d'une autre perfonne pour remplir lefdites fonctions de Maire ; enjoint Sa Majefté au fieur de Levignon, Intendant & Commiffaire départi en la Généralité d'Alençon, de tenir la main à l'exécution du préfent Arrêt, lequel fera exécuté nonobftant oppofitions ou autres empêchemens généralement quelconques, pour lefquels ne fera différé ; & dont fi aucuns interviennent, Sa Majefté s'en eft & à fon Confeil réfervée la connoiffance, & icelle interdite à toutes fes Cours & autres Juges. FAIT au Confeil d'Etat du Roi, tenu pour les Finances, à Verfailles le fix Avril mil fept cent cinquante-fix. *Signé,* DE VOUGNY.

ARREST NOTABLE DU CONSEIL,

PORTANT Réglement entre le Maître particulier, & le Lieutenant de la Maîtrise d'Argenton.

Du 4 Mai 1756.

VU AU CONSEIL D'ETAT DU ROI, la Requête présentée en icelui par Jacques-Louis Legoux, Lieutenant en la Maîtrise particuliere des Eaux & Forêts d'Argenton, tendante à ce que pour les causes y contenues, il plût à Sa Majesté en interprétant autant que besoin étoit ou seroit, l'Arrêt du Conseil du 10 Août 1734, ordonner conformément à l'Ordonnance des Eaux & Forêts du mois d'Août 1669, 1°. Que le Maître particulier de ladite Maîtrise ne pourroit recevoir, ni contredire, ni relever aucuns, Officiers, Gardes, Facteurs, ou autres, qu'en l'Audience & de l'avis du Lieutenant, & autres Officiers, si mieux n'aimoient le Maître particulier, Lieutenant, Procureur du Roi, & Garde-Marteau, s'assembler pour cet effet, en la Chambre du Conseil, à jour extraordinaire, qui seroit convenus entr'eux, à l'Audience précédente ; 2°. Que le Maître particulier ne pourroit rendre seul aucun décret ; que lorsque les procédures & informations auroient été entierement faites par lui seul, dans un cas urgent, & en l'absence des autres Officiers du Siege ; mais que lorsqu'ils se trouveroient dans la ville dans laquelle le Siege est établi, ils seroient appellés pour juger les informations avec le Maître particulier, & qu'à cet effet le Greffier seroit tenu de les avertir du matin au soir, & du soir au matin, de même que pour toutes les antres affaires, qui requeroient célerité ; 3°. Que le Maître particulier ne pourroit en aucun cas se prononcer, ni décréter sur les procès-verbaux, ni accorder aucunes provisions alimentaires, ou autres, que de l'avis du Lieutenant ; 4°. Qu'il ne pourroit aussi en aucuns cas civiliser, ou regler la procédure après les interrogatoires subis, que de l'avis du Lieutenant ; 5°. Qu'il ne pourroit rendre en sa maison aucune Sentence sur Requête, ni y exercer aucun acte de Justice, si ce n'étoit les expéditions de simple mandement de soit communiqué, soit signifié & autres semblables ; mais que lesdites Requêtes seroient remises à l'Audience, ou à la Chambre du Conseil, pour y être fait droit de l'avis du Lieutenant & des autres Officiers, & que les Sentences, tant interlocutoires que définitives rendues sur icelles, seroient portées sur le registre, conformément à ladite Ordonnance de 1669 ; 6°. Que le Maître particulier ne jugeroit & ne décideroit interlocutoirement ou definirivement aucune affaire, tant civile que criminelle, de quelque nature qu'elle pût être, qu'au rapport & de l'avis du Lieutenant, duquel rapport & de même que dudit avis mention seroit faite dans les actes & Jugemens qui seroient rendus en la Chambre du Conseil par le Maître particulier, & à l'égard de ceux qu'il rendroit à l'Audience, il y seroit fait mention des autres Juges qui y assisteroient ; 7°. Que les épices seroient partagées par moitié entre le Maître part

ticulier & le Lieutenant, fuivant les Reglemens & l'ufage, à l'exception feulement des droits de receptions, dans lefquels le Maître particulier auroit un
tiers plus que le Lieutenant, conformément à l'article 6 du Reglement du 10
Août 1734; 8°. Que défenfes feroient faites au Maître particulier & à tous
autres Officiers de ladite Maîtrife, de prendre ni exiger aucune chofe pour
les expéditions des Requêtes, informations de vie & mœurs, & autres actes
néceſſaires pour parvenir aux réceptions, à peine de concuffion; 9°. Que défenfes feroient pareillement faites au Maître particulier de troubler le Lieutenant dans les enquêtes & informations qu'il auroit commencées, du moins
jufqu'à ce qu'il ait fini d'entendre les témoins dont il auroit reçu le ferment;
10°. Que la parole feroit adreffée à l'Audience par le terme pluriel, Meſſieurs,
& non au Maître particulier feul par le terme fingulier Monfieur; 11°. Que
toutes les Requêtes qui feroient préfentées à la Maîtrife, feroient intitulées en ces
termes, à M. le Maître particulier, ou M. le Lieutenant en la Maîtrife des Eaux
& Forêts d'Argenton, & non autrement; 12°. Que les Lettres & Requêtes
adreffées aux Officiers de la Maîtrife en général, feroient portées au Maître
particulier, pour en être l'ouverture par lui faite à l'Audience, ou en la
Chambre du Confeil, en préfence des autres Officiers, ou eux duement appellés; 13°. Que pour l'exécution, tant du Reglement du 10 Août 1734,
que de celui qui interviendroit, défenfes feroient faites au Maître particulier,
aux autres Officiers de ladite Maîtrife, au Greffier, Commis, & aux Procureurs poftulants dans le Siege, de faire aucunes fonctions, ni d'exercer &
prêter leur Miniftere contre & au préjudice defdits Reglements, ni de faire
contre iceux aucunes proteftations & réferves, à peine d'interdiction, 1000 l.
d'amende contre chacun descontrevenants, & de tous dépens, dommages &
intéréts, & que le Reglement du 10 Août 1734, & celui qui interviendroit
fur ladite Requête, feroient lûs, publiés & enregiftrés au Greffe de ladite
Maîtrife, & exécutés nonobftant oppofition & autres empêchemens généralement quelconques, pour lefquels ne feroit différé, & dont fi aucuns intervenoient, Sa Majefté s'en réferveroit & à fon Confeil la connoiffance. L'Arrêt
du Confeil rendu fur ladite Requête le 25 Août 1750, par lequel Sa Majefté avant faire droit fur icelle, a ordonné qu'elle feroit communiquée au
Sieur Leroux, Maître particulier de ladite Maîtrife d'Argenton, pour y
fournir de réponfes dans les délais prefcrits par les Reglements du Confeil,
& être enfuite par Sa Majefté ordonné ce qu'il appartiendroit. La fignification dudit Arrêt faite audit fieur Leroux, Maître particulier, à la requête
dudit fieur Legoux, Lieutenant, le 6 Octobre 1750. La Requête dudit fieur
fieur Leroux, fignifiée audit fieur Legoux, le 19 Février 1751, tendante
à ce qu'il plaife à Sa Majefté lui donner acte de ce qu'il employe le contenu
en ladite Requête pour fatisfaire à l'Arrêt du Confeil du 25 Août 1750, qui
lui a été fignifié le 6 Octobre fuivant, comme auffi pour réponfe à la Requête dudit fieur Legoux, Lieutenant, inférée audit Arrêt; ce faifant, fans
s'arrêter aux demandes, fins & conclufions dudit fieur Legoux, dans lefquelles
il fera déclaré non-recevable, ou en tout cas mal fondé, l'en débouter, & le
condamner en 3000 livres de dommages & intéréts envers ledit fieur Legoux,
fauf à prendre par la fuite autres & plus amples conclufions, fi le cas y
échet, dont ledit fieur Legoux fait réferve expreffe s'en rapportant au furplus à Sa Majefté dans le cas où elle croiroit devoir faire quelques Reglements

fur l'adminiftration de la Juftice dans le Siege de ladite Maîtrife d'Argenton.
La Requête dudit fieur Leroux, fignifiée audit fieur Legoux, le 24 Juillet
1751, tendante à ce qu'il plaife à Sa Majefté lui donner acte de ce que pour
réponfe à la Requête qui lui a été fignifiée de la part dudit fieur Leroux le
10 Février précédent, il employe le contenu en fadite Requête, les pieces
y jointes, & ce qu'il plaira à Sa Majefté fuppléer de droit & d'équité par fes
lumieres fupérieures ; ce faifant, en procédant au Jugement de l'inftance d'entre les Parties, lui adjuger les fins & conclufions qu'il y a prifes, y ajoutant,
lui donner acte de l'aveu par lui fait par fa Requête du 10 Février 1751,
qu'il a procédé à la réception de deux Gardes dans fa tournée à Orbie, fans
la préfence du fieur Legoux, & fans y avoir été appellé ; comme aufli qu'il
a rendu des Sentences de civilifation de Procès criminels, fans la préfence
& l'affiftance dudit fieur Legoux ; comme aufli du confentement donné par la
même Requête au Reglement demandé par ledit fieur Legoux ; en conféquence ordonner que l'Ordonnance de 1669, & le Reglement du 10 Août
1734, feront exécutés felon leur forme & teneur, condamner le fieur Leroux
à rendre & reftituer audit fieur Legoux tous les droits qu'il juftifiera lui avoir
été ufurpés par ledit fieur Leroux, depuis ledit Reglement du 10 Août 1734,
fi mieux n'aime Sa Majefté, & ce, fuivant les Regiftres du Greffe de la
Maîtrife, ordonner que les termes d'impofteur, calomniateur, & autres termes injurieux répandus, tant dans l'acte fignifié de la part dudit Sr. Leroux audit
fieur Legoux, par exploit du 5 Janvier 1751, que dans la Requête du 10 Février fuivant, contre l honneur & la réputation dudit fieur Legoux, feront fupprimés de même que ledit acte & ladite Requête, ordonner que le Sr. Leroux fera
tenu de faire réparation d'honneur audit Sr. Legoux, en préfence de tel nombre
de perfonnes qu'il plaira à S. M. d'indiquer, le condamner en 10000 l. de dommages & intérêts & aux dépens, fe réfervant ledit fieur Legoux, tous fes droits,
noms, raifons & actions pour les exercer, contre qui & ainfi qu'il avifera bon
être, & condamner ledit fieur Leroux en tous les dépens. La Requête dudit
fieur Leroux fignifiée audit fieur Legoux le vingt-un Avril 1752, tendante
à ce qu'il plaife à Sa Majefté lui donner acte de ce qu'il employe le contenu en ladite Requête & aux piéces y jointes pour réponfes à la Requête dud.
fieur Legoux, fignifiée le 24 Juillet 1751, & pour contredits aux piéces
par lui produites ; ce faifant & procédant au Jugement de l'inftance, fans
avoir égard aux nouvelles conclufions prifes par la deuxiéme Requête dudit
fieur Legoux, dans lefquelles il fera déclaré mal fondé, & dont il fera débouté ;
adjuger audit fieur Leroux celles qu'il a prifes par fa Requête du 19 Février
1751, avec dommages & intérêts & dépens ; fauf audit fieur Leroux à prendre
par la fuite de plus amples conclufions. Autre Requête dudit fieur Leroux,
fignifiée audit fieur Legoux le 27 Avril 1752, tendante à ce qu'il plaife
à Sa Majefté lui donner acte de ce que pour plus amples réponfes aux écrits
dudit fieur Legoux, il employe le contenu en ladite Requête, avec ce qu'il
a ci devant dit, écrit & produit ; ce faifant & procédant au Jugement de l'inftance, ordonner que les termes injurieux répandus dans la Requête dudit fieur
Legoux, du 24 Juillet 1751, contre l'honneur & la réputation dudit fieur
Leroux, feront rayés & biffés, & que ledit fieur Legoux fera tenu de déclarer
dans

dans la Chambre du Confeil en préfence du Procureur du Roi, du Garde-Marteau, & autres Officiers de la Maîtrife, qu'il reconnoît ledit fieur Leroux pour homme d'honneur, de probité & incapable de s'approprier ou percevoir des droits qui ne lui feroient pas légitimement dûs; laquelle déclaration fera infcrite dans les regiftres du Greffe, à la fuite de l'Arrêt du Confeil qui interviendra fur la préfente conteftation ; enjoindre audit Sr. Legoux de porter en tout & par tout honneur audit fieur Leroux, lui faire défenfes de fe qualifier autrement que Lieutenant du Maître Particulier, & non Lieutenant de la Maîtrife; faire pareilles défenfes audit fieur Legoux de s'entremettre dans la prononciation des Sentences, d'interrompre, ou interroger le Procureur du Roi, ni les Avocats ou Procureurs portants la parole au Siege de la Maîtrife, finon dans le cas d'abfence du Maître Particulier, ledit fieur Legoux préfidera ; ordonner que ledit fieur Leroux prononcera feul, & fans être obligé de prendre l'avis de l'affiftance, & renvoi de caufes, & admettre à fa volonté, fur les conclufions du Procureur du Roi, les excufes des Gardes qui feront en faute de comparance aux affifes, fans que ledit fieur Legoux puiffe s'immifcer directement ou indirectement dans la Police d'Audience; faire défenfes audit fieur Legoux de s'abfenter fans en avertir ledit fieur Leroux, le condamner en 20000 liv. de dommages & intérêts envers ledit fieur Leroux; ordonner que l'Arrêt qui interviendra fera lû, publié au Siege de ladite Maîtrife, Audience tenante, enregiftré au Greffe d'icelle, & affiché dans la ville d'Argenton, le tout aux frais & dépens dudit fieur Legoux, qui fera en outre condamné en tous les dépens. La Requête dudit fieur Legoux, fignifiée audit fieur Leroux le 9 Août 1753, tendante à ce qu'il plaife à Sa Majefté lui donner acte de ce que pour réponfes aux Requêtes fignifiées audit fieur Legoux, de la part dudit fieur Leroux, les 21 & 27 Avril 1752, défenfes aux demandes portées par lefdites Requêtes, & contredits contre les piéces produites par les mêmes Requêtes, il employe le contenu en ladite Requête, les piéces y jointes, ce qu'il a dit, écrit & produit, & ce qu'il plaira à Sa Majefté fuppléer de droit & d'équité par fa prudence & fes lumieres fupérieures ; ce faifant, en procédant au Jugement de l'inftance d'entre les Parties, fans avoir égard à ce qui a été dit, écrit & produit par ledit fieur Leroux, ni aux fins & conclufions par lui prifes, dans lefquelles il fera déclaré non-recevable & mal fondé, & dont en tout cas il fera débouté; adjuger audit fieur Legoux celles qu'il a prifes, & condamner ledit fieur Leroux en fes dommages & intérêts, & aux dépens, fe réfervant ledit fieur Legoux, tous fes droits, noms, raifons & actions pour les exercer contre qui & ainfi qu'il appartiendra. La Requete dudit fieur Leroux, fignifiée audit fieur Legoux le 20 Mars 1754, tendante à ce qu'il plaife à S. M. lui donner acte de ce qu'il employe le contenu en ladite Requête avec ce qu'il a ci-devant dit, écrit & produit pour répliquer à la Requête que ledit fieur Legoux a fait & fignifiée le 9 Août 1753, permettre audit fieur Leroux, de produire par production nouvelle, le certificat du fieur Dubuiffon, Garde-Marteau de ladite Maîtrife d'Argenton, du 31 Décembre 1753; ce faifant, & procédant au Jugement de l'inftance, fans s'arrêter aux demandes, fins & conclufions dudit fieur Legoux, dans lefquelles il fera déclaré non-recevable & mal-fondé, ou donc en tout cas il fera débouté; adjuger audit fieur Leroux celles par lui prifes par fes précédentes Requêtes, avec dommages & intérêts & dépens. La Requête dudit fieur Legoux, fignifiée audit fieur Leroux le 5 Avril 1754, tendante à ce qu'il plaife à Sa Majefté lui donner acte de ce que pour réponfes à la Requéte qui lui a été fignifiée de la part dudit fieur Leroux le 20 Mars précédent, contredits contre les piéces produites par ladite Requête, il employe le contenu en fadite Requête, ce qu'il a dit, écrit & produit, & ce qu'il plaira au Confeil fuppléer de droit & d'équité, par fa prudence & fes lumieres fupérieures; ce faifant, en procédant au Jugement de l'inftance d'entre les Parties, fans avoir égard à ce qui a été dit, écrit & produit de la part dudit fieur Leroux, ni aux fins & conclufions par lui prifes, dans lefquelles il fera déclaré non-recevable & mal fondé, ou dont en tout cas il fera débouté; adjuger audit fieur Legoux les fins & conclufions par lui prifes dans l'inftance, & condamner ledit fieur Leroux aux dépens, dommages & intérêts dudit fieur Legoux, qui fe réferve tous fes droits, noms, raifons & actions pour les exercer contre qui & ainfi qu'il avifera bon être. La Requête dudit fieur Leroux, fignifiée audit fieur Legoux le 27 Avril 1754, tendante à ce qu'il plaife à Sa Majefté lui donner acte de ce que pour réponfe à la Requête qui lui a été fignifiée de la part dudit fieur Legoux le 5 du même mois, & contre les piéces produites par icelle, il employe le contenu en ladite Requête, avec ce qu'il a dit, écrit & produit; ce faifant, & procédant au Jugement de l'inftance, fans s'arrêter aux demandes, fins & conclufions dudit fieur Legoux, adjuger audit fieur Leroux celles qu'il a prifes par fes précédentes Requêtes, avec dommages, intérêts & dépens. Vu auffi l'Arrêt du Confeil du 10 Août 1734, ci-deffus mentionné; enfemble les autres piéces énoncées & jointes aufdites Requêtes, & le dire du fieur Freteau, l'un des Infpecteurs Généraux du Domaine, le 12 Mars 1756, auquel le tout a été communiqué. Oui le Rapport, &c.

LE ROI EN SON CONSEIL, faifant droit fur l'Inftance, a ordonné & ordonne ce qui fuit:

ARTICLE PREMIER.

Les Gardes des Forêts de Sa Majefté, ceux des Seigneurs Eccléfiaftiques & Laïques, Communautés & Gens de main-morte, enfemble les Facteurs ou Garde-ventes, feront reçus à l'Audience ou Chambre du Confeil, aux jours ordinaires feulement, de l'avis du Lieutenant, & autres Officiers préfens.

ART. II. Les Jugemens portant interdiction des Gardes-Facteurs, ou autres, & ceux qui les releveront, ne pourront être prononcés qu'en l'Audience, ou Chambre du Confeil, & aux jours ordinaires, de l'avis du Lieutenant & autres Officiers préfens; & dans le cas où le Lieutenant auroit prononcé l'interdiction, elle ne pourra être révoquée qu'après qu'il aura donné fon avis.

ART. III. Ne pourra le Maître Particulier, en aucun cas, prononcer ni décreter fur les Procès-verbaux, ni accorder aucunes provifions alimentaires, ou autres, que de l'avis du Lieutenant & autres Officiers préfens, & ce, à l'Audience, ou Chambre du Confeil, les jours ordinaires feulement; & dans les affaires qui requereroient célerité, le Greffier fera tenu d'en avertir les Officiers du matin au foir, ou du foir au matin.

ART. IV. Les épices, & autres droits fur les expéditions des Requêtes, informations des vies & mœurs, & autres actes néceffaires pour parvenir aux receptions, continueront d'être perçus fuivant l'ufage, fauf en cas d'abus, à y être pourvu par le Grand-Maître, ainfi qu'il appartiendra.

ART. V. Dans toutes les enquêtes le Lieutenant entendra les témoins dont il aura reçu le ferment, & dans les informations il entendra pareillement les témoins, qui devront dépofer dans la même féance qu'il aura commencée, fans pouvoir être interrompu par le Maître Particulier, qui pourra, s'il le juge à propos, continuer dans une autre féance l'audition des témoins qui doivent dépofer efdites informations.

ART. VI. La parole fera adreffée à l'Audience par le terme pluriel, *Meffieurs*, & non au Maître Particulier feul, par le terme fingulier, *Monfieur*.

ART. VII. Toutes les Requêtes qui feront préfentés à la Maîtrife, feront intitulées en ces termes : *A Monfieur le Maître Particulier* ou *Monfieur le Lieutenant en la Maîtrife des Eaux & Forêts d'Argenton*, & non autrement.

ART. VIII. Les Lettres & Paquets adreffés aux Officiers de la Maîtrife en général, feront remis au Greffe & préfentés par le Greffier à l'Audience, ou Chambre du Confeil, au Maître Particulier, ou autre Officier qui préfidera, pour en être l'ouverture par lui faite en préfence des autres Officiers, ou eux duement appellés.

ART. IX. Renvoie Sa Majefté les Parties pardevant le fieur Geffroy, Grand-Maître des Eaux & Forêts du Département d'Alençon, pour raifon des droits répétés par le Lieutenant & par lui prétendus avoir été reçus par le Maître Particulier, pour leur être fait droit ainfi qu'il appardiendra jufqu'à Jugement définitif, fauf l'appel au Confeil.

ART. X. Ne pourra le Maître Particulier prononcer feul & fans prendre l'avis des Officiers affiftants, fur les renvois ou remifes des caufes, ni fur les excufes des Gardes qui ne comparoîtront point aux affifes, fans que le Lieutenant puiffe s'entremettre dans la prononciation des Sentences, interrompre, ou interroger le Procureur de Sa Majefté, ni les Avocats ou Procureurs portant la parole, finon dans les cas où en l'abfence du Maître Particulier il préfidera.

ART. XI. Seront l'Ordonnance des Eaux & Forêts du mois d'Août 1669, & le Reglement du 10 Août 1734, exécutés felon leur forme & teneur pour tout ce qui n'eft pas rappellé dans le préfent Arrêt.

ART. XII. Sur le furplus des demandes, fins & conclufions des Parties, Sa Majefté les a mis hors de Cour; enjoint audit Maître Particulier & Lieutenant de ladite Maîtrife de s'y conformer exactement, & audit fieur Grand-Maître de tenir la main à l'exécution du préfent Arrêt, lequel fera, à cet effet, à la diligence du Procureur de S.M. en ladite Maîtrife, lu, publié à l'Audience, enregiftré au Greffe d'icelle, & exécuté nonobftant oppofition, clameur de Haro, Chartre Normande, ou autres empêchemens généralement quelconques, pour lefquels ne fera différé, & dont fi aucuns interviennent, Sa Majefté s'en eft & à fon Confeil réfervée la connoiffance, & icelle interdit à toutes fes Cours & autres Juges. FAIT & arrêté au Confeil d'Etat du Roi, tenu pour les Finances à Verfailles le quatre Mai mil fept cent cinquante-fix. *Signé*, DE VOUGNY.

Tttij

ARREST DU CONSEIL,

QUI ordonne la vente au profit de Sa Majesté des anciens Baliveaux sur la Terre de Saint-Germain-Laval, possédée à titre d'engagement par le sieur Bert.

Du 8 *Juin* 1756.

SUR la Requête présentée au Roi en son Conseil, par Claude-Aimé Joseph Bert, Engagiste de la Terre & Seigneurie de Saint-Germain Laval en Forez, contenant qu'il possède en titre dans l'étendue de ladite Terre de Saint Germain-Laval, une piéce de bois appellée la Copie, plantée essence de chêne, si chargée de baliveaux de tous âges que le taillis en est entierement offusqué; tous ces baliveaux fort anciens sont sur le retour & dépérissent, & outre qu'ils occupent le terrain inutilement, ils étouffent le taillis au point qu'il se trouve des places vaines & vagues qui composent plus de la moitié du terrein où le taillis est mort en cime & racine, d'où il s'ensuit que le Suppliant a très-grand intérêt que ces baliveaux soient incessamment coupés, parce qu'en nuisant aux taillis ils diminuent d'autant ses jouissances, Sa Majesté n'en a pas moins à les faire couper parce qu'il est constant que, plus ils resteront sur pied, plus ils diminueront de valeur. A CES CAUSES, requeroit, &c.

LE ROI EN SON CONSEIL ayant égard à la Requête a ordonné & ordonne que par le sieur Hennet de Courbois, Grand Maître des Eaux & Forêts du Département de Lyonnois, ou les Officiers de la Maîtrise particulière des lieux qu'il pourra commettre, il sera incessamment procédé à la vente & adjudication au plus offrant & dernier enchérisseur, en la maniere accoutumée des arbres de l'âge au-dessus de quarante ans, étant sur une piéce de bois appellée la Copie dont le Suppliant jouit à titre d'engagement, à la charge par celui qui s'en rendra adjudicataire de remettre le prix de son adjudication ès mains du Receveur Général des Domaines & Bois de la Généralité de Lyon, pour en être par lui compté au profit de Sa Majesté, ainsi que des autres deniers de sa recette, & attendu la modicité de l'objet Sa Majesté a dispensé & dispense pour la coupe des arbres en question, de la formalité des Lettres-Patentes portée par l'Ordonnance des Eaux & Forêts du mois d'Août 1669. FAIT au Conseil d'Etat du Roi, tenu pour les Finances à Versailles, le huit Juin mil sept cent cinquante-six. *Signé*, DE VOUGNY.

ARREST NOTABLE DU CONSEIL,

QUI ordonne que fur la faifie d'un Filet faite par un des Gardes de la Maîtrife de Chalons-fur-Saone les Parties procéderont en ladite Maîtrife, nonobftant le prétendu Privilége de *Committimus* aux Requêtes de l'Hôtel, réclamé par l'une des Parties.

Du 8 Juin 1756.

SUR la Requête préfentée au Roi en fon Confeil par le Procureur de Sa Majefté, en la Maîtrife particuliere des Eaux & Forêts de Châlons-fur-Saône, contenant que fur le Procès-verbal dreffé le 14 Mai 1754, par le nommé Rofier, Sergent, Garde de ladite Maîtrife, ce Garde a faifi fur Pierre Lebeau, fe difant Diftillateur de la Ville de Châlons-fur Saône, des filets prohibés de la longueur de vingt-une braffes, fur cinq coudées & demie de hauteur, garnis de deux cent dix-fept fers & de cent quarante-quatre higes, avec un batteau & autres uftenfiles, dont ledit Lebeau fe fervoit pour pécher dans la Saône; à l'inftant de ladite faifie, pour en empêcher les fuites, ledit Lebeau imagina de faire fignifier le ving fept dudit mois de Mai, au Maître particulier de ladite Maîtrife une procuration de la dame Martin fe difant Marchande Verriere & Fayanciere privilégiée fuivant la Cour, & un brevet du fieur Grand Prevôt de l'Hôtel au nom de la demoifelle Martin, avec fommation au Maître particulier de déclarer fi c'étoit par fes ordres que ladite faifie avoit été faite, d'en donner main levée; autrement & à défaut de ce, ledit Lebeau fe pourvoiroit devant les Juges compétens: après cette fommation la demoifelle Martin a fait affigner le Maître particulier par exploit du 18 Décembre 1754, en la Prévôté de l'Hôtel pour voir ordonner la main-levée provifoire de la faifie faite fur ledit Lebeau; mais par Sentence du 30 dudit mois de Décembre, rendue fur la Requête du Suppliant, les Officiers de ladite Maîtrife ont caffé & annullé l'affignation donnée au Maître particulier d'icelle, le 18 du même mois de Décembre, en la Prévôté de l'Hôtel. Le 16 Janvier 1755, le Suppliant a fait affigner ledit Lebeau en ladite Maîtrife pour être condamné en l'amende de 50 livres conformément à l'Ordonnance des Eaux & Forêts du mois d'Août 1669, & voir ordonner la confifcation des filets & uftenfiles qui avoient été faifis; ledit Lebeau fit fignifier le 23 du même mois des exceptions déclinatoires, & demanda fon renvoi le 5 Février fuivant, il fit fignifier audit Maître particulier une Sentence par défaut de la Prévôté de l'Hôtel du 15 Janvier 1755, qui fait main-levée de la faifie; enfin par Sentence de la Maîtrife du 6 Février enfuivant, le jugement de la Prévôté de l'Hôtel a été déclaré nul, & comme non avenu, & il a été ordonné qu'il feroit paffé outre au jugement de l'inftance fur la demande formée par le Suppliant contre Lebeau, avec défenfes aux parties de procéder ailleurs qu'en ladite Maîtrife, & à tous Huiffiers de mettre le jugement de la Prévôté de l'Hôtel à exécution, le Suppliant étoit en droit de continuer ses poursuites & de faire passer outre au jugement en ladite Maîtrise, mais comme ces différentes Sentences émanées de deux différentes Jurisdictions, forment un conflit qui seroit suivi de procédures respectives dans les deux Tribunaux, ce qui suspendroit le cours de la Justice, & occasionneroit des frais inutiles, le Suppliant a cru devoir recourir à l'autorité de Sa Majesté, pour en arrêter le cours & maintenir les droits & attributions de ladite Maîtrise, &c.

LE ROI EN SON CONSEIL, ayant égard à la Requête, sans s'arrêter à la Sentence de la Prévôté de l'Hôtel, du 15 Janvier 1755, que Sa Majesté a cassée & annullée ainsi que tout ce qui peut s'en être ensuivi, a ordonné & ordonne que le nommé Pierre Lebeau sera tenu de procéder sur l'assignation qui lui a été donnée à la Requête du Suppliant le 16 du même mois de Janvier, en la Maîtrise particuliere des Eaux & Forêts de Châlons - sur-Saône, suivant les derniers erremens, jusqu'à Sentence définitive inclusivement sauf l'appel en la maniere accoutumée. Fait Sa Majesté très-expresses inhibitions & défenses audit Lebeau de procéder pour raison du fait dont il s'agit ailleurs qu'en la Maîtrise, à peine de nullité, cassation de procédures, 1000 livres d'amende & de tous dépens, dommages & intérêts, & sera le présent Arrêt exécuté nonobstant oppositions ou autres empêchemens généralement quelconques, pour lesquels ne sera différé, & dont si aucuns interviennent, Sa Majesté s'en est & à son Conseil, réservée la connoissance & icelle interdite à toutes ses Cours & autres Juges. FAIT au Conseil d'Etat du Roi, tenu pour les Finances, à Versailles le huit Juin mil sept cent cinquante-six. *Signé,* DE VOUGNY.

ARREST DU CONSEIL,

QUI ordonne la vente au profit de Sa Majesté des Baliveaux & autres arbres anciens sur les taillis de la Terre de Vauchassis possédée à titre d'engagement par le sieur Comte de Lannion.

Du 22 Juin 1756.

SUR la Requête présentée au Roi en son Conseil par le sieur Comte de Lnanion, Engagiste du Domaine de Vauchassis, contenant qu'il dépend de ce Domaine mille quatre cent onze arpens vingt-cinq perches de bois, divisés en deux cantons; qu'avant l'année 1738, ces bois s'exploitoient à l'âge de dix ans, mais que depuis ils ont été réglés à l'âge de dix-huit ans, & que lors des coupes il a été réservé seize baliveaux par arpent, indépendamment de ceux réservés lors des coupes précédentes, de sorte que par ces réserves réitérées le nombre de ces arbres est devenu si grand, qu'ils ont non-seulement détruit le taillis, mais encore se sont nui les uns aux autres, que le bon aménagement desdits bois & l'intérêt de Sa Majesté exige que l'on éclaircisse cette quantité de baliveaux, en coupant ceux que l'on reconnoîtra être superflus, & que par ce moyen ceux que l'on laisseroit subsister, croîtront & profiteront davantage, le taillis se trouvera dégagé & en état de profiter. A ces causes, requeroit le Suppliant qu'il plût à Sa Majesté ordonner que par le sieur Telles d'Acosta, Grand-Maître des Eaux &Forêts du Département de Champagne, ou les Officiers de la Maîtrise particuliere de Troyes qu'il pourra commettre, il sera procédé à la vente & adjudication au profit de Sa Majesté de tous les arbres anciens & dépérissans qui se trouveront sur lesdites coupes, au fur & à mesure d'icelles, & jusqu'à leur révolution seulement. Vu ladite Requête, ensemble le Procès-verbal de visite desdits bois faite par les Officiers de ladite Maîtrise le 8 Mars 1756, duquel il résulte entr'autres choses, qu'ils consistent en mille quatre cent onze arpens vingt-cinq perches divisés en deux cantons, appellés l'un la Forêt du Fays de mille trois arpens, & l'autre les Volneuses, grand Corcy & viel Archer, de quatre cent huit arpens vingt-cinq perches, que ces bois s'exploitent à l'âge de dix-huit ans, & que le taillis est étouffé par un très grand nombre d'arbres de différentes essences, & des âges depuis trente jusqu'à cent ans, & l'avis dudit sieur Grand-Maître du 8 Avril audit an 1756, oui le rapport, &c.

LE ROI EN SON CONSEIL, ayant aucunement égard à la Requête, a ordonné & ordonne que par celui des Arpenteurs de la Maîtrise particuliere de Troyes, qui sera à cet effet nommé par le sieur Telles d'Acosta, Grand-Maître des Eaux & Forêts du Département de Champagne, il sera incessamment, si fait n'a été, procédé à l'arpentage général & à la levée du plan figuratif des bois dépendans du Domaine de Vauchassis, dont le Suppliant jouit à titre d'engagement, & ensuite par ledit sieur Grand-Maître ou les Officiers de ladite Maîtrise sur sa commission, au réglement de coupes ordinaires desdits bois à l'âge de vingt-cinq ans, & ce en deux réglemens l'un pour la Forêt du Fays, & l'autre pour celle de Volneuse, grand Corcy & viel Archer, lesquelles coupes seront distinguées & désignées par premiere & derniere, sur ledit plan, pour le nombre d'arpent dont chacune doit être composée, à l'effet de quoi il en sera dressé Procès verbal, pour être avec ledit plan déposé au Greffe de ladite Maîtrise, & que lors desdites coupes, il sera réservé par chaque arpent vingt-cinq baliveaux de l'âge du taillis, de brin essence de chêne autant qu'il sera possible, outre tous ceux de l'âge de quarante-ans & au-dessous qui y seront. Ordonne en outre Sa Majesté, qu'annuellement & à commencer en la présente année 1756, pour l'ordinaire de l'année prochaine 1757, & successivement d'année en année, jusqu'à la révolution desdites coupes seulement, il sera par ledit sieur Grand-Maître ou les Officiers de ladite Maîtrise par lui commis, procédé à la vente & adjudication au plus offrant & dernier enchérisseur en la maniere accoutumée, au profit de Sa Majesté, de tous les arbres de l'âge au-dessus de quarante ans, qui se trouveront sur lesdites coupes, à l'exception néanmoins de deux arbres de l'âge de cent ans ou environ, de huit modernes de l'âge de soixante à soixante & dix ans, & de seize baliveaux de la derniere exploitation, qui seront marqués du marteau du Roi pour être réservés avant chaque adjudication par les Officiers de ladite Maîtrise, dont Procès-verbal sera par eux dressé pour être ensuite inféré dans le cahier des charges de ladite adjudication desdits arbres, à la charge de les abattre immédiatement après l'exploitation des taillis desdites coupes, & d'en remettre le prix ès mains du Receveur général des Domaines & bois de la Généralité de Châlons, pour en être par lui compté au profit de Sa Majesté, ainsi que des autres deniers de sa recette; & attendu la modicité de l'objet, Sa Majesté a dispensé & dispense pour la coupe des arbres en question, de la formalité des Lettres · Patentes portée par l'Ordonnance des Eaux & Forêts du mois d'Août 1669. FAIT au Conseil d'Etat du Roi, tenu pour les Finances, à Versailles le vingt-deux Juin mil sept cent cinquante-six. *Signé*, LE VOUGNY.

ARREST DU CONSEIL,

QUI confirme une Sentence rendue en la Maîtrise de Bordeaux contre le nommé Deiris, Syndic de la Communauté de Laurede, pour avoir vendu sans permission de Sa Majesté deux cent dix-huit Arbres à prendre dans les Bois de ladite Communauté, &c.

Du 22 Juin 1756.

VU au Conseil d'Etat du Roi la Sentence rendue en la Maîtrise Particuliere de Bordeaux, le 27 Mai 1754, par laquelle le nommé d'Eyris Syndic de la Communauté de Laurede, a été condamné en 600 livres d'amende envers Sa Majesté pour avoir vendu sans permission au nommé Ducros, Entrepreneur de la fourniture des bois nécessaires pour le service de la Marine, la quantité de deux cent dix-huit arbres essence de chêne, à prendre dans les bois dépendans de la Communauté, mentionnés au Procès-verbal dressé par les Officiers de ladite Maîtrise le 2 Septembre 1753, & ledit Ducros a été condamné en pareille somme de 600 livres d'amende aussi envers S. M. pour avoir fait exploiter partie desdits arbres, & à payer le prix d'iceux ès mains du Receveur Général des Domaines & Bois de la Généralité de Bordeaux, & par la même Sentence les Habitans ont été condamnés à faire arpenter leurs Bois, d'en déposer le plan au Greffe de ladite Maîtrise, & de se conformer lors de la coupe & exploitation desdits Bois à ce qui est prescrit par l'Ordonnance des Eaux & Forêts du mois d'Août 1669, & aux Arrêts & Réglemens intervenus depuis, sous les peines y portées, la Requête desdits Habitans & Communauté de Laurede, tendante à ce que pour les causes y contenues il plaise à Sa Majesté décharger lesdits Deyris & Ducros des amendes prononcées contr'eux par ladite Sentence, leur faire main levée des bois saisis par lesdits Procès-verbal, & condamner les Officiers de ladite Maîtrise à restituer à ladite Communauté la somme de 193 livres 17 sols qu'ils ont exigée d'elle pour les frais de descente & visite desdits bois, & l'avis du sieur Bastard, Grand-Maître des Eaux & Forêts du Département de Guyenne du 27 Février 1755. Oui le rapport, &c.

LE ROI EN SON CONSEIL, ayant aucunement égard à la Requête a ordonné & ordonne que la Sentence de la Maîtrise particuliere de Bordeaux du 27 Mai 1754, sera exécutée selon sa forme & teneur; & cependant

pendant par grace & fans tirer à conféquence, Sa Majefté a déchargé & décharge les nommés Deyris & Ducros des amendes montantes enfemble à 1200 livres prononcées contr'eux par ladite Sentence, à condition néanmoins de payer les frais fuivant la taxe qui en fera faite par le fieur Baftard, Grand-Maître des Eaux & Forêts du Département de Guyenne ; fait Sa Majefté main levée des bois faifis par le Procès-verbal des Officiers de ladite Maîtrife du 12 Novembre 1753 ; ordonne en outre Sa Majefté que ledit Ducros fera tenu de remettre le prix des deux cent dix-huit arbres qui lui ont été vendus par ledit Deyris, fuivant l'eftimation qui en fera faite à dire d'Experts qui feront choifis par les Parties, ou nommés d'Office lors du récollement defdits arbres qui fera fait par ledit fieur Grand-Maître ou les Officiers de ladite Maîtrife par lui commis, pour ledit prix être employé au profit de ladite Communauté, ainfi qu'il fera par Sa Majefté ordonné. Ordonne en outre Sa Majefté que fur le prix principal defdits arbres, il fera par ledit Receveur Général fait la retenue du dixiéme pour être la fomme à laquelle il fe trouvera monter, employée au foulagement des pauvres Communautés de filles Religieufes. Fait Sa Majefté très-expreffes inhibitions & défenfes aux Habitans de la Communauté de Laurede & à tous autres de faire aucune coupe ni entreprife dans les bois de ladite Communauté, fans permiffion de Sa Majefté, fous les peines portées par l'Ordonnance des Eaux & Forêts du mois d'Août 1669, Arrêts & Reglemens rendus en conféquence ; déboute Sa Majefté lefdits Habitans du furplus de leurs demandes, fins & conclufions ; enjoint Sa Majefté audit fieur Grand-Maître & aux Officiers de ladite Maîtrife de tenir chacun en droit foi la main à l'exécution du préfent Arrêt, lequel fera à cet effet enregiftré au Greffe de ladite Maîtrife, pour y avoir recours fi befoin eft. FAIT au Confeil d'Etat du Roi tenu pour les Finances à Verfailles le vingt-deux Juin mil fept cent cinquante-fix. *Signé*, DE VOUGNY.

ARREST NOTABLE DU CONSEIL,

QUI juge que les Curés des Paroiffes ne doivent avoir aucune part dans les coupes ordinaires des Bois appartenans aux Communautés d'Habitans., &c.

Du 22 Juin 1756.

SUR la Requête préfentée au Roi en fon Confeil par les Habitans & Communauté de Gredifans au Comté de Bourgogne, contenant qu'au mois de Juin 1754. le fieur Cordier, Curé de Menotey, les ayant fait affigner par-devant le fieur de Fleury, Grand-Maître des Eaux & Forêts du Département de Bourgogne, Comté de Bourgogne & Alface, ainfi que les Habitans de Menotey, & ceux de Rainaud, pour fe voir condamner à lui livrer annuellement une portion convenable dans le produit de leurs bois ou du moins la quantité de dix cordes de bois pour lefdits trois Villages dépendans de ladite Paroiſſe de Menotey à répartir entr'eux, & relativement à la poſſibilité de leurs Forêts, aux offres par lui de payer à la même proportion, les frais d'exploitation & des bêchemens, il eſt intervenu le 9 Octobre enſuivant, un jugement dudit ſieur Grand-Maître, par lequel il a débouté le ſieur Cordier de ſa demande, fins & concluſions, & l'a condamné aux dépens; il n'y avoit pas lieu de croire que ce jugement rendu en connoiſſance de cauſe, & dont la Juſtice eſt évidente feroit attaqué; il étoit encore moins vraiſemblable qu'il pût être retracté; cependant le ſieur Cordier en ayant interjetté appel en la Chambre des Eaux & Forêts de Beſançon, où il a fait aſſigner les Supplians & les Habitans des deux autres Communautés, cette Chambre par Arrêt du 11 Septembre 1754, en infirmant le jugement dudit ſieur de Fleury a condamné les Habitans de Menotey, Grediſans & Rainaud, à délivrer au ſieur Cordier annuellement, la quantité de ſix cordes de bois, à la meſure de l'Ordonnance, ſçavoir les Supplians trois cordes, les Habitans de Menotey deux cordes, & ceux de Rainaud une corde, à la charge par le ſieur Cordier de payer la façon & les frais des Voituriers deſdites ſix cordes, & a condamné leſdites Communautés chacune en ce qui les concerne aux dépens, tant de première inſtance que d'appel; les Supplians qui ont un intérêt ſenſible d'être affranchis d'une ſurcharge auſſi onéreuſe & dont ils n'ont jamais été tenus, ont été conſeillés de réclamer la juſtice de Sa Majeſté contre cet Arrêt, & de demander l'exécution du jugement dudit ſieur de Fleury, &c.

LE ROI EN SON CONSEIL, ayant égard à la Requête, ſans s'arrêter à l'Arrêt de la Chambre des Eaux & Forêts de Beſançon du 11 Décembre 1754, que S. M. a caſſé & annullé ainſi que tout ce qui peut s'en être enſuivi, a ordonné & ordonne que le jugement du Sr de Fleury, Grand-Maître des Eaux & Forêts du Département de Bourgogne, Comté de Bourgogne & Alſace, du 9 Octobre précédent, ſera exécuté ſelon ſa forme & teneur; condamne Sa Majeſté le ſieur Cordier, Curé de Menotey, au coût & à la ſignification du préſent Arrêt, qui ſeront & demeureront liquidés à ſoixante & quinze livres; & ſera le préſent Arrêt exécuté nonobſtant oppoſitions ou autres empêchemens généralement quelconques, pour leſquels ne ſera différé, & dont ſi aucuns interviennent, Sa Majeſté s'en eſt & à ſon Conſeil réſervée la connoiſſance, & icelle interdit à toutes ſes Cours & autres Juges. FAIT au Conſeil d'État du Roi, tenu pour les Finances, à Verſailles le vingt-deux Juin mil ſept cent cinquante-ſix. Signé, DE VOUGNY.

ARREST DU CONSEIL,

QUI condamne le fieur Duchefne , Tréforier de France , &c.
pour délits commis dans la Forêt de Blois , par fes Domeftiques, comme étant civilement refponfable de leur fait.

Du 6 Juillet 1756.

SUR la Requête préfentée au Roi en fon Confeil , par Pierre Duchefne,
Tréforier de France au Bureau des Finances de la Généralité d'Orléans-,
demeurant à Blois, contenant que par jugement rendu par défaut le 3 Avril
1756 , par le fieur Leroi de Chaumont, Grand-Maître des Eaux & Forêts
du Département de Blois & Berry , il auroit été condamné en 500 livres
d'amende & en pareille fomme de reftitution envers Sa Majefté , pour délits commis dans la Forêt de Blois , énoncés dans un Procès-verbal du 27
Mars précédent. Par ce jugement les bois en délit ont été déclarés acquis &
confifqués au profit de Sa Majefté , & le Suppliant condamné aux dépens.
Le Suppliant ofe repréfenter à Sa Majefté que dans les bois détaillés dans
ledit Procès verbal , les chantiers, bois de corde , & partie de mairin lui
viennent de la fucceffion de fon pere , qui les avoit , & ne font point en contravention , auffi ne font-ils point défignés comme bois verts ; qu'il peut fe
faire que dans le refte , il y en ait dont la faifie a été valablement ordonnée , mais que ce délit ne vient point de fon fait ; qu'il n'a donné aucun ordre à ce fujet ; en effet la maifon où ont été faifis ces bois eft à quelque diftance de la Ville de Blois , le Suppliant n'y va que très-rarement , l'on
remet les clefs aux Vignerons & autres Domeftiques , pour avoir foin des
vins & autres denrées qui fe récoltent dans cette maifon ; les Vignerons ont
profité de cette abfence & de cette jouiffance libre qu'ils ont des lieux ,
pour commettre les délits contre lefquels on a prononcé le jugement du 3
Avril , le Suppliant n'ignore point qu'il répond civilement des faits de fes
Domeftiques, il eft cependant fâcheux pour lui de fe trouver chargé d'un
fait dont à peine il a eu connoiffance , de perdre des bois qui lui appartiennent bien légitimement , & d'être condamné en 1000 livres d'amende &
reftitution , & c'eft dans ces circonftances qu'il a recours à la clémence de
Sa Majefté. A ces causes requéroit , &c.

LE ROI EN SON CONSEIL , fans avoir égard à la Requête , ni
aux demandes, fins & conclufions du Suppliant , dont Sa Majefté l'a débouté & déboute , a ordonné & ordonne que le jugement rendu contre lui
par le fieur Leroy de Chaumont , Grand Maître des Eaux & Forêts du Département de Blois & Berry le 3 Avril 1756 , fera exécuté felon fa forme
& teneur ; lui fait Sa Majefté défenfes de récidiver fous les peines portées
par l'Ordonnance des Eaux & Forêts du mois d'Août 1669 , condamne Sa
Majefté le Suppliant au coût & à la fignification du préfent Arrêt, qui feront & demeureront liquidés à 75 livres, & fera le préfent Arrêt fignifié à

V v v ij

la diligence du Procureur de Sa Majesté en la Maîtrise particuliere de Blois auquel Sa Majesté enjoint expressément de tenir la main à son exécution. FAIT au Conseil d'Etat du Roi tenu pour les Finances le six Juillet mil sept cent cinquante-six. *Signé*, DE VOUGNY.

ARREST NOTABLE DU CONSEIL,

QUI fait défenses au Sieur Grand-Maître du Département de, &c. de rendre aucune Ordonnance sur affaires contentieuses hors de l'étendue de son département.

Casse un Réglement fait par ledit Sieur Grand-Maître sur la qualité & l'étendue de la Jurisdiction des Juges des Seigneurs de la Province de Dauphiné, comme renfermant des dispositions sur des objets qui par leur importance méritent l'examen le plus sérieux, &c.

Du 6 Juillet 1756.

LE ROI s'étant fait représenter en son Conseil, Sa Majesté y étant, l'Ordonnance rendue par le sieur Hennet de Courtois, Grand-Maître des Eaux & Forêts du Département de Lyonnois, Provence, Dauphiné & Auvergne, le 30 Avril 1754, par laquelle il auroit entrepris de faire un Réglement sur la qualité & l'étendue des Juges des Seigneurs de la Province du Dauphiné, & en auroit ordonné l'enrégistrement aux Greffes des Maîtrises particulieres des Eaux & Forêts dudit Département, Sa Majesté a reconnu que cette Ordonnance étoit absolument nulle, ayant été rendue par ledit Grand-Maître hors de son Département, & qu'elle renfermoit d'ailleurs des dispositions sur des objets de Jurisdiction, qui par leur importance exigent l'examen le plus sérieux, Sa Majesté n'a pas cru devoir laisser subsister une Ordonnance si peu réguliere, à tous égards, à quoi désirant pourvoir, oui le rapport, &c.

LE ROI ETANT EN SON CONSEIL, a cassé & annullé, casse & annulle l'Ordonnance rendue le 30 Août 1754, pour raison du fait dont il s'agit, par le sieur Hennet de Courtois, Grand-Maître des Eaux & Forêts du Département du Lyonnois, Provence, Dauphiné & Auvergne, ainsi que tout ce qui peut s'en être ensuivi. Enjoint Sa Majesté audit sieur Grand-Maître, de se conformer aux Réglemens & de ne rendre à l'avenir aucune Ordonnance sur des parties contentieuses hors de son Département; & sera e présent Arrêt enregistré aux Greffes des Maîtrises particulieres dudit Département, à la diligence des Procureurs de Sa Majesté en icelles, & exécuté nonobstant oppositions ou autres empêchemens généralement quelconques pour lesquels ne sera différé, & dont si aucuns interviennent Sa Majesté s'e est & à son Conseil réservée la connoissance, & icelle interdite à toutes ses Cours & autres Juges. FAIT au Conseil d'Etat du Roi, tenu pour les Finances, à Versailles le six Juillet mil sept cent cinquante-six. *Signé*, DE VOUGNY.

ARREST DU CONSEIL,

QUI confirme une Sentence rendue en la Maîtrise de Vire contre le nommé Baffacq , Marchand de Bois , pour avoir fait des cendres dans le Bois du Gaft , fans permiffion de Sa Majefté.

Du 6 Juillet 1756.

VU au Confeil d'Etat du Roi, la Sentence rendue en la Maîtrife particulière de Vire, le 4 Juin 1755, par laquelle le nommé François Lebaffacq, Marchand de Bois, a été condamné en 30 liv. d'amende envers Sa Majefté, pour avoir fait de la cendre dans le Bois du Gaft en plus de douze places, fuivant le Procès-verbal du 14 Mai précédent ; la Réquête dudit Lebaffacq tendante à ce que pour les caufes y contenues, il plaife à Sa Majefté le décharger de ladite amende, & l'avis du fieur Ollivier, Grand-Maître des Eaux & Forêts du Département de Caen, du 10 Juillet audit an 1755. Oui le rapport, &c.
  LE ROI EN SON CONSEIL, fans avoir égard à la Requête ni à la demande du Suppliant, dont Sa Majefté l'a débouté & le déboute, a ordonné & ordonne que la Sentence rendue contre lui en la Maîtrife particuliere des Eaux & Forêts de Vire, le 5 Juin 1755, fera exécutée felon fa forme & teneur. FAIT au Confeil d'Etat du Roi, tenu pour les Finances, à Verfailles le 6 Juillet 1756. Signé, DE VOUGNY.

ARREST DU CONSEIL D'ÉTAT DU ROI,

QUI ordonne le partage de la Forêt de Vincenfe , dépendante de la Commanderie de Bifche , dont quatre cent quatre-vingt-onze arpens feront diftraits à titre de cantonnement, en faveur des Ufagers , pour leur tenir lieu de leurs droits d'ufage, & neuf cent arpens au profit du Commandeur de Bifche.

Du 13 Juillet 1756.

SUR la Requête préfentée au Roi en fon Confeil, par Frere Louis Jourdain , Religieux-Profès , Chevalier-Magiftrat de l'Ordre de Saint-Jean de Jerufalem , Commandeur de la Commanderie du Sauffoy & Bifche ; contenant, que le 21 Mai 1726, le Chevalier de Cabeuil qui poffédoit alors la Commanderie dont le Suppliant eft pourvu, obtint un Arrêt du Confeil, qui entr'autres difpofitions ordonna qu'il feroit procédé à l'arpentage général des Bois de ladite Commanderie de Bifche , fitués dans le reffort de la Maîtrife Royale de Nevers , à l'appofition du quart de réferve , & au Ré-

glement des coupes ordinaires à l'âge de 25 ans. Le même Arrêt ordonne
que ceux qui prétendent droits d'usages, ou autres droits dans les Bois de
ladite Commanderie, seroient tenus de représenter leurs titres au sieur Grand-
Maître des Eaux & Forêts du Département de Poitou, Bourbonnois & Nivernois, pour sur son avis être ordonné ce qu'il appartiendroit ; le Commandeur de Cabeuil étant Agent Général de l'Ordre de Malthe, avoit trop d'oc-
cupation pour faire exécuter les dispositions de cet Arrêt ; ses Successeurs
à la Commanderie de Bifche étoient à Malthe, ou absens, & ils ne les ont
point aussi fait exécuter. Le Suppliant est entré en jouissance de ladite Commanderie le premier Mai 1753 ; il a trouvé les Bois qui en dépendent dans
le même état où ils étoient lors de cet Arrêt ; le quart de réserve n'avoit
point été apposé ; on n'avoit point reglé les coupes ordinaires à 25 ans, &
aucuns des Usagers n'avoient rapporté leurs titres ; les bois sont dans un très-
grand désordre ; les Usagers les ont pillés, & tellement dégradés que la Commanderie en souffre un important préjudice. Pour rémédier à ces abus qui
ruinent tous lesdits bois, le Suppliant est obligé d'avoir recours à Sa Majesté pour le mettre en état de les faire rétablir. La source du préjudice que
ladite Communauté souffre relativement à ses Bois, émane des Usagers ; per-
suadés qu'ils sont les maîtres d'en disposer à leur gré, ils en coupent où il
leur plaît, sans en demander aucune permission. Afin d'arrêter le progrès
d'un tel désordre, il est nécessaire non-seulement d'obliger les Usagers à représenter leurs titres, conformément à l'Arrêt du Conseil du 21 Mai 1726,
mais encore de les cantonner, & de leur délivrer une quantité d'arpens de
bois proportionnée à leur nombre, & aux droits que les titres qu'ils peuvent
avoir leur accordent, afin d'y exercer les droits qui peuvent légitimement
leur être dûs, & qu'ils ne puissent entrer dans les autres bois ; c'est-là l'uni-
que moyen de conserver ce qui restera à cette Commanderie, &c.

LE ROI EN SON CONSEIL, ayant aucunement égard à la
Requête, a ordonné & ordonne que par le sieur de Guimps, Grand-Maître
des Eaux & Forêts du Département de Poitou, Bourbonnois & Nivernois,
ou les Officiers de la Maîtrise Royale de Nevers qu'il pourra commettre,
il sera incessamment procédé dans la Forêt de Vincense, dépendante de la
Commanderie de Bifche, à la distraction de quatre cent quatre-vingt-onze arpens desdits bois, au profit des Usagers de ladite Forêt, & ce par forme
de cantonnement, pour leur tenir lieu des droits d'usage qu'ils ont dans cette
Forêt, suivant leurs titres, à prendre en un seul tenant ; sçavoir, trois cent
arpens dans le canton de ladite Forêt exploitée en l'année 1727, & le surplus dans l'un des cantons joignans immédiatement, où il n'a rien été coupé, à la charge néanmoins de la directe envers ladite Commanderie, & de
continuer à payer les censives & autres redevances exprimées auxdits titres,
au sieur Commandeur de Bifche, & à ses Successeurs à ladite Commanderie ; auquel effet lesdits Usagers seront tenus chacun à leur égard, de lui en
passer de nouvelles reconnoissances, sans que, sous quelque prétexte que ce
soit, ledit sieur Commandeur, ses Successeurs à ladite Commanderie, Fermiers, ni autres, puissent rien prétendre dans lesdits quatre cent quatre-vingt-
onze arpens de bois. Ordonne en outre Sa Majesté que les neuf cent arpens
restans de ladite Forêt appartiendront à ladite Commanderie, francs &

exempts de tous droits d'usages, envers les Usagers ; que pour séparer lesdits neuf cent arpens de bois d'avec les quatre cent quatre vingt onze arpens qui seront distraits au profit de sdirs Usagers ; il sera fait un fossé de six pieds de largeur, sur cinq de profondeur, le long duquel, & en-dedans de la portion dudit sieur Commandeur, il sera placé de distance en distance dans tous les angles, des bornes de pierre dure, bien apparentes, & ce aux frais dudit sieur Commandeur & desdits Usagers, dont les deux tiers seront supportés par ledit sieur Commandeur, & l'autre tiers par lesdits Usagers ; sinon & faute par eux de ce faire, il y sera pourvu à leurs frais à la diligence du Procureur du Roi en ladite Maîtrise, qui en sera remboursé en vertu de l'exécutoire qui sera décerné contre eux par ledit sieur Grand-Maître : ordonne Sa Majesté qu'après le partage fait, il sera par ledit sieur Grand-Maître ou les Officiers de ladite Maîtrise sur sa commission, procédé au choix, à la distraction & au bornage du quart juste de la totalité desdits quatre cent quatre-vingt onze arpens de bois qui seront abandonnés auxdits Usagers, & des neuf cent arpens qui resteront à ladite Commanderie, pour demeurer en réserve, à prendre dans l'endroit de chacune portion desdits bois, où le fonds sera reconnu être le meilleur & le plus propre à produire de la futaie, sans que lesdits Usagers & ledit sieur Commandeur, Fermiers ni autres, puissent y faire aucune coupe, si ce n'est en vertu d'Arrêt & Lettres-Patentes duement vérifiées, conformément à l'art. IV du tit. XXIV de l'Ordonnance des Eaux & Forêts du mois d'Août 1669, & au Réglement des trois autres quarts desdits bois en coupes ordinaires à l'âge de 25 ans, qui seront distinguées & désignées par première & derniere, sur le plan de chaque portion desdits Bois, pour le nombre d'arpens dont chacune doit être composée ; à l'effet de quoi il en sera dressé des Procès-verbaux, pour être avec lesdits plans déposés au Greffe de ladite Maîtrise ; que lors des coupes des Bois desdits Usagers, dont la premiere ne pourra être faite que lorsque le taillis aura atteint l'âge de dix ans au moins, sera réservé par chaque arpent ving-cinq baliveaux de l'âge du taillis, de brin & essence de chêne, autant qu'il sera possible, outre tous ceux de l'âge de 40 ans & au-dessous qui y seront ; & pour mettre lesdits Usagers en situation de pourvoir à l'entretien de leurs bâtimens, Sa Majesté leur a permis & permet d'exploiter au fur & à mesure desdites coupes, & pour toujours, à commencer par celle qui sera destinée pour l'ordinaire de l'année prochaine 1757, tous les arbres de l'âge au-dessus de quarante ans qui se trouveront ; après toutefois que conformément aux articles 3 & 4 du titre XXVI de ladite Ordonnance de 1669, & à l'Arrêt du Conseil du 21 Septembre 1700, ils auront, six mois auparavant la coupe desdits arbres, fait leur déclaration au Greffe de ladite Maîtrise : ordonne pareillement Sa Majesté que lors des coupes ordinaires des Bois qui resteront à ladite Commanderie, dont la premiere ne pourra aussi être faite que lorsque le taillis aura atteint l'âge de dix ans au moins, il sera réservé par chaque arpent vingt-cinq baliveaux de l'âge du taillis, de brin & essence de chêne, autant que faire se pourra, outre tous les anciens & modernes qui y seront, à l'exception néanmoins des arbres de bois blanc de l'âge au-dessus de quarante ans, qui se trouveront sur lesdites coupes, dont ledit sieur Commandeur pourra disposer au fur & à mesure d'icelles, conformément à l'art. 8 de l'Arrêt

du Conseil du 12 Octobre 1728, portant Réglement pour les bois appartenans à l'Ordre de Malthe. Ordonne Sa Majesté qu'aussi-tôt après ledit partage lesdits Usagers seront tenus de nommer annuellement deux Syndics pour
veiller à l'administration desdits quatre cent quatre-vingt-onze arpens de bois,
lesquels seront reçus pardevant le Juge ordinaire dudit lieu de Bische; feront
faire l'exploitation des coupes ordinaires desdits bois par gens entendus & capables de répondre de la mauvaise exploitation, & feront les lots desdites coupes, pour être ensuite distribués à chaque Usager, à proportion du droit qu'il
a par ses titres; & en cas de plainte ou contestation sur le partage ou distribution, lesdits Usagers seront tenus de se pourvoir au Siége & pardevant les
Officiers de ladite Maîtrise, pour y être statué ainsi qu'il appartiendra, jusqu'à Jugement définitif inclusivement, sauf l'appel en la maniere accoutumée;
seront lesdits Usagers & ledit sieur Commandeur tenus, chacun en droit soi,
d'établir les Gardes nécessaires pour veiller à la conservation desdits bois; sinon il y sera pourvu par ledit sieur Grand-Maître, qui décernera ses exécutoires sur leurs revenus, pour le paiement des salaires desdits Gardes: Enjoint
Sa Majesté audit sieur Grand-Maître & aux Officiers de ladite Maîtrise, de tenir chacun en droit soi, la main à l'exécution du présent Arrêt, lequel sera à
cet effet enrégistré au Greffe de ladite Maîtrise, pour y avoir recours si besoin
est. Fait au Conseil d'Etat du Roi, tenu à Compiegne le 13 Juillet 1756.
Signé, DE VOUGNY.

AUTRE BULLE

Relative à celle du 5 Juillet 1751,

ET portant Réglement sur le fait de l'Administration des Bois
de Pin & Sapin, dépendans des Commanderies de l'Ordre.

Du 17 Juillet 1756.

DOM FRERE EMMANUEL PINTO, par la grace de Dieu, hum-
ble Maître de la Sainte Maison de l'Hôpital de Saint-Jean de Jerusalem &
de l'Ordre Militaire du Saint Sépulcre du Seigneur, Gardien des Pauvres de
Jesus-Christ, & Nous Couvent de la même Maison, à tous & un chacun
Frere de notre Ordre, chargés de l'administration de nos Bois dans le Royau-
de France, qui ces présentes Lettres liront & ouiront : Salut éternel dans le
Seigneur. Par notre Bulle du 5 Juillet 1751, Nous aurions fait les dispositions
convenables pour obliger nos Religieux Titulaires des Dignités & Commanderies des vénérables Langues de Provence, d'Auvergne & de France, d'exécuter ponctuellement les Réglemens rendus par Sa Majesté Très-Chrétienne
sur le fait des Bois de notre Ordre. Notre intention étant de ne négliger aucuns moyens qui peuvent remplir cet objet, nous aurions jugé nécessaire de
nous expliquer sur le fait des bois de pin & sapin, lesquels ne pouvant être
coupés qu'en nature de futaie, ne sont pas dans le cas de l'usage accordé à
nosdits Religieux par nos Statuts & louables Coutumes : nous aurions cru
pareillement

pareillement qu'il étoit à propos d'ajouter quelques difpofitions à notredite Bulle, & de donner plus d'étendue à d'autres, afin de ne pas laiffer fubfifter d'obfcurité qui pût occafionner la plus legere contravention. C'eft pourquoi nous avons ordonné & ordonnons l'obfervation des articles ci-après.

ARTICLE PREMIER.

Nous déclarons que les bois, effence de pin & de fapin, ne produifant point de taillis, il n'eft en aucune façon loifible aux Prieurs, Baillis & Commandeurs de s'en prévaloir; en conféquence, nous leur défendons très-expreffé-ment d'y faire aucune coupe, fous quelque prétexte que ce foit, de faire ni fouffrir qu'il foit fait auxdits arbres des incifions appellées vulgairement fur-ler, pour en tirer des matieres propres à fabriquer la poix-réfine, goudron & toutes autres chofes quelconques, à peine contre les contrevenans d'être procédé contre eux, conformément au Statut 60, tit. des prohibitions & peines.

ART. II. Lefdits bois, effence de pin & de fapin, étant entiérement réfer-vés pour croître en futaie, au profit de notre vénérable commun tréfor, lef-dits Prieurs, Baillis & Commandeurs font difpenfés de l'exécution des dif-pofitions portées par l'article 3 de notredite Bulle du 5 Juillet 1751.

ART. III. Seront cependant tenus lefdits Prieurs, Baillis & Commandeurs de faire garder à leurs frais, diligemment & foigneufement lefdits futaies, con-formément à l'art. II de ladite Bulle, de les faire arpenter, figurer & borner, & d'adreffer à notre vénérable Ambaffadeur près Sa Majefté Très-Chrétienne, les Plans figuratifs qui auront été levés, ainfi que les Procès-verbaux d'arpen-tage & bornage defdits bois, conformément à l'art. V de ladite Bulle.

ART. IV. Au cas que lefdits Prieurs, Baillis & Commandeurs aient befoin de prendre dans lefdites futaies des arbres pour employer aux réparations de leurs Commanderies, lefdits arbres leur feront marqués par le Procureur Com-miffaire, ou par fon délégué, en rempliffant les folemnités & formalités pref-crites par ladite Bulle à l'égard des autres bois.

ART. V. Ledit Procureur-Commiffaire ayant befoin de bois pour les répa-rations de fa Commanderie, requerrera le Procureur Général, Receveur du commun tréfor, de fe tranfporter fur les lieux, pour conftater lefdites répa-rations & marquer les arbres néceffaires pour ce faire; lequel Receveur fe con-formera en cette partie à ce qui a été ordonné par ladite Bulle à l'égard des au-tres Commanderies, avec pouvoir audit Receveur de déléguer en fon lieu & place, tel de nos Religieux qu'il trouvera à propos.

ART. VI. Interprêtant en tant que befoin feroit, & même augmentant les difpofitions de l'art. XXIV de ladite Bulle du 5 Juillet 1751; nous décla-rons que pour éviter les frais d'un fecond tranfport du Procureur-Commiffaire, les Commandeurs auront trois moyens pour faire conftater l'emploi des bois qui leur auront été accordés pour être employés aux réparations de leurs Com-manderies; le premier par les Grands-Prieurs ou par les Commiffaires-Vifi-teurs & Députés, pour faire la vifite Prieurale; le deuxiéme par les Com-miffaires députés par ledit vénérable Chapitre, pour faire les amélioriffemens des Commanderies; le troifiéme par le Procureur-Commiffaire des bois ou par fon Délégué, tous lefquels feront tenus de fe conformer aux formalités & folemnités prefcrites par ledit article XXIV.

ART. VII. En expliquant les articles XXVII & XXX de ladite Bulle, & pour faciliter leur exécution fans retardement, nous déclarons que le Procureur-Commiffaire des bois ne fera obligé de participer aux vénérables Prieurs & à leurs Lieutenans, pour raifon des chofes dont il eft parlé auxdits articles, que pendant le temps de la célébration des Chapitres ou de la tenue des Affemblées Provinciales; leur permettons dans les autres temps d'agir & de déléguer, en vertu de l'autorité que nous leur confions par la préfente, ainfi qu'ils trouveront plus à propos & convenable au bien de la chofe, & à celui des Commandeurs.

ART. VIII. Au furplus, ladite Bulle du 5 Juillet 1751 fera exécu ée felon fa forme & teneur, dans tout ce où il n'y a pas été dérogé par la préfente.

ART. IX. Nous enjoignons donc & mandons, en vertu de la fainte obédience, aux vénérables Prieurs, leurs Lieutenans, aux vénérables Chapitres, aux Receveurs & Procureurs de notre commun Tréfor, & à tous autres qu'il appartiendra, d'obferver chacun en foi, & de veiller à l'entière exécution du préfent Réglement; tellement que fi quelqu'un y contrevient, il foit entendu avoir encouru la peine d'incapacité, & les autres peines portées par les Staturs, ordinations & décrets qui parlent des amélioriffemens, papiers, terriers, de l'accompliffement des préceptes des vifites, de même que s'il étoit fait mention des Bois de France dans lefdites Statuts, ordinations & décrets: voulons en outre que le préfent Réglement, jufqu'à ce qu'autremen foit ordonné, ait la même force & autorité que les Staturs & établiffemens de notre Ordre. Et afin que perfonne n'en ignore, ledit préfent Réglement fera lû, publié aux Chapitres, imprimé & affiché dans les Salles où fe tiennent lefdits Chapitres, & dans le principal manoir des Commanderies, pour être exécuté felon fa forme & teneur. En témoin de quoi nous avons à ces Préfentes fait appofer le fceau de notre Bulle commune, donné à Malte en notre Couvent, le 17 Juillet 1756, & parce que telle eft la vérité, nous avons en témoignage de ce fait appofer à ces Préfentes le fcel de notre Bulle Magiftrale en cire noire. DONNÉ à Malthe en notre Couvent, les jour, mois & an ci-deffufdits. Régiftré en Chancellerie (L. S.) Signé, le Bailli DE LAIGLE, Frere FRANÇOIS GEUDES, Vice-Chancelier.

LETTRES-PATENTES

d'Approbation & Confirmation defdites Bulles.

LOUIS, par la grace de Dieu, Roi de France & de Navarre: Dauphin du Viennois, Comte de Valentinois, Dyois, Provence, Folcalquier & Terres adjacentes: A tous préfens & à venir; SALUT: Notre cher Coufin le Grand-Maître de l'Ordre de Saint-Jean de Jerufalem, & nos chers & bien amés les Baillis, Commandeurs, Chevaliers, Freres, Religieux, Officiers & Suppôts dudit Ordre, nous ont fait repréfenter, que pour le bon Gouvernement d'icelui, pour y maintenir une difcipline exacte, & pour inftruire de leurs devoirs ceux qui les compofent, il nous a plû par nos Lettres-Patentes du mois de Décembre 1718, approuver, confirmer & autorifer les Statuts & Ordonnances dudit Ordre, pour être exactement obfervés & exécutés dans toute l'étendue de notre Royaume, Pays & Terres de notre obéiffance, fans qu'il y puiffe être contrevenu pour quelque caufe & fous quelque prétexte que ce foit; que les mêmes motifs ayant engagé notredit Coufin & fon Confeil, de renouveller & d'étendre les difpofitions defdits Statuts, fur ce qui a rapport à l'adminiftration des Bois dépendans des Dignités & Commanderies dudit Ordre, fitués dans notre Royaume, ils auroient rendu deux Bulles en forme de Réglement, l'une en date du 5 Juillet 1751, l'autre en date du 17 Juillet 1756, contenant les difpofitions les plus précifes pour mettre les Prieurs, Baillis & Commandeurs dans le cas de remplir nos vues & celles dudit Ordre, pour effectuer la bonne adminiftration & confervation defdits bois; que ces Bulles ayant dans l'intérieur de l'Ordre la même force & autorité que lefdits Statuts & Ordonnances, dont elles font une fuite néceffaire, ils recourent à nous avec la même confiance, pour obtenir notre approbation & confirmation, dans la forme que nous l'avons accordée auxdits Statuts & Ordonnances par nofdites Lettres-Patentes du mois de Décembre 1718; qu'ils efperent que nous nous porterons d'autant plus facilement à leur accorder cette grace, qu'il nous paroitra évident que le défir effentiel dudit Ordre, eft de faire remplir exactement par les Prieurs, Baillis & Commandeurs les difpofitions de l'Ordonnance rendue par le Roi notre très-honoré Seigneur & Bifayeul au mois d'Août 1669; l'Arrêt de notre Confeil rendu en forme de Réglement fur le fait particulier des Bois dudit Ordre le 12 Octobre 1728, & nos Lettres-Patentes expédiées fur icelui au mois d'Août 1736, de maniere que lefdits Prieurs, Baillis & Commandeurs ne puiffent alléguer aucun prétexte pour s'en difpenfer, fans encourir les peines portées par le Statut (60) dudit Ordre, titre des prohibitions & des peines. A ces causes, voulant favorablement traiter ledit Ordre de Malthe, concourir à fes vues, de conferver les Bois de fes Dignités & Commanderies, & d'en affurer la bonne adminiftration; de notre grace fpéciale, pleine puiffance & autorité Royale, après avoir fait voir à notre Confeil lefdites deux Bulles expédiées en papier, l'une en date du 5 Juillet 1751, contenant 31 articles, l'autre en date du 17 Juillet 1756, contenant neuf articles, dont les préambules & la fin font en latin, & lefdits articles en françois, lefquelles font ci-jointes fous le contre-fcel de notre Chancellerie; nous avons lefdites Bulles approuvé, confirmé & autorifé, approuvons, confirmons & autorifons par ces Préfentes fignées de notre main : voulons & nous plaît qu'elles foient exactement obfervées & exécutées dans toute l'étendue de notre Royaume, Pays, Terres & Seigneuries de notre obéiffance, fans qu'il y puiffe être contrevenu pour quelque caufe, & fous quelque prétexte que ce foit. Si donnons en mandement à nos amés & féaux les Gens tenans notre Grand Confeil à Paris, que ces Préfentes ils aient à faire régiftrer & publier par-tout où befoin fera, & du contenu en icelles ils faffent jouir ledit Ordre de Malthe pleinement, paifiblement & perpétuellement, nonobftant tous Edits, Déclarations, Arrêts & Réglemens à ce contraires, auxquels en faveur dudit Ordre, nous avons de notre grace, pouvoir & autorité fufdite, dérogé & dérogeons. Car tel eſt notre plaiſir : & afin que ce ſoit choſe ferme & ſtable à toujours, nous avons fait mettre notre ſcel à ces Préſentes. DONNÉ à Fontainebleau au mois d'Octobre 1756, & de notre regne le quarante-deuxiéme. *Signé*, LOUIS ; & ſur le répli, par le Roi, R. DE VOYER. *Viſa* MACHAULT ; pour confirmation de Bulles du Grand-Maître de Malthe, pour la régie & adminiſtration des Bois dépendans dudit Ordre. *Signé*, DE VOYER. Vu au Conſeil ; *Signé*, PEYRENC DE MORAS, & ſcellé du grand Sceau de cire verte, ſur des lacs de ſoie rouge & verte.

Enrégiſtrées ès regiſtres du Grand Conſeil du Roi, pour être exécutées ſelon leur forme & teneur, & jouir par les Baillis, Commandeurs, Freres & Officiers de l'Ordre de Malthe, de l'effet & contenu en icelles ; à la charge qu'en vertu de l'article IV de la Bulle du 5 Juillet 1751, il ne ſera aucunement dérogé au contenu des articles IV & V du titre XXV de l'Ordonnance de 1669, leſquels ſeront exécutés ſelon leur forme & teneur ; & ſeront leſdites Bulles, Lettres-Patentes & l'Arrêt ſur icelles, publiés par-tout où beſoin ſera, ſuivant l'Arrêt du Conſeil du 28 Janvier 1757. *Signé*, VERDUC.

ARREST PREPARATOIRE

Sur la Requête préſentée au Roi en ſon Conſeil par le Receveur des Amendes de la Maîtriſe de Montbriſon,

TENDANTE à ce qu'il plût à Sa Majeſté ordonner que les Sentences rendues en ladite Maîtriſe, les, &c. ſeroient exécutées ſelon leur forme & teneur, comme ayant paſſé en force de choſe jugée en dernier reſſort, & le décharger de la priſe à partie intentée contre lui pour raiſon des pourſuites faites pour parvenir au recouvrement des amendes portées par leſdites Sentences.

Du 20 Juillet 1756.

SUR la Requête préſentée au Roi en ſon Conſeil, par Antoine Chaſſain ; Receveur des Amendes, en la Maîtriſe particuliere des Eaux & Forêts de Montbriſon, contenant que le 6 Mars 1754, il intervint Sentence en ladite Maîtriſe, qui condamne le ſieur Punctis de la Tour en l'amende de 1200 liv. pour délits & dégradations commis dans ces bois, ſuivant le procès-verbal du 22 Novembre précédent, affirmé le 24 du même mois ; cette Sentence a été ſignifiée le dix-neuviéme Mars. Le 20 du même mois, il intervint autre Sentence, qui condamne le même ſieur l'unctis en l'amende de 500 livres, pour avoir fait chaſſer habituellement, pendant pluſieurs années, des hommes à gages, avec des chiens, dans les vignes, à la veille de la récolte. Le ſieur Punctis a interjetté appel de ces Sentences à la Table de Marbre le même jour

20 Mars 1754, & relevé fon appel le 30. Les délais de faire juger étant expirés, le Suppliant fit faire Commandement au fieur Punctis le 29 Juillet. Le fieur Punctis fe pourvut alors de nouveau à la Table de Marbre : il interjetta appel d'abondant des Sentences de ladite Maîtrife, paffées en force de chofe jugée, & obtint Jugement fur Requête non communiquée au Siége de la Table de Marbre du Palais à Paris, portant que toutes chofes demeureroient en état ; ce Jugement fut fignifié le 6 Août. Le Suppliant fufpendit toutes pourfuites ; mais les délais, pour faire juger le nouvel appel, étant expirés une feconde fois, depuis la rentrée du Parlement, le Suppliant, preffé par la difpofition de l'Ordonnance des Eaux & Forêts, du mois d'Août 1669, & de l'Edit du mois de Mai 1716, s'adreffa au fieur Hennet de Courtois, Grand-Maître des Eaux & Forêts du Département du Lyonnois, Dauphiné, Provence & Auvergne, auquel il rendit compte du Jugement de lad. Table de Marbre, portant, toutes chofes demeurant en état. Le Grand Maître rendit Ordonnance le 18 Décembre 1754, portant que, fans s'arrêter aux appels interjettés par le fieur Punctis, & à défaut d'y avoir fait ftatuer, les Sentences de ladite Maîtrife feroient exécutées en dernier reffort, comme ayant paffé en force de chofe jugée. Cette Ordonnance fignifiée à la diligence du Suppliant, fut par lui remife au Collecteur des amendes, & exécutée le deuxiéme Janvier 1755 ; & fur le refus du fieur Punctis de payer, ou de laiffer faifir fes meubles, il fut conftitué prifonnier, & paya au moment même. Le fieur Punctis ayant interjetté appel de cette Ordonnance, fit affigner, le 3 Mai 1755, le Suppliant, pour procéder fur cet appel ; & le onziéme Août fuivant, il lui a fait fignifier deux Jugemens de la Table de Marbre : l'un du cinquiéme Février 1755, qui modére à 200 livres l'amende prononcée contre lui, pour fait de chaffe en tems prohibés ; & l'autre du 20 Mars. qui déclare nul le procès-verbal fur lequel la Sentence de la Maîtrife, du 6 Mars, étoit intervenue, faute d'avoir été affirmé dans les vingt-quatre heures ; & en conféquence, décharge le fieur Punctis des condamnations prononcées contre lui, & ordonne que le Suppliant, ou autres dépofitaires, feront tenus de lui rendre & reftituer l'amende. Le Suppliant a eu l'honneur de donner fa Requête à Sa Majefté dès le mois de Mai de l'année derniere ; mais forcé de fe préfenter au Parlement, fur l'affignation qui lui a été donnée le troifiéme Mai, pour procéder fur l'appel de l'Ordonnance du Grand Maître, du 18 Décembre 1754, le fieur Punctis y a fait intimer le Procureur Général, fur l'appel de différentes Ordonnances & Sentences rendues par le Grand-Maître, & formé contre lui différentes demandes ; fur quoi, il eft intervenu Arrêt fur délibéré, prononcé le 21 Juillet 1756, qui déclare nulles toutes les Ordonnances rendues par le Grand-Maître, en ce qu'elles portent que l'appel defdites Ordonnances, rendues en exécution d'Arrêt du Confeil, ne peut être porté qu'au même Confeil. Déclare nul, injurieux, tortionnaire & déraifonnable l'emprifonnement fait de la perfonne du fieur Punctis. Ordonne qu'il fera rayé & biffé : condamne le Suppliant de rendre & reftituer les amendes prononcées contre le fieur Punctis ; en 500 livres de dommages & intérêts, & en tous les dépens. Permet au fieur Punctis de faire imprimer & afficher l'Arrêt dans les Villes de Paris, Lyon, Montbrifon, Boen, & par tout où befoin feroit. Le Suppliant prend la liberté de repréfenter que cet Arrêt eft contraire aux

difpofitions les plus précifes de ladite Ordonnance de 1669, & de l'Edit du mois de Mai 1716. Premiérement, le Suppliant étant un fimple Comptable affujetti à des formalités de rigueur, n'avoit pas caractère pour défendre fur l'appel des Ordonnances du Grand-Maître. 2°. L'appel de ces Ordonnances rendues en exécution d'Arrèts du Confeil, dont Sa Majefté s'étoit réfervée la connoiffance, ne pouvoit être porté qu'au Confeil. 3°. Les Sentences de ladite Maîtrife étoient paffées en force de chofe jugée, depuis dix mois; le Suppliant ne pouvoit donc fe difpenfer de les faire exécuter, fuivant l'article 3 du titre 13 de ladite Ordon. de 1669. 4°. Le Jugement de la Table de Marbre, portant, toutes chofes demeurant en état, n'avoit pas été rendu plus de quatre mois après lefdites Sentences fignifiées, & l'appel relevé, étoit nul, fuivant l'article 54 de l'Edit de 1716. 5°. L'Ordonnance du Grand-Maître, rendue en exécution de l'Ordonnance & de l'Edit, après les délais expirés depuis la rentrée du Parlement, enjoignoit au Suppliant de faire exécuter les Sentences, comme ayant paffé en force de chofe jugée. 6°. Les Receveurs des amendes font fimplement tenus de faire fignifier les Sentences; l'exécution eft du fait du Collecteur. 7°. Les condamnés aux amendes doivent être contraints par emprifonnement, après les délais, fuivant l'art. 44 de l'Edit de 1716. 8°. Les Jugemens de décharges & modérations font nuls; 1°. pour avoir été rendus plus d'un an après la date des Sentences, & fignifiés plus de 15 mois après. Le premier, pour avoir jugé contre la difpofition de l'article premier du titre huitiéme de l'Ordonnance de 1669. Le deuxiéme, contre l'article 14 du titre 32. 9°. Le Suppliant n'a pas reçu le montant des amendes prononcées contre le fieur Punctis. Le Collecteur décreté à la requête du Procureur du Roi de ladite Maîtrife, s'eft abfenté cinq jours après le payement; le Suppliant n'a pû lui faire compter du quartier courant, les délais n'étant pas expirés. Il a décerné fa contrainte, fait faifir fes meubles & effets, & appofer les fcellés dans fon domicile. Le fieur Punctis n'a juftifié ni de fon refus, ni de fon infolvabilité. 10°. Si cet Arrêt étoit exécuté, il s'enfuivroit les conféquences les plus dangereufes, &c.

LE ROI EN SON CONSEIL, avant faire droit fur la Requête, a ordonné & ordonne qu'elle fera communiquée au fieur Punctis de la Tour, pour y fournir des réponfes dans les délais prefcrits par les Réglemens du Confeil, & être enfuite par Sa Majefté ordonné ce qu'il appartiendra, toutes chofes demeurant en état. FAIT au Confeil d'Etat du Roi, tenu pour les Finances à Compiegne, le vingtiéme Juillet mil fept cent cinquante-fix, *Signé*, DE VOUGNY.

ARREST DU CONSEIL D'ÉTAT DU ROI,

QUI accorde au Commandeur de Thors & Corgebin, la permiffion de faire délivrer aux Habitans de Brottes, Ufagers dans la Forêt de Corgebin, dépendante de ladite Commanderie, les Arbres néceffaires pour réparer leurs maifons, &c.

Du 20 'uillet 1756.

SUR la Requête préfentée au Roi en fon Confeil, par Frere Jacques de Foudras, Chevalier de l'Ordre de Saint Jean de Jerufalem, Commandeur de la Commanderie de Thors & Corgebin, au grand Prieuré de Champagne, contenant que, par une Charte du 6 Juillet 1489, il a été accordé aux Habitans de la Communauté de Brottes, Membres de ladite Commanderie, des droits d'ufages, & particuliérement celui de prendre, dans la Forêt de Corgebin, dépendante de la même Commanderie, les arbres de charpente néceffaires pour réparer leurs maifons : le tout fous une preftation annuelle. Ces Habitans ont joui fans trouble de ce droit ; & toutes les fois qu'ils fe font trouvés dans le cas d'avoir befoin de bois, pour les employer en réparations, ils fe font adreffés aux fieurs Commandeurs *pro tempore*, qui leur ont fait la délivrance de ceux marqués par les Commiffaires de l'Ordre, en conféquence des Arrêts du Confeil, qui en ont permis la coupe. Ces Habitans fondés en titre & poffeffion inconteftables, fe trouvant avoir un befoin urgent de bois de charpente, pour réparer leurs maifons, ont préfenté Requête au Suppliant par laquelle, après avoir expofé le titre conftitutif de leur droit, & leur poffeffion paifible, ils ont articulé les exemples récens de délivrances à eux faites des bois qui leur étoient néceffaires. Ils ont rappellé les Arrêts du Confeil de Sa Majefté, rendus en faveur du fieur Bailli de Laval-Montmorency, prédéceffeur immédiat du Suppliant, des 23 Novembre 1728, 17 Novembre 1730, 29 Août 1741, & 6 Décembre 1746, portant permiffion de couper, dans ladite Forêt de Corgebin, les arbres alors néceffaires aux Habitans de Brottes, pour les réparations de leurs maifons. Le Suppliant ne pouvant réfifter à l'autorité de ces exemples, a voulu s'affurer du befoin allégué par ces Habitans. Il a commis les Officiers de fa Juftice pour faire la vifite de leurs maifons & bâtimens. Sur le rapport que ces Officiers ont fait au Suppliant, de la légitimité de la demande des Habitans, ledit Suppliant s'eft pourvu au Chapitre du grand Prieuré de Champagne, célébré au Château de Voulaine, le 13 Juin dernier ; & conformément aux difpofitions de l'Arrêt du Confeil du 12 Octobre 1728, portant Réglement pour les bois de l'Ordre de Malthe, il a demandé des Commiffaires pour conftater, dans les formes prefcrites par ce Réglement, les réparations & reconftructions à faire, tant aux maifons & bâtimens defdits Habitans de Brottes, qu'aux Château, Moulin & Fermes dépendans de la Commanderie. Il réfulte du procès-verbal du fieur Commandeur Febure, du 28 dudit mois de Juin, que ce Commiffaire affifté d'un Expert Charpentier, a fait la visite des maisons & bâtimens desdits Habitans de Brottes, ainsi que du Château de Corgebin, Moulin des Champs, & Ferme du Buisson, dépendans de lad. Commanderie de Thors. Que pour mettre ces Habitans en état de faire les réparations que ledit sieur Commissaire a constatées, il est nécessaire d'y employer deux cens cinquante - six arbres chénes, des dimensions & proportions portées par ledit procès-verbal ; lesquels arbres il a marqué du marteau de l'Ordre, à la racine & au tronc, dans ladite Forêt de Corgebin. Le Suppliant espére que ce nombre d'arbres ne paroîtra pas excessif, eu égard à l'importance des réparations auxquelles ils sont destinés ; d'ailleurs, le Suppliant étant obligé de veiller à la conservation des fonds de son Ordre, dont l'administration lui est confiée, il supplie très-humblement Sa Majesté de considérer qu'il est intéressant de pourvoir promptement aux besoins urgens des Habitans de Brottes. La négligence ou le retardement opéreroient, sans doute, l'augmentation des réparations auxquelles il s'agit de remédier, & obligeroient ces Habitans de demander un plus grand nombre d'arbres ; ce qui iroit au détriment du fonds de futaye de la Forêt de Corgebin, & seroit par conséquent très-préjudiciable à l'Ordre, seul Seigneur & Propriétaire de cette Forêt. A l'égard des bois nécessaires au Suppliant pour les réparations du Château, Moulin & Ferme de sa Commanderie, il espére que sa demande souffrira d'autant moins de difficulté, que le nombre d'arbres à y employer n'est que de vingt-huit, & qu'il est compris dans le total général desdits deux cens cinquante-six arbres. A CES CAUSES, &c.

LE ROI EN SON CONSEIL, ayant égard à la Requête, a permis & permet au Suppliant de faire abattre les deux cens cinquante - six arbres, essence de chéne, qui ont été marqués du marteau de l'Ordre de Malthe, suivant le procès-verbal du 28 Juin 1756, dans la Forêt de Corgebin, dépendante de ladite Commanderie de Thors ; sçavoir, cent cinquante dans la coupe exploitée pour l'ordinaire de la présente année 1756, & cent six dans celle à exploiter pour l'ordinaire de l'année prochaine 1757 ; à la charge, par le Suppliant, de délivrer aux Habitans de Brottes, dénommés audit procès-verbal, deux cens vingt-huit arbres, pour être employés aux réparations à faire à leurs maisons & bâtimens, & d'employer les vingt-huit arbres de surplus, aux réparations les plus urgentes & nécessaires à faire aux bâtimens de ladite Commanderie, mentionnées au devis inseré audit procès-verbal, & de remettre au Greffe de la Maîtrise particulière des Eaux & Forêts, dans le ressort de laquelle lesdits bois sont situés, une expédition du procès - verbal de la marque desdits arbres, & les piéces justificatives de l'emploi d'iceux, six mois au plus tard après qu'ils auront été coupés : le tout conformément à l'Arrêt du Conseil du 12 Octobre 1728, portant réglement pour les bois appartenans audit Ordre de Malthe, sous les peines y portées ; & attendu la modicité de l'objet, Sa Majesté a dispensé & dispense le Suppliant, pour la coupe des arbres dont il s'agit, de la formalité des Lettres-Patentes portée par l'Ordonnance des Eaux & Forêts du mois d'Août 1669. Et sera le présent Arrêt enregistré au Greffe de la Maîtrise, pour y avoir recours, si besoit est. FAIT au Conseil d'Etat du Roi, tenu à Compiegne le vingt Juin mil sept cent cinquante-six. Signé, DE VOUGNY.

ARREST

ARREST DU CONSEIL,

QUI ordonne que le Receveur des Amendes de la Maîtrife de Metz, fera tenu de faire fignifier à fes frais, les Sentences portant condamnation d'amende, reftitution ou confifcation, fauf à fe faire rembourfer des frais, ainfi qu'il eft porté par l'Arrêt du Confeil du 4 Septembre 1736.

Du 27 Juillet 1756.

SUR la Requête préfentée au Roi en fon Confeil, par Julien Mazaroz, Garde-Général, Collecteur des amendes, reftitutions & confifcations en la Maîtrife particulière des Eaux & Forêts de Metz, contenant, &c.

LE ROI EN SON CONSEIL, ayant égard à la Requête, a ordonné & ordonne, que l'Arrêt du Confeil, du 4 Septembre 1736, fera exécuté felon fa forme & teneur; en conféquence, que le Receveur des amendes de la Maîtrife particulière des Eaux & Forêts de Metz, fera tenu de faire fignifier à fes frais, dans la quinzaine, à la requête du Procureur du Roi de ladite Maîtrife, les Sentences qui y auront été rendues, portant condamnations d'amendes, reftitutions & confifcations, au profit de Sa Majefté, à peine d'être condamné, conformément à l'Édit du mois de Mars 1716, au payement du montant defdites condamnations; fauf audit Receveur à fe faire rembourfer defdits frais, fuivant & ainfi qu'il eft porté par ledit Arrêt du 4 Septembre 1736. Enjoint Sa Majefté au fieur Coulon, Grand-Maître des Eaux & Forêts du Département de Metz, & au Procureur du Roi de ladite Maîtrife, de tenir, chacun en droit foi, la main à l'exécution du préfent Arrêt : lequel fera, à cet effet, enregiftré au Greffe de ladite Maîtrife, pour y avoir recours, fi befoin eft. FAIT au Confeil d'Etat du Roi, tenu pour les Finances à Compiegne, le vingt-feptiéme Juillet mil fept cent cinquante-fix. *Signé*, DE VOUGNY.

ARREST NOTABLE DU CONSEIL,

QUI ordonne que les Huiffiers Audienciers de la Maîtrife de Montargis feront difpenfés de fe faire recevoir au Bailliage de Montargis, & d'y faire aucun fervice ; les maintient néanmoins dans le droit d'exploiter & mettre à exécution tous Jugemens, Sentences & Ordonnances des Siéges étant dans l'étendue du reffort de ladite Maîtrife, conformément aux Edits de création de leurs Offices, &c.

Du 27 Juillet 1756.

SUR la Requête préfentée au Roi en fon Confeil, par le Procureur de Sa Majefté en la Maîtrife des Eaux & Forêts de Montargis, contenant que, par entreprife fur la Jurifdiction des Eaux & Forêts, & contravention aux Edits de création des Huiffiers ordinaires des Maîtrifes, & de leurs attributions, des mois de Janv. & Juin 1543, Nov. 1554, Mai 1575, Mars 1576, & Janv. 1586; & à la difpofition des articles 16 du titre premier, & premier du titre 10 de l'Ordonnance des Eaux & Forêts du mois d'Août 1669, enfin, contre les droits de tous les Siéges d'inftitution particulière : les Officiers du Bailliage de Montargis prétendoient qu'ils ne pouvoient exploiter pour le Bailliage, ni mettre à éxécution les Jugemens & Ordonnances qui en feroient émanés, s'ils n'étoient reçus & immatriculés audit Bailliage ; & à cet effet, fe font fait préfenter des Requêtes fur ces provifions, dont l'adreffe n'étoit qu'aux Officiers de la Maîtrife : ils ont procédé avec informations des vies & mœurs ordonnées par l'article 16 du titre premier de ladite Ordonnance de 1669 ; & en conféquence ont rendu des Sentences, par lefquelles ils ont recu Jean Guyard, Jean Mefanger, & François Ficle-Dieu : ils en ont pris le ferment, pour répondre à leurs affifes, & fait enregiftrer leurs provifions & jugemens de réception ; d'autant plus nuls, que ces provifions n'étant pas adreflées au Bailliage, il n'avoit ni pouvoir ni autorité pour informer des vies & mœurs, ni pour recevoir leurs fermens. Il fe trouve dans ces Sentences un vice non moins confidérable, & attentatoire à ladite Maîtrife, par la qualification de *Maîtrife des Eaux & Forêts du Bailliage de la Ville de Montargis*, comme fi la Maîtrife étoit un Siége qui lui fût fubordonné ou dépendant. En conféquence de ces irrégulieres réceptions, les Officiers du Bailliage de Montargis ont prétendu que les Huiffiers Audienciers de la Maîtrife étoient obligés de les affifter dans les cérémonies publiques : faire mention de leur immatricule au Bailliage, à peine de nullité de leurs exploits ; enfin de comparoir à leurs affifes, comme fujets du Siége, fur fimples appels, avec les Officiers inférieurs : autant d'abus & d'atteintes aux droits des Maîtrifes, & aux attributions portées par les Edits, même à ladite Ordonnance de 1669. Le vingt-neuviéme Avril 1755, les Huiffiers-Audienciers de ladite Maîtrife de Montargis ont été condamnés chacun en 3 livres d'amende, & interdiction pour deux mois, pour ne s'être pas rendus à la fuite du Bailliage, au compliment de Corps alloit faire au nouveau Gouverneur & grand Bailli. Ce fut la premiere prononciation que le Bailliage fit faire au grand Bailli, qui, mieux inftruit, la défapprouva, en déchargea le même jour ces Huiffiers, qui n'ont cependant pû avoir d'expédition ni de l'un ni de l'autre Jugement. Il eft vrai que le même jour les Huiffiers étoient avec le Corps de la Maîtrife, qui lui faifoit fon compliment de Capitaine des Chaffes de la Capitainerie de Montargis. Le lendemain de la Saint Martin 1755, les Huiffiers de ladite Maîtrife ont été appellés aux affifes du Bailliage, pendant qu'ils étoient à exécuter les ordres de ladite Maîtrife en la Forêt de Montargis. Le 9 Février 1756, il ont été de nouveau appellés au Bailliage de Montargis ; & n'y ayant pas comparu, ils ont été interdits pour les deux abfences, (ainfi que l'a requis le Procureur de Sa Majefté audit Bailliage,) avec défenfes d'exploiter & mettre à exécution aucune Ordonnance ni Jugement du Bailliage, à peine de nullité & de faux. Le onze du même mois, le même Bailliage a déclaré nulle une affignation donnée par Guyard, dans laquelle il n'avoit, conformément à une Ordonnance rendue par le fieur Grand - Maître des Eaux & Forêts du Département d'Orléans, fait mention que de fon immatricule & réception au Siége de ladite Maîtrife ; & comme la Maîtrife de Montargis eft le feul Siége defdits Huifliers ; que c'eft-là où ils doivent être reçus & immatriculés ; que conformément à la difpofition de l'article premier du titre 12 de ladite Ordonnance de 1669, ladite Maîtrife de Montargis tient deux fois fesaffifes au Siége, après le lendemain de la S. Martin de chacune année, & le premier jour de Mai ; que les Huifliers y font appellés pour répondre de leurs faits, & fubir jugement de leurs fupérieurs ; qu'aux deux affifes du Bailliage, il n'a été porté aucune plainte contre les Huifliers-Audienciers de ladite Maîtrife ; que ces Huifliers ne doivent aucune corvée ni aucun fervice au Bailliage, non plus que ceux des Elections, Greniers à Sels, Connétablie, & autres Jurifdictions d'inftitution particulière ; qu'ils n'ont jamais été immatriculés ailleurs que dans le Siége de leur attribution, ni appellés aux affifes, & cependant exploitent en toute matiere, comme Huifliers Royaux. Le Suppliant eft obligé de recourir à Sa Majefté, pour remettre tout dans l'ordre naturel des Jurifdictions, & demander la nullité de tout ce qui a été fait au contraire. A CES CAUSES, &c.

LE ROI EN SON CONSEIL, ayant égard à la Requête, a ordonné & ordonne que les Edits des mois de Janvier & Juin 1543, Novembre 1554, 7 Mai 1575, Mars 1576, & Janvier 1586, & l'Ordonnance des Eaux & Forêts du mois d'Août 1669, feront exécutés felon leur forme & teneur ; & en conféquence, que les Huifliers-Audienciers de la Maîtrife particulière de Montargis, feront à l'avenir difpenfés de fe faire recevoir au Bailliage de Montargis, & d'y faire aucun fervice. Les maintient néanmoins dans le droit d'exploiter & mettre à exécution tous Jugemens, Sentences & Ordonnances des Siéges, étant dans l'étendue du reffort de ladite Maîtrife, conformément aux Edits de création de leurs Offices. Releve Sa Majefté lefdits Huifliers-Audienciers de l'interdiction prononcée contre eux par les Officiers dudit Bailliage. Et fera le préfent Arrêt enregiftré & fignifié partout & à qui il appartiendra, & exécuté, nonobftant oppofitions ou autres empêchemens généralement quelconques, pour lefquels ne fera différé ; & dont, fi aucuns interviennent, Sa Majefté s'en eft, & à fon Confeil, réfervée la connoiffance, & icelle interdit à toutes fes Cours & autres Juges. FAIT au Confeil d'État du Roi, tenu pour les Finances à Compiegne, le vingt-feptiéme Juillet mil fept cent cinquante-fix. *Signé*, DE VOUGNY.

ARREST NOTABLE DU CONSEIL,

QUI autorise les Grands-Maîtres à rendre dans leurs Hôtels, lorsque le cas le requerera, toutes Ordonnances concernant la Police & la conservation des Bois, pourvu que ce ne soit en matière contentieuse, &c.

Et les maintient dans le droit de connoître de ce qui peut concerner l'exécution des Edits portant création des Juges Gruyers, des Seigneurs.

Du 17 Août 1756.

SUR la Requête présentée au Roi en son Conseil, par le sieur Bastard, Grand-Maître des Eaux & Forêts du Département de Guyenne, contenant que l'attention qu'il doit avoir à réprimer les abus qu'une trop longue inexécution de l'Ordonnance des Eaux & Forêts du mois d'Août 1669 avoit introduite dans son Département, tant sur la chasse que sur l'usage de piquer les grains avec des lattes, comme aussi sur le grand nombre de Juges Gruyers qu'on voyoit se multiplier de jour en jour, l'avoit obligé de rendre deux Ordonnances, l'une du 4 Janvier, & l'autre du 2 Mars de la présente année; que quoique dans l'une & dans l'autre de ces Ordonnances, il ait cherché l'exécution littérale des articles de cette susdite Ordonnance du mois d'Août 1669, des Déclarations & Arrêts du Conseil relatifs à ces Ordonnances, néanmoins le Parlement de Bordeaux, sur les réquisitions du Procureur Général, auroit par Arrêt du 7 Avril dernier, cassé lesdites Ordonnances, & défendu audit sieur Grand-Maître, d'en rendre de semblables à l'avenir; qu'il auroit vu sans peine les qualifications que l'on donne à ses soins pour rétablir l'ordre, dans le Réquisitoire du Procureur Général; si ces mêmes qualifications d'entreprises n'étoient en partie le motif de ce Réquisitoire, qui d'ailleurs, dans les autres motifs qui y sont allégués, contient des faits d'une conséquence peut-être dangereuse pour l'intérêt public; que le premier motif contre l'Ordonnance du 4 Janvier est fondé sur ce qu'elle a été rendue dans le Château dudit sieur Grand-Maître, à qui il est défendu par ladite Ordonnance de 1669 de juger chez lui; que ce ne peut être qu'une fausse application des articles de l'Ordonnance qui a pu faire proposer un pareil motif; qu'il y a une grande distinction à faire entre le contentieux, & ce qui peut être d'administration ou de police générale; que l'usage constant des Grands-Maîtres a été de rendre, de leur domicile privé, toutes les Ordonnances nécessaires, pour le maintien de la Police générale, ou pour préparer les matieres qui doivent les occuper dans le cours de leurs visites; que c'est sur cette distinction reconnue, que le sieur de la Faluere, ci-devant Grand-Maître des Eaux & Forêts du Département de Paris, rendit le 30 Mai 1718 dans son Hôtel, une Ordonnance qui a pour objet un réglement général pour la Police à observer dans l'usage des pâcages dans les Forêts du Roi; qu'en suivant les mêmes principes, le sieur du

Vaucel son successeur en auroit rendu également deux dans son Hôtel les 22 Janvier 1746 & 4 Janvier 1747, dont la derniere rendue sur une matiere différente, contenoit cependant les mêmes dispositions ; que ces Ordonnances connues n'ont éprouvé de la part du ministere public aucune censure, parce que ce ministere connoît les distinctions qui viennent d'être établies; que l'objet du Suppliant n'a pas été d'expliquer la Déclaration de 1708, ni d'adopter une opinion générale qui tendroit à assimiler aux Seigneurs qui se seroient conformés à cette Déclaration, ceux qui auroient refusé, en survenant aux besoins de l'Etat, d'acquérir les mêmes Priviléges ; que c'est par conséquent dans le payement de la Finance qu'exigeoient ces mêmes besoins, qu'il faut chercher les Priviléges des différens Seigneurs ; que c'étoit donc dans l'expression littérale de cette Déclaration, & non dans une opinion générale, qu'il falloit chercher les motifs de cassation contre cette Ordonnance, s'il y en avoit ; qu'un des autres motifs fondé sur l'intervertissement de l'Ordre des Jurisdictions & des Ressorts en matiere des Eaux & Forêts, prescrit par la Déclaration du 8 Janvier 1715, pourroit bien n'être regardée que comme une erreur, qui n'auroit d'autre fondement qu'une opinion des Officiers de la Table de Marbre, qu'eux seuls comme Juges d'appel des Juges Gruyers, peuvent connoître du droit qu'ont les Seigneurs en cette partie, comme si l'Arrêt du Conseil du 14 Septembre 1688 n'enjoignoit pas aux Juges Gruyers de prendre l'attache des Grands-Maîtres ; que cette injonction les établissoit nécessairement Juges du droit des Seigneurs, en les mettant à portée de refuser ces lettres d'attache, si ces lettres ne leur apparoissoient pas suffisantes; qu'il est vrai que les Tables de Marbre en général, & celle de Bordeaux en particulier, ne se sont pas crues astreintes à renvoyer pardevant les Grands-Maîtres les Juges qui se présentent en cette qualité, mais que l'oubli de leur devoir ne peut établir en leur faveur un droit qui, de quelque façon qu'il pût être envisagé, appartiendroit nécessairement au Grand-Maître, puisque les Tables de Marbre ne sont que leur Siége, & que ce ne seroit que sous leur nom, qu'elles pourroient en connoître ; que ces vérités établissent évidemment la contradiction qui est dans ce motif d'intervertissement, de ressort, & combien on s'est attaché à chercher à meconnoître ce que c'étoit que les Tables de Marbre ; que les dispositions de la seconde Ordonnance n'étoient que le renouvellement des prohibitions portées par les articles de l'Ordonnance des Eaux & Forêts, des Arrêts du Conseil cités ; qu'il n'est aucun Grand-Maître qui ne se soit trouvé dans le cas d'en rendre de semblables, & que l'Ordonnance du Suppliant est la premiere qui ait été cassée, faute d'en avoir soumis les dispositions à l'examen & aux Jugemens des Parlemens ; que sans croire manquer au respect qu'il sçait être dû à ces compagnies, revêtues de l'autorité souveraine, il avoit toujours pensé que, chargé spécialement sous le ressort des Parlemens, de l'exécution des Ordonnances des Eaux & Forêts, les Grands-Maîtres avoient reçu de Sa Majesté toute l'autorité nécessaire pour la faire exécuter, pour rappeller dans des Ordonnances particulières, l'exécution des articles de ces mêmes Ordonnances qui leur paroissoient tombés en oubli ; que le titre entier des Grands-Maîtres de ladite Ordonnance de 1669 établit ce droit à chaque article; que l'usage sur lequel le ministere public semble vouloir s'autoriser, n'établissoit rien contre les droits des Grands-Maîtres; que si le Procureur du Roi de la Mai-

trife de Bordeaux crut devoir faire ordonner par un Arrêt l'exécution de l'Ordonnance du fieur Baftard pere du Suppliant, ce fut fans doute fans l'aveu du
fieur Grand Maitre, comme le juftifient les dernieres difpofitions de cette Ordonnance; qu'à l'égard de la difpofition de cette même Ordonnance qui pro-
hibe l'ufage de toute efpece de lattes, elle eft fondée fur l'Arrêt du Confeil du
30 Août 1729, que c'eft fans doute faute d'en avoir eu connoiffance, que
le miniftere public en a même connu dans l'Ordonnance du Suppliant les dif-
-pofitions qui n'en auroient pas été moins juftes dans cette Ordonnance, quand
elles auroient-été moins étendues dans l'Arrêt, parce qu'elle n'auroit tendu
qu'à éviter les fraudes qui fe commettent à cet égard; les Payfans tenant dans
leur fol des lattes de chêne & des lattes de bois blanc, de façon qu'il feroit difficile de les furprendre en fraude, fi conformément à l'Arrêt du Confeil, ils
n'étoient contraints de fe fervir d'éfluame; que quand même on ne pourroit inférer de l'Arrêt du Confeil, qu'il n'y a que les lattes d'orme & de chêne qui
puiffent-être défendues, comme l'affirme le Réquifitoire, l'intérêt public n'auroit pas moins exigé cette prohibition générale par la dévaftation qu'occafionneroit dans les Bois & dans les biens des Particuliers, l'ufage des autres efpe-
ces de lattes, auffi précieufes que celles de chêne & d'orme, dans un Pays où
le bois, par fa rareté de quelque efpece qu'il foit, doit être confervé avec la
derniere attention; qu'enfin la difpofition qui enjoint aux Gardes de vifiter
les aires & les granges des métairies & maifons, ne pouvoit former un objet
de caffation; que ces granges deftinées à enfermer les grains, font ouvertes,
& tout ce qu'elles contiennent expofé à la vue du Public, que l'on ne pourroit
que louer un zele qui tendroit à prévenir même la poffibilité phyfique de l'a-
bus, fi en relevant ce chef, on n'en eût fait un motif de caffation; que depuis
l'Arrêt du Parlement de Bordeaux du 7 Avril dernier, les Officiers de la Table du Marbre de Bordeaux ont obtenu fur des motifs auffi frivoles, inférés
dans la requête qu'ils ont préfentée au Parlement, la caffation de l'Ordonnance
rendue par le Suppliant le 4 Janvier précédent, par Arrêt rendu le 12 du
même mois d'Avril; en forte qu'attaqué de toutes parts, il fe voit forcé pour
le maintien des regles, de recourir à l'autorité de Sa Majefté. A CES
CAUSES requeroit, &c.

LE ROI EN SON CONSEIL, ayant égard à la requête, fans
s'arrêter aux Arrêts du Parlement de Bordeaux des 7 & 12 Avril 1756, que
Sa Majefté a caffés & annullés, ainfi que tout ce qui peut s'en être enfuivi, a
ordonné & ordonne que les Ordonnances rendues par le Suppliant, les 4 Janvier & 2 Mars précédens, feront exécutées felon leur forme & teneur. FAIT
au Confeil d'Etat du Roi, tenu pour les Finances à Compiegne le dix-fept
Août mil fept cent cinquante-fix. Signé, DE VOUGNY.

ARREST NOTABLE DU CONSEIL,

QUI maintient le Sieur Grand-Maître des Eaux & Forêts de Paris, & les Officiers de la Maîtrise d'Auxerre, dans la possession d'exercer toute jurisdiction dans l'étendue de la Forêt d'Herveaux.

Fait défenses aux Juges de la Gruerie de l'Isle-sous-Montréal, appartenante à Madame la Princesse de Nassau, d'en prendre connoissance, sous telles peines qu'il appartiendra.

Du 24 Août 1756.

VU au Conseil d'Etat du Roi, l'Arrêt rendu en icelui le 13 Novembre 1736, par lequel pour les causes y contenues, S. M. auroit évoqué à soi & à son Conseil, toutes les procédures faites à la requête des Riverains de la Forêt d'Herveaux dans les Siéges des lieux, contre les nommés de la Chaux & Merlot Huissiers, Jean la Feuillade Garde, & les Cavaliers de la Brigade de la Maréchaussée de Noyer, circonstances & dépendances, & pour faire droit aux Parties, S. M. les auroit renvoyés pardevant les Officiers de la Maîtrise particulière des Eaux & Forêts d'Auxerre, pour y procéder jusqu'à Sentence définitive inclusivement, sauf l'appel au Conseil; & par le même Arrêt Sa Majesté auroit fait très-expresses inhibitions & défenses ausdits Riverains, de se pourvoir pour raison des bois de ladite Forêt ailleurs que devant les Officiers de ladite Maîtrise, & aux Juges desdits lieux, d'en connoître sous quelque prétexte que ce puisse être, à peine d'interdiction, cassation des procédures, 1000 livr d'amende, & de tous dépens, dommages & intérêts, &c.

LE ROI EN SON CONSEIL, faisant droit sur l'Instance, a ordonné & ordonne que sur le fonds des contestations d'entre la Dame Princesse de Nassau, en qualité de Dame de la Terre & Seigneurie de l'Isle-sur-Montreal, les Officiers du Bailliage & Gruerie dudit lieu, les Habitans & Communautés dépendans de ladite Seigneurie, qui ont droit d'usage dans la Forêt d'Herveaux, & les Officiers des Maîtrises particulières d'Auxerre & de Troyes, les Parties contesteront plus amplement au Conseil avec l'un des Inspecteurs Généraux du Domaine, & cependant par provision, Sa Majesté a maintenu & maintient le sieur du Vaucel, Grand Maître des Eaux & Forêts du Département de Paris, & les Officiers de ladite Maîtrise d'Auxerre dans la possession d'exercer toute Jurisdiction en matiere des Eaux & Forêts, dans l'étendue de ladite Forêt d'Herveaux, & d'y faire tels Réglemens qu'ils jugeront convenables à la bonne administration desdits Bois; fait Sa Majesté très-expresses inhibitions & défenses aux Juges de la Gruerie dudit lieu de l'Isle-sous-Montreal, d'en prendre connoissance, sous telles peines qu'il appartiendra; ordonne Sa Majesté que la réserve ci-devant apposée en ladite Forêt, en exécution de l'Arrêt du Conseil du 17 Mai 1740, sera & demeurera con-

fervée dans l'endroit où elle eft, pour continuer à croître en futaye, fans que lefdits Habitans, fucceffeurs ni autres, puiffent y faire aucune coupe, fi ce n'eft en vertu d'Arrêt & Lettres-Patentes duement vérifiées, conformément à l'article 4 du titre 24 de l'Ordonnance defdits Eaux & Forêts du mois d'Août 1669 ; que le Réglement des coupes ordinaires des trois autres quarts defdits bois fait en vertu du même Arrêt, à l'âge de vingt-cinq ans, fera exécuté felon fa forme & teneur; & que dans lefdites coupes, dont la premiere pourra être faite en la préfente année pour l'ordinaire de l'année prochaine 1757, il fera réfervé par chaque arpent vingt cinq baliveaux de l'âge du taillis de brin & effence de chêne, autant qu'il fera poffible, outre tous les anciens & modernes qui s'y trouveront, fuivant le martelage qui en fera annuellement fait par lefdits Officiers de ladite Maîtrife d'Auxerre, qui procéderont en même-tems au récollement des baliveaux réfervés fur la précédente coupe, fans pouvoir prétendre qu'un feul & même droit pour raifon defdits martelage & récollement; ordonne Sa Majefté qu'en préfence de fon Procureur en ladite Maîtrife d'Auxerre, il fera inceffamment procédé aux frais defdits Habitans, au rétabliffement des bornes & fignes de féparation defdites coupes, fuivant ledit Réglement, & que l'exploitation d'icelle fera annuellement adjugée au rabais en préfence des Syndics defdites Communautés, pardevant l'Infpecteur ci-devant établi pour ladite Forêt, à gens entendus & capables de répondre de la mauvaife exploitation, pour être enfuite lefdites coupes partagées & diftribuées fuivant la Coutume, & en cas de plainte de conteftation fur ledit partage & diftribution, il y fera pourvu par ledit fieur Grand-Maître; ordonne pareillement Sa Majefté qu'il fera annuellement procédé, à commencer en la préfente année 1756, en préfence des Syndics defdites Communautés, pardevant ledit Infpecteur, à la vente & adjudication en la maniere accoutumée des rouettes qui fe trouvent dans les deux triages de chaque partie defdites coupes, provenant des bois traînans, & de celles appellées petites rouettes à flotter, & traverfines, & non de celles à couper, fans pouvoir par ceux qui fe rendront Adjudicataires d'icelles, toucher aux Maîtres brins, le tout conformément à l'Ordonnance rendue par le fieur de la Faluere, ci-devant Grand-Maître des Eaux & Forêts dudit Département de Paris, à la charge par lefdits Adjudicataires de remettre le prix de leur adjudication, fans aucuns frais ni retenues, ès mains du Receveur particulier de ladite Maîtrife ; autorife Sa Majefté en tant que befoin eft ou feroit, ledit fieur Grand-Maître à faire vendre chaque année, telle partie defdites coupes qu'il jugera néceffaire, pour en être le prix pareillement remis ès mains dudit Receveur particulier, pour être employé avec celui provenant de la vente defdites rouettes, fur les Ordonnances dudit fieur Grand-Maître, au payement des gages dudit Infpecteur, & des Gardes particuliers prépofés à la confervation de ladite Forêt, tant ceux qui font échus jufqu'à ce jour, que ceux qui échoiront à l'avenir, aux frais defdits martelage & récollement, aux charges extraordinaires defdites Communautés; ordonne Sa Majefté que les Procès verbaux & Rapports defdits Gardes, après qu'ils auront été affirmés pardevant ledit Infpecteur, feront à la requête du Procureur de Sa Majefté en ladite Maîtrife d'Auxerre, pourfuivis & jugés audit Siége, & les Délinquans condamnés aux peines & amendes portées par ladite Ordonnance de 1669, du montant defquelles
amendes

amendes quatre principaux Habitans de chaque Paroiſſe uſagere ſeront & demeureront civilement garants & reſponſables en leurs propres & privés noms, ſauf leur recours contre le ſurplus deſdits Habitans. Ordonne Sa Majeſté que les Procédures ordinaires & extraordinaires commencées en ladite Maîtriſe d'Auxerre, pour raiſon de la compétence, & autres faites contre les Officiers & Gardes de ladite Dame Princeſſe de Naſſau, ſeront & demeureront ſans ſuite & ſans effet ; décharge Sa Majeſté par grace, & ſans tirer à conſéquence les Habitans deſdites Communautés de l'amende de 3000 liv. & de la reſtitution de pareille ſomme prononcée contr'eux par Sentence de ladite Maîtriſe d'Auxerre du 13 Juin 1747, à condition néanmoins de payer les frais ſuivant la taxe qui en ſera faite par ledit ſieur Grand-Maître ; leur fait Sa Majeſté défenſes de récidiver, ſous les peines portées par l'Ordonnance de 1669, même de privation de leurs uſages, dans ladite Forêt d'Hervaux ; enjoint Sa Majeſté audit ſieur Grand-Maître & aux Officiers de ladite Maîtriſe d'Auxerre, de tenir chacun en droit ſoi, la main à l'exécution du préſent Arrêt, lequel ſera enrégiſtré au Greffe de ladite Maîtriſe, pour y avoir recours, ſi beſoin eſt. F A I T au Conſeil d'Etat du Roi, tenu pour les Finances, à Verſailles le vingt-quatre Août mil ſept cent cinquante-ſix. *Signé*, DE VOUGNY.

ARREST NOTABLE DU CONSEIL,

QUI ordonne que conformément aux art. XI, XII & XIII du titre premier de l'Ordonnance de 1669, à la Déclaration du 8 Janvier 1715, & aux Arrêts rendus en conſéquence, les Officiers de la Maîtriſe de Poligny exerceront ſur les Eaux & Forêts des Communautés dépendantes de la Seigneurie de Coulonne, donnée par échange au Sieur Comte de Poly, la même juriſdiction que celle qu'ils exercent ſur les Bois de Sa Majeſté, en ce qui concerne les faits d'uſage, délits, &c. ſans qu'ils aient été requis, ni qu'ils aient été commis, encore que les délits n'aient pas été commis par les Communautés ; & à l'égard des délits commis dans les Bois des Particuliers, les Officiers en connoîtront ſans qu'ils aient été requis, ou qu'ils aient prévenu lorſque les Propriétaires auront eux-mêmes commis les délits, &c.

Du 24 Août 1756.

SUR la Requête préſentée au Roi en ſon Conſeil par Françoi Gaſpard, Comte de Poly, [Chevalier, Seigneur de Saint Thiebault, Pleu, Saint Martin & Colonne, Meſtre de Camp d'un Régiment de Cavalerie, Seigneur Echangiſte du Domaine de Colonne, ſitué au Comté de Bourgogne, contenant, &c.

LE ROI EN SON CONSEIL, ayant aucunement égard à

la requête, a ordonné & ordonne que le contrat d'échange de la Terre & Seigneurie de Colonne, paffé au profit du Suppliant, du 5 Décembre 1750, & le Procès-verbal d'évaluation de ladite Terre du 15 Mars 1751, feront enrégiftrés au Greffe de la Maîtrife particulière des Eaux & Forêts de Poligny; ce faifant, Sa Majefté a maintenu & maintient le Suppliant dans le droit de Juftice fur les Eaux & Forêts qui dépendent de ladite Terre & Seigneurie de Colonne, autres néanmoins que ceux appartenans à Sa Majefté; ordonne en outre Sa Majefté que les articles XI, XII & XIII du titre premier de l'Ordonnance des Eaux & Forêts du mois d'Août 1669, la Déclaration du Roi du 8 Janvier 1715, & les Arrêts & Réglemens intervenus depuis, feront exécutés felon leur forme & teneur, en conféquence que les Officiers de ladite Maîtrife de Poligny exerceront fur les Eaux & Forêts des Communautés Eccléfiaftiques & Laïques dépendant de ladite Terre & Seigneurie de Colonne, la même Jurifdiction, que celle qu'ils exercent fur les Bois de Sa Majefté, en ce qui concerne les faits d'ufages, délits, abus & malverfations qui s'y commettent, fans qu'ils en aient été requis, ni qu'ils aient prévenu encore que les délits n'aient pas été commis par les Communautés; & à l'égard des ufages, abus & malverfations qui concernent les Eaux & Forêts qui appartiennent au Suppliant ou autres Particuliers, les Officiers de ladite Maîtrife en connoîtront pareillement, fans qu'ils en aient été requis, ni qu'ils aient prévenu, lorfque les Propriétaires defdites Eaux & Forêts auront eux-mêmes commis les délits & abus; mais ils ne pourront en prendre connoiffance, quand ils auront été commis par d'autres, à moins qu'ils n'en aient été requis, & qu'ils aient prévenu les Juges de ladite Terre de Colonne, & le tout conformément à ladite Déclaration du Roi du 8 Janvier 1715; & fera le préfent Arrêt enrégiftré au Greffe de ladite Maîtrife, pour y avoir recours, fi befoin eft. F A I T au Confeil d'Etat du Roi, tenu pour les Finances à Verfailles, le vingt-quatre Août mil fept cent cinquante-fix. *Signé*, D E V O U G N Y.

ARREST NOTABLE DU CONSEIL,

PAR lequel Sa Majefté par grace & fans tirer à conféquence, décharge les enfans du Sieur Boery, vivant Gruyer de la Juftice de Chenailles, de l'amende de 300 liv. à laquelle il avoit été condamné par le fieur Grand-Maître des Eaux & Forêts de Poitou, pour avoir pris la qualité de Maître particulier des Eaux & Forêts de la Châtellenie de Chenailles, &c.

Du 14 Septembre 1756.

V U au Confeil d'Etat du Roi, l'Ordonnance rendue par le fieur de Bazancourt, ci-devant Grand-Maître des Eaux & Forêts du Département de Poitou, le vingt-neuf Août mil fept cent trente-fept, par laquelle il auroit fait défenfes au fieur de Montagnac, Seigneur de Chenailles, de donner ni fouffrir prendre au fieur François Boëry, la qualité de Juge Gruyer, & de Maître particulier de la Châtellenie de Chenailles, dans fes provifions ni autrement, & audit fieur Boery de les prendre, & de connoître des matieres des Eaux & Forêts, jufqu'à ce qu'il eut juftifié des titres fuffifans, qu'il feroit tenu de repréfenter dans trois mois, pardevant ledit fieur Grand-Maître, lequel auroit auffi par la même Ordonnance, déclaré nulle la réception dudit fieur Boery, au Siége de la Maîtrife particuliere de Gueret, en qualité de Juge Gruyer de Chenailles, & pour par lui s'être qualifié de Maître particulier des Eaux & Forêts de cette Châtellenie, & avoir connu des délits qui avoient été commis dans les bois de l'Abbaye de Bonlieu, ledit fieur Boery a été condamné en trois cens livres d'amende envers Sa Majefté, &c.

LE ROI EN SON CONSEIL, ayant égard à la Requête des enfans & héritiers du feu fieur Boery, ci-devant Juge Gruyer de la Juftice de Chenailles, par grace & fans tirer à conféquence, les a déchargés & décharge de l'amende de 300 liv. prononcée contre ledit feu fieur Boery, par l'Ordonnance du fieur Bazancourt, ci-devant Grand-Maître des Eaux & Forêts du Département de Poitou, du 29 Août 1737, à condition néanmoins de payer les frais, fuivant la taxe qui en fera faite par le fieur de Guimps, à préfent Grand-Maître des Eaux & Forêts dudit Département; & fera le préfent Arrêt enregiftré au Greffe de ladite Maîtrife particuliere de Gueret, pour y avoir recours fi befoin eft. FAIT au Confeil d'Etat du Roi, tenu pour les Finances, à Verfailles le quatorze Septembre mil fept cent cinquante-fix. Signé, DE VOUGNY.

ARREST DU CONSEIL,

QUI porte que les Adjudications ou Fermes des Communes de la Paroiffe de Cleville, ne pourront être faites que devant le Grand-Maître ou les Officiers de la Maîtrife, fur fa Commiffion.

Du 14 Septembre 1756.

SUR la Requête préfentée au Roi en fon Confeil par les Paroiffiens poffédants fonds, Habitans taillables de la Paroiffe de Cleville, Généralité de Caen, contenant, &c. A CES CAUSES, requeroient les Suppliants qu'il plût à S. M. ordonner que les Arrêts du Confeil des 2 & 4 Décembre 1753, enfemble les mandements du fieur Intendant de la Généralité de Caen, des 20 du même mois & 16 Janvier fuivant, feront exécutés felon leur forme & teneur; en conféquence fans avoir égard à l'Ordonnance du fieur Grand-Maître des Eaux & Forêts au Département de Caen, du 23 Novembre de ladite année 1753, ni à la Sentence de la Maîtrife de la même ville, du 24 Janvier 1754, qui feront caffées & annullées, ainfi que tout ce qui s'en eft fuivi, ou pourroit s'en fuivre, ordonner que les fommes néceffaires, tant pour la reconftruction du Presbitere de la Paroiffe de Cleville, que pour la confervation de l'épi, ou d'une fallenelle, feront impofées au pied de la perche, fur tous les fonds de ladite Paroiffe, par les quatre Habitans nommés par les Suppliants par leur délibération du 7 Février audit an 1754, lefquels en drefferont un rôle de

Zzz ij

répartition qui fera rendu exécutoire par ledit fieur Intendant ou fon Subdé. legué, pour être enfuite remis ès mains de Jean Lefevre, qu'ils ont nommé par la même délibération pour en faire le recouvrement fur tous les Propriétaires des fonds fitués en ladite Paroiffe, exempts & non exempts, privilegiés & non privilegiés, dequelque qualité & condition qu'ils puiffent être, au payement defquelles fommes lefdits Propriétaires feront contraints par toutes voies dûes & raifonnables, même comme pour les propres deniers ou affaires de S. M. faire défenfes, tant au Sr. Elie de la Fontaine, ès noms qu'il procéde, qu'à tous autres de requérir aucun bail judiciaire de tout ou partie de la commune ou marais de Cleville, & à tous Juges d'y procéder à peine de 1000 liv. d'amende, & d'être refponfables en leurs propres & privés noms, des dommages & intérêts de la Communauté; enjoindre au fieur Intendant & Commiffaire départi en ladite Généralité de Caen, de tenir la main à l'exécution de l'Arrêt qui interviendra, lequel fera exécuté, nonobftant toutes oppofitions, ou autres empêchement quelconques, dont fi aucuns interviennent, Sa Majefté s'en réfervera & à fon Confeil la connoiffance, & icelle interdira à toutes fes Cours & autres Juges. Vu ladite Requête & les piéces y jointes, enfemble l'Arrêt du Confeil du 4 Décembre 1753, le Mandement dudit fieur Intendant du 20 du même mois de Décembre, l'Ordonnance dudit fieur Grand-Maître & la Sentence de ladite Maîtrife des 23 Décembre 1753 & 24 Janvier 1754, ci-deffus mentionnés, l'avis du fieur Intendant, & celui dudit fieur Grand-Maître des 17 Septembre 1755 & 22 Avril 1756. Ouï le Rapport, &c.

LE ROI EN SON CONSEIL, fans avoir égard à la Requête ni aux demandes, fins & conclufions des Suppliants, dont Sa Majefté les a déboutés & déboute, a ordonné & ordonne que l'Ordonnance du fieur Olivier, Grand-Maître des Eaux & Forêts du Département de Caen, & la Sentence de la Maîtrife particuliere de Caen, des 23 Novembre 1753 & 24 Janvier 1754, feront exécutées felon leur forme & teneur ; en conféquence que les poffédants fonds dans l'étendue de la Paroiffe de Cleville, pourront affermer les portions des communes qu'ils ont dans ledit lieu, jufqu'à concurrence de vingt-cinq arpens feulement, & faire compter les redevables qui en ont joui par adjudication les années précédentes ; à la charge néanmoins que lefdits vingt-cinq arpens de communes feront adjugés au plus offrant & dernier enchériffeur en la maniere accoutumées pardevant ledit fieur Grand-Maître, ou les Officiers de ladite Maîtrife, fur fa commiffion, pour le prix qui en proviendra être employé au payement des ouvrages à faire pour la confervation d'une des fallenelles, & autres charges dont la Paroiffe eft tenue, conformément aux Arrêts du Confeil des 2 & 4 Décembre 1753, fauf en cas d'infuffifance du prix provenant de ladite adjudication defdites portions des communes, être pourvu au furplus par le fieur Intendant & Commiffaire départi en la Généralité de Caen, par impofition fur les poffédants fonds dans ladite Paroiffe, en la maniere ordinaire : enjoint Sa Majefté audit fieur Grand-Maître, & aux Officiers de ladite Maîtrife, de tenir, chacun en droit foi, la main à l'exécution du préfent Arrêt, lequel fera à cet effet enregiftré au Greffe de ladite Maîtrife pour y avoir recours fi befoin eft. FAIT au Confeil d'Etat du Roi, tenu pour les Finances, à Verfailles le quatorze Septembre mil fept cent cinquante-fix. Signé, DE VOUGNY.

ARREST DU CONSEIL,

QUI ordonne que les articles III, IV & V du tit. XIV de l'Ordonnance de 1669, XLIV, LII, LIII & LIV de l'Edit de Mai
1716, & les Arrêts du Conseil rendus en conséquence, notamment celui du 27 Novembre 1731, seront exécutés selon leur
forme & teneur.
Casse un Jugement de la Table de Marbre du Palais à Paris, pour
avoir été rendu après les délais fixés par lesdits articles & Arrêts ; ordonne que ce dont étoit appel sera exécuté, &c.

Du 28 Septembre 1756.

SUR la Requête présentée au Roi en son Conseil par le Procureur de
Sa Majesté en la Maîtrise particuliere des Eaux & Forêts de Cognac, contenant que par Sentence du 15 Juillet 1747, les nommés Douteau, Yvot &
Barbereau, de la Paroisse de Dars, ont été condamnés chacun en cinquante
livres d'amende envers S. M. pour avoir péché sur la riviere de Né, sans être
reçus Maîtres Pêcheurs, avec des filets défendus & dans le temps prohibé.
Cette Sentence leur avoit été signifiée le 22 du mois de Juillet, ils en ont
interjetté appel à la Table de Marbre du Paris de Paris, le Suppliant a envoyé dans son temps au Procureur Général de ce Siege, toutes les pieces &
mémoires concernant cette affaire, mais n'ayant point fait juger leur appel
dans les quatre mois après la signification de ladite Sentence, le Collecteur
des amendes de ladite Maîtrise auroit, après les quatre mois écoulés, fait
toutes les poursuites nécessaires pour le recouvrement desdites amendes, & les
auroit contraints par saisies-exécutions de leurs meubles, & même emprisonné
un Dépositaire qui n'avoit représenté les meubles dont il étoit chargé ; les
choses dans cet état, lesdits Douteau & Consors auroient fait signifier au
Suppliant le 13 Mai 1748, un Jugement de la Table de Marbre du 27 Avril
précédent, qui les décharge des amendes contr'eux prononcées, & leur fait
main-levée des saisies & exécution sur eux faites ; comme ce Jugement est
rendu contre les dispositions des articles 3, 4 & 5 du titre 14 de l'Ordonnance des Eaux & Forêts du mois d'Août 1669, & des articles 44, 52, 53,
54 de l'Edit du mois de Mai 1716. portant Réglement sur les amendes des
Eaux & Forêts, & d'une infinité d'Arrêts du Conseil, & notamment celui
du 27 Novembre 1731, rendus sur le fait de la pêche, & en pareil cas, qui
ordonnent que tous des Appellans des Sentences des Maîtrises, feront juger
leurs appels dans les quatre mois après la prononciation ou signification, sinon
ordonnent que les Sentences des Maîtrises feront exécutées selon leur forme
& teneur, comme ayant passé en force de chose jugée en dernier ressort ;
ainsi la Sentence dont est question, a été prononcée le 15 Juillet 1747, signifiée le 22 du même mois, & le Jugement de ladite Table de Marbre a été
prononcé le 7 Avril 1748, signifié le 13 Mai ensuivant, ce qui fait plus

de dix-neuf mois après la signification de ladite Sentence. A CES CAUSES, requeroit le Suppliant qu'il plût à Sa Majesté ordonner que les articles 3, 4 & 5 du titre 14 de l'Ordonnance des Eaux & Forêts de 1669, 44, 52, 53 & 54 de l'Edit du mois de Mai 1716, & les Arrêts du Conseil intervenus depuis, nommément celui du 27 Novembre 1731, feront exécutés selon leur forme & teneur, & en conséquence, casser & anuller le Jugement de ladite Table de Marbre, du 27 Avril 1748, & tout ce qui s'en est suivi, & ordonner que la Sentence du 15 Juillet 1747, fera exécutée en tout son contenu, comme ayant passé en force de chose jugée en dernier ressort. Vu ladite Requête, & les piéces y jointes, &c. OUI le Rapport, &c.

LE ROI EN SON CONSEIL, ayant égard à la Requête, a ordonné & ordonne que les articles 3, 4 & 5 du titre 14 de ladite Ordonnance des Eaux & Forêts du mois d'Août 1669, 44, 52, 53, 54 de l'Edit du mois de Mai 1716, & les Arrêts du Conseil intervenus depuis, notamment celui du vingt-sept Novembre 1731, feront exécutés selon leur forme & teneur ; en conséquence sans s'arrêter au Jugement de la Table de Marbre du Palais à Paris, du 27 Avril 1748, que Sa Majesté a cassé & annullé, ainsi que tout ce qui peut s'en être ensuivi : ordonne que la Sentence de la Maîtrise particuliere de Cognac, rendue contre les nommés Douteau, Yvot & Barbereau, du 15 Juillet 1747, fera exécutée en tout son contenu, comme ayant passé en force de chose jugée en dernier ressort. Et fera le présent Arrêt exécuté nonobstant oppositions ou autres empêchemens généralement quelconques, pour lesquels ne fera différé, & dont si aucuns interviennent, Sa Majesté s'en est & à son Conseil réservée la connoissance, & icelle interdit à toutes ses Cours & autres Juges. FAIT au Conseil d'Etat du Roi, tenu pour les Finances à Versailles le vingt-huit Septembre mil sept cent cinquante-six. *Signé*, DE VOUGNY.

ARREST DU CONSEIL,

QUI casse un Jugement de la Table de Marbre de Paris, pour n'avoir pas été rendu dans les délais fixés par l'Ordonnance de 1669, & l'Edit de Mai 1716.

Ordonne que les Sentences dont est appel feront exécutées selon leur forme & teneur, comme ayant passé en force de chose jugée en dernier ressort.

Du 28 Septembre 1756.

SUR la Requête présentée au Roi en son Conseil par le Procureur de Sa Majesté en la Maîtrise particuliere des Eaux & Forêts du Département de Fontenay-le-Comte, contenant que par l'Ordonnance des Eaux & Forêts du mois d'Août 1669, art. 3 du titre des appellations, & l'art. 44 de l'Edit du mois de Mai 1716, confirmés par plusieurs Arrêts du Conseil, & notam-

ment par ceux des 24 Juin 1738, & 24 Mars 1739, l'appel des Sentences rendues aux Siéges des Maîtrises, doit être relevé dans le mois de la signification
desd. Sentences, & mis en état d'être jugé dans les trois mois ; que nonobstant
les dispositions si précises desdites Ordonnances, Edits & Arrêts, & les soins
continuels qu'il prend pour réprimer les abus & malversations qui se commettent dans l'étendue de ladite Maîtrise, & pour faire supporter aux Contrevenants les peines encourues par leurs contraventions, il seroit à craindre que ces
loix qui ont été si sagement établies, demeurassent sans aucun effet, si les Officiers
des Tables de Marbre, continuoient à en éluder les dispositions, en recevant
après le temps prescrit par ladite Ordonnance de 1669, l'appel des Sentences
rendues aux Siéges des Maîtrises particulieres, & en réduisant, pour ainsi dire,
à rien les amendes prononcées par lesd. Sentences : que c'est ce qui l'oblige de
représenter à Sa Majesté, que par l'information faite à la requête du sieur
Charles François Caillo de Mons, contre le sieur Alexandre-Henri Pellard de
Montigny, il est prouvé que ce dernier a chassé sur le fief de Mons, ce qui a
donné lieu à la prononciation d'une amende de cent livres. Par Sentence de
ladite Maîtrise du 22 Décembre 1747, contre ledit sieur de Montigny, qui
a pris le parti d'interjetter appel, sans le faire juger, le Suppliant a fait rendre
une seconde Sentence en ladite Maîtrise, le 28 Décembre 1748, qui ordonne
que la premiere sera exécutée comme ayant passé en force de chose jugée en
dernier ressort ; qu'en conséquence de cette derniere Sentence ledit sieur de
Montigny a payé entre les mains du Garde Général Collecteur des amendes
de ladite Maîtrise, l'amende de 100 livres, les deux sols pour livre d'icelle,
& les frais ; qu'il a été extrêmement surpris d'apprendre que ledit sieur de
Montigny, au préjudice dudit payement & desdites Sentences, avoit obtenu
au Siége de la Table de Marbre du Palais à Paris, le 8 Mars 1749, un Jugement qui modere à six livres l'amende de 100 livres, qu'il a fait signifier le 27 Mai suivant audit Collecteur des amendes, avec commandement de
restituer ladite amende de 100 liv. & les deux sols pour livre à l'exception de
l'amende de six livres & de deux sols pour livre d'icelle : qu'il prend la liberté
d'observer à Sa Majesté que ce Jugement est entierement contraire aux dispositions de ladite Ordonnance de 1669, & à l'Edit du mois de Mai 1716 ;
1°. En ce qu'il est rendu le 8 Mars 1749, six mois & quinze jours après la
signification faite de la Sentence du 22 Décembre 1647 ; 2°. En ce qu'il
modere ladite amende de 100 livres, ce qui a été expressément défendu à
tous Juges par la même Ordonnance de 1669, titre 32, article 14, & par
le même Edit de 1716, article 50 ; que dans ces circonstances il a recours
à l'autorité de Sa Majesté. A CES CAUSES, &c.

LE ROI EN SON CONSEIL, ayant égard à la Requête, sans s'arrêter
au Jugement de la Table de Marbre du Palais à Paris, du 8 Mars 1749, que
Sa Majesté a cassé & annullé, ainsi que tout ce qui peut s'en être suivi, a ordonné
& ordonne que les Sentences de ladite Maîtrise particuliere de Fontenay-le-
Comte, des 22 Décembre 1747 & 28 Décembre 1748, seront exécutées selon
leur forme & teneur, comme ayant passé en force de chose jugée en dernier ressort. Et sera le présent Arrêt exécuté nonobstant oppositions ou autres empêchemens généralement quelconques, pour lesquels ne sera différé, & dont si aucuns
interviennent, Sa Majesté s'en est à son Conseil, réservée la connoissance, &
icelle interdite à toutes ses Cours & autres Juges. FAIT au Conseil d'Etat du

Roi, tenu pour les Finances, à Verfailles le vingt-huit Septembre mil fept cent cinquante-fix. *Signé*, DE VOUGNY.

ARREST DU CONSEIL,

QUI ordonne que par le Sieur Grand-Maître des Eaux & Forêts de Picardie, Artois & Flandres, ou les Officiers de la Maîtrife des lieux qu'il pourra commettre, il fera procédé à l'Adjudication au rabais des ouvrages à faire pour le nettoyement de la Rivière de Nieppe, &c.

Du 12 Octobre 1756.

SUR ce qui a été repréfenté au Roi en fon Confeil, par le fieur Bauldry, Grand Maître des Eaux & Forêts au Département de Picardie, Artois & Flandres, que fur les plaintes qui lui ont été faites par les Magiftrats des Villes & Territoires d'Hafbrouck, fur le mauvais état de la Riviere de Nieppe, qui traverfe la Forêt de ce nom en différens endroits, qui fert aux vuidanges & tranfport des bois de Sa Majefté, & au commerce des Villes d'Hafbrouck, Aire, & autres d'Artois & Flandres, il auroit commis le Garde Marteau pour en conftater l'état; qu'il réfulte du procès-verbal que cet Officier a dreffé le 25 Août 1755, que l'embouchure de ladite Riviere de Nieppe étoit prefque comblée dans la longueur de cinq cens trente toifes courantes fur quatre toifes de largeur, faifant enfemble deux mille cent vingt toifes à curer; que cette embouchure fe rempliffoit par l'amas des bouës & immondices de la Riviere du Lys, qui fe jette dans celle de Nieppe; ce qui caufe un grand préjudice à la navigation; que près la Chapelle & Fief de Begue, la digue a été emportée par les eaux, de la longueur de huit toifes; qu'entre ce Fief & l'Eclufe de Dumbleu, & en continuant jufqu'au grand Dam, il s'eft formé treize alluvions; qu'il eft néceffaire d'en ordonner le curement à vif fonds & vives rives, dans la forme prefcrite par les précédens Arrêts du Confeil, & notamment par celui du 11 Décembre 1731 : dont la moitié à la charge du Roi, & l'autre à celle de la Ville d'Hafbrouck, comme il s'eft toujours pratiqué, en exécution defdits Arrêts; & ordonner que les Rivérains, Propriétaires ou occupeurs des terres aboutiffantes à la Riviere, le long du curement ci-deffus défigné, feroient tenus d'enlever toutes les vafes & immondices qui feroient jettées fur les rives aboutiffantes à leurs terres, dans le mois, après le dévafement; finon, & à faute de ce faire dans ledit tems, que lefdits enlevemens & tranfports feroient faits à la diligence du Procureur du Roi en ladite Maîtrife, aux frais defdits Riverains, dont feroit délivré exécutoire par ledit fieur Grand-Maître, au profit de qui il appartiendroit. Sur l'état de ladite dépenfe, certifié dudit Procureur du Roi, & Sa Majefté voulant y pourvoir, vû l'Arrêt du Confeil du 11 Décembre 1731, enfemble le Procès-verbal de vifite du 25 Août 1755, ci-deffus mentionné, &c. Oui le rapport, &c. LE ROI EN SON CONSEIL, a ordonné & ordonne, que par le fieur
Bauldry,

Baul Iry, Grand-Maître des Eaux & Forêts du Département de Picardie, Artois & Flandre, ou les Officiers de la Maîtrise de la Motte-au-Bois, qu'il pourra commettre, il fera inceffamment procédé à l'adjudication au rabais & moins difant, en la maniere accoutumée, du curement de la Riviere de Nieppe, mentionné au Procès-verbal de vifite du 25 Août 1755, à la charge, par l'Adjudicataire, de faire le curement dans le tems, & conformément au devis qui en fera dreffé, & inferé dans le cahier des charges de ladite adjudication, du montant de laquelle l'Entrepreneur fera payé : fçavoir, moitié par la Communauté d'Hafbrouck, fur l'exécutoire qui en fera décerné par ledit fieur Grand Maître, faute de payement, incontinent après que ledit curement aura été vu & reçu par les Experts, dont le Procureur de Sa Majefté en ladite Maîtrife, & l'Entrepreneur conviendront ; finon, qui feront nommés d'office par ledit Grand-Maître, & l'autre moitié fur le produit des ventes de la Forêt de Nieppe, appartenante à Sa Majefté, fuivant l'emploi en dépenfe qui en fera fait fous le nom dudit Entrepreneur, dans l'état des bois de Sa Majefté, fur celui qui fera envoyé au Confeil par ledit fieur Grand-Maître. Seront tous les Propriétaires, & ceux qui occupent les héritages fis le long defdites Rivieres, tenus d'enlever & de tranfporter les terres & immondices qui en auront été tirées, chacun en droit foi, quinzaine après le curement fait & fini, à peine de 50 livres d'amende, contre chacun contrevenant, & d'être lefdites immondices enlevées à leurs frais, dont il fera délivré exécutoire par les Officiers de ladite Maîtrife. Et fera le préfent Arrêt enrégiftré au Greffe de ladite Maîtrife, pour y avoir recours, fi befoin eft. FAIT au Confeil d'Etat du Roi, tenu pour les Finances à Fontainebleau, le douze Octobre mil fept cent cinquante-fix. *Signé*, EYNARD.

ARREST DU CONSEIL,

QUI fait défenfes à toutes Perfonnes dans la Province de Languedoc de mettre le feu aux Landes, Bruyeres & Garigues, à peine, &c.

Ordonne que ceux qui y auront contrevenu, feront pourfuivis par les Procureurs du Roi aux Maîtrifes, &c.

Du 12 Octobre 1756.

SUR la Requête préfentée au Roi en fon Confeil, par le Syndic Général de la Province du Languedoc, contenant, &c.

LE ROI EN SON CONSEIL, ayant aucunement égard à la Requête, interprétant en tant que de befoin eft ou feroit, l'Arrêt du Confeil du 31 Octobre 1730, en ce qui concerne les landes, bruyeres, garrigues, bois & devois, & y ajoutant, a fait & fait très-expreffes inhibitions & défenfes, à tous Bergers, Valets, Métayers & autres perfonnes fans diftinction, de mettre le feu aux landes, bruyeres, garrigues, bois & devois, fous quelque prétexte que ce foit, dans toute l'étendue de la Province de Languedoc à peine, pour la premiere fois, de punition corporelle, de 100 livres d'amende, applicable un tiers au profit de Sa Majefté : un tiers à l'Hôpital des lieux, & un tiers au dénonciateur, & de tous dépens, dommages & intérêts; & en cas de récidive, d'être punis comme incendiaires publics. Ordonne Sa Majefté que, dans le cas où les auteurs des incendies ne pourront être découverts, tous les Bergers des Communautés, dans le terroir defquels feront fitués les bois, landes, bruyeres & garrigues, où le feu aura été mis, feront condamnés folidairement, non-feulement au payement du dommage caufé par l'incendie, mais encore en une amende de 300 livres, fauf aux Bergers à déclarer celui qui aura mis le feu, auquel cas il fera feul pourfuivi comme coupable. Veut Sa Majefté que toutes les pourfuites foient faites ès Siéges des Maîtrifes particulieres des lieux, à la requête de fes Procureurs auxdits Siéges : le tout fur un Procès-verbal fait par un Officier defdites Maîtrifes, ou par un Garde à ferment, contenant le lieu où le feu aura été mis, & fur un rapport d'Expert nommé d'office par les Officiers defdites Maîtrifes, contenant la vérification & l'eftimation des dommages caufés par l'incendie, tant aux Communautés, qu'aux particuliers. Fait aufli Sa Majefté défenfes à toutes fortes de perfonnes d'envoyer ou mener paître aucune efpece de beftiaux, pendant le tems qui fera déterminé, dans les landes, bruyeres & garrigues qui auront été incendiées, ni dans les bois brûlés, jufqu'à ce qu'ils ayent été déclarés défenfables, à peine de confifcation defdits beftiaux, & de 100 livres d'amende. Enjoint Sa Majefté au fieur Intendant & Commiffaire départi en la Province de Languedoc, & au fieur Grand-Maître des Eaux & Forêts du Département de la Province, de tenir la main, chacun en droit foi, à l'exécution du préfent Arrêt, fur lequel feront toutes Lettres néceffaires expédiées. F A I T au Confeil d'Etat du Roi, tenu pour les Finances à Fontainebleau, le douze Octobre mil fept cent cinquante-fix. Signé, E Y N A R D.

ARREST NOTABLE DU CONSEIL,

QUI fait défenfes à toutes Communautés & Particuliers du Languedoc, de défricher aucuns Bois & Pâtures, à peine, &c. Ordonne que les Contrevenans feront pourfuivis à la diligence des Syndics des Paroiffes, devant les Officiers des Maîtrifes, &c.

Du 12 Octobre 1756.

S U R la Requête préfentée au Roi en fon Confeil, par le Syndic Général de la Province du Languedoc, contenant que le Syndic du pays du Vivarais a informé les Etats, dans leur derniere affemblée, d'un ufage qui s'introduit depuis quelques années dans ce pays, de défricher & cultiver les montagnes, & des préjudices infinis qui en réfultent, tant par la privation des bois de toute efpece, dont la difette fe rend de jour en jour plus fenfible, que par la deftruction des pâturages : la dégradation des fonds & héritages, caufée par les rerres & graviers que les pluies entraînent, après avoir été remuées par les particuliers, & par le rehauffement des lits des rivieres & ruiffeaux qui les reçoivent, & en augmentent les inondations ; que les Etats convaincus de la néceffité d'arrêter les fuites d'un ufage auffi préjudiciable, & inftruits d'ailleurs de l'extrême néceffité de prévenir de femblables défrichemens dans tout le refte de la Province, où le bois n'eft pas moins rare, & où les pâturages ne fçauroient être confervés avec trop de foin, pour la nourriture des troupeaux qui fervent à la bonification des terres, & qui fourniffent des laines pour le foutien des Fabriques. Ils ont délibéré le 2 Mars dernier que Sa Majefté feroit fuppliée de faire défenfes à toutes perfonnes de défricher, &c.

LE ROI EN SON CONSEIL, ayant égard à la Requête, a fait & fait très-expreffes inhibitions & défenfes à toutes perfonnes de la Province du Languedoc de défricher aucune terre plantée en bois fur les montagnes, ou dans la plaine, pour quelque caufe & raifon que ce foit, fous peine de cinquante livres d'amende pour chaque arpen: de défrichement, & d'être, la terre défrichée, remife en bois aux frais & dépens de ceux qui auront fait faire ledit défrichement, comme auparavant. Comme auffi fait Sa Majefté défenfes, fous les mêmes peines, même de dommages & intérêts envers les Communautés, de faire aucun défrichement des landes, garrigues, bruyeres, & autres terreins fitués fur le penchant des montagnes & collines, & d'y cultiver lefdites terres. Ordonne Sa Majefté que les terres des mêmes qualités qui font fituées dans les plaines, & toutes autres dont les Communautés ont la propriété ou l'ufage, fervant à la nourriture des beftiaux, ne puiffent auffi être défrichées, fi ce n'eft en vertu d'une permiffion de Sa Majefté ; & en cas de contravention, feront les contrevenans pourfuivis à la Requête des Confuls des Villes & lieux, & des Syndics des Diocèfes, pardevant les Officiers des Maîtrifes particulieres des lieux ; & en cas de négligence defdits Confuls & Syndics, feront les pourfuites faites à leurs frais, à la requête des Procureurs de Sa Majefté efdits Siéges. Veut Sa Majefté qu'il foit ftatué fommairement fur lefdites contràventions à la premiere affignation, & fur les Conclufions des Procureurs de Sa Majefté ; & à cet effet, que lefdites contraventions foient fuffifamment conftatées, au moyen des procès-verbaux qui feront dreffés, foit par un des Officiers defdites Maîrifes ; foit par le Maire & Confuls, ou par les Experts Jurés des Villes & lieux, ou par telles autres perfonnes commifes à cet effet ; lefquelles amendes appartiendront à Sa Majefté, & les dommages-intérêts aux Communautés. Permet au furplus Sa Majefté à tous particuliers intéreffés à la confervation des pâturages communs, de pourfuivre en leur nom les contrevenans au préfent Arrêt ; auquel cas il leur fera adjugé, à titre de dédommagement, le tiers defdits dommages & intérêts. Enjoint Sa Majefté au fieur Intendant & Commiffaire départi en ladite Province du Languedoc, & au fieur Grand-Maître des Eaux & Forêts de ladite Province, de tenir, chacun en droit foi, la main à l'exécution du préfent Arrêt ; fur lequel toutes Lettres néceffaires feront expédiées. FAIT au Confeil d'Etat du Roi, tenu pour les Finances à Fontainebleau, le 12 Octobre 1756. *Signé*, EYNARD.

ARREST DU CONSEIL D'ÉTAT DU ROI ,

PORTANT Réglement pour le recouvrement du dixiéme des Bois des Eccléfiaftiques & Laïques , affecté au foulagement des pauvres Communautés des Filles Religieufes.

Du 12 Octobre 1756.

LE ROI s'étant fait repréfenter en fon Confeil , les Arrêts rendus en ice·lui , les 29 Novembre 1729 , premier Avril 1746 , & 10 Mars 1748 , & les Lettres-Patentes expédiées fur lefdits Arrêts , par lefquels Sa Majefté a prefcrit la forme dans laquelle devoit fe faire le recouvrement du dixième du prix de la vente des bois appartenans aux Communautés Eccléfiaftiques & Laïques ; dont Sa Majefté juge à propos d'ordonner la retenue , pour être employée au foulagement des pauvres Communautés de Filles Religieufes. Et étant informé que les précautions prifes par ces Arrêts , n'ont pû jufqu'à préfent fuffire pour mettre en régle cette partie de recouvrement , foit parce que le Receveur de ces fonds n'a point d'état du dixième , rendus exécutoires par com-miffions du grand fceau , expédiées fur lefdits états , foit parce que n'étant pas inftruit des termes des payemens ftipulés par le cahier des charges des adjudications defdits bois , fes pourfuites pourroient être prématurées , foit enfin parce que les Receveurs généraux des Domaines & Bois ne font pas euxmêmes en état de fe deffaifir de la totalité dudit dixième , dans l'incertitude où ils font des furmefures ou manques de mefures des bois vendus : ce que l'on ne peut reconnoître que par les recollemens qui fe font après l'expiration des termes de vuidange portés par lefdites adjudications ; d'où il arrive que l'on ne retire point de ces fonds tout le fecours qu'on avoit droit d'en attendre , & que même il refte actuellement des fommes très-confidérables à récouvrer , Sa Majefté a cherché les tempéramens les plus propres à lever ces différens obftables. A quoi voulant pourvoir : Oui 'e rapport du fieur Peirenc de Moras , Confeiller d'État , & ordinaire au Confeil Royal , Contrôleur Général des Finances.

LE ROI ÉTANT EN SON CONSEIL , a ordonné & ordonne que les Arrêts du Confeil des 29 Novembre 1729 , premier Avril 1746 , & 10 Mars 1748 , & les Lettres-Patentes expédiées fur lefdits Arrêts , feront exécutés felon leur forme & teneur ; & en conféquence :

ARTICLE PREMIER.

Qu'à l'avenir , & à commencer en la préfente année 1756 , les Grands-Maîtres des Eaux & Forêts feront tenus d'inférer dans les états des ventes extraordinaires des bois appartenans aux Communautés Eccléfiaftiques & Laïques , qu'ils enverront tous les ans au Confeil , les termes des payemens portés par le cahier des charges des adjudications defdits bois.

Art. II. Qu'il fera annuellement, & à commencer en la préfente année 1756, arrété au Confeil un état du produit du dixième du prix de la vente defdits bois, que Sa Majefté aura jugé à propos d'affujettir à cette retenue; lequel état contiendra les termes des payemens portés par les adjudications, dont fera fait une expédition avec commiffion du grand fceau, pour être remife au Sr Jean l'Éclopé, commis par Arrêts & Lettres-Patentes des 20 Janv., 11 Mai & 3 Juin de la préfente année, pour faire le recouvrement du dixième.

Art. III. Que fix mois, au plus tard, après l'échéance de chaque terme, les Receveurs généraux des Domaines & Bois, feront tenus de remettre ès mains dudit fieur l'Éclopé, ou de fon fondé de procuration, par privilège & préférence à tous autres, même aux Entrepreneurs des ouvrages ordonnés par les Arrêts qui auroient permis la vente defdits bois, ou aux Créanciers defdites Communautés Eccléfiaftiques & Laïques, le montant du dixième de chacun terme de payement qu'ils auront reçu, fuivant & conformément à l'emploi fait dans les états, fans que pour raifon des furmefures oumanques de mefures, il pu ffe y avoir aucun retard dans ladite remife ; voulant Sa Majefté que ledit dixième foit retenu par lefdits Receveurs généraux, fur le prix principal des adjudications, fans aucun égard pour les manques de mefures ou furmefures qu'il pourroit y avoir dans les bois adjugés.

Art. IV. Valide Sa Majefté, en tant que befoin eft ou feroit, les états du produit dudit dixième, arrétés au Confeil depuis l'année 1729, jufques & compris 1754, quoiqu'ils n'aient pas été revêtus de commiffions du grand fceau, à l'effet par ledit fieur l'Éclopé, de pouvoir décerner en vertu du préfent Arrêt, fes contraines pour raifon dudit recouvrement fans néanmoins que ledit fieur l'Éclopé puiffe être tenu d'autre chofe que de la recette, tant des fommes échues qu'à échoir, des Receveurs actuellement en exercice, ni qu'il puiffe être inquiété ni recherché, faute de diligences contre leurs prédéceffeurs, veuves, enfans, héritiers ou ayans caufe.

Art. V. Et comme dans la plûpart defdits états du produit du dixième, que Sa Majefté valide par le préfent Arrêt, il n'a point été fait mention des furmefures & manques de mefures des bois que Sa Majefté a jugé à propos d'affujettir à ladite retenue, ordonne Sa Majefté qu'il fera pareillement arrêté au Confeil un état, dans lequel fera fait emploi en recette & dépenfe defdites furmefures & manques de mefures depuis 1729 ; duquel état fera fait une expédition avec commiffion du grand fceau, pour être également remis audit fieur l'Éclopé, qui fera tenu de faire le recouvrement du dixième defdites furmefures, au profit des pauvres Communautés de Filles Religieufes, & d'en compter en la forme ordinaire, & de faire raifon des manques de mefures, ainfi qu'il appartiendra.

Art. VI. Ordonne Sa Majefté, que conformément auxdits Arrêt & Lettres-Patentes des premier & 22 Avril 1746, ledit fieur l'Éclopé retiendra par les mains, les frais & débourfés qu'il fera obligé de faire à l'occafion dudit recouvrement, & dont il fera tenu de juftifier pardevant les fieurs Commiffaires députés pour le foulagement des Communautés de Filles Religieufes, qui régleront lefdits frais ; & pour l'exécution du préfent Arrêt, feront toutes Lettres néceffaires expédiées. Fait au Confeil d'Erat du Roi, Sa Majefté y étant, tenu à Fontainebleau le douzième jour d'Octobre mil fept cent cinquante-fix. Signé, PHELYPEAUX.

ARREST NOTABLE DU CONSEIL,

QUI ordonne que les Habitans des Communautés de la Province de Champagne, feront tenus de fe conformer aux art. II du titre premier, VII, XII & XVII du tit. XXV de l'Ordonnance de 1669, & à l'Arrêt du Confeil du 2 Septembre 1755, en ce qui concerne les Adjudications des Pâtis, Ufages, Communes, Rivières & Bois taillis.

Fait défenfes aux Intendans & leurs Subdélégués d'en connoître, &c.

Du 2 Novembre 1756.

SUR la Requête préfentée au Roi en fon Confeil par le Procureur de Sa Majefté en la Maîtrife particulière des Eaux & Forêts de Chaumont en Baffigny, contenant que de tems immémorial, les Grands-Maîtres & Officiers des Maîtrifes particulières des Eaux & Forêts ont pris foin d'adminiftrer les biens des Communautés, en ce qui concerne les faits dont la connoiffance leur eft attribuée par les articles II du titre premier, VII & XVII du titre XXV de l'Ordonnance des Eaux & Forêts du mois d'Août 1669, & par une quantité confidérable d'Arrêts du Confeil, notamment celui du 2 Septembre 1755, par lequel Sa Majefté, fans s'arrêter à l'adjudication faite par le fieur Lorain, Subdélégué à Vaffy du fieur Intendant & Commiffaire départi en Champagne, des prés, pâtis & pêches appartenans à la Communauté de Soiffons, que Sa Majefté a caffés & annullés, avec défenfes audit Subdélegué, de faire à l'avenir de pareilles adjudications; cependant plufieurs Subdélégués de Champagne dans le reffort de la Maîtrife de Chaumont, au préjudice defdites Ordonnances & Arrêts, & en contravention des défenfes y portées, font journellement de ces fortes d'adjudications, fous prétexte que par des Arrêts du Confeil, les Intendans des Provinces font autorifés à faire les adjudications des octrois des Villes de leur reffort; c'eft à la faveur de l'interpretation forcée de ces Arrêts, que le fieur Lorain, Subdélégué à Vaffy dudit fieur Intendant de Champagne, a fait l'adjudication du 25 Février 1755, des pâtis de la Communauté de Blaife: que le fieur Maffon, Subdélégué à Bar-fur-Aube, a adjugé la riviere indivife des Communautés de Tranne & Geffain, le 6 Juillet 1751, & les pâtis des Communautés d'Hambonville, Beurville, Soulaine & Thil, enfemble les pâtis & rivieres de Monlhier en l'Ifle les 14 Janvier 1751, 13 Avril 1752, 29 Mars 1753, 25 & 26 Juin 1755; que les fieurs Defourville & Arragebois, Subdélégués à Chaumont, ont adjugé les pâtis de Sarficourt, Mont, Sionne, Vruacourt, Enouvain, Briancourt, Bollogne, Château Villain, Pont-la Bille & Effy, en 1750, 1751, 1754, 1755 & 1756. Que ces Subdélegués, notamment celui de Chaumont veut tellement aggrandir fa Jurifdiction, qu'il a encore engagé ledit fieur Intendant à donner des permiffions de vendre des bois taillis aux Communautés de Bourdon, Forny & Configny, ainfi qu'il réfulte des permiffions qui ont été don-

nées les 9 & 24 Décembre 1755; ce qui a mis le Suppliant dans le cas de
failir les bois coupés en vertu de ces permissions à Bourdon, Forny & Consi-
gny, & de faire alligner les Adjudicataires & Vendeurs, pour voir prononcer la confiscation de ces bois coupés, dont les Adjudicataires n'ont eu leur
main-levée que sur leurs cautions juratoires, parce que ces permissions ont été
données en contravention de l'art. XII du tit. XXV de ladite Ordonnance de
1669, &c.

LE ROI EN SON CONSEIL, ayant aucunement égard à la Requéte,
par grace & fans tirer à conséquence, a confirmé & confirme les différentes
adjudications faites jusqu'à ce jour par les Subdélegués du sieur Intendant &
Commissaire départi en la Généralité de Châlons, des pâtis, usages & rivieres
appartenans à plusieurs Communautés de ladite Province. Ce faisant, a ordonné & ordonne que l'art. II du titre premier, & les articles VII, XII &
XVII du tit. XXV de l'Ordonnance des Eaux & Forêts du mois d'Août 1669,
ensemble l'Arrêt du Conseil du 2 Septembre 1755, feront exécutés felon leur
forme & teneur; ce faisant que les Habitans & Communautés de ladite Province feront tenus de se conformer à l'avenir, pour ce qui concerne les adjudications des pâtis, usages communs, rivieres & bois taillis à ladite Ordonnance de 1669, sous les peines y portées; enjoint Sa Majesté au sieur Telles d'Acosta, Grand-Maître des Eaux & Forêts du Département de Champagne, & aux Officiers des Maîtrises particulières dudit Département, à
tenir chacun en droit soi la main à l'exécution du présent Arrêt, lequel fera
à cet effet enrégistré au Greffe de ladite Maîtrise, pour y avoir recours, si
besoin est, lu, publié, affiché & signifié par-tout & à qui il appartiendra,
& exécuté nonobstant oppositions, récusations, prises-à-partie & autres empéchemens généralement quelconques, pour lesquels ne fera différé, & dont
si aucuns interviennent, Sa Majesté s'en est & à son Conseil réfervée la connoissance, & icelle interdite à toutes fes Cours & autres Juges. FAIT au
Conseil d'Etat du Roi, tenu pour les Finances à Fontainebleau le deux Novembre mil sept cent cinquante-six. Signé, EYNARD.

ARREST DU CONSEIL,

QUI ordonne l'exécution d'une Sentence rendue en la Maîtrise
de Vassy, contre les Syndics & Habitans de Montierender,
pour des Saulx coupés sur une chaussée dépendante de leur
Communauté, en vertu d'une Adjudication faite par le Maire
dudit lieu.

Du 2 Novembre 1756.

SUR la Requête présentée au Roi en son Conseil par le Procureur de Sa Majesté en la Maîtrise particulière des Eaux & Forêts de Vassy, contenant
qu'ayant été informé que les Habitans du bourg de Montierender faisoient
couper des arbres sur une chaussée qui conduit dudit lieu de Montierender à
ce fonds; le Suppliant requit le transport du Corps de la Maîtrise pour recon-

noître l'exploitation, & en dreſſer Procès verbal, & conſtater au vrai le fait
dont il avoit été averti. Que ſur ce Réquiſitoire les Officiers de ladite Maîtriſe
ſont partis le 3 Janvier 1755, & étant arrivés ſur cette chauſſée, & après
avoir fait notifier leur tranſport aux Maire, Syndic & Habitans dudit lieu,
ils ont commencé la reconnoiſſance de cette exploitation, où ils ont trouvé
quarante-ſix étocs de ſaulx fraîchement coupés; qu'ils ont reconnu en même-
temps quantité de cordes de bois, façonnées avec pluſieurs coupes d'arbres
giſſans, le tout provenant deſdits ſaulx: qu'après cette reconnoiſſance, ils ont
interrogé pluſieurs deſdits Habitans préſens à ladite viſite, pour ſçavoir en
vertu de quoi ils s'étoient ingérés à cette exploitation, leſquels leur ont répondu que c'étoit en vertu d'une adjudication faite par le Maire dudit lieu,
le 10 Décembre 1754, que cette réponſe n'étant point ſuffiſante, & le Suppliant ſentant que l'intérêt du Roi & de la Communauté pouvoit en ſouffrir,
ne putſe diſpenſer de requerir la ſaiſie deſdits bois, & de faire aſſigner, tant
ledit Maire, que les Syndics de la Communauté, pour être condamnés aux
peines par eux encourues; que ſur les aſſignations données en conſéquence,
il eſt enfin intervenu Sentence au Siége de ladite Maîtriſe, le 12 Mai 1755,
qui condamne le Maire & le Corps de la Communauté, chacun à 50 liv. d'a-
mende envers Sa Majeſté, & ordonne que les bois ſaiſis ſeront vendus au
Siége de ladite Maîtriſe, pour le prix provenant être employé à la replanta-
tion d'autres arbres ſur ladite chauſſée; que le ſuppliant, après avoir fait ſignifier cette Sentence, s'eſt trouvé arrêté dans ſes fonctions, par un Arrêt du
Parlement du 4 Juin 1755, qui reçoit le Maire de Montierender Appellant de ladite Sentence; & enfin par un ſecond Arrêt obtenu par ledit Maire le
11 Février 1756, lequel en le déchargeant des condamnations contre lui prononcées, déclare nulle & incompétente ladite Sentence, & tout ce qui peut
s'en être enſuivi, que ce n'eſt point tant le délit commis qui a donné lieu au
Suppliant de pourſuivre cette affaire, que l'intérêt particulier du Roi & de la
Juriſdiction, qu'un ſimple Maire a voulu s'arroger au préjudice des droits attachés aux Officiers des Maîtriſes; que ce Maire a non-ſeulement adjugé les
ſaulx ſaiſis, mais encore une grande quantité d'autres ſaulx & peupliers, que
cette entrepriſe ſur la Juriſdiction eſt contraire à toutes les Loix du Royaume,
& peut donner lieu à de grands abus; que le Suppliant en ſa qualité de Precu-
reur de Sa Majeſté, n'a pu voir avec un œil tranquille, cette entrepriſe,
d'autant que par Arrêt du 26 Septembre 1723, Sa Majeſté a fait défenſes aux
Gens de main-morte, de couper aucuns arbres de futaye, de quelque nature &
eſpece qu'ils fuſſent, à peine de 1500 liv. d'amende; & que par autre rendu
le 25 Novembre 1702, les Maire & Syndics de la ville de Saint Dizier, qui
s'étoient pourvus au Conſeil pour obtenir la permiſſion de couper quelques
peupliers & ormes plantés dans les foſſés de ladite Ville, pour y ſervir de promenade, furent renvoyés pardevant le ſieur Malloſt, alors Grand Maître, ou
les Officiers de ladite Maîtriſe de Saint Dizier en ſon abſence, pour être par
eux procédé à la vente & adjudication deſdits arbres en la maniere accoutumée; ce qui prouve bien clairement que ceux dont il s'agit, ſont vraiement
ſoumis à la Juriſdiction des Eaux & Forêts; que ces Arrêts ſont bien ſuffiſans
pour autoriſer les démarches du Suppliant, ſans en citer quantité d'autres qui
interdiſent à toute Juriſdiction en premiere Inſtance, la connoiſſance de tout

ce qui a rapport à la matiere des Eaux & Forêts; que le cas dont il s'agit, eft doublement de la compétence des Officiers de la Maitrife de Vaffy, parce que d'un côté, il s'agit de bois & arbres coupés, & d'un autre côté, que ces arbres font plantés fur une chauffée qui fert de grand chemin, fur lefquels les Officiers des Maîtrifes ont une pleine Jurifdiction; que toutes ces circonftances forcent le Suppliant de recourir à l'autorité de Sa Majefté, non-feulement pour faire prononcer la validité de ladite Sentence du 12 Mai 1755, mais encore pour faire annuller l'Arrêt du 11 Février 1756. A CES CAUSES, &c.

LE ROI EN SON CONSEIL, ayant égard à la Requête, fans s'arrêter à l'Arrêt du Parlement de Paris du 11 Février 1756, a ordonné & ordonne que la Sentence de la Maîtrife particulière des Eaux & Forêts de Vaffy, rendue pour raifon du fait dont il s'agit, le 12 Mai 1755, fera exécutée felon fa forme & teneur, & fera le préfent Arrêt exécuté nonobftant oppofitions ou autres empêchemens généralement quelconques, pour lefquels ne fera différé, & dont fi aucuns interviennent, Sa Majefté s'en eft & à fon Confeil réfervée la connoiffance, & icelle interdite à toutes fes Cours & autres Juges. FAIT au Confeil d'Etat du Roi, tenu pour les Finances, à Fontainebleau le deux Novembre mil fept cent cinquante-fix. *Signé*, EYNARD.

ARREST DU CONSEIL,

QUI confirme une Sentence rendue en la Maîtrife de l'Ifle-Jourdain, contre les Confuls de la Ville de Grenade, pour raifon de Chanvres trouvés rouiffans dans la Rivière de Save, & néanmoins par grace les décharge des amendes portées par ladite Sentence.

Du 28 Décembre 1756.

VU au Confeil d'Etat du Roi la Sentence rendue en la Maîtrife particulière de l'Ifle Jourdain le 21 Août 1756, par laquelle les Confuls de la ville de Grenade-fur-Garonne ont été condamnés en 500 liv. d'amende, & en pareille fomme de reftitution au profit de Sa Majefté, pour raifon du chanvre trouvé rouiffant dans la riviere de Save, contre les difpofitions de l'Ordonnance des Eaux & Forêts du mois d'Août 1669, ainfi qu'il réfulte du Procès du Garde Général de ladite Maîtrife du 2 du même mois, & la requête defdits Confuls, tendante à ce qu'il plaife à Sa Majefté les décharger defdites amendes. Oui le rapport, &c.

LE ROI EN SON CONSEIL, ayant égard à ladite Requête par grace, & fans tirer à conféquence, a déchargé & décharge les Supplians de l'amende de 500 liv. & de pareille fomme de reftitution, prononcée contr'eux au profit de Sa Majefté, par Sentence de la Maîtrife particulière de l'Ifle Jourdain le 21 Août 1756; & fera le préfent Arrêt enrégiftré au Greffe de ladite Maîtrife, pour y avoir recours, fi befoin eft. FAIT au Confeil d'Etat du Roi, tenu pour les Finances à Verfailles le vingt-huit Décembre mil fept cent cinquante-fix. *Signé*, EYNARD.

Tome II. Bbbb

ARREST NOTABLE DU CONSEIL,

QUI maintient les Officiers de la Maîtrise d'Angers dans le droit
de connoître, à l'exclusion de ceux de la Sénéchauffée de la
même Ville, de ce qui concerne le Pâturage dans les Prés
qui deviennent communs après la premiere herbe, &c.

Du 25 Janvier 1757.

SUR la Requête préfentée au Roi en fon Confeil par les Officiers de
la Maîtrife des Eaux & Forêts d'Angers, contenant que, dans l'obligation
où ils font de conferver les droits de la Jurifdiction que Sa Majefté leur a confiée, ils ont recours à fon autorité pour faire ceffer une entreprife que viennent
de commettre fur leurs fonctions les Officiers de la Sénéchauffée & Préfidial
d'Angers ; les Maîtrifes des Eaux & Forêts font inconteftablement feules
compétentes dès l'origine de leur établiffement, de connoître des communes,
landes, marais, pâtis & pâturages, & de la police qui doit y être obfervée,
ainfi que des contraventions qui peuvent être commifes en cette partie ; mais
indépendamment du droit général, c'eft ce qui a été particuliérement réglé
par un Arrêt du Confeil, rendu contradictoirement entre la Sénéchauffée &
Préfidial d'Angers & la Maîtrife de la même Ville, dès le premier Mars mil fix
cent quarante-un ; Arrêt qui a eu pour objet de former un Réglement fur les
droits des deux Jurifdictions, & dont un article ordonne que les Officiers
des Eaux & Forêts d'Angers connoîtront privativement à ceux de la Sénéchauffée, des communes, landes, pâtis, pâturages, ufages, prés & marais
tant du Roi, que des Eccléfiaftiques, Communautés & Particuliers, comme
auffi par prévention fur les Officiers des Seigneurs particuliers, au cas que
leurs prés foient communs, après la premiere herbe coupée, tant pour le Réglement defdites chofes & droits y prétendus, qu'abus & malverfations qui
s'y commettront ; le droit des Supplians fur ce point eft encore confirmé par
l'Ordonnance des Eaux & Forêts du mois d'Août 1669, titre premier, article
deux, & par une infinité de Réglemens, notamment par celui du 19 Juin
1731, rendu entre les Officiers des Eaux & Forêts de la Vicomté d'Auge,
& les Juges ordinaires du même lieu ; c'eft en vertu de ces Réglemens, que le
Grand-Maître des Eaux & Forêts au Département des Provinces de Touraine,
Anjou & le Maine, a rendu le 12 Août 1756, de l'avis des Officiers & fur
la requifition du Procureur de Sa Majefté en ladite Maîtrife d'Angers, une
Ordonnance fur ce qui a été repréfenté par le Procureur de Sa Majefté que les
débordemens des rivieres du reffort de cette Maîtrife avoient inondé les prairies dont le paccage eft commun, après que la premiere herbe a été coupée ;
que ces débordemens avoient été réitérés, de forte que l'herbe ne pouvoir être
fauchée que dans le mois fuivant ; que dans circonftances, quoiqu'il fût d'u-
fage que le paccage commun dans ces fortes de prairies commençât au 15 du
mois d'Août, il étoit néceffaire de le retarder pour cette année, jufqu'au 20

Septembre ; le Grand-Maître en conféquence & les Supplians ont fait défenfes
à tous Ufagers des prairies communes , après la premiere herbe dans l'étendue de ladite Maîtrife d'Angers , d'y envoyer paître , paccager , ou laiffer
vaguer aucuns beftiaux avant le 20 Septembre , ou que les prairies foient totalement fauchées & tous foins enlevés , à peine de 20 liv. d'amende contre
chacun des contrevenans , & de faifie & confifcation des beftiaux : dans cet
état , les Officiers de la Sénéchauffée ont affeété fur le Réquifitoire d'un feul
Avocat du Roi , de rendre le 24 du même mois d'Août une Ordonnance femblable qui ne differe qu'en ce qu'elle proroge jufqu'au premier Oétobre le délai pour envoyer les beftiaux dans les prairies communes , que les Supplians
avoient fixées au 20 Septembre. Les Supplians ont d'ailleurs eu connoiffance
de quelques procédures faites en exécution de cette Ordonnance de la Sénéchauffée , defquelles il réfulte que trois Gardes du Comté de Serran , quoique
reçus , & ayant prêté ferment en la Maîtrife , ont le 11 Septembre fait un prétendu rapport devant le Lieutenant Général de la Sénéchauffée contre le nommé Lorry , Metayer de la Paroiffe de Laveniere qu'ils ont accufé de contravention par lui commife le 31 Août précédent , à l'Ordonnance de la Sénéchauffée ; que fur ce prétendu rapport , le Procureur du Roi de la Sénéchauffée a formé contre ledit Lorry une demande fur laquelle par Ordonnance du
même jour 11 Septembre , il lui a été permis de faire affigner ; & par Sentence
de la Sénéchauffée du 25 du même mois de Septembre Lorry a été condamné
à 6 liv. d'amende , & au coût de la remontrance du Procureur du Roi , & de
la Sentence , à l'exécution de laquelle il a été contraint ; c'eft ce qui excite
les juftes plaintes des Supplians , &c.

LE ROI EN SON CONSEIL , ayant égard à la Requête , fans
s'arrêter à l'Ordonnance rendue par les Officiers de la Sénéchauffée d'Angers le 24 Août 1756 , que Sa Majefté a caffée & annullée , ainfi que tout ce
qui peut s'en être fuivi , a ordonné & ordonne que l'Arrêt du Confeil du 1
Mars 1641 , & l'Ordonnance du fieur l'Evêque de Gravelle , Grand-Maître
des Eaux & Forêts du Département de Touraine , Anjou & le Maine du 12
Août audit an 1756 , feront exécutés felon leur forme & teneur; fait Sa Majefté défenfes aux Officiers de ladite Sénéchauffée , de plus entreprendre à l'a-
venir fur les fonétions attribuées aux Officiers des Eaux & Forêts ; & fera le
préfent Arrêt exécuté nonobftant oppofitions ou autres empêchemens généralement quelconques , pour lefquels ne fera différé , & dont fi aucuns interviennent , Sa Majefté s'en eft & à fon Confeil réfervée la connoiffance , & icelle
interdite à toutes fes Cours & autres Juges. FAIT au Confeil d'Etat du Roi ,
tenu pour les Finances à Verfailles le vingt-cinq Janvier mil fept cent cinquante-fept. Signé , BERGERET.

ARREST DU PARLEMENT DE BRETAGNE,

RENDU fur les Conclufions de M. le Procureur Général du
Roi, portant Réglement pour les Paroiffes de Bourfeul, Ploret, Pluduno & Plancouet ; avec défenfes de chaffer & mettre
des Lins & Chanvres dans les Rivières & Etangs.

Du 31 Janvier 1757.

Extrait des Regiftres du Parlement.

VU par la Cour la Requête de Meffire Ange-Annibal de Bedée, Chevalier,
Sieur de la Bouétardaye, rendante, pour les caufes y contenues, à ce qu'il
plût à la Cour, ayant égard à l'expofé, ordonner que les Ordonnances, Arrêts & Réglemens de la Cour feront bien & duement exécutés aux Paroiffes de Bourfeul, Ploret, Pluduno & Plancouet, &c.

LA COUR, faifant droit fur ladite Requête, enfemble fur les Conclufions du Procureur Général du Roi, a ordonné & ordonne que les Ordonnances, enfemble les Arrêts & Réglemens d'icelle, touchant le port d'Armes & la
Chaffe, feront bien & duement exécutés : ce faifant, a fait inhibitions & défenfes à toutes perfonnes qui n'ont droit par leur naiffance ou leurs emplois de
porter épées ou armes à feu, fors en cas de voyage, fous peine de confifcation
defdites armes & épées dont ils fe trouveront faifis, & d'être procédé contr'eux
fuivant la rigueur des Ordonnances, Arrêts & Réglemens d'icelle Cour. Fait
pareillement défenfes à tous Particuliers qui n'ont droit de porter d'armes ni de
chaffer, fous les peines fufdites, & à tous autres qui ont lefdits droits, d'en
ufer dans les tems prohibés par lefdites Ordonnances. Fait en outre ladite Cour
défenfes de tendre lacs, tiraffes, tonnelles, bricolles, fils d'archal, retz ou
colliers pour prendre le gibier à poil ou à plume, & d'ufer de feu à cet égard,
ni de mettre lins & chanvres à rouir dans les rivieres & étangs, le tout fous les
peines qui y échéent. Enjoint à toutes perfonnes ayant chiens, de les tenir à
l'attache depuis le matin fix heures, jufqu'à dix heures du foir, fous peine d'a-
mende de trois livres encourue par le feul fait, & aux Procureurs Fifcaux des
lieux, de tenir la main à l'exécution du préfent Arrêt ; finalement, ordonne
que l'ancien ufage touchant les fonneries des glas, fera obfervé dans lefdites
Paroiffes, & fait défenfes aux Sacriftains d'y contrevenir, fous peine d'a-
mende de trois livres, & que le préfent Arrêt fera lu, publié & enrégiftré fur
les regiftres defdites Paroiffes, & a commis le premier Huiffier ou Sergent Haut-
Jufticier, pour faire tous exploits & fignifications à ce néceffaires. FAIT en
Parlement à Rennes le trente-un Janvier mil fept cent cinquante-fept. Signé,
L. C. PICQUET.

ARREST NOTABLE DU CONSEIL,

QUI maintient les Officiers des Maîtrifes dans le droit de connoître des mauvais traitemens faits aux Gardes & Huiſſiers, &
des violences par eux commiſes dans l'exercice de leurs fonctions, à l'excluſion des Juges ordinaires, &c.

Du 15 Février 1757.

SUR la Requête préſentée au Roi en ſon Conſeil, par le Procureur de Sa
Majeſté, en la Maîtriſe Particuliere des Eaux & Forêts de Compiegne, contenant que Jacques Cranois, Sergent à Garde de la Forêt de Cuiſſe dite de
Compiegne en la Garde de Berne, Jacques Gabriel Pouy auſſi Sergent à
Garde de ladite Forêt en la Garde des Mars-Saint-Louis, & Jean Lemer,
Huiſſier Audiencier en ladite Maîtriſe, faiſant le 4 Février 1757, leurs tournées & perquiſitions ordinaires dans les rues de la Ville de Compiegne
pour y empêcher la vente du Bois de délit, & étant parvenus ſur les ſept
heures & demie du ſoir dans la rue du Pont-Neuf, ils y auroient rencontré un
Habitant de ladite Ville à eux inconnu, ayant une charge de bois de chêne
vif, fendu par quartiers provenans d'un corps d'arbres coupé dans ladite Forêts avec taillant, dont le port eſt défendu ſous peine de priſon ; qu'ayant
ſommé pluſieurs & diverſes fois ce particulier inconnu de leur dire ſon nom
il en auroit fait refus, enſorte que leſdits deux Gardes & ledit Lemer, Huiſſier Audiencier, ſe ſaiſirent de ſa perſonne, & qu'ayant voulu conſtituer ledit inconnu priſonnier pour ſureté de l'amende par lui encourue, il auroit à
l'inſtant fait rébellion auſdits deux Gardes & Huiſſier, & tandis qu'il les
maltraitoit fortement il auroit crié à ſon ſecours ce qui auroit à l'inſtant attiré
un grand nombre d'hommes & de femmes auſſi à eux inconnus, qui ſe ſeroient oppoſés & auroient formellement empêché les deux Gardes & Huiſſier, de mettre ledit inconnu en priſon, en exerçant ſur eux les plus grandes
violences; de maniere que les deux Gardes & Huiſſier voulant pour prévenir de plus grands excès, ſe débaraſſer de cette populace qui en vouloit à
leur vie, eurent bien de la peine à ſe tirer de leurs mains pour prendre la
fuite de côté & d'autre; que les deux Gardes & Huiſſier firent le même
jour leur rapport tant contre ledit inconnu, que contre les particuliers qui
s'étoient joints à lui, de la rébellion ouverte, & des violences exercées contr'-
eux ledit jour 4 Février, lequel rapport ils ont affirmé véritable & dépoſé
le lendemain 5 des même mois & an, que ſur ce rapport & les concluſions
du Suppliant, il fut ordonné le même jour 9 que leſdits Gardes & Huiſſier s'informeroient des noms & ſurnoms tant dudit Délinquant inconnu,
que des particuliers qui avoient fait ladite rébellion, & exercés leſdites violences; qu'en exécution dudit jugement leſdits deux Gardes & Huiſſier ont
rapporté par leur Déclaration du même jour dépoſée au Greffe de ladite
Maîtriſe, que le Délinquant ſe nommoit Louis Barbier, Compagnon de ri-

viere, & que c'éroit le nommé Jean de Natte, Maître Boulanger, près le Pont - Neuf dudit Compiegne qui avoit ameuté contr'eux toute la populace; que ledit Barbier pour couvrir fon délit, & en même temps échapper aux peines que mérite fa rébellion, & les violences par eux exercées s'eft avifé de préfenter au fieur de la Valiée, Lieutenant Général, Civil & Criminel de la Ville de Compiegne, fa plainte contre lefdits Gardes & Huiffier, pour dépouiller ladite Maîtrife de la connoiffance de cette rixe, & exciter un conflit de Jurifdiction; que fur l'information faite le 7 dudit mois de Février par ce Juge, & dans laquelle il a entendu comme témoins un grand nombre de Délinquans ordinaires, il a décerné contre lefdits deux Gardes & Huiffier le 8 du même mois, un décret de prife de corps à eux fignifié le 10, fous prétexte de mauvais traitemens exercés par lefdits deux Gardes & Huiffier contre ledit Barbier dans la rixe dont il s'agit; ledit fieur Lieutenant Général lui a accordé une provifion de 300 livres par Sentence du 9 dudit mois de Février auffi fignifiée le 10 du même mois, & que pour fe mettre à couvert de femblables pourfuites quoique faites par un Juge incompétent, lefdits deux Gardes & Huiffier ont été obligés de s'abfenter, & de laiffer à l'abandon dans une faifon rigoureufe les deux Gardes les plus étendues de ladite Forêt, &c.

LE ROI EN SON CONSEIL, ayant égard à la Requête, a ordonné & ordonne que les articles premier, 2 & 14 du titre premier de l'Ordonnance des Eaux & Forêts du mois d'Août 1669, feront exécutés felon leur forme & teneur, en conféquence fans s'arrêter à la procédure extraordinaire commencée fur la plainte du nommé Louis Barbier, par le Lieutenant Général Civil & Criminel au Bailliage de Compiegne, à la Sentence de provifion prononcée contre les nommés Tramoy & Pouy, Gardes Bois de la Forêt de Compiegne, & Lemer Huiffier Audiencier en la Maîtrife particuliere de Compiegne, & au décret de prife de corps décerné contr'eux par ledit Lieutenant Général le 8 Février 1757, que Sa Majefté a caffé & annullé ainfi que tout ce qui peut s'en être enfuivi, a renvoyé & renvoie ledit Barbier à fe pourvoir pardevant lefdits Officiers de ladite Maîtrife de Compiegne contre lefdits Tramoy, Pouy & Lemer, ainfi qu'il avifera bon être. Fait Sa Majefté très-expreffes inhibitions & défenfes auxdits Barbier de fe pourvoir pour raifon du fait dont il s'agit, ailleurs qu'en ladite Maîtrife, à peine de nullité, caffation de procédures, 1000 livres d'amende & de tous dépens, dommages & intérêts, & fera le préfent Arrêt exécuté, nonobftant oppofitions & autres empêchemens généralement quelconques, pour lefquels ne fera différé, & dont fi aucuns interviennent, Sa Majefté s'en eft & à fon Confeil réfervée la connoiffance, & icelle interdite à toutes fes Cours & autres Juges. FAIT au Confeil d'Etat du Roi, tenu pour les Finances, à Verfailles le quinze Février mil fept cent cinquante - fept. Signé, BERGERET.

ARREST DU CONSEIL,

PORTANT Réglement pour la coupe des Bois de Futaye", Arbres épars & Baliveaux fur taillis, tant des Eccléfiastiques, Communautés & autres Gens de Main-morte, que des Particuliers, &c.

Du premier Mars 1757.

LE ROI S'ÉTANT EN SON CONSEIL fait repréfenter, Sa Majefté y étant, l'Ordonnance du mois d'Août 1669, titre des Bois à bâtir appartenans tant aux Eccléfiastiques, Gens de Main-Morte, Communautés & Habitans des Paroiffes, qu'aux Particuliers, l'Arrêt du Confeil du 21 Septembre 1700, fervant de Réglement pour les bois propres au fervice de la Marine, celui du 23 Juillet 1748 qui fait défenfes aux Communautés Eccléfiastiques, féculieres, régulieres, laïques & même aux Particuliers Propriétaires des Bois, de quelque qualité & condition qu'ils foient, de faire abattre aucuns arbres futaie ou épars, ou baliveaux fur taillis qui auroient été marqués du Marteau de la Marine, Sa Majefté auroit reconnu que fi les précautions prifes par l'Arrêt du 21 Septembre 1700, pour mettre les Commiffaires de la Marine à portée de reconnoître les bois qui pourroient être propres pource fervice, ont paru fuffifantes, c'eft qu'alors la difficulté du tranfport qui s'oppofoit à l'ufage que l'on pouvoit faire de ces Bois, rendoit les recherches au-delà de la diftance fixée par ce Réglement, totalement inutiles, & que d'ailleurs les reffources étoient beaucoup plus abondantes, mais la rareté des bois de conftruction qui augmente de plus en plus, & les facilités que procurent aujourd'hui les grands chemins, au défaut de rivieres navigables, ont déterminé Sa Majefté à autorifer la recherche de ces bois partout où il s'en pourroit trouver, fans confidérer les diftances de la Mer ou des Rivieres, en obligeant tous les Propriétaires qui voudront faire couper leurs bois de futaie, à en faire leur déclaration fix mois auparavant, aux Greffe des Maîtrifes particulieres des lieux, à quoi Sa Majefté défirant pourvoir, oui le rapport; &c.

LE ROI ETANT EN SON CONSEIL, a ordonné & ordonne que les articles contenus fous les titres des bois à bâtir pour les Maifons Royales & bâtimens de Mer, des bois appartenans aux Eccléfiastiques & Gens de Main-Morte, Communautés & Habitans des Paroiffes & celui des bois appartenant aux Particuliers, de l'Ordonnance des Eaux & Forêts du mois d'Août 1669, enfemble l'Arrêt du Confeil du 21 Septembre 1700, feront exécutés felon leur forme & teneur ; & iceux interprétant en tant que befoin eft ou feroit, ordonné & ordonne que tous Propriétaires de bois de futaie, arbres épars, ou baliveaux fur taillis dans quelques lieux & endroits qu'ils foient fitués, & à quelque diftance que ce foit de la mer, ou des Rivieres navigables, feront tenus fix mois auparavant de les couper d'en faire leur déclaration au Greffe de la Maîtrife particuliere des Eaux & Forêts des lieux

& faire mention de la quantité, qualité, eſſence, age & ſituation deſdits Bois, à peine de 3000 livres d'amende, & de confiſcation des Bois coupés, ſans que ces déclarations puiſſent être faites ailleurs qu'aux Greffes des Maîtriſes Royales dans l'étendue deſquelles les Bois feront ſitués. Fait en conſéquence Sa Majeſté très-expreſſes inhibitions & défenſes à tous Greffiers des Juſtices Seigneuriales, ſous quelques titres & qualifications qu'elles ſoient connues de recevoir ces déclarations, à peine de nullité & de 500 livres d'amende qui ne pourra être réputée comminatoire ; enjoint Sa Majeſté aux Greffiers des Maîtriſes de ſe conformer au ſurplus à ce qui eſt preſcrit par l'article 5 de l'Arrêt du Conſeil du 21 Septembre 1700, ordonne pareillement Sa Majeſté que l'Arrêt du Conſeil du 23 Juillet 1748. ſera exécuté ſelon ſa forme & teneur ; en conſéquence, fait Sa Majeſté très-expreſſes inhibitions & défenſes aux Communautés Eccléſiaſtiques, ſéculieres, régulieres & laïques, même aux Particuliers, Propriétaires des Bois de quelque qualité & condition qu'ils ſoient de faire abattre à l'avenir, ſous quelque prétexte que ce ſoit aucuns arbres futaie ou épars, balliveaux ſur taillis qui auront été marqués du Marteau de la Marine pour le ſervice ſoit préſent, ſoit avenir de ladite Marine, à peine de confiſcation deſdits arbres & baliveaux, & de 3000 livres d'amende pour la premiere contravention, qui ne pourra être réputée comminatoire, & de plus grande peine en cas de récidive ; enjoint Sa Majeſté aux ſieurs Grands-Maîtres des Eaux & Forêts, & aux Officiers des Maîtriſes particulières de rechercher ceux qui contreviendront au préſent Arrêt & tant aux Grands-Maîtres qu'aux Officiers dſd. Maîtriſes de tenir chacun en droit ſoi, la main à l'exécution d'icelui; ordonne qu'à la diligence des Procureurs de Sa Majeſté des Maîtriſes, il ſera lû, publié, affiché & ſignifié par-tout & à qui il appartiendra, & exécuté nonobſtant oppoſitions ou autres empêchemens généralement quelconques, pour leſquels ne ſera différé, & dont ſi aucuns interviennent, Sa Majeſté s'en eſt, & à ſon Conſeil, réſervée la connoiſſance, & icelle interdit à toutes ſes Cours & autres Juges. F A I T au Conſeil d'Etat du Roi, tenu pour les Finances, à Verſailles, le premier Mars mil ſept cent cinquante-ſept. *Signé*, BERGERET.

ARREST NOTABLE DU CONSEIL,

QUI annulle une Audience tenue au Siége de la Maîtriſe d'Avalon par les Gradués ſans Commiſſion, & en l'abſence des Officiers d'icelle.

Du premier Mars 1757.

S U R la Requête préſentée au Roi en ſon Conſeil par les Officiers de la Maîtriſe Particuliere des Eaux & Forêts d'Avalon, contenant que l'Ordonnance des Eaux & Forêts du mois d'Août 1669, n'attribue qu'aux Maîtres particuliers, Lieutenans & Gardes-Marteaux des Maîtriſes de tenir l'Audience

dience defdits Siéges, fuivant les articles 2 du titre 2 , 3 du titre 4 , &
premier du titre 5 , que par l'article 3 du titre 5, le Lieutenant ne peut
défemparer le Siége , particulierement aux jours & heures d'Audience qu'a-
près avoir averti le Maître , ou Garde-Marteau , afin qu'ils fuppléent en
fon abfence pour l'adminiftration de la Juftice, enforte que le Siége foit
toujours rempli par les Officiers de la Maîtrife ce qui porte une exclufion
particuliere de tous Avocats & Praticiens, pour adminiftrer la Juftice ,
comme le déclare encore l'article premier du titre 7 de la même Ordonnance ; que cette exclufion paroît fondée fur plufieurs motifs très impor-
tans , entr'autres fur ce que les Avocats & Praticiens en général ne font pas
au fait de la matiere , comme les Officiers des Maîtrifes qui en font leur
étude particuliere & les devoirs de leur état; cette capacité eft tellement
requife, que par l'article 16 du titre premier de ladite Ordonnance, nul ne
peut être reçu dans aucun Office de Judicature des Eaux & Forêts, qu'il
n'ait fubi l'interrogatoire, & n'ait répondu avec fuffifance fur ladite Ordonnance, examen, que les Avocats & Praticiens n'ont jamais fubi fur
cette matiere extraordinaire & privilégiée , qui n'eft point du reffort des
autres Jurifdictions , une autre raifon décifive pour cette exclufion eft que
par l'article 8 du titre 2 , il eft défendu à tous Officiers des Maîtrifes de tenir aucun Office de Seigneur, parce que les Officiers des Maîtrifes ne doivent point être diftraits par d'autres fonctions, & que d'ailleurs ils feroient
à portée de favorifer les délits, & contraventions dans les Bois des Particuliers; qu'il eft notoire que dans toutes les Villes où font établis les Siéges
des Maîtrifes , & notamment en celle d'Avalon, les Avocats & Praticiens
poffédent les Offices des Juftices Seigneuriales, que ces régles ne pourroient
donc recevoir d'exception que dans des cas preffans , de pure inftruction
ou de commiffion de la part du fieur Grand-Maître, lorfque les Officiers par
empêchemens légitimes font exclus de la connoiffance. Que nonobftant toutes les dipofitions précifes de l'Ordonnance , le 14 Août 1753, pendant que
les Officiers de la Maîtrife d'Avalon étoient occupés aux ballivage & martelage des bois du Roi , & que le Lieutenant avoit mis fa perfonne en fureté
contre un décret de prife de corps dont il étoit menacé, enfuite d'un *veniat*,
par les Officiers de la Table de Marbre pour avoir adjugé conformément à
l'Ordonnance & Arrêts du Confeil, des frais de rapport de Gardes, & des frais
d'Huiffier, le fieur Philibeau, comme plus ancien Gradué s'eft immifcé de
tenir l'Audience ou fur les conclufions d'un autre Gradué , il a rendu deux
jugemens dans les deux caufes portées devant lui ; par lefquels non-feulement
il a contrevenu aux loix les plus claires, mais encore il a réformé & annullé
des Procès-verbaux des deux principaux Officiers du Siége que ce Gradué
rempliffoit par emprunt, &c.

LE ROI EN SON CONSEIL , ayant aucunement égard à la Requête,
a caffé & annullé les Sentences rendues par le fieur Philibeau, Avocat au Siége de la Maîtrife particuliere des Eaux & Forêts d'Avalon le 14 Août 1753,
ainfi que tout ce qui peut s'en être enfuivi; & fera le préfent Arrêt enregiftré
au Greffe de ladite Maîtrife, & exécuté nonobftant oppofitions, ou autres
empêchemens généralement quelconques, pour lefquels ne fera différé , &
dont fi aucuns interviennent, Sa Majefté s'en eft & à fon Confeil réfervée

la connoiffance, & icelle interdite à toutes fes Cours & autres Juges. F A I T
au Confeil d'Etat du Roi, tenu pour les Finances à Verfailles le deux Mars
mil fept cent cinquante-fept. *Signé*, B E R G E R E T.

ORDONNANCE
DE M. LE GRAND-MAISTRE
DES EAUX ET FORESTS DE FRANCE
AU DÉPARTEMENT DE PARIS ET ISLE DE FRANCE,

PORTANT Réglement pour la Police & Confervation des
Bois communaux de la Paroiffe de Torcy en Brie, & défenfes
aux Habitans de ladite Paroiffe, après le temps de coupe paffé, & à toute autre perfonne d'entrer dans lefdits Bois avec
Serpes, Coignées & autres Ferremens, même d'y ramaffer du
Bois fec, fous quelque prétexte que ce foit, fous les peines &
amendes y portées.

Du 15 Mars 1757.

V U la Requête préfentée par les Syndic & Habitans de la Paroiffe de Tor-
cy-en-Brie, expofitive qu'il leur appartient des Bois communaux, pour la
garde defquels il a été nommé Barthelemy Seguin, l'un des Habitans dudit Torcy, lequel Garde depuis quelques années a non feulement négligé de
garder lefdits Bois, mais encore fouffert plufieurs Habitans tant de ladite
Paroiffe de Torcy, que d'autres Paroiffes voifines abattre & enlever des
bois dans lefdits Bois communaux, defquels Habitans il exigeoit des fommes
qu'il appliquoit à fon profit, enforte que tout cela a caufé & caufe des dommages confidérables aufdits Bois communaux; malgré les reproches que les
Syndic & plufieurs Habitans de ladite Paroiffe de Torcy, ayent pû lui faire,
il n'a ceffé de fouffrir les délits & dommages qui font faits dans lefdits
Bois communaux, qu'ils ont un intérêt fenfible d'empêcher la continuation de ces entreprifes caufées par ledit Seguin & de le faire deftituer de la
garde defdits bois, & nommer un autre en fon lieu & place, pour quoi requeroient qu'il Nous plût révoquer ledit Seguin, de la garde defdits Bois, &
nommer ledit Quetier, dit la Joie, l'un des Habitans de ladite Paroiffe de
Torcy, qu'ils efperent qui fera fon devoir en honnête homme en ladite garde;
ce faifant, ordonner qu'il fera reçû, en la maniere accoutumée; qu'il nous
plût pareillement ordonner qu'il fût fait, à la requête & diligence du Procureur Syndic de ladite Paroiffe de Torcy, un Procès verbal de vifite des
délits & dommages caufés jufqu'à préfent dans les fufdits bois communaux
pour la décharge dudit Quetier, & faire connoître qu'il n'entend point qu'à

l'avenir il soit fait de pareils délits & dommages dans les susdits bois , lequel Procès-verbal seroit fait , pour éviter à frais , par un des Sergens de la Châtellenie de Torcy ; ordonner qu'à l'avenir les portions de bois distribuées par chacune année aux Habitans de ladite Paroisse , seront coupées & enlevées dans le temps prescrit par l'Ordonnance , afin que le bois des susdites portions puisse pousser sans qu'il puisse en être empêché par les Voitures & les Ramiers qui y séjournent ; sinon & à faute de ce faire , que ces mêmes portions de bois seront vendues à la requête & diligence dudit Syndic , à la porte de l'Eglise dudit lieu de Torcy , sans autres formalités , & les deniers en provenans appliqués au profit de ladite Paroisse ; faire défenses ausdits Habitans de la Paroisse de Torcy & à tous autres d'entrer dans lesdits bois après le temps porté par ladite Ordonnance , avec Serpes & autres outils , mais seulement pour y faire & ramasser le bois sec , à peine de telle amende qu'il Nous plairoit arbitrer. Enjoindre aux Gardes & Syndic de ladite Paroisse de marquer les baliveaux qui doivent être laissés dans chaque portion desdits bois , d'une empreinte du Marteau du Seigneur dudit lieu ; ordonner en outre qu'à l'avenir le Garde desdits bois fera ses rapports contre les personnes qu'il trouvera en flagrant délit dans lesdits bois , au Greffe de la Châtellenie de Torcy & contre ceux qui y laisseront aller ou y conduiront paître leurs bestiaux , afin que le Syndic puisse en avoir connoissance & les lever audit Greffe, pour être lesdits Délinquans poursuivis & punis suivant la rigueur de ladite Ordonnance & privés à l'avenir , lorsque ce sera des Habitans de Torcy qui causeront les délits , des portions de bois à eux revenantes , & à ce que personne n'en ignore; ordonner que notre Ordonnance seroit imprimée , lue, publiée & affichée par-tout où besoin seroit; ladite Requête signée Loyal, le Rat, Syndic, Moreau, Jardin, Tescié, Imbault, Simonet, Noel, Lemoine, N. Godde & autres, tous Habitans dudit lieu de Torcy ; notre Ordonnance desoit communiqué au Procureur du Roi, étant au bas d'icelle du 30 Décembre 1756, les conclusions dudit Procureur du Roi, & tout considéré : Nous ordonnons que le titre des Bois communaux des Habitans des Paroisses de l'Ordonnance des Eaux & Forêts du mois d'Août 1669 , Arrêts & Réglement à ce sujet , notamment l'Arrêt du Conseil & notre Ordonnance des 20 Mai & premier Juin 1727, le Procès-verbal des Officiers de la Maîtrise des Eaux & Forêts de Paris du 16 Juin 1728 , d'apposition du quart en réserve ès Bois des Supplians & Réglemens des trois quarts restans d'iceux en coupes ordinaires & annuelles de taillis réglés à l'âge de vingt-cinq ans pour être exploités de proche en proche, suivant le bornage qui en a été fait pour distinguer lesdites coupes annuelles les unes des autres, sous la réserve des baliveaux anciens & modernes qui s'y trouveront, & en outre de vingt-cinq baliveaux de l'âge du taillis par arpent sur chacune desdites coupes, seront exécutés selon leur forme & teneur ; ce faisant , que lesdits Habitans de Torcy seront tenus de faire l'exploitation desdites coupes ordinaires de leurs taillis, de suite & de proche en proche , ainsi qu'elles sont désignées & bornées audit Procès-verbal susdaté; qu'avant de commencer lesdites coupes chacune année , le Syndic de la Paroisse fera tirer une ligne droite d'une borne à l'autre à la séparation de la vente en usance d'avec celle destinée pour l'année suivante , de marquer & retenir sur ladite vente le nombre de vingt-cinq baliveaux de l'âge du taillis

par chacun arpent, des plus beaux brins, effence de chêne, de la quantité
totale, defquels fera dreffé Procès-verbal par le Garde defdits bois; qu'après
la répartition des lots aux Ufagers, les baliveaux fur chacun defdits lots feront donnés en compte & nombre à celui qui fera l'exploitation, lequel en
demeurera refponfable & tenu d'en faire la repréfentation lors du récollement
fous les peines & amendes portées par l'Ordonnance & Réglement; que lefdits Ufagers, chacun en droit foi, en feront la coupe dans le 15 Avril, &
l'enlévement des Bois en provenans dans le premier Septembre de chacune
année, à peine, ledit premier Septembre paffé, de confifcation des Bois qui
s'y trouveront, lefquels fur le Procès-verbal du Garde, feront vendus par les
Syndic & Marguilliers à la porte de l'Eglife dudit lieu de Torcy, fans autre
formalité, & les deniers provenans de ladite vente appliqués au profit de l'E-
glife dudit lieu de Torcy; le temps de l'exploitation defdits Bois paffé, faifons
défenfes aufdits Habitans de Torcy & à tous autres de fréquenter & entrer
efdits Bois communaux avec ferpe, coignée & aucuns ferremens fous quelque prétexte que ce foit, même d'y ramaffer du bois féc, à peine contre les
contrevenans, s'ils font Ufagers, de privation de leur lot d'ufage pour l'année qu'ils auront contrevenu au préfent Réglement, en outre des amendes &
reftitutions fuivant l'exigence des cas, même de plus grande peine en cas de
récidive, ce qui ne pourra être réputé comminatoire; & à l'égard des autres
Délinquans, d'être pourfuivis & punis fuivant la rigueur des Ordonnances. Ordonnons qu'outre les amendes & reftitutions portées par les Réglemens, ceux
des Habitans ufagers qui auront coupé en délits aucuns arbres ou brins dans
le quart de réferve defdits bois, feront pour la première fois privés de leur
droit d'ufage la première année qui fuivra leur délit, & en cas de récidive en
demeureront déchus leur vie durant. Et attendu le décès du nommé Barthelemy Seguin, Garde defdites Uzelles de Torcy, avons commis & commettons en tant que befoin eft ou feroit pour la garde defdits bois, Gilles de la
Colombiere, Garde pour le Roi, cantonné à Lagny, aux gages dont fera convenu à l'amiable, finon par nous fixés d'Office, pour quoi, avant que ledit
Garde foit chargé defdits bois, fera en fa préfence & celle du Syndic de ladite Paroiffe, dreffé Procès-verbal, tant du quart en réferve que des coupes
ordinaires dans lequel feront conftatés les délits qui fe trouveront efdits quarts
de réferve & coupes ordinaires, & en même temps reconnu fi l'ordre de l'u-
fance defdites coupes a été obfervé, ainfi qu'elles ont été bornées & défignées
lors du Réglement d'icelles; pour ledit Procès-verbal fait & rapporté, être fur
icelui, par le Procureur du Roi, pris telles conclufions qu'il avifera bon être
& par nous ordonné ce qu'il appartiendra; & ledit Garde tenu enfuite de veiller exactement à la confervation defdits Bois, dreffer fes Procès-verbaux &
rapports des délits qu'il trouvera s'y commettre, lefquels attendu la diftance
des lieux, il pourra affirmer véritables, dans les délais de l'Ordonnance pardevant le plus prochain Juge, à la charge d'envoyer auffi-tôt lefdits Procès-
verbaux duement affirmés au Greffe de la Maîtrife des Eaux & Forêts de
Paris, pour y être pourfuivis à la diligence du Syndic de ladite Paroiffe de
Torcy, & y être fait droit ainfi qu'il appartiendra. Ordonnons en outre que
notre préfente Ordonnance fera imprimée, lue, publiée, affichée & fignifiée
à qui il appartiendra & par-tout où befoin fera, à ce qu'aucun n'en ignore &

ait à s'y conformer, fous les peines y portées. Ce fut fait & donné par nous Grand-Maître fufdit, en notre Hôtel à Paris, le quinze Mars mil fept cent cinquante-fept. *Signé*, MAUPOINT.

Scellé & contrôlé à Paris le cinq Septembre 1757, reçu vingt fols. *Signé*, BOULANGER.

ARREST NOTABLE DU CONSEIL,

QUI ordonne que fur un marché de Bois les Parties procéderont en la Maîtrife particulière des lieux nonobftant le Privilége de l'une des Parties, qui, en qualité d'Huiffier de la Chambre, a fes caufes commifes en la Prévôté de l'Hôtel.

Du 5 Avril 1757.

SUR la Requête préfentée au Roi en fon Confeil, par le Procureur de Sa Majefté en la Maîtrife particulière des Eaux & Forêts de Beaugency, conte-nant, que le fieur Florent Vrain de Mondamert, Propriétaire d'une piéce de Bois dans l'étendue de ladite Maîtrife, ayant par un Traité par écrit vendu la coupe & fuperficie de cette piéce de bois au nommé Jean-Baptifte Guet, Mar-chand de bois, demeurant à Verfailles, & fur l'exécution dudit marché étant furvenu des conteftations entre les Parties, ledit Mondamert fous prétexte de fon privilege d'Huiffier de la Chambre de Sa Majefté, auroit fait affigner le-dit Huet en la Prévôté de l'Hôtel, par Exploit du 20 Janvier dernier, où ledit Huet étant comparu, il eft intervenu Sentence le 26 Février enfuivant, qui avant faire droit auroit ordonné un interlocutoire tendant à defcente & vifite dans ladite piéce de bois; & que par le Bailli de Beaugency, il auroit été nommé Experts pour prêter ferment pardevant lui; & comme cette Pro-cédure eft une entreprife fur la Jurifdiction de ladite Maîtrife, & qu'elle eft contraire aux difpofitions des articles 5, 9 & 14 du titre premier de l'Or-donnance des Eaux & Forêts du mois d'Août 1669, & aux Arrêts du Con-feil rendus en conféquence, qui ont décidé que le privilege des caufes com-mifes ne peut avoir lieu en matière d'Eaux & Forêts, le Suppliant eft obli-gé par fon miniftère de recourir à l'autorité de Sa Majefté pour y être pour-vu, &c.

LE ROI EN SON CONSEIL, ayant égard à la Requête, fans s'ar-rêter à la Sentence de la Prévôté de l'Hôtel du 26 Février 1757, que Sa Majefté a caffée & annullée, ainfi que tout ce qui peut s'en être enfuivi, a or-donné & ordonne que fur les conteftations mues entre le nommé Florent Vrain de Mondamert & Jean-Baptifte Huet, à l'occafion du marché de bois fait entr'eux, circonftances & dépendances, ils feront tenus de procéder en première inftance, pardevant les Officiers de la Maîtrife particulière des Eaux & Forêts de Beaugency, fauf l'appel en la manière accoutumée; fait Sa Majefté très-expreffes inhibitions & défenfes auxdits Mondamert & Huet de fe pourvoir, & de procéder pour raifon du fait dont il s'agit ailleurs qu'en

ladite Maîtrise, à peine de nullité, caffation des Procédures, de 1000 liv.
d'amende, & de tous dépens, dommages & intérêts ; & fera le préfent Arrêt exécuté nonobftant oppofitions ou autres empêchemens généralement
quelconques pour lefquels ne fera différé, & dont fi aucuns interviennent, Sa
Majefté s'en eft & à fon Confeil réfervée la connoiffance & icelle interdit à
toutes fes Cours & autres Juges. FAIT au Confeil d'Etat du Roi, tenu pour
les Finances à Verfailles le cinq Avril mil fept cent cinquante-fept. *Signé*,
DE VOUGNY.

ARREST DU CONSEIL,

QUI ordonne que le curement de la Rivière de Terrain, & des
ruiffeaux y affluants, fe fera fous l'autorité du Grand-Maître
des Eaux & Forêts de Soiffons, ou des Officiers de la Maîtrife
des lieux qu'il pourra commettre.

Du 2 Août 1757.

LE ROI EN SON CONSEIL, ayant égard à la Requête, a ordonné
& ordonne attendu l'urgence du cas, que dans huitaine à compter du jour
de la fignification qui fera faite du préfent Arrêt, à la requête des Supplians,
aux Syndics des Paroiffes de Merlou & de Cires-les-Mello, tous Propriétaires riverains des deux bras de la rivière de Terrain, feront tenus, fi fait n'a de
été, chacun en droit foi de curer ou faire curer bien & duement jufqu'à vif
fond les canaux de ladite rivière, fource, ruiffeaux, mortes rivières & foffés y
affluans, dans toute l'étendue desterritoires de Merlou & de Cires, finon & à faute
de ce faire dans ledit temps & icelui paffé, ordonne S. M. qu'à la première requifition des Supplians, il fera par le S. Maffon de Courcelles, Grand-Maître des
Eaux & Forêtsdu Département de Soiffons, ou par le Maître particulier de la
Maîtrife des lieux fur fa commiffion, procédé en préfence du Procureur de S.
M. en lad.Maîtrife, des Supplians & principaux Riverains ou eux duement appellés, à la vifite & reconnoiffance de l'état de ladite rivière, & fes dépendances dans
l'étendue defdits territoires, pour ledit Procès-verbal rapporté au Confeil avec
l'avis dudit fieur Grand-Maître, être enfuite par Sa Majefté ordonné ce qu'il
appartiendra, & fera le préfent Arrêt exécuté, nonobftant oppofitions, récufations, prifes à partie, ou autres empêchemens généralement quelconques,
pour lefquels ne fera différé, & dont fi aucuns interviennent, Sa Majefté s'en
eft & à fon Confeil réfervée la connoiffance, & icelle interdit à toutes fes Cours
& autres Juges. FAIT au Confeil d'Etat du Roi, tenu pour les Finances, à
Compiegne le deux Août mil fept cent cinquante-fept. *Signé*, DE VOUGNY.

ARREST NOTABLE DU CONSEIL,

QUI caffe un Arrêt du Parlement de . . . . en ce qu'il maintenoit les Juges-Confuls de Saulieu dans le pretendu droit de connoître des Procès mûs entre Marchands pour fait de marchandifes de Bois ; lorfque ces Procès ne fe feroient commencés que poftérieurement à l'enlevement des marchandifes hors les Forêts ; ordonne ledit Arrêt du Confeil que les Officiers des Maîtrifes connoîtront de l'exécution des marchés de Bois, pourvû qu'ils aient été faits avant que les marchandifes fuffent tranfportées hors les Forêts.

Du 2 Août 1757.

LE ROI EN SON CONSEIL, ayant égard à la Requête, a caffé & annullé, caffe & annulle l'Arrêt dudit Parlement qui confirme la Sentence rendue par les Juges-Confuls de Saulieu le 5 Juillet 1755, en ce qu'il a maintenu lefdits Juges-Confuls dans la poffeffion de connoître des Procès mûs entre Marchands, pour fait de marchandife de bois, lorfque ces Procès fe feront élevés poftérieurement à l'enlevement des marchandifes hors des Forêts ; ce faifant, ordonne Sa Majefté que l'article 5 du titre premier de l'Ordonnance des Eaux & Forêts du mois d'Août 1669 , fera exécuté felon fa forme & teneur ; en conféquence Sa Majefté a maintenu & maintient les Officiers des Maîtrifes dans le droit de connoître de l'exécution des marchés de bois, pourvu qu'ils aient été faits avant que les marchandifes fuffent tranfportées hors du bois ; ordonne en outre Sa Majefté, que pour raifon du fait dont il s'agit, les nommés Gaillard & Millot, feront tenus de fe pourvoir en la Maîtrife particuliere d'Avalon ; décharge Sa Majefté le Suppliant de la condamnation aux dépens prononcée contre lui par l'Arrêt dudit Parlement ; condamne Sa Majefté lefdits Juges & Confuls de Saulieu à reftituer au Suppliant les fommes qu'il fe trouvera avoir payées pour raifon defdits dépens , & fera le préfent Arrêt exécuté, nonobftant oppofitions ou autres empêchemens généralement quelconques pour lefquels ne fera différé, & dont fi aucuns interviennent, Sa Majeftée s'en eft & à fon Confeil réfervé la connoiffance, & icelle interdit à toutes fes Cours & autres Juges. FAIT au Confeil d'Etat du Roi , tenu pour les Finances, à Compiegne le deux Août mil fept cent cinquantefept. Signé, DE VOUGNY.

ARREST DU CONSEIL,

QUI ordonne l'exécution d'autre Arrêt du Conseil du 6 Février 1753, & de l'Ordonnance du 15 du même mois, rendue par M. le Grand-Maître des Eaux & Forêts de Paris, contre le Gruyer de Montlhery.

Du 2 Août 1757.

SUR la Requête présentée au Roi en son Conseil par Claude le Marechal, Procureur en la Chambre des Comptes & Juge Gruyer de Montlery ; contenant, &c. A CES CAUSES, requéroit le Suppliant qu'il plût à Sa Majesté le recevoir opposant à l'Arrêt du Conseil du 6 Février 1753, & Appellant de l'Ordonnance du sieur du Vaucel, Grand-Maître, du 15 du même mois & de tout ce qui s'en est ensuivi ; faisant droit sur son opposition, ordonner que l'Arrêt du Parlement du 3 Février audit an 1753, sera exécuté selon sa forme & teneur ; au surplus maintenir & garder le Suppliant dans toutes les fonctions attribuées aux Gruyers Royaux établis dans les Terres des Seigneurs par l'Edit du mois de Mars 1707 ; & par la Déclaration du 5 Janvier 1715 ; faire défenses aux Officiers de lad. Maîtrise de Paris & à tous autres Officiers des Eaux & Forêts de l'y troubler ; & en cas de contestation, ordonner que les Parties se pourvoiront au Parlement, pour les régler ainsi qu'il appartiendra ; condamner le Corps des Officiers de ladite Maîtrise en 2000 liv. de dommages-intérêts, aux dépens & coust de l'Arrêt qui interviendra ; & où Sa Majesté feroit difficulté de l'ordonner ainsi, en ce cas ordonner que ladite Requête sera communiquée aux Officiers de ladite Maîtrise, pour y fournir de réponse dans les délais du Réglement, toutes choses demeurant en état. Vu ladite Requête & les piéces y jointes, &c.

LE ROI EN SON CONSEIL, sans avoir égard à la Requête dudit le Marechal, ni à sa demande, fins & conclusions dont Sa Majesté l'a débouté & débou:e, a ordonné & ordonne que l'Arrêt du Conseil du 6 Février 1753, & l'Ordonnance rendue par le sieur du Vaucel, Grand-Maître des Eaux & Forêts du Département de Paris, le 16 du même mois de Février, seront exécutés selon leur forme & teneur ; en conséquence Sa Majesté a autorisé & autorise ledit sieur Grand-Maître par provision, & jusqu'à ce qu'il y ait été autrement pourvu par Sa Majesté, à commettre tels Officiers qu'il jugera à propos, pour l'exercice des fonctions attribuées par l'Ordonnance des Eaux & Forêts du mois d'Août 1669, aux Gruyers royaux : ordonne en outre Sa Majesté que les Piéces, Requêtes & Minutes de ladite Gruerie de Montlery qui sont déposées au Greffe de ladite Maîtrise particulière de Paris, seront remises entre les mains de celui qui sera commis par ledit sieur Grand-Maître, pour faire les fonctions de Greffier en ladite Gruerie, lequel sera tenu de s'en charger après le récollement qui en sera préalablement fait en présence du Procureur de Sa Majesté en ladite Maîtrise, sur l'inventaire qui en a été dressé

par

par les Officiers dudit Siége , & sera le présent Arrêt enrégistré, tant au Greffe de ladite Maîtrise qu'en celui de ladite Gruerie. Fait au Conseil d'Etat du Roi, tenu pour les Finances, à Compiegne le deux Août mil sept cent cinquante-sept. Signé, DE VOUGNY.

ARREST NOTABLE DU CONSEIL,

QUI casse un Bail emphitéotique d'un canton de Bois apparte-nant au Chapitre de Saint-Vincent de Mâcon , & l'Arrêt du Parlement de Paris qui l'avoit homologué ; fait défenses audit Chapitre d'en faire de pareils à l'avenir , sous les peines portées par les Ordonnances & Réglemens.

Du 2 Août 1757.

LE ROI EN SON CONSEIL, ayant aucunement égard à la Requête, a cassé & annullé le Jugement rendu au Siége de la Table de Marbre du Palais à Paris le 21 Juin 1752, qui a infirmé la Sentence de la Maîtrise particulière de Mâcon du 11 Novembre 1751, ensemble le bail emphitéotique du canton de bois appellé le Bois Billard , passé par les Doyen & Chanoines du Chapitre de Saint-Vincent de Mâcon, au profit du sieur Gabriel Laîné Michon, Seigneur de Pierre-Clau, le 5 Juillet 1741, & l'Arrêt du Parlement de Paris du 28 Novembre 1743, qui homologue ledit bail emphitéotique ; ce faisant, ordonne Sa Majesté que ladite Sentence du 11 Novembre 1751, sera exécutée selon sa forme & teneur ; en conséquence que ledit bois Billard demeurera réuni au Bois dudit Chapitre; & cependant par grace & sans tirer à conséquence , Sa Majesté a modéré & modere à 500 liv. l'amende de 6000 l. prononcée par ladite Sentence solidairement, tant contre ledit Chapitre que contre la veuve dudit sieur de Pierre-clau, & à pareille somme de 500 liv. la restitution de 20000 liv. prononcée par la même Sentence, & les a déchargé & décharge du surplus desdites amendes & restitutions, à condition néanmoins de payer les frais solidairement, suivant la taxe qui en sera faite par le sieur Hermes de Courbois, Grand-Maître des Eaux & Forêts du Département du Lyonnois; fait Sa Majesté défenses aux Doyen & Chanoines dudit Chapitre de plus aliéner, à quelque titre que ce soit, aucune portion de bois du même Chapitre, sous les peines portées par les Ordonnances & Réglemens; & attendu que ledit canton du bois Billard faisoit partie de la réserve anciennement apposée dans les bois dudit Chapitre; ordonne en outre Sa Majesté, que par ledit sieur Grand-Maître ou les Officiers de ladite Maîtrise qu'il pourra commettre, il sera incessamment procédé au choix, à la distraction & au borrage d'une pareille quantité de bois dans les parties des coupes ordinaires des bois dudit Chapitre où le taillis sera reconnu le plus âgé & le plus propre à produire de la futaie, pour former le surplus de ladite réserve , le quart juste de la totalité desdits bois, sans que les Doyen, Chanoines dudit Chapitre, Fermiers ni autres puiſſent y faire aucune coupe, ſi ce n'eſt en vertu d'Arrêt & Lettres-Patentes duement vérifiés, conformément à l'article 4 du titre 24 de l'Ordonnance des Eaux & Forêts du mois d'Août 1669; & que la partie du bois Billard réunie par le préſent Arrêt, entrera dans les coupes ordinaires pour être exploitée ſuivant le Réglement qui en a été fait, dont du tout ſera dreſſé procès-verbal, pour être dépoſé au Greffe de ladite Maîtriſe; déboute Sa Majeſté le Suppliant du ſurplus de ſes demandes, fins & concluſions : enjoint Sa Majeſté audit ſieur Grand-Maitre de tenir la main à l'exécution du préſent Arrêt, lequel ſera à cet effet enrégiſtré au Greffe de ladite Maîtriſe, pour y avoir recours ſi beſoin eſt, & exécuté nonobſtant oppoſitions ou autres empêchemens généralement quelconques pour leſquels ne ſera différé, & dont ſi aucuns interviennent, Sa Majeſté s'en eſt & à ſon Conſeil réſervé la connoiſſance, & icelle interdit à toutes ſes Cours & autres Juges. FAIT au Conſeil d'Etat du Roi, tenu pour les Finances, à Compiegne le deux Août mil ſept cent cinquante-huit. *Signé*, DE VOUGNY.

ARREST NOTABLE DU CONSEIL,

QUI ordonne que ſur une demande en deſtruction de Lapins, les Parties procederont en la Maîtriſe de Paris; condamne un Procureur du Bailliage d'Etampes en cent livres d'amende, pour avoir introduit cette Inſtance audit Bailliage.

Du 16 Août 1757.

SUR la Requête préſentée au Roi en ſon Conſeil par le Procureur de Sa Majeſté en la Maîtriſe particuliere des Eaux & Forêts de Paris; contenant, que par Requête donnée le 2 Mai dernier au Lieutenant du Bailliage d'Etampes, par les nommés Claude Gaſſe, Etienne Gaſſe & Pierre Duval, Laboureurs, demeurant à Anvers, Paroiſſe de Saint-Georges dans le reſſort de ladite Maîtriſe, à l'effet qu'il leur fût permis de faire aſſigner le ſieur Guillaume Fournier, Docteur de Sorbonne, Chanoine de l'Egliſe de Chartres, Prévôt & Seigneur d'Anvers, à comparoir au principal dans les délais de l'Ordonnance, & ſur le proviſoire à tel jour qu'il plairoit audit Lieutenant du Bailliage d'Etampes indiquer, eu égard à ce que le cas requéroit célérité, & que la ſaiſon étoit inſtante, ce faiſant voir dire au principal qu'ils auroient acte de la plainte qu'ils rendoient, de ce qu'en contravention aux Ordonnances ſur le fait des Garennes, ledit ſieur Prévôt d'Anvers laiſſe induement croître & multiplier les lapins dans les bois mouvans de ſes Prévôté & Seigneuries, en ſi prodigieuſe quantité, que leurs grains ſur les héritages par eux exploités dans le voiſinage de ce bois en ſont totalement endommagés, gâtés & mangés juſqu'à rez-terre; en conſéquence, lui faire défenſes ſous les peines portées par l'Ordonnance des Eaux & Forêts du mois d'Août 1669, de tenir aucuns lapins dans leſdits bois : lui enjoindre de les détruire inceſſamment dans tel bref délai qu'il feroit préfini, finon & à faute de ce faire dans ledit délai, les autorifer à les faire détruire à fes frais & dépens, dont exécutoire de rembourfement leur feroit délivré fur les quittances des Ouvriers qui y feroient employés, & le condamner en outre aux dommages & intérêts ré-fultans du dégat caufé à leurs grains par les lapins, fuivant qu'il feroit eftimé par les Experts, dont les Parties conviendroient, finon nommés d'Office, & aux intérêts de la fomme à laquelle le dégat fe trouveroit eftimé à compte du jour de la demande, & le condamner en outre aux dépens, &c.

LE ROI EN SON CONSEIL, ayant égard à la Requête, fans s'arrêter aux Ordonnances & Sentences rendues par le Lieutenant du Baillage d'Etampes les 2 & 13 Mai 1757, que Sa Majefté a caffées & annullées, ainfi que tout ce qui peut s'en être enfuivi, a ordonné & ordonne que pour raifon du fait dont il s'agit, les nommés Gaffe & Duval, Laboureurs à Anvers, & le fieur Fournier, Chanoine de l'Eglife de Chartres, Prévôt & Seigneur dudit lieu d'Anvers, feront tenus de fe pourvoir en première inftance pardevant les Of-ficiers de la Maîtrife particulière des Eaux & Forêts de Paris, pour y procé-der jufqu'à Sentence définitive inclufivement, fauf l'appel au Siége de la Ta-ble de Marbre du Palais à Paris: fait Sa Majefté très-expreffes inhibitions & défenfes aux Parties de fe pourvoir & de procéder ailleurs qu'en ladite Maî-trife, à peine de nullité, caffation de Procédures, 1000 liv. d'amende & de tous dépens, dommages & intérêts; & pour par le nommé Goupil, Procureur audit Baillage d'Etampes, avoir figné & préfenté la Requête fur laquelle eft intervenue ladite Ordonnance du 2 Mai dernier, Sa Majefté l'a condamné & condamne à 100 liv. d'amende, au paiement de laquelle il fera contraint com-me pour les propres deniers & affaires de Sa Majefté, & fera le préfent Arrêt exécuté, nonobftant oppofitions ou autres empêchemens généralement quel-conques pour lefquels ne fera différé, & dont fi aucuns interviennent, Sa Ma-jefté s'en eft & à fon Confeil réfervé la connoiffance, & icelle interdit à tou-tes fes Cours & autres Juges. FAIT au Confeil d'Etat du Roi tenu pour les Fi-nances, à Verfailles le feize Août mil fept cent cinquante-fept,

---

ARREST DU CONSEIL,

QUI caffe un Jugement de la Table de Marbre de Bordeaux, qui avoit reçu le Procureur Général de ladite Table de Marbre, appellant des Procès-verbaux d'amenagement faits par les Of-ficiers de la Maîtrife de Bordeaux, dans les Bois des Commu-nautés, &c.
Fait défenfes aufdites Communautés d'abattre leurs Bois fans per-miffion de Sa Majefté, &c.

Du 16 Août 1757.

SUR la Requête préfentée au Roi en fon Confeil, par le Procureur de Sa Majefté en la Maîtrife particulière des Eaux & Forêts de Bordeaux; contenant, qu'il est obligé de se pourvoir contre un Jugement de la Table de Marbre du Palais à Bordeaux, rendu au Souverain sur le réquisitoire du Procureur Général en ce Siége le 2 Mai 1757, par lequel il a été reçu Appellant des Procès-verbaux d'aménagemens faits par les Officiers de ladite Maîtrise dans différens bois de Communautés dépendantes des Sénéchaussées de Dax & de Saint-Sever ; que sans entrer dans le détail des motifs énoncés dans ce réquisitoire qui ne pouvoit tendre qu'à établir contre les ordres & intentions du Conseil, autant de regles d'aménagement, qu'il y auroit quasi de bois, il suffit de réclamer contre ce Jugement l'exécution de l'Arrêt du Conseil du 18 Février 1727, par lequel la connoissance de tout ce qui peut concerner les aménagemens, a été attribuée aux sieurs Grands-Maîtres, sauf l'appel au Conseil & interdite à toutes autres Cours & Juges ; que d'après des dispositions aussi précises, & qui n'ont eu pour objet que d'emmener plus promptement sous une même regle d'administration tous les bois de Gens de Main-morte, il est facile de juger que le vrai motif de ce réquisitoire & de ce Jugement a été d'étendre la Jurisdiction du Tribunal dont il est émané ; les vues d'intérêt public & particulier qui sont ramenées dans ledit requisitoire, ne sont mises en avant que pour colorer l'entreprise ; en effet, l'attribution comme Commissaires du Conseil donnée dans cette partie aux sieurs Grands-Maîtres deviendroit illusoire, s'il étoit permis au ministère public d'en juger en dernier ressort ; de suspendre l'exécution des opérations faites en vertu des Ordres & Arrêts du Conseil ; ce seroit commettre un Réglement général dont les avantages & inconvéniens ont été discutés, à des Juges dont les fonctions ont été de tous temps bornées à juger seulement les appels des Sentences des Maîtrises, qui n'ont par-là aucune connoissance des ordres du Conseil ; quand le requisitoire en question établiroit que les Officiers de ladite Maîtrise ne se sont pas conformés à l'Arrêt du Conseil du 12 Mars 1726, quoiqu'il soit établi par les Procès-verbaux d'aménagement, que le quart de ces bois a été mis en réserve, & les trois autres quarts restans, divisés en 25 coupes, cette erreur qui dans toute autre circonstance pourroit être regardée comme involontaire, & ne provenant que d'avoir négligé de prendre lecture de ces Procès-verbaux pourroit bien être fondée sur le dessein formé de méconnoître ledit Arrêt du Conseil du 12 Mars 1726, ainsi que tous ceux qui ont été rendus sur cette matiere, pour réduire les bois des Gens de Main-morte à l'exécution de l'article 3 du titre 25 de l'Ordonnance des Eaux & Forêts du mois d'Août 1669. A CES CAUSES, &c.

LE ROI EN SON CONSEIL, ayant égard à la Requête, a cassé & annullé, casse & annulle le Jugement de ladite Table de Marbre du Palais à Bordeaux, rendu pour raison du fait dont il s'agit, le 2 Mai 1757, & cependant fait Sa Majesté très-expresses inhibitions & défenses aux Communautés d'Habitans & Gens de-Main-morte d'exploiter sous quelque prétexte que ce soit, les coupes ordinaires de leurs bois qui sont en futaie, & les arbres épars, sans permission de Sa Majesté. Enjoint Sa Majesté au sieur Grand-Maître des Eaux & Forêts du Département de Gayenne & aux Officiers de la Maîtrise particulière de Bordeaux, de tenir chacun en droit soi la main à l'exécution du présent Arrêt ; lequel sera à cet effet enrégistré au Greffe de ladite Maîtrise, pour y avoir recours si besoin est ; & sera, le présent Arrêt

exécuté, nonobſtant oppoſitions & autres empêchemens généralement quelconques, pour leſquels ne fera différé , & dont ſi aucuns interviennent , Sa Majeſté s'en eſt & à ſon Conſeil réſervée la connoiſſance, & icelle interdit à toutes ſes Cours & autres Juges. F A I T au Conſeil d'Etat du Roi , tenu pour les
Finances, à Verſailles le ſeize Août mil ſept cent cinquante-ſept. *Signé*, D E
VOUGNY.

ARREST NOTABLE DU CONSEIL ,

Q U I maintient les Officiers des Maîtriſes dans le droit de connoître , à l'excluſion des Juges ordinaires , des Prés, Pâtis,
Landes & Marais appartenans aux Communautés d'Habitans ,
tant pour les entrepriſes ſur iceux , que pour la manière d'en
uſer.

Du 4 Octobre 1757.

A CES CAUSES, requéroit le Suppliant qu'il plût à Sa Majeſté , ſans s'arrêter à l'Arrêt du Parlement de Metz du 2 Avril dernier qui ſera caſſé & annullé , & tout ce qui peut s'en être enſuivi , ordonner que l'art. 2 dn titre de la
Juriſdiction, les articles 4 & 20 du titre 25 de lad. Ordonnance de 1669 ,
& les Arrêts du Conſeil rendus en conſéquence ſeront exécutés ſelon leur forme & teneur ; ce faiſant que les Officiers des Maîtriſes connoîtront à l'excluſion des Juges ordinaires des bois , prés , marais , pâtis, landes , pêcheries &
autres biens appartenans aux Communautés , tant pour les entrepriſes ſur iceux
que pour la manière d'en uſer ; en conſéquence , renvoyer ladite Communauté de Boutots & ledit Grandidier pardevant les Officiers de la Maîtriſe de Metz
pour y être fait droit ſur la conteſtation dont il s'agit , ſauf l'appel en la manière ordinaire , avec défenſes auxdites Parties de procéder ailleurs pour raiſon de ce ; & aux Procureurs de porter à l'avenir de pareilles matières pardevant les Juges ordinaires , & à ces derniers d'en connoître , à peine de nullité , caſſation des Procédures , 500 liv. d'amende , & de tous dépens , dommages & intérêts : ordonner en outre que l'Arrêt qui interviendra ſera exécuté , nonobſtant oppoſitions ou autres empêchemens généralement quelconques
pour leſquels ne fera différé , & dont ſi aucuns interviennent , Sa Majeſté s'en
eſt & à ſon Conſeil réſervé la connoiſſance , & icelle interdit à toutes ſes
Cours & autres Juges. Vu ladite Requête & les Piéces y jointes ; enſemble la
Sentence du Baillage de Metz du 28 Juillet 1756, & l'Arrêt du Parlement de
Metz du 2 Avril 1757 ci-deſſus mentionnés. Ouï le rapport, &c.

LE ROI EN SON CONSEIL , ayant égard à la Requête , ſans s'arrêter
à la Sentence du Baillage de Metz du 28 Juillet 1756 , ni à l'Arrêt du Parlement de Metz du 2 Avril 1757, que Sa Majeſté a caſſé & annullé, ainſi que
tout ce qui s'en eſt enſuivi , a ordonné & ordonne que pour raiſon du fait
dont il s'agit , les Habitans & Communauté de Poulots & les nommés Grandidier ſeront tenus de procéder en première inſtance pardevant les Officiers
de la Maîtriſe particulière des Eaux & Forêts de Metz, ſauf l'appel en la ma-

nière accoûtumée : Et fera le préfent Arrêt exécuté nonobftant oppofitions ou autres empêchemens généralement quelconques, pour lefquels ne fera dif-féré ; & dont fi aucuns interviennent, Sa Majefté s'en eft, & à fon Confeil, réfervée la connoiffance, & icelle interdit à toutes fes Cours & autres Juges. F A I T au Confeil d'Etat du Roi, tenu pour les Finances à Verfailles, le quatre Octobre mil fept cent cinquante-fept. *Signé*, EYNARD.

ARREST DU CONSEIL,

QUI caffe un Bail emphitéotique d'un canton de Bois dépen-dant de l'Abbaye de Béniffon-Dieu, avec défenfes d'en faire de pareils à l'avenir.

Du 7 Décembre 1757.

LE ROI EN SON CONSEIL, ayant aucunement égard à la Re-quête, a ordonné & ordonne que l'Arrêt du Confeil du trente Décembre mil fept cent quatre, fera exécuté felon fa forme & teneur ; en conféquence Sa Majefté a caffé & annullé le bail emphytéotique, ci-devant fait au nommé Coffonnier, de trente arpens de bois ou environ, du canton de bois appellé Monteguet, faifant partie de ceux dépendants de ladite Abbaye de la Beniffon-Dieu. Fait Sa Majefté défenfes aux Suppliants de faire de pareils baux à l'avenir, à peine de nullité & de cinq cent livres d'amende. F A I T au Con-feil d'Etat du Roi, tenu pour les Finances, à Verfailles le vingt-fept Dé-cembre mil fept cent cinquante-fept, *Signé*, EYNARD.

ARREST NOTABLE DU CONSEIL,

QUI caffe un Arrêt du Grand Confeil, qui ordonnoit que fur une conteftation pour droits d'ufage dans les Communes des Paroiffes de . . . . , les Parties feroient tenues d'y procéder.
Ordonne que fur le même fait les Parties procéderont en la Maîtrife d'Argentan jufqu'à Jugement définitif inclufivement, fauf l'appel à la Table de Marbre, &c.

Du 31 Janvier 1758.

SUR la Requête préfentée au Roi en fon Confeil, par le Procureur de Sa Majefté en la Maîtrife particuliere des Eaux & Forêts d'Argentan, conte-nant qu'encore que par l'article 2 du titre 1er. de l'Ordonnance des Eaux & Forêts du mois d'Août 1669, la connoiffance de tous différends concernants

les communes & pâtis appartienne aux Officiers des Maîtrises Royales exclu-
sivement à tous autres Juges, & que par l'article 9 du même titre, la compétence en pareille matiere soit réglée par la situation des lieux, & non par aucuns privileges de causes commises : qu'enfin la compétence en soit interdite par
l'article 14 de ce titre, à tous Juges, même au Grand Conseil & Cours de
Parlemens, avec défenses aux Parties d'y procéder, sous peine de nullité &
d'amende arbitraire contre les Parties ; néanmoins le sieur d'Albergoty, Abbé
Commendataire de l'Abbaye de S. André en Gouffert, auroit, sur sa Requête,
fait rendre au Grand Conseil le 3 Août dernier, un Arrêt par lequel illui est
permis de faire assigner audit Grand Conseil, les Habitans & Communauté de
Rosnay, Vuqueville, Neury, S. Pierre-du-Bal, & tous autres qu'il appartiendra,
au sujet du droit d'usage prétendu par lesdites Paroisses sur les communes,
pâtures & bruyeres de la Paroisse de la Hoguete, & cependant par provision,
défenses auxdits Habitans de conduire leurs bestiaux, & les faire paître dans
l'étendue de ladite Paroisse, & procéder pour raison du droit d'usage qu'ils
prétendent, ailleurs qu'audit Grand Conseil, à peine de nullité, cassation
des procédures, quinze cens livres d'amende, dépens, dommages & intérêts, &c.

LE ROI EN SON CONSEIL, ayant égard à la Requête,
sans s'arrêter à l'Arrêt du Grand Conseil, obtenu par le sieur d'Albergoty, Abbé Commandataire de l'Abbaye de Saint André en Gouffer, le
3 Août 1757, que Sa Majesté a cassé & annullé, ainsi que tout ce qui peut
s'en être ensuivi, a ordonné & ordonne que pour raison du fait dont il s'agit,
circonstances & dépendances, les Parties seront tenues de procéder en premiere instance, en la Maîtrise particuliere des Eaux & Forêts d'Argentan,
jusqu'à Sentence définitive inclusivement, sauf l'appel au Siége de la Table de
Marbre du Palais à Rouen. Et sera le présent Arrêt exécuté nonobstant oppositions, clameur de Haro, Chartre Normande, ou autres empêchemens généralement quelconques, pour lesquels ne sera différé, & dont si aucuns interviennent, Sa Majesté s'en est & à son Conseil, réservée la connoissance,
& icelle interdite à toutes ses Cours & autres Juges. FAIT au Conseil d'Etat
du Roi, tenu à Versailles le trente-un Janvier mil sept cent cinquante-
huit. Signé,

ARREST DU CONSEIL,

QUI ordonne que l'Appel de ce qui concerne l'aménagement
des Bois de la Communauté de Villeneuve en Rouergue, ne
pourra être porté qu'au Conseil.

Du 31 Janvier 1758.

VU au Conseil d'Etat du Roi, la Requête présentée en icelui par Jean
Garriques, Syndic de la Communauté de Villeneuve en Rouergue, tendante
à ce que pour les causes y contenues, il plût à Sa Majesté casser & annuller

une Sentence rendue par les Juges-Confuls dudit lieu de Villeneuve, le 28 Septembre 1754 ; celle du Sénéchal de Rouergue du 15 Mai 755 ; les Arrêts du Parlement de Toulouse, des 12 Avril & 11 Juillet 1756, la procedure criminelle faite d'autorité dudit Parlement ; le decret de prife de corps décerné contre les nommés Soulagez & Colombier, Confuls, & deux Dragons, le 6 Février audit an 1756, & tout ce qui s'en est enfuivi, &c.

LE ROI EN SON CONSEIL, ayant aucunement égard à la Requête du nommé d'Avot, ès noms & qualités qu'il agit, & interprétant en tant que befoin est ou feroit l'Arrêt du Confeil du 2 Août 1757, a réfervé & réferve aux Parties intéreffées la voye de fe pourvoir, par appel, en la maniere accoutumée, contre les Ordonnances & Sentences rendues en la Maîtrife particuliere des Eaux & Forêts de Rodez, les 26 Janvier & 10 Octobre 1756, en ce qui concerne les droits d'ufages fur les bois dont est question, & les condamnations prononcées contre le nommé Geneton, à la charge néanmoins que l'appel concernant l'aménagement des bois dépendants de la Communauté de Villeneuve en Rouergue, ne pourra être porté qu'au Confeil, toutes chofes demeurant en état ; & fera au furplus ledit Arrêt du 2 Août 1757, exécuté felon fa forme & teneur. FAIT au Confeil d'Etat du Roi, tenu à Verfailles le trente-un Janvier mil fept cent cinquante-huit.

ARREST NOTABLE DU CONSEIL,

QUI caffe une tranfaction paffée entre le Curé & les Habitans de Cufe, &c. Déboute le Curé de Cufe de fa demande tendante à avoir part dans les coupes des Bois de la Communauté de ladite Paroiffe.

Du 31 Janvier 1758.

VU au Confeil d'Etat du Roi, la Requête préfentée en icelui par les Habitans & Communautés de Cuze, Goudenans, Cubrial, Nans & Adriffant, compofant la Paroiffe de Cuze, tendante à ce qu'il plût à Sa Majefté évoquer à foi & à fon Confeil toutes les contestations commencées entre le fieur Baltazard Guyotel, Curé de Cuze, & lefdits Habitans, tant en la Maîtrife particuliere de Baufne, qu'en la Chambre des Eaux & Forêts de Befançon ; & toutes autres difficultés nées & à naître entre les Parties, au fujet d'une tranfaction paffée le 7 Février 1742, entre lefdits Habitans & le fieur Tournoux, ci-devant Curé, & de la part que ledit fieur Guyotel, actuellement Curé dudit lieu de Cuze, prétendant avoir dans les coupes ordinaires des bois defdites Communautés ; ce faifant, les recevoir en tant que befoin étoit ou feroit, appellants du Jugement rendu en ladite Chambre le dix-huit Juillet 1743, portant homologation de ladite tranfaction, le déclarer nul & incompétent, ainfi que cette tranfaction, & les procédures commencées, tant en ladite Maîtrife, qu'en ladite Chambre ; débouter le fieur Curé de Cuze, de fa demande, tendante à avoir part dans lefdites coupes ordinaires, & de toutes autres fins, & le condamner aux dépens, &c.

LE

LE ROI EN SON CONSEIL, faisant droit sur l'instance, sans s'arrêter à la transaction passée le 7 Février 1742, entre le sieur Tournoux, ci-devant Curé de la Paroisse de Cuze, & quelques Habitans dudit lieu, que Sa Majesté a déclaré & déclare nulle & de nul effet; a débouté & déboute le sieur Guyotel, Curé actuel de ladite Paroisse, de toutes ses demandes, fins & conclusions. Et sera le présent Arrêt enregistré au Greffe de ladite Maîtrise particuliere des Eaux & Forêts de Baufne, pour y avoir recours si besoin est. FAIT au Conseil d'Etat du Roi, tenu à Versailles le trente Janvier mil sept cent cinquante-huit.

ARREST DU CONSEIL,

QUI casse un Arrêt du Parlement de Douai en ce que par icelui le Procureur du Roi en la Maîtrise de Valenciennes est condamné en des dépens.

Du 31 Janvier 1758.

SUR la Requête présentée au Roi en son Conseil, par le Procureur de Sa Majesté en la Maîtrise particulière des Eaux & Forêts de Valenciennes, contenant, &c.

LE ROI EN SON CONSEIL, ayant aucunement égard à la Requête, a cassé & annullé, casse & annulle l'Arrêt du Parlement de Douay rendu pour raison du fait dont il s'agit, le 8 Mars 1757, seulement en ce que par icelui, le Suppliant a été condamné personnellement aux dépens envers le nommé Gilles Capelle, & en conséquence ordonne Sa Majesté que les sommes que le Suppliant se trouvera avoir payées audit Capelle en exécution dudit Arrêt, lui seront rendues & restituées; à quoi faire ledit Capelle sera contraint par les voies ordinaires; ce faisant, il en sera & demeurera bien & valablement quitte; & sera le présent Arrêt exécuté nonobstant oppositions ou autres empêchemens généralement quelconques, pour lesquels ne sera différé; & dont, si aucuns interviennent, Sa Majesté s'en est, & à son Conseil, réservée la connoissance, & icelle interdite à toutes ses Cours & autres Juges. FAIT au Conseil d'Etat du Roi, tenu à Versailles le trente-un Janvier mil sept cent cinquante-huit.

ARREST NOTABLE DU CONSEIL,

QUI ordonne que sur un fait de Pêche, les Parties procéderont en la Maîtrise de Nemours, & juge que le *Committimus* n'a lieu en matières d'Eaux & Forêts.

Du 31 Janvier 1758.

SUR la Requête présentée au Roi en son Conseil par le Procureur de Sa Majefté en la Maîtrife particulière des Eaux & Forêts de Nemours , contenant que fur les plaintes rendues par le fieur Jacques-Alexandre de Graffin de Glatigny, Prieur Commendataire du Prieuré de Saint Pierre de Nerouville , devant le Prévôt de la Prévôté Royale de Châteaulandon , les 4 & 23 Novembre 1754, il lui auroit permis de faire informer devant lui contre certains qui-dams malveillans à l'occafion de leurs entreprifes , & faits de pêche avec filets & autres engins, dans une grande fofse remplie d'eau , fituée dans la prairie dudit Prieuré de Nerouville , éloignée de 500 pas de la riviere de Loing , & à l'occafion d'un pafsage par eux pratiqué pour pafser leurs bateaux dans ladite fofse , & y pêcher, en les remontant de la riviere de Loing en celle de Fuzin , & de celle de Fuzin dans ledit pafsage qui conduit dans ladite fofse, dont ledit fieur Graffin, en fadite qualité , fe prétend Propriétaire & Seigneur , & auroit feul droit d'y pêcher , & encore à l'occafion d'autres faits énoncés èf-dites plaintes ; qu'en conféquence, il auroit été informé par ledit Prévôt le 23 dudit mois de Novembre, & fur les charges & informations, Pierre & Nicolas Morifseau, Maîtres Pêcheurs demeurant à Souppes, auroient été par lui aufsi décretés le 29 Novembre fuivant , d'un ajournement perfonnel, lequel leur auroit été fignifié le 6 Décembre de la même année, à la requête dudit fieur Graffin. Que fur l'avis donné au Suppliant de cette procédure extraordinaire , pourfuivie dans une Prévôté Royale pour raifon d'un fait de pêche, il auroit fur fon Réquifitoire , fait rendre un Jugement en ladite Maîtrife de Nemours le 10 dudit mois de Décembre, fignifié au fieur Graffin le 12 du même mois, par lequel il lui eft fait très-exprefses défenfes de continuer en ladite Prévôté , les pourfuites & procédures par lui commencées en icelle , pour raifon du fait de pêche dont eft queftion , circonftances & dépendances, à peine de nullité & de 500 liv. d'amende, que par autre acte du même jour 12 Décembre, le Suppliant auroit aufsi fait fignifier à la Communauté des Procureurs de ladite Prévôté de Châteaulandon , copie d'un Arrêt du Confeil rendu au profit des Officiers de la Maîtrife particulière de Dreux le 5 Mars précédent , avec défen-fes à eux de traduire , ni porter en ladite Prévôté , aucunes Caufes, Inftances, ni Procès de la compétence des Officiers des Eaux & Forêts , fous les peines y portées : qu'au préjudice de ces différentes défenfes, le Suppliant a appris que lefdits Morifseau avoient comparu fur ledit décret , & qu'ils avoient fubi interrogatoire le 16 dudit mois de Décembre, devant ledit Prévôt de Châ-teaulandon , & qu'antérieurement à leur comparution , par acte dudit jour 12 Décembre , ils lui avoient fait fignifier , que par refpect & pour obéir à Jufti-ce , ils comparoîtroient devant lui , fans que leur comparution pût nuire ni préjudicier à leur droit ; & fans aucune approbation de la procédure commencée ni du décret , contre lefquels ils déclarent qu'ils proteftent de nullité, comme incompétemment faits & rendus , s'agifsant de faits de pêche dans les rivieres de Loing & Fuzin , dont le droit leur appartenoit en qualité de Fermiers du fieur Prince de Tingry , Comte de Beaumont, pour raifon duquel droit, ils n'a-voient pu être traduits ailleurs que devant les Officiers de ladite Maîtrife de Nemours. D'un autre côté, le Suppliant a encore eu avis que ledit fieur Prince de Tingry, informé de la procédure extraordinaire pourfuivie à la requête du fieur Abbé Graffin contre lefdits Morifseau , l'auroit fait afsigner en vertu de fon *Committimus* aux Requêtes du Palais le 23 Mai 1755 , pour voir dire qu'il auroît acte de ce qu'il prend pour trouble en fa poffeffion, par an & jour, du droit de pêche en la riviere de Loing, depuis le pont de Dordiver, jufqu'au lieu appellé la Vallée du jour, & dans celle de Fuzin depuis ledit lieu jufqu'au moulin de l'Auroy, les plaintes rendues par ledit fieur Abbé Graffin devant le Prévôt de Châteaulandon lefdits jours 4 & 23 Novembre 1754, & le décret d'ajournement perfonnel décerné & fignifié à fa requête les 29 dudit mois & 6 Décembre fuivant contre lefdits Morilleau fes Fermiers dudit droit de pêche dans l'étendue ci-deffus defdites rivieres de Loing & de Fuzin ; ce faifant, qu'il fera maintenu & gardé en ladite poffeffion d'an & jour dudit droit de pêche dans ladite étendue ; que défenfes feront faites audit fieur Graffin, de l'y troubler ou fes Fermiers, & que pour l'avoir fait par lefdites plaintes & décret, il fera condamné en 1000 liv. de dommages & intérêts, ou telle autre fomme qui fera arbitrée, &c.

LE ROI EN SON CONSEIL, ayant égard à la Requête, a ordonné & ordonne que les articles VII, IX, X & XIV du titre premier de l'Ordonnance des Eaux & Forêts du mois d'Août 1669, feront exécutés felon leur forme & teneur, & en conféquence Sa Majefté a déclaré & déclare nulles les procédures faites pour raifon du fait dont il s'agit, en la Prévôté de Châteaulandon, & aux Requêtes du Palais à Paris. Ce faifant, Sa Majefté ordonne que les Parties feront tenues de procéder en premiere Inftance, en la Maîtrife particuliere de Nemours, fauf l'appel au Siége de la Table de Marbre du Palais à Paris ; & fera le préfent Arrêt exécuté nonobftant oppofitions ou autres empêchemens généralement quelconques, pour lefquels ne fera différé, & dont fi aucuns interviennent, Sa Majefté s'en eft & à fon Confeil réfervée la connoiffance, & icelle intredite à toutes fes Cours & autres Juges. FAIT au Confeil d'Etat du Roi, tenu pour les Finances à Verfailles le trente-un Janvier mil fept cent cinquante-huit.

ARREST DU CONSEIL,

PORTANT Réglement pour la coupe des Bois néceffaires aux Salpêtriers.

Du 31 Janvier 1758.

SUR la Requête préfentée au Roi en fon Confeil, par le Procureur de Sa Majefté en la Maîtrife particuliere des Eaux & Forêts de Sens, contenant, &c.

LE ROI EN SON CONSEIL, fans s'arrêter à la requête du Suppliant, non plus qu'à l'Ordonnance rendue par le fieur de Vaucel, Grand-Maître des Eaux & Forêts du Département de Paris, le 29 Décembre 1752, qui fera & demeurera comme non-avenue, a ordonné & ordonne que les Commiffaires des poudres remettront dans le mois de Juillet de chaque année, aux Greffes des Maîtrifes particulieres des lieux, un état qui fera vifé par le fieur Intendant & Commiffaire départi, des Communautés où ils fe propoferont de faire travailler pendant l'année, à la recherche & cuitte des falpêtres, & de la quantité de bois qui leur fera néceſſaire, pour être ledit état communiqué ſans frais par les Greffiers des Maîtriſes, aux Syndics deſdites Commun utés, à l'effet par eux après l'exploitation des coupes ordinaires, & avant la diſtribution d'icelles entre les Habitans, de faire réferver & mettre à part le bois deſtiné pour les ſalpêtriers, leſquels feront tenus d'en payer la valeur, conformément au prix fixé par l'arr. VI de l'Ordonnance rendue par le ſieur Joly de Fleury, Intendant & Commiſſaire déparri en Bourgogne, le 6 Octobre 1752; ordonne Sa Majeſté que ſur le vu dudit état, les Maires, Echevins & Syndics des Communautés qui n'auront point de bois communs, feront tenus de s'adreſſer aux ſieurs Grands-Maîtres des Eaux & Forêts, à l'effet d'autoriſer les Communautés voiſines, à leur vendre ſur leurs coupes ordinaires, la quantité de bois qui ſera néceſſaire pour entretenir le travail des Salpêtriers qui devront s'y établir; à la charge par eux de leur en payer la valeur au prix courant, ou en cas de conteſtation, ſuivant l'eſtimation qui en ſera faite par leſdits ſieurs Grands-Maîtres, ou les Officiers des Maîtriſes par eux commis; en ce qui concerne les Bois de Bourdenne, ordonne Sa Majeſté que les Poudriers feront tenus, ſoit pour la recherche dudit bois, ſoit pour le prix d'icelui, de ſe conformer aux Réglemens intervenus à ce ſujet, & notamment à l'Arrêt du Conſeil du 7 Mai 1709; & ſera au ſurplus l'Ordonnance dudit ſieur Intendant du 6 Octobre 1752, exécutée ſelon ſa forme & teneur, en ce qui n'y eſt point dérogé par le préſent Arrêt; lequel ſera enregiſtré au Greffe de la Maîtriſe particuliè e de Sens, pour y avoir recours, ſi beſoin eſt. FAIT au Conſeil Royal, tenu pour les Finances à Verſailles le trente-un Janvier mil ſept cent cinquante-huit. Signé.

EXTRAIT DE L'ORDONNANCE

Rendue le 6 Octobre 1758 par le Sieur Intendant de Bourgogne.

L'article IV porte qu'à meſure que les Salpêtriers établiront leurs atteliers dans une Communauté, & qu'ils auront beſoin de bois pour la cuitte de leur ſalpêtre, ils s'adreſſeront aux Echevins en Charge, & leur demanderont là quantité dont ils auront beſoin, par un billet d'eux, s'ils ſçavent ſigner, ſinon verbalement, en préſence du Curé ou du Vicaire qui en donneront leur cérrificat; les Echevins immédiatement après que le billet ou certificat lui aura été remis par le Salpêtrier, feront tenus de pourvoir à ce qu'il lui ſoit fourni & délivré du bois ſur l'attelier même, qui ſera coupé & voituré par les Habitans à tour de rôle, en ſorte qu'il y en ait toujours une proviſion ſuffiſante pour entretenir les cuittes, à peine de 100 liv. d'amende contre les Echevins perſonnellement, ſauf leur recours contre les Particuliers qu'ils auroient commandés, & qui auroient refuſé d'obéir, & ſans que les recours puiſſent en aucun cas, avoir lieu contre la Communauté.

L'article VI fixe le prix du bois à fournir aux Salpêtriers, conduit & voituré à l'attelier, à 30 ſols la corde de bois dur, à 20 ſols de bois blanc; voulant que dans les cas où le bois ſeroit pris plus loin qu'une demie lieue, le prix ſoit augmenté, à raiſon de 10 ſols par corde, & par demie lieue.

ARREST DU CONSEIL D'ÉTAT DU ROI,

QUI, fans s'arrêter aux oppofitions de la Communauté des Huiffiers du Bailliage de Noyon, décide que, conformément à l'Edit
du mois de Mars 1708, portant création des Gardes Généraux,
Collecteurs des Amendes dans les Maîtrifes des Eaux & Forêts,
lefd. Gardes Généraux, Collecteurs des Amendes ont le droit de
faire dans l'étendue & reffort de la Maîtrife où ils font immatriculés, tous Exploits, de donner toutes Affignations dont ils font requis, & dans quelque Jurifdiction que lefdits actes puiffent
être portés, & mettre à exécution toutes Ordonnances, Sentences, Jugemens, Arrêts & Commiffions tant des Officiers
de la Maîtrife, que de tous autres Juges, avec très expreffes
inhibitions à tous Juges & Huiffiers de troubler ni inquiéter
lefdits Gardes Généraux, Collecteurs dans lefdites fonctions,
& donner atteinte à aucun de leurs actes, fi ce n'eft dans les
cas prévûs par les Ordonnances ; condamne Me Barier, Procureur au Bailliage de Noyon, au coût dudit Arrêt & de celui
préparatoire du 3 Mai 1757, pour avoir troublé le Garde Général, Collecteur de la Maîtrife de Noyon, dans lefdites
fonctions.

Du 6 Juin 1758.

Extrait des Regiftres du Confeil d'Etat.

VU au Confeil d'Etat du Roi la requête préfentée en icelui par Laurent
Dautier, Garde Général, Collecteur des Amendes de la Maîtrife particulière
de Noyon, tendante à ce que, pour les caufes y contenues, il plût à Sa Majefté ordonner de nouveau, que l'Edit du mois de Mars 1708, & l'Arrêt du
Confeil du 1 Avril 1755, feroient exécutés felon leur forme & teneur, & en
ajoutant aux difpofitions de cet Arrêt, ordonner que le Suppliant feroit confervé dans le droit & poffeffion de faire dans l'étendue de ladite Maîtrife de
Noyon où il étoit immatriculé feulement, tous exploits, & de donner toutes
affignations dont il feroit requis, dans quelque efpece de Jurifdiction que lefdits actes puiffent être portés ; comme auffi qu'il feroit maintenu dans la faculté de mettre à exécution toutes Ordonnances, Sentences, Jugemens, Arrêts & Commiffions, tant des Officiers de ladite Maîtrife, que de tous autres
Juges ; faire défenfes à tous Huiffiers ou Sergens de l'y troubler, fous les peines portées audit Arrêt du 1 Avril 1755, & aux Juges, tant du Bailliage de
Noyon, que tous autres, de l'inquiéter dans l'exercice de fes fonctions, fous
telles peines qu'il plaira à Sa Majefté de fixer ; lefquels Juges feroient tenus de
reconnoître le Suppliant, & ne pourroient donner atteinte à aucuns actes de-

fon miniftère, fi ce n'étoit dans les cas prévus par les Ordonnances; ordonner en outre que l'oppofition formée à l'Arrêt du Confeil du dit jour 1 Avril 1755, inférée en la Sentence dudit Bailliage de Noyon du 5 Juillet 1756, feroit déclarée nulle; faire défenfes aux Officiers dudit Bailliage, d'en recevoir de pareilles à l'avenir, & pour l'indue vexation faite au Suppliant par le nommé de la Barriere, Procureur audit Bailliage, le condamner en fon propre & privé nom, au coût de l'Arrêt qui interviendroit, lequel feroit fignifié au Greffe dudit Bailliage & par-tout où befoin feroit, & exécuté nonobftant toutes oppofitions & appellations quelconques; l'Arrêt du Confeil rendu fur ladite Requête le 3 Mai 1757, par lequel Sa Majefté, avant faire droit fur la requête du Suppliant, auroit ordonné qu'elle feroit communiquée audit de la Barriere, pour y fournir des réponfes dans les délais prefcrits par les réglemens du Confeil, & être enfuite par Sa Majefté, ftatué ce qu'il appartiendroit; & cependant Sa Majefté auroit ordonné par provifion, que l'Arrêt du Confeil dudit jour 1 Avril 1755, feroit exécuté felon fa forme & teneur, la fignification dudit Arrêt faite audit de la Barriere à la requête du Suppliant le 12 Juillet audit an 1757, l'oppofition formée le 15 du même mois, par la Communauté des Huiffiers Royaux en la ville de Noyon, à l'exécution des Arrêts du Confeil des 1 Avril 1755 & 3 Mai 1757, la fommation faite à ladite Communauté des Huiffiers Royaux de Noyon à la requête du Suppliant le 6 Août audit an 1757, de fournir dans les délais prefcrits par les réglemens du Confeil, leurs prétendus moyens d'oppofition aux Arrêts des 1 Avril 1755 & 3 Mai 1757; autre fommation faite audit de la Barriere, Procureur à la requête dudit Suppliant pour les mêmes fins le 22 Mars 1758, avec déclaration qu'il remettroit fes pieces au Confeil, & pourfuivroit un Arrêt définitif; & la requête du Suppliant, tendante à ce qu'il plaife à Sa Majefté déclarer ledit de la Barriere forclos, faute par lui d'avoir fourni des réponfes à la fignification qui lui a été faite le 12 Juillet 1757, de l'Arrêt du Confeil du 3 Mai précédent; en conféquence, fans s'arrêter à l'oppofition qui a été formée par la Communauté des Huiffiers de ladite ville de Noyon, le 15 Juillet 1757, aux Arrêts du Confeil des 1 Avril 1755 & 3 Mai 1757, qui fera déclarée nulle, adjuger au Suppliant les conclufions par lui prifes dans fa requête inférée audit Arrêt du 3 Mai 1757. Oui le rapport du fieur de Boullongne, Confeiller ordinaire au Confeil Royal, Contrôleur Général des Finances.

LE ROI EN SON CONSEIL, ayant égard aux requêtes du Suppliant, a déclaré & déclare le nommé de la Barriere, Procureur au Bailliage de Noyon forclos, faute par lui d'avoir fourni de réponfes à la fignification qui lui a été faite le 12 Juillet 1757, de l'Arrêt du Confeil du 3 Mai précédent, en conféquence, fans s'arrêter à l'oppofition formée par la Communauté des Huiffiers Royaux de la ville de Noyon le 15 du même mois de Juillet, aux Arrêts du Confeil des 1 Avril 1755 & 3 Mai 1757, a ordonné & ordonne cue l'Edit du mois de Mars 1708, portant création des Gardes Généraux, Collecteurs des Amendes dans les Maîtrifes particulières des Eaux & Forêts du Royaume, & l'Arrêt du Confeil rendu fur la requête du Suppliant le 1 Avril 1755, feront exécutés felon leur forme & teneur; & en ajoutant aux difpofitions de cet Arrêt, ordonne Sa Majefté que le Suppliant fera confervé dans le droit & poffeſſion de faire, dans l'étendue de la Maîtriſe particulière de Noyon, où il eſt immatriculé feulement, tous exploits, & de donner toutes aſſignations dont il fera requis, dans quelques eſpeces de Juriſdiction que leſdits actes puiſſent être portés; maintient Sa Majeſté le Suppliant dans la faculté de mettre à exécution toutes Ordonnances, Sentences, Jugemens, Arrêts & Commiſſions, tant des Officiers de ladite Maîtriſe, que de tous autres Juges; fait Sa Majeſté très-expreſſes inhibitions & défenſes à tous Huiſſiers & Sergens de l'y troubler, fous les peines portées audit Arrêt du 1 Avril 1755, & aux Juges, tant du Bailliage de Noyon, que tous autres, de l'inquiéter dans l'exercice de ſes fonctions, fous telle peine qu'il appartiendra; enjoint Sa Majeſté auſdits Juges, de reconnoître le Suppliant, fans pouvoir donner atteinte à aucuns actes de fon miniſtère, ſi ce n'eſt dans les cas prévus par les Ordonnances; déclare nulle Sa Majeſté l'oppoſition formée à l'Arrêt du Conſeil du 1 Avril 1755, inſérée en la Sentence rendue audit Bailliage de Noyon le 5 Juillet 1756; fait Sa Majeſté défenſes aux Officiers du même Bailliage, d'en recevoir de pareilles à l'avenir; condamne Sa Majeſté ledit de la Barriere au coût & à la ſignification de l'Arrêt du 3 Mai 1757 & du préſent, qui feront & demeureront liquidés à cent cinquante livres; & fera le préſent Arrêt exécuté nonobſtant oppoſitions ou autres empêchemens généralement quelconques, pour leſquels ne fera différé, & dont ſi aucuns interviennent, Sa Majeſté s'en eſt & à fon Conſeil réſervée la connoiſſance, & icelle interdite à toutes ſes Cours ou autres Juges. FAIT au Conſeil d'Etat du Roi, tenu à Verſailles le ſix Juin mil ſept cent cinquante-huit. Collationné. *Signé*, DE VOUGNY.

ARREST DU CONSEIL D'ÉTAT DU ROI,

QUI décide que les Adjudicataires des quarts de réſerve & haut Bois des Gens de Main-morte, ne font pas fuſceptibles d'être impoſés à la Taille, pour raiſon de leurs exploitations; & condamne les Habitans d'Aizecourt à reſtituer au ſieur François Magny, Marchand à Chauny, en Picardie, les ſommes qu'il juſtifiera avoir été contraint de payer; enjoint aux Collecteurs des Tailles de ladite Paroiſſe d'en faire la répartition, à peine d'en répondre en leurs propres & privés noms.

Du 24 Avril 1759.

SUR la Requête préſentée au Roi en fon Conſeil, par François de Magny, Marchand de bois, demeurant à Chauny en Picardie, contenant que, le 10 Septembre 17 6, il s'eſt rendu Adjudicataire au Siége de la Maîtriſe particulière de Noyon, de cent huit arpens, ſoixante-neuf perches de haut recrus & baliveaux étant deſſus le quart en réſerve des bois appartenans à la manſe conventuelle de l'Abbaye de Mont-Saint-Quentin, ſitués dans

l'étendue de la Paroiſſe d'Aizecourt· le haut , Election de Peronne , moyennant la ſomme de vingt-ſix mille trois cens livres de prix principal ; que le de-
bit des bois de ce canton n'étant point facile , il a été accordé à l'Adjudicataire
pluſieurs années d'exploitation & de vuidange , & qu'en conſéquence de cette
adjudication , le Suppliant a fait travailler fortement auſdits bois pendant les
années 1757 & 1758 , ſans que les Habitans de ladite Paroiſſe d'Aizecourt
aient imaginé de l'impoſer dans les rôles des tailles de la capitation de ladite
Paroiſſe pour les deux années ; mais que ladite exploitation n'étant point encore finie , les Habitans ſe ſont immiſcés de le comprendre dans les rôles pour
la préſente année 1759 , & quoique la taille de ladite Paroiſſe ne ſoit au total
que de quatre cent quatre vingt treize livres treize ſols ſix deniers , ils ont impoſé le Suppliant à trois cens livres de corps de taille , & à deux cens quatre-
vingt-une livres dix ſols de capitation , pour raiſon de quoi ils ont fait faire ſur
le Suppliant différentes ſaiſies-arrêts , & le menacent des plus rigoureuſes
pourſuites ; que dans cet état , le Suppliant eſt obligé d'avoir recours à Sa Majeſté , & de lui repréſenter que l'entrepriſe deſdits Habitans eſt hazardée contre
toutes regles & ſans fondement ; que juſqu'à préſent 'es Adjudicataires des bois
de Sa Majeſté , & ceux des bois appartenans aux Eccléſiaſtiques dans le reſſort
de ladite Maîtriſe de Noyon & des autres Maîtriſes voiſines , n'ont été jamais
impoſés à la taille ni à la capitation , & même que le nommé Langlois , qui
s'étoit rendu le même jour Adjudicataire au Siége de ladite Maîtriſe de Noyon
des bois de la Manſe Abbatiale de ladite Abbaye du Mont Saint-Quentin ,ſitués
dans une Paroiſſe voiſine de la même Election de Peronne , a achevé ſon exploitation , ſans avoir été aucunement inquiété pour la taille ni pour la capitation , & que lorſque les Habitans des Paroiſſes ont entrepris d'y impoſer les
Marchands Adjudicataires des bois de Sa Majeſté , elle a eu la bonté de les en
décharger ; que ceux des bois appartenans aux Eccléſiaſtiques , qui n'ont jamais été compris auſdits rôles , ont lieu d'eſperer que Sa Majeſté , pour favori-
ſer la liberté du Commerce , leur rendra la même juſtice , d'autant plus que
dans l'eſpece préſente , cette charge inopinée tomberoit en pure perte , pour
le Suppliant qui auroit moderé ſes encheres , s'il avoit pu prévoir cette nouvelle
impoſition ; que le Suppliant , qui d'ailleurs eſt impoſé aux rôles de la ville de
Chauny où il fait ſon habitation ordinaire , tant pour la taille que pour la capitation & pour ſon Commerce , ſouffre déjà une perte aſſez conſiderable , cau-
ſée par la diminution ſurvenue ſur le prix des bois. Tous ces faits ſont exactement juſtifiés ; d'ailleurs , il faut conſiderer que la taille demandée à ladite Paroiſſe d'Aizecourt n'a pour objet que ſon Commerce ordinaire , & ne peut
porter ſur l'exploitation de la réſerve qui eſt paſſagere , que les adjudications
des bois appartenans aux Gens de main-morte , ſont chargées de quatorze
deniers pour livre des frais de taxation & de la retenue du Dixiéme qui en font
déjà baiſſer conſidérablement le prix ; & que ſi cette ſorte d'impoſition pouvoit
avoir lieu , ces bois tomberoient encore davantage , puiſqu'il eſt ſenſible ,
dans l'eſpece préſente , que leſdits Habitans d'Aizecourt ont cherché à faire
ſupporter au Suppliant ſeul preſque la totalité de la taille de leur Paroiſſe ;
qu'enfin , lorſqu'on a propoſé d'aſſujettir les adjudications des bois des Gens
de main-morte aux contrôles & aux inſinuations Eccléſiaſtiques , elles en ont
été déchargées par les motifs ci-deſſus , en ſorte que ces conſidérations générales

les & particulières fe réuniffent en faveur du Suppliant. A ces causes, &c.

LE ROI EN SON CONSEIL, ayant aucunement égard à ladite Requête, a ordonné & ordonne qu'en payant par provifion, fi fait n'a été, par le Suppliant, les cotes pour lefquelles il a été compris aux rôles des tailles & capitations de la Paroiffe d'Aizecourt le haut de la préfente année 1759, pour raifon de l'exploitation du quart de referve des bois dont il s'agit, lefdites cottes feront rayées & biffées defdits rôles ; en conféquence & au moyen du payement provifoire, fait Sa Majefté main-levée au Suppliant des faifies-arrêts fur lui faites par exploits des 9 Janvier & 5 Février derniers, & de toutes autres faifies faites ou à faire pour raifon defdites cottes. Ordonne Sa Majefté que les fommes, que le Suppliant juftifiera avoir payées pour lefdites impofitions de la préfente année 1759, lui feront rendues & reftituées par les Habitans, & à cet effet réimpofées à fon profit, à la première affiette qui fe fera fur eux, faite par les Collecteurs, lors en charge, aufquels Sa Majefté enjoint de faire ladite réimpofition, à peine d'en répondre en leur propre & privé nom, & de toutes pertes, dommages, intérêts & dépens ; fait en outre Sa Majefté défenfes aufdits Habitans d'Aizecourt & à leurs Collecteurs de l'année prochaine 1760 & des fuivantes, de comprendre ni cotifer le Suppliant dans leurs rôles des tailles & autres impofitions, pour raifon de l'exploitation dont il s'agit, à peine par les Contrevenans, d'en répondre en leurs noms, & de tous dépens, dommages, intérêts : & fera le préfent Arrêt exécuté nonobftant oppofitions & empêchemens généralement quelconques, pour lefquels ne fera différé. FAIT au Confeil d'Etat du Roi, tenu à Verfailles le vingt-quatre Avril mil fept cent cinquante-neuf. Collationné. *Signé*, DE VOUGNY.

ARREST DU CONSEIL D'ÉTAT DU ROI,

PORTANT Réglement pour le payement des Journées & Vacations des Officiers des Maîtrifes, pour les opérations dans les Bois en Gruerie, Grairie, Tiers & Danger, & autres indivis avec le Roi.

Du 27 Avril 1760.

LE ROI s'étant fait repréfenter en fon Confeil, Sa Majefté y étant, l'article XIII du titre des Bois en Gruerie, Grairie, Tiers & Danger, de l'Ordonnance des Eaux & Forêts du mois d'Août 1669, portant entr'autres chofes, que les droits des Officiers des Eaux & Forêts, pour les opérations à faire dans les Bois tenus en Gruerie, Grairie, Tiers & Danger, feroient payés fur le prix total des ventes, fuivant la taxe qui en feroit faite par le Grand-Maître ; & l'article XXII du même titre, portant que tous les frais des Arpenteurs, figures, defcriptions & procès-verbaux, feroient taxés par le Grand-Maître, diftinctement pour chacun defdits bois, & payés fur le prix total de la vente qui s'y feroit ; au moyen de quoi, la charge en feroit fuppor-

tée par Sa Majesté & les Possesseurs, avec juste proportion des différens inté-rêts : Et Sa Majesté étant informée de l'usage qui s'est introduit dans quelques Départemens au préjudice de ces dispositions, de comprendre la totalité des journées & vacations des Officiers & Arpenteurs des Maîtrises, dans les états des Bois de Sa Majesté, qui s'arrêtent annuellement au Conseil ; ce qui est éga-lement contraire aux intérêts de Sa Majesté, & à l'exacte proportion qui doit être établie entre des Co-propriétaires, Sa Majesté a résolu de faire connoître fur ce ses intentions. Oui le rapport du sieur Bertin, Conseiller ordinaire au Conseil Royal, Contrôleur Général des Finances.

LE ROI ÉTANT EN SON CONSEIL, a ordonné & or-donne que les articles XIII & XXII du titre XXIII de l'Ordonnance des Eaux & Forêts du mois d'Août 1669, seront exécutés selon leur forme & teneur ; en conséquence, que tous les frais d'assiette, martelage, balivage, vente, récolement & arpentage dans toutes les Forêts, Bois & Buissons où Sa Majesté a droit, tant par indivis, qu'à titre de Gruerie, Grairie, Tiers & Danger, seront supportés par Sa Majesté & les autres Propriétaires, à proportion des différens intérêts qu'ils peuvent y avoir ; & qu'à l'avenir, à commencer par l'ordinaire de l'année prochaine 1761, il ne sera fait emploi en dépense dans les états des Bois de Sa Majesté, des journées & vacations des Officiers & Ar-penteurs des Maîtrises particulières des Eaux & Forêts, que pour la part & por-tion dont Sa Majesté doit être tenue ; sauf ausdits Officiers & Arpenteurs à se faire payer du surplus de leurs droits par les autres Propriétaires desdits Bois, suivant la taxe qui en sera faite par les Grands-Maîtres des Eaux & Forêts, chacun dans son Département : comme aussi, que ceux qui se rendront Adju-dicataires desdits Bois ne seront chargés par le cahier des charges des adjudi-cations, de remettre ès mains des Receveurs Généraux des Domaines & Bois que le sol & les quatorze deniers pour livre de la portion revenante à Sa Majesté dans le prix principal desdits bois seulement. Enjoint Sa Majesté ausdits sieurs Grands-Maîtres de se conformer, soit lors desdites adjudications, soit dans la confection des états des journées & vacations desdits Officiers & Arpen-teurs, qu'ils adresseront au Conseil, aux dispositions du présent Arrêt, le-quel sera enrégistré aux Greffes desdites Maîtrises, pour y avoir recours, si besoin est. FAIT au Conseil d'Etat du Roi, Sa Majesté y étant, tenu à Ver-sailles le vingt-septiéme jour du mois d'Avril mil sept cent soixante. *Signé*, PHELYPEAUX.

DÉCLARATION DU ROI,

PORTANT Réglement pour le payement des frais de Juſtice dans les Maîtriſes des Eaux & Forêts.

Donnée à Verſailles le 24 Novembre 1760.

Regiſtrée en la Chambre des Comptes.

LOUIS, PAR LA GRACE DE DIEU, ROI DE FRANCE ET DE NAVARRE: A tous ceux qui ces préſentes lettres verront, SALUT. Nous ſommes inſtruits que malgré les précautions priſes par tous les Reglemens, pour aſſurer le recouvrement des amendes qui ſe prononcent aux Tables de Marbre, Chambres des Eaux & Forêts près nos Parlemens, & aux Sieges des Maîtriſes Particulieres des Eaux & Forêts, ce recouvrement eſt cependant extrémement négligé. Les Collecteurs de ces amendes, dans la crainte de ſupporter indiſtinctement tous les frais de pourſuites contre les condamnés aux amendes, ou les laiſſent évader, ou à la faveur de procès-verbaux de carence, ſouvent équivoques, ſe mettent en état d'employer en repriſe, ou en non-valeur dans leurs comptes, le montant des condamnations; ce qui indépendamment du préjudice qu'en ſouffre cette partie de recouvrement, rend les délits plus fréquens par l'aſſurance de l'impunité; d'autant plus que Nous ſommes informés que nos Procureurs, ès Sieges de Maîtriſes, ne veillent point avec l'exactitude néceſſaire à la pourſuite des crimes & abus dont la connoiſſance appartient à nos Officiers des Eaux & Forêts; parce qu'incertains ſur quels fonds les frais de pourſuite doivent être pris, ils ont craint de les faire ſupporter aux Collecteurs des amendes, depuis qu'un uſage contraire à nos intentions s'eſt introduit, d'en charger ces Collecteurs, ſous le prétexte de la remiſe que Nous leur avons accordée de cinq ſols pour livre du montant de leur recette, par l'article XIX de notre Edit du mois de Mai 1716. L'attention que Nous devons à cette partie d'adminiſtration, & au maintien de la Police établie par les Reglemens, Nous a fait chercher les moyens de pourvoir à ces objets, en évitant, autant qu'il eſt poſſible, les abus & les inconvéniens. Le compte que Nous nous ſommes fait rendre du montant des amendes qui ſe prononcent dans les différens Sieges des Eaux & Forêts de notre Royaume, Nous a mis à portée de reconnoître que les cinq ſols pour livre attribués aux Collecteurs des amendes par l'Edit du mois de Mai 1716, étoient pour eux d'un produit ſi médiocre, que Nous n'avons point cru qu'il fût juſte de les charger des frais de capture, conduite, gîte & geolage des condamnés aux amendes, loin de pouvoir rejetter encore ſur eux des procédures extraordinaires, pourſuivies à la requête de nos Procureurs ès Maîtriſes particulieres: Nous nous propoſons de faire connoître à ce ſujet notre intention, en preſcrivant les précautions qui Nous ont paru néceſſaires pour mettre nos Procureurs, ès Maîtriſes particulieres, en état de faire agir leur miniſtere, lorſque la vindicte publique le requiert, & les Collecteurs à portée de ſuivre avec plus d'exactitude le recouvrement des amendes. A CES CAUSES, & autres à ce Nous mouvant, du l'avis de notre Confeil, & de notre certaine fcience, pleine puiflance & autorité Royale, Nous avons par ces préfentes fignées de notre main, dit, déclaré & ordonné; difons, déclarons & ordonnons, voulons & Nous plaît ce qui fuit:

ARTICLE PREMIER.

Les frais qu'il conviendra faire pour l'inftruction des procès criminels ès Siéges des Maîtrifes particulieres des Eaux & Forêts, & pour l'exécution des Sentences & Jugemens qui interviendront fur iceux, auxquels il n'y aura point de partie civile, & dont nous fommes tenus, feront avancés & payés par les Receveurs des amendes defdites Maîtrifes, fur les exécutoires des Officiers defdits Sieges, vifés, attendu l'emploi qui fera fait du montant d'iceux, dans l'état de nos bois. par les fieurs Grands-Maîtres des Eaux & Forêts, chacun dans fon Département.

ART. II. Ne pourront dans lefdits exécutoires être compris aucunes épices, droits de vacations de Juges, ni les droits & falaires des Greffiers, mais feulement la fimple nourriture & frais de voitures des Juges & Officiers qui fe tranfporteront hors de leur réfidence à l'effet defdites inftructions, lefquels nourritures & frais de voitures, Nous reglons, fçavoir fept livres dix fols au Maître particulier ou Lieutenant, cent fols au Procureur pour Nous, quatre livres quinze fols au Greffier, qui fera tenu de fournir les expéditions en papier timbré, & trois livres à l'Huiflier.

ART. III. Seront en outre compris dans lefdits exécutoires le pain, médicamens & conduite des prifonniers, les falaires des Sergens & Archers qui feront la conduite ou capture, ou affigneront les témoins, les falaires & voyages des témoins, tant pour informations que pour recollemens & confrontations & les frais des exécutions.

ART. IV. Faifons très expreffes inhibitions & défenfes à tous nos Officiers des Eaux & Forêts, de décerner, & aux Grands-Maîtres de vifer aucuns exécutoires fur nos Receveurs des amendes, pour des procédures qui auroient dû être pourfuivies à la requête des Parties civiles, à peine de reftitution du quadruple du montant defdits exécutoires.

ART. V. Les condamnés aux amendes feront contraints au payement d'icelles par toutes voies, même par emprifonnement de leur perfonne, conformément à ce qui eft prefcrit par l'article XVIII du titre XXXII de l'Ordonnance des Eaux & Forêts du mois d'Août 1669, & dans le cas où il feroit néceffaire d'ufer de la voie de l'emprifonnement, n'entendons que les Collecteurs des amendes puiffent, fous le prétexte de la remife des cinq fols pour livre, que Nous leur avons attribués fur le montant de leur recette, par l'article XIX de notre Edit du mois de Mai 1716, être tenus des frais de capture, conduite, gîte & geolage des condamnés aux amendes, mais feront lefdits frais avancés & payés par les Receveurs defdites amendes, fur les exécutoires des Officiers des Maîtrifes, vifés, comme il eft dit ci-deffus, par lefdits fieurs Grands-Maîtres, chacun dans fon Département.

ART. VI. Notre intention étant que les Collecteurs des amendes ne puiffent abufer de cette facilité pour s'épargner les frais dont ils font tenus pour le recouvrement defdites amendes, voulons que lefdits Collecteurs ne puiffent ufer de la voie de l'emprifonnement contre les domiciliés, qu'après les avoir difcutés dans leurs meubles & biens ; qu'ils ne puiffent également en faire ufage à l'égard des non-domiciliés, qu'après avoir fait vifer leurs contraintes par nos Procureurs efdites Maîtrifes, chacun dans fon reffort ; & ne pourront nofdits Procureurs vifer lefdites contraintes, qu'après qu'il leur aura fuffifamment apparu de pourfuites & diligences convenables de la part defdits Collecteurs contre les non-domiciliés ; & faute par lefdits Collecteurs de fe conformer aux préfentes difpofitions, ils feront perfonnellement tenus defdits frais de capture, conduite, gîte & geolage, fans qu'ils puiffent les employer en dépenfe dans les comptes qu'ils rendent aux Receveurs des amendes.

ART. VII. Ordonnons que l'article XXVIII du titre III de ladite Ordonnance de 1669, fera exécuté felon fa forme & teneur, en conféquence enjoignons très-expreffément à tous Prévôts Généraux, Lieutenans de Robe Courte, Exempts & Archers, & à tous autres Officiers de Juftice, d'aflifter ou prêter main-forte à la première requifition qui leur fera faite, aux Gardes Généraux Collecteurs des amendes, pour la capture & conduite des prifonniers, en leur repréfentant, à l'égard des non-domiciliés, les contraintes vifées par nos Procureurs efdites Maîtrifes.

ART. VII Et pour procurer aux Receveurs des amendes le remboursement des fommes qu'ils auront avancées pour le montant defdits exécutoires, feront tenus lefdits fieurs Grands-Maîtres d'envoyer avant le premier de Mai de chaque année, au fieur Contrôleur Général de nos Finances, un état des exécutoires par eux vifés, pour être fait emploi en dépenfe fous le nom defdits Receveurs, dans les états de nos bois en chaque Généralité, qui feront arrêtés en notre Confeil ; & en rapportant par les Receveurs Généraux de nos Domaines & Bois lefdits exécutoires, dûement vifés, avec les quittances defd Receveurs des amendes ; les fommes qu'ils auront payées leur feront paffées ou allouées dans leurs états & comptes, fans aucune diefficulté, en vertu defdites préfentes. SI DONNONS EN MANDEMENT à nos amés & feaux Confeillers les Gens tenant notre Chambre des Comptes à Paris, que ces préfentes ils ayent à faire lire, publier & regiftrer, & le contenu en icelles garder, obferver & exécuter felon leur forme & teneur : CAR TEL NOTRE PLAISIR. En témoin de quoi Nous avons fait mettre notre Scel à cefdites Préfentes. DONNÉ à Verfailles le vingt-quatriéme jour de Novembre, l'an de grace mil fept cent foixante, & de notre règne le quarante fixiéme. Signé. LOUIS, Et plus bas, par le Roi, PHELYPEAUX. Vû au Confeil, BERTIN. Et fcellé du grand Sceau de cire jaune.

DE PAR LE ROI.
ORDONNANCE
DE M. LE GRAND-MAISTRE
DES EAUX ET FORESTS DE FRANCE

*Au Département de Paris & Ifle de France , Commiffaire
du Confeil en cette partie.*

QUI conformément à l'Ordonnance des Eaux & Forêts de
1669 , & à l'Arrêt du Confeil du 16 Janvier 1753 , établit
un Infpecteur & des Gardes Pêche, fur les Fleuves & Rivières de Seine , de Marne , & autres lieux dans l'étendue du
Reffort de la Maîtrife des Eaux & Forêts de Paris , pour veiller à la bonne Police & confervation de la Pêche fur lefdites
Rivières. Fait défenfes à tous Maîtres Pêcheurs & autres d'exercer la Pêche pendant la nuit & les Dimanches & Fêtes , fous
quelque prétexte que ce puiffe être , aux peines & amendes y
portées contre les Contrevenans.

Du 28 Avril 1761.

L OUIS - FRANÇOIS DU VAUCEL , Chevalier, Confeiller
du Roi en fes Confeils, Grand-Maître , Enquêteur & Général Réformateur
des Eaux & Forêts de France , au Département de Paris & Ifle de France ,
Commiffaire en cette partie.

Sur ce qui Nous a été remontré par le Procureur du Roi en la Maîtrife des
Eaux & Forêts de Paris, qu'en l'année 1726 , Sa Majefté ayant été informée
des défordres qui fe commettoient dans l'exercice de la pêche fur les rivieres
de Seine , de Marne & autres de l'étendue des reffort & Jurifdiction de la
Maîtrife de Paris , tant de la part des Maîtres Pêcheurs, que des vagabonds, &
gens fans aveu qui pêchoient en contravention de jour & de nuit ; même les
Fêtes & Dimanches , avec toutes fortes de filets , engins & harnois prohibés
par les Ordonnances, au grand préjudice du Public , & dépeuplement defdites
rivieres, occafionné par ce brigandage ; que ce défordre provenoit en partie du
défaut d'établiffement de Gardes-Pêche , ordonné par l'art. XXIII du titre de
la Pêche de l'Ordonnance des Eaux & Forêts du mois d'Août 1669. Lequel
établiffement n'auroit pu être effectué en ladite Maîtrife de Paris , faute d'attribution de gages pour la fubfiftance de ce Garde-Pêche : & Sa Majefté pour
le maintien de la bonne police, le bien & avantage du Public, voulant fur ce
pourvoir, par Arrêt de fon Confeil du 12 Novembre 1726, auroit ordonné

que par le sieur Grand-Maître des Eaux & Forêts du Département de Paris,
il seroit commis & établi un Garde-Pêche de ladite Maîtrise en la ville de
Paris, pour être journellement sur les fleuves & rivieres de Seine & de Marne,
& veiller sur les Pêcheurs, à ce qu'ils ne contreviennent aux Ordonnances,
& ce, aux gages & chauffages y portés ; que cet Arrêt auroit eu son exécution pour l'établissement du Garde-Pêche, ce qui pendant quelque temps auroit
ralenti la licence & les contraventions ; mais la grande étendue des rivieres
dans le ressort de la Maîtrise de Paris, ne pouvant être conservée par la vigilance d'un seul Garde, les contraventions tant de jour que de nuit, même
les jours de Dimanches & Fêtes, l'usage des filets de toutes especes prohibés
par les Ordonnances, se sont tellement multipliés, & en tant d'endroits éloignés les uns des autres, qu'il n'est pas possible à ce seul Garde-Pêche d'y pouvoir remédier, soit faute de reconnoître les délinquants qui fuient, soit par
les rébellions pour échapper à sa vigilance, en sorte que si cette licence effre-
née qui va toujours en augmentant, n'étoit réprimée, il s'ensuivroit nécessairement le dépeuplement des rivieres au grand préjudice du Public, & à l'intérêt particulier des Pêcheurs qui tirent leur subsistance de ce travail, & qui
subissent eux-mêmes la peine de leurs contraventions, parce que le poisson
de leur pêche n'étant point de jauge ni valeur, ne peut leur être profitable ;
que Sa Majesté par Arrêt de son Conseil du 16 Janvier 1753, auroit, en
ordonnant pardevant Nous la représentation des titres & pieces concernant
les Communautés des Pêcheurs de la ville de Paris, à l'effet d'être sur notre
avis, ordonné par Sa Majesté ce qu'il appartiendra pour les Reglemens nécessaires à ces Communautés, auroit en même temps ordonné qu'il seroit par
provision, fait par Nous tels Reglemens que Nous jugerions nécessaires à la
bonne police de la pêche & le bon ordre des Pêcheurs ; & que nos Reglemens
provisoires seroient exécutés nonobstant & sans préjudice de l'appel au Conseil. Que dans ces circonstances, pour le prompt rétablissement du bon ordre
& la conservation de la pêche, il lui paroîtroit nécessaires d'établir des Gardes
qui puissent arrêter le cours & réprimer les contraventions qui font l'objet du
présent Requisitoire ; pour quoi le Procureur du Roi requiert qu'il Nous plaise
ordonner que les Arrêts du Conseil des 12 Novembre 1726 & 16 Janvier
1753, & la disposition de l'article XXIII du titre de la Pêche, de l'Ordonnance des Eaux & Forêts du mois d'Août 1669, seront exécutés selon leur
forme & teneur ; ce faisant, & provisoirement sous le bon plaisir de Sa Majesté,
il Nous plût commettre les Gardes-Pêches qui Nous paroîtroient nécessaires
en l'étendue des rivieres du ressort de ladite Maîtrise, & ce en attendant que
par un Reglement il ait été pourvu par Sa Majesté aux gages qu'Elle jugera
à propos de leur accorder, pour être lesdits Gardes Pêches résidans dans les
cantonnemens, endroits & ports qui leur seront désignés & assignés par les
Officiers de ladite Maîtrise de Paris, veiller principalement chacun dans l'é-
tendue de son cantonnement, & même sur les cantons des uns des autres, s'assister pour veiller & maintenir la police de la pêche, dresser leurs procès-
verbaux, contre les contrevenans, & ce, à peine de révocation de leurs Commissions, privation de leurs gages qui leur auront été accordées, & autres à ces
cas appartenans ; comme aussi pour réprimer la licence & le désordre introduit
de pêcher les Dimanches & Fêtes, tant par des soi-disans Maîtres Pêcheurs en-

autres particuliers, vagabonds, gens fans aveu, fous difféiens pretextes, même
de prétendues permiſſions telles qu'elles puiſſent être, qui feront déclarées
nulles & de nul effet; faire défenſes à tous Pecheurs & autres particuliers, gens
fans aveu, de faire ni exercer aucune ſorte de pêche, Dimanches & Fêtes &
autres jours prohibés par les Ordonnances & Reglemens de la pêche, à peine
de vingt livres d'amende pour la premiere contravention, du double en récidive, & en outre de conſiſcation des lignes, filets, & autres engins de pêche,
de trois mois de priſon en cas de rébellion aux Gardes établis pour la police
& conſervation de la pêche, même de plus grande puniſion ſuivant les circonſtances & l'exigence des cas, ſans que leſdites peines & amendes puiſſent
être réputées comminatoires, & que notre Ordonnance ſur le préſent requiſitoire ſera enregiſtrée, lûe, publiée & aſſichée par-tout où beſoin ſera là ce
qu'aucun n'en ignore, & n'ait à y contrevenir, & exécutée conformément
& ainſi qu'il eſt ordonné par ledit Arrêt du Conſeil du ſeize Janvier 1753.
ET TOUT CONSIDERE'. NOUS, ayant égard aux Remontrances &
Requiſitions dudit Procureur du Roi, & y faiſant droit, Ordonnons que les
Arrêts du Conſeil des 12 Novembre 1726, & 16 Janvier 1753, & la diſpoſition de l'article XXIII du Titre de la Pêche de l'Ordonnance des Eaux
& Forêts du mois d'Août 1669, ſeront exécutés ſelon leur forme & teneur:
ce faiſant, ſous le bon & louable rapport qui Nous a été fait de la perſonne
de Nicolas-Jean Boulanger, &c. Nous l'avons par ces préſentes, ſous le bon
plaiſir du Roi, commis & commettons Inſpecteur de la pêche ſur les fleuves &
rivieres de Seine & de Marne, & autres de l'étendue du reſſort & Juriſdiction
de ladite Maîtriſe de Paris; comme auſſi ſous le bon & louable rapport qui
Nous a pareillement été fait des perſonnes de Georges-Nicolas Jarnier,
Claude-Louis Labbé, François Sauvigny & Eloi Duſuſiau, &c. les avons
par ces préſentes, commis & commettons, ſous le bon plaiſir de Sa Majeſté,
Gardes-Pêche pour veiller à la garde & conſervation de la pêche ſur les fleuves
& rivieres de Seine, de Marne & autres, de l'étendue de ladite Maîtriſe de
Paris, & en attendant que par un Reglement, il ait été pourvu par Sa Majeſté
aux gages qu'Elle jugera à propos de leur accorder, pour être leſdits Inſpecteur & Gardes-Pêche, réſidans dans les cantonnemens, endroits & ports
qui leur feront déſignés & aſſignés par les Officiers de ladite Maîtriſe de
Paris, veiller principalement, chacun dans l'étendue de ſon cantonnement,
& même ſur les cantons les uns des autres, s'aſſiſter pour veiller & maintenir
la police de la pêche, & dreſſer leurs procès-verbaux contre les contrevenans,
à l'effet de quoi ledit Inſpecteur les tiendra fans celle dans leur devoir, & fera
avec eux toutes les viſites qu'il jugera néceſſaires, & ce à peine de révocation de leur Commiſſion, privation des gages qui leur auront été accordés
par Sa Majeſté, & autres à ces cas appartenans; & en outre pour jouir par leſd.
Inſpecteur & Gardes de la préſente Commiſſion, aux honneurs, droits, priviléges & exemptions, de même & tout ainſi qu'en jouiſſent ou doivent jouir les
pourvus de pareilles commiſſions, à la charge par eux de ſe conformer dans
l'exercice & fonctions de la préſente commiſſion à l'Ordonnance des Eaux &
Forêts du mois d'Août 1669, & autres Arrêts & Reglemens intervenus. MAN-
DONS au Maître Particulier de ladite Maîtriſe des Eaux & Forêts de Paris,
ou au Lieutenant de ladite Maîtriſe des Eaux & Forêts de Paris, que lui étant
apparu

apparu des bonnes vies & mœurs & qualités ci-deſſus deſdits Nicolas-Jean Boulanger, Georges-Nicolas Jarnier, Claude-Louis Labbé, François Sauvigne & Eloy & Duſuſiau, il ait à les recevoir, mettre & inſtaler en l'exercice & fonctions de la préſente Commiſſion, & les en faſſe jouir & uſer aux honneurs, droits, privileges & exemptions y attribués, ſans ſouffrir qu'il leur ſoit apporté aucuns troubles ni empêchemens. Comme auſſi faiſons défenſes à tous Maîtres Pêcheurs ou autres particuliers, vagabonds & gens ſans aveu qui pêchent ſous différends prétextes, même de prétendues Permiſſions telles qu'elles puiſſent être, que Nous déclarons nulles & de nul effet, de faire ni exercer aucune ſorte de pêche la nuit ni les Dimanches & Fêtes & autres jours prohibés par les Ordonnances & Reglemens de la pêche, à peine de vingt livres d'amende pour la premiere contravention, du double en récidive, en outre de confiſcation des lignes, filets, bateaux & autres engins de pêches & de trois mois de priſon en cas de rébellion aux Inſpecteur & Gardes établis pour la police & conſervation de la pêche, même de plus grande punition ſuivant les circonſtances & l'exigence du cas, ſans que leſdites peines & amendes puiſſent être réputées comminatoires : & en outre ordonnons que notre préſente Ordonnance ſera enregiſtrée, lûe, publiée & affichée par-tout où beſoin ſera, à ce qu'aucun n'en ignore, & ait à n'y contrevenir, & exécutée conformément & ainſi qu'il eſt ordonné par ledit Arrêt du Conſeil du 16 Janvier 1753. FAIT & donné par Nous Grand-Maître & Commiſſaire ſuſdit, en notre Hôtel à Paris le ving-huit Avril 1761. Signé, DU VAUCEL. Et plus bas eſt écrit, par Monſeigneur, Signé, L'ECLOPE', Signé, MAU-POINT.

ARREST DU CONSEIL D'ÉTAT DU ROI,

ET LETTRES-PATENTES SUR ICELUI,

PORTANT Réglement pour le recouvrement du Dixiéme des Bois des Eccléſiaſtiques & Laïques, affecté au ſoulagement des pauves Communautés des Filles Religieuſes.

Données à Verſailles les 26 Juillet & 9 Août 1761.

LE Roi étant informé que dans le compte de l'année 1756, qui eſt la premiere des exercices du ſieur Leclopé, commis par Arrêt & Lettres-Patentes des 20 Janvier, 11 Mai & 5 Juin de la même année 1756, pour percevoir des Receveurs Généraux des Domaines & Bois, les deniers provenans du dixiéme par eux retenu ſur le prix des Bois des Communautés Eccléſiaſtiques & Laïques deſtinés au ſoulagement des Communautés Religieuſes, ledit ſieur Leclopé a fait recette à la charge des repriſes de toutes les ſommes qu'il n'a pas reçues ſur le Dixiéme, tant ſur l'état de ladite année 1756, que ſur des années antérieures. Que par le Jugement dudit compte clos le 4 Décembre 1759, la Chambre des Comptes de Paris a rayé, faute de diligence, ſur les repriſes de l'année 1756, 4396 liv. 8 ſ. 2 den. & ſur celles des années antérieures

226235 liv. 19 f. 2 den. Que ledit fieur Leclopé s'étant pourvu à ladite Chambre pour obtenir le rétabliffement de ces deux parties, à la charge d'en faire recette dans les comptes fuivans fur les fondemens qu'il ne lui étoit pas poffible de faire les recouvremens defdites reprifes, attendu que n'ayant reçu que depuis fort peu de temps l'état arrêté au Confeil, qui rectifioit les erreurs des précédens, il n'avoit pû avoir une connoiffance précife des parties qu'il avoit à recevoir, néanmoins il avoit été débouté de fa Requête par Arrêt du 30 Juin fuivant. Que cet Arrêt paroît avoir eu pour fondement l'exécution littérale des Lettres-Patentes du 12 Octobre 1756, qui portent en l'article 3, que fix mois après l'échéance de chaque terme des Etats du Roi, les Receveurs Généraux des Domaines & Bois feroient tenus de remettre ès mains dudit fieur Leclopé ou de fon fondé de procuration, par privilege & préférence à tous autres, même aux Entrepreneurs des ouvrages ordonnés par les Arrêts qui auroient permis la vente des bois, ou aux Créanciers defdites Communautés Eccléfiaftiques & Laïques, le montant du dixiéme de chacun terme du paiement qu'ils auront reçus, fuivant & conformément à l'emploi dans les Etats; mais Sa Majefté confidérant que le délai de fix mois accordé par ledit article 3 des Lettres-Patentes du 12 Octobre 1756, aux Receveurs Généraux des Domaines & Bois, ne pouvoit rendre le fieur Leclopé refponfable de ce qu'ils devoient à ce terme, d'autant que ce n'étoit qu'à cette échéance que fon action pouvoit commencer contre lefdits Receveurs Généraux. Que s'il tenoit même à rigueur ce délai, & que faute de paiement il ufât de contraintes envers lefdits Receveurs, l'éloignement de plufieurs d'entre eux, & la modicité des fommes qu'ils ont à payer, occafionneroit une multiplicité de frais dont fouvent on ne pourroit fe dédommager par la recette, ce qui préjudicieroit d'autant plus à la caiffe des Communautés Religieufes, que fuivant les termes des Lettres-Patentes des 26 Février, premier & 22 Avril 1746, 10 Mars 1748 & 22 Octobre 1756, le Receveur des fonds deftinés au foulagement des pauvres Communautés Religieufes, eft autorifé à retenir par fes mains les frais & débourfés occafionnés par fon recouvrement. Qu'il paroîtroit plus convenable d'agir comme par le paffé, & de ne forcer en recette ledit Receveur qu'autant que par une négligence trop marquée il porteroit toujours & fucceffivement les mêmes parties en reprife dans fes comptes; qu'il étoit d'autant plus jufte de venir au fecours dudit fieur Leclopé dans les circonftances préfentes, qu'il n'avoit pu avoir une parfaite connoiffance que par l'état arrêté au Confeil en 1759, des parties qu'il avoit à recevoir fur les années antérieures à fon exercice, à caufe des différentes reprifes qu'il avoit été néceffaire de faire fur lefdits états pour raifon des différentes parties fur lefquelles Sa Majefté n'avoit pas jugé à propos d'ordonner la retenue du dixiéme; & que d'ailleurs étant de fait que ledit Receveur ne recevant l'état du dixiéme des bois de l'année pour laquelle il rend fon compte, que près de deux ans après ladite année expirée, à peine pourroit-il avoir connoiffance des parties contenues en l'état, lorfque l'on procède au Jugement de fon compte; & Sa Majefté voulant fur ce faire connoître fes intentions. Oui le rapport du fieur Bertin, Confeiller ordinaire au Confeil Royal, Contrôleur Général des Finances.

LE ROI EN SON CONSEIL, a ordonné & ordonne ce qui fuit.

ARTICLE PREMIER.

Que les reprifes qui ont été rayées au compte de l'année 1756 du fieur Leclopé, commis pour faire le recouvrement du dixiéme du prix des bois des Eccléfiaftiques & Communautés Régulieres & Séculieres, au profit des pauvres
Communautés Régulieres, clos à la Chambre des Comptes de Paris le 4 Décembre 1759, feront rétablies.

ART. II. Que les Lettres-Patentes des 29 Nov. 1729, 26 Février, premier
& 22 Avril 1746, 10 Mars 1748 & 12 Octobre 1756, feront exécutées felon leur forme & teneur ; en conféquence, que ledit fieur Leclopé & ceux qui
feront par la fuite commis à la recette des fonds deftinés au foulagement des
pauvres Communautés Religieufes, ne feront tenus de juftifier leur recette fur
le recouvrement du dixiéme des bois, que fur les états & les ampliations des
quittances qu'ils auront fournies aux Receveurs Généraux des Domaines & Bois,
fans qu'ils puiffent être tenus d'aucune autre efpéce de formalité.

ART. III. En interprétant entant que befoin eft ou feroit, l'art. 3 des Lettres-
Patentes du 12 Octobre 1756, ordonne Sa Majefté que les Receveurs Généraux des Domaines & Bois feront tenus de remettre ès mains dudit fieur Leclopé & de fes Succeffeurs en ladite commiffion, fix mois après l'échéance de
chaque terme, le montant du dixiéme qu'ils auront reçu, fuivant & conformément à l'emploi dans les états & ainfi qu'il eft plus au long expliqué audit
article 3 defdites Lettres-Patentes du 12 Octobre 1756, fans qu'à l'expiration de ce délai, ledit fieur Leclopé & fes Succeffeurs puiffent être forcés en
recette des parties non-payées par lefdits Receveurs, lefquelles continueront
d'être portées en reprife comme par le paffé, à la charge d'en faire recette dans
les comptes fuivans.

ART. IV. Et afin que ledit fieur Leclopé & fes Succeffeurs en ladite Commiffion ne négligent point de faire la recette contenue aux états du dixiéme; veut Sa
Majefté que dans quatre années, à commencer du jour & date du préfent Arrêt, ledit fieur Leclopé foit tenu de liquider tous les états antérieurs à l'année 1756, du montant defquels il fera tenu de fe charger en recette ; & dans
le cas où il refteroit quelques parties qu'il n'auroit pas reçues fur lefdits états,
que lefdites parties lui foient paffées en reprifes, foit en juftifiant des diligences qu'il auroit faites contre les Receveurs actuels, defquelles feules il doit être
tenu, aux termes des Lettres-Patentes du 12 Octobre 1756, & fans que, conformément auxdites Lettres, ils puiffent en aucune maniere être tenus du fait de
leurs Prédéceffeurs, foit pour les parties feulement au-deffous de cent livres,
en rapportant des certificats des Commiffaires établis par Sa Majefté pour le
foulagement defdites Communautés ; portant que pour éviter les frais & pour
l'avantage defdites Communautés, ils n'ont pas jugé à propos qu'il foit fait aucunes pourfuites : & à l'égard des états de l'année 1756 & fuivantes, veut pareillement Sa Majefté que deux ans après le dernier terme échu de chaque partie contenue aux états, ledit fieur Leclopé & fes Succeffeurs en ladite Commiffion, foient tenus de s'en charger en recette, ou à défaut de paiement, de juftifier des diligences qu'ils auront faites contre les Receveurs défaillans ; ou certificats, comme il eft dit ci-deffus, pour, fur lefdites diligences ou réponfes def-

Gggg ij

dits Receveurs & Certificats, être par la Chambre accordé de nouveaux délais, ou alloué les reprises que ledit sieur Leclopé & ses Successeurs feront desdites parties.

ART. V. Veut au surplus Sa Majesté que les frais faits par ledit sieur Leclopé pour raison dudit recouvrement, lui soient passés & alloués, conformément aux Lettres-Patentes des 29 Novembre 1729, 26 Février, premier & 22 Avril 1746, 10 Mars 1748 & 12 Octobre 1756. Et pour l'exécution du présent Arrêt, seront toutes Lettres nécessaires expédiées. FAIT au Conseil d'Etat du Roi, Sa Majesté y étant, tenu à Versailles le vingt-sixiéme Juillet mil sept cent soixante-un. Signé, PHELYPEAUX.

ARREST DU CONSEIL D'ÉTAT DU ROI,

QUI juge que la connoissance des contestations sur le fait du Pâturage en la seconde herbe des Prés & Pâtureaux, appartient aux Juges des Eaux & Forêts ; & fait défenses à tous Juges ordinaires d'en connoître, sous les peines y portées.

Du 27 Avril 1762.

VU au Conseil d'Etat du Roi la Requête présentée en icelui par le Procureur Général de Sa Majesté au Siége de la Table de Marbre du Palais à Paris, tendante à ce que pour les causes y contenues il plût à Sa Majesté ordonner que les articles II & XIV du titre de la Jurisdiction, le titre des prés, pâtis & paturage de l'Ordonnance des Eaux & Forêts du mois d'Août 1669, Arrêts & Réglemens sur ce intervenus, seroient exécutés selon leur forme & teneur ; en conséquence, sans s'arrêter à l'Arrêt du Parlement de Paris du 27 Juin 1661, qui demeureroit nul & de nul effet, ordonner que sur les demandes & contestations mues sur le fait du pâturage, & de la saisie d'un bœuf dont il s'agissoit, circonstances & dépendances, le nommé Charles Huon, Adjudicataire de la seconde herbe des prés & pâtureaux appellés les Cloux, appartenans à la Communauté de Vaucouleurs, & le nommé Jean Camouche, Marchand à Vaucouleurs, Propriétaire du bœuf en question, procéderoient en la Gruerie de Vaucouleurs jusqu'à Sentence définitive inclusivement, sauf l'appel en ladite Table de Marbre s'il y écheoit, leur faire défenses de procéder ailleurs, & aux Officiers de la Prévôté de Vaucouleurs, & à tous autres Juges ordinaires d'en connoître, & de toutes autres contestations concernant les prés, pâtis & pâturages des Communautés & Habitans, à peine de nullité, 1000 liv. d'amende, & de tous dépens, dommages & intérêts.

Oui le rapport du sieur Bertin, Conseiller ordinaire au Conseil Royal, Contrôleur Général des Finances.

LE ROI EN SON CONSEIL, ayant égard aux Requêtes, a donné & donne défaut contre les nommés Charles Huon, & Jean Camouche, & pour le profit, Sa Majesté, sans s'arrêter à l'Arrêt du Parlement de Paris, rendu pour raison du fait dont il s'agit, le 27 Juin 1761, non plus qu'à tout cequi peut s'en être enfuivi, a ordonné & ordonne que les articles II & XIV du titre de la Jurifdiction, & le titre des prés, pâtis & pâturages de l'Ordonnance des Eaux & Forêts du mois d'Août 1669, & les Arrêts & Réglemens fur ce intervenus, feront exécutés felon leur forme & teneur; en conféquence, que fur les demandes & conteftations mues fur le fait du pâturage & de la faifie du bœuf en queftion, circonftances & dépendances, les nommés Huon & Ca-mouche feront tenus de procéder en la Gruerie de Vaucouleurs jufqu'à Sen-tence définitive inclufivement, fauf l'appel au Siége de la Table de Marbre du Palais à Paris, s'il y écheoit. Fait Sa Majefté défenfes auxdits Huon & Ca-mouche, de procéder ailleurs qu'en ladite Gruerie, & aux Officiers de la Pré-vôté de Vaucouleurs, & à tous Juges ordinaires d'en connoître, & de toutes autres conteftations concernant les prés, pâtis & paturages des Communautés & Habitans, à peine de nullité, mille livres d'amende, & de tous dépens, dommages & intérêts. FAIT au Confeil d'Etat du Roi, tenu à Verfailles le vingt-fept Avril mil fept cent foixante-deux. Collationné, *Signé*, DE VOUGNY.

ARREST DU CONSEIL D'ÉTAT DU ROI,

QUI ordonne le percement & l'ouverture de fix nouvelles Rou-tes dans les Bois qui compofent la Forêt de Livry-Bondy, le rétabliffement de deux anciens Chemins dans le triage de Ber-nouy, & de plufieurs autres différens cantons de ladite Forêt, fuivant les alignemens qui en feront donnés; comme auffi que dans les délais y portés, les Propriétaires & Poffeffeurs des Terreins & Bois à travers defquels lefdites Routes paffe-ront, feront tenus chacun en droit foi, d'enlever & difpofer des Bois qui fe trouveront dans les alignemens & fuperficie defdites nouvelles Routes, ainfi qu'il eft porté audit Arrêt du Confeil.

Du 21 Juin 1762.

LE Roi étant informé qu'il eft néceffaire, pour l'agrément des chaffes, de faire ouvrir fix routes dans la Forêt de Bondi, dont la pemiere traverfera les Bois de Villepinte, depuis l'ancien chemin de Meaux jufques fur les terres. La feconde, dans les Bois Saint Denis. La troifiéme, le long des Coudreaux. La quatriéme, traverfera les Bois de Montguichet. La cinquiéme traverfera la queue de Villemomble. Et la fixiéme longera les Bois de Rougemont. Qu'il eft également utile de redreffer deux anciens chemins dans le triage de Ber-noui, ainfi que plufieurs autres dans différens cantons de ladite Forêt, appel-lés la Queue d'Aulnay, les Bois du Temple, le triage du gros Chéne, les Bois de la Maifon Rouge, celui des Courdreaux, les Bois de Saint Denis & de la Couture, Sa Majefté a cru devoir ordonner la confection de ces tra-vaux & le paiement des Entrepreneurs qui en feront chargés, A quoi défirant pourvoir : Oui le rapport du fieur Bertin, Confeiller ordinaire au Confeil Royal, Contrôleur Général des Finances.

LE ROI ÉTANT EN SON CONSEIL, a ordonné & ordonne, que par les Entrepreneurs qui feront à cet effet choifis par le fieur du Vaucel, Grand-Maître des Eaux & Forêts du Département de Paris, il fera inceffamment procédé à l'ouverture & confection des routes, & au redreffement des Chemins ci-deffus défignés, dans les Bois de la Forêt de Bondi, fauf aux Propriétaires & Poffeffeurs des Bois, au travers defquels pafferont lefdites routes, à difpofer dans le délai qui fera fixé par ledit fieur Grand-Maître, des bois qui fe trouveront dans l'alignement defdites routes. Ordonne Sa Majefté, que lefdits Entrepreneurs feront payés fur les Ordonnances dudit fieur Grand-Maître, fuivant les prix fixés pour de femblables ouvrages; & qu'à cet effet il fera fait fonds, fous leurs noms, dans l'état des Bois de Sa Majefté de la Généralité de Paris, qui fera arrêté au Confeil pour l'année mil fept cent foixante-cinq, de ce à quoi fe trouveront monter lefdits ouvrages, fur les devis & re-connoiffances qui en feront faits par l'Arpenteur qui fera nommé par ledit fieur Grand-Maître, & en rapportant par le Receveur Général des Domaines & Bois de ladite Généralité, en exercice pour ladite année, le préfent Arrêt ou copie d'icelui duement collationnée, le devis defdits ouvrages, la foumiffion defdits Entrepreneurs, le Procès-verbal de réception, les Ordonnances dudit fieur Grand-Maître, & quittances fuffifantes; les fommes qu'il aura payées auxdits Entrepreneurs, lui feront paffées & allouées en dépenfe dans fes état & compte fans aucune difficulté, en vertu du préfent Arrêt, & fans qu'il en foit befoin d'autre. FAIT au Confeil d'Etat du Roi, Sa Majefté y étant, tenu à Verfailles le vingt-un Juin mil fept cent foixante-deux. *Signé*, PHELYPEAUX.

ARREST DU CONSEIL D'ÉTAT DU ROI,

QUI fans s'arrêter au Jugement de la Table de Marbre du 16 Avril 1761, que Sa Majefté a caffé & annullé, ordonne l'exécution de l'Ordonnance des Eaux & Forêts du mois d'Août 1669, Arrêts & Réglemens depuis intervenus; en conféquence fait défenfes aux Maire & Echevins de la Ville de Meaux & Officiers Municipaux des autres Villes du Royaume, de difpofer des Arbres étant fur les Remparts & lieux publics dépendans defdites Villes fans permiffion de Sa Majefté; & par grace, fait main-levée aux Maire & Echevins de Meaux, de la faifie des 46 Arbres dont eft queftion, & des peines encourues pour la coupe d'iceux aux charges y portées.

Du 20 Juillet 1762.

VU au Confeil d'Etat du Roi, la Requête préfentée en icelui par le Procureur de Sa Majefté, en la Maîtrife particulière de Crecy, tendante à ce que pour les caufes y contenues, il plût à Sa Majefté ordonner que l'Ordonnance des Eaux & Forêts du mois d'Août 1669, enfemble les Arrêts du Confeil des 25 Novembre 1702 & 18 Mars 1755, feront exécutés felon leur forme & teneur; ce faifant, faire défenfes aux Maire & Echevins de la Ville de Meaux, de mettre à exécution le Jugement rendu en leur faveur au Siége de la Table de Marbre du Palais à Paris le 16 Avril 1761, comme auffi de faire à l'avenir aucune coupe, vente & adjudication d'aucuns des arbres qui fe trouveroient dedans & fur les Foffés, Remparts & Places de la Ville & Fauxbourgs de Meaux, fans au préalable en avoir obtenu permiffion de Sa Majefté, & pour avoir par les Maire & Echevins de ladite Ville de Meaux, fait arracher quarante-fix arbres, procédé en l'Hôtel Commun de ladite Ville, à la vente & adjudication d'iceux fans permiffion de Sa Majefté; les condamner en 2000 l. d'amende envers Sa Majefté avec défenfes de plus à l'avenir faire de femblable adjudication, à peine de nullité & de telle amende qu'il plairoit à Sa Majefté de fixer, l'Arrêt du Confeil rendu fur ladite Requête le 9 Juin audit an 1761, par lequel Sa Majefté avant faire droit fur icelle, auroit ordonné qu'elle feroit communiquée aux Maire & Echevins de ladite Ville de Meaux pour y fournir de réponfes dans les délais prefcrits par les Réglemens du Confeil; & que dans un mois au plus-tard, à compter du jour & date de la fignification qui feroit faite dudit Arrêt, le fieur Procureur Général de ladite Table de Marbre feroit tenu d'envoyer au fieur Contrôleur Général des Finances, les motifs fur lefquels le Jugement de ladite Table de Marbre du 16 Avril 1761, avoit été rendu pour être enfuite par Sa Majefté ordonné ce qu'il appartiendroit. Les fignifications dudit Arrêt faites, tant au Procureur Général de ladite Table de Marbre qu'aux Maire & Echevins de ladite Ville de Meaux, les 8 & 13 Juillet 1761. Les motifs dudit Jugement envoyés au Confeil par le fieur Procureur Général de ladite Table de Marbre, le 30 du même mois de Juillet. La Requête des Maire & Echevins de ladite Ville de Meaux fignifiée au Procureur de Sa Majefté en ladite Maîtrife le 27 Avril 1762, tendante à ce qu'il plaife à Sa Majefté leur donner acte de ce que pour fatisfaire à l'Arrêt du Confeil du 9 Juin 1761; enfemble pour réponfes à la Requête y inférée, ils employent le contenu en ladite Requête; ce faifant, fans s'arrêter, ni avoir égard aux demandes, fins & conclufions du Procureur de Sa Majefté en ladite Maîtrife, dans lefquelles il fera déclaré non-recevable en tout cas mal fondé & débouté, ordonner que le Réglement porté par le Jugement de ladite Table de Marbre du 16 Avril 1761, fera exécuté felon fa forme & teneur; en conféquence maintenir & garder les Maire & Echevins de la Ville de Meaux, dans dans la poffeffion immémoriale où ils font de gouverner les Promenades de ladite Ville de Meaux, d'y changer, prendre & difpofer des arbres dont elles font garnies, de les faire couper, arracher & replanter fuivant que la néceffité le demandera, & qu'il fera plus commode & agréable aux Habitans de ladite Ville; faire défenfes aux Officiers de ladite Maîtrife de Crecy, de plus à l'avenir y troubler les Maire & Echevins de ladite Ville, à peine de tous dépens, dommages & intérêts, & dans le cas où Sa Majefté jugeroit à propos, en interprétant ladite Ordonnance de 1669, de rendre un Réglement contraire à celui de ladite Table de Marbre, en ce cas par grace & fans tirer à conféquence, décharger les Maire & Echevins de ladite Ville de Meaux, de l'amende à laquelle le Procureur de Sa Majeſté, en ladite Maîtriſe de Crecy; a conclu contr'eux ſans aucune reſtitution de frais gééralement quelconques, & les autres piéces énoncées & jointes auxdites Requêres. Oui le rapport du ſieur Bertin, Conſeiller ordinaire au Conſeil Royal, Contrôleur Général des Finances.

LE ROI EN SON CONSEIL, faiſant droit ſur l'Inſtance, ſans s'arrêter au Jugement de la Table de Marbre du Palais à Paris, rendu pour raiſon du fait dont il s'agit, le 16 Avril 1761, que Sa Majeſté a caſſé & annullé ainſi que tout ce qui peut s'en être enſuivi, a ordonné & ordonne que l'Ordonnance des Eaux & Forêts du mois d'Août 1669, & les Arrêts & Réglemens depuis intervenus ſeront exécutés ſelon leur forme & teneur, & en conſéquence fait Sa Majeſté très expreſſes inhibitions & défenſes aux Maire & Echevins de la Ville de Meaux, & Officiers Municipaux des autres Villes du Royaume de diſpoſer des arbres étan ſur les Foſſés, Remparts & lieux publics dépendans des Villes, ſans en avoir obtenu préalablement la permiſſion de Sa Majeſté &;cependant par grace & ſans tirer à conſéquence, fait Sa Majeſté mainlevée des bois ſaiſis; décharge Sa Majeſté les Maire & Echevins de ladite Ville de Meaux, des peines encourues pour raiſon de la coupe des quarante-ſix arbres en queſtion, à condition néanmoins de payer les frais ſuivant la taxe qui en ſera faite par le ſieur Duvaucel, Grand Maître des Eaux & Forêts du Département de Paris : & ſera le préſent Arrêt enrégiſtré au Greffe de ladite Maîtriſe, pour y avoir recours ſi beſoin eſt. FAIT au Conſeil d'Erat du Roi, tenu à Verſailles le vingt Juillet mil ſept cent ſoixante-deux. Collationné. *Signé*, DE VOUGNY, avec Paraphe.

ARREST DU CONSEIL D'ÉTAT DU ROI,

PAR lequel Sa Majeſté, en révoquant un précédent Arrêt rendu ſur la Requête des Maires, Echevins & Habitans de la Ville d'Alençon, & tout ce qui s'en étoit enſuivi, a confirmé MM. les Grands-Maîtres & les Officiers des Maîtriſes des Eaux & Forêts dans le Droit & Juriſdiction ſur les Arbres & Bois de décoration des Villes & Communautés d'Habitans, à l'excluſion de tous autres, pour en faire les ventes ou les délivrances, & veiller à l'emploi des deniers ſur les piéces juſtificatives qui doivent en être rapportées aux Greffes des Maîtriſes.

Du 22 Mars 1763.

SUR la Requête préſentée au Roi en ſon Conſeil, par le Procureur de Sa Majeſté, en la Maîtriſe des Eaux & Forêts d'Alençon, contenant qu'ayant eu avis que l'on faiſoit abattre les arbres du cours de la Ville ſans aucunes des formalités preſcrites par l'Ordonnance des Eaux & Forêts du mois d'Août 1669, il auroit requis les Officiers de ladite Maîtriſe de ſe tranſporter à l'effet de de conſtater cette entrepriſe ; qu'aux termes du Procès-verbal du 19 Février dernier, il demeure conſtant qu'il a été entr'autres choſes arrach⁵ ſoixante dix-ſept arbres , que ladite entrepriſe bien conſtatée il a été fait défenſes de paſſer outre ; qu'à la vérité un des Echevins & le Procureur-Syndic de la Ville étant comparus à ce Procès-verbal , ils ont excipé d'un Arrêt du Conſeil du 23 Juin dernier, qui autoriſe les Officiers de la Ville à vendre les arbres , & qui enjoint au ſieur Intendant & Commiſſaire départi en la Généralité d'Alençon d'y tenir la main , & qu'ils ont offert de prendre l'attache du Grand-Maître du Département, & de faire régiſtrer ledit Arrêt au Greffe de la Maîtriſe ; mais que ces offres ſont inſuffiſantes puiſqu'il n'en réſulteroit pas moins que ledit Arrêt eſt en ſoi une entrepriſe ſur la Juriſdiction du Grand-Maître & des Officiers de ladite Maîtriſe, par l'effet de la ſurpriſe la plus manifeſte ; qu'en effet les arbres de cette eſpèce ne peuvent être coupés qu'en vertu d'Arrêt du Conſeil intervenu ſur l'avis du ſieur Grand-Maître , & qu'à lui ſeul ou aux Officiers, ſur la Commiſſion, il appartient d'en faire la délivrance ou la vente, à l'excluſion de tous autres Juges & des Maires & Echevins des Villes où il y a Maîtriſe ; que toutes les fois qu'il a été queſtion de coupes d'arbres ſur les remparts, foſſés, cours & avenues des Villes, le Conſeil ne les a accordées que ſur les avis des Grands-Maîtres & par des ventes ou des délivrances qui ſeroient faites par les Officiers des Maîtriſes; que c'eſt ce qui s'eſt pratiqué depuis peu à l'occaſion des coupes & ventes des arbres des foſſés , cours & remparts des Villes de Provins , Nogent & Nangis , les Arrêts en ont été adreſ-ſés au Grand-Maître de Paris & ont été exécutés par les Officiers de la Maîtriſe de Provins ; que ſi l'on s'écartoit de ces regles , il en naîtroit le plus grand déſordre , & peut-être la ruine des Bois, des Villes & des Communautés ; qu'étant important dans les circonſtances préſentes de rappeller les Loix & les mettre en vigueur, le Suppliant a été conſeillé de ſe pourvoir. A ces causes , requéroit, &c.

LE ROI EN SON CONSEIL , ayant égard à la Requête , a révoqué & révoque l'Arrêt du Conſeil du 23 Juin 1762 , & tout ce qui s'en eſt enſuivi ; & cependant permet Sa Majeſté aux Maire, Echevins & Habitans de la Ville d'Alençon de faire couper & arracher les arbres qui forment le cours de ladite Ville , & ce ſuivant la délivrance qui leur en ſera judiciairement faite au Siége de la Maîtriſe particulière d'Alençon, Audience tenante, par les Officiers d'i-celle ſur la Commiſſion du ſieur Geoffroy, Grand-Maître des Eaux & Forêts du Département d'Alençon , à la charge par les Maire & Echevins d'employer le prix deſdits arbres aux réparations à faire à la Chauſſée du Château de la-dite Ville, & de remettre au Greffe de ladite Maîtriſe les piéces juſtificatives dudit emploi un an au plus tard après que leſdits arbres auront été arrachés, à peine de reſtitution de la valeur d'iceux & d'amende arbitraire , & attendu la modicité de l'objet, Sa Majeſté a diſpenſé & diſpenſe leſdits Maire, Echevins & Habitans pour la coupe des arbres dont eſt queſtion, de la formalité des Lettres-Patentes, portée par l'Ordonnance des Eaux & Forêts du mois d'Août 1669. Permet en outre Sa Majeſté auxdits Maire & Echevins de faire démolir le reſtant des Bois du vieux Moulin à poudre dudit Château pour en employer le prix auxdites réparations , après néanmoins que l'adjudication d'icelles aura été faite au rabais en l'Hôtel de ladite Ville en la manière ac-

Tome II.   H h h h

coutumée. Ordonne Sa Majefté qu'en cas d'infuffifance du prix defdits arbres, le furplus de la dépenfe defdits ouvrages fera pris fur l'excédent du pro luit des droits établis en ladite Ville pour le paiement du Don gratuit. Enjoint Sa Majefté au fieur Intendant & Commiffaire départi en la Généralité d'Alençon , & au fieur Grand Maître de tenir, chacun en ce qui les concerne , la main à l'exécution du préfent Arrêt qui fera enrégiftré au Greffe de ladite Maîtrife pour y avoir recours fi befoin eft , & exécuté nonobftant oppofitions ou autres empêchemens généralement quelconques, pour lefquels ne fera différé, & dont fi aucun intervient, Sa Majefté s'en eft & à fon Confeil réfervée la connoiffance, & icelle interdite à toutes fes autres Cours & Juges. FAIT au Confeil d'Etat du Roi, tenu à Verfailles, le vingt-deux Mars mil fept cent foixantetrois. Collationné. *Signé*, BERGERET.

SENTENCE

DE LA MAISTRISE

DES EAUX ET FORESTS DE PARIS.

QUI ordonne l'exécution des Réglemens concernant les Routes de Chaffe du Parc de Vincennes ; en conféquence que les Habitans de la Paroiffe de Nogent-fur-Marne feront rétablir & réparer inceffamment la Route de la Porte de Nogent à la Porte de S. Maur , avant d'en faire l'ufage qui leur a été permis , à la charge de contribuer à l'entretien annuelle de ladite Route : Fait défenfes aux Habitans des Villages voifins d'y paffer & fréquenter, fous les peines portées aufdits Réglemens & en la préfente Sentence.

Du Vendredi 29 Avril 1763.

A TOUS ceux qui ces préfentes Lettres verront, Profper Cavelier, Confeiller du Roi, Maître particulier des Eaux & Forêts de la Maîtrife, Ville , Prévôté, Vicomté de Paris, & lieux en dépendans. SALUT : fçavoir faifons , qu'entre le Procureur du Roi, demandeur aux fins du Procès-verbal de Dufufiau, Huiffier en cette Jurifdiction , du premier Mars mil fept cent foixantetrois, duquel réfulte que faifant fa tournée ordinaire dans le Parc de Vincennes, & parvenu dans la route qui conduit de Nogent à Saint-Maur, il auroit remarqué que l dite route eft en très-mauvais état , & qu'il y avoit dans prefque toute la longueur d'icelle , trois ou quatre charrieres jufqu'à un pied de profondeur ; & que parvenu dans ladite route au-deffous du rond qui defcend à Saint-Maur, il auroit encore trouvé ladite route en beaucoup plus mauvais

état, & les charrieres encore plus profondes & impraticables : & encore demandeur aux fins de l'Exploit fait en conséquence par ledit Dufufiau le vingt-
fept Avril préfent mois, tendant à ce que les Défendeurs ci-après nommés,
fuffent tenus de comparoir pardevant Nous, pour voir ordonner l'exécution
des Arrêts, Ordonnances & Réglemens concernant les routes de Chaffes du
Parc de Vincennes, & notamment l'Ordonnance de Monfieur le Grand-Maître du 10 Février 1756, par laquelle, & fuivant leurs offres, lefdits Défendeurs ci-après nommés, feront tenus de réparer les orniéres, trous & mauvais
pas étant dans la route de chaffe du Parc de Vincennes, tendante de la porte
de Nogent à celle de Saint Maur, de ferrer avec pierres dures & cailloux ladite route, enforte que le fond en foit folide, dont reconnoiffance & réception feroient faites par Procès-verbal qui feroit dépofé au Greffe de la Maîtrife des Eaux & Forêts de Paris ; avant que lefdits Défendeurs puiffent faire
paffer aucunes voitures, & qu'après lefdites réparations & rétabliffement ainfi
reconnus folides & en bon & fuffifant état, lefdits Défendeurs pourront longer
ladite route de Nogent à Saint-Maur avec leurs voitures, à la charge de l'entretien journalier en bon état, fans orniéres ni mauvais pas ; &, ce par celui
qui fera à cet effet nommé ; lequel, fuivant la taxe qui en fera faite par mondit
fieur le Grand-Maître, fera annuellement payé par lefdits Défendeurs, qui en
feront leur foumiffion au Greffe de ladite Maîtrife, & ledit Entrepreneur tenu
de faire lefdites réparations, fous telle peine qu'il appartiendra : en outre, fait
défenfes auxdits Défendeurs & à tous autres, fous quelque prétexte que ce foit,
de paffer, traverfer & longer avec voitures & harnois les autres routes de chaffe
dudit Parc de Vincennes, fous les peines & amendes portées par les Arrêts
du Confeil & Réglemens à ce fujet, enfemble de notre Sentence du 18 Juin
1759, qui ordonne l'exécution des Arrêts & Réglemens concernant les routes de chaffe du Parc de Vincennes, & de l'Ordonnance de Monfieur le Grand-
Maître, fufdaté dans tous fes chefs, d'une part. Et les Syndics & Habitans de
la Paroiffe de Nogent fur-Marne, comparans par Philippes Montmartre, Syndic actuellement en charge, affifté de plufieurs Habitans de ladite
Paroiffe, d'autre part. NOUS, après avoir oui le Procureur du Roi en fes Conclufions fur le Procès verbal fufdaté, & ledit Philippes Montmartre, Syndic
des Habitans de ladite Paroiffe de Nogent-fur-Marne, affifté de plufieurs Habitans de ladite Paroiffe, en fes défenfes ; ordonnons que les Arrêts, Ordonnances & Réglemens concernant la Police des routes de chaffe du Parc de Vincennes, & notamment l'Ordonnance de M. le Grand-Maître, & notre Sentence fufdatées, feront exécutées felon leur forme & teneur ; ce faifant, que
dans huitaine pour tout délai, lefdits Habitans de Nogent feront tenus, fuivant leurs offres, de mettre Ouvriers en nombre fuffifant, pour réparer la
route dont il s'agit, & la rendre folide & praticable, ainfi qu'il a été ordonné
par notre Sentence fufdatée ; enforte que dans un mois pour tout délai, les ouvrages néceffaires au rétabliffement de ladite route foient achevés ; finon & à
faute de ce faire dans ledit délai d'un mois, & icelui paffé, faute par eux d'a-
voir fait lefdites réparations & rétabliffement, leur interdifons le paffage, ufage
& fréquentation de ladite route, avec défenfes d'y paffer, à peine de faifie &
confication de leurs chevaux, charettes & harnois, qui feront vendus comme menus-muchés, au profit de Sa Majefté, & de 100 liv. d'amende envers

le Roi, fans que lefdites peines & amende puiffent être réputées comminatoi-res, même ladite route fermée à la première contravention, par un foffé qui fera fait tant à l'entrée qu'à la fortie d'icelle. L'ufage de ladite route, après qu'elle aura été bien & duement réparée & remife en bon état, réfervé feule-ment à ceux defdits Habitans du Village de Nogent, qui contribueront an-nuellement aux frais de l'entretien d'icelle, fans qu'aucun des autres Habi-tans puiffent en ufer ni la fréquenter, finon fera contre eux dreffé des Procès-verbaux, comme contre tous Habitans d'autres Villages, qui s'immifceroient de paffer par ladite route. Et fera notre préfente Sentence imprimée & affichée aux frais & dépens defdits Habitans du Village de Nogent, aux portes du Parc de Vincennes, dans les Villages de Nogent, Saint-Maur, Fontenay & au-tres circonvoifins, à ce qu'aucun n'en prétende caufe d'ignorance, & exécutée nonobftant oppofitions ou appellations quelconques, pour lefquelles ne fera différé, & fans préjudice d'icelles. Ce fut fait & donné par Nous Maître par-ticulier fufdit, l'Audience tenant au Siége de la Jurifdiction des Eaux & Fo-rêts au Palais à Paris, le Vendredi vingt-neuf Avril mil fept cent foixante-trois. *Signé*, MAUPOINT.

DE PAR LE ROI.

ORDONNANCE

DE MESSIRE LOUIS-FRANCOIS DUVAUCEL,

Chevalier, Confeiller du Roi en fes Confeils, Grand Maître En-quêteur & Général Réformateur des Eaux & Forêts de France, au Département de Paris & Ifle de France.

PORTANT Réglement, tant à l'occafion des Ufagers & Ufages de la Forêt de Fontainebleau, que du Cantonnement des Gardes.

Du 2 Juin 1763.

LOUIS-FRANÇOIS DUVAUCEL, Chevalier, Confeiller du Roi en fes Confeils, Grand-Maître, Enquêteur & Général Réformateur des Eaux & Forêts de France, au Département de Paris & Ifle de France.

La néceffité de réprimer les délits qui fe commettent dans la Forêt de Fon-tainebleau, Nous ayant engagé de rechercher les moyens les plus convena-bles d'y parvenir, Nous aurions reconnu, qu'il étoit expédient, 1°. De re-mettre en vigueur les Réglemens qui ont eu pour objet, en arrêtant l'infa-tiable avidité des Ufagers & autres Riverains, de déterminer la qualité des ufages accordés dans ladite Forêt à chacun des Bourgs, Villages & Hameaux, le nombre des bêtes aumailles qu'il eft permis à chacun des Chefs d'Hôtel, ou de feu, de faire conduire en Pâture, le temps & la manière dont lefdites

bêtes aumailles doivent être conduites, & finalement la qualité & espèce de
bois qu'il est permis auxdits Usagers de ramasser. 2°. De prendre les précautions convenables, pour empêcher que ceux qui habitent les maisons nouvellement construites dans les Bourgs, Villages ou Hameaux Usagers, ne
s'immiscent dans la jouissance des usages qui n'ont été accordés auxdits Bourgs,
Villages ou Hameaux, que suivant le nombre des Maisons déterminées auxdits Réglemens; & Nous étant fait représenter à cet effet le volume de la réformation de ladite Forêt, daté en son intitulé du premier Juin 1664, faite
par M. Paul Barillon d'Amoncourt, Commissaire à ce député par Sa Majesté;
Vû entr'autres choses les articles 70, 73, 74, 77, 78, 85, 86 & 88 du
Réglement du premier Septembre audit an 1664, inséré audit Volume : Vû
pareillement les dispositions des Titres 19 & 27 de l'Ordonnance des Eaux
& Forêts du mois d'Août 1669, les Arrêts & Réglemens depuis intervenus; & notamment ceux des 20 Septembre 1712, 11 Octobre 1723, &
17 Septembre 1726 :Et tout consideré, Nous ordonnons, sous le bon plaisir
de Sa Majesté.

ARTICLE PREMIER.

Que lesdits Réglemens, Ordonnances & Arrêts seront exécutés selon
leur forme & teneur.

II. Que dans six mois, à compter du jour de la publication des présentes,
dans les Bourgs, Villages, ou Hameaux, ceux qui ont droit d'usages dans
ladite Forêt, seront tenus de faire leurs déclarations au Greffe de ladite
Maîtrise de Fontainebleau, en présence du Procureur du Roi, des Maisons
usageres qu'ils possédent par tenans & aboutissans, & lors d'icelle, représenter les Titres justificatifs, que lesdites Maisons sont les mêmes que celles
qui ont été reconnues lors de la réformation de 1664, ou du moins les représenter pour avoir été relevées sur les mêmes fondemens, & à faute par lesdits Usagers de faire lesdites déclarations, & justifications de Titres dans ledit temps, & icelui passé, en vertu des Présentes, & sans qu'il en soit besoin d'autres; leurs faisons défenses d'user desdits droits, sous les peines
portées par l'Ordonnance.

III. Lesdites Déclarations seront reçues sans aucuns frais ni droits, permettons néanmoins au Greffier, dans le cas où lesdits Usagers, ou aucuns
d'eux voudroient avoir expédition de ce qui les concerne, de se faire payer
à raison de trois sols du rôle en papier de deux sols la feuille, outre le papier timbré, & droits du Roi si aucuns sont dûs.

IV. Réitérons les défenses faites par l'Article 88 du Réglement de 1664,
à tous Particuliers non usagers, de prendre aucun Bois sec, & traînant dans
ladite Forêt, sons les peines portées en l'Ordonnance ; enjoignons aux
Gardes qui les rencontreront, de couper les hares de leurs fouées & fagots,
& de les contraindre de laisser le Bois dans la Forêt pour les Usagers.

V. Ordonnons que l'Article 73 dudit Réglement, sera exécuté selon sa
forme & teneur : en conséquence, faisons défenses à tous Manans & Habitans des Villes, Bourgs, Villages & Hameaux auxquels l'usage est accordé,
de s'immiscer dans la jouissance desdits Usagers, s'ils ne sont propriétaires
d'une des Maisons Usageres & résidans en icelle.

VI. Ne pourront, conformément audit Article, & aux difpofitions de l'Arrêt du 17 Septembre 1726, ceux qui occupent les Maifons ufageres à titre de location, les Concierges des Hôtels des Seigneurs étant à la Cour & fuite d'icelle, couper aucuns Bois, ni envoyer aucuns Beftiaux en pâture, à peine de 100 livres d'amende, & de confifcation des Beftiaux.

VII. Les Gardes de la Forêt, les Patiffiers, Boulangers, Hôtelliers, Taverniers, Cabaretiers, Carreliers, Menuifiers, Charrons, Tourneurs & autres ouvriers en Bois, s'abftiendront du droit d'ufage, tant qu'ils exerceront lefdits Métiers, fous les mêmes peines; & ce nonobftant qu'ils fuffent Propriétaires d'une Maifon ufagere, & qu'ils réfidaffent en icelle; Enjoignons aux Ouvriers de la qualité ci-deffus, de repréfenter au Greffe de la Maîtrife les marchés des Bois qu'ils auront faits pendant l'année, fignés du Marchand qui les leur aura vendus, à peine d'amende arbitraire, conformément à l'Article 78 dudit Réglement.

VIII. L'Article 74, fera exécuté felon fa forme & teneur; en conféquence, l'ufage pour chaque Maifon ufagere n'appartiendra qu'à un feul, à l'effet de quoi, dans le cas de co-propriété l'ufage fera loti entre les copropriétaires, & celui auquel l'ufage fera échû tenu d'en faire déclaration au Greffe de la Maîtrife, à peine d'être déchû dudit droit, & s'il fe trouve quelqu'un poffédant plufieurs Maifons ufageres, il ne jouira que d'un feul droit.

IX. Les Officiers affigneront annuellement & fans frais à chaque Ville, Bourg, Village & Hameau, un canton fuffifant & proportionné à l'étendue de la Forêt, & à la qualité & quantité des Ufagers, dont chaque lieu fera compofé le plus proche & le plus commode que faire fe pourra, dans lequel les Habitans ufagers pourront exercer leurs droits fans pouvoir par ceux d'un canton entreprendre fur les autres, fous telle peine qu'il appartiendra.

X. Les Ufagers ne pourront entrer dans la Forêt, que depuis le Soleil levé jufqu'au Soleil couché, & ne pourront prendre & ramaffer que les bois morts, fecs & traînans, fans fe fervir de ferpes, haches, fcies ni coignées, mais feulement de crochets antés fans aucun ferrement, à peine de 100 livres d'amende pour la premiere fois, & de perte de leurs droits en cas de récidive.

XI. Ils ne pourront vendre ni céder, ou autrement difpofer de leurs bois ufagers, lefquels ils feront tenus d'employer & confommer dans leurs Maifons, & attendu que plufieurs Ufagers s'immifcent dans le commerce de bois, en vendant le bois par eux coupé à ceux qui n'ont aucun ufage; Faifons défenfes à tous Ufagers d'aller ramaffer aucun bois, fans auparavant avoir prévenu le Garde du Canton, à peine de vingt livres d'amende pour la premiere fois, du double en récidive, & d'être déchû de fon droit: Enjoignons aux Gardes de tenir Regiftre defdits Avertiffemens, d'en rendre compte de quinzaine en quinzaine aux Officiers, afin qu'ils puiffent juger par les facultés des Ufagers s'ils ont pu confommer le bois par eux ramaffé.

XII. Et pour prévenir d'autant plus les abus qui pourroient s'introduire, ordonnons, conformément aux Articles 85 & 86 dudit Réglement, que les Acheteurs ou Receleurs des bois coupés en délits, feront condamnés aux mêmes peines & amendes, que s'ils les avoient coupé eux-mêmes.

XIII. Les Ufagers feront refponfables de leurs Enfans, Serviteurs, Domeftiques, Fermiers, Locataires qui commettront des délits dans la Forêt, en coupant, deshonorant & maleficiant des bois qui ne feroient pas de la qualité requife pour les Ufages.

XIV. Les Ufagers qui fe ferviront de Griffes pour monter aux arbres & couper les houpes ou parties d'icelles, ou autrement les deshonorer, feront condamnés à l'amende du pied-le-tout comme pour coupes d'arbres, jufqu'au payement de laquelle ils garderont Prifon, & en outre demeureront privés de leurs ufages; Faifons défenfes à tous Serruriers & autres, de vendre ni débiter aucunes Griffes, à peine de 50 livres d'amende.

XV. Ordonnons que les Articles 35, 36, 37 & 38, du titre 27 de l'Ordonnance des Eaux & Forêts de 1669, les Arrêts du Confeil des 20 Septembre 1712, & 11 Octobre 1723; enfemble l'Article 77 dudit Réglement, feront exécutés felon leur forme & teneur; en conféquence faifons défenfes à tous Maires, Confuls, à tous Propriétaires & Locataires des Maifons ès Villes, Bourgs & Villages, étant aux reins, & enclavés, & à deux lieues de ladite Forêt, de loger & retirer les Vagabons ou Gens déclarés inutiles. Leur enjoignons de les chaffer fitôt qu'ils leur auront été dénoncés, ou de les décéler aux Officiers, & à faute de ce faire, & où tels Vagabons, ou inutiles feront trouvés en délits & condamnés aux amendes pour bois mal pris, feront les Propriétaires ou Locataires qui les auront retirés ou aubergés refponfables & contraints pour eux au payement des amendes & condamnations qui feront jugées, ainfi que fi lefdits Propriétaires ou Locataires avoient commis le délit, & lefdits Maires & Confuls condamnés en 300 livres d'amende.

XVI. Les Ufagers ayant droit de pâturage dans ladite Forêt feront annuellement & fans frais, au Greffe de ladite Maîtrife, leurs déclarations de la quantité des beftiaux qu'ils poffédent dont fera fait Rôle contenant les noms de ceux à qui ils appartiendront, laquelle déclaration ils feront tenus d'affirmer.

XVII. Les Officiers de ladite Maîtrife affigneront annuellement & fans frais à chaque Ville, Bourg, Village & Hameau, ayant droit de Pâturage, une contrée la plus commode que faire fe pourra, en laquelle ès lieux défenfables feulement, & déclarés tels par lefdits Officiers, les beftiaux puiffent être menés féparément, & fans mélange de troupeaux d'autres lieux, fous les peines portées par l'Article 3 du titre 19 de Ordonnance de mil fix cent foixante-neuf.

XVIII. La déclaration des contrées & la liberté d'y envoyer en Pâturage, fera publiée aux Prônes des Meffes Paroiffiales Ufageres, dans le courant du mois de Février de chaque année, à la diligence du Procureur du Roi.

XIX. Les beftiaux appartenans aux Ufagers, d'une même Ville, Bourg, Village ou Hameau, feront marqués d'une même marque, dont l'empreinte fera mife au Greffe de ladite Maîtrife avant de les pouvoir envoyer en Pâturage, & chaque jour aſſemblés au lieu à ce deſtiné, pour être conduits en un ſeul troupeau & par le chemin indiqué par les Officiers, ſans qu'il ſoit permis de changer ni prendre une autre route, ſoit en allant ſoit en revenant à peine de confiſcation des beſtiaux, d'amende arbitraire, & de punition exemplaire contre les Pâtres & Gardes.

XX. Les Uſagers ſeront tenus de mettre au col de leurs beſtiaux des clochettes, dont le ſon puiſſe avertir des lieux où ils ſeront, ſans pouvoir mettre aucuns deſdits beſtiaux à garde ſéparée ni les envoyer dans la Forêt par leurs Fermiers, Enfans ou autres.

XXI. Les beſtiaux de chaque Ville, Bourg, Village ou Hameau, ſeront conduits par un ſeul Pâtre, lequel ſera choiſi & nommé annuellement par les Uſagers deſdits Ville, Bourg, Village ou Hameau, en préſence des Officiers de la Maîtriſe qui en délivreront acte ſans frais ni droits.

XXII. Les Uſagers demeureront reſponſables du Pâtre qu'ils auront choiſi, conformément aux Articles 8 & 9 du titre 19 de l'Ordonnance de 1669.

XXIII. Ne pourront les Uſagers prêter leurs noms, ni leurs Maiſons à des Etrangers non Uſagers, pour y retirer des beſtiaux, ni envoyer pacager d'autres que ceux de leur nourri ſeulement, & qui ſeront élevés dans leurs Maiſons, ſauf néanmoins l'exception portée en l'Article 70 dudit Réglement, pour les pauvres Uſagers auxquels il ſera loiſible de prendre à moitié ou à loyers des autres Uſagers, & non d'autres, deux Vaches pour leur ſubſiſtance.

XXIV. Faiſons défenſes à tous Uſagers d'envoyer aucunes bêtes à laine dans l'intérieur & aux reins de ladite Forêt, & ce, ſous les peines portées par les Articles 10 & 13 du titre 19 de l'Ordonnance de 1669, comme auſſi à tous Bouchers, Chaircuitiers & autres faiſant le commerce de viande, d'envoyer en Pâture plus grande quantité de beſtiaux que les autres Uſagers, & à tous Uſagers de faire aucune aſſociation de commerce, pour introduire dans la Forêt des beſtiaux qui ne leur appartiendroient pas, encore qu'ils juſtifiaſſent que ce ſont des beſtiaux appartenans à d'autres Uſagers, le tout à peine de confiſcation, conformément à l'Article 71.

XXV. Et afin que perſonne ne puiſſe prétendre cauſe d'ignorance ſur ſon droit d'uſage, & ſur le plus ou moins de beſtiaux qu'il a droit d'envoyer, déclarons que nul autre ne pourra jouir des uſages que les Propriétaires, Chefs d'Hôtels & de feux des Maiſons dénommées dans l'Etat ci-après à la ſuite des Préſentes; de Nous viſé d'après la fixation qui en a été faite, lors de la réformation de 1664, deſquelles Maiſons contenues audit Etat, l'Huiſſier-Audiencier de la Maîtriſe ſera dans chaque Ville, Bourg, Village ou Hameau, reconnoiſſance par tenans & aboutiſſans par forme de récollement pour connoître celles aujourd'hui ſubſiſtantes, avec mention des noms des Propriétaires y demeurans actuellement, & de ceux qui les occupent à titre de loyer ou uſufruit., en obſervant tous les changemens qui pourroient être ſurvenus; pour le Procès-verbal qu'il en dreſſera dépoſé au Greffe, ſervir & valoir ce que de raiſon, & en être extrait pour chacun deſdits Gardes, les parties qui les concernent dans l'exécution des Préſentes eu égard aux uſages de leurs Cantons.

XXVI.

XXVI. Pour l'exécution des Préfentes, la bonne Police, & confervation de la Forêt, ordonnons que tous les Sergens, à garde à pied, feront & demeureront cantonnés ainfi qu'il fuit.

SÇAVOIR,

Robert Vincent, à la Rochette.
André Croizille, à Bois-le-Roi.
    Camus, à Samois.
Charles Benard, aux Sablons.
Bonaventure Segogué l'ainé, à Reclofe.
Bonaventure Segogué le jeune, à Gros-Bois.
Philippes Belon, à Bouron.
    Bouclet, à Acheres.
Pierre Marthe, à Chailly.
Et Nicolas Martinet, à Arbonne.

Enjoignons auxdits Gardes de fe retirer chacun en droit foi, au Canton défigné, pour y fixer fon domicile, dans trois mois de la publication des Préfentes.

XXVII. Ordonnons pareillement, que les cinq Gardes à cheval nouvellement établis feront à la réfidence de Fontainebleau, pour journellement faire la ronde à partir dudit lieu en deux brigades, l'une defquelles fera commandée par le Garde Général, & l'autre par le premier Huiffier Audiencier; & en cas d'abfence de l'un d'eux, par Auguftin Grezy. Enjoignons auxdits Gardes de fe comporter avec fageffe, & de fe concilier entr'eux pour le plus grand bien du fervice : & en cas de difficulté fur ce qu'il conviendra faire fuivant les circonftances, elles feront réglées par le Procureur du Roi aux ordres duquel ils feront tenus de fe conformer.

XXVIII. Et finalement enjoignons aux Officiers de ladite Maîtrife, & en particulier au Procureur du Roi, de tenir exactement la main à l'exécution des Préfentes, qui feront enrégiftrées au Greffe, imprimés, lues, publiées, & affichées par tout où befoin fera; même fignifiées à tous qu'il appartiendra, & exécutées felon leur forme & teneur. DONNÉ par Nous Grand Maître fufdit, le deux Juin mil fept cent foixante-trois. Signé, DUVAUCEL.

Par Monfeigneur, L'ECLOPÉ.

ÉTAT & Dénombrement des Maifons Ufagères & des droits d'Ufages inhérens à icelles en faveur des Propriétaires, Chefs d'Hôtel ou de feu, fuivant qu'ils font énoncés dans le Réglement du premier Septembre 1664, inféré dans le Volume de réformation fous les nombres ci-après.

SÇAVOIR,

ARTICLE LVI.

Les Habitans Propriétaires, Chefs d'Hôtel ou de feu, demeurans ès quatre-vingt-onze Maiſons Uſageres du petit Clos & Fauxbourg des Carmes , de la Paroiſſe de Saint-Ambroiſe de Melun , chacun trois Bêtes aumailles au Bois de Coulan , juſqu'au Marais de Rocour , juſqu'à la Foſſe aux Loups , & juſqu'à la Foſſe Cheſnot , ſans pouvoir prendre aucun Bois.

LVII. Les Habitans Propriétaires , Chefs d'Hôtel ou de Feu , demeurans ès deux cent ſoixante maiſons uſagères du Bourg de Fontainebleau ; ceux demeurans ès quatre vingt neuf maiſons uſagères de la Paroiſſe d'Avon , & Hameaux en dépendans ; ceux demeurans ès cent quatre-vingt-quatre maiſons uſageres de la Paroiſſe de Samois ; ceux demeurans ès deux cent trente-deux maiſons uſagères de la Paroiſſe de Bois-le-Roi , Broſle & autres Hameaux en dépendans , chacun trois Vaches avec leurs Veaux au deſſous d'un an , & un Taureau , pour chacune deſdites Paroiſſes , avec pouvoir de ſcier l'herbe depuis la Nativité de Saint Jean-Baptiſte , juſqu'au jour de la Décolation pour l'uſage de leurs Beſtiaux ſeulement , & non autrement , ſauf ès endroits où il y auroit du taillis , Bois & Buiſſons , comme auſſi prendre pour leur chauffage Bois ſec tiré au crochet de Bois non anté , & du Bois volis tombé & caſſé , pourvu qu'il ſoit ſec.

LVIII. Les Habitans Propriétaires , Chefs d'hôtel ou de feu , demeurans ès cent cinquante-trois Maiſons uſageres , en ce nombre compris vingt-trois maſures de la Paroiſſe de Thomery & Hameaux en dépendans , chacun trois vaches & leurs veaux , au-deſſous d'un an , même leur menu bétail dans les landes & bruyeres hors chêvres & boucs , comme auſſi prendre pour leur chauffage le bois ſec & mort , qu'ils pourront tirer au crochet de bois non-anté , & bois mort , ſec & traînant en payant à la recette du Domaine de Melun , au jour de la Purification de Nôtre-Dame , douze deniers pariſis.

LIX. Les Habitans Propriétaires , Chefs d'hôtel ou de feu , demeurant ès cinquante quatre Maiſons uſageres des Veneux & Nadons ou Sablons , chacun trois vaches & leurs ſuivans d'un an , ſans y pouvoir mener chévres ou bêtes à laîne , à peine de confiſcation & d'amende arbitraire , même de prendre pour leur chauffage bois mort & ſec , traînant au crochet de bois non-anté en payant les redevances ordinaires & accoutumées.

LX. Les Habitans Propriétaires , Chefs d'hôtel ou de feu , demeurans ès cent vingt-ſept Maiſons uſageres de Bouron ; ceux demeurans ès quatre-vingt-quatorze Maiſons uſageres de Montigny , ou poſſédans les douze maſures dudit lieu , chacun trois vaches & leur ſuite d'un an , même prendre pour leur chauffage bois mort , ſec & abattu , giſſant à terre en payant les redevances ordinaires & accoutumées.

LXI. Les Habitans Propriétaires , Chefs d'hôtel ou de feu , demeurans ès quatre-vingt-dix Maiſons uſageres , ou poſſédans les quarante anciennes maſures de la Paroiſſe des Grès ou Hameaux en dépendans , chacun trois vaches avec leurs veaux , au-deſſous d'un an , même prendre pour leur chauffage , bois mort , ſec & abattu en payant les redevances ordinaires & accoutumées.

LXII. Les Habitans-Propriétaires , Chefs d'hôtel ou de feu , demeurans ès cent vingt Maiſons uſageres de Villiers-ſous-Grès , bâties lors de la réformation de 1557 , ou relevées depuis ſur anciens fondemens , les mêmes droits que deſſous , en payant les redevances ordinaires & accoutumées.

LXIII. Les Habitans-Propriétaires, Chefs d'hôtel ou de feu, demeurans ès cent trente deux Maisons usageres de la Paroisse de Reclose & Hameaux en dépendans, bâties lors de la réformation de l'année 1557 ou relevées depuis sur anciens fondemens, chacun deux bêtes aumailles & leurs veaux au-dessous d'un an, même prendre pour leur chauffage, bois mort, sec, abattu & traînant, en payant les redevances accoutumées.

LXIV. Les Habitans-Propriétaires, Chefs d'hôtel ou de feu, demeurans ès cent cinquante Maisons usageres de la Paroisse d'Ury & Hameaux en dépendans, bâties lors de ladite réformation ou depuis, relevées sur anciens fondemens, pareils droits & en la même forme que dessus, en payant les redevances ordinaires & accoutumées.

LXV. Les Habitans-Propriétaires, Chefs d'hôtel ou de feu, demeurans ès dix-sept Maisons usageres, outre les quarante masures de la Paroisse d'Acheres & Hameaux en dépendans, chacun deux bêtes aumailles, & leurs suivans d'un an, même prendre pour chauffage bois mort & sec, abattu & volis, en payant les redevances accoutumées.

LXVI. Les Habitans-Propriétaires, Chefs d'hôtel ou de feu, de la Paroisse d'Arbonne, leurs bêtes aumailles & leurs suivans d'un an, même prendre bois mort & gisant.

LXVII. Les Habitans-Propriétaires, Chefs d'hôtel ou de feu, de la Paroisse de Villers, chacun deux bêtes aumailles & leurs suivans, même prendre bois mort & gisant.

LXVIII. Les Habitans-Propriétaires, Chefs d'hôtel ou de feu, demeurans ès cent huit Maisons usageres de la Paroisse Saint-Martin & Hameaux en dépendans, chacun trois vaches & leurs suivans d'un an, & leurs brebis dans les landes & bruyeres qui sont ès fins & limites de ladite Paroisse, sans y pouvoir mener aucune chévre, à peine de confiscation & d'amende arbitraire, même prendre bois mort, sec & abattu, à la charge de payer les redevances accoutumées.

LXIX. Les Habitans-Propriétaires, Chefs d'hôtel ou de feu, de la Paroisse de Chailly & Hameaux en dépendans, chacun trois vaches, & leurs suivans d'un an, même prendre pour leur chauffage bois mort, sec & abattu & volis, à la charge de payer les redevances ordinaires & accoutumées.

Vu, pour servir & valoir au désir de l'article XXV de notre Réglement de cejourd'hui. Signé, DUVAUCEL.

ARREST DU CONSEIL D'ÉTAT DU ROI,

QUI caffe un Jugement de la Table de Marbre du Palais à Paris, du 17 Août 1758; ordonne l'exécution de l'Arrêt du Confeil du 2 Décembre 1738: ce faifant, que les Meûniers & Pêcheurs du Reffort de la Maîtrife de Saint Germain-en-Laye comparoîtront aux Affifes & Hauts-jours de ce Siége, fous les peines & amendes y portées.

Du 21 Juin 1763.

VU au Confeil d'État du Roi la Requête préfentée en icelui par le Procureur de Sa Majefté en la Maîtrife particulière de Saint Germain-en-Laye, tendante à ce qu'il plût à Sa Majefté, fans s'arrêter, ni avoir égard au Jugement en forme de réglement rendu en dernier reffort au Siége de la Table de Marbre du Palais à Paris le 17 Août 1758, qui feroit caffé & annullé quant à la difpofition qui lui faifoit défenfes de faire condamner les Particuliers en l'amende, pour avoir été feulement défaillans aux affifes; ordonner que conformément à l'Ordonnance des Eaux & Forêts du mois d'Août 1669, & aux réglemens qui l'avoient précédé & fuivi, & notamment à l'Arrêt du 2 Décembre 1738, concernant la tenue des affifes ou hauts-jours des Officiers des Maîtrifes, tous Pêcheurs & Meuniers du reffort de ladite Maîtrife de Saint Germain-en-Laye, & notamment les Meuniers de la Seigneurie d'Efpont, appartenante au Chapitre de l'Eglife de Paris dans le Bailliage de Mantes, feroient tenus de comparoître aux affifes ou hauts jours de ladite Maîtrife, s'ils n'avoient excufe légitime; & ce, aux jours & lieux qui leur feroient à cet effet indiqués en la forme ordinaire par les Officiers de ladite Maîtrife, à peine contre chacun defdits Pêcheurs & Meuniers défaillans, de trois livres d'amende pour la premiere fois, & de fix livres en cas de récidive, fans que pour raifon de ce, lefdits Officiers de ladite Table de Marbre puiffent prononcer la décharge ou modération defdites amendes, à peine de nullité de leurs Jugemens. L'Arrêt du Confeil rendu fur ladite Requête le 8 Mars 1763, par lequel Sa Majefté, avant faire droit fur icelle, avoit ordonné que dans un mois au plus tard, à compter du jour de la date de la fignification qui feroit faite dudit Arrêt, le fieur Procureur Général de la Table de Marbre feroit tenu d'envoyer au fieur Contrôleur Général, les motifs fur lefquels le Jugement de ce Siége, du 17 Août 1758 avoit été rendu, pour être enfuite par Sa Majefté, ordonné ce qu'il appartiendroit; les motifs du Jugement de la Table de Marbre, du 17 Août 1758, envoyés au Confeil par le fieur Leroi de Lifa, Procureur Général à ce Siége, le 23 Avril 1763; l'Arrêt du Confeil du 2 Décembre 1738, & le Jugement de ladite Table de Marbre, du 17 Août 1758, ci-deffus mentionné. Oui le rapport du fieur Bertin, Confeiller ordinaire au Confeil Royal, Contrôleur Général des Finances.

LE ROI EN SON CONSEIL , ayant égard à la Requéte , a ordonné & ordonne que l'Arrêt du Conseil du 2 Décembre 1738 sera exécué selon sa forme & teneur; en conséquence , Sa Majesté a cassé & annullé , casse & annulle le Jugement de la Table de Marbre du Palais à Paris , rendu pour raison du fait dont il s'agit , le 17 Août 1758 , quant à la disposition qui fait défenses au Suppliant de faire condamner les Particuliers en l'amende , pour avoir été seulement défaillans aux assises; ce faisant , ordonne Sa Majesté que les Meuniers & Pêcheurs du ressort de la Maîtrise particulière des Eaux & Forêts de Saint Germain-en-Laye , seront tenus de comparoître aux assises ou hautsjours de ladite Maîtrise , & ce, aux jours & lieux qui leur seront indiqués en la forme ordinaire , par les Officiers de la même Maîtrise , à peine contre chacun des Meuniers & Pêcheurs défaillans , de trois livres d'amende pour la première fois, & de six livres en cas de récidive; & cependant par grace, & sans tirer à conséquence , Sa Majesté a déchargé & décharge les Meuniers & Pêcheurs qui se sont trouvés en contravention, des amendes prononcées contr'eux par Sentence de ladite Maîtrise , pour n'avoir pas comparu auxdites assises ou hautsjours. Enjoint Sa Majesté au sieur du Vaucel, Grand-Maître des Eaux & Forêts du Département de Paris, & aux Officiers de ladite Maîtrise , de tenir chacun en droit soi, la main à l'exécution du présent Arrêt, lequel sera à cet effet enrégistré au Greffe de ladite Maîtrise , pour y avoir recours, si besoin est. FAIT au Conseil d'Etat du Roi, tenu à Versailles le vingt-un Juin mil sept cent soixante-trois. Collationné. *Signé*, DE VOUGNY.

DE PAR LE ROI.

ORDONNANCE

DE M. LE GRAND-MAISTRE

DES EAUX ET FORESTS DE FRANCE

AU DÉPARTEMENT DE PARIS ET ISLE DE FRANCE,

PORTANT Réglement à l'occasion des Usagers & Usages de la Forêt du Guault, Maîtrise de Sezanne.

Du 29 Octobre 1763.

LOUIS-FRANÇOIS DU VAUCEL , Chevalier , Conseiller du Roi en ses Conseils , Grand-Maître, Enquêteur & Général Réformateur des Eaux & Forêts de France , au Département de Paris & Isle de France.

Vu l'Arrêt du Conseil du 8 Août 1762 , par lequel Sa Majesté, en maintenant les Habitans & Communautés du Guault, Champguyon, Charleville ,

les Effarts & Hameaux en dépendans, dans la poffeffion & jouiffance du pâturage dans la Forêt du Guault, pour les beftiaux de leur nourriture feulement,
& ce, fuivant le réglement qui fera par Nous fait ; à l'effet de taxer le nombre
des maifons ufageres, & celui des beftiaux que chaque Habitant pourra mettre
en pâturage, fans que dans ladite fixation, puiffent être comprifes les maifons
occupées par les Curés defdites Paroiffes, & par les Fermiers des domaines qui
y font fitués, à la charge par lefdits Habitans de fe conformer pour l'exercice
dudit pâturage audit réglement, & à ce qui eft prefcrit par l'Ordonnance des
Eaux & Forêts du mois d'Août 1669, fous les peines y portées, même de
privation dudit pâturage. Vu les Déclarations faites au Greffe de la Maîtrife
particulière des Eaux & Forêts de Sézanne, les 7 & 14 Février dernier, par
Louis Coupart, Manouvrier demeurant à Moreins, Syndic actuel des Communautés dudit Moreins, Pierre Pelletier, Laboureur, demeurant à la rue le
Comte, Paroiffe du Guault, Syndic de ladite Paroiffe & Hameaux en dépendans ; Pierre Duppe, Syndic de la Paroiffe de Charleville & Hameaux en dépendans ; & Jean Chevron, Syndic de la Paroiffe des Effarts & Hameaux en
dépendans ; lefdites Déclarations contenant le nombre des beftiaux poffédés
par chacun des Habitans defdites Paroiffes ; & tout confidéré, nous ordonnons
fous le bon plaifir de Sa Majefté ;

ARTICLE PREMIER.

Que dans deux mois de l'enrégiftrement des Préfentes, à la diligence du
Procureur du Roi de ladite Maîtrife, & aux frais de chacun des Propriétaires, il fera mis fur chacune des maifons aujourd'hui exiftantes dans l'étendue
des Paroiffes du Guault, Champguyon, Charleville, les Effarts & Hameaux
en dépendans, une marque en forme de répaire, pour diftinguer lefdites maifons de celles qui pourroient être conftruites par la fuite ; defquelles maifons
& répaires, fera fait défignation par Procès-verbal qui fera dreffé par les Officiers de ladite Maîtrife, lequel contiendra le nombre des maifons de chaque
Paroiffe & Hameau, la defcription de leur étendue & pofition ; enfemble les
noms des Propriétaires aufquels elles appartiennent, pour être le tout annexé
aux Préfentes, & fans que dans ledit Etat puiffent être comprifes les maifons
fervant à l'exploitation des fermes, ni les Presbiteres.

ART. II. Déclarons les Propriétaires defdites maifons exiftantes dans lefdites Paroiffes, Ufagers de la Forêt du Guault, fans que ceux qui pourroient
en conftruire de nouvelles par la fuite, puiffent prétendre aucun droit d'ufage, à moins qu'il ne plaife à Sa Majefté de leur en faire don & conceffion.

ART. III. Pourront néanmoins les Propriétaires des maifons aujourd'hui
exiftantes, les conftruire & réédifier, lorfque befoin fera fur leurs anciens
fondemens, fans pour ce être privés de leurs ufages.

ART. IV. L'ufage de chacune defdites maifons des Paroiffes du Guault,
Champguyon, Charleville, les Effarts & Hameaux en dépendans, n'appartiendra qu'à un feul, à l'effet de quoi, dans le cas de copropriété, l'ufage
fera loti entre les Copropriétaires, & celui auquel l'ufage fera échu, fera
tenu d'en faire déclaration au Greffe de la Maîtrife, à peine d'être déchu dudit
Droit.

ART. V. Si quelqu'un des Habitans desdites Paroisses possédoit plusieurs maisons de celles déclarées usageres, il ne pourra jouir que d'un seul droit.

ART. VI. Nul ne pourra jouir de l'usage, s'il n'est Propriétaire des maisons usageres & résident en icelles.

ART. VII. Ne pourront ceux qui occupent les maisons usageres à titre de location ou autre, qui n'entraîne point la propriété, s'immiscer dans la jouissance desdits usages, à peine de cent livres d'amende, & de confiscation de bestiaux.

ART. VIII. Faisons pareillement défenses, & sous les mêmes peines conformément à l'Arrêt du 8 Août 1762, à tous Curés, Fermiers, Concierges des Châteaux, Régisseurs ou autres, d'envoyer aucuns bestiaux en pâture.

ART. IX. Ne pourront les Gardes de la Forêt, quand même ils seroient Propriétaires d'une des maisons usageres, & résideroient en icelle, envoyer aucuns bestiaux en pâture, tant qu'ils exerceront leur office, à peine de confiscation desdits bestiaux, & de deux cens livres d'amende.

ART. X. Les Usagers ne pourront prêter leur nom, ni leur maison à des Etrangers non Usagers, pour y retirer leurs bestiaux, ni en envoyer pacager d'autres que ceux de leur nourri seulement, & qui seront élevés dans leur maison, à peine de confiscation desdits bestiaux, & de cinquante livres d'amende ; & en cas de récidive, d'être privé de tout usage, conformément à l'article X du titre XIX de l'Ordonnance des Eaux & Forêts du mois d'Août 1669.

ART. XI. Faisons défenses à tous Manans & Habitans desdites Paroisses, d'envoyer aucunes bêtes à laine, Chevalines, ni Asines, dans l'intérieur & aux reins de ladite Forêt, à peine de confiscation desdites bêtes à laine, Chevalines ou Asines, & de trois livres d'amende par chacune bête à laine, & de trente livres par chacune bête Chevaline ou Asine.

ART. XII. Ne pourront les Propriétaires de chacune des maisons usageres envoyer en pâturage plus de deux Vaches, avec chacune leur suivant d'un an.

ART. XIII. Les Usagers feront annuellement & sans frais au Greffe de la Maitrise, la déclaration de la quantité de bestiaux qu'ils possédent, dont sera fait rôle, contenant les noms de ceux à qui ils appartiendront, laquelle déclaration ils feront tenus d'affirmer, sans que sous prétexte de ladite déclaration, chacun desdits Usagers puissent excéder le nombre porté en l'article précédent.

ART. XIV. Les Officiers assigneront annuellement, & sans frais à chaque Paroisse ou Hameau ayant droit de pâturage, une contrée la plus commode que faire se pourra, en laquelle & lieux défensables seulement, & déclarés tels par les Officiers, les bestiaux puissent être menés séparément, & sans mélange de troupeaux des autres lieux, sous les peines portées par l'article XIII du titre XIX de l'Ordonnance de 1669.

ART. XV. La déclaration des Contrées, & la liberté d'y envoyer en pâturage sera publiée aux Prônes des Messes paroissiales usageres, dans le cours du mois de Février de chaque année, à la diligence du Procureur du Roi.

ART. XVI. Les bestiaux appartenans aux Usagers d'une même Paroisse ou Hameau, seront marqués d'une même marque, dont l'empreinte sera mise au

Greffe de ladite Maîtrise, avant de les pouvoir envoyer en pâturage, & chaque jour assemblés au lieu à ce destiné, pour être conduits en un seul troupeau, & par le chemin indiqué par les Officiers, sans qu'il soit permis de changer, ni prendre aucune autre route, soit en allant, soit en revenant, à peine de confiscation des bestiaux, d'amende arbitraire, & de punition exemplaire contre les Pâtres & Gardes.

ART. XVII. Les Usagers seront tenus de mettre au col de leurs bestiaux des sonnettes, dont le son puisse avertir du lieu où ils seront, sans pouvoir mettre aucuns desdits bestiaux à garde séparée ; ni les envoyer dans la Forêt par leurs Fermiers, enfans ou autres.

ART. XVIII. Les bestiaux de chaque Paroisse ou Hameau seront conduits par un seul Pâtre, lequel sera choisi & nommé annuellement par les Usagers desdites Paroisse ou Hameau, en présence des Officiers de la Maîtrise qui en délivreront acte sans frais ni droits.

ART. XIX. Les Usagers demeureront responsables du Pâtre qu'ils auront choisi, conformément aux articles VIII & IX du titre XIX de l'Ordonnance de 1669.

ART. XX. Faisons défenses à tous Usagers & autres, de prendre aucun bois dans la Forêt, sous prétexte qu'il est sec ou traînant, sous les peines portées en l'Ordonnance ; enjoignons aux Gardes qui les rencontreront, de couper les hars de leurs fouées & fagots, & de les contraindre de laisser le bois dans ladite Forêt.

ART. XXI. Et finalement enjoignons aux Officiers de ladite Maîtrise, & en particulier au Procureur du Roi, de tenir exactement la main à l'exécution des Présentes, qui seront enrégistrées au Greffe, imprimées, lues, publiées & affichées par-tout où besoin sera, même signifiées à tous qu'il appartiendra, & exécutées selon leur forme & teneur. DONNÉ par Nous, Grand-Maître & Commissaire susdit, le vingt-neuf Octobre mil sept cent soixante-trois. *Signé*, DU VAUCEL. *Par Monseigneur* L'ÉCLOPÉ.

ARREST

RENDU en interprétation de l'Article XI de l'Arrêt du 19 Mars 1743, au sujet des Procès-Verbaux, Rapports & Assignations pour faits de Chasse & délits commis dans les Bois & sur les Rivières des Seigneurs particuliers, servant de Réglement pour les délais dans lesquels ces actes seront contrôlés, & la quotité de droits qui doivent être payés.

Du 24 Octobre 1764.

LE ROI s'étant fait représenter en son Conseil l'Arrêt rendu en icelui le 19 Mars 1743, concernant les droits de Contrôle, Insinuation & centième Denier des adjudications & délivrance des Bois du Comté d'Eu, par l'art. XI duquel

duquel Sa Majefté a ordonné que les Procès-verbaux & Rapports des Gardes dudit Comté, pour fait de Chaffe, ou pour délits commis dans les Bois & fur les Rivieres en dépendantes, feront contrôlés aux Contrôles des Exploits, & qu'il ne fera payé qu'un feul droit de neuf fols fix deniers, à caufe de chacun des Délinquans y dénommés, tant pour le Contrôle du Rapport, que de l'Affignation donnée en conféquence ; & Sa Majefté étant informée que quelques Commis de l'Adjudicataire Général de fes fermes employés en Bourgogne, fe fondant fur cette difpofition, prétendent que les Procès-verbaux & Rapports des Gardes des Bois des Seigneurs en ladite Province, pour faits de Chaffe & délits commis dans lefdits Bois & fur les Rivieres, doivent être contrôlés comme Exploits, dans les trois jours de leurs dates, quoique faits & rédigés par les Greffiers defdits Seigneurs, fur la déclaration ou rapport defdits Gardes ; ce qui avoit donné lieu à une contestation dans laquelle on a prétendu que ledit article XI de l'Arrêt du 19 Mars 1743 ne pouvoit avoir d'application aux Procès-verbaux de cette derniere efpece, qui, étant faits & rédigés par lefdits Greffiers, ne devoient être contrôlés qu'au Contrôle des actes, dans la quinzaine de leurs dates, comme ils l'avoient été ci-devant ; à quoi Sa Majefté voulant pourvoir, en expliquant, en tant que de befoin, ledit article XI de l'Arrêt du 19 Mars 1743. Oui le rapport du fieur de l'Averdy, Confeiller ordinaire au Confeil Royal, Contrôleur Général des Finances.

LE ROI ÉTANT EN SON CONSEIL, a ordonné & ordonne que les Procès-verbaux & Rapports pour faits de Chaffe & pour délits commis dans les Bois & fur les Rivieres des Seigneurs particuliers, continueront d'être contrôlés au Contrôle des Exploits, dans les trois jours de leurs dates, lorfqu'ils feront faits & rédigés par les Gardes des Bois defdits Seigneurs, & il ne fera payé qu'un feul droit de neuf fols fix deniers, & les vingtiémes ou deux nouveaux fols pour livre, pendant le tems qu'ils auront lieu, à caufe de chacun des Délinquans y dénommés, tant pour le Contrôle du Rapport, que de l'Affignation donnée en conféquence, pourvu que l'Affignation foit renfermée dans le même Procès-verbal, & avant qu'il foit clos; mais fi le Rapport eft clos, & que l'Affignation foit donnée par un acte fubféquent, il ne fera payé pour le Procès-verbal, qu'un feul droit, en quelque nombre que foient les Délinquans y dénommés, & il fera payé autant de droits pour l'Affignation donnée en conféquence dudit Procès-verbal, qu'il y aura de Délinquans affignés, quand ce feroit par un même acte.

A l'égard des Procès-verbaux qui feront faits & rédigés par les Greffiers des Seigneurs fur la déclaration ou rapport des Gardes defdits Seigneurs, lefdits Greffiers feront tenus de les faire contrôler au Contrôle des actes, dans la quinzaine de leurs dates fur le pied réglé par l'article LXXII du Tarif du 29 Septembre 1722, fans qu'il puiffe être perçu plus d'un droit pour chacun defdits Procès-verbaux, en quelque nombre que foient les Délinquans y dénommés.

Les Procès-verbaux de diligence des Gardes defdits Seigneurs, faits par eux-mêmes, ou rédigés par les Greffiers fur leurs déclarations, pour Chablis abattus par les vents, Cerfs trouvés morts, ou pour délits commis par gens inconnus, demeureront exempts d'enrégiftremens & de tous droits de Contrôle ; mais fi les Auteurs des délits viennent à être connus par la fuite, les

Affignations qui leur feront données, feront contrôlées au Contrôle des Exploits, dans les trois jours de leurs dates, & il fera payé un droit à caufe de chacun des Délinquans affignés, foit par un feul Exploit ou par plufieurs.

Ordonne Sa Majefté que le préfent Arrêt fera exécuté felon fa forme & teneur, dans toutes les Provinces & Généralités du Royaume. FAIT au Confeil d'Etat du Roi, Sa Majefté y étant, tenu à Fontainebleau, le vingt-quatre d'Octobre mil fept cent foixante quatre. *Signé*, PHELYPEAUX, avec paraphe.

ARREST DU CONSEIL D'ÉTAT DU ROI,

QUI ordonne que les faits inférés dans un Imprimé qui a pour titre *Mémoire à confulter*, débité par le nommé Lazurier, Marchand de Bois, feront fupprimés comme faux & injurieux au Sieur Grand-Maître des Eaux & Forêts du Département de Paris; & fait défenfes audit Lazurier de récidiver fous telles peines qu'il appartiendra.

Du 20 Décembre 1764.

SUR ce qui a été repréfenté au Roi en fon Confeil par le fieur du Vaucel, Grand-Maître des Eaux & Forêts du Département de Paris, qu'il ne peut fe difpenfer de déferer à Sa Majefté un imprimé fous le titre de Mémoire à confulter, que le nommé Lazurier, Marchand de bois, vient de répandre dans le Public, à l'occafion de l'emprifonnement que ledit fieur Grand Maître a prononcé contre lui, lorfqu'il procédoit aux ventes ordinaires des bois de Sa Majefté, au Siége de la Maîtrife de Saint Germain; s'il n'étoit queftion que des vices de forme, que ledit Lazurier trouve dans le Jugement qui a prononcé fon emprifonnement; s'il ne s'agiffoit que des prétendus motifs qu'il expofe y avoir donné lieu, ledit fieur Grand-Maître refteroit dans le filence, puifqu'il n'a agi que de l'avis & du confentement des Officiers du Siége, qui tous ont été indignés de la conduite de ce Particulier, & ont figné le Procès-verbal dreffé par ledit Sr Grand-Maître; mais il ne lui eft pas poffible d'être infenfible à la malignité avec laquelle Lazurier préfente aux yeux du Public, des faits d'autant plus propres à porter atteinte à la réputation dudit fieur Grand-Maître; que le Confeil feul de Sa Majefté eft en état d'en reconnoître la fauffeté: en effet, Lazurier, page 2 de fon Mémoire, expofe qu'au mois d'Avril 1763, le fieur Grand-Maître adjugea par une foumiffion fecrete, cent quarante deux mille toifes quarrés de bombemens, aux nommés Cheron & Lalande, au prix de cinq fols la toife; que fur cette adjudication, il préfenta des Mémoires, & fit fa foumiffion de faire les ouvrages au prix de deux fols fix deniers; que l'adjudication a été caffée, & que le fieur Grand Maître en ayant faite une publique, les ouvrages ne furent portés qu'à fix deniers. Qui ne feroit tenté d'après un pareil expofé, de fufpecter la conduite du fieur Grand-Maître? Qui

ne le taxeroit au moins de négligence dans ses fonctions? Dans une pareille
circonstance, il croit ne pouvoir mieux faire, que de s'adresser au Conseil même, seul instruit de la vérité des faits; il lui remettra sous les yeux que les fréquens travaux qu'il convient de faire pour les percemens & entretiens des routes
des Forêts où Sa Majesté prend le plaisir de la chasse, la célérité avec laquelle
il est nécessaire d'opérer, pour éviter des accidens, la nécessité d'avoir des
Entrepreneurs au fait de ces sortes d'ouvrages, engagerent, il y a trente à trente-cinq ans, le Conseil d'après les renseignemens que mit sous ses yeux le sieur
de la Faluere, alors Grand-Maître des Eaux & Forêts dudit Département, &
les adjudications précédemment faites, de fixer un prix commun pour ces ouvrages, dans tous les différens endroits; que cette fixation a été faite par une
infinité d'Arrêts du Conseil, & tel étoit l'état des choses, lorsque ledit
sieur Grand-Maître est entré dans l'exercice de sa Charge: il s'est conformé
exactement à la fixation portée par lesdits Arrêts; il s'est servi des mêmes Entrepreneurs, du nombre desquels a toujours été Lazurier; enfin il a suivi la
même forme, fixé les mêmes prix pour les bombemens des routes de la Forêt
de Saint Germain, & la soumission faite par les nommés Cheron & Lalande,
pour les exécuter, & que Lazurier appelle adjudication secrete, a été faite en
vertu d'Arrêt du Conseil; si ledit sieur Grand-Maître n'a pas admis comme
auparavant Lazurier à partager l'entreprise de ces travaux, c'est que depuis
long-temps Cheron & Lalande, ses Associés se plaignoient des contrariétés
& des embarras qu'ils éprouvoient sans cesse de la part dudit Lazurier, qu'il
leur cherchoit des contestations & des difficultés; pour faire cesser ses plaintes,
& les contestations qui y donnoient lieu, & qui pouvoient influer sur l'accé-
lération des travaux, ledit sieur Grand-Maître prit le parti de partager les entreprises; il donna à Cheron & Lalande le bombement des routes de la nouvelle plantation de Saint Germain, & à Lazurier, la confection d'une route de
communication des Forêts de Marly & de Saint Germain, ordonnée par Sa
Majesté, & ce qui paroîtra plus surprenant, c'est qu'il ne fut pas employé une
autre forme à l'égard de Lazurier, qui fit sa soumission pour la confection de
ladite route, ainsi que Cheron & Lalande l'avoient faite pour le bombement
des routes de la Forêt de Saint Germain; mais Lazurier, mécontent de se voir
exclus de cette derniere entreprise, & aux risques de perdre, pourvu qu'il pût
nuire à ses anciens Associés, donna des Mémoires par lesquels il offrit de faire
ces travaux à moitié du prix qui leur avoit été accordé; il parvint à son but,
lors de l'adjudication qui en fut faite depuis, les Entrepreneurs qui en étoient
chargés, & qui avoient déjà commencé leurs travaux, crurent devoir donner une marque de leur désintéressement: à la premiere mise, ils les ont portés
si bas, qu'il n'y a pas eu lieu au moindre rabais. Ledit sieur Grand-Maître ne
relevera point le moyen que Lazurier prétend se faire, de ce que son empri-
sonnement a été ordonné après l'Audience levée; les Officiers étoient en effet
descendus du Siége pour passer en la Chambre du Conseil, où, suivant l'u-
sage anciennement observé dans la Maîtrise de Saint Germain, on relit & on
signe les adjudications; mais les fonctions des Juges ne sont pas cessées, puisqu'une adjudication étant un contrat judiciaire, elle ne reçoit sa perfection,
que par la signature des Adjudicataires & celle des Juges devant qui l'adjudication a été faite. C'est lorsqu'on y procédoit, que les clameurs de Lazurier

Kkkk ij

ayant continué, on a cru devoir prendre la feule voie qui reftoit pour lui impofer filence, & il eft de fait qu'on ne procéda aux figratures, qu'après la ré-
daction du Procès-verbal portant fon emprifonnement ; que Lazurier imagine
à cet égard, tout ce qu'il jugera néceffaire pour fa défenfe ; ledit fieur Grand-
Maître en fera peu touché ; mais après avoir rempli pendant près de vingt
ans, les fonctions dont il eft chargé d'une maniere irreprochable, après avoir
donné dans toutes les occafions qui fe font préfentées, des preuves de fon
zele pour les intérêts de Sa Majefté, fe voir traduit dans le Public par un Mémoire imprimé répandu avec la plus grande publicité, comme un Prévarica-
teur qui a abufé de la confiance du Confeil, pour faire des traités fecrets avec
des Entrepreneurs au préjudice des intérêts du Sa Majefté ; il croiroit manquer à la place qu'il a l'honneur de remplir, & être indigne de la protection
de Sa Majefté, s'il ne la fupplioit point de prononcer fur les faits que Lazurier
a ofé lui imputer, afin que le Public, aux yeux duquel Lazurier a tentéde
lui faire perdre l'eftime & la confidération dont ledit fieur Grand-Maître fe
flatte d'avoir joui, foit à portée de reconnoître la fauffeté de ces faits ; Et Sa
Majefté s'étant fait repréfenter les différens Arrêts rendus en fon Confeil, par
lefquels le prix des travaux qu'elle a jugé à propos d'ordonner a été fixé ; elle
a reconnu que ledit fieur Grand Maître s'y étoit conformé dans la fixation du
prix des bombemens des routes de la Forêt de Saint Germain, & Sa Majefté
defirant donner audit fieur Grand-Maître des marques de la fatisfaction qu'elle
a de fes fervices, vu un Imprimé ayant pour titre, *Mémoire à confulter :* oui
le rapport du fieur de l'Averdy, Confeiller ordinaire au Confeil Royal,
Contrôleur Général des Finances.

LE ROI ÉTANT EN SON CONSEIL, a ordonné & ordonne
que les faits inférés page deux, d'un Imprimé ayant pour titre *Mémoire à confulter*, au fujet d'un Ouvrage de Routes à faire dans la Forêt de Saint Germain, feront & demeureront fupprimés, comme faux & injurieux au fieur du
Vaucel, Grand-Maître des Eaux & Forêts du Département de Paris. Fait Sa
Majefté très expreffes inhibitions & défenfes au nommé Lazurier, de récidiver
fous telles peines qu'il appartiendra ; Et fera le préfent Arrêt imprimé, lu,
publié & affiché par-tout où befoin fera, & enrégiftré au Greffe de la Maîtrife
particulière de Saint Germain, pour y avoir recours fi befoin eft. FAIT au
Confeil d'Etat du Roi, Sa Majefté y étant, tenu à Verfailles le vingt Décembre mil fept cent foixante-quatre. *Signé*, PHELYPEAUX.

ARREST DU CONSEIL D'ÉTAT DU ROI,

QUI fait défenses au nommé Lazurier, de paroître aux Ventes & Adjudications qui se feront aux Siéges des Maîtrises particulières des Eaux & Forêts, sans qu'il puisse y être admis directement ou indirectement, sous quelque prétexte que ce soit.

Du 10 *Février* 1765.

SUR ce qui a été représenté au Roi en son Conseil, par les Grands-Maîtres des Eaux & Forêts, qu'ils croiroient manquer à ce qu'ils doivent aux charges dont ils sont revêtus, & se rendre indignes de la considération qui leur est nécessaire dans l'exercice de leurs fonctions, s'ils restoient plus long-temps dans le silence au sujet de libelles répandus dans le Public par le nommé Lazurier, Marchand de Bois; ce Particulier n'avoit d'abord osé attaquer que le sieur Duvaucel, l'un d'eux, & les faits qu'il lui imputoit paroissoient si contraires aux vues dont le sieur Duvaucel a toujours été animé pour les intérêts du Roi, que les Grands-Maîtres, quoique pénétrés de la plus vive sensibilité à l'occasion d'imputations si téméraires sur le compte d'un Confrere pour lequel ils ont l'estime la plus vraie & la mieux fondée, ont mis toute leur confiance dans la Justice de Sa Majesté pour réprimer de pareils excès, & rétablir par une justification publique, la vérité de circonstances dont Lazurier avoit abusé. Ils n'ont point été trompés dans leur attente. A peine Sa Majesté a-t-elle été informée des faits qui étoient imputés au sieur Duvaucel, qu'Elle a bien voulu lui donner les marques les plus sensibles de sa protection, & de la satisfaction qu'Elle avoit de ses services. Après s'être fait représenter les différens Arrêts de son Conseil qui avoient servi de régle de conduite au sieur Duvaucel, & déterminé les opérations que le nommé Lazurier avoit tenté de rendre suspectes, Sa Majesté, par un Arrêt du 20 Décembre 1764, a ordonné la suppression des faits avancés par Lazurier, comme faux & injurieux audit sieur Duvaucel; a fait très expresses inhibitions & défenses à Lazurier de récidiver sous telles peines qu'il appartiendroit; & afin d'effacer les impressions qu'auroit pû laisser dans les esprits la déclamation indécente de Lazurier, Sa Majesté a ordonné que ledit Arrêt seroit imprimé, lû, publié & affiché par-tout où besoin seroit, & enregistré au Greffe de la Maîtrise particuliere de Saint-Germain, pour y avoir recours. Des témoignages aussi marqués de la Protection & de la Justice de Sa Majesté auroient dû contenir Lazurier dans les bornes du silence sur des objets sur lesquels Sa Majesté a bien voulu faire connoître d'une maniere si précise ses intentions; mais ce Marchand de Bois a osé, dans un second Mémoire qu'il a fait imprimer encore, insérer les mêmes faits que Sa Majesté avoit dans la plus grande connoissance de cause, supprimés comme faux & injurieux audit sieur Duvaucel, & il n'a pas même craint d'attaquer tous les Grands-Maîtres & les Officiers des Maîtrises, de les préfenter comme des Juges prévenus, capables de facrifier les intérêts les plus précieux de S. M. & des Gens de Main-morte, en admettant, ou écartant à leur gré dans les ventes les Marchands qu'ils jugeroient à propos, & en les procurant à ceux qu'il leur conviendroit d'obliger, convenances quelquefois relatives à leurs intérêts. Si de femblables excès-éroient tolérés de la part d'un homme qui, par état, eft tous les jours dans le cas de fe trouver vis à vis des Grands-Maîtres & des Officiers des Maîtrifes, il en réfulteroit les plus grands inconvéniens; les Grands-Maîtres accufés publiquement de prévention, d'injuftice, de partialité, n'auront plus l'autorité fuffifante pour en impofer aux Marchands, pour prévenir & arrêter l'effet de ces affociations fecretes, de ces monopoles & complots fur lefquels ils doivent, fuivant les Ordonnances, porter toute leur attention. L'ordre & la fubordination, fans lefquels il n'eft pas poffible que l'adminiftration puiffe fubfifter, feront bientôt méconnus. Les Grands-Maîtres ne craignent point de l'avancer; fi la licence avec laquelle Lazurier a ofé les traduire dans le Public refte impunie, il ne leur eft plus poffible de faire agir leur zéle pour les intérêts de Sa Majefté. Si un Arrêt du Confeil tel que celui du vingt Décembre dernier, dans lequel Sa Majefté a bien voulu donner au fieur Duvaucel les témoignages les plus fenfibles de fa fatisfaction; fi cet Arrêt qui fait défenfes à Lazurier de récidiver fous telle peine qu'il appartiendra, n'a pû contenir ce Marchand dans les bornes de la fubordination, & du refpect qu'il doit audit fieur Duvaucel, les Grands-Maîtres pourront-ils fe flatter de lui en impofer lorfqu'il fe préfentera aux ventes? Les autres Marchands auront-ils pour les Grands Maîtres les égards & la déférence qui font dûs à leurs Charges, & que le bien du fervice exige? Si un de ces Marchands a pu fe livrer dans des Mémoires imprimés, à la déclamation la plus injurieufe contre les Grands-Maîtres, il eft aifé de fentir les conféquences funeftes qui réfulteroient de l'impunité. Les Grands-Maîtres cependant ne peuvent que s'en rapporter à ce que S M. jugera à propos d'ordonner à cet égard; pleins de refpect & de confiance dans fa Juftice, ils ofent efpérer qu'elle ne laiffera point avilir des Charges qu'Elle a bien voulu leur confier, & qu'Elle leur confervera la confidération fi néceffaire pour l'adminiftration dont ils font chargés; & Sa Majefté défirant donner auxdits fieurs Grands-Maîtres des marques de fa protection, maintenir l'ordre & la fubordination fi néceffaires pour le bien du fervice, & reprimer les excès auxquels s'eft porté le nommé Lazurier. Vû l'Arrêt du Confeil du vingt Décembre mil fept cent foixante-quatre, par lequel Sa Majefté auroit ordonné que des faits inférés dans un Mémoire imprimé & diftribué par ledit Lazurier, feroient & demeureroient fupprimés comme faux & injurieux au fieur Duvaucel, Grand-Maître des Eaux & Forêts du Département de Paris; & Sa Majefté auroit fait défenfes audit Lazurier de récidiver fous telle peine qu'il appartiendroit. Oui le rapport du fieur del'Averdy, Confeiller ordinaire au Confeil Royal, Contrôleur Général des Finances.

LE ROI EN SON CONSEIL, a fait & fait très-expreffes inhibitions & défenfes au nommé Lazurier de paroître aux ventes & adjudica-

tions qui se feront aux Siéges des Maîtrises particulieres des Eaux & Forêts, sans qu'il puisse y être admis directement ou indirectement, sous
quelque prétexte que ce soit jusqu'à ce que par Sa Majesté il en ait été au-
trément ordonné. Enjoint Sa Majesté aux Grands-Maîtres des Eaux
& Forêts & aux Officiers des Maîtrises de tenir, chacun en droit soi, exactement la main à l'exécution du présent Arrêt, lequel sera enregistré aux
Greffes desdites Maîtrises, imprimé, lû, publié & affiché par-tout où besoin
sera. FAIT au Conseil d'Etat du Roi, Sa Majesté y étant, tenu à Versailles
le dix Février mil sept cent soixante-cinq. *Signé*, PHELIPEAUX.

SENTENCE

DE LA MAISTRISE

DES EAUX ET FORESTS DE PARIS.

PORTANT qu'à l'avenir les Assises & Hauts-Jours de la Maîtrise de Paris qui se tiennent en ce Siége au Palais à Paris,
feront & demeureront fixées au Vendredi de la première Semaine d'après le Dimanche de *Quasimodo*, auquel jour les Justiciables seront tenus d'y comparoir, sous les peines & amendes portées par les Réglemens.

Du Lundi 11 Mars 1765.

PROSPER CAVELIER, Conseiller du Roi, Maître particulier des
Eaux & Forêts de la Maîtrise, Ville, Prévôté, Vicomté de Paris & autres
lieux en dépendans. Sur ce qui nous a été remontré par le Procureur du
Roi, qu'annuellement nous rendions notre Sentence indicative de la tenue de
nos Assises & Hauts Jours de Pâques, par laquelle lesdites Assises étoient
indiquées au Samedi de la quinzaine de Pâques veille du Dimanche de
Quasimodo, mais qu'ayant remarqué depuis plusieurs années que, sous prétexte de ladite quinzaine de Pâques plusieurs des Justiciables, tenus d'y comparoir, s'en absentoient, pourquoi il lui paroissoit plus convenable d'indiquer le jour de nos Assises dans la Semaine suivant le Dimanche de Quasimodo; à cet effet, pour le bien de la Police, requeroit qu'il nous plût,
pour l'avenir, indiquer un des jours de notre Audience dans la Semaine suivant ledit Dimanche de Quasimodo, afin que les Justiciables n'eussent de
prétexte de s'en absenter: SUR QUOI Nous, ayant égard à la remontrance &
requisition du Procureur du Roi, & y faisant droit, Ordonnons qu'à l'avenir nous tiendrons nos Assises & Hauts Jours de Pâques le Vendredi de la
Semaine suivant le Dimanche de Quasimodo; en conséquence, il est en-

joint à tous Officiers de Grueries , Marchands de Bois, Teinturiers , Tanneurs , Megiffiers , Pêcheurs, Oifeleurs, Jardiniers & autres Gens commerçans & trafiquans ès Bois & Rivieres de notre Département, de comparoir
pardevant nous , tenant nos Affifes & Grands-Jours en la Jurifdiction des
Eaux & Forêts au Palais à Paris, le Vendredi dix - neuf Avril prochain mil
fept cent foixante-cinq , neuf heures du matin , pour y entendre la lecture
des Ordonnances Royaux , repréfenter leurs Lettres , Titres , Baux & Marchés qui leur donnent pouvoir d'exercer leurs fonctions , métiers trafics ,
commerces & marchandifes , ès Eaux & Bois , fous peine de l'amende portée par les Réglemens , Ordonnances , & notamment l'Arrêt du Confeil du
2 Décembre 1738, enjoignons aux Jurés des Communautés des Maîtres
Pêcheurs à Engins & à Verge , de faire avertir tous les Maîtres d'icelles de
fe trouver auxdites Affifes , auquel jour nous leur interdifons la Pêche fous
peine de dix livres d'amende envers le Roi , & de répondre en outre à telles
conclufions que ledit Procureur du Roi trouvera bon prendre contr'eux
après qu'ils auront été ouis , & en outre de répondre & procéder comme
de raifon, ce qui fera exécuté nonobftant oppofition ou appellation quelconques , pour lefquels ne fera différé , & fans préjudice d'icelles. Ce fut fait
& donné par nous Maître particulier fufdit , au Siége de ladite Jurifdiction,
au Palais à Paris , l'Audience tenante ledit jour Lundi onze Mars mil fept
cent foixante-cinq. *Signé* , MAUFOINT.

ARREST DU CONSEIL D'ÉTAT DU ROI,

QUI ordonne que lorfque les Bois deftinés à la conftruction des
Vaiffeaux de Sa Majefté , feront jettés par les inondations &
autres accidens fur les bords des Rivières de Seine , de Marne ,
d'Oife, d'Aine & d'Aube ou dans les Ifles , les Syndics, Confuls & Collecteurs des Paroiffes dans l'étendue defquelles lefdits Bois fe trouveront , feront tenus d'en donner avis aux
Sieurs Intendans & Commiffaires départis dans les Départemens defquels lefdites Paroiffes feront fitués , qu'aux Commiffaires de la Marine qui fe trouveront alors à portée des lieux
où lefdits Bois auront été jettés.

Du 14 Août 1765.

VU par le Roi , étant en fon Confeil , l'Arrêt rendu en icelui le 19 Décembre 1744, par lequel il eft ordonné que lorfque les bois fervant à la conftruction des Vaiffeaux de Sa Majefté , feront jettés par les inondations &
autres accidens fur les bords de la Rivière de Loire & autres qui y affluent , ou
dans les Ifles , les Confuls des Communautés dans l'étendue defquelles lef-
bois fe trouveront , feront tenus d'en donner avis aux fieurs Intendans & Commiffaires départis dans les Départemens defquels lefdites communautés feront
                                                    fituées ,

situées, & de pourvoir cependant à leur sûreté & conservation, à peine d'en
répondre en leur propre & privé nom, ainsi que de tous les frais, dommages & retardement du service de Sa Majesté: Et voulant Sa Majesté que
les dispositions dudit Arrêt aient également lieu pour les bois servant à
la construction de ses Vaisseaux, qui sont voiturés par la Seine, la Marne, l'Oise, l'Aube & l'Aisne & empêcher que ceux desdits bois qui ont été entraînés par
la dernière inondation ou qui le seront dans la suite par les débordemens &
autres accidens sur les bords desdites rivières ou dans les Isles, ne soient
divertis par les Particuliers ou employés à leur usage.

SA MAJESTÉ ÉTANT EN SON CONSEIL, a ordonné & ordonne
aux Syndics, Consuls & Collecteurs des Paroisses dans l'étendue desquelles
lesd. pièces de bois se trouveront, d'en donner incessamment avis tant aux Srs
Intendans & Commissaires départis pour l'exécution des ordres de Sa Majesté,
dans les Départemens desquels lesdites Paroisses seront situées, qu'aux Commissaires de la Marine qui se trouveront à portée, & de pourvoir cependant à la sûreté & conservation desdits bois, à peine par lesdits Syndics,
Consuls & Collecteurs de répondre en leur propre & privé nom de la valeur desdits bois & de tous les frais, dommages & retardement du service
de Sa Majesté; laquelle enjoint pareillement aux Propriétaires desdites Isles,
à leurs Fermiers & Métayers résidans en icelles, & à tous autres de quelque qualité & condition qu'ils soient, qui trouveront lesdites pièces de bois
sur les bords desdites rivières ou dans les Isles, d'en donner avis sur le
champ auxdits Syndics, Consuls & Collecteurs, à peine d'être procédé
contr'eux extraordinairement, comme complices & fauteurs des vols qui
pourroient en être faits. Fait Sa Majesté défenses à toutes personnes de di-
vertir, prendre & enlever lesdits bois, & de les employer à leur usage particulier, & à tous bateliers, charretiers & autres généralement quelconques,
de conduire & voiturer lesdits bois hors les lieux où ils se trouveront, si ce
n'est par les ordres que lesdits Syndics, Consuls & Collecteurs pourront
donner provisionnellement, jusqu'à ce qu'il soit autrement pourvu par lesdits sieurs Intendans & Commissaires départis; & en cas de contravention
au présent Arrêt, le Procès sera fait & parfait aux coupables par lesdits
sieurs Intendans & Commissaires départis, & par iceux jugés en dernier ressort, en appellant avec eux le nombre de Gradués porté par l'Ordonnance,
leur attribuant à cette fin toute Cour, Jurisdiction & connoissance, icelle
interdite à tous autres Juges, en vertu du présent Arrêt, lequel sera publié
& affiché dans toutes les Paroisses situées le long desdites rivières de Seine,
de Marne, d'Oise, d'Aine & d'Aube, & par-tout ailleurs où il appartiendra.
FAIT au Conseil d'Etat du Roi, Sa Majesté y étant, tenu à Compiegne le
quatorze Août mil sept cent soixante-cinq. Signé, LE DUC DE
CHOISEUL.

S E N T E N C E
DE LA MAISTRISE
DES EAUX ET FORESTS DE PARIS,

PORTANT qu'à l'avenir les Affifes & Hauts-jours de la Maîtrife de Paris qui fe tiennent en ce Siége au Palais à Paris, feront & demeureront fixées au Vendredi de la première Semaine
d'après le Dimanche de *Quafimodo,* & au Vendredi de la première Semaine du mois d'Octobre de chacune année, aufquels
jours les Jufticiables feront tenus d'y comparoir, fous les peines & amendes portées par les Réglemens.

Du Lundi 2 Septembre 1765.

PROSPER CAVELIER, Conseiller du Roi, Maître particulier
des Eaux & Forêts de la Maîtrife, Ville, Prévôté, Vicomté de Paris & autres lieux en dépendans.

SUR ce qui nous a été remontré par le Procureur du Roi, qu'anciennement les jours d'Audience de cette Maitrife au Palais à Paris, avoient été
fixés aux Mercredi & Samedi de chacune Semaine; mais attendu les inconvéniens qui en réfultoient, Sa Majefté auroit par Arrêt de fon Confeil du 31
Octobre 1724, & pour les caufes y contenues ordonné qu'à l'avenir les
Audiences dudit Siége fe tiendroient les Lundis & Vendredis de chacune
Semaine dix heures du matin, & que ledit Arrêt feroit regiftré au Greffe d'i-
celle Maîtrife, ce qui auroit été exécuté; que pour nous conformer aux difpofitions dudit Arrêt & fur la réquifition dudit Procureur du Roi, y faifant droit, nous aurions par notre Sentence du 11 Mars dernier, ordonné
qu'à l'avenir nos Affifes & Hauts Jours fe tiendroient le premier Vendredi
d'après la Semaine de Quafimodo pour les Affifes de Pâques; & comme il
lui paroît néceffaire de fe conformer à l'égard des Affifes de Saint Remy,
aux difpofitions dudit Arrêt du Confeil, requéroit ledit Procureur du Roi
qu'il nous plût en ordonner l'exécution & de notredite Sentence fufdatés; ce
faifant, ordonner que pareillement à l'avenir, à commencer pour la préfente année, nofdites Affifes de Saint-Remy fe tiendront, ainfi qu'à l'avenir,
au prem. Vendredi du mois d'Oct. de chacune année : Sur quoi Nous faifant
droit, & ayant égard à la rémontrance & réquifition du Procureur du Roi, ordonnons qu'à l'avenir nous tiendrons nos Affifes & Hauts Jours de Pâques
le Vendredi de la Semaine fuivant le Dimanche de Quafimodo, & celles de

Saint-Remy, le premier Vendredi du mois d'Octobre de chacune année : en conféquence il eft enjoint à tous Officiers de Grueries, Marchands de Bois, Teinturiers, Tanneurs, Mégifliers, Pêcheurs, Oifeleurs, Jardiniers & autres Gens commerçans & trafiquans ès Bois & Rivieres de notre Département, de comparoir pardevant nous tenant nos Affifes & grands Jours en la Jurifdiction des Eaux & Forêts au Palais à Paris, le Vendredi 4 Octobre prochain 1765, neuf heures du matin, pour y entendre la lecture des Ordonnances Royaux ; repréfenter leurs titres, lettres, baux & marchés qui leur donnent pouvoir d'exercer leurs fonctions, métiers, commerce, trafic & marchandifes ès Eaux & Bois, fous peine de l'amende portée par les Réglemens, Ordonnances, & notamment l'Arrêt du Confeil du 2 Décembre 1738. Enjoignons aux Jurés des Communautés des Maîtres Pêcheurs à Engin & à Verge, de faire avertir tous les Maîtres d'icelles de fe trouver auxdites Affifes, auquel jour nous leur interdifons la pêche fous peine de dix livres d'amende envers le Roi, & de répondre en outre à telles conclufions que ledit Procureur du Roi trouvera bon prendre contre eux après qu'ils auront été ouis, & en outre de répondre & procéder comme de raifon : ce qui fera exécuté nonobftant oppofitions ou appellations quelconques, pour lefquelles ne fera différé, & fans préjudice d'icelles. Ce fut fait & donné par Nous Maître particulier fufdit, l'Audience tenante au Siége de la Jurifdiction des Eaux & Forêts au Palais à Paris, ledit jour Lundi deux Septembre mil fept cent foixante-cinq. *Signé*, MAUPOINT.

ARREST DU CONSEIL D'ÉTAT DU ROI,

QUI fait défenses à toutes perfonnes, dans la Province de Normandie, de chaffer avec des fufils ou autres armes à feu, les Cerfs, Biches & Faons.

Du 26 Octobre 1765.

LE ROI étant informé de la licence avec laquelle toutes fortes de perfonnes chaffent avec des armes à feu dans les Forêts de Sa Majefté, fituées en Normandie, & tuent journellement les Cerfs, les Biches & les Faons; ce qui d'une part eft contraire à toutes les Ordonnances fur le fait des Chaffes, & d'autre, peut nuire confidérablement aux propres plaifirs de Sa Majefté, par la proximit· & la communication des Forêts de cette Province avec celles où elle chaffe elle-même; en forte qu'il devient néceffaire d'y apporter un prompt remede. A quoi voulant pourvoir: oui le rapport du fieur Del'Averdy, Confeiller ordinaire au Confeil Royal, Contrôleur Général des Finances.

LE ROI ÉTANT EN SON CONSEIL, a ordonné & ordonne que les Ordonnances, Arrêts & Réglemens concernant les Chaffes, feront exécutés felon leur forme & teneur; en conféquence, fait Sa Majefté très-expreffes inhibitions & défenfes à toutes perfonnes, de quelque état & condition qu'elles foient, dans l'étendue de toutes les Maîtrifes des Eaux & Forêts dans fa Province de Normandie, de chaffer ou faire chaffer avec fufils ou autres armes à feu, les Cerfs, Biches & Faons, tant dans les Forêts de Sa Majefté, que dans celles des Seigneurs & Propriétaires particuliers, à peine contre les contrevenans d'être pourfuivis extraordinairement, & punis fuivant la rigueur des Ordonnances. Enjoint Sa Majefté aux fieurs Grands Maîtres des Eaux & Forêts des Départemens de Rouen, Caen & Alençon, & aux Officiers des Maîtrifes des lieux, d'y tenir chacun en droit foi exactement la main, même aux Procureurs de Sa Majefté efdites Maîtrifes, de faire fur les dénonciations qui leur feront faites, avec les formes prefcrites par les Ordonnances, les pourfuites néceffaires contre les contrevenans au préfent Arrêt, lequel fera imprimé, lu, publié & affiché par-tout où befoin fera, & fpécialement dans toutes les Paroiffes limitrophes de toutes les Forêts defdits Départemens; & ce, à la diligence des Procureurs de Sa Majefté aufdites Maîtrifes; & fera ledit Arrêt enrégiftré aux Greffes d'icelles, pour y avoir recours fi befoin eft. FAIT au Confeil d'Etat du Roi, Sa Majefté y étant, tenu à Fontainebleau le vingt-fix Octobre mil fept cent foixante-cinq. Signé, BERTIN.

ARREST DU CONSEIL D'ÉTAT DU ROI,

QUI ordonne que les Bois feuillards ou Cercles à relier futailles, pourront à l'avenir sortir à l'Etranger, en payant à toutes les sorties du Royaume, dix-huit sols le millier en nombre, tant grands que petits & moyens; & cinq sols trois deniers à toutes les entrées.

Du 10 Septembre 1766.

LE ROI s'étant fait représenter les Arrêts rendus en son Conseil les 18 Août & 15 Décembre 1722, portant défenses de sortir des bois d'aucune espece à l'Etranger; défenses confirmées par Arrêts des 20 Décembre 1740 & 18 Avril 1741, par rapport aux bois feuillards ou cercles à relier barriques; & Sa Majesté étant informée que les motifs qui ont déterminé cette prohibition, ne subsistent plus par rapport aux bois feuillards : & voulant d'ailleurs établir l'uniformité dans les droits à percevoir sur lesdits bois, tant aux entrées qu'aux sorties du Royaume. Vu sur ce l'avis des Députés au Bureau du Commerce : oui le rapport du sieur Del'Averdy, Conseiller ordinaire, & au Conseil Royal, Contrôleur Général des Finances. LE ROI ÉTANT EN SON CONSEIL., a ordonné & ordonne qu'à l'avenir, & à compter du jour de la publication du présent Arrêt, les bois feuillards ou cercles à relier futailles, pourront librement sortir à l'Etranger, en payant à toutes les sorties du Royaume, dix pour cent de leur valeur; qu'à l'égard de ceux apportés de l'Etranger, ils payeront à toutes les entrées du Royaume, trois pour cent de leur valeur. Pour éviter les discussions qui pourroient survenir dans les évaluations, Sa Majesté a jugé à propos de fixer la valeur desdits bois feuillards, tant grands que moyens & petits, sur un prix commun de neuf livres par millier en nombre ; au moyen de quoi, lesdits bois feuillards payeront pour tous droits à toutes les sorties du Royaume, dix-huit sols, & cinq sols trois deniers à toutes les entrées, le tout du millier en nombre. Enjoint Sa Majesté aux sieurs Intendans & Commissaires départis dans les différentes Provinces, de tenir la main à l'exécution du présent Arrêt, qui sera lu, publié & affiché par tout où besoin sera. FAIT au Conseil d'Etat du Roi, Sa Majesté y étant, tenu à Compiegne le dix Septembre mil sept cent soixante-six. Signé, PHELYPEAUX.

ARREST DU CONSEIL D'ÉTAT DU ROI,

PORTANT Réglement fur ce qui doit être obſervé par les
Marchands & Adjudicataires des Bois, & les Entrepreneurs
de ceux qui font deſtinés pour le ſervice de la Marine.

Du 8 Février 1767.

LE ROI s'étant fait repréſenter en ſon Conſeil, Sa Majeſté y étant, la
Sentence rendue le 10 Avril 1766, en la Maîtriſe particuliere des Eaux &
Forêts de Sainte-Menehould, ſur une conteſtation ſurvenue entre le nommé
Buirette, Marchand de bois, & le ſieur Gohel & Compagnie, intéreſſés dans
la fourniture générale des bois de Marine; par laquelle Sentence les Officiers
de ladite Maîtriſe auroient autoriſé ledit Buirette, dans le cas où ledit ſieur
Gohel ne conviendroit point, dans le délai porté par ladite Sentence, du prix
de quatre cent trente arbres marqués du marteau de la Marine, dans le quart de
réſerve des Bois dépendans de la Communauté de la Voix, à faire & diſpoſer
deſdits arbres à ſon profit, ainſi & comme il le jugeroit à propos, nonobſtant
Procès-verbal de marque deſdits arbres : Sa Majeſté n'auroit pas crû devoir
laiſſer ſubſiſter une diſpoſition auſſi préjudiciable au bien de ſon ſervice, &
dont l'effet tend à faire perdre à la Marine, des arbres qui avoient été reconnus
propres à y être employés; les difficultés ſurvenues entre ledit Buirette & le
ſieur Gohel, ſur le prix deſdits arbres, ne pouvoient ſervir de prétexte à une
pareille diſpoſition; les Officiers de ladite Maîtriſe devoient ſe borner à ſtatuer
ſur ces difficultés, en ordonnant que ledit Buirette ſe pourvoiroit pour avoir
la libre diſpoſition deſdits arbres, vers Sa Majeſté, qui auroit alors donné les
ordres que les circonſtances auroient exigé.: Sa Majeſté a crû devoir réprimer
l'entrepriſe des Officiers de ladite Maîtriſe, & régler en même temps pour
l'avenir, ce qui doit être obſervé pour des objets de ce genre, de maniere que
la Marine ne ſoit point privée des reſſources qui peuvent ſe trouver dans les
Bois dont la vente a été ordonnée par Sa Majeſté, & que les Adjudicataires
deſdits Bois puiſſent ſatisfaire à leurs engagemens, & exécuter, ſoit pour la
coupe & vidange deſdits Bois, ſoit pour les termes de payemens du prix
d'iceux, les clauſes & conditions portées par les cahiers des charges des adjudications. Et Sa Majeſté deſirant faire connoître ſes intentions à ce ſujet : Oui
le rapport du ſieur Del'Averdy, Conſeiller ordinaire & au Conſeil Royal,
Contrôleur Général des Finances.

LE ROI ÉTANT EN SON CONSEIL, a caſſé & annullé;
caſſe & annulle la Sentence rendue pour raiſon du fait dont il s'agit, en la
Maîtriſe particuliere des Eaux & Forêts de Sainte-Menehould, le 10 Avril
1766. Fait Sa Majeſté, très expreſſes inhibitions & défenſes aux Officiers de
ladite Maîtriſe, d'en rendre à l'avenir de pareilles, ſous telles peines qu'il appartiendra. Ordonne Sa Majeſté que les Entrepreneurs de la fourniture des
bois de Marine, feront tenus de faire enlever les arbres reconnus propres au

fervice, dans les Bois dont la vente a été faite, & d'en payer le prix dans les termes fixés par les cahiers des charges des adjudications, fans qu'ils puiffent exiger que lefdits arbres leur foient vendus & livrés au prix par eux offert. Ordonne Sa Majefté, qu'ils feront tenus d'en payer la valeur fur le prix convenu entr'eux & les Marchands ou Adjudicataires, ou fuivant qu'il fera réglé par Experts, dont les Parties conviendront, ou qui feront nommés d'office par les Officiers des Maîtrifes des lieux; & dans le cas où lefdits Entrepreneurs refuferoient de prendre les arbres marqués du marteau de la Marine, ou déclareroient par écrit qu'ils n'entendent point les prendre, les Marchands ou Adjudicataires ne pourront en difpofer, ni les Officiers des Maîtrifes les autorifer, fous quelque prétexte que ce foit; mais feront tenus lefdits Marchands ou Adjudicataires, de s'adreffer au Secrétaire d'Etat ayant le département de la Marine, pour y être pourvu fuivant les circonftances. Et fera le préfent Arrêt enrégiftré tant au Greffe de ladite Maîtrife, qu'en ceux des autres Maîtrifes du Royaume, & exécuté nonobftant oppofitions ou autres empêchemens généralement quelconques, pour lefquels ne fera différé, & dont, fi aucuns interviennent, Sa Majefté s'en eft & à fon Confeil, réfervé la connoiffance, & icelle interdit à toutes fes Cours & autres Juges. FAIT au Confeil d'Etat du Roi, Sa Majefté y étant, tenu à Verfailles le huit Février mil fept cent foixante-fept. *Signé,* BERTIN.

ARREST DU CONSEIL D'ÉTAT DU ROI,

QUI maintient Charles-Auguſtin-Pierre Duchemin de Chaſſeval, Ecuyer, Lieutenant de Robe-Longue en la Maîtriſe des Eaux & Forêts de Montargis, dans les priviléges & exemptions attribués à ſon Office ; en conſéquence caſſe & annulle la nomination faite de ſa perſonne à la charge de Marguillier de la Paroiſſe de Sainte Marie Magdeleine de ladite Ville, & le décharge de l'exercice de ladite charge, tant qu'il ſera pourvu dudit Office.

Du 10 Février 1767.

SUR la Requête préſentée au Roi en ſon Conſeil, par Charles-Auguſtin-Pierre Duchemin de Chaſſeval, Ecuyer, Lieutenant de Robe-longue, en la Maîtriſe particuliere des Eaux & Forêts de Montargis, contenant que le premier Janvier de la préſente année 1767, il a été fait une aſſemblée au banc de l'Œuvre de la Paroiſſe de Sainte Marie-Magdeleine de Montargis, dans laquelle le Suppliant a été nommé l'un des Marguilliers de ladite Œuvre & Fabrique ; comme cet acte d'aſſemblée & nomination eſt contraire aux privileges & exemptions accordées aux Officiers des Maîtriſes par l'article 13 du titre 2 de l'Ordonnance de 1669, reconnue & confirmée depuis par les differens Arrêts rendus au Conſeil de Sa Majeſté, toutes les fois qu'on a voulu porter atteinte aux privileges des Officiers des Maîtriſes, & notamment dans l'eſpece préſente par celui du 28 Mars 1713, qui décharge le Garde-Marteau de la Maîtriſe de Sainte-Menehould, de la nomination faite de ſa perſonne pour Receveur de l'Hôtel-Dieu dudit lieu, par celui du 22 Février 1735, par lequel le Lieutenant de la Maîtriſe d'Auxerre fut confirmé dans ſes privileges & déchargé de ſa nomination à la charge de Marguillier : A CES CAUSES, requeroit le Suppliant, qu'il plût à S.M. conformément audit article XIII du titre II de l'Ordonnance de 1669, & auſdits deux Arrêts rendus en conſéquence, décharger le Suppliant de ladite nomination de Marguillier de l'Œuvre & Fabrique de Montargis, & déclarer le Suppliant exempt non-ſeulement de pareille charge, mais encore de toutes autres charges publiques ; faire défenſes aux ſieurs Prieur-Curé, Maire & Echevins, Général des Habitans, & aux Receveurs & Marguilliers de ladite Œuvre & Fabrique de Sainte Marie-Magdeleine de Montargis, de nommer le Suppliant auſdites charges de Receveur & Marguillier, & eu aucune charge publique tant qu'il ſera les fonctions de ſa charge, à peine de nullité, de tous dépens, dommages & intérêts ; ordonner que l'Arrêt à intervenir ſera imprimé, lû, publié & affiché par tout où beſoin ſera, notamment aux Prônes de ladite Paroiſſe de Sainte Marie-Magdeleine de Montargis par trois Dimanches conſécutifs, de laquelle publication aux Prônes le ſieur Curé de ladite Paroiſſe ſera tenu de rapporter & dépoſer certificat au Greſſe de ladite Maîtriſe ; & en cas de

conteſtation

contestation ou opposition audit Arrêt, permettre au Suppliant d'assigner au Conseil de Sa Majesté les contestans & opposans : Vû ladite Requête, l'article XIII du titre II de l'Ordonnance des Eaux & Forêts du mois d'Août mil six cent soixante-neuf, les Arrêts du Conseil ci dessus mentionnés & les autres piéces y jointes : Ouï le Rapport du sieur Del'Averdy, Conseiller ordinaire au Conseil Royal, Contrôleur Général des Finances.

LE ROI EN SON CONSEIL, ayant égard à la Requête, a maintenu & maintient le Suppliant dans les privileges & exemptions attribués par l'Ordonnance des Eaux & Forêts du mois d'Août 1669, à son Office de Lieutenant de la Maîtrise particuliere des Eaux & Forêts de Montargis, tant qu'il sera pourvu dudit Office ; ce faisant, Sa Majesté a cassé & annullé, casse & annulle la nomination faite de sa personne par acte du premier Janvier de la présente année 1767, à la charge de Marguillier de la Fabrique de Sainte Marie-Magdeleine de Montargis, & tout ce qui pourroit s'en être suivi, & l'a déchargé & décharge de l'exercice de ladite charge, sauf aux Curé & Marguilliers de ladite Paroisse de procéder à une nouvelle élection si bon leur semble. FAIT au Conseil d'Etat du Roi, tenu à Versailles le dix Février mil sept cent soixante-sept. Collationné & Signé BERGERET.

ORDONNANCE
DE M. LE GRAND-MAISTRE
DES EAUX ET FORESTS DE FRANCE,
AU DE'PARTEMENT DE PARIS ET ISLE DE FRANCE,

PORTANT défenses au Prieur de Sainte-Radegonde de faire la vente du Quart de réserve des Bois de son Prieuré, à peine d'amende arbitraire & autres de droit, & à tous Marchands d'exploiter ledit Quart de réserve en tout ou partie, à peine de prison.

Du 20 Février 1767.

LOUIS-FRANÇOIS DU VAUCEL, Chevalier, Conseiller du Roi en ses Conseils, Grand Maître Enquêteur, & Général Réformateur des Eaux & Forêts de France, au Département de Paris & Isle de France. Sur ce qui Nous a été remontré par le Procureur du Roi de la Maîtrise des Eaux & Forêts de Paris, que le titre 24 de l'Ordonnance du mois d'Août 1669, prescrit de la maniere la plus précise ce qui doit être observé par les Prélats, Abbés, Prieurs, Bénéficiers & Communautés Ecclésiastiques, tant Séculieres que Régulieres, & autres gens de main-morte dans l'usance de leurs bois. Que l'article 1er de ce titre leur prescrit de les faire borner & arpenter, sinon & à faute de ce faire, ordonne qu'il y sera pourvu à la diligence des Procureurs de S. M.

Tome II.   Mmmm en chacune Maîtrise du Royaume, aux frais des défaillans, qui feront contraints au payement par faifie de leur temporel, fuivant la taxe qui en fera faite par le Grand-Maître : que l'article 2 veut que le quart defdits bois foit mis en réferve pour croître en futaye, fuivant le choix & défignation qui en fera faite par le Grand-Maître, fans qu'il foit permis auxdits Prélats & autres gens de main-morte d'en difpofer : que l'article 3 ordonne que les trois quarts reftant defdits bois feront divifés en coupes au moins de l'âge de dix ans, & que, lors de chaque coupe, il fera réfervé feize balliveaux de l'âge, outre tous les anciens & les modernes, fans qu'en aucuns cas on y puiffe toucher qu'en vertu d'Arrêts & Lettres-Patentes duement vérifiés : que l'article 4 réitere les mêmes défenfes portées aux deux précédens, tant pour les balliveaux que pour les quarts de referve, défendant précifément d'entreprendre rien au-delà des coupes ordinaires & reglées, finon en vertu de Lettres-Patentes : que l'article 5 énonce les cas où lefdites Lettres-Patentes peuvent être obtenues, pour lefquelles conftater les Parties feront tenues de fe retirer pardevant le Grand-Maître, lequel informera des caufes, & envoyera fon avis au Confeil : que l'article 6 attribue, en termes précis, l'exécution defdites Lettres au Grand-Maître, auquel il eft enjoint de procéder dans les mêmes formalités prefcrites pour les bois du Roi : que nonobftant des difpofitions auffi précifes, il a été informé que le Frere Lievin, Célérier de l'Abbaye de Saint Victor de Paris, en qualité de Prieur de Sainte Radegonde fe difpofoit à faire vendre & adjuger les vingt-un arpens foixante-dix-fept perches fitués Forêt de Montmorenci, formant le quart de réferve des bois dudit Prieuré : que pour conftater le fait, il avoit cru qu'il étoit de fon devoir d'envoyer Eloy-Florent Jofeph Dufufiau, premier Huiffier Audiencier de la Maîtrife de Paris, à l'effet de reconnoître & conftater fi les faits à lui rapportés étoient vrais ; qu'il réfulte du procès-verbal dreffé par ledit Eloi-Florent-Jofeph Dufufiau, le feize Février préfent mois, duement affirmé veritable le dix-huit enfuivant, qu'il avoit trouvé dans lefdits vingt-un arpens foixante-dix-fept perches deux cens vingt balliveaux marqués au corps d'un autre marteau que celui du Roi ; fçavoir, cent trente, tant modernes que de l'âge du taillis, effence de chêne, hêtre & chataignier, & quatre vingt-dix de l'âge du taillis, effence de boulleau, & que le furplus des autres balliveaux, tant anciens que modernes, étoient flâtrés au corps avec une ferpe : que l dit Huiffier s'étant informé par quelle raifon lefdits balliveaux fe trouvoient auffi marqués, il lui avoit été répondu que ledit Frere Lievin devoit faire vendre ledit quart en réferve le vingt-cinq du préfent mois : que ledit Huiffier ayant enfuite parcouru les trois autres qnarts des bois dudit Prieuré de Sainte-Radegonde, il avoit reconnu que la plupart des bornes de féparation defdits bois n'exiftoient plus, & que l'ordre des coupes étoit interverti : que des faits auffi contraires à la bonne adminiftration & aux regles prefcrites par l'Ordonnance pouvoient d'autant moins être tolerés, qu'en exécution de l'Arrêt du Confeil du 20 Septembre 1731, & de l'Ordonnance de notre Prédéceffeur, du 13 Janvier 1734, les Officiers de la Maîtrife de Paris avoient, au mois de Février de la même année, appofés la réferve dont eft queftion, dans les bois dudit Prieuré, & divifé les trois autres quarts en coupes ordinaires à l'âge de dix ans, pour n'en être exploité qu'une par chaque année, en forte que ledit Frere Lievin, Prieur de Sainte-Radegonde, non feulement veut fe mettre au deffus des regles prefcrites par l'Ordonnance, mais encore veut s'écarter de celles faites particulierement pour fes bois. A ces causes, requeroit ledit Procureur du Roi qu'il Nous plût faire très expreffes inhibitions & défenfes audit Frere Lievin, en fa qualité de Prieur de Sainte Radegonde, & à tous autres fes Succeffeurs audit Prieuré, de faire procéder à la vente du Quart en réferve defdits Bois, à peine d'amende arbitraire & autres de droit, fi ce n'eft pardevant Nous & en vertu de Lettres Patentes duement vérifiées ainfi qu'il eft prefcrit ès articles IV. & VI du titre XXIV de-l'Ordonnance des Eaux & Forêts de 1669; faire pareillement défenfes à tous Marchands de Bois, Fermiers ou autres, fous tel prétexte que ce foit, de fe rendre Adjudicataires du tout ou partie de ladite réferve, ni d'y faire aucune coupe, à peine de prifon; & attendu ce que deffus, & l'interverfion du Réglement fait dans lefdits Bois par les Officiers de la Maîtrife de Paris, & la non-exiftance des bornes qui furent alors placées, ordonner que ledit Frere Lievin fera affigné à compétent jour pardevant le Maître particulier des Eaux & Forêts de Paris, pour dire & déclarer en vertu de quelle autorité il prétendoit s'immifcer dans la vente de fa réferve, & exhiber la permiffion qu'il peut avoir obtenue du Confeil, & des Arrêts & Lettres qui la lui ont accordée; enfemble dire & déclarer les raifons qu'il a eues d'intervertir l'ordre établi dans fes Bois, de l'enlevement & fuppreffion des bornes, & voir ordonner, fi le cas y échet, le rétabliffement de l'ordre de fes coupes ordinaires par recollement de l'ancien Procès-verbal d'aménagement, la pofition de nouvelles bornes, & jufqu'à l'entier rétabliffement de l'ordre prefcrit par le Procès-verbal du mois de Février mil fept cent trente-quatre, ou à prefcrire par un nouveau: Qu'il Nous plût faire défenfes audit Frere Lievin, fes Fermiess, Locataires ou autres de faire aucune coupe dans lefdis Bois jufqu'à ce qu'autrement il en ait été ordonné; & finalement que notre Ordonnance à intervenir fera enregiftrée au Greffo de la Maîtrife des Eaux & Forêts de Paris, fignifiée tant audit Frere Lievin, Prieur de Sainte Radegonde, qu'aux Chanoines Réguliers de Saint Victor, dans la perfonne & parlant pour lefdits Chanoines, au Chambrier de ladite maifon à ce que nul n'en ignore, lûe, publiée, imprimée & affichée tant fur les Ports & Quais de cette Ville, qu'à la porte des Chantiers, à ce qu'aucun Marchand n'en prétende caufe d'ignorance; enfemble aux portes des Bâtimens, Chapelles, Fermes dudit Prieuré de Sainte Radegonde, même au Village de Saint Prix, & notamment à la porte de la maifon où les Prieurs font leur réfidence ordinaire & autres lieux circonvoifins; fe réfervant ledit Procureur du Roi, de prendre par la fulte telles conclufions qu'il avifera bon être: & tout confideré. Vu les articles premier, II, III, IV, V & VI du titre XXIV de l'Ordonnance des Eaux & Forêts du mois d'Août 1669, le Procès verbal dudit Eloy-Florent-Jofeph Dufufiau, du feize du préfent mois de Février, duement affirmé véritable le dix-huit enfuivant:

NOUS, ayant égard aux remontrances & requifitions du Procureur du Roi, ordonnons que les articles 1, 2, 3, 4, 5 & 6, du titre 24 de l'Ordonnances des Eaux & Forêts du mois d'Août mil fix cent foixante-neuf, feront exécutés felon leur & teneur: ce faifant, faifons très-expreffes inhibitions & défenfes audit Frere Lievin, en fa qualité de Prieur de Sainte-Radegonde,

& à tous autres ſes ſucceſſeurs audit Prieuré, de procéder à la vente du quart en réſerve des bois en dépendans , à peine d'amende d'arbitraire , & de la reſtitution ordonnée par l'article quatre du titre vingt-quatre de l'Or-donnance des Eaux & Forêts, ſi ce n'eſt pardevant Nous, & en vertu d'Arrêts & Lettres-Patentes duement vérifiées conformément auxdits articles 4 & 6 du titre 24. Faiſons pareillement défenſes à tous Marchands de Bois, Fermiers ou autres de ſe rendre Adjudicataires de tout ou partie de ladite réſerve, ou d'y faire aucune coupe ſous tel prétexte ou raiſon que ce ſoit, à peine de priſon; & attendu les marques & empreintes faites ſur les arbres de ladite ré-ſerve, l'interverſion du Reglement fait dans leſdits bois par les Officiers de la Maîtriſe de Paris, & la non-exiſtance des bornes qui furent alors plantées. Ordonnons que ledit Frere Lievin ſera aſſigné au vendredi 27 du préſent mois de Fevrier, à la requête du Procureur du Roi, pardevant le Maître-Particulier de la Maîtriſe des Eaux & Forêts de Paris, pour dire & déclarer en vertu de quelle autorité il prétendoit de s'immiſcer dans la vente de ſa réſerve, & exhiber de la permiſſion qu'il peut avoir obtenue du Conſeil, & des Arrêts & Lettres qui la lui ont accordée; dire & déclarer pareillement les raiſons qu'il a eu pour intervertir l'ordre établi dans ſes bois, & ſuprimer les bornes, & voir ordonner, ſi le cas y échet, le rétabliſſement de ſes coupes ordinaires par forme de récollement de l'ancien Procès-verbal d'aménagement, & la poſition de nouvelles bornes, & cependant juſqu'à l'entier rétabliſſe-ment de l'ordre preſcrit par le procès-verbal du mois de Février 1734, ou à preſcrire par un nouveau, s'il y a lieu. Faiſons défenſes audit Frere Lievin, ſes Fermiers, Locataires ou autres, de faire aucune coupe dans leſdits bois, & finalement ordonnons que la préſente Ordonnance ſera enregiſtrée au Greffe de la Maîtriſe des Eaux & Forêts de Paris, ſignifiée, tant audit Frere Lievin, Prieur de Sainte-Radegonde, qu'aux Chanoines Réguliers de Saint Victor de cette ville de Paris, dans la perſonne, & en parlant pour leſdits Cha-noines, au Chambrier de ladite Abbaye, à ce que nul n'en ignore : comme auſſi que notredite Ordonnance ſera lue, publiée, imprimée & affichée tant ſur les ports & quais de cette ville, qu'à la porte des chantiers, à ce qu'aucun Marchand n'en prétende cauſe d'ignorance; enſemble aux portes des bâtimens, chapelles, fermes dudit Prieuré de Sainte-Radegonde, même au village de Saint-Prix, & notamment à la porte de la maiſon où les Prieurs feront leur réſidence ordinaire, & autres lieux circonvoiſins, réſervant audit Pro-cureur du Roi de prendre par la ſuite telles concluſions qu'il aviſera bon être. Ce fut fait & donné par Nous , Grand-Maitre ſuſdit , en notre Hôtel, à Paris ce vingt Février mil ſept cent ſoixante-ſept. Signé, DU VAUCEL. Et plus bas, Par mondit Seigneur, BOURGAULT DU COUDRAY, Signé, MAUPOINT.

ORDONNANCE
DE M. LE GRAND-MAISTRE
DES EAUX ET FORESTS DE FRANCE,
AU DE'PARTEMENT DE PARIS ET ISLE DE FRANCE.

QUI ordonne l'exécution des Réglemens concernant les Routes
de Chasse du Parc de Vincennes ; & qui permet l'usage de la
Route qui longe de la porte de Charenton jusqu'à l'Obélisque
du Parc de Vincennes, à ceux des Habitans de Charenton, S.
Maurice & de Carrieres qui contribuent pour leur part à l'entretien d'icelle, à l'exclusion de tous autres ; à la charge par
iceux Habitans de ferrer, rendre solide & entretenir le fond
de ladite Route, sous les peines y portées ; fait défenses aux Habitans des Villages circonvoisins, & autres qui ne contribuent
pas à l'entretien d'icelle, de passer & fréquenter ladite Route,
sous pareilles peines.

Du 17 Juillet 1767.

LOUIS-FRANÇOIS DU VAUCEL, Chevalier, Conseiller du Roi en
ses Conseils, Grand-Maître, Enquêteur & Général Réformateur des Eaux &
Forêts de France, au Département de Paris & Isle de France.

A tous ceux qui ces présentes lettres verront : Salut : sçavoir faisons, que
vû la Requête à Nous présentée par les Manans & Habitans des Paroisses de
Charenton, Saint-Maurice & des Carrieres, expositive que le bien de leur
pays est de commercer d'endroits à autres, dans les villes & marchés publics,
soit de grains, foins, pailles, vins & autres denrées ; que les marchés où ils
vont plus ordinairement, sont ceux de Tournant, Meaux, Lagny en Brie,
& dans les villages & endroits du même côté, soit pour acheter ou y mener
lesdites denrées, mais qu'au moyen des défenses qui sont faites de passer par les
routes de chasse du parc de Vincennes, ils sont obligés pour aller auxdits
marchés de passer extérieurement le long du mur dudit parc pour arriver
au pont de Saint Maur, ce qui non-seulement les détourne de beaucoup, &
emploie la plus grande partie de leurs journées en hiver ; mais encore leur
cause un préjudice considérable par la perte qu'ils font de leurs chevaux, à
cause des mauvais chemins qui sont impraticables le long desdits murs, & les
met pour la plus grande partie dans l'impossibilité de faire & continuer leur
commerce, d'élever leurs familles, & de payer & acquitter les tailles & impôts
dont ils sont chargés dans lesdites Paroisses ; pour quoi & pour remedier à

cet inconvénient, ils ont recours à notre autorité pour obtenir la permiſſion de paſſer & fréquenter la route de chaſſe du parc de Vincennes, longeant de la porte de Charenton à l'obéliſque, avec chevaux de ſomme, charrettes & char-riots, aux offres qu'ils font, ainſi qu'ils s'y obligent ſolidairement de tenir ladite route toujours en bon état, de la ferrer, rendre ſolide & praticable, entretenir le fond d'icelle, enforte qu'il ne s'y trouve ni ornieres ni mauvais pas qui puiſſent nuire en aucune façon aux chaſſes, le tout à leurs frais; ſe ſoumettant en outre de la faire rétablir toutes fois & quantes elle ſe trouvera tant ſoit peu dégradée, à la premiere plainte qui en ſeroit faite à Meſſieurs les Officiers de la Maîtriſe des Eaux & Forêts de Paris, ou aux Gardes préposés pour la conſervation des bois & routes dudit parc de Vincennes: pour quoi requeroient qu'il Nous plût, vû l'expoſé & les raiſons ci-deſſus énoncées, permettre aux Suppliants de paſſer avec chevaux de ſomme, charrettes & charriots, par la route de chaſſe dudit Parc de Vincennes, qui longe de ladite porte de Cha-renton à l'Obéliſque dudit Parc, à la charge par eux de rétablir ladite route; de l'entretenir toujours en bon état, de la ferrer, rendre ſolide & praticable; enforte qu'il ne s'y trouve aucunes ornieres ni mauvais pas qui puiſſent nuire en façon quelconque aux chaſſes, le tout à leurs frais, ainſi qu'ils s'y ſoumettent & obligent ſolidairement; ladite Requête ſignée Nicolas Bremant, Pierre André, Jean-Baptiſte Moiſy, la Noye, Maltourny, Louis Pionié, Louis-Michel Roſier, Martin Coulange, Denis Sadoux, Moreau, veuve Vattier, veuve Marchand, le Tourneu, Plumé, l'aîné, Souhaitet, Corroy, Heri-court & Chauvot. Notre Ordonnance de ſoit communiqué au Procureur du Roi, étant enſuite du premier Juillet 1767; les Conclusions dudit Procureur du Roi, portant que, vû ladite Requête, l'Ordonnance de ſoit communi-qué, étant au bas d'icelle, & ce qui en réſulte, il requiert que les Arrêts, Réglemens concernant les routes de Chaſſe du Parc de Vincennes ſoient exé-cutés ſelon leur forme & teneur, & n'empêche que par nous il ne ſoit permis aux Habitans des Paroiſſes de Charenton, Saint Maurice & des Carrieres, pour faciliter leur commerce, de paſſer avec leurs voitures par la route de Chaſſe du Parc de Vincennes, qui longe de la porte de Charenton à l'Obé-liſque, à la charge par leſdits Habitans, ſuivant leurs offres, de ferrer, ren-dre ſolide & entretenir ladite route, enforte qu'il ne s'y trouve d'ornieres ni mauvais pas qui puiſſent nuire en aucune façon, à peine de privation de l'u-ſage d'icelle, & d'amende arbitraire; comme auſſi, que ladite route ſera & demeurera interdite à tous les Villages circonvoiſins, à moins qu'ils ne contribuent de leur part à l'entretien de ladite route de la porte de Charen-ton à l'Obéliſque dudit Parc, dont ils feront leurs ſoumiſſions au Greffe, & ce à peine de cent livres d'amende & de confiſcation de leurs voitures, chevaux & harnois, & que l'Ordonnance qui interviendra ſoit à la diligence & aux frais deſdits Habitans de Charenton, Saint Maurice & Carrieres, impri-mée, lûe, publiée & affichée par tout où beſoin ſera, à ce que perſonne n'en ignore. Et tout conſideré;

NOUS ordonnons que les Arrêts & Reglemens concernant les routes de chaſſe du parc de Vincennes, ſeront exécutés ſelon leur forme & teneur; ce faiſant, ayant égard à la Requête deſdits Habitans de Charenton, Saint-Maurice & Carrieres, leur avons permis & permettons, pour faciliter leur commerce, de passer avec leurs voitures par la route de chasse dudit parc de Vincennes, qui longe de la porte de Charenton à l'obélisque, à la charge par lesdits Habitans, suivant leurs offres, que leur Syndic fera soumission au Greffe de la Maitrise des Eaux & Forêts de Paris, d'entretenir ladite route, à peine de privation de l'usage d'icelle, & d'amende arbitraire; ensorte qu'il ne ne s'y trouve aucunes ornieres ni mauvais pas; défendons l'usage de ladite route à tous les Habitans des villages circonvoisins, sous peine de cent livres d'amende & de confiscation de leurs voitures, chevaux & harnois; & qu'à la diligence & aux frais desdits Habitans de Charenton, Saint-Maurice & des Carrieres, notre présente Ordonnance sera imprimée, lue, publiée & affichée par-tout où besoin sera, à ce qu'aucun n'en ignore. Ce fut fait & donné par Nous Grand-Maître susdit en notre Hôtel à Paris, ce dix-sept Juillet mil sept cent soixante-sept. Signé, MAUPOINT.

Scellé & contrôlé à Paris ce vingt-quatre Juillet mil sept cent soixante-sept. Signé, DUSUSIAU.

SENTENCE
DE LA MAISTRISE PARTICULIERE
DES EAUX ET FORESTS DE PARIS,

QUI, en ordonnant l'exécution de l'Ordonnance des Eaux &
Forêts du mois d'Août 1669, & notamment l'article premier
du titre XXXII de ladite Ordonnance, déclare la faifie des
Bois trouvés en délit, provenans du Parc de Boulogne,
chez les Particuliers dénommés en icelle, bonne & valable ;
en ordonne la confifcation au profit du Roi, & condamne
les Particuliers délinquans en amendes & reftitutions envers
Sa Majefté ; leur fait défenfes de plus à l'avenir récidiver,
fous plus grandes peines.

Du Vendredi 26 Février 1768.

A Tous ceux qui ces préfentes Lettres verront, Profper Cavelier, Confeiller du Roi, Maître particulier des Eaux & Forêts de la Maîtrife, Ville,
Prévôté, Vicomté de Paris & autres lieux en dépendans ; S A L U T. Savoir
faifons qu'entre Me Charles Boudequin de Varicourt, Avocat en Parlement,
faifant les fonctions de Procureur du Roi en la Maîtrife des Eaux & Forêts de
Paris, pour la vacance de la Charge, Demandeur aux fins du Procès-verbal
de vifite & perquifition des bois de délit coupés & emportés du Parc de Boulogne, par les Défendeurs ci-après nommés, dans les maifons des Villages &
Hameaux circonvoifins & adjacens ledit Parc, fait le 10 Février préfent
mois & jours fuivans, par Dufufiau, premier Huiflier-Audiencier eu cette Jurifdiction ; Romain Paillard, Garde Général du Département ; Louis Marie
Froment, Garde Général de cette Maîtrife, affiftés & accompagnés des nommés Beauvais, Olivier, Ambélouis, Tournay & Jouvency, tous Gardes
particuliers de cette Maîtrife, & du fieur Baron, Exempt de la Maréchauffée de
Paffy, fuivi de fa Brigade pour main-forte, fuivant les ordres du Roi à lui
adreffés, & en exécution de l'Ordonnance de M. le Grand-Maître, en date
du 9 du préfent mois de Février, portant qu'il fera par ledit Dufufiau & autres
fufnommés, fait la faifie, enlevement & dépôt en lieu de fûreté, des Bois
trouvés en délit dans le cours de ladite perquifition ; ledit Procès-verbal duement affirmé véritable pardevant mondit fieur le Grand-Maître, le 17 defdits
préfens mois & an ; duquel réfulte que dans le cours defdites vifite & perquifition ils auroient trouvé dans les maifons, cours, caves, jardins & autres
lieux, defdits Défendeurs, quantité de Bois de délit qu'ils ont reconnu provenir dudit Parc ; lefquels bois ils ont faifis & enlevés, en vertu de ladite Or-
·donnance

donnance fubdatée, fait conduire & dépoferà la garde du nommé Naudet,
Portier de la porte de Boulogne audit Parc, lequel s'en eft chargé pour le repréfenter routes fois & quantes par Juftice il fera ordonné; & encore Demandeur aux fins de l'exploit d'afïignation fait en conféquence le 24 defdits
préfent mois & an, d'une part; & les nommés Antoine le Guet, Blanchif-
feur, François Blanzort, Journalier, Simon-Valentin Terny, Journalier,
la veuve Sageret, &c. tous demeurant au village de Boulogne, Défendeurs
& Comparans), tant en perfonnes, que parleurs femmes d'autre part. NOUS,
oui ledit M' Boudequin de Varicourt, en fes conclufions, & les Défendeurs
en leurs défenfes, difons que l'Ordonnance des Eaux & Forêts du mois d'Août
1669, & notamment l'article premier du titre 32 de ladite Ordonnance, &
autres Arrêts, Réglemens, Sentences & Ordonnances fur ce depuis intervenus, feront exécutés felon leur forme & teneur; ce faifant, déclarons la faifie
des bois de délit dont eft queftion, bonne & valable; ordonnons qu'ils feront
confifqués & vendus au profit de Sa Majefté, comme menu marché, en la maniere accoutumée, pour les deniers en provenans, être remis ès mains du
Garde Général, Collecteur des amendes, reftitutions & confifcations de
cette Maîtrife, pour en être par lui compté avec les autres deniers de fa recette : & pour avoir été trouvé dans le cellier dudit Antoine le Guet douze
morceaux de bois verd & fec, de différentes longueurs & groffeurs, fuivant
qu'il réfulte dudit Procès-verbal, le condamnons en dix livres d'amende, &
dix livres de reftitution envers Sa Majefté; chez ledit François Blanzort,
trouvé dans fa chambre quatre morceaux de bois de quinze à dix-huit pouces
de groffeur, de différentes longueurs, le condamnons en douze livres d'a-
mende, & douze livres de reftitution envers Sa Majefté; chez ledit Simon-
Valentin Terny, trouvé dans fa chambre feize brins de pareil bois, de douze,
treize & quatorze pieds de longueur, le condamnons en quarante livres d'a-
mende, & quarante livres de reftitution envers Sa Majefté; chez ladite veuve
Sageret, tant dans fon cellier, que dans fes cour, cave & écurie, trouvé
cent trente morceaux de bois, tant verd que fec, partie de brins de rachée
fcié & fendu par longueur de deux pieds, & partie branchages, la condamnons en trente-fix livres d'amende, & trente-fix livres de reftitution envers Sa
Majefté; chez ledit Mitaine, trouvé dans fa chambre dix morceaux de bois de
Chêne, coupé à la ferpe, le condamnons en dix livres d'amende, & dix livres de reftitution envers Sa Majefté; chez ledit Claude-Nicolas Perin,
trouvé dans fa cave quatre morceaux de brins de rachée de Chêne, de cinq
pieds de longueur, fur douze à quatorze pouces de tour, le condamnons en fix
livres d'amende, & en fix livres de reftitution envers Sa Majefté; pour avoir
été trouvé dans un puits commun & mitoyen enrre lefdits Perin, Denis Chaudet & Louis-Denis Beranget, environ une demie corde de bois de pareils
brins de rachées, de différentes longueurs jufqu'à dix pieds, & de différentes
groffeurs jufqu'à deux pieds, condamnons lefdits Perin & Chaudet folidairement en foixante livres d'amende, & foixante livres de reftitution envers le
Roi; chez ladite veuve Potel, trouvé dans fa chambre environ la charge
d'un cheval, de morceaux de bois éclatés, la condamnons en huit livres d'a-
mende, & huit livres de reftitution envers le Roi; condamnons lefdits Jacques

Potel, Vigneron, & veuve de Villiers, Fermiere à Boulogne, folidairement en quinze livres d'amende, & quinze livres de reftitution envers le Roi, pour avoir été trouvé, tant dans la bergerie, que dans le jardin de ladite ferme, un paquet de bois verd de brins de rachées d'environ trois pieds de rour fur fix pieds de longueur, fix morceaux de brins de rachées, de dix à douze pouces de tour, & deux autres paquets de bois de branchage verd, lequel bois ladite Fermiere nous auroit déclaré avoir été dépofé dans les lieux fus-défignés par ledit Potel, à qui elle a confié fes clefs pour recéler ledit bois; chez ledit Jacques Potel, trouvé, tant dans fon four que dans fon bûcher, environ un cordon & demi de bois de brins de rachées, de douze à quinze pouces de tour, fcié par longueur de deux pieds, le condamnons en quarante livres d'amende, & quarante livres de reftitution envers Sa Majefté; dans la cour & fous le fumier d'une maifon occupée par lefdits le Preftre, Gervais Chaudet, Jean Gradot, Troublet, Paul Cayet, Nicolas Prevoft, veuve Capelin, Pierre Coulon dit Gros-Pierre, & Jean-Pierre Drouet, trouvé environ un cordon & demi de bois verd & fec, tant fcié que coupé à la ferpe, les condamnons folidairement en foixante livres d'amende, & foixante livres de reftitution envers le Roi; chez ledit Jean Gradot, trouvé dans fa chambre environ une charge de cheval, de pareil bois, le condamnons en fix livres d'amende, & fix livres de reftitution envers Sa Majefté; chez ledit la Tenne dit Maillet, tant dans la cave, que fous un angard de la maifon où il demeure, que dans la cour, la cave & fous le fumier d'une autre maifon à lui appartenante & par lui occupée, vis-à-vis celle où il demeure, trouvé feize brins de rachées, de différentes longueurs, depuis cinq jufqu'à quinze pieds, & depuis douze jufqu'à trente pouces de tour, & environ un cordon de pareil bois fcié par longueurs de deux & trois pieds fur dix pouces de tour, le tout verd, le condamnons en cent cinquante livres d'amende, & cent cinquante livres de reftitution envers Sa Majefté; fous le fumier étant dans la cour d'une maifon occupée en partie par lefdits Ropaneau & Hivet, trouvé environ un cordon & demi de pareil bois, de différentes groffeurs, depuis dix-huit jufqu'à vingt-quatre pouces, fcié par longueur de deux pieds, le tout verd, les condamnons folidairement en foixante livres d'amende, & foixante livres de reftitution envers Sa Majefté; dans une chambre de la même maifon, occupée par ledit Boudin, trouvé environ une charge de cheval, de pareil bois, fendu & fcié par longueur de deux pieds, le condamnons en fix livres d'amende, & fix livres de reftitution envers le Roi; dans une autre chambre de ladite maifon, occupée par ledit Maffiat, trouvé environ un cordon & demi de pareil bois, fcié par même longueur de deux pieds, le condamnons en cinquante livres d'amende, & cinquante livres de reftitution envers Sa Majefté; dans la cour d'une maifon bourgeoife inhabitée, appartenante au fieur Bouzenot, trouvé trois tas de bois, dont un de branchage verd & fec, d'environ une demie corde, qui a été jetté par un trou fait au toit d'un grenier occupé par ledit Picot, Journalier, le condamnons en foixante livres d'amende, & foixante livres de reftitution envers Sa Majefté; un autre tas de bois de brins de rachées, verd, d'environ un demi cordon, jetté dans la même cour, par-deffus le mur mitoyen de la maifon occupée par ledit Brayet, le condamnons en douze livres d'amende, & douze livres de reftitution envers Sa Majefté; dans le fond du jardin d'une autre maifon, occupée en partie par ledit Homoir &

veuve Heret, trouvé quinze brins de bois de rachées, verd, de douze à quinze pouces de tour, de différentes longueurs jusqu'à huit pieds, les condamnons folidairement en trente-fix livres d'amende, & trente-fix livres de reftitution envers Sa Majefté; dans la maifon dudit la Rue, trouvé trois brins de bois de rachées, & un paquet de bois de branchage, verd & fec, le condamnons en fix livres d'amende, & fix livres de reftitution envers Sa Majefté : le tout fuivant qu'il réfulte dudit Procès-verbal fufdaté, leur faifons défenfes de récidiver fous plus grandes peines, même de punition corporelle, fi le cas y échoit ; ordonnons que notre préfente Sentence fera imprimée, lue, publiée & affichée par-tout où befoin fera, & notamment aux portes du Parc de Boulogne, & dans tous les Villages & Hameaux circonvoifins & adjacens ledit Parc; les condamnons en outre aux frais & falaires des Gardes & Huiffier que nous avons taxé & liquidé à la fomme de quarante huit livres, en ce non compris les frais d'Affignation, Expédition, Signification, Impreffion & Affiche de notre préfente Sentence; ce qui fera exécuté nonobftant oppofitions ou appellations quelconques, pour lefquelles ne fera différé, & fans préjudice d'icelles. Ce fut fait & donné par Nous, Maître particulier fufdit, au Siége de ladite Maîtrife, au Palais à Paris, l'Audience tenante, le Vendredi vingt-fix Février mil fept cent foixante-huit. *Signé*, MAUPOINT.

ORDONNANCE DU ROI,

Du 15 Mai 1768.

DE PAR LE ROI.

SA MAJESTÉ étant informée qu'au préjudice de fes Ordonnances & de celles des Rois fes Prédéceffeurs, rendues fur le fait des Chaffes, quelques particuliers ont eu depuis quelque temps la témérité de tuer des Cerfs dans les Bois de Marcouffis & fitués ès environs, dans lefquels Sa Majefté prend fréquemment les plaifirs de la Chaffe : Et voulant d'une part réprimer une telle licence, hafardée vraifemblablement fous le faux prétexte que lefdits Bois font hors des limites de la Capitainerie de Saint-Germain-en-Laye, & obvier de l'autre à ce qu'il ne foit commis de pareils excès dans fes Bois & Forêts, & particulièrement dans les environs des fes autres Capitaineries : Sa Majefté a ordonné & ordonne, veut & entend que tous ceux qui feront prévenus d'avoir tué des Cerfs, Biches, Faons & autres bêtes fauves, tant dans lefdits Bois de Marcouffis qu'autres appartenans à Sa Majefté, & particulièrement dans ceux qui avoifinent fes Capitaineries royales, ainfi que ceux qui feront rencontrés portant des viandes en provenant, ou chez lefquels on en trouveroit, foient arrêtés & conftitués prifonniers ès prifons les plus prochaines, pour être le procès inftruit, fait & parfait aux coupables, & leur être infligé les mêmes peines que celles portées par les Ordonnances contre les aureurs de pareils délits, commis dans l'étendue des Capitaineries : Enjoint Sa Majefté aux Officiers des Maréchauffées de prêter main-forte, toutes les fois qu'ils en feront requis, pour l'exécution de la préfente Ordonnance, laquelle fera lûe, publiée & affichée par-tout ou befoin fera, à ce que perfonne n'en ignore. FAIT à Verfailles le quinze Mai mil fept cent foixante-huit. *Signé*, LOUIS. *Et plus bas*, PHELYPEAUX.

ARREST
DES JUGES
EN DERNIER RESSORT

Des Eaux & Forêts de France, au Siége général de la Table de Marbre du Palais de Paris.

QUI condamne Charles - François Dangereux & Charles Galland, du Hameau de Villemeneux, au Carcan, à la Marque & aux Galeres, & leurs Femmes à affifter à leur exécution, & à l'Hôpital de la Salpêtriere, pour faits de Braconnage nui-tamment, avec Fufil chargé à balles, & Filets à prendre Gibier.

Du 27 Juillet 1768.

LES Juges ordonnés par le Roi, pour juger en dernier reffort & fans appel, les Procès de réformation des Eaux & Forêts de France au Siége général de la Table de Marbre du Palais à Paris. A tous ceux qui ces préfentes Lettres verront. SALUT, fçavoir faifons, que vû par la Cour le Procès criminel inftruit en la Maîtrife particuliere des Eaux & Forêts de Paris, à la requête de LOUIS-CHARLES DE BOURBON, Comte d'Eu, Seigneur de Brie-Comte-Robert, Demandeur & Accufateur, le Subftitut du Procureur du Roi de cette Cour en ladite Maîtrife joint & appellant à *minimâ* de la Sentence rendue fur ledit Procès contre Charles - François Dangereux & Charles Galland, Charretiers, demeurans au Hameau de Villemeneux, Paroiffe de Brie-Comte-Robert, Prifonniers ès Prifons de la Conciergerie du Palais à Paris. Et encore, contre Marie-Anne Froffard, femme dudit Dangereux, & Anne Collier, femme dudit Galland, demeurant aud. Hameau de Villemeneux, & tous auffi appellans de ladite Sentence; rapport fait au Greffe du Bailliage de Brie Comte-Robert le 11 Oct. 1767, & affirmé le même jour par Philippe Amelan & Pierre Fournier, Gardes du Domaine dudit Brie Comte-Robert, pour faits de Braconnage nuitamment, avec fufil & filets, ts, contre les fufdits Dangereux & Galland, contenant capture defdits Dangereux & Galland, acte d'écrou defd. Dangereux & Galland, ès Prifons du Bailliage de Brie Comte-Robert, du même jour 11 Oct. 1767; interrogatoire fubi par Charles-François Dangereux & Charles Galland devant le Lieutenant Général du Bailliage de Brie-Comte-Robert, le 6 Novembre 1767; Sentence dudit Bailliage du même jour, qui a renvoyé lefdits Dangereux & Galland ès Prifons de la Conciergerie du Palais, pour leur Procès leur être ait & parfait par les Officiers de la Maîtrife des Eaux & Forêts de Paris;

Plainte rendue en la Maîtrise de Paris par M. le Comte d'Eu contre lesdits
Dangereux & Galland le 18 Nov. 1767, au bas de laquelle est l'Ordonnance portant permission d'informer & répéter les Gardes en leur rapport ;
information & répétition faites en conféquence le 25 dudit mois de Novembre par le Maître particulier des Eaux & Forêts de Paris ; Requête de
M. le Comte d'Eu du 14 Décembre 1767, à fin de décret; Conclufions
du Subftitut du Procureur Général du Roi de cette Cour, tendantes à ce
que lefdits Dangereux & Galland fuffent arrêtés & écroués ès Prifons de la
Conciergerie du Palais à fa requête, pour efter à droit, & être ouis & interrogés fur les faits réfultans defdits Procès verbal, charges & informations,
enfuite defquelles conclufions eft l'Ordonnance du 17 dudit mois, portant
foit fait ainfi qu'il eft requis. Deux interrogatoires fubis par chacun defdits
Dangereux & Galland devant le Maître particulier des Eaux & Forêts de
Paris les 19 Décembre 1767 & 16 Avril 1768 ; Sentence de la Maîtrife
de Paris du 9 Mai 1768, portant que les Gardes ouis en l'information &
répétition & autres Témoins qui pourroient être ouis de nouveau, feroient
recollés en leurs dépofitions & confrontés aux Accufés, & que les Accufés feroient pareillement récollés en leurs interrogatoires, & confrontés l'un
à l'autre fi befoin étoit ; récollement des Témoins en leurs dépofitions fait
les 16 & 17 Mai 1768 ; confrontation des Témoins audit Dangereux des
mêmes jours ; confrontations des témoins audit Galland des mêmes jours. Récollement defd. Dangereux & Galland en leurs interrogatoires, en date du 20
Mai 1768 ; Décret d'ajournement perfonnel décerné contre les femmes Dangereux & Galland le 20 fuivant ; interrogatoire defd. femmes Dangereux & Galland le 23 dud. mois de Juin ; Sentence de la Maîtrife de Paris du prem. Juillet
1768, portant que les Témoins ci-devant récollés feroient confrontés, fi befoin
étoit, aufdites femmes Dangereux & Galland ; que lefd. femmes Dangereux &
Galland feroient récollées en leurs interrogatoires, & en outre lefd. Dangereux,
Galland & leurs femmes, confrontés fi befoin étoit, les uns aux autres. Récollement des femmes Dangereux & Galland en leurs interrogatoires fait le
6 Juillet 1768 ; confrontation des Témoins, tant à la femme Dangereux
qu'à la femme Galland du même jour. Requête préfentée en la Maîtrife de
Paris, le 5 Mai 1768, par M. le Comte d'Eu, tendante à ce que les filets,
fufil & havrefacs, & ce qui avoit été faifi fur lefdits Danger.ux & Galland
par les Gardes, fût déclaré acquis & confifqué au profit de M. le Comte
d'Eu que lefdits Dangereux & Galland fuffent condamnés à lui payer folidairement & par corps, chacun une fomme de cinq cent livres, ou telle
autre fomme qu'il plairoit aux Juges arbitrer, pour tenir lieu à M. le Comte
d'Eu des dommages intérêts réfultans des faits de Braconnage commis par
lefdi s Galland & Dangereux ; qu'ils leur faffent défenfes de plus à l'avenir chaffer & braconner fous peine de punition corporelle, & qu'ils fuffent
condamnés en tous les dépens, fauf à M. le Procureur du Roi à prendre
pour la vindicte publique telles conclufions qu'il aviferoit. Au bas de laquelle Requête eft l'Ordonnance qui a réfervé à faire droit en jugeant, &
l'exploit & fignification d'icelle aufdits Dangereux & Galland du 5 Mai
1768 : Conclufions définitives du Subftitut du Procureur Général du Roi
des 6 Juin & 7 Juillet audit an, tendantes à ce que lefdits Dangereux &
Galland, & leurs femmes fuffent déclarés duement atteints & convaincus

d'avoir braconné nuitamment avec fufil & filets onze perdrix fur les Terres & Seigneuries du Domaine de Brie Comte-Robert ; pour réparation de quoi & aux termes de l'article XII du titre XXX des Chaffes, de l'Ordonnance du mois d'Août 1669, lefdits Dangereux & Galland & leurs femmes fuffent battus & fuftigés nuds de verges par l'Exécuteur de la Haute-Juftice dans Place publique de la Ville de Brie-Comte-Robert, qu'ils fuffent en outre condamnés chacun en 30 livres d'amende envers le Roi ; qu'il leur fût fait défenfes de récidiver fous plus grande peine, que le havrefac ou carnier & le fufil dont lefdits Dangereux & Galland avoient été trouvés faifis lors de leur capture, fuffent acquis & confifqués au profit de M. le Comte d'Eu, & que la Sentence à intervenir fût imprimée, lùe, publiée & affichée à Paris, à Brie Comte-Robert, au Hameau de Villemeneux & lieux circonvoifins, & par-tout où befoin feroit ; interrogatoire fubi par lefdits Dangereux, Galland & leurs femmes fur la fellette le 11 Juillet 1768 ; Sentence définitive rendue fur la vû dudit Procès & conclufions du Subftitut du Procureur Général du Roi de cette Cour en la Maîtrife de Paris le même jour 11 Juillet 1768, par laquelle lefdits Charles-François Dangereux & Charles Galland, ont été déclarés dûement atteints & convaincus d'avoir braconné nuitamment avec fufil & filets, & d'avoir pris par braconnage, & avec filets, onze perdrix fur les Terres & Seigneuries du Domaine de Brie Comte-Robert ; pour réparation de quoi, ils ont été condamnés à être battus, fuftigés nuds de verges, par l'Exécuteur de la Haute-Juftice, dans la Place publique de Brie-Comte-Robert, & leur a été fait défenfes de récidiver fous plus grandes peines, & ils ont été en outre condamnés chacun en trente livres d'amende envers le Roi, & pour avoir lefdites Anne Collier, femme Galland, & Marie-Anne Froffard, femme Dangereux, accompagné leurs maris dans le braconnage, elles ont été condamnées chacune en trente livres d'amende envers le Roi, avec defenfes de récidiver, fous les peines portées par l'Ordonnance ; & faifant droit fur les demandes de M. le Comte d'Eu, portées en fa Requête de conclufions civiles, lefdits Dangereux & Galland ont été condamnés folidairement en trois cent livres de dommages-intérêts envers M. le Comte d'Eu, au profit duquel le fufil & havrefac ou carnier, dépofés au Greffe de la Maîtrife, ont été déclarés acquis & confifqués ; permis à M. le Comte d'Eu, de faire imprimer & afficher ladite Sentence à Paris, à Brie-Comte Robert, dans le hameau de Villemeneux, & dans les Villages & lieux circonvoifins, & partout où befoin feroit, jufqu'au nombre de cent exemplaires, aux frais & dépens defdits Dangereux, Galland & leurs femmes, lefquels ont été en outre condamnés en tous les dépens ; fur le furplus des demandes, les Parties ont été mifes hors de Cour : au bas de laquelle Sentence eft l'appel à *minimâ*, interjetté par le Subftitut du Procureur Général du Roi : Arrêt de la Cour du 8 Août 1768, portant que dans huitaine, à compter du jour de la fignification à perfonnes ou domiciles, lefdites Marie-Anne Froffard, femme Dangereux, & Anne Collier, femme Galland, feroient tenues de fe rendre aux pieds de la Cour pour le Jugement dudit procès ; exploit de fignification dudit Arrêt auxdites femmes Dangereux & Galland du 11 Août 1768 ; acte de comparution & foumiffion fait au Greffe de la Cour le 19 dudit mois d'Août par lefdites femmes Dangereux & Galland avec élection de domicile chez

Me Hemard, Procureur : fommation faite à la requête de M. le Comte d'Eu, le Août 1768, aufdites femmes Dangereux & Galland, au domicile dudit Me Hemard, de fe rendre aux pieds de la Cour pour le Jugement dudit procès. Conclufions du Procureur Général du Roi aufdits Eaux & Forêts de France : oui le rapport de Me Pierre-Jean Charpentier de Foiffel, Lieutenant Général, & l'un des Juges en dernier reffort de cette Cour : ouis & interrogés en la Cour, lefdits Charles-François Dangereux, & Charles Galland fur les cas à eux impofés. Tout confidéré, les Juges en dernier reffort, faifant droit fur l'appel principal, enfemble fur l'appel à *minimá*, ont mis les appellations, & ce dont a été appellé au néant, émandant pour les cas réfultans du procès, condamnent lefdits Charles-François Dangereux & Charles Galland à être attachés au carcan en la Place publique de la ville de Brie-Comte-Robert, un jour de marché, par l'Exécuteur de la Haute-Juftice, & y demeurer l'efpace de deux heures confécutives, ledit marché tenant, avec écriteaux devant & derriere, chacun d'eux portant ces mots : *Braconnier nuitamment avec fufil chargé à balles, & filets à prendre gibier.* Ce fait, être l'un & l'autre marqués & flétris d'un fer chaud des trois lettres *G A L.* chacun fur l'épaule droite, & enfuite attachés à la chaîne pour être conduits aux Galeres du Roi, & y fervir Sa Majefté comme Forçats, l'efpace de 3 ans ; condamnent Marie-Anne Froffard, femme dudit Dangereux, & Anne Collier, femme dudit Galland, à affifter à l'exécution de leurs maris en ladice Place du marché de Brie-Comte-Robert, à l'effet de quoi, feront lefdites femmes prifes & appréhendées au corps, & conftituées prifonnieres ès prifons de Brie-Comte-Robert, & après ladite exécution, conduites à l'Hôpital de la Salpêtriere, pour y refter l'efpace de trois années, & où elles ne pourroient être prifes après perquifition de leurs perfonnes, feront leurs biens faifis & annotés, & à iceux établis bons & folvables Gardiens, & le préfent Arrét exécuté par effigie à leur égard, en un tableau qui, pour cet effet, fera attaché à chacun des poteaux defdits carcans ; font défenfes auxdits Dangereux, Galland & leurs femmes, de fe retirer en aucuns cas, même après le terme de leurs condamnations expiré, dans la Ville, Fauxbourg & Banlieue de Paris, & à la fuite de la Cour, fous les peines portées par la Déclaration du Roi. Et pour l'exécution du préfent Arrêt, renvoie lefdits Dangereux, Galland & leurs femmes devant le Juge Royal de ladite ville de Brie-Comte-Robert, & ayant aucunement égard à la requête & demande de Louis Charles de Bourbon, Comte d'Eu & d'Armainvilliers, ordonnent que le fufil & les deux balles de plomb dont il étoit chargé, enfemble l'havrefac ou carnier faifis, feront & demeureront acquis & confifqués au profit dudit Comte d'Eu, pour en difpofer, ainfi qu'il avifera bon être, & que le filet pareillement faifi, fera renvoyé au Greffe de la Maîtrife particulière des Eaux & Forêts de Paris, pour être brûlé conformément à l'article XXV du titre XXXI de l'Ordonnance du mois d'Août 1669 ; condamnent lefdits Dangereux, Galland & leurs femmes, en tous les dépens du procès ; fur le furplus des demandes, fins & conclufions, mettent les Parties hors de Cour ; & faifant droit fur les conclufions du Procureur Général du Roi, ordonnent que le préfent Arrêt fera imprimé, publié & affiché, tant en la ville de Paris & en celle de Brie-Comte-Robert, que dans le hameau de Villemeneux, Villages & lieux circonvoifins, & par-tout où besoin sera, à la requête dudit Procureur Général, pourfuite & diligence dudit Comte d'Eu, & aux frais defdits Dangereux, Galland & leurs femmes, jufqu'à concurrence néanmoins de cent exemplaires, lefquels frais feront avancés par le Comte d'Eu, qui en ce cas, pourra les faire taxer avec les dépens à lui adjugés par le préfent Arrêt ; & en conféquence des plaintes & informations mentionnées au procès, ordonnent que le nommé Villenaudet, dit Gadouillard, Vigneron demeurant au Fauxbourgs de ladite ville de Brie-Comte-Robert, fera ajourné à comparoître en perfonne, aux délais de l'Ordonnance en la Chambre du Confeil, & pardevant le Lieutenant Général de cette Cour qu'elle a commis à cet effet, pour efter à droit, & être oui & interrogé fur les faits réfultans des charges & informations dont il s'agit, & autres, fur lefquels le Procureur Général pourra le faire entendre, pour l'interrogatoire fait & communiqué audit Procureur Général, être par la Cour ordonné ce qu'il appartiendra. Si donnent lefdits Juges en mandement au premier Huiffier ou Sergent Royal fur ce requis, mettre le préfent Arrêt à exécution, de ce faire donnent pouvoir. DONNÉ audit Siége, fous le Scel d'icelui, le vingt-quatre Août mil fept cent foixante-huit. Collationné. *Signé* GAULTIER.

F I N.

TABLE

TABLE
DES ARRESTS, &c.
PAR ORDRE DE DATES.

Tome I.   a

Interdit le Maître particulier de Rouen, pour s'y être oppofé, page 299 du Mém. alph. 199 de la Conf. tome premier.

1674.

Février. Edit du Roi qui exempte de l'impofition à la taille tous Juzes Royaux tant ordinaires qu'extraordinaires, rétablit les fonctions des Adjoints aux Enquêtes, &c. page. 159 de la Conf. tome premier.

1675.

15 Janvier. Arrêt du Confeil qui éteint les droits de tiers & danger prétendus par les Seigneurs, fur les bois de leurs vaffaux, en payant par lefdits vaffaux, aux Seigneurs, l'indemnité, & une redevance annuelle qui feront réglées par la Chambre de Réformation des Eaux & Forêts de Normandie, page 142 de la Conf. tome 2.

20 Mars. Arrêt du Confeil qui fait défenfes à tous Particuliers & Communautés faifant trafic de bois merrain, cendre & charbon de fe pourvoir, pour raifon de leurs différens & actions, fur l'exécution des contrats, traités, baux & affociations, obligations & promelles concernant ce trafic, ailleurs que pardevant les Officiers des Eaux & Forêts, quoique lefdits contrats aient été paffés fous le fcel du Châtelet de Paris, ou autres Jurifdictions, à peine, &c. page 41 de la Conf. tome premier.

27 Juillet. Arrêt notable du Confeil qui fait défenfes aux Juges en dernier reffort de donner aucunes commiffions pour vente de bois appartenans aux Eccléfiaftiques & aux Officiers des Eaux & Forêts de les exécuter & d'entreprendre de pareilles ventes qu'en vertu de permiffion de Sa Majefté, conformément à l'Ordonnance de 1669, page 207 de la Conf. tome 2.

9 Septembre. Arrêt notable du Confeil, qui furfeoit pour trois ans l'exécution de l'Ordonnance de 1669, en ce qui concerne les bois des Eccléfiaftiques, page 145 de la Conf. tome 2.

5 Octobre. Airêt notable du Confeil, qui fait défenfes au Parlement de Paris de donner aucunes commiffions pour ventes de bois appartenans aux Eccléfiaftiques & Gens de Main-morte, & à tous les Officiers de les exécuter, à peine de nullité, &c. page 208 de la Conf. tome 2.

1678.

27 Avril. Arrêt notable du Confeil, portant Réglement entre le Maître particulier & le Lieutenant de la Maîtrife particuliere des Eaux & Forêts de Chatillon - fur - Seine, &c. page 386 du Mém. alpha. & 374 de la Conf. tome premier.

1679.

Décembre. Edit portant établiffement des Juges en dernier reffort, enregiftré au Parlement de Touloufe le 16 Mars 1680, au nouveau Recueil, page 5.

1681.

24 Juin. Arrêt notable du Confeil, qui ordonne que les bois des Eccléfiaftiques du Comté de Bourgogne feront arpentés, figurés, &c.

Fait défenfes aux Officiers de fe transporter fur les lieux pour affifter aufdits mefurages, &c. page 162 de la Conf. tome 2.

4 Novembre. Arrêt du Confeil, qui caffe une Sentence des Juges en dernier reffort, du 6 Septembre 1681, portant commiffion pour faire infor-

mer pardevant le Lieutenant particulier des Eaux & Forêts, étant fur les lieux ou à fon défaut pardevant le plus prochain Maître Particulier, ou Juge Royal de prétendues malverfations commifes par les Bénéficiers Eccléfiaftiques & Communautés du Bailliage de Langres.

Fait défenfes auxdits Juges en dernier reffort d'en donner de pareilles à l'avenir & de commettre pour aucune defcente & réformation & aux Lieutenans & autres Officiers d'exécuter aucunes commiffions, ni rien entreprendre, s'ils ne font à cet effet commis par Sa Majefté, ou qu'ils n'aient pas l'attache du Grand-Maître; page 720 de la Conf. tome premier.

1682.

10 Février. Déclaration du Roi, qui ordonne que les Eccléfiaftiques, Communautés & autres Gens de Main morte, dans l'étendue des trois Evéchés de Metz, Toul & Verdun, feront tenus de réferver le quart de leurs bois fitués dans l'étendue de fix lieues defdites Villes, & difpoferont en bons pères de famille de leurs autres bois fitués hors cette diftance, révoquée par autre Déclaration du 9 Août 1723, page 170 de la Conf. tome 2.

11 Avril. Arrêt du Confeil, qui accorde au Grand-Maître de Normandie le privilége de caufes commifes en premiere inftance, aux Requêtes du Palais à Paris, pendant qu'il exercera la charge de Grand-Maîtres, page 194 de la Conf. tome premier.

18 Avril. Arrêt du Confeil, qui ordonne que le fieur Pittard pourvu par Sa Majefté de l'Office de Subftitut de Procureur du Roi en la Gruerie de Falaife, fera reçu audit Office, quoiqu'il ne foit gradué, page 490 de la Conf. tome premier.

4 Mai. Ordonnance de M. de Mafcrany, Grand-Maître des Eaux & Forêts de France au Département de Normandie, portant Réglement fur les bois de chauffage qui fe débitent en la Ville de Rouen, &c. page 423 de la Conf. tome 2.

Premier Août. Arrêt du Confeil, qui fait défenfes aux Officiers des Tables de Marbre d'entreprendre aucune réformation, s'il ne font commis par Sa Majefté ou qu'ils n'ayent pris l'attache du Grand-Maître, conformément à l'Ordonnance.

Caffe un Arrêt du Parlement de Dijon en ce qu'il ordonne que les Officiers de la Table de Marbre pourront, en fait de réformation, prendre l'attache dudit Siége, fous le nom du Grand-Maître, page 62 du Mém. alph. 721 de la Conf. tome premier.

Premier Août. Arrêt du Confeil, qui annulle une procédure faite par les Juges en dernier reffort de la Table de Marbre de Paris, fur une Requête préfentée par les Chanoines Réguliers de Saint Martin-aux-Bois, afin d'obtenir la permiffion de couper leurs baliveaux, page 390 du Mém. alph. 209 de la Conf. tome 2.

1683.

9 Janvier. Arrêt du Confeil, qui fait défenfes aux Procureurs du Roi ès Maîtrifes de faire affigner pardevant les Maîtres particuliers ou Lieutenans tenant les Affifes, les Particuliers & Communautés tant Eccléfiaftiques que Laïques, que fur les rapports des Sergens à Garde pour délits, abus &

malverfations par eux commis, & aux Maîtres particuliers ou Lieutenans de rendre des Sentences contre lefdits Particuliers & Communautés feulement pour avoir été défaillans aux Affifes, à peine, &c. page 640 de la Conf. tome premier.

Avril. Déclaration du Roi, concernant les Ifles, Iflots, attériffemens, accroiffemens, droits de pêche, péages, paffages, bacs, bateaux, ponts, moulins & autres édifices & droits fur les riviéres navigables, dans l'étendue du Royaume, page 23 de la Conf. tome premier.

27 Avr l. Arrêt du Confeil, qui fait défenfes aux Officiers des Tables de Marbre de connoître en première inftance des matières d'Eaux & Foréts, d'empêcher l'inftruction des affaires qui fe pourfuivent aux Siéges des Maîtrifes, page 352 du Mém. alph. 88 de la Conf. tome premier.

27 Avril. Arrêt du Confeil, qui caffe un Arrêt du Parlement de Dijon, en ce qu'il ordonnoit que lorfqu'un Officer des Eaux & Foréts auroit intérêt dans un Procès pour le fait de fa charge, le Grand-Maître feroit tenu de fubdéléguer fon Lieutenant Général ou autres Officiers de la Table de Marbre, pour l'inftruction.

Ordonne que les Grands Maîtres pourront inftruire & juger les Procès contre les Officiers, même fubdéléguer les Officiers de la Maitrife ou en cas de fufpicion ceux d'une autre Maitrife voifine, &c. page 131 de la Conf. tome premier.

1684.

6 Juin. Arrêt du Confeil, qui ordonne que le fieur de Vilagne, en qualité de Maître particulier des Eaux & Forêts de Montaigu les Combraillon précédera le fieur de Rochefort, Elu Affeffeur en l'Election de Riom, en toutes affemblées tant publiques que particulieres, &c. page 124 de la Conf. tome premier.

15 Juillet. Arrêt du Confeil, qui ordonne que les Douairiers, donataires & engagiftes des Domaines de Flandre, Hainault, Artois & Pays d'entre Sembre & Meufe, ne pourront difpofer d'aucun bois futaie, ou baliveaux fur taillis ni des chablis, arbres des délits, amendes, reftitutions & confifcations, page 80 de la Conf. tome 2.

6 Octobre. Arrêt notable du Confeil, qui caffe une Sentence de la Table de Marbre de Dijon, du 22 Août 1684, portant que pour parvenir à la conviction des abus, malver ations & exactions des Officiers de la Maîtrife de Châlons, le Greffier d'icelle repréfenteroit pardevant le Lieutenant Général tous les régiftres & papiers, &c.

Fait défenfes auxdits Officiers de la Table de Marbre, d'en donner de pareilles à l'avenir, & d'entreprendre aucunes réformations, s'ils n'ont été commis par Sa Majefté, ou pris l'attache du Grand-Maître; leur enjoint de renvoyer toutes les inftructions à ceux de la Maîtrife, ou de la plus prochaine, en cas de fufpicion, fans qu'ils puiffent les retenir, ni commettre aucun d'entr'eux, pour inftruire & faire defcente fur les lieux, à peine, &c. page 716 de la Conf. tome premier.

21 Octobre. Arrêt notable du Confeil qui fait défenfes aux Officiers de la Table de Marbre de Dijon, de troubler les Officiers des Maîtrifes de Bourgogne dans l'exercice de leurs Charges & de connoître en premiere

dans l'étendue des Provinces de Bourgogne & Franche-Comté, pag. 265 de la conf. tom. 2.

Avril. Déclaration du Roi, concernant les Isles & les Terres défrichées dans les guarigues & terres vagues dépendantes du Domaine de Sa Majesté, dans l'étendue de la Province de Languedoc, &c. pag. 25 de la Conf. tom. premier.

20 Avril. Arrêt du Conseil, qui ordonne que, par le sieur Ferron, Grand-Maître des Eaux & Forêts de Normandie, il sera informé des abus commis par les Ecclésiastiques & Gens de Main-Morte, en la vente des bois dépendans de leurs Eglises & Communautés, pour le paiement de la taxe sur lui faite pour l'exemption & amortissement du droit de Tiers & Danger,& procédé par lui à la visite desdits Bois.

Fait défenses auxdits Ecclésiastiques de couper aucuns bois futaie, baliveaux sur taillis, & entreprendre sur les coupes ordinaires, sans permission de Sa Majesté, &c. pag. 153 de la Conf. tom. 2.

7 Mai. Arrêt du Conseil, qui ordonne que la Procédure commencée au Siége de la Table de Marbre de Metz contre le sieur Lefévre, pour malversations par lui commises, en l'exercice de la Charge de Lieutenant, en la Maîtrise de Metz, qu'il possédoit ci-devant, seroit continuée par les Officiers de la Table de Marbre, nonobstant la demande de renvoi formée par ledit Lefévre, attendu sa qualité de Conseiller au Parlement, pag. 451 de la Conf. tom. premier.

22 Octobre. Arrêt notable du Conseil, qui maintient les Officiers des Maîtrises dans le droit de connoître de tous excès commis en la personne des Gardes faisant leurs fonctions, & de tous délits commis dans les Bois des Ecclésiastiques, &c. pag. 368 de la Conf. tom. premier.

17 Décembre. Arrêt notable du Conseil, qui ordonne que les Sentences rendues aux Siéges des Maitrises, en conformité de l'Ordonnance des Eaux & Forêts & des Arrêts du Conseil, seront exécutées selon leur forme & teneur, sans pouvoir être infirmées aux Siéges des Tables de Marbre, qui au contraire les doivent confirmer, en cas d'appel, &c. pag. 301 de la Conf. tom. 2.

1687.

7 Janvier. Arrêt du Conseil, qui ordonne que tous Particuliers Appellans des condamnations contre eux prononcées en matière d'Eaux & Forêts, tant aux Tables de Marbre qu'aux Siéges des Maîtrises, seront tenus de faire juger leurs appellations, dans les trois mois portés par l'Ordonnance, sinon lesdites Sentences seront exécutées en dernier ressort, sans s'arrêter aux défenses portées par les Arrêts des Parlemens & Sentences des Tables de Marbre auxquels Sa Majesté défend d'avoir aucun égard, &c. pag. 32 du Mém. alph. 679 de la Conf. tom. premier.

12 Avril. Arrêt du Conseil, concernant la Jurisdiction des Grands-Maîtres & des Officiers des Maîtrises sur les Rivières de leurs Departemens, pag. 318 de la Conf. tom. premier.

19 Avril. Arrêt du Conseil, qui ordonne que les Officiers de la Maîtrise de Monfort-l'Amauri, exerceront leur Jurisdiction & feront leurs visites dans les Bois du Domaine engagé de Neauffe, &c. pag. 98 de la Conf. tom. 2.

15 Août. Arrêt du Conseil, qui évoque la Procédure commencée en la

11 Mai. Arrêt du Conseil, qui regle les droits d'entrée & de sortie qui doivent être payés par les Adjudicataires de Bois du Roi, aux Officiers des Maîtrises des Départemens de Normandie, pag. 815 de la Conf. tom. premier.

20 Juillet. Arrêt du Conseil, qui maintient les Officiers de la Maîtrise particulière des Eaux & Forêts de Caudebec dans le droit de tenir leurs Audiences, les Mercredi de chaque semaine, au Siége de la Gruerie de Routée, pour juger les affaires qui, n'étant de la compétence du Gruyer, doivent leur être renvoyées, pag. 538 de la Conf. tom. premier.

31 Août. Arrêt notable du Conseil, qui fait défenses aux Officiers de la Chambre des Comptes de Pau & tous autres, d'aliéner & inféoder aucuns bois ou forêts appartenans au Roi, sous quelque prétexte que ce soit, sans Arrêt du Conseil ou ordre exprès & particulier de Sa Majesté, à peine, &c.

Enjoint aux Grands-Maîtres d'y tenir la main, &c. pag. 391 de la Conf. tom. 2.

2 Octobre. Arrêt notable du Conseil, qui fait défenses aux Trésoriers de France à Moulins & tous autres d'entreprendre aucune Jurisdiction contentieuse, au préjudice des Maîtrises particulières, & de connoître des contestations entre Marchands, Adjudicataires de bois, leurs Associés, Subrogés, Cautions, Certificateurs, &c. pag. 846 de la Conf. tom. premier.

16 Novembre. Arrêt du Conseil, qui ordonne que le Marteau du Roi sera enfermé dans un coffre de fer fermant à trois clefs, &c.

Et que les martelages ne pourront être faits qu'en présence du Maître particulier & Procureur du Roi, à peine, &c. pag. 139 de la Conf. tom. premier.

27 Novembre. Arrêt du Conseil, qui ordonne que la coupe des bois engagés ne se fera qu'à l'âge de dix ans, & que les Adjudications & récollemens en seront faits par les Officiers des Maîtrises, pag. 100 de la Conf. tom. 2.

1689.

11 Janvier. Arrêt du Conseil, portant Réglement pour la fourniture des bois propres à la composition des poudres à canon, pag. 414 de la Conf. tom. 2.

18 Janvier. Arrêt du Conseil, qui ordonne que la Sentence rendue par les Officiers de la Maîtrise du Mans le 8 Octobre 1687, contre Julien & Noel Dubois, sera exécutée en dernier ressort, faute auxdits Dubois d'avoir fait vuider leur appel dans le temps de l'Ordonnance, pag. 757 de la Conf. tom. premier.

Février. Edit portant création de seize Offices de Grands-Maîtres, pag. 354 du Mém. alph.

22 Février. Arrêt du Conseil, concernant la Compétence & Jurisdiction des Grands-Maîtres & Officiers des Maîtrises sur les bois tenus par engagement, pag. 82 de la Conf. tom. 2.

26 Février. Arrêt du Conseil, qui ordonne qu'en satisfaisant par les Gardes des Bois & Forêts aux formalités portées par l'Ordonnance de 1669, ils demeureront déchargés de faire contrôler leurs Procès-verbaux, Rapports & Exploits.

Fait défenses aux Fermiers du Domaine, sous-Fermiers, Procureurs ou Commis de donner aucun trouble ou empêchement auxdits Gardes pour rai-

Tome I. b

4 Février. Arrêt notable du Conseil, qui décharge les Officiers de la Maîtrise du Quesnoy des demandes formées contre eux, par le Receveur Général des Bois, pour raison de l'insolvabilité de l'Adjudicataire des panages & glandées de la Forêt de Mormal, pour l'année 1685, au nouveau Recueil, pag. 8.

11 Avril. Arrêt du Conseil, qui ordonne que les récollemens des ventes de la Gruerie de Routtec, dépendante de la Maîtrise de Caudebec, seront faits par le Maître particulier & autres Officiers de ladite Maîtrise, sans qu'ils soient tenus d'y appeller ni prendre jour avec le Gruyer de ladite Gruerie, auquel Sa Majesté fait défenses de les troubler dans leurs fonctions, page 541 de la Conf. tom. premier.

6 Mai. Arrêt du Conseil, qui enjoint au Receveur Général des Domaines & Bois de la Généralité de Limoges d'assister aux adjudications des ventes ordinaires & extraordinaires des Bois qui se feront dans sa Généralité pour recevoir les cautions & certificateurs des Adjudicataires & faire les autres fonctions de sa Charge, sinon les cautions & certificateurs présentés seront reçus par les Officiers de ladite Maîtrise aux risques, perils & fortunes dudit Receveur, page 557 du Mém. alph. 833 de la Conf. tom. premier.

9 Mai. Arrêt du Conseil, qui regle les droits d'enrégistrement aux Bureaux des Finances des provisions des Officiers des Maîtrises, page 729 de la Conf. tom. premier.

11 Juillet. Arrêt du Conseil, portant défenses aux Collecteurs des Tailles, de comprendre dans leurs rôles, Thomas de Hannes, Garde des Forêts de la Maîtrise de Valognes, & le décharge de l'imposition y portée avec dépens, au nouveau Recueil, page 9.

12 Août. Arrêt du Conseil, qui ordonne que le sieur Savary, Grand-Maître au Département de Rouen, jouira du droit de *Committimus* au Grand Sceau, page 95 de la Conf. tom. premier.

2 Septembre. Arrêt du Conseil, portant défenses aux Habitans de Verdun, & à tous autres, de lever aucuns droits sur les bois provenans des Forêts de Sa Majesté, au nouveau Recueil, page 10.

26 Septembre. Arrêt du Conseil, qui fait défenses de condamner les Procureurs du Roi aux dépens des instances où ils succomberont lorsqu'ils auront agi sur les Procès verbaux des Officiers ou Rapports des Gardes, &c. page 459 de la Conf. tome premier.

4 Octobre. Arrêt du Conseil, qui décharge le Maître particulier de Caudebec, des condamnations prononcées contre lui, au Siége de la Table de Marbre à Rouen, sous prétexte de ce qu'il n'avoit pas envoyé au Greffe de la Table de Marbre des expéditions de ses Procès-verbaux de visite.

Ordonne que les meubles saisis sur lui & vendus, en conséquence desdites condamnations lui seront restitués.

Fait défenses à ladite Table de Marbre de donner de pareils Jugemens à l'avenir, page 440 de la Conf. tome premier.

9 Décembre. Arrêt du Conseil, qui ordonne que les droits, journées & vacations attribués aux Officiers des Eaux & Forêts du Duché d'Orleans, ne seront saisissables par leurs Créanciers, mais seulement les gages & chauffages, &c. page 669 du Mém. alph. 335 de la Conf. tome premier.

23 Décembre. Arrêt du Conseil, qui ordonne aux Receveurs Généraux des

ticuliers, pour délits, &c. ni d'en renvoyer l'inftruction pardevant d'autres Juges, que ceux de la Maîtrife où le délit aura été commis, ou de la plus prochaine, en cas de fufpicion, &c. page 723 de la Conf. tome premier.

17 Novembre. Arrêt du Confeil qui difpenfe les Gardes des Forêts du Roi de faire enrégiftrer aux Chambres des Comptes leurs provifions ou commiffions, ordonne que, rapportant par le Receveur des bois de la Généralité de Bourgogne les commiffions données aux nommés &c. Gardes des Maîtrifes de Dijon, Avalon & Châlons, leurs actes de réception, & les actes d'enrégiftrement du tout au Bureau des Finances, les fouffrances appofées fur les gages payés aux Gardes, lors du Jugement des comptes des bois de ladite année, feront levées & déchargées, page 566 de la Conf. tome premier.

1692.

29 Janvier. Arrêt du Confeil qui confirme une faifie & confifcation faite par le fieur Ferrand, Grand-Maître, le 19 Septembre 1691 de dix-huit arpens de bois, faute par l'Adjudicataire de les avoir abattus, dans le 15 Avril, ainfi qu'il eft porté par l'article XL du titre XV, quoique l'Adjudicataire eût terme pour la vidange jufqu'à la fin du mois de Mars 1692, page 859 de la Conf. tome premier.

23 Février. Arrêt du Confeil qui ordonne que les Appellans des Sentences rendues par les Grands-Maîtres ou les Officiers des Maîtrifes, feront tenus de faire juger leurs appellations dans le tems prefcrit par l'Ordonnance, finon lefdites Sentences feront exécutées felon leur forme & teneur, fans s'arrêter aux furféances accordées par les Officiers des Tables de Marbre, &c. page 303 de la Conf. tome 2.

Premier Mars. Arrêt notable du Confeil qui, fans s'arrêter à un Arrêt de la Chambre de Réformation des Eaux & Forêts de Normandie, ni à l'affignation donnée en conféquence au Procureur du Roi de la Maîtrife d'Argues à comparoître à ladite Chambre; ordonne que le fieur le Cerf fera tenu de procéder au Siége de ladite Maîtrife, fur l'affignation qui lui a été donnée, pour raifon des bois par lui abattus en la terre de la Crigne, &c.

Fait défenfes à tous Juges des Seigneuries, de donner aucunes permiffions d'abattre des bois, fous quelque prétexte que ce foit, à peine, &c. page 333 de la Conf. tome 2.

4 Juin. Arrêt de Réglement, par lequel certaines procédures faites en la Prévôté de Rennes, pour exploitation de bois, ont été caffées, rejettées & annullées, avec défenfes à tous Prévôts, Sénéchaux, Préfidiaux & autres Juges Royaux, de prendre connoiffance d'aucunes matieres civiles & criminelles, concernant & dépendant du fait des Eaux & Forêts, au Recueil nouveau, page 12.

9 Juin. Arrêt du Confeil qui fait défenfes aux Officiers des Tables de Marbre, de recevoir les appellations des Sentences des Grands-Maîtres, à peine, &c. & aux Procureurs, de figner & préfenter aucunes Requêtes pour les faire recevoir, fous peine, &c. page 34 du Mém. alph. 700 de la Conf. tome premier.

30 Juin. Arrêt du Confeil qui ordonne que par le fieur Phelypeaux, Intendant de Paris, il fera informé contre ceux qui ont fait fabriquer un faux marteau, à l'imitation de celui de la Maîtrife, pour fervir à la délivrance des

3 Mars. Arrêt du Conseil qui casse une Ordonnance du sieur de Vaubourg, Intendant en Lorraine, par laquelle étoit permis aux Habitans des Communautés de, &c. de vendre leurs bois en la ville de Nancy, ordonne que celles du sieur Coulon, Grand-Maître, au contraire, seront exécutées selon leur forme & teneur, page 287 de la Conf. tome 2.

31 Mars. Arrêt du Conseil qui fait défenses aux Habitans & Communautés de Nivernois, d'exposer en vente, & faire couper aucuns bois, arbres de futaye, sans permission du Roi, sous les peines portées par l'Ordonnance de 1669, page 482 du Mém. alph. 276 de la Conf. tome 2

31 Mars. Arrêt de Réglement entre le Maître particulier, & le Lieutenant de la Maîtrise de Caudebec, au sujet des droits d'entrée & de sortie, page 445 de la Conf. tome premier.

2 Mai. Arrêt du Conseil qui fait défenses à tous Seigneurs Propriétaires des bois, de couper à l'avenir aucuns baliveaux, ni arbres de futaye, qu'ils n'aient été vus & visités par les Officiers qui seront à cet effet commis par Sa Majesté, au Recueil nouveau, page 15.

Août. Edit portant attribution de droits de journées & vacations aux Grands-Maîtres des Eaux & Forêts, au Recueil nouveau, page 16.

Premier Août. Déclaration du Roi qui décharge les Douairiers, Donataires, Usufruitiers & Engagistes des bois du Roi, de toutes recherches, & des peines portées par l'Ordonnance de 1669, faute d'avoir fait les réserves portées par ladite Ordonnance dans l'exploitation de leurs bois, en payant lesdits Douairiers, Donataires, Usufruitiers ou Engagistes, la somme de dix livres par chaque arpent, page 101 de la Conf. tome 2.

5 Septembre. Arrêt du Conseil qui décharge le Maître particulier de Senlis de la contribution au service de l'Arriere-ban, fait défenses aux Procureurs du Roi & tous autres, de faire aucunes poursuites contre lui, pour raison de ce, conformément à plusieurs Arrêts précédemment rendus sur la même matiere, page 396 du Mém. alph.

Du mois de Décembre. Edit concernant ses Isles, Islots, cremens, Péages, Ponts, Passages, Bacs, Bateaux, Moulins, Pêches & autres droits sur les Fleuves & Rivieres navigables du Royaume, &c. page 31 de la Conf. tome premier.

20 Décembre. Déclaration du Roi qui remet les peines portées par la Déclaration du 24 Février 1693, contre les Ecclésiastiques qui auroient manqué de réserver dans leurs bois, le nombre de baliveaux prescrit par l'Ordonnance de 1669, &c. page 189 de la Conf. tome 2.

29 Décembre. Arrêt de Conseil qui maintient les Officiers de la Maîtrise de Grenoble dans le droit de connoître de toutes les matieres d'Eaux & Forêts, conformément à l'Ordonnance de 1669, & aux Arrêts rendus en conséquence, &c. page 8 de la Conf. tome premier.

1694.

6 Février. Arrêt du Conseil qui annulle des permissions données par le Lieutenant Général du Bailliage de la Fleche, aux Habitans de Vilaine, de couper partie de leurs bois, &c.

Leur fait défenses de s'en servir, à peine, &c. page 211 de la Conf. tome 2.

23 Mars. Arrêt du Conseil qui exempte les Officiers des Maîtrises de la con-

des Rivières de Garonne & Dandé aux endroits où elles portent batteaux ou radaux, seront contraints au paiement des sommes pour lesquelles ils ont été employés dans les états de recouvrement, en conséquence de l'Edit de Décembre 1693, page 618 de la Conf. tome 2.

23 Novembre. Arrêt du Conseil, qui décharge le Greffier de la Maîtrise de Valognes, des sommes pour lesquelles il a été compris dans les rôles des Tailles & de l'ustencile, le maintient dans l'exemption de logement de Gens de Guerre, conformément à l'Ordonnance & de plusieurs Arrêts qui sont rapportés, page 206 du Mém. alph. 173 de la Conf. tome premier.

1695.

19 Février. Arrêt du Conseil, portant que les sommes, que les Huissiers de la Maîtrise de Bar ont été contraints de payer pour l'ustensile leur seront rendues, avec défenses de les troubler dans leurs privileges, pag. 207 du Mém. alph.

19 Février. Arrêt du Conseil, portant défenses de faire payer aucuns droits pour les Bois provenans des Forêts de Sa Majesté, lorsqu'ils seront conduits & débités par les Adjudicataires, au Recueil nouveau, page 18.

8 Mars. Arrêt du Conseil qui décharge le Procureur du Roi & Greffier de la Maîtrise de Saint-Michel du paiement de l'ustensile; & fait défenses de les troubler dans leurs priviléges, page 208 du Mém. alph.

8 Mars. Arrêt notable du Conseil, qui maintient les Officiers de la Maîtrise de Chaumont, au droit de Jurisdiction, dans les Bois communaux de ladite Ville de Chaumont.

Fait défenses aux Maire & Echevins de troubler lesdits Officiers, &c. page 313 de la Conf. tome 2.

29 Mars. Arrêt notable du Conseil, qui casse une permission donnée par le Lieutenant Général de la Table de Marbre de Toulouse, au Prieur de la Daurade, de couper quelques arbres sur les terres dudit Prieuré, &c.

Fait défenses d'en donner de pareilles à l'avenir, & aux Bénéficiers de s'en servir, &c. page 213 de la Conf. tome 2.

29 Mars. Arrêt du Conseil, qui fait défenses à tous Particuliers de couper aucuns bois de futaie, baliveaux sur taillis, sapins & autres qu'ils n'aient été vus & visités, page 482 du Mém. alph. 331 de la Conf. tome 2.

26 Juillet. Arrêt du Conseil, qui ordonne que la somme de 200 liv. pour laquelle la Dame de Temericourt, veuve du sieur le Boultz, Grand-Maître du Département de Touraine, a été comprise au rôle arrêté par le Bailli de Vandomois, le 18 Mars 1695, pour la contribution au service de l'arriereban, lui sera rendue & restituée.

Fait défenses audit Bailli & tous autres de comprendre à l'avenir ladite Dame dans leurs rôles, pour raison de ladite contribution, page 196 de la Conf. tome premier.

30 Juillet. Arrêt du Conseil, qui juge que le sieur le Boultz, Grand-Maître des Eaux & Forêts de Touraine, n'a pu évoquer à soi la connoissance de l'affaire pendante en la Maîtrise d'Angers, entre l'Abbé & les Religieux de Saint-Nicolas, pour dégradations commises par lesdits Religieux dans les Bois de ladite Abbaye, page 201 de la Conf. tome premier.

23 Août. Arrêt du Conseil, qui ordonne que les Garde Marteau & Greffier

Tome I. c

les Bénéficiers & autres Gens de Main-Morte auront fait vente de leurs bois
taillis, de quelque nature que ce soit, seront tenus d'en présenter au Greffe
des Gens de Main-Morte, les actes, quinze jours après qu'ils auront été faits,
&c. au Recueil nouveau, page 25.

12 Février. Arrêt du Conseil, qui ordonne que, nonobstant le refus de
Certificat par le sieur Grand-Maître des Eaux & Forêts de Bourgogne, la
veuve du sieur Bastard, Procureur du Roi en la Maîtrise d'Autun, sera payée
des gages, chauffages & autres droits dus audit Bastard, en rapportant un
Certificat des Officiers de la Maîtrise, page 52 de la Conf. tome 2.

26 Mars. Arrêt du Conseil, qui ordonne que, sur l'appel des Sentences de
la Maîtrise d'Angoulême du 18 Novembre 1695, les Parties procéderont
au Siége de la Table de Marbre, sauf l'appel au Parlement.

Fait défenses à tous Procureurs de signer & présenter des Requêtes au Parlement pour y relever l'appel des Sentences des Maîtrises, sous quelque prétexte que ce soit, à peine, &c. page 732 de la Conf. tome premier.

16 Avril. Arrêt notable du Conseil, qui juge que les Procureurs du Roi
aux Maîtrises, ne doivent être condamnés aux dépens des instances où ils
succombent, lorsqu'ils auront agi sur les Procès-verbaux ou Rapport des Gardes, &c. page 459 de la Conf. tome premier.

16 Avril. Arrêt du Conseil, qui fait défenses aux Officiers des Tables de
Marbre de recevoir les appellations des Jugemens des Grands-Maîtres, &
aux Procureurs de signer & présenter aucunes Requêtes auxdites Tables de
Marbre, pour les y faire recevoir, à peine, &c.

Ordonne que lesdites appellations seront portées aux Parlemens, conformément à l'Ordonnance & l'Arrêt du Conseil du 9 Juin 1692, page 37 du
Mém. alph. 702 de la Conf. tome premier.

18 Juin. Arrêt du Conseil, qui ordonne que les fossés autour des Forêts
du Roi, en la Province de Guienne, seront incessamment relevés & préparés,
par les Riverains, conformément à l'Ordonnance de 1669, page 396 de la
Conf. tome 2.

30 Juillet. Arrêt notable du Conseil, qui maintient les Maire & Echevins
de la Ville de Moulins, dans leur ancien droit, de faire pêcher dans la riviere
d'Allier, dans l'étendue du Bourbonnois, à la charge néanmoins par les Pêcheurs de se conformer à l'Ordonnance des Eaux & Forêts du mois d'Août
1669, Titre de la pêche.

Et que tous les différens qui pourront naître à l'occasion de ce, seront jugés au Siége de la Maîtrise de Moulins, au Recueil nouveau, page 26.

17 Décembre. Arrêt notable du Conseil, qui ordonne que le procès verbal rapporté par le Lieutenant de la Maîtrise de Vitry-le-François, des délits
commis dans les Bois de l'Abbaye des Trois-Fontaines, sera envoyé au
Greffe de la Maîtrise de Saint-Dizier, pour y être jugé, conformément à l'Ordonnance, attendu que ledit Lieutenant, craignant le crédit de l'Abbé, n'a-
voit osé agir, sans un ordre exprès de Sa Majesté, au Recueil nouveau, page
26.

1698.

Janvier. Edit portant création d'une Table de Marbre au Parlement de Bordeaux, avec établissement de Juges en dernier ressort, au Recueil nouveau,
page 27.

réponfe vue être ordonné par Sa Majefté ce qui feroit vû appartenir, page 605 de la Conf. tome premier.

26 Mai. Arrêt du Confeil, qui ordonne que les Officiers de la Maîtrife de Sens feront payés des frais par eux faits, pour raifon d'une faifie de baliveaux coupés, fans permiffion de fa Majefté, fuivant la taxe du Grand-Maître, &c. page 344 de la Conf. tome premier.

16 Juin. Arrêt du Confeil, qui annulle une vente de Bois communaux faite, fans permiffion de Sa Majefté, fous prétexte d'en employer le prix aux réparations urgentes de l'Eglife Paroiffiale : ordonne que par le fieur Intendant, il fera procédé à la vifite & reconnoiffance de l'état de l'Eglife & informé des biens & facultés de la Communauté, pour fur le tout être par Sa Majefté ordonné ce qu'il appartiendroit, page 262 de la Conf. tome 2.

16 Juin. Arrêt du Confeil, qui fait défenfes aux Procureurs au Confeil Provincial d'Artois & autres Jurifdictions du reffort de la Maîtrife d'Arras de préfenter aucunes Requêtes, & aux Huiffiers de donner aucunes affignations audit Confeil ou autres Jurifdictions pour y procéder, en première inftance, fur les matières d'Eaux & Forêts, Pêches & Chaffes, à peine, &c. page 104 de la Conf. tome premier.

7 Juillet. Arrêt Notable du Confeil, qui caffe un Arrêt du Parlement de Befançon, par lequel étoit ordonné au Maître particulier de Dôle de délivrer aux Religieufes de Donnan les bois néceffaires pour leurs Bâtimens, à prendre dans les Forêts de Sa Majefté, fait défenfes audit Parlement de donner de pareils Arrêts à l'avenir, &c. page 59 de la Conf. tome 2.

18 Août. Arrêt du Confeil, qui ordonne aux deux Gardes-Marteau de la Maîtrife de Salins de remettre le Marteaux du Roi dans la Chambre du Confeil, &c.

Leur fait défenfes de le garder en leur poffeffion, comme par le paffé.

Enjoint au Maître particulier & au Procureur du Roi, d'affifter aux martelages, balivages & délivrances avec les Gardes-Marteaux, à peine, &c. page 140 de la Conf. tome premier.

12 Octobre. Declaration du Roi, portant fupreffion de plufieurs Capitaineries des Chaffes, au Recueil nouveau, page 29.

17 Novembre. Arrêt du Confeil, qui permet aux Officiers de la Maîtrife d'Amiens de s'affembler de relevée dans le parquet des Gens du Roi du Baillage, pour faire les inftructions, &c. Fait défenfes aux Officiers du Baillage & tous autres de les y troubler, à peine de tous dépens, dommages & intérêts, au Recueil nouveau, page 32.

17 Novembre. Arrêt du Confeil, qui caffe un Arrêt du Parlement de Paris, ordonne que, nonobftant les défenfes portées par icelui, l'inftruction des délits commis dans les bois engagés de Vauchaffis, commencée par les Officiers de la Maîtrife de Troyes, fera par eux continuée jufqu'à Sentence définitive inclufivement, fauf l'appel à la Table de Marbre de Paris, conformément à l'Ordonnance, page 114 de la Conf. tome premier.

24 Novembre. Arrêt du Confeil, qui fait défenfes au fieur Bruillevert, Grand-Maître, de faire aucune vente ailleurs qu'au Siége de la Maîtrife où les bois font fitués, &c. page 77 de la Conf. tome premier.

21 Septembre. Arrêt portant Réglement pour la coupe & confervation des bois propres à la conftruction, page 64 de la Conf. tome 2.

22 Décembre. Arrêt du Confeil, qui fait défenfes aux Fermiers d'Ableville, de faire payer aucuns droits pour les bois provenans des Forêts de Sa Majefté, page 426 du Mém. alph.

22 Décembre. Arrêt du Confeil, qui fait défenfes aux Major & Aide-Major du Fort Saint-François & à ceux de la Ville d'Aire d'exiger aucuns droits des Adjudicataires des Bois du Roi, page 426 du Mém. alph.

1701.

25 Janvier. Arrêt du Confeil, qui ordonne que le fieur de Bournonville & les Habitans de Courriere, procéderont pardevant M. Collin de Liencourt, Grand-Maître, pour raifon d'un triage de marais, page 472 du Mém. alph. 312 de la Conf. tome 2.

12 Mars. Arrêt du Confeil, portant Réglement pour la coupe des bois des Pirenées & la fourniture des bois propres à la conftruction des vaiffeaux, page 66 de la Conf. tome 2.

2 Avril. Arrêt du Confeil, qui ordonne que l'amende de 300 livres à laquelle celle de 700 livres prononcée en la Maîtrife de Frerfeigné contre les Religieufes de ladite Ville, a été modérée par Sentence de la Table de Marbre de Paris, fera rendue au Receveur des amendes de ladite Maîtrife par le Receveur de la Table de Marbre qui l'a reçue. Au Recueil nouveau, page 34.

3 Mai. Arrêt du Confeil, qui fait défenfes aux Chevaliers de Malthe, de faire aucunes coupes de futaie, fans permiffion de Sa Majefté, &c. Au Recueil nouveau page 35.

3 Mai. Arrêt notable du Confeil, qui ordonne que les Officiers de la Maîtrife de Senlis feront payés de leurs frais, journées, épices, taxations dans la pourfuite d'une affaire contre plufieurs Marchands de Bois, pour monopoles, &c. page 827 de la Conf. tome premier.

31 Mai. Arrêt notable du Confeil, qui ordonne que les Bois dépendans de la Châtellenie de Vendeuil, vendue par contrat pur & fimple aux auteurs du fieur Duc de Vendôme par les Commiffaires du Roi Henri IV. feront regis, comme bois engagés, &c. page 110 de la Conf. tome 2.

28 Juin. Arrêt du Confeil, par lequel Sa Majefté, par grace, remet au fieur Abbé de Clairvaux, les peines par lui encourues, pour déracinement & eflartement des Bois de cette Abbaie, page 164 de la Conf. tome 2.

28 Juin. Arrêt du Confeil, qui décharge le fieur Marquis de Saint-Germain-Beaupré, des condamnations contre lui prononcées, en la Maîtrife de Paris, pour avoir fait abattre des baliveaux fur taillis, fans permiffion, &c. par grace & fans tirer à conféquence, payant les frais, fuivant la taxe du fieur Grand-Maître, page 337 de la Conf. tome 2.

Juillet. Déclaration du Roi, concernant les Capitaineries des Chaffes de l'appanage de M. le Duc d'Orléans. Au Recueil nouveau, page 35.

9 Août. Arrêt du Confeil, qui ordonne que le fieur Parifel, Procureur du Roi en la Maîtrife de Châtillon-fur-Seine, fera payé de fes gages, chaufages, &c. en rapportant feulement un certificat de fervice des Officiers de

17 Janvier. Arrêt notable du Conseil, portant que les Adjudicataires des coupes des Forêts de Sa Majesté, payeront les droits pour les bois qu'ils feront sortir du Royaume, *avec permission.* Au Recueil nouveau, page 42.

14 Février. Arrêt notable du Conseil, concernant les adjudications des Bois du Roi, réception des cautions & payement des folles enchères, page 837 de la Conf. tome premier.

14 Mars. Arrêt du Conseil, qui ordonne que Albin Herisson, Garde de la Forêt de Compiegne, sera payé de ses gages, nonobstant toutes saisies faites ou à faire, &c. conformément à un autre Arrêt du 10 Février 1685, page 670 du Mém. alph. 563 de la Conf. tome premier.

21 Mars. Arrêt du Conseil, qui condamne le Procureur du Roi en la Maîtrise de Caudebec en 1000 livres d'amende & l'interdit des fonctions de sa charge, pendant un mois, pour avoir permis au sieur Guetteville de couper ses bois de futaie en la Terre de Guetteville, & ledit sieur de Guetteville en une autre amende de 150 livres seulement par grace, pour avoir coupé lesdits bois sans permission de Sa Majesté, page 506 de la Conf. tome premier.

28 Mars. Arrêt du Conseil, qui fait défenses aux Juges en dernier ressort & Officiers de la Table de Marbre de Besançon de connoître d'aucuns faits des Eaux & Forêts en première instance, à peine &c.

Ordonne que les nommés Bourgault & Rolin condamnés par Sentence de la Maîtrise de Dole, pour trouble & sédition, laquelle avoit été confirmée par Sentence de la Table de Marbre, plaideront sur la libération par eux demandée contre la Communauté de Saint-Aubin, au Siége de la Maîtrise, sauf l'appel, suivant l'Ordonnance, page 657 de la Conf. tome premier.

2 Avril. Arrêt du Conseil, qui ordonne que le Receveur des amendes de la Table de Marbre de Paris, sera tenu de rendre à celui de la Maîtrise de Perseigne, une amende de 30 livres qu'il a reçue des Religieux de Perseigne, page 568 du Mém. alph.

4 Avril. Arrêt du Conseil, qui décharge les Officiers de la Maîtrise de Vierzon du payement de l'ustensile, page 212 du Mém. alph.

4 Avril. Arrêt du Conseil, concernant le Rouissage des lins dans les rivieres & ruisseaux qui y descendent, page 483 de la Conf. tome 2.

4 Avril. Arrêt notable du Conseil, qui fait défenses au sieur de Nogent, Maître particulier des Eaux & Forêts de Rouen de faire aucuns Réglemens sur les usages dont les Forêts sont chargées.

2°. De donner des commissions de Gardes.

3°. De disposer des deniers des amendes.

4°. D'empêcher le Greffier de la Maîtrise, d'exécuter les Ordonnances du Grand-Maître.

Fait aussi défenses au Subsitut du Procureur du Roi en ladite Maîtrise de faire aucun requisitoire & de donner des conclusions verbales ou par écrit que dans le cas d'absence du Procureur du Roi, qui ne sera réputé absent qu'après trois jours, même d'entrer à l'Audience pour y faire aucunes fonctions, en présence du Procureur du Roi, &c. page 453 de la Conf. tome premier.

Mai. Edit portant création des Offices d'Arpenteurs, Priseurs & Mesu-
Tome I.   d

12 Août. Arrêt notable du Conseil, qui déboute les Abbés, & Religieux de Clairvaux de leurs demandes tendantes à ce qu'il plût à Sa Majesté ordonner que la délivrance des baliveaux leur accordés par autre Arrêt du 28 Juin 1701, seroit faite par le Grand-Maître seul, sans être accompagné des Officiers des Maîtrises sous le ressort desquelles lesdits bois sont situés, &c. page 166 de la Conf. tome 2.

22 Août. Arrêt du Conseil, qui maintient le Maître particulier de Châtellerault, comme gradué au droit de faire toutes instructions civiles & criminelles concernant les matières d'Eaux & Forêts, Pêches & Chasses, à l'exclusion du Lieutenant qui ne les pourra faire qu'en cas d'absence du Maître particulier, pendant trois jours, avec défenses au Greffier d'instrumenter avec le Lieutenant que dans le cas, &c.

Le préambule fait mention des Offices d'Enquêteurs & Examinateurs réunis à ceux des Maîtres & des Lieutenans, page 301 de Mém. alph. 392 de la Conf. tome premier.

26 Septembre. Arrêt du Conseil, qui ordonne l'exécution d'un autre du 20 Juillet 1688, par lequel les Officiers de la Maîtrise de Caudebec étoient maintenus au droit d'aller tenir leur Audience les mercredis de chaque semaine à la Grurie de Routtée, fait néanmoins défenses aux Officiers de connoître des matières dont la connoissance est attribuée aux Officiers des Gruries par l'Ordonnance de 1669, à peine, &c. page 539 de la Conf. tome premier.

24 Octobre. Arrêt du Conseil, qui fait défenses aux Officiers des Tables de Marbre de recevoir les appellations des Sentences des Grands-Maîtres, & aux Procureurs de présenter aucune Requête pour les faire recevoir, à peine, &c.

Condamne Joué, Procureur en 300 livres d'amende pour y avoir contrevenu, page 39 du Mém. alph. 703 de la Conf. tome premier.

24 Octobre. Arrêt notable du Conseil, qui ordonne que lorsqu'il sera jugé à propos par le sieur Grand-Maître de Bourgogne de vendre les coupes ordinaires de taillis de la Communauté d'Avalon, la vente s'en fera par les Officiers de la Maîtrise d'Avalon.

Et que les Gardes nommés par les Maires & Echevins seront tenus de prêter serment & porter leurs rapports en ladite Maîtrise, &c. page 291 de la Conf. tome 2.

21 Novembre. Arrêt du Conseil, qui condamne Journet, Fendeur de bois en 1000 livres d'amende & aux frais de la procédure faite contre lui en la Maîtrise d'Autun, pour avoir coupé, sans permission de Sa Majesté ni déclaration, le nombre de cent chênes qu'il avoit acheté du sieur de Montpéroux, &c. page 384 de la Conf. tome 2.

25 Novembre. Arrêt du Conseil, qui permet aux Maire, Echevins de la Ville de Saint-Dizier de faire abattre des arbres plantés dans les Forêts de ladite Ville, pour la commodité de la promenade, à la charge que la vente s'en fera pardevant le Grand-Maître, ou en son absence, par devant les Officiers de la Maîtrise de Saint-Dizier; que le prix en sera employé, sans divertissement à acquitter partie des charges de la Communauté & qu'il sera mis au Greffe de ladite Maîtrise, des actes justificatifs dudit emploi, page 296 de la Conf. tome 2.

d ij

jesté, & aux Receveurs des amendes, sinon, &c. page 358 du Mém. alph.
684 de la Conf. tome premier.

6 Mars. Arrêt du Conseil qui ordonne que le Lieutenant Général de la Table
de Marbre de Bordeaux, faisant le procès aux Ecclésiastiques, pour fait de
chasse, se transportera en l'Officialité de Bordeaux, pour procéder conjointement avec l'Official; déclare nulles les procédures faites par le même Lieutenant Général, sans l'Official, au Recueil nouveau, page 46.

13 Mars. Arrêt du Conseil qui déboute les Officiers du Bailliage & Présidial de Besançon, de leur opposition à l'exécution de l'Arrêt du Parlement
du 19 Janvier 1703, & ordonne, conformément à icelui, que la Jurisdiction des Eaux & Forêts de ladite Ville, s'exercera dans l'Auditoire nouvellement bâti pour le Bailliage & Présidial, page 795 de la Conf. tome premier.

13 Mars. Arrêt du Conseil qui fait défenses aux Grands-Maîtres & Officiers
des Maîtrises, de donner permission de faire aucune coupe dans les Forêts de
Sa Majesté, sous quelque prétexte que ce puisse être, qu'en vertu d'Arrêts du
Conseil enregistrés aux Greffes des Maîtrises, &c. page 313 de la Conf. tome
premier.

24 Avril. Déclaration du Roi portant Réglement pour la navigation sur la
Riviere de l'Aire, & autres y affluantes, page 455 de la Conf. tome 2.

24 Avril. Arrêt du Conseil qui ordonne que le sieur Ribier de Villeneuve,
Grand-Maître du Département de Lyonnois & Auvergne, sera payé des sommes pour lesquelles il est compris dans l'état des bois de l'année 1702; pour
droits de journées & vacations attribuées à son Office de Grand-Maître, nonobstant toutes saisies faites ou à-faire, page 357 de la Conf. tome premier.

24 Avril. Arrêt du Conseil portant Réglement entre le Surintendant des bâtimens du Roi, & les Officiers des Maîtrises, au sujet des bois plantés & à
planter, pour l'embellissement des Parcs & Jardins des Maisons Royales,
page 408 de la Conf. tome 2.

25 Mai. Arrêt du Conseil qui ordonne au sieur Pautenet, Procureur du
Roi de la Maîtrise de Gray, de se défaire dans six mois, de son Office, pour
cause de négligence; commet le sieur Pansart pour en faire les fonctions dans
le tems, page 501 de la Conf. tome premier.

29 Mai. Arrêt notable du Conseil qui casse & annulle des permissions de
couper des bois dans les Forêts dépendantes de l'Abbaye de Saint Paul de Verdun, données par les Officiers de ladite Abbaye, sous prétexte de nécessité,
pour réparations à faire aux moulins & chaussées de ladite Abbaye, page 221
de la Conf. tome 2.

29 Mai. Arrêt notable du Conseil qui ordonne que le Procureur du Roi au
Siége de la Table de Marbre de Metz, sera tenu de prendre le fait & cause du
Procureur du Roi en la Maîtrise de Metz, sur l'appel d'une Sentence rendue
en ladite Maîtrise, & de faire incessamment toutes les pourfuites & diligences,
pour faire juger ledit appel; ordonne en outre que toutes les Sentences &
Jugemens qui ont été ou seront rendus audit Siége de la Table de Marbre,
sur les appellations des Sentences de ladite Maîtrise, sur les pourfuites du
Procureur du Roi en icelle, lui seront délivrés sans frais, &c. page 473 de
la Conf. tome premier.

29 Mai. Arrêt notable du Conseil qui renvoie au Parlement de Metz les
contestations d'entre les Officiers de la Maîtrise, & les Echevins de ladite

de Marbre de Rennes, de connoitre en premiere inſtance, des matieres d'Eaux & Forêts, nonobſtant toutes les ſoumiſſions des Parties de, &c. & aux Parlemens de leur en renvoyer la connoiſſance, &c. à peine, page 373 de la Conf. tome premier.

29 Décembre. Arrêt du Conſeil qui fait défenſes au ſieur Saulnier, Garde-Scel en la Maîtriſe de Valogne, de ſe trouver aux viſites, aſſiettes, marte-lages, balivages & récollemens des coupes des Forêts de ladite Maîtriſe, page 799 de la Conf. tome premier.

29 Décembre. Arrêt du Conſeil qui fait défenſes aux Adjudicataires des bois de recevoir à l'avenir les expéditions des adjudications qui leur ſeront faites d'autres mains que de celles des Greffiers des Maîtriſes.

Fait défenſes aux Secrétaires des Grands-Maîtres, de faire aucune délivrance des adjudications, à peine de nullité, page 354 de la Conf. tome premier.

1704.

Février. Edit du Roi qui ſupprime les Siéges & Juriſdictions des Tables de Marbre établies près les Cours de Parlemens, & revoque l'Edit du mois de Mars 1558.

Et porte création d'une chambre nouvelle en chaque Parlement du Royaume, au Recueil nouveau, page 49.

12 Février. Arrêt du Conſeil qui fait défenſes au Receveur des épices & vacations de la Maîtriſe de Chaumont, d'exiger aucuns droits, ſous prétexte des droits de journée que les Abbé & Religieux de Clairvaux payent aux Officiers de ladite Maîtriſe, annuellement pour la délivrance de leur chauffage, page 645 du Mém. alph. 519 de la Conf. tome premier.

4 Mars. Arrêt notable du Conſeil qui ordonne que, faute par Valquenard d'avoir relevé, & fait juger dans le tems de l'Ordonnance, l'appellation d'une Sentence contre lui rendue par le Grand-Maître des Eaux & Forêts de Flandres, ladite Sentence ſera exécutée en dernier reſſort, page 758 de la Conf. tome premier.

22 Avril. Arrêt du Conſeil qui caſſe une Ordonnance du ſieur Dorival, Maire de Beſançon, portant permiſſion de vendre des bois étant ſur le Port de ladite Ville, leſquels avoient été ſaiſis de l'autorité de la Maîtriſe; ladite Ordonnance réferée dans l'Arrêt préparatoire du 18 Décembre 1703.

Fait défenſes audit Dorival, Maire & tous autres, de troubler les Officiers de la Maîtriſe, & de s'immiſcer en la connoiſſance des matieres d'Eaux & Forêts, à peine, &c. page 307 de la Conf. tome 2.

22 Avril. Arrêt du Conſeil, par lequel Sa Majeſté approuve les procédures faites en la Maîtriſe d'Autun, contre le ſieur de Montperoux, Meſtre-de-Camp général de la Cavalerie de France, pour avoir abattu cent chênes épars en des hayes & buiſſons de Montperoux, ſans permiſſion ni déclaration.

Néanmoins par grace, & ſans tirer à conſéquence, le décharge des amendes prononcées contre lui, pour raiſon de ce, en payant les frais, &c. page 353 de la Conf. tome 2.

Mai. Edit portant rétabliſſement de la Table de Marbre de Paris, & des Juges en dernier reſſort, page 704 du Mém. alph.

13 Mai. Arrêt notable du Conſeil qui fait défenſes aux Juges en dernier reſſort, de condamner les Procureurs du Roi aux Maîtriſes & Grueries, aux dépens des inſtances où ils ſuccomberont, lorſqu'ils auront fait les pourſuites

faite

faite en la Maîtrise d'Auxerre, contre le sieur de la Tournelle, pour avoir fait couper quelques arbres dans les taillis de la Terre de Lengny, & quelques autres épars, aux environs de sa métairie de Suehef, sans permission ni déclaration; néanmoins par grace, & sans tirer à conséquence, lui a fait main-levée de la saisie desdits arbres, & le décharge des condamnations qui auroient pu être prononcées contre lui, payant les frais, &c. page 357 de la Conf. tome 2.

19 Août. Arrêt notable du Conseil qui enjoint aux Gardes des Bois engagés de la Châtellenie de Vilaine, de porter leurs rapports au Greffe de la Maîtrise de Châtillon.

Fait défenses aux Juges de ladite Châtellenie, d'en connoître, ni des procès particuliers desdits Gardes, à peine, &c. page 90 de la Conf. tome 2.

Octobre. Edit du Roi pour la réunion de la Chambre des Eaux & Forêts de Bretagne, au Recueil nouveau, page 57.

11 Octobre. Arrêt du Conseil qui ordonne que le Grand-Maître du Département de l'Isle de France pourra seul, & sans l'assistance des Officiers des Maîtrises de son Département, faire les visites & estimations ordonnées par le Conseil, dans les Bois des Ecclésiastiques & Communautés, avant d'accorder les permissions pour la coupe, page 358 du Mém. alph. 210 de la Conf. tome premier.

14 Octobre. Arrêt notable du Conseil, qui juge que les Maîtres particuliers & Procureurs du Roi ne sont chargés de la recette des deniers Royaux.

Fait défenses aux Chambres des Comptes de prononcer des indécisions de recette du prix des ventes, amendes, restitutions & confiscations contre lesdits Officiers, &c. page 306 de la Conf. tome premier.

9 Décembre. Arrêt du Conseil, qui fait défenses à Maistret de continuer le défrichement commencé du canton de la Forêt de Chaux, lui affensé par la Chambre des Comptes de Dôle; & enjoint aux Officiers de la Maîtrise de Dôle d'y tenir la main, page 392 de la Conf. tome 2.

30 Décembre. Arrêt du Conseil, qui fait défenses à tous Ecclésiastiques, Bénéficiers & Communautés de vendre leurs Bois à titre de cens & rentes, à peine de nullité & de 500 liv. d'amende, pag. 185 du Mém. alph. 154 de la Conf. tome 2.

1705.

7 Février. Arrêt du Conseil qui fait défenses aux Adjudicataires des Forêts du Roi, d'abattre les arbres de lisiere & pieds corniers, non-seulement des ventes actuelles, mais encore des prédécédentes, à peine, &c. page 637 de la Conf. tome 2.

14 Février. Arrêt notable du Conseil, qui réforme un autre Arrêt en ce qu'il ordonnoit, que les bois du Chapitre de Saint-Maurice d'Angers & ceux de la Chapelle de la Brosse, Paroisse d'Andard, sous le ressort de la Maîtrise d'Angers, ceux du Prieuré de Gouys, sous le ressort de la Maîtrise de Baugé, seroient vendus au Siége de la Maîtrise d'Angers.

Ordonne que ce qui dépend de la Maîtrise de Baugé y sera vendu, &c. page 253 de la Conf. tome 2.

10 Mars. Arrêt notable du Conseil, qui ordonne qu'avant faire droit sur les demandes du Seigneur Evêque de la Rochelle, tendantes à être maintenu dans la prétendue possession de prendre dans les Bois de Maillezais dépendans

vrit 1704, jouiront des droits à eux attribués par ledit Edit, & les Arrêts intervenus en conféquence, fur les batteaux & bachots chargés des bois provenans des Foréts de Sa Majefté qui defcendront fous lefdits Ponts & Pertuis, à la charge par les Maîtres de faire le travail auquel ils font obligés pour paffer lefdits batteaux, au Recueil nouveau, page 61.

28 Novembre. Arrêt du Confeil, qui ordonne que le Garde-Marteau de la Maîtrife de Compiegne, fera tenu d'affifter aux récollemens des ventes aux jours & heures qui feront convenus par les Officiers de la Maîtrife, à peine d'interdiction & de demeurer refponfable defdites ventes & de tous dépens, dommages & intérêts des Adjudicataires, page 869 de la Conf. tome premier.

29 Décembre. Arrêt du Confeil, qui permet aux Poudriers & Salpêtriers du Comté de Bourgogne, de prendre dans les Foréts du Roi tous les bois morts & morts bois dont ils auront befoin, fans rien payer, à condition néanmoins qu'ils n'en pourront enlever qu'en préfence d'un Garde commis par les Officiers de chaque Maîtrife, page 417 de la Conf. tome 2.

1706.

26 Janvier. Arrêt notable du Confeil, qui ordonne que les art. premier du titre des Officiers des Maîtrifes & 11 du titre des Tables de Marbre de l'Ordonnance de 1669, & l'Arrêt du Confeil du 2 Décembre feront exécutés, felon leur forme & teneur, & conformément à iceux fait défenfes aux Officiers de la Table de Marbre de Paris, & à tous autres de procéder à la réception d'aucun Officier des Maîtrifes qu'après l'information faite de leur vie & mœurs par le Grand-Maître ou autre Officier des Eaux & Forêts qui fera par lui commis, de laquelle mention fera faite dans les actes de réception, à peine de nullité, page 130 de la Conf. tome premier.

Mars. Edit du Roi, portant création en titre d'offices formés & héréditaires, des Offices de Confeillers du Roi, Infpecteurs, Confervateurs des Eaux & Forêts en chacune Maîtrife du Royaume, Pays, Terres & Seigneuries de Sa Majefté, en tel nombre qu'il fera jugé néceffaire & reglé par les rôles qui feront arrêtés au Confeil, pour veiller à la confervation des Eaux & Forêts, & à l'exécution des Ordonnances, au Recueil nouveau, page 62.

11 Mai. Arrêt du Confeil, qui fait défenfes au Grand-Maître des Eaux & Forêts de Caen de procéder à l'avenir à la vente & adjudication des Bois dépendans des Bénéfices & Gens de Main-Morte, & qu'en préfence des Officiers des Maîtrifes, dans le reffort defquelles les Bois feront fitués & ailleurs qu'au Siége defdites Maîtrifes, à peine, &c. page 290 de la Conf. tome premier.

18 Mai. Arrêt du Confeil, qui caffe un Jugement de la Table de Marbre de Paris, qui recevoit Hubert & Naffot, Appellans d'une Sentence rendue contr'eux par le Grand-Maître de Champagne.

Ordonne que ladite Sentence fera exécutée, fauf l'appel au Parlement de Paris, page 696 de la Conf. tome premier.

29 Mai. Arrêt du Confeil, qui ordonne que le fieur Renault, Procureur du Roi en la Maîtrife d'Autun, fera payé à l'avenir de fes gages, chauffages, &c. en rapportant feulement un Certificats des Officiers de la Maîtrife

en préfence des Officiers de la Maîtrife de Beaumont-fur-Oyfe, il fera procédé à la vente des anciens baliveaux étant dans les taillis de la Forêt de Carnelle, engagée au Prince de Conti, dont le prix tournera au profit de Sa Majefté, &c. page 85 de la Conf. tome 2.

18 Janvier. Arrêt notable du Confeil, qui fait défenfes aux Officiers des Tables de Marbre, de furfeoir, fous quelque prétexte que ce foit, l'exécution des Sentences des Maîtrifes, pour délits, malverfations, confifcations & reftitutions, à peine de nullité, page 772 de la Conf. tome premier.

25 Janvier. Arrêt du Confeil, qui ordonne que les bois engagés dans les Provinces d'Artois, Flandre & Hainault feront régis conformément à l'Ordonnance de 1669, &c. page 116 de la Conf. tome 2.

26 Février. Arrêt notable du Confeil, qui ordonne que les Receveurs des Domaines & Bois feront tenus d'affifter aux Adjudications pour recevoir ou contefter les cautions des Adjudicataires des bois, déboute le fieur Moule des demandes par lui formées, contre les Officiers de la Maîtrife de Cornouailles.

Fait défenfes aux Sécrétaires des Grands-Maîtres de s'immifcer en la réception des cautions & de délivrer aucunes expéditions des Adjudications, à peine, &c. page 834 de la Conf. tome premier.

26 Février. Arrêt du Confeil, portant Réglement fur les réceptions des Officiers des Maîtrifes aux Siéges des Tables de Marbre, page 292 du Mém. alph.

Mars. Edit du Roi, portant création d'un Juge Gruyer, d'un Procureur du Roi, & d'un Greffier, pour être établis en chacune des Juftices des Seigneurs Ecaléfiaftiques & Laïques du Royaume, page 78 de la Conf. tome premier.

26 Avril. Arrêt du Confeil, qui ordonne que la Jurifdiction des Eaux & Forêts de Laon s'exercera les Jeudis de chaque femaine dans l'Auditoire & Chambre du Confeil du Préfidial, &c. page 136 de la Conf. tome premier.

26 Avril. Arrêt du Confeil, qui juge que les déclarations des bois que les Particuliers veulent faire abattre, doivent abfolument être faites au Greffe de la Maîtrife, fous le reffort de laquelle les bois font fitués, &c. page 366 de la Conf. tome 2.

24 Mai. Arrêt notable du Confeil, qui maintient les Officiers de la Maîtrife de Chinon au droit & poffeffion de connoître des matières concernant les marais, pâtis & communes des Paroiffes fituées dans l'étendue du reffort de ladite Maîtrife, & d'en faire & homologuer les baux à ferme qui feront jugés néceffaires, &c. à l'exclufion de tous les autres Juges, &c. page 274 de la Conf. tom. 2.

26 Juillet. Arrêt du Confeil, qui fait défenfes au Lieutenant Général de Police de Tours, de connoître des matières d'Eaux & Forêts.

Ordonne que la Sentence de la Maîtrife de Tours du 14 Mai 1707, contre les Meûniers de la rivière de Choifelle, fera exécutée felon fa forme & teneur, fauf aux Parties à fe pourvoir contre, fuivant l'Ordonnance de 1669, page 472 de la Conf. tome 2.

Août. Edit du Roi, portant création d'Offices de Maîtres particuliers alter-

Et création des Procureurs postulans aux Tables de Marbre & aux Maîtrises, au Recueil nouveau, page 87.

19 Mai. Arrêt notable du Conseil, qui ordonne que la Procédure commencée pardevant le Lieutenant Criminel au Baillage de Poitiers, contre quatre Gardes des Forêts du Roi, pour violences par eux commises, &c. sera portée au Greffe de la Maîtrise, pour y être jugée, jusqu'a Sentence définitive inclusivement, &c. page 601 de la Conf. tome premier.

11 Août. Arrêt notable du Conseil, par lequel Sa Majesté approuve la Procédure faite en la Maîtrise de Vic, contre le sieur Dhelmestal, pour avoir coupé des bois, sans permission ni déclaration.

Néanmoins par grace décharge ledit sieur Dhermestal des amendes prononcées contre lui en payant les frais, & lui fait main-levée desdits bois, pourvû que ce ne soit pas pour les transporter hors du Royaume, page 373 de la Conf. tome 2.

11 Août. Arrêt du Conseil, qui ordonne que l'Ordonnance & Exécutoire décerné par le sieur de la Faluere le 14 Octobre 1705, contre les nommés Desfontaines & du Moutier, pour le paiement des vacations des Officiers de la Maîtrise d'Auxerre, seront exécutés selon leur forme & teneur, faute par lesdits Desfontaines & du Moutier d'avoir fait juger l'appel desdites Ordonnances & Exécutoire dans le temps prescrit, &c. page 351 de la Conf. tome premier.

14 Août. Arrêt du Conseil, qui fait défenses à tous Appellans & Procureurs de relever les Appellations des Sentences des Maîtrises particulières & au res Justices du ressort du Parlement de Paris, pour fait d'Eaux & Forêts, ailleurs qu'au Siége de la Table de Marbre de Paris, à peine, &c. page 711 de la Conf. tome premier.

Octobre. Edit du Roi, portant création en titre d'office, d'un Conseiller-Avocat du Roi, en chacun des Hôtels de Ville, Siéges d'Election de Police, Eaux & Forêts, Greniers à Sel, Traites, Foraines, Prévôtés, Châtellenies, Baillages, Sénéchaussées & autres Justices Royales ordinaires & extraordinaires du Royaume, page 491 de la Conf. tome premier.

1709.

26 Mars. Déclaration du Roi, qui unit les Charges de Procureurs postulans créées par Edit du mois de Mai 1708, tant pour les Tables de Marbre, que pour les Maîtrises particulières des Eaux & Forêts, aux Corps & Communautés des Procureurs postulans dans les Cours & autres Jurisdictions Royales, au Recueil nouveau, page 90.

7 Mai. Arrêt notable du Conseil, qui fait défenses aux Vanniers & tous autres d'employer en aucuns ouvrages les bois de Bourdenne.

Enjoint aux Grands-Maîtres & autres Officiers de ne faire aucune Adjudication, & tous particuliers de ne couper aucuns bois dans l'étendue de douze lieues, aux environs des Moulins à poudre, qu'à la charge de mettre le bois de Bourdenne à part, &c. au Recueil nouveau, page 92.

28 Mai. Arrêt du Conseil, qui annulle une Ordonnance des Trésoriers de France à Caen, sans avoir égard aux défenses portées par icelle, permet au Receveur Général des Domaines & Bois de ladite Ville de continuer les poursuites, pour faire payer par les Adjudicataires des Bois de l'Abbaie

tions

tions qu'ils feront conduire & débiter pour leur compte. Fait défenses aux Contrôleurs Généraux des Bois, d'accorder aucuns remplacemens ni prorogation de coupes & vuidanges, à peine d'interdiction & de 500 livres d'amende, page 431 du Mém. alph.

16 Novembre. Lettres-Patentes pour la coupe des baliveaux possédés à titre de don, douaire, engagemens, &c. page *193* du Mém. alph.

1710.

6 Mai. Arrêt notable du Conseil, qui fait défenses au sieur Grand-Maître du Département de Paris de rendre à l'avenir aucune Ordonnance de Jurisdiction contentieuse en sa maison, à peine, &c.

Ordonne que faute aux Appellans des jugemens dudit sieur Grand-Maître des d'avoir fait juger leurs appellations dans les temps de l'Ordonnance, lesdits Jugemens seront exécutés en dernier ressort, &c. page *693* de la Conf. tome premier.

12 Août. Arrêt du Conseil, concernant les Offices d'Avocats du Roi, créés par Edit du mois d'Octobre 1708, dans toutes les Jurisdictions du Royaume. Au Recueil nouveau, page 94.

4 Octobre. Arrêt du Conseil, qui annulle une Sentence du Bailli de Sablé en Anjou, & condamne les Religieux du Prieuré de Solesme à payer la valeur des bois qu'ils ont fait couper, en vertu de ladite Sentence suivant l'estimation qui en sera faite par Experts, convenus avec le Procureur du Roi de la Maîtrise du Mans, ou nommés d'Office par le Maître particulier, pour le prix d'iceux être employé au profit de l'Hôpital du Mans.

Fait défenses audit Bailli & à tous autres de donner à l'avenir de pareilles permissions & de connoître des matières d'Eaux & Forêts, sous quelque prétexte que ce soit. Au Recueil nouveau, page 95.

7 Octobre. Arrêt du Conseil, qui maintient les Officiers de la Maîtrise de Nevers en l'exemption de toutes charges publiques, page 178 de la Conf. tome premier.

14 Octobre. Déclaration du Roi, qui confirme les Gardes Généraux, Collecteurs des amendes dans les droits & privileges leur attribués par leur Edit de création du mois de Mars 1708.

Déclare que c'est par inadvertance qu'ils ont été qualifiés Gardes Généraux, Receveurs des amendes, &c. page 247 du Mém. alph. 568 de la Conf. tome premier.

1711.

2 Février. Arrêt du Conseil, qui maintient les Gardes des Eaux & Forêts dans l'exemption de toutes charges publiques, page 214 du Mém. alph. 179 de la Conf. tome premier.

4 Février. Déclaration du Roi, portant Réglement sur la forme de procéder à l'instruction des Procès des Ecclésiastiques par les Juges d'Eglise & les Juges Royaux. Au Recueil nouveau, page 96.

24 Février. Arrêt du Conseil, par lequel Sa Majesté approuve la procédure faite en la Maîtrise de Paris, contre le sieur de la Tournelle, pour avoir abattu des bois blancs dans ses jardins d'Yeres, sans permission ni déclaration.

Néanmoins par grace fait main-levée de la saisie desdits bois & remet l'a-

Tome I. f

mende en payant les frais, &c. page 379 de la Conf. tome 2.

Gardes des Bois de la Maîtrise de Lyon d'une tutelle qu'il avoit été condamné d'accepter par Sentence du Juge de la Croix-Rouffe.

Fait défenfes audit Juge & à tous autres que ceux du Préfidial de Lyon de connoître des caufes, procès & différens dudit Boulard, & des autres Gardes des Forêts du Lyonnois & Forêts tant en matière civile que criminelle, à peine de nullité, &c. page 183 de la Conf. tome premier.

19 Juillet. Arrêt du Confeil, qui maintient les Gardes des Forêts du Roi dans l'exemption de l'uftenfile & autres charges publiques, conformément à l'Ordonnance de 1669, &c. page 182 de la Conf. tome premier.

7 Août. Arrêt du Confeil, qui fait défenfes à tous Juges Confuls de connoître de l'exécution des marchés & ventes de bois faits, avant que les bois fuffent tranfportés hors des Forêts.

Et aux Parties de fe pourvoir, pour raifon de ce, ailleurs qu'aux Siéges des Maîtrifes, à peine de nullité, 500 livres d'amende & de tous dépens, dommages & intérêts, page 47 de la Conf. tome premier.

22 Novembre. Arrêt notable du Confeil, qui fait défenfes à tous Juges-Gruyers des Seigneuries particulières, de donner permiffion de couper aucuns bois de haute futaie ou baliveaux fur taillis ou de recevoir les déclarations des Particuliers qui en veulent faire abattre, à peine, &c. page 381 de la Conf. tome 2.

22 Novembre. Arrêt du Confeil, qui ordonne que conformément aux Ordonnances des fieurs Intendans de Bordeaux & de Limoges, du fieur Froidour, Grand-Maître, & de la Maîtrife d'Angoulême, la dame Ducheffe d'Elbeuf, fera tenue de faire démolir le pas de Vibrat, à peine, &c. page 485 de la Conf. tome 2.

13 Décembre. Arrêt du Confeil, qui annulle la commiffion donnée par le fieur Marlot, Grand-Maître des Eaux & Forêts de Champagne au fieur Clément Martin fils, pour faire les fonctions de Procureur du Roi en la Maîtrife de Chaumont en Baffigny, au lieu & place du fieur Martin fon pere décédé, jufqu'à ce qu'il eût obtenu des provifions de Sa Majefté.

Fait défenfes aux Grands-Maîtres de donner de pareilles commiffions indéfinies, fauf à eux en procédant à leurs vifites & réformations, ou en leur abfence aux Maîtres Particuliers à commettre en la place des Officiers décédés, malades ou abfens, pour chaque fait particulier & pour cas qui requierent célérité feulement, page 498 de la Conf. tome premier.

13 Décembre Arrêt du Confeil qui ordonne que les Officiers commis à l'exercice des charges de la Maîtrife de Thionville, feront payés de leurs journées & vacations aux affietes & récollemens, fans qu'il foit befoin que leurs commiffions foient enregiftrées à la Chambre des Comptes & au Bureau des Finances de Metz, &c. page 154 de la Conf. tome premier.

13 Décembre. Arrêt notable du Confeil qui confirme les Officiers de la Maîtrife de Châlons-fur-Saône, dans le droit de Police & Jurifdiction fur les Pêcheurs de la Ville & fauxbourgs de Châlons, nonobftant la poffeffion alléguée par les Magiftrats de l'Hôtel de Ville, page 624 de la Conf. tome 2.

31 Décembre. Arrêt du Confeil qui caffe une Sentence de la Maîtrife de la Fere en ce que par icelle étoit ordonné que l'adjudication faite aux intéreffés en la glacerie de Saint-Gobin de deux mille neuf cent cinquante-neuf

Lui fait défenses de donner de pareilles Ordonnances, &c. page 1 05 de la Conf. tome premier.

7 Novembre. Arrêt notable du Conseil qui confirme une Sentence de la Maîtrise de Besançon, par laquelle Dorets avoit été condamné pour avoir coupé quarante-six chênes dans les bois de l'Abbaie de Bellevaut; nonobstant que les Religieux de ladite Abbaie eussent pris son fait & cause, & fait défenses à la Chambre Souveraine des Eaux & Forêts de Besançon, de dispenser à l'avenir aucuns Bénéficiers & Communautés, de mettre le quart de leurs bois en réserve, à peine, &c. page 167 de la Conf. tome 2.

7 Novembre. Arrêt du Conseil qui confirme une Sentence de la Maîtrise de Besançon contre les Habitans de la Communauté d'Arguet & Jean Tissard, pour avoir défriché partie des Bois de la Communauté, &c. page 268 de la Conf. tome 2.

1714.

11 Juin. Arrêt du Conseil, qui ordonne que dans un mois, pour tout délai, la Dame Propriétaire de la Terre de Langais sera tenue de représenter pardevant le Grand-Maître des Eaux & Forêts de Touraine, au Greffe de la Maîtrise de Tours, les originaux des titres, en vertu desquels elle perçoit des Droits de Péage sur la Rivière de Loire, &c. page 510 de la Conf. tome 2.

26 Juin. Arrêt notable du Conseil, qui ordonne que dans le dernier Décembre de l'année 1715, pour tout délai, les Juges en dernier ressort de la Table de Marbre de Paris seront tenus d'achever la réformation par eux commencée en exécution de l'Arrêt du 4 Janvier 1673, & après lequel temps le pouvoir attribué auxdits Juges demeurera révoqué, & les Officiers de la Maîtrise de Paris, pourront, en ce qui les concerne, faire toutes les procédures & fonctions qui leur appartiennent, sans que les Parties puissent se pourvoir ailleurs que pardevant eux, suivant l'Ordonnance, page 479 de la Conf. tome 2.

10 Juillet. Arrêt notable du Conseil, qui condamne le Prieur du Pré en 1000 liv. d'amende, pour Bois abattus sur les terres dudit Prieuré, sans permission de Sa Majesté, nonobstant, &c. page 224 de la Conf. tome 2.

13 Novembre. Déclaration du Roi qui regle les peines contre ceux qui, de dessein prémédité, ou par inadvertance, auront mis le feu ès Forêts, Landes & Bruyeres du Roi ou des Particuliers, page 447 de la Conf. tome 2.

1715.

8 Janvier. Déclaration du Roi qui ordonne que, nonobstant les attributions faites aux Gruyers des Seigneurs par leur Edit de création du mois de Mars 1707, les Officiers des Maîtrises exerceront sur les Eaux & Forêts des Ecclésiastiques & Communautés, la même Jurisdiction que sur celles de Sa Majesté, & qu'à l'égard de délits commis dans les Bois des Particuliers, les mêmes Officiers des Maîtrises en connoîtront, sans qu'ils aient prévenu, ni qu'ils aient été requis, lorsque les Propriétaires les auront eux-mêmes commis, &c. au Recueil nouveau, page 102.

8 Janvier. Arrêt du Conseil qui fait défenses, tant aux Officiers des Maîtrises de Laigues & Compiegne, qu'à tous autres Officiers des Maîtrises, d'obliger les Particuliers qui obtiendront des permissions de Sa Majesté, de cou-

pour raifon de ce, être inquiétés par les Officiers des Maîtrifes, &c. fauf le droit des Ufagers particuliers, conformément à leurs titres, au Recueil nouveau, page 108.

1718.

22 Avril. Arrêt notable du Confeil qui caffe une Sentence de la Table de Marbre de Paris, par laquelle étoit fait défenfes aux Officiers de la Maîtrife d'Amiens, de plus condamner les Parties aux dépens des inftances où le Procureur du Roi fera feul Partie; ordonne que les Sentences de ladite Maîtrife des 21 Avril 1712 & 7 Août 1716, portant condamnation à l'amende & aux dépens, feront exécutées felon leur forme & teneur, page 687 de la Conf. tome 2.

1719.

13 Janvier. Arrêt du Confeil qui maintient les Maîtres particuliers, Gradués au droit de faire feuls, à l'exclufion des Lieutenans, les inftructions des Affaires civiles & criminelles, concernant la matiere des Eaux & Forêts, circonftances & dépendances, pêches & chaffes.

Fait défenfes aux Lieutenans & à tous autres, de les y troubler, & au Lieutenant de la Maîtrife d'Alençon, de prendre la qualité de Lieutenant Général, &c. pag. 404 du Mém. alph. 398 de la Conf. tome premier.

22 Août. Arrêt du Confeil portant Réglement entre le Grand-Maître & le Lieutenant Général de la Table de Marbre du Palais à Paris, pour la réception des Officiers des Maîtrifes, page 372 du Mém. alph.

12 Novembre. Arrêt du Confeil d'Etat du Roi portant fuppreffion des Offices de Gardes, en titre des Bois, Eaux & Forêts de Sa Majefté, & que les Grands-Maîtres des Eaux & Forêts commettront chacun dans fon Département, à la garde defdits Bois, page 248 du Mém. alph.

12 Novembre. Arrêt du Confeil qui ordonne la réunion au Domaine de tous les Bois qui en avoient été diftraits par engagement, en vertu des Edits de 1601, 1645, 1652, &c. page 194 du Mém. alph.

1720.

3 Mai. Arrêt du Cnofeil qui ordonne que les bords des Chemins Royaux dans l'étendue du Royaume, feront plantés d'ormes, hêtres, chataigners, &c.

Enjoint aux Grands-Maîtres & aux Officiers des Maîtrifes, d'y tenir la main, &c. pag. 106 du Mém. alph. 493 de la Conf. tome 2.

1721.

14 Novembre. Arrêt du Confeil qui défend aux Officiers de la Maîtrife de Rennes, de faire aucune délivrance de bois dans les Forêts de Sa Majefté, qu'en vertu d'Arrêt du Confeil & Lettres-Patentes duement enrégiftrées, au Recueil nouveau, page 109.

1722.

24 Avril. Arrêt du Confeil qui ordonne que les appellations au Confeil feront jugées dans les trois mois portés par l'Ordonnance de 1669, au Recueil nouveau, page 109.

14 Juillet. Arrêt du Confeil qui ordonne que les Greffiers des Maîtrifes & Grueries délivreront fans frais, aux Receveurs Généraux ou Particuliers des Domaines & Bois, les expéditions des adjudications de toutes les ventes, réception de cautions, &c. dans le mois, après lefdites ventes.

nuée jufqu'à Sentence définitive inclufivement ; fait défenfes à ladite Table de Marbre de rendre de pareils Jugemens, à peine d'interdiction, page 723 de la Conf. tome 2.

7 Juin. Arrêt du Confeil qui caffe & annulle un Jugement de la Table de Marbre, pour raifon du déplacement de bornes, anticipation, défriche-ment & autres entreprifes dans la Forêt de Bondy, page 724 de la Conf. tome 2.

14 Juin. Arrêt du Confeil qui concerne plufieurs adjudications de Bois eccléfiaftiques faites dans la Généralité de Soiffons par le fieur Rivée, Grand-Maître des Eaux & Forêts, pour lefquelles il a nommé des Notables, au lieu du Receveur Général des Domaines & Bois, page 728 de la Conf. tome 2.

19 Juillet. Arrêt du Confeil d'Etat qui fait défenfes de couper aucuns bois taillis, qu'il n'ait au moins l'âge requis par l'Ordonnance de 1669, & or-donne de réferver feize balliveaux par arpent, lors de leurs coupes, outre ceux qui doivent avoir été retenus ès ventes précédentes, qui ne pourront être coupés, qu'ils n'aient atteint l'âge de quarante ans, & à cet effet d'en faire déclaration, page 641 du Mém. alph.

27 Juillet. Ordonnance du Roi portant défenfes aux Mariniers & Voituriers par eau, de faire aucun dommage aux ouvrages qui fe font dans les Rivieres par ordre du Roi, au Recueil nouveau, page 115.

2 Août. Arrêt du Confeil qui fait défenfes aux Cours de Parlemens, de furfeoir l'exécution des Sentences d'inftruction, rendues aux Maîtrifes, au Recueil nouveau, page 116.

9 Août. Déclaration du Roi qui révoque celle du 10 Février 1682, & or-donne que les Bois fitués dans l'étendue des trois Evêchés de Metz, Toul & Verdun, feront adminiftrés conformément à l'Ordonnance de 1669, page 733 de la Conf. tome 2.

9 Août. Arrêt du Confeil qui défend les établiffemens de fourneaux, for-ges, martinets, verreries & augmentation de feux, fans Lettres-Patentes de Sa Majefté, pag. 230 du Mém. alp. 445 de la Conf. tome 2.

6 Septembre. Arrêt du Confeil d'Etat du Roi, portant défenfes à tous Par-ticuliers ou Propriétaires, de couper aucun arbre de futaye, foit en corps de bois ou épars, de quelque maniere, ou fous quelque prétexte que ce foit, fans permiffion de Sa Majefté, page 734 de la Conf. tome 2.

27 Septembre 1723 & 20 Mai 1727. Arrêts du Confeil d'Etat du Roi, concernant la Jurifdiction des Grands-Maîtres des Eaux & Forêts fur les ri-vieres de leurs Départemens, pag. 369 & 371 du Mém. alp. 735 de la Conf. tome 2.

11 Octobre. Arrêt notable du Confeil qui ordonne qu'en conféquence de plufieurs Arrêts antérieurs à l'Ordonnance de 1669, les Maires, Echevins & Confuls des lieux fitués dans l'étendue de deux lieues des Forêts de Sa Ma-jefté, feront tenus de chaffer les condamnés hors l'étendue de leur Confulat, fitôt qu'ils leur auront été dénoncés, & toutes les fois qu'ils y reviendront, à peine, &c. pag. 730 du Mém. alph. 452 de la Conf. tome 2.

15 Novembre. Arrêt du Confeil qui ordonne que les deux mille livres d'a-mende & autres droits reçus par le fieur Gillot, Receveur des amendes du Bailliage & Parlement de Metz, feront remifes ès mains du fieur du Clorcy,

Tome I. g

Receveur Général des Domaines & Bois de la Généralité de Metz; ou de son Commis fur les lieux.

Défend audit Gillot & à tous autres , autres que les Receveurs Généraux des Domaines & Bois , Receveurs & Collecteurs des amendes des Tables de Marbre , de recevoir aucuns deniers provenans des condamnations prononcées dans les Eaux & Forêts, à peine de 1000 l. d'amende , page 563 du Mém. alph.

1724.

25 Janvier. Arrêt du Confeil qui ordonne que les notables Bourgeois qui auront reçu le prix des Bois des Communautés Religieufes & Séculieres , & des Bénéficiers , feront tenus d'en compter aux Receveurs Généraux des Bois , & de leur en remettre les quatorze deniers pour livre , pag. 564 du Mém. alph. 746 de la Conf. tome 2.

7 Mars. Arrêt du Confeil qui ordonne que , faute par le fieur Robert, Prévôt de Sefanne , d'avoir fait juger dans les délais prefcrits par l'Ordonnance , l'appel par lui interjetté d'une Ordonnance du fieur de la Faluere, Grand-Maître , ladite Ordonnance fera exécutée en dernier reffort , page 749 de la Conf. tome 2.

14 Mars. Arrêt du Confeil qui difpenfe les Gardes des Bois du Roi de faire enrégiftrer leurs commiffions ou provifions aux Chambres des Comptes & Bureau des Finances , pag. 249 du Mém. alph. 750 de la Conf. tome 2.

1724.

11 Avril. Arrêt du Confeil d'Etat , qui permet aux Officiers des Eaux & Forêts du Département de Metz de porter des armes défenfives , en faifant les fonctions de leurs charges , page 753 de la Conf. tome 2.

14 Mai. Arrêt du Confeil , qui ordonne que , nonobftant les priviléges accordés aux Eccléfiaftiques & particuliers des Provinces de Flandres , Artois & Haynault , tous Bois fitués dans lefdites Provinces feront régis , adminiftrés & gouvernés fuivant & conformément à l'Ordonnance des Eaux & Forêts de 1669 , page 756 de la Conf. tome 2.

16 Mai. Arrêt du Confeil , qui fait défenfes à tous Eccléfiaftiques , & particuliers Laïcs , Propriétaires des Bois dans le Département de Metz , de faire aucuns défrichemens dans leurs Bois , & de couper aucuns Bois de haute-futaye fans permiffion de Sa Majefté , page 759 de la Conf. tome 2.

10 Juin. Arrêt du Confeil , portant Réglement pour les Bois des Eccléfiaftiques de la Province de Bretagne ; au Recueil page 117.

20 Juin. Arrêt du Confeil , qui ordonne que les amendes , reftitutions & confifcations prononcées pour délits commis dans les Bois du Roi , ceux des Eccléfiaftiques & Communautés feront perçues au profit de Sa Majefté , nonobftant tous engagemens & Arrêts contraires à l'Ordonnance , qui pourroient avoir été furpris par les Engagiftes , page 688 de la Conf. tome 2 , 24 du Mém. alph.

20 Juin. Arrêt du Confeil , qui juge qu'on ne peut , fans raifon , priver les Officiers d'une Maîtrife du droit de faire les adjudications des Bois des Eccléfiaftiques fitués dans leur reffort , &c. page 408 du Mém. alph.

4 Juillet. Arrêt du Confeil , qui caffe la nomination du Greffier de la Maîtrife de Crecy , à la charge de Marguillier de la Chapelle de Crecy , & tout ce qui a été ou pourroit être fait contre lui pour raifon de ce , page 760 de la Conf. tome 2.

25 Juillet. Arrêt du Conseil, qui casse une Ordonnance du Juge d'Héricourt, qui permettoit aux Habitans dudit lieu d'Héricourt de vendre cinquante chênes, & condamne ledit Juge en cinq cent livres d'amende ; lui fait défenses & à tous autres de donner de pareilles permissions à l'avenir, page 483 du Mém. alph. 761 de la Conf. tom. 2.

8 Août. Arrêt du Conseil, qui casse une Sentence de la Maîtrise de Vezoul, en ce qu'elle adjugeoit au profit du Seigneur de Noroy une amende de 2000 liv. pour délits commis dans les Bois de la Communauté de Noroy.

Fait défenses aux Officiers de ladite Maîtrise d'adjuger à l'avenir aucunes amendes au profit des Seigneurs lorsque les poursuites auront été faites à la diligence du Procureur du Roi, page 409 du Mém. alph. 762 de la Conf. tome 2.

15 Août. Arrêt du Conseil d'Etat, qui permet aux Officiers du Département de Haynault, de porter des armes défensives en faisant les fonctions de leurs charges, page 763 de la Conf. tome 2.

29 Août. Arrêt du Conseil, qui porte établissement d'une commission pour l'examen & vérification des titres des Seigneurs qui prétendent des droits de Péages ; ordonne que dans quatre mois du jour de la publication, tous Propriétaires desdits droits seront tenus d'envoyer au Greffier de ladite commission des copies en bonne forme de leurs titres, dont leur sera donné certificat par le Greffier.

Fait défenses ausdits Propriétaires, après l'expiration du délai de percevoir lesdits droits de Péages, s'ils ne justifient de ladite représentation, &c. au Recueil nouveau, page 118.

6 Septembre. Arrêt du Conseil, qui fait défenses à tous particuliers d'abattre aucuns arbres de haute futaie, soit en corps de bois ou épars sur les fossés sans en avoir fait déclaration, sous les peines portées par l'Ordonnance, au recueil nouveau, page 120.

11 Septembre. Lettres-Patentes sur Arrêt, qui ordonnent que les Grands-Maîtres des Eaux & Forêts ne seront tenus d'envoyer leurs états qu'au Conseil, ès mains du Sieur Contrôleur Général des Finances, page 767 de la Conf. tome 2.

21 Novembre. Arrêt du Conseil, qui casse une adjudication de Bois communaux, faite sans permission du Grand-Maître, par le Juge des lieux, page 312 du Mém. alph.

1725.

23 Janvier. Arrêt notable du Conseil, portant Réglement pour la vente des matériaux destinés à la construction des Casernes dans les Généralités de Paris, Lyon, Amiens, Soissons, &c. & qui ordonne que ce qui concerne les Bois, se fera de l'autorité du Grand-Maître, le surplus par MM. les Intendans, au Recueil nouveau, page 121.

30 Janvier. Arrêt du Conseil, portant Réglement pour les Bois des Ecclésiastiques, Communautés & Particuliers du pays de Bugey & Valromey, page 642 du Mém. alph.

13 Mars. Arrêt du Conseil, qui ordonne que le sieur Leriche, pourvû de l'Office de Maître particulier de Bar-sur-Seine, sera tenu de se faire in-

4 Juin. Arrêt du Conseil, portant Réglement sur les adjudications & réceptions des doublemens & tiercemens, page 715 du Mém. alph.

2 Juillet. Arrêt du Conseil, qui ordonne que par le Grand-Maître de Soissons, & par les Officiers de la Maîtrise de Compiegne, il sera procédé à la désignation des nouvelles routes à faire dans la Forêt de Compiegne, & à la visite des Bois en provenans, au Recueil nouveau, page 124.

8 Juillet. Arrêt du Conseil, qui ordonne que sur les ordres du Sur-Intendant des Bâtimens, en présence du Grand-Maître de Soissons & des Officiers de la Maîtrise de Compiegne il sera procédé au défrichement & élaguement des routes faites & à faire dans la Forêt de Compiegne, que les Bois en provenans seront vendus au Siége de la Maîtrise, &c. & que lesdites routes seront dans la suite entretenues par les ordres du Sur-Intendant, au Recueil nouveau, page 125.

17 Septembre. Arrêt du Conseil, portant Réglement pour les Bois des Ecclésiastiques situés dans les Provinces de Touraine, Anjou & le Maine, au Recueil nouveau, page 126.

10 Décembre. Arrêt du Conseil d'État du Roi, portant défenses aux Officiers de Sablé de permettre à l'avenir aux Ecclésiastiques, Communautés & Particuliers, de couper aucun arbre futaie, sous quelque prétexte que ce puisse être, & de connoître des matieres d'Eaux & Forêts, à titre de Gruyer, Verdier ou Maître particulier, sans avoir pris l'attache du Grand-Maître, avec injonction de représenter dans trois mois leurs titres audit Grand-Maître, au Recueil nouveau, page 128.

31 Décembre. Arrêt du Conseil, qui ordonne que les Procureurs qui postulent aux Tables de Marbre & Chambre souveraine des Eaux & Forêts, seront tenus de consigner les amendes de fol appel, d'inscription de faux & autres, entre les mains des Receveurs des Amendes desdites Tables de Marbre & Chambres souveraines, &c. conformément à l'art. XXX de l'Edit de Mai 1716, à peine de nullité des Consignations & de 200 liv. d'amende, page 25 du Mém. alph.

1727.

10 Janvier. Décision du Conseil, qui exempte du Contrôle les Adjudications des Bois & réception de cautions, au Recueil nouveau, pag. 129.

15 Février. Déclaration du Roi, concernant les amendes des Eaux & Forêts, donnée à Marly le 15 Février 1727, page 26 du Mém. alph.

18 Février. Arrêt du Conseil d'Etat du Roi, qui ordonne que sans avoir égard à un Arrêt du Parlement de Paris, les Religieux de Clairfontaine procéderont pardevant le sieur de la Faluere, Grand-Maître des Eaux & Forêts du Département de Paris, pour raison du fait dont est question ; fait défenses à tous Ecclésiastiques & autres Gens de main morte, de se pourvoir ailleurs que pardevant les sieurs Grands Maîtres, au sujet de la position des quarts de réserve & réglement des coupes ordinaires de leurs taillis à 25 ans, & indemnité en balliveaux pour le reculement des coupes, au Recueil nouveau, page 129.

18 Mars. Arrêt du Conseil d'Etat du Roi, qui ordonne que par le sieur Grand-Maître des Eaux & Forêts au Département de Champagne il sera procédé à l'établissement d'autres lavages de Teinturiers sur la riviere de Vesle,

tal pour les Bois de l'Ordre de Malthe, page 410 du Mém. alph.

1729.

4 Janvier. Arrêt du Conseil d'Etat du Roi, qui fait défenses d'ouvrir des carrières dans les Forêts du Roi, sans sa permission & l'attache du Grand-Maître, au Recueil nouveau, page 139.

22 Février. Arrêt du Conseil d'Etat du Roi, portant défenses à tous Bénéficiers & Communautés séculières & régulières & laïques, Économes, Administrateurs, Recteurs & Principaux des Colléges, Hôpitaux, Commandeurs & Procureurs de l'Ordre de S. Jean de Jérusalem, & à tous autres de défricher aucuns de leurs Bois, soit futaye ou taillis, sans permission de Sa Majesté, à peine de 300 liv. d'amende, pour chaque arpent de taillis, & d'être tenus de faire rétablir les lieux à leurs frais & dépens, page 148 du Mém. alph.

22 Mars. Arrêt du Conseil, qui ordonne que toutes adjudications & expéditions faites à requête des Procureurs de Sa Majesté aux Maîtrises du Royaume seront scellées gratis, conformément aux Arrêts du Conseil, & notamment celui du 21 Juin 1704, page 673 du Mém. alph.

14 Juin. Arrêt du Conseil d'Etat du Roi, portant défenses aux Officiers de la Table de Marbre & Juges en dernier ressort, de connoître en première instance des matieres d'Eaux & Forêts, Pêche & Chasse, & aux Procureurs de se pourvoir pour raison de ce ailleurs que pardevant les Officiers des Maîtrises, à peine de nullité des procédures, & de 100 liv. d'amende, au Recueil nouveau, page 140.

19 Juillet. Arrêt du Conseil d'Etat du Roi, qui décharge du Contrôle tous actes & exploits faits à la requête des Procureurs du Roi dans les Maîtrises des Eaux & Forêts; & fait défenses aux Fermiers, sous-Fermiers, Commis & Préposés, d'exiger aucuns Droits; au Recueil nouveau, page 142.

13 Septembre. Arrêt du Conseil, qui fait défenses à tous Particuliers de couper leurs Bois taillis, qu'ils n'ayent au moins atteint l'âge de dix ans, & aux Parlemens, Intendans, Sénéchaux & autres Juges qui font les baux. tant des Bois saisis réellement, que de ceux appartenans aux Religionnaires fugitifs d'y comprendre les Bois taillis, qui pendant le cours desdits Baux, ne pourront pas atteindre ledit âge de 10 ans, page 77 du Mém. alph.

29 Novembre. Arrêt du Conseil, portant Réglement pour la distribution des deniers provenans du dixiéme du prix des ventes de Bois que Sa Majesté veut être retenu en faveur des pauvres Communautés, page 169 du Mém. alph.

1730.

4 Juillet. Arrêt du Conseil, qui déboute les Maires & Echevins de leurs demandes, à fin d'être maintenus au droit de fixer le prix des Bois de chauffage qui se débiteront dans la Ville d'Abbeville, &c. page 505 du Mém. alph.

11 Juillet. Arrêt notable du Conseil, portant Réglement pour les Bois tant des Ecclésiastiques que des Particuliers,dans le Département de Blois & Berry, au Recueil nouveau, page 144.

29 Août. Lettres-Patentes, qui ordonnent la coupe des balliveaux sur

foient folvables, à peine d'en répondre en leurs propres & privés noms, au Recueil nouveau, page 156.

26 Juin. Arrêt du Parlement de Bretagne, qui confirme les Officiers de la Maîtrise de Rennes dans le droit de fe fervir de la Chambre du Préfidial, aux heures que les Juges préfidiaux n'y feront point, au Recueil nouveau, page 157.

28 Juillet. Arrêt du Confeil d'Etat du Roi, qui excepte du paiement des droits de trois fols pour livre & des autres droits réfervés tous les Procès-verbaux de vifites, récollemens, martelages & autres actes judiciaires qui feront faits dans les Bois appartenans aux Communautés Eccléfiaftiques & Laïques & qui regle les cas où lefdits droits pourront être perçus, au Recueil nouveau, page 157.

11 Août. Arrêt du Confeil d'Etat du Roi, par lequel il eft fait défenfes aux Officiers de la Table de Marbre de furfeoir, fous tel prétexte que ce foit l'exécution des Sentences & Jugemens rendus dans les Maîtrifes, pour abus, délits, malverfations & confifcations dont il fera appellé, à peine d'interdiction & d'amande arbitraire, comme auffi faifant droit fur les conclufions de l'Infpecteur du Domaine : Ordonne que le Procureur du Roi de la Maîtrife de Bourges, fera tenu d'opter dans fix mois, entre ledit Office de Procureur du Roi & celui de Juge de l'Abbaye de Pleinpied, finon ledit temps paffé ledit Office de Procureur du Roi eft déclaré vacant & imprétable au profit de Sa Majefté, au Recueil nouveau, page 159.

3 Novembre. Arrêt du Confeil, qui ordonne que l'article 43 de l'Edit du mois de Mai 1716, fera exécuté felon fa forme & teneur, en conféquence que les Receveurs des amendes de toutes les Maîtrifes, feront tenus de faire fignifier à requête du Procureur du Roi, dans la quinzaine, les Sentences defdites Maîtrifes portant condamnations, &c. au Recueil nouveau, page 160.

22 Décembre. Arrêt du Confeil, qui fait défenfes aux Greffiers des Experts, d'entreprendre fur les fonctions des Greffiers des Maîtrifes, à peine de 1000 l. d'amende, & de tous dépens, dommages & intérêts, au Recueil nouveau, page 162.

29 Décembre. Arrêt du Confeil, qui reçoit l'Infpecteur du Domaine oppofant à celui du 20 Décembre 1707, en ce qu'il maintient les Officiers du Comté de Joigny dans le droit d'exercer leur Jurifdiction fur les Eaux & Forêts appartenans aux Particuliers, Eccléfiaftiques, Communautés & Gens de main morte dudit Comté; déboute M. le Duc de Villeroy & les Maire & Echevins de Joigny de leur oppofition à l'Arrêt du Confeil du 22 Avril 1732, & renvoie lefdits Maire, Echevins & Habitans de ladite Ville en la Maîtrife de Montargis, pour y procéder en exécution dudit Arrêt & de l'Ordonnance du Maître particulier de ladite Maîtrife du 12 Septembre 1732, au Recueil nouveau, page 163.

1734.

2 Février. Arrêt du Confeil d'Etat du Roi, portant Réglement pour les Bois des Chartreux, au Recueil nouveau, page 165.

30 Mars. Arrêt du Confeil, qui maintient les Huiffiers Audienciers dans

Tome I. h

Maître de tenir la main à l'exécution dudit Arrêt, au Recueil nouveau, page 174.

10 Mai. Arrêt du Conseil, qui fait défenses à tous les Juges des Seigneurs de donner aucune permission de couper des bois & arbres de futaie, baliveaux fur taillis ou arbres épars, & aux Greffiers desdites Justices de recevoir aucune déclaration des Particuliers, pour raison de ce, au Recueil nouveau, page 177.

6 Août. Arrêt du Parlement de Bretagne, rendu fur les remontrances & conclusions de M. le Procureur Général du Roi, qui fait défenses à toutes personnes do jetter des immondices & mettre les lins & chanvres à rouir dans des rivières & étangs, à peine de confiscation & de 50 liv. d'amende, au Recueil nouveau, page 178.

23 Août. Arrêt du Conseil d'Etat du Roi, qui ordonne que les Habitans des Communautés, situées dans l'étendue du Domaine du Roi, seront tenus de préposer un ou plusieurs Gardes pour veiller à la conservation de leurs Bois communaux, lesquels prêteront ferment & feront leurs rapports aux Greffes des Maîtrises, conformément à l'Ordonnance des Eaux & Forêts de 1669, à peine de 50 liv. d'amende, pour chaque contravention, au Recueil nouveau, page 179.

15 Novembre. Arrêt du Conseil, qui fixe le rang que doivent tenir les Receveurs Généraux & Particuliers des bois, lorsqu'ils assistent aux Adjudications, au Recueil nouveau, page 180.

19 Novembre. Arrêt du Parlement de Bretagne, qui fait défenses à tous Juges autres que ceux des Eaux & Forêts & Gruyers, de connoître des actions qui procéderont des contrats & marchés faits pour achat de bois, cendres & charbons, lorsque les contrats seront faits avant que les marchandises fussent transportées hors les bois, rivières ou étangs, au Recueil nouveau, page 180.

22 Novembre. Arrêt du Conseil d'Etat du Roi, servant de Réglement pour la pêche, qui fait défenses d'insulter les Officiers des Eaux & Forêts, lors de leurs visites, à peine de 500 liv. d'amende, & enjoint à toutes personnes, sans distinction, de leur montrer les poissons qui auront été péchés & les filets dont ils se feront servis, lorsque lesdits Officiers les en requereront, page 493 du Mém. alph.

6 Décembre. Arrêt du Conseil, qui casse un exécutoire décerné fur les amendes, avec défenses d'en rendre de pareils, fous les peines portées par l'art. 56 de l'Edit du mois de Mai 1716 au Recueil nouveau, page 181.

6 Décembre. Arrêt du Conseil, qui fait défenses au Juge Châtelain de Bellevaux & à tous autres Juges des Seigneurs, de prendre connoissance des coupes d'arbres futaie, baliveaux fur taillis & arbres épars des Bois des Communautés, &c. au Recueil nouveau, page 182.

1736.

6 Mars. Arrêt du Conseil, qui fait défenses aux Officiers du Baillage de Langres & à tous autres de troubler les Officiers de ladite Maîtrise dans leurs fonctions, à peine d'interdiction & de 3000 liv. d'amende, au Recueil nouveau, page 183.

13 Mars. Arrêt du Conseil, qui fait défenses aux Juges & Consuls de pren-

Collecteurs des amendes, faute de leur avoir fait faire lesdites significations dans le temps prescrit par l'art. 5 du tit. 6 de l'Ordonnance de 1669, au Recueil nouveau, page 193.

21 Mai. Arrêt du Conseil, qui maintient le Sous-Fermier des Domaines de la Ville de Sedan, dans le droit de chasser aux oiseaux de passage & de pêcher sur les ruisseaux dépendans dudit Domaine, conformément à son bail, à la charge néanmoins de se conformer aux Ordonnances, au Recueil nouveau, page 194.

3 Juin. Arrêt notable du Conseil, portant Réglement entre les Officiers de Castelnaudary, au Recueil nouveau, page 195.

4 Juin. Arrêt du Conseil d'Etat du Roi, qui ordonne qu'à l'avenir les Receveurs des amendes compteront de leur maniement dans le courant du mois de Juillet de chacune année, au Recueil nouveau, page 198.

25 Juin. Arrêt du Conseil d'Etat du Roi, qui ordonne que les appels des Sentences des Maîtrises, ainsi que les Jugemens qui interviendront sur iceux portant décharge ou modération d'amendes, feront signifiés aux Collecteurs des amendes, au Recueil nouveau, page 199.

16 Juillet. Arrêt du Conseil, qui fait défenses aux Officiers de Police de la Ville de Provins de prendre connoissance des matières d'Eaux & Forêts & de ce qui concerne le curement des Rivières & des ruisseaux qui traversent ladite Ville, à peine de 500 liv. d'amende & de tous dépens, dommages & intérêts, au Recueil nouveau, page 200.

6 Août. Arrêt du Conseil, portant Réglement entre la Maîtrise des Eaux & Forêts, & le Baillage de la Province & Baronnie de Baujolois, & ordonnant l'exécution en faveur de cette Maîtrise, de tous les Edits, Déclarations, Arrêts & Réglemens rendus en faveur des autres Maîtrises du Royaume, au Recueil nouveau, page 201.

7 Septembre. Arrêt de la Cour de Parlement, qui décharge les S. Febur, Maître particulier, & Guido, Garde-Marteau de la Maîtrise de Chaumont, du *Veniat* contre eux prononcé par une Sentence de la Table de Marbre de Paris du 11 Mai 1737, qui est mise au néant, avec défenses aux Juges de la Table de Marbre de donner à l'avenir de pareils *Veniat*, au Recueil nouveau, page 203.

Premier Octobre. Arrêt du Conseil qui casse cinq Jugemens de la Table de Marbre, rendus contre les dispositions des articles XI du titre premier, & II du titre XIII de l'Ordonnance de 1669, & des Arrêts & Réglemens intervenus en conséquence: condamne le Seigneur de Treuvray à payer ès mains du Collecteur des amendes de la Maîtrise de Chaumont, une amende de cinquante livres qu'il a reçue d'un Particulier, & à laquelle il l'avoit fait condamner en sa Justice, pour la coupe d'un baliveau, & les Officiers de la Justice de Treuvray, à restituer audit Particulier 96 liv. 2 s. 6 d. par eux induement exigés de lui pour frais de poursuite, avec défenses auxdits Officiers de récidiver sous les peines portées par les Ordonnances, au Recueil nouveau, page 205.

31 Décembre. Arrêt du Conseil qui casse un Décret d'ajournement personnel décerné à la Table de Marbre à Paris le 18 Septembre 1737; fait défenses au Greffier de ladite Table de Marbre, d'expédier à l'avenir, aucune commis-

que, pour raison des faits résultans du procès-verbal dudit Desjardins, du 19 Juin 1738, les Particuliers y dénommés seront tenus de procéder à ladite Maîtrise, avec très-expresses défenses aux Juges de Chatillon, de connoître à l'avenir d'aucune matiere d'Eaux & Forêts, Pêches & Chasses, sous les peines portées par l'Ordonnance de 1669, au Recueil nouveau, page 221.

1739.

6 Janvier. Arrêt du Conseil qui ordonne l'exécution d'un autre du 19 Juin 1732, & confirme les Officiers des Eaux & Forêts dans le droit de Jurisdiction sur les prés, marais, pâtis, communs, landes & secondes herbes, à l'exclusion des autres Jurisdictions, au Recueil nouveau, page 222.

10 Mars. Arrêt du Conseil qui fait défenses à tous Juges Royaux, de connoître d'aucunes matieres d'Eaux & Forêts, à peine de nullité des procédures, au Recueil nouveau, page 223.

24 Mars. Arrêt du Conseil qui casse & annulle un Jugement de la Table de Marbre de Paris, qui avoit reçu l'appel d'une Ordonnance rendue en réformation, par M. de la Faluere, Grand-Maître des Eaux & Forêts du Département de Paris, au Recueil nouveau, page 225.

Premier Décembre. Arrêt du Conseil qui maintient les Officiers de la Maîtrise de Montbrison dans les Priviléges attribués à leurs charges par l'Ordonnance des Eaux & Forêts de 1669; ordonne que les sommes qu'ils ont été obligés de payer pour impositions extraordinaires, leur seront restituées, au Recueil nouveau, page 225.

1740.

19 Janv. Arrêt notable du Conseil qui déboute les Officiers du Bailliage & Siège présidial de Bourges, exerçant la charge de Lieutenant Général de Police, réunie à leur Corps, de leur opposition à l'Arrêt du Conseil du vingt-deux Février 1729, & ordonne que, conformément à icelui, les Officiers de la Maîtrise de Bourges connoîtront de tout ce qui concerne le netoyement & curement des rivieres, &c. au Recueil nouveau, page 227.

19 Janvier. Arrêt du Conseil qui ordonne que le Procureur Général du Parlement de Douay sera tenu de prendre le fait & cause de ses Substituts, sur les appellations des Sentences des Maîtrises où lesdits Substituts seront Parties, & ce sur les Piéces & Mémoires qu'ils lui enverront dans les tems prescrits par l'Ordonnance des Eaux & Forêts du mois d'Août 1669, au Recueil nouveau, page 228.

23 Février. Arrêt notable du Conseil qui fait défenses aux Officiers des Maîtrises, de rendre aucunes Ordonnances tendantes à réformation générale, au Recueil nouveau, page 229.

23 Février. Arrêt du Conseil qui fait défenses à la Chambre des Eaux & Forêts de Besançon, de procéder à l'information de vie & mœurs des Officiers des Maîtrises, sans la commission expresse du sieur Grand-Maître du Département à peine de nullité de ladite information, & de tout ce qui s'en seroit ensuivi, sous les peines portées par l'Arrêt du Conseil du vingt-huit Juillet 1722, au Recueil nouveau, page 231.

8 Mars. Arrêt notable du Conseil qui casse une Sentence rendue en la Justice de Montignac, contre un des Gardes de la Maîtrise d'Angoulême, pour avoir averti des gens qui pêchoient dans la riviere de Charente, de se confor-

Forêts

Forêts de Sa Majesté, fait défenses aux Usagers & Riverains de mener leurs bestiaux à demi-lieue près des cantons incendiés, pendant cinq ans, à peine de 500 liv., &c. au Recueil, page 243.

9 Mai. Arrêt notable du Conseil qui confirme une Sentence rendue en la Maîtrise particulière de Rennes, contre les Meuniers de la riviere de Vilaine, pour avoir pris dix sols de chaque bateau qui passoit à leurs écluses ; & leur fait expresses défenses de récidiver., au Recueil nouveau, page 244.

6 Juin. Arrêt du Conseil qui ordonne que, sans avoir égard à trois Arrêts du Parlement de Besançon, que Sa Majesté a cassés & annullés, il sera par les Officiers de la Maîtrise de Dole procédé au réglement des Bois des Eccléfiastiques & Communautés de leur ressort, au Recueil nouveau, page 245.

13 Juin. Arrêt du Conseil qui ordonne que, par les Officiers de la Maîtrise de Rennes & Villecartier, il sera informé & procédé jusqu'à Sentence définitive inclusivement, contre les auteurs des incendies arrivés dans les Forêts de Sa Majesté. Fait défenses aux Usagers & Riverains de mener leurs bestiaux à demi-lieue près des cantons incendiés, pendant cinq ans, à peine de 500 liv., &c. au Recueil nouveau, page 247.

20 Juin. Arrêt du Conseil qui casse une Sentence du Bailliage de Thionville, & un Arrêt du Parlement de Metz, &c. ; & ordonne que les contestations entre le Seigneur & les Habitans du lieu de Saint Ankange, au sujet du partage de leurs Bois communaux, seront portées devant le sieur Coulon, Grand-Maître, au Recueil nouveau, page 248.

8 Août. Arrêt du Conseil qui casse une procédure en premiere instance, faite à la Table de Marbre de Paris, pour faits de chasse, & renvoie les Parties se pourvoir en la Maîtrise de Poitiers, &c. au Recueil nouveau, page 249.

15 Août. Arrêt notable du Conseil qui maintient Nicolas Joliot, Huissier-Audiencier de la Maîtrise de Besançon, dans le droit & possession de mettre à exécution, dans toute l'étendue de ladite Maîtrise, toutes Ordonnances, Sentences, Jugemens, Arrêts & Commissions, tant des Juges des Eaux & Forêts, que de tous autres Juges, &c. au Recueil nouveau, page 250.

12 Septembre. Arrêt notable du Conseil qui fait défenses aux Officiers de la Table de Marbre de Rouen, de procéder à la réception d'aucuns Gardes des Eaux & Forêts, Pêches & Chasses, &c. au Recueil nouveau, page 252.

12 Septembre. Arrêt du Conseil qui casse & annulle toutes les adjudications de Bois ci-devant faites, à la Feuille, dans le ressort de la Maîtrise de Nevers, & notamment celles faites à Etienne Tenaille l'aîné, les 2 Décembre 1721, & 8 Janvier 1727, pour les Habitans & Communauté de Dornecq, &c. au Recueil nouveau, page 253.

12 Septembre. Arrêt du Conseil qui fait défenses aux Officiers du Bailliage de Langres & tous autres, de troubler à l'avenir, ceux de la Maîtrise de Sens dans leurs fonctions, & de prendre connoissance des Bois des Communautés & Gens de Main-morte, Pâtis & Communaux, à peine, &c. au Recueil nouveau, page 255.

15 Octobre. Arrêt notable du Conseil qui fait défenses au sieur Marquis

Tome I. i

Maître particulier de la Maîtrise Royale la plus prochaine, au Recueil nouveau, page 267.

10 Juillet. Arrêt du Conseil d'Etat du Roi, portant défenses à tous Juges de Seigneurs de prendre connoissance à l'avenir des coupes d'arbres futaies, ou autres délits qui pourront être commis dans les quarts de réserve, ni des coupes de baliveaux sur taillis, ou arbres épars, qui seront faites dans les bois des Communautés, à peine de demeurer garans & responsables envers Sa Majesté du montant des amendes auxquelles les Délinquants auroient dû être condamnés, au Recueil nouveau, page 269.

31 Juillet. Arrêt du Conseil, qui exempte les Gardes de la Maîtrise d'Abbeville du droit de Chaussée qui se leve aux Portes de ladite Ville, pour eux, leurs chevaux & les bestiaux trouvés en délit & confisqués au profit de Sa Majesté, au Recueil nouveau, page 270.

31 Juillet. Arrêt notable du Conseil, qui ordonne que les articles 2 & 14 du tit. premier, 4 & 20 du titre 27 de l'Ordonnance de 1669, seront exécutés selon leur forme & teneur, en conséquence, sans s'arrêter à un Arrêt du Parlement de Paris, les nommés Pluget & Guenin, seront tenus de répondre en la Maîtrise de Bar-sur-Seine, sur l'assignation leur donnée à requête du Procureur du Roi, pour avoir enlevé des terres & gazons sur les communes de la Paroisse de Balnoft, au Recueil nouveau, page 271.

14 Août. Arrêt du Conseil, qui ordonne l'exécution des articles 5 & 8 du tit. 2 de l'Ordonnance de 1669, & de l'Arrêt du Conseil du 11 Août 1733, qui font défenses aux Officiers des Eaux & Forêts de tenir conjointement d'autres Offices, au Recueil nouveau, page 273.

9 Octobre. Arrêt notable du Conseil, qui casse comme attentatoire à l'autorité du Conseil une adjudication faite pour six ans, des pacages & glandées de la Forêt de la Barbe, & autres appartenantes à Sa Majesté, par les Officiers de la Maîtrise de Rodez, de l'autorité du Grand-Maître.

Ordonne que les Adjudications des pacages & glandées, ne se pourront faire que pour un an, au Recueil nouveau, page 273.

25 Décembre. Arrêt du Conseil, qui donne acte aux Magistrats de Lisle, de leur déclaration, qu'ils n'entendent assujettir les Adjudicataires des Bois du Roi, aux droits d'entrée & octrois, pour les bois qu'ils feront conduire & débiter pour leur compte.

Ordonne que conformément à l'Arrêt du Conseil du 25 Mai 1706, lesdits Adjudicataires seront tenus de payer les droits attribués aux Offices de Mouleurs, & les salaires des Jaugeurs, au Recueil nouveau, page 275.

1743.

15 Janvier. Arrêt du Conseil, qui maintient le Garde général, Collecteur des amendes de la Maîtrise de Soissons, dans le droit de mettre à exécution dans le ressort de ladite Maîtrise seulement, toutes Ordonnances, Sentences, Jugemens, Arrêts & Commissions, tant des Juges des Eaux & Forêts, que de tous autres Juges, &c. au Recueil nouveau, page 275.

15 Janvier. Arrêt notable du Conseil, qui casse un Jugement de la Chambre Souveraine des Eaux & Forêts de Besançon, & ordonne que la demande en partage de bois communs, formée par les Habitans de Chantran contre les Habitans de Reugny, sera reportée devant le Grand-Maître des Eaux & Fo-

1745.

Février. Edit du Roi donné à Verfailles au mois de Février 1745, qui ordonne que les Grands Maîtres des Eaux & Forêts feront tenus au rachat de l'annuel, & les Officiers des Eaux & Forêts au rachat du prêt & de l'annuel; & porte création d'un Tréforier-Payeur & d'un Contrôleur des 14 f. pour livre du prix des Adjudications des Bois, au Recueil nouveau, page 286.

23 Février. Arrêt du Confeil d'Etat du Roi, par lequel Sa Majefté fans avoir égard à un Arrêt du Parlement de Paris du 12 Janvier 1745, juge 1°. qu'une demande tendante à la deftruction d'une Garenne & aux dommages & intérêts pour dégâts caufés par les lapins, doit être portée devant les Officiers des Eaux & Forêts. 2°. Que les *Committimus* & évocations ne peuvent avoir lieu en matière d'Eaux & Forêts, au Recueil nouveau, page 290.

16 Mars. Arrêt notable du Confeil, qui fait défenfes au Sénéchal de Bigore de prendre fous quelque prétexte que ce foit, connoiffance des bois des Communautés & Gens de Main-Morte, prés, pâtis, landes & communaux, à peine, &c. au Recueil nouveau, page 292.

24 Juillet. Déclaration du Roi portant confirmation des privileges, prérogatives & droits accordés aux Grands-Maîtres des Eaux & Forêts, conformément à l'Edit du mois de Février 1745, au Recueil nouveau, page 293.

31 Juillet. Arrêt notable du Confeil, qui fait défenfes à tous Juges des Seigneurs, dans le reffort de la Maîtrife de Monmaraut, de prendre connoiffance d'aucunes coupes d'arbres futaies, baliveaux fur taillis ou autres arbres épars, foit dans les Bois des Communautés Eccléfiaftiques & Laïques, foit dans ceux des Particuliers, & d'aucun cas Royal en matière d'Eaux & Forêts, à peine, &c. au Recueil nouveau, page 294.

21 Septembre. Arrêt du Confeil, qui décharge de l'uftenfile, les Greffiers, Receveurs des amendes, Garde général, Arpenteur de la Maîtrife de Caen, & l'Arpenteur général des Eaux & Forêts de Caen, conformément à l'art. 13 du tit. 2 de l'Ordonnance de 1669, au Recueil nouveau, page 296.

1746.

22 Janvier. Ordonnance de M. du Vaucel, Grand-Maître des Eaux & Forêts de Paris, portant Réglement pour les huées ou chaffes aux loups, qui fe feront dans fon Département, au Recueil nouveau, page 297.

16 Août. Arrêt du Confeil, par lequel Sa Majefté a fait défenfes au fieur Herlin, Receveur des amendes de la Table de Marbre de Dijon, de s'immifcer à l'avenir fous quelque prétexte que ce foit dans la Collecte des amendes, reftitutions & confifcations prononcées & à prononcer au Siége de ladite Table Marbre fur l'appel des Sentences, émanées des Maîtrifes du reffort de ladite Table de Marbre, à peine de 1000 liv. d'amende, au Recueil nouveau, page 307.

1747.

4 Janvier. Ordonnance notable de M. le Grand-Maître des Eaux & Forêts de Paris, fur l'adminiftration des biens communs des Paroiffes, au Recueil nouveau, page 308.

12 Août. Arrêt du Confeil, qui caffe un Arrêt du Parlement de Bretagne, & maintient les Officiers des Maîtrifes des Eaux & Forêts dans le droit de con-

dre aucunes Ordonnances fur ce qui peut concerner la police des Forêts, au Recueil nouveau, page 334.

29 Juillet. Arrêt du Conseil, qui condamne la Veuve Denis, Adjudicataire fous le nom de fon Gendre, des Bois du Roi en la Maîtrise de Caudebec, en 1000 liv. d'amende pour avoir déraciné des souches, & faute d'avoir ravalé ou recepé les étocs des bois abougris, au Recueil nouveau, page 335.

29 Juillet. Arrêt notable du Conseil, qui ordonne l'exécution des articles 24 & 25 du tit. 27 de l'Ordonnance de 1669, & en conséquence que les Officiers des Maîtrises de Rouen & Lyon fe tranfporteront chez les Particuliers qui tiennent des atteliers, près les Forêts du Roi, à l'effet de les reconnoître, & que lefdits Particuliers feront tenus de déclarer les bois dont ils s'approvifionneront, au Recueil nouveau, page 338.

29 Juillet. Arrêt notable du Conseil, qui ordonne que les articles 45 & 47 de l'Edit de Mars 1716, contre les Inutiles & les Vagabonds, feront exécutés felon leur forme & teneur, & que conformément à une Sentence de la Maîtrise de Lyon, Guillaume Mouchelet fera inceffamment tiré des Prifons & conduit aux Galeres, pour y fervir pendant cinq ans, au Recueil nouveau, page 340.

2 Septembre. Arrêt du Conseil, qui caffe deux Sentences de la Table de Marbre de Dijon, qui avoient infirmé deux Sentences de la Maîtrise d'Avalon, en ce que lefdites Sentences adjugeoient des falaires aux Gardes, pour raifon de quoi les Jugemens de la Table de Marbre faifoient défenfes aux Juges de la Maîtrise, de prononcer aucuns dépens dans les cas où le Subftitut du Procureur Général feroit feul Partie, au Recueil nouveau, page 341.

9 Décembre. Arrêt notable du Conseil, qui déboute le fieur de Rochemont, Engagifte de la Baronnie de Montcenis, de fa demande tendante à ce qu'il plût à Sa Majefté lui permettre de difpofer des brouffailles accrues dans les vergers, jardins & aifances du Château de ladite Baronnie.

Ordonne que par l'Arpenteur qui fera nommé par le Grand-Maître, il fera fait un Plan figuratif dudit Bois & des autres dépendans de ladite Baronnie, au Recueil nouveau, page 343.

15 Décembre. Réglement fait par la Maîtrise de Paris des Droits de peages, qui fe perçoivent par le Fermier du Bac de Choify-le-Roi-fur-Seine, au Recueil nouveau, page 345.

1750.

13 Janvier. Arrêt du Conseil, qui autorife les Officiers des Maîtrises, à connoître des conteftations, au fujet des arbres plantés fur les Grands chemins, en vertu de l'Arrêt du Conseil du 3 Mai 1720, au Recueil nouveau, page 348.

27 Janvier. Arrêt du Conseil, qui confirme une Sentence rendue en la Maîtrise de Fontainebleau le 15 Janvier 1749, par laquelle les Freres de l'Ecole Chretienne de Fontainebeau, & le nommé la Foffe avoient été condamnés folidairement en 32 liv. d'amende & 32 liv. de reftitution, pour avoir lefdits Freres acheté dudit la Foffe une corde de bois de délit, trouvée dans leur Cour, au Recueil nouveau, page 349.

27 Janvier. Arrêt du Conseil, qui ordonne que le Maître Particulier des

14 Juillet. Arrêt notable du Conseil qui casse une surséance accordée par la Chambre des Comptes de Dole à un Adjudicataire des bois du Roi & des bois d'une Communauté, contre les contraintes décernées par le Receveur Général des Domaines & Bois de Bourgogne, au Recueil nouveau, page 363.

14 Juillet. Arrêt notable du Conseil qui ordonne que les contraintes décernées par le Receveur Général des Domaines & Bois de Bourgogne, contre le nommé Bachelu, Adjudicataire des bois du Roi en la Maîtrise de Dole, faute par ledit Bachelu d'avoir payé, &c. seront exécutées nonobstant les Arrêts de la Chambre des Comptes de Dole, &c.

Permet aux Receveurs Généraux de se servir pour leur recouvrement de tels Huissiers que bon leur semble sans distinction, &c. au Rec. nouv. pag. 365.

11 Août. Arrêt notable du Conseil qui enjoint aux Adjudicataires des bois, de se conformer aux Ordonnances pour la jauge de leurs bois de chauffage.

Fait défenses aux Mayeurs & Echevins de la Ville de Lisle d'en prendre connoissance sauf en cas de contravention à y être pourvû par les Officiers de la Maîtrise de, &c. conformément à l'art. 2, du tit. premier de l'Ordonnance de 1669, au Recueil nouveau, page 367.

5 Septembre. Arrêt du Conseil qui casse deux Jugemens de la Table de Marbre de Metz, sur l'appellation d'une Sentence de la Maîtrise de Thionville, comme ayant été rendus après les délais prescrits pour relever & faire juger les appellations.

Ordonne que ladite Sentence sera exécutée comme ayant passé en force de chose jugée en dernier ressort, au Recueil nouveau, page 268.

20 Octobre. Arrêt du Conseil qui ordonne l'exécution de l'article 12, du tit. 4 & l'article 9 du tit. 22 de l'Ordonnance de 1669, en conséquence qu'à l'avenir & à commencer de l'année 1750, les Officiers & Gardes des Maîtrises particulieres, ne pourront être payés des gages, chauffage, journées & vacations à eux attribués qu'en rapportant les certificats du Grand-Maître de leurs Départemens, avec défenses aux Receveurs Généraux & particuliers desd. Maîtrises de leur payer lesdits gages, &c. sans les certificats de service du Grand-Maître, à peine de radiation, au Recueil nouveau, page 369.

10 Novembre. Arrêt notable du Conseil, qui ordonne que la Sentence rendue en la Maîtrise d'Abbeville, contre les Maires & Echevins de la même Ville, pour entreprises faites sur le marche-pied de la riviere de Somme, sera exécuté selon sa forme & teneur, comme ayant passé en force de chose jugée, &c. au Recueil nouveau, page 370.

24 Novembre. Arrêt du Conseil d'Etat du Roi, qui casse plusieurs Arrêts du Parlement de Paris & Sentence du Bailliage de Pontoise, rendus sur des demandes en dommages-intérêts, pour prétendus dégats causés par le gibier, & ordonne que pour raison desdites demandes, les Parties procéderont en la Maîtrise des Eaux & Forêts de Saint-Germain-en-Laye, au Recueil nouveau, page 372.

24 Novembre. Arrêt du Conseil qui ordonne que les Procès entre les Receveurs des domaines & bois & les Adjudicataires, pour le payement du

Tome I. k

Saint Brice de donner à son Juge en la Seigneurie de Bouſſac , la qualité de Maître Particulier des Eaux & Foréts , pour par ledit Juge connoître des matières d'Eaux & Foréts dans ladite Seigneurie à l'exception des cas royaux dont aux termes de l'Ordonnance de 1669 , & de la Déclaration du 8 Janvier 1715 , la connoiſſance appartient aux Officiers des Maîtriſes Royales, au Recueil nouveau , page 395.

Premier Juin. Arrêt du Conſeil , qui ordonne le cantonnement des Uſagers dans les bois du Prieuré de Fontaine , au Recueil nouveau , page 396.

Premier Juin. Arrêt du Conſeil d'Etat du Roi , qui ordonne l'exécution d'une Sentence de la Maîtriſe particuliere des Eaux & Forêts de Sens du 31 Janvier 1750 , modere par grace l'amende y portée contre les Habitans & Communauté de Talmay ; enjoint auxdits Habitans d'établir inceſſamment les Gardes néceſſaires à la conſervation des bois communaux dudit lieu de Talmay , & de les faire recevoir à ladite Maîtriſe de Sens , ſous les peines y portées , ordonne en outre l'exécution de la Déclaration du Roi du 8 Janvier 1715.

En conſéquence fait défenſes au Juge de Talmay de prendre connoiſſance des délits & abus qui feront commis dans les bois communaux , lui enjoint ſeulement de recevoir l'affirmation des rapports, Procès - verbaux des Gardes d'iceux & de les renvoyer au Greffe de ladite Maîtriſe de Sens pour être pourſuivis & jugés en ce Siége , que faute par les Syndics & Habitans dudit lieu de Talmay de faire les pourſuites néceſſaires ſur leſdits rapports de délits , ils en ſeront réputés fauteurs , & comme tels condamnés aux amendes ſuivant l'Ordonnance de 1669 . & que quatre des principaux Habitans dudit lieu feront ſolidairement contraints au payement deſd. amendes , ſauf leur recours à l'encontre des autres contribuables , au Rec. nouv. p. 399.

22 Juin. Arrêt du Conſeil qui confirme une Sentence rendue en la Maîtriſe de Saint-Pons contre les Economes Sequeſtres des bénéfices vacans , pour délits commis dans les bois de l'Evêché de Beziers.

Caſſe le Jugement rendu en la Chambre des Eaux & Forêts de Toulouſe ſur l'appel de ladite Sentence , & ordonne que les ſommes que le Procureur du Roi en ladite Maîtriſe a été contraint de payer en vertu dudit jugement lui ſeront rendues , &c. au Recueil nouveau page 401.

5 Juillet. Bulle de ſon Alteſſe Séréniſſime & Eminentiſſime & Sacré Conſeil de Malthe, portant Réglement ſur le fait de l'adminiſtration des bois de l'Ordre dépendans des Commanderies des ſix grands Prieurés de France , au Recueil nouveau , page 404.

30 Novembre. Arrêt du Conſeil qui déclare que les Propriétaires ou poſſeſſeurs de grand Bois & Forêts qui ſont limitrophes de pluſieurs Paroiſſes ne ſont tenus de contribuer aux frais des conſtructions , réparations ou reconſtructions des Egliſes Paroiſſiales ou Preſbitères ou Prieurés d'aucunes deſdites Paroiſſes ou autres charges de cette nature , au Recueil nouveau , page 411.

7 Décembre. Arrêt notable du Conſeil , qui fait défenſes aux Juges des Eaux & Forêts du Domaine engagé d'Evreux , de permettre à l'avenir la coupe d'aucun bois ſutaie , baliveaux ſur taillis ou arbres épars , &c. & de recevoir les Déclarations des Particuliers qui en voudront faire abattre , &c.

29 Février. Arrêt notable du Conseil, qui fait défenses aux Juges des Tables de Marbre, d'arrêter & surseoir, sous quelque prétexte que ce soit, l'exécution des Sentences & Ordonnances d'instruction rendues par les Officiers des Maîtrises, dans les cas réparables en définitive, à peine, &c. au Recueil nouveau, page 428.

29 Février. Arrêt du Conseil, qui fait défenses au sieur Lieutenant-Civil du Châtelet de Paris, de connoître de ce qui a rapport aux poursuites, faites pour le recouvrement des amendes, & de toutes affaires appartenantes à la matière des Eaux & Forêts, à peine, &c. au Recueil nouveau, page 429.

29 Février. Arrêt du Conseil d'Etat du Roi, qui sans s'arrêter au Jugement de la Table de Marbre du Palais à Paris, du 12 Novembre 1751, ordonne l'exécution des articles 2 du tit. 13, & 6 du tit. 14 de l'Ordonnance des Eaux & Forêts du mois d'Août 1669, & de l'art. 49 de l'Edit de Mai 1716, en conséquence que la procédure à l'extraordinaire commencée en la Maîtrise de Sedan, contre les y dénommés pour raison de délits & empreinte d'un faux marteau du Roi, sera continuée suivant les derniers erremens par les Officiers de ladite Maîtrise de Sedan, jusqu'à Sentence définitive inclusivement sauf l'appel en ladite Table de Marbre, fait défenses aux Officiers dudit Siége & à tous Juges d'arrêter ou surseoir l'instruction des Procès commencés dans les Maîtrises particulieres tant en matière civile que criminelle, pour abus, délits, malversations, confiscations, sous les peines y portées, au Recueil nouveau, page 430.

28 Mars. Arrêt du Conseil qui fait défenses aux Tables de Marbre de procéder à aucune réception de Garde, si ce n'est en cas de refus de la part des Officiers des Maîtrises & lorsqu'il y aura appel de ce refus, au Recueil nouveau, page 433.

16 Mai. Arrêt du Conseil d'Etat du Roi qui déclare sujets au contrôle des exploits, les Procès-verbaux faits par les gardes des bois des Seigneurs & les poursuites faites à la Requête de leur Procureur Fiscal qui ne concernent point la Police générale & les matieres criminelles, au Recueil nouveau, page 434.

13 Juin. Arrêt du Conseil qui casse un Arrêt du Parlement de Grenoble & fait défenses à cette Cour, d'entreprendre ni ordonner à l'avenir, sous quelque prétexte que ce soit, aucune réformation & descente en matière d'Eaux & Forêts, de commettre aucun Officier dudit Parlement pour ce & de faire instruire le Procès aux Officiers des Maîtrises particulieres de son ressort, s'il n'a été commis à cet effet par Sa Majesté, ou pris l'attache du Grand-Maître des Eaux & Forêts, au Recueil nouveau, page 435.

11 Juillet. Arrêt du Conseil qui conformément à plusieurs autres qui y sont relatés maintient le premier Huissier Audiencier de la Maîtrise d'Avalon, dans le droit de mettre à exécution dans le ressort de ladite Maîtrise, tous jugemens, Ordonnances & commissions tant des Juges des Eaux & Forêts que de tous autres Juges, &c. au Recueil nouveau, page 437.

25 Juillet. Arrêt notable du Conseil qui fait défenses à la Table de Marbre de Metz d'entreprendre aucune réformation, de descendre sur les lieux & de faire le Procès aux Officiers des Maîtrises si elle n'a été commise par Sa Majesté, &c. au Recueil nouveau, page 438.

17 Avril. Arrêt notable du Conseil qui fait défenses à tous Juges de Seigneurs de prendre connoissance des coupes d'arbres futaies ou autres délits, qui pourront être commis dans les quarts de réserve, & des coupes de baliveaux, taillis ou autres arbres épars, qui seront faites dans les Bois des Communautés, à peine, au Rec. nouv. page 454.

7 Août. Arrêt notable du Conseil qui maintient les Officiers des Maîtrises dans le droit de connoître de la propriété, lorsqu'elle est connexe à un fait de réformation & visitation, ou incidente & proposée pour défense, au Rec. nouv. page 456.

28 Août. Ordonnance de M. le Grand-Maître des Eaux & Forêts de France au Département de Paris & Isle de France, Commissaire en cette partie, portant réglement concernant les fonctions du Juge Gruyer & Officiers de la Gruerie Royale de Montlhery, ressort de la Maîtrise des Eaux & Forêts de Paris, au Rec. nouv. page 458.

28 Août. Arrêt notable du Conseil qui ordonne l'exécution des articles XIII du titre X, & XXIV du titre XXX de l'Ordonnance de 1669, & confirme les condamnations prononcées en conséquence par le Grand-Maître des Eaux & Forêts de Rouen, contre un Garde, pour avoir chassé dans la Forêt de Longboel, au Rec. nouv. page 463.

1754.

29 Janvier. Arrêt notable du Conseil qui fait défenses à tous Juges Gruyers des Seigneurs, de prendre à l'avenir, sous quelque prétexte que ce soit, connoissance d'aucunes coupes d'arbres futaies, baliveaux sur taillis ou arbres épars, soit dans les Bois des Communautés Ecclésiastiques & Laïques, soit dans ceux des Particuliers, ni d'aucuns Cas Royaux en matiere d'Eaux & Forêts, à peine, au Rec. nouv. page 465.

5 Mars. Arrêt du Conseil d'Etat du Roi qui, sans s'arrêter à l'assignation donnée aux Administrateurs de l'Hôpital de Dreux, pardevant le Bailli de ladite Ville que Sa Majesté a cassée & annullée, & tout ce qui s'en est ensuivi, ordonne que pour raison du fait de pêche dont il s'agit, les Parties procéderont en premiere instance en la Maîtrise de Dreux jusqu'à Sentence définitive, sauf l'appel au Siége de la Table de Marbre du Palais à Paris, défenses aux Parties pour raison de ce, de procéder ailleurs qu'en ladite Maîtrise, sous les peines y portées : condamne le nommé Guillery, Procureur audit Bailliage de Dreux en cent livres d'amende, pour avoir signé la Requête qui a donné lieu à ladite assignation, au Rec. nouv. page 466.

9 Juillet. Arrêt notable du Conseil qui ordonne que les Particuliers qui voudront faire abattre des bois, seront tenus de faire leurs déclarations aux Greffes des Maîtrises dans le ressort desquelles lesdits bois sont situés, sans le pouvoir faire en une autre Maîtrise, sous prétexte de proximité, ou autre tel qu'il puisse être, au Rec. nouv. page 467.

23 Juillet. Arrêt du Conseil d'Etat du Roi qui fait de nouveau, très-expresses inhibitions & défenses aux Communautés Ecclésiastiques, Séculières, Régulières & Laïques, & même aux Particuliers Propriétaires de Bois, de faire abattre aucun des arbres futaie ou épars, & baliveaux sur taillis, qui auront été marqués du marteau de la Marine, pour le service, soit présent soit à

venir, de ladite Marine, fous les peines y portées, au Rec. nouv. page 468.

Premier Août. Ordonnance de M. le Grand Maître des Eaux & Forêts de France au Département de la Généralité de Metz, qui maintient refpective-ment les Officiers de la Maîtrife des Eaux & Forêts de Sedan, & les Officiers de la Gruerie Royale de Montmedi, reffort de ladite Maîtrife de Sedan, dans les droits de Jurifdiction & fonctions appartenans auxdits Officiers, chacun en droit foi, conformément à l'Ordonnance des Eaux & Forêts du mois d'Août 1669, l'Edit de création de ladite Gruerie Royale de Montmedi, ainfi qu'elles leur font attribuées par les difpofitions defdites Ordonnances & Edits fufdatés, au Rec. nouv. page 470.

1755.

7 Janvier. Arrêt notable du Confeil qui ordonne que les opérations nécef-faires pour mettre en bon état les bras de la riviere du Morin paffante à Crecy, feront faites de l'autorité du Grand-Maître des Eaux & Forêts de Paris, ou des Officiers de la Maîtrife de Crecy fur fa commiffion, au Rec. nouv. page 474.

Premier Avril. Arrêt notable du Confeil qui maintient les Officiers de la Maîtrife de Bar-le-Duc dans le droit d'exercer leur Jurifdiction fur les Bois de la Communauté de la Haycourt, au Rec. nouv. page 477.

Premier Avril. Arrêt du Confeil qui maintient Laurent d'Autier, pourvû par M. le Duc d'Orléans de l'Office de Garde Général, Collecteur des amen-des en la Maîtrife de Noyon, dans le droit de mettre à exécution tous Juge-mens, Arrêts, Sentences & Commiffion, tant des Juges des Eaux & Fo-rêts, que des Juges ordinaires, dans l'étendue du reffort de ladite Maîtrife au Rec. nouv. page 478.

6 Mai. Arrêt du Confeil d'Etat du Roi qui caffe & annulle les Sentences de la Table de Marbre du Palais à Paris, des 20 Août 1749 & 20 Juin 1750; ordonne l'exécution de l'Ordonnance des Eaux & Forêts du mois d'Août 1669, de la Déclaration du 8 Janvier 1715, autres Arrêts & Réglemens, ainfi que des Sentences de la Maîtrife de Sens, des 28 Septembre 1748 & 8 Février 1749, portant condamnation d'amende pour délits commis dans les Bois de Preffigny; fait défenfes aux Officiers de la Juftice dudit lieu de Pref-figny, de connoître d'aucunes coupes de futaie, baliveaux fur taillis, arbres épars, foit dans les Bois des Communautés Eccléfiaftiques ou Laïques, foit dans ceux des Particuliers, ni d'aucuns délits commis èfdits Bois, fous les peines y portées : & aux Parties de procéder ailleurs, pour raifon de ce, qu'en ladite Maîtrife de Sens. Enjoint aux Officiers de ladite Juftice de Preffigny, d'envoyer au Greffe de la Maîtrife de Sens les procès-verbaux & procédures faites pour raifon des délits dont il s'agit, au Rec. nouv. page 479.

20 Mai. Arrêt notable du Confeil en forme de Réglement, qui caffe & an-nulle une Sentence de la Table de Marbre du Palais à Paris du 9 Avril 1755, ordonne l'exécution d'une Sentence de la Maîtrife de Fontainebleau; en conféquence permet au Garde Général de ladite Maîtrife, de faire perquifi-tion des bois de délit provenans de la Forêt de Fontainebleau, dans les mai-fons des Villages & Hameaux voifins de ladite Forêt, au Rec. nouv. page 486.

Arrêt

20 Mai. Arrêt du Conseil qui casse deux Arrêts du Parlement de Bordeaux, ordonnel'exécution de deux Ordonnances rendues par le Grand Maître des Eaux & Forêts de Guyenne, pour le curement de la riviere de Vane, &c. au Rec. nouv. page 482.

20 Mai. Arrêt notable du Conseil qui fait défenses à tous Gens de Mainmorte de se pourvoir ailleurs qu'au Conseil, sur le fait de l'aménagement de leurs Bois, au Rec. nouv. page 484.

20 Mai. Arrêt not. du Conf. qui maintient les Officiers des Maîtrises dans le droit de faire à l'exclusion de tous autres Juges, Experts, &c. les visites des Eaux & Forêts des Ecclésiastiques qui seront ordonnées par les Juges ordinaires.

Révoque un Arrêt du Conseil en ce qu'il avoit ordonné que les Bois dépendans de l'Abbaye de Laricourt seroient visités par Experts & Soucheteurs nommés par le Lieutenant Général du Bailliage de Troyes, &c. au Rec. nouv. page 485.

3 Juin. Arrêt notable du Conseil qui ordonne que, sans avoir égard à un Arrêt du Parlement de Paris, les Ordonnances rendues par le Grand-Maître des Eaux & Forêts de Champagne, pour l'aménagement des Bois de la Communauté de Balnot, seront exécutées selon leur forme & teneur; & que les Habitans de ladite Communauté seront tenus de répondre pour les délits commis dans lesdits Bois, devant les Officiers de la Maîtrise de Bar-sur-Seine, au Rec. nouv. page 488.

3 Juin. Arrêt notable du Conseil qui confirme une Ordonnance du Grand-Maître des Eaux & Forêts de Guyenne, par laquelle il est détendu aux Habitans de la Vallée du Figuier de nourrir des chèvres, au Rec. nouv. page 491.

2 Septembre. Arrêt du Conseil qui casse une adjudication faite le 14 Avril 1755 par le sieur Lorrain, Subdélégué de l'Intendant de Châlons, des prés & pâtis appartenans à la Communauté des Habitans de Poissons, & du droit de pêche appartenant à ladite Communauté sur la riviere dudit lieu, avec défenses audit Subdélégué de faire à l'avenir pareilles adjudications, sauf ausdits Habitans à se retirer pardevant M. Thelés, Grand-Maître de Champagne pour être pourvu à nouvelle adjudication, conformément à ce qui est prescrit par les articles VII, XVII du titre XXV de l'Ordonnance de 1669, au Rec. nouv. page 492.

7 Septembre. Arrêt du Conseil d'Etat du Roi, portant Réglement concernant les matériaux à prendre dans tous les endroits non clos, même dans les Bois du Roi, & des Communautés Ecclésiastiques & Laïques, Seigneurs & Particuliers, pour l'usage des travaux des ponts & chaussées, & qui exempte ces mêmes matériaux de tous droits de traites, aides, domaines, octrois, peages, & généralement de tous autres droits, lors de l'exportation d'iceux, au Rec. nouv. page 494.

9 Septembre. Arrêt du Conseil par lequel Sa Majesté, sans s'arrêter à un Arrêt du Parlement de Paris du 25 Janvier 1755, a déchargé les Officiers de la Maîtrise de Beaugency de l'assignation qui leur avoit été donnée à la requête de M. le Duc de Saint-Aignan, sous prétexte des droits de sa Duché-prairie, & ordonne l'exécution des articles II & III du titre XXVI de l'Ordonnance de 1669, & des articles V & VII de l'Arrêt du Conseil du 21 Septembre

Tome I. I

8 Juin. Arrêt du Conſeil , qui ordonne la vente au profit de Sa Majeſté des anciens baliveaux ſur la Terre de Saint-Germain-Laval , poſſédée à titre d'engagement par le ſieur Bert , au Recueil nouveau , page 516.

8 Juin. Arrêt notable du Conſeil , qui ordonne que ſur la ſaiſie d'un filet faite par un des Gardes de la Maîtriſe de Châlons-ſur-Seine , les Parties procéderont en ladite Maîtriſe , nonobſtant le prétendu Privilége de *Committimus* aux Requêtes de l'Hôtel réclamé par l'une des Parties , au Recueil nouveau , p. 517.

22 Juin. Arrêt du Conſeil , qui ordonne la vente au profit de Sa Majeſté des baliveaux & autres anciens ſur les taillis de la Terre de Vauchaſſis , poſſédée à titre d'engagement par le Sieur Comte de Lannion , au Recueil nouveau , page 518.

22 Juin. Arrêt du Conſeil , qui confirme une Sentence rendue en la Maîriſe de Bordeaux contre le nommé Deiris , Syndic de la Communauté de Lauredé , pour avoir vendu ſans permiſſion de Sa Majeſté 218 arbres , à prendre dans les bois de ladite Communauté , &c. Au Recueil nouveau , page 520.

22 Juin. Arrêt notable du Conſeil , qui juge que les Curés des Paroiſſes ne doivent avoir aucune part dans les coupes ordinaires des bois appartenans aux Communautés d'Habitans , &c. Au Recueil nouveau , page 521.

6 Juillet. Arrêt du Conſeil d'Etat du Roi , qui condamne le ſieur Ducheſne , Tréſorier de France , &c. pour délits commis dans la Forêt de Blois par ſes Domeſtiques , comme étant civilement reſponſable de leurs faits , au Recueil nouveau , page 523.

6 Juillet. Arrêt notable du Conſeil , qui fait défenſes au ſieur Grand-Maître du Département de , &c. de rendre aucune Ordonnance ſur affaires contentieuſes hors l'étendue de ſon Département.

Caſſe un Réglement fait par ledit ſieur Grand Maître ſur la qualité & l'étendue de la Juriſdiction des Juges des Seigneurs de la Province de Dauphiné , comme renfermant des diſpoſitions ſur des objets qui par leur importance exigent l'examen le plus ſérieux , &c. Au Recueil nouveau , page 524.

6 Juillet. Arrêt du Conſeil , qui confirme une Sentence rendue en la Maîtriſe de Vire , contre le nommé Baſſacq , Marchand de bois , pour avoir fait des Cendres dans le Bois du Gaſt , ſans permiſſion de Sa Majeſté , au Recueil nouveau , page 525.

13 Juillet. Arrêt du Conſeil d'Etat du Roi , qui ordonne le partage de la Forêt Vincenſe , dépendante de la Commanderie de Biſche , dont 491 arpens ſeront diſtraits à titre de cantonnement , en faveur des Uſagers , pour leur tenir lieu de leurs droits d'uſage , & 900 arpens au profit du Commandeur de Biſche , au Recueil nouveau , page 525.

17 Juillet. Autre Bulle relative à celle , portant Réglement ſur le fait de l'adminiſtration des bois de Pins & Sapins , dépendans des Commanderies de l'Ordre de Malthe , au Recueil nouveau , page 528.

20 Juillet. Arrêt préparatoire ſur la Requête préſentée au Roi en ſon Conſeil par le Receveur des Amendes de la Maîtriſe de Montbriſon , tendant à ce qu'il plût à Sa Majeſté ordonner que les Sentences rendues en ladite Maîtriſe les , &c. ſeroient exécutées ſelon leur forme & teneur , comme ayant paſſé en force de choſe jugée en dernier reſſort , & les décharger de la priſe à

avoit été condamné par le sieur Grand-Maître, pour avoir pris la qualité de Maître particulier, &c. Au Recueil nouveau, page 546.

14 Sept. Arrêt du Conseil, qui porte que les adjudications ou fermes des communes de la Paroisse de Cleville, ne pourront être faites que devant le Grand-Maître ou les Officiers de la Maîtrise sur sa Commission, au Recueil nouveau, page 547.

28 Septembre. Arrêt du Conseil, qui ordonne que les articles III, IV & V du titre XIV de l'Ordonnance de 1699, XLIV, LII, LIII & LIV de l'Edit de 1716, & les Arrêts du Conseil rendus en conséquence, notamment celui du 27 Novembre 1731, seront exécutés selon leur forme & teneur.

Casse un Jugement de la Table de Marbre du Palais à Paris, pour avoir été rendu après les délais fixés par lesdits articles & Arrêts ; ordonne que ce dont étoit appel sera exécuté, &c. Au Recueil nouveau, pag. 549.

28 Septembre. Arrêt du Conseil, qui casse un Jugement de la Table de Marbre de Paris, pour n'avoir pas été rendu dans les délais fixés par l'Ordonnance de 1669, & l'Edit de Mai 1716.

Ordonne que les Sentences dont étoit appel seront exécutées selon leur forme & teneur, comme ayant passé en force de chose jugée en dernier ressort. Au Recueil nouveau, page 550.

26 Octobre. Arrêt du Conseil, qui ordonne que par le sieur Grand Maître des Eaux & Forêts de Picardie, Artois & Flandre, ou les Officiers de la Maîtrise des lieux qu'il pourra commettre, il sera procédé à l'adjudication au rabais des ouvrages à faire pour le nétoyement de la Rivière Nieppe, au Recueil nouveau, page 552.

12 Oct. Arrêt du Conseil qui fait défenses à toutes personnes dans la province de Languedoc de mettre le feu aux landes, bruyeres, garrigues, à peine, &c. pag. 553 du Recueil nouveau.

12 Oct. Arrêt not. du Conseil, qui fait défenses à toutes Communautés & Particuliers de Languedoc, de défricher aucuns bois & pâtures, à peine, &c.

Ordonne que les contrevenans seront poursuivis à la diligence des Syndics des Paroisses devant les Officiers des Maîtrises, &c. au Recueil nouveau, page 554.

12 Oct. Arrêt du Conseil d'Etat du Roi, portant Réglement pour le recouvrement du dixième des bois des Ecclésiastiques & Laïques, affecté au soulagement des pauvres Communautés de Filles Religieuses.

Régistré à la Chambre des Comptes le 15 Décembre 1756, au Recueil nouveau, page 556.

2 Novembre. Arrêt notable du Conseil, qui ordonne que les Habitans des Communautés de la Province de Champagne, seront tenus de se conformer aux art. II du tit. premier, VII, XII & XVII du titre 25 de l'Ordonnance de 1669, & à l'Arrêt du Conseil du 2 Septembre 1755, en ce qui concerne les adjudications des pâtis, Usages communs, rivières & bois taillis ; fait défenses aux Intendans & leurs Subdélégués d'en connoître, &c. Au Rec. nouveau, page 558.

2 Nov. Arrêt du Conseil qui ordonne l'execution d'une Sentence rendue en la Maîtrise de Vassy, contre les Syndics & Habitans de Montierendier, pour des

des marchandifes hors les Forêts; ordonne ledit Arrêt du Confeil, que les Officiers des Maîtrifes connoîtront de l'exécution des marchés de Bois pourvû qu'ils ayent été faits avant que les marchandifes fuffent tranfportées hors les Forêts; au Recueil nouveau, page 575.

2 Août. Arrêt du Confeil, qui ordonne l'exécution de l'Arrêt du Confeil du 9 Février 1753, & de l'Ordonnance du 15 du même mois, rendue par M. le Grand-Maître des Eaux & Forêts de Paris, contre le Gruyer de Montlhery, au Recueil nouveau, page 576.

2 Août. Arrêt notable du Confeil, qui caffe un bail emphitéotique d'un canton de bois appartenant au Chapitre de S. Vincent de Mâcon, & l'Arrêt du Parlement de Paris qui l'avoit homologué; fait défenfes audit Chapitre d'en faire à l'avenir de pareils fous les peines portées par les Ordonnances & Réglemens, au Recueil nouveau, page 577.

16 Août. Arrêt notable du Confeil, qui ordonne que fur une demande en deftruction de lapins, les Parties procéderont en la Maîtrife de Paris, condamne un Procureur du Bailliage d'Etampes en 100 liv. d'amende, pour y avoir introduit cette inftance, au Recueil nouveau, page 578.

16 Août. Arrêt du Confeil, qui caffe un Jugement de la Table de Marbre de Bordeaux, qui avoit reçu le Procureur Général de la Table de Marbre appellant des Procès-verbaux d'aménagement faits par les Officiers de la Maîtrife de Bordeaux dans les Bois de plufieurs Communautés, &c. Fait défenfes aufdites Communautés d'abattre leurs bois fans permiffion de Sa Majefté, &c. Au Recueil nouveau, peg. 579.

4 Octobre. Arrêt notable du Confeil, qui maintient les Officiers des Maîtrifes dans le droit de connoître, à l'exclufion des Juges ordinaires des prés, pâtis, landes & marais appartenans aux Communautés d'Habitans, tant pour les entreprifes fur iceux, que pour la manière d'en ufer, au Recueil nouveau, page 581.

7 Décembre. Arrêt du Confeil, qui caffe un bail emphitéotique d'un canton de bois de l'Abbaye de Béniffons-Dieu, avec défenfes d'en faire de pareils à l'avenir, au Recueil nouveau, page 582.

1758.

31 Janvier. Arrêt notable du Confeil, qui caffe un Arrêt du Confeil, qui ordonnoit que fur une conteftation pour droit d'ufage dans les Communes des Paroiffes de . . . . les Parties feroient tenues d'y procéder. Ordonne que fur le même fait les Parties procéderont en la Maîtrife d'Argentan jufqu'à Jugement définitif inclufivement, fauf l'appel à la Table de Marbre, &c. Au Recueil nouveau, page 582.

31 Janv. Arrêt du Confeil, qui ordonne que l'appel de ce qui concerne l'aménagement des Bois de la Communauté de Villeneuve en Rouergue ne pourra être porté qu'au Confeil, au Recueil nouveau, page 583.

31 Janv. Arrêt du Confeil, qui caffe une tranfaction paffée entre le Curé & les Habitans de Cufe, &c. déboute le Curé de fa demande tendante à avoir part dans les coupes ordinaires des bois de la Communauté de ladite Paroiffe, au Recueil nouveau, page 584.

31 Janv. Arrêt du Confeil, qui caffe un Arrêt du Parlement de Douai, en

Eccléfiaftiques & Laïcs, affecté au foulagement des pauvres Communautés des Filles Religieufés, au Recueil nouveau, page 601.

1762.

27 Avril. Arrêt du Confeil d'Etat du Roi, qui juge que la connoiffance des conteftations fur le fait du Pâturage en la feconde herbe des Prés & Pâtureaux, appartient aux Juges des Eaux & Foréts; & fait défenfes à tous Juges ordinaires d'en connoître, fous les peines y portées, au Recueil nouveau, page 604.

21 Juin. Arrêt du Confeil d'Etat du Roi, qui ordonne le percement & l'ouverture de fix nouvelles Routes dans les Bois qui compofent la Forêt de Livry-Bondy, le rétabliffement de deux anciens Chemins dans le triage de Bernouy, & de plufieurs autres différens cantons de ladite Forêt, fuivant les alignemens qui en feront donnés; comme auffi que dans les délais y portés, les Propriétaires & Poffeffeurs des Terreins & Bois à travers defquels lefdites Routes pafferont, feront tenus chacun en droit foi, d'enlever & difpofer des Bois qui fe trouveront dans les alignemens & fuperficie defdites nouvelles Routes, ainfi qu'il eft porté audit Arrêt du Confeil, au Recueil nouveau, page 605.

20 Juillet. Arrêt du Confeil d'Etat du Roi, qui fans s'arrêter au Jugement de la Table de Marbre du 16 Avril 1761, que Sa Majefté a caffé & annullé, ordonne l'exécution de l'Ordonnance des Eaux & Foréts du mois d'Août 1669, Arrêts & Réglemens depuis intervenus; en conféquence fait défenfes aux Maire & Echevins de la Ville de Meaux & Officiers Municipaux des autres Villes du Royaume, de difpofer des Arbres étant fur les Remparts & lieux publics dépendans defdites Villes fans permiffion de Sa Majefté; & par grace, fait main levée aux Maire & Echevins de Meaux, de la faifie de quarante-fix Arbres dont eft queftion, & des peines encourues pour la coupe d'iceux, aux charges y portées, au Recueil nouveau, page 606.

1763.

22 Mars. Arrêt du Confeil d'Etat du Roi, par lequel Sa Majefté, en révoquant un précédent Arrêt rendu fur la Requête des Maires, Echevins & Habitans de la Ville d'Alençon, & tout ce qui s'en étoit enfuivi, a confirmé MM. les Grands-Maîtres & les Officiers des Maîtrifes des Eaux & Foréts dans le Droit & Jurifdiction fur les Arbres & Bois de décoration des Villes & Communautés d'Habitans, à l'exclufion de tous autres, pour en faire les ventes ou les délivrances, & veiller à l'emploi des deniers fur les piéces juftificatives qui doivent en être rapportées aux Greffes des Maîtrifes, au Recueil nouveau, page 608.

29 Avril. Sentence de la Maîtrife des Eaux & Foréts de Paris, qui ordonne l'exécution des Réglemens concernant les Routes de Chaffe du Parc de Vincennes; en conféquence que les Habitans de la Paroiffe de Nogentfur-Marne feront rétablir inceffamment la Route de la Porte de Nogent à la Porte Saint Maur, avant d'en faire l'ufage qui leur a été permis, à la charge de contribuer à l'entretien annuel de ladite Route: Fait défenfes aux Habitans des Villages voifins d'y paffer & fréquenter, fous les peines

portées aufdits Réglemens & en la préfente Sentence, au Recueil nouveau, page 610.

2 Juin. Ordonnance de Meffire Louis-François Duvaucel, Chevalier, Confeiller du Roi en fes Confeils, Grand-Maître Enquêteur & Général Réformateur des Eaux & Forêts de France, au Département de Paris & Ifle de France, portant Réglement, tant à l'occafion des Ufagers & Ufages de la Forêt de Fontainebleau, que du cantonnement des Gardes, au Recueil nouveau, page 612.

21 Juin. Arrêt du Confeil d'Etat du Roi, qui caffe un Jugement de la Table de Marbre du Palais à Paris, du 17 Août 1758 ; ordonne l'exécution de l'Arrêt du Confeil du 2 Décembre 1738 : ce faifant, que les Meûniers & Pécheurs du Reffort de la Maîtrife de Saint-Germain-en-Laye comparoîtront aux Affifes & Hauts-jours de ce Siége, fous les peines & amendes y portées, au Recueil nouveau, page 620.

29 Octobre. Ordonnance de M. le Grand-Maître des Eaux & Forêts de France, au Département de Paris & Ifle de France, portant Réglement à l'occafion des Ufages & Ufagers de la Forêt du Guault, Maîtrife de Sezanne, au Recueil nouveau, pag. 621.

1764.

24 Octobre. Arrêt rendu en interprétation de l'Article XI de l'Arrêt du 19 Mars 1743, au fujet des Procès-verbaux, Rapports & Affignations pour faits de Chaffe & délits commis dans les Bois & fur les Rivières des Seigneurs particuliers, fervant de Réglement pour les délais dans lefquels ces actes feront contrôlés, & la quotité de droits qui doivent être payés, au Recueil nouveau, page 624.

20 Décembre. Arrêt du Confeil d'Etat du Roi, qui ordonne que les faits inférés dans un Imprimé qui a pour titre *Mémoire à confulter*, débité par le nommé Lazurier, Marchand de Bois, feront fupprimés comme faux & injurieux au Sieur Grand-Maître des Eaux & Forêts du Département de Paris ; & fait défenfes audit Lazurier de récidiver fous telles peines qu'il appartiendra, au Recueil nouveau, page 626.

10 Février. Arrêt du Confeil d'Etat du Roi, qui fait défenfes au nommé Lazurier, de paroître aux Ventes & Adjudications qui fe feront aux Siéges des Maîtrifes particulières des Eaux & Forêts, fans qu'il puiffe y être admis directement ou indirectement, fous quelque prétexte que ce foit, au Recueil nouveau, page 629.

1765.

11 Mars. Sentence de la Maîtrife des Eaux & Forêts de Paris, portant qu'à l'avenir les Affifes & Hauts-Jours de la Maîtrife de Paris, qui fe tiennent en ce Siége au Palais à Paris, feront & demeureront fixés au Vendredi de la première Semaine d'après le Dimanche de *Quafimodo*, auquel jour les Jufticiables feront tenus d'y comparoir, fous les peines & amendes portées par les Réglemens, au Recueil nouveau, page 631.

14 Juillet. Arrêt du Confeil d'Etat du Roi, qui ordonne que lorfque les Bois deftinés à la conftruction des Vaiffeaux de Sa Majefté, feront jettés par les inondations &autres accidens fur les bords des Rivières de Seine,

Marne, d'Oife, d'Aine & d'Aube, ou dans les Ifles, les Syndics, Confuls & Collecteurs des Paroiffes dans l'étendue defquelles lefdits Bois fe trouveront, feront tenus d'en donner avis aux Sieurs Intendans & Commiffaires
départis dans les Départemens defquels lefdites Paroiffes feront fituées, qu'aux
Commiffaires de la Marine qui fe trouveront alors à portée des lieux ou lefdits Bois auront été jettés, au Recueil nouveau, page 632.

2 Septembre. Sentence de la Maîtrife des Eaux & Forêts, portant qu'à
l'avenir les Affifes & Hauts-Jours de la Maîtrife de Paris qui fe tiennent en
ce Siége au Palais à Paris, feront & demeureront fixés au Vendredi de la première Semaine d'après le Dimanche de *Quafimodo*, & au Vendredi de la première du mois d'Octobre de chacune année, auxquels jours les Justiciables
feront tenus d'y comparoir, fous les peines & amendes portées par les Réglemens, au Recueil nouveau, page 634.

26 Octobre. Arrêt du Confeil d'Etat du Roi, qui fait défenfes à toutes
perfonnes, dans la Province de Normandie, de chaffer avec des fufils ou autres armes à feu, les Cerfs, Biches & Faons, au Recueil nouveau, page 636.

1766.

10 Septembre. Arrêt du Confeil d'Etat du Roi, qui ordonne que les Bois
feuillards ou Cercles à relier futailles, pourront à l'avenir fortir à l'Etranger,
en payant à toutes les forties du Royaume dix-huit fols le millier en nombre, tant grands que petits & moyens ; & cinq fols trois deniers à toutes les
entrées, au Recueil nouveau, page 637.

1767.

8 Février. Arrêt du Confeil d'Etat du Roi, portant Réglemens fur ce
qui doit être obfervé par les Marchands & Adjudicataires des Bois, & les
Entrepreneurs de ceux qui font deftinés pour le fervice de la Marine, au
Recueil nouveau, page 638.

10 Février. Arrêt du Confeil d'Etat du Roi, qui maintient Charles-Au-
guftin-Pierre Duchemin de Chaffeval, Ecuyer, Lieutenant de Robe-Longue en la Maîtrife des Eaux & Forêts de Montargis, dans les priviléges &
exemptions attribués à fon Office ; en conféquence caffe & annulle la nomination faite de fa perfonne à la charge de Marguillier de la Paroiffe de Sainte-
Marie-Magdeleine de ladite Ville, & le décharge de l'exercice de ladite charge, tant qu'il fera pourvu dudit Office.

20 Février. Ordonnance de M. le Grand-Maître des Eaux & Forêts de
France, au Département de Paris & Ifle de France, portant défenfes au
Prieur de Sainte-Radegonde de faire la vente du quart de réferve des Bois
de fon Prieuré, à peine d'amende arbitraire & autres de droit, & à tous
Marchands d'exploiter ledit quart de réferve en tout ou partie, à peine de
prifon, au Recueil nouveau, page 641.

17 Juillet. Ordonnance de M. le Grand-Maître des Eaux & Forêts de
France, au Département de Paris & Ifle de France, qui ordonne l'exécution
des Réglemens concernant les Routes de Chaffe du Parc de Vincennes ; &
qui permet l'ufage de la Route qui longe de la porte de Charenton jufqu'à
l'Obélifque du Parc de Vincennes, à ceux des Habitans de Charenton, S.
Maurice & de Carrieres qui contribuent pour leur part à l'entretien d'icelle,

Fin de la Table des Arrêts.

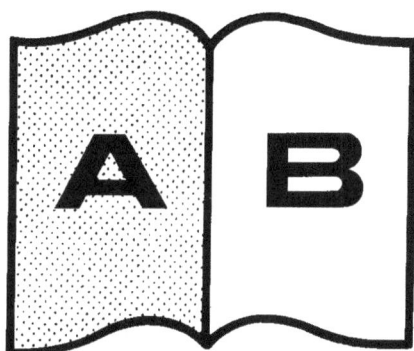

Contraste insuffisant

NF Z 43-120-14

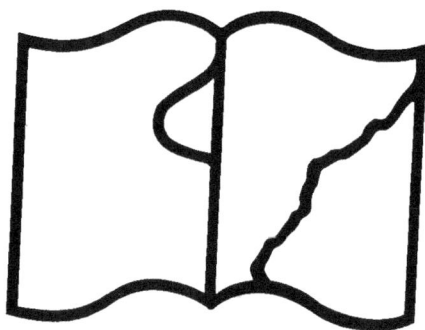

Texte détérioré — reliure défectueuse

NF Z 43-120-11

www.ingramcontent.com/pod-product-compliance
Lightning Source LLC
Chambersburg PA
CBHW060542280326
41932CB00011B/1370